教育部哲學社會科學研究重大課題攻關項目

「十一五」國家重點圖書出版規劃項目·重大工程出版規劃
國家社會科學基金重大項目
北京大學「九八五工程」重點項目

儒藏

精華編二七五册

集部

儒藏

精華編

北京大學《儒藏》編纂與研究中心

《儒藏》精華編第二七五册

首席總編纂　季羡林
項目首席專家　湯一介
總　編　纂　湯一介　龐樸　孫欽善　安平秋（按年齡排序）
本册主編　趙伯雄

《儒藏》精華編凡例

一、中國傳統文化以儒家思想爲中心。《儒藏》爲儒家經典和反映儒家思想、體現儒家經世做人原則的典籍的叢編。收書時限自先秦至清代結束。

二、《儒藏》精華編爲《儒藏》的一部分，選收《儒藏》中的精要書籍。

三、《儒藏》精華編所收書籍，包括傳世文獻和出土文獻。傳世文獻按《四庫全書總目》經史子集四部分類法分類，大類、小類基本參照《中國叢書綜録》和《中國古籍善本書目》，於個別處略作調整。凡單書已收入入選的個人叢書或全集者，僅存目録，並注明互見。出土文獻單列爲一個部類，原件以古文字書寫者一律收其釋文文本。韓國、日本、越南儒學者用漢文寫作的儒學著作，編爲海外文獻部類。

四、所收書籍的篇目卷次，一仍底本原貌，不選編，不改編，保持原書的完整性和獨立性。

五、對入選書籍進行簡要校勘。以對校爲主，確定内容完足、精確率高的版本爲底本，精選有校勘價值的版本爲校本。出校堅持少而精，以校正誤爲主，酌校異同。校記力求規範、精煉。

六、根據現行標點符號用法，結合古籍標點通例，進行規範化標點。專名號除書名號用角號（《》）外，其他一律省略。

七、對較長的篇章，根據文字内容，適當劃分段落。正文原已分段者，不作改動。千字以内的短文一般不分段。

八、各書卷端由整理者撰寫《校點説明》，簡要介紹作者生平、該書成書背景、主要内容及影響，以及整理時所確定的底本、校本（舉全稱後括注簡稱）及其他有關情況。重複出現的作者，其生平事蹟按出現順序前詳後略。

九、本書用繁體漢字豎排，小注一律排爲單行。

《儒藏》精華編第二七五册

集部

紀文達公遺集

〔清〕紀昀 撰
孫致中 校點

目録

紀文達公遺集卷第九

紀文達公遺集卷第十六……三四一

詩集

紀文達公遺集卷第十八……四〇三

紀文達公遺集卷第十九

紀文達公遺集卷第三十二……六一八

校點説明

紀昀(一七二四—一八〇五),字曉嵐,一字春帆,晚號石雲,又號觀弈道人,謚文達,河間獻縣(其出生地崔爾莊今屬滄縣)人。乾隆十九年甲戌科進士,改翰林院庶吉士,散館授編修。歷官日講起居注官、侍讀、左庶子、福建學政、侍讀學士。乾隆三十三年因姻親兩淮鹽運使盧見曾鹽引案漏言獲罪,充軍烏魯木齊,三十六年賜環。三十八年充《四庫全書》總纂官,且始終其事。後累官内閣學士、兵部侍郎、左都御史、兵部尚書、禮部尚書、協辦大學士。曾多次充任鄉試考官、會試正副總裁官以及殿試閱卷官。又曾任武英殿、三通館、功臣館、國史館、方畧館、勝國諸臣殉節録、職官表、八旗通志、會典館之纂修官、總纂官或副總裁官。《清史稿》、《清史列傳》、《碑傳集》、《漢學師承記》、《國朝先正事畧》、《清代學者像傳》、《大清畿輔先哲傳》等書皆有傳,然所記多重複而基本資料均不出朱珪《紀昀墓志銘》、《知不足齋文集》之範圍。

紀昀以《四庫全書總目》與《閱微草堂筆記》聞名於世。《紀文達公遺集》則是兩部大著之外的詩文集,在他去世後由其孫樹馨(字香林)編輯刻印。《遺集》首刊嘉慶皇帝之《恩綸》、《御祭文》、《御賜碑文》,以及劉權之、阮元、陳鶴之序。詩文各十六卷,先文後詩,目録分列於文與詩正文之前而無總目録。揣其意,似初擬文集與詩集各自單行,故詩文分别編次,待付梓時,不知出於何種考慮,則合爲一書。

文集收紀氏各時期的文章凡三百五十三篇。以舊時文體分爲賦、雅、頌、摺子、表、露布、詔疏、論記、序、跋、書後、策問、書、銘、碑記、墓表、行狀、逸事、傳、墓志銘、祭文等二十一類。其中,百餘篇序跋、書後,是文集中最具學術價值的部分,所論同他在《四庫全書總目》中的觀點完全一致,且較《總目》的表達更具體、更集中,也更隨意。

詩集收詩一千二百餘首,由《御覽詩》、《三十六亭詩》、《南行雜詠》、《烏魯木齊雜詩》、《館課存稿》、《我法集》等六部分組成。每部分似皆各自成集，而紀氏生前卻無一梓行。除《御覽》、《館課》之外，紀詩大多爲短章，清新流麗，直而不伉，婉而不佻。最令人稱道的是《烏魯木齊雜詩》，以其親臨目擊，敘次新疆風土人物，兼及氣候物産、地理沿革、市井商賈、軍屯民户等，以詩詠注敘的藝術形式，全面介紹新疆風貌，紀昀爲有史以來第一人。

紀昀生平精力畢萃于《四庫提要》，對自己的作品不甚珍惜，往往隨作隨棄，不留底稿。今之「紀學」研究及傳記作者，苦於搜集資料之難，愈覺此集之彌足珍貴。編輯此集的紀樹馨功不可没。然而他也爲後人留有不小的遺憾，即詩文的擇取未得完善。紀昀晚年，以「此孫尚能讀書」，故將文稿與往來書信多付彼收藏。據法式善《存素堂續集》卷二《閲微草堂收藏諸老尺牘跋》云：「往來箋素」「盈箱累篋」，而《遺集》僅收六件，其餘則至今不知去向。又據紀昀的朋輩、門人回憶，他曾寫過數十首《小軍機》一類的社會諷刺詩，《遺集》則不一見。

《遺集》的版本，校點者所見有三，即嘉慶十七年家刻本（簡稱嘉慶本），道光三十年小嫏嬛山館刻本（簡稱道光本），宣統二年上海保粹樓石印本（簡稱宣統本）。嘉慶本最早亦最善，本書校勘，即以《續修四庫全書》影印嘉慶本爲底本，以道光本對校，以宣統本參校，個別篇目更參以校點者所知手稿或抄本。原稿文集與詩集目録單行，分置卷首，然皆未標「文」或「詩」字。本次整理，將此二目録合併置於全書之首，卷次亦接排，并分別增以「文集」、「詩集」二字，以便查閲。

標點，時遇「夔一足」之困惑。雖經趙伯雄、杜維沫二位先生指摘，改正不少，疏謬之處仍所不免，敬祈方家指正。

校點者　孫致中

恩　綸

嘉慶十年二月十五日諭曰：協辦大學士、禮部尚書紀昀學問淹通，辦理《四庫全書》，始終其事，十有餘年，甚爲出力。由翰林洊歷正卿，服官五十餘載。本年正月，甫經擢襄綸閣，晉錫宮銜，遽聞溘逝，深爲軫惜。著加恩賞給陀羅經被。派散秩大臣德通帶同侍衛十員前往賜奠，並賞廣儲司庫銀五百兩經理喪事。其任内降革處分，悉予開復。所有應得卹典，該衙門察例具奏。欽此。

諭祭文

三台位亞，軫夙望於元臣；六藝身通，眷方聞於耆宿。藉大廷之日贊，新恩方賁黄麻；愴夜壑之風凄，遺疏遽聞緑野。憫兹篤棐，薦以馨香。爾原任太子少保、協辦大學士、禮部尚書紀昀，稟性淵通，立身醇謹。居藩國傳經之地，業富縑緗；入崇臺市駿之場，羣空驪駱。鑾坡載筆，是雲克稱其官；黼扆書名，聿見能殫厥職。才程山右，登唐魏之民風；學董閩中，衍游楊之道脈。備從臣而格躋常調，轉儲隸而品擢清班。惟銅龍資審諭之才，斯竹馬寢承宣之命。雁銜綬帶，寵賁儀章；鳳刷羽毛，榮留欽矚。迨獲譴而鄣乘玉塞，復承恩而詔待金門。嘉其綜括之多能，畀以校讐之專責。爾則潛心考索，鋭意鈎稽。能探濠上之五車，不數河東之三篋。銀根勘誤，玉格搜奇。大典編成，削藁溯昭陽之歲；全書表進，臚函志玄黓之年。集排總目以精詳，簿續中經而賅洽。佐天文之成化，千萬禩無此鉅觀；頌聖主之得賢，一二臣有兹盛遇。以此恭勤之茂實，宜邀優渥之殊施。由端尹而進直鸞臺，自貳卿而總司烏府。威生白簡，西垣誇五入之榮；度著青儀，南省懋再遷之績。上明光而曳履，入建禮以鳴騶。桃李真屬之春官，甲兵亦修夫夏職。金繩衍策，載襄《堯典》之粤稽；玉檢披華，重紀《周官》之董正。經猷益裕，資望兼隆。屬以調鼎需賢，卜甌進秩。方賴元勳之平格，用資朝列之楷模。何拜命之甫旬，竟頹齡之莫駐。禭之經被，賻以帑金。爰思絳服之庸，爲啓雕筵之奠。嗚呼！老成頻謝，空期壽耈之無遺；文獻猶存，佇見德言之不朽。式頒綸綍，用慰幽靈。

御賜碑文

朕惟眷隆耆碩，樹峻望於朝端；恩備哀榮，表遺徽於身後。典三禮已逾十載，掌故頻徵；贊百揆未及兼旬，履聲遽杳。文披豐碣，色煥幽臺。爾原任太子少保、協辦大學士、禮部尚書紀昀，稽古淹通，致身靖獻。求惟實是，河間家有藏書；舉輒先登，日下名無虛士。階基清貫，班歷華資。遂荷先帝特達之知，獨蒙「學問素優」之譽。一麾出守，劇任恐掩佳才；四品加銜，殊恩特邀破格。嗣瑤華之遠貢，正玉局之宏開。美富羅四庫之儲，編摩出一人之手。紅梨照院，校讎夜逮於丙丁；青鏤濡毫，品第月呈其甲乙。偏搜浩博，隽字刊譌；別採菁華，片言扼要。似此集成今古，備册府之大文，皆其宣力始終，盡儒臣之能事。洊叨異數，儕懋賞於內廷；不囿常資，預升庸於上列。講帷甫侍，端尹旋躋。俄待制於西班，綸敷丹闕；繼襄猷於南省，綬綰金章。烏署提綱，儼威稜以持霜簡；青雲晉秩，領俊採而直冰廳。凡國家典禮攸行，胥宗伯直清是矢。有嘉謨足資辰告，位稱大儀；雖碩學難折辛卿，望孚僉議。屢司文柄，三典春官。鑑秉虛公，市近而門如水；體崇雅正，耄及而眼無花。比者重簡耆臣，與參政府。宣麻纔下，方資翊贊之勤；遺疏倏聞，遽愴淪殂之速。詢茲黃髮，服官夙著成勞；鑒厥丹忱，軫舊宜肦殊賚。既飾終以賜祭，復褒美以易名。敏而好學可爲文，固實華之並茂；授之以政無不達，矧齒德之兼尊。式被嘉稱，用彰令範。嗚呼！池棲鳳老，聽鳴翽者有年；逵返鴻冥，惜羽儀於此日。回思風度，宛如趨省而垂紳；尚有典型，自合表阡而樹石。俾貽奕禩，罔替欽承。

序

從來大家之文，無意求工，而機趣環生，總由成竹在胸，故能揮灑如意，所謂風行水上，自成文章也。雖廟堂著作，辭尚體要，而理足以貫之。

吾師紀文達公，天資超邁，目數行下，掇巍科，入翰苑，當時即有昌黎北斗、永叔洪河之目。厥後高文典册，多爲人捉刀，然隨手散失，並不存稾。總謂盡係古人之糟粕，將來何必災梨禍棗爲！及在翰林署齋戒，始於敬一亭上得《永樂大典》，朱竹坨尋訪不獲，已云李自成襯馬蹄矣，不知埋藏灰塵中，幾三百餘年也。數月中，每於值宿之暇，翻閲一過，已記誦大半。乾隆三十七年，朱笥河學士奏聞高宗純皇帝，勅輯《永樂大典》，並蒐羅遺書，特命吾師總纂《四庫全書總目》，俱經一手裁定，故所存者惟此獨全。權之甲午典試江左，曾贈一水波硯，銘云：「風水淪漣，波折天然。此文章之化境，吾聞之於老泉。」讀此銘，吾師之爲文可知矣。

兹公孫香林西曹克紹家聲，敬將平日檢存者付梓壽世，得文集十六卷，經進詩八卷，古今體詩六卷，館課詩一卷，《我法集》一卷。以權之年甫弱冠，計偕北上，即猥荷鑒賞，得厠弟子行者最久，屬權之爲序。憶受知後立雪程門，時多聞緒論。吾師是再來人，曾有未經目之書，即知有某人序、某人跋，開卷絲毫不爽。是慧悟夙成，文其餘事也。然才力宏富，絶不矜奇好異，總以清氣運之。譬滿屋散錢，逐手入串，李杜之光燄，燕許之手筆，盡歸腕下，裒然一代文宗也。雖吉光片羽，想懷鉛握槧之士，得之不啻珍寶，可久奉爲標準，權之何敢以媕陋辭！嘉慶十七年歲次壬申孟秋月，賜進士出身經筵講官太子少保體仁閣大學士受業劉權之拜撰。

序

我朝賢俊蔚興，人文鬱茂，鴻才碩學，肩比踵接。至於貫徹儒籍，旁通百家，修率情性，津逮後學，則河間紀文達公足以當之。

夫山川之靈，篤生偉人，恒間世一出。河間獻縣，在漢爲獻王封國。史稱獻王「修學好古，實事求是」，所得書「皆古文先秦舊書」。被服儒術，六藝具舉。對三雍，獻雅樂，答詔策，文約指明，學者宗之。後二千餘年，而公生其地。起家甲科，歷躋清要。高宗純皇帝命輯《四庫全書》，公總其成。凡六經傳注之得失，諸史記載之異同，子集之支分派別，罔不抉奥提綱，溯源徹委。所撰定《總目提要》多至萬餘種，考古必衷諸是，持論務得其平。光稽古之聖治，傳於無窮。準諸獻王之寫定《周官》、《尚書》、《禮》、《禮記》、《孟子》、《老子》，厥功尤茂焉。

國家舉大典禮恭進頌册，恭和聖製、御製諸作，皆從心所發，雍容揄揚，有穆如之風。公受兩朝知遇，有所疏奏，皆平徹閒雅，足爲對揚軌儀。請試士子《春秋》文，以《左氏傳》立論，輔以《公羊》、《穀梁》二傳，而廢《胡氏傳》，尤爲有功經學。他所著撰，體物披文，不襲時俗。所爲詩，直而不伉，婉而不佻，抒寫性靈，醞釀深厚。未嘗規橅前人，罔不與古相合：蓋公鑒於文家得失者深矣。

公著述甚富，不自裒集，故多散佚。公之孫香林比部勤爲搜輯者數年，得詩文集各十六卷，梓以行世，屬序於元。元以科名出公門生門下，初入都，公見元所撰書，稱許之。自入詞館，聞公議論益詳。蓋公之學在於辨漢宋儒術之是非，析詩文流派之正僞。主持風會，非公不能。至於此集，雖非公所自勒，然亦足以覘全量矣。嘉慶十七年九月，揚州阮元序於德州督漕舟次。

序

古之君子所爲，既没而言立者，非必皆致意於文詞也。天地民物之理，洞然於胸中，而不爲窈冥恍惚之辭以欺世，其於朝章國故則知之悉而言之詳，而又以其好善之誠，述一時之賢人君子，不苟同，不虛美，俾足以傳信於後。惟然，故無意於文而其文之傳也益遠。

我師河間紀文達公，以學問文章著聲公卿間四十餘年，國家大著作非公莫屬。其在翰林校理《四庫全書》七萬餘卷。《提要》一書，詳述古今學術源流、文章體裁異同分合之故。皆經公論次，方著於録。嘗語人：自校理祕書，縱觀古今著述，知作者固已大備，後之人竭其心思才力，要不出古人之範圍。其自謂過之者，皆不知量之甚者也。故生平未嘗著書，間爲人作序、記、碑、表之屬，亦隨即棄擲，未嘗存稾。

竊嘗考有宋之世，詞臣撰述若《太平御覽》、《册府元龜》、《文苑英華》，最稱繁富；而纂修諸臣，或無專集之可紀。獨歐陽文忠公作《唐書》，司馬文正公作《通鑑》，而其文皆裒然爲集，則以二公之學問文章，固加人一等也。

公雖不欲以文詞自名，而名之播於世者久。故自公之存而館閣詩賦、南行雜詠、試帖、我法集，並爲世所傳誦；碑誌文字，請求者踵相接。公孫刑部郎中樹馨，手自輯録，積久成帙。公薨四年，而樹馨居同知府君之喪，乃盡發向時所録及已梓行者：詩、賦、箴、銘、贊、頌、序、記、碑、表、誌、銘、行狀，類而次之，總若干篇，爲若干卷，題曰《紀文達公遺集》。後之人，博觀之《提要》，而約求之此集，於以知公之生平，實有同於歐陽、司馬，而遠媲乎古之立言者，其在斯乎，其在斯乎！受業陳鶴謹譔。

紀文達公遺集卷第一

孫樹馨編校

賦

聖駕東巡恭謁祖陵賦 謹序　乾隆十九年

臣聞祭不欲數，所以深致其尊嚴；祭不欲疏，所以時通其親愛。祖功宗德，必申報以精禋；春禘秋嘗，皆合符於天道。聖人制禮，其義詳矣。至於柏城山殿，閟千歲之金鐙；儀馬靈衣，護萬年之玉匣。銜珠儛鳥，精爽長存；繞鼎天龍，英風如昨。姬宗受籙，初傳祭畢之文；漢氏修儀，屢奏上陵之曲。凡以神軒殷薦，撫弓劍而不忘；原廟瞻依，拜衣冠而申慕。緣情制禮，在古人未有常期；因事告虔，惟聖主協其天則。欽惟皇帝陛下，純心薦祚，至孝通神。肅肅雝雝，已延禧於清廟；元元本本，更作頌於高山。燕及皇天，揚駿聲以昭德；格於藝祖，告巡狩以明虔。昔於癸亥之年，親移六御；曾以仲秋之吉，恭謁三陵。播前烈而有光，飲太和以示慶。禮行樂達，共浴厖鴻；愛著慤存，彌懷對越。但以神宮靜謐，非時不敢輕臨；雲闕森嚴，無事不容數告。洎今閼逢御氣，歲陽回十幹之初；閹茂司辰，星紀際一周之候。本天舉事，將奏鼓以思成；率祖攸行，用翕河而哀對。❶克昌厥後，緬懷豳館遺基；時邁其邦，復履壽邱舊邑。精符有感，織女星

❶「河」，道光本同，宣統本作「和」。

明，州絡所經，真人氣應。昊天其子，三靈叶大順之符；先祖是皇，百福答孔明之祀。且夫帝王之孝，在徧合其歡心；昭格之原，在克揚其大烈。昔者帝出乎震，天符彰玄鳥之祥；人始於寅，王氣兆蒼龍之野。百靈受職，降斗宿於黄神；三尺親提，耀炎精於赤帝。金支結蓋，開天而位正中央；玉弩垂芒，闢地而威行東北。挹婁、勿吉，全收三蘖遺墟；靺鞨、句驪，盡隸二南舊域。元狐授籙，當年屢奮干戈；白鹿呈圖，今日莫非臣僕。自熱河取道吉林，纘舊服也。燕犀冀馬，天下稱雄；火帝雲師，先皇教戰。歌豳風之于貉，公子爲裘；畋渭水之非熊，文王卜獵。舞昭七德，未忘開國威靈；詩詠四黄，不廢乘時講肄。豺方祭獸，弓矢斯張；鳩始爲鷹，罻羅可設。非惟以充乾豆，備享祀于神明；實亦克詰戎兵，用覲揚夫光烈。合圍十九，繩祖武也。

若乃黄祇孕氣，肇王迹於神皐；青帝含精，闢奥區於吉土。天地長男之位，鬱嵂居尊；山河兩戒之交，蜿蜒聚勢。華胥神母，實感虹生；申甫名臣，亦緣崧降。流泉相度，迹追築室之初；喬嶽懷柔，體頌時巡之日。望祀長白，溯王業所由興也。至於書銜木鳳，號涣明堂；竿揭金鷄，星空貫索。引年尚齒，示孝弟而涵柔；賜爵蠲租，宜民人而嘉樂。根荄暢遂，蕃釐宣德産之精；風雨和甘，滲漉達桐生之氣。歌傳沛邑，兒童俱奏三侯；酒置南陽，父老齊呼萬歲。非所謂「孝子不匱，永錫爾類」者耶。况乎廟中境外，仁孝同源；神主民依，天人合契。流通一氣，將含識以知歸；格被萬方，自敷天之丕應。虞廷饗保，王母貢其玉環；周道尊親，越裳獻其白雉。帝車東指，兩都之輦道方通；天馬西徠，萬里之流沙已被。正似鳴球來格，感獸舞以徵祥；

亦如大糦是承，載龍旂而恐後。又所謂孝治天下，不遺小國之臣者矣。

夫《周書》作訓，禹跡方行；《商頌》登歌，湯孫奏假。思文后稷，推祖德於陳常；明昭有周，播王權於式序。莫不形容美盛，震耀古今。臣幸際聖朝，備員翰苑。西崑載筆，本緣文字蒙恩；東壁觀書，惟以詠歌爲職。其敢不竭其膚末，揚我休明。謹拜手稽首而獻賦曰：

伊世德之作求，卜靈長之受祜。襲氣母以斟元，奠柔祇而拓宇。推開基之有自，周詠《生民》；緬降福之無疆，商歌《烈祖》。二京並建，鴻都永峙於東西；九廟常尊，世室不遷夫文武。道光玉券，既垂統於來茲；神閟珠丘，宜薦馨於終古。衍蒼牙之慶，帝系綿延；彰紫氣之符，聖人作睹。擕提合雒，大揚五葉天聲；夔鼓龍旗，克纘百年靈緒。溯基豐邑，曾殷禮之肇稱；報本橋陵，乃鴻儀之再舉。

爾其炎帝司天，赤騮載駕，羲和練日，朱鳥方中。驗六宿之鉤陳，瑶樞指北；占四維之天目，玉輅巡東。瑞節先行，早戒期於舊國；安輿虔奉，暫消夏於離宫。蓋昭德示和，未舉明禋之盛；而問安視膳，已彰聖孝之崇。則有司隸戒途，土方樹舍，萬騎趻趯，七騶整暇。玉皇絳節，雙龍夾轂以回翔；金母雲輧，三鳥扶輪以上下。望行殿之崔嵬，見旃裘之奔迓。厥獒厎貢，爭看西旅之來；我馬既同，適飭東都之駕。若以荒遠之潛孚，而昭本原之至化也。

於是津通析木，地涉幽都。躔分箕尾，星帶龜魚。井鉞參旗，摩坎宫以東轉；軫收房駟，臨丑位以斜趨。經過毳幕氊城，重拜雙雙之豹尾；漸至白山黑水，新瞻九九之龍車。大獮治兵，時維八月。陳師鞠旅，王用三驅。貔虎熊羆，赫矣聲靈之震疊；風雲蛇鳥，依然開創之規模。夫其兩廣舒張，六花奇正，立萬馬而不斷，列八門而聽令，象祖宗之俟天休命也。陣分鳥翼，圍合魚麗，方總干以山立，俄鳴鏑以風馳，象祖宗之應運興師也。弧直星狼，芒摧天狗，批蒼兕之千斤，捩奇鶬之九首，象祖宗之滌蕩九有也。三品既登，五豵斯取，爰解網以示恩，咸止歌以有序，象祖宗之永清大定、修文偃武也。別有犀手成羣，鯨波無際。禮陳大獮，橐楊柳以登鱻；頌奏多魚，取鰷鰽以供祭。忽來忽往，黿鼉若駕其橋梁；一縱一橫，鵞鸛宛成其陣勢。聚跋浪之雄材，角淩波之精鋭。儼然見泛鴨緑，壓覺華而兩平東裔也。爾乃臨産砮之長江，環采珠之巨澤。睇龍戰之大荒，緬鷹揚之舊迹。依稀水滸，亶父營居；髣髴夕陽，公劉卜宅。穆懷祖烈，紆清蹕於吉林；遥荅神休，薦嘉筵於長白。是蓋創業所由，發祥斯在。蟠地脈以尊嚴，聳神峯而磈礧。惟聖帝之將興，閟靈區以相待。墮山有頌，等於望秩燔柴；祀事初行，亦似先河後海。乃發肅慎，乃向遼陽。周原膴膴，殷土芒芒。抵東北以回鑾，翠旌容裔；指西南以移蹕，玉軑鏗鏘。鴻雁聲多，下千林之黃葉；鯉魚風起，落九月之丹霜。翠柏青松，忽遥瞻夫靈殿；華旗芝蓋，乃遠涉夫崇岡。守以熊羆，浮五雲於空闊；望如龍虎，接一氣於青蒼。是鼎湖之所在而烏號之所藏也。天子於是召宗伯，命太常，陳廣牡，列大房。以妥以侑，或肆或將。奉鬱金以祼地，焫蕭火以求陽。薦兩敦而親盥，格四聖於同堂。推始祖所自生，則義通於禘；當季秋而有事，則禮近於嘗。洞洞屬屬，穆穆皇皇。蓋溯帝嚳之淵源，重來告潔；因追宗周之謨烈，以次升香。繼謁福陵，載瞻天柱。肇承帝竇，戰榆罔而興師；怒奮天弧，翦崇侯而整旅。白旄黃鉞，當年屢震天威；玉戚朱干，今日猶陳武舞。睪然太祖之指揮率土也！

昭陵肅穆，隆業嵯峨。虎賁三千，傳盟津之作誓；降蕃十四，憶貞觀之揮戈。澧水攸同，澤在都人士女；昆臺既去，功存大地山河。穆然太宗之勳業不磨也！斯時也，祖義本仁，化神氣盛。萬國合歡，一人有慶。禮成福備，已符百順之名；孝享吉蠲，允協九如之詠。蓋列祖經綸草昧，貽此珠囊；而皇帝提挈天綱，握其金鏡。思前烈於丕承，感遺模於執競。愾聞僾見，意蠲潔以常通；崇德報功，情纏綿而莫竟。秋霜春露，永懷十載之誠；玉瓚黃流，乃致一朝之敬。由其馨香之昭事，仁孝純深；所以典禮之重光，後先輝映。

是知奮武揆文，不遺藩裔；觀民設教，遠歷山川。出紫塞之嚴關，荒綏五百；紆青羌之巨野，道路三千。木葉峯頭，共瞻玉斧；松花江上，亦拜華旃。固由宣天子之聲明，朔南俱暨；實則推祖宗之仁愛，中外無偏。至於彤庭啓，丹詔傳，天膏沛，愷澤綿。《肆夏》一歌，王風胥洽；《由庚》既奏，和氣畢宣。祝保定者，答《鹿鳴》之什；式燕樂者，咏《魚藻》之篇。型仁讓者，眉壽介公堂之酒；蒙樂利者，曾孫守原隰之田。培本支於百世，頌天子於萬年。又孰非推恩之所必及，廣愛之有由然。夫岡陵三壽，祀先致祝於作朋；河岳百神，洽禮歸原於允保。孝孫有慶，集主祭之嘉祥；上帝居歆，荷配天之靈造。詠徂賚於皇王，繼是承，一人有道。雖蔡邕一議，未足測其精微；光武三巡，不能較其多少。又何論元都洛北，金莖碧瓦之尊崇；法駕河東，甲帳珠簾之祈禱。乃作頌曰：

寢廟迎神，圓壇配食。四氣薦和，九成象德。如見如聞，既匡既敕。矧伊遺弓，閟茲靈域。精爽斯憑，瞻依何極。於皇聖祖，孝思維則。三賁鑾輿，巡於舊國。受福穰穰，時萬時億。皇帝奉先，有嚴有翼。松柏親瞻，車徒再飭。載執鸞刀，載升黍稷。有穆其容，有愴其色。神保是饗，馨香不忒。湛恩旁推，祥和充塞。侯甸要荒，東西南北。四海來祭，各以其職。渺彼氐羌，亦歸銜勒。慕我王道，無反無側。唐葴歌謠，渾邪屏息。抱蜀不言，未戰已克。化馳若神，孰窺孰測。孝治既昭，萬理自得。臣作頌聲，匪文匪飾。樂石精鏐，億年不泐。

皇太后八旬萬壽天西效祝賦 謹序 乾隆三十六年

臣聞孝德之至，光乎四海，尚已。然古昔九域肇開，廣輪猶隘。聖人特擴其宏量，極諸瀛壖，非真能囊括荒憬，畢隸黃圖，一一合其歡心也。炎靈握璽，拊攣鞮而斷其右，三十六國，始臚於蘭臺之書。而德不逮古，或梗或馴。迄不能俾祁連南北，剗滌畛畦，化爲州郡，與函夏黔黎同和聲而歌曼壽。然則元元本本，孝奏天儀，協氣順成，和甘溥鬯。五福敷錫，滲漉無垠。俾黃支烏弋之區，咸沐浴醇醲，推原慈蔭，響然而頌延洪，非軼邁三五之盛德，莫丕應若斯矣。

欽惟我皇上，斟元陳樞，膺圖三紀。德馨神感，迓福穆清；璧合珠聯，祥符炳示。是以茀禄騈衍，景貺日增。重光單閼之歲，緜算周甲。適逢皇太后八袠之慶，康彊逢吉，占協大同，詵詵振振，一堂五世，宫闈愷豫，太和充愉，曠古未覿之盛也。我皇上篤荷天庥，彌祈申錫。華蓋葩瑤，躬導紫闕。東登日觀，禮神嶽以報嘉；北巡松漠，構紺宇以讚佛。貺耆艾，弛髡鉗，蠲租賦，登孝秀。膏露醴泉，應期涌霈。霆聲豫奮，壧處發榮。乃有柔然舊疆，須卜別種，初因牧馬之釁，睽慕容以萬里；兹奏《白狼》之曲，譯唐葴以三章。月筩八更，乃踵邊圉。天人和會，應我昌期。所謂孝治天下，不遺小國之臣者，兹其驗歟！

冬十一月，坤成届節，秩宗陳儀，具如典章，而慶典矞皇，衆忱和樂。大瀛内外，鼂藻旅來。繡舄雕楣，九逵雲構。魚龍曼衍，《韶》、《頀》鏗鏘。五色八音，翕合震耀。逮莊嚴多寶，皈禮能仁。演梵筊祈嘉祜者，皆視曩倍盛。皇上虔奉長樂，益極崇閎。采于闐之琛，鐫延喜之字。鸞書龍畫，胥炳奎文。復闡述徽音，敷陳鴻號。詮文詁義，倂翼贊經。作爲頌聲，章凡十六。又圖讚松柏，取象周詩；集字爲林，用紀寶祚。數贏二萬，遠邁九龍。至於寧百福，介萬壽，龍衮舞綵，奉上玉觥。侑舉之詞，篇準乎《孝經》，律諧乎法樂。分刌節奏，胥出睿裁；而《麟趾》、《螽斯》，聯句共韻。春華摛藻，絢采御屏。尊養之禮，亦與日升川至，彌崇彌增。大孝備矣！德音昭矣！宜乎丙丁之曜，紫霄垂其象；仁壽之鏡，黄祇貢其符。挹太極之泉，福無方之外。萬物湛湛，熙我春祺。融治乎龍沙葱雪，皆澤洽而頌作也。臣夙荷殊恩，近侍黼扆。乃自貽百悔，西出玉門。今叨荷賜環，再入東觀。得追隨黻珮，觀大禮之光，敂愉之忱，實倍恒情萬萬。竊欲殫竭膚末，頌揚盛美。而天文爛采，儷景儀璘。諸廷臣復颺拜矢音，斐然競作。震震耀耀，昭示無極。可無庸臣之複述。

惟念神武耆定，西域砥屬，開屯戍，設官吏，南北兩道，地圖隸職方，版籍登司徒，其編户秠秸粟米與中土等。《詩》、《書》絃誦，騤騤有鄒魯風。即投荒禦魅者流，亦皆力稼穡，綏婦子，蕩滌瑕垢，熙熙春臺。其方鎮之兵，屯戍之卒，偃戈灌燧，春服耕，秋肄武，居者樂妻孥，行者豐儲峙，無所謂室家離别、《東山》零雨之感。其富商大賈，牽車往來，錢刀充牣，貨溢五都，行萬里而不持兵齎糧。其降蕃屬國，供徭賦，貢贄幣，水慴陸慄，不叛不侵。穹廬氈牆之族，役之如臂指；白山赤坂之外，視之猶郊遂。蓋自藉場艾旃以來，外憺威棱，內洽亭育，十餘載於兹矣。平時蹈德詠仁，二萬餘里，風謡響答。際兹敷天慶洽之辰，祈永命詠蕃釐者，益合沓雜遝，彌參狼之墟，而溢燭龍之野；顧逕歷緜邈，間以山川，爲輶軒采風所未及。而承明著作之司，亦無由睹而記之。臣既身履其域，目矚其狀，耳習其謡，得知頌祝之音，達於荒渺，爲十紀以來所未有。不可使聖朝懿美，有遺典册。謹覃精研思，撰《天西效祝賦》一篇，宣遐陬之豫，以介萬年無疆之庥。其詞曰：

於鑠哉！孝慈之福，上⿱罒巳高清，下浹定寧，而普氾乎夤紘也。粤自太素胚渾，厖鴻孶萌，元氣昆侖，孝與俱生。鄒魯之儒，推三五之令名；云亭之號，紀八九之蜚聲。丹文緑牒，圖緯代興。推溯本始，張皇登閎。語神異則赤龍玄鳥，薏珠玉英；臚符命則樞星電燿，摇光月明。事或飾而勘實，詞恒夸而弗經。徒迂怪之是侈，匪顯揚以爲榮。抑或白阜圖脈，豎亥紀程，夷堅博述乎山海，騶衍矯語乎裨瀛。流沙蟠木，太史所稱：以爲合歡乎萬國，叶契乎三靈。然獻令所秩，怳惚疑似；《王會》所甄，俶儻譎詭。賓其人匪我赤子，納其贄匪我疆理。偶逖聽而風聲，達狄鞮於譯使。不過圖畫珍怪，炫耀青史。蓋自赫胥、栗陸以來，未聞指撝蕩滌，會同一軌，拓周索於太蒙，咸稽首而介繁祉者也。

我聖皇丕承五葉，駿烈大昌。契帝綷，炳道光，流淳熙，播馨香。格於太一，嘉貺以彰。俾仗大順，而拓我西疆。星弧耀爓，下射天狼。五月犂庭，組繫降王。再亂再平，太白熸芒。刑天瑟縮而輟舞，貳負左桎而立僵。越玉門、陽關，而大啓畈章；循地形之曼衍，俠雪嶺而翼張。其南則伊吾之壤，扜罙之遺，今哈密地。跨車師之前庭，考六國之故基。交河、柳谷，內我邊陲。今闢展地。掃欃槍，闢坤維，襟烏壘，帶輪臺。原隰奥衍，是曰焉耆。今哈爾沙爾地。衮延姑墨，包絡龜兹。今庫車地。度俱毗羅之城，今賽里木地。達阿悉言之西。今拜城地。收温宿之沃野，今阿克蘇地。劖疏勒之嶮巇。奄有難兜，而控馭無雷、今喀什噶爾地。莎車之國。枕皮山之厜㕒，連亘乎西夜子合，而翦諸蒲犂、今葉爾羌地。于闐之墟。記玉水之漣漪，延緣乎渠勒、戎盧、扜彌、小宛，錯犬牙之參差；今和闐地。相尉頭之舊址，規形勝以建障。庸握奇而制要，詔都護以統之。今烏什地。筠沖種落，散布於斯。山南回部仍其舊民。其北則東蒲類國，隸兹力支，折羅漫麓，甘露川湄。今巴里坤地。初畫界於金滿，今奇台地。今開道於且彌。踰越單桓，逮烏貪訾離。維唐北庭，開府所治。吉木薩東舊城唐北庭都護府所治。今建兩郡，攘攘熙熙。今烏魯木齊地。旁倚乎葛邏禄部，接沙陀之逶迤。今塔爾巴哈台地。徑歷乎攝舍提暾，今呼圖壁地。抵烏孫之所棲。劘碎葉之大牙，汩千泉之流澌。杳不知其所届。接混茫於天倪，今伊犂地。易廬帳而棟宇，變射獵而耘耔，降人附處，寄我藩籬。降附額魯特附居伊犂諸處。屹元戎之玉帳，擁巨鎮之虎貔。其外則康居、烏秅、捐毒、休循。今哈薩克拔達山布魯特諸部。驗海占風，拱翊北辰。誌《旅獒》以厎貢，歌《天馬》以來賓。拓葱嶺以西被，咸蛾伏而受馴。歲來歲往，爲我雁臣。

皇上乃睿思經綸，長駕遠馭。挈天樞以握機，規地員而運矩。山陽則釐户版，定租賦。默德那族，按堵如故。❶譯長君冬，分司厥務。虎士踐更，韜戈坐戍。惟孤石與赤河，役一旅於農扈。山南軍儲取諸回部惟烏什設屯兵五百。山陰則芟夷蘊崇，廓清妖霧。四鎮毗倚，磐石孔固。畫壤綺交，分屯棊布。相流泉以闢畛，紛渠塍之回互。煙火萬里，皆我黎庶。嘘黍谷以春陽，融冰天之寒沍。是皆闡衍孝德，恢宏慈祜。長養以景風，涵濡以甘露。根荄鬯遂，桐生茂豫。魚喙流於深源，鳥擇蔭於高樹。請繻度關，款塞應募。前唱後和，韻臻影附。藹乎若山川出雲，奄忽而翕聚；沛乎若谿谷赴壑，懸流而淙注。駕高轂之峩軻，日隱轔而西騖。匝歲星之一周，屢金穰而大裕。吹豳籥者賡多稼之章，通象胥者譯安樂之句。伊民氣之康娱，久謳吟之載路。兹嵩寧之受釐，揆八袠之初度。儀燕喜之景光，益東瞻而遐慕。

爾其隰佃山農，溱溱莘莘。類別以五，塞外之民，有民户、兵户、商户、安插户、遣户五種。

❶「堵」，道光本作「諸」。

衡宇區分。豋豆被野，穬麥亘雲。青稞鬱蔚，香稻馝芬。雪液温融，殊派異源，蓄洩灌溉，年穀阜殷。班鰲頤養乎父老，黄小長育其子孫。羔羜以娱其賓舅，酒醴以洽其婚姻。東距敦煌，西達移支之原。陶黄鍾之嘉月，望太紫之高垣。耆耉諧聲以擊壤，道路應節而拊轅。曰津送而綏徠，化沙漠而岐豳。受介福於王母，均含和而飫淳。祈泰元之保定，永錫羡而用申。

乃有龍興舊部，鷹揚奮出。曁白霫之猛鷙，與青羌之馳突。東自日域，西駐月⿰山骨。屹八陣之森嚴，肅風雲於戎律。復有三秦驃騎，五郡勍卒，執殳河源，荷戈天末。或胥宇而宜家，或瓜期而更迭。攜家永駐者，謂之眷兵；五年换防者，謂之差兵。或列障於秋防，或載芟於春壝。士銜惠於《采薇》，婦靡感於烝栗。屬斥堠之宴清，餄稻粱之贏溢。酣蒲桃者七萃，飽苜蓿者萬匹。卷牙旗而晝静，息金柝而宵逸。述附寳之懿徽，啓黄軒之駿烈。延矚三素，跽祝聖節。鐃吹合奏，笳簫競發。颬祥飈於慶霄，融天山之積雪。

若夫于婁之谷，賀魯之墟，今迪化、寧邊二城地。京觀鯨鯢，經野建邪。既蕃既庶，澤以《詩》、《書》，術序黨庠，祁祁生徒。乾隆三十四年建置學額。集青衿而鼓篋，鬻縹帙而列衢。扇洙泗之儒風，邁斡難而西徂。文露濃郁而凝醴，奎躔朗潤而耀珠。惟壽考之作人，均帝澤之霑濡。信大任之徽音，兆姬籙之鴻模。誦古義者稱含飴之德，披瑞牒者陳流虹之符。演休徵於姒疇，臚福應於孔圖。濬泮水於蒲海，允三古之所無。又有長商善賈，輻輳駢坒，纚賄溢廛，緡鏹羅肆。墆鬻兼贏，輦殷畢至。隱隱闐闐，紛葩翕萃。蕃敕勒之牸羝，集炎陬之孔翠。繁采炫乎繪紈，雜佩耀乎珠貝。南通印度之途，北達堅昆之地。敞王路於夷庚，咸不脛而自致；班陸離其駭矚，信閎富而奢麗。睇百產之蕃茂，識元化之醰粹。醵飲酺燕，騁歌程戲。蹈舞皇風，謳歆慈懿。詠阜財於《南薰》，介景福於《既醉》。伊凉雜作，侏㑚兼備。稽首而稱眉壽者，蓋數萬以二。

下至寄棘所屏，豪猾頑讒，虞刑流五，堯德宥三。儕胥靡以輸作，隸都尉之所監。殖嘉穀而鉏莠，用馴虓而艾貪。慶再生於鴻造，沃愷澤之柔涵。感祝網於至仁，漸心格而意慙。鴞集魯而音好，荼殖周而味甘。緊橫戈而負弩，或釋赭而解鉗。登名籍於韎鞈，復户版於黎黔。（遣犯年滿者，滿洲、蒙古送伊犂披甲；漢軍入緑旗充伍，漢人改入民籍。）咸礱瑕而礪玷，浴盎漿之潭潭。荷蒼綷之旭升，溯元萌於初函。瞻上瑞之告符，炳珠緯於弧南。扶挈耆稺，招攜丁男。瑪努霏薌，薰爇醃醰。音雜五土，鞠膯呢喃。願賓命之舄奕，齊升恒而永瞻。

其降蕃則突厥舊庭，瓦剌遺種。初風鶴之眙愕，避旗鏠而震竦。聞我綏輯，款附相踵。象百谷於溟渤，浩東注而靡壅。列周廬以星布，環高牙之雲聳。牛馬谷量，茹酪飲湩。藉大厦以帡幪，寧風雨之是恐。以迨天方部族，列城星拱。戍校是鎮，翎侯所董。侔三壤於中邦，歲賦銍而納總。采寳璞以漉波，藝甘瓜而被隴。均受我羈銜，馴其鷙勇。同卉木之發陳，欣向榮而萋菶。云集安宅，慈恩實重。遥祝遐齡，膜拜相擁。都盧之技畢呈，優鉢之花交捧。演瞿曇之法者，多羅貝葉梵唄以潮湧；傳墨克之教者，摩訶兜勒調絲而擫孔。願介壽於南山，亘元會而長鞏。外臣則奉朔之邦，納琛之域。謁大鴻臚，隸典屬國。遣侍子以來庭，集爻閭而受職。通貢道於丹梯，列互市於紫塞。勃律之香，充溢乎筐篚；大宛之驥，弭馴乎珂勒。氍毹毾㲪，毫毳所織。珍麗斑斕，不知紀極。裴矩之所未圖，甘英之所未識。古稱絶徼，今爲闃閾。磑磑即即，師象山則。覃沃膏澤，詠歌聖德。溥嘉惠於殊風，聿皇心之永錫。贊普奚斤，禮容修飭。留犂撓酒，旋舞揚抑。詞不盡詳，舌人宣臆。祝福履之綏將，贏時萬而時億。斯時也，大球、小球，罔不來旅。居國行國，罔不式序。天無別風，地無淮雨。和颸蓬蓬以入律，青雲滃滃而干吕。占黄氣於震旦，識貞符於華渚。春暉融怡，茂育六宇。喙息者咸歌，蚑行者畢舞。紛鱗集而仰流，蓋不違於寧處。遂有窳匿名王，呼衍別族。初聲援乎頡利，俄搆釁於大禄。遥增擊而高逝，避戰蝸之蠻觸。烏三匝而靡棲，依羅刹以蜷伏。維威弧之西指，盡大圓之所覆。釁温禺於鼓下，縛兜題於馬足。懼塗山之後期，鐫昭華而貢玉。白鹿初賓，未挈厥屬。德音彌章，怗然思服。越亁熙日，陽鳥就燠。蓄憾者十有五年，乃遷喬而出谷。爾乃捆載扶攜，彳亍斷續。蓬沙際天，榛莽極目，陰嶺犖确，陽冰硌碌。格拒鋒鏑，跋涉川陸。元冬結軔，朱夏駐轂。險阻艱虞，未悔心而卻曲，蓋瑣尾之餘，尚七萬户有奇，來叩我荒服。皇上嘉呼韓之賓享，閔吾離之迫逐。曰：天人和會，協爾吉卜。克有爾師，惟文母福。沛汪濊，廣涵育，度水泉，相林麓；絍旃裘，葺毳屋，儲餱糒，孳畜牧。油雲霮䨴，甘津滋漉。其發自瓊林大盈者，朱提地寶，溢二十萬而贏，俾樂郊之我穀。復召單于，驛昆莫，陪獵長揚，侍宴五柞。陳角觝之戲，奏大予之樂。飫當户以肴烝，酣屠耆以醴酌。錫冠帶，賜名爵，榮逾始望，以喜以愕。歸告部人，湛恩磅礴。睢睢盱盱，西音競作。祝鳳紀之增緜，播姒徽之懿鑠。呼萬歲三，響會中岳。浹百族以臚歡，極四和而無斁。信大孝之備矣，育含識而咸若。

於是建牙持節之臣，宜禾効穀之屬，咸抃躍以稱曰：昴界天街，古所未通；參狼大野，寥廓莫窮。惟聖武之揚，故保大定功。括地絡而和同，惟聖孝之備。故殊音異服，餐顥氣之鴻絧。介純嘏以衍慶，問謡俗而采風。書契以來，未聞崦嵫之野，駢衍而頌璇宫也。夫奉以殊域之翌戴，乃爲至崇；養以别國之珍貢，乃爲至豐。祝以荒裔之歌謡，乃爲大合萬靈，以祈福於高穹。夐乎哉！黄神蒼牙，莫我比蹤。又何論稽樏橇於禹迹，畫圻甸於堯封。徒以九野之内，尊修己而戴陳鋒哉！

臣乃拜手稽首，而作頌曰：

帝錫嘉祥，惟德克受。俾熾而昌，百禄益阜。謨烈重光，丕基孔厚。篤生聖皇，啓以聖母。於維聖皇，軼古莫耦。於維聖母，平格益壽。大化翔洽，彌於細柳。古曰西陬，仙、釋之藪。鷲峯、鹿苑，荒唐什九；瑶池、閬風，渺茫何有；方趾、圓顱，實皆黔首。格之斯孚，如指隨肘。前古德涼，畫疆而守。狉狉榛榛，鴻荒未剖。皇耆其武，靈夔震吼。柔祇效珍，如闢於丑。疏鑿涂軌，區畫畎畝。既字孩幼，亦頤耆叟。蕃殖鯤鮞，温煦鷇教。戴堯如天，喁喁額手。推本思齊，曰皇太后。舞者旋袂，謳者拊缶，聲聞感屆，甡甡奔走。來值嘉辰，厥哀天牖。貢其龍媒，亦獻春酒。衆籲紫霄，以祈黄耇。帝曰睍哉，天地長久。遐躅軼前，榮光炳後。臣作頌聲，寫模衆口。億萬斯年，昭回星斗。

七旬萬壽賦 乾隆四十五年

灝灝大圓，瑤樞中旋。穆化精以恒運，煒法象以常懸。斟元立極，惟聖憲天。體健行而不息，用無逸以永年。久道有成，茀禄亦緜。此三皇紀歲所以萬八千也。我皇上四十五年，誕膺寶祚，積洪算於七旬，彌精明而强固。雖宵旰之勤劬，難罄窺於平素。兹朱夏之長嬴，宜奎章於啓路。導七萃而修獮，尚飛黄之親御。即萬目之所共瞻者，福備康寧已迥軼乎恒度。蓋上帝之眷顧我清也，粹涵太極，祥兆天端；徇齊敦敏，篤錫黄軒；俾茂豫乎四和，而景命洪延。我皇上承啓佑，統垓埏，履盛陽之昌熾，運醲化以陶甄。膺圖踐祚，則象合乎出震；建元紀號，則義取乎純乾。神符靈契，蓋不偶然。是以德與天合，政以躬先。皇綱振，衆志虔，肅百度，飭六官。勤求乎上理，警戒乎晏安。恒久不已，果確無難。日新富有，業懋於前。緝熙單心之學，非歌頌所能宣；明作有爲之治，亦非記載所能殫。闚以管者，烏識圓穹之運七政；酌以蠡者，烏知大瀛之納百川。然而陰陽溥育，莫測所極；日月貞明，或闚於隙。化良躋於無名，道不遺於含識。故烏蹌獸舞，能應節於虞《韶》；壤叟衢童，亦叶歌於堯德。況赤縣之近光，與彤庭之備職。溯曩昔之見聞，寧弗得一二於萬億。

維我皇上之龍飛也，臣年十二，始來玉京。不識不知，游泳太平。時側聆於耆舊，頌新化之勵精。萬物啿啿，竚三五之咸登也。癸亥以後，臣游於黌。聞臨視乎棘院，兼燕賚於槐廳。膠庠髦士，相與歌文治之昌明焉。丁卯以後，預歌《鹿鳴》。

聞冉駹之戡定，戢卭笮而抗棱。公車計吏，相與頌武義之綏寧焉。甲戌以後，珥筆西清。值九伐之鴻烈，揚萬里之天聲。收伊犁則夙沙自潰，紮蒲海之鯢鯨；摧回部則蚩尤迅翦，掃葱嶺之欃槍。凡三戰而三克，亦再熸而再平。月[illegible]秣馬，濛汜洗兵。水慴陸慄，風動遐聽。匪直大宛勃律鱗集而屏營，❶即烏孫別種隔數萬程。丙子之歲，臣見其貢白環而遐征；辛卯之歲，又見其款紫塞而歸誠。頌威弧之震疊，咸得效夫歌賡。迨乎巴蛇肆暴，因壘揚旌，右桎貳負，組繫九嬰。靖坤維而砥屬，澄井絡而光晶。桃關通道，汶山勒銘。於鑠鴻績，駕炎昊而莫我齊衡。亦孰非天樞獨握，惟斷克成。議不撓於築室，績乃奏於犂庭歟！

至於臣在講幄，恭書聖政；臣在綸閣，敬司詔命。仰駿烈之維昭，際昌期之極盛。堯齡久週乎綺甲，舜治益彰乎金鏡。記起居，則一動一言，識皇心之執競；宣批答，則一俞一咈，均天裁之自定。信獨奮夫乾綱，❷親操持乎魁柄。別有東壁圖書，西崑典籍，《七畧》駢羅，九流條析。酉陽、宛委之所祕藏，劉向、荀勖之所未覯。三閣列貯，十餘萬册。寫官不輟其筆札，正字勤讎乎朱墨。燃藜不遑，掃葉猶積。我皇上勅幾有萬，釐工惟百。恒問夜於未央，或披牘於既昃。鴻綱細目，一一密運其區畫；長駕遠馭，事事謹持其銜策。尚憶臣賜環以前，從軍西域，玉門陽關，百有餘驛。稽奏章之往還，期不踰乎晷刻。究形勢之曲折，宛九重所目擊。知聖慮之周詳，統洪纖而綜覈。乙夜觀書，蓋以餘力。然而考證形聲，研究訓釋，校理或誤於金

❶「而」，道光本無此字。
❷「乾綱」，原作「乾剛」，據宣統本改。

根，鑒照無遺於玉尺。若夫昭衮鉞，辨玉石，分刌權衡，精微抉摘。凡甲乙之次第，均睿思所别擇。石渠儒臣，不過執緝録之末役。視虎觀之稱制，實掩軼乎前迹。斯尤七八載來，臣以樗材濫竽館職，得仰窺而深悉者矣。然則聖圖悠遠，閲久如初。定乎志者先立，得乎天者獨殊。神明剛健，足綿萬載而有餘；經緯周密，乃閲一息而靡渝。動而愈有，與元氣俱；純亦不已，與造化符。偕儀璘而恒照，理自然其不誣。徒見夫山陬海澨，方趾圓顱，祝頌溢乎函夏，歌舞交於康衢。雖沖懷謙挹，卻抑弗居，而抱躋堂稱觥之願者，沛乎如衆流之赴紫澥，燦乎如列星之拱丹樞。乃至梵天佛國，妙闡意珠。闢靈鷲以西峙，驂香象以東趨。祝無量之曼壽，亦涉震旦之長途。祥源衍溢，歡心和會，爲亘古之所無。寧知緜算之錫羨，原諸帝綷之勤圖。福曰自求，義徵乎周雅；極曰皇建，理闡乎《洛書》。帝嬀臣唐，享國久遠，其省成慎憲，可證驗於典謨。況我皇上德崇彌劭，永保宏模。自今以往，億萬斯年。聖敬日躋，無間於須臾。亦億萬斯年，佑命申錫，斂福而用敷。一人眉壽，三靈樂胥。春祺溥鬯，協氣怡愉。永永至於無極，歲歲效其嵩呼。應圖緯者，何止帝期之驗五老；被管絃者，又何止天保之陳九如也哉！

八旬萬壽錦屏賦乾隆五十五年

璇霄斡運，珠緯回旋。鴻絧歕吸，元氣緜緜。惟天行健，惟聖憲天。惟誠無息，惟無逸永年。道合符乎帝綷，自齊壽乎大圜。天根月竁，迭起貞元；六甲五子，萬萬周環。惟八旬之初届，荷申錫之便蕃。諸福備臻，洪算彌延。四瀛陳祝，六幕臚歡。琛賫合遝，歌頌駢闐。伊簪毫於丹地，日三接乎龍顔。咸攄忱而摛藻，已皐拜而颺言。惟三槐與九棘，叨卿月之崇班。際升恒之久照，均涵育於陶甄。譬春鷁之應律，亦羣囀而迎暄。雖駢坒繁禧，推筴不能以殫數；馨香至治，罄牘莫得而備傳。然天不可窮，而可測以七政之晷度；地不可盡，而可紀以兩戒之山川。尺木所量，亦黄袛之片壤；寸管所見，亦丹曦之一躔。懿綱醲化，經緯萬端。外彌綸乎四海，内總隸於六官。各分職而率屬，奉綸綍之所宣。殫知識以闚測，亦或得一二於萬千。

於是臣巴延三、臣瑪興阿、臣保成拜手言曰：澄敘吏治，天官所掌。考績維嚴，程材期廣。我皇上提挈天綱，道無偏黨。舜尺刌度，軒銅規朗。登崇俊乂，慎周典之論材；辨別神姦，垂禹鼎之鑄象。一黜一陟，弗濫弗枉。均賞罰之自招，類形聲之影響。卿尹暨於庶僚，岳牧逮乎令長，趨紫垣而輪對，登彤墀而瞻仰。親詢事而考言，恒求衣於昧爽。五十五載，居今溯曩。信强固而精明，軼三五而無兩。卜萬壽之延洪，可取徵於既往。

臣諾穆親、臣蔣賜棨、臣慶成暨臣蘇凌阿、臣劉秉恬拜手言曰：總持會計，職在司農。合千萬億之賦，制三十年之通。體國經野，酌儉籌豐。我皇上撙節愛養，地寶恒充；權衡國用，圖度田功。再停轉粟，四蠲正供。天膏滋液，恩波瀛溶。若夫金穰木饑，占星所主；箕風畢雨，視月所從。或陰陽之偶沴，適氣數之相逢。並資帝力，代補天工。經營其賑貸，寬減其租庸。雖累萬累億，無辭縻費；雖一方一隅，亦繫宸衷。蓋屢加而靡已，實縷數而難終。是以澤霑壤叟，惠浹衢童。飲伊耆之蜡，籥豳國之風。歌唫響答，祝獻華封。知至仁之必壽，衍鳳紀於無窮。

臣常青、臣紀昀、臣德明、臣鐵保拜手言曰：帝嫣三禮，秩宗是職。茂典恭逢，儀章肅飭。繼文祖以重光，咸遵循乎舊迹。惟今主客，古典屬國，貢集八寅，路通九譯。兹壽寓之宏擴，彌梯航之絡繹。靈鮫效賨於東瀛，神鹿呈圖於西域。驃國之樂，合奏於琅璈；越裳之使，旋登於瑶席。梁元之所未繪，顔籀之所莫識。更有丹徼名王，抒忱吐臆。遠從桂管之南，遄趨松州之北，奉瓊笲而稽首，稱堯齡之萬億。自攝提以至今，曾未覩諸史籍。至於鳴豫導和，象功昭德。溯伶倫之截筩，稽后夔之拊石。三百五篇，定風雅之宫商；一十二管，通陰陽之翕闢。於以見制作之典則。禮樂陶冶，詩書膏澤。魯泮博采其芹藻，周雅增求其樸棫。文明有象而奎躔吐耀，壽考作人而雲漢絢色。於以見教思之培植。鴻造涵育，羣生滋息。一門集其曾元，千叟聚於京邑。五老之榜，耆耇覯夫天光；百齡之瑞，耕鑿歌夫帝力：於以見太和之洋溢。若夫禋祀精誠，百神感格。登黍稷以升香，奏《韶》、《韺》而薦璧。臣德瑛、臣李臺親瞻昭事之無斁。雲上于天，象符羲易。鹿鳴饗以笙簧，天保祝以松柏。臣武隆阿、臣蔣曰綸親見燕飲賡歌之愉懌。蓋浹中外之歡心，均本斂福之敷錫。

臣劉峩、臣吉慶、臣趙鍈拜手言曰：夏官司馬，實統六師。恭逢軒帝，親握戎機。坐黼扆而制勝，燭萬里之嶮巇。九天九地，一正一奇。神明變化，妙用莫窺。迨策勳而注籍，始仿佛其端倪。西征碎葉，迅縛昆彌。貳負右桎，再舉參旗。花門熠焰，復飲月支。遂拓宇二萬，包絡濛池。

吐蕃九姓，妖鳥羣飛。削平二豎，震我靈夔。雞籠鹿耳，漲海無涯。神謨獨斷，亦剪鯨鯢。劚欒石以勒績，凡四樹乎盤螭。山左隴右，蘊崇芟夷。雖剋期蕩滌，螗蜩視之，已駕軼乎方叔之江漢、裴度之淮西，蓋睿籌若是之無遺也。然而精練貔虎，慎簡熊羆，申明紀律，警戒恬嬉。乘金天而大獮，尚親臨松漠以驅馳。至天育驅騎，駃牝蕃滋。五花六印，蹀躞權奇。臣世魁、臣秦清稽覈贏縮，罔敢羸疲。亦惟一人之宵旰，能振舉其綱維。

臣胡季堂、臣穆精阿、臣姜晟、臣玉德、臣王昶拜手言曰：一溫一肅，天道之經；一發一斂，物理之恒。惠則雨露，威則雷霆。陰陽互濟，四序乃成。故重華重裳而庭堅明刑。我皇上勤求民隱，曲察獄情。秉玉衡以揆理，澄冰鏡而鑒形。期酌裁以求當，無姑息以近名。然而雞竿肆赦，屢宣綸而布澤；狴犴釋縶，恒減重而歸輕。檢丹書以除籍，體蒼昊之好生。恒仰承乎天語，悟仁義之兼行。臣舒常、臣巴彥學、臣哈福納、臣陸錫熊暨臣慶齡，掌烏臺以司憲，參鳩律以持平。亦同聲以颺贊曰：惟允而惟明。

臣金簡、臣德成、臣鄒奕孝、臣阿必達、臣張若渟拜手言曰：溯典蒼姬，冬官居六。五材並飭，百工咸屬。括舉宏綱，畧厥細目。大者河渠，次則土木。蕩潏黃流，千里一曲。禦風濤之剽悍，次防隄之修築。或驚湍之涌溢，迅搴芟而湛玉。靈胥怒潮，龕赭所束。滉瀁銀海，天臨親矚。營石埭以屹立，鎮魚龍而馴伏。楚江澎湃，日浴月沐。鯨波衝擊，蟻穴滲漉。藉神謨之指授，還南荆於平陸。莫不度支浩繁，轉運相續。青蚨朱提，連檣繫轂。恒溢量而多贏，睿慮尚虞其不足。至於軒皇合符，舜帝巡岳，屢省方而觀民，恒誡奢而尚樸。輦路惟資夫洒掃，行殿無祟乎華縟。舟梁取濟乎車徒，薪芻不侵乎樵牧。咸供頓之有程，慮或擾乎蔀屋。信仁心之爲質，宜備迓乎天福。

別有天潢司籍，蓬山講藝。周隸宗伯，今分爲二。同作頌聲，繼乎其次。臣孟邵拜手言曰：本支百世，公族公姓。序其昭穆，掌其教令。溯源從祖，篤親惟聖。豐其廪禄，溢於熙寧之所請；辨其章服，榮於嘉靖之所定。詠《行葦》之勿踐，知周京之積慶。《既醉》備乎五福，《綿》嘉祥於無竟。

臣伯麟亦拜手言曰：古之宫僚，今爲翰苑。即春官之外史，惟圖籍之是典。仰見我皇上天藻日新，道源奥衍。闡苞符於玉宇，燿儀璘於金版。越十載而一編，允範金而垂遠。天禄石渠，蒐羅祕簡。積六千帙，溢八萬卷。皆聖鑒所親裁，付儒臣而編纂。日綜理乎庶績，悉稟承於睿算。尚乙夜之懋勤，親琅函與金管。倚剛健之神明，實古今之所鮮。

至於外納章奏，内徵詔旨，綸閣銀臺，職相表裏。則有臣夢吉、臣汪承霈暨臣玉保、臣多永武、臣札郎阿、臣鄭際唐、臣翁方綱、臣李潢拜手言曰：虞命納言，始惟龍作。唐置侍郎，是爲鳳閣。掌綈囊之出入，備披牘而批諾。分下六曹，紛綸浩博。咸立判其從違，更無勞於揆度。鏡屢照而不疲，矩從心而奚酌。信志氣之如神，恒臨機而湛若。

復有禁籞深藪，近依祕殿，周隸天官，明歸内宦。今制酌中，四曹別建。據所微窺，陳詞以贊。則臣伊齡阿、臣舒文拜手言曰：官禮睢麟，同條共貫。化起二南，風被九縣。燕閒亦謹乎起居，暇豫不忘乎宵旰。年彌高而彌劭，信精勤之無倦。雖暫御之未微，亦得側聞而仰見。

若夫典守郊圻，統司都邑，雖綰郡符，實掛朝籍。亦矢其音，敷陳帝澤。則臣吴省欽拜手言曰：三輔之首，近光之地。雖於六職無所附麗，與諸曹司事則相繫。宣布恩綸，奉行德意。臣典赤縣，最先承制。萬井提封，六鄉六遂。婦孺歌舞之情，閭閻和樂之氣。擊轅之律迭奏，鼓腹之圖可繪。朝臣所不及見聞者，臣皆得而覩記。昔柏梁聯句，京兆尹侍，臣效詠歌，竊附斯例。敢代甸服之民，稽首而呼萬歲。

斯時也，前唱後和，遞陳互舉。名言不足以形容，稠疊不能以覼縷。愧挂一而漏萬，方拾遺以續補。臣嵇璜整肅冠裳，正容而語曰：述治法者可臚其目，窺心源者宜溯其綱。天何以圓，地何以方？岳瀆何以融結，日星何以晶光？春夏何以雨露，秋冬何以冰霜？有太極之動静，乃生兩儀之陰陽也。故百福之集，德操其感應；萬幾之宰，心司其弛張。元元本本，厥理可詳。我皇上幬載合契，川岳效祥。五代昌熾，八袠壽康。而軒銘堯誡，❶咨警無忘。鐫寶璽之璘瑞，摛奎藻之煒煌。傳帝學於箕子，溯天錫於姒王。媲瑶圖而並重，同金鑑之在旁。蓋範演九疇，而敬用居其次二；數尊五位，而皇極立乎中央。惟天符之類應，準人事而相當。知息息之默感，用孜孜而不違。繄百度之咸熙，繫一念之有常。是曰聖敬。是曰乾剛。是曰於穆不已。是曰悠久無疆。惟恭則壽，實驗彰彰。是遐齡所以貞固，而景祚所以延長。是爲天人之叶契，而非華藻之頌揚。是爲斂敷之有本，而非術數之測量。

❶「而」，道光本無此字。

於是回環跽誦，紬繹天章。悟基命于宥密，惟莊敬之日彊。信多福之自求，非臣鄰所贊襄。拜手稽首，鳧趨雁行。惟闡演耄念之聖志，以敬上萬年之觴。

平定準噶爾賦❶謹序　乾隆二十年

臣聞弦弧剡矢，肇自皇初。帝王保大定功，莫不式辟四方，奮揚威武。伏考夏征有扈，大戰於甘；商伐鬼方，三年乃克。《六月》《江漢》《常武》諸詩，發揚功烈，鏗鍧炳燿矣。然南不過淮徐，北不過太原。求其震疊威靈，有征無戰。奏膚公於指顧，揚天聲於萬里。粵稽書契，未之前聞。

欽惟皇帝陛下，斟元陳樞，撫臨函夏。桐生茂豫，壥處霆聲。日月所照，莫不砥屬。準噶爾以元人牧圉，竄伏西荒，蠶食諸蕃，寖成四部。恃其險遠，睢盱不賓。列聖以來，屢干撻伐。玉門絶徼，三窟猶藏。近乃竄匿奧鞬，更相攘奪。拊離日貳，迭搆釁端。因使達瓦齊赤虺白狼，乘機竊據，毛鷙搏噬，部曲離心。休屠渾邪之名王，呼衍須卜之貴種，莫不籲求天討，率衆款關。此皆至治馨香，三靈助順。故天人合應，代我驅除。衆驗響臻，大勳顯兆。皇帝規萬年之計，荅眷佑之心，❷命將出車，戢凶禁暴。牙璋方起，捷書旋來。鋒蝟斧螗，莫敢齟齬。不煩涿鹿之戰，盡歸白皋之圖。後舞前歌，渠魁已縶。告成太廟，靈緒益光。唐哉皇哉，厥功至鉅。夫兼弱攻昧，殷土式廓。覲光揚烈，周道爲盛。至於兩階來格，三旬靡逆，雖放勳、重華德盛化神，未臻斯驗也。彼燕然之銘，蒲梢天馬之歌，益蔑如矣。臣載筆翰

❶《國朝文録》此篇名爲「平定西域賦并序」。

❷「佑」，《國朝文録》作「顧」。

林，職是歌詠，謹拜手稽首，獻賦一篇。抒懽忭之忱，揚聖天子之鴻業。其辭曰：

旃蒙大淵獻之歲，仲春之月，皇帝飭軒轅之五兵，申《周官》之九伐。召司馬以振鐸，命元戎以秉鉞。鞭列缺與雷硠，捎欃槍於月蜡。將蹴天柱之嶒崚，歷崦嵫而弭節。蓋大一統之規模，蕩平西域之餘孽也。原夫準噶爾者，昔在有元，攻駒監牧。執其羈靮，馴爲臣僕。和林北徙以分庭，瓦剌西行以別族。脱懽擁衆於臚朐，額參出没於雞鹿。東突盧龍，西抵苦峪。控弦十萬，飛而擇肉。明十三朝，未能釁温禺而禽日逐。我皇清提挈天綱，奠爲荒服。迨九首之奇鶬，鬭岑陬與大禄。驅妖鳥以西飛，析昆彌而兩屬。渺隔越於龍沙，久蚑行而蜷伏。俄哀頑以鞠凶，乃憑凌乎氐羌而肆毒。爾其據康居，掠焉耆，蹴於闐，躪龜兹，凌小宛，捲扜彌，包西夜，絡無雷；跨婼羌與且末，越輪臺與渠犂。莎車、鄯善、疏勒、姑師、陽關二道，烏壘所治，十薦食其八九，殆西薄於條支。盤伊犂爲窟穴，藏封狼與貙羆。攣鞮右臂，實在於斯。其境東巴爾坤，西哈薩克，抵鄂羅斯之南，縈烏斯藏之北。内瞰則伊吾、柳城、高昌舊國，卻背則月氏、罽賓、大宛、安息。出五郡之故疆，渺河源於絶塞。蓋距帝京者，萬有一千三百餘里，尚綿延而未極。其險則陰磧摩天，流沙界域。兩戒蜿蜒，峭崒崱屴。南絡乎博克大，山接嘉峪之關，路隈壘以欹側；北盤乎阿爾泰，嶺據大地之脊。攀星斗以仰逼，杭靄分支，出乎其肋。日月吞吐，雲霧蔽匿。猿猱爲之却步，飛鳥爲之斂翼。別有塔爾奇嶺，巘逾卬僰，洪河中坼，界其閫閾。苟持戟以當關，雖萬夫其莫陟。是以豺虎縱横，恣爲凶慝。白環之貢不修，南仲之師屢棘。宜禾之尉罷屯，契苾之碑久泐。微聖代之天威，固莫能控制以銜勒。

昔噶爾丹之逆命也，仁皇帝操井鉞，揚參旗，驅谷蠡，馘屠耆，凌姑衍，震燕支。總桓桓之七萃，凡三駕乎西陲。鞭應龍於大野，取蚩尤而戮之。姑旁存其一綫，示解網之鴻慈。爾乃涸鱗更躍，妖鳥難馴。銜干奮舞，馳突風塵。窺我瓜沙之屬國，納我青海之畔臣。赤囊旁午，白羽紛紜。憲皇帝審五稔之未盈，用偃革以寧人。戊巳校尉，屯田將軍，九象之力，繫金鏁而守以庚辰。蓋待天時之至，而後撻伐是申也。皇帝是以揆人事，測天意，審地形，定軍勢。因摶噬之相殘，知猰貐之將蹶。緬巾机之銘辭，曰日中其必熭。玉弩西垂，雷霆砰磕。降王執梃，前茅揭旆。張兩翼以合圍，若獮禽於月窟。羌角之而掎之，俾顧腹而失背。西則交河之戍，天山之口。蒲海蕩潏，火山燏吼。巨靈擘山以前導，河宗鼓檝以左右。太白荷殳以旁驅，蓐收抗旌而奔走。奮雄劍而一動，蹴雪山猶培塿。北則東受降城拂雲之祠，跨寘顏，摩浚稽，渡匈河，越眩雷。召燭龍使炳夜，嘑玄武以揚麾。倏簫雲以颷捲，紛冀馬與燕犀。直歷乎陰山之北，而出乎白龍之堆。爾其移玉帳，傳金柝，騰白鵠，鞭雷駮，淬芙蓉，礪龍雀。占太乙與河魁，役貙虎與鵰鶚。巨礮飛屑以辟歷，鼓角殷地以回薄。山精瑟縮以遯藏，狼星睒瞯其欲落。意困獸之猶鬭，或窮鳥之必攫。矧鯨鯢之千里，不跋浪而一躍。而乃五城翎侯二部昆莫，降旛矗矗，千羣面縛。奉詔書而稽顙，信王師之除虐。毳幕氈牆，左瑠瓔珞，豋豆羱羊，馬酮乳酪。膜拜獻犒，祗摩屨錯。即有彫虎黃熊，飛猱健玃，傳尺檄而定之，皆弭首而就羈絡。故師之行也，迅乎若長風之捲霜籜，沛乎若洪流之赴巨壑。崇關徹其闉闍，複嶺失其峉崿。叱鼋鼍以爲梁，渡伊犁猶一勺。迫遊魚於沸鼎，辨棲烏於空幕。左軍未濟，右師已克。飲馬濛池，洗兵鹽澤。犁庭掃閭，曠然大漠。刈苜蓿以爲芻，引蒲桃而滿酌。檻已縶之飛狐，追突圍之巨貘。張天畢與星弧，擊靈鼓而大索。威棱之所衝激，猛氣之所凌轢。鶴唳風聲，中宵駭愕。引虛弓而下之，若驚鴻之聞繳。蓋不待花諾海西之奔潰，與圖爾滿部之就獲。醜旅八千，已知其一呼而盡卻；飛走路窮，可以縛兜題於槃橐。於是插羽書，馳列校，日六百里，飛黃騰踔。疊迹躡影，捷音還到。五月壬辰，告收西徼。藉埸艾旃，驅除虎豹。伏莽百年，歸我丕冒。

紹聖祖之業，繩武以維肖；成世宗之志，繼述以克孝。列聖以來，馨烈彌耀。圓壇方澤，精禋申報。社稷是歆，執律而造。昭薦先師，列懸振翿。鼎湖珠丘，涓辰遺告。練六月朔，獻於太廟。華蓋上垂，句陳引導。駕十二龍，黃屋左纛。雲旓摩盪，日珠熠燿。播七德以象功，揚朱干而舞蹈。薦大房之飶芬，赫蕭火之煬燎。讀版陳辭，光靈煜照。是蓋王師大獻之禮，司樂之所掌，樂師之所教者也。越七日己酉，諏日惟良，皇帝詣壽康宮，恭奉寶册，煒煒煌煌。神龍盤紐，精鏐栗黃。雲篆璘瑞，亢籀軼倉。副以金簡，青瑶爲章。鴻文葳蕤，符采炳烺。崇徽號以十二，頌慈訓而顯揚。慶荒裔之敉寧，祝聖母之樂康。善必歸親，孝治是光。遂闢閶闔臨正位，御太和殿，萬靈祗衛。龍旂肅穆以交拱，翠罕卷舒於雲際。綵鞭奮響乎天半，銅鶴噓香乎釦砌。委珮瑽琤，華纓容裔。九拜奏賀，東西雁綴。爾乃渙汗大號，行慶施惠。百神歆沃，萬物沾溉。金雞揭竿以翹立，木鳳銜書而下墜。丹詔一降，甘雨立霈。合萬國之歡心，感陰陽之和會。蓋中外一家，功成治定，與天下同慶之意也。望後二日，獻俘禮行。於廟於社，昭告薦馨。翼日庚申，皇帝御五鳳樓，楯戟夾陛，肅肅魚鈴。司馬司寇，左右祗承。赭衣頄⿰幽頁，組練交縈。擁以斧鉞，聲以金鉦。獲毚兔於既脱，檻雄虺而就烹。囚貳負而右桎，戮防風而抗棱。釋爰劍以爲隸，準無弋之初名。

既而西蕃外裔，逖聽風聲。水慴陸慄，效順貢誠。捕樓蘭以對簿，縶頡利以擒生。捩赤豹之長距，鎩蒼隼之修翎。東以犀革，繫以長纓。厥弩七十，盡族以行。望虹旃以傳送，拜霓旄而屏營。馳檻車以詣闕，待藁街之明刑。六月庚戌，西域悉平。大書露布，揭以朱旌。十二晝夜，報達紫庭。歌舞交於朝市，愉樂洽於萬靈。四極四和，大定永清。乃命大章、豎亥之流，隸首容成之屬，循黄祇之支絡，步道里之盈縮。驗分野於昴躔，考中星於昧谷。測珠斗之高下，證銅渾之遲速。七十二候，頒示蕃族；三十六國，咸遵正朔。浩乎大哉，此王道之極盛，而三五之遐躅也。

是以百辟卿士，陳書獻議。輯《采芑》之雅，述征苗之誓。作典寶於三朡，校兵占於黄帝。炙汗青以紀載，授蘭臺而編次。别采飲至於學之文，準在泮獻囚之義。樂石銘功，靈鼉贔屭。乾坤之容，莫能藻繪。峋嶁龍畫，聖謨垂制。配十鼓於辟雍，掩埴金之寶氣。教化之源，觀光所萃。瞻拜赤文，摩挲緑字。於鑠鴻猷，永昭垂於萬世。

是役也，動乎九天之上，决勝萬里之外。建斗極以握奇，規地員而執契。葱嶺之陬，視如闔内；開陵之屬，役如僕隸。熊虎之臣，運如指臂。不須乎授鉞登壇，禡牙軍祭。出偏師以臨之，蹴鐵山而立碎。方叔、召虎莫能測其機，風后、力牧莫能效其智。按六經而校德，合雒攝提未屈指以一二。然而皇帝方穆乎深思，持盈保泰。謹馭貴之大權，示宴安之炯戒。震動恪恭，式序在位。復與天下沿溯乎道德之源，磨礲乎鄒魯之治。備九獻與八佾，觀車服與禮器。《天保》、《采薇》，文經武緯。且將法周室之四巡，準《虞書》之五歲。喬嶽懷柔，翕河哀對。獎力田，勸孝弟，采風謠，禮耆艾。功彌大而彌勤，卜億齡之永賴。聲靈赫濯，湛恩汪濊。紇縵乎三光之昭明，沕穆乎五氣之暢遂。坱圠乎元萌黄芽，苞二儀而涵蓋。神州赤縣，圓顱方趾之民，其孰不以手加額、稽首至地。乃作頌曰：

河源星宿，九折朝宗。山祖崑崙，環絡趨東。參狼白馬，詎外㟊幪。皇者其武，四海大同。太陽爚爚，是傾葵藿。春雷震震，蟄蟲胥作。碎葉西臨，昄章式廓。波濤不驚，星緯咸若。於赫鴻業，光我五葉。我武維揚，我仁孔洽。既畏既懷，匪餌匪脅。豚魚胥孚，鼓桴喻捷。孚彼遠人，咸飲我醇。鷹化爲鳩，感我陽春。灝灝元氣，太和絪緼。臣作頌聲，播示無垠。

紀文達公遺集卷第二

孫樹馨編校

賦

海上生明月賦 以海上明月共潮生爲韻

伊少昊之行秋，吐望舒以絢彩。坎離互濟，承日影而生明；金水相涵，耀澄暉而加倍。示沖謦闕，本來之昭質無虧；水鏡雪凝，終古之清光不改。沈沈玉宇，長委照於寥天；灧灧銀華，先騰精於巨海。

方其溟渤晚潮，瀛壖秋漲。島嶼縈回，風濤激壯。遲皓魄而未升，佇涼波而騁望。鮫宮夜閉，蒼然積水之溟濛；蜃氣宵沈，邈爾高天之清曠。養魄廣寒之府，玉斧方修；揚輝拒格之松，晶毬乍漾。微開塵匣，纔窺一線之明；欻鼓風輪，欲出三山之上。

爾乃助日爲光，運丸樞而西轉；與潮俱長，激水輨而上行。貝闕初開，神光離合；龍堂潛照，陰火晶瑩。汎兮若浮，圓轉之盤珠不定；躍然欲動，飄飆之白羽初擎。乘氣以遊，乍娟娟以延佇；馭風而上，俄冉冉以遐征。良以天在水中，附而行者，隨左旋於蟻磨；亦似明出地上，湧而升者，觀一丈於雞鳴。月者闕也，今乃自闕而至滿；海者晦也，早已離晦而向明。

是蓋其出有候而不渝，其道有常而不越。晦弦進退，轉環於三百六旬；氣朔盈虛，積算於一十二月。每至日輪相望，始成光采之團圞；而當海嶠初生，倍覺精芒之艷發。水天澄碧，浴澒洞而回翔；風露高寒，凌混茫而超忽。浮三千之弱水，正臨方丈瀛洲；映十二之層城，盡似瓊樓玉闕。

且夫海爲陰類，月爲陰之所宗；月本水精，海爲水之所統。滄溟浩渺，潤下而流；紅蘂扶疏，倚雲而種。在天在地，若迥判其升沈；成象成形，實不殊其體用。近日小而遠日大，月之盈闕，海若隨以盛衰；下弦減而上弦增，海之往來，月實司其操縱。元冥孕氣，應知本性之原同；素質流光，自學清輝之相共。

是以淪精巨浸，煜采秋宵。宛貯之以冰壺，凈無渣滓；似洗之以銀漢，静絶煩囂。漻乎其清，引微飈而拂拂；窅然無際，悟元想於超超。非空闊之無垠，不足以彰其皎潔；非至明之有耀，不足以徹於泬寥。曰兩美其必合，遂萬象之咸昭。豈但光景流連，召謝莊而賦月；將以陰陽消長，進盧肇而談潮。

天子握長明之心鏡，遊不夜之化城。乘高秋以遐眺，挹爽氣而宣情。寸心澄澈之餘，覺物來而畢照；萬鏡虚明之際，亦感至而不嬰。炯靈臺之寧静，渺纖壒之不生。知聖人之性體，與海月而同清。固將證化源於太初太始，契帝載於無臭無聲。豈徒以三珥凝庥，侈天符於象緯；重輪表異，標瑞牒於昇平。

書雲物賦 以登臺占驗用紀嘉祥爲韻　併序

《周禮・保章氏》以「五雲之物辨吉凶。」《春秋傳》曰：「凡分至啓閉，必書雲物，爲備故也。」而歷代相承，用爲冬至之典。豈以丘明所紀，在日南至之下歟？抑以氣動於下而象成於上，事驗於後而幾見於先。發生之始，尤考驗之最切者也。謹攄此意而爲賦曰：

握乾樞以正位，奉天道以欽承。搆靈臺以遠眺，命太史以時登。躔次無愆，既測星辰於常度；希微有象，亦占氣色於先徵。凡以機祥之至，必有眹兆之興也。

爾乃陰陽遞運，節序相推。觀象於天，各順四時之中候；履端於始，尤詳半子之初開。蓋暖律潛吹，欲蒸黍谷；微陽漸達，已動葭灰。地氣上升，因成雲以糺縵；圓靈下感，宛有物以昭回。舒卷無心，雖異常占之辰次；吉凶可驗，非同偶化之樓臺。九野分躔，因觀文以察變；五行異性，用數往以知來。

則有子韋測候，裨竈司占。黄鍾既動，赤管斯拈。指氤氳以馳望，極寥廓以高瞻。或成文而不亂，或錯采而相兼。别方州於遠近，察形色於毫纖。蓋如《周禮》之命官，五雲有辨；亦似《春秋》之載筆，一字必嚴。

是皆窺彼先幾，存爲後驗。示祥示祲，宛明兆於蓍龜；宜避宜趨，悉預書於鉛槧。天人之感，通諸山澤之精神；效法之心，察及煙霞之光艷。非但賡歌於八伯，將傳復旦之章；實同取證於九疇，用慰庶徵之念。

彼夫封中起白，競奏祥符；鼎上凝黄，侈陳歌頌。皆後代之所矜，非聖人之所重。孰若箕星應候，精占驗於陽雲；子月起元，求端倪於天統。載諸史氏，非同讖緯之言；觀彼天文，更廣璣衡之用。

是知聖主謹微，明王慎始。氣機先見，知有驗於將來；消息相通，早預窺於初起。彰其五色，各因物而命名；治我百官，將以雲而爲紀。丹鉛謹録，等諸三篋之書；黼扆敬陳，譬彼十煇之眂。誠以觀察之深心，而致郅隆之上理者也。

聖天子圖握録字，籙授蒼牙。運神功之布濩，致至治之休嘉。卜太平之慶裔，歌帝世之光華。咸五登三，方兹無愧；出十苞九，莫之或加。

用能彌綸天地，含吐嘉祥。闢北闕以端居，庥凝紫氣；至南郊而有事，瑞炳黄光。史不絶書，識精符之感召；天不愛道，卜帝祚之綿長。伊從龍之有願，思捧日以俱翔。敬抽毫以獻賦，頌聖德之無疆。

春水緑波賦 以風行水上涣爲文章爲韻

春回南浦，凍解東風。流澌拍岸，遠水連空。千疊微波，映韶光而駘宕；一痕新緑，浮暖溜以沖瀜。漲細浪於桃花，紅英乍落；羃生煙於芳草，碧色相同。

當其流雲乍破，宿霧微横；雁奴驚曉，鳩婦呼晴。白舫青簾，柔櫓數聲船過；紅衫烏笠，畫橋幾處人行。菡萏半垂，漾日華而欲動；玻璃一片，隔樹影而偏明。

至於雨濕蘅皋，霧垂芳沚，漠漠輕飄，濛濛未已。排來雁齒，煙迷九曲長橋；染出鴨頭，岸長三篙新水。分數行之雲樹，淡墨初匀；映幾處之樓臺，挼藍相似。

别有習習柔颸，層層軟浪。鏡面新磨，鞾文細漾。一池吹皺，依稀碧縠玲瓏；六幅拖來，髣髴青羅飄宕。洛神欲拾，迷翠羽於洲中；湘女出遊，蹙魚鱗於水上。

若乃暝色銜山，夕陽低岸，歸鳥相呼，殘霞欲涣。一灣柳色，遥垂官渡低迷；千里楓林，不盡清流淼漫。關山何處，凄然遊子之一方；煙水無涯，渺矣勞人之三歎。尤其贈勺藥而情深，悵楊花而目斷者也。

嗟乎！春流瑟瑟，春草離離。河梁録别，灞岸相思。懷遠人於長道，照孤影於清漪。伊徘徊而不見，羌獨立而何爲。

乃爲歌曰：幽渚多芳芷，長天杳碧雲。一雁可憐横極浦，雙魚莫惜寄回文。

又歌曰：掠波雙燕子，浴浪兩鴛鴦。春思今如許，春情那可忘。一水誰云難得渡，七襄何事不成章。渺江流之無極，與遠夢而俱長。

上林春雨賦以題爲韻

節遞中和，月臨大壯。陽氣蒸濡，春陰醖釀。灑芳潤以霏微，逐柔飔而蕩漾。流光乍濕，遥看新緑芊綿；生意初酣，恰趁嫣紅開放。波添太液，漸沾溉於人間；雲近蓬萊，先飄颻於天上。一百五日，從來風雨常多；三十六宫，正是鶯花彌望。

爾其神臯地迴，禁籞春深。金堤夾鏡，玉樹成林。浮瀛洲於珠海，搆閬苑於瑶岑。月榭風臺，時寄豫遊之意；珍禽文木，皆關長育之心。轉駘蕩之春光，既宜遠眺；對空濛之雨景，尤豁煩襟。則有布穀聲中，乍更凉燠；養花天裏，倏作晴陰。澹淹四垂，吐流雲以羃䍥；蒼茫一色，飄密縷以浸淫。潤下有情，本自五行屬水；無聲細入，不妨三日爲霖。隴麥方抽，正相資以長養；宫花纔吐，乃彌愜於登臨。

爾乃柔絲摇漾，細點輕勻。濛濛似縠，漠漠如塵。俄低迷於蘭殿，旋沾灑於楓宸。翠羽初齊，池草潛滋其碧液；胭脂盡濕，林花微滴其紅津。御柳猶眠，和曉煙以踠地；宫鶯乍寂，選密葉以藏身。試啓雲軒，山色盡圍螺黛；如憑水檻，漚紋多作魚鱗。睿賞淹留，亦可亭名喜雨；天顔怡悦，便應苑號宜春。蓋天地氤氲，適逢交泰；陰陽和會，是謂發陳。聖德周流，能均調夫元氣；神漿沾溉，自感召夫鴻鈞。

此青陽所以應節，而天膏所以依旬也。

天子於是登板桐，啓縣圃，命倌人，召農扈。順時令於天和，課田功於下土。村村碌碡，他時九月秋場；處處茅蒲，此日一犂春雨。紅飄遠陌，望杏催耕；緑漲新塍，插秧擊鼓。芳辰可樂，雖遊三月之華林；甘液既零，彌念萬家之蔀户。良以春者蠢也，令主於發生；雨者羽也，義取諸散布。奉天道以欽承，普仁心以貫注。將使太和翔洽，不遺草木昆蟲；至治馨香，徧飲醴泉甘露。豈止唐巡東洛，徒賡春雨之詩，漢侈西京，但奏上林之賦。

鴻漸于陸賦 以鴻翔天路羽儀上國爲韻　并序

按舊說謂漸卦上九與三，皆處卦上，故並稱陸。而上九尤爲進處高潔，不累於位，無物可以屈其心而亂其志。峩峩清遠，儀可貴也。胡氏不從，改「陸」爲「逵」，殆取以次而高合漸之義歟。竊謂同一陸也，九三漸于是則凶，上九漸于是則吉。於示人循序之意，尤爲深切。且「逵」訓雲路，經典亦無明徵，舊說似未可盡廢也。謹述其意而賦之。曰：

披羲文之奥蘊，究卦畫之始終。識乘時之得位，惟循序以有功。艮本安敦，故雖行而知止；巽惟和順，乃善動而不窮。二體相重，漸長者義取諸木；六爻遞衍，屢遷者象寓於鴻。

原夫剛柔互應，上下有常；尊卑既定，進退宜詳。干在水涯，初尚未忘乎惕厲；磐居石上，二已稍即於平康。于木者或得安栖，四爻巽順；于陵者漸登爽塏，五位陽剛。惟乘高而在陸，爲勵志以輕翔。九三非得地之時，夫婦之間尚自乖其配偶；上九有至清之望，羽儀之吉，乃允協乎行藏。

方其流音宛轉，矯翼騰騫。行行分列，一一聯翩。睇長途之秋色，接遠勢於寥天。方凌虛以軒翥，俄擇地以回旋。彼水石之堪依，無心栖泊；即林丘之在望，何意留連。陟彼高岡，徑欲排雲而上；納于大麓，居然出谷而遷。

爾其斂翼遥投，呼羣共住。曠野浮青，圓沙聚素。四圍平坦，一從宿霧眠雲；百尺高寒，直可吸風飲露。惟清遠而無營，故逍遥而獨步。尚無取於蜩鳩，亦何論於雞鶩。從此鴻飛遵陸，已永謝夫卑栖；非同鵜味在梁，徒僭争夫先路。

是知有遠志者，不屑夫稻粱；欲高飛者，在豐其毛羽。集于中澤，耻隨陽鳥之居；升自高陵，能免下民之侮。飄飄自遠，原無意於躋攀；落落不羣，亦不由於矜詡。此君子所以立身，而聖人所以有取也。

夫有莘之野，清渭之湄，衡茅蕭散，耕釣棲遲。杳鳳鸞之遐舉，非燕雀所能知。相其功名，可取方於龍見；挹其神識，正有似於鴻儀。

所以吐棄塵氛，翱翔空曠，渺忽寡儔，尊崇不讓。象有合於居高，爻不嫌於在上。寧同無因求進，翰音致戒於難登；與夫壯往不回，陽德或虞其過亢。

天子方章彼俊民，楨我王國。多士騰驤，羣材羽翼。聖人作睹，占利見之有時；地道上行，卜泰交之無極。固將鳳翔千仞，作符瑞於昌期；鶴唳九皋，效贊襄於主德。

荷露烹茶賦 以勝情韻事合補茶經爲韻

伊荷蓋之亭亭，承露華之晶瑩。含新碧而澄鮮，漾微波而不定。涼生殿閣，空明足滌夫煩囂；清帶煙霞，含咀彌增夫佳興。銀塘流潤，靈津之滲漉方濃；石鼎烹香，別調之氤氳殊勝。

觀其希微有迹，沾灑無聲。曖曖上浮，夜氣涵空以虛白；泠泠下墜，雲漿化水以輕清。譬以醴泉，尚未離乎泥滓；方諸甘雨，似更得其精英。飲其皎潔之風，已堪延爽；雜以芳馨之味，倍足怡情。

爾乃蓮渚橫煙，桂輪低暈。花花映水，一灣碧玉淪漣；葉葉含滋，十里緑雲遠近。掬纔盈手，儼金掌以高擎；圓自如規，訝晶毬之轉運。雖非去天尺五，仰承雲表之神膏；居然在水中央，遠絕世間之塵坋。松花蘭氣，試旋煮以清泠；雷莢冰芽，覺莫名其風韻。

則有活火初煎，瑞雲新試。素濤乍瀉，宛然白乳之凝花；緑脚輕垂，猶似青錢之滴翠。貴甘貴滑，性本相宜；以色以香，美無不備。餐同沆瀣，殆欲化於虛無；沃勝醍醐，更不參以膏膩。瓊漿滴瀝，何須玉屑相和；芳潤依稀，亦似木蘭所墜。浮華沈沫，忽思對雪之清吟；回味生涼，無取添酥之故事。

於是縷泛銀絲，膏鎔金蠟。沸聲乍起，滑流圓折之珠；水氣潛濡，潤滴方諸之蛤。雖受人間之煙火，高潔自如；本爲花上之菁華，芳鮮微雜。味含澹泊，醇醲與辛烈皆非；氣得沖和，苦洌與甘寒相合。飄飄意遠，都忘溽暑之蒸濡；習習風生，但覺清虛之吐納。

夫井華朝汲，既有前聞；雪液冬煎，亦傳往古。兹茗椀之閒供，獨蓮塘之是取。張而似蓋，以仰受而得多；圓者如盂，惟中虛而能聚。天廚品味，又新之記猶遺；中禁傳方，鴻漸之經宜補。

況乃委素流甘，露本仙人之酒；中通外直，蓮爲君子之花。毓卉木之香靈，是生瑞草；淪心源之意智，夙貴真茶。和內調神，氣相資而得益；漱芳瀝液，味交濟而彌嘉。非如瓊爵銅盤，惟講求於方術；亦異蟬膏鳳髓，但矜尚以奢華。

彼夫寶甕之壇，荒唐無據；丹丘之國，附會不經。孰若翠釜承來，液化雲英之水；金芽煎試，膏凝天乳之星。感召嘉祥，五色先徵其獻瑞；和平血氣，萬年即可以延齡。伊火齊而水潔，得慮澹而神寧。固將澄其静虛之體，而遊於沕穆之庭。豈若論茶源者，意取諸悅口；辨水味者，智止於挈瓶也哉！

綵勝賦 併序

花勝之來舊矣。諸書所説，厥狀靡詳。《荊楚歲時記》謂如瑞圖金勝之形。以意度之，其式當如同心結，今所稱綵符者是。特今用於重午，古用於春日。且立春飾以花鳥，人日飾以人形爲異耳。宋人亦曰銀旛，又有綵旛。《新翦緑楊絲語》，蓋或裝以銀，或綴以柳，其實一物也。謹約畧形似而賦之。曰：

溯遺聞於前代，降寵錫於新正。集華簪而肅列，出綵勝而分擎。熨碧裁紅，風裊銀旛以乍動；蹙金結繡，春隨玉剪以潛生。頒賚有時，蓋遵循乎典故；規模盡巧，亦潤色乎昇平。

原夫剪花舊事，曾記東宮；戴勝仙裝，夙聞西母。歲時有記，初行荊楚之間；歌詠相矜，大盛隋唐以後。合以纂組，象有取於同心；儷彼簪纓，義亦貴其耀首。作衣冠之章采，爲物雖微；備朝會之儀文，其來已久。

爾其爲制也，或以銀塗，或以金釦。或仙蛾五色，抽來園客之絲；或雲錦七襄，織自天孫之手。或方圓成象，金刀宛轉以爲裁；或經緯互纏，綵縷紛綸以相糾。或黏以鳳髓，紅翻朵朵之花；或貼以鮫綃，緑染枝枝之柳。

爾其爲狀也，玉圭半掩，露其斜鋭之端；金鎖雙關，貫以葳蕤之紐。依稀疊矩，鬭兩角以居中；彷佛連環，抱重輪而爲耦。層層牙錯，穿來百道縱横；面面觚棱，凸起四旁左右。其翹而立者，如迎春之綵樹，植於玳瑁之筵；其委而垂者，如獻歲之青旛，銜在蟾蜍之口。此其形模之似，可爲歷歷以相推；而其文飾之殊，猶未一一而悉剖也。

爾乃蒼龍御節，青鳥司晨。玉樓嚮午，珠斗回寅。及元旦以裁繒，頒來中禁；趁東風而插帽，賜徧羣臣。當百花放暖之時，剪繁花以儼肖；值衆鳥向陽之日，寫語鳥以如真。宛栖神燕於釵頭，雙飛上下；似落宫梅於額畔，五瓣鮮新。此花鳥之勝用於立春者也。

若夫律吹太簇，陽已生三；砌長仙蓂，葉纔抽七。諸陽在首，故以戴於首者順陽氣之發生；七日爲人，故以象夫人者祝人身之安吉。踐形惟肖，貴爲萬物之靈；具體而微，巧備五官之質。

其飾以綵也，斑斕互暎，居然衣錦之光輝；其綴於勝也，膠漆相依，亦似斷金之儔匹。此人勝之制用於人日者也。他如圖畫丹青，或施門户；裁縫綺繡，亦貼屏帷。薦柏葉與椒花，舅姑是獻；佐蠟鵞與粉燕，親故相貽。處處春風，盛世繁華之習；年年令節，前民風俗之遺。即其點綴年光，見治平之有象；凡以導迎和氣，期福履之是綏。

聖天子至治馨香，太和醖釀。堂廉愷樂，環陳獻壽之樽；典禮修明，肅列迎春之仗。陶姚敦樸，躋而日隆；❶唐宋虛文，屏而弗尚。所以鏤金剪綵，不鬬其奢華；學鳥圖花，莫詳其形狀。花幡寶勝，僅存想像於前聞；金幄瑶筐，詎敢追隨於高唱。

青雲干呂賦 以青雲干呂彌月不散爲韻

伊休明之上理，表符契於圓靈。播元音以宣暢，妙神感於杳冥。大樂初鳴，既驗輕風之送緑；和聲間作，復徵瑞靄之浮青。呼吸相通，直徹碧虛之上；輪囷不散，俄成翠蓋之形。此青雲干呂之象，以彰至治之馨也。

原夫呂之爲用也，循環八位，損益三分。於律爲妻，象似有夫而有婦；於陽爲佐，義取一臣而一君。大司樂名之曰同，譬耦畫之得雙，剛柔相濟；伶州鳩稱之曰間，應雌鳴之有六，往復相聞。長短參差，遞節五聲之高下；陰陽和會，斯調二氣之氤氳。故通制作之精微，求陰於呂；而召乾坤之訢合，表瑞以雲。

蓋夫雲也者，希微有象，變化莫殫。山澤之感取諸咸，蒸而出者，既油油以漸合；天地之交取諸泰，聚而升者，遂靄靄以上干。乘氣以霏，本有同和之象；尋聲而赴，孰窺交會之端。當其截竹之頻吹，通諸幽渺；正似從龍之類應，倏已彌漫。

至於觸石微生，乘風輕舉。五方異色，别以赤白元黄；列國殊形，判以燕韓秦楚。何聖德之所徵，獨青雲之干呂。帝出乎震，本爲長育之鄉；人始於寅，是曰發陳之所。肖木色於東方，配蒼天於春序。雖似朱襄鼓瑟，感來陰氣之和平；實同太皞司辰，應以陽雲之容與。

❶「而」，道光本作「以」。

是以昭華乍奏，嶰管徐吹。揚音上薄，應響下垂。象煙綃之飄舉，結華蓋之葳蕤。聽一聲之初動，俄六合之已彌。宛如噓氣而成，逐輕吹而冉冉；又似聞歌而遏，隨清響以遲遲。

遂乃郁郁紛紛，蓬蓬勃勃。碧天萬里，入寥廓以霏微；黛色一痕，接混茫以超忽。比蔚藍而差澹，低映金門；擬輕縹而猶濃，薄籠瑶闕。翩如翠鳳，儀於韶樂之初成；燿若蒼龍，躍自雷聲之始發。繁音競作，覺摇曳之多姿；逸響將終，尚飄颻之未歇。雖復無心之舒卷，澹宕隨風；偏如有意之低徊，流連累月。

是知天人一貫，元化流通；聲氣同原，真精吸嗽。應於上者，能含吐其嘉祥；動乎下者，實宣調其拂鬱。六變九變，但詔典樂以和聲；二至二分，何待保章之辨物。即此命官紀瑞，真可媲美於雲師；定知率舞傾心，不啻受馴於服不。

天子體備中和，歌傳糺縵。鳧鐘鼉鼓，握瑶琯以長調；玉葉金枝，抱珠宫而不散。均和樂律，直將方駕於黄軒；遠貢神香，豈止比隆於炎漢。頌德化之昌明，愧高深之莫贊。仰三殿以抽毫，效載賡於復旦。

仲春上丁習舞賦以上丁習舞宣導陽和爲韻

播五色以成文，行八風以諧暢。伊不亂而不奸，若相摩而相盪。律通於數，當孳甲之初分；舞動其容，應句萌之向上。導迎生氣，取諸二月之夾鍾；感召天和，順彼四陽之大壯。

爾其太皞御節，羲仲占星。芽抽草木，暖入林坰。春者蠢也，各抱向榮之意；卯者冒也，已成奮地之形。出滯宣幽，正開冰於初吉；分行設綴，爰陳舞於諸伶。進退雍容，既象周旋之風雨；發揚蹈厲，亦隨方震之雷霆。月有三旬，而正始履端莫先於上；天有十日，而先庚後甲惟取於丁。

則有王者親臨，羣工畢集。循序以登，肅容而立。董其成於樂正，羽籥既持；備其禮於先師，豆籩載執。八音有節，俄旋雅度之翩翩；四隙潛通，早有祥飈之習習。

爾乃聲以鯨鐘，警以鼉鼓。初三步以見方，儼八行之可數。紛陸離其采繒，倏飄搖其白羽。皇取象於鳳儀，旄寓形於獸舞。乍舉袖以竦身，或總干而示武。教於國子，俾著往以飭歸；詔我舞師，亦周規而折矩。

若乃咸池以下，大武以前。百王典則，六代宮懸。一成以及於再成，鳴鐃示節；六變以終於九變，合樂相宣。象治功以有作，順時序以靡愆。亦有資於長育，寧徒悅其便娟。此司樂所傳，分隸《周官》之籍；而仲春所肄，特書《月令》之篇者也。

且夫制作之原，天人之奧，理有相因，事非獨造。夏維丁亥，設綴兆以蹁躚；虞以壬寅，入學宮而舞蹈。前王創始，皆乘春令之發生；後代承流，用作陽和之迎導。豈如優伶雜遝，空駭愕於題旌；與夫巫覡婆娑，但流連於執翿。

我皇上裁成天地，驅馭陰陽。鳴太平之盛，奮至德之光。文治昭明，奏《箾韶》而容裔；武功震疊，用干戚以宣揚。伊鏗鏘而鼓舞，久周浹而旁皇。

所以上蟠下際，氣淑年和，兩階既格，七德載歌。固將樂御德車，合八荒而運量；天覆地載，統萬象而包羅。又何《扶來》之足貴，而《大卷》之足多也哉！

東風解凍賦 以生氣初盛九陽奮發爲韻

惟蒼龍之御節，啓木德以發生。順天倪以左起，噓地氣以上行。四十五朝，積筴上推夫長至；七十二候，授時首起於新正。北斗回杓，知春暉之欲到；東風解凍，驗芳序之初更。

方其十月初交，六陰所彙。剥之上九，雖碩果之僅存；坤之初爻，已履霜之可畏。寒侵玉沼，漸欲澄凝；凍合珠泉，乍停涌沸。動歸於静，是爲冰結之辰；柔化爲剛，因有腹堅之謂。驗泉心於半子，眹兆猶微；過花信於三番，消融尚未。沈陰既久，蒸濡惟待夫陽光；閉塞經時，疏散必資夫木氣。

爾乃春生冬末，暖入寒餘；玉衡所指，太皞攸居。生意煙熅，正及發萌之始；柔颸演漾，適占入律之初。風者汜也，本無微而不達；東者動也，更久鬱而將舒。氣本乎天，橐籥潛通其呼吸；陽生於下，水泉先受其吹噓。見碕岸之含津，冰痕融液；遂銀塘之流潤，地脈開疏。

觀其皎皎光凝，皚皚塵浄。萬頃如銀，一奩似鏡。漸消漸薄，質疑雲母之輕明；或整或斜，紋訝玻璃之碎迸。俄相連而忽斷，蕩漾中分；已從密而至疏，玲瓏微映。寒澌沍凍，久成固結之形；暖溜沖瀜，仍返流行之性。蓋下升上降，已經二氣之相通；故小往大來，不敵三陽之正盛。如雷出地，早暗動其機緘；譬火鎔金，能除消其剛勁。

且夫水之爲物，外陰而内陽；坎之爲卦，一奇而兩偶。再索得女，雖從坤之二爻；一畫居中，實本乾之初九。當其青陽發動，震爲雷而巽爲風；早已黄壤潛鍾，孳於子而紐於丑。數窮必返，值五日之初交；蓄極當通，因重陰之立剖。

若夫明庶之風，本由震地；太蔟之氣，實出艮方。以東風之解凍，爲始應乎句芒；豈律筩之所召，非卦位之所當。析木爲津，雖介玄冥之野；攝提授序，即臨青帝之鄉。預言東者，聖人之所以正始；略言北者，天道之所以扶陽。

我皇上化日舒長，鴻鈞轉運。司天官以南正，敬授人時；迎木帝於東郊，式遵古訓。波融太液，遍分膏澤於臣鄰；春入瀛洲，大布陽和於遠近。仁風藹藹，咸爲壽域之登；品物欣欣，俱似句萌之奮。所以德比風行，令如雷發。占百旬之祥瑞，東越滄溟；度萬里之春光，西通月窟。固將暖波濤於蒲海，鹽澤澄清；消霜雪於高昌，天山突兀。豈止於南風解愠，歌盛化之周流；洛水先温，頌恩波之不竭也哉！

按《月令》孟冬之月，一候地始凍，二候水始冰。孟春之月，一候東風解凍，三候猶魚陟負冰。則凍屬地脈，不得以冰解爲說。然唐人試帖，已以冰開爲言。相沿已久，不可復正。今亦姑仍舊說賦之。

白玉琯賦 以帝德遐敷西母來獻爲韻

伊至德之覃敷，播風聲於四裔。握大寶於雲軒，收奇珍於月窟。雕劖天巧，遐搜縣圃之精；嗽吸元音，隱合伶倫之製。諧九成之琴瑟，溥鬯皇風；歷萬里之梯航，妙彰神契。瑞圖表驗，貞符既著於昌期；銘記留題，法物猶傳於奕世。斯蓋白玉之琯，神人之獻於舜帝者也。

原夫石髓潛凝，山靈胎息。結體層阿，栖精絶域。含章有耀，論沽寧止於千金；蓄寶希聲，閱世不知其幾億。藏輝以待，久抱璞於不言；應運而興，將效靈於有德。當窮荒之向化，神物攸歸；遂富媪之呈珍，夜光斯得。虹文的爍，莫名昭質之晶瑩；鳳管參差，爰受良工之雕刻。

爾乃路通荒渺，境越幽遐。波浮弱水，磧度流沙。其地則二萬里餘，居鄰柳谷；其人則三千年外，手種桃花。感德馨之孚格，慕聖治之休嘉。通款誠於仙使，獻重寶於昭華。爰隨白鹿以呈圖，俱來上國；因並玉環以修貢，共入天家。

爾其爲制也，中抱虚心，用達吹嘘之出入；外含直體，更無豐鋭之差殊。方以鳴球，石質略同其温粹；比諸下管，竹音正類其形模。長之數二十有三，忖以爲寸；孔之數二十有六，貫者如珠。幾受磨礱，始就周圓之肉好；試調律呂，恍聞衆竅之喁于。昔在瑶池，曾和仙人之嘯；今諧韶樂，式昭文德之敷。

爾其爲色也，截肪莫比，搏雪難齊。川岳鍾英，本自無瑕之璧；雕鎪盡巧，非同有玷之圭。似折瓊枝，忽入騷人之掌握；如吹鵉管，宜邀仙客之提攜。豈以石韻難調，故昭大樂之和者，取材於石；抑以西方屬斂，故象成功之治者，配色於西。

若其變化靡窮，神奇非偶。應響成形，憑虚造有。山林彷彿，宛窺三級於樊桐；車馬依稀，似度五雲於王母。形聲相召，真疑至樂之通神；隱見隨心，直訝化工之在手。尤以靈異之有徵，而表祥符之天授也。

我皇上仁霑暭溢，化被埏垓。天臨出日，地盡無雷。禽輸甕卵，馬貢龍媒。受共球而咸集，奉贄幣以胥來。行見六合遥瞻，萬邦爲憲。東風入律，握玉琯以長調；西極來王，詣金門而上獻。考六律於微芒，辨五音於分寸；通太極於函三，播中聲於吹萬。固將命后夔以司樂，化洽珠囊；邁大舜之垂衣，道光玉券。

德車結旌賦 以德美在中纏結其旌爲韻

伊法駕之尊嚴，備禮容而作則。垂六御以陳儀，建五旗以別色。葳蕤外布，發揚以播其聲靈；懿采中含，斂飭斯昭其明德。居高在上，雖示象於文章；有美能涵，實同符於淵默。大車不畫，非矜物采之紛葩；黄屋無心，寧耀昇平之藻飾。

原夫德車之爲用也，典重朝廷，禮隆禋祀。質貴渾堅，制增華美。或斲樸於梓材，或刻文於象齒。鏤金的爍，精鏐隱釦其奇光；雕玉玲瓏，良璞層分其密理。鑾車鉤車之異號，前後相沿；大路乘路之殊名，規模略似。八鸞和奏，式昭一代之聲明；九軌平臨，用肅萬民之瞻視。

所以輿教既嚴，椎輪漸改。百工所聚，軫輿各肖其方圓；五色相宣，羽衛亦增其華采。龜蛇熊虎，隨方位之所居；赤白青黄，應日躔之所在。句陳列仗，曉景凝斿；太乙扶輪，靈風曳綵。雲旓摩盪，遥瞻氣象之萬千；雷轂砰訇，彌覺森嚴之百倍。

然而輿以載德，旗以昭衷。制原示別，象詎從同。衣冠禮樂之文，其道有殊於蒐狩；錫鑾和鈴之節，其事有異於兵戎。昭以威者，常發皇於在外；養其德者，必藏密以居中。故析羽於端，將欲襹褷以備飾；而結旌於上，轉如斂抑以示沖。

爾乃亭亭直附，宛宛高懸。揭竿上引，絡角斜纏。三十輻之雕輪，回環下轉；十二斿之廣旆，轇轕旁牽。禮備其容，寧云偃幟；文嫌其著，不比張旃。帶本有餘，偏使屈盤而不展；旒原似綴，更令鉤貫以相連。宛轉交縈，旋而爲紐；蕭梢微動，縮者如鬈。遠睹其形，惟見干旄之孑孑；近覘其象，直同束帛之戔戔。蓋意在修文，故戢其威者略比《下綏》之旨；而義存畜德，故含其章者取諸《尚絅》之篇。

是知德不顯者神聖之淵衷，貴不舒者帝王之盛節。黜華崇實，輪轅恒戒其弗庸；謹小明微，旗物亦章其有別。示其端於染羽，德本如毛；寓其意於纏旒，心原如結。斲雕爲樸，豈其更飾以繁文；蓄寶希聲，固自無須於彰徹。我皇上撫兹大寶，鞏此鴻基。彤車白馬之風，道隆於貽厥；夔鼓龍旗之緒，業茂於繩其。有質有文，炳乎上車之古訓；不雕不琢，穆乎越席之前規。至化若馳，寧取張皇之迹；大文彌朴，奚煩藻繪之施。

然而淵涵者性量，洋溢者聲名，垂拱者有象，奏假者無争。被天下以德輝之盛，遊一世於王路之平。久已萬邦黎獻仰其化，何俟三辰日月昭其明。又豈止端默之容，徒觀於乘輅；篤恭之意，但寓於結旌也哉！

羞以含桃賦 以時果早成寢廟先薦爲韻

維獻新之舊典，寓致孝之深思。既升香於嘉穀，復薦果於良時。伊含桃之初熟，佐秬黍而登之。其物雖微，非以難求而貴重；其成最早，實以先得而珍奇。采彼園林，適在長嬴之節；進諸寢廟，因當仲夏之期。

懿夫錯落千枝，勻圓萬顆。質耀丹砂，精藏朱火。緣形取似，被以桃實之稱；因物爲名，是曰鶯含之果。甘香居最，故爲禽鳥之所銜；饗祀以時，諒亦神靈之所妥。可羞可薦，良有貴於芳鮮；爰取爰求，固無嫌於纖瑣。

爾乃夏令方炎，薰風乍燠。❶ 結子初成，摘芳及早。朱英點點，望如春圃之花；丹實紛紛，剥似秋場之棗。貢來蓉闕，争看掌上真珠；擎出筠籃，錯訝盤中瑪瑙。豈但廚名櫻筍，供燕樂於昇平；將同膳用膏羶，薦馨香於祖考。

是以薦其時食，綏我思成。以嘗新之令序，感孝享之真誠。出上蘭之嘉種，佐清廟之粢盛。伊相隨而並進，若得介而始行。瑩之以漿，無藉甘肥之潤；雪之以黍，寧分貴賤之名。

爾其肅穆神軒，森嚴靈寢。四時之序，正當小變之餘；百果之中，貴此先登之品。風枝低處，初摘青林；露葉承時，微含紅瀋。捧來御苑，園官深致其恭嚴；升彼几筵，祝史彌增其謹凛。因時而舉，先王之禮斯存；未祭不嘗，孝子之心可審。

且夫尊崇之制，禮戒繁文；禋祀之精，理歸典要。落其實者，適當蕃秀之初；達其誠者，匪取色香之妙。所以盧橘雖熟，禮官不采於上林；丹荔雖甘，驛使不通於南徼。略似采蘋之可薦，無愧神明；寧同設芰之違經，難登宗廟。

我皇上純心受祚，大孝承先。有本有原，禮重明堂之配；不疏不數，制符《月令》之篇。備隆儀以追遠，因時物以告虔。伊報本而返始，將則地而因天。是以五福祥徵，萬年慶衍；本治斯隆，和氣旁扇。維抱蜀而不言，遂垂衣而丕變。即一物之不忘，知孝思之普徧。彼唐宮故事，徒傳吏部新詩；漢廟虚文，但據叔孫陋見。又烏知聖主之明禋，熙朝之殷薦也哉！

❶「燠」，道光本同，宣統本作「煖」。

孟冬頒朔賦 以題爲韻

伊冬序之初臨，見玉衡之指孟。握儀象以窺天，召羲和而齊政。權尊一統，典章無改於《周官》，律別三微，節候特從乎夏正。貞元迭續，適當十月之交；終始相循，用布四時之令。此敬授之深衷而欽承之大柄也。

原夫數開甲子，氣始黃鍾。羲娥遞曜，支幹相重。歲十二辰，而辰次之所加月爲之紀；月三十日，而日躔之所會朔統其宗。按數以稽，有類轂旋而輻運；循端以竟，是爲綱舉而目從。上下成弦，辨往來與消息；盈虛生閏，分春夏與秋冬。撫彼五辰，所以程功於六職；平其四仲，所以正候於三農。

然而天道者，帝王之所奉；人時者，政化之所關。妙契苞符，非聖人不能作；統歸正朔，非天子不得頒。是以測量躔度，經緯方圜。雕題、鑿齒之鄉，莫敢於同異；洛下、信都之屬，莫議其增刪。鳳紀新成，將布諸山陬海澨；龍樓高啓，先分於鷺序鴛班。

爾乃日官推筴，歲運循環。氣從姤卦以至坤，凝而極盛；數起子宮以迄亥，往而必還。周之季冬，夏之孟冬，總屬六陰之月；剥之上九，復之初九，適居兩位之間。時届小春，欲動微陽於地絡；日惟初吉，預頒新令於人寰。

則有肅肅天閶，愔愔廣樂，瑶闕深開，金莖旁擢。卿雲乍起，九光遥護於觚棱；曉日初明，五色斜臨於殿角。擎來玉案，先賜千官；捧出琅函，分行四岳。七十二候，不遺於草木昆蟲；二十八躔，偏驗夫東西南朔。以昭政典，而百工之績歸於閏定而歲成；以課田功，而《七月》之章詠彼葵烹而棗剥。蓋由觀文以察理，勒爲時會之書；不止候氣而占星，但治數家之學。

是皆聖天子位正中黄，道原太素。斗極綱維，鴻鈞陶鑄。修五紀者，取《洪範》之四疇；書元年者，體《春秋》之首句。庶徵是念，克省乎惟歲惟月惟日惟星；一氣同流，用契乎執準執繩執規執矩。是以提挈樞機，經綸幾務。察以璣衡，垂爲法度。前民用者，容成隸首所未詳；奉正朔者，暨亥大章所未步。稽古制以分頒，順天行而舉措。伊有典而有章，咸遵道而遵路。固將邁顓頊之推詳，軼黄軒之制作。又何論四民有令，編成崔寔之書；七政無遺，載在張衡之賦。

痀僂丈人承蜩賦 以用志不分乃凝于神爲韻

伊守一之純心，窮至精而致用。歷終始而不渝，渾形神而與共。勿三勿二，幾經深閲其疾徐；不後不先，一任自爲其操縱。微言寄託，丈人之妙技堪思；名理遥深，園吏之遺書可誦。

則有痀僂軼聞，承蜩瑣事。散材何用，曲拳者天嗇其形；小道可觀，貞固者我堅其志。覩其傫狀，豈三命之益恭；掇彼微蟲，乃一長之可試。橐駝自號，將偕種樹之人；熊相爲師，妙識累丸之意。其始也，矜心未化，十或中其四三；其既也，躁氣漸平，百不遺其一二。得心應手，巧不可階，躡影尋聲，倏不及避。蓋觀者歎其絶工，而丈人猶以爲未至也。

爾乃結想纏綿，沈思紆鬱。半塗者易

廢，自昔爲然；見異者思遷，伊余獨不。瞽善聽而聾善視，静息諸緣；處若忘而行若遺，空無餘物。形同槁木，不自覺其去來；臂若枯枝，亦幾忘其伸屈。遺珠可索，將同象罔之求；左翼微捎，乃類蜻蛉之拂。

爾其華林垂蔭，高木捎雲。睇餐英於曉露，聽流響於斜曛。蘄一投而立獲，無兩念之旁分。麋鹿興於左，而目亦不瞬；雷霆激於上，而耳亦不聞。海客忘機，狎鳥者無猜於物；至人無己，入獸者不亂其羣。直與獨繭芒鍼，同情性之專一；豈共螳蜋黄雀，争得失之紛紜。

遂乃和以天倪，動乎真宰。觸之不驚，遲而有待。沈機觀變，聳肩第覺其成山；定息凝神，拄杖將嘲其似乃。唐無名氏《嘲僂背》詩：「插笏便似及，拄杖更似乃。」鞠躬潛伺，葉底深藏；振臂一揮，掌中宛在。清吟方動，俄停鼓翼之聲；薄鬢猶明，輕握垂緌之緌。氣歸虚静，未嘗妄動以敗成；幾在微茫，亦不後時以致悔。總緣精神先定，將行有類於機張；所以淡泊相遭，未起無虞其意改。徒觀技能進道，收效者一時；豈知習乃通神，研精者幾載。

故曰縱而即逝者，事機之迅；審而不失者，志氣之凝。限於天者，不受形骸之累；傅其翼者，竟無飛遁之能。若俯拾於目前，故譬之曰掇；若自投於掌握，故命之曰承。良由結習難忘，揣摩之漸熟；非比無心偶得，僥倖以相乘。

是知厭飫優柔，功不可假；神明變化，候不容誣。志一神凝，殆於探之冥冥而索之渺渺；矜平躁釋，亦如寐也蘧蘧而覺也于于。人縱疲癃，亦可争長於捷巧；藝雖微末，亦非收效於須臾。粗即寓精，試驗彼捕蟬之術；小能喻大，可進諸鼓篋之徒。

彼夫解牛者技善，釣鯉者手均。養雞

者若木，貫虱者如輪。才有偏長，各成名於一技；心無兩用，皆有類於斯人。知業臻乎微妙，在功歷其艱辛。故巧者之不過曰習伏乎衆神。

風過簫賦 以風之過簫自然成韻爲韻

和天倪以御物，妙至感以潛通。伊靈源之洞廓，象人籟之虛中。非有非無，穆穆者神栖於静；相摩相盪，泠泠者響起於空。沖漠難尋，誰識無聲之樂；往來不滯，自諧入律之風。此本天之治而不宰之功也。

原夫律分子母，音别雄雌。七聲漸備，九變相隨。有截筩而用者，因比竹而爲之。取龍材之孤直，象鳳翼之參差。旁叶八風，妙合陰陽之撰；中無一物，惟通槖籥之吹。嗽噏人聲，固調和乎大樂；喁于地籟，亦鼓動於柔飈。相感之微，應信聲原於氣；自然之妙，定知竹勝於絲。當其冉冉潛來，飄飄輕簸。蘭臺高峙，適當雅詠披襟；嶰管旁陳，忽有清音遶坐。徐來澹宕，乍似倚歌；疾處颼飀，居然入破。倏高倏下，俄宛轉以鏗鏘；一往一還，復抑揚而頓挫。譬諸室中候管，律應而灰飛；方之殿角筝絃，風生而響播。感以一氣，若因從虎而來；應以同聲，大似吹壎而和。無心自動，實相遇於希夷；有叩斯鳴，更何分於小大。總緣至虛至静，自處於無爲；所以不後不先，適逢於一過。

爾乃韻諧伶管，節應虞《韶》。通氣機於空廓，動呼吸於泬寥。纔看千里之風，烏竿乍轉；已藉一吹之力，鳳律先調。聽之逾希，但覺餘音嫋嫋；流而不息，如聞大木刁刁。至理可尋，試問子綦之隱几；繁音奚貴，莫矜嬴女之吹簫。

是知操政本者在葆其虛靈，探化源者不勞於作致。寸靈宛委，譬萬籟之未鳴；羣動紛乘，譬八方之有自。虛而能受，譬衆竅之玲瓏；感而遂通，譬微颸之鼓吹。用超象外，遥飛無翼之聲；理在環中，試證在懸之器。

夫王心翼翼，帝德乾乾。非徒高以清浄，即胥受其陶甄。豈偶然之感觸，遂可盡其經權。應以聲者，聲在無聲之始；動以氣者，氣通有氣之先。與物推移，不用者所以爲用；與時消息，自然者孰識其然。故取方於葦籥之吹，器通乎道；借證於土囊之口，樂本乎天。

况乎太音渾穆，元氣流行。本不由於造作，亦何事於經營。譜以新歌，不免促爲側調；膠以定律，亦將獨用宫聲。與其百變難窮，致繁文之日起；何若百旬不息，順節奏之天成。

我皇上道叶泰交，象占豫奮。調陰陽於玉琯，不介斯乎；握根本於黄鍾，有條不紊。五聲聽政，懸鞀鐸於宫廷；四國采詩，偏輶軒於遠近。但默運其經綸，自會歸於彝訓。固將符昌期於五日，風伯效靈；播至樂於九成，《簫韶》流韻。小臣奏賦，慙握管以窺天；聖主垂衣，正揮絃而解愠。

敢諫鼓賦 以置鼓于庭以來諫者爲韻

稽古帝之欽明，垂衣裳而正位。已平地而成天，彌求言以贊治。達上陳之隱願，通之以聲；揭俯聽之深衷，示之以器。聆音察理，俾宣納牖之誠；舍己從人，即用懸鞀之義。此敢諫之鼓，帝堯之所置者也。

徒觀其配革爲音，懸桴待舉。冒皮於郭，略同軒帝之夔；刓木爲圓，已變炎皇之土。靈禽應節，如藏雙鷺以翺翔；至樂和聲，若待一夔而擊拊。將謂大唐協律，音調堯代之歌；亦同有磬陳詩，頌奏周京之鼓。

豈知夫淵懷惕厲，聖德勤劬，懼釜鬵之或隔，蘄堂陛之交孚。將聞聲而立應，思不見之是圖。鼉鼓在庭，用示常懸以待叩；鶴鳴納誨，俾能旅進以陳謨。警我百工，正似徇以木鐸；諧其六律，非徒節以錞于。典樂納言，若可攝官以翊贊；師箴瞍誦，如因執藝以匡扶。

所以明君在御，讜論盈庭。雖有都俞，固不嫌於吁咈；亦知愚陋，冀仰贊乎神靈。試叩桐枹，已覺聲如金石；漫持布鼓，何虞威觸雷霆。響乍淵淵，遥傳高殿；言如謣謣，殷動皇扃。揚音無俟於三撾，陳書已達；作氣纔聞於一鼓，側席斯聽。有感必通，本不同於規瑱；無微不達，莫漫比於鐘莛。此昌言所以日進，而明德所以惟馨也。

夫光宅無疆，時雍致理。彤車白馬，並五帝而齊驅；茅茨土階，垂百王而作軌。望雲就日，近光者相順以自然；鑿井耕田，食德者併忘其所以。本無闕失，亦奚待於箴規；即有開陳，亦何增於盛美。胡虚己以相求，彌周詢而不已。端居雲牖，時深省過之心；旁列雷鼗，用待弼違之士。

是知安益求安，戰栗不忘於一日；聖不自聖，匡襄務集夫羣材。虚以受人，將使聞風繼至；謙以動衆，自能接踵偕來。百度無愆，雖備之而不用；四聰已達，更導之以使開。是皆博采謨猷，見小心之翼翼；不止優容戆直，示大度之恢恢。

故能耳目常周，堂廉不間。啓旁求之路，善即爲師；無專設之官，人皆可諫。轉圜弗及，共知求助之心；煬竈無虞，寧有絀聰之患。禹皐稷契，皆能謇諤以輸忠；苗鯀共驩，莫得譸張而爲幻。咨詢不倦，永懷百載勤勞；儆戒不忘，終致九州清宴。總緣沖懷善下，不棄夫芻蕘；因之景運長開，式歌夫糺縵。

我皇上體備中和，德通上下。詢諸四岳，典仿乎虞；聽以五聲，制符乎夏。御蒼龍而出治，問道宫廷；設白獸以求言，鏤形樽竿。用使直方之操，環趨柏府烏臺；讜正之詞，時進細旃廣厦。資忠良之藥石，國有人焉；陋曲士之脂韋，伊何爲者。疑丞輔弼，翊昌運於休明；南朔東西，奏承平於朝野。固將道光四表，媲美於堯年；寧惟詩詠九皐，矢音於周雅。

石韞玉賦 以題爲韻

緼符采之外章，皆英華之内積。伊蓄寶之希聲，象荆璆之在石。白虹未吐，雲根先結其真精；蒼水初含，山骨實藏其靈液。負千金之高價，深匿光芒；韜五色之殊文，密凝潤澤。自他有耀，是徵碕岸之不枯；雖祕猶彰，不待白茅之既藉。

原夫翠阜潛滋，丹厓通脈。孕瓌寶於柔祇，鬱化精於良璧。羌不琢而不彫，匪一朝與一夕。茹天地之膏腴，實山川所愛惜。然而至精之氣，有所附焉而始凝；希世之珍，非其時焉則不闢。巉巗頑石，先包絡其胚胎；温粹天球，乃含真於堅白。譬珠光之的爍，探彼重淵；如金屑之晶瑩，披諸砂磧。截肪蒸栗，雖含七德之華；隱岫棲巖，終有一膜之隔。貌同燕石，既自匿其菁英；光掩荆山，亦孰施其采擇。

豈知足於内者，其勢不得以終潛；發於中者，其美不能以自隱。連城之璧，不長閟於巖阿；徑尺之珍，不自埋於塵坋。

方流記水，其文一縱而一橫；暖日生煙，其象若遠而若近。凡達之於亹亹，共睹其微；實息之於深深，自呈所韞。

是以縣圃之陽，崑山之曲，寶氣上浮，榮光旁燭。煙巒蒸發，光凝峯畔之青；草樹沾濡，潤滴枝梢之緑。蕭蕭空谷，雖過問之無人；落落深山，已相逢而駭矚。含章未耀，不言之桃李相同；抱璞何心，特達之圭璋已屬。是其大文之著，皆由内美之足也。所以知道者葆光，比德者佩玉。操瑜懷瑾，非有意於示奇；砥行礪名，本無心於動俗。志士握中之璧，别寄深心；醇儒席上之珍，緬懷高躅。文章之盛，不過學問之沈酣；粹盎之符，不過性情之醇篤。觀於光能照夜，自發見其精神；可知學戒求沽，毋相矜以繁縟。

我皇上虹璧當陽，瑶圖受祚。握延禧之寶，繁祉咸臻；集典瑞之司，衆材畢赴。復至教之式垂，俾純修之是慕。含暉妙理，微拈朱子之詩；韞玉名言，旁采陸機之賦。當授簡之自天，知聖懷之有寓。循名責實，仰蒙彝訓之宏敷；浴德澡身，勉勵姱修以自樹。

紀文達公遺集卷第三

孫樹馨編校

雅　頌

平定兩金川雅謹序　乾隆四十一年代作

臣聞弧矢之象，《易》取諸睽，言睽則威之也。啓征有扈，作《甘誓》，乃稱「天用勦絶，龔行天罰」。然則聖人並用五材以昭七德，其未自絶於天者，恒仁愛不輕翦刈。迨其干命亂常，悖越顯道，而後仗順以討之。故旗鏠所指，如雷霆下擊，雖險阻崎嶇，終弗能拒。兩金川者，於三代無可考。漢始通冉駹，置汶山郡。然故址在今茂州，相距五百餘里，則仍邊外地也。於星爲井鬼，分野鶉首之次，介於西南之間，故狡黠有蠻風，而剽悍鈔盜有羌俗。國家幅員廣袤。順治壬辰，隨九姓内屬。六撫三慰，受職納賨，百年來隸爲臣僕，非復前代之羈縻矣。乾隆戊辰，促浸郎卡始與儹拉搆釁，執其渠澤旺。王旅徂征，釋兵悔禍。皇上閔其頑蠢，予以自新。越十年，戊寅，鷹眼不化，又潛侵吉地丹多諸部。然同類相搏，私爲攘敚，譬之鼠牙雀角，婦孺詬争，操梃里巷之間。有司者治之，不足以煩九伐也。封狼生貙，世盈厥惡，逆子索諾木，恃險陸梁。戊子夏，據革布什咱，戕其土官，鴟張日甚。澤旺及子僧格桑，亦忘再造之恩，朋比煽合，圍攻鄂克什，豕突不已。且築壘列砦，角觡抵觸，顯然欲負嵎抗天討。邊帥問罪，果厲鋒格拒。於是綽斯甲布、巴旺、丹壩從噶克、梭磨、卓克采諸部，咸騷然無寧宇。且妄播謡曲，有吐蕃維州之志。

夫强噬弱，巨慝也；下逆上，大罰也。亂氣薰灼，蒼縡震怒。皇上欽承天道，修飭政刑，遂不能復爲二豎貫。爰整六師，翦除苞枿。一軍由巴郎拉，一軍由約咱，分途並剿。虎旅鋪敦，儹拉一部已躪鼠壤，俘獍父，而索諾木猶敢淵藪逋逃，逞其蜂蠆。窮凶極悖，彌不可容於覆幬。於是重命阿桂爲定西將軍，豐昇額、明亮等爲之副。稟密畫於宸衷，揚天聲於荒徼。分道直入，霆衝飈捲，進克資哩，復鄂克什官寨。轉戰而前，遂復美諾及别思滿、兜烏、八卦硐、僧格宗、底木達、布朗郭宗、大板昭、曾頭溝諸地。五日之内，儹拉再平。惟索諾木猶窟穴嶄嵓，萬計死守。阿桂等仰遵廟算，務靖妖氛。桴鼓揚旍，目無險阻。剗絨布，拔羅博瓦、焚熟，圍歌洛，扼喇穆喇穆，遂由空薩爾收密拉噶拉木。上憑風磴，下瞰螘旋，皆垤破壞頹，蒼黃莫措。乃盪木斯，取甲索，自基木斯丹當噶五十里内，賊徒自熸，遂定勒烏圍，扼吭附背，鼓行而前。仄隘危巒，指揮並下。乃進圍噶拉依，大師合會歆野歕山，若雷鼓轟而天球振也。穴鼠技窮，釜魚路斷。徵側、徵貳之屬，僑如、榮如之輩，咸魄悸骨慄，自歸羅罻。惟索諾木及其逆黨，自知罪嬰不赦，猶閉壘偷生。至七萃奮登，乃纍纍貫索。大憝既獲，蠻徼砥寧。列戍開屯，屹爲雄鎮。數萬年木石魍魎之區，忽皦然而睹白日。於，鑠哉！聲靈震耀，蔑以加矣。

往歲癸亥，我皇上井鉞參旗，戡定西域。繫頡利之頸，械疏屬之尸。懸母寡之首，斥堠屯種。過碎葉，薄葱嶺，黄圖所拓二萬餘里，其間再亂再平，蕆事不過五載，功爲古今所未有。今金川之境，雖不過五百里；金川之衆，雖不過二三萬人。其地雖近接蜀徼，無星源月窟之遠，然山重水沓，無寸土之坦；仄徑巉巖，一綫穿漏。上入雲，下縋谷，往往飛猱側足，飛鳥不越；一夫扼隘，則中黄佽飛不能用其排突。又碉房之制，即揚雄《蜀都賦》所謂石屏，《後漢書·西南夷傳》所謂邛籠。自昔夷落，恃以爲固。憑高密綴，尤猝不易攻。譬黠鼠微蠋，竄匿於密罅曲竇。抉剔求之，物小而力乃百倍。故漢通西南，能斬竹王之首，而兵未嘗涉其閾。姜維、馬忠討羌故壘，乃在今内地。宋嘗一征旺烈，弗利而止。歷代以來，無能深入其阻者。皇上於五載之中，藉場艾旃，縶縛蛟鱷。與平原大野，馳驅決勝者等功。亦古今所未有，蓋曠世偉績，越二十年而再睹也。且古者出師，皆受命於一帥，故曰閫以外將軍制之。惟我皇上命將出師，皆睿謨獨運。策形勢於萬里之遠，操賞罰於九天之上。指示駕馭，赴機若神。臣章句陋儒，雖不足測高深萬一，而叨荷恩遇，出入禁闥。仰見軍興以來，皇上宵衣批牘，旰食披圖；或羽書夜至，亦中宵宣授機宜，聖慮勤勞，越五年如一日。知經緯萬端，悉由乾斷。建牙秉鉞之臣，特稟成命效驅策耳。此尤千古帝王所未有也。然恭讀《御製太學紀功碑》文，委曲詳明，方諄諄於兵非得已，絶不以武功耀萬世。則聖人之情，與天合契；風霆雨露，因物而施。纖毫無心於其間，益非區區管蠡所能窺見矣。昔唐吴少誠據蔡州，拒命三世，其地爲中原平土，非有山川險隘之勢，竭天下之力，五十載僅乃克之。其時韓愈、柳宗元等，猶作爲雅詩以揚播後代；今聖天子驅馭虎貔，翦除狼虺，通亘古不通之險，其事越平淮萬萬。

臣忝珥筆，其可不作爲文章以歌詠休明！顧學殖荒落，詞不副意，不敢自爲撰著，謹仿晉傅咸集句爲詩之例，裒緝唐人舊文，排比倫次，爲雅詩十二章。以賡揚盛烈，昭示來兹。其詞曰：

聖惟廣運，孫逖。仁壽昭融。李延壽。三光順軌，韓愈。道叶升中。李嶠。懷德畏威，白居易。有截海外。元結。瀚海陰山，李商隱。咸若采衛。柳宗元。其一

蠢兹蕃醜，令狐楚。自悖化宇。李絳。潛懷狂房，權德輿。徵風召雨。駱賓王。皇帝曰咨，李宗閔。念彼遠人。蔣防。邊臣申約，李吉甫。特許自新。常袞。其二

醜類伊何，楊炯。執迷不復。常袞。蝟起蜂飛，駱賓王。蟻聚蛇伏。孫逖。罪滿惡稔，白居易。擾兹邊鄙。王仲舒。憑依堅壘，楊於陵。謂險遠可恃。獨孤及。其三

皇赫斯怒，常袞。天威遠震。權德輿。董我三軍，李德裕。以昭順正。李翺。箕宿禡牙，杜審言。揚鉦宣武。吴融。豺狼之性，元載。舐觸是務。杜牧。其四

中簡帥臣，白行簡。命師授律。權德輿。待擒妖鳥，張仲素。傾其巢窟。獨孤及。虎臣稽首，蘇頲。虔奉聖謨。張九齡。天助神兵，劉禹錫。莫敢枝梧。令狐楚。其五

陰凝雪飛，段文昌。山高樹逼。王勃。登必争先，獨孤及。因機深入。駱賓王。狼星斂角，杜牧。雲捲霧消。樊衡。飛梯衝傾，常袞。枳棘之巢。張仲素。其六

絶壑憑霄，駱賓王。瞰臨壁壘。常袞。鵰嘯狸號，李延壽。冰裂瓦解。孫樵。既踰絶險，羅隱。旋即合圍。于邵。馘醜挫兇，❶呂温。無堅不摧。沈顔。其七

❶「醜」，道光本作「首」。

威貫風雷，楊於陵。奔狐竄穴。宋之問。星羅四張，于公異。以遏其唐突。獨孤及。潛火煽蘖，柳宗元。雖困猶鬬。常袞。梟叛親離，白居易。羣凶授首。張仲素。　其八

天威震耀，常袞。決勝萬里。李邕。遂奏膚功，張説。用調化紀。崔湜。地分輿并，陳子昂。星漢昭回。李德裕。神功偉績，李吉甫。赫赫巍巍。韓愈。　其九

諸蕃相屬，李延壽。恪奉天常。張説。視玆究悖，于公異。往斧其吭。韓愈。瞻矚聖朝，李翺。光照臨兮。盧肇。仁洽好生，權德輿。昭德音兮。顏真卿。　其十

懷柔百神，楊炯。永介福祚。張説。茂祉昭彰，王勃。湛恩布濩。李嶠。九重獨運，段文昌。功成不有。李德裕。讓善於天。柳冕。自天之祐。元載。　其十一

皇天眷命，張説。靈貺昭宣。王表。光宅六合，楊炯。於萬斯年。韓愈。孝理承庥，崔融。化成悠久。羅隱。九有同歡，陸贄。南山獻壽。李商隱。　其十二

平定兩金川頌 謹序　乾隆四十一年代作

臣聞蟻鋍必苴，則無搴茇湛玉之勞；曲突先戒，則無揚燎焦原之患。睹萌者慮著，規勢者遏變。故勞一而逸萬也。攝提合雒以來，智莫踰黃軒，而涿野絶其轡；仁莫踰伊耆，而丹浦揚其鏟。豈不欲徹堠毁障，銷鏑灌燹哉！徒以蓄虺蘊螫，養枳延叢，故意周乎萬禩，釐起而詰戎也。

往者歲在乙亥，天翦葱雪，以畀我清。皇帝拓州，絡引天衡。招摇繕怒，蓐收練精。霽温禺以怵虓，縶兜題而抗棱。水陸慴慄，駢琛貢庭。下湔慘黷，上答光靈。帝術大乎一統，非震耀乎佳兵。蓋自平定伊犂回部以來，戢干偃伯，黃祇砥寧。天

弧直狼，璇霄熻晶。有睽瞯而驌伏，孰睢盱而突嬰。乃有兩金川者，猰貐髽髯，窟巢崚嶒。接魚蠶而牙錯，介蠻氏而鯨瞪。奚斤贊普，種類窅冥；儹拉由舊，促浸孽生。漸榦弱而枝强，乃大小之區名。鬱太古之沴戾，閟複奥而藴蒸。神將殲乎狼族，俾控搏而胚形。旄牛舞而人立，闖挺出以孤撐。歲在戊辰，郎卡始貳。宓厲厥牙，澤旺乃縶。木魅吹火，妖星吐彗。冉愕駤駭，邛霾筰嗑。列缺怒而施鞭，雪山簸而軒輊。懼搏頦而籲貸，帝閔焉而回霽。鴟鴞戢其逆毛，哲蔟不殫其類。

爾乃蠕匿灌楚，蠉戢岩峇。藏機善閉，韜鋒待搏。夔藩眈虎，引緡餌鰐。陽釋讐而師婚，伏械深乎谿壑。貙殪熊吼，索諾木作。挾僧格桑，嘯侣同攫。革布什咱喋血而竊符，鄂克什寨合圍而攢鍔。割髐矢之仰激，乃捎鬼星而睨井絡。

夫媾昵布露，羈國二十，握算譎也。莎車蠶食，都護魚睨，戰無術也。好水靨阻，檠弩蜎縮，積弱者失也。三精艴爓，百品貢狀，神姦怪變，禹金鑄象。一豎者妖讖熒聽，血牙東望，其逆節諒矣。毛鷙肉攫，爪距者聽其噪於叢；喜摩怒踶，蹄角者聽其嗥於壙。彼一時也。迨内迒踉突，擇人而鑲。聞靈鼓而不驚，矗角觡以相向：是尚可解罘而放哉。

是以凝神繫表，揆機域外。規圖定勢，前衝後綴。躡日標以抨鴞，縋砯窞而囚魅。或扼吭而骨鯁，亦揞鏄而電邁。嵌竇絡絶，崀嵓軱碎。歷百險而終夷，剷蠶叢而歷塊。斮疏屬之尸，剸攣鞮之臂。足盡蚿僵，連蜷貫械。丹旌迅乎風檣，目一瞬而弗逮。囂合塵涌，潮音澎湃。愉氣升爲慶霄，鬱葩瑶乎華蓋。

皇帝於是元元本本，溯端造周，準跡

畢邑，升香珠丘，嶽靈岌嶪，峩冕導輴。勳至大而弗矜，陋璆檢之雕鏤。徵古義，俎太牢，學有受成，泮有獻囚。道演孔圖，合契攘修。祝舉史書，匪侈大猷。謂苗征而扈剿，實明神所虔劉。既而笳簫厲響，旂旆競騖。抗墜春容，萬耳傾注。金聲爲律，化洽天籌。蟠綺結繡，嵌璣鏤璐。崇臺璀璨，眩不遐顧。紅雲燿而下垂，天光燭乎馗路。方稽召拜，堯容湯步。《杕杜》、《出車》，重規疊矩。長纓彯曳，王師大獻。閶闔詄蕩，搴霞俯見。通莊轂擊，衆音翕贊。夔魖匿幽，妖幻萬變。微六丁之搜縶，緊獨九氏之弗宴。

然皇帝方以三艘俘，八蠻服，維任維姒，篤祜周室。太極沕穆，一體九域。亂戡則神謐，氣樂則志壹。加號寧豫，肖實象德。蓋保大定功，故滋延天福也。

若夫銘辟雝，磨雪嶺，鼇趺屓贔，龍晝麟炳。勒乎圜橋者，映十鼓而光炯；立乎蠻徼者，鎮三方而峙鼎。導窾析絡，引綱控領。道取固圉，戰非示猛。聖人之情，尤大清之麗陽景矣。夫金川之地，險莫殫論，衢睬左擔，砥睬劍門。故漢置汶山，斥堠鄰焉；唐戍滴博，吐蕃堙焉。皇帝鏡機芒纖，羅絡厓垠，剔嵌抉竇，五稔集勳。周檢瑯嬛，三古無文。此珥筆之臣千歌萬頌，終捫璣測乾，布肘量坤也。臣侍密勿，玉音所宣，億或一聞。謹拜手而頌曰：

胚渾融結，黃輿絡分。山牡谿牝，化生煙熅。三靈區位，九龍肇君。方趾圓顱，悉主悉臣。懸渡儻通，我土我民。孰綰我綬，險乃弗賓。赤虺吹毒，白狼鼓齦。石紐茫茫，禹墟實存。厥途非遐，恃者嶙峋。黛嶂冠日，仰摩烏踆。坼裂無底，黑霾雲根。一綫萬盤，絓肘胷跟。密罅隱蕞，曲隧匿齗。伺隙則齧，遇逐乃奔。其初發難，挺戈震鄰。争粟𠛬𠛬，投骨狺狺。彊躍孱仆，勝嘷負呻。爪距方嚚，聆叱則馴。戢塒伏牢，蜷縮莫伸。有鷙而拳，孰灌而薰。其再發難，二豎相因。豺牙宓厲，搏雛窺豚。羌善寇鈔，伊古已云。婦詬孺誶，操挺里闉。如以幺麽，挽粟徵軍。是因鼷鼠，彀弩千鈞。春萌蒿艾，夏孕蝱蝨。物自美醜，雨露則均。其終嬰討，在窺邊門。刑天銜戚，蚩尤播塵。松溪茶關，耽而思呑。

帝乃憑怒，雷硠震震。摧巒裂谷，執猳縛麢。圓靈播氣，一肅一温。帝典王猷，一義一仁。後非窮黷，前非逡巡。文武張弛，變化迭循。日中而彗，赴機若神。不需以昃，不豫以晨。省括乃斯，志定必申。勞者五載，逸者億春。江出其腹，蜀都枕岷。建福會昌，河圖祕文。帝靖其圉，安長子孫。種芋織橦，蜀土聿欣。緊豈惟蜀，八紘無垠。威棱四慴，川岳效珍。畝棲餘糧，壘無戰雲。鼇極不波，維帝之動。珠鈐密籌，維帝之勤。七政環運，樞于北辰。經緯萬端，炳焉貞珉。微臣蠡測，頌聲以陳。淵乎淵哉，大瀛無津。

五巡江浙恩綸頌 謹序　乾隆四十五年

欽惟我皇上得天恒照，斂福錫民，慎憲省成，彌懷無逸。歲在庚子，復時巡江浙，閱視河工海塘，因以詢察土風，行慶施惠。仁心茂育，聖渥龐洪，非歌詠所能縷述。其宣示中外者，懿綱淳化，更多振古所未聞。蓋南邦士女，至是五覲龍光矣。省方設教，歷久益勤。順時布澤，有加靡已。豈非度越三五之上軌哉。

臣備員薇省，每伏讀詔令，輒私心抃慶，竊作頌聲，自春徂夏成三十六篇。敬題曰「恩綸頌」，用昭盛美而抒下忱。每篇皆恭繹諭旨，約舉提綱，併詳紀日月，編次先後。見詞必有徵，政皆紀實，非前代儒臣浮文粉飾者比。雖挂一漏萬，類以管闚天。然皃藻微誠，不能自已。謹繕録成册，拜手稽首以獻。

乾隆四十三年十月初六日諭巡幸江浙閱視河工海塘

堯曦麗霄，四瀛咸炳。黄屋凝神，鑒周遐憬。帝聰胥達，衢謡猶省。太乙南臨，川紆途永。春祺嵁嵁，膏露若穎。澤憶四巡，慕覲五幸。微植熙陽，葵忱胥秉。緑章籲聞，丹綸俞請。導水纘禹，司鑾詔丙。德郵捷傳，迅流鵠影。江澨海陬，駢趾引領。

乾隆四十四年十月初一日諭截留漕船以平行營米價

金粟重輕，劑平乃利。穀少鬻繁，珍則翔貴。棲畝本贏，睿籌防匱。輯玉舜巡，鳴棢軒衛。鉤陳駢拱，爻閭和會。萬乘合還，儲峙豫計。星廬炊雲，雪匙佐糒。萬斛一餐，餘粒委積。減漕資農，居奇杜儈。博濟翔仁，均權本義。調劑有無，曲周纖細。心鏡意珠，靡遺一事。

乾隆四十五年正月十二日諭免直隸山東經過州縣錢糧十分之三

奎婁野分，尾箕躔列。畛錯青徐，域枕渤碣。州絡鉤帶，北燕南越。中亘趙齊，九馗通轍。雲罕初啟，麥隴親閱。途經阡陌，供減銍秸。崆峒戴斗，岱宗禮日。游豫所經，沛恩非一。時邁茲賡，重邀温綍。盎漿液融，衢尊甘溢。潤逮禾麻，歡洽蓬蓽。田歌諧韶，擊轅中律。

正月十三日諭免直隸常平借項及屯糧

甸服禹規，遺人周法。粟米職供，委積典納。屯糈軍實，庾儲令甲。準數取償，古經是協。乃眷日畿，巽申御劄。春耕方始，秋場軫乏。租吏戢音，度支銷牒。地寶偶儉，天膏自浹。輦道逶迤，婦孺匼匝。膜拜鞠跽，絡繹雜遝。穹昊軿幪，罔知所答。惟祈壽康，重熙永洽。

正月十四日諭賞直隸山東辦差兵丁兩月錢糧

氐南懸象，叶應星文。期門屬鞬，扈衛賁勤。州郡部曲，尺籍隸軍。滄瀛甸服，齊魯近藩。波澄東海，鑰固北門。鐃鐲雖肆，征戍無聞。灌燧列堠，櫜甲司閫。有事爲榮，警蹕清塵。裹糧數日，增廩六旬。賞厚功薄，仰愧皇仁。鐃曲橫吹，笳鼓闐闐。韎韐騰歡，繄獨農人。

同日諭賞直隸山東老民老婦

衣冠偉然，龐眉耆老。布帔荆笄，皤皤里媼。鱗次分曹，焚香輦道。是雖微賤，均蒙鴻造。時和人壽，實爲國寶。維皇建極，厥庶錫保。太和蒸蒸，淳氣灝灝。秋鮮凋柯，春無腓草。黄髮含飴，耕鑿不擾。密邇堯天，傲睨商皓。捧挈穀帛，提攜黄小。熙皞庥徵，瑞圖式表。

正月十五日諭直隸山東辦差官員有參罰者開復無參罰者加級

百度允釐，六計維肅。馭貴馭富，惟爵惟禄。金鏡朗澄，乾綱獨握。權衡曲當，賞罰咸服。宥過有經，盈期乃復。晉秩明褒，程功斯録。狩典肇舉，制修覲牧。晝日三接，咸食天福。新階註籍，舊瑕削牘。春澤實覃，丹忱宜勖。各砥廉隅，盟心率屬。

正月十六日諭截漕運丁加賞月糧十分之二

越稻吴秔，雲帆北轉。銅符隸官，瓜期更踐。儲胥夙籌，舳艫罷遣。巨槳停鼓，飛絙息挽。裹餱計程，減支徵典。行十居五，數猶羨衍。

帝軫于役，川途淼遠。夜潮水宿，晨霜星飯。粟益二斛，膏溢匙盌。飽娱妻孥，瀝沾雞犬。巨舶連檣，高帆風滿。利涉先歸，延竚雕輦。

同日諭長蘆鹽課帶徵十分之一

味取作鹹，牢盆古給。利因自然，開源資國。用裨九賦，惟商舉職。府海有章，馭馬不極。藏富留餘，已蓄已殖。斗車南邁，錫福萬億。郊坰近光，澤敷先北。惠心有孚，象占下益。用一緩九，優柔以息。均稅五稘，疇田三易。析木漢津，長蘆淅淅。大艑峩峕，行歌帝力。

正月十八日諭賞直隸辦差官員銀二萬兩

方岳覲后，明堂述職。湯沐有所，國猶賜邑。況御六龍，時巡下國。禮聞納錀，知非張帟。行殿葺營，采椽因昔。丹矱樸斲，義仍古式。勤懋虞狩，儉遵姒德。載閱崇構，俯軫羣力。紫泥敷宣，朱提用錫。葵藿鑒忱，斧藻酬直。發軔伊始，宣綸先飭。纖芥弗擾，昭昭仰識。

正月十九日諭行宮不必華飾勿以絲毫累民

合宮舊圖，軒皇貽典。省方有制，寧娛池館。涉江春省，渡灤秋獮。禹牆戒雕，堯茨勿翦。貴質敦素，皇風夙闡。樸異燕趙，靡始青兗。壯麗營宮，蕭規終淺。明詔彰彰，仰闕何晚。雲牖延矚，露臺惜産。璇題徒構，鸞書示譴。大訓煒煌，昭鑒久遠。警茲凡百，還淳共勉。

正月二十日諭賞山東辦差官員銀三萬兩

海岱及淮，雲構稍崇。徒攄愚忱，未窺聖衷。明明睿照，日月高穹。誰敢箕斂，竊擾三農。經營潤色，力合羣工。爾俸爾祿，亦等畿封。厥見則隘，厥事則同。

申誡杜漸，均賚昭公。仁至義盡，衡平鑑空。順應咸宜，皇極執中。黜華崇實，貴儉戒豐。羣黎共喻，六宇從風。

同日諭免山東緩征錢糧倉穀

維古兗州，斥鹵濱海。瘠植桑麻，美乏稻蟹。神禹敷土，作十三載。閱歲四千，地形未改。歲或水旱，征煩牧宰。倚閣恩多，度支籍在。帝越魯疆，土風親採。詔與蠲除，宥佴作解。和颸蓬蓬，甘膏灑灑。望杏瞻蒲，錢鏄庤乃。吏無追呼，人歌樂愷。祝壽南山，億齡崔嵬。

正月二十八日諭賞山東至乍浦等處駐防滿洲老人老婦

從龍舊族，國之本根。分控奧區，貔虎列屯。既建節鎮，遂長子孫。長白三江，夙秉靈源。水深土厚，氣淑化醇。餘派流衍，龐固仍敦。鮐背鶴髮，黃耇多存。北起廣川，南屆海門。左右異路，肅迓軒轅。禮耆有典，溥錫昭恩。仁壽之化，上際下蟠。駢羅星拱，丹極常尊。

二月初五日諭免江南積欠緩征錢糧漕米

藪澤奧衍，江海茹涵。水珍陸產，再稻八蠶。九州上腴，實爲江南。司農歲入，七居其三。繁殖既甚，奢麗彌耽。勤惰靡齊，正供或淹。舊賦新租，符檄相參。覲民伊始，渥沛和甘。金粟百萬，蠲貸溥覃。户歌紅女，隴抃丁男。浩浩長江，春波如藍。願聖人壽，如川流添。

同日諭免江南浙江所過州縣錢糧十分之三

駕龍十二，自冀徂徐。築沙成砥，汲井灌塗。眷懷父老，迎送金輿。鳳艒揚舲，川路縈紆。鼓楫洪流，引纜清渠。凡厥庶民，樂事共趨。水陸雖異，瞻就無殊。北既薄賦，南亦減租。王道平平，厥數均符。棹謳競發，響雜鷗鳧。蟹舍漁汀，老稚攜扶。萬家歌舞，兩岸畫圖。

二月初六日諭賞江南浙江老民老婦

玉輦再蒞，閱十五年。昔之中壽，今則華顛。鳩杖競扶，俠路駢肩。穆穆清光，稽首瞻天。招邀鄰里，挈抱曾元。某歲某月，某水某山。縷述宸遊，指點從前。雨露滋榮，樗櫟均延。翠蓋容裔，今得再觀。金繒荷賜，頒祝臚歡。行慶施惠，愷澤逾先。尚期六幸，聖算緜緜。

二月初八日諭免江南竈户帶征遞緩銀兩

調鼎珍味，古稱大夏。挹滷滄溟，管以齊霸。今則淮産，南與北亞。大賈轉舶，司鹺衡價。揚徐襟帶，楚越凌跨。販鬻流通，利半天下。實則海鄉，熬波代稼。葽竈鮫館，戢形蝸舍。風潮或侵，租賦恒貫。澤恐隅向，福從天迓。四載積逋，恩綸曲赦。蜃窟獺津，萬音祝華。一物不遺，大哉醲化。

二月初九日諭免江淮未繳川餉及緩征提引餘利

廣陵名都，繁華從古。闤闠魚鹽，樓臺歌舞。户擁高貲，地稱沃土。匪曰多財，即稱善賈。推厥蕃滋，實惟澤溥。沐德既深，勸功以補。施萬報一，固亦其所。煦育天心，乃彌仁撫。蠲緩巨萬，往牒未睹。譬彼芃苗，更膏陰雨。紅橋鶯花，竹西簫鼓。太平之象，式徵豐膴。

二月初十日諭江浙辦差官員有參罰者開復無參罰者加級

沃野賦繁，征輸易玩。劇邑訟滋，獄情善變。越俗吴風，官符每萬。盤錯屢經，瑕瑜互見。課績有章，考工秉憲。明詔垂慈，微勞示勸。蕩滌恩騈，褒榮綸焕。東並青齊，北侔赤縣。福荷三錫，例歸一貫。典本觀民，惠乃逮宦。拜手稽首，庶官慶抃。矢勵清勤，荷天之眷。

同日諭賞江浙辦差兵丁兩月錢糧

南柔北勁，各具土風。吴劍越弩，寧逮燕弓。虎符徵調，勞勩則同。至其執役，均厘皇衷。捧檄星邁，鼓舵雲從。晨翼青旗，宵拱紫宫。軍律有常，誰敢言功。念兹奔走，廪乃從豐。準以顧役，值浮於傭。感逾挾纊，熙熙融融。四海不波，萬里銷烽。偕其什伍，惟効呼嵩。

二月十三日諭廣江浙學額

博士弟子，黌宫額定。夏誦春絃，比

閭相應。文章淵藪，東南爲盛。珠璣溢海，蕙蘭被徑。滋育良蕃，採擷莫罄。夏槐黄霏，春桃紅靚。蘂珠增榜，彈冠交慶。烝我髦士，秋螢自映。玉尺有程，金沙或剩。問俗沛膏，育才發政。芹藻廣植，薪槱叶詠。於鑠令典，旁求惟聖。

二月十四日諭恩詔後江浙軍流以下減等

三宥堯仁，五刑虞象。觟䚦司直，庭堅無枉。況乃元正，湛恩滉瀁。赭衣弛鉗，丹書解網。淮海迤南，幅員雖廣。狴犴新牘，郡纔三兩。慶典式渥，復兹滌蕩。城旦輟舂，戍車税鞅。向善懷新，砥瑕戒曩。俾鷹爲鳩，條風嘘養。俾茅爲荃，醴源滋長。至德如天，八紘同仰。

二月十五日諭免江寧蘇州杭州三府附郭諸縣錢糧

鑾輅賁臨，古謂之幸。布德行慶，邁其倫等。蔡邕所述，厥義炳炳。金閶石城，開府行省。虎林建牙，越疆統領。是曰會城，郡邑莫並。華蓋涖止，春遲日永。所過者化，近光附景。既駐羽衛，即侔甸井。甘澍徧滋，沃厥四境。懿筐捋桑，良耜趁杏。婦唱童歌，慶溢疃町。

二月二十八日諭撥兩淮鹽課六十萬協濟河南

黄流九曲，挾河東赴。泛濫堯年，事由氣數。維宋陳鄭，仰煩聖慮。積誠默驗，聿彰神祐。朝祈夕應，炳然符據。典茂翕河，念彌厘豫。租賦畢貸，兼資補助。尚以善後，恐勞黎庶。鹽官榷課，詔爲挹注。哀多益寡，協權中度。凋瘵咸蘇，蓋藏益裕。衆志成防，亦孔之固。

二月三十日諭免浙江緩征錢糧及借穀

越之逋賦，減於吴地。數有贏縮，恩無同異。山川出雲，煙熅一氣。天降時雨，暨則俱暨。漕司督轉，雲艫挽遞。咨爾吴興，負幾億計。神倉富有，兹猶一芥。其在農家，則關生事。午鼓插秧，秋塍翦穗。婦擔姑舂，勤劬實備。幸荷貸除，均蒙樂利。苕霅洋洋，飲和靡既。

三月初三日諭海塘修建石工

鷺濤翔涌，鼓盪飇輪。月躔應度，日母歸神。西注浮天，左界無垠。不遏其衝，將墊越人。親度者四，靈胥既馴。補苴罅漏，軫顧靡殷。睿謨指畫，遠計萬春。甃石大壯，終勝積薪。硌碌犖确，不逮魚鱗。堅障嶒崪，洪波淵淪。魚龍不作，磨銅鎔銀。偉哉禹績，炳炳麟麟。

三月初六日諭賞福建辦差兵丁兩月錢糧

中權統握，部伍翼分。楓嶺建營，兩隸浙閩。被川組練，調從越軍。荷殳江國，亦有海人。舶艑踆浪，出没若神。射潮犀手，獝捷超倫。帝嘉乃藝，兼軫乃勤。水衡發帑，頒犒惟均。炎陬逖聽，居雜波臣。遥瞻斗極，未迓至尊。歸攜明賜，示乃鄉鄰。榕村薜屋，同頌皇仁。

同日諭賞福建百歲舉人郭鍾岳爲進士及賞賚陳應騰等御書緞疋荷包

嶺海耆儒，歲已累百。春草袍青，秋霜鬢白。藝圃文林，茹涵聖澤。卉木蕃廡，兹爲松柏。跋涉迎鑾，山程水驛。映雪年深，瞻雲路獲。一第邀榮，平生願塞。宣賜其餘，跽擘寳刻。璀璨佩囊，綷縩縹帛。於維昌辰，佑申齡錫。瑞應有徵，非逢其適。五老飛星，允符圖籍。

三月初八日諭賞還浙江官員所捐養廉

帝省方岳，自北徂南。棟宇葺建，予值者三。湖山金碧，芳圃精藍。迹因古昔，華匪雕劖。鳩貲藻飾，爲價實廉。猶慮司牧，藉口以貪。欲取姑予，擾我閭閻。詔稽厥數，準計毫纖。各還其櫝，如未開緘。經費所羸，餘沃猶霑。聖惠則渥，聖訓則嚴。勵乃冰蘖，無負彤幨。

三月初十日諭召試浙江諸生録用賞賚有差

赤堇上金，會稽美箭。寳卝耀晶，浮筠挺蒨。越産富珍，扶輿彩絢。靈粹天篤，滋培聖贊。川效岳修，待時乃獻。泰初彙征，乾五利見。翠鳳鬟臨，四掄厥彥。十有五載，前規式踐。延恩列匭，天臨闢殿。棫樸芧甲，久而楨榦。拔尤者四，橫經知勸。壽考作人，式賡於萬。

同日諭賞淨慈寺接駕年老紳士耆民

南服士女，競覲光華。清蹕所届，人

海無涯。惟兹耇瑞，鶴髮鬖髿。飲和駐顔，不藉丹砂。香山洛社，矍鑠相誇。國老庶老，禮所優加。自爲班列，肅迓雲車。天機錦段，寵渥有加。金地深嚴，寶坊谽谺。老人星見，晃耀青霞。無量壽佛，爲散天花。祝延洪算，比恒河沙。

三月十四日諭浙江勿尚奢華

西湖山水，詞客夙誇。建炎淳熙，侈麗增加。四五百年，越俗因奢。遂令桃柳，多於桑麻。競艷其盛，孰摘其瑕。帝省民風，非玩鶯花。何爾守吏，尚導繁華。濡染弗戒，波靡奚涯。其遵彝訓，無即於邪。謝爾綺紈，却爾箏琶。男耕于陌，女織于家。斲雕返樸，聖世所嘉。

三月二十三日諭定河神封號

河行秦晉，束乎峽中。出而平原，蕩潏四衝。稟承睿算，始障而東。迨其合淮，湍悍争雄。溢而奪流，倒注相攻。機宜天斷，始瀹而通。聖不自聖，歸諸神功。舊銘清口，新秩儀封。禮昭報祀，祭法式崇。詩頌懷柔，狩典攸隆。爲民祈祐，誠本淵衷。三靈允協，萬福是同。

三月二十八日諭召試江南江西諸生録用賞賚有差

大江以南，人文所聚。兩浙三吴，方軌齊鶩。南金得雙，化洽並鑄。鴻筆顔謝，舊門陸顧。吴趨會吟，淮山奏賦。豫章名材，嚮然亦赴。匯合地靈，共瞻天度。

鸚鵡獨秀，驊騮聯步。薇省同升，桂籍添註。吉士藹藹，騰驤皇路。曠典希逢，幸哉五遇。

四月初七日諭保護柴塘

舊防勿徹，聞諸韓嬰。成功勿毁，古義孔明。甃石爲重，束芻爲輕。舍舊圖新，是亦人情。詎知長茭，足禦奔鯨。外資保障，屹屹重城。況乃金隄，剏始經營。預徹其藩，抵隙誰攖。無若頹垣，剷爲夷庚。無若墮樵，掇拾畸零。慮遠幾先，誥誡未形。億萬斯年，波濤不驚。

鑾陬貢象頌 乾隆五十五年

韓子有言：象不可見。知在三古，八鑾未獻。聖化醲敷，炎荒内面。如舜格苗，異佗通漢。款塞丹墀，奉琛紫殿。香象磈礧，聞《韶》隨抃。南雉西獒，匪云充玩。嘉乃葵忱，帝心垂眷。功茂登三，道光綏萬。《王會》丹青，千秋炳焕。

紀文達公遺集卷第四

摺子

孫樹馨編校

與陸錫熊同被恩命陞授翰林院侍讀呈請奏謝摺子 乾隆三十八年

竊昀等職忝紬書，學疏稽古。幸遇右文之世，瑞彙奎躔；同升典校之司，光依壁府。九重頒賚，叨承寵渥之加；《七畧》編摩，愧乏涓埃之效。乃仰蒙我皇上俯垂天獎，特沛綸言。忽傳鳳詔之褒榮，驚荷龍光之拔擢。晉木天之華秩，階轉三資；换丹地之清銜，班登五品。西崑盛事，即日喧傳；東觀羣儒，聞風鼓舞。聖主文明之治，自古所無；小臣知遇之隆，於斯爲極。恩榮逾分，感激難名。伏念昀起諸謫籍，重直槐廳；錫熊拔自曹郎，許登藜閣。八甎翔步，已叨再造之仁；三館抽毫，濫預殊常之選。何期金坡舊路，更荷隆施；玉署新除，彌沾愷澤。一時佳話，爲縉紳之所争誇；千載奇逢，實夢寐之所不及。頂祝而祇深抃舞，省循而愈切兢慚。昀等惟有悉意丹鉛，殫精編纂。文章報國，冀少酬高厚之恩；夙夜在公，益勉竭駑駘之力。

進呈書籍蒙賜内府初印佩文韻府呈請奏謝摺子 乾隆三十九年

欽惟我皇上化闡天苞，道光地紀。寶緯聚文章之府，星蔚連珠；神霄闢著作之庭，山標羣玉。九流祕簡，匯學海以同歸；二酉珍圖，啓書巖而畢露。江東舊典，全徵梅賾之藏；河北遺經，遂效顔芝之獻。方愧太倉之一粟，未稱蒐求；何期敝帚之千金，頻邀錫賚。龍香寶墨，已荷寵於奎章；鳳字琅函，更叨榮於壁府。光生緗帙，一時感荷殊恩；彩耀青箱，三館共傳盛事。竊惟樓名韻海，遠肇唐年；編號書林，舊聞蜀國。四聲隸事，自前代而已然；萬卷搜奇，至聖朝而大備。人間流播，久傳藝苑之珍；天上頒宣，彌長儒林之價。兼以蘭臺寶弆，祕在仙都；棗本初摹，貴同祖帖。墨融古漆，真文思供御之餘；紙疊輕羅，是天禄藏書之副。紫霄丹地，集僚友以傳觀；鈿軸牙籤，付子孫而世守。名題雲笈一編，爲百代之榮；字染天香四海，祇九家之本。龍光彌渥，鳧藻何窮。況昀等幸際休明，叨司編纂。一經授受，偶先世之貽留；《七畧》蒐羅，本儒官之職掌。上應求書之詔，於分原當；濫居受賞之班，非情所料。恩真逾格，感倍難名。惟有努力丹黄，殫心竹素。賜書勤讀，深思玉字之文；古義精研，少免金根之誤。庶幾久餐黄卷，或通脈望之神仙；共照青藜，速蒇琅嬛之校録。

命與陸費墀仍留文淵閣直閣事恭謝摺子乾隆□十□年

竊臣等猥以庸才，恭逢昌運。幸登册府，得執役於丹黄；疊荷綸音，遽邀榮於青紫。屬彤庭之稽古，典茂麟臺；遂彩筆之題名，班分豹直。花甎聯步，兼官並錫以華資；薇省揮毫，帶職仍標夫清秩。方愧冰銜之忝竊，莫報鴻慈；何期温綍之頻加，更逾常制。位居九棘，已叨卿月之輝；路接三山，還暎文星之彩。中執法參知東觀，增秋憲之光榮；小宗伯並典西崑，作春官之佳話。歡忻相慶，銜感難名。臣等惟有益竭庸愚，倍勤夙夜。氣節與文章並重，勉自湔修；《詩》、《書》共《禮》、《樂》兼司，同思敬慎。心存精白，無稍雜以二三；恩荷高深，冀仰酬於萬一。

恩擢兵部侍郎仍兼文淵閣直閣事恭謝摺子 乾隆四十七年

伏念臣猥以疏庸，仰蒙知遇。擢升冊府，幸陪少監之班；簡任兵曹，叨佐中樞之政。恩榮逾格，被雨露之偏多；報稱無由，愧涓埃之莫效。自維短綆，方切悚惶；乃荷温綸，彌增光寵。俾兼官於龍學，仍入直於麟臺。特於《四庫》之中，留司玉字；遂在六卿之內，獨帶冰銜。實文士之至榮，爲詞臣所罕覯。歡愉何極，銜感難名。臣惟有勉竭駑駘，益殫葵藿。修明軍紀，倍勤考校於五兵；檢閱書林，速蒇編摩於《七録》。

命充經筵講官恭謝摺子 乾隆五十二年

伏念臣學本疏蕪，性尤魯鈍。幸逢知遇，得勉效於紬書；濫荷恩榮，實多慙於稽古。再依香案，已叨簪鼇禁之毫；獨帶冰銜，更兼掌麟臺之笈。時時頒賜，同擘翠管銀罌；歲歲聯吟，並到紫霄丹地。自惟駑質，殊逾分以難安；何意鴻慈，彌有加而無已。玉堂宣勅，許隨崇政之班；金殿分行，得預邇英之講。從容禁闥，瞻穆穆之天光；闡繹微言，聆洋洋之聖訓。委垂錦袖，榮何異於登仙；側侍瓊筵，情倍欣於近日。況乎纔承温綍，擢任容臺；兹焉復沛恩膏，備員經幄。三陽之月，洪施廣育之仁；六日之中，喜拜重申之命。龍光載錫，皛躍何窮。臣惟有勉竭樗材，益深葵向。遵敷言於皇極，冀稍窺六籍之微；仰不息於天行，長敬祝萬年之壽。

禮部奏進御筆太常仙蝶詩搨本摺子 乾隆五十四年

欽惟我皇上醲化函三，元功育萬。均霑庶品，俾各遂其生成；下逮昆蟲，亦得蒙夫長養。遂有蠉飛之蝶，棲息神壇；儼如羽化之仙，翔游壽寓。身輕不老，以食氣而長存；歲久通靈，因乘時而利見。經寒坯户，方如被凍之蠅；向日傾心，忽作熙陽之燕。雕梁仰躡，宛隨姚監之花闌；錦篋高擎，似展滕王之畫卷。天開紫極，喜入宸垣。春滿丹毫，競邀奎藻。化工曲肖，超百篇月露之詞；道果真成，勝三食神仙之字。百年幸遇，足徵至治之嘉祥；一物蒙慈，亦見太和之醞釀。珍藏禮閣，欽寶墨之親題；宣布書林，敢貞珉之敬勒。仙衣彩翠，奇蹤不數夫羅浮；天篆璘瑞，聖跡遥媲夫岣嶁。搨來萬本，看風行蝶翅之碑；暎彼千春，知雲護龍紋之刻。

宣示御製補詠安南戰圖六律併序覆奏摺子 乾隆五十四年

本月二十二日，蒙發下《補詠安南戰圖六律併序》，令臣等同看並著和韻。臣等跪誦之下，竊惟聖人御宇，以兵戡亂者多矣。其威稜震疊，咸可以方行海表，無征不克。然其操縱進退之機，則莫不仰承穹昊，欽若弗違。故涿鹿之師，黄帝可戮蚩尤而必戮；洞庭之師，虞舜可殲三苗而不殲。事有不同，其爲保大定功一也。安南一事，黎維祁仰藉王師，得以復國。天朝字小之義，已曲盡無遺。乃黎維祁柔懦昏庸，不能自立，實爲自絶於天，無可復拯之理。是以皇上先幾洞照，諭臣孫士毅振旅速旋至廣南，阮惠雖因臣孫士毅稽滯班師，致部曲無知，倉皇犯順；然大兵甫返，降表踵來，哀懇再三，惴惴然懼不獲命。蓋我皇上昭宣七德，聖武遠揚。伊犂回部，隔越龍沙，爲自古戰伐所未至者，三征三克，悉隸版籍，阮惠固稔聞之；儹拉促浸負恃險阻，爲自古征討所不加者，一俘一馘，並就藁街，阮惠又稔聞之。而此次長驅深入，轉戰無前，鋒蝟斧螳，莫能支拄。阮惠尤風聲鶴唳，夢寐皆驚。自揣山川之固，必不及僧格桑與索諾木；疆宇之廣，必不及達瓦齊與霍集占。儻天討再申，勢必糜碎。前車可鑒，寧不悚惶。又竊聞緬甸歸誠，已恩聞湯網。❶私計投身歸命，或可冀萬一之生；其修貢敏闢，實爲畏威而乞命，可共睹也。然知畏威者即順天，順天者即理所當存。皇上體乾坤生物之心，推栽培傾覆之意，因其悔罪，允其自新；併補題戰圖六章，申明所以先征後宥之故。扈從諸臣咸已恭和，復蒙恩宣示臣嵇璜、臣彭元瑞、臣紀昀、臣孫士毅、臣李綬，榮幸莫可名言。臣等檮昧之見，雖不能窺測高深，然往復循環，共相紬繹，仰見皇上天聲震耀，武備修明，運籌九天之上，而制勝萬里之外。又仰見皇上心矩絜量，合符帝綍。天命天討，一本於道之大原，均炳炳麟麟，昭如日月。若夫事機遘合，罔不協宜。此則皇上克符乎天心，故天心亦保佑

❶「聞」，道光本同，宣統本作「開」。

乎皇上。《易》曰：「先天而天弗違，後天而奉天時。」助順之理，灼然可見。《書》曰：「欽崇天道，永保天命。」申錫之福，尤可以操券而預期。臣等曷勝欽服歡抃之至。

禮部恭請舉行萬壽聖節慶典事摺子 乾隆五十五年

欽惟我皇上幬載同符，升恒久照。馨香上感，深孚眷顧之心；保佑重申，彌擴延洪之祚。兼全五福，徵五代之一堂；克念八徵，躋八旬之萬壽。六陽行健，長幹運乎天樞；萬彙熙春，咸會歸乎皇極。鵷班鷺序，共殫祝嘏之忱；壤叟衢童，亦進綿齡之頌。況軒夔之奮武，七德昭宣；兼舜羽之敷文，四方和會。南風入律，新添驃國之音；北闕稱觥，併有越裳之長。豈但康彊逢吉，實自古所未聞；即茲荒憬歸心，亦於今爲獨盛。人天感悦，既溥洽其歡心；禮樂修明，宜宏昭夫慶典。臣等詳稽舊制，敬舉隆儀。仿效祝於堯年，擬升歌於周雅。同抒忱悃，增聖主之鴻禧；待付編摩，傳熙朝之盛事。度紀三百六十，願同天運之常行；年逾一萬八千，冀比人皇而更益。

宣示御製石刻蔣衡書十三經於辟雍序覆奏摺子 乾隆五十六年

本月十六日，蒙發下《御製石刻蔣衡書十三經於辟雍序》，令臣嵇璜、臣紀昀閱看。臣等跪讀之下，仰見文治昌明，天章糺縵。炳焉極盛，亘古無儔。竊惟道宗乎聖，聖著爲經。惟六籍之昭垂，均百王之法守。歷朝相襲，莫不尊崇。刊石傳經，屢聞前史。然必有聖人之德者，始能契聖人之言；必有聖人之德而又在天子之位者，始能表章聖人之訓。漢魏以下諸君，雖有制作，未能精善。豈非天留兹事，待聖朝而彰其盛歟！

欽惟我皇上道闡陶姚，學兼周孔。豐功偉烈，復超軼三五而有餘。是以文德誕敷，勤修古制。而權衡盡善，窮極精微，則迥非古人之所能。今恭繹宸章，益知傳世立教，惟五經爲大法；稽古右文，惟尊經爲大典。惟垂拱成功，斯文章倍焕，爲聖人久道之大驗。又益見行健符天，精明强固。當年開九袠之日，猶殫心經術，以操化民成俗之源。無逸永年，足徵億萬，實踴躍歡抃之至。臣等弇陋儒生，懵無知識，乃叨蒙宣示，得以紬繹聖謨，管窺萬一，尤榮幸之至。

恩賜御製石刻蔣衡書十三經於辟雍序墨本恭謝摺子 乾隆五十六年

欽惟我皇上道契元苞，學涵義海。儀璘久照，仰建極之敷言；奎壁交輝，驗觀文之成化。功齊幬載，式彰軌度於皇年；理有權衡，惟溯淵源於聖籍。鴻都麟閣，永懷稽古之忱；螺畫龍書，爰示談經之準。合如符節，遥通道脈以傳心；挈若綱維，特焕天章而弁首。

竊惟孔庭删後，漆簡家傳；秦火焚餘，珠囊代理。自漢氏西京以下，二千年遞有專門；迨宋朝南渡以還，十三部勒爲定本。譬諸坤輿紀地，四爲海而九爲州；同於斗極垂天，六在南而七在北。史繩祖旁徵典故，增《信都》一帙而莫能；晁公武妄肆抨彈，删《孟子》七篇而不得。蓋以折衷既定，故損益之皆非；宜其師法相承，足流傳之不朽。惟是宋無完刻，緣疑邵武之書；明始全鐫，亦僅汀州之板。❶ 雖北雍之重校，當時已患麤疏；即常熟之詳刊，近日亦多漫漶。豈非棗梨柔脆，最易凋殘，不如瑊玏堅貞，足行久遠。然而熹平剏造，七經闕略而未完；正始因修，三體繁蕪而太雜。鄭覃舊石，《唐書》夙議其乖違；孟昶新碑，晁《志》亦摘其訛異。紹興御札，僅存《禮記》五篇；嘉祐官書，竟廢《春秋》一部。豈若我皇上包羅册府，宣古義以觀民；綜括儒林，集大成而立制。取其廣布，昔曾鳩攻木之工；期以常存，今更舉斲山之役。翠珉深鏤，闡明鄒魯之精微；緑字分題，補苴漢唐之罅漏。高立乎九流之上，海嶽高深；夾峙乎兩廡之間，圖球焜燿。鼓鐘鎬邑，與辟雍共仰崇閎；車馬岐陽，視獵碣更爲典重。全删古註，是爲經以解經；仰矚宸章，僉曰聖能知聖。天地人貫通於一，義炳日星；才學識兼備其三，詞成規矩。在多士得聆至教，應悟微言；知前朝皆少親題，真爲闕典。蓋太昊龍圖以後，未睹斯文；惟尼山麟筆以來，初逢此盛矣。

至於諸儒授受，五經之支派多歧；歷代編摩，三寫之異同互出。鄭康成稽求禮典，疊舉舊書；陸德明裒集釋文，臚陳别本。蔡邕所定，二三策考證猶存；張㒟所鐫，四十卷參差太甚。篇章無定，《繫辭》傳或誤標題；塗乙留痕，《武成》篇竟存添註。網綱相溷，殊疑似之難明；校挍同施，殆偏旁之莫别。所以天題戒事，先慮舛譌；御註分行，申言校勘。金閨珥筆，務檢覈之求精；玉署披函，期參稽之得當。元

❶「汀州」，宣統本同，道光本作「江州」。

元本本，博蒐前代之書林；是是非非，一秉至人之心鏡。駮文欽定，如對談虎觀之經；禁掖天臨，誰私改蘭臺之字。蓋延恩投匭，雖一手所專成；而天禄然藜，實衆長之各效。傳諸墨苑，争摹鐵畫銀鉤；懸在儒門，永奉金科玉律。

若夫年開九袠，乙夜猶勤；學足三餘，西山仍檢。舜歌庸作，已富有乎篇章；堯棟凝神，多深研乎訓典。經文六十二萬字，皆歸心冶陶鎔；御論一百卌五篇，長覺詞源濬發。指撝馬、鄭，導文河學海而沿波；檢校程、朱，别珠纇玉瑕而得寶。精探突奥，睿思契删述之初；悟脱畦封，神解出傳箋之外。羲農萬載，古今文貌異心同；周孔一堂，先後聖氣求聲應。彼六篇《典論》，魏文徒侈雕華；或一卷《中庸》，梁武偶成講疏。貞觀讀《尚書》之作，纔得二詩；太平定《禹貢》之文，僅移一字。録登史牒，亦云則古稱先；持較經筵，誰敢絜多量少。此又沖懷謙挹，睿藻之所未言；而奥旨閎深，儒林之所共睹者也。

况乎非常之舉，待其人而後行；久道之成，需以時而彌盛。我皇上貞元會合，實應昌期，日月光華，長游仁寓。歲之紀一章爲始，建元已届三章；乾之策九數相乘，積算重開初數。軒轅正名乎百物，書契斯興；伊耆協和乎萬邦，文章彌焕。作人奏雅，當周王壽考之年；教胄陳詩，是虞帝平成之後。梯航路闢，既通殊域而同文；經籍道光，宜樹鴻裁而敷教。天心有屬，預儲染翰之材；民志先徵，久獻勒碑之本。鐫成蒼玉，堂谿典無待摹書；搨出烏金，歐陽修不煩集古。聖涯道岸，從兹識有津梁；地契天符，於此驗如影響。跽瞻寶墨，同知制作之源流；仰睹神工，深頌規模之遠大。允矣是彝是訓，雖湯盤禹鼎莫之或加；皇哉可法可傳，即殷序周庠未之曾有。

臣等技慙篆刻，多如無字之碑；學謝校讐，空染不言之墨。叨登丹地，得觀盛典之輝光；喜捧黄封，共拜聖恩之頒賜。麝煤繭紙，欽承典誥之詞；玉軸琅函，永作子孫之寶。遭逢非易，真爲萬世之一時；補報無從，惟祝九疇之五福。

宣示御製圭瑁説覆奏摺子 乾隆五十七年

本月□□日，蒙宣示《御製圭瑁説》一篇，交臣嵇璜、臣紀昀閲看。臣等跪讀之下，仰見考古辨僞，聖鑒高深。伏思釜山合符，聞於軒代；岱宗輯瑞，著自《虞書》。至於制度，則古籍無傳。故二孔氏《舜典》傳疏之説，明陳第以爲不應以周制解虞制也。至《考工記·玉人》之文有其名，而與《周禮·典瑞》不合。諸儒互相揣測，臆爲圖説，實非經典之本旨。而一二千年遞相沿襲，莫悟其失。今紬繹聖論，參稽舊文，推詳事理，是非真僞昭昭然，曠若發蒙，實千古經師所未及。至節取鄭氏之註，闡明覆冒天下之義，而以在德不在玉。立居中建極之大法，尤爲獨契經心，昭垂謨訓。臣等實欽佩悦服之至。

太上皇帝紀元週甲授受禮成恭進詩册摺子 嘉慶元年

欽惟我太上皇帝功茂十全，福徵四得。璣衡歲月，數當甲子之重周；河洛苞符，運際貞元之會合。志由先定，親傳皇極之心；化以久成，彌見天行之健。從此長綿軒紀，益宏幬載以無疆；即今仰述堯勳，已覺名言而莫罄。雖在四瀛之外，尚遠貢其謳吟；豈居九棘之班，轉不申其頌祝。臣等謹撰詩文三十五册，共裝成十函，恭呈聖覽。管闚蠡酌，知無當於高深；里唱衢謡，亦自宣其悦豫。如葵向日，喜近瞻久照之光；似鳥鳴春，實同感太和之氣。

調補兵部尚書謝恩摺子 嘉慶元年

竊臣猥以庸愚，久叨恩眷。兩司憲府，再掌儀曹。綆短汲深，涓埃未效。撫心自問，時切慙惶。何期浩蕩鴻慈，有加無已。方衡春試，復領夏官。感愧交并，名言莫罄。伏思考稽軍實，綜覈爲難；澄敘戎行，公平匪易。昔叨佐理，已自覺其才疏；今忝專司，更私驚其任重。臣惟有殫竭丹赤，勉効駑駘，勤慎小心，以期稍酬高厚於萬一。

宣示聖製書虞書舜典集傳覆奏摺子 嘉慶元年

十一月十八日，蒙發下《聖製書虞書舜典集傳》一篇，訂正蔡沈解「而難任人」句之謬，令臣閲看。臣伏考《集傳》之説，訓「任」爲「壬」，蓋據《皋陶謨》「孔壬」之文。然「任」、「壬」二字，經典本不相通，惟《漢書·律志》借「任」爲「妊」，用解「壬」字，亦非包藏凶惡之意。蔡沈註「孔壬」句已自覺其不安，故併存共工一名孔壬之説，乃註此句。復因「任」字偏旁，牽合「壬」字，實爲未協。蓋蔡沈爲朱子門人，時瀾之師呂祖謙又朱子契友，故時瀾附和朱子，而蔡沈又附和二家，其致誤之由，誠如聖諭。今蒙深繹經文，闡明本旨，證以「益曰：任賢勿貳」，「禹曰：惟帝其難之，知人則哲，能官人」。以經解經，如重規疊矩。千百年來，經師之所未悟者，一經宣示，曠若發蒙。非惟典籍得其真詮，併於治法揭其要領。臣跪讀之下，益信惟聖人能作經，亦惟聖人始能知經。實不勝忭悦欽服之至。

奉命詮解洛神賦語覆奏摺子 嘉慶二年

本月初十日，軍機大臣傳旨，詢臣以《洛神賦》「淩波微步，羅韈生塵」之語，作何詮解。考《文選》李善註曰：「淩波而韈生塵，言神人異也。」伏思神人之異，不過履水不濡，以解「淩波微步」則可，以解「生塵」，則水面安得生塵？誠如聖諭。仰見睿鑒高明，發古人之所未及。臣幼而誦讀，習焉弗察。一經指示，曠若發蒙。實不勝欽服之至。

孫樹馨由廕生選授刑部江西司員外郎謝恩摺子 嘉慶四年

伏念臣忝司典禮，莫效涓埃。幸遇恩綸，得分榮於門廕；兼蒙聖澤，俾效職於曹郎。逾格施仁，真生成之曲至；無功延賞，惟感愧之交并。至臣孫樹馨，樗櫟散材，駑駘下駟。甫隸黌宮之籍，年未三旬；遽因任子之班，階登五品。一經徒抱，愧無家學之淵源；百事未諳，空忝世官之閥閱。臣惟有嚴加策勵，時用提撕，誓矢肫誠，無忘報稱。讀書讀律，勤求法制之三千；教孝教忠，期答高深之萬一。

裕陵奉安禮成特加禮工二部堂司官各二級謝恩摺子 嘉慶四年

伏念臣等樗櫟菲材，駑駘鈍質。久荷
先皇之豢養，銜結難酬；復蒙聖主之栽培，涓埃未效。恭逢大典，徒懷哀慕之纏綿；愧乏微長，惟覺精神之惶悚。所幸我皇上禮源洞悉，斟酌咸宜；孝思周詳，情文兼至。時時指示，俾庸愚知所遵循；事事寬容，得僥倖免於譴責。方措躬之無地，夙夜冰兢；乃錫命之自天，恩榮露洽。春官水部，一時同被夫龍光；畫省星郎，兩秩亦增於鷺序。真捐糜之莫報，實夢寐所不期。臣等謹繕摺率同司員等泥首恭謝天恩，伏祈睿鑒。

大學士六部尚書奉旨議奏安南國長阮福映請賜名南越摺子 嘉慶七年

臣等公同詳議，竊惟國家統御中外，一視同仁，内地督撫各以所隸地方爲名，外藩屬國各以所守疆域爲名，所以垂本朝之典章。抑且考前代之沿革，事惟務實，治在正名。考安南古曰南交，周曰交趾，至趙佗竊據，始自稱爲南越王，旋爲漢滅，郡縣其地，今南海、蒼梧、鬱林、合浦，皆爲廣東、西兩省州縣。至五代時，土人曲承美據交州，僅授爲静海軍節度使。宋太祖開寶三年，封丁部領爲安南郡王。真宗天禧元年，封李公蘊爲安平王。❶至孝宗淳熙元年，封李天祚爲安南國王，安南立國

❶「李」，宣統本無此字。

自此始。元明至本朝，封號皆因之。核其疆域，實止南越之一隅，未便以一隅之地，遽以南越自稱。且廣東、廣西，皆南越之舊地，自漢以來，久爲中國。若該國復南越之古名，名實既不相符，體制尤爲未協。所有該國長請賜名南越之處，應無庸議。至安南國號，自宋迄今，數姓相承，並無更改。該國長但當恪守藩封，勉修新政，撫輯黎庶，共樂聖世之帡幪，自能永受鴻恩，不在於别易國名以新耳目。應仍以安南爲稱，庶於事理允協。臣等謹合詞具奏，是否有當，伏祈皇上睿鑒施行。

六月十五日八十生辰特命署上駟院卿常貴頒賜珍品謝恩摺子 嘉慶八年

伏念臣河北庸流，燕南下士。昔荷先皇之知遇，得際風雲；今蒙聖主之栽培，倍霑雨露。待以識途之老馬，曲賜矜憐；慚如戢翼之寒蟬，竟無建白。自惟拙鈍，真爲樗櫟之材；況漸衰頽，已屆桑榆之景。六卿重任，恒自覺力不從心；三接鴻慈，乃幸遇人惟求舊。念聖世本多人瑞，得叨並育於洪鈞；緬古賢原有耆英，寧敢高希其芳躅。往歲龍鍾未甚，已再登千叟之几筵；今茲馬齒徒增，實虚度八旬之歲月。何意天光之下濟，錫賚便蕃；更蒙星使之遥臨，恩榮舄奕。登大寶八年之内，温綸於今歲連宣；計文階一品之中，曠典惟微臣首荷。敢冀壽如召奭，得長勒於鼎彝；實矜寵過桓榮，欲大陳其車服。此際幸遊壽宇，皆因化日之春生；來茲儻得餘齡，總屬仁天之福蔭。銘心鏤骨，當傳諸子子孫孫；結草啣環，預矢以生生世世。萬年有道，長期歌詠夫升恒；一息尚存，終勵寅清於夙夜。

命署兵部尚書併教習庶吉士謝恩摺子嘉慶八年

竊臣庸才鈍質，濫列卿班。承乏春官，涓埃未效。方自愧年盈八袠，精力衰頹，仰蒙聖主優容，恩已逾格。乃温綸載錫，復畀兼攝中樞。伏思司馬一官，總持戎律，事關武備，責任非輕。聞命自天，實深慙感。且欣且懼，莫可名言。至於詞館儲才，首資訓迪，必宿儒碩學，始稱斯官。臣學殖荒蕪，文章弇陋。昔官翰林之日，分曹教習，已愧無功；今以衰年，得叨簡任，使總司其事，尤夢想之所不期。臣惟有勉竭駑駘，殫心夙夜，以報高厚鴻慈於萬一。

禮部議奏山東巡撫疏請增設左丘明世襲五經博士摺子嘉慶八年

臣等公同酌議，伏思功存經籍，固當邀後世之榮；典重表章，亦宜有古來之證。左丘明《春秋傳》立在學宮，歷代鴻儒，據以窺筆削之義。實爲上承聖訓，下惠儒林。予以世襲五經博士，原分所應得，理所當然。惟是詳核舊籍，司馬遷稱「左丘失明，厥有《國語》」，則左丘爲複姓無疑。其何以單稱左氏，史無明文。朱彝尊《經義考》謂「孔門弟子因避師諱而然」，究爲臆説。至其分爲左、丘二姓，惟見應劭《風俗通義》，而未著其何以分。《元和姓纂》左字註内稱：臨淄有左丘明後。引晉左思等爲證，是在山東者姓左不姓丘。《廣韻》丘字註内稱：左丘明之後有吴興、河南二望。是其族唐以前已久徙他郡，不在山東。即以山東之丘而論，《姓纂》稱太公少子封於營丘，以丘爲氏；《左傳》稱邾大夫有丘弱，其受氏皆在左丘明前，皆不能斷其無後，安見此肥城丘氏必出左丘？今請立博士之丘明善，但據其現住肥城，遂執爲數千年之祖籍；但持一新刊之家譜，遂執爲六十世之確證。且考其譜内可疑之處不一：所録前代詩文，皆不見於古書，其文不合格，詩不諧律，亦如出一手。公議所繫，名器所關，未便因一面之詞，遂爲創立博士。應請旨交該省巡撫、學政詳細覆查，如果確有實據，再行題請；儻難斷其必是必非，則疑以傳疑，仍照乾隆十六年所定，給以奉祀生可也。是否有當，伏祈皇上訓示遵行。

請敕下大學士九卿科道詳議旌表例案摺子 嘉慶八年

竊惟旌表節烈，乃維持風化之大權，必一一允愜人心，方足以示鼓勵。伏查定例，凡婦女强姦不從因而被殺者，皆准旌表。其猝遭强暴，力不能支，綑縛捺抑，竟被姦污者，雖始終不屈，仍復見戕，則例不旌表。臣愚昧之見，竊謂此等婦女，舍生取義，其志本同，徒以或孱弱而遭獷悍，或孤身而遇多人，强肆姦淫，竟行污辱，此其勢之不敵，非其節之不固，卒能抗節不屈，捍刃捐生，其心與抗節被殺者，實無以異。譬如忠臣烈士，誓不從賊，而四體縶縛，衆手把持，强使跪拜，可謂之屈膝賊庭哉！臣掌禮曹，職司旌表，每遇此等案件，不敢不照例核辦。而揆情度理，於心終覺不安；質之衆論，亦多云未允。合無仰懇皇上天恩，飭交大學士九卿科道公同詳議，如憫其同一强姦見殺，而此獨所遭之不幸，與未被姦污者畧示區別，量予旌表，使人人知聖朝奬善，畧迹原心，於風教似有裨益。如其中果有不可旌表之精理，爲庸耳俗目所不能測者，亦明白指駁，宣示中外，以祛天下後世之疑。是否有當，伏祈訓示。

禮部議奏山東巡撫申辯前疏併另請增設漢儒鄭玄世襲五經博士摺子 嘉慶九年

臣等伏思左丘明、鄭玄功在六籍，從祀孔庭，其應給世襲五經博士，原分所應得，無庸多贅繁詞。左丘明之姓氏，古來衆説紛紜，迄無定論。其應添給世職與否，亦不係乎此。惟是典重表章，事關名

器，欲褒崇其宗祖，當慎核其子孫。如年遠難徵，恍惚疑似，恐神不歆於非類，爵或至於濫加。今丘氏之譜，疑竇甚多；鄭氏又稱譜牒久失，祗一現在之宗圖，更無確據。臣等實不敢遽行率准。且十三經授受皆有本師，如傳《易》之商瞿，傳《詩》之毛萇者，不一其人。儻其同鄉同姓，紛紛援例而來，各執家譜求立博士，臣部尤難辦理。是以公同商酌，仍擬議駁。但恐臣等一偏之見，未必果當。除鄭氏原無譜牒外，謹恭録鐵保原疏二件併丘氏原誌，粘貼黄籤，將紕繆之處開具清單，進呈御覽。應否各給世職之處，伏候欽定遵行。

《左傳精舍誌》原序。

案：此文既稱誌序，則當別有《左傳精舍誌》一書，乃譜中所稱誌者，即是此序。序中所言，又全是家譜，與左傳精舍毫不相涉。末題「建武六年

十七世孫丘堂薰沐敬書」，漢代亦無此款式，其爲依託無疑。

序中稱齊太公之後奔楚爲左史倚相，倚相之後奔魯爲左丘明。

案：左丘明爲倚相之後，古書俱載。至倚相爲太公之後，則從未見於古書。此因太公少子封於營丘，以丘爲氏，在左丘明之前，故牽合附會，殊不足憑。

遺像三圖。

案：三圖既稱舊譜所傳，則衣冠器具，必作古制。乃孔子、左丘明皆著束髮道冠，又有高几、坐墩及紙本書籍、筆、墨、硯、水中丞之類，全同後世之式，顯係依託。

左子墓在肥城西南五十里。

案：《山東通志》載左丘明墓在嶧縣，而以肥城之墓分註於下，是此二墓皆在疑似之間，未必肥城果真，嶧縣果僞。

丘起避王莽之徵，改姓丘氏。

案：《前漢書·鮑宣傳》中，凡王莽徵召不出者，具列姓名，其中並無丘起。且既改姓避莽，則當匿其本姓，何以又築左傳精舍，使欲蓋彌彰。

乾隆十五年丘文水出資七千餘金，獨修學宮。

案：丘姓能出七千餘金修學宮，是其家不貧，何以又無力修其祖祠，乞李英捐助百金，殊不近事理。

李芬序中引《詩》曰「倬彼雲漢」以下四行。❶

案：以文王比左丘明，以周王比丘姓，誕妄悖謬。

❶「李芬」，宣統本作「季芬」。

宋給事中丁謂《左丘明贊》。

案：丁謂乃宋相，非給事中。又考《宋史》丁謂本傳，亦不載其曾爲給事中。

金王去非詩「請看廿一簡多少，獨有先儒冠汗青」。

案：金代尚未有廿一史。

左氏墓諸詩文。

案：左氏墓詩有「聞説英魂葬此中」句，金王去非詩有「傳留千載英雄渺」句，明趙貫台詩有「誰知烈骨此中埋」句，張宗旭詩有「一弔英風自可欽」句，張仲适詩有「下馬園陵拜所欽」句，皆字義乖舛。史廷桂詩有「樹封盲史繡筆鮮」句，尹廷詩有「羽翼聖經亂賊安」句，梁士奇詩有「褒貶還能祛鬼魔」句，皆文理不通。孟成已序謂「丘明稱左丘明，猶柳下惠稱柳展禽」，亦殊弇陋。確爲一手之所作。又其詩平仄不論一三五。考「一三五不論，二四六分明」，乃康熙中游藝《詩法入門》之謬論，古無是例。又近人依託之明證。

孫樹馨推陞刑部陝西司郎中謝恩摺子 嘉慶九年

伏念臣年逾八袠，職忝六卿，精力漸頹，涓埃未效。自惟衰朽，方内省而多慙；何意鴻慈，尚頻加而未已。前者臣子汝傳已以寫官之隸，洊登州牧於滇南；今兹臣孫樹馨又以任子之班，旋擢星郎於比部。九重錫福，駢連在兩月之中；三世叨榮，忭慶集一堂之内。捐糜莫報，感愧難名。臣惟有共矢忠誠，互相勸誡。雖曰才同樗櫟，清慎勤亦務盡乃心；明知蹇似駑駘，少壯老惟各殫其力。以仰酬高厚深仁於萬一。

命以禮部尚書協辦大學士加太子少保銜併管國子監事謝恩摺子 嘉慶十年

伏念臣燕南下士，河北庸材。仰蒙高宗純皇帝破格栽培，棄瑕録用。重登翰苑，共編東壁之圖書；洊陟卿班，久典南宮之禮樂。飫沾雨露，未效涓埃。迨聖主之當陽，已微臣之漸老。乃蒙我皇上人惟求舊，曲賜優容；法每從寬，特加矜宥。念愆尤之叢積，時切慙惶；方悚仄以難安，敢希遷擢。何期鈍質，遽登政事之堂；竟荷洪慈，得預參知之列。而且宮銜寵錫，尤晉秩之殊榮；國學兼司，亦育才之重任。非常遭遇，實夢寐之所不期；逾分恩施，豈捐糜之所能報。撫心自問，銜感難名。臣惟有殫竭丹衷，贊襄黄閣。比諸向陽之葵藿，務盡真誠；不以薄暮之桑榆，稍存懈志。寅清夙夜，益修典禮之三千；策勵精神，冀答高深於萬一。

紀文達公遺集卷第五

孫樹馨編校

摺子

恭謝六巡江浙蠲免直隸山東經過地方額賦併豁順天十二府州屬舊借倉穀摺子 乾隆四十九年

欽惟我皇上健協天行，仁均春澤。六飛時邁，勤民屢省乎堯封；四嶽親臨，啓蹕必經乎禹甸。推恩自近，向陽之小草偏榮；錫福居先，煦物之和風早被。兹當蒼龍之應節，珠斗東回；恭逢翠鳳之揚旍，金輿南指。吴山越水，凡六度之巡方；趙際燕陲，總三分之減賦。九程驛路，未聞供頓之勞；五色天書，乃布蠲除之惠。行歌驅犢，寬租之詔相傳；額手扶鳩，望幸之心已慰。何期温綍，宣自途中；更荷鴻鈞，施諸格外。往以瞻蒲望杏，當二月之催耕；恒於鋤雨犁雲，匱三農之播穀。十行御札，每降種之自天；雙穎嘉禾，冀力田之有歲。此雖如期以納，已莫報夫生成；況乎積數彌多，實倍增其愧悚。乃蒙眷顧，施仁於補助之餘；盡免征輸，拜賜於豫遊之始。五百里近光郊遂，共沐恩波；十萬餘藏富閭閻，益培元氣。鉅鹿東連乎瀛海，謳吟滿赤縣之封；盧龍南抵乎長河，抃舞接青齊之境。臣等居叨戴斗，生幸逢辰。來自田間，依於日下。德音初布，已同耕穫之餘三；愷澤連敷，更貰倉儲之累萬。十二屬衮延河北，熙春者均似桐生；四千里翹望江南，就日者真如葵向。敬附章於驛騎，先達丹忱；待泥首於皇衢，恭迎黄屋。褒增軒紀，惟期曼壽之延年；福衍箕疇，長祝昌辰之保極。

恭謝六巡江浙喜得玄孫直隸山東老民老婦一體賞賚復因二省缺雨軍流以下遞予減等摺子乾隆四十九年

欽惟我皇上化洽堯衢，壽緜軒紀。得天久照，七旬並曜於儀璘；與物皆春，六度時巡乎吴越。鯨波鮫室，經指畫而皆寧；蟹舍漁莊，飲和甘而已徧。詩歌嘉樂，信保佑之自天；卜協康彊，遂子孫之逢吉。慶流五葉，多男真驗於華封；澤沛三霄，禮艾旁稽乎周典。星文朗耀，寧惟瑞應南弧；州絡毗連，併使恩霑北海。絲綸一布，歡聲增《擊壤》之吟；穀帛分擎，喜氣溢回鑾之路。至於勤求民瘼，俯念菑畬，感召天和，仰求膏澤。燕齊接壤，凡經翠鳳之循行；兖冀分疆，總荷金雞之赦宥。圜扉晝静，至三細而咸矜；貫索宵占，從五流而遞減。途中申命，推恩者益以加恩；格外施仁，斂福者因而錫福。聯騈温綍，齊歌瓜瓞之徵祥；斡運洪鈞，竚見黍苗之被潤。歡心均洽，協氣旁流。臣等幸列鵷班，恭聞鳳詔。久喜郊圻之近日，愷澤先霑；何期鑾輅之觀風，鴻慈亦被。南薰溥鬯，得邀一視同仁；北斗長依，惟祝萬年有慶。百男蕃衍，驗周京養老之符；四海昇平，徵虞代好生之福。

恭謝恩緩保定河間府屬十四州縣積欠摺子乾隆五十四年

欽惟我皇上醲化涵濡，鴻慈茂育。禪

瀛環絡，久仁浹於黄圖；畿甸提封，尤恩加於赤縣。自天敷澤，先霑太極之泉；向日熙陽，均作恒春之草。耕田鑿井，堯衢競奏其風謡；賜復除租，禹甸時蠲其銍秸。當昨歲夏耘之始，甘澍微遲；於平時秋省之前，宸心已廑。黄雲未刈，眷懷租吏之追呼；丹綍先傳，特詔農曹之倚閣。固已秋場賽社，得共慶夫豐穰；相期春税輸官，務早償夫夙負。況乎酉爲太歲，正乞漿得酒之年；兼以午屆天中，又打麥登場之候。餘糧棲畝，欣元氣之全蘇；多稼如雲，宜積逋之畢納。乃蒙雨露，申恩命而加恩；再沛絲綸，因緩徵而又緩。本屬賦中之正額，久愧稽延；偏邀格外之殊施，深爲軫念。德音下逮，一時共拜夫生成；喜氣交融，兩郡均霑夫樂利。近依三輔，保陽列右輔之區；旁帶九河，瀛海接長河之界。五百里郊圻之内，驅犢行歌；十四邑閭井之中，荷鋤抃舞。南薰長養，當五絃解愠之餘；西陸收成，竚十月滌場之後。歡生襏襫，慶洽衡茅。臣等隷籍神皋，近光帝里。先疇久服，大都來自田間；聖渥頻霑，洊得登諸朝籍。丹墀陪列，叨備鴛行；黄閣宣綸，先聞鳳詔。登民衽席，幸桑梓之逢春；藏富閭閻，喜畢箕之從好。擊轅中律，遥聽青塍緑野之歌；鞠[illegible]陳詞，代寫白叟黄童之悃。

恭謝八旬萬壽升秩岱宗展儀闕里直隸廣學額免積欠加賑一月摺子 乾隆五十五年

欽惟我皇上道協生成，澤醲教養。播《詩》、《書》於學校，化先首善之區；省耕斂於春秋，恩始近光之地。身依日月，久瞻堯帝之文章；路接郊圻，恒頌姒王之游豫。欣值八旬開袤，六星瑞應於南弧；恭逢萬乘鳴鑾，二月時巡於東岳。

淵源道脈，尼山將薦於馨香；培植儒風，冀野先霑夫雨露。詔宣丹綍，旁搜滄海之珠；春暎青袍，添采泮池之藻。黌宫路闢，祥徵壽考之作人；弟子員增，吉叶彙征之交泰。黨庠術序，横經者並祝三多；夏誦春絃，鼓篋者齊呼萬歲。

固已敦崇四術，同沾教化於薪槱；何期眷顧三農，更念艱難於稼穡。堯咨深切，雨暘悉繫乎皇情；禹甸經行，銍秸皆關於睿慮。維歲星之氣化，時有饑穰；致井税之輸將，每從倚閣。寬征已屢，自四十八載以來；積欠遂多，計一百萬餘以外。恩宜仰報，方共切夫慚惶；分屬應供，敢久稽乎逋負。乃絲綸之下逮，軫卹民依；竟金粟之全蠲，均叨宸廑。盈寧永慶，真同幬載之元功；樂利無疆，非比驩虞之小補。

況乎六飛清蹕，巡省閭閻；四郡通津，往來川陸。九河故道，南衺蓚縣之南；諸淀澄流，北界雄州之北。五百里近郊之内，偶奏艱鮮；十一邑積水之餘，夙蒙賑貸。修防完固，久經波静魚龍；撫字周詳，早已澤無鴻雁。皇慈俯念，偏深二鬴之虞；聖渥重加，更賜三旬之餔。仁天化育，真感沁於心脾；壽宇恬熙，但情深於葵藿。風謡相答，歡忭難名。臣等來自茆檐，居依楓陛。一經舊法，曾隸籍於儒官；萬井提封，久題名於户版。幸得青雲之路，身列鵷鸞；環瞻赤縣之封，人皆桑梓。自天布澤，聞巽命之重申；與物皆春，荷德音之三錫。龍光優渥，欣偕鄉黨以承恩；鼂躍連翩，願共士民而獻壽。薇垣北拱，敬同拜表於星郵；芝蓋東臨，遥祝添籌於海屋。

恭謝巡幸天津分別蠲免經過地方併所屬州縣積欠摺子 乾隆五十九年

欽惟我皇上仁溥堯天，澤先禹甸。省耕省斂，時關望歲之心；一豫一遊，恒布寬征之命。五十九年之内，加惠者筆不勝書；百卌三邑之中，食福者頌難縷述。固已徧尊偏沃，久壽寓之同登；今茲日御時巡，復恩綸之疊沛。粤當春月，俯念三農；遂涉川途，親臨二淀。候瞻蒲葉，用觀冀北之田功；波漲桃花，兼閱燕南之水利。青旗拂柳，將詰旦以鳴鑾；黃閣宣麻，早先期而奉詔。翠華西指，初程起析木之津；鳳艒東臨，連界入長蘆之野。凡屬經行之地，正供者十已蠲三；更於倚閣之餘，宿負者七仍免四。迨至直沽口畔，駐雲蹕者五朝；復念滄海涯邊，近天光者七邑。曾屢沾乎渥澤，望幸原深；併全貸其積逋，承恩尤渥。是皆疊邀寬減，又寬減之特施；定知久慶盈寧，覺盈寧之倍益。鍚簫社鼓，處處歌吟；蟹舍漁莊，人人抃舞。直覺迎舟之魚鳥，亦似欣愉；頓令刺水之菰蒲，皆增暢茂。歡騰鄉遂，慶溢郊圻。臣等來自田間，叨登仕籍。比樓臺之近水，易荷生成；聞桑梓之逢春，彌增悦懌。雖風謡響答，已皆上達於宸聰；而銜結情殷，終擬仰申其私祝。迎鑾道左，待叩額於華芝綵仗之前；翹首畿南，共馳懷於桂楫蘭舟之側。

恭謝恩緩直隸一百七州縣新舊額賦倉穀摺子 乾隆五十九年

欽惟我皇上道協生成，心存懷保。課晴問雨，恒思稼穡之艱難；減賦寬征，力挽陰陽之氣數。屢年所貸，殷畿之受惠實多；開歲以來，禹甸之蒙恩更渥。省耕淀泊，三分之井税皆蠲；駐蹕瀛壖，七邑之田租全免。固已漁莊蟹舍，普周浹其歡心；至於汀鷺沙鷗，亦相關以樂意。乃麥秋之稍歉，稷奏纔聞；值梅雨之方零，堯咨彌切。念去歲原逢豐稔，儲蓄雖存；慮今年早使輸將，拮据未免。時維孟夏，正當春賦之期；限以初冬，緩待秋成之後。糶穀者無須五月，物力均紓；回鑾者甫過一旬，德音疊降。經五十九年之培養，澤彌積而彌深；合一百七縣之封疆，恩愈恢而愈廣。栽培無已，感頌良深。臣等叨侍螭坳，先聞鳳詔。恭承涵育，泳化者喜偏郊圻；側聽風謡，頌聖者聲連鄉遂。升恒比壽，惟齊呼萬歲之三；草木知恩，愧莫報百分之一。

恭謝恩恤直隸八十三州縣貧民分别賑借口糧摺子 乾隆五十九年

欽惟我皇上念切堯咨，恩深禹甸。課晴問雨，每先事以綢繆；發政施仁，必及時而補救。昨已寬徵逋負，恤一百有七之災區；今復加惠閭閻，綏八十有三之下邑。煢獨被周文之澤，胥得加餐；借還仿朱子之規，併蒙蠲息。纔交夏至，猶當五月之中；正藝秋田，早給三旬之食。先知稼穡，信睿思恒在民間；乍捧綸綍，真曠典忽逢意外。況今年宿麥，收穫者雖止四分；然昨歲嘉禾，蓋藏者猶支一載。仁風久洽，本非無告之民；甘雨新零，又卜有秋之慶。即不予以賑貸，原自恬熙；乃曲計其生成，更爲籌畫。有加靡已，共知此日之天心；寧濫勿遺，益信從前之聖諭。風謡互答，抃舞相隨。臣等屢見黃麻，疊頒赤縣。南薰舜曲，一時解愠而披風；北陸羲輪，萬姓傾心而向日。涓埃莫報，惟代抒燕陲趙際之輿情；草木知春，共遥拜柳水松州之輦路。

恭謝恩命截漕撥帑籌備直隸賑務摺子 乾隆五十九年

欽惟我皇上愛育多方，仁施無已。謀恒及早，時籌畫於幾先；事未必然，亦周防於意外。邇以甘膏之少歉，上廑宸心；遂以宿麥之未登，疊宣恩綍。精誠有感，喜好雨之頻零；滋漉均霑，已良苗之正長。況今年之節候，夏至原遲；即曩歲之農占，中元尚遠。連塍毯緑，後種者不礙先收；被隴雲黃，春補者可無秋助。而乃愛無弗愛，時深不獲之虞；安益求安，彌切如傷之視。觀露葉新鋤之後，雖慰皇情；當霜鐮未穫之前，終關聖慮。寧使備而無用，等諸棲畝之糧；毋令緩不及時，同彼監河之粟。聯名申謝，郵章之批答方還；駐蹕傳宣，行殿之德音又降。稻翻白雪，連檣分轉運之舟；銀燦朱提，接軫出大盈之庫。恐黎民之遷徙，先期而示以黃麻；防墨吏之侵漁，臨事而惕以白簡。纖微必到，識曲相體恤之心；誥誡維嚴，信務使實霑之意。覺五十九年之久，聖慈與歲而俱增；溯四千餘載以來，舊史從前所未見。即父母家庭之愛，無此周詳；惟乾坤幬載之功，方茲高厚。邦畿千里，願長分太極之泉；眉壽萬年，期永注長生之籙。

恭謝恩諭直隸總督實心賑恤正定等府屬被水州縣摺子 乾隆五十九年

欽惟我皇上睿慮周詳，天心仁愛。近連禹甸，偶逢一穀之未登；上廑堯咨，時切九重之長算。不待成災之日，早爲防災；未當施賑之期，先籌備賑。殷勤拯恤，謄黄之天語爭傳；委曲經營，保赤之皇情共識。固已人心和樂，有所恃而恬熙；物候蕃昌，應其時而暢茂。邇以羣流合漲，接河北之餘波；因而諸郡承流，浸畿南之下隰。川原起伏，在地形本有高卑；囷廩儲藏，即物力亦分貧富。越阡度陌，並非處處慳收；比户連閭，不必人人待食。相其穡事，猶居半豐半歉之間；揆彼民情，實無已溺已飢之象。故檢田履畝，擬八月以爲期；計口授糧，待三秋而定數。守臣奏牘，原循用乎成規；聖主勤民，乃又逾乎常格。先期早給，俾預安澤畔之鴻；按實詳稽，毋偶漏轍中之鮒。丹毫數語，見乾坤父母之心；赤縣羣黎，均風雨帡幪之德。九官恭讀，咸三呼以祝緜齡；萬口喧傳，已一日而周近甸。在朝紳不耕而食，尚拜手以歡騰；知農家含哺而嬉，定聞聲而欣舞。齊心同願，約早申葵藿之誠；稽首陳詞，不及待絲綸之布。高深莫報，惟共期壽山福海之延長；銜結難酬，姑代抒壤叟衢童之歌頌。

恭謝恩免河間天津各屬積欠官修大名元城民隄賞給所借耔種摺子 乾隆五十九年

欽惟我皇上壽寓延洪，恩膏稠疊。事未形而早計，綏寧每預於幾先；惠已溥而彌增，蠲賜恒逾於格外。邇以滄瀛之下隰，宿雨未消；兼之魏博之通川，餘波忽溢。疏防迅速，時時上廑夫宸襟；撫字周詳，處處皆勞夫睿算。固已漁莊蟹舍，寂無鴻雁之鳴；月堰虹橋，不畏魚龍之舞。而乃天心仁愛，博施寧濫而無遺；聖澤宏深，子惠有加而靡已。軫念九河之故地，實匯羣流；毗連兩淀之通津，易停積水。前者歉收，春麥正供業已先蠲；今茲甫檢，秋禾舊負又復全免。民力寬紓之後，更遣寬紓；人心和樂之餘，倍增和樂。至於民修隄埝，原出閭閻；官貸資糧，例還倉庾。何意搴茭而舉鍤，悉支公帑之金；以及布種而栽秧，均荷温綸之賜。德音下沛，一時宣布乎陽平；喜氣交融，千里遥連乎渤海。十八屬宿逋盡豁，見施仁之無吝於多；一二邑僻壤亦周，識加惠之不遺於細。先知稼穡，無逸者道自延齡；敷錫庶民，保極者德還斂福。長聽郊圻鄉遂，人人歌擊壤之詩；併見僸佅兜離，歲歲進稱觥之樂。

恭謝恩加銀米賑恤直隸併免三十三州縣積欠摺子 乾隆五十九年

欽惟我皇上久道符天，深仁育物。省春秋之耕斂，恒軫民依；調金木之饑穰，時關睿慮。屬以中州水漲，注三鎮之遺疆；因而諸淀波增，趨九河之故道。堯咨遽切，屢詢訪乎艱鮮；稷奏方聞，早經營夫賑貸。黄麻丹筆，誡守吏者再三；白粲朱提，拯窮黎者巨萬。固已家家按堵，轍少枯魚；處處含飴，澤無鳴雁。而乃通津鷁首，更添棲畝之糧；驛路騾綱，重運鑄山之幣。畿南闤闠，殆聚米以成山；河北閭閻，幾布金而爲地。飛傳温綍，羣驚爲格外所增；遝集歡聲，僉曰非意中所料。況乎官租倚閣，原出特恩；民欠輸將，自其定分。在農曹議以半賜，已仰體夫天心；乃聖皇予以全蠲，倍寬紓夫物力。毗連諸邑，爲州縣者卅三；檢校頻年，所豁除者八億。數雖多而不靳，寧濫毋遺；逋已久而忽銷，是真疑夢。追呼不擾，竟遇歉而仍豐；耕鑿無虞，轉因災而得福。合六遂六鄉之衆，愧莫酬容保之無疆；仰五代五福之堂，惟益祝康彊之逢吉。

恭謝恩加展賑直隸二十四州縣摺子 乾隆六十年

欽惟我皇上澤浹黄圖，恩先赤縣。得天久照，六十年雨露原深；與物皆春，五百里郊圻尤近。賜租加賑，撫綏無不周詳；減賦寬徵，稠疊殆難縷述。計金粟度支之數，數比恒沙；論閭閻沾沃之深，深逾滄海。至昨年之積潦，經大吏之上聞，彌軫艱鮮，倍關宵旰。省耕省斂，時時垂念其有無；施貸施蠲，處處預謀其補救。命守臣以履畝，用防一二之或遺；詔農部以持籌，動輒萬千而不惜。積逋盡免，倍充裕其蓋藏；元氣全蘇，業恬熙於耕鑿。乃以多方宣洩，雖無大上之河魚；猶虞幾處飛鳴，偶有未棲之澤雁。深念昔疏積水，惟燕趙爲較深；何緣今請增糧，比魯齊而轉減。丹毫批答，九官咸仰識皇心；黄閣傳宣，三輔遂又沾聖渥。先檢歉收之最甚，賜粟六旬；次稽罹患之差輕，加餐一月。西大陸而東瀛海，一千里胥沐天膏；北潞水而南廣川，廿四邑共蒙帝澤。乍聞温綍，真夢寐之所不期；溥洽歡心，非歌頌之所能寫。當綺甲循環之歲，惟祝延年永久，如干支之繼續不窮；值上辛祈穀之餘，所期受福駢蕃，比禾麥之豐穰無數。

恭謝恩緩直隸上年被水州縣春季新賦摺子 乾隆六十年

欽惟我皇上念切堯咨，恩周禹甸。綏輯者無庸再慮，慮乃彌深；生成者靡以復加，加仍未已。前歲波濤偶溢，忽驟落夫河魚；即時綸綍飛傳，務輯寧夫澤雁。給賑早儲其三鬴，旋又頻增；緩徵初展以五年，俄從全免。農曹銷籍，諸方之貸粟皆蠲；租吏停呼，積歲之宿逋盡豁。咸愧承恩之溢量，敢更希恩；何期食福之多端，仍蒙錫福。屬以山陵展謁，值寒食之方臨；因而阡陌循行，兼春耕之親省。土膏溽潤，已占豐稔於西成；農事勤勞，彌軫艱難於東作。預恐其賣絲糶穀，輸納爭先；或妨於炊黍蒸藜，拮据不免。例徵井稅，雖當於梅雨以前；念切民依，特展於麥秋以後。春臺同上，喜當紅雨之初霏；夏景方長，直待黃雲之盡割。花村柳陌，餳簫合奏其歡聲；蟹舍漁莊，社鼓導迎夫和氣。無論衢童壤叟，皆迎翠輦而傾心；即玆鷺序鴛行，亦捧黃麻而額手。乾坤幬載，愧莫酬高厚之恩；海岳緜長，惟羣祝延洪之壽。五百里郊圻近接，常常就日以臚歡；六十年甲子重週，永永循環於不盡。

恭謝恩免直隸五十二州縣積欠旗租摺子 乾隆六十年

欽惟我皇上壽寓延洪，福田亭育。粵自丙辰御極，時時布澤於寰中；至今甲子循環，歲歲施仁於格外。議蠲議賑，拯恤者動輒萬千；免賦免糧，溥賜者更逾三四。無微不至，減除逮鹽竈之徵；有惠必周，寬貸及蘆洲之課。恩深春雨，實至於加莫能加；數比恒沙，已覺其算難悉算。至於分田制禄，用以酬勳閥之勞；計畝收租，原不在公田之列。初以佃人頑猾，私徵者改使官徵；既而邑令侵漁，吏欠者詭云民欠。五百里膏腴相望，都成畫餅之虚名；六十萬簿籍空存，全作鏡花之幻影。晙八旗之生計，水求升斗而偏遲；託百姓之流移，蔓引葛藤而未斷。徒以私家之逋負，難使全捐；何期睿慮之周詳，亦勞俯念。權衡至當，代償責守土之臣；軫念彌深，懸債罷催租之吏。賞延于世，仍資養育於先疇；民返其鄉，永免追呼於後日。大寶鏡四洲畢照，即閭閻一事而皆知；太極泉萬品均霑，爲典籍從來所未見。讀丹綸而額手，真莫名壤叟之歡愉；跽紫殿以陳詞，敬代達衢童之歌頌。

恭謝恩撫直隸災區分別蠲緩各項應徵租賦倉穀摺子嘉慶七年

欽惟我皇上澤浹黄圖，仁覃赤縣。田功是念，心知稼穡之艱難；民事恒勤，歲省春秋之耕斂。畢箕風雨，久愜慰乎人情；金木饑穰，務挽回乎氣數。前者長波驟溢，艱鮮偶奏於虞廷；因而荒政兼修，補救更詳於《周禮》。檢田有吏，已蒙寬三壤之徵；藏富於民，尚慮有一隅之歎。恩施無已，廑懷偏重之災區；籌畫多方，彌養已蘇之元氣。爲常供，爲貸項，減倉儲之納者凡六萬餘；或半賜，或全蠲，除井税之輸者計十四邑。固已乾元資始，同霑雨露之滋；何期巽命重申，更荷絲綸之沛。昨以西連涿野，夙存未化之魚苗；漸聞南抵弓高，忽覩叢飛之螽羽。田祖偶遺於秉火，稍致滋生；農夫適遇其傷禾，或妨收穫。在禾黍將登之後，本屬輕災；乃痌瘝在宥之懷，又施渥澤。特減五分之成賦，俾免追呼；均霑六邑之窮黎，同歌樂利。衢童舞蹈，徧空桐戴斗之區；壤叟謳吟，連析木通津之野。龍章疊賁，積慶忭以難名；鼂藻聯翩，覺頌揚之莫罄。惟期羣安耕鑿，樂恬熙於三輔之昇平；更祝齊耀升恒，集福祿於萬年之眉壽。

恭謝恩減秋獮木蘭經過地方額賦摺子 嘉慶七年

欽惟我皇上仁育無疆，恩推自近。軒弧教戰，丕承肆武之鴻謨；禹甸觀風，猶切勤民之至意。值天膏之疊潤，好雨知時；當地寶之將登，初秋省斂。津通析木，出留斡之雄關；林接長松，拓朶顏之舊壤。

青畦翠隴，層層映四面雲山；白叟黃童，處處聚萬家烟火。前代邊防之甌脫，郡縣區分；先朝王會之爻閭，賫琛久待。望鑾輿者四載，夙切謳思；駐清蹕者七程，共欣瞻仰。雖曰清塵灑道，實無礙於農功；何期賜復蠲租，乃早蒙乎帝澤。緬維舊制，原十分衹免其三；特減正供，竟一歲僅輸其半。長城南北，同占風雨之從星；輦路東西，尤似樓臺之近水。歡心浹洽，聞齊呼萬歲者三；和氣蒸濡，定來備八徵之五。恩真逾於常格，感自倍於恒情。臣等幸託殷畿，近依堯日。留京者恭聆綸綍，抃舞良深；扈從者親聽風謠，見聞更切。徧傳梓里，喜雨露之偏霑；徒抱葵心，愧涓埃之莫報。惟祝添籌海屋，儀璘耀而聖壽緜長；更期洗甲天河，彗孛熸而皇心慶慰。

紀文達公遺集卷第六

孫樹馨編校

表　露布　詔　疏

擬賜宴瀛臺聯句併錫賚謝表乾隆十二年順天鄉試

乾隆十一年某月某日具官臣某等恭遇上以運際重熙，時逢大有，特召宗室廷臣，分日賜宴瀛臺，賦詩聯句，賞花釣魚，錫賚各有差，以昭宣豫慶豐之至意。臣等謹奉表稱謝者。伏以皇慈霧洽，雅叶夫酒醴笙簧；聖渥天浮，道契夫賡歌颺拜。秋深桂苑，蓼蕭沾濃露之華；日麗縉峯，葵藿依太陽之照。集公姓公族以式燕，玉牒生光；合大臣小臣以分榮，冰銜動色。靈槎八月，真同海客之游；廣樂九成，似返鈞天之夢。屏藩有慶，簪組騰歡。臣等誠惶誠恐，稽首頓首上言：

竊惟世道昇平，著太和於有象；朝廷清暇，敷愷樂以無疆。鼓吹休明，必有詠歌之作；潤色鴻業，爰申燕樂之文。故象協鳳梧，誌《卷阿》之雅會；興傳《魚藻》，留鎬邑之遺風。《鹿鳴》以下共六詩，君歌臣答；《白華》而後爲一什，誼美恩明。天王燕則諸侯毛，司儀夙傳其職掌；正歌備而太師告，《禮經》亦著於典章。在先王皆具有明徵，及後世乃別名曲宴。柏梁臺上，藩封以逮於郎官；葡萄宮中，宰執兼隨以學士。五王共宴，花萼樓頭；三等分評，曲江亭畔。咸亨之會，二王同太子俱從；麗正之筵，兩相曁禮官咸在。情契荆枝之句，興慶移鑾；詩吟花柳之天，樂游置酒。莫不燕衎於暇豫，用以祝頌夫太平。然而大陵享神，《歸藏》既誕；洞庭張樂，莊叟尤夸。汾水新詞，不入西山之録；瑶池舊事，浪傳汲冢之書。雖有其文，蓋無足道。未有沐浴深仁，醉以酒而飽以德；昭宣盛典，禮同節而樂同和如今日者也。

茲蓋伏遇皇帝陛下，虹璧當陽，龍圖啓運。澤洽四表，薰風入舜帝之琴；德訖八荒，瑞露浮高辛之甕。雲生於牖，松生於棟，無爲宰萬化之原；樂以爲御，德以爲車，有道識一人之慶。固已民康物阜，不殊華胥之游；遠乂邇安，宛似春臺之樂。九年耕而三年食，世登含哺鼓腹之天；十日雨而五日風，人識位育中和之化。史官載筆於玉署，頻登大有之書；天顔有喜於瑶階，爰下推恩之典。用相交於上下，務兼備夫情文。乃移法駕之清塵，焚香灑酒；聿舉趯陂之高會，鼓瑟吹笙。乘泰運者百三年，再行曠禮；過中秋者十二日，先及懿親。或慶衍於《螽斯》，或派分於《麟趾》。文昭武穆，盡周家子姓之班；東平河間，皆漢室宗盟之望。昔年故事，曾裁桐葉以分圭；此際遭逢，更叶棣華以侍宴。未央二十萬之賜，方此未多；唐皇十六宅之榮，覺其尚陋。

迨乎翼日，遂及羣臣。落望後之仙蓂，尚餘兩葉；問重陽之瑞菊，僅隔十朝。則有輔弼依垣，列三台以拱極；卿士惟月，分九道以從星。鵷鸞集藜閣之英，鼇峯日曉；獬廌映柏臺之繡，烏署霜寒。官司鹽梅，俱陪嘉會；班聯槐棘，咸預清行。職盡清華，鄭鮮之未容啓事；人兼風憲，李栖筠亦得從游。儀肅冠裳，列分左右。

時乃仙車九九，降來五色雲中；玉珮

雙雙，隨過百花橋上。參差貝殿，疑浮弱水之三千；隱現珠樓，似見崑崙之十二。滄洲曉氣，化爲宮闕之形；閶闔秋風，吹入金銀之樹。舟浮太液，驚黄鵠以翻飛；帳啓昆明，凌石鯨而問渡。指天河之牛女，路接銀潢；搴秋水之芙蓉，域開香國。尋芳曲徑，惹花氣於露中；垂釣清波，起潛鱗於荷下。檀林瑶草，似聞金谷之郁芬；桂餌翠綸，喜看銀盤之撥剌。大官賜膳，雲圖靈刻之尊；光禄傳餐，漬桂釀花之酒。青龍布席，白虎執壺。四溟作杯，五嶽爲豆。琳瑯法曲，舜《韶》奏而鳳凰儀；渾穆元音，軒樂張而鳥獸駭。紅牙碧管，飛逸韻以干雲；羽衣霓裳，驚仙游之入月。莫不神飛而色動，共酌太和；咸覺心曠而情怡，同餐元氣。遂乃集枚、馬，呼應、劉，歌詠清平，揄揚盛美。天章首煥，落一串之驪珠；御筆高標，扛百斛之龍鼎。葛天浩唱，不推義繩以前；叢雲奥詞，漫道媯簧而後。因之句成七字，仿漢事以聯吟；人賦五言，分唐詩而探韻。宮鳴商應，俱協和聲；璧合璋分，細裁麗製。歌叶八伯，共依糺縵之華；頌出九如，齊上岡陵之祝。當兹颺言以拜手，彌增嘉慰於宸衷。鴛綺七襄，抽仙絲於香草；鸞牋十色，分妙製於桃花。織天女之金梭，名高蜀郡；砑吴都之銀粉，價壓膠東。玉井波寒，濯瓜桃於懸圃；鐵船渡遠，分蓮藕於華山。帶去歸鞍，香拂青絲之籠；傳來中使，光摇赤玉之盤。皆得攜出人間，争識來從天上。

西苑賜游之嘉話，曾何足云；北門侍宴之恩榮，無能過此。笑貞觀豐年之慶，筵啟丙辰；陋開元麥秋之登，樽移端午。千秋曠禮，萬古奇逢。洵哉遊豫之風，允矣泰交之象。臣等才同樗櫟，器謝棟梁。藻有愧於掞天，賦未堪以擲地。濫列金章之寵，叨分玉局之班。簪白筆而莫效涓埃，侍黄門而多慚獻替。六鼇雙鳳，知點竄之難工；九几五筵，屬遭逢之有幸。得與鹿苹之會，彌增鳧藻之思。伏願化洽郅隆，治超皇古。無逸而乃可以逸，常軫夫康功田功；已安而益求其安，每惕夫一日二日。撫池臺之勝槩，則思靈囿之子來；對魚鳥之親人，則思姒王之咸若。觀九族之燕笑，則思自親睦以至平章；顧千官之肅雍，則思正朝廷以及邦國。賞花而念貢花之非禮，勿信其小忠；垂餌而知食餌之不情，務察其大僞。供來芳饌，莫忘瘦嶺之耕人；捧出霜綃，當厪寒江之浣女。樂諧《韶》、《濩》，致戒夫琴瑟之專；詩被管絃，務親夫《風》、《雅》之正。則宫爲君，商爲臣，角爲民，徵爲事，羽爲物，音有五而協氣常調；肅時雨，乂時暘，哲時燠，謀時寒，聖時風，疇次八而休徵咸應。銀繩玉檢，不數夫七十二君；玉燭金甌，永固於百千萬世矣。臣等無任瞻天仰聖激切屏營之至。謹奉表稱謝以聞。

擬修葺兩郊壇宇及先農壇告成謝表 乾隆十九年會試

乾隆十八年某月某日，具官臣某等恭遇皇上崇效卑法，務本重農，特發帑金，簡命大臣修葺兩郊壇宇，大工告成，復命修整先農壇殿，廣植嘉木，以昭祗肅明禋之至意。臣等謹奉表稱謝者。

伏以皇朝光祀典，經營盡效法之誠；聖主重田功，崇飾祈耕耘之利。示勤示敬，搆鴻基於丹雘垣墉；美奂美輪，酬嘉種於稻粱黍稷。黄琮蒼璧，萬靈翕合其神光；黛耜紺轅，千畝遥連其佳氣。祭則受福，知明察之無違；政在養民，卜順成之有

應。神人胥洽,中外騰歡。臣等誠惶誠恐,稽首頓首上言:

竊惟膺圖受籙,必叶契於幽明;崇德報功,惟告虔於禋祀。千五百神之祭,最尊者莫過乾坤;一十二禮之中,尤重者在於郊社。黄帝以前莫考,漢人僅述其明堂;有虞以後畧詳,《舜典》特書其柴望。載稽樂律,始分冬至夏至之文;粤考《禮經》,乃著泰折泰壇之號。自斯以降,雖分合之屢殊;依古以來,要尊崇之不異。文皇中禖,神祠及壇壝兼修;宣帝初年,北社與南郊並廣。溯遺聞於元始,典重茅營;考前志於永明,制更瓦屋。太和異數,特傳親築之文;建武新規,爰有改修之詔。七十二級之制,命殿帥於紹興;八尺一寸之圖,遣太常於廣順。凡以欽崇天道,敬迓嘉祥。至於食乃民天,貴先知夫稼穡;福由神錫,宜大報以馨香。陳籍而祈,載在韋昭之注;吹豳以樂,詳於鄭氏之箋。炎漢舊儀,祀惟乙日;開元新禮,培在壬方。歆用柔毛,曾紀天興之歲;薦以大武,夙傳太始之年。梁普通兆域新移,特營北岸;唐貞觀耤田親祭,定議東郊。皆王政所以重農,而祭法不忘報本。

慨自秦營西畤,陳寶爲祥;漢拜甘泉,白麟侈瑞。太一而配以五帝,天有六名;神州而兼及崑崙,地分二位。誤解上辛之祈穀,幾廢冬郊;致疑六月之披裘,每停夏祀。劉蘇詰難,交争《詩序》之文;霍夏紛紜,附會同牢之禮。或有宋家教主,罷祀先農;唐代禮官,併歸王社。元和以前五十載,耤田則禮已無徵;洪武以下十一朝,登極乃君爲親祭。未有五材俱庀,肖儀象於方圓;百穀用成,備典章於祈報;落成有慶,萬年培永命之基;經始方新,四海兆豐年之福如今日者也。

玆蓋伏遇皇帝陛下道高參兩，治感神明。上下同流，元氣叶鴻苞之運；雨暘時若，休徵驗庶草之蕃。祀事孔明，夷典禮而夔典樂；人時敬授，羲秩東而和秩西。固已甘露醴泉，具昭丕應；嘉禾瑞麥，俱獻祥符。猶念保佑有由，元命夙凝於有德；旦明匪懈，至誠宜將以隆儀。不有鴻規，奚昭大禮。惟玆升煙達氣，典莫重於圜丘；至於瘞玉求陰，祭更嚴夫方澤。爰即詳明之制，更爲修舉之謀。宗伯具儀，太常襄議。司天卜吉，水部鳩工。分奠方隅，順陰陽於子午；宏開門户，法闔闢於乾坤。陛起三成，倚蓋肖形於環轉；塘開一鑑，覆匜取象於觚棱。繚垣回繞以如規，圖成太極；周道折旋以應矩，水記方流。天仿蔚藍，望清虛於一大；界真金色，符土德於中央。雲捧樓臺，隱約露碧城之影；月明棟牖，霏微占黄氣之祥。風雲瞻拱衛之尊，集衆靈而將事；圭璧備薦歆之禮，待二至以親臨。從此八陛四通，倍增壯麗；因之九成三獻，彌覺森嚴。蓋惟王者得行，克備夫騂角黝牲之禮；益信仁人能饗，式格夫皇天后土之靈。加之敬天者因以勤民，於是重農者大爲報本。凡玆羣祀，皆爲祈福於蒼生；維此先農，尤欲降祥於穡事。雖不比陶匏藁秸，合樂於六變八變之餘；亦必因青輅朱紘，升香於三推五推之日。飭水衡以趨事，大發錢刀；趣將作以鳩材，鼎新土木。梁雕瑇瑁，鄧林遠集其楩柟；瓦疊鴛鴦，陶氏聿新其埏埴。梓人面勢，斤運成風；圬者呈能，堊明如玉。鍤雲汗雨，庶人皆樂事而勸功；鳥革翬飛，崇搆可剋期而竣役。更移嘉樹，俾長新榮。依瑶砌而分枝，簷牙凝碧；映春旗而一色，馳道浮青。風籟微吹，響雜祈年之琴瑟；煙條匝布，陰沾終畝之犂鋤。即看柯戛青銅，百尺動龍蛇之影；定知葉分翠幄，千年閟禽獸之形。當其林茂鳥歸，爭依神樹；至於堂成燕賀，永奠靈區。蓋不日而告成，將有秋之必應。從此帝閶南北，兩郊之瑞靄遥通；亦且逵路東西，萬代之崇基對峙。立心立命，萬國咸寧；卜世卜年，三靈俱叶。格於上帝，受釐可祝於無疆；穀我農夫，建極因爲之錫福。感通有應，沾溉靡涯。

臣等材謝駿奔，業荒學殖。志成郊祀，乏班固之雄文；賦就耤田，無潘安之麗藻。乾稱父而坤稱母，相宗子以何能；義以耨而禮以耕，比真儒而多愧。恭逢明備，莫効涓埃。伏願撰協清寧，惠深懷保。成命聿歌夫《周頌》，對越彌虔；農功俾繪夫《豳風》，勤勞常軫。官以禮樂，克修夫同節同和；省以春秋，時補其不足不給。知感孚之有本，益勤明德之馨香；念呼吸之可通，倍凜庶徵於備敘。則百神受職，將陽愆陰伏之俱消；萬寶告成，自甘雨和風之順應。金甌永固，握寶籙而延年；玉燭長調，啟瑶階而坐治矣。臣等無任瞻天仰聖，激切屏營之至，謹奉表稱謝以聞。

欽定四庫全書告成恭進表乾隆四十七年

臣等奉敕編纂《四庫全書》告成，謹奉表上進者。伏以天璣甄度，書林占五緯之祥；帝鏡懸光，藝苑定千秋之論。立綱維於鼇極，函列雲珠；媲删述於龍蹲，契昭虹玉。理符心矩，絜三古以垂謨；道叶神樞，匯九流而證聖。治資鑒古，德洽敷文。臣等誠歡誠忭，稽首頓首上言：

竊惟神霄九野，太清耀東壁之星；懸圃三成，上帝擴西崑之府。文章有象，翠嫣遂吐其天苞；繪畫成形，白阜肇圖其地絡。書傳蒼頡，初徵雨粟之祥；籙授黄神，始貯靈蘭之典。洞庭祕簡，稽大禹所深藏；柱下叢編，付老聃以世守。秦操金策，聖籍雖焚；漢理珠囊，遺經故在。儒生密寶，維孔鮒之承家；謁者旁求，見陳農之奉使。蝌文以後，篇章自是滋多；麟閣所儲，條目於焉漸備。杖吹藜火，夜讎《别録》之編；衣染鑪香，坐校《中經》之簿。王仲寶區其流别，定新志之九條；阮孝緒撮其叢殘，括舊傳之五部。勘書妙畫，世摹展氏之圖；捲幔飛仙，史載隋宫之蹟。唐武德訖乎天寶，鈿軸彌增；宋景祐繼以淳熙，牙籤再録。南征俘玉，元遷三館之幮；北極營都，明運十艘之櫝。莫不前徵邃古，丹壺溯合雒之蹤；岦發空林，青簡玨頻斯之篆。西州片札，辨點漆於將磨；南雍殘文，檢穿絲於已斷。竹編未朽，名認師春；瓠本猶攜，稾存班固。爬羅纖碎，或得諸玉枕石函；掇拾畸零，均給以螺丸麻紙。精鏐廣購，一篇增十匹之酬；華贉重緗，三品别兩廂之等。凡以窮搜放失，獵文林辨囿之精；互鏡瑕瑜，立聖域賢關之訓。結德輿而輶轄，軌順經涂；傃學海以沿波，源通道筏。然而掇餘易匱，四千卷既丐殘膏；鶩廣彌蕪，百兩篇更珍贋鼎。丹青失實，或貽誚於王充；朱紫相淆，孰齊蹤於鄭默。甚乃别風淮雨，惜奇字而偏留；或如許緑紂紅，踵駁文而莫悟。蘭臺皮貯，多如賄改漆經；棗板摹傳，遂至誤尊閣本。故祕書《總目》，鄭夾漈復議校讎；而《文苑英華》，彭叔夏重加辨證。從未有重熙累洽，雯華懸紫極之庭；稽古崇儒，册府闢丹宸之館；彌綸宙合，識大識小之無遺；榮鏡登閎，傳信傳疑之有準；金模特建，寶思周融如今日者也。

欽惟皇帝陛下瑞席蘿圖，神凝松棟。

播威棱於十曲，響震靈夔；洽文德於四溟，兆開神鶩。帝嫣歌詠，已題九萬瓊牋；臣向編摩，更緝三千寶牘。博收竹素，仍沿天禄之名；珍比琳瑯，永付長恩之守。乃猶尋端竟委，溯支絡於詞源；緯地經天，探精微於義海。昭陽詔歲，特紬翰府之藏；永樂遺編，俯檢文樓之帙。例取諸吴興《韻海》，割裂雖多；體宏於孟蜀書林，蒐羅終富。榛楛宜翦，命刊削其讕言；瀝液堪珍，勑比排其墜簡。焦桐漆斷，重膠百衲之琴；古罍銅斑，合鑄九金之鼎。復以羽陵蠹剩，或有存留；宛委藏餘，不無佚漏。十行丹詔，徧徵汲古之家；《七録》緗囊，廣啓獻書之路。逸經斷策，出自大航；雜卦殘篇，發從老屋。錦帆捩舵，孟家東洛之船；玉軑飛鈴，吴氏西齋之軸。鱗排玉字，多王粲之所未聞；筍束金繩，率張華之所莫識。光明繭紙，朱題芸帙之名；蟠屈鸞章，紫認槐廳之印。紅梨隔院，曹司對設於東西；青鏤濡香，品第詳分其甲乙。天潢演派，光連太史之河；卿月澄暉，彩接文昌之宿。總司序録，叨楊億之華資；分預校讐，列任宏之清秩。銀袍應召，驤雲路以彈冠；粉署徵才，記仙郎而題柱。懷鉛握槧，學官願効其一長；切線割圜，博士亦研其九術。

遂乃別開書局，特分署於龍墀；增置鈔胥，競抽豪於虎僕。圖與史並陳左右，粉本鉤摹；隸與蝌兼備古今，絲痕竵扁。曹連什五，各隸屬於寫官；工辨窳良，均稽研於計簿。提綱挈領，董成者職總監修；補闕拾遺，覆勘者官兼詳定。庀器預儲於將作，棐几筠簾；傳餐徧給於大官，珉麋珠餡。温鑪團炭，紋凝鵁鶄之青；朗甓涵冰，色映玻璃之白。花甎入直，地同兜率天宮；蓮炬分行，人到瑯嬛福地。瓊箱牒送，全搜縢囊帷蓋之餘；芝殿籤排，共刊木扇金華之謬。程材效技，各一一而使吹；累牘連篇，遂多多而益辦。香霏辟惡，擁書何止百城；瀋漬隃麋，削稾寧惟兩屋。譬入衆香之國，目眩瞀於花光；宛遊羣玉之峯，神愕眙於寶氣。豈但鴻都多士，駴聞見所未曾；實令虎觀諸儒，辨妍媸而莫決。

所賴恭承睿鑒，提玉尺以量才；仰稟天裁，握銀華而照物。初披卷軸，共掇零璣；即荷絲綸，務襲完璧。吴澄《易翼》，辨顛倒乎陰陽；楊簡《詩音》，斥混淆乎周漢。稗官剿説，删馬角之荒唐；譯史傳聞，摘象胥之譌異。醮章祈福，發凡於劉跂之詞；語録參禪，示例於齊原之記。固已南車指路，陟道岸而衢亨；北斗旋杓，揆文星而度正。洎乎羣書大集，品雜金沙；聖訓彌彰，鑒澄珠礫。詁經忌鑿，黜錯簡於龜文；論史從公，溯編年於麟筆。立言乖體，四明之録必删；贋古誣真，五柳之名宜辨。七籤三藏，汰除釋老之編；五蠹九奸，排斥申韓之術。毒深孔雀，無容校寫其青詞；巧謝璇璣，未許增添其錦字。小山豔曲，削香匳脂盝之篇；金谷新詞，刊酒肆歌樓之句。凡皆詞臣之奏進，誤點丹黄；一經聖主之品題，立分白黑。至於銅籤報夜，紫殿勤披，玉案開緘，丹毫親詠。

五家《易》説，歧塗附闢其《傳燈》，四氏《書》箋，餘緒兼詳乎《括地》。前車後鑒，陳風雅於經筵；斜上旁行，寓《春秋》於《世本》。盧陵處士，特申僭上之防；安定門人，大著尊王之義。王元杰名同讞獄，爲雲谷之重儓；洪咨夔跡類探囊，竊玉川之餘瀋。《四箴》誤註，寧知顔巷之心；二佛同稱，轉隘尼山之量。六經作繪，全收諸楊甲圖中；七緯成編，知出自莊周書後。五音分配，篆文互備其形聲；二史交參，奇字各通其假借。古香馣馤，細辨班書；碎腋穿連，重刊薛史。清流肇釁，示鑒戒於東林；正統明尊，存綱常於西蜀。派沿涑水，袁朱之新例兼存；俗記扶餘，班范之訛傳並訂。黨碑再勒，嗟揖盜而開門；權燄彌張，嗤教星而替月。西湖游蹟，殊憐野老之藏名；北使賓筵，深陋詞臣之校射。宋鈔僅賸，蒐舊志於臨安；金刻稀聞，寶遺文於貞觀。或攻或守，徒從十鑑之兵謀；相勝相生，未信五行之德運。建炎政草，愧彼中興；至正刑章，斥其左袒。李尊洛學，辨道命於天原；酈註桑書，剖源流於地理。史腴詳摘，有逾漢雋之精；經笥懸探，更勝曹倉之富。至於孔庭舊語，首定儒宗；蔡帳祕文，嚴排異說。范祖禹之帝學，具有淵源；曾公亮之武經，姑存崖略。橫戈危堞，節取陳規；握策靈臺，參徵蘇頌。算窮杪忽，《九章》研鮑瀚之藏；術雜縱橫，十卷稽趙蕤之撰。楚中隱士，互權韓柳之評；婺郡名賢，不廢吕唐之學。臚登讖記，衍《洪範》而原非；妄議井田，託《周官》而更誤。《錢唐遺事》，深譏首鼠於宋元；《曲洧舊聞》，微憾操戈於洛蜀。紬聰有取，旁通方朔之言；指佞無難，慎聽韓非之說。陳思《書苑》，列筆陣而成圖；馬總《意林》，搴詞條而擢秀。黃伯思之博洽，石墨精研；孫逢吉之淹通，雲龍遥溯。多知舊事，病歌舞之銷金；一洗清波，笑詞章之諛墓。《太平御覽》，徒粉飾乎嘉名；《困學紀聞》，偶抨彈其迂論。晚唐小史，入廚寧取乎卮言；南宋枝談，按鞫深嫌其曲筆。十七卷騷人舊製，更證以草木之名；二百年吏部清吟，特賞其煙霞之氣。兼推韓杜，續來鳳觜之膠；並採郊祁，擬以棠華之句。文恭著作，先歐尹而孤行；忠肅風裁，抗蘇程而角立。勤王留守，呼北渡者凡三；殉節侍郎，壯南朝者惟一。學如和叔，原不限以宗朱；詩到儀卿，乃轉嫌其入墨。讀書祕閣，明詹初論古之非；從宦金淵，賞仇遠耽吟之癖。楊維楨取其辨統，而頌莽則當誅；劉宗周閔其完忠，而吠堯爲可恕。凡茲獨斷，咸稟睿裁。懿此同情，實乎公義。苞千齡而建極，道出於天；綜百氏以歸型，言衷諸聖。權衡筆削，事通乎春賞秋刑；絜度方圓，法本乎乾規坤矩。

是以儀璘懸耀，揆景晁趨；鏞棧先鳴，聆音麕集。鯨鐘方警，啓蓬館以晨登；鶴籥嚴關，焚蘭膏以夜繼。披文計數，寧止於萬七千篇；按月程功，務得夫四十五日。裁縫無迹，先成綴白之裘；傳寫相爭，齊炙汗青之竹。架羅黃卷，積盈有似於添籌；几擁烏皮，刊謬時防其掃葉。畢昇活板，漸看字是排成；曾鞏官書，已見序稱校上。加以乾行至健，七句之念典彌勤；離照無遺，一字之褒譏恒審。梁騶練士，庚郵遞初寫之函；雲輅巡方，乙夜展重修之卷。至三至再，戒玉楮之遲雕；數萬數千，摘金根之屢誤。坤原爲釜，兼搜刊板之訛；芊或作羊，細檢鈔書之謬。豪釐不漏，戩旁添待補之戈；塗黈必嚴，羅上辨續加之网。削除不盡，時飭以妄下雌黄；輪郭空存，常指其竟同曳白。明周纖芥，共欽睿照無遺；報乏微涓，彌覺愧心生奮。若夫考勤校惰，督課雖詳；荷寵邀榮，恩慈實渥。風雲得路，先登或列於九官；雨露均滋，中考亦賜以一級。柏梁聯句，聽鳳律之新聲；芸署題名，踵麟臺之故事。墨勻蝶翅，祖帖雙鉤；帙簇龍紋，天書五色。猩毛擢穎，膩魚子之華牋；龍尾雕紋，融麝煤之芳氣。銀罌翠管，細縈百和之香；錦段香羅，交映五明之扇。繡囊委佩，鋌貯朱提；珍毳豐茸，帕裁白氎。雕盤列飣，果分西域之甘；

華俎嘗新，瓜勝東陵之種。自天宣賜，多非夢寐所期；無地酬恩，惟以文章爲報。

周賅始末，擬勒長編；別採英華，先爲縮本。曩長庚之紀歲，慶叶嵩呼；屬太乙之占祥，象符奎聚。八年敬繕，挹古今四庫之精；兩部分儲，合大小二山之數。惟全書之浩博，實括羣言；合衆手以經營，倏逾數載。香薰蘭檟，方粗就而未終；閣聳雲楣，已先成以有待。文河疏瀹，初如江別爲三；筆海朝宗，繼乃瀆增以四。望洋無際，慮創始之爲難；登岸有期，幸觀成之可冀。較刪繁之別帙，又閱兩年；勒總彙之鴻裁，已盈一部。插籤分帙，次按乎甲乙丙丁；列架臚函，色別其赤青白黑。經崇世教，貴實徵而賤虛談；史繫人心，削誣詞而存公論。選諸子百家之粹，博收而不悖聖賢；懲十人九集之非，嚴汰而寧拘門户。上沿虞夏，咸挹海以求珠；下采元明，各披沙而見寶。六千篋璋分圭合，延閣儲珍；二百卷部次州居，崇文列目。釋名訓義，因李肇之解題；考異參同，近歐陽之集古。事稽其實，循文防誤於樹萱；詞取其詳，求益非同於買菜。人無全美，比量其尺短寸長；語或微疵，辨白其玉瑕珠纇。一經採録，真同鯉上龍門；附載姓名，亦使蠅隨驥尾。元元本本，總歸聖主之持衡；是是非非，盡掃迂儒之膠柱。至其盈箱積案，或汗漫而難尋；復以提要鉤玄，期簡明而易覽。譬諸典謨紀事，別行小序之一篇；類乎金石成書，先列諸碑之十卷。分綱列目，見義例之有條；按籍披圖，信源流之大備。水四瀛而山五岳，侔此壯觀；前千古而後萬年，無斯巨帙。蓋非常之制作，天如留待於今；而希有之遭逢，人乃躬當其盛。叨司校録，實忝光榮。臣等功謝囊螢，識同闚豹。鑽研文字，未能脈望之逢仙；延綏歲時，僅類鞠通之食墨。仰蒙訓示，得聞六藝之源；曲荷寬容，許假十年之限。百夫決拾，望學的而知歸；一簣成山，營書巖而幸就。欣陳寶笈，對軒鏡之澄光；恭進瑶階，同羲圖之永寶。從此依模範狀，若疊矩而重規；因之循軌知途，益輕車而熟路。先難後易，一隅可得而反三；謀始圖終，百里勉行乎半九。精心刊誤，八行細檢朱絲；協力鳩工，萬指齊磨烏玉。連綿告蕆，竚看四奏天閶；迅速先期，不待六更歲籥。人文成化，帝機運經緯之功；皇極敷言，王路示會歸之準。觚棱雲構，嵬峩乎銀牓璇題；方策星羅，珍貴乎金膏水碧。曰淵曰源，曰津曰溯，長流萬古之江河；紀世紀運，紀會紀元，恒耀九霄之日月。並五經以垂訓，道通乎丹書緑字之先；合六幕以同文，治超於元律蒼牙之上。臣等無任瞻天仰聖踴躍歡忭之至。謹奉表恭進以聞。

此集中第一篇大文字。蓋《四庫全書》開館，吾師即奉命總纂，自始至終，無一息之閒。不惟過目不忘，而精神亦足以相副。經手十年，故撰此表。振筆疾書，一氣呵成。而其中條分縷晰，纖悉具備。同館争先快覩，莫不歎服。總其事者，復令陸耳山副憲、吴稷堂學士合撰一表，屬吾師代爲潤色改就，終不愜意，仍索此表，書兩人銜名以進。乃高宗純皇帝明鏡高懸，謂此表必係紀某所撰。遂特加賞一分，咸驚睿照之如神也。今刻入集中，謹識於後。門人劉權之

平定兩金川露布 乾隆四十一年

臣聞威揚星鉞，非螳斧所能支；怒奮

雷硠，雖蠶叢而亦鬬。應天者勝，定申四豕之誅；恃險者亡，難負三苗之固。故王師仗順，歷百戰而無前；逋寇偷生，終一朝而就縶。靈夔震吼，西人之膽全寒；雄虺摧藏，南粵之纓遂繫。恭承睿畧，已縛渠魁。

竊惟兩金川者，俗帶蠻荒，人原羌族。金牛闢道，爲五丁未鑿之餘；玉斧分疆，在一水相連之外。九氏雜處，率遺種於冉駹；八國參居，盡隸名於猒啜。路通的博，問唐戍而皆迷；郡接汶山，出漢封而更遠。蓋四萬八千歲後，至建興始控以城；而五百六十人中，在嘉靖尚名以寺。羈縻勿絕，古來徒繫虛名；叛服不常，此輩遂成天性。洎我朝龍驤討罪，初定峨岷；狼種傾忱，全收邛筰。桃關置堠，已歸版籍之中；橦布輸賨，久定臣民之分。百年培養，漸如奚別東西；兩部區分，遂似宛名大小。沐天朝之雨露，各長子孫；割蠻土之山川，自成聚落。而乃中山狡獸，最解忘恩；西部遺羌，從來善盜。包藏桀黠，縱横黄石之墟；突肆貪殘，蹂躪青衣之外。吠同蜀犬，忽争骨以磨牙；毒類巴蛇，竟擘山而掉尾。往者戊辰之撻伐，玉弩騰芒；實因郎卡之憑陵，銅頭興暴。乃以驚弦落羽，梟不東飛；負矢哀鳴，鵲知北向。天心仁愛，許還松堡之師；聖度宏寬，容免竹王之戮。凡以綏柔荒裔，俾板楯之知歸；何期孤負深恩，仍夜郎之自大。爪牙暫戢，密蓄機心；羽翼未成，轉修舊好。吐蕃嫁女，羈勃律之歸唐；汧罕釋讐，結先零而窺漢。陰謀未遂，十稔先盈；遺孽猶存，九嬰彌亂。凶殘有種，索諾木虺復爲蛇；貪冒無知，僧格桑狐因假虎。莎車搆怨，稱戈鄯善之城；般囑興戎，喋血羅支之帳。四鄰俶擾，月明而軍柝宵驚；一豎披猖，風吼而戰雲晝起。釁生同室，雖爲蝸角之爭；境接中原，漸慮犬牙之錯。屢吹毒燄，似聞旺烈遺風；敢播謠詞，擬逼姜維故壘。蓋兩階干羽，終莫格其頑心；八陣風雲，自宜申其顯討。乃以邊臣計左，未能宣布天威；閫帥謀疏，無以欽承廟算。始則印歸邛谷，陽受約而彌驕；繼乃城屬兜題，已失巢而復得。僧格桑投林毚兔，將三窟之重營；索諾木振羽奇鶬，更九頭之彌黠。借降人以用諜，初同婦嫁維州；留部長而不歸，正似王因阿惡。迹其質渠以割地，具有深謀；足知挾衆以窺邊，終爲後患。敢圖悖逆，僉云罪已通天；苟不翦除，深恐勢將滋蔓。皇上是以威操湯鉞，迅調銅符；武震軒夔，重開玉帳。

乾隆癸巳六月，詔以臣阿桂爲定西將軍，以臣豐昇額、臣明亮爲之副。握虎鈐以命將，星動河魁；引鶴列以陳師，風馳山子。旗分柳緑，滇黔秦楚之兵；襦暎花紅，彭濮微髳之卒。宣明賞罰，令嚴而壁壘一新；簡汰疲癃，氣奮而笳簫倍響。復以禁中羽騎，初時未果從征；因而城上螢弧，所向莫爲前導。牙璋飛召，爰蒐健鋭之雄；棡鼓交鳴，併簡索倫之衆。擕來飛矢，天邊齊射狼星；倚作長城，閫外寧驚鶴唳。四奇四正，共成風后之圖；九拒九攻，誓釁溫禺之血。龍吟畫角，雪山之亂石皆鳴；馬振連錢，玉壘之危峯欲動。蓋將永清乎邊徼，務在擒王；所以大合乎軍鋒，不辭用衆。星樞高挈，周萬里以提衡；地絡歧分，用三驅而取道。睿謀指示，共瞻軒帝南車；衆志驍騰，齊出益州北部。一軍別駐，俾成蠆尾之形；兩路兼攻，各據擣虛之勢。山川聚米，已全境之周羅；戈甲捎雲，乃中權之罙入。

是歲十月，臣阿桂等由資哩諸處進

兵，收復鄂克什官寨。芙蓉淬刃，新軍皆初試之鋒；薜荔懸厓，舊路是曾經之地。絞人宵潰，競自棄其邛籠；楚幕晨空，俄全清乎甌脱。川原如故，已遷之邢鄗仍歸；井竈不移，待救之江黄先慰。十一月，進攻路頂宗、明郭宗，收復美諾。千重鬱葎，青壁無梯；一綫延緣，黄雲迷徑。當年伏莽，僧格桑藉以潛藏；此日負嵎，索諾木恃爲障蔽。崇墉再伐，尚因壘而不降；齊燼重收，竟背城而思戰。欃槍欻吐，囂矜之氣方張；睥睨塵昏，格鬬之聲遂合。風生勁弩，平驅犀手三千；雪壓危巒，直接雲梯七百。弓刀争響，崚嶒之石骨皆摧；樓櫓平頹，睒睭之旄頭倏墮。揚旍撾鼓，一時三逐殘兵；按籍披圖，兩日再收故地。闖其門户，已揕長狄之喉；撤彼籓籬，早斷匈奴之臂。

甲午正月，進攻谷噶丫口。初臨寇境，一丸早已泥封；横阻前茅，千嶂都如笏插。蜂房密綴，異敗亡鳩合之餘；虺毒横吹，正僥倖鴟張之後。銅丸走坂，憑高者藉勢囂争；石角鉤衣，躡險者排空馳突。弩張劍拔，兩軍之鋭氣皆新；雷轉山驚，三鼓之餘音不竭。喧呼沸地，似翻骨母之潮；煙燄迷天，忽結蚩尤之霧。戰酣不解，應龍之翼彌張；力竭難支，妖鳥之巢乃覆。於時臣明亮亦由赤丹爾思攻破馬尼。牙旂並建，輔車之勢相維；羽檄遥通，犄角之形早據。獨當要路，既無旁顧之虞；徑擣中堅，益奮直前之氣。

三月，臣阿桂抵羅博瓦。外郛是恃，秦人倚函谷之關；舊壘原堅，晉帥阻偪陽之國。四峯矗立，高深皆自難窮；八壘回環，左右多能相救。羊腸詰曲，非一旅所能攻；蛙徑紆環，乃五軍之並進。分朋列隊，數符太乙之旂；飛矢揚兵，氣壓常山之陣。參差遞起，驚飆瞥之無恒；踶跋横行，駭枝梧之不定。山精血染，倏半化於青燐；木魅巢傾，遽罷吹其碧火。會以風吹山帶，乍浮迎陣之雲；水挽天河，預灑洗兵之雨。苔衣夜滑，未利行師；嵐氣晨蒸，且留養鋭。計其時日，正同虞帝之七旬；簡我車徒，乃及宣王之六月。是月，克色淜普，進克喇穆喇穆及日則丫口。

七月，又克該布達什諾木城及格魯瓦角諸寨。兩軍夾擊，都如絶地而飛；一隊潛行，忽似自天而下。四山陰合，霧濃而伏豹爭騰；萬木聲號，雨急而怒龍奮攫。蠻氊密挂，雖側足以難登；鬼彈驚飛，終仰攻而不避。丹厓平裂，真彎没石之弓；翠巘中摧，如有破山之劍。轉闘萬峯之下，幾歷千盤；出師一月之中，因成三捷。兼以横摧鉤楯，道如刊木而通；因之偏爇團焦，勢似焚山而獮。雷能破柱，一聲而斷柹紛披；火自生風，四顧而殘煤坌舞。地中鼓角，真草木之皆驚；雲外旌旗，早山川之相望。重巖複岫，巨靈之蹠齊開；羈魄殘魂，貳負之尸遂械。然而大軍未合，猶紆道以求通；黠寇多歧，當出奇以制勝。披榛得路，一時幾費跱躕；括地成圖，萬里乃蒙鑒照。與天合契，信必克而無疑；惟聖前知，果圖功而有獲。

十月，由日爾八當噶之下、榮噶爾博之上取道，攻得默格爾，進據密拉噶拉木，併克凱立葉諸寨。武陽别出，廣漢先驚；斜谷方開，陳倉徑度。股肱雖在，拊其背而難施；首尾空存，斷其中而莫救。飈輪捲地，聲酣而山鬼皆逃；火繖燒雲，勢烈而沙蟲俱化。三周不注，連逐齊師；一出井陘，併空趙壁。深林搜伏，旁批蟻穴之柯；高嶺屯兵，徑卓虎牙之帳。

乙未正月，克康薩爾。四月，克木思

工噶克丫口。山河表裏，勢既居高；谿谷峆岈，逕尤絶陡。過斯以往，俯攻即似建瓴；據此而争，死守亦同奪刃。困猶力鬬，更憑九折之厓；險已難升，兼阻千秋之雪。敵先有備，伺得隙而後投；兵貴乘虚，待不虞而始動。梯衝忽合，易水晨驚；鵝鴨齊鳴，蔡州夜襲。一則遲以兩月，用三日而畢收；一則稽以九旬，越一宵而立潰。要津得據，武牢竟扼其吭；大勢全歸，上黨已居其脊。艱難争險，頻年幾度持籌；奮迅摧堅，兹夕始爲如志。然而遂克宗者，懸車束馬，我原避險而來；彀弩枕戈，彼尚增埤而守。小能害大，舊聞蜂蠆之言；後或乘前，古有螳蟬之譬。

五月，既得噶爾丹寺，噶朗噶、舍圖杻卡。乃遣臣豐昇額等銜枚卷甲，曲歷蛇盤，附葛攀藤，直探虎穴。神方助順，霧迷五里之陰；人盡潛蹤，花隱百重之影。一呼忽起，震屋瓦以羣飛；諸道交攻，數闔枚而已逼。爾弓爾弩，排闥難施；我斧我斨，鑿垣競入。豺狼當道，於今忽得全平；魑魅不逢，從此無憂竊發。

七月，進攻昆色爾及拉枯寺、喇嘛科爾三寨、菑則大海諸處。霜濃路滑，未怯山行；月黑風高，最宜夜戰。直摩溝壘，争看突將先登；已逼門庭，肯聽蠻奴死拒。萬山皆響，立頽鉅鹿之沙；一炬横飛，遽烈崑岡之火。布金成地，唱梵唄而無靈；築石爲居，殲蠻墟而悉掃。六丁雷電，横驅者甫届三朝；兩路麾幢，會合者遂臨一水。適臣明亮既破宜喜之後，亦廓清日旁一路五十餘里。進攻額爾替、石真噶諸寨，盡得上下沙爾尼之地。雕旗遥望，欣聲勢之相通；金柝時聞，覺威棱之益壯。成功有日，約共縶夫凶渠；乘勝遄驅，遂先圍其舊砦。

八月，大兵攻勒烏圍。五重危磴，鐵骨含青；一帶洪河，銀濤翻白。高墉揭孽，共成獸角之形；堅壘周環，曾是鴟蹲之地。噶喇依，遥資屏障，儼築重關；轉經樓，近與毗連，竟成夾寨。潰兵歸保，逆徒猶自蜂屯；大旆臨攻，醜旅依然螳拒。於是鉤連長棧，先防援應之途；絙曳飛杠，預斷逋逃之路。平堙坎窞，竊同韓信囊沙；横激雷霆，未許劉鄩掘地。長圍既合，俄飛走之俱窮；孤堞將傾，乃騰淩而並入。金戈晃耀，三千之控鶴齊呼；玉宇高寒，十五之明蟾恰滿。四圍礮火，中天掣列缺之鞭；一片刀光，半夜射望舒之魄。堅城既破，直看鼇令浮尸；窮寇仍追，會遣樓蘭對簿。

十一月，進克西里、科布曲、索隆古、兜窩，又克朗阿古、則朗噶克丫口，旋據噶占。十二月，由瑪爾古當噶，取舍齊、雍中兩寺，遂直擣噶喇依。屢征屢下，全成破竹之形；彌入彌深，真類剥牀之象。迫於頃刻，信幕燕之知危；緩以須臾，尚釜魚之乞活。盤瓠之六男六女，多隨母以歸誠；哀牢之十子十妻，半挈家而納款。惟兹逆豎，守陴之哭已聞；自保孤城，銜璧之迎未肯。既而臣明亮等掃清河西諸處，渡河而來；後路之兵，亦乘勢招撫咱普、庚額特，曾達諸寨，隨而續至。大軍既會，一時燦若星繁；列校争前，四面圍如月暈。雲羅萬里，周阹而飛鳥難逃；鐵網千絲，截水而遊鱗不渡。外援已絶，鳶無可寄之書；内顧無謀，鼯是已窮之技。不降不戰，理難聽其苟延；且撫且攻，勢將出於生縛。乃乘彼亂，渴無拜井之泉；爰鼓我師，怒躍射鱣之矢。火珠激迸，煙漲成雲；金彈砰訇，燄飛掣電。戰塵澒洞，聲喧而地軸皆摇；殺氣蒼黄，力猛而天梯直上。逆酋索諾木求生無計，餘息空存；欲死不能，驚魂先餒。諭之莫省，不爲鄭伯牽羊；悔亦難追，乃向班超抱馬。遂率其兄弟莎羅奔、甲爾瓦、沃雜爾、斯丹巴，及兩土婦與大頭人丹巴沃雜爾、阿木魯綽窩斯甲、尼瑪噶喇克巴，偕兩喇嘛，挈所屬二千餘人，捧印麾前，泥首乞命。夙沙自潰，窟穴全空；盤槖成禽，妻孥並縶。狂童右桎，不留梟獍之蹤；孽黨反衿，未漏鯨鯢之網。剷壕處處，業已焚巢；貫索纍纍，非同獻馘。妖星墮地，雲開石紐之山；魔雨回晴，花暖桃川之樹。北上之檻車一發，九姓知威；西師之鐃吹將還，六軍奏凱。

粵自戊辰以後，凡兩征而邊釁始清；聿從辛卯以來，經五載而戎機乃蕆。蓋事殊擒鬮，路別中原；勢異征淮，據非平地。削成峭壁，山山皆九渡之河；縋出懸崖，步步是七盤之嶺。隨心取徑，更無蜀棧相連；到處藏兵，總覺崤師可禦。故其地僅千餘里，而往來莫得其途；其衆僅三萬人，而出没莫知其數。仰賴我皇上珠鈐獨握，密運兵謀；金鏡高懸，熟籌地理。申明軍律，飭司馬之明條；整肅戎行，選羽林之勁旅。發金錢而弗惜，民不知勞；輓芻粟以常充，士皆宿飽。恩威並用，人人懷效命之心；指授無遺，事事稟先幾之算。所以稍稽歲月，終得有成；備歷崎嶇，卒能奏績。魚蠶未闢之地，列戍開屯；葛姜莫到之鄉，陳師鞠旅。罪人斯得，藁街待正明刑；荒徼咸寧，板屋永霑渥澤。黎風雅雨，和甘過大渡河邊；羌竹蠻花，葱蔚接無憂城外。巴渝舊舞，齊隨破陣之歌；蜀國新絃，總奏平邊之樂。往者天山左右宣威，而宛馬東來；今兹益部西南討叛，而參狼內向。後先一轍，總聖皇獨運之謨；上下千年，皆舊史未聞之事。從此鐃歌十曲，召岐伯以重增；定知譯曲三章，接唐蒨而踵獻。域中慶洽，閫外歡騰。臣等仰藉聲靈，幸禽醜逆。星郵迅發，剋期書到甘泉；雲棧飛馳，側想邑名聞喜。戢兵轡野，彌昭軒皇教戰之功；偃伯靈臺，聿瞻姬室修文之盛。臣等曷勝踴躍歡忭之至，謹奉露布以聞。

擬修定科律詔 乾隆十九年 朝考

朕聞弼教者因以明刑，而議獄者不忘緩死。奉天出治，每一肅而一溫；與時偕行，當世輕而世重。古帝王刑期無刑，而王道蕩平，風俗醇美。揆厥所以，豈曰無因。自文武澤遥，申韓術起。嬴秦以降，書列法家；炎漢以來，傳多酷吏。干和召沴，仁者傷之。隋文平定江南，混一天下，鋭於求治，峻於用刑。盜一瓜者抵大辟，竊一錢者罹重僇。而上下相遁，民氣益偷。煬帝以還，尤爲操切。急同束濕，刻甚吹毛。爲民父母，其謂之何！皇天眷命，啓佑朕躬，撫馭神州，於今七載。瓊室瑶臺之後，憐皮骨之空存；赤眉銅馬之餘，嗟瘡痍之未復。嘗思培其元氣，蘇此孑遺；滌濫除煩，法歸簡約。使民不易犯，吏不爲奸。前令劉文静等編纂，復令裴寂、蕭瑀等參修。已釐有成章，便可著爲定憲。驅除嬴氏，事同高祖之入關；懲創劉璋，勢異孔明之治蜀。布告有位，知朕意焉。

擬請重親民之官疏 乾隆十九年 朝考

臣宗道言：臣聞聖人在上，其智可以周天下之務，其心可以通天下之情，而其勢不能偏天下之人。家至户曉以爲治，相去者遠，不相及也。古帝王知其然，故内有百揆四岳，外有州牧侯伯。用以寅亮天工，宣布德意。雖封建郡縣，其制屢殊，而臂指相維，事同一致。故生民之命，嘗繫於親民之官。而居是官者，其人乃不可以不擇。

臣伏見五季紛爭，民生凋敝，休養生息，莫之或遑。我祖宗誕受天命，混一九州，厚澤深仁，今已三世。陛下即位以後，宵衣旰食，百廢具興。升中告成，於昭萬禩。雖唐虞三代，無以加兹也。而獨於親民之官，若未加意，豈以其卑而忽之耶！夫寸轄制輪，尺樞轉闔，權之所在，不限大小。封疆大吏，所任不爲不重，然銜天子之命，赫然建節鉞以臨之；百姓視之，僅下天子一等耳。其勢愈重，其體愈尊。而於民間休戚之故，愈闊絶而難通。故古之循吏下僚多而大臣少，勢使然也。知州通判，其位卑，易控愬也；其勢近，易察核也；其所治狹，易周覽也；其見民數，易相習也；其資望輕，雖履閭閻、問瑣屑而不以爲褻也。上達下情，下宣上德，是亦天下之轄與樞矣。陛下輕之，毋乃未深計耶。

且夫吏治易弛而難張，官方易淆而難澄。一不經心，其弊百出。方今清公守法，約己愛人者，守令之中，豈曰無人；然南山之竹，不揉自直，器車之材，不規自圓，此千百之一二耳。其横者毛鷙搏噬，其貪者谿壑不盈，其譎者巧詐售欺，其懦者昏憒敗事，而貴族權門依勢作威者又錯出於其中。一二良吏，恐不能補千百人之患也。況此一二人者，無所激勸，亦將隨而波靡哉！良由視之太輕，核之不力，而蠹政害民，勢遂至此也。

陛下兢兢業業，日有萬幾，誠不能於銓除之時一一親見。然臣竊觀《周禮》之法，論辨官材，掌之大司馬；八柄詔王，掌之大冢宰。源流得失，責在大臣。請慎簡宰執，責以以人事君之道，委以進賢退不肖之任。於遺任之時，以言語觀其才能，以容儀觀其德器；雖未必周知心術，而拔十得五，亦足風厲天下。磨礪漸久，庶乎澄清。至於縣令以下，雖不當以細事煩大臣，亦宜以臺諫等官裁其去取。慎之於始與治其敗露之時，所得所失，相去萬里。陛下儻留意焉，天下幸甚。

紀文達公遺集卷第七

孫樹馨編校

論　記

誠五常之本百行之源也論 乾隆十二年順天鄉試

天下有各見之端，而所以管攝之者則無二；天下有至變之勢，而所以綱維之者則有常。蓋其動而著也，皆一理之所分；故其散而殊也，皆一理之所貫。聖人之至德要道，其蘊於心而見於身者，雖不可以一事盡，而要必操其至一以圖之。誠以至一之中固不一者，所莫能外也。故周子特明其說曰：「誠，五常之本，百行之源也。」蓋嘗論之。

《通書》之所謂「誠」，即《圖說》之所謂「太極」也。太極一實理，故動而生陽，靜而生陰。陽變陰合，而生水火木金土。五氣順布，四時以行，而爲造化之樞紐、品彙之根柢。誠一實理，故「大哉乾元，萬物資始」，而見誠之源。「乾道變化，各正性命」，而誠於以立。「繼之者善」也，「成之者性」也，而遂爲五常之本，百行之源。在天而天道無不該，在人而人道不能外。皆實理之自然而已，又何疑於五常百行之本源於是乎。

則嘗就本之說而思之：一木之根，一草之荄，而草木之精英悉具焉，即草木之形質亦無不含焉。生而爲柯，生而爲葉，生而爲華，生而爲實，莫非其一本之中，元氣真精具於至足，而暢茂條達皆其不自已者也。又嘗就源之説而思之：河出崑崙不過一勺，江出岷山不過濫觴，而其既也，宛轉乎九折，曼衍乎千里，支分派別，綺交脈注，桑欽之所不能記，而道元之所不能註也。亦其天一化生之氣，有以醞釀蓄洩於其間，而流於既溢耳。

則夫誠之理一存，而五常百行皆莫外者，不可以想見也耶？蓋五常皆性之見端而誠者，性之所以爲性；百行皆心之運行而誠者，心之所以爲心。天理渾然，至聖之道也。祛妄存真，希聖之功也。其所爲斤斤相示也，意良深矣。

此有得於中庸之旨乎？誠也者中也，五常百行所謂和者也。抑有得於夫子之意乎？誠也者一也，五常百行所謂貫者也。聖誠而已矣，非有得於聖道之深者，烏能爲是言哉！朱子以爲直接孔孟之傳，不虛也。

本天本地論 乾隆十九年 朝考

太初，氣始也；太始，形始也；太素，質始也：皆未有物也。孳于子，紐于丑，而上下之位定；演于寅，冒于卯，而生育之族繁；蔭于陰，揚于陽，而動靜之性異。根於受氣之先，因判於成形之後，秩然釐然，不可誣矣。試因本天本地之旨而申之。

今夫太極無二理，兩儀無二原。生於兩儀之中者，亦無二本。故乾，父也；坤，母也。天地絪緼，男女化生之象也。則本天本地之説，似於理爲驗。《月令》一篇，紀天氣者也，而草木禽魚皆與相應。《周官》辨五土之宜、九州之國，順地氣者也，而司徒所掌，兼曰其動其植；職方所掌，兼曰其穀其畜。以動物本天，植物本地，於事爲無徵也。孔子何以言之，張子何以釋之哉！蓋嘗取《易》象而繹之。乾曰資始，坤曰資生者，用之所以相濟；乾變爲姤，坤變爲復者，道之所以互根。闢户爲乾，闔户爲坤者，其動静之自殊；乾道成男，坤道成女者，其陰陽之適肖。理始於一，而其氣不能不有二；氣分於二，而其類不得不各從無心。成化不必物物而雕也，而莫知其然皆能順其自然。其命其性，其性其情，探原而論，端緒亦約畧可知矣。故天輕以清者也，得其清者爲知覺，得其輕者爲運動，合其輕與清者而厥實排空。羽者、毛者、鱗者、介者，皆天屬也。地重以濁者也，得其濁者故無知覺，得其重者故無運動，合其重與濁者而根柢以下行。夭者、喬者，皆地屬也。此何異一祖之孫，而别子爲祖，繼别爲宗，各因其得姓受氏以爲族。一人之身，而筋骨、血氣、毛髮之類，於五藏各有所屬哉。本天本地，亦是類矣。

由此言之，陰陽之氣無不至。而冬至先應於飛灰，夏至先應於懸土，類也。日月之光無不照，而方諸不可以得火，陽燧不可以得水，非類也。此各從之義也。升降飛揚，感於氣而無不可動；句萌甲坼，麗於土則無不順其性者：其機暢即利見之象也。《洪範》以五爲皇極，而以會極、歸極著其效，其亦此理矣。非以聖人之德居五爻之正位者，其孰足以當之。

邁古論嘉慶元年授受禮成恭紀

臣聞聖人相師，聖人亦不盡相師。其相師者，孟子所謂「若合符節」是也；其不相師者，因革損益而已。至於道大而用神，則變化無不宜，運量莫能測。故以德召福，其受茀禄，邀申錫者，爲千古聖人所未有；以人承天，其權衡至善，啓佑無疆者，亦爲千古聖人所莫及。蓋聖者詣極之名，亦無盡之量。其聖至於不可知，其化裁之妙，自一一因心立制。而相師與不相師，均非所論矣。

洪惟太上皇帝體協乾元，健行無息，御極以後，綜理萬幾，無一時不殫其勤劬，無一事不燭其委曲，無一人不鑒其情僞。是以德澤徧陬澨，功烈震荒憬，已爲往牒所罕覯。壽開九袠以後，康寧逾昔，宵旰彌勞。羣臣昕夕仰窺，私相欽羨，咸謂精明强固，萬萬年無極。乃以天懷沖挹，聖孝純摯，於繩武之中，申敬先之志，不欲推策卜年，數逾皇祖，初元親祀，即以六十年歸政。精誠默祝，昊綍上通。迨今先天弗違，克符定志。遂以丙辰正月初吉，詔告天下，授寶璽於嗣皇帝。天下臣庶咸謂十紀以來，以聖人相禪者惟堯舜禹。然伊耆、嬀姒實非父子一家。聖人相繼者，惟周文王、武王；然文王享國五十年，大勳未集，不能及太上皇帝鎮撫四瀛，數週甲子。文王舍伯邑考而立武王，於與賢之義固符，其夢錫九齡，亦慶流似續；然未嘗端冕殿廷，親見武王之治岐也。

太上皇帝創舉盛儀，實度越三五，前無舊軌。又謂《君陳》稱至治，馨香感于神明。太上皇帝敬天勤民，揆文奮武，功德懿鑠，合撰清寧。用能久道化成，圓穹篤祜。親見五代，授受一堂。《洪範》所謂「康彊逢吉」者，古有斯言，今見斯事。用知兼備諸福，在古聖人之上。實天人之應，捷於影響，是皆誠然。然臣謂見聖人之迹者，當深思聖人之心；知聖人致福之由者，當仰求聖人所以載福之道。夫螽斯衍慶，凝承大寶，此上帝之佑命也。太上皇帝遵密建之家法，自宫庭舊學之時，不知幾經審慮，而後先定於癸巳；癸巳以後，越二十二載，又不知幾經歷試，信爲克肖，而後宣詔於乙卯。聖心不見聲色，天下亦莫得而測度，是何如詳慎也！

且夫帝王之學，經緯萬端。研究經訓，以講求治法；考證史籍，以旁參政典。稽古之義則然，然不如實練於國事。

高曾矩矱，啓佑乎後人；謨烈典型，聰聽乎彝訓。率祖之義則然，然不如近得於身教。蓋隨機而指其通變，則萬事之利弊無不詳；因材而示其予奪，則萬物之情狀無所遁。是以知嗣皇帝之克荷神器，而特命正位以歸政。又信嗣皇帝之能契聖訓，而親爲裁制以傳心。此太上皇帝善承上蒼篤祜之意，而委曲周詳以衍萬年之慶，以造四海之福者。豈曰耄期而倦，惟雲牖松棟，高拱九重，受天下之養哉！縷數自古聖人，有一睿慮深遠、神謨廣運如我太上皇帝者哉！

夫衆人不能致之福，聖人能致之；衆人不能爲之事，聖人能爲之：此聖人之所同也。《詩》、《書》所載，三代而上，已千百年僅一遇矣。至聖人不能致之福，獨一聖人能致之；聖人不能爲之事，獨一聖人能爲之：此非聖人之所同也。有二曜、五緯、廿八舍，而崑崙、岱、華不足以言高；有宗動天出乎繫表，而二曜、五緯、廿八舍又不足言高。有渤瀣，而三江九河不足以言深；有大瀛海包乎地外，而渤瀣又不足言深。談堯舜文武之事於今日，其亦猶是乎。雖管闚蠡酌，不能得高深萬萬之一。然一管所闚，要亦天之晷度；一蠡所酌，要亦海之津潤也。故不揣檮昧，竊舉區區推測所及，著大聖人無逸之本志，經久之遠圖，較量往昔，而以邁古名其篇，誌皇風之極盛，亦私慶臣之躬逢極盛也。至於太上皇帝功德之茂，與夫典禮之隆、恩澤之溥，在廷諸臣作爲歌頌，鏗鏘震耀，傳示奕禩，已不可以殫數，固無待臣之複述焉。

化源論 嘉慶三年臨雍講學恭紀

臣聞箕子演疇，稱「是彝是訓，于帝其訓」，而推本於「皇極之敷言」。蓋敷以言者，示王道所當遵。必推本於皇建其極，則聖天子之以身教也。

故三五盛時，帝王皆夙夜禔躬，明和禮樂，以崇儒明道示天下。論者謂：政理之經緯在學術，學術之講述在師儒；師儒之趨嚮，則在朝廷之導率。化行有本，徯應乃神。自羲軒以至文武，建學明倫，每親涖以示鄭重。經典所傳，亦各極一時之盛矣。若夫聖聖相承，親以身教，又親見得身教者，復以身教倡天下，則書契以來未之聞也。

欽惟皇帝陛下睿智生知，聰明天亶，右文稽古，念典維勤。今歲仲春，敬遵太上皇帝勅旨，釋菜先師，遂臨雍講學。臣叨掌儀部，跽聆玉音。首揭《大學》綱領，而以明德爲新民之原。伏考聖經稱「物有本末」，又稱「修身爲本」，而《聽訟》章以「此謂知本」爲結語，蓋明示天下之本在身也。皇帝闡發尼山之意，以欽明爲協和之所由，以位育爲中和之所致。勅幾日毖而四瀛景從，豈非以身教立準歟！

至《周易》臨卦之大象，孔穎達疏曰「見在上臨下之義」，程子《易傳》亦曰「君子親臨之象」，足見教思無窮，容保無疆，惟大君能以廣被也。

皇帝復推澤潤之理，而廣其說於養賢

以及萬民。夫養賢莫重於太學。養賢之重，莫著於天子之視學。至天子視學，而橫經鼓篋之士，曉然知熙朝育才，將使厭飫乎道德，藴蓄乎經綸，以宣開濟之猷，而錫蒼黎之福。起化之源，端在是矣。然化之起也有源，而源之發也必有自。黄祇之載，博矣厚矣。山河之脈，皆起崑崙，而融結者元氣也。圓象之運，廣矣大矣。陽變陰合，五氣以布，四時以行，而根柢者太極也。洪惟我太上皇帝道苞九舜，明出十堯。前聖心傳，千年遥契，是不待臚頌矣。

至於聖學高深，包涵萬彙。凡瑯嬛、酉陽之祕簡，蘭臺、石渠之逸文，四庫叢編著録册府者，皆親握權衡，明示衮鉞。雖一字之闕遺，一言之疑誤，披函立見，洞鑒纖毫。珥筆典校之臣，一經指示，皆曠若發蒙，莫能仰測萬一也。聖製詩五集，聖製文三集，奎章宏富，衣被垓埏。至今以往，與日俱增者，尚不知當有幾萬億。上下千古之作者，無此廣大宏深也。

至於帝王之學，與儒者異。非但詞章訓詁以無當實用而不貴，即性命理氣亦不欲空語精微。臣自通籍至今，每跽讀綸綍，仰見乾符手握，綜理萬幾，提控廣輪，彌綸陬澨。神明通變取諸《易》，咨警告訓取諸《書》，閑邪崇正取諸《詩》，辨名定分取諸《禮》，是非賞罰取諸《春秋》。凡聖門之大經大法，師其意不師其迹，知其經兼知其權，用能執中以馭，百度咸釐，端拱九重，坐照萬里。無一事不協其宜，無一舉不得其當。即以太學而論，石鼓石經，修其廢墮；創建辟雍，補其闕遺。當復古者，無不復也。三老五更之傳訛，袒而割牲之附會，圜橋觀聽至億萬人之夸飾，雖載在經史，亦著論糾駁，不當泥古者未嘗泥也。此足見聖人之政，即聖人之學；聖人之學，即聖人之教。

丁巳、乙巳，兩蒞成均。皆本諸身者加諸民，使九野八紘咸知所嚮方而已。迨授受禮成，勤勞訓政，即以是爲皇帝教。皇帝深契乎至德要道之精，實操乎全體大用之理，舉而措之，又即以太上皇帝之教教天下。本本元元，源流遞衍。圜橋觀聽者，仰見皇帝之虔禮聖庭，莫不知百家當斥，孔氏當尊，必嚮然共趨於正學。仰聞皇帝之闡發聖籍，莫不知道在窮經，功資用世，必嚮然共趨於實學。大化翔洽，良有徵矣。

夫方州庠序，不知其幾，而爲之範者在太學。太學絃誦之士，亦不知其幾，而立之鵠者在聖君。歷代帝王修是禮者雖多有，然同一典制，文同而實不同；同一宣講，詞同而理不同：無起化之源故也。即唐虞三代之令主，整躬率物，合如符節，道統之傳，遥遥心契，亦未能躬相接也。惟周之文武，父子一堂。然靈臺辟雍，武王雖及見；鎬京辟雍，文王不及觀。何若皇帝以聖繼聖，教有由來，是真化有其源，源有所自。雖與歷代帝王同一修臨雍之典，而德盛禮隆，夐超萬古，惟今日爲最矣。鱗集仰流之衆，徒頌文物之明備、恩賚之便蕃，是管中闚天也。即以爲前聖之成規，太上皇帝因而舉之；太上皇帝之上儀，皇帝崇而效之，抑亦牖中視日矣。

臣文詞弇陋，不足以揄揚盛美，謹就拘墟之見、測度所及者，撰論一篇，名之曰《化源》。明治統也，即以明道統也。若夫太上皇帝體天行健，廣運無疆，强固精明，加於曩昔。蓋克肖乎穹昊，自克承乎眷顧，用能保佑申命，綿算以長，得以身教皇帝，又能親見皇帝之身教天下。福以德基，灼然可驗。信雅頌所祝，非搆虚詞。

從此景福彌增，扆衷彌劭。萬萬壽稱觥之日，合四海之歡心，以祝延洪。尤所凫藻抃慶，非翰墨所能罄述矣。

端本導源論 嘉慶九年臨幸翰林院恭紀

嘉慶九年二月三日，皇上修高宗純皇帝故事，駕幸翰林院。賜宴賦詩，仍用張説《集賢院》詩，御製首末兩韻，而親簡與宴者三十八人，各分一韻，其餘亦命以次聯句，使各申抃慶之心。典禮喬皇，恩澤優渥。凡横經鼓篋之士，皆以爲儒者之至榮。互相勸勉，務爲凌跨枚馬之文，以歌詠昇平，敷揚文治。微臣譾劣，亦幸以兩入翰林，叨領儀部，得預分韻之數。燕衎之餘，私心揣測，竊謂此高宗純皇帝端本之治、導源之化，皇上夙承家法，勤求治理。因舊緒而修舉，非徒宏獎詞章，廣陳華藻也。

嘗聞伯益頌堯曰：「乃聖乃神，乃武乃文。」聖神心性之精微，非尋常所能窺測；武以戡亂，文以致治，則功化釐然可述矣。然五材並用，七德咸昭，實經天緯地之一事，則文又武之綱維歟。蓋前聖之禮樂刑政著爲典則曰文；後聖述其軌範，勒爲彝訓，亦曰文：則六經是也。未經刪定以前，學校之制已，春夏教以《禮》《樂》，秋冬教以《詩》《書》矣。刪定以後，儒者世世守之，遞相訓詁，以爲經世之大法。所謂爲天地立心，爲生民立命，爲往聖繼絶學，爲萬世開太平者。雖非章句之士所能坐言而起行，然所誦説，實爲三五之鴻規。

周秦之際，百家淆亂。董仲舒始排斥異説，斷然以孔氏爲宗。蓋治術多歧，惟斷之以聖經。則申韓之刻酷，不足言刑法；桑孔之聚斂，不足言財用；孫吴之詭道，不足言善兵；管商之綜覈，不足言察吏。一切雜霸之制，均不致取利一時，貽患後日。且儒術大明，化行俗美，即方臘、徐鴻儒之徒，亦不能終於惑民。文爲治本，豈不然歟！

西漢東漢以後，傳在經師。自宋迨明，乃以翰林爲文藪。伏考欽定《歷代職官表》，翰林即古史官。所職初非一事，亦參雜不出於一途，多以他官兼攝。至唐置集賢院，而其秩始尊；至宋以翰林學士掌制誥，而其權始重。至明則士子登進，必出甲科；甲科之中，拔其尤者爲翰林。翰林仕宦之捷，有偃息林泉，坐待遷轉，至九卿而後入朝供職者。惜所講者僅詞賦，名臣碩學，或間出其中；亦氣節經綸皆所自具，非從詞賦中來。然四民首儒，鄉黨之風俗，多視儒士之趨嚮。儒士又以翰林爲首，名場之聲氣，尤多視翰林之導引。故其官雖不治政事，而起化之源，則恒在是焉。

我國家初建三院，後改今制。高宗純皇帝欽定《詞林典故》，於前代藝文，以張説詩爲首。乾隆甲子十月，駕幸翰林院，賜宴賦詩，即以此詩分韻。非徒以時代居前也，亦以自明以來，翰林以雕華相尚，幾忘儒者之本業。惟説此詩，一則曰「誦《詩》聞國政」，一則曰「講《易》見天心」。夫《詩》有貞淫奢儉，可以觀天下之政教；有興觀羣怨，可以正天下之性情。於言志之中，寓無邪之旨。在上者以是事君，即爲純臣；以是蒞民，即爲循吏。在下者有所觀感，則易爲善；有所懲創，則憚爲惡。推而廣之，即陶冶萬類無難也。《易》著盈虚消息之機，別吉凶悔吝之兆。玩其比應承乘，以決存亡進退。可以應天下之變，可以決天下之疑，萬幾殷繁，亦不疲於屢照矣。其餘諸經，雖限於聲偶，不能縷數，而《書》之道政事，《春秋》之嚴褒貶，《禮》之正名定分，別嫌明微，亦緣是可以類推，豈非臨馭之要道、宰制之大權俱握其本哉。

唐自顯慶以後，以詞賦貢舉，方尊進士而薄明經。説獨引君以經術，其識遠在當時上。特取是詩以分韻，聖人之所見大矣。恭讀聖製《幸貢院》詩有曰「志賢聖志應須立，言孔孟言大是難」，明取士之貴通經也。又曰「鳳池多少簪毫者，都向龍門燒尾來」，明翰林本以經義進，毋忘本也。所以訓誡詞臣者至矣，所以宣示治本化源者亦深且遠矣。

我皇上作述相承，重華協帝。特於幸翰林院前一日詔舉經筵，明示宗經之至意。先聖後聖，其揆一矣。臣叨列講官，伏聽《孟子》御論，闡化民之至教，符《魯論》務本之旨；《周易》御論，明節用之中道，酌《周禮》理財之法。國家大政，均源本於聖經。於此可以仰覩，亦可以共覩，豈徒以榮寵儒臣爲藝林佳話哉！

昔周公作《周官》，使六卿分職，各率其屬，以倡九牧，阜成兆民。而篇終申誡以學古入官，議事以制。孔門四科，游、夏並列文學。而一則嘉其武城之化，一則訓以單父之政。聖人之教，於是可思。然則高宗純皇帝之肇舉是典，實以詞垣導儒士，以儒士導四民，均使勉遵《詩》、《禮》之訓，以釀熙皥之風。習染所摩，蓬隨麻直；氣機所感，鷹同鳩化。皇圖恢廓，帝治郅隆。所以六十年醲化懿綱，超乎百代。我皇上追紹前型，覲揚光烈。親政以來，使封疆之吏，皆飭其簠簋；災歉之民，皆登於袵席。九嬰三苗之類，偶見於唐虞之世者，亦無不蕩平。垓埏乂安，靈臺偃伯。

復舉玉堂燕飲之禮，以申明高宗純皇帝右文資政之意；笙簧酒醴之樂，雖在天臨之一地，而稽古之榮，❶傳播乎四極。莫不壎處霆聲，賡歌颺拜之盛。雖在燕喜之一時，而心法密契，治法欽承。可以造黔黎之福，迓天地之和，萬萬世咸保太平。昔周之盛也，君以《鹿鳴》以下五詩嘉惠其臣；臣亦以《天保》「九如」仰答其君。不過通上下之情，見交泰之意耳，焉能如歲紀一周，鴻儀再舉，以周孔之正傳，造陶姚之遐軌哉！

臣幸際昌期，躬逢盛典。和聲以鳴者響然並作，鳧藻抃舞，莫可名言。雖管窺尺度，不足以盡天地，要所見亦天地之一隅；歌頌不足以盡聖人，要所見亦聖人之一事。不揣庸陋，仰推敷文之忱，以見高宗純皇帝久登上理，有本有源；我皇上克紹丕基，善繼善述：均前古之所未有。闡發萬一，昭示來禩，是則臣區區之志云爾。

祝釐茂典記 乾隆五十五年八旬萬壽恭紀

欽惟我皇上正位星樞，凝神雲牖。九陽元氣，運橐籥以周流；二曜貞明，轉璣衡而不息。萬萬年綿延鳳紀，積算無窮；五五數契合龍圖，循環復始。當長庚之直歲，八袠宏開；卜太乙之降祥，四瀛同慶。衢童壤叟，咸泳化而謳吟；冰海炎洲，亦聞風而詠蹈。

丁未八月，多羅禮親王臣永恩等上占景命，欣叶瑞於南弧；博採輿情，共陳書於北闕。祈增舜壽，預陳河渚之符；幸荷堯俞，俯鑒封人之願。許以庚戌八月，舉行慶典，從衆志也。然而沖懷謙挹，明訓諄

❶「榮」，道光本作「文」。

詳。雖席豫而履豐，恒戒奢而示儉。戊申三月，詔以大學士臣阿桂等經理其事。曲從民志，容中芹曝之忱；仰體天心，不改松雲之素。觀瞻所繫，惟昭帝制之莊嚴；節度斯存，不極人工之巧麗。蓋我皇上執中建極，規矩生心；稱物平施，權衡合道。義當修舉，雖億萬而無辭；事近紛華，即纖微而亦謹。是以黄河紫澥，斸石搴茭；粉堞丹樓，甃郛造邑。冬官計直，恒盈轉運之舟車；農部持籌，弗靳度支之金幣。至於春旗遥蒞，輯瑞時巡；秋獮親臨，艾蘭講武。屬車所至，鄉閭無力役之征；行殿雖陳，棟牖鮮雕礱之飾。屢聞丹詔，勿踵事以增華；或發朱提，每量工而給直。今逢聖節，方同文囿之經營；預降温綸，俾守堯階之樸遬。持盈保泰，聖心之所見深矣。

是年八月，預行正科鄉試。即以明春會試，而以正科之歲加舉恩科。歌《鹿鳴》而開宴，不待三年；登雁塔以題名，探支一歲。碧桃重放，春風長天上之花；丹桂添栽，秋露浥月中之樹。銀袍及第，咸稱壽考之作人；鐵網求材，應見文章之報國。此行慶施惠之始也。

至於伏生耆耇，白首研經；曹鄴棲遲，青衫隨計。來扶鳩杖，皆邀免解之恩；得到龍門，總入奏名之例。人登雲路，争看老鶴之沖天；官帶冰銜，亦似新鶯之出谷。蓋年老諸生，以鄉試賜第、會試賜職者，三載之中殆數百焉。是皆我皇上金華歲講，念典維勤；璧水親臨，栽培有素。奎章寶字，括典謨雅頌之精；璧府芸籤，蒐甲乙丙丁之祕。箕疇演範，建皇極以敷言；羲畫傳心，觀人文以成化。元元本本，惟聖教之開先；炳炳麟麟，遂儒風之彌盛。加以澄清士習，滌宋儒朋黨之風；慎重科名，遏唐士賁緣之竇。敦崇道義，俗盡還淳。砥礪廉隅，人思自立。是以滋蘭種蕙，才彌取而彌多；映雪囊螢，年益高而益壯。幸登壽寓，得荷榮光。豈非久道之成，俾協彙征之吉歟！

是月緬甸國貢使至。十二月臺灣生番亦至。白狼赤虺，唐姚州旁帶之區；青草黄茅，楚莊蹻未開之地。當年負險，避七萃而潛蹤；此日輸誠，慕兩階而向化。甘稱臣僕，不矜驃信之題詩；無待招徠，迥異趙佗之納貢。至於峒蠻別種，翠嶂週圍，海國旁支，赤嵌控帶。土風各別，在山都木客之間；王化不通，自栗陸赫胥之世。屬以樓船下瀨，横衝鹿耳之濤；戈甲搜巖，浄掃雞籠之雪。狼弧討逆，始知九伐之聲靈；蜃窟傾心，願附八閩之版籍。鳥言卉服，到朝廷初習威儀；瘴霧蠻煙，如天地乍開混沌。是皆皇穹眷命，申保佑之無疆；故令荒憬歸心，昭天人之合契。當其仰瞻宫闕，經九譯而來庭；皆蒙俯允臣鄰，效三呼而致祝，豈偶然歟！

是年冬，禮部侍郎臣德明以太常寺仙蝶恭進，蒙御製詩章。我皇上道源洙泗，久斥神仙；治法唐虞，寧矜符瑞。故天文寵錫，雖特記某來儀；聖諭丁寧，仍預防夫好異。然當昆蟲之俯蟄，咸避風霜；惟兹薄翼之蠉飛，近瞻雲日。共聞共見，事有明徵；時往時來，象非偶幻。良由得天久照，逢洪算之緜延；所以與物皆春，歆太和之洋溢。休徵感應，則草木長蕃；協氣沖瀜，則禽魚咸若。亦似陪筵之千叟，各遂生成；因偕表宅之百齡，並登仁壽。較諸連珠合璧，天著神符；九穗雙岐，地徵靈契。洪纖異類，論其事似若殊途；位育同原，考其理實無二致。帝垂彝訓，雖云却而弗居；臣頌昇平，未敢闕而不録也。

己酉正月，大學士臣阿桂等奏請纂修

《萬壽盛典》，摛詞東觀，金匱紬文；比壽南山，琅函紀盛。自七旬而託始，十年之歌頌彌多；列八目以分門，兩載之蒐羅未竟。蓋九重之綸綍，歲歲增宣；兼萬國之梯航，時時還集。浩繁難罄，本如海之無涯；接續添書，亦似川之方至。羲和測驗，不能寸晷而周天；章亥步量，難以數程而盡地，固其所也。

是年五月，安南國阮光平奉表乞降。七月，西番廓爾喀亦遣使内附。鄧侯去國，失地書名；鄅子無歸，從孥不返。廢興有數，識天意之所存；順逆能明，即帝心之所鑒。觀葵忱之向日，語出中誠；信螳臂之當車，事由誤犯。陳情納贄，願隨軒帝之合符；稽首稱藩，不待周文之因壘。當經始祝釐之歲，恰值祓關；計臚歡稱慶之期，猶能來賀。若夫蓬婆之外，地漏《山經》；井絡之餘，人依梵域。大荒西去，已遠隔乎坤維；懸度東行，但遥稱以震旦。初以下情未達，觸蠻構釁而兵爭；繼因聖鑒周知，虞芮質成而心服。稽其龍媒入貢，路出三巴；正逢桂蠹封函，人來五嶺。聞風讋慄，均爲不戰而降；接踵馳驅，大似相期而會。若或使之，斯亦異矣。

是歲也，嘉祥並集，已届昌辰，乾惕彌深，猶形睿藻。德能基福，理溯其淵源；聖本希天，心符乎幬載。九疇布列，惟皇極之居中；五事分占，信庶徵之有驗。文鐫寶篆，詞比《湯盤》。記勒瑶編，義深堯誡。上孚帝綍，知息息之潛通；獨握乾樞，恒兢兢以密省，則有《御製八徵耄念之寶記》焉。雙鉤精妙，墨拓烏金；十鼓團圞，石瑩蒼璧。援今證古，縷陳一器之源流；摘謬存真，親定三家之同異。集王書而刻帖，妙勝懷仁；補周雅以成詩，遠逾東晳。已殘焦尾，重膠百衲之琴；久碎精金，再鑄九州之鼎。幾餘旁涉，足知聖智之兼周；物小能勤，益見睿思之曲到，則有《御製重定石鼓文》焉。夫岐昌演《易》，法天者在於健行；姬旦陳《書》，享國者由於無逸。箴銘咨儆，是真保治之樞機；强固精明，抑亦延年之符券矣。

庚戌正月，頒萬壽恩詔於天下。大撓推筴，候届新正；太皥司辰，時當元旦。篇吹太簇，爲東風入律之初；柄指攝提，是北斗回天之始。寶衮啓長生之籙，天禄方增；盎漿散太極之泉，春祺用錫。歲朝申賀，拜黼座而分行；聖節推恩，布綸音而涣號。台衡承旨，擎來一卷黄麻；宗伯司儀，捧到三層丹陛。鳳啣而下，日華耀五色之紋；蛾伏而聽，風影漾雙垂之穗。鴻臚迭唱，春生廿二條中；儀部分頒，澤浹三千界内。霆聲啓蟄，八夤之壩處傾聽；雲液流甘，百族之桐生茂豫。喧呼相告，真如大海潮音；沾溉無窮，未減恒河沙數。然而我皇上，淵乎深念，彌軫衡茅；邈爾遥思，先知稼穡。乾元各正，雖溥育夫寰中；巽命重申，再加施於格外。更於頒詔之後，命普免天下錢糧。九州成賦，爲數原多；一體蠲征，承恩最溥。滋培有素，已兩停轉粟之舟；敷錫無疆，又四輟催租之吏。膏雨一時而再降，九穀增蕃；福星每歲而移躔，三年徧到。固宜堯封禹甸，人人後舞而前歌；兼使戎索蠻疆，處處懷仁而慕義矣。

是月十日，命外國貢使隨宴於御園。高句驪，東藩之首，近接三韓；暹羅斛，南海之隅，遥通六詔。集榕城之市舶，獻篚者地號中山；款桂管之關門，奉表者人居北户。復有天西之絶域，騶鹿呈圖；新從棧北之長途，貢獒通道。先來後至，均當慶節之前；舊屬新封，並入華林之宴。五筵列俎，叨天酒之親斟，三國同文，喜宸章之賡和。顏師古繪圖貞觀，曾所未聞；明悉獵聯句蓬萊，知其不逮。豈非山川萬里，咸知威德之昭；所以中外一家，共效拜颺之盛歟。

二月，東巡岱嶽，親祀孔林。百神咸秩，迹尋黃帝之合宮；六藝常昭，禮重素王之闕里。萬象入光明之燭，風被青徐；四民游樂利之天，恩沾河濟。惟皇斂福，無煩探策於山靈；是處祈年，定信添籌於海屋。況乎臨瞻車服，道本崇儒；宏獎《詩》、《書》，政先造士。地連郊甸，博收冀野之驊騮；俗尚章縫，添種頖宮之芹藻。燈明黃卷，爭奮志於黌中；草映青袍，每成名於額外。傳毛萇之雅頌，多吟嘉樂之章；習言偃之絃歌，半奏熾昌之詠，良有由矣。

七月，緬甸國貢使與臺灣生番皆復至。狼牨初返，求錫命而重來；龍户纔歸，因介眉而再到。就瞻志切，寧辭川陸之遥；頌祝情深，敢避風潮之險。紅綃冒額，金葉高擎，緑罽垂腰，瓊筵曲跪。花紋密簇，辨佛天香象之形；錦段輕舒，出海國靈鮫之手。珍函祕寶，宜增修瑞應圖中；異狀殊名，具譜入昇平樂裏。

他如昔來豐鎬，曾錫南車；後逮嬴劉，遂停北轍。迨威棱之震疊，遠被丹垠；乃逖聽之風聲，重輸白雉。十年一貢，平時原有常期；萬壽八旬，今日特申賀悃。飛章先告，正當岱宗輯玉之時；函表初呈，恰符泮水獻琛之地。足見綏柔之德，歷久而彌深；亦徵銜感之忱，有增而無已：則南掌貢使至焉。

孿鞮故地，南北二庭；突厥遺封，東西兩部。赤山青海，袤延斜繞乎長城；烏弋黃支，控制全歸乎都護。不侵不叛，一百年松漠銷烽；無詐無虞，二萬里玉關通驛。

來經冰磧，知屬國之同心；跪上霞觴，願聖人之多壽：則蒙古回部咸至焉。

雷音説法，遠接金容；雪嶺安禪，别開銀界。西方佛國，夙尊大寶法王；東土聖人，早識曼珠皇帝。曇花净域，尚傳五百之應真；貝葉新經，敬上十千之天子。企瞻舜日，皆生歡喜之心；膜拜堯階，齊賀延洪之祚：則西藏達賴喇嘛、班禪貢使至焉。

大宛舊壤，夙建五城；毋寡餘民，今分二族。捎雲古榦，問神樹而猶存；踣鐵高蹄，貢花驄而屢至。時因驛長，得聞中土之歡吟；敬遣翎侯，遠達外臣之賀悃。黄雲入塞，來經甌脱之區；赤帝聯行，亦預爻閶之會：則哈薩克貢使至焉。

周封箕子，古有遺風；李代王瑶，今仍舊國。樂浪郡久爲外域，實密邇於邊疆；覺華島一震天威，遂長修夫職貢。每逢聖壽，原隨虎拜之班；幸值隆儀，更切鳧趨之

願。途經風雨，雖淹滯而難行；志仰雲天，竟馳驅而迅赴：則朝鮮貢使至焉。

岷源曲折，江水東流；石紐巉巖，維州西控。狼心叵測，近依巴蜀之疆；鳥道難登，舊是冉駹之地。自六師之戡定，全然列戍開屯；遂九姓之敉寧，莫不輸賓納賨。更番入覲，得瞻龍衮之光；隨隊躋堂，亦附雁臣之次：則兩金川土司至焉。

若夫呼韓覲漢，雖有前聞；蘇禄朝明，亦徵舊史。然皆偶因他故，隨貢篚以來庭；都非特矢專誠，奉壽觥而詣闕。兹獨山程水驛，遠跋涉以觀光；月館雲階，躬趨蹌而申慶。嘏詞金盞，迥逾唐莋之歌；樂冰絃，絶勝龜兹之譜。核諸越史，堯以來之所未聞；徵以蠻書，唐以前之所莫紀：則安南國王阮光平親至焉。

是皆我皇上天弧震耀，八極宣威；心鏡澄明，九重握算。河源棡鼓，再清葱嶺

之塵；月窟牙旗，雙獻花門之馘。闢蠶叢而破陣，梟獍巢空；跨鯨海而揚舲，魚龍氣淨。路窮地絡，八紘拓白阜之圖；響徹天閶，十曲奏黄神之樂。是以玉河珠海，悉主悉臣；鰈水鶼林，來王來享。九如陳頌，際流虹繞電之期；四海趨風，預鼓瑟吹笙之宴。會歸之盛，至是而蔑以加矣。

七月十有九日，聖駕至自避暑山莊。自八月朔爲始，日召王公大臣及諸外藩，錫宴作樂於同樂園。朱廊列坐，共侍堯樽；紫殿分曹，同聽軒樂。風生繡闥，廿四番迭換雲衣；響滴銅壺，卅二刻細浮銀箭。對曈曈之日影，化國恒長；望穆穆之天光，聖容倍肅。綈囊疊進，仍章奏之勤披；錦帙時開，更圖書之頻玩。管絃聲裏，事每親咨；歌舞筵前，人猶輪對。起居無倦，是爲静而有常；莊敬彌强，益信恭則能壽。此尤近依日月，衆目之所同瞻；恭詠臺萊，羣情之所共慰者矣。

是月十二日，聖駕自圓明園入宫。金支啓蹕，道路光輝；玉軑鳴鑾，人天瞻仰。幔亭帳殿，稍供睿賞之游觀；綵樹繒峯，聊作太平之潤色。九華煜爚，黼繡周張；百戲駢闐，魚龍曼衍。蓋恩膏之沾沃，物力原豐；况茂賞之便蕃，工徒胥逮。露臺猶惜，雖知聖德之謙沖；鼛鼓弗勝，難禁羣情之踴躍。四圍周顧，如登忉利天宫；六御徐行，真見無量壽佛。

十三日昧爽，皇上御太和殿受賀。千官黻珮，候虬箭而晨趨；萬國衣冠，待鳧鐘而夜警。東皇日出，五色曈曨；北極天臨，九關肅穆。華旗金翠，交動影之龍蛇；寶鼎煙雲，裊薰香之龜鶴。五疇斂福，表陳出洛之符；萬歲徵祥，拜效呼嵩之願。仰皇躬之康豫，慶洽裨瀛；修茂典之煒煌，光昭禮樂。豈但天水蘭陵之帝，莫比其隆；

抑亦攝提合雒以來，未逢斯盛。於是上遵祖制，瓊筵展八日之期；下慰人情，綵服過兩旬之外。自天申命，僉云茀祿之加贏；與衆同歡，共卜修齡之錫羨。皇運萬八千歲，蕩蕩天長；易圖三十六宮，盎盎春滿。歌舞溢於九野，音兼乎僸佅兜離；滋榮徧於百昌，澤洽乎飛潛動植。茅簷蔀屋，咸擊壤以歌唫；鷺序鴛班，爭操觚而賦詠。

臣起家詞館，本業文章；承乏容臺，又司典禮。恭逢聖節，叨襄贊乎鴻儀；宜奏和聲，用發揚乎盛烈。惟是乾坤之象，非尺寸所能量；日月之光，非丹青所可繪。每思掞藻，動輒含毫。況乎福德兼隆，篇章易富。上擬班揚之作，疊積書山；追摹枚馬之音，爭流學海。金春玉撞，已看衆體之兼陳；蠡酌管闚，寧待庸音之複述。惟是春風乍暖，則鶯囀叢花；夏雨初晴，則蟬鳴高樹。在小物適逢佳候，尚解舒吭；豈微臣幸遇昌期，竟能闃響。緬維古義，守官與守道無殊；揆度常情，所見較所聞爲悉。爰稽舊牘，起合詞籲請之初；敬述新綸，至大禮慶成之日。規模畧具，惟臚職掌之相關；挂漏猶多，實覺揄揚之不盡。雖知駢四儷六，非記言記動之體裁；所欣咸五登三，皆得壽得名之證驗。獻諸黼扆，惟仰祈悠久之無疆；布在書林，庶共識康彊之逢吉。

紀文達公遺集卷第八

孫樹馨編校

序

甲辰會試録序

乾隆四十有九年，會試届期，詔以臣蔡新、臣德保典其事，而以臣紀昀與臣胡高望副之。得士百有十人，録其文尤雅者，刊呈御覽，臣例得颺言末簡。

伏念臣北地庸材，過蒙知遇，出入翰林者近三十載。凡文字之役，率得簪筆敬從。中間自蹈愆尤，復荷皇上棄瑕録用，典校祕書，疊被恩榮，洊佐司馬。方自愧未效涓埃，兹復簡任文衡，彌增悚仄。

竊惟經義取士，昉自宋王安石。然俞長城所刻安石諸作，寥寥數行，如語録筆記。程試之制，定不如斯。其出自何書，亦無可考證，疑近時好事者所爲。惟《宋文鑑》載張才叔《自靖人自獻于先王》一篇，發揮明暢，與論體畧同，當即經義之初式矣。元延祐中定科舉法，經義與經疑並用。其傳於今者，經疑有《四書疑節》，經義有《書義卓躍》，可以畧見其大凡。明沿元制，小爲變通。吴伯宗《榮進集》中，尚全載其洪武辛亥會試卷。大抵皆闡明義理，未嘗以矜才炫博相高。成化後，體裁漸密，機法漸增。然北地變文體，姚江變學派，而皆不敢以其説入經義。蓋尺度若是之謹嚴也。其以佛書入經義，自萬曆丁丑會試始；以六朝詞藻入經義，自幾社始。

於是新異日出，至明末而變態極矣。我朝龍興，斵彫爲樸。列聖以來，時時以釐正文體爲訓。我皇上丁寧告誡，尤愷切周詳。是以士風醇厚，文教昌明，至今日而極盛焉。

夫設科取士，將使分治天下之事也。欲治天下之事，❶必折衷於理；欲明天下之理，必折衷於經。其明經與否不可知，則以所言之是非醇駁，驗所學之得失，準諸聖賢以定去取，較他途尚爲有憑。而學者求工經義，不得不研思於經術，藉以考究古訓，誦法先儒。不涉於奇衺之説，於民心士習，尤爲先正其本原。經義一法，至今不變。明體達用之士，亦時時挺出於其間，職是故也。

今之所録，大抵以明理爲主。其逞辨才、騖雜學、流於僞體者不取；貌襲先正而空疏無物，割剥理學之字句而餖飣剽竊，似正體而實僞體者，亦不取：期無戾於通經致用之本意而已。若夫人品心術之邪正，視其人他日之自爲；才畧之短長，待聖天子他日之甄别器使，非場屋之文所可盡覘其生平。而臣等之識鑒，亦萬萬不能至是。固不敢摭即文知人之説，虚陳於黼座前焉。

丙辰會試録序

嘉慶元年丙辰，恩科會試，命禮部尚書臣紀昀充正考官，而副以左都御史臣金士松、兵部右侍郎臣李潢。臣等矢公矢慎，詳加遴選，得士一百四十八人。謹録其文尤雅者，進呈御覽。臣例得颺言於簡端。

❶「欲」上，宣統本有「顧」字。

伏念臣北方下士，樗櫟庸材，叨荷殊知，屢司文柄，至是已再典春闈。高厚鴻慈，迴逾常格。雖才疏學淺，未能窺作者之淵源；然四十年來，受恩深重，實不敢因循遷就，隨流俗風氣爲轉移。

竊以爲文章各有體裁，亦各有宗旨。區分畛域，不容假借於其間。故詞賦之興，盛於楚漢，大抵以博麗爲工。司馬相如稱「合纂組以成文」，劉勰稱「金相玉式，豔溢錙毫」，是文章之一體也。經義昉於北宋，沿於元代，而大備於明。本以發明義理，觀士子學術之醇疵，其初猶爲論體，後乃代聖賢立言。其格主於純粹精深，不主相矜以詞藻。由明洪武以來，先正典型，一一具在，是又文章之一體也。自學者不知古法，混爲一途，譬如郊廟禮服，而綴以金翠之首飾，争趨捷徑，遂偭前規，豈制科取士之本意歟？至經義之中，又分二派。爲漢儒之學者，沿溯六書，考求訓詁，使古義復明於後世，是一家也；爲宋儒之學者，辨別精微，折衷同異，使六經微旨不淆亂於羣言，是又一家也。國家功令：五經傳註用宋學，而《十三經註疏》亦列學官。良以制藝主於明義理，固當以宋學爲宗，而以漢學補苴其所遺，糾繩其太過耳。如竟以訂正字畫，研尋音義，務旁徵遠引以炫博，而義理不求其盡合，毋乃於聖朝造士之法稍未深思乎。

夫古學，美名也；崇獎古學，亦美名也。名所集而利隨焉，故弋獲者有之；利所集而僞生焉，故割剥讖緯、掇拾蒼雅，編爲分類之書，以備剿説之用者亦有之。試官奉天子之命，其職在於正文體。幸承簡任，不敢不防其漸也。是以臣等所録，惟以平正通達、不悖於理法爲主，而一切支離塗飾、貌爲古學者，槩不録焉。雖文體驟更，不能奥衍閎深，遽追曩哲；然竊聞前人之論明文也，謂北地、太倉如桓、文，長沙、嘉定如周、魯。一則雖强而僭，一則雖弱而猶秉禮也。臣等區區之志，亦竊附於斯意云爾。

壬戌會試録序

嘉慶壬戌三月，當會試之期，詔以禮部尚書臣紀昀、都察院左都御史臣熊枚充正考官，而副以内閣學士臣玉麟、臣戴均元。取士如額，録其文尤雅者進呈御覽。臣昀例得颺言簡端。

伏念臣北地庸才，叨兩朝知遇，凡校閲文字之役，十恒得預其八九。至會試爲掄才大典，自甲辰、丙辰至今壬戌，亦三膺是任。自惟年將八秩，學殖久荒，衡鑒恒虞其未允，尤不敢不夙夜兢兢。竊謂國家設科取士，將使共理天下事也。士修於家而獻於廷，亦預儲其學以分理天下事也。必深明乎理之是非，而後制事有所措；必折衷於聖賢之訓，而後能明理之是非。聖賢之訓莫著於六經，故科場以經義爲最重，所以明其理也。自隋唐以來，以詩賦試士者，不過一兩朝；以經義試士者，則自宋至元至明至本朝，相沿歷久而不易，豈非以明經爲致用之本歟！

顧質文遞變，踵事增華。趨向漸歧，門户遂别。如食本以禦飢，其流至於講珍錯；衣本以禦寒，其流至於講纂組。波靡曼衍，有莫知其所以然者，雖聖人亦不能禁絶也。在司衡者去取之間，知所輕重而已。考經義初體，不過如今之論，其式見於《宋文鑑》及劉一止諸家集者，尚可考見。元人經義、經疑，見於《書義卓躍》諸編者，亦大抵如斯。總以明理爲本，初不以文章相耀也。明初尚仍古制，後乃漸變爲八比。漸變漸遠，於是隆、萬尚機局，天、崇尚才尚學，失其本者遂多。而毅然自爲、各闢門徑者，亦復不少。源流正變，遂淆雜而難分。平心而論，諸派之中，各有得失，亦各有真僞。崇其真而黜其僞，亦可以酌乎其中。如成、弘、正、嘉之理法，真理法也。流而空疏庸陋、鈔寫講章則爲僞。隆、萬之機局，真機局也。流而纖仄弔詭、穿插鬪巧則爲僞。天、崇之才學，真才學也。流而馳騁横議、偭規破矩以爲才，則才爲僞；流而剽竊鈔襲、餖飣湊合以爲學，則學亦僞。司衡者不察其本，而但喜其性之所近，則荒傖駁雜，人人得售其欺，於聖天子興賢育才之本意，或未免相左矣。

臣等竭二十餘晝夜之力，往來商搉，務核其真。雖識見檮昧，不敢自保其無訛，然黜僞崇真之念，則協力矢之，均未嘗踰越尺寸也。至於三場對策，原以覘根柢之學，貴其確鑿，不貴其曼衍。國家科場條例，以問十得五爲中式，寓意良深。如不論所答所問是否相合，而但取徵引之繁富，如題中有一《尚書》字，則古文若干篇，今文若干篇，臚列目録，動輒連篇，而題固未問今古文也。題中有一《春秋》字，則《左傳》某字，《公羊》作某，《穀梁》作某，比較點畫，亦每累牘，而題固未問三傳異同也。如是之類，指不勝屈，殊不足以稱實學。臣等公同核閲，亦惟以文與題應者入選；其望之斑駁陸離，而每篇灑灑千言，所對全非所問者，均置不録。一如考校經義之法，庶幾屏除僞學，務得真才，以仰答簡任深恩於萬一，是則臣等區區之志云爾。

己未武會試録序

嘉慶四年九月，己未科武會試及期，得旨以臣紀昀偕臣陳嗣龍爲正副考官。進外場之士，取其弓馬之入上格者，合以内場之論策，得士如額。録其文進呈御覽。臣例得颺言簡端。

竊惟國家立學校之制、科舉之法，以教育成就天下之人材，而必兼設爲武科者，非徒爲故事之相沿也。蓋天之所以生才，與才之所以自效於世，皆有能有不能，而不可以相强。是故優柔平中之資，使之自試於文學政事之科；而凡强力勇敢之質，則使之自奮於折衝禦侮之任。而又養之以學校，重之以科舉，其待之優而進之慎如此。夫是以天下無遺才，而有才者不致自棄於無用。此國家用人不一途，而武居其一；武之進身不一途，而武科居其一。凡爲教育成就之方，宜如此之詳且悉也。

我朝以武功定天下。百餘年來，元勳宿將，雖多不由於武科，而武科起家之人，時亦有樹奇功建偉績者。蓋將帥之畧，雖其運用之妙存乎一心，亦必深究韜鈐、洞曉古今，而後有以爲運籌決勝之本。武科之法，既校之騎射之技，復試之以孫、吴之書，使夫奇才異能之人，皆得由此以進，而與行伍並收其用。此又設科之意，所以待夫天下之能者。而所得者，或僅如昔人所譏挽强引重之粗材，與夫記録章句無用之學，此則士之負科名，而非科名之不足以得士也。此臣等所以矢公矢慎，參互比較，不敢偏重外場，啓武士目不知書之漸；亦不敢偏重内場，啓庸材剽竊弋獲之風。惟其所取之士，有勇知方，以備干城腹心之任使。是則臣等區區之私願云爾。

逐齋易述序

《易》之精奥，理數而已。象，其闡明理數者也。自漢及宋，言數者歧而三：一爲孟喜，正傳也。歧而爲京、焦，流爲讖緯；又歧而爲陳、邵，支離曼衍，不可究詰，於《易》爲附庸矣。言理者亦歧而三：乘承比應，費直《易》也。歧而爲王弼，爲王宗傳，爲楊簡，浸淫乎佛老矣。又歧而爲李光、楊萬里，比附史事，借發論端。雖不比陳、邵之徒虚縻心力，畫算經而圖弈譜，然亦《易》之外傳耳。中間持其平者，數則漢之康成，理則宋之伊川乎。康成之學不絶如綫：唐史徵、李鼎祚，宋王伯厚及近時惠定宇，粗傳一二而已。伊川之學傳之者多，然醇駮互見，決擇爲難，余勘定四庫書，頗恨其空言聚訟也。

從姪虞惇自戊子鄉舉後，一任滿城學官，即歸里，以經義課子弟。偶采諸家之愜理者，標題於《周易》之簡端，猶韓吏部之《論語筆解》也。壬子四月，從余至灤平，重勘文津閣祕書，因以呈余。余喜其精思研理，去取平心，無宋南渡以後講學家門户之習，因爲題其卷首。昔從兄懋園舍人嘗註《毛詩廣義》，以毛亨傳爲主，《詩》傳乃大毛公作，康成《詩譜》甚明。儒生類稱毛萇，未之考耳。而參以諸說，能持漢學、宋學之平，今著録《四庫總目》中。虞惇此編，可謂世其家學矣。

余年近七十，一生鹿鹿典籍間，而徒以雜博竊名譽，曾未能覃研經訓，勒一編以傳於世。其愧懋園父子何如耶！

周易義象合纂序

古今說五經者，惟《易》最夥，亦惟

《易》最多歧。非惟象數義理各明一義也，旁及鑪火、導引、樂律、星曆以及六壬、禽遁、風角之屬，皆可引《易》以爲解，即皆可引以解《易》。蓋易道廣大，無所不包，故隨舉一説而皆通也。要其大端而論，則象數歧而三：一田、孟之《易》，一京、焦之《易》，一陳、邵之《易》也。義理亦歧而三：一王弼之《易》，一胡瑗之《易》，一李光、楊萬里之《易》也。京、焦之占候，流爲怪妄而不經；陳、邵之圖書，流爲支離而無用；王弼之清言，流爲楊簡、王宗傳輩，至以狂禪亂聖典。其足以發揮精義、垂訓後人者，漢儒之主象，宋儒之主理、主事三派焉而已。顧論甘者忌辛，是丹者非素，斷斷相爭，各立門户，垂五六百年於兹。余嘗與戴東原、周書昌言：譬一水也，農家以爲宜灌漑，舟子以爲宜往來，形家以爲宜砂穴，兵家以爲宜扼拒，遊覽者以爲宜眺賞，品泉者以爲宜茶荈，洴澼絖者以爲利澼濯：各得所求，各適其用，而水則一也。譬一都會也，可自南門入，可自北門入，可自東門入，可自西門入，各從其所近之途，各以爲便，而都會則一也。《易》之理何獨不然。東坡《廬山》詩曰：「横看成嶺側成峯，遠近高低各不同。不識廬山真面目，只緣身在此山中。」通此意以解《易》，則《易》無門户矣。紛紛互詰，非仁智自生妄見乎！

德州李君東圃，於學無所不窺，而尤邃於《易》。積平生之力，成《周易義象合纂》一書，需次京師時，出以示余。余未展卷，指其題籤語之曰：「書名四字見大凡矣。君此書必持其平也。」君去後，燈下讀之，果於漢學、宋學兩無所偏好，亦兩無所偏惡。息心微氣，考古證今，惟求合乎象之自然、理之當然而後已。而進退存亡之節，亦即經緯其中。所謂主象、主理、主事者，是實兼之。謂非説《易》之正宗可乎！余嚮纂《四庫全書》，作經部詩類小序曰：「攻漢學者，意不盡在於經義，務勝漢儒而已；伸漢學者，意亦不盡在於經義，憤宋儒之詆漢儒而已。」出爾反爾，勢於何極。安得如君者數十輩與校定四庫之籍也。

黎君易註序

漢《易》言象數，宋《易》言理。舊有斯言，其殆循聲而附和歟！夫天地絪緼，是函元氣；氣有屈伸往來，於是乎生數；數有奇偶錯綜，於是乎成象：此象數所由起也。然屈伸往來，奇偶錯綜，皆理之所寓；而所以屈伸往來，所以奇偶錯綜者，亦皆理之不得不行。故理其自然，數其必然，象其當然，一以貫之者也。漢《易》言象數，不能離存亡進退，非理而何？宋《易》言理，不能離乘承比應，非象數而何？而顧曰：言理則棄象數，言象數即棄理，豈通論哉！

余校定祕書二十餘年，所見經解惟《易》最多，亦惟《易》最濫。大抵漢《易》一派，其善者必由象數以求理；或舍理者，必流爲雜學。宋《易》一派，其善者必由理以知象數；或舍象數者，必流爲異學。其弊，一由争門户；一由騖新奇；一由一知半解，沾沾自喜。而不知易道之廣大，紛紜轇轕，遂曼衍而日增。殊不知《易》之作也，本推天道以明人事。故六十四卦之大象，皆有「君子以」字；而三百八十四爻，亦皆吉凶悔吝爲言。是爲百姓日用作，非爲一二上智密傳微妙也；是爲明是非、決疑惑作，非爲讖緯禨祥預使前知也。故其書至繁至賾，至精至深，而一一皆切於事。既切於事，即一一皆可推以理。理之自然者明，則數之必然、象之當然，劃然解矣。又何必曰此彼法，此我法，此古義，此新義哉！

乾隆甲寅魏子○○以其鄉黎君○○所註《周易》相質，余展卷見其自序曰「《易》之大綱曰象、曰數、曰理。象數不衷於理，非《易》之象、《易》之數也；理不合於象數，不能得《易》之理也。由象數以通理，憑理以參象數，而幽遠繁賾俱不越耳目之前矣」云云。喜其洞見本原，知其必能疏通經義，因退食餘暇，反覆紬繹，其言於先儒舊詁，不苟異亦不苟同。沈思研悦，務使愜己之心併愜人人之心，以上求四聖之心。蓋無一字不經意，而又未嘗參以一毫之私意，故所論皆篤實明顯，使下學有徑可循，而高明之士亦殫思而弗能過。好學深思，心知其意，其是之謂乎！

余前歲得德州李君所註《易》，喜其裁斷羣言，妙有獨契。今復得黎君是書，參互以觀，如驂有靳，豈非聖代崇文，表章古訓，斯響然應運而生歟！摩挲老眼，喜見經籍之道昌，故既爲李君作序，亦率書數行於黎君之卷端。

詩序補義序

余於癸巳受詔校祕書，殫十年之力，始勒爲《總目》二百卷，進呈乙覽。以聖人之志，藉經以存。儒者之學，研經爲本，故經部尤織毫不敢苟。凡《易》之象數、義理，《書》之今文、古文，《春秋》之主傳、廢傳，《禮》之王、鄭異同，皆别白而定一尊，以諸雜説爲之輔。惟《詩》則託始小序，附以辨説，以著争端所自起。終以范蘅洲之《詩瀋》、姜白巖之《詩序補義》、顧古湫之《虞東學詩》，非徒以時代先後次序應爾也。蓋《詩》之搆争久矣。王肅首起而駮鄭，王基遂踵而難王；孫毓復申王説，鄭統又明鄭義。其書今並不傳，其逸文散見諸書者，已紛紜轇輵矣。至宋而廬陵、潁濱，小立異同，未顯攻也。鄭樵始發難端，而朱子和之，是爲新學；范處義力崇舊説，而吕祖謙、嚴粲等遥應之，是爲古學。於是尊序廢序，爲不可破之門户。兩派之中，遂横決而旁溢：一爲王質《詩總聞》之派，主於冥思力索，翻空出奇，是新學之變本加厲者也；一爲何楷《詩世本古義》之派，主於論世知人，穿鑿附會，是古學之逐影失形者也。其間互有短長，不能偏廢。故朋黨互軋，未有已時。余作《詩類總序》有曰：「攻漢學者，意不盡在於經義，務勝漢儒而已；伸漢學者意亦不盡在於經義，憤宋儒之詆漢儒而已。各挾一不相下之心，而又濟以不平之氣，激而過當，亦其勢然歟？」今以范氏之書持王、何兩派之平，以姜氏、顧氏之書持小序、《集傳》之平，六七百年朋黨之習，舍是非而争勝負者，其庶幾少息矣乎。

顧氏書已有刊本，范氏、姜氏之書，均無力付梨棗，今白巖之孫〇〇，能世其家學，念先人著作得登石渠天禄之藏，而不能偏播於海内，將南歸，拮据謀剞劂，乞序於余。余謂是書《四庫總目》已著録，無庸爲牀上之牀，惟著其以近時著作，得爲千古經師殿，則説詩之正脈在是書，可知矣。獨范氏之書，僅副本貯翰林院庫，卷帙繁重，無傳寫者。聞其子孫尚頗讀書，儻亦能如姜君之表章先德乎？余老矣，拭目望之。

考工記圖序

戴君東原始爲《考工記》作圖也，圖後附以己説而無註。乾隆乙亥夏，余初識戴君，奇其書，欲付之梓。遲之半載，戴君乃爲余删取先後鄭註，而自定其説以爲補註。又越半載，書成，仍名曰《考工記圖》，從其始也。戴君語余曰：「昔丁卯、戊辰間，先師程中允出是書，以示齊學士次風先生。學士一見而歎曰：『誠奇書也！』今再遇子奇之，是書可不憾矣。」

戴君深明古人小學，故其考證制度、字義，爲漢已降儒者所不能及。以是求之聖人遺經，發明獨多。《詩三百》、《尚書》二十八篇、《爾雅》等，皆有撰著，自以爲恐成書太早，而獨於《考工記》則曰：是亞於經也者。考證雖難，要得其詳則止矣。余以戴君之説，與昔儒舊訓，參互校覈：轂末之「軹」，明其當作「軒」，不得與《輿人》之「軹轛」二名溷淆。今字書並「軒」字無之。《車人》「徹廣六尺」，以鬲長車廣當相等，兩轅之間六尺，旁加輻内六寸、輻廣三寸，綆寸，合左右凡二尺，則大車之徹亦八尺，字譌八爲六。《弓人》「膠三鋝」，一弓之膠，不得過兩有十銖二十五分銖之十四，正其當爲三鍰。此皆記文之誤，漢儒已莫之是正者。後鄭謂「軫，輿後横木」。戴君乃曰：《輈人》言「軫閒」，左右名軫之證也。加軫與轐，弓長庇軫，軫方象地，前後左右通名軫之證也。《輈人》「任正」、「衡任」，鄭以當軓與衡，而謂軓爲輿下三面材，輢式之所樹。戴君乃曰：「此爲下當兔圍、軸圍，發其意也。若輢式之所樹，宜記於《輿人》，今輈人爲之，殆非也。」鄭以戈、胡「句倨外博」爲胡上下。戴君曰：「此不宜與

『已倨』『已句』字義有異。」鄭引許叔重《説文解字》及東萊稱證鍰、鋝數同。戴君乃曰：「鍰之假借字作『垸』，鋝之假借字《史記》作『率』，《漢書》作『選』，伏生《尚書大傳》作『饌』，數小大相縣，合爲一，未然也。」戟刺長短無文。鄭氏既未及，賈公彦云「蓋與胡同，六寸」。戴君則曰：「戈一援，戟二援也。中直援名刺，與枝出之援同，長七寸有半寸。刺連内爲一直刃，通長尺有二寸。猶夫戈之直刃通長尺有二寸也。」《桃氏》爲劍，「中其莖，設其後」。鄭訓「設」爲大，謂從中已後稍大之。戴君曰：「不當與『設其旋』、『設其羽』之屬異義。後謂劍環，在人所握之下，故名『後』，與劍首對稱矣。」鍾之「鉦閒」無文。鄭以爲與鼓閒六等，而合舞廣四，爲鍾長十六。戴君乃曰：「鍾自銑至鉦，自鉦至舞，歛繝以二，準諸句股法，銑閒八，鉦閒亦八，是爲鍾長十六。舞者，其上覆修六廣四，蓋鍾羨之度，不當在鍾長之數。」「玉案以承棗栗」，莫詳其制。戴君引「棜禁」及漢小方案，定其有四周而局足。《廬人》「句兵欲無彈，刺兵欲無蜎」，鄭皆訓之爲掉。戴君讀「彈」如夗蟺之蟺，轉掉也；「蜎」，搖掉也。其所以補正鄭氏註者，精審類如此。

他若因嘉量論黃鍾少宫，因玉人土圭、匠人爲規識景，論地與天體相應、寒暑進退、晝夜永短之理；辯天子諸侯之宫三朝三門、宗廟社稷所在；詳明堂个與夾室之制，申井田溝洫之法，觸事廣義，俾古人制度之大，暨其禮樂之器，昭然復見於今兹。是書之爲治經所取益固鉅。然戴君不喜馳騁其辭，但存所是，文畧。又於《輈人》龍旂鳥旟之屬，《梓人》筍虡，《車人》大車、羊車之等，圖不具。其言曰：「思而可得者，微見其端，要留以待成學治古文者之致思可也。」斯誠得論著之體矣。余獨慮守章句之儒不知引伸，膠執舊聞，沾沾然動其喙也。是以論其大指，以爲之序首。

審定史雪汀風雅遺音序

甲戌夏，同年姜君白巖持史雪汀《風雅遺音》贈予，曰：「雪汀殁後，其門人毛氏兄弟所刻也。」於時匆匆未及觀，己卯夏，始卒讀之，嘆其用心精且密。

夫聲音之道，説經之末務也。然字音不明，則字訓俱舛，於聖賢之微言大義，或至乖隔而不通，所關不可謂細。諸史志藝文者，必附小學於經類，豈無謂與！昔陸德明作《經典釋文》，千餘年來，學者奉爲蓍蔡。此書於集傳以外無所發明，固不敢與陸氏齒。而因人人習讀之書，救正其譌謬，以之針砭俗學，較易於信從。獨惜其不知古音，故叶韻之説多舛誤。又門目太瑣，辨難太激，於著書之體亦微乖。

退食之暇，重爲編録。汰繁就簡，棄瑕取瑜，較之原書似爲完善。其文有所損無所益，有所潤飾而不更其意旨。亦曰此仍史氏之書，予無與焉耳。於時，休寧戴君東原主予家，去取之間，多資參酌。恨白巖遠在象山，未獲共一審定也。

六書分類序

《周禮》六書皆古文也。許叔重援以説小篆，義相通爾。然叔重所載古籀，纔百分之一二，其偏旁點畫，乃不盡可以六書推。蓋漢時所存亦僅矣。唐以來，嗜古之士，搜剔金石，掇拾殘賸，字始漸多。其書亦不槩見，所可見者，郭忠恕《汗簡》所引八十一種而已。顧忠恕以古文偏旁區爲部分，端緒頗不易尋。夏竦取忠恕所輯，仿徐鍇《説文韻譜》作《古文四聲韻》，以韻分字，以隸領篆，較爲易檢。故後來撰録，體例相沿。其歧而別出者，宋戴侗《六書故》强分門目，多不精核。元楊桓《六書統》變例横生，紛紜轇轕。明魏校《六書精藴》杜撰支離，自我作古，益不可爲訓。

汝寧傅帚菴先生，病諸家撰著之蕪雜，乃排纂古篆，用夏氏之例，領以隸書，即以隸書偏旁分部，俾絲牽繩貫，若網在綱。其門目一宗御定《康熙字典》，遵聖代同文之制也。其字博採諸書，各註所出，示有徵也。間附考註，别疑似也。晚出别體，存而不删，取其備也。傳寫異同，因而不改，闕所疑也。蓋積平生之力，歷久而後成編。

先生殁，子孫珍惜，不輕以示人。今歲先生之曾孫韓城大令清渠，謀付剞劂，以公於世。會以報最至京師，介孫編修淵如求序於余。

余謂是書有二善焉。夫古文改小篆，小篆改隸書，雖輾轉相因，實各爲一體。譬諸父子祖孫，一脈遞承，而形貌有似有不似，不能强之使同也。戴氏明説作《篆書正》，古籀、小篆溷淆不分，安在其能正也。是書小篆、古篆各分註，不戾於古矣。張有作《復古編》，援据《説文》，訂正小篆，不以改隸書也。周伯琦作《六書正譌》，已稍穿鑿，亦未以古籀改小篆也。黄氏諫作《從古正文》，皆以小篆改隸書。魏校變本加厲，更以古籀改小篆，奇形異態，至不可識，是豈可使百官治、萬民察耶！是書兼列諸體，惟人所擇，可行於今矣。然則先生所纂，雖多述舊文，而體例謹嚴，具有條理，學者從此沿流以得源，因同而考異，匪惟篆刻之模範，抑亦小學之門徑矣。較諸諧俗而陋，不諧俗而務行怪者，相去豈止逕庭哉！

先生諱世堯，字賓石。康熙己未，嘗以博學鴻詞薦，後以選貢官延津教諭，遷四川資縣知縣。乞養歸，閉門著述，卓然成一家言。是書其一也，亦足以見一斑矣。

沈氏四聲考序

韻書迄今，蓋數變矣。陋者類稱沈約，好古之士則據陸法言《切韻》以争之。夫《切韻》變爲《唐韻》，《唐韻》變爲《廣韻》，《廣韻》變爲《集韻》，《集韻》別爲《禮部韻》，《禮部韻》別爲《毛氏》、《劉氏韻》，《劉氏韻》別爲《黄氏》《陰氏韻》，《陰氏韻》一百六部，是爲今韻。指以沈約，其謬固也。而以二百六部，尊陸法言爲鼻祖，毋乃亦未究其源乎？法言之書，實竊據沈約而作者也。約書雖唐代已亡，《四聲譜》，《唐書・藝文志》不載，知亡於唐。李涪《刊誤》已不知《切韻》本沈氏，則亡在僖宗以前。今不可見。然儒者著書立説，將使天下之從我，必先自信之篤、自守之堅，而後人信吾説而守吾法。約既執聲病繩人，則約之文章必不自亂其例。所用四聲，即其《譜》也。今取其有韻之文，州分部居，而考之平聲得四十一部，不合《切韻》者纔一二；仄聲得七十五部，不合《切韻》者無一焉。陸氏所作，豈非竊據沈譜而稍爲筆削者乎！其敘歷述吕静、夏侯該、陽休之、周思言、李季節、杜臺卿等，獨不及約。約書《隋志》著録，開皇間不應遽亡。同時撰集之顔之推，又生長梁朝，不應不見。知法言諱所自來，不欲著之也。迨約書既亡，無從考證，法言書孤行唐代，遂掩其名。中間屢有改修，又頗爲諸家所亂，彌失其真。幸而增删改併，皆有蹤跡可尋。約詩文傳世亦多，尚可排比求之，得其梗概。因畧爲考訂，編成二卷，名曰「沈氏四聲考」。一以明音學之所自，一以俾指《陰氏韻府》爲沈韻者，得識其真焉。

沈氏四聲考後序

或曰休文之爲《四聲譜》也，安知不臚列句圖，標舉音律，如曲譜之宮調工尺然？曰：然則當與摯虞《流别》，劉勰《雕龍》並列矣。《隋志》入之小學家，知其非也。《切韻》、《唐韻》、《廣韻》皆五卷，類不下二三萬言；休文《譜》既爲韻書，顧減至一卷，何也？曰：不聞《顔氏家訓》之説乎？休文論文章，當從三易，易識字，居其一焉。其書不過收常用之字，而隱僻者不與，且無註，故簡也。李延壽謂約所爲賦多乖聲韻，見《南史·陸慧曉傳》陸厥條下。何也？曰：聲韻之學，言人人殊者也。延壽之詆沈氏，不猶李涪之詆陸氏耶？此但考沈氏一家之學，至其學之當否，别自有説，非所論也。二百六部之名目次序，果盡出沈氏耶？曰：名目，吾不得而知也。韻之分部，則有押韻之可考；部之相次，則有同用者之類從。中間雖不無後人之所亂，然從委窮源，則《廣韻》本《唐韻》，《唐韻》本《切韻》，《切韻》本《四聲》，吾説信而有徵也。韻書備矣，區區殘編斷簡，鉤索古人之遺文，又不足給後人之用，何爲者耶？曰：食其末，不可不知其本。因吾書而考見今韻之由來，不至揣骨聽聲，自生妄見，以決裂古人之成法，則吾書不爲無補。如實求有益於世，則四庫所藏，不切日用者，百分計之九十分而强矣，於吾書何詰焉！

增訂改元考同序

考同姓名者，始梁元帝，粗具梗槩而已。後唐陸善經補之，元葉森又補之，終未備也。明余宣補爲十二卷，周應賓又補一卷，國朝王廷燦又補八卷，乃大備焉。信乎，著書之難也。

考同年號者，始於國朝。鍾淵映有《歷代建元考》，萬光泰有《紀元敘韻》。鍾書刻本絶稀，惟文淵閣著録；萬書差清整，然傳本尤稀。其最行世者，吴肅公《改元考同》而已。然肅公草創成書，頗爲漏畧。張潮多所補正，亦尚未精密周詳。松巖田侯以世廕侍禁近，公餘退食，寡所嗜好，惟究心於史學。偶出其緒餘，補兩家之疏失，而糾彈其舛誤，使上下數千年正統僭僞之稱號，較若列眉。是書一出，可以決讀史者之疑惑，資考古者之佐證。簡編雖約，而其用甚宏。斯亦有功於文苑者矣。

昔薛仁貴所註《周易》，見《唐書·藝文志》；沐昂所選《滄海遺珠》，去取精核；陳第所作《毛詩古音考》、《屈宋古音義》爲韻學正軌，今並著録祕府。其他如郭武定、戚南塘諸人，名列藝林者不一，皆以勳閥右階而兼著述者也。觀侯斯編，雖不過嘗鼎一臠，然侯之讀書嗜古，追迹古賢，於此可見。所撰録必有不止此者，吾拭目俟之矣。

删正帝京景物畧序

遊名山者耐曲。徑不曲不幽，不幽不

奇；不耐，則山之佳處不見。然使枯朽杈枒，翳塞耳目，則山之佳處亦不見，是在所必芟夷矣。

明之末年，士風佻，僞體作，竟陵、公安以詭俊纖巧之詞，遞相唱導。劉同人者，楚産也，故宗楚風。于司直稔與同人遊，故其習亦變而楚。所作《帝京景物畧》八卷，其胚胎則《世説新語》、《水經註》，其門徑則出入竟陵、公安，其序致冷雋，亦時復可觀。蓋竟陵、公安之文，雖無當於古作者，而小品點綴，則其所宜。寸有所長，不容没也。獨恨其每篇之後，必贅題詠數十章。司直自稱得諸本集者十有七，碑刻十有一，鈔傳十有五，祕笥十有二，初得五千有奇。經周損者删汰之，尚一千有奇。其用力亦勤矣。而所録諸作，古人不免疏舛，如劉中山《蜀先主廟》詩，改爲《過先主故宅》詩，併改詩中「蜀故伎」爲「燕故伎」，以就樓桑村之類。明代尤爲猥雜。非邑志而有邑志習，非詩社而有詩社習，自穢其書，閲之使人格格不快。長夏無事，悉割取摧燒之。獨留正文一百三十餘篇，用紙粘綴，葺爲二册。穢雜既除，神志開朗，逐處延賞，頗足留連。是亦芟夷翳塞之道矣。他時儻有餘貲，以此本刻之，或以廓清爲删者功，未可知也。或此本竟漸行，原本竟隱，使人知有詩而不得見，以庸妄爲删者詬，亦未可知也。然使人不見其詩，以庸妄爲删者詬，則删者之有功於二君也更大矣。

删正帝京景物畧後序

初削是書，僅削其詩。迨黏綴重編，《太學石鼓》篇中復削五百三十三字，《首善書院》篇中删一千二十八字，而《李卓吾墓》篇則全削。

夫僞書始漢，百兩篇託名而已。割裂古書始漢，《詩序》散篇首，《易傳》入卦中而已。竄易古書亦始漢，《周禮》奇字而已。傳刻古人之書，而連篇累牘刪竄之，明以前未之聞也。故士莫妄於明，而明季所刊之古書，類不足據。二三同志每相與咨嗟太息之，茲毋乃尤而效之耶？然古之人去今日遠，其沈思奧義，類非後人所解；即其句格、語助，亦往往與今日殊。後人所賞，尚未必古人之自賞，而妄礲其瑕，不亦傎耶！若後人與後人則相去伯仲間矣，其佳處吾知之，其累處吾亦得知之。此「景物畧」耳，石鼓古蹟也，因石鼓而誤頌學制，不類也。首善書院、李卓吾墓，併非古蹟矣，而雜記語録，標榜道學，不類也。表東林而又及温陵，益不類也。去其不類者，而佳者益出，是又芟夷翳塞之道矣。

若夫改竄舊本，默不自言，附益己說，恬不自怪，則明季經生之長技。僕雖庸陋，義不出此矣。

安陽縣志序

白阜所圖，遐哉邈矣。志方域者，惟《禹貢》、《周禮》爲可信。然古文簡畧，弗詳弗盡也。志地理者始《漢書》，今之志書，實史之支流。然一代之地志與一方之地志，其體例又不同也。故修地志者以史爲根柢，而不能全用史；與史相出入，而又不能離乎史。其相沿之通弊，則莫大於夸飾，莫濫於攀附。一夸飾，而古蹟人物，輒轉附會；一攀附，而瑣屑之事迹，庸沓之詩文，相連而登。

余嘗叨預修國史，是當代志書之所聚也；又嘗叨校四庫書，是古來志書之所聚也。參互考校，求唐、宋、元之志不甚謬，至明而謬始極；當代通都大邑之志不甚謬，至僻邑而謬益甚。其體例謹嚴、考證詳確者，千百之一二耳。

癸亥之春，偶見趙君渭川《新修安陽縣志》，試閱其目，井井有條，多合古法。觀其書，則大抵以《康氏武功縣志》、《韓氏朝邑縣志》爲椎輪而稍稍通變。先以圖，次以表，挈其綱矣；次以志，次以傳，次以記，析其目矣；殿以藝文，乃仿古人之目録，不似近人之附載詩文。其體例不亦善乎！而每條必有考證，不徒雜襲乎舊文，其敘述不亦確乎！最擅場者，在附《安陽金石録》十三卷。考裒集古碑，始梁元帝，未聞有所訂正也。歐陽兖公、趙明誠以下，往往據石刻以糾史傳之訛。近時錢辛楣、翁覃溪以舊碑參稽同異，各裒然成書。然則是志之精確，其本在是矣。豈區區夸飾附會者所可比乎！此弊一除，而攀附之弊不祛自退矣。雖以趙君此志，爲地志之通例可也。余性孤直，文章不能作諛詞，故凡以地志求序者，均謝不爲。今得此志，乃自改其例，我自謂尚能知趙君，趙君儻亦知我矣乎？

馬氏重修家乘序

古氏族之書，今皆軼矣。其畧可考者，惟《世本》散見於諸書，然雜記帝王諸國之世系，非一家之書也。《文選》註引劉歆《七畧》，始載子雲家牒；劉孝標註《世説新語》，所引晉代諸家譜，尤班班可稽。今之族譜，其昉於漢晉以來乎？譜有歐陽永叔、蘇明允縱横二例。太史公《年表》、《月表》，說者謂旁行斜上，仿諸周譜，則横譜尤古法矣。今士大夫家例有譜，然其能一修再修，至於四五修而不已者，則必名門巨族始有之。蓋必祖宗積累者深，而後其子孫富貴蕃衍，可編輯而爲書，寒門細族弗能也；又必其子孫象賢，克承先德，無忘敦本睦族之誼，而後相續成其事，始振中蹶者亦弗能也。然則門户之盛衰與福祚之修短，蓋可於家乘驗之矣。

東光以馬氏爲甲族，其他名德不具論。自明嘉靖以來，一支之中，登進士者凡九，亦云盛矣。譜至今日凡五修，亦云緜遠矣。非世濟其美能之乎？昀，馬氏壻也。乾隆甲子，讀書外舅周籙公家，得讀其舊譜，詳其世德。乙酉四月，奉諱里居，以會元城公葬，宿公家。公謂昀曰：「余家乘之末輯，今又四十年矣。向恒欲舉其事，而長子早夭，繼嗣有待。念及余名下闕然無所書，輒愀然傷之，每忽忽不自適而罷。及爾外姑之卒，始擇立兆晟。初未驗其賢否，意尚兩持；既而兆晟真善事余，余悉以家政付之，遂決意定以爲嗣，且援例以其職封余宣諸綸音，載諸户曹之籍。余今有子有孫，非復向之無可書矣。家乘之修，欲及余未就木而爲之也，爾盍爲我序之。」昀敬諾。七月，昀在京師，公遣使齎書來省女，且促前序，因爲敘其續修之由，而書之如左。❶

若夫推一本之愛，油然而生孝弟之心，《蘇氏族譜·亭記》言之矣，今則不復勦説也。

渠陽王氏世系考序

敦本睦族，士君子之盛德也。顧世遠則人衆，人衆則勢涣；漸涣漸久，愈久愈

❶「左」，道光本、宣統本并同，疑當作「右」。

涣，則同氣不免如路人；既不免如路人，而猶望其休戚相關，無是事矣。古者氏族掌於太史，俾年代雖遠而昭穆秩然。譬之於水，❶千支萬派，各分流而注海。一溯其源，則某水出某地，某地某水從某水而分，某地某水從某水而又分，千支萬派，一水也。譬之於木，千花萬實，雖隸首不能紀其數，而遞求其本，則由花實得蒂，由蒂得條，由條得枝，由枝得榦，由榦得根，千花萬實，一木也。再近譬之，一身分四肢，四肢又各五指，同一指而將指拇指若不相涉也，同一肢而手與足若不相涉，左手足與右手足又若不相涉也，然而疾痛疴癢，無一不與心相通，有脈絡以連之焉耳。故必族系明，而後知孰與我親，孰與我疏；親疏明，而後知一族之衆，其初皆一人之身，親愛之意自油然而生矣。

自漢以後，氏族不掌於官，士大夫乃各有譜。其最初者，李善註《王儉集序》引劉歆《七畧》稱：「揚子雲，《家牒》以甘露二年生。」是族譜之權輿矣。劉孝標註《世説》所引某氏譜某氏譜不可縷舉。《新唐書·藝文志》至以族譜爲史部之一門。《宰相世系表》亦備其世次支派。是六朝至唐，譜學最重也。兩宋以後，此學浸微，惟衣冠詩禮之家，或各自爲譜。歐陽永叔、蘇老泉二譜，其最著也。二譜之例，一縱一横。自明以來，凡爲譜者，類不能出縱横二例。惟是誇矜門閥，動溯古初；華胄遥遥，多由附會。白香山，唐之通人也，而自敘宗派，云出秦白乙丙，白乙丙則出楚白公勝，顛倒舛訛，至今爲笑。其他抑可知矣。豈古人作譜之意，爲合族之計者乎。

❶「於」，宣統本同，道光本作「如」。

王氏此譜，惟溯始遷之祖，而不推受姓之原始。自始祖以下，絲連珠貫，一一分明，閱之真如千支萬派同一源，千花萬實同一本，而手足之統系於一心也。其家風孝友，有自來矣。

余與王氏爲姻家，錦堂孝廉以此譜求余爲序。余謂錦堂他事不具論，即如張吏部晴溪娶錦堂之姑，晴溪歿後，家中落，錦堂先德恒歲歲周恤，錦堂至今仍歲歲周恤，無改前轍。於出嫁之同氣且如是，其於家庭可知，其於宗黨抑可知矣。於此一譜，不可見其用心乎！因不辭而爲序。❶

河間孔氏族譜序

天地之道，緜亘無極。昆侖磅礴，一氣之所融結者。山河兩戒，周絡廣輪，雖章亥所不盡步，支榦皆一一可尋。即歧脈別行，蜿蜒千百里，而絲牽繩貫，亦皆可由末以溯本。其體大，故其量宏也。聖人德配天地，其教垂於千萬世，其澤亦逮於千萬世。自《史記》世家以後，今所傳者，敘述淵源，莫古於王肅《家語》之《本姓解》。《家語》原本在《史記》之前，今所行《家語》，乃魏王肅所僞撰，以申難鄭之意。故《漢書·藝文志》《家語》條下，顔師古註曰：非今所有《家語》也。歷代通儒考辨，俱有明證。故今敘之《史記》後。考求故實，莫古於南宋孔傳之《東家雜記》。歷朝纂録，不可殫數。至《明史》列傳以衍聖公世次列入儒林，先師功德，延及子孫者遠矣。其譜牒系述曲阜世襲之緒，宋金間南渡之宗，炳炳然無論矣。其分支別出，散在四方者，數千年來不知凡幾。中間世遠年湮，佚其房眷者又不知凡幾。幸而支派可考，是即先師之靈爽式憑，一本之愛，雖千萬里視

❶「序」上，道光本有「之」字。

若一堂，千萬人視如一身者矣。不及其可考而綴輯之，使葉不歸根，不重可惜歟！且先師系出於宋，世家於魯，而《禮經》所載，乃自稱曰「某殷人」，聖人之心，不忘其本，殆可見矣。爲子孫者，不又當仰而體之歟！

周之族姓，掌於太史。秦漢以後，此制不行。士大夫於是有家牒。李善《文選》註引《揚子雲家牒》，知其事始於西漢。六朝至唐，矜重門第，《隋書·經籍志》、《唐書·藝文志》皆以譜牒爲史部之一門。沿及宋、元，此風復墮。然稽古之儒，懷敦本睦族之思者，頗時時間作。廬陵、眉山二譜，尤爲後來所取法。然則詠駿烈，誦清芬，士大夫知禮意者，猶不敢聽族系之失考，而況聖人之後，可不時爲輯補以伸水源木本之心哉！

余姻家孔君○○，系出唐太常沖遠，以太常陪葬昭陵，子孫遂家西安。越十四代，以戍守遷居涼州；又十三代，以勞績隸錦衣衛籍，又遷於河間，前明所謂忠順屯也。國朝順治初，有以軍功授世職者，故有一支隸旗籍，而族屬則仍爲河間籍。雍正癸丑，嘗輯族譜，同里戈勉齋前輩序之，迄今六十餘年。○○虙子姓日繁，遷徙不一，將來或殘闕失次，乃重加釐訂，定爲斯編，走書五百里，乞序於余。余族自先姚安公修譜後，余於乾隆丙戌曾一續修，今三十餘年。久欲再輯，而老景頹唐，鹿鹿尚未就緒，心恒歉焉。嘉○○是舉，是余所有志而未逮，因書此弁首，以志余愧。且以告天下士大夫，勿視此爲不急之務也。

棠樾鮑氏宣忠堂支譜序

唐劉知幾作《史通》，特出一篇曰《斷限》，善哉言乎！得史例之要領矣。家譜、家傳，《隋書·經籍志》皆編入史部，固史之支流也。辨姓之禮始於周，其世系掌於太史。故《史記》十表稱「旁行斜上」，體仿周譜。家自爲譜始於漢，故劉歆《七略》引《揚子雲家牒》，知爲甘露二年生。其書至六朝而繁，故劉孝標註《世説》引諸家譜至四五十部。至唐而極盛，故《唐書·藝文志》史部以譜牒别爲一門；《宰相世系表》必詳其子孫之支派。然而支離蔓衍，亦遂蕪雜而多歧。楊修之姓從木，而誤稱修家子雲；白香山一代通人，而集中敘白氏之姓源，至以楚白公勝、秦白乙丙顛倒其世次，並奉爲遠祖，論者嗤焉。豈非繁引博稱，無所斷限於其間乎！宋人家譜，惟傳歐陽氏、蘇氏二家。歐陽氏用直譜，古之所謂圖也；蘇氏用横譜，古之所謂牒也。其大旨主於簡明，以救前代泛濫之失；而過於疏畧，文獻無徵焉。是又拘泥斷限，矯枉過直者矣。

今觀鮑君誠一之支譜，其殆酌繁簡之中歟！不上溯受姓之始，唐以前人，雖司隸之氣節，參軍之文章，無徵者不録也。宋以後世系明矣，而支分派别，不能一一皆詳，第譜其可考之本支，猶唐裴氏東眷西眷，各以昭穆相統也。其兼列事迹，則取裁於東晉《太原温氏譜》；其冠以誥勅，附以祠宇、墳墓、家禮、祭田之類，則參用《東家雜記》。惟繪畫遺容，古未有例。考朱子對鏡自寫小像，今子孫尚傳其石刻，則披卷敬瞻，肅然如對其祖考，使報本追遠之思，油然而自生，是亦禮以義起者矣。

昔先大夫姚安公閔族譜之殘闕，乾隆乙亥手自刊訂，守《史通·斷限》之法，體例多與此相出入。丙戌，余又遵舊格續焉，弗敢以私意改也。忽忽二十餘年，鹿鹿無閒，未能再續，意恒歉焉。今觀鮑君此譜，不覺根觸於余懷。行且老矣，不知能如鮑君之勒爲此譜否也。再三閲視，殆不勝歎且羨矣。

汾陽曹氏族譜序

古有家譜，有家傳，譜以紀世系，傳以述先德。唐以前率各自爲書，史家著録，亦以譜入譜牒，傳入傳記，其體例各不相侔。今所存者，如歐陽氏譜、蘇氏譜，一爲直圖，一爲横表。名字以外，别無一篇之附録可覆按也。合譜傳而一之，其殆自明以來乎？此如古之地志，紀郡縣之沿革，疆域之分合，山川之險易，田賦之多寡，官師、學校、軍旅之增損，取備實用而已。廣而及古蹟，廣而及名勝，廣而及人物，廣而及藝文，已非唐以前圖經之舊。然修地志者，沿其體而弗能易，博以備考，義有取也。修家譜者，又安能於述祖德者闕焉而不書耶！

余同年曹慕堂宗丞，創修家譜而未竟，賢子受之御史、申之户部，乃承先志而卒成之。其譜例用蘇氏横表，而附載碑誌之文，與夫敘述行實者，則詳悉無遺。一以使潛德幽光不終湮没，爲仁人孝子之用心；一以使後世子孫誦清芬，詠駿烈，憬然生接武濟美之思，貽謀之意，尤永永無窮。又何必拘泥古例，必以分譜傳者爲是，合譜傳者爲非乎！且所録皆質實不支，無明人囂張塗飾之習。其譜亦但存其可考，無牽合附會剿説氏族之書，以貽君子之譏者。是皆可爲作譜者法。故受之兄弟乞序於余，亦樂得而序之。

景城紀氏家譜序例

有世系支派，而後諸譜之分合，如綱在綱，故弁於譜之前譜首者，諸譜之首也。別子爲祖，繼別爲宗，八世以下其歧矣。有此譜而後攝於一也。有源有流，派別乃明，故次之以支譜。《七畧》稱：「子雲，《家牒》載以甘露二年生。」《文選·王儉集序》李善註引。《玉海》引之作元年。《周氏譜》載，「翼以六十四卒」，劉孝標《世説》註上之上引。則譜詳生卒，古法也。詳其生而後長幼辨，詳其卒而後忌日之禮可舉也，故次以生卒譜。譜具矣。益以族居記，懼涣也；益以塋墓圖，懼湮也；益以聯名紀世圖，懼紊也。十七篇者，絲牽繩貫，蓋繁非繁、複非複也。斯譜也，視舊蓋有損益，而意未始不相師也。

右序分篇之例。

譜題景城，示別也。有同縣而非族者也。北陽村、小河、王家莊之紀，皆非同族。崔莊著矣，曰景城，不忘本也。漢將軍、晉司徒，族系既別，少瑜吴姓，史亦明書。見《南史》七十二。流合源殊，邈無顯證。姚安公修乙亥譜，不述姓源，慎也。系述不博稱，猶前志也。四門九支，支譜詳之。然其文則散見也。弁以圖，提其綱也。二世至七世，諱字佚矣，數則可以墓稽也。存其數，明四門之所以分也。四門之祖，今但知非同産耳，一從再從，不知也；孰兄孰弟，亦不知也。昭穆靡徵，則所述宜自親者始，故支譜首柱石公房也。次廷楷公房，次廷舉公房。廷楷公於屬近，廷舉公於屬差遠也。廷弼公等，宗派失傳矣，故殿支譜焉。東門一支一譜，嗣續蕃也。餘則數支共一譜，子姓寡也。婦譜卒而不譜生，其卒於我，其生不於我也。其卒有忌日之禮，其生非長幼所繫也。記族居於塋墓前，先卜居而後營兆也。遷徙，雖近必書，重之也。營之域，墓之位，各以羅經分方隅，形家法也。必起度於始葬之一墓。墓位疑，則取四線之交；墓域疑，則取四線之末也。次聯名紀世圖於末，嗣續無窮之思也。右序編纂之例。

譜皆書名，臨文不諱也。佚名則字，佚字則次第，今日排行。佚次第則記以方空，《逸周書·穆天子傳》凡闕字皆作方空。辭窮也。序述之文，皆書字，佚字則名，亦辭窮也。十五世以下皆名，卑乎我也；十三世以上，曰某公，尊也；十四世則惟字，齊乎我也。別支，十三世者亦惟字，尊殺也。別支之譜，婦有氏而無族，闕者衆也；弗闕者亦從，同同也。嘉會兩嫡，並書美之。公無子立孫，中闕一世不書，禮有其變，事從其實，無所飾也。三賢公之曾孫，乃名中賢，誤也。因其誤而書之，禮無追改也。庶子不書所生母，統於嫡也。異母之子不分載，統於父也。歿而無嗣者書，別於存而有待者也。無子而婦守節者，雖未立嗣亦不書，宜有嗣者也。婦改適者，舊譜皆書。庶氏之母，孔門不諱，經義也。晉《王氏之譜》，蓋併離婚不諱也。《世說》註上之上引。今不書，隱夫《凱風》孝子抱無言之恫者也。子未成丁者，舊列其數而無名；今註名，取備也。其不自見於譜，則猶前志也。右序雜書法之例。

序世系源流於譜前，《唐書·宰相世系表》及歐陽氏、蘇氏譜皆然。《歐陽氏譜》見《居士集》三十三，《蘇氏譜》見《嘉祐集》十二。蓋古譜序法也。《世說》註中之下，引《温氏譜序》曰：晉大夫郤至，封於温，子孫因氏。居太原祁縣，爲郡著姓。兼作圖，據錢氏例也。《通志·藝文略》：錢氏有慶系譜，復有慶系圖。又《後漢書·盧植傳》言：「同宗相後，披圖按牒，以次可知。」亦圖牒相輔之明證。譜首上溯始祖，而中間六世闕所不知。歐陽氏例也。《歐陽氏譜》曰：「自琮以下七世，其譜亡。」詳字與官爵及婦族，據《世説》註所引諸譜也。其無官者，晉《魏氏譜》稱處士。《世説》註下之下引《魏氏譜》曰：「顗字長齊，會稽人，祖允，處士。」今不從，惡飾也。漢代碑陰，民與處士別也。《蘇氏譜》註不仕，今不註，無庸註也。佚名書字、書次第，皆《歐陽氏譜》例也。高之子，字仲仁，亡其名；又楚之二子，亡其名，書長子、第二子。魏晉諸譜，婦皆註名，今不註，據《孔叢子》也。《孔叢子·抗志第十》曰：「衛將軍文子之内子死，復者曰：皋媚女復。子思聞之曰：『此女氏之字，非夫氏之名也。婦人於夫氏以姓氏稱，禮也。』」又或註次第，《世説》註中之上引《羊氏譜》、《謝氏譜》、《王氏譜》。今不註，婦以夫爲長幼也。惟兩張夫人註，辟不成文也。佚父族者，書其里，《司馬氏譜》例也。《世説》註下之下引。別支里族皆不書，則《蘇氏譜》例也。《蘇氏譜》惟書娶某氏。有子註生幾子，《歐陽氏譜》例也。《蘇氏譜》世世冠子字，文弗別也。其無子者，註名下，亦《歐陽氏譜》例也。蘇氏註於次格，在末格則例窮也。《歐陽氏譜》格盡別起者，重書一世，明所承也。詢書第一譜之末，又書第二譜之首，託書第三譜之末，又書第四譜之首。今次譜惟註某之子，省複也。圖則重書，省註也。支派失傳者入譜，《荀氏家傳》例也。《世説》註上之上引《荀氏家傳》曰：巨伯，漢桓帝時人也。亦出潁川，未詳其始末。後裔無考者入譜，《歐陽氏譜》例也。《歐陽氏譜》凡後裔無考者，皆於名下註闕字。《蘇氏譜》於祖、父之名加諱字，《歐陽氏譜》則從同譜者一族之公，非一人之私也，故不從蘇氏也。序述之文，歐陽氏、蘇氏皆名，蘇氏乃至名祖、父，《族譜後録》稱：吾祖杲、吾父序。今不從，嫌斥也。詳譜本宗，別支則畧。歐陽氏、蘇氏例皆然。然二家之譜，一支一譜者也；今之譜，一族一譜者也。一支一譜，各詳所出，即彼此可以互明；一族一譜，例無別見，義不得而偏畧也。《蘇氏譜》生卒註名下，今排比年月爲生卒譜，亦統序一族之法也。古法不記遷徙，今記，從歐陽氏也。《歐陽氏譜》曰：自八祖以來，遷徙、婚嫁、官封、名謚與其行事，則著於譜。古法記女之所適，《世説》註上之上引《謝氏譜》，下之上引《袁氏譜》。今不記，從蘇氏也。譜載塋墓，據《楊氏譜》也。《隋書・經籍志》：《楊氏家譜》狀併墓記一卷。其圖則參用金石例也。潘昂霄《金石例》一引《古金石例》云：墓圖作方石碑，先畫墓圖，有作圖象者；内畫墓樣，各標其穴某人。其石嵌之祭堂壁上，無祭堂則嵌圍牆上。《歐陽氏譜》載行事，今不載，據《隋書・經籍志》也。《隋書・經籍志》家傳入傳記，家譜入譜系，各不相屬。《舊唐書・經籍志》始合爲一類，然究各自爲書。蓋譜爲通名，故家傳亦得稱譜，而譜則不必定載事也。

入譜之歲，古無正文。庾會終於十九，阮牖卒未弱冠，二氏之譜載焉。庾會見《世説》註中之上，阮牖見《世説》註下之下。蘇東坡年已二十，老泉乃不列於譜，非所詳也。譜稱至和二年作。以《東坡年譜》考之，時已二十。前一年，婚王氏矣。姚安公定以十六歲，從版籍也。晉法始以十六成丁。見《晉書・范寧傳》，今仍之。右序損益古法之例。

古以紀謚系者爲牒。《史記・三代世表》司馬貞註曰：牒者，紀謚系之書也。故王氏有家譜，復有家牒。《唐書・藝文志》王方慶《王氏家牒》十五卷，《家譜》二十卷。又以紀世次者爲圖。故《歐陽氏譜》所列世系全爲表式，而別署曰圖。然《史記》年表，桓譚謂：「旁行邪上」，並效周譜。語見《南史・劉杳傳》，劉知幾《史通》亦引之。則譜式本同於表。❶劉勰謂：「譜者，普也。註序世統，事資周普。」見《文心雕龍》二

❶「同」，道光本作「通」。

十五。則譜爲紀世之正名，仍曰譜，從朔也。古但曰某氏譜，《世説》註所引，皆曰某氏譜，惟下之下王渾一條，稱家譜，疑其羨文。曰家譜，據《隋·經籍志》、《唐·藝文志》所載也。《隋志》始有《楊氏家譜》，《唐志》自王方慶以下，名家譜者二十一家。題里居，亦據《隋志》、《唐志》也。《隋志》有京兆韋氏等譜，《唐志》有東萊吕氏家譜。曰某房，據韋氏、李氏譜也。《唐書·藝文志》：《韋氏諸房畧》一卷，《李氏房從譜》一卷。曰某支，據《楊氏譜》也。《通志·藝文畧》：《楊氏枝分譜》一卷。其文始見唐扶頌。《漢成陽令唐扶頌》有「苗胄枝分」之語，❶見《隸釋》五。其省爲支，則據《北齊書·魏收傳》文也。傳載收對楊愔曰：「往因中原喪亂，人士譜牒遺逸畧盡，是以具書其支派。」曰某門，據《韋氏家傳》文也。《隋書·經籍志》：《韋氏五門家傳》一卷。不曰眷，《唐書·宰相世系表》，裴氏稱東眷、中眷、西眷。僻也。曰次第，據《後漢書·第五倫傳》文也。傳曰：其先，齊諸田。諸田徙園陵者多，故以次第爲氏。曰成丁，據《北史·隋本紀》文也。《隋本紀上》曰：開皇三年，始令人以二十一成丁。己所自出曰某公，據《白氏家狀》文也。見《長慶集》四十六。族之尊者亦曰公，據柳子厚《叔父墓版》文也。柳子厚《叔父殿中侍御府君墓版》曰：「宗人咸曰：孝如方輿公。」自註曰：八世祖方輿公，諱僧習，以孝德聞。其無官者亦曰公，據《吴仲山碑》文也。《漢故民吴仲山碑》稱：「吴公仲山。」洪适曰：「故民者，物故之民也。」見《隸釋》九。婦曰某夫人，據《歐陽氏譜》也。睦夫人、欽夫人等皆繫夫之名，夫人黄氏等則繫婦之姓。士庶妻亦曰夫人，據《朱子語類》也。《語類》九十：無爵曰府君夫人，漢人碑已有，只是尊神之詞。曰元配，據《晉書·禮志》文也。《志》曰：前妻曰元配，後婦曰繼室。曰繼配，據王介甫《葛源墓誌》文。《誌》曰：繼配盧氏。介甫又據《儀禮》也。《儀禮·喪服》傳曰：繼母之配父與因母同。不曰繼室，古之

❶「成」，原作「咸」，據《隸釋》改。

繼室非妻也。說詳《左傳》隱公元年杜氏註及孔氏正義。不曰中娶，《世說》註下之下引《温氏譜》文。不曰次配，韓愈《昭武將軍李公誌》文。皆僻也。其父稱諱，據《曲禮》文也。《曲禮》：「婦諱不出門。」正義曰：「婦家之諱。」其佚姓者曰某氏，據《晉書·禮志》文也。《志》曰：「吴國朱某，入晉，晉賜妻某氏。」內忌無文，以內諱例之也。《世說》中之下，王藍田拜揚州主簿，請諱。教曰：亡祖先君，名播海內，遠近共知。內諱不出於外，餘無所諱。右序稱名之例。

準之經，《易·序卦》、《書序》、《詩序》皆列後。《序卦》移於李鼎祚，《書序》移於僞孔傳，《詩序》移於毛萇，皆非古也。今惟《序卦》復其舊。準之史，《史記自序》、《漢書敘傳》皆列後。準之諸子百家，《法言》、《越絶書》、《論衡》、《潛夫論》、《文心雕龍》，類不勝數，序皆列後，故序例列後也。章析之，《越絶書》例也。有標目焉，《史記正義》例也。《說文》、《汗簡》、《類篇》目亦列後，然旁證少矣，故弗爲其僻也。陸氏《釋文》，録入篇數，今弗從，亦僻也。小目列上，大名列下，古經解、史傳類然。《禮記》目録，「曲禮上第一」，疏引吕靖曰：「《禮記》者，一部之大名；《曲禮》者當篇之小目，既題《曲禮》於上，故著《禮記》於下。」此古本小目列上，大名列下之明證。陸游作《南唐書》尚由舊也。重槧移之，陋也。語見錢曾《讀書敏求記》。譜，古制也。法從古，類也。一家之書，從所好可也。右序編次標目之例。

史通削繁序

史之有例，其必與史俱興矣。沮誦以來，荒遠莫考。簡策記載之法，惟散見於左氏書。說者以爲周公之典也。馬、班而降，體益變，文益繁，例亦益增。其間得失是非，遂遞相掎摭而不已。劉子玄激於時論，發憤著書，於是乎《史通》作焉。夫《春秋》之義，以例而隱，先儒論之詳矣。前有千古，後有萬年，事變靡窮，紀載異致，乃一一設例以限之，不已隘乎。然聖人之筆削，如化工之肖物，執方隅之見以窺之，自愈穿鑿而愈晦蝕。文士之紀録，則如匠氏之制器，無規矩準繩以絜之，淫巧偭錯，勢將百出而不止。故説經不可有例，而撰史不可無例。劉氏之書，誠載筆之圭臬也。顧其自信太勇，而其立言又好盡。故其抉摘精當之處，足使龍門失步，蘭臺變色；而偏駮太甚、支蔓弗翦者，亦往往有之。使後人病其蕪雜，罕能卒業。併其微言精義亦不甚傳，則不善用長之過也。註其書者凡數家，互有短長。浦氏本最爲後出，雖輕改舊文，是其所短，而詮釋較爲明備。偶以暇日，即其本細加評閲，以授兒輩。所取者記以朱筆，其紕繆者以緑筆點之，其冗漫者又别以紫筆點之；除二色筆所點外，排比其文，尚皆相屬，因鈔爲一帙，命曰《史通削繁》。核其菁華，亦大畧備於是矣。昔郭象註莊子書，蓋多删節，凡嚴君平《道德指歸論》所引而今本不載者，皆象所芟棄者也。例出先民，匪我作古，博雅君子諒不駴之。

濟衆新編序

余校録《四庫全書》，子部凡分十四家。儒家第一，兵家第二，法家第三，所謂禮樂兵刑，國之大柄也。農家、醫家，舊史多退之於末簡，余獨以農家居四，而其五爲醫家。農者民命之所關；醫雖一技，亦民命之所關，故升諸他藝術上也。計自神農、黄帝以來，著録於文淵閣者九十六部，一千八百十有三卷；附存其目者九十四部，六百八十一卷，亦可云浩博矣。顧皆中國之所傳，而外域著作，則不少槩見。

其可考者，《永樂大典》載明初回回醫書近百卷，其論證、論脈之文，皆出重譯。通其術者不習其字，習其字者不通其術。大抵詰曲晦澀，不甚可句讀。至所用之藥，皆回回之名，一味有至十餘字者，不知於中國爲何物。又對音不確，不能得其三合四合之法，即今之回部，亦不能盡解爲何語。故棄置其書，不更編次。自是以外，歐邏巴多習外科，亦頗有效，然但得其藥，而其方則靳不示人，故書亦無傳焉。惟朝鮮本箕子之舊疆，所刊《東醫寶鑑》，久行於中國，以卷帙較繁，檢尋未易，近復撮其精要之論、簡易之方，爲《濟衆新編》八卷，使病源如指諸掌，而藥味可隨地以取給。較回回書易知易行；較歐邏巴之祕惜其術，不欲別國得聞者，用心之公私尤迥乎有别。豈非禮教之貽，從來者遠，故仁術仁心獨有先王之遺風歟？偶見其書，喜其有濟衆之實心，而又有濟衆之實用，且喜其鄭重民命，冀無夭札，能仰體聖天子涵育羣生痌瘝一體之至意，不但恭順抒誠，爲諸外邦所不及也。因爲書數行於簡端。

紀文達公遺集卷第九

孫樹馨編校

序

張爲主客圖序

張爲《主客圖》一卷，世無刊本，殆佚久矣。其文時散見《唐詩紀事》中。長夏養痾，即原序所列八十四人，一一鉤稽排纂之，可以考者猶七十有二。張氏之書，幾還舊觀矣。顧其分合去取之間，往往與人意不相愜，豈如《詩品》源出某某之類，約畧臆測耶？抑爲去諸人甚近，其説或有所受耶？唐人論詩最不苟。高仲武書，鄭都官排之甚力；此書孤行，唐末人無異詞，又何也？夫儒者識見，繫乎學問之淺深。吾黨十年以前所詆訶，十年後再取閲之，帖然悔者不少矣。又安知愜吾意者必是，不愜吾意者必非耶！因鈔而存之，識諸卷首。

唐人試律説序

詩至試律而體卑，雖極工，論者弗尚也。然同源別派，其法實與詩通。度曲倚歌，固非古樂，要不能廢五音也。邇來選本至夥，大抵箋註故實，供初學者之剽竊。初學樂於剽竊，亦遂紛然争購之。於鈔襲誠便矣，如詩法何？

今歲夏，棗强李生清彦、寧津侯生希班、延慶郭生墉及余姊子馬葆善，從余讀書閲微草堂。偶取其案上唐試律，粗爲别白，舉其大凡。諸子不鄙余言，集而録之，積爲一册。因畧爲點勘而告之曰：余於此事，亦所謂揣骨聽聲者也。然竊聞師友之緒論曰：爲試律者，先辨體。題有題意，詩以發之。不但如應制諸詩惟求華美，則襞積之病可免矣。次貴審題。批窾導會，務中理解，則塗飾之病可免矣。次命意，次布格，次琢句，而終之以鍊氣鍊神。氣不鍊，則雕鎪工麗，僅爲土偶之衣冠；神不鍊，則意言並盡，興象不遠，雖不失尺寸，猶凡筆也。大抵始於有法，而終於以無法爲法；始於用巧，而終於以不巧爲巧。此當寢食古人，培養其根柢，陶鎔其意境，而後得其神明變化、自在流行之妙，不但求之試律間也。若夫入門之規矩，則此一册書畧見大意矣。

是書也，體例畧仿《瀛奎律髓》。爲詩不及七八十首，采諸説不過三兩家，借以論詩，不求備也。詩無倫次，隨説隨録，不更編也。其詞質而不文，煩而不殺，取示初學，非著書也。持論頗刻覈，欲初學知所别擇，非與古人爲難也。管窺之見，不過如此。如欲考據故實，則有諸家之書在。

後山集鈔序

《後山集》二十卷。其門人彭城魏衍所編也。近雲間趙氏刊行之。顧衍記詩四百六十五篇，編六卷；文一百四十篇，編十四卷。今本乃詩七百六十五篇，編八卷；文一百七十一篇，編九卷。又衍記《詩話》、《談叢》各自爲集，而今本《談叢》四卷，《詩話》一卷，又《理究》一卷，《長短句》一卷，皆入集中，則此本又非魏氏手録之舊矣。壬午六月，從座師錢茶山先生借閱，令院吏毛循鈔之。循本士人，所鈔不甚誤，而原本訛脱太甚，九卷以後尤不勝乙。因雜取各書所録後山作，鉤稽考證，粗正十之六七，乃畧可讀，因得究其大意。

考江西詩派，以山谷、後山、簡齋配享工部，謂之一祖三宗。而左袒西崑者，則掊擊抉摘，身無完膚，至今呶呶相詬厲。平心而論，其五言古，劖削堅苦，出入於郊、島之間。意所孤詣，殆不可攀。其生硬杈枒，則不免江西惡習。七言古，多效昌黎，而間雜以涪翁之格。語健而不免粗，氣勁而不免直。喜以拗折爲長，而不免少開合變動之妙。篇什特少，亦自知非所長耶？五言律，蒼堅瘦勁，實逼少陵。其間意僻語澀者，亦往往自露本質。然胎息古人，得其神髓，而不自掩其性情，此後山所以善學杜也。七言律，嶔崎磊落，矯矯獨行。惟語太率而意太竭者，是其短。五七言絶，則純爲少陵遺興之體，合格者十不一二矣。大抵絶不如古，古不如律，律又七言不如五言。棄短取長，要不失爲北宋巨手。向來循聲附和，譽者務掩其所短，毁者並没其所長，不亦傎耶！

其古文之在當日，殊不擅名。然簡嚴密栗，可參置於昌黎、半山之間。雖師子固、友子瞻，而面目精神迥不相襲，似較其詩爲過之。顧世不甚傳，則爲諸鉅公盛名所掩也。

余雅愛其文，謂不在李翱、孫樵下。又念其詩，珠礫混雜，徒爲論者所藉口。因嚴爲删削，録成一編，非曰管闚之見可以進退古人，亦欲論後山者核其是非長短之實，勿徒以門户詬争，閧然佐鬭。是則區區之志焉耳。

瀛奎律髓刊誤序

文人無行，至方虛谷而極矣。周草窗之所記，蓋幾幾不忍卒讀也。而所選《瀛奎律髓》乃至今猶傳。其書非盡無可取，而騁其私意，率臆成編，其選詩之大弊有三：一曰矯語古淡，一曰標題句眼，一曰好尚生新。夫古質無如漢氏，沖淡莫過陶公。然而抒寫性情，取裁風雅，朴而實綺，清而實腴，下逮王、孟、儲、韋，典型具在。虛谷乃以生硬爲高格，以枯槁爲老境，以鄙俚粗率爲雅音。名爲尊奉工部，而工部之精神面目迥相左也。是可以爲古淡乎！「朱華冒綠池」，始見子建；「悠然見南山」，亦曰淵明。響字之說，古人不廢。曁乎唐代，鍛鍊彌工。然其興象之深微，寄託之高遠，則固別有在也。虛谷置其本原而拈其末節，每篇標舉一聯，每句標舉一字，將率天下之人而致力於是。所謂溫柔敦厚之旨，蔑如也；所謂文外曲致、思表纖旨，亦茫如也。後來纖仄之學，非虛谷階之厲也耶！贊皇論文，謂「譬如日月，終古常見，而光景常新」。人生境遇不同，寄託各異，心靈濬發，其變無窮。初不必刻鏤瑣事以爲巧，捃摭僻字以爲異也。虛谷以長江武功一派，標爲寫景之宗。一蟲一魚，一草一木，規規然摹其性情，寫其形狀，務求爲前人所未道。而按以作詩之意，則不必相涉也。騷雅之本旨，果若是耶？是皆江西一派先入爲主，變本加厲，遂偏駮而不知返也。

至其論詩之弊：一曰黨援。堅持一祖三宗之說，一字一句，莫敢異議。雖茶山之粗野，居仁之淺滑，誠齋之頹唐，宗派苟同，無不袒庇。而晚唐崑體、江湖四靈之屬，則吹索不遺餘力。是門户之見，非是非之公也。一曰攀附。元祐之正人，洛閩之道學，不論其詩之工拙，一槩引之以自重。本爲詩品，置而論人，是依附名譽之私，非别裁僞體之道也。一曰矯激。鐘鼎山林，各隨所遇，亦各行所安。巢由之遁，不必定賢於臯夔；沮溺之耕，不必果高於洙泗。論人且爾，況於論詩！乃詞涉富貴，則排斥立加；語類幽棲，則吹嘘備至。不問人之賢否，併不論其語之真僞，是直詭語清高，以自掩其穢行耳，又豈論詩之道耶！

凡此數端，皆足以疑誤後生，瞀亂詩學，不可不亟加刊正。然其書行世有年，村塾既奉爲典型，莫敢訾議；而知詩法者，又往往不屑論之。繆種益蔓延而不已。惟海虞馮氏，嘗有批本。曾於門人姚考工左垣家借鈔。顧虚谷左袒江西，二馮又左袒晚唐，冰炭相激，負氣詬争，遂併其精確之論，無不深文以詆之。矯枉過直，亦未免轉惑後人。因於暇日，細爲點勘，别白是非，各於句下箋之，命曰「瀛奎律髓刊誤」。雖一知半解，未必遽窺作者之本源，且卷帙浩繁，牴牾亦難自保。而平心以論，無所愛憎於其間。方氏之僻，馮氏之激，或庶乎其免耳。

儉重堂詩序

吾宗以文章著者：梁有少瑜，唐有唐夫、元臯，然詩集皆不傳。明末蘗子先生崛起江左，以詩鳴，歿而無嗣，遺集僅藏其外孫家。國初，鞏昌太守子湘公及兄給諫孟起公、徵君仲霽公，皆以文藻鳴一時，人比之「河東三鳳」。徵君尤工於賦詠，與蘗子先生名相埒。流風餘澤，沾被後昆。故文安一派，不特衣冠科第甲畿輔，文章淹雅，亦率能承其家學，與當代作者相頡頏。

往在京師，受讀可亭伯父《甕藟集》，宏深奧衍，突過古人。循環雒誦，不能釋。今歲偲亭伯父復寄示《儉重堂集》十二卷。首曰《贈灑殘稿》，皆少作。一往情深，有王伯輿之思焉。次曰《餐霞閣集》，家居食貧所作。次曰《岱麓山房稿》、《岱麓山房續稿》，官山東及解組後作。次曰《赤城集》，羈棲保定時所作也。至是遇益蹇，詩亦益進。次曰《蓬山集》，作於内丘。次曰《希阮齋集》，次曰《華游集》，作於内丘解組後。絶意人事，脱落町畦，意象所生，方圓隨造矣。次曰《古博浪集》，次曰《昆陽集》，次曰《愛吾廬集》，皆就養河南之所作。老境恬愉，頽然天放，無復人間烟火語。然軒昂磊落之氣，尚時時來也。

大抵平生性情篤至，寄託遥深，纏綿悱惻，不自解其何故，人亦莫窺所以然。又少時讀書有大志，功名氣節，皆不欲居古人下；而遭逢坎壈，所往輒窮。自傷幸際唐虞，不能與稷、契、夔、龍共襄上治，抑鬱憂愁，無所發洩，一寫於詩。故其詩上薄風騷，下躪宋、元，無不一一闖其奥。而空腸得酒，芒角横生，嘻笑怒駡，皆成文章，於東坡居士爲最近。夫歡愉之辭難工，愁苦之音易好，論詩家成習語矣。然以齷齪之胸，貯窮愁之氣，上者不過寒瘦之詞，下而至於瑣屑寒乞，無所不至，其爲好也亦僅；甚至激忿牢騷，懟及君父，裂名教之防者有矣，與觀羣怨之旨，彼且烏識哉！是集以不可一世之才，困頓偃蹇，感激豪宕，而不乖乎温柔敦厚之正，可謂「發乎情，止乎禮義」者矣。窮而後工，斯其人哉！

昀嘗介同年宫君璟超，走書數千里，

求蘖子先生集於句容。其外孫慮有遺失，不即付。意恒怏怏，懼或湮没，不克傳世，爲宗黨光。今得是集，紀氏詩有傳人矣。儻他時有刊蘖子先生集者，與此編並行天地間，彬彬郁郁，百年前後相輝映，不亦盛哉！

冰甌草序

詩本性情者也。人生而有志，志發而爲言，言出而成歌詠，協乎聲律。其大者，和其聲以鳴國家之盛；次亦足抒憤寫懷。舉日星河嶽、草秀珍舒、鳥啼花放，有觸乎情，即可以宕其性靈。是詩本乎性情者然也，而究非性情之至也。夫在天爲道，在人爲性，性動爲情。情之至，由於性之至；至性至情，不過本天而動。而天下之凡有性情者，相與感發於不自知，詠歎於不容已。於此見性情之所通者大，而其機自有真也。彼至性至情，充塞於兩間蟠際不可澌滅者，孰有過於忠孝節義哉！予嘗慕古人三管之紀，每遇事有關於忠孝節義者，輒流連不置。

今夏客從上黨來，持《冰甌草》一册，乞予言以弁簡端。是册也，乃詠胡母杜節婦也。節婦及笄，矢《柏舟》操，終養雙親，繼續二嗣，行建名立，榮叨旌典。坊成，遠近作詩以歌之，洵騷壇盛事也。予觀其苦節自貞，矢死靡忒，乃天下至情人；孝道允克，義方無忝，乃天下至性人。約畧生平，有聲有光，可歌可泣。其噪藝林而諧金石者，真性情之感人者深，以維持世道人心於不替，豈第揚風扢雅，供几席間吟哦已哉！

因憶歲己卯奉命典試三晉，入其境，見士敦節操，女尚貞良，未嘗不歎陶唐遺風未遠，心焉儀之。而胡氏子弟客游瀛海間者，又多恂恂雅飭，益徵母教不衰，不容以不斐辭，爰搦筆而爲之序。至詩之分葩競艷，異曲同工，要皆發乎情思，抒乎性靈。讀者自得於諷誦間，無俟予之嘵嘵也夫。

烏魯木齊雜詩序

余謫烏魯木齊凡二載。軼掌簿書，未遑吟詠。庚寅十二月，恩命賜環。辛卯二月，治裝東歸。時雪消泥濘，必夜深地凍而後行。旅館孤居，晝長多暇，乃追述風土，兼敘舊游，自巴里坤至哈密，得詩一百六十首。意到輒書，無復詮次，因命曰「烏魯木齊雜詩」。

夫烏魯木齊，初西蕃一小部耳。神武耆定以來，休養生聚，僅十餘年，而民物之蕃衍豐膴至於如此，此實一統之極盛。昔柳宗元有言：「思報國恩，惟有文章。」余雖罪廢之餘，嘗叨預承明之著作，歌詠休明，乃其舊職。今親履邊塞，纂綴見聞，將欲俾寰海外內，咸知聖天子威德郅隆，開闢絕徼，龍沙葱雪，古來聲教不及者，今已爲耕鑿絃誦之鄉，歌舞游冶之地。用以昭示無極，實所至願。不但燈前酒下，供友朋之談助已也。

愛鼎堂遺集序

三古以來，文章日變。其間，有氣運焉，有風尚焉。史莫善於班、馬，而班、馬不能爲《尚書》、《春秋》；詩莫善於李、杜，而李、杜不能爲《三百篇》。此關乎氣運者也。至風尚所趨，則人心爲之矣。其間異同得失，縷數難窮。大抵趨風尚者三途：

其一，厭故喜新；其一，巧投時好；其一，循聲附和，隨波而浮沉。變風尚者二途：其一，乘將變之勢，鬬巧争長；其一，則於積壞之餘，挽狂瀾而反之正。若夫不沿頹敝之習，亦不欲黨同伐異，啓門户之争，孑然獨立，自爲一家，以待後人之論定，則又於風尚之外，自爲一途焉。

明二百餘年，文體亦數變矣。其初，金華一派，蔚爲大宗。由三楊以逮茶陵，未失古格。然日久相沿，羣以庸濫膚廓爲臺閣之體。於是乎北地、信陽出焉，太倉、歷下又出焉。是皆一代之雄才也。及其弊也，以詰屈聱牙爲高古，以抄撮餖飣爲博奥。餘波四溢，滄海横流，歸太僕斷斷争之弗勝也。公安、竟陵乘間突起，么絃側調，僞體日增，而汎濫不可收拾矣。

汝陽傅莊毅公，當羣言淆亂之時，獨稽古研精，學有根柢，深知文章正變之源流。徒以國步方難，急需幹濟，務其大者遠者，不遑與詞章之士争筆墨之短長。而案牘之餘，不廢著作，莫不吐言天拔，蟬蜕塵囂，非所謂我用我法不隨風尚爲轉移者歟！蓋公天性孤介，遇義所不可爲者，雖觸忤權貴不少避，言心聲也。其人不諧時趨，其文亦不諧時趨，固其所矣。

公著書凡三十餘種。明季兵燹，率多散佚。惟《秦蜀幽勝録》、《修玉録》僅著録《四庫全書》中。《遺集》〇十〇卷，亦多殘闕。今公六世孫翰林檢討〇〇先生，掇拾編録，勒爲〇〇卷，命長君韓城令〇〇校正刊刻，以播世德之清芬。不以余爲弇陋，屬余爲序。余慨夫有明末造，社論沸騰，凡屬搢紳，幾於人人有集。類以龐雜詭僻之文，轉相標榜；末學膚受，俯拾殘剩，亦遂可依附取名，莫不謂枚、馬復生，賈、董再出，韓、歐而下，弗屑也。迄今一二百年，或覆醬瓿，或化塵埃，而公之《遺集》，乃巋然獨存。豈非毅然自爲、不隨流俗爲俯仰，剛正之氣足以自傳歟！又何必規規然趨風尚，規規然變風尚哉！

冶亭詩介序

冶亭宗伯以所編《詩介》示余。人不求備，詩不求多，蓋唐人《河岳英靈集》例也。

適客至共讀，客慨然曰：美哉！七子之餘響乎？余曰：子於七子有歉耶！夫文章格律與世俱變者也。有一變，必有一弊；弊極，而變又生焉。互相激，互相救也。唐以前毋論矣。唐末，詩猥瑣，宋，楊、劉變而典麗，其弊也靡；歐、梅再變而平暢，其弊也率；蘇、黄三變而恣逸，其弊也肆；范、陸四變而工穩，其弊也襲；四靈五變，理賈島、姚合之緒餘，刻畫纖微；至江湖末派流爲鄙野，而弊極焉。元人變爲幽艷，昌谷、飛卿遂爲一代之圭臬，詩如詞矣。鐵厓矯枉過直，變爲奇詭，無復中聲。明林子羽輩倡唐音，高青丘輩講古調，彬彬然始歸於正。三楊以後，臺閣體興，沿及正、嘉，善學者爲李茶陵，不善學者遂千篇一律，塵飯土羹。北地、信陽挺然崛起，倡爲復古之説，文必宗秦、漢，詩必宗漢、魏、盛唐，踔厲縱横，鏗鏘震耀，風氣爲之一變，未始非一代文章之盛也。久而至於後七子，剿襲摹擬，漸成窠臼。其間横軼而出者，公安變以纖巧，竟陵變以冷峭，雲間變以繁縟，如塗塗附，無以相勝也。國初變而學北宋，漸趨板實。故漁洋以清空縹緲之音，變易天下之耳目。其實亦仍從七子舊派神明運化而出之。趙秋谷掊擊百端，漁洋不怒；吴修齡目以清秀，李于鱗則銜之終身，以一言中其隱微也。故七子之詩，雖不免浮聲，而終爲正軌。吐其糟粕，咀其精英，可由是而盛唐，而漢魏。惟襲其面貌，學步邯鄲，乃至如馬首之絡，篇篇可移；如土偶之衣冠，雖繪畫而無生氣耳。冶亭此集，大旨以新城之超妙而益以飴山之劖刻，誠得七子佳處而毫不染其流弊者。如以七子末派併其初祖而疑之，則學杜者杈枒，學李者輕剽，亦將疑李、杜乎哉？客憮然而去。

會冶亭索余爲序，因書以質於冶亭。然歟？否歟？冶亭諒有以教我也。

鸛井集序

三山郭氏昆季，與余游最久，交亦最契，後各以仕宦別去。可新官畿輔，相去僅數百里，公事往來，猶相見；可遠則初以學官還閩，既而以軍功蒙特擢，又之粵東；可典亦作令於浙江。皆相去數千里，惟音問相通矣。然二十餘年，性情無間，則一也。

今年春，可遠、可典均以薦舉來京師，論文把酒，歡若平生。可遠言所著《臺灣紀事》尚未脱稾，俟成帙當見寄；可典則出其《鸛井集》見示，皆其轉餉海上，由浙之閩，又由閩還浙作也。其在途諸詩，雖經歷艱險而惓惓王事，無一毫計較利害之心；其還鄉諸詩，撫今懷昔，孝友睦婣之意，隱然流露於言表。孔子論詩，歸本於事父、事君，又稱「温柔敦厚」爲詩教。可典是集，可謂探比興之原，得性情之正，不以雕章鏤句與文士鬬新奇，而新奇者終莫逮。雖篇帙無多，亦足以傳矣。

可新兄弟並負經世才。可遠當臺灣之變，能以書生倡率義民，左右闔帥，冞入險阻，縛渠魁於深巖密箐之中。名達九重，邀不次之知遇。可典才不減兄，顧不能一效執殳，佐殲巨寇，一展平生之抱負，論者惜之。然兵莫急於餉，餉莫難於轉粟，渡海又值蛟鱷縱横往來窺伺之日，可典相度事勢，進退合機，使六十巨艘安然由越而達閩，是亦足當折衝矣。雖謂兄弟濟美，可也。

可典求序，因書數行質可遠，併因可遠、可典省兄東光之便，質之可新。至手足相聚，家慶一堂，歡忻親愛之意寫諸篇章，必有更勝於軍旅倥傯之際，倉卒而過鄉井者。竇氏連珠之集，余更拭目俟之矣。

郭茗山詩集序

鍾嶸以後，詩話冗雜如牛毛。而要其本旨，不出聖人之一語：《書》稱「詩言志」是也。蓋志者，性情之所之，亦即人品學問之所見。富貴之場，不能爲幽冷之句；躁競之士，不能爲恬淡之詞。强而爲之，必不工；即工，亦終有毫釐差。阮亭先生《論詩絶句》有曰：「風懷澄澹推韋柳，佳處多從五字求。解識無聲絃指妙，柳州那得並蘇州。」豈非柳州猶役役功名，蘇州則掃地焚香泊然高寄乎？飴山老人持詩中有人之説，亦是意焉耳。

龍溪郭茗山先生，耽書嗜古，不爲俗學。嘗舉於鄉，亦嘗爲學官。然識度夷曠，蕭然有松石間意。不必不仕進，亦不必定仕進。卒投老山林，以吟詠自適。其所吟詠，不必有意不求工，如《擊壤集》之率易，《濂洛風雅》之迂腐；亦不必刻意求工，如武功一派體物於纖微，如西崑一派鏤心於組織。就其近似者言之，茶山、劍南之間，拔戟自成一隊，殆相當矣。

余督閩學三年，聞永福黄丈莘田時稱先生，顧適當先生解官時，竟弗及一見。乾隆癸丑，與伊子墨卿話及，墨卿始與先生之子鼇雲攜先生集來求余是正。余披閲再四，歎所見殆過所聞。鼇雲遂録其菁華，編爲此集。乙卯夏，鼇雲將謀剞劂，倂乞余序以弁首。先生往矣，誦其篇章，挹其遥情深致，宛然坐對几席間，雖謂之親見先生可也。後之讀者，因先生之詩以想見先生，諒亦如余今日也。詩者，性情之所之與人品學問之所見，殆不誣乎！

香亭文稿序

孫樵謂「文章如面」，諒哉斯言。夫天下之人同是耳目口鼻也，而百千萬億之中曾無一二貌相肖；即偶一二相肖，而審諦細微，亦必有終不肖者。豈物物而雕刻耶！ 氣化而成形。萬物一太極，故同稟一氣則同形；一物一太極，故各分一氣則各貌，皆自然而然耳。豈如模造面具，一一毫釐畢肖哉！ 心之成文，亦猶氣之成形也。才力之殊無論矣。即學問不殊，而所見有淺深，則文亦有淺深。故同一明道，而聖人之言，賢人之言，大儒之言，吾黨能辨；同一説法，而佛語，菩薩語，祖師語，彼教亦能辨。自前明正德、嘉靖間，李空同諸人始以摹擬秦漢爲倡，於是人人皆秦漢；而人人之秦漢，實同一音。茅鹿門諸人以摹擬八家爲倡，於是人人皆八家；而人人之八家，又同一音。模造面具，其斯之謂歟？ 久而自厭，漸闢别途。於是鍾伯敬諸人，以冷峭幽渺，求神致於一字一句之間；陳卧子諸人，更沿溯六朝變爲富麗。左右佩劍，相笑不休。數百年來，變態百出，實則惟此四派，迭爲盛衰而已。夫爲文不根柢古人，是偭規矩也；爲文而刻畫古人，是手執規矩，不能自爲方圓也。孟子有言：「梓匠輪輿，能與人規矩，不能使人巧。」是雖非爲論文設，而千古論文之奧，具是言矣。夫巧者，心所爲；心所以能巧，則非心之自能爲。學不正則雜，學不博則陋，學不精則膚，雜而兼以陋且膚，是惡能生巧。即恃聰明以爲巧，亦巧其所巧，非古人之所謂巧也。惟根本六經，而旁參以史、子、集，使理之疑似，事之經權，了然於心，脱然於手，縱橫伸縮，惟意所如，而自然不悖於道。其爲巧也，不有不期然而然者乎！

余不能爲古文，而少長京師，頗聞前輩之緒論，持以商榷，率斷斷寡合。今老矣，名心久盡，不復措意於是事，益絶口不談。不期無意之中，得香亭侍郎所見與余合。讀其文，於古人不必求肖，亦不必求不肖；於今人不必求不同，亦不必求同。其思表纖旨，文外曲致，言短而味長，言止而意不盡，與言在此而意在彼者，恒使人黯然有思，睪然高望。余嘗泛舟嚴瀨，浮嵐掩映，清波見底。一樵一漁，一花一草，皆寥蕭有世外意。以爲勝西湖金碧山水，故有「何須更説江山好，破屋荒林亦自殊」之句。今於香亭之文，殆作如是觀矣。

會香亭自編文集成，因書夙所共談者以爲序。

沽河雜詠序

雜詠風土，自爲一集者，唐以前不槩見，今所得見者，自南宋始。然大抵山水名區，追懷古跡，一丘一壑，皆足以供詩材。又舊事遺文，具有記載，不過蒐羅典籍，以韻語括之。曾極、董霜傑輩，往往一集至百篇，蓋以是也。天津擅煮海之利，故繁華頗近於淮揚。然置衛始於明，置州升府，割河間七邑隸之，亦六七十年事耳。故其地古跡頗稀，明以前可屈指數。河海襟帶，港汊交通，雖梟汀鷺渚，頗具水鄉之勝；而地無寸山，巖洞澗谷之幽深，棲仙靈而狎猿鶴者，亦未之有也。文士往來於斯，不過尋園亭之樂，作歌舞之歡，以詩酒爲佳興云爾。無括其風土，都爲一集者，非才不能，地限之也。

蔣子秋吟，偶客長蘆，獨能採掇軼事，證以圖史，爲《沽河雜詠》一百首，仍摭拾舊文以註之。其考核精到，足補地志之遺；其俯仰淋漓，芒情四溢，有劉郎《竹枝》之遺韻焉。余不至斯土五十餘年矣，讀之，宛如坐漁莊蟹舍之間，與白頭故老指點而話舊也。後山詩云「巧婦莫爲無麪餅」，如秋吟者，真能爲無麪餅矣。註中所引，有《沽上題襟集》，近人作也。余平生不喜入詩社，不能識諸君子，亦未見是集。然讀秋吟所引，風流婉約，亦足當嘗鼎一臠。秋吟此集，與之聯鑣齊鶩，同爲藝林佳話無疑也。彼南宋數家，不出爾時江湖一派者，殆不足道矣。

月山詩集序

詩必窮而後工，殆不然乎？上下二千年間，宏篇鉅製，豈皆出山澤之癯耶？然謂窮而後工者，亦自有説。夫通聲氣者騖標榜，居富貴者多酬應。其間爲文造情，殆亦不少。自不及閒居恬適，能翛然自抒其胸臆，亦勢使然矣。惟是文章如面，各肖其人。同一坎坷不偶，其心狹隘而刺促，則其詞亦幽鬱而憤激。「東野窮愁死不休，高天厚地一詩囚。」遺山所論，未嘗不中其失也。其心澹泊而寧静，則其詞脱洒軼俗，自成山水之清音。元次山《篋中》一集，品在令狐楚《御覽詩》上，前人固有定論矣。

乾隆乙卯，余纂《八旗通志》，仿《漢書·藝文志》例，蒐求《四庫》之遺籍，隋珠和璧，多得諸蠹簡之中。桂圃侍郎因以家藏先公《月山詩集》見示。其吐言天拔，如空山寂歷，孤鶴長鳴。以爲世外幽人，巖棲谷飲，不食人間煙火者，而固天潢之貴族也。其寄懷夷曠，如春氣盎盎，而草長鶯飛，水流花放，以爲别有自得之樂，不復與寵辱爲緣者，而固命途坎壈，盛年坐廢者也。此其所見爲何如？所養爲何如耶？斯真窮而後工，又能不累於窮，不以酸惻激烈爲工者。温柔敦厚之教，其是之謂乎？三古以來，放逐之臣，黄馘牖下之士，不知其凡幾；其託詩以抒哀怨者，亦不知其凡幾。平心而論，要當以不涉怨尤之懷，不傷忠孝之旨，爲詩之正軌。昌黎《送孟東野序》稱「不得其平則鳴」，乃一時有激之言，非篤論也。後之窮而求工於詩者，以是集爲法可矣。會侍郎將付剞劂，屬余爲序，因推公之志，而抒其大旨如右。

四松堂集序

桂圃侍郎既刻其先德之遺集，復裒輯伯氏敬亭先生詩二卷、文二卷、筆麈一卷，總題曰「四松堂集」，問序於余。

余讀之，遥情幽思，脱落畦封，多使人想像於筆墨外。其詩，古體勝今體，古體七言又勝於五言。高者摩韓、蘇之壘，次亦與劍南、遺山方軌並行。其文，似從公安、竟陵入，而逸致清言，上追魏晉，如讀臨川王《世説新書》；範水模山，妙寫難狀，如讀酈善長《水經註》、柳子厚南遷諸游記。其筆麈，亦宛肖六一之《試筆》、東坡之《志林》，無三袁纖俗、鍾、譚佻薄之習。蓋神思高邁，氣韻自殊，遂青出於藍，翛然自成一家也。其亦人傑也哉！雖平生足迹不出京圻，未能周游海岳，以名山大川開拓心胸，震耀耳目，以發其雄豪磊落之氣；又甫得一官，即投閒色養，中年坎壈，哀樂損人，未能一展經綸之才，以發其崇論閎議。且天不假年，甫五旬餘而奄化，未能如放翁、誠齋吟卷積至萬篇。皆天之所限，非人力之所能及。然游覽未廣，而一丘一壑，一觴一詠，隨在怡然而自得。鵬鷃逍遥，遠近一理。得郭子玄之懸解焉。境遇不齊，而情所應至，率其性真。念所應忘，解以禪悦。夢蝶栩栩，任其夢覺，得漆園叟之妙悟焉。年命雖促，而沈酣典籍，密詠恬吟，能立言以傳於後世，有桓譚五百年後之思焉，則皆天限之以運數，而人勝之以學識者也。其學識至不限於運數，則先生之學識深矣。以是學識發爲文章，文章之卓絶可知矣。

然則侍郎以同氣之故，校刻斯集，爲因人以存其文。後之讀斯集者，睪然高望，慨然遠想，固可因文以見其人矣。

袁清慤公詩集序

余兩女皆適袁曙海臬使子，以臬使交最契也。其得交於臬使，則以臬使兄清慤公故。憶自乾隆戊辰至甲戌，清慤公方宦京師，與秦學士澗泉、盧學士紹弓、張編修松坪、周舍人筠谿、陳舍人筠亭、王舍人穀原、左舍人羹塘、丁舍人葯圃、錢詹事辛楣及余與從兄懋園，均以應禮部試結爲文社。率半月而一會，商搉制義，往往至宵分。中間暇日，又往往彼此過從。或三四人，或五六人，看花命酒，日夕留連，時以詩句相倡和。一時朋友之樂，殆無以加也。數年間，十二人中，成進士者七，各從仕宦，相晤遂稍稀。又數年，升沈聚散，所遇不齊，舊雨凋零，宴游閒寂。惟清慤公與余尚時相見。及公入參樞密，出督畿輔，以遠嫌之故，書問併疏。至公華屋丘山，而故友十殁七八矣。然追懷曩昔，儼然如昨日事也。嘉慶丙辰，公次子繼勲編公詩集，爲四卷，郵寄京師，乞余爲序。余啓讀之，宛然月下風前與公拈韻之日。中懷棖觸，百感蒼茫，能勿老淚縱横哉！

公遭際聖朝，敭歷中外，以經濟立功名，以操守勵風節，載在國史，光耀汗青，豈復藉月露風雲與詞客争長短！然「詩以言志」，古聖所云。心術、學問，皆於是見。公詩和平温厚，無叫囂激烈之語；平正通達，無纖仄詭俊之意。即流連花月，賦詠禽魚，亦皆天趣盎然，無枯槁蕭索之氣。所謂仁義之人，其言藹如者耶！公爲漁洋山人之孫壻。漁洋拈「不著一字，盡得風流」之旨，以妙悟醫鈍根；而飴山老人，顧執詩中有人之説，以抵瑕而蹈隙。左右佩劍，彼此互譏。論者謂，合二家相濟乃適相成，是亦掃除門户之見也。公詩不愧爲王氏壻。而讀公之詩，慨然遠想，可見其人，亦足以兼攝趙氏法。其殆蟬蜕是非之外，而毫無畦町於中者乎？是亦足見公心矣。

曩與公論詩，嘗持此議，公不以爲非。每持以告人，或不盡相許。今序公詩，附著此意於篇末，知音者希之感，又輾轉余懷矣。

雲林詩鈔序

揚雄有言：「詩人之賦麗以則，辭人之賦麗以淫。」爲賦言也，其義則該乎詩矣。風人騷人，遐哉邈矣，非後人所能擬議也。而流別所自，正變遞乘，分支於《三百篇》者，爲兩漢遺音；沿波於屈、宋者，爲六朝綺語。上下二千餘年，刻骨鏤心，千彙萬狀，大約皆此兩派之變相耳。末流所至，一則標新領異，盡態於江西；一則抽祕騁妍，弊極於《玉臺》、《香奩》諸集。左右斷齗，更相笑也。余謂西河卜子，傳《詩》於尼山者也。《大序》一篇，確有授受。不比諸篇小序，爲經師遞有加增。其中「發乎情，止乎禮義」二語，實探風雅之大原。後人各明一義，漸失其宗。一則知「止乎禮義」，而不必其「發乎情」，流而爲金仁山《濂洛風雅》一派，使嚴滄浪輩激而爲「不涉理路，不落言詮」之論；一則知「發乎情」而不必其「止乎禮義」，自陸平原「緣情」一語引入歧途，其究乃至於繪畫横陳，不誠已甚與！夫陶淵明詩，時有莊論，然不至如明人道學詩之迂拙也。李、杜、韓、蘇諸集，豈無艷體？然不至如晚唐人詩之纖且褻也。酌乎其中，知必有道焉。

光禄雲林先生，早年貢成均，領鄉薦，而屢躓於禮闈。中年登第通籍，服官郎署，介介自持，以古儒者自策勵。晚年遭逢聖主，知遇方深，而先生遽遘東萊之末疾，不竟其用，論者惜焉。平生寡所嗜好，亦不甚喜通交游，惟偶有所感，輒發於詩。今就養京邸，優游多暇，乃自訂舊詩爲幾卷，令子秉綬（余甲辰所取士也）持以求序於余。余反覆雒誦，覺先生之學問性情，如相對語。蓋不惟《香奩》、《玉臺》之辭，萬萬不以入翰墨，即他所吟詠，亦皆以温柔敦厚之旨而出以一唱三嘆之雅音。陸機云「理扶質以立榦，文垂條以結繁」，先生其殆兼之乎？是真詩人之詩，而非辭人之詩矣。

余因序先生詩，輒舉《大序》「發情」、「止義」二語以起例，亦以後人或流於一偏，而雲林詩得性情之正爲可貴也。

二樟詩鈔序

詩至少陵而詣極。然唐人自李義山外，罕學杜。元結、殷璠以下，選當代之詩者，亦無一家録及杜，其故莫詳也。至於南宋，始以少陵爲一祖，而黄山谷、陳後山、陳簡齋爲三宗。於是江西體盛，而吕紫微《宗派圖》作焉。故「江西」者，少陵之流别也。所列二十七家，人不盡江西，詩亦不盡似杜，併不盡似黄、陳。蓋黄、陳因杜詩而孳甲新意，吕紫微諸家又沿黄、陳而極其變態，各運心思，各爲面貌，而精神則同出一源。故不立學杜之名，而别得杜文外之意。異乎嘉、隆七子，規規摹杜之形似，宏音亮節，實爲塵飯土羹也。劉知幾論史家學古，「有貌同而心異，有貌異而心同」，可以比例推矣。至嘉定以後，陸放翁《劍南》一集，爲宋季大宗。其學實出於曾氏，故趙庚夫題《茶山集》有曰：「新於月出初三夜，淡比湯煎第一泉。咄咄逼人門弟子，劍南已見祖燈傳。」放翁作茶山墓誌，又稱其詩宗杜甫、黄庭堅，是陸出於曾，曾出於江西之明證。特源遠流長，論者不復上溯耳。

鐵樓先生生於江西，而詩格出入於劍南。初官於滇，近綰綬分符於畿輔。凡仕宦之所閲歷，道途之所游覽，以及家庭之離合，朋友之酬酢，意有所觸，輒寄諸吟詠。其詞俊逸清新，其旨則温柔敦厚。雖不斤斤作黄、陳體，亦不斤斤作杜體，其遥接江西之派，則灼然無疑也。

先生與余未相識，而與余門人陳子質齋交最厚。不以余爲謭劣，介質齋求序於余。余初學詩從《玉溪集》入，後頗涉獵於蘇、黄，於江西宗派亦畧闚涯涘。嘗有塲屋爲余駮放者，謂余詆諆江西派，意在煽搆，聞者或惑焉。及余所編《四庫書總目》出，始知所傳爲蜚語，羣疑乃釋。今因先生是集，爲著其詩格之所自，且明余於江西一派未有異同也。故不辭而爲之序。

田侯松巖詩序

同一書也，而晉法與唐法分；同一畫也，而南宋與北宋分。其源一，而其流别也。流别既分，則一派之中自有一派之詣極，不相攝亦不相勝也。惟詩亦然。兩漢之詩，緣事抒情而已；至魏而宴游之篇作；至晉、宋而游覽之什盛。故劉彦和謂「莊老告退，山水方滋」也。然其時門户未分，但一時自爲一風氣，一人自出一機軸耳。鍾嶸《詩品》陰分三等，各溯根源，是爲詩派之濫觴。張爲創立《主客圖》，乃明分畦畛。司空圖分爲二十四品，乃辨别蹊徑，判若鴻溝。雖無美不收，而大旨所歸，則在清微妙遠之一派。自陶、謝以下，逮乎王、孟、韋、柳者是也。至嚴羽《滄浪詩話》始獨標「妙悟」爲正宗，所謂「如空中音，如相中色，如鏡中花，如水中月，如羚角，無迹可尋」，即司空圖所謂「不著一字，盡得風流」也。沿及有明，惟徐昌穀、高叔嗣傳其衣鉢。王敬美謂「數百年後，李、何或有廢興，高、徐必無絶響」，斯言當矣。

虞山二馮，顧詆滄浪爲囈語。雖防微杜漸，欲戒浮聲，未免排之過當。執肴蒸折俎爲古禮，而欲廢蓴羹；取朱絃疏越爲雅樂，而盡除清笛。不能謂其説無理，然實則究不可行。況「課虛無以責有，叩寂寞而求音」，陸平原言之；「思君如流水，既是即目」，「清晨登隴首，羌無故實」，鍾記室言之；「山沓水匝，樹雜雲合，目既往還，心亦吐納，春日遲遲，秋風颯颯，情往似贈，興來如答」，劉舍人亦言之。則此論不倡自儀卿也。飴山老人堅執馮説，而漁洋山人獨篤信而不移，其亦有由歟？

田侯松巖以高閥世冑，性耽吟詠。扈從灤陽之日，退食多暇，屢以詩商搉於余。余讀之，即景抒情，清思杳杳。昔人稱高蘇門詩，「如空山鼓琴，沈思忽往，木葉盡脱，石氣自青」。稱漁洋山人詩，「筆墨之外，自有性靈。登覽之餘，別深懷抱。一吟一詠，彷彿遇之」。此在脱屣軒冕，耽思泉石者，已不可多得；而侯承藉世蔭，日出於紫霄丹地之間，吐納烟霞，呼吸沆瀣，隨其意象，天籟自鳴。此其胸次寥蕭，又加山林之士一等矣。

愛玩不置，爲題數行於紙末，俟還京之日，當更借侯全集讀之，以快所欲睹也。

清豔堂詩序

人心之靈秀發爲文章，猶地脈之靈秀融結而爲山水。燕趙秦隴之山水，渾厚雄深；吳越之山水，清柔秀削；巴蜀之山水，峭拔險巇；湖湘之山水，幽深明靜；閩粤之山水，嶔崎繚曲；滇黔之山水，莽蒼鬱律。千態萬狀，無一相同。而其爲名勝，則一也。蘇、李之詩天成，曹、劉之詩閎博，嵇、阮之詩妙遠，陶、謝之詩高逸，沈、范之詩工麗，陳、張之詩高秀，沈、宋之詩宏整，李、杜之詩高深，王、孟之詩淡静，高、岑之詩悲壯，錢、郎之詩婉秀，元、白之詩樸實，温、李之詩綺縟。千變萬化，不名一體。而其抒寫性情，則一也。

帝嬀有言曰：「詩言志，歌永言。」揚雄有言曰：「言，心聲也。文，心畫也。」故善爲詩者，其思濬發於性靈，其意陶鎔於學問。凡物色之感於外，與喜怒哀樂之動於中者，兩相薄而發爲歌詠。如風水相遭，自然成文；如泉石相春，自然成響。劉勰所謂「情往似贈，興來如答」，蓋即此意。豈步步趨趨，摹擬刻畫，寄人籬下者所可擬哉！

思元主人喜爲詩，觸機勃發，天籟自鳴。不求苟同於古人，而自無不同；不求苟異於古人，而自然能異。陳簡齋《墨梅》詩曰：「意足不求顔色似，前身相馬九方皋。」旳每一長吟，輒悠然作天際想。此真心之靈秀發爲文章，非尋章摘句者所可擬矣。春秋方富，進猶未已，旳焉能測其所至哉！

清豔堂賦序

古稱「登高能賦，可以爲大夫」。然所謂賦者，仍詩耳。荀卿諸賦，其體始變。屈原宋玉之楚詞，《漢書·藝文志》並題曰賦，體乃與後世近矣。故班固《兩都賦序》稱：「賦者，古詩之流也。」建安以前，無詠物之詩。凡詠物者，多用賦。如《西京雜記》載枚乘諸人賦，於都、京大篇以外，别爲一格。沿及魏、晋，作者益繁，詞亦漸趨於排偶。陸機《文賦》稱「賦體物而瀏亮」，蓋就一時之體言之，不足以盡賦之長也。至唐調露中，始以賦試進士，而律體成焉。

沿及宋、元，彌趨工巧，而得失亦遂互呈。至堆積故實、排砌奇字之賦，則明人作俑。知文章之體裁者，斷不爲矣。

思元主人工爲詩，以餘力更及於賦。近作二十六篇，昀伏几讀之，見其擷徐、庾之精華，而參以歐、蘇之變化，清思綿邈，靈氣縱橫。玉堂金馬之彦，專業於是者或不能及。而餘力爲之，顧游行自在乃如是。蓋詩之與賦，如書之與畫，體格異而運掉之關捩則同。故善書者多善畫，而工詩者亦多工賦。理之自然，無足異也。然則世之求工是技者，反求其本足矣。《西京雜記》所載司馬相如之論，徒張大其詞耳。

挹緑軒詩集序

《書》稱「詩言志」，《論語》稱「思無邪」，子夏《詩序》兼括其旨曰「發乎情，止乎禮義」，詩之本旨盡是矣。其間觸目起興，借物寓懷，如楊柳雨雪之類，爲後人所長吟而遠想者，情景之相生，天然湊泊，非六義之根柢也。然風會所趨，質文遞變。如食本療飢，而陸海窮究其滋味；衣本禦寒，而纂組漸鬭其工巧。於是乎詠物之作，起於建安；游覽之篇，沿於典午。至陶、謝而標其宗，至王、孟、韋、柳而參其妙，至蘇、黄而極其變。自唐至今，遂傳爲詩學之正脈，不復能全宗《三百篇》矣。飴山老人作《談龍録》，力主「詩中有人」之説，固不爲無見，要其冥心妙悟，興象玲瓏，情景交融，有餘不盡之致，超然於畦封之外者。滄浪所論與風人之旨，固未嘗相背馳也。

邁仁先生幼嗜吟。出入禁闥數十年，夙夜勤勞，未嘗輟業。所著《挹緑軒詩集》，上溯漢魏，下挹唐宋，性情真至，文詞爾雅。隨事抒懷，不屑屑以鏤金錯采爲工；而天葩獨秀，一洗庸音。讀之醰醰有餘味。雖遭遇聖明，夙蒙眷注，無抑塞不平之氣，以發其奇逸縱横；又生長京華，足迹所及者近，未能涉歷名山大川，以開拓其胸次。而俯仰千古之思，周覽四海之志，筆墨間往往遇之。即偶然閒適之作，亦一丘一壑，具有遠致。讀之，使人穆然以思。所謂詩家之正脈，其在斯乎！又何必十首《秦吟》，始爲接踵小雅哉！會先生索余作序，因畧述詩家正變之由，以告世之務講《濂洛風雅》者。

鏤冰詩鈔序

畿輔詩人，惟任丘龐雪厓先生名最著。其時，漁洋山人以談詩奔走天下，士莫不攀附門牆，借齒牙餘論。惟益都趙飴山先生齟齬相爭，至今「不著一字」之説與「詩中有人」之説，齗齗然不相下也。雪厓與德州田山薑先生則不相攻擊，亦不相附和。故漁洋説部於山薑有微詞，於雪厓僅稱其「切防美人笑跛者，春來不過平原門」一二小詩。殆門户之見，賢者亦不免歟。顧山薑作《叢碧山房集序》，僅許爲香山、劍南之遺，殊不甚推重；雪厓刊以弁首，亦不以爲嫌。賢者之所見，至今又莫能測也。嘗竊論之：山薑以雄傑之才上規八代，而學問奥博又足以副之。故其詩沈博絶麗，縱横一時。其視雪厓，固猶齊晉之霸視秉禮之弱魯也。故不肯折服，亦不敢凌轢，姑取其近似者稱之云爾。雪厓詩平易近人，而法律謹嚴，情景融洽。故優柔蘊藉，往往一唱三歎，有餘不盡，得風人言外之旨。譬以白、陸，白、陸未始非正聲也。受而不辭，殆以是矣。

雪厓以後，北士之續其響者，惟景州李露園、曹麗天，任丘邊隨園、李廉衣，獻縣戈芥舟，寥寥數人。惜其遺集皆在存亡間，不甚著也。余初從同年毛其人家識其外舅易州單公，爲人侃侃有直氣，而恂恂有儒者風，心頗重之。初不知其工詩也。單公殁後，其同里趙君象菴執其《鏤冰詩鈔》屬余刊定，將授梓。余受讀之，與雪厓詩如出一轍。蓋兩家均上溯三唐，下薄兩宋，務得性情之正。雪厓則天分稍弱，而研鍊較深；單公則揮灑自如，而神骨遒上。要其合作，均可以相視而笑也。

龐公往矣，余不及見，無所憾。單公則相識三十年，竟未知其詩，今始知之，已不及與談。鄉黨之中，有是作者，乃徒於楮墨之間恬吟密詠，慨然想見其爲人，是則余之所深歉者。若公則蓄實希聲，文章之價自在，固不以余之早知與否爲詩品之輕重也。

鶴街詩稿序

在心爲志，發言爲詩，古之風人，特自寫其悲愉，旁抒其美刺而已。心靈百變，物色萬端，逢所感觸，遂生寄託。寄託既遠，興象彌深，於是緣情之什，漸化爲文章。如食本以養生，而八珍五鼎緣以講滋味；衣本以禦寒，而纂組錦繡緣以講工巧。相沿而至，莫知其然，而亦遂相沿不可廢。故體格日新，宗派日別，作者各以其才力學問智角賢爭，詩之變態遂至於隸首不能算。然自漢魏以至今日，其源流正變、勝負得失，雖相競者非一日，而撮其大槩，不過擬議、變化之兩途。從擬議之説最著者無過青丘。仿漢魏似漢魏，仿六朝似六朝，仿唐似唐，仿宋似宋，而問青丘之體裁如何，則莫能舉也。從變化之説最著者無過鐵崖，怪怪奇奇，不能方物，而卒不能解文妖之目，其亦勞而鮮功乎。

余嘗謂：古人爲詩，似難尚易；今人爲詩，似易實難。余自早歲受書，即學歌詠；中間奮其意氣，與天下勝流相倡和，頗不欲後人。今年將八十，轉瑟縮不敢著一語，平生吟稿亦不敢自存。蓋閲歷漸深，檢點得意之作，大抵古人所已道。其馳騁自喜，又往往皆古人所撝呵。撚鬚擁被，徒自苦耳。

嘉慶辛酉，童鶴街侍郎以疾卒於學使任。其嗣君以余與鶴街相契久，舉其平生詩稿四卷，乞序於余。余久不爲詩，亦不甚索觀人詩，久且不與人論詩。故不知鶴街有是集。今觀所作，一一能抒其性情。戛戛獨造，不落因陳之窠臼。而意境遥深，隱合温柔敦厚之旨，亦不僨古人之規矩。其鮮華秀拔，神骨天成，不强回筆端作樸素之貌，而自然不入於纖麗。是真能自言其志，毅然自爲一家矣。惜余四十餘年，日與游而不相知，徒於風流頓盡之後，撫其遺文，慨然遠想，如見故人也。有詩如此，自足以傳，原不必借余爲元晏。所以不辭而序之者，余嘗謂太沖求序於元晏，而千百年後，元晏不甚以文章著，轉賴序《三都賦》一事傳爲美談，余於鶴街，儻亦如斯乎？

四百三十二峯草堂詩鈔序

詩日變而日新。余校定《四庫》，所見不下數千家，其體已無所不備。故至嘉、隆七子，變無可變，於是轉而言復古。古體必漢魏，近體必盛唐。非如是，不得入宗派。然摹擬形似，可以駭俗目，而不可以炫真識。於是公安、竟陵，乘機別出，么絃側調，纖詭相矜。風雅遺音，迨明季而掃地焉。論者謂，王、李之派，有擬議而無變化，故塵飯土羹；三袁、鍾譚之派，有變化而無擬議，故偭規破矩。蓋必心靈自運，而後能不立一法、不離一法，所謂神而明之，存乎其人也。

門人蔣子士鎔，❶嘗以趙君渭川《四百三十二峯草堂詩鈔》求余序。年來筆墨委積，日不暇給，恒擇其督之急者而先應，余諾而未作也。癸亥二月，蔣子遣專使來索，遂撥冗開讀，三夕乃竟。見其詩根柢眉山，而精思陶冶，如花釀蜜，如黍作酒，得其神不襲其貌，卓然自爲一家。天下之善學蘇者，蓋莫君若。長吟短詠，自憾其相見之晚也。

惟是東坡才筆橫據一代，未有異詞。而元遺山《論詩絶句》乃曰：「蘇門果有忠臣在，肯放坡詩百態新。」又曰：「奇外無奇更出奇，一波纔動萬波隨。只言詩到蘇黃盡，滄海横流卻是誰？」二公均屬詞宗，而元之持論若不欲人鑽仰於蘇者，其故殆不可曉。余嘉慶壬戌典會試，三場以此條發策，四千人莫余答也。惟揭曉前一夕，得朱子士彦卷，對曰：「南宋末年，江湖一派萬口同音，故元好問追尋源本，作是懲羹吹虀之論。又，南北分疆，未免心存畛域。其《中州集》末題詩一則曰：『若從華實評詩品，未便吴儂得錦袍。』一則曰：『北人不拾江西唾，未要曾郎借齒牙。』詞意曉然，未可執爲定論也。」喜其洞見癥結，急爲補入榜中。然則趙君詩之胎息於蘇，其亦深知此意歟？

❶「蔣子士鎔」，道光本、宣統本同。王蘭蔭《紀曉嵐先生年譜》作「蔣士銓」。

趙君所與倡和者，余多未識。所識者如李南磵，爲余庚辰所取士；周書昌、戴東原、余秋室，皆以余薦修《四庫全書》，入翰林；孫淵如爲余讀卷所取士。其人並學問、文章具有端緒，知趙君之友，益知趙君之詩矣。因撥落酬應，爲書數行於簡端。若夫詞句之弇陋，則本非善步，加以急行，趙君諒之可矣。

詩教堂詩集序

詩之名，始見《虞書》。「詩言志」之旨，亦即見《虞書》。孔子删詩，傳諸子夏。子夏之小序，誠不免漢儒之附益；其大序一篇，出自聖門之授受。反覆申明，仍不出言志之意，則詩之本義可知矣。故後來沿作，千變萬化，而終以人品心術爲根柢。人品高，則詩格高；心術正，則詩體正。陶詩無琱琢之工，亦無巧麗之句，而論者謂「如絳雲在霄，舒卷自如」。李、杜齊名，後人不敢置優劣，而忠愛悱惻，温柔敦厚，醉心於杜者究多。豈非人品心術之不同歟！

嘉慶丙辰，余典會試，得武陵趙子慎畛。嘗自言「幼而孤露，賴舅氏王君孝承以成立」。因以王君往來訓誨之書札，裝潢成卷，乞余題跋。余讀之，持論嚴正，慮事深遠。而委婉提撕，委曲周至，若惟恐趙子立志、立身之不定；又恐趙子徒知立志、立身，而乖僻不達世務者。粹然儒者之言，與矜心作意，鶩名講學者迥異。因爲附識其卷末。

趙子以余能知王君，復以所著《詩教堂集》乞余爲序。集凡六卷，❶曰《研農

❶「六」，按下文所列，當爲「七」。

草》，曰《郵籤集》，曰《閩海二集》，曰《庳篷獨倡集》，曰《松濤園草》，曰《南陔書屋鈔》，曰《夫江草》，而附以詩餘。蓋暮年精自沙汰之本，故其中可傳者多。其間清空縹緲之詞，沈博絶麗之作，亦有觸景寄懷溢爲奇崛之氣者。而自標全集之名，則統謂之《詩教》。

夫兩漢以後，百代争鳴，多不知詩之有教，亦多不知詩可立教。故晉、宋歧而玄談，歧而山水，此教外别傳者也，大抵與教無裨，亦無所損。齊梁以下，變而綺麗，遂多綺羅脂粉之篇，濫觴於《玉臺新詠》，而弊極於《香奩集》。風流相尚，詩教之決裂久矣。有宋諸儒起而矯之，於是《文章正宗》作於前，《濂洛風雅》起於後。借詠歌以談道學，固不失無邪之宗旨，然不言人事而言天性，與理固無所礙，而於「興觀羣怨」、「發乎情，止乎禮義」者，則又大相徑庭矣。

王君之詩，不爲巉巗陡絶之論，亦不爲奇怪惶惑之態。而和平温厚，能不失聖人立教之遺意。其斯爲人品高則詩格高，心術正則詩體正歟！惜余未挹其風采，末由一論詩教也。

積静逸先生經義序

謂清歌妙舞不如勝水名山，謂珠玉錦繡不如彝鼎書畫，謂肥馬輕裘不如蒔花養竹，此所謂不解事人矣。然彼一是非，此一是非，士各有志，究亦莫能相强也。嘗通此意以談藝。詩古文，自明正嘉以來，前後七子倡言復古，而僞體於是大興，然未敢以其説入經義。蓋以詩古文皆自立言，而經義則代聖賢言。聖賢之言，不容以雜説亂也。其以選體入經義者，則崇禎中幾社爲職志，然選言猶慎，卧子、彝仲諸遺篇可覆按也。末學承流，失其本始。於是以選體爲經義，而孔、曾、思、孟俱變爲詞賦家矣。操觚之士，但鈔得分類之書數册，即可以雄視一世。而先正遺稾，塾中束不復觀，坊間亦置不復刻。後學欲求見典型，竟莫由焉。

嘉慶丁巳冬，觀菊於積子慶亭家。慶亭出其大父静逸先生經義數十首相示。先生生於康熙中，尚及見當時碩學，其文多徐健菴、仇滄柱、孫起山、方朴山、王雲衢、儲同人、王虚舟諸公所點定。雍正癸卯，舉於鄉，出高安朱文端公、桐城張文和公之門。後官侍講學士，與昌平陳紫瀾先生善，故三公所點定者尤多。其文按脈切理，具有典型，信爲淵源之有自，與無師之學迥然有殊。再四雒誦，覺耳目爲之開朗。

昔王、李縱横之日，歸震川獨抱遺經，與之撑拄。當其時，弗能勝也；日久論定，公道乃明。雖弇州之傲然自命，後題震川遺像，亦有「千載惟公，繼韓歐陽。余豈異趣，久而自傷」之語。豈非是非之心，人皆有之乎？先生之文，余不敢蹈文社標榜之習，遽謂可追步震川。然位置近代儲、王諸公間，實無愧色也。

慶亭將謀剞劂，求序於余。余喜其不失古格，因不辭而序之如右。

李參奉詩鈔序

我皇上聲教覃敷，大瀛内外，罔不祗屬。重譯而通者，蓋不可僂指。其間同文之國三：曰朝鮮，曰琉球，曰安南。安南故陶唐之南交。琉球雖隋代始通，而密邇入閩，明太祖以中國十六族留居其地，蕃衍者三四百年，故詩書皆與中國等。朝鮮在漢爲玄菟、樂浪二郡地。再溯而上，則周武王以封箕子，知夏殷尚隸版圖。使爲海外之殊域，武王安得割而封，箕子安能撫而有哉？故其國聲明文物，較琉球、安南爲獨盛。

余再掌春官，實司四方之職貢。每御筵燕饗，引導外藩，見諸國使臣賡颺睿藻者，亦朝鮮篇什爲多工。豈非近光之地，濡聖化者深且久哉！

今歲春，貢使通文館教授金君成中出其國《李參奉集》乞余序。參奉始末，余弗能詳考也。然就其詩而論，則可謂篤志斯事矣。考新羅之詩，初見於唐；《雞林相解》辨白香山詩，亦見於唐。自是以後，名章雋句，多散見於諸書，而全集傳於中國者則世罕見。余典校《四庫》，自明以來，著録者惟徐敬德《花溪集》而已。敬德講宋儒之學，其詩亦近《濂洛風雅》。宋末，仁山金履祥所選。特講壇之餘事。參奉之詩，則真詩人之詩矣。大抵自郊、島導源，而冥心孤詣，擺落蹊徑。其秀拔者有塵外之致，其蕭疏淡遠者有絃外之音。蓋自北宋以來，談詩者各有門户，往往爲流派所拘。其才大者，又往往激而横溢，改錯偭規。參奉居滄溟以外，閉户孤吟，泊然無黨同伐異之見。故翻能直抒性情，爲自鳴之天籟也。

披函微詠，慨然想見其爲人。詢之金君，知久隨物化，又爲悵然。念聖朝綏撫藩邦，中外一體。文士談藝，亦應無中外之歧。可勿一爲品題以發幽光哉！故因金君之請，漫爲之序，併屬金君傳語東國士大夫：聖天子文德覃敷，千載一遇，苟能仰承教思，刻意著作，非惟殿前摛藻，邀不世之殊榮；即不克觀上國之光，而篇什足傳，亦終能表見。參奉此集是矣。顏光禄贈王太常詩曰：「玉水記方流，璇源載圓折。蓄寶每希聲，雖祕猶彰徹。」諸君子尚其勉之。

耳溪詩集序

鄭樵有言：「瞿曇之書能至諸夏，而宣尼之書不能至跋提河，聲音之道有障礙耳。」此似是而不盡然也。夫地員九萬，國土至多。自其異者言之，豈但聲音障礙，即文字亦障礙；自其同者言之，則殊方絶域，有不同之文字，而無不同之性情，亦無不同之義理。故凡宣暢性情，辨别義理者，雖宛轉重譯，而意皆可明。見於經者，《春秋傳》載戎子駒支自云言語不通而能賦《青蠅》，是中夏之文章可通於外國；見於史者，《東觀漢記》載白狼王《慕德》諸歌具註譯語，是外國之文章亦可通於中夏。況乎文字本同者，其所著作，又何中外之殊哉！特工拙得失，視其人之自爲耳。唐武平一《景龍文館記》載中宗正月五日蓬萊宫聯句，有吐蕃舍人明悉獵（今金川以及廓爾喀其故地也），竟無能繼者；宋計敏夫《唐詩紀事》載南詔國王驃信與其清平官等唱和（今緬甸其故地也），亦無能繼者。其同文之國，納贄獻琛，得簪筆彤墀賡颺天藻者，惟朝鮮、琉球、安南，而篇什華贍，上邀睿賞，惟朝鮮爲多。其詩文集傳入中原者，亦朝鮮爲最夥。余兩掌春官，職典屬國，所見不能縷數也。

乾隆甲寅冬，判中樞府事洪君漢師以職貢來京師。器宇深重，知爲君子。既而知其先以庚寅奉使，與德定圃尚書、博晰齋洗馬、戴蓮士修撰遞相唱和。與之語，聲音障礙，如鄭樵之所云。索其詩，因出所著《耳溪集》，求余爲序。近體有中唐遺響。五言，吐詞天拔，秀削絶人，可位置馬戴、劉長卿間；七言，亮節微情，與《江東》《丁卯》二集亦相伯仲。七言古體，縱横似東坡；而平易近人、足資勸戒，又多如白傅。大抵和平温厚，無才人妍媚之態；又民生國計，念念不忘，亦無名士放誕風流之氣。觀其《耳溪文集》中有與人論詩數篇，往往能洞見根柢，深究流别，宜其醖釀深厚，葩采自流。所謂詩人之詩，異乎詞人之詩矣。

余天性孤峭，雅不喜文社詩壇互相標榜。第念文章之患，莫大乎門户。元遺山詩曰：「鄴下曹劉氣儘豪，江東諸謝韻尤高。若從華實評詩品，未便吴儂得錦袍。」此以疆域争門户也。劉後村詩曰：「書如逐客猶遭黜，詞取横汾亦恐非。箏笛安能諧雅樂，綺羅原未識深衣。」此以學術争門户也。朋黨之見，君子病焉。朝鮮距京畿最近，内屬最早，奉職貢最虔，沐浴醲化亦最久。聖朝六合一家，已視猶閫閾。貢使文章，又有志於古作者。如區分畛域，置之不道，是所見與門户等，豈王道蕩蕩，無偏無黨之意哉！因爲書數行，弁於簡首，俾四瀛以外，知「詩也者，發乎情，止乎禮義」，此心此理，含識皆同，非聲音文字之殊所能障礙。共相傳習，一如朝鮮之儒雅。文德之敷，其益恢益遠矣乎！

耳溪文集序

飴山老人《談龍録》引吴修齡之言曰：「意喻之米，文則炊而爲飯，詩則釀而爲酒。飯不變米形，酒則變盡。」其意謂文易而詩難也。余則謂詩文各有體裁，亦各有難易。杜子美之詩才，而散文多詰屈；皇甫湜、李翺之文筆，而詩皆拙鈍。才有偏長，殆不可强。古來詩文皆長者，屈指典籍，代不數人。其餘巨製鴻篇，汗牛充棟，大抵文附詩傳，詩附文傳，備一家之著作而已。

余既爲朝鮮洪君序詩集，復得其文集讀之。不以贋古摹秦漢，如嘉、隆七子所爲；亦不以機調摹八家，如鹿門之末派。方圓自造，惟意所如。其寄託恢奇，上薄元結、孫樵、劉蜕；其清辨滔滔，出入於眉山父子。即一二小品，亦擺落公安、竟陵之窠臼，嶔崎磊落，別調獨彈。其心思如水瀉地，縱横曼衍；其氣機如雲出岫，宕漾自如。皆洋洋纚纚，初無定範。意盡言止，而文成法立焉。其諸天機之所到乎！然非縱心一往，不醇而遽肆者也。夫善御馬者，銜勒在握，則注波驀澗而不蹶；善操舟者，針舵不失，則衝風破浪而無損；善用兵者，客主之形，奇正之用，罔不先機坐照，則節制百萬之師而不亂，先操其本故也。洪君之文，雖暢所欲言，而大旨則主於明道。其言道也，不游談鮮實，索之於先天無極；不創論駭俗，求之於索隱行怪，而惟探本於六經。蓋經者常也。萬世不易之常道也；道者理也，事之制也。理明，則天下之是非不淆，百爲之進退有準，千變萬化，不離其宗。以應世，則操縱咸宜；以立言，則了了於心者，自了了於口。投之所向，無不如志。然則洪君之文，其又勝於詩矣乎？洪君之詩，其亦根柢於文矣乎？杜陵有言：「文章千古事，得失寸心知。」洪君見此，其亦相視而笑否耶？

明臯文集序

「文以載道」，非濂溪之創論也。「理

扶質以立幹，文垂條以結繁」，陸平原實先發之。要皆孔子所謂「言有物」也。顧真西山《文章正宗》黜《逐客書》，斥《横汾詞》，劉後村以「深衣雅樂」譬之，謂非綺羅箏笛所能比，而卒不能與昭明之《選》争後先。唐荆川宗法韓、歐，足以左挹遵巖，右拍熙甫，而論者終有「晚年著作攙入語録」之疑，是豈理之不足乎？毋乃「言之不文，行之不遠」，又如孔子之所云乎？夫事必有理。推闡其理，融會貫通，分析別白，使是非得失釐然具見其端緒，是謂之文。文而不根於理，❶雖鯨鏗春麗，終爲浮詞；理而不宣以文，雖詞嚴義正，亦終病其不雅馴。譬諸禮樂，禮主於敬，理也，然袒裼而拜君父，則不足以爲敬；樂主於和，理也，然喧呶歌舞，快然肆意，則不足以爲和。唐以前文論事者多，論理者少，固已。宋以後，講學之家發明聖道，其理不爲不精，而置諸詞苑，究如王氏《中説》、《太公家訓》，爲李習之所不滿。其故不可深長思乎！

朝鮮徐判書明臯奉使來朝。余適掌春官，職典屬國，得接其言論，因得讀其所作《學道關》及《明臯詩文集》。其《學道關》以《正蒙》之精思，參以《皇極經世》之觀物，即數闡理，即理明數，裒然成一家言。詩則規橅金仁山《濂洛風雅》，自成一格。其文則揖讓俯仰，有歐陽子之風度，而大旨根柢理，要不失洛閩之正宗。彬彬乎，質有其文。是非雕章繪句者所能，亦非南宋以來方言俚語皆可入文者所能也。

東國聲詩傳播中國者多矣。文筆傳播中國者，余惟見徐君敬德一集，然頗有荆川晚年之意。續見《耳溪文集》，歎爲希

❶「而」，道光本無此字。

有。不意今復見君，信斯邦世傳詩禮，具有古風，非但以篇詠擅長矣。

判書乞余爲序。判書論文，有「鍊液成核」之説。蓋研究微奥，擷其精華，凝聚精華，結爲根柢。譬如道家鍊精神氣以成丹，乃養爲聖胎，神通自在。劉舍人云：「取鎔經義，自鑄偉詞。」韓吏部云：「約六經之旨以成文。」經，理窟也，鎔也，鑄也，約也，成也，即判書所謂「鍊液成核」者也。判書深講道學，而文則異講學諸儒之樸僿，厥有由歟？因書以爲序，且因判書以質諸耳溪焉。

曹綺莊先生遺稿序

夫聞風知悦，華林無不折之芳；蓄寶希聲，玉水有必彰之驗。叢滋楚畹，恒見佩於騷人；璞孕荆山，終自登於清廟。是則然矣。然而芷蘭並采，或遺未發之馨香；圭璧咸陳，亦有不雕之瑊玏。霜摧風敗，一生空谷長埋；土蝕苔封，終古連城莫識。斯非幽人所爲太息，而志士所爲深悲者歟？

綺莊先生，河間景州人也。早年豪宕，蹤跡東山；中歲幽憂，栖遲南畝。廿七後，甫能力學，大似於老泉；五十時，始解爲詩，僅先於常侍。傳魯人之訓故，初遇申培；申蒼嶺先生。吟楚客之江山，更偕宋玉。宋蒙泉前輩。沈思怫鬱，幾於態變風雲；妙悟希微，遂已句成冰雪。擢肝鏤腎，窮意象之欲生；出脇穿心，挾形神以俱往。譬諸禪學，直如香象渡河；擬以書家，可比怒猊抉石。加以遭家坎壈，哀時命之不猶；觸緒纏綿，畔牢愁其誰語！美人香草，時爲託意之詞；秋蟀春鶊，大有緣情之什。憂多歡寡，劇憐貞曜先生；才秀人微，終作襄陽處士。當其長愁養病，惟寓於詩。究以不樂損年，竟瀕於死。

嗟乎！洪河西導，崑崙通星宿之源；巨浸東浮，渤澥聚尾閭之勢。迢迢九派，間氣常鍾；落落千秋，風流代挺。毛博士傳經而後，六義彰明；張平子作相以來，《四愁》傳諷。懷珠握璧，歷代相承；摛艷薰香，於今彌盛。吾丘一老，初崛起於燕南；龐雪厓先生。瀛海諸賢，遂連翩於冀北。邊徵君趙珍。之浩唱，雪柱冰車；李明府嶧山之深情，風琴雅管。文園李太史前輩。則雲霞異色，卓爾不羣；芥舟戈太史前輩。則山水清音，翛然自遠。莫不早登禄籍，得身依簪組之班；即或高卧衡門，亦名動公卿之座。同時雅契，競看東野雲龍；一代清風，争識北山猿鶴。先生乃哦詩窮巷，抱病明時。文章不光於廊廟，姓氏不出於州里。有情捐棄，獨看舍北之松；無路遭逢，空感江南之橘。黄泉賫恨，長夜茫茫；白首攻文，壯心鬱鬱。較數子者，不其悲歟！

昀生同桑梓，僅得神交。誼結金蘭，早經心許。龍文虎脊，屢披四傑之篇；蒙泉前輩選《廣川四子詩》，爲金谷村、李菭原、李秋厓及先生。鳳舉鴻軒，謬附五君之末。菭原作《擬五君詠》，爲金谷村、申蒼嶺、李秋厓、先生暨余。託序文於元晏，感激生前；撫遺稿於相如，凄涼殁後。江河萬古，誰當吟杜甫之詩；烟草一丘，我欲弔方干之墓。

絳雲別誌序

生生世界，轉若飇輪；種種因緣，幻如泡影。鶯飛草長，人間多早謝之花；桂老蟾寒，天上無長圓之月。傷心黄土，幾玉碎而珠沈；埋骨青山，終金銷而石泐。去來一瞬，瞿曇借譬於芭蕉；夢覺兩忘，莊叟委心於蝴蝶。良有以也，豈不然乎！然而才士情多，佳人命薄。吟連秋蟀，恒哀厲而彌長；絲引春蠶，輒纏綿而不盡。彼雄蜂與雌蝶，會合參差；或孤鳳與離鸞，幽憂阻隔。疏桐缺月，憶驚起之回頭；畫角斜陽，感重來之照影。情難自已，悲不待言。至成連理之枝，復拆同心之蒂。鴛鴦待闕，歡娱之日無多；鸜鵒呼名，離別之期遽及。緑珠吹笛，訝哀韻之先聞；紫玉成烟，悵離魂之不返。百年長恨，伊人遽隔幽明；萬世無期，此別遂終天地。繐幃卻扇，憶當時宛似仙游；錦瑟驚絃，悵一霎真如夢破。縈回一念，難憑萱草以消憂；繳繞千重，誰向丁香而解結。是尤非忘情太上所能斷其夤緣，説法空王所可劖其愁緒者矣。

女史絳雲者，簡亭先生之侍姬也。系從京兆，樹紀田荆。家住析津，人稱燕玉。四非奏曲，前身本是仙娥；王母侍女有田四非。兩字聯名，夙世原從詞客。辛幼安有妾姓田，因名曰田田。筆牀硯匣，時參鍼黹之間；脂盝香奩，具有詩書之氣。楸枰暖玉，巧運心靈；桐衲冰絃，妙傳指法。神棲淡泊，不容輕許王昌；志秉幽閒，詎肯一窺宋玉。懸知未嫁，幾勞鐵網之千絲；待價斯沽，合得珍珠之十斛。夙緣偶遇，忽逢青鳥之媒；嘉禮初成，恰似彩鸞之駕。《柳枝》五首，擬酬知己於樊南；荷葉雙垂，遂委終身於耘老。斯時也，駝鉤翠帳，時共清言；繭紙烏絲，兼多新詠。太白舉杯以邀月，望若神仙；小紅低唱以吹簫，儼然圖畫。鬬南朝之裙屐，能教見者生憐；誇北地之胭脂，或亦聞而遥妒。風臺月榭，對斯人足以自娱；茗盌薰鑪，老是鄉亦何所憾！而乃慧難兼福，玉不堅牢；樂反成悲，花纔頃刻。

梅兄罄弟斷腸，本種於前生；蘭姊瓊姨抱恨，遂綿於終古。香魂一去，驚聞薤露之聲；遺挂虛存，悵憶梨雲之夢。爲歡未足，四旬之嬿婉方新；有數難移，廿載之光陰何促。雖無情者，寧不悽然！

所以感念存亡，追維今昔。蘇玉局悼傷之什，對此茫茫；張司空兒女之情，何能已已。繁音婉轉，大有新詩；輭語依稀，兼成別傳。埋香葬玉，覺悽動乎肝脾；賸馥殘膏，諒感均乎頑艷。白太傅之吟都子，誰其繼之；沈下賢之記汜人，近乎是矣。

嗟乎！色是空，空即是色，固可澄觀；因生果，果又生因，亦由自造。玉環可辨，知前身再世之非誣；金鈿同堅，信天上人間之相見。三生石在，姑此時聽我銷憂；一瓣香存，會有日證公結願。

王偉人相國七十序

乾隆五十有九年十月二十七日，爲東閣大學士韓城王公生辰。年登七袠，淑配齊眉，士大夫推爲盛事。公方總理禮曹，禮曹同官擬製屏以祝。公秉心謙挹，再四固辭。

河間紀昀曰：此非公所得辭也。《記》有之曰「天降時雨，山川出雲」，言聖君有作，則名世應運而出也。《詩》有之曰「維嶽降神，生甫及申」，言良佐碩輔，皆河岳英靈之所鍾，非偶然也。《書》有之曰「天壽平格，保乂有殷」，言大臣以德召福，承天之祐，身與國家同其慶也。故五帝三王多享曼壽，其諸臣亦多長年。中最著者，君奭至一百六十歲。周器之銘往往稱「壽若召公」，非其明證歟！欽惟我皇上法天行健，無逸永年，康彊逢吉，協乎鴻範。自御極以至今日，斟元陳樞，久道化成，四瀛謐寧，八紘職貢，十全駿烈，榮鏡宇宙。而五代五福之堂，八徵耄念之寶，建極斂福，申錫無疆。凡黼座之旁，仰瞻穆穆之光者，尤咸慶綿算延洪，爲攝提合雒以來所未嘗有。而公適際昌期，荷龍光，登中台，與古帝臣王佐後先媲烈。皤皤鶴髮，出入紫庭。蓋乾樞斡運，元氣鴻洞，而後五星二十八宿得隨以長旋；坤維貞固，真精凝結，而後五岳四瀆得託以長流長峙。聖人御宇，醲化浹洽，而後野多黃耇，朝有耆英。然則公值此時，登此位，得此壽，且祥和之驗著於家庭，與夫人同得此壽，實朝廷之化徵，國家之人瑞，非公一人一家事也。同官是舉，正爲朝廷慶，爲國家慶耳，非爲公一人一家慶，公何辭焉！且明良契合，聖渥宏深。知公懸弧之辰，親揮翰墨，錫以奎章；珍幣寶器，駢蕃賚予。在聖天子之意，固以爲公當慶矣。公欣承優眷，諒亦不能不自慶矣。聖天子慶，公又自慶，同官敬踵而慶之，此於義未爲不當。又方今老成嚮用，耆舊駢肩，朝班之内，以七旬八旬稱觴者，歲所恒有。其相率而祝嘏，公亦未嘗不與。公固以慶化徵、慶人瑞爲當舉也。而公之生辰，此區區數幅之牋，非有金玉錦繡之值，足以爲公清介累。公使得伸其慶，於禮亦未爲不宜。諸同官其敬製以獻，知公之虛懷，必不河漢吾言也。

蔣東橋兵部五十序

聖世無遺賢，故雖蕭散夷曠之士，亦各能以學問文章自致於仕途。然其嶔崎之氣與超然物外之懷，則不以窮達異也。乾隆己酉，御試諸省考官，余叨奉命預校閲。得一卷，吐言天拔，意象多在町畦外。惜其詩旁註一字，不入程式。方咨嗟擬議間，同事諸公取視之，僉曰：「此選試官，非選中書舍人也。以文章爲主，繕寫小誤不爲害。」竟破格收之。初，糊名，不知爲誰。半載後，或言爲兵部主事蔣君東橋也。

越歲庚戌，遇皇上八旬慶典，士大夫競作詩歌祝延萬年。鉅製鴻篇，鏗鏘震耀，殆不可殫數。余於姻家張司務處見《連珠》一册，雅而不膚，穎而不纖，奇矯自喜，如鮑參軍之飢鷹獨出也。詢之，亦曰蔣君東橋作，益心識其人。然迄今尚不相聞問，蓋余少日，嘗以詩壇文社馳逐名場；老而閲歷世途，意氣消歇，不復與勝流相角。君又落落寡合，退食之餘，惟閉户著書，不復知有酬酢事。故兩不相值也。

後余子汝似與君之子秋吟偶相遇，因相契厚。余頗惡兒輩事徵逐，然於案頭見秋吟《考具詩》一册，知能世其家學，因聽其往來勿禁。既而秋吟從汝似乞余文壽君，汝似姑以告，而疑初未相識無可措語。余曰：「吾曹讀書論古，遇高風逸韻，恒撫卷想見其爲人。豈必曾相識哉！」因語之曰：「致壽之道有二：一曰壽世。金有銷，石有泐，而所鑄刻之文終不可磨滅，是也。一曰壽身。人之一身，精氣神而已。營營鶩外則神恒勞，神勞則氣耗而精消，形因以敝。達者樂其在我，外物之得失惟其所遇，則神恒恬；神恬則氣聚而精凝，形因以不衰。山林高士往往耆年，是也。」蔣君文章足以傳，而淡泊寡慾又足以自養其生，二者其兼之矣乎！惟蔣君以科第起家，而宦途頗坎坷，論者每爲深惜。余謂雲中之鶴，翔翱自適；澗底之松，支離不中繩墨。是皆無用於世。而古來相與詠歌之，圖畫之，若憾不得與爲儔侶者。而鶴與松亦以自全其天，不與凡禽雜木同腐朽。人各有能有不能。少陵、太白，何必定爲姚、宋、李、郭哉！余之壽蔣君者止此。

若夫一切祝嘏之詞，余本不能作，又聞將乞梁山舟前輩書，山舟固蕭散夷曠者，余懼其見之閣筆也，亦弗敢作焉。汝似因秋吟以質蔣君，或亦相視而笑，不病余之不善頌耶。

梁天池封翁八十序

有安命之學，有立命之學。是二者若相反，然安命即立命也。夫徼倖於所不可知，是謂不安命；頽然而不爲所當爲，是謂不立命。不徼倖所不可知，而務爲所當爲，久之未有無獲者，是謂安命以立命，其理昭昭然也。

乾隆甲申，余視學福建。得梁生斯明、斯儀兄弟於童試中。時封翁年五十餘，偕其長君斯震、次君斯志，與試諸生間，俱高等。觀察朱石君告余曰：「是其家自明以來，爲諸生者十四世矣。雖未有掇巍科、登顯宦者，然其志初不以此爲得失也。」余聞而壯之。既而梁生兄弟相繼舉於鄉。乙未，斯儀成進士，有聲詞館。

今歲癸卯，封翁壽躋八袠。梁生乃先期屬余爲文以侑。余因謂之曰：「人自數歲受書，孰不期奮身功名耶？一挫於有司，憤矣；再挫，疑矣；數挫以後，悔而謝去者不知凡幾。況能傳及再世，況能傳及十餘世？困頓三四百年而不悔，此其人海内不數家也。困頓至十餘世，命也；困頓十餘世而不悔，安命也。此其志足立命矣。」

今聞封翁諸孫復翹然庠序中，蒸蒸繼起，福澤方未艾，而老人躬膺錫命，齒髮康强，身名俱泰。此在數載以前，封翁豈遽期如此耶！莫之期而自如此，且其勢將有不止於此者，所以爲能安命之效也。江出岷山，不過濫觴；河出崑崙，狐可躍而過。迨迂曲行數千里，衆水會之，乃極天下之浩渺，豈非彌積彌盛，遂沛然不可遏抑耶！此足以驗立命之學矣。斯儀兄弟敬爲傳語封翁前曰：「期頤壽考，可以自致，其理亦如是也夫！」

完顔母戴佳太夫人五十序

乾隆五十有一年，歲在柔兆敦牂，五月二十有二日，爲誥封一品夫人完顔母戴佳太夫人五旬設帨之辰。太夫人爲前直隸總督愨勤公之女，前刑部侍郎勉齋公之配，今獻縣知縣曉巖先生之母。以迎養來縣署，將稱觴獻壽致戲綵之歡，以昀忝舊交，舉祝詞相屬。

昀聞古來稱閫德者，有女訓焉，有婦職焉，有母教焉。惟制府公際遇聖朝，爲虞廷岳牧，高門名德，禮矩斯存。家慶所鍾，四星叶瑞。其淵源蓋有自來。太夫人玉孕方流，柔嘉天秉。鄭經班誡，嫻在夙齡。言德工容，動符古義。雖鈐閣戟門，承藉華膴，而素心所尚，隱然慕桓孟之風。是以代國卜婚，右軍遣女，温恭淑慎，三黨交推。知習於姆教者久矣。司寇公天挺珪璋，蔚爲國寶。自含香郎署，擢領龍驤，以及贊理夏官，佐司秋憲，並道光卿月，著績昌時。而專志服官，在公夙夜，則宜家宜室，內助爲多。蓋非惟衣裳五飯中饋靡僁，即昧旦雞鳴亦時動儆戒。洎乎天西虎節，出鎮河源，列戍開屯，任侔定遠，迢遥二萬餘里，揚旌度隴三年，無内顧之憂者，太夫人之總持摒擋與有力焉。此又著美於從夫之日者也。迨曉巖明府以製錦名才，出典赤縣。通逵九達，巫馬戴星。而鶴志常清，麟飢不噬，萊蕪塵甑，遠師范丹。昔之金穴銅山，今爲廉泉讓水。雖白璧無瑕，原諸天性；亦由太夫人身居黻珮，性挹冰霜，俾得以菽水承歡，葆其貞素。是爲教子以德，因而以德及人。豈但在桑在梅，鳲儀均一，爲母道之所難哉！夫德者，福之基也。太夫人之德如是，其早席父榮，長隨夫貴，今又享子之禄，三從之中，諸福咸備，於理固宜。

且太夫人今年甫五旬，精神强固，自此而黄髮台背，得壽方未可量。曉巖明府又盛年仕宦，循聲日彰，自此而特達之知，帝心簡在。所以承先志光舊緒者，開府建牙，固如操券。因是益推太夫人之教，以造蒼生之福，則太夫人之德所沾溉者，更不知其幾。太夫人之福，亦益不可量矣。此又昀所先事而預信者也。

尹太夫人八十序

内閣學士尹君楚珍改官禮曹，高宗純皇帝恩許歸養，蓋太夫人年已七十餘矣。嘉慶四年，詔徵君至京師，俾條論時政。仍以太夫人年高，加給事中銜俾歸終養。且特賜摺匣，許由驛奏事，一時士大夫以爲榮。

尹君瀕行，特過余邸，云辛酉某月，太夫人年八十，乞余文爲壽。余文曷足重太夫人，顧余與尹君先德松林舍人爲甲戌同年，同入詞館，又同以樸拙甚相得；尹君繼入詞館，松林又時使以所作詩賦就余商搉。故朝紳之内，知其家事者莫若余。使祝嘏之詞屬他人操筆，不過推原母教，槩以丸熊故事，稱太夫人賢而已，不能得其實也。即以尹君讜直，足以顯親揚名爲太夫人慶，亦未盡得其實也。然則太夫人居心行事，卓然與古人争光者，非余縷述，世弗能知。余固弗得辭也。

蓋尹君之初遘外艱也，奉太夫人歸故里，服闋以後，即擬請終養。太夫人曰：「汝父子世受聖恩，是不可不報。以我老耶？我固健。以路遠耶？我身自往來，亦三四月可到，非必不能往返也。」尹君俛首不敢答，然終不治行李。太夫人督促再三，則跽出一簡曰：「服官以來，竊見外吏所爲，有不愜於私心者。出而不言，此心耿耿，終不安；言則書生一隅之見，未必悉當於世務，或轉爲太夫人憂，故寧不出也。」太夫人方據几坐，索視其稿，振衣起立曰：「兒能上此，即受禍，吾無憾。雖並我受禍，亦無憾。兒行矣，自今以往，爾置我度外，我亦置爾度外，均無不可矣。」尹君之毅然抗疏，蓋由於此。士大夫間有竊惜尹君不爲太夫人計者，是烏知尹君，又烏知太夫人哉！

今太夫人耳目聰明，康强不衰，上受格外之恩榮，下受南陔之孝養，殆以閨壼之身，而有士君子之行，以德邀福，固其理耶？抑嘗聞晉人之言曰：「廉頗、藺相如雖死，千載下奕奕有生氣；曹蜍、李志雖見在，奄奄如泉下人。」然則人之壽與不壽，不在年歲之修短，叔孫豹所謂「三不朽」也。太夫人之壽永矣，豈復與尋常壽母較年之大小哉！

余今老矣，叨列六卿，久無建白，平生恒内愧。尹君今爲太夫人祝，追憶舊聞，又深愧於太夫人。雖不知太夫人視余何如，或以此序據實成文，差勝於泛泛頌祝、徒以期頣富貴相期者，不棄其言，爲欣然進一觴，亦未可知也。

旌表張母黃太孺人節孝序

世之論者輒謂「烈易而節難」。以烈或激於一時之義，而節則貞諸百年之久也。然節亦正不一矣。使天降閔凶，稱未亡人，上猶有舅姑之依，下不無兒女之戀，此雖抱天下之至痛，然仰承色笑，俯視呱啼，俱可相與慰藉，則猶未爲甚難也。若夫孤苦零丁，兄弟終鮮，而能以孱弱之年，矢靡它之節，爲宗祊延已絶之緒，則非有特立不易之操，不足以幾此。

張母黃太孺人，南皮前尋甸州牧黃公諱鉅之女，儒士張公諱燕嘉之配也。結褵半載，張公遽殞。孺人年甫十六，悲哀號泣，痛不欲生。徒以祖姑年高，忍死謀奉養。因以伯兄子墀瑜爲嗣，恩勤教誨，無異己出，竟屹然得成立。迄今孫、曾繞膝，且寖熾寖昌，將光大其門閭。向非孺人以一木之支，中外撑擋，斷不能至是。孺人之節，詎不偉歟！

余聞孺人祖姑及姑，並以節著。三世冰霜，萃於一門，實爲近今所罕覯。其邀聖天子旌表之典，良爲不忝。

余又聞，孺人少習詩禮，而光嫺於女紅。自遭罹閔凶，益專志於是。嘗謂「人心必有所注，斯妄念不生」。故侍親撫孤之餘，恒繡字不輟。所繡班大家《東征賦》，點畫精妙，殆滅盡鍼線之迹。彭芸楣冢宰偶得借觀，目爲藝林鴻寶，自爲題跋，而命其季女繡之。女即許適曹地山宗伯之子，未婚守節者也。余嘗展册敬觀，如勁柏貞松，森然對峙。此在孺人爲末節，然物以人重，附識之，以爲墨苑之佳話焉。

紀文達公遺集卷第十

孫樹馨編校

跋

御製題孫覺春秋經解六韻恭跋乾隆四十一年

乾隆癸巳，詔求海内遺書以充《四庫》，中外獻書及格者，凡十三家，皆擇其珍祕之本，御製詩章弁於首，俾世守以示褒異。臣昀幸與其數。蒙賜題孫覺《春秋經解》七言律詩六韻，寶墨輝煌，垂光奕世。既而，命以是書付武英殿剞劂。户部尚書臣王際華宣示，定本第四句下有御註「周麟之跋云：『初，王荆公欲釋《春秋》以行於天下，而莘老之傳已出，一見而有惎心，自知不能復出其右，遂詆聖經而廢之，曰：「此斷爛朝報也。」不列於學官，不用於貢舉者，積有年矣。』其説雖未必盡然，而是書爲當時所重亦可見矣」八十七字。第十一句下有御註「此書於紹興間，陽羡邵輯任高郵時鏤板郡齋。檇李張顔又因其移書以周麟之跋語附益卷末，識而弆之。今爲翰林紀昀所藏，僅有抄本耳」五十四字。蓋限於卷端尺幅，未及備書，而其詳則載御集。跽讀之餘，彌增忭幸。伏念臣學殖荒蕪，謬蒙簡擢，得總司編録，偏窺石渠金匱之藏，已爲望外；乃復以家傳舊笈，土壥睿覽，邀錫奎章。稽古之榮，尤逾常格，實不勝鳧藻之至。謹恭摹宸翰，鐫勒貞珉，以昭恩遇，併敬述始末，傳示子孫，俾無忘焉。

御製題明朱載堉琴譜樂律全書恭跋 乾隆五十二年

臣聞「大樂必易」，載於《樂記》，知雅奏無繁聲也。《樂記》又曰：「清廟之瑟，朱絃而疏越，一唱而三嘆，有遺音者矣。」蓋遺者餘也，倚瑟而歌詩，瑟音一鼓，是爲一唱；餘音不斷，歌者遲聲以和之，是爲三嘆。古琴瑟一字一彈，一彈一聲，兹其明證矣。然自三代以來，即有雅樂、鄭聲之分，久而古樂、俗樂混合爲一。非惟哀思柔曼，如《歸風送遠》，諸操不諧於正軌；即《高山流水》，自號賞音如王昌齡所謂「聲意去復還，九變待一顧」者，亦皆掩抑鏗鏘，務求悦耳，豈復伶倫、后夔渾穆淳古之遺哉！唐去古未甚遠，而《國史補》稱：「于頔客彈琴，三分之中，一分箏聲，二分琵琶聲，無本色韻。」知指法盛，琴理晦，其來久也。

惟我聖祖仁皇帝亶聰立極，稽古從先，契天地之元音，溯聖神之舊制，於《御製律吕精義》特闡明古法，垂示來兹。我皇上聖學高深，纂承前緒，詔定中和《韶樂》，一遵軒律舜絃之舊。從前欽定《四庫全書》，既命以《琴譜》之明律吕者入《經部·樂類》，而以俗工之論句撇者入《子部·藝術類》，權衡至當，於琴聲之源流正變業已昭晰無疑。兹復御題朱載堉《琴譜》，訂其指法之訛；又題載堉《樂書》，糾其雜用曲牌之謬。煌煌彝訓，曠若發蒙。蓋心與天地同其體，故能通天地聲氣之原；道與帝王合其符，故能溯帝王明備之奥。有非操縵安絃之流所能窺見萬一者。

臣備員編纂，得仰承聖人之指示，又跽讀宸章，得恭覩聖人之制作，濡毫敬録之下，真不啻身列虞廷，親見依永和聲，《九成》奏而鳳凰儀，不勝欣抃榮幸之至也。

經筵御論恭跋 乾隆五十四年。經筵故事向用一「四書」題，一經題。此次首篇講「聞韶」章，次篇用「子謂《韶》盡美矣」章，以引伸前篇之義

臣聞：聲氣之元，上通造化。道侔乎天地，始能同天地之和；心契乎聖人，始能測聖人之藴。故樂惟聖人爲能作，惟聖人爲能知，亦惟聖人能推其作樂知樂之由，而發揮其微奧，非株守章句之儒所能窺見萬一也。

我皇上協撰乾坤，超軼三五。化裁心矩，經緯萬端，制度明備，囊括百代。欽定《律吕正義後編》、《詩經樂譜》，並剖析精微，刊正謬誤，爲萬禩成範。兹於講幄，復即《魯論》之文，闡繹經旨，宣諭儒臣。溯蒲坂之元音，辨尼山之奥旨。微言大義，炳燿儀璘。非惟何晏、皇侃以來，未明斯理；即紫陽《集註》，一經睿鑑指示，亦灼然共見其拘泥。蓋大舜、孔子，心源遥接。故聆音察理，曠代合符。我皇上無逸永年，化成久道，大舜「垂衣」之化也；綜括三才，陶鈞萬象，孔子「一貫」之學也。有大舜之治，故能作大舜之所作；有孔子之學，故能知孔子之所知。心法、治法，後先一揆，具見於二論之中。

臣等跪聆玉音，不啻恭預虞廷之賡颺，而側聞泗水之講授也。能勿自慶遭逢之盛也哉！

御製耕耤禾詞恭跋 乾隆五十四年

臣聞敬天勤民，帝王之通義也。然必强固精明之氣，足以運行而不息，始能恒

久而不渝。耤田舊典，具載《禮經》。以供粢盛，昭其誠也；以教稼穡，務其本也。歷代相承，罔敢弗舉。顧稽諸史册，以年登上壽之帝王而躬行三推之禮，則未之覯也。我皇上建極斂福，無逸永年，久道化成，康彊逢吉。溯自御宇以來，親耕禾詞宣布中外者，已六十一章。兹己酉仲春，復躬舉耤田，御製《禾詞》三章，被之管絃，韻叶豳雅。於時臣以禮官侍儀臺左，仰見聖躬肅穆，天步從容，紺轅黛耜，往來隴畔者四。周規折矩，安舒中節。諸臣獲預從耕者，咸自愧孱弱，弗及萬一。又咸慶壽考康寧，體符乾健，足卜萬年綿算，與天無極。不勝鳧藻之悃。前者巡幸灤陽，御製「七旬乘馬」之句，海内流傳，莫不欣悦。今聖壽屆八袠，復有親耕禾詞，爲藝林絃誦，其歡忭又當何如乎！臣恭録宸章，上貢册府。一以抒頌祝之忱，一以見聖天子萬幾兢業，惟日孜孜，宵旰勵精，事必躬親類如此，爲三五以來所未有也。

御製至避暑山莊即事得句恭跋 乾隆五十四年

臣聞：《洪範》之衍皇極也，備陳「五福」之斂敷，庶民之錫保，而推其至治之效，則曰：「會其有極，歸其有極。」昔周盛時，王澤洽，頌聲作，《嘉樂》《天保》諸詩，所以抒祝嘏之忱者，洋洋郁郁，至今照耀人耳目。而世傳周公《越裳》一操，尤稱爲太平之極盛。蓋帝王統馭八紘，必萬國之大同，始爲諸福之咸備也。今安南阮惠震慴天聲，皈關内向，獻琛奉賮，萬里梯航。廷臣跽讀宸章及御題識語，咸頌聖天子威德昭宣，仁義兼盡，允上協乎天心。尤慶其不後不先，適以八旬萬壽之前，與屬國藩封同列爻閭，效呼嵩之祝，豈非穹蒼眷顧，特牖其衷，俾應期而至，成千古未有之盛事哉！臣恭録之次，以助順之有驗，益徵申錫之無疆矣。

御製節前御園賜晏席中得句恭跋 乾隆五十五年

臣聞：千古未有之聖人，始能舉千古未有之盛典。我皇上合德乾坤，超越三五。非惟文治武功，爲攝提合雒以來所希覯，即一燕飲賡颺之事，亦爲前史之所無焉。乾隆五十有五年，聖壽八旬，斂福敷錫，溥洽歡心。歲之元正，頒詔中外。塞北天西諸藩臣，咸鱗集仰流；而東之朝鮮、東南之琉球、南之安南、西南之巴勒布，亦皆航海梯山，和會於闕下。

朔六日丁亥，先賜宴紫光閣。越六日癸巳，復賜宴於御園。皇上推同仁之意，垂柔遠之恩，於諸臣正使，咸手卮以賜。聖慈優渥，迴殊常格。其感激懽忭，亦倍萬恒情。午刻，宣示御製詩章，俾使臣能詩者恭和。中惟暹羅、巴勒布二國，文字各殊，不諳聲律。其朝鮮、安南、琉球三國，使臣並拜效頌祝，得詩九章以進。

朝鮮國正使行判中樞府事李性源詩曰：「堯階春葉報中旬，湛露恩深法讌頻。薄海歡欣同玉帛，寰區慶祝競神人。陪筵每感黄封遍，賜醞那安御手親。五紀馨香躋八耋，南山北斗總歸仁。」朝鮮國副使禮曹判書趙宗鉉詩曰：「春回慶歲月中旬，玉帛來庭侍讌頻。姬籙萬年躋壽域，堯階三祝效封人。身沾法醞叨恩曠，衣惹香煙仰聖親。武帳嵩呼同内服，雙擎雲漢頌皇仁。」安南國謝恩正使刑部右侍郎阮宏匡詩曰：「筵開前節值新旬，春暖名園詔問頻。恩侈栟幪高覆物，澤覃優渥廣同人。懷侯柔遠天生聖，飽德觀光子慕親。化外幸陪冠帶會，期頤介壽拜皇仁。」安南國謝恩副使東閣學士宋名朗詩曰：「虞廷肆覲未盈旬，拜奉天恩灌沃頻。不限陽春覃異域，式隆膏澤寵來人。淪肌浹髓知優渥，望日瞻雲妥戴親。分外栟幪何報答，願將嵩壽祝皇仁。」安南國謝恩副使翰林院待制黎梁慎詩曰：「天眷皇王啓壽旬，億年聖澤祝聲頻。御園日暖常佳氣，華宴春濃及遠人。星度共旋依北極，威顔咫尺仰慈親。觀光幸綴明堂列，頂踵均沾雨露仁。」安南國進貢正使翰林院侍讀陳登大詩曰：「虞階何待舞經旬，玉帛初通雨露頻。煦育肯分千里外，綏懷渾似一家人。幸陪周宴清光接，近挹堯樽咫尺親。新寵歸來分海國，共將華祝頌皇仁。」安南國進貢副使東閣學士阮止信詩曰：「華旦欣逢萬壽旬，春卮屢祝叩筵頻。象方玉帛聯王會，鹿宴笙簧慰遠人。望日有年陶煦煖，朝天何幸妥尊親。南歸願即呈黃耇，早拜丹墀仰至仁。」安南國進貢副使翰林院待制阮偍詩曰：「九十韶光甫二旬，靈囿鶯燕報春頻。星馳輪轡趨行殿，雲集衣冠拜聖人。仰見英君德得壽，可知天命敬惟親。金章玉席洪恩浹，瀘傘難酬頂踵仁。」琉球國副使正議大夫鄭永功詩曰：「御極垂衣正八旬，普天沐德獻琛頻。四夷駢貢蒙皇化，五代同堂仰聖人。召入華筵龍液洒，飛登紫苑鳳卮親。天顔咫尺沾恩湛，永祝昇平萬壽仁。」

伏考外國詩篇進於朝廷者，惟白狼王《唐菆歌》三章最古。然實舌人所代譯，其原詞尚載《東觀漢記》中，不能諧音律也。唐貞觀中，有南蠻酋長馮智戴詠詩之事，特一人而已，其詩亦不傳。次則景龍中，正月五日蓬萊宮春宴聯句，有吐蕃舍人明悉獵一句，此外無聞焉。今乃同文者三國，能詩者九人，恰以聖壽八袠之歲，同日預宴賦詩，此非千古未有之盛典歟！人徒見荒憬旅來，不辭險遠，不知由德所浹者深，威所震者遠也。人徒見海國山陬亦能賦詩，不知由文教覃敷，久已化行於域外，不自今日始也。至於適以舉行慶典之年，有此度越億齡之事，則由於天申保佑，特以是爲神符靈爽之徵，益非偶然而致矣。

臣備員秩宗，職典屬國。又叨預嘉宴，目覩其盛。實不勝鳧藻之至。謹恭録聖製而附紀諸陪臣之和章，以昭示萬世。知皇上聖化，爲千古所未有焉。

御製壽民詩恭跋 乾隆五十五年

臣聞《周易》稱：「乾道變化，各正性命。」而《中庸》首章乃以「天地位，萬物育」爲致中和之極功。蓋氤氳化醇，皆生機也；蜎飛蠕動，皆生意也。然或有所夭閼於其間，則其生不遂，於是聖人有參贊之功焉。所謂「爲天地立心，爲生民立命」者是也。故橫海之鱗，必於巨壑，近網罟者則不能；干雲之木，必於穹巖，戕斧斤者則不能。老壽之民，必於太平之世，叔季凋敝者亦不能。理之自然，如操左券矣。我皇上御極五十有五年，太和翔洽，桐生茂豫，億兆胥登於仁壽。臣在春官，檢核舊籍，每年以百歲請旌者不能縷數。今歲正月，恭逢聖壽八旬，州郡以百歲奏者尤衆。是非氣淑年和之驗歟？其尤幸者，或以兄弟比肩；或以夫婦齊眉；或以一堂五代；或以恭遇巡省，鳩杖迎鑾，得邀宸翰之榮，用著熙朝之上瑞，而昭優禮耆耇之盛典。見於御製詩集者，炳炳麟麟，榮鏡宇宙。臣謹恭録成册，以垂示奕禩。自此以往，聖壽益長，聖澤益渥，黄髮台背之叟，荷賜奎藻者亦益繩繩不已。恭俟御製詩集以次續編，以次頒行於海内。臣更將以次敬書，用彰久道化成之極盛焉。

經筵御論恭跋 乾隆五十五年

臣聞《周易》一書，以天道明人事，故六十四卦之象傳，皆有「君子以」字。《中庸》一書，則以人事合天道，故託始於天命而歸宿於上天之載。是皆聖人效法之學，儒者類能言之也。然儒者之所講，循文訓詁而已。至於保合太和之原，則惟聖人始能合其德，亦惟聖人始能通其微。一經闡發，人人覺愜理厭心，如得諸意中，而實則出千古之意外。斯則淺者見淺，分量有所不能强矣。

今歲經筵，進講《中庸》「栽者培之，傾者覆之」，《周易》「天行健，君子以自彊不息」，諸臣覃精研思，不能出先儒舊義之外。迨跽聆御論，始悟天與人物本爲一體。栽培傾覆，胥推於乾元之中。行乎其所不得不行，人惟當順天之常，克己之私。又悟「自彊」有二義：一曰自己，一曰自然。揭聖賢由勉入安之序，而示其致力之根本，在於孔、顔之論仁。

臣伏而繹思之，六經之旨，包括宏深，儒者見仁見知，各舉一端，往往不能盡其奥。故自其流行者而論，則氣數由於天地；自其樞紐者而論，則天地亦在氣數之中。漢儒六日七分之學，以六十四卦配三百六十日。邵氏《皇極經世》之學，以六十四卦配元會運世。其間盈虚消息，即爲吉凶治亂之所由，而天道人事並隨以轉移。雖有聖人，亦不能不委順於其際，此定理也。然未有用以詮「栽培傾覆」者。講《周易》者，有變易、不易二義；講知命者，有安命、立命二義。蓋必互相發明，其理始備。而講《周易》「自彊不息」者，則僅有自己之一義，而自然之一義亦歷代未經論及。豈非均索之四海之外，而失之目睫之前歟！今經指示，曠若發蒙，豈但爲説經之圭臬乎！聖神功化之極軌，俱已探其本原矣。臣恭録之下，益信惟聖人能知天，惟聖人能合天也。

御製雲貴總督富綱奏緬甸國長孟隕遣使祝釐並乞封號詩以賜奬恭跋 乾隆五十五年

欽惟我皇上威弧高張，德車遠届。儀璘所燭，砥屬維均。譬青陽之育物，而桐生茂豫；象霆聲之發榮，而壥處傾聽。夔鼓所震，遐軼豎亥之步；象胥所通，咸順夷庚之軌。《王會》所圖，蓋藻繪歲增焉。豈非道至大故化至神歟！曩歲戊申，緬甸國長孟隕革心面内，稽首款關。皇上嘉乃梯航，鑒其葵藿，飫以太極之泉，饗以大予之奏。翹企而至，喜北闕之是瞻；詠蹈而還，感南車之用導。遂乃抃迎聖渥，仰矚天容。海燕熙陽，河魚戴斗，重獻益疆之版，來奉介壽之觥。敬效貢篚，祈求册命。攄其丹悃，申以緑章，懇摯之懷，披牘如覿。皇上惠兹驃國，錫以龍光。寶篆璘瑞，遐賁乎九譯之區；奎文炳燿，榮鏡乎六詔之外。四瀛傳誦，胥頌聖天子綏柔之略、幬載之仁，爲三五以來所未有焉。夫陽氣萌而荔挺出，協風至而倉庚鳴，天地之仁，不遺乎一物者也。陽燧耿爓於丹曦，寸管回春於暖律。一物之誠，上通於天地者也。皇上以甘露時雨，涵育乎徼外；孟隕復以鱗集仰流，上格乎帝心。古所云「中外一家，天地交泰」者，兹其明徵矣。臣備員春官，職典屬國，恭録宸章，誠不禁慶幸之交集也。

御製八徵耄念之寶記恭跋 乾隆五十五年代作

臣聞：帝王之政，挈道樞者惟心，揆化機者則惟理。理經緯萬端，而本原於帝綍。故必人事協於矩，乃德與天符；必德與天符，乃馨香感福禄備焉。《洪範》一篇，和同於天人之際，蓋以此也。我皇上斟元陳樞，總持六幕，軒銘堯誡，日慎一日，於今五十有五載。兹逢八旬萬壽之期，更特鐫八徵耄念之寶，親製記文，以昭慎憲省成之淵衷。咸謂聖天子年彌高，德彌劭，精明强固，將與方儀圓象同悠久無疆。

臣跽讀而繹思之。我皇上得天久照，緝熙光明。前特命於《經筵歌》抑戒，以著耄而勤學之思；今歲進講《周易》，跽聆御論，於乾卦大象，闡自己、自然二義。大聖人協撰乾元，健行不息。臣工固莫不仰窺之。姬公陳訓稱：「無逸永年。」武王著銘曰：「敬慎必恭，恭則壽。」跽讀御製《無逸論》、《五福五代堂記》，大聖人綿算延洪，康彊逢吉。臣工亦莫不頌祝之。然念之云者有實用焉，非徒曰心之精神謂之聖也。徵之云者有顯證焉，非徒以讖緯術數推衍機祥也。蓋《洛書》之數：一曰五行，明天道；二曰五事，明人事。八曰庶徵，明天之通乎人。九曰五福，明人之格乎天。而居中扼要，則歸本五位之皇極。鄭康成、孔安國皆曰：「皇者，大也；極者，中也。大中者，無過不及之謂也。」權衡在宥，規矩從心，乃以役使羣動，萬化咸宜焉。舜曰「執中」，湯曰「建中」，胥是志也。

臣仰荷聖渥，通籍已五十五年。歟歷中外，洊登禁近，得日瞻穆穆之光。雖識見檮昧，未足知聖化之萬一，然步躔之所測，究勝握管之所闚。伏見我皇上提挈天綱，經綸百度，與時張弛，消息變通。如井田、封建、車戰斷不可行於後世者，皆著論以闢其謬。而禮樂刑政，師古之意，以權今之宜。與二帝三王心法、治法，皆若合符節。

我皇上念典於學，茹涵百代，抉經之心，執聖之權。《御製詩》五集，陶鑄雅頌；《御製文》二集，含吐典謨。自天苞地符，未闡斯祕。而義關勸戒，弗尚華詞，明著於聖諭。

欽定《四庫全書》，函溢六千，卷逾八萬。極古今圖籍之富，而權衡曲當，衮鉞炳如。不容一非聖之語，又極義例之謹嚴。

我皇上神武天錫，威弧震疊。凝神九天之上，而制勝萬里之外。龍沙葱雪三十六國，指顧蕩平；冉駹兩國、吐蕃九姓，古來號爲天險者，旗鏠所指，咸藉場艾旃；鮫室蜃窟，大瀛隔越，亦長鯨就翦，海不揚波。然逆則討，服則舍，苟尉佗稽首，唐莋陳詩，則義取止戈。綏柔曲逮，兩階干羽，原與青邱夔鼓，稱物以施。

我皇上論辨官材，甄別流品，仿虞典之三考，侔周京之六計。滋蘭刈艾，披沙揀金。日月貞明，物無遁影。然菁莪樂育，茅茹彙征。貢舉增科，學校擴額。四門大闢，俊民用章。至題特奏之名，標五老之榜，莫不彈冠結綬，頌壽考作人。

我皇上綜覈邦計，示儉防奢。蠹剔侵漁，杜絕冒濫。持籌司會，出納有經。然民生國計所關，則不言撙節。統計御極以來，蠲租賦者不知幾千百萬，免銍秸者不知幾千百萬，增賑卹者不知幾千百萬，貸鹽筴蘆課者不知幾千百萬，築河渠城垣者不知幾千百萬，至蒐軍實、修武備，一歲加饟三百萬，更永永無極，又何嘗纖毫靳惜歟！

我皇上明察庶物，矜慎祥刑。稂莠翦而嘉禾榮，雷霆鼓而句萌動。辟以止辟，用弼教協中，若情異怙終，則恩宏湯網。自金雞肆眚以外，爽鳩讞牘，歲有矜疑，凡庭堅執法，「堯曰宥三」載秋官之籍者，蓋不能縷數焉。

凡兹聖政，皆秉大中。蓋照臨如鑒之明，故萬事萬物之情，具燭其隱；裁制如衡之準，故不偏不倚之節，各適其宜。箕子所謂「皇極」者，此也。皇上所以念用庶徵者，此也。

臣備員樞密，内朝燕見，日聆玉音，仰識睿慮周詳。或圖度於幾先，或防維於事後，無不窮人情事勢之微，而權以天理。其緩急輕重之機，諸臣所不能驟喻者，每委曲宣示，曠然開悟，如仰睹三光。而臣所意喻心領，欲贊頌而無以形容者，尤在身經之數事。

夫倏忽萬變，莫過於兵。皇上征伊犂，討回部，定金川以及秦隴諸役，臣並執殳以從。其間山川險阻，隨地殊形。進退攻守，因時異勢。臣身在戎行，尚持疑弗審，皇上發縱指示先機，決勝千里外，如指諸掌。軒皇之親臨涿野，不是過也。曼衍無定，莫過於水。臣嘗奉命數視洪河，一閲大江。於横河之所衝擊，孰險孰夷，孰築孰濬，淼無涯涘，猝不得端倪。皇上揆度形勢，指示機宜，驗若符券，剋期順軌。神禹之躬乘四載，亦不是過也。至情僞萬狀，無過訟庭。秋官案牘，臣所總掌。雖與司讞諸臣研核情詞，參稽律令，罔敢弗詳弗慎。然輕重出入，一經皇上酌裁，必批導窾會，辨析毫釐。每承訓誨，皆曠若發蒙。非造化在手，心矩不踰，能如是順應咸宜歟！非用志不分，恒久無息，能如是精義入神歟。

然則臣所謂八徵之念本於皇極者，確無疑矣。臣因經義而推之，是訓是行，以近天子之光。曰：「天子作民父母，以爲天下王。」皇極之文也。今九域之内，方趾圓顱，雲合鱗萃，同額手而祝純嘏，非其驗乎？「無偏無黨，王道蕩蕩；無黨無偏，王道平平；無反無側，王道正直。無有作好，遵王之道；無有作惡，遵王之路。會其有極，歸其有極。」皇極之文也。今炎海雪山之外，譯使奉琛，名王詣闕，同獻萬年之觥，爲開闢以來所未聞，又非其驗乎！然則所謂「皇建其有極，斂時五福。用敷錫厥庶民，維時厥庶民于汝極，錫汝保極」，亦必驗可知矣。億萬長齡，可據經文爲券，即可據御製爲券。彼伏勝、董仲舒、劉向、劉歆之流，附會五行，烏足知聖人用中之精義哉！

聖製十全老人之寶説恭跋 嘉慶元年代作

聖人之福禄，由於聖人之功化；聖人之經綸，由於聖人之道德。而提衡九宇，統馭萬端，則皆貫以聖人不息之精神。聖人不自言或偶言之，亦不盡發其藴奥。故天下順則而不識不知，即偶睹萬一，亦不能深測其淵源。然天不可知，而七政二十八躔，循環斡運，嘗步算者能推之；聖人不可知，而一言一動，左右史之所記，近光者亦或畧窺之。

臣恭讀《聖製十全老人之寶説》有曰：「十全本以紀武功，而十全老人之寶，則不啻此也。」紬繹敬思，仰見太上皇帝斟元陳樞，撫函夏者六十載。自御極以來，敬天法祖，勤政愛民，以及文德武功之隆盛，皆超軼三五。即親傳大寶，授受一堂，定志於昭事之初，而諧願於週甲之後，亦書契以來所未睹。天下臣庶，徒見升香薦玉，開九袠後猶皆親詣，精禋如是之虔恪也。實録寶訓，無一日不躬讀。一詔一命，時念舊章；一詠一吟，時懷家法。繼承如是之敬慎也。宵衣旰食，無不惕厲之時；察微知著，無不詳求之事。凡有益下之政，雖億萬不惜；凡有濟衆之舉，雖煩勞不憚。如是之精明强固，愷悌慈祥也。

若夫奎藻裔皇，榮鏡宇宙，富涵山海，巢、燧、羲、軒未可倫比。右文稽古，經籍道昌，與東壁西崑，光華照映，尤非石渠天禄所能並。儒林傳誦，徒驚爲雲日焜燿、星漢昭回而已。即握機九重之上，決勝萬里之外，窮荒絶域，山經地志所不載，職貢王會所未圖者，天弧所指，罔不掃穴犁庭，回面向内。亦徒驚靈夔震擊，威侔雷霆而已。至於經緯萬端，役使羣動，一以貫之之精神，則淵穆深邃，天下莫得而見。即偶見一二，亦莫得測度高深。

臣弱齡通籍，實在正位之初元，仰蒙教育豢養，已六十一年，沐聖澤者久；又叨侍禁籞，日聞揆度萬幾，指示得失，瞻天光者尤近。雖知識檮昧，不能深領皇極之彝訓，而管闚蠡測，終與逖聽者殊。竊維天地一至誠，維聖人與天地同；體用亦一至誠，維至誠無息，故太極渾淪，函三育萬，一氣絪縕，綿綿而不可紀極，所謂「於穆不已」也。聖人博厚高明，而悠久無疆，所謂「純亦不已」也。

太上皇帝行健體元，久道化成。無地不覈以實政，無事不行以實心。六甲五子，歲紀一週。而夙夜勵精如一日，未有一息容，未有一懈志。聖壽益高，則古稀有説，《八徵耄念之寶》有記。是非惟不倦，且兢業益加。此百度所以胥理，庶績所以咸熙也。非至誠能之乎？惟誠故明日月□二氣之純精，❶故得天久照。聖人之心純粹以精，故至一而不雜，至静而不擾，至清而不障。不雜、不擾、不障，則鑑空衡平，物來順應，不必事事綜覈，而無不在洞燭之中。

太上皇帝天懷沖穆，道性澄寧。綜理庶務，未嘗逆億，亦未嘗不前知。未爲已甚，而未嘗不去已甚。官政之得失，人材之良楛。臣外在邊圉，内在樞密，六十載以來，僂指默數，莫不知在幾先，慮周事後，神運一心，遠見萬里。非所謂誠精故明乎！惟誠能格，至治馨香。神明斯感，故聖人明天察地，而上帝居歆。其在《詩》曰：「宜民宜人，受禄于天。保佑命之，自天申之。」蓋應天以實不以文，故歡心溥洽，貞符響應。前代帝王，非無黄琮蒼璧之儀，非無轉粟鑄金之詔，而咸未能下洽輿情，上通昊綍，綿延福禄，昭受無窮，得與太上皇帝齊軌者。蓋以實意事天，無高弗達，故天鑒而集其祥；以實意恤民，無細弗周，故民氣和樂，頌聲以作，衆志大同。

我聽我視，天益嘉而篤其祜。即今五世同堂，康彊逢吉，親舉皇帝之寶，授受於太和殿。覺自古勳華，雖聖人而非父子；沿及唐宋，更無論焉。豈非至誠感神，故神符靈契，用成曠古未有之盛，用纘曠古未有之福哉！且夫惟聖知聖，此一誠之相印也；惟聖契聖，此一誠之相傳也。嗣皇帝毓德自天，承兹泰運，迨宣詔青宫之

❶「□」，嘉慶本此處空缺，道光本作「爲」。

日，益仰見德量淵涵，渾然造化，非庸耳俗目所能測。而太上皇帝鑒照如神，早定儲位於癸巳，歷試二十餘載，果符先定之志，乃正名分，承統緒焉。豈非惟聖知聖，惟聖契聖哉！然則太上皇帝以至誠而成大化，致諸福道，與天合符，則景祚與天合符可知也。嗣皇帝以至誠而承聖訓，繼鴻庥道，與太上皇帝合符，則景祚與太上皇帝合符又可知也。我國家億萬萬年無疆之慶，實基於此矣。

臣備位綸樞，恭逢大禮慶成，職應恭率在閣諸臣，呈進詩册。竊謂歸美報上，事事皆有實徵；而修詞立誠，言言要歸質當。矧聖德神功，彌綸垓極；戔戔藻韻，恐不足以摹繪天日。謹擬《十全老人之實説後跋》一則，陳其隅見。實徵之，質言之，較爲親切而著明。謹拜書於簡末，誠慶誠忭，誠悦誠服，拜手稽首以獻。

御製辛酉工賑紀事序恭跋 嘉慶八年

臣聞：天地之運，一往則一來，一闢則一翕。盈虚消息，迭起環生。氣相循而運成，運相積而數定。數之所至，天地亦無如何也。然而皇穹仁愛，恒以補救之權委之聖人，使以人事挽回彌縫闕陷。《易》象傳曰：「雲雷屯，君子以經綸。」言數值其屯，必賴君子之經綸也。故九年之水，數不可易，則生禹敷土；七年之旱，數不可易，則生湯鑄金。二聖人者，豈不知盈虚消息有數存哉！乃奮起而與數争，卒登天下於衽席。亦曰「天意如斯，吾敬承之」云爾。臣嘗竊論之：安命者，君子之學也；造命者，帝王之事也。漢儒説《易》有六日七分之法，以六十四卦排比於一年三百六十日，而以是日所值之卦斷吉凶。邵子推而廣之，以六十四卦排比於元會運世，而以是年所值之卦斷治亂。年代邈遠，人事紛繁，偶爾相值，亦或似小小有驗。然據此爲定，則一身之禍福皆定數，吉不必「惠迪」，凶不必「從逆」矣。一代之興衰皆定數，堯舜不爲有功，桀紂不爲有罪矣。天豈以此限人？聖人豈以此立教哉！

嘉慶辛酉之夏，霖雨不息，桑乾水漲。毗連都城之南，禾麻浥損，廬舍圮頹，男婦之流離饑困者不知凡幾。論者謂：甸服百里之内，人情機巧，風氣日澆，以是干帝之怒，宜有是譴。是固未必不然。然天心仁愛，終不盡劉，康濟保全，實有屬於聖主。皇帝仰體上蒼好生之心，力拯下土凋瘵之命。蠲租蠲欠，施食施衣，所以撫恤之者無不至。又特遣大臣分巡郊甸，使纖微疾苦無不上聞。迨水涸天寒，復籌興工代賑之策，俾各食其力。觀一隅之偏災，而疊沛之絲綸。臣工之章奏，至於裒成巨帙，則區畫之周詳可知矣。

跽讀御製序文，藹然天地父母之心。壠處傾聽，亦心脾感沁，況近在輦轂，身受而目擊者乎！歡忭莫名，謹綴蕪詞，以昭示奕禩。咸知帝王之功可補氣數。庶不以讖緯百六陽九之説，委諸天命矣。

御製平定三省紀畧恭跋 嘉慶八年

臣聞：物情百變，各有其因。帝治萬幾，在察其本。惟聖人智周道濟，能從其本而理之，則挈領提綱，天下舉而運諸掌。故非常之事，不應有而忽有，其釀之必非一朝。知其所以亂，即知其所以治矣。易集之功，可以成而不成，其撓之必非一端。知其所以敗，即知其所以勝矣。

我國家誕膺景命，仁育廣輪。海嶽清

寧，久安耕鑿。乃竟有伏戎於莽，竊聚萑苻。論者謂，幫源左道，餘孽蔓延，蠱惑人心，漸以搖動，於是一發而燎原。然日嚴傳教之禁，而傳教者彌衆也。惟皇上光明心鏡，四照無方。知民氣之悖悍，由於民志之怨讟；民志之怨讟，由於官役之侵蝕。封疆大吏，或簠簋不飭，竟藉以增郿塢之藏；或潔己有餘，詰姦不足，務持忠厚之論，使貪墨者益無所忌。鋌而走險，此其故在官不在民也。赫然天斷，取黷貨者服上刑，而一二遷就瞻庇者，亦以次罷斥。貪狼伏匿，翼虎翦除，官不追呼，民安作息。脅從者穰穰胥歸，嘯聚渠魁遂孤弱而盡就殄滅。民爲邦本，本固邦寧，其是之謂歟？微聖鑒高深，烏能治肇釁之本而其末自理哉！

至我朝神武開基，奄有函夏，殲除梟獍，蕩滌鯨鯢。雖懸渡之外，戰無不克；而潢池盜弄，乃數載稽誅。咸以爲太平日久，人不習兵。而不知一由趨避太巧，推諉者不前；一由畛域太明，越境者即免；一由勢分相軋，兩不相下，互忌其有功。故兵非不衆，糧非不足，徒以不和而不克。此其過在將不在兵也。惟皇上端拱九重，坐照萬里，申明軍律，嚴正典刑。誅一人而羣心警，大勳乃以告成。寸樞轉關，其斯之謂。豈非操其本則末盡舉歟！

臣檮昧之見，如蟪蛄之不知春秋。於神謨廣運，帝綍潛通，經緯萬端，運量六幕，精微宏遠之聖裁，不能窺測萬一也。而管蠡所及，仰見皇上統馭八閎，清釐庶績，事事必治其本。抒所能知，昭示後世。亦竊附於「嘗水一勺，可知海味」云爾。

紀文達公遺集卷第十一

孫樹馨編校

書後

書毛氏重刊説文後二則

自李燾《説文五音韻譜》行於世，而《説文》舊本遂微。流俗不考，或誤稱爲徐鉉所校許慎書。琴川毛氏始得舊本重刊之。世病其不便檢閲，亦不甚行。其板近日遂散失。然好古之士，固寶貴不置也。此書爲字學之祖，前人論其得失甚具。其相承增改之故，徐鉉所記亦甚詳。惟書中古文、籀文，李燾據林罕之説，指爲晉幍令吕忱所增入，其論頗疏。考慎《自序》云「今敘篆文，合以古籀」，其語甚明。又云「九千三百五十三文，重一千一百六十三」，其數亦具在。則罕所稱吕忱《字林》多補許氏遺闕者，特廣收《説文》未收字耳，非增入《説文》也。《字林》今雖不傳，然如《廣韻》一東韻烔字、䆗字，四江韻噥字之類，注云出《字林》者，皆《説文》所不載，是其明證。燾蓋考之未詳也。己卯正月二十五日，閲《通考》所載《五音韻譜》前後二序，書。

孫愐《唐韻》，世無傳本。獨此書備載其反切，唐代韻書之音聲部分，粗可稽考。《康熙字典》所載《唐韻》音某者，皆自此書采出，非真見孫愐韻也。則此書之可貴，不但字畫、訓詁之近古矣。

書明人重刊廣韻後 三則

《廣韻》五卷，明時内府所刊行。顧亭林重刊於淮安者，即此本也。大體與張氏所刊宋本《廣韻》相類。惟獨弁以孫愐《唐韻序》，及「二十文、二十一殷」各注「獨用」爲不同。考唐人諸集，以「殷」韻字少不能成詩，往往附入「真、諄、臻」，如杜甫《東山草堂》詩，李商隱《五松驛》詩，不一而足。然絶無與「文」通者。《説文》所載《唐韻》反切，「殷」字作「於身切」，「欣」字作「許巾切」，直用「真諄臻」中字爲切脚，可知「殷」不通「文」，猶是唐人部分。且「殷」字爲宋廟諱，故殷芸改稱商芸，殷文圭改稱湯文圭。其餘宋韻存於今者，無不改爲「二十一欣」，此本猶標「殷」字，必非宋書。故余跋張本《廣韻》，頗以《切韻》《唐韻》宋時皆名《廣韻》，疑此本即孫愐書。雖無確證，然孫愐以後陳彭年以前，修《廣韻》者，猶有嚴寶文等三家，斷以「殷」之一字，決爲未經重修之本，則似可據也。注文相同，蓋即丁度所譏「多用舊文」者。彭年等所修《玉篇》，較舊文亦無大增損，可以互證。其文似經删削，朱竹垞謂明代中涓爲之。然考「東」字下張本注曰：「舜七友有東不訾」，此本誤作「舜之後有東不訾」。黄公紹《韻會》所引乃同此本，則此本元時已然，不必出自明代中涓矣。緣二本並行，頗滋疑惑，故畧爲考證，書之卷末。❶

同年王舍人琴德，博雅士也。藏有元人所刊小字《廣韻》與此本正同。卷末稱

❶ 此段，北京大學圖書館藏《唐韻》五卷，扉頁有紀昀款楷書考證三則，均無標題，其一即此文。「卷末」後有「己卯正月二十六日河間紀昀題」十三字。

「乙未歲，明德堂刊」，不著年號，而字畫板式確是明以前書。內「匡」字韻下十二字，皆缺一筆，蓋因麻沙舊本翻雕而改補宋諱未盡者，益信當日即有此本，非明代中涓所删矣。❶

余得王舍人元槩《廣韻》，知此本確爲宋代舊書。然終以不著年號爲疑。後閲邵子湘《古今韻畧》目録，「十二文」下注：「《廣韻》文、殷各獨用。」例言又曰：「宋槧《廣韻》五卷，前有孫愐《唐韻序》。」注簡而有古意，然則此爲重刻宋本無疑矣。

書張氏重刊廣韻後二則

《廣韻》定於宋。既而宋祁等議其有誤，科試終宋之世廢不行。其得存於今者，幸也。此本爲吴郡張氏所翻雕。書中已缺欽宗諱，蓋南宋槧本。陳氏《書録解題》曰《廣韻》五卷，《中興書目》言「不知作者」，按《國史志》有「《重修廣韻》」，《景祐集韻》亦稱：「真宗令陳彭年、邱雍等因陸法言韻就爲刊益。今此書首載景德、祥符勅牒，以《大宋重修廣韻》爲名，然則即彭年等所修也。」據其所言與此本正合。注頗冗雜，故丁度《集韻》稱彭年、雍等所定，「多用舊文，繁畧失當」。又譏其「一字之左，兼載他切，既不該盡，徒釀細文。姓望之出，廣陳名系，既乖字訓，復類譜牒。潘次耕序乃以注文繁複爲可貴，過矣」。別有明時刊本，大體畧同。惟「二十文，二十一殷」，各注「獨用」，與此本異。考《唐志》、《宋志》，皆稱陸法言《廣韻》五卷。則

❶ 此段，北京大學圖書館藏《唐韻》五卷，扉頁紀昀考證第二則即此文。「删矣」後有「二月初四日昀再題」八字。

《切韻》改稱《廣韻》已在宋前。此本不曰「新修」而曰「重修」，明先有《廣韻》也。明時所刊，疑爲未經重修之舊本。故「殷」不改「欣」，直犯廟諱；「文」不通「殷」，唐時部分未移。又晁氏《讀書志》曰：「《廣韻》五卷，隋陸法言撰。其後，唐孫愐加字，前有法言、長孫訥言、孫愐三序。」則當日《唐韻》亦兼《廣韻》之稱，愐書雖不傳，然徐鉉校《説文解字》注中反切，明言用愐舊音。今考其九千三百餘字之中，與《廣韻》異者纔數處，知《唐韻》《廣韻》相去無多。「多用舊文」，良非虚語。又疑明時所刊，乃取孫氏之書，而節刪其注文，其獨冠以《唐韻》之序，未必無所受之也。西河毛氏常以二本互異，議《廣韻》之不足憑。因爲考列諸書，附識於左。己卯正月二十日書。

明内府所刊《廣韻》，注文頗畧。竹坨以爲中涓欲均其字數，故刪削其文。乾隆癸巳，余在書局見官庫所藏至元乙未小字刊本，與明内府所刊一字不異，乃知中涓刪削之説，出於竹坨之臆撰。次耕謂：「歷代增修，雖有《切韻》、《唐韻》、《廣韻》之異，而部分無改。唐宋用以取士，謂之官韻。」説亦未然。考《封演聞見記》，唐代場屋用陸法言《切韻》，其「通用」、「獨用」，乃許敬宗所定，無遵用孫愐之明文。宋則以《禮部韻畧》試士，今其書尚存。《廣韻》、《集韻》均未用之於科舉。又《東軒筆録》稱：「賈昌朝奏改併窄韻十三部，許舉子附近通用。」是宋韻部分亦與唐殊。均爲考之未審也。丙午七月二十四日，偶閲舊題，因疏所未及於此。時年六十有三，距舊題已二十八年矣。

書禮部韻畧後 二則

《禮部韻畧》，宋人科試官韻也，亦曰《省韻》，亦曰《監韻》。晁公武《郡齋讀書志》曰：「《禮部韻畧》五卷，皇朝丁度等撰。元祐中，孫諤、蘇軾再加詳定。」今考下平聲，併「嚴」於「鹽添」，併「凡」於「咸銜」，全用《集韻》之例，信出度手。又郭守正《校正條例》稱：紹興中《省韻》載三十六「桓」，此本已避諱作「歡」，蓋景定中重刊，補注之所改，非有二本也。收字頗狹，然應用者已畧備。注亦簡明，蓋其時慎重科試，雖增添一字，亦必奉詔詳定而後入。且注明續降補遺，不混本書。故其書謹嚴不支蔓，較諸韻爲善本云。

此書宋代行之最久，莫敢出入。雖「通用」「獨用」之例，視唐人稍殊，然部分未亂，猶可稽考。毛晃《增韻》，始倡爲「支微、魚虞當合，麻馬禡、車寫借當分」之論。劉淵所定壬子新刊《禮部韻畧》遂盡廢二百六韻之部分，併爲一百有七。古來文殷、鹽添、咸銜、嚴凡之界限，遂不可復見。世俗樂其簡易，承用至今。村塾荒傖，且有堅信爲沈約書者。道聽塗説，不可復正。幸而此書尚存，得以考淵併省之所自，則其有關於韻學，亦不在《廣韻》下也。

書浦氏史通通釋後 二則

《史通》，號學者要書。其間精鑿之論，足拓萬古之心胸；而迂謬褊激之處，亦往往不近人情，不合事理。固宜分別觀之。長夏畧爲刪削，以朱紫緑三色點之。輕議古人，自知庸妄。然子玄敢於詆孔子，則踵而效者，子玄亦不能咎矣。

浦氏此注，較黄氏本爲詳，所評亦較黄爲精審。惟輕改正文，及多作名士詩詐語，是其所短耳。

書八唐人集後

二馮《才調集》，海内風行。雖自偏鋒，要亦精詣，其苦心不可没也。第主張太過，欲舉一切而廢之，是其病耳。此八家詩，是小馮手迹，與《才調集》看法正合。著語不多，當是几硯間隨筆所就者。《許昌集》尾有「鈍吟自署」，嘗以示蒙泉太史，亦定爲真迹不疑云。

書韓致堯翰林集後 二則

致堯詩格，不能出五代諸人上。有所寄託，亦多淺露。然而當其合處，遂欲上躪玉溪、樊川，而下與江東相倚軋。則以忠義之氣，發乎情而見乎詞，遂能風骨内生，聲光外溢，足以振其纖靡耳。然則，詩之原本不從可識哉！

陽和陰慘，四序潛移，時鳥候蟲，聲隨以變。詩隨運會，亦莫知其然而然。論詩者不逆挽其弊，則不足以止其衰；不節取其長，則不足以盡其變。詩至五代，駸駸乎入詞曲矣。然必一切繩以開寶之格，則由是以上，將執漢魏以繩開寶，執《詩》《騷》以繩漢魏，而《三百》以下，且無詩矣，豈通論哉？就短取長，而纖靡鄙野之習，則去太去甚焉，庶幾乎酌中之制耳。

書韓致堯香奩集後 三則

《香奩》一集，詞皆淫豔，可謂百勸而並無一諷矣。然而至今不廢。比以五柳之《閒情》，則以人重也。著作之士，惟知文之能傳人，而不知人之能傳文。於此亦可深長思矣。閲《翰林集》竟，因併此集點閲之，並識其末。

身列士林，而詞效俳優，如律之以名教，則居然輕薄子矣。然而唐室板蕩之時，視長樂老之醇謹，其究竟何如也？九方臯之相馬也，取之於牝牡驪黃外，有以也哉！

《香奩》之詞，亦云褻矣。然但有悱惻眷戀之語，而無一決絶怨懟之言，是亦可以觀心術焉。

書黃山谷集後 五則

涪翁五言古體，大抵有四病：曰腐，曰率，曰雜，曰澀。求其完篇，十不得一。要之，力開窔奥，亦實有洞心而駴目者。別擇觀之，未嘗無益也。

七言古詩，大抵離奇孤矯，骨瘦而韻逸，格高而力壯。印以少陵家法，所謂具體而微者。至於苦澀鹵莽，則涪翁處處有此病，在善決擇耳。但觀漁洋之所録，而菁英亦畧盡矣。

涪翁五言古律，皆多不成語，殆長吉所謂「强回筆端作短調」耶？五六言絶，大抵皆粗莽不成詩。

涪翁七言絶，佳者往往斷絶孤迥，骨韻天拔。如側徑峭崖，風泉泠泠。然粗莽支離，十居七八。又作平調，率無味。人固有能不能耳。

東坡評東野，比之於蟹螯。予謂山谷亦然。然於毛骨包裹中，剥得一臠，自足清味。未必遜屠門大嚼也。要在會心領畧耳。

書蔡葛山相國延禧堂壽言後

吾師葛山先生，以通儒碩學遭逢聖代，仕宦五十餘年，躋身台輔，投老懸車。蓋早宣黼黻之謨，晚適林泉之樂，恩榮終始，實近代罕儔。迨壽届九旬，康强如昔。

士大夫僉曰：「公之福，公之德也。」抑天地山川之氣，必昆侖渾厚，發育滋榮，而後松柏茂；必清淑靈秀，蟠結孕育，而後丱金璞玉出。此實國家之上瑞，非第公一人一家之慶也。於是相與作爲詩歌，表章其盛。公子千之舍人彙爲一集，而屬昀跋其尾。

昀，老門生也。從公游最久，辱公知亦最深。竊謂閩中學派，蔡氏爲遠。西山九峯父子，皆結契紫陽；明代虚齋，亦醇儒稱最；本朝聞之先生，接李文貞之後，蔚爲士宗。舊學甘盤，宣諸綸綍，儒者以爲至榮。公以猶子承家學，入直禁廷，後先濟美。平生温厚和平，圭棱不露。而孤清自守，實介介不踰尺寸；沈默簡重，無事不多發一語。而遇所當言，則未嘗遷就。以是負天下之重望，九重亦倚毗焉。或惜公抱經世之畧，未能敭歷封疆，一試盤錯，爲未盡展道學之藴。昀謂，士大夫位登卿相，爲國股肱，於朝局賢姦之辨，不得不争，於事幾利害之交，不得不論，此聖賢之定理也；如上遇聖主，百度肅清，而必嘵嘵焉務見所長，立己之功而反撓國是，是豈聖賢之所許哉！王安石輩弊正坐此。公穆然不見有爲之迹，是道學而能祛道學之弊，人烏乎識之。我太上皇帝知周萬物，如日中天，凡廷臣隱微之忱，無不坐照。簡公於庶僚之内，置之禁籞，登之綸扉，至今致政閒居，恩禮有加於往昔，非公之立志立身，確有上契天心者，烏能如是哉！然則觀是集也，非惟見公之福澤足爲國瑞，併公所以致是福澤者，亦灼然可思矣。

書李杏浦總憲年譜後

乾隆辛亥正月，左都御史杏浦李公卒於官。孤子之栻等以公生平篤實，不欲以世俗粉飾之文違其素志，而又不忍先德之弗傳，乃刊公手著年譜，以存出處之大概，屬余校定。余讀竟，喟然曰：昌黎稱「銘人如銘己」，知人銘不如己銘之確也。

公與余同出陳白厓先生門，又同在翰林，不數日輒相見。乙巳以後，余與公並宦轍南北，不數相見，然聲息恒相聞。故公行事，余知之爲悉。即公未仕以前，學問之始末，家庭之聚散，功名之得失，亦往往於爐香杯茗之前，追述當年，爲余話舊，余知之亦悉。今觀是譜，與余夙昔所見聞，如重規疊矩，蓋無一字粉飾於其間。公之立心，於是可見。公諸子能以公之心爲心，於是亦可見矣。

嘗觀古今記載之文，真與僞參半。然僞者鋪張揚厲，震耀一時。究之天下之人有耳目，後世之人有考證，是是非非，終不可掩其真者。雖無意於表暴，而天下之人有耳目，後世之人有考證，或以一二事傳，或以一二語傳，亦終不可掩也。然則公作是譜，其不求傳而自傳乎？余爲跋尾，亦竊附中郎之作《有道碑》也。

書吴觀察家傳後

蔗林少宰作《吴觀察家傳》，述端末甚悉。惟觀察在甘肅時事，以未目覩弗能詳。觀察弟香亭太常以余嘗從軍西陲，過而叩余。余亦弗能詳也。

然憶庚寅之冬，余奉檄勘田吉木薩屯田，千總趙俊隨余馬行，詢其里貫，曰寧夏。途次偶詢及公，俊亟額手稱良吏。詢其事狀，則不能有所舉。怪而詰之，則曰：「寧夏西界賀蘭，番與漢共處。又重鎮也，兵與民共處。回人之聚而滋者，又與兵民共處。其事恒繁，待有事而理之，是治病於已形也；調劑措置，俾釁不作，是醫於未病之先，不見功而功莫大焉。吴公惟無事狀，所以爲良吏。」語竟，視其色，慨然如有所思者。蓋公時已擢肅州道矣。

又憶是冬在烏魯木齊，先後得公二牒。一爲其子游塞外，而其父病乏養者。一爲其夫游塞外，而其婦無依者。均移文促之歸。余飭吏治牘，吏俯而笑曰：「吴公何瑣也。」余告之曰：「吴公兼轄關内外，其官尊矣。一病翁一貧婦失所，皆能自達於官，則四境之痌瘝無一不得達於官，可知也。一病翁一貧婦失所，而官肯爲之移文四千里外，則耳目之下必無廢事，亦可知也。」趙俊之言，其信乎！

後余蒙恩賜環，公方赴巴里坤勘屯田事，相遇於闊石圖嶺，共宿軍臺。余舉前事語公。公謙謝弗遑，然意以余爲知己也。詰旦告別，遽相勸勉而行。謂相見當有日，不料甫七八年，遽讀公傳，求公政績，不得其詳。惜當時對牀竟夕，不及備詢在官始末。今日爲公書此一二逸事，綴諸傳末。嗚呼！亦可以想見公矣。

書鮑氏世孝祠記後

蘇明允作《族譜》稱：「觀是譜者，孝弟之心可以油然而生矣。」自末而溯其本，則百世之祖宗皆此身之所自出。知爲此身所自出，則至遠者亦至親，不期孝而自孝矣。自本而究其末，則九族之子孫，皆一人之所漸分。知爲一人所漸分，則至疏者亦至親，不期弟而自弟矣。然明其理，不如實見其事爲易於觀感；觀感於天下之人，不如近得於先人之家法，尤信而有徵。

鮑君肯園嘗續修族譜，經緯分明，源委通貫，較《蘇氏譜》爲詳密。余嘗爲序之。今復彙集歷代以來，先世之以孝行傳者，別建專祠，使族姓知所效法，無忝所生。因而籌畫經費，設立規條，以贍貧乏，敦雍睦。是不特有《蘇氏族譜》之志，併兼有范氏義田之法矣。讀所自記，殆所謂「仁義之人，其言藹如」者歟？

余初未識公，然與公之子樹堂友稔。聞公慷慨尚義，善行不可枚舉。初謂公天性豪邁，散財濟物，落落有大丈夫氣耳。今觀公是舉，乃知敬父母所敬無不敬，愛父母所愛無不愛。有子務本之言，具驗於是。公之識量遠矣。公之學問亦深矣。豈徒揮金結客與俠士爭後先哉！因書公自記之後，俾論者有考焉。

題姚姬傳書左墨溪事後

堅苦卓絶之行，多生於憂患之中。尋常孝友，則本分事耳。然本分之中，有骨肉不以相期望，鄉閭不以相責備，而纏綿篤摯，務自行心之所安，若有所必不得已者。雖其志不在立名，第以爲適盡其本分；然本分之中已加人一等，即謂之堅苦卓絶可矣。

夫失偶不娶，或以老，或以貧，皆常事也。墨溪年未至老，貧亦未至不能聘一婦，徒以食指繁多，不欲以養妻子之力，分養父母兄弟之力。遂以血氣未定之年，毅然絶室家之樂。非天性足勝其私情，能若是久而不變乎！善事繼母，世俗以爲難，君子不以爲難也。墨溪非惟善養繼母，且以養繼母之故，至於厚幣招之亦不肯遠離。此非特繼母如母，直併如母之見亦無矣。雖君子能不以爲難乎？且夫堅苦卓絶之行，或往往過中失正，不近人情。墨溪有兩弟，弟又有子。不娶，不至妨似續，其非務爲詭異、不顧其安可知。其事繼母也，不以定省服事之文，而惟以不忍就遠館。不就遠館固常事，不足駭俗，其非塗飾耳目、苟求聲譽，亦可知也。然則墨溪其古之獨行歟！

余感墨溪能爲人所不能爲，而姬傳之文又足闡發其隱微，讀之，使孝弟之心油然而生，因題數語於後，以著墨溪非矯激，姬傳非標榜焉！

書周泊園先生游三笑亭詩後

右湖口周泊園先生《游三笑亭詩》。壬子八月，得觀於篤堂編修處。前輩風流，宛然親挹。或以詩通用「真、庚、侵」三部爲疑。余謂古韻如聚訟，古韻實亦多端。但有所根據則可耳。同調本不相協，而東方朔據《楚詞》，《楚詞》據《周雅》，論者不以爲非也。《離騷》「肇錫余以嘉名」，與「字余曰靈均」，非「庚、真」通用乎？至「真、侵」通用，則吴棫《韻補》所注也。又何疑焉。

書蔣秋吟考具詩後

《榴花》詩始見漢末，是詠物之祖。詠器具詩，如燭籠、鏡臺之類，頗見於齊、梁。其詠一家之器具，連章駢作，則天隨子其權輿矣。元人敷衍，動至百篇，頗爲該備。近人搜索纖微，至繭虎、螽鶴，亦入賦詠。然未見詠及考具者，豈非索諸六合之外，而失諸眉睫之前歟！辛亥七月，偶於姻家陳君聞之處見此册，雒誦再三，喜其點化故實，筆有鑪錘，而寄託又復深遠。使遇皮、陸兩翁，拈毫對壘，未知古今人孰勝負也。因題數語於册末，以質當代之稱詩者。

書漢瓦當搨本後二則

同年王司寇蘭泉官西安時，以未央宮瓦數片見寄。惟此一片裂爲二。搨墨刻者李生家於西安，知士人僞造漢瓦狀甚悉。余使偏視諸瓦，皆不語，至此裂瓦，始摩挲太息曰：「真二千年外物也！」伊子墨卿嗜古成癖，乃從余乞去，束以銅而琢爲硯，余既爲銘之矣。墨卿搨摹其文，將求博雅君子詠歌之，因爲書其始末如左。

老硯工方某言：「古人作瓦，不爲硯

計。凡細如澄泥者，僞也。然瓦必堅緻，始入土千歲不朽爛。凡鬆脆粗疏多沙眼者，亦僞也。」所論頗入微。觀此瓦益信。方又言：「漢印、漢瓦，其字多不合六書。以皆用隸不用篆，又出工匠之手，非士大夫所爲耳。」觀此瓦「漢」字，文曰「漢并天下」。所論亦有見也。

書黄庭帖跋尾後 二則

宋搨《黄庭經》一册，有董香光跋二行，連於末頁。乾齋相國以下十五跋及二題名，則書於護頁者也。本蔣爰亭所藏，爰亭以贈余。余嘗以進呈石庵，相國見之曰：「董跋神采生動，是興到之書。帖則僞本，宜祕府不録也。」緣諸跋字多殘蝕，進呈時難於裝潢，乃獨留香光一跋，而以殘頁贈墨卿。後瑶華道人定此帖爲真本，向余索之，香光跋遂隨之去，而此殘頁孤行矣。賞鑒之家，古來聚訟。元章、長睿，攻詰紛紜。余不知書，無以定此帖之真僞。姑記其本末，俾好事者知原帖、原跋皆尚存，或他日劍合延津，亦未可知耳。

瑶華道人云：「此帖墨色黯淡，火氣俱無，非近代之物。且《黄庭》刻本，見於諸家法帖者，從未見此搨。苟非宋石，此刻自何而來耶？」又云：「吾見《黄庭》多矣，未見如此本之朴拙者。石庵或以與他本不類，疑之耶。」此亦一是非，彼亦一是非，此之謂矣。

書劉石庵相國臨王右軍帖後

詩文，晚境多頹唐；書畫，則晚境多高妙。倪迂寫竹似蘆，石田翁題詠之筆每侵畫位。脱略畦封，獨以神運，天機所觸，別趣横生，幾幾乎不自覺也。石庵今歲八十四，余今歲亦八十，相交之久，無如我二人者。余不能書，而喜聞石庵論書。蓋其始點規畫矩，余見之；久而擬議變化，擺脱蹊徑，余亦見之。今則手與筆忘，心與手忘，雖石庵不自知，亦不能自言矣。此所臨摹，以臨摹爲寄焉耳，勿以似不似求之。

書陸青來中丞家書後

乾隆戊午，余與陳光禄楓厓讀書董文恪公家。續而至者，爲竇總憲元調、劉侍郎補山、蔡殿撰季實、劉觀察西野、李進士應弦及陸中丞青來。課誦之暇，輒雜坐斯與堂東廂，以文藝相質正。諸君各意氣飛揚，不可一世；青來獨落落穆穆，不甚與人較短長。或花晨月夕，小酌以息勞苦，談笑鋒起，青來危坐微笑而已。然文恪公頗器許青來。後相次登第從仕宦，多躋顯達，惟青來以清操勁節爲當代所稱。文恪公常曰：「人品自一事，功名自一事，此世俗之見也。礪人品而建功名，乃真功名；有功名而不失人品，乃真人品。」若青來者，可謂不負師言矣。

余少好嘲弄，往往戲侮青來。青來不爲忤，嘗私語季滄洲曰：滄洲名灝，杭州人。學畫於文恪公。文恪公晚年工整之筆，多其代作。「曉嵐易喜易怒，其淺處在此，其真處亦在此也。」余聞之，有知己之感。故與青來尤相善。

今青來久逝，余亦衰頽，回憶當年，宛如隔世。忽於令子處，見青來家書十三通。平生心事，隱隱具在筆楮間。其於家庭之間，一字不苟尚如是，後之覽者益可以見其平生矣。人往風微，老成凋謝，徘徊四顧，遠想慨然。若斯人者，豈易數數覯哉！

書王孝承手札後

父族之親，莫近於伯叔；母族之親，莫近於舅氏。伯叔之親，從父而推者也，故以名分之尊，申訓誨之道，其教易行，近乎父。舅氏之親，從母而推者也，故童稚周旋，情意本浹，可以委曲順導，誘掖獎成，其教易入，近乎母。至以舅爲師，則兼有父道矣。然教亦多術：不能教不肯教者，是無論；能教、肯教矣，而或爲經理生計，禁止游冶，是一道也。進而使講習藝文，掇取科第，以奮身於仕宦，又一道也。再進而使饜飫古學，或以詞賦名一世，或以經術傳後來，又一道也。至使立身行己，不愧古人，經世通方，具有實用，此其教不以常論，其人亦不以常論矣。

余丙辰典試，得武陵趙子笛樓。初見余，恂恂然有儒者風，與之言，篤實近裏，無少年巧宦之習。比入詞館，仍循謹如寒素，間與論世務，事事知大體，而非老生迂闊之言，疑其學必有所受也。趙子曰：「慎畛少孤，資母氏以養，而資舅氏以教。平時一言一動，無不範以規矩，或不能面語，則長箋短札，丁寧往復。凡持身涉世，無不勉之以古誼。今散佚之餘，尚存手書數十通，裝潢成卷，晨夕展閱，冀不忘夙昔之淵源。今承詢及，敢乞賜以題識，以表章潛德可乎？」余受讀之，皆粹然儒者之言，其纏綿篤摯，使見者聳然以思，油然以感，父道母道，殆兼備焉。雖人往風微，聲華寥落，併其行誼著述亦不甚傳，然此數十紙者，後世亦可想見其人矣。因敬書其後，歸之趙子。趙子其無忘舅氏之教，勉爲其可傳，使舅氏藉趙子之傳以並傳於後，是則趙子之自爲，又不必以余言爲重輕矣。

書孝女余氏行實後

忠孝節義之事，士大夫多由於學問，兒女子多由於性情。由學問者，或出於有所爲，或迫於不得已，皆難謂必無。由性情者，則自不知其所以然，而有不如是則心不安者。故賢者之過不免有之，謂有他意則非也。雷子勿齋以其弟婦余孺人行實相示。余慨然曰：從來責人子之侍疾，無責以割臂者；女子侍繼母疾，尤斷無責以割臂者。孺人此舉，非迫於不得已也。士大夫好沽名，世固有之。然自殘肢體以沽名，則斷乎不肯。且或陳毀傷之戒，以爲非孝，反以敗名；好名者尤斷乎不敢爲，況女子乎！孺人此舉，亦非出於有所爲也。然則此舉也，不計己志之成否，不計人言之是非，特心所不忍，毅然自爲耳。其性情篤摯，不既卓絶矣乎？故必謂孺人此舉可爲天下女子法，則不可以槩天下。即孺人一身而論，則推此志也，雖與日月争光可也。

書秦節婦江氏事畧後

嫡庶有別，古禮也。然孔子删《詩》，於二《南》録《小星》、《江有汜》，作《春秋》書紀叔姬，獎善則無以異也。世多以陶母稱閫德，考劉孝標《世説注》引陶氏語，則陶母實亦側室。而自古頌美無異詞，且有誤引以稱嫡者。然則，禮之所別，名分焉而已。至撑拄綱常，砥礪名教，庶與嫡，豈有別哉！且非僅無別已也，女之立節難於男，庶之立節尤難於嫡。能讀書則明理，不讀書則不明理；自視尊則自愛，自視微則不自愛。勢固然耳。呂新吾《四禮翼》曰：「爲節義而死者，雖少雖賤必祔。」通儒之論，足破迂拘。節婦之事，爲宜大書而特書者，可以思矣。顧自惟離鸞别鶴青鐙白髮之膚詞，不足以爲節歸重。故敬書節婦之尤宜表章，以告夫好持苛禮者。

書徐節婦傳後

士大夫致身通顯，足以有爲。而碑誌述家庭常事，可以不必耳。窮居陋巷之儒，已不能責之以奇行，聖門如冉伯牛，何嘗有事實可稱哉！至於婦女，非遭强暴遘亂離，尤不能以奇行見。守節撫孤，即分内無闕事，分外無餘事矣。此其事雖若平近，然使操苛論者試設身處地，果易乎？難乎？覃溪前輩此文，真千古持平之定論。故余不更置詞，惟附跋於其末。

紀文達公遺集卷第十二

孫樹馨編校

策問書

乾隆己卯山西鄉試策問三道

問：士不通經，則不適於用。經術之貴，尚矣。今略舉治經之法，叩其得失，用觀趨向之同異，庶得以覈真材焉。

《易·序卦傳》本自爲一篇，唐李鼎祚《周易集解》乃分冠於各卦之首。《詩·關雎》篇，毛傳本分五章，鄭康成乃合而爲三。《儀禮》有古文、今文二本，賈公彦稱：「鄭氏作註，或從今文不從古，或從古文不從今。」然則治經者，篇章字句不妨移易隨意歟？抑謹守者是歟？《公羊傳》紀齊桓歸魯汶陽之田，其事不見於經文，而范甯以爲可信。《穀梁傳》戎菽之設，其事明載於《管子》，而劉敞以爲可疑。然則，治經者但當斷以大義，不尚旁引曲證歟？抑考據究不可廢歟？《春秋》書「春王正月，日南至」，則《春秋》用周正已無疑義。而《左傳》所紀晉事，時月多差，説者因謂「晉國用夏正」。《爾雅》九州既與《禹貢》不同，又與《周禮》互異，註者因謂《釋地》爲殷制。然則，治經者果當宛轉比附以求通歟？抑當守闕疑之訓歟？《周禮》如誓蔟氏之類，頗近於方術。《禮記》如大同小康之説，頗近於黄老。遵之，則恐爲後儒竄入之言；攻之，則不免輕議六經之誚。治經者當何從歟？《明堂位》稱「夏后四璉殷六瑚」，而包氏《論語註》乃以爲「夏瑚商璉」。《春秋》哀公八年，宋已滅曹。而趙岐《孟子註》乃以曹交爲曹君之弟。朱子皆偶爾誤從。攻之，則啟叛註之漸；遵之，不免信傳不信經。治經者又當何從歟？鄭樵謂《禹貢》、《洪範》相表裏，以五行相生之次第，配自冀至雍之方位。《孝經》天經地義之旨，温成董君與河間獻王相問答，亦以五行生剋爲説。其言皆似近理。然則，治經者百氏之説不妨兼采歟？抑讖緯解經究爲非理歟？我國家稽古右文，昌明聖教，欽定諸經，宣布庠序。所以造就多士，俾成明體達用之學者至深且切。多士仰蒙聖化，必能則古稱先，以副作人之盛意。其各抒所見，覘夙藴焉。

問：史家之難，無過表、志。諸史或有志無表，有表無志；或表志皆無。《南齊書》至明言天文事祕，户口不知，是以不作。其果有合於闕疑之意歟？抑究爲疏陋歟？《隋志》本名《五代志》，以無所附麗，奉詔編入《隋書》。兼載前代，無足怪也。沈約《宋書》諸志，亦多載前代之事，豈沿流討源，法應如是歟？抑於史家斷限之例究未合歟？司馬遷爲《天官書》，史家因有天文、天象諸志。然日月星辰，終古不易，非每代各有一天也。故劉知幾《史通》謂《天文志》可不必作。其論果是歟？抑作者别有故歟？《漢書·地理志》每載山川，《遼史·地理志》喜談沿革，《唐書·地理志》、《金史·地理志》並詳土貢物産，《五代史·職方考》則地名以外一切略之。或取詳覈而有徵，或取簡嚴而有體，果孰爲是歟？《漢書》創《藝文志》，《隋書》因有《經籍志》，新舊《唐書》、《宋史》亦皆有《藝文志》，他史則闕焉。其作者，欲備一代之文獻；其不作者，則以爲文章篇目，無關善惡之褒貶也。又孰爲是歟？《宋書》志及符瑞，《魏書》志及釋老，《漢書》表及古人，《唐書》表及宰相之世系，不太濫歟？抑詳所當詳歟？諸史《藝文志》皆兼載藏書，欽定《明史》則惟載明一代之著作。諸史不過作表，欽定《明史》則於表外增圖。此皆損所當損，益所當益者也。所以損益之精義，能仰窺而闡發之歟？二十三史，汗牛充棟，學者或皓首未之窮，亦勢然也。然劉知幾謂史家「三長」，在才、在學、在識，而識爲尤難。諸生學古入官，他日必有備聖朝著作之選者，其詳悉以對，將以是驗史識焉。

問：葛天樂曲，傳自皇初。《斷竹》歌辭，載諸別史。《詩》之作也，其與文字俱興乎？風會日啟，文采日新，自《三百篇》以下，體格之變遷，宗派之異同，與夫作者之得失，著書者累月窮年，連篇盈牘，或未能別白其是非。載籍浩繁，誠不能以一一數也。至於國家著爲程式，多士習爲恒業者，則源流本末，可得而約畧言矣。我皇上慎重科名，振興風雅。鄉試二場，削去表判，加試五言唐律一首。則五言唐律，諸生所當究心者也。用舉數端，以觀所學。《唐書·文藝傳》稱沈佺期、宋之問「回忌聲病，約句準篇」。故世言律詩始沈、宋。然楊慎《五言律祖》一書，所載六朝詩作，皆通篇諧律。則大輅之椎輪，又別有在歟？能畧數一二歟？以古人成語命題，説者謂沈約《江蘺生幽渚》一篇，本陸機《塘上行》句，以是爲始。然歟？否歟？唐人諸集，近體雖至百韻，亦總曰律詩。高棅《唐詩品彙》乃創立「排律」之名。説者謂本元微之「鋪陳終始，排比聲韻」之語。其立名果是歟？抑强造歟？唐人帖經不中式者，許以詩贖。故《吕温集》有贖帖詩。不謂詩爲帖也。毛奇齡刻《唐人試帖》，其説果有據歟？抑臆造歟？唐重詩賦，實自高宗調露中，而《文苑英華》所録者，省試、奉試、吏部試、監試、州試、府試諸詩，乃皆開寶以後。王維諸人之作，其削而不載歟？抑作始未工，皆不傳歟？唐人試律多六韻，然《迎春東郊》詩則八韻，《明堂火珠》詩則四韻，《終南積雪》詩乃至二韻。説者謂八韻、四韻，乃臨時官限。祖詠二韻之詩，乃意盡而出，未終卷也。然歟？否歟？其韻率用題中平聲字，然《鶯出谷》詩乃用真韻，其所用之韻，必於詩中押出。然求自試詩，乃不出求字，果可不拘歟？抑别有説歟？其以古語命題者，如「風雨鷄鳴」之類，固恪遵註疏矣。《生芻一束》詩，參用鄒長倩書，猶别一解也。《玉水記方流》詩，不全用顔延年意，猶未離宗也。《山川出雲》詩，乃與《禮記》經旨不相關。《玉卮無當》詩，乃與韓非本意大相反。果可隨意立説歟？抑究爲疏謬歟？科場試詩之命，行之三年矣。必有潛心聲律，和聲以鳴國家之盛者，其悉對無隱。

乾隆甲辰會試策問三道

問：五經同異，雖更僕難窮。然諸儒聚訟不決者，不過數事。今約舉一二，以見大凡。談《易》者，率本圖書。考孔安國《論語註》稱「河圖即八卦」，而今本作五十五點。孔穎達《尚書疏》載：劉向、劉歆並稱《洛書》有文，而今本亦作四十五點。宋人果何所受之歟？《古文尚書》稱孔安國傳，而所釋《禹貢》地名，或在安國後。又古文有《湯誥》，而安國《論語註》所引乃據《墨子》。其故何歟？《詩序》爲經師所遞授，鄭樵乃力攻之，周紫芝又復攻鄭。至今説《詩》分兩派，所得孰爲多歟？《公羊》《穀梁》以日月説《春秋》，其謬固矣。左氏據魯史成書，後儒明其事迹，乃可推褒貶之由。而啖、趙以後，動稱舍傳以求經，經果可舍傳求歟？《禮記》雜出諸儒，固未能盡粹。孫炎、魏徵諸人重爲編定。吴澄以後，竄改彌多。果可行歟？抑當以張説之議爲是歟？我國家文教昌明，聖祖仁皇帝御纂及我皇上欽定諸經，釐正傳註，至精至當。諸生誦習久矣，其詳著於篇。

問：史家要領，體例爲先。遷、固稱良史，《史記》、《漢書》皆立表。劉知幾史學最精，而所作《史通》乃欲廢表，其説安在？歐陽修撰《唐書》，表、志特繁，及撰《五代史》譜考最畧，其義何居？《史記》包羅歷代，其《天官書》，劉知幾以爲當作；《漢書》綜括一朝，其《天文志》，知幾以爲不當作。持論果不謬歟？地理、地形諸志，《漢書》詳山川，《魏書》載古迹，《唐書》及土貢，《遼史》具沿革，《宋史》則惟列地名。經籍、藝文諸志，《隋書》記舊目之存佚，諸史則否。《漢書》據官目，而《七畧》以外有所增；《舊唐書》亦據官目，而開元以後不復補。秉筆者何所從歟？諸史皆本紀載詔令，列傳載詩賦，《新唐書》悉删不録。孰是孰非？諸史皆有論贊，《元史》獨闕。孰得孰失？《周書》於當日口語每爲潤色，《元史》於前代案牘多所因仍。孰拙孰工？凡此諸條，舊無定論。諸生將備聖朝著作之選，其各抒所見以斷，用觀史識。

問：小學之目有三：曰訓詁，曰六書，曰音韻。皆究通古義之關鍵也。我聖祖仁皇帝御纂《康熙字典》、《音韻闡微》，我皇上欽定《叶韻彙輯》、《音韻述微》，並辨別毫釐，權衡今古。諸生仰鑽萬一，即可別前代之瑕瑜，畧舉數端，以觀考證。《爾雅》爲訓詁之祖。《小爾雅》、《方言》逮乎《廣雅》，具有典型。然疏密精觕，則有別矣。劉熙解字，務取諧音，果有所傳乎？陸佃、羅願，支流旁出，亦有裨經義否也？《説文》部分次序，徐鍇《繫傳》所説確否？《玉篇》、《類篇》稍有更易，戴侗、楊桓、周伯琦、魏校盡變古法，果有所見歟？僧行均於《説文》九千字外，多所推廣；郭忠恕所收古籀亦增於《説文》數百倍，果可據歟？《隋志》稱「婆羅門書以十四字貫一切音」自東漢已入中國，是等韻在四聲前，今等韻乃緣四聲起，二者孰爲韻本？今韻祖《廣韻》後，變而《集韻》、《韻畧》、《五音集韻》、《韻會》、《正韻》，其沿革何如？古韻，吴棫始有書，陳第又別爲一法，其得失何如？各條舉以對。

嘉慶丙辰會試策問五道

問：三易掌於太卜，則《易》本卜筮之書，即象數以明人事。王弼以後，乃詮以心性；劉牧以後，多推演「河洛」。及其詁經，則仍訓釋爻象，未嘗取義於「河洛」。其故何歟？《洪範》明天人之應，爲治法大原。劉向、劉歆之傳，劉知幾駁爲不經。《禹貢》地理，毛晃以來，爲專門之學；程大昌《圖論》，宋孝宗斥爲無用。其故又何歟？司馬遷稱古詩三千，孔子删至三百十一篇，然《株林》一篇，距孔子僅數十年，何以稱古詩歟？王柏删削《國風》，許謙疑之，吴師道乃是柏而非謙。以誰爲是歟？説《春秋》者，廢「三傳」始唐啖助，「三傳」果可廢歟？謂《春秋》有貶無褒，始宋孫復。《春秋》果有貶無褒歟？張虙奏進《月令解》，請每月按令施行。古制果可行歟？魏徵《類禮》爲張説所駁，吴澄《禮記纂言》與徵書一例，虞集乃以爲精密。古經果可改歟？諸生幸際昌時，經籍道光，必有深究古義者。其詳悉以對。

問：史例亦繁矣。《新五代史》仿《春秋》書法，意主謹嚴，而又不免於疏漏。《宋史》四百五十卷，意求賅備，而又不免於冗濫。將何所從歟？謂史當潤色以從文，則《周書》以華而不實、雅而不檢，見譏於後人。謂史當樸實以從質，則《元史·河渠志》稱耿參政，《祭祀志》稱田司徒，復有直録案牘之誚。又將何所從歟？表志創自馬、班。《後漢書》無志；北宋孫奭補以司馬彪書，亦未作表；熊方爲補三表。誠以周官太史掌國六典，詳載故事，固史職也。而劉知幾《史通》乃欲廢表志，孰爲是歟？《新唐書》於有著述無列傳者，存其人於《藝文志》本條之下，《元史》於有列傳者，附存其書於本傳；無列傳者，即不載其書。孰爲善歟？諸史本紀載詔令，列傳載詞賦，《新唐書》則全删。諸史或有論，或有贊，或兼有論贊，《元史》則皆不作。又孰爲善歟？諸生行將珥筆彤墀，備承明著作之選，其剖決是非，用覘學識。

問：孔子後，儒分爲八，然學術無殊。至宋而洛、蜀二黨，各立門户，於是有程、蘇之學。洛黨又自分兩歧：楊時一派傳於閩，周行己一派傳於浙。於是有新安、永嘉之學。程守禮法，蘇以爲僞；蘇尚文章，程以爲雜。新安談心性，辨儒墨，永嘉以爲迂腐；永嘉講經濟，務博洽，新安以爲粗浮。果皆中其失歟？周密《齊東野語》極掊擊程氏之徒，程敏政《蘇氏檮杌》抑又甚焉，固黨同伐異之見，然二家毋亦均有賢者之過歟？周公手定《周禮》，聖人非不講事功；孔子問禮、問官，聖人非不講考證。不通天下之事勢而坐談性命，不究前代之成敗而臆斷是非，恐於道亦未有合。永嘉之學或可與新安相輔歟？抑實有不可並立者歟？聖朝刑政修明，儒者久無朋黨之習尚。論學術之得失，可平心而決從違。其詳抒所見。

問：經義始宋熙寧。傳於今者，惟《劉左史集》載十七篇，《宋文鑑》載一篇，《制義模範》載十六篇而已。坊刻有王安石、蘇轍等經義，果有所傳歟？抑僞託歟？兼用四書，始元延祐。其式備於倪士毅《作義要訣》，有冒題、原題、講題、結題四法，能疏其大意歟？明吴伯宗《榮進集》載其法式。辛亥會試卷，體猶與宋元不殊。其變爲今體，始何時歟？成化後，體尚謹嚴；正德後，局加宏敞；隆慶後，機巧日生；天啟後，才華競出。其得失能指數歟？歸有光古文宗韓、歐，王世貞古文宗秦、漢，交相譏也。有光經義竟學韓、歐，世貞經義則不敢學秦、漢。其時老師宿儒，典型猶在故也。後，艾南英宗有光之説，陳子龍接世貞之脈，乃均以其文體入經義。而豫章、雲間兩派，遂互相勝負於文壇。其中亦各有真僞，能一一辨別歟？多士幸逢景運，文治昌明，三冬績學之餘，經義尤爲所專肄。其攄所心得，著於篇。

問：功令以詩試士，則試帖宜講也。

然必工諸體詩，而後可以工試帖；又必深知古人之得失，而後可以工諸體詩。齊、梁綺靡，去李、杜遠甚。而杜甫以陰鏗比李白，又自稱頗學陰、何。其故何也？蘇、黄爲元祐大宗。元好問《論詩絶句》指爲「滄海横流」，其故又何也？王、孟清音，惟求妙悟，於美刺無關，而論者謂之上乘；元、白諷諭，源出變雅，有益勸懲，而論者謂之落言詮、涉理路。然歟？否歟？《擊壤》流爲《濂洛風雅》，是不入詩格者也。然據理而談，亦無以難之。《昌谷集》流爲《鐵厓樂府》是破壞詩律者也。然嗜奇者衆，亦不廢之。何以救其弊歟？北地、信陽，以摹擬漢唐，流爲膚濫。然因此禁學漢唐，是盡偭古人之規矩也。公安、竟陵，以莩甲新意，流爲纖佻。然因此惡生新意，是錮天下之性靈也。又何以酌其中歟？和聲以鳴國家之盛，於多士有厚望焉。其詳悉以對。

嘉慶壬戌會試策問五道

問：王弼註《易》，稱即鄭氏之本。然《文言》附乾坤二卦末。《中興書目》載《鄭氏易》惟存《文言》一卷。是《文言》自爲卷矣。其故何歟？吴澄摘《繫辭傳》中有《文言》錯簡。然歟？否歟？《尚書》脱簡，劉向本有明文。後倡爲《武成》、《洪範》錯簡者，誰歟？《今本尚書》乃衛包改隸，薛季宣之《古文尚書》，何自來歟？鄭樵、王質、朱子，同一不信《詩序》，然説各不同。能分別之歟？《吕氏讀詩記》所引朱氏之説，即是朱子，乃與《集傳》不合。且《集傳序》無一字攻《序》，是又何歟？《左傳》有後儒竄入者二處。其一爲牽就漢姓，其一究何取歟？《春秋》析傳附經，

《左氏》爲杜預，《穀梁》爲范甯，《公羊》又誰所析歟？《隋志》稱《禮記》四十六篇，《月令》、《明堂位》、《樂記》乃馬融增入，然《後漢書》載戴聖弟子橋仁作《禮記章句》四十九篇，實在融前。《隋志》何所據歟？元延祐中復科舉，《易》、《詩》、《書》皆參用宋儒，惟《禮記》專用古註疏，是何意歟？聖代經學昌明。其各抒所見以對。

問：史家褒貶，宜祖《春秋》。歐陽修《新五代史》，書法謹嚴，而後人病其漏畧，卒不廢薛居正書。繁與簡宜何從歟？宋濂《元史》多沿案牘之文，世以爲譏；宋祁《新唐書》多用雕琢之詞，世又以爲譏。其得失究安在歟？《史記》、《漢書》，列傳多載詞賦，後人以爲近於總集；《新唐書》凡詔令皆不録，後人又以爲失載王言。當以何爲準歟？劉知幾欲廢表志，是誠偏見。然如《宋書》之志符瑞，《魏書》之志釋老，《漢書》之表古今人，《唐書》之表宰相世系，亦未免徒釀繁文。如斯之類，能詳數諸史之表志，指其某例當删歟？《明史·天文志》有圖，蓋測量非圖則不解，故刱是例也。亦有似此當增者歟？《後漢書》論後有贊，《元史》則論贊俱無。以誰爲是歟？諸生即翔步玉堂，備著作之選。其詳悉以對。

問：《大戴禮》稱，孔子教哀公學《爾雅》，則其書古矣。乃多引周末諸子之文，何歟？邢昺之疏以發明郭璞註也，乃往往註疏雷同，又何歟？李燾以五音編《説文》，徐鍇已先有是作，二書之異同優劣安在歟？皇侃《論語義疏》所引《説文》，多與今本不同，其故又安在歟？《廣韻》踵《唐韻》而作，顏元孫《干禄字書》所列《唐韻》部分次序，與《廣韻》頗異。何歟？陸法言《切韻》部分極嚴，唐代官韻定其某部通某部，宋代官韻又改定某部通某部，各有其人，能舉其姓名歟？言古韻者，一爲吴棫，一爲陳第。孰爲是歟？言等韻者，一云始唐釋神珙，一云始漢明帝時。孰爲確歟？小學之書，用以釐正訓詁，考訂音義，實窮經學古之關鍵。多士久沐聖化，必有悉其源流者。其詳著於篇。

問：《周禮》一書，尊爲經矣。實則當日之政典也。沿而作者，史志謂之故事，今百不存一。其僅存者，《唐六典》、《開元禮》、杜佑《通典》、《政和五禮新儀》、《大金集禮》、《元典章》、《明集禮》、《明會典》而已。能舉其梗槩歟？後人所補撰者，有《漢制考》、《西漢會要》、《東漢會要》、《唐會要》、《五代會要》，能舉其爲何代何人歟？《中興禮書》、《經世大典》、《至正條格》，書雖尚存，世不多見。有博涉此僻本者歟？我聖朝醲化懿綱，超軼三代。一切典制，因時損益，皆足爲萬世典型。以舊修《會典》一百卷，《事例》一百八十卷，止於乾隆二十三年。特命廷臣開館纂修。多士鵲起登科，木天珥筆，即有天禄編摩之責。其準古酌今，約舉前代之體例，備採擇焉。

問：屈、宋以前，無以文章名世者。枚、馬以後，詞賦始多；《典論》以後，論文始盛；至唐宋而門户分，異同競矣。齊、梁、陳、隋，韓愈以爲衆作等蟬噪；杜甫則云「頗學陰何苦用心」。李白觸忤權倖，杜甫憂國忠君，而朱子謂李杜祇是酒人。韓愈《平淮西碑》，李商隱推之甚力；而姚鉉撰《唐文粹》，乃黜韓而仍録段文昌作。元積多綺羅脂粉之詞，固矣；白居易詩如十首《秦吟》，近正聲者原自不乏，杜牧乃一例詆之。蘇黄爲宋代巨擘，而魏泰《東軒筆録》詆黄爲「當其拾璣羽，往往失鵬鯨」。元好問《論詩絶句》亦曰：「只知詩到蘇黄盡，滄海横流卻是誰？」凡此作者、論者，皆非淺學，其牴牾必有故焉。多士潛心文藝久矣，其持平以對。

與余存吾太史書

昀再拜啟存吾太史閣下：承示《戴東原事畧》，具見表章古學之深心。所舉著書大旨，亦具得作者本意。惟中有一條畧須商搉。東原與昀交二十餘年，主昀家前後幾十年。凡所撰録，不以昀爲弇陋，頗相質證，無不犂然有當於心者。獨《聲韻考》一編，東原計昀必異論，竟不謀而付

刻。刻成，昀乃見之。遂爲平生之遺憾。蓋東原研究古義，務求精核，於諸家無所偏主。其堅持成見者，則在不使外國之學勝中國，不使後人之學勝古人。故於等韻之學，以孫炎反切爲鼻祖，而排斥神珙反紐爲元和以後之説。夫神珙爲元和中人，固無疑義。然《隋書·經籍志》明載「梵書以十四字貫一切音」。漢明帝時與佛經同入中國。實在孫炎以前百餘年。且《志》爲唐人所撰，遠有端緒，非宋以後臆揣者比。安得以等韻之學歸諸神珙，反謂爲孫炎之末派旁支哉！東原博極羣書，此條不應不見。昀嘗舉此條詰東原，東原亦不應不記。而刻是書時仍諱而不言，務伸己説。遂類西河毛氏之所爲，是亦通人之一蔽也。若姑置此書不言，而括其與江慎修論古音者爲一條，則東原平生著作遂粹然無瑕。似亦愛人以德之一端。昀於東原

交不薄，嘗自恨當時不能與力争，失朋友規過之義。故今日特布腹心於左右，祈刊改此條，勿彰其短，以盡平生相與之情。芻蕘之言，是否可採，惟高明詳裁之。

與朝鮮洪耳溪書

紀昀頓首奉書耳溪先生執事：前因東琛入獻，得接容輝。見道氣深醇，峙立爻閭，如霜林獨鶴，已驚爲丰采迥殊；迨承謙挹，不鄙昀之不文，以大集見示，文章爾雅，訓詞深厚，公餘雒誦，宛然與君子面談。嘆有德有言，理誠不謬。昀才鈍學疏，本未窺作者之門徑，徒以聞諸師友者，謂文章一道傳自古人，自應守古人之規矩。可以神而明之，不可以偭而改之。是以暖暖姝姝，守一先生之言，不欲以側調么絃新聲別奏。今統觀雅製，實愜素心，是真異地之同調矣。不揣弇陋，竟爲徐無黨之續。先生亦許以賞音。是我二人彼此以知己相許也。夫人不相知，日接膝而邈若山河；苟其相知，則千萬載如旦夕，千萬里如庭除。清風朗月，儻一相思，但展卷微哦，即可作故人對語矣。前兩接手書，俱已裝潢成軸，付小孫樹馨收貯。茲拜讀華藻，亦併付珍弆。此孫尚能讀書，俾知兩老人如是之神交，亦將來佳話也。茲因鄭同知歸軺之便，附上水蛀硯一方，上有拙銘；白瑪瑙搔背一件，郎窰康熙中御窰，今百年矣。水中丞一件，葛雲瞻茶注一件。宜興之名工。各系以小詩。先生置之几右，時一摩挲，亦足關遠想也。臨楮馳溯不備。

再與朝鮮洪耳溪書

昀拜啟耳溪先生閣下：晉人有言：

「非惟能言人不得，併索解人亦不得。」文章契合，自古難矣。今於海外得先生之文，眗讀之，雖不甚解，而似有所解。俯讀先生來書，亦似以眗爲粗能解者。是眗能略知先生，先生又能深知眗也。迢迢溟渤，封域各殊，豈非天假之緣歟！別期在邇，後會無期。此日不向先生一言，又何日能傾倒情愫耶。

嘗謂文章一道，旁門至多，旁門自以爲正脈者尤多。其在當時，旁門自恐其不勝，必多方以争之；守正脈者，大都孤直淡泊之士，聲氣必不如其廣，作用必不如其巧。故旁門恒勝，正脈恒微。自宋以來，兩派遂如陰陽晝夜之並行，不能絶一。先生生於海隅，獨挺然追古作者，豈非豪傑之士，不汩於流俗，不惑於異學者哉！然韋布寒儒，閉門學古，各尊所聞而已。有主持文柄之責者，則當爲振興斯道計。先生身爲國相，又爲儒宗，願謹持此義以導東國之學者。登高之呼，必皆響應。久而互相傳習，使文章正脈別存一支於滄海之外，豈非盛事歟！

若夫風雲月露之詞，脂粉綺羅之句，知先生必不尚。至於摹擬詰屈以爲古奥如歷下之頹波，撏撦典籍以炫博洽如雲間之末派，皆自稱古學，實皆僞體，所謂金玉其外而敗絮其中者也，尤願先生勿崇奬之，則先生有功於海東大矣。敢抒所知，希爲採擇，臨楮縷縷，不盡欲言。❶

❶ 本段，按：此書文不對題，疑紀樹馨在編纂時，將兩函書信前後顛倒。此書明言：「別期在邇，後會無期。」可知此篇作於洪良浩歸國前夕。而前書云「前因東琛入獻，得接容輝」，又「兹因鄭同知歸軺之便，附上水蛀硯一方」云云，可知是在洪良浩歸國以後所寫。因此兩函當互換標題，方爲相宜。

與朝鮮洪薰谷書

紀昀頓首致書薰谷世講侍史：前在都門，數聆麈論。風流文采，照映一時。對之，使人心折。嘗謂爲大臣之子，難於寒素；爲名父之子，難於恒流。世禄之家易於登進，然少習富貴之晏安，長逐冠蓋之交游，雖「諳練掌故，習知政事」，誠如贊皇之所云。究不免疏闊詩書，馳驅聲利。而吾兄能恪承庭訓，沈浸翰墨，歷踐清華，專對之才聞於上國。使人有烏衣王謝之目，其難能者一。士族子作詩癡符，不知其幾。而韓衵之改金根，白老之無文性，嗤點至今。豈非以昌黎、樊南爲之父耶！今尊大人以一代詞宗領袖東國，與中華作者相頡頏，此所謂極盛難爲繼也。而吾兄善讀父書，傳其家學，如超宗之有鳳毛，叔黨之稱小坡，其難能者二。故昀與尊大人談，恒爽然意消；與吾兄談，亦爽然意消。奉别以後，羣紀兼懷。蓋非無故而然矣。昨接手書，兼承朋錫，海天寥闊，遠想邈然。雋品高門，諒不久即登清要。惟冀使車西上，更一睹清光，作竟日談耳。敬因羽便，附候興居。臨楮縷縷不備。

與陳梅垞編修書

試帖爲詩之支流，然非深於詩者，試帖必不工。猶之不能行草，則楷字無生韻；不能寫意，則鉤勒皆俗格。李鄴侯披一品衣，抱九仙骨，其意境不在形骸間也。

昨館丈以新擬試帖若干首見示。循環維誦，覺清思妙悟，取題意於芒忽之間，而傳題神於町畦之外。如《柳稊》之「麴塵陰未滿，螺黛翠纔齊」。《松陰五月涼》之

「寒應生小閣，陰自上蓂階。碧影圓如纖，疏枝印作釵」。《漠漠水田飛白鷺》之「一行齊遠樹，幾點亂晴暉。極浦煙初霽，連阡緑正肥。衝波霜映月，照水雪添衣」。《山静似太古》之「鷄犬層雲外，牛羊落照中」。《日長如小年》之「乾坤留晷影，壺嶠結仙緣。機杼勞添線，階墀憚數甎」。《山雨欲來風滿樓》之「簾幙一時捲，軒窗到處通。飄飄飛落葉，淅淅傍高桐。日色遮青嶂，雲花冪碧空。輕寒生水樹，纖垢净花叢」。《涉江采芙蓉》之「細浪隨輕槳，微風漾短航。歌聲蓮葉裏，笑語水中央」。《江湖秋水多》之「孤嶼明無際，晴煙澹若何。天光連浩渺，雲影漾婆娑。荻浦喧漁唱，蓮叢起棹歌。沄沄齊拍岸，脈脈自盈科。遠樹千行失，飛鴻一字過」。《明月照高樓》之「光排虛箔入，涼到小窗留。十二闌干曙，三分枕簟秋」。《落日照漁家》之「平沙纔落日，秋水正盈門。磯畔歸舟泊，波間急棹喧。魚鱗纖柳貫，鵶背彩霞翻」。《秋水共長天一色》之「潮平迷遠樹，帆舉趁長空。倒影青巒失，涵虛碧落通。鏡開飛宿鷺，霞捲戲新鴻。暮靄生天末，秋光入畫中」。《流水聲中讀古詩》之「響答琤瑽瀨，吟兼斷續聲。會心風雅奏，洗耳笛箏鳴」。《詞源倒流三峽水》之「浩渺文瀾壯，三巴溯上游。直從巫峽落，倒瀉蜀江流。風雨毫端集，魚龍腕底收。翠屏擎掌列，銀練盪胸浮」。《曉策六鼇》之「赤日金波湧，青雲碧落垂。鵬途方振策，驪穴擬探奇」。《夢筆生花》之「珊架舒瓊蘂，書城蔟綺霞」。《詩正而葩》之「寓言關至道，綺思奪天工。溯起商周迹，參將鄭衛風。萼跗須辨別，根蒂並昭融」。《十日一雨》之「逢庚常不爽，周甲總相宜。候以干支紀，年還卅六期」。《行不由徑》之「順途良易事，趨近亦常情」。《荷浄納涼時》之「花到無言處，人當獨坐時。地幽塵不染，秋近暑先辭」。《促織鳴》之「暗涼生枕簟，餘響到簾櫳。幾許離人恨，無端嬾婦驚。蕉窗時破夢，蘭閣最關情」。皆能意入題中，神游句外。惟妙惟肖，不即不離，真此體中最高之境。

昀多年從事於此。近老矣，不復能抽黄對白，然佳處則猶能領畧。對之，獲一珍珠船也。把玩數日，畧舉其尤勝者，摘爲句。圖如右稿，已久就。緣日短事冗，不能書札奉覆。昨蒙來問，不得已，使樹馨代寫，希爲轉呈，併代達快睹幸睹之意。順候近佳，不備。

復法時帆祭酒書

拙藏《順治十八年縉紳》，得大筆題識，竟得列於有資考證之數。豈非伯樂一顧，駿足千金耶！《謝謝詩纂》卷首，看過十之六七，尚未敢加籤。大段無可擬議，惟慎王嘉字韻一首，擬删去。《唐韻·麻部》本有「佳」字，公乘億「秋菊有佳色」詩可以證也。宋韻以係上平部首而芟除之，後人刻唐試帖者，遂并公乘億此詩改「佳」爲「嘉」，頗不成語。兹詩押「山色嘉」，究非好句，如徑改爲「佳」又與官韻不符。嫌於弗遵功令，似應删之，爲兩全耳。連日冗忙，俟偷暇加籤完備，即繳上呈閲。順候近祉，不宣。

紀文達公遺集卷第十三

孫樹馨編校

銘

御賜浮筠硯銘

帝曰汝昀，嘉汝校文，錫汝紫雲，粵嶠之珍。昀抃以欣，榮媿銘勳，敢不勖以勤。

賜硯多以龍尾石，惟編輯《永樂大典》諸書成，特賜總纂官端溪舊阬石。其製爲竹節之形，臣敬名曰「浮筠」。

升恒硯銘

日月升恒，象符天保。作頌稱觥，用兹摛藻。

卷阿硯銘

桐生朝陽，鳳鳴高岡。《卷阿》效詠，周以世昌。勖哉君子，仰企召康。四門宏闢，邦家之光。

黼黻硯銘

黼作斧形，貴其斷也。黻作兩巳，無我見也。此絺繡之本旨，非徒取文章之絢爛也。

黼黻昇平，藉有文章。老夫耄矣，幸際虞唐。猶思拜手而賡颺。

洛書硯銘

琢川珍，象地符。爝文海，叶瑞圖。

泮池硯銘

半璧彎環，斯爲泮水。勿忘爾初年，横經於此。

環以清渠，是爲璧水。撫斯硯也，穆然於風教之所始，豈僅曰文章而已。

圭硯銘

圭肖其形，玉比其德。藉汝研濡，資於翰墨。

三復白圭，防言之玷。文亦匿瑕，慎哉自檢。

圭本出棱，無嫌於露。腹劍深藏，君子所惡。

金水附日硯銘

金水兩星，恒附日行。天既成象，地亦成形。一融一結，妙合而凝。此石殆偶，聚其精英。

井闌硯銘

惟井及泉，挹焉弗竭。惟勤以濬之，彌甘以冽。

坡老之文，珠泉萬斛。我浚我井，灌畦亦足。

水田硯銘

流水周圓，中抱石田。筆耕不輟，其終有豐年。

宛肖水田，溝塍紆曲。忽憶燕南，稻青柳緑。

溝洫之制，尚見於水田。不乾不溢，則有年。均調其燥濕，惟墨亦然。

雲龍硯銘

龍無定形，雲無定態。形態萬變，雲龍不改。文無定法，是即法在。無騁爾才，横流滄海。

韓孟雲龍，文章真契。此非植黨，彼非附勢。渺渺予懷，慨焉一喟。

未央宫瓦硯銘

未央宫瓦，琢辟雝硯。墨海文漪，循環不斷。

未央宫，留片瓦。琢鏡硯，供臨寫。謹藏諸，存已寡。

銅雀瓦，世所珍。後乎此，四百春。片瓦耳，何其壽。二千年，蝕不朽。曰惟埏埴之不苟。

甘泉宫瓦硯銘

銅雀臺瓦，聞其名而已。未央宫瓦，則所見多矣。甘泉宫瓦，所見者惟此。以充硯材，亦伯仲間耳。

澄泥仿瓦硯銘

瓦能宜墨，即中硯材。何必漢未央宮、魏銅雀臺。

圓池硯銘

池中規，硯中矩。智欲圓而行欲方，我聞古語。

輞池硯銘

鑿曲池，如片輞。圓則行，此其象。

宋太史硯銘

厚重少文，無薄我絳侯。如鶩蛺蝶，彼乃魏收。

鄭夾漈硯銘

惟其書之傳，乃傳其硯。鬱攸乎予心，匪物之玩。

孫樹馨謹案：江西農人鑿井得古硯，腹有「夾漈草堂」字。裘文達公以稻三斛易之。後，先大父續修《通志》，公因付焉。硯之左側有邵公齊然題識，曰：「曉嵐受詔續《通志》，漫士先生以夾漈舊硯贈之。」閬谷居士爲之銘曰：「墨繡斑斑閱人幾，觚棱刓缺字不毀。夾漈有靈式憑此，六百年後待吾子。」時乾隆丁亥正月。

劉文正公硯銘

黃貞父硯，歸劉文正。晚付門人，石渠校定。啓櫝濡毫，宛聆提命。如鄭公笏，千秋生敬。

阿文成公瓦硯銘

上相西征，用草露布。歸以贈予，用編《四庫》。雖片瓦哉，予奇其遭遇。

仿西漢五鳳甎硯銘

覃溪作硯於嶺南，皆山得之贈曉嵐。曉嵐銘曰「膩而銛」，時壬戌歲三月三。

蕉葉白，世所稱。古中駟，今上乘。譬韓歐已遠，有王李之代興。

風字硯銘

風字樣，傳自古。瘦削之，乃似斧。喜其輕，易攜取。上直廬，則用汝。

其碎也適然，其成形也宛然。因其已然，乃似本然。問所以然，莫知其然。此之謂自然而然。舊荷葉硯墮地碎。中一片自成風字形。因琢爲風字硯。

琴硯銘

濡筆微吟，如對素琴。絃外有音，净洗予心。邈然月白而江深。

空山鼓琴，沈思忽往。含毫邈然，作如是想。

無曰七徽，難調宮羽。此偶象形，昭文不鼓。書興儻酣，筆風墨雨。亦似胎仙，聞琴自舞。此硯刻鏤稍工，而琴徽誤作七點。因戲爲之銘。

無絃琴，不在音。仿琢硯，置墨林。浸太清，練予心。琴硯亦古式。然絃徽曲肖，則俗不可耐。命工磨治，畧存形似。庶乎俗中之雅耳。

天然瓶硯銘

上斂下哆，微似乎瓶。取以爲硯，姑以當守口之銘。

挈瓶硯銘

守口如瓶，鄭公八十之所銘。我今七十有八齡，其循先正之典型，勿高論以驚聽。

守口如瓶，嘗聞之矣。然論軍國之大計，則當如瓶之瀉水。

竹節硯銘

介如石，直如竹。史氏筆，撓不曲。

筍不兩歧，竿無曲枝。孤直如斯，亦莫抑之。

其斷簡歟，乃堅多節。畧似此君，風規自別。

桃硯銘

曼倩三竊王母桃，墮而化石沈波濤。水春沙蝕堅不銷，圭角偶露驚舟鮫。漉以琢硯登書巢，尚有靈液濡霜毫。

荔支硯銘

花首稱梅，果先數荔。惟其韻高，故其品貴。此故微矣，非色香味。可悟談詩，不著一字。

天然荷葉硯銘

作荷葉形，而不甚肖。畫竹似蘆，倪迂之妙。

荷葉硯銘

荷盤承露，滴滴皆圓。可譬文心，妙造自然。

蕉葉硯銘

非蕉葉之白，乃蕉其狀。或憑之言，曰公以皮相。

蕉葉學書，貧無紙也。今紙非不足，而倦於臨寫。刻蕉於硯，蓋以愧夫不學書者。

白菜硯銘

菜根之味，膏粱弗識。對此硯也，其念蓬門之所食。

破葉硯銘

蟲之蛀葉，非方非圓。古之至文，自然而然。

壺盧硯銘

因石之形，琢爲此狀。雖畫壺盧，實非依樣。

既有壺盧，無妨依樣。任吾意而畫之，又不知其何狀。

墨注硯銘

觀弈道人，作斯墨注。虛則翕受，凹則匯聚。君子謙謙，憬然可悟。

工於蓄聚，不吝於挹注。富而如斯，於富乎何惡。

月隄硯銘

潑墨淋漓，餘波四漾。一線屹然，金隄捍浪。緬想昌黎，百川手障。

留耕硯銘

作硯者誰？善留餘地。忠厚之心，慶延於世。

嶺雲硯銘

觸石生雲，綿綿數縷。膚寸而合，用汝作霖雨。

幻態如雲，自然入妙。此硯之別調。

小斧硯銘

斧形雖具，而無刃可磨，亦無可執之柯。其無用審矣，且濡墨而吟哦。

古幣硯銘

翰墨之器，形如古幣。吾心知其意。

連環硯銘

連環可解，我不敢知。不可解者，以不解解之。

墨藪硯銘

凹凸坡陀，聚墨良多。大書擘窠，濡筆文河。烏雲涌兮墨水波，元虬奮擲兮翼我佩阿。

龍尾石硯銘

剛不拒墨，相著則黑。金屑斑斑，歙之古石。堅而不頑，古硯類然。久矣夫，此意不傳。

勿曰羅文，遽爲端紫。我視魏徵，嫵媚如此。余爲鮑樹堂跋《世孝祠記》，樹堂以此硯潤筆。喜其柔膩，無新阬剛燥之氣，因爲之銘。

松花石硯銘

似出自然，而實雕鐫。吾以知人工之巧，幻態萬千。賞鑑者慎旃。

天然硯銘

非方非圓，因其自然。固差勝於雕鐫。

淄水石硯銘

淄水石，含密理。小馮君，贈紀子。凸者任磨，凹者聚墨。君子念哉，秉爾謙德。刻鳥鏤花，彌工彌俗。我思古人，斲雕爲樸。

黿變石硯銘

曳尾泥中，久與物化。石蟹之流，是何足詫。

松化石硯銘

松化爲石，博物者所識。松何以化，格物者所不能測。適中硯材，取供翰墨。其變幻，固無庸於究極。

月池硯銘

視之似潤，試之則剛。其殆貌爲恬靜，而内隱鋒鋩。

水波硯銘

風水淪漣，波折天然。此文章之化境，吾聞之於老泉。

螭紋硯銘

雕鏤盤螭，俗工之式。然周以爲鼎文，秦以爲印鈕，奚不可以爲硯飾？存而勿劖，尚未嫌溷雜乎翰墨。

斷璧硯銘

金釧雖折，終非頑鐵。此硯古矣，無嫌玷缺。

紅絲硯銘

此在舊阬，亦平平耳。新石纍纍，乃不復有此。長沙、北地之文章，可從此悟矣。

青花硯銘

持較舊阬，遠居其後。持較新阬，汝則稍舊。邊幅雖狹，貴其敦厚。偃息墨林，静以養壽。更越百年，汝亦稀覯。

瓜硯銘

無用者半，益之以枝蔓。君子摛文，鑒於茲硯。

夔龍硯銘

盤曲蚴蟉，文如方銙。粵匠所雕，猶差近於古者。是爲雅中之俗，俗中之雅。

西洞石硯銘

端溪硯阬淪於水，楔以桔槔劚石髓。費二萬緡不少矣，漉波所得固無幾。佳者不過如斯耳。

坦腹硯銘

坦腹儽然，如如不動。問汝此中，其真空洞。

臒村石硯銘

絳州澄泥天下推，遂有贋者欺書癡。老夫一見咥然嗤，臒村石也吾知之。然於筆墨猶相宜。

聚星硯銘

如星夜聚，睒睒其光。或疏或密，或低或昂，是爲自然之文章。

月到天心硯銘

月到天心，清無纖翳。惟邵堯夫，知其意味。

盧紹弓虎符硯銘

抱經子，夙寶此。歲昭陽，歸於紀。

仿宋硯銘

石則新，式則古。與其雕鎪，吾寧取汝。嘉慶三載，歲在戊午。曉嵐作銘，時年七十有五。

下巖石硯銘

石出盤渦，閲歲孔多。剛不露骨，柔足任磨。此爲内介而外和。

兩曜硯銘

日午月望，有道者不居。滿而不滿，取爾尚留其有餘。

天然石子硯銘

石竇嵌空，非雕非鑿。筆墨之間，天然丘壑。

赤石硯銘

羚羊峽石，温如紫玉。琢硯者誰，錦文密簇。迂士得之，斲琱爲樸。入我墨林，庶其免俗。

天青石硯銘

羚峽割雲，到今幾世？古澤外融，幽光内閟。如對高人，穆然静氣。真賞伊誰，心知此意。

斗池硯銘

何所取哉？鑿池爲斗。取於祈黄耇，硯不貯酒；取於歲其有，硯不入農夫之手。蓋斯池也，聚墨之藪。狹其腹，哆其口，特取其不能藏垢。

蒼璆硯銘

黝黝其色作作芒，取墨則利穎亦傷。嗟包孝肅豈不剛，我思韓、范、富、歐陽。

緑瓊硯銘

端石之支，同宗異族。命曰緑瓊，用媲紫玉。

紫玉硯銘

端州舊石，稀若晨星。樹馨得此，我爲之銘。摭一語於葩經，曰「尚有典型」。

緑石朱硯銘

露液研朱，雲根凝緑。碧嶂丹霞，天然畫幅。

瀚海瑪瑙朱硯銘

石産龍堆，西征偶遇。不琢不磨，硯形畧具。試墨未宜，研朱其庶。

筆　銘

毫毛茂茂中書君，我之役爾良已勤。郛爾管城策爾勳，爾其努力張我軍。使我落紙如烟雲。

墨　銘

汝以客卿，封於即墨。筆耕之田，即汝侯國。一勺挹甘，片雲凝黑。好助文瀾，洸洋莫測。

筆斗銘

司筆之神，果佩阿歟？姑妄聽之，爲卜此居。予書苦拙，汝其相予。

毛穎之族，茲焉假館。我有指揮，莫聽驅遣。此操縱之無術，非爾曹之驕蹇。

一木所斲，如無縫塔。譬彼文章，渾成者勝於湊合。

方筆斗銘

方外出棱，虛中善納。全體渾成，周遭匌匝。毛穎是居，如無縫塔。

四壁屹如，一室空虛。誰氏之廬？曰毛穎所居。毋乃偪仄歟？我尚書門不容車，況我其鈔胥！

三脚筆斗銘

三脚木牀，可以調曲，汝固無妨於鼎足。然觸之則顛，終嫌其自立之不堅。

竹根筆斗銘

翠檀欒，寒不隕。抱節生，茲其本。

筆牀銘

珊瑚筆格，化爲錢樹。我以木雕，應無是慮。

翡翠之牀，變而斲木。物忌太華，吾從其樸。

果有佩阿，司我筆札。儻倦欲眠，就此石榻。

陳蕃下榻，爲徐孺子。我重筆公，亦待以此禮。

珊瑚架筆，惟孝穆之詞華。今憩汝以板榻，汝應愧汝不生花。

毛穎子孫，其徒實衆。氣類不殊，町畦安用。枕藉同牀，何分伯仲。如解生花，不妨各夢。

墨牀銘

十二龍賓，未必隨我。儻曰有之，且於此坐。

墨以動耗，硯以静壽。時息爾勞，爾亦可久。

子不磨墨，墨且磨子。我鑒斯言，今先磨爾。爾且待於此。

古銅墨牀銘

是爲藥鑪，今無用矣。愛其古澤，登諸棐几。子墨客卿閒而憩，是亦無忝采芝之高士。

筆墨牀銘

汝與青鏤，眠上下牀。各適其適，勿分刌之較量。

筆牀皆闊，墨牀皆窄。如卧上牀，下牀眠客。驅役相同，愛憎何擇。予以均平，庶其各適。

筆掭銘

劑濃澹，均燥濕。無太過，無不及。

調和之權，汝所執。

水滴銘

莫笑東坡翁，自嘲飲墨水。文筆老彌枯，正緣胸少此。❶

近朱者赤，近墨者黑。慎爾所染，勿玷爾德。

井華水，貯文房。雖餘瀝，翰墨香。

筆船銘

管之圓，持以方。毫之柔，搘以剛。然其走也，循牆。

印規銘

正彼欹斜，以方爲用。周勃少文，取其厚重。

割方之半，是爲句股。生角生圓，皆於是取。是爲《九算》之根，百工之祖。

界尺銘

以静鎮浮，罔弗妥帖。誰曰魏收，如驚蛺蝶。甲。

封十八姨，爾無顛簸。撼之不移，此間有我。乙。

無反無側，如繩斯直。其不轉移，則搘拄之力。

烏絲界尺銘

其直中繩，其方出棱，其壁立層層。

❶「胸」，宣統本作「心」。

如使之回曲，對曰不能。

玉研子銘

較斑道人，遜其文采。然久磨礱，堅剛不改。

磨之光瑩，不露圭棱。而能平不平。

書削銘

庖不治庖，吾豈代勞。此擘牋之刀。

錐銘

汝穎之士，亦莫逾爾。幸所鑽者，故紙。

鞅挾三術，爲鑽之祖。鋒利如斯，吾真愧汝。

糊刷筒銘

糊與紙相著，惟爾能均其厚薄。蓋剛不過强，柔不過弱。

解錐銘

不可解者，不解解之；可解而不解，乃借力於斯。其釋爾躁，無棼爾絲。

裁刀銘

當斷則斷，以齊不齊。利器在手，孰得而參差。

小斧銘

斧柯斧柯，宛轉摩挲。刃則新磨，柰爾纖纖何。

小槌銘

河朔之士，鈍如此矣。若夫神槌，俟諸君子。

小鋸銘

纖齒棱棱，犀利自矜。然盤根錯節，非汝所勝。當知有能有不能。

鐵銼銘

以金攻金，而能相勝。百鍊之精，鋒芒乃勁。

木銼銘

芒刺簇簇，細纔如粟。慎之哉！是微鋒也，能入木。

平鑿銘

斧非爾力，不能洞穿。爾非斧力，亦不能攻堅。相資爲用，毋畸重於一偏。

圓鑿銘

毀方爲圓，宛轉周旋。蓋於勢不得不然。

試金石銘

爾能試金，惜不能試心。

礪石銘

百工之事，必先利其器。他山之石，用汝作礪。

刷銘

治人之道，忌察淵魚。治己之道，則污垢必除。言各有當，君子念諸。

硬刷銘

豕鬣之剛，纖纖其芒。微塵入隙，亦莫遁藏。是固當録其寸長。

軟刷銘

柔以克剛，積漸而除。吾日計之而不足，歲計之而有餘。

硬軟刷銘

剛勁之中，參以柔意。因物而施，從宜之義。

撣帚銘

帚有秃時，塵無盡期。然一日在手，則一日當拂之。

小等銘

所繫雖輕，亦務使平。蓋千萬之差，生於毫忽之畸零。

小稱銘

老㭗折衡，使民不争。然不能使物無重輕，終不如持此以平。

算盤銘

馬之幾足吾不知，況乃握算争毫釐。掠剩家儲此器櫝藏之，旁人拊掌先生癡。使者有所司，壯哉雀鼠好自爲。

尺銘

金粟裁縫皆此尺矣。然長短參差，亦彼不同此。此則取之於都市也。是爲官尺，懸諸令甲。至於裁衣，卿用卿法。

熨斗銘

金寒絲翹，火烈絲焦。熨貼之平，細意者斯調。

蟠桃合銘

三千年花，三千年實，駐景長生，與乾坤匹。

方勝合銘

上下同心，政理以成。内外同心，家室以寧。吾見夫挾貳志者，始自利而終自傾。戒之戒之，毋誤用其聰明。

紀文達公遺集卷第十四

碑記　墓表　行狀　逸事

孫樹馨編校

日華書院碑記

教民之道，因其勢則行之易，拂其勢則行之難。故凋瘵之區，其民方傀焉，不給朝夕，其道宜議養。使枵腹而談仁義，是迫以坐槁也，勢不可行。鷙悍之俗，其民方嚚淩格鬪而未已，其道宜明刑。使無所懲艾而迂談詩禮，是硝石之病而藥以參苓也，勢亦不可行。獻縣於河間爲大邑，土地沃衍，而人多敦本重農。故其民無甚富亦無甚貧，皆力足以自給。又風氣質樸，小民多謹愿畏法，富貴之家尤不敢踰尺寸。或遇雀鼠之訟，惴惴焉如臨戰陣。是較凋瘵之區，鷙悍之俗，其施教皆易。然自前明以來，雖科第衣冠蟬聯不絶，終不能與海内勝流角立而分壇坫，其故何歟？蓋謀生之念多，則其力不專；自守之念多，則其願易足。或棄去不惜，或少有所就，不復多求。半塗之廢，固事理之必然也。

乾隆四十三年，莆田黄公來宰吾邑，乃慨然有志於學校。謂《書》稱「既富方穀」，而《記》稱「忠信之人，可以學禮」。獻邑物阜而俗淳，足以興教。而囿於所習弗竟業，是猶子弟有可教之資，而父兄弗董以成也。其責在司牧。從前莅斯土者，借鄉校爲郵舍，久而竟郵舍視之，是有名而無實。且膏火無所出，師席久虛，生徒散絶，亦無怪無以善其後。乃割俸於城東北隅買隙地，建講堂、學舍四十餘間，又置腴田四頃餘。拔邑人子弟之聰穎者，延天津邵君玉清爲之師。邑人踴躍以趨。庚子鄉試，預選者七人，爲向來之所未有。爲其事，必有其功，殆信然歟！

邵君爲余壬午所取士，既主斯席，乞余文以記其事。余，邑人也。嘗病族黨之中，人人可以讀書，而不卒業者十之五六。又嘗愧在里閈之中，稍爲先達，而不能獎勸後進，使繼日華絃誦之遺風。黄公乃能振興文教，釋余心之所歉。是不可不勒諸貞珉，以垂久遠。用不辭而爲之記。若夫窮經汲古，努力殫心，不囿於小成，不雜以歧務，以勉副循良善俗之意，是在邑之髦俊，余尤拭目望之。

長白蘇公新阡墓位記

刑部尚書蘇公，性至友愛。伯兄某公先卒，卜新阡於某所。公以平生宦迹各四方，不能效共被之義，恒期身後同兆域。會公夫人卒，先就葬焉，限於地形，壙在某公墓左而稍下。議者曰：「兄弟同塋，情之至也。弟之婦不敢並兄公，禮之宜也。然弟左而兄右，其序不少紊矣乎？」解之者曰：「禮者，理也。理有一定有無定。一定者萬古不變，無定者則權乎人情事勢而各得其安。所謂禮以義起也。兄弟同塋，此悌弟不能自已之情。兄墓既先葬而居右，無移以讓弟理，墓之右又不可以葬，同塋之志勢將不申，不得已而居左，勢使之也。且已退而不相並，足以明讓矣，是於禮未爲失。」公恒疑焉。

一旦待漏於直廬，舉以咨余。余曰：公何疑哉？此本闇合於禮。議者未深考，解者又强爲之詞，反違失古義也。《周禮》曰：「墓大夫掌凡邦之地域，爲之圖，令國民族葬。而掌其禁令，正其位，掌其度數。」鄭康成注：「位謂昭穆也。」又曰：「冢人掌公墓之地，以昭穆爲左右。」鄭康成注：「昭居左，穆居右。」似左右有别矣。然趙昞作《族葬圖》，其南北之次：第一位爲祖，第二位左爲子右爲孫，第三位左爲曾孫右爲玄孫。其東西之次：穆則以左爲首右爲末，昭則以右爲首左爲末。《朱子語類》載：「陳淳問：『神道尊右，欲以二妣列先塋之左；然程子《葬穴圖》又以昭居左而穆居右，《廟制》亦左昭右穆，何也？』朱子曰：『昭穆但分世次，不分尊卑。如父爲穆，則子爲昭，豈可以尊卑論乎。』」然則墓以前後爲尊卑，不以左右爲尊卑，明矣。且即以左右爲尊卑，左亦不必尊，右亦不必卑也。《朱子語類》又曰：「某當時葬亡室，衹存東畔一位。吴卿云：『地道以右爲尊，則男當居右。祭以西爲上，則葬時亦當如此。』吕新吾《四禮翼》亦曰：『地道尊右，右高而左下也。故百川自西北而東南。葬，右男而左女，古也，從地也。後人重左，從人也。非幽明之義矣。』」觀是二説，則兄弟之左右，可以例推。以弟左兄右爲疑者，直以俗禮議古禮，以人道議神道耳。公何疑哉！公曰：「然則墓位尚左皆非乎？」余曰：「禮從宜，使從俗。《戴記》固嘗言之。人情所便安，聖人弗强之盡從古也。義有兩存，此之謂矣。」公喟然曰：「禮家聚訟，信哉斯言。敢請筆之爲論，刊石新阡，以祛來者之惑，而間執悠悠之口。」因爲敘述梗概，辨訂如右。

内務府郎中黄鍾姚公墓表

冗散而談恬退，貧宦而談清高，安居無事之時慷慨而談氣誼，此夫人之所能也。當進取之途而恬退，處脂膏之地而清高，臨得失利害之交而忠厚存心、氣誼自任，斯非君子不能矣。以余所聞，内務府郎中姚公殆庶幾乎。

公少習文翰，抱經濟才，初筮仕爲筆帖式。雍正丙午，世宗憲皇帝澄清吏治，選筆帖式爲知縣，公膺首薦。❶既而，念從兄亦預薦，當無一家並得理，遂以讓兄。己酉遷主事，辛亥遷員外郎，乾隆丙辰遷郎中，辛酉遷堂郎中，乙丑命往吉林同將軍理參務，丙寅督理江寧織造兼権龍江關税，九重特達之知，駸駸嚮用矣。而因親老遽乞歸，浮沈郎署幾及十年。丙子，再命権九江關税，會遘微疾，遂不赴，竟以銀庫郎中終。是皆功名之士所策足先登，求之不能必得，得之不能遽舍者。公獨澹泊寧静，進退從容，無所營競繫戀於其間，公之品居何等也！

堂郎中爲上下之樞紐，職任繁重，似國初六部之啓心郎。而六部之事，内府皆具，尤非啓心郎之專司一曹者比，故最號要職。即織造、鈔關、營造司、造辦處、銀庫，參務，亦皆度支之藪。出納浩繁，世之所謂美官也。稍得沾溉，當不憂貧。且公自壯年即遭匱乏，上而供二人之菽水，下而搘擋米鹽，經營婚嫁，左支右絀，拮据萬端，更非無藉於是者。一旦坐銅山金穴之側，似難以忘情。公乃身履華膴，志仍儉素，月俸以外，一無所求。《老子》曰：「不

❶「公膺首薦」，道光本作「公因得知縣，且膺首薦」。

見可欲，使心不亂。」公見可欲，而心不亂，所守又居何等耶！

又聞雍正辛亥，公官營造司員外郎，小吏偶不戒於火，獲罪且不測。公引爲己過，吏乃得末減。雖幾至罷官，不少悔。夫官政有闕，委過胥徒者，不知凡幾。禍福所關，或不惜鍛鍊周内以成之，此恒情也。公於本非己過之事，寧失一官以全數人之命，非仁人君子能如是用心乎！

世宗憲皇帝，綜理幾務，甄别人材，明照如日月。矜慎名器，尤不欲假借毫釐。雍正己酉十二月，御書福字，賜内外廷臣。雖卿士或不得預，公獨以新進末秩邀格外之榮。豈非帝心簡在，知公之異於衆歟！雖公天性孤直，落落然不合於俗。又恒自引退，未竟其用。然升沈有命，天所爲也；品行，則人之自爲也。苟立身不愧古人，不以富貴有加，不以淹滯有損也。公即不躋卿相，亦何憾哉！

公諱吉保，黄鍾其字。先世襄平人。祖諱某，順治初從龍入關，因隸籍漢軍。考諱某，嘗監督御倉。公生於某年，卒於某年，年六十有三。以某年葬於某原。

嘉慶戊午，余扈從灤陽，公之子良適官避暑山莊副總管。僕直之餘，爲余縷述其先德，請爲墓表，以發幽光。余雖不及見公，然憶尹文端公亟稱公，與良所言合。文端公一朝名德，語必不誣。因撮其大凡，表之如右。雖多所挂漏，亦足見公之生平矣。

直隸遵化州知州鼎北李公墓表

嘉慶五年，遵化州知州李公鼎北以積勞卒於官。踰年將葬，其孤指南乞墓表於余。余謂，表以表德，將求不朽其人也。

其人無可述，而塗飾以欺後世，是不足道。其人有可述，而縷舉瑣屑，恐一善之或遺，亦非金石文之體也。蓋士大夫什百人中，可傳者不過數人。此數人者，可傳者不過數大事，其餘末節不足爲世輕重。即不足爲人輕重，故子孫欲不朽其祖父，當舉其真足不朽者以爲狀，而操觚爲文亦當舉其真足不朽者。然後其文傳，其人亦傳。

公之孝友積於家，文章學問沾溉後人。在他人爲善行，在公則爲餘事，不足一一爲公記。所應記者，凡三四大端，已足以傳公。

公之宰任縣也，縣有澤，袤四百頃，即《禹貢》之大陸也。舊汩於水成巨浸，故奏免其田賦。康熙中漸涸爲田，遂漸私墾，久而涸出者多，私墾者亦益多。官設厲禁，百姓因以釀訟端。而貪汙之吏，又借以爲利藪，不肯竟其事。即有一二循良之令，而悃愊無華，才歉於德，又復不能竟其事。紛紜轇轕，殆幾及百年。自山東劉公爲總督，始釐定阡陌，核定租課，則壤成賦，四百頃悉爲沃野，官民交賴。余爲劉公撰墓誌，嘗記斯事爲平生一大政。然不知誰爲佐理，僅稱「簡賢能之吏董治其事」而已。今讀行狀，乃知即公所經理。遥制其事者可傳，身任其事者不尤可傳乎！公之足不朽者，此其一。

公之調任武清也，河流漲溢，浸五百餘村。公晝夜焦勞，五閲月衣不解帶。民賴以免於流離。夫爲官而侵賑，千百中之一二耳，稍具人心者不爲也。然安坐養尊，事事委之胥役，胥役因得肆其姦，故有名無實者多。公檢災必親往，發粟必親監。故胥役無所用其技，而民以大寧。從來至親骨肉之中，疾病醫藥至於半載，孝友者亦有懈志。公撫恤飢民，始終不厭，此仁人之用心矣。足不朽者，此其一。

武清背海而面河，鹽梟强悍，多爲患於閭里。故號爲繁劇，例以練達之能吏調治斯土。然能吏老於世事，每務以安靜自全。恐其激而生擾，弗敢治也。至其蠶食鄰封，猶秦人視越人之肥瘠矣。公戢之嚴，桀黠皆斂手。有巨盜李甲作姦於寧河，而竄伏於武清，伍伯畏懾不敢捕。公廉得其實，親率數十役，昏夜入其窠窟，竟弭耳就縶，四境以安。入不測之地，嬰亡命之徒，非有定識定力弗能。有是識力，而非真有爲國爲民之心者，亦弗能也。公之足不朽者，不又其一乎。

公之擢任遵化也，遵化領玉田、豐潤二邑，素稱難治。又橋山弓劍，適卜斯疆，公恭遇上陵者三。太乙句陳之所，駐千乘萬騎，供億浩繁。公仰體聖天子仁愛之意，絲毫不取於閭閻，而百務具舉。余嘗叨扈從，入公之境，親見路旁父老，扶鳩感頌，以爲從來所未有。守土之官，當差務旁午之時，不藉口以牟利，是亦足稱循吏矣。公非獨無所侵漁，并無所科派，公之足以不朽者，此一事尤難之難矣！

公諱騰蛟，字○○，鼎北其號也，又號曰辛峯。山西芮城人。祖諱某，縣學生。本生父諱某，附貢生，旌表孝子。父諱某，早卒。公以祖命承其祀。公生於雍正辛亥六月十六日。乾隆戊子舉人，辛丑進士。初任直隸任縣知縣，調繁改武清，陞楊村管河通判。旋遷遵化直隸州知州。以嘉慶庚申二月二日卒，年七十。元配劉氏誥封宜人。子二：長指南，乾隆戊申舉人，候選知縣。次炳南，附貢生，候選縣丞。孫三：芝田、書田、蘭田。指南等將以某月某日葬公於其鄉之某阡。余爲此表，則嘉慶辛酉十月朔也。

曩者，乾隆己卯，余典試山西，得公卷，賞其落落有奇氣，中式已數日，以他故不與選，余心恒怏怏。榜後，公得余所批遺卷，反於余有知己感。辛丑成進士，時登余門執弟子禮。余益滋愧。然但謂失一佳士耳，不謂公毅然自立乃如此。雖以不得公爲恨，亦頗以能知公自慰矣。惟自揣年近八旬，不及見公功名卓犖，與龔黄輩爭光，何意公竟先逝，余乃表公之墓也。老淚縱横，烏能已已哉！

中議大夫賜三品服肯園鮑公暨配汪淑人墓表

碑誌之文，古男女皆有之。然爲婦作則不題夫，爲夫作則不題婦，金石例也。宋以來，間有題某公合葬碑誌者，然亦不著婦姓氏。其夫婦並題，則明以來之濫觴也。歙鮑御史勳茂將合葬考妣，先期以狀來乞余表墓。余乃竟用明人例，夫婦並題。非曰委曲以徇俗也，文無定格，衷於理而已矣。理亦無定法，歸於是而已矣。禮以義起，非古之明訓歟？蓋述夫之美兼及婦德，如史之附傳。其德相均，足以相配，則合傳之例，馬遷亦有焉。

按狀，鮑公諱志道，字誠一，號肯園。配汪淑人，並歙人。公以古誼稱善士。淑人或贊襄之，或推公意而自爲之，其事皆昭昭在耳目。如公侍父病，凡五閲月衣不解帶。淑人之侍姑病，亦以三日新婦周旋茵榻左右無方。故鄉黨並稱其孝。公之弟啓運，八歲失母。公天性篤摯，曲盡教養之道。淑人亦如撫所生。故鄉黨並稱其友。公故寒士，然慷慨好施，急人之急如己事。淑人初處困約之時，亦往往脱簪珥，質衣帬，濟親串之窘乏。故鄉黨並稱其義。公以先世慈孝堂故阯在龍山之麓，其地弗善，特遷於山岡，爲銘誌之。宣忠堂者，遠祖尚書公舊宅也。又葺其頹廢，爲尚書公祠增置祀田，以貽久遠。並貲助宣忠派之不能婚者。鮑氏故多孝子，建世孝祠以祀，使子孫八歲以上即入觀禮。更捐金取息，給族衆之助祭者以當分胙。淑人亦篤念本支。嘗修西沙溪三婆塘祖墓，躬自督工，不避風雪。每自揚州歸里，必先祀宣忠堂。徧招族人贈金有差。又構屋八楹，爲族人貯農器。置田百畝，取租給族之衆婦。自以平日節儉，乃積有是貲，名其田曰「節儉」。事事皆先得公意。至族婦四人終身苦節，無力請旌，淑人廉訪其事迹，而公上之於朝，尤同心合力而成矣。

公好義舉。歙故有紫陽、山間二書院，歲久頹圮，膏火亦無所資。公捐金萬有一千，並修復之。至今絃誦日盛。歙有水曰北河，環郡城之西迤橋北岸而入漸江，漫淤既久，漸徙而西，與豐樂水合流。漲沙日深，迤橋之流遂絶。形家以爲西流百里之水，闔郡人文所繫也。公獨力捐貲築水射，當其西南，障之使東，以刷久結之沙，故道頓復。揚州自康山以西至鈔關北抵小東門，路多積水。雖以甎砌，沮洳如故也。公易甎以石，行者皆稱便。淑人深居閨闥，不能周知外間事，而足迹所及，重築大母堨、七星墩堨、田水溪橋諸道路，至今里人能道之。雖役有大小，費有多寡，其用心與公何異乎！夫坐擁高貲，意氣自喜，慷慨而談任俠，視金穴自封者，加一等矣。然席豐履厚，物力有餘，可以視之不甚惜，如以寒素之門，銖積寸絫致富貴，物力之艱難，其知之矣。而公與淑人能重義而輕利，不其難乎？且人心不同有如其面，或士大夫好濟物而內有慳詞，或閨閣喜施予而外多掣肘，此人情之常，即事勢之常也。公與淑人不謀而自合，相觀而益善，不尤難之難乎？

其人其事，均不可以尋常測，而謂可以金石之例拘乎？故婦統於夫，正例也。婦與夫各足自傳，變而並書，亦變而不失其正也。《春秋》之法，內女非嫡不書。而紀叔姬以媵書，賢也。淑人與公並題，亦此志云爾。千秋萬世，視余所表，可以知其非委曲徇俗矣。

工部右侍郎霽園蔣公行狀

嘉慶八年二月二十九日，工部侍郎蔣公霽園卒。其長子太僕寺卿予蒲以公與余交最久且相知最深，以公行狀相屬。且云太夫人歿時，僅有傳一卷，今將合葬於睢州城東新阡，亦乞臚一二實行，垂諸永久。余誼無可辭，乃據所聞見臚列行實而爲狀曰：

公姓蔣氏，諱曰綸，字金門，霽園其別號也。先世居江西新建，元末遷河南睢州。耕讀相傳，世有隱德。至半坡先生，爲公高祖，諱奇猷，順治己丑會試副榜，考授推官。舉鄉飲大賓，以捐穀賑飢，奉旨旌門，崇祀鄉賢。《大清一統志》有傳。曾祖諱文臣，增貢生。祖諱禧運，廩貢生，考授學正。父諱辰祥，乾隆壬戌進士，翰林院庶吉士。皆贈如公官。

公天性孝友，幼丁庶常公艱，哀毀盡禮。兄曰誠，早没。弟曰京，公課之，爲名諸生，國子監肄業，候選訓導，壬辰卒於京邸。公撫姪如子，教其成立，後官山東泰安縣知縣。卒無子，公爲立後。公弱冠補州學生，累試冠軍，食餼，爲孫虛船先生、蔡葛山先生所賞鑒。居鄉多義舉。家故貧，同邑某聘妻未婚，值歲歉，欲鬻爲人妾。女聞，痛不欲生。公與其質，留侍太夫人。後某又欲鬻於富商，而以其半來贖。公念某母老無孫，以女歸之，不取其值。某亦悔悟。今其子孫繁衍，邑人稱公德不衰。

丙子舉於鄉，座師爲羅徽五先生、鄭炳也先生。欲擬元，以三場微疵未果。庚辰成進士，出朱石君先生房。座師爲蔣質甫先生、秦味經先生、介野園先生、張有堂先生。改庶吉士，習國書。雖讀書中祕，而不改儒素之風，亦不染聲氣之習。垢衣敝履，神志翛然。詞館前輩皆以爲可親而不可狎也。辛巳，散館授職，充國史館纂修官。所撰列傳，有爲總裁劉文正公簽商者，可從則從，不可從必反覆考辨，疏通證明，無一字之遷就。文正公反以此重之。

余於公爲同學，與公居密邇，常相過從。見公遇師友慶弔，皆從厚佽助，初不以匱乏形儉澀。嘗記其乞假歸里，迎太夫人入都，苦無貲，未即行，待秋俸以資僕馬。適介野園先生卒，同人約醵金爲助，公括囊篋僅足五十金，盡出以賻。或謂宜稍爲路途計，公曰：「留此亦不足具資斧，不如使吾心無虧缺也。」丙戌，保送御史，初未及公。劉文正公曰：「是嘗齗齗與我争者，真御史才也。」獨舉公第一。戊子，授山西道監察御史。稽查舊太等倉，力除積弊，爲左都御史范公所重。巡視西城，聞某吏素横，奸未發。會兵馬司吏目案呈，有民人控婦悍求出一事。公察婦無悍容而詞色悲痛，其夫又詭病不面質，乃密詢其幼子，得某吏平日利誘計得婦爲妾狀。一鞫即服，乃置諸法。

乾隆三十三年，奏請定用内閣中書

例，署云：「中書考試，原無定期。各省士子無從按期齊集。臨時出示招試，不過舊寓京城及籍貫附近者詣部報名，猝難周徧。且查内閣中書一官，外陞同知，内陞内閣侍讀及各部主事。其官階原在主事之下，知縣之上。而考試者以一論一詩得之，未免視爲捷徑，妄生倖心。即夤緣奔競，亦不能保其必無。臣愚以爲每科新進士，向以庶吉士、主事、知縣三項分用，合無仰懇聖恩，即於每科新進士引見時，三項分用外，添用内閣中書一項。遇有缺出，照次銓補。在各士子會試、殿試之後，詩文字體，歷經校閲，既無煩另行考試。且因材器，使一歸聖明簡録，則名器益昭公慎。而儌倖躁進之心，無自而生矣。」奉硃批：「所奏是。該部速議，具奏。」經禮部議准，遂著爲令。三十五年，奏請禁督撫指名揀發人員。署云：「在部投供候選各官，於督撫本非現任屬員，何由知其在部候挑而徑破例保請？既乖體制，復涉嫌疑。且恐該員得邀專奏，或且依托聲勢，滋生弊端。請嗣後揀發人員，概不准督撫指名奏請。」奉上諭：「御史蔣曰綸所奏，頗爲近理。督撫等差委需人，既經奏請揀發，則發往之人儘可供其隨材委用，何必於候補人員指名請揀。況伊等是否在京，督撫等何由預知？形迹之間，易招物議。日久且恐漸滋流弊。嗣後，各省督撫請揀人員，不得於摺内指名附請。將來河工請揀人員，摺内附請之處，亦著永行飭禁。」旋授户科給事中，轉禮科掌印給事中。

辛卯，充順天鄉試同考官。所得如李君世望、沈君步垣、沈君琨、方君維祺、翁君樹棠、陳君鴻舉、沈君杲之、丁君志誠，皆一時知名士。壬辰，充會試同考官，所得如裴君謙、方君大川、范君來宗、李君鎔、金君光悌、朱君芫星、李君翮、方君煒，亦稱極盛。丙申，丁太夫人憂，回籍。己亥，服闋，補工科給事中，轉兵科掌印給事中。庚子春，陞順天府丞，提督學政，管理金臺書院。延師必慎，不藉修脯助友朋；訓迪必嚴，亦不以月課應故事。所成就者，如吴君邦慶、王君麟書、桂君芳、施君杓、❶蔣君攸銛、白君鎔、林君天培、穆君隆阿、李君熉、李君光先、李君光里，皆蔚爲人望。時文侍郎遠臯年未弱冠，公閲其文，即識爲偉器。曾許之云：「非惟才俊，亦卜厚福。不信九方相馬之識，請觀豐城射斗之光。」今果如公言。陳君預未第時，將應試，適其父罣吏議或欲阻其入場，公深賞其文，弗爲浮議惑。遂得入泮第一。公後凡課藝，皆公所指授，卒成進士。其弟雲，亦出公門，成進士，廷試第二人。蓋公究心經義於源流得失，能識其真。嘗選訂諸家制藝，自乾隆丙申至嘉慶己未，閲二十四年乃成書。所得者本深，故經其指授，皆能掉鞅文場也。聞公召見時，皇上嘗以「知文造士」見許，固有由矣。

丁未，晉光禄卿，歷太常、大理寺卿。嘉慶己未春，陞副都御史。是年冬奉命視學山左，甫試青州一郡，旋陞禮部右侍郎，調工部左侍郎，奉旨回京。辛酉，充會試總裁。得士馬有章等二百七十人。冬，奉命考取宗學景山各官學教習。壬戌，調工部右侍郎，管理錢法堂事務。

計公服官四十餘年，矢慎矢公，常如一日。秉氣素厚，年登耄耋，視聽不衰。近歲步履少艱，猶趨直無虚日。皇上屢温語慰問，公聞命感激，愈加奮勉。二月二十日，恭值御門，公偶感風寒，猶力疾先期

❶「杓」，道光本作「材」。

赴西苑，具摺陳奏。歸仍飲食如常。太僕躬侍左右，至二十九日，神氣稍減，旋進參餌，端坐而逝，年七十有五。

公元配湯夫人，睢州湯文正公元孫女，年十九歸公。家貧，盡出匳具，貨以度日，自甘粗糲。日以一錢易油紡織，佐公讀。妯娌中有豔飾奢華者，相形之下，夫人處之泰然。及公貴顯，夫人儉約如平時。侍太夫人疾，躬奉湯藥，衣不解帶者三閲月。撫庶子女如己出。御下無疾言遽色。慈善好施與，遇人困阨，輒爲之垂涕，常以兒衣與丐者。吴香亭先生曾詳其事於本傳。性愛澹泊，晚年長齋奉佛。先公八年卒。子三：長子蒲，乾隆辛丑進士，由庶吉士歷官太僕寺卿。次子藩，以公廕授廣西北流縣知縣。次子藻。孫三：長恩銘，次恩鏞，次恩鍾。女四。女孫三。

曹宗丞逸事

曹慕堂宗丞，余甲戌同年也。交最契。慕堂卒時，余適以校理祕籍在灤陽，闕爲面訣，意恒盡然。既而，讀石君所作墓誌，辛楣所作神道碑，慨想生平，宛如對晤，不勝山陽隣笛之悲。

惟是慕堂立身之本末，二君言之雖詳，其文均篤實無愧詞，足信天下而傳後世。然有一二逸事，爲碑誌所未及者。乾隆辛巳，余與慕堂同司翰林院事。會有八九英俊與同館争名相軋，同中蜚語，勢且挂白簡。時余亦薄有聲譽，方自危疑，不能爲申雪，惟坐清祕堂中與同事相嘆咤。慕堂奮起拍案曰：「諸公以此事爲真耶，則數人皆輕薄子耳，何必爲悼惜！如灼知其枉耶，則司院事者所司何事，而噤口如寒蟬。」乃邀衆同詣長院。慕堂婉請曰：「據公所聞，此數人褫不蔽辜矣。然公此語從何來？儻彈章一上，事下刑曹，無證佐不能成獄。願先示名姓，併列於章中。」院長沈吟久之，事竟中止。後八九人皆先後致通顯，無知緣慕堂得免者，慕堂亦終身未自言也。

同年陳侍御裕齋，年過四十未有子，又有所阻格不能置妾。慕堂倡率鳩貲，買一女，送其家，後舉一子。裕齋夫婦相繼歿，有壻謀踞其餘貲，百計媒蘖。孤兒孀婦，且旦夕不自存。聞者扼腕，然莫能爲力也。慕堂又鳩率同年，仗義執詞逐壻，子乃得安，今已讀書成立矣。當時論者或以慕堂爲多事。慕堂恬不介懷。嗟乎！朋友以異姓列五倫，所貴乎濟緩急、恤患難，不以生死易心也。平時酒食徵逐，聲氣攀援，怡怡然親若兄弟。及身遇小利害，乃引嫌避怨，坐視其後人之阽危，亦安貴此朋友耶！慕堂此舉，余時有所牽制，未能赴約，然心恒愧焉。論者乃以己不能爲，轉非慕堂之能爲，抑亦傎矣。

慕堂天性恬淡，超然於聲利之外，似不甚預人事者。又和平靜穆，言訥訥如不出。而此二事，乃見義必爲如此，賢者固不測哉！余十六七歲入名場，三十通籍，仕宦四十餘年，閲事非一，閲人亦非一，求如慕堂之古誼，指不數數屈也。人往風微，慨然遠想。因書以示受之侍御兄弟，俾存諸家乘焉。

記李守敬事

明末，河間被兵，曾伯祖鎮番公年尚幼，爲兵士縶以去。至章丘，乘夜逸出，比曉，倀倀無所適。忽一人諦視良久曰：「若非四官耶？勿畏，我故若家傭工李守敬也。」詢及家事，相持泣。泣已，扶之行。沿途乞食，食不足，則守敬自忍飢。行三四日，鎮番公疲不能步，則拾得破獨輪車，輦之崎嶇寇盜間，瀕危者數。月餘，抵河間。河間已墟。聞太恭人避兵在景城，則又輦之景城。然後叩首，嗚咽去。酬以金，不受也。嗚呼！義矣。或曰：守敬本崔莊人，性簡傲。傭工輒爲人所逐，故流落他縣。然當患難中，不負其心如此，可多得歟！

紀文達公遺集卷第十五

孫樹馨編校

傳

懌堂先生小傳

懌堂先生，姓賈氏，諱延泰，字開之。先世自萊陽遷故城，衣冠蕃衍，遂爲望族。先生賦質最穎異，承藉家學，刻志誦讀。然恬淡沈静，出於天性，視雕華之士以聲譽相馳驟，意泊如也。

雍正壬子，舉於鄉，無矜色。既連上公車不第，亦無抑鬱之色。年漸長，思以捧檄娱老親，乃援例爲中書舍人。舍人雖閒曹，然密邇政府，又職司翰墨，與詞林氣類最相近，文酒讌談易於歘洽。先生獨落落穆穆，公事以外無所預。退食以後，惟與山人、衲子鬭茗敲枰，門外幾無車馬跡。舊交有通顯者，招往見，唯唯不拒，亦竟不赴約。宦數載，以親老乞假歸。色養之暇，蒔花種竹，嘯詠一室。恒手自煮茗以爲樂，若不知居城市中者。迨養親事畢，或勸以補官。先生謝曰：「吾性疏慵，即爲官亦無益於世事，況行年六十，日就衰頹！顯親報國，付諸子孫，吾不能白髮出山矣。」自是以後，惟杜門訓子姪，時時以書史自娱。興會所至，間亦賦詩、摹帖。詩，風格多近西崑，而能獨得温厚之意。書，初仿歐陽信本，繼仿松雪，能以勁婉驛騎兩家。然均不多作，寄意而已。惟喜鈔書，每得善本，且誦且録，恒漏下數刻不能止。自少至老如一日。屬纊之際，猶喃喃作誦書聲也。平生胸懷蕭散，衣食不甚擇美惡，亦不問家人生産事，似不知馬幾足者。顧於《九章筭術》推究至精。於舊法多所增損，往往出古人意想外。廼知研桑心計非所不能，特性不好耳。甲辰正月，遘微疾，遂奄然逝，年七十有四。

平時嘗誡諸子曰：「今之送死者，吾惑焉。彼勳業文章固足以垂不朽，其他往往奔走大人先生之門，丐一言以爲光寵。試覆而射之，則書撰人姓名與所以稱道其親者，可忖而得也。夫親無其實而貌以名，與貌他人何以異。余老矣，異日必無以諛墓之文誣我。」故諸子於先生之葬，不敢乞人爲墓誌。即先生之志趣可想矣。

論曰：《明儒學案》，先生曾祖所刊也。先生口不講學，而制行不愧古君子，是真講學者也。平生不屑屑於名利，殆所謂能見其大歟。嗚呼，恒情烏足以測之！

怡軒老人傳

怡軒老人，從兄懋園之别號也。兄以乾隆丁卯舉於鄉。丁丑成進士。官中書舍人者八年，以省親乞歸，體羸善病，遂不復仕宦。田居多暇，惟以詩書課子孫，或與平生老友以詩酒相娛樂。目所居曰「怡軒」，因自號焉。

昔先大夫之未仕也，以兄天資篤厚，愛之甚至，亦督之甚嚴。迨昀漸長，先大夫已官户曹簿書有程，不復能自訓課，遂遣昀受業於東山董先生。故先大夫之學，昀不能盡得，而兄乃獨得其傳。兄與昀同爲諸生，同舉鄉試，互以讀書相淬礪。顧昀於文章喜詞賦，於學問喜漢唐訓詁，而泛濫於史傳百家之言。先大夫恒病其雜。

兄則文章必韓歐，學問必宋五子，非惟誦其言，且一一體驗躬行之。故先大夫嘗稱兄深醇有根柢，非昀所及。後兄與昀同官京師。昀早涉名場，日與海内勝流角逐於詩壇文社間；兄則恬退寂寞，杜門與三數同志晨夕講肄而已。憶丁亥春，昀服闋赴補，兄方家居，臨行送以一詩，有句云：「敢道山林勝鐘鼎，無如魚鳥樂江湖。」其志趣可以想見。後，昀以不自檢束，時蹈愆尤，雖幸荷聖主委曲保全，得有今日，然中間顛蹶憂患，蓋亦屢矣。兄之識度，亦何可及哉！

兄今殁十六年矣。鄉黨稱長者，及士大夫稱儒者，均必爲兄首屈一指。兄之子汝倫作兄行述，載事蹟始末甚詳。同年翁覃溪詹事撰兄墓誌，梗概亦粗具。然兄之生平，有覃溪所不及知，而汝倫所不能言者。昀因撮舉所遺，爲兄小傳，聊竊附於追書逸事之例。夜深燭炧，回想慨然，不禁老淚之縱横也。

承德郎中書科中書峴亭楊公家傳

公諱世安，字樂田，峴亭其自號也。先世本義烏巨族，雍正中，公之祖隨父北上求進取，坎壈未遂，留滯津門，因著籍於静海。

公幼而穎異，書過目輒能闇解。老師宿儒皆謂掇高第如拾芥，祖父未竟之志當酬之於公。乃年甫十一而孤，薄田數畝不足給饘粥，生計日困。長兄飢驅外出，以貿易博什一；幼弟尚在襁褓。母子煢煢，家徒四壁，酸風苦雨，悽動心脾。公母姚太安人至窘迫不欲生。公時稍長，學業將有成，老屋昏燈，忍飢夜讀，書聲與紡織聲相答。見母氏荼苦，輒椎心飲泣，憂心輾轉，恒徹曉不眠。久而慨然曰：「生子以養親。養親之道，不過治生與求仕耳。今寒餓如是，尚僕僕謀不可必得之禄養，是渴鑿井、鬬鑄椎矣。奇贏之術，庶其尚有近功乎。」遂棄儒就賈。

親黨共爲公才惜。然揣度事勢，萬萬無他策，乃各貸貲以助之。詎運數迍邅，所販鬻物燬於火。退而躬耕，又遘水災。貧如故。公志不少沮，益發憤行賈，三年不返。姚太安人慮其漂泊，屢書促歸。乃於郡城傭書，腕力敏捷，又刻自勤苦，晝夜可得數萬字。節衣縮食，蓄有微資，買田數十畝。旋婚於静海邊氏，摒擋米鹽，具有條理，家以小康。自是，經營籌畫，貲産日增。承歡膝下，養生葬祭，皆能曲申其孝思。僉曰：公有志竟成。然二三十年艱難辛苦，有不可縷數者矣。

姚太安人殁後，遷居郡城。郡故鹽筴之總匯，公隨其土俗，往來轉運，生計益豐。凡兄弟姊妹以及族黨姻戚，皆賴公以舉火。其無屋者爲搆屋，無田者爲置田，一一爲計久遠，不但解衣推食，周一時之急也。然自奉則甚儉，食不求美。曰：「吾未以美食食我親也。」衣不求華，曰：「吾未以華衣衣我親也。」然後知公之刻意治生皆爲親計。其河潤於家庭，旁施於親屬，亦推親之愛焉爾。

年過五十，即杜門卻掃，惟玩味經史以自娱。嘗訓諸子曰：「汝曾祖、汝祖，皆終身誦讀，困頓名場。汝祖母望我繼其志，我以貧不能養，不得已而廢學，心恒歉焉。今汝輩承藉餘業，可無待謀衣食，其勉終我志，以終汝祖母之志乎。」語已，泣下。諸子皆感泣。故長子毓棉，早游於庠，今官中書科中書。次子毓錦，以拔貢生中式己酉科舉人。諸子毓樸、毓榘、毓鈞、毓鐸，亦皆能自立，方興未艾焉。

公援例爲州同，遇聖駕巡幸天津，蒙恩預宴者五，併蒙賜御書及諸珍物。庚戌八月，恭逢慶典，又蒙賜宴同樂園，即於是年覃恩勅封承德郎。元配邊夫人勅封安人。以子毓槱貴也。毓槱後加三級，公於例當封奉政大夫，邊夫人當封宜人，今仍從勅命之所書，從其實也。

論曰：貧賤非病，病其無志。公早年偃蹇，而以養親之故，毅然起與命數争，百折不回，竟酬所願，非豪傑之士乎！凡財由艱苦而得者，視之必甚重。公拮据成家，而博施無所悋。非古君子之用心乎！是雖庸行，而皆人情所難也。是足以傳矣。

解月川先生小傳

先生諱秉智，字月川。先世自山西永濟徙天津，今六代矣。先生幼而穎悟，讀書一目數行。角藝輒冠其儕偶，年二十一入縣學。父觀復公以經營家計，不得已棄舉子業，期望於先生者甚至。先生仰體親心，亦奮自淬礪。乾隆丁卯舉於鄉。壬申會試未售，揀授淶水縣教諭。性故端介，不能隨俗爲俯仰，一切仕路酬應之禮亦落落不欲爲，惟殫竭心力，務舉其職而已。幸儒官閒署，不與吏事，僚吏亦以度外置之。故得與諸生晨夕講肄，文風士風均蒸蒸日向上。至奉諱歸里後，淶水人猶間關請往主書院。則先生之有造於斯土可知也。

丁丑成進士，分發甘肅，以知縣用，得

涼州府屬之永昌。永昌故衝衢，驛使往來，轉運絡繹。先生仍堅守素志，正供所應有者，纖豪不敢闕；正供所不應有者，勤恤民力，亦不敢纖豪溢額外。竟坐是罷官。既而，大吏知輿論多惜公，奏留會城使自效，隨監送新疆開墾户口，遠至伊犁。來往備極勞瘁，先生恬如也。

凡奔走五載，得恩旨復原官。乙酉八月，又授慶陽府屬之安化。故瘠土也。甫蒞任，即早霜傷稼。前署事者報未明，先生力請於上官，得闔境普賑。丁亥，復霜災，視前倍重，蒙恩於正賑之外，加賑兩月。時需糧多而倉儲少，欲從部價以一石一兩折給，又糧貴而價不足，大吏遂奏請半用賑糧，半用折價，原無積穀之州縣，則准以時價採買，每石較部價贏八錢，所以宣布德意者甚至。安化故無積穀，例得採買萬餘石。有導先生領採買之價，而以部價給民者，先生毅然不肯。且以奏定之價出示，俾通知。遂頗結怨於僚友，先生亦恬如也。然坐是，公事多齟齬，乃於己丑四月移疾徑歸。歸而門庭蕭寂，惟日與兄弟訓課子孫，暇則以棋酒相娱樂。名其堂曰「友于」，又繪《三荊同株圖》，文士多題詠焉。如是者三十年，林下優游，不萌一出山之想。蓋自守確、自知審，其所見者遠矣。

嘉慶三年八月卒，年七十有九。遺命速葬，故碑誌未作。孤子道倬以余與先生爲同年，乞先爲小傳。余乃敘而論之曰：先生之仕宦亦坎坷矣。而年未五旬，飄然解組，享林泉之樂三十年。兄弟怡怡，終身無間，而子及猶子皆登第，其所得孰爲多也？抑又聞之，先生乞歸之時，甘肅風氣已駸駸乎華侈矣，久而遂有監糧之獄，白首同歸。然則先生之坎坷，其亦天佑善人使青山獨往歟。正不必以所如不合爲先生惜矣。

鮑肯園先生小傳

肯園先生以嘉慶辛酉十月卒。先生子樹堂侍御以行狀寄余，求余爲小傳。先生嘉言善行不能縷數，非小傳所能括也。先爵里、世系、生卒年月，則碑誌在焉，小傳亦例不載。乃畧摭其逸事曰：

凡人由貧約而富盛，艱難辛苦備嘗之矣。銖積寸累以至鉅萬，其亦不易矣。故恡財者恒情，自食其力，以償前此之拮据。於世無損，人不得而咎之也。先生由困而亨，顧恒思於物有濟。修宗祠，纂家牒，置田贍族人之不能婚者，舉苦節之不能請旌者，則有關於倫紀。而世孝祠之建，世孝事實之刻，則有關於風俗人心。至捐金三千復紫陽書院，捐金八千復山間書院，則功在名教。復歙縣北河之故道，修揚州康山之通衢，皆費逾千萬，則又德及生民。此先生之不可及者一。

凡勤幹習事之人，必老於世故之人。故往往義所當爲，巧於趨避以自保其所有。此雖服官涖政者或不免也。先生當修復二書院時，力争鄭師山玉、徐觀察士修、吴光禄煒及其家仲安先生之從祀，皆侃侃不牽就。總司兩淮鹽筴日，勇於任事，不避小嫌。乾隆末年，福建鹽闌入江西，其勢蜂擁不可止，淮商頗困，而事體重大莫能攖也。先生身任其事，支拄兩載，其患始平。鹽艘或有沈溺，例當補運，或受累至破家。先生倡議，使一舟溺則衆舟助，至今爲永利。先生之不可及者，此又其一。

若夫家庭孝友，士大夫之常理。少而

廢書，老而勤學，著作頡頏於作者，於先生亦爲餘事，固不必一一瑣述矣。

論曰：不自私其所有，而毅然敢任天下事，使仕宦者如此，則賢仕宦也。斯人往矣，能勿邈然遠想哉。

王錦堂先生家傳

先生諱振榮，字漢桓，又字訒菴，別號錦堂。先世隸小興州衛，今灤陽縣也。明成祖以大寧予、烏梁海諸衛皆内徙，遂隸籍寶坻。七世祖諱翱，以成化甲午舉於鄉，官嘉興府通判。十一世祖諱好善，萬曆辛丑進士，官鳳陽府知府。十二世祖諱兆辰，天啓辛酉舉人。子姓蕃衍，遂蔚爲畿東巨族。高祖諱乃餘，順治甲午舉人。曾祖諱寀，歲貢生，候選知縣。祖諱枚士，官常州府同知。考諱讚，官荆州府同知。

先生五歲而孤，不及奉祖父之訓誡。又衣冠世胄，籍厚履豐，可以惟意所欲爲，乃幼而好學，不稍涉紛華靡麗之習。從同邑芮勵齋講洛閩之學與韓歐之文，其毅然自立早，迥然獨在恒情外矣。天性孝友，家庭間和氣藹如。雖僮婢亦不輕責罰。然禮法自持，無事則正襟危坐，無縱肆之容。與元配劉夫人，終身相敬如賓。與人交，不露圭棱，亦不稍戲狎。或遇言所不當言者，笑而不答。人自愧而沮也。惟教子孫則甚嚴，小不中禮即予杖。晨夕講授，諄諄以忠孝相勸勉，剴切深至，罔弗感動。有子五人，乾隆甲寅、乙卯，相繼舉於鄉者二，非庭訓之力歟！

平生自奉如寒素，至於義所當爲，則多金不惜。族黨有貧乏者，歲時周恤；鰥寡孤獨者倍之。值歲瘟疫，施藥活多人。蔣吏部爰亭創廣育堂，亦月月寄貲以襄其事。節孝祠圮，先生倡衆修復之。故鄉里莫不稱長者。若歸伯父之田二千畝，及贍張氏孀姑歲以二百金爲律，至今仍不失期，尤人情之所難矣。

篤志力學，期以功名繼祖父。數奇不遇，至丁酉始舉於鄉。庚子、辛丑會試，皆薦而不售。甲辰以後，厄於多病，遂不能再詣公車。嘉慶丁巳正月，竟賫志以殁，論者惜之。

先生子殊渥，余從子汝仲壻也。悲先德之不彰，乞傳於余。余謂人貴自立耳，仕宦通顯而使作碑誌者無事可書，不如鄉黨之善士實行數端足傳於後。遇與不遇，何足爲先生損益歟？因約舉大畧如右，俾後生有所矜式焉。

戈太僕傳

公諱源，字仙舟，自號曰橘浦。然仙舟之號，特著於士大夫間。少負奇慧，以隨父任於浙江官署不克就試。年十六旋里，一試即補縣學生。是年即舉於鄉。越歲甲戌成進士。計自童子試至釋褐，不滿一載。眉宇秀發，而老成深穩，望而知其有吏才。故高宗純皇帝始命爲縣令，既而命學習於部曹，蓋將使練習政事，老其才而大用也。在户部，屢居異等。旋改御史，轉給事中，皆侃侃多所建白。戊申擢太僕寺少卿。督學山西者四載，以末疾致仕。故里無尺土寸椽，流寓京師，竟以貧病卒，年僅六十三耳。

公生長世家，少年高第，而落落無紈袴習，亦無名士風流習。與朋友言，恒有經世之志，不肯徒事温飽。初，公兄芥舟先生、方舟先生相繼歿，承藉舊業，尚薄有田宅，然無如食指之太夥。公慨然曰：「吾忝爲官，月俸尚足贍妻子。九兄老而不第，諸姪亦俱未成立，是殆將不自存也。」乃以王橋田宅與兄，以河間府舊邸與方舟之子，以京師校尉營舊宅盡與芥舟之子，自不取豪釐。坐是遂大貧，殊不悔也。凡至親之貧者，多收養於家，廩禄弗能給，則齏鹽糜粥，豐儉與共。故其家内外上下同一食。嘗戲謂余曰：「十刹海之法，萬物平等。一僧一室，佛亦僅占一室；一僧一盂飯，佛亦僅供一盂飯。佛尚可爾，吾何不可與厮役同也。」嗟乎！此其胸次居何等也。使得行其志，視天下之人如是矣。

居官多異政，殆不能一一數。其督理街道，不動聲色，能使豪强侵占無所容，塗徑圮墊無不治，而胥吏不能舞弊取一錢。余虎坊橋宅前偶穢雜不治，坐車上呼余僕隸，立使掃除，不以余故而牽就。其官學使，卷必親閲。甚紕繆者，必塗乙而張之壁，逐句評駁，如塾師爲弟子批課藝。晉人多不嫻聲病，公一一甲乙其試牘，如批時藝。其佳者，則刊布以爲式。其中或字句之疵纇，則點竄完善，而細論所以點竄之故。積勞成疾，多由於此。然公每蒞一官，必勤舉其職，事事不苟，可以想見矣。使得竟其用，樹立必有可觀者。乃天不假年，竟使賫志於地下，是則深可惜耳。

公不喜聲氣攀援，恒與物寡合。宦資既深，與時髦益不相款洽。病廢以後，杜門卻掃，幾不知長安道上有是人。故公之行事，漸不爲後進所知。戈紀故世婚，余與公又同年相契，余不志之，恐後來益無所考。乃撮其大端，作爲此傳，庶鄉黨有所矜式焉。

棗强知縣任公傳

公諱增，字蔚嶺，又字損之，别號寓圃。本蕭縣巨族，因居河南永城，遂以永城籍應試。乾隆甲戌成進士，乃改歸江南。早年即以文章鳴，咸以爲東觀、西清之選。然僅歷宰五縣，竟坎壈以終。

初官直隸南和，繼署宛平，既而補棗强，後又官山東禹城、惠民，皆有惠政。而世顧多稱任棗强，從其治績之最著者也。南齊謝朓終於尚書吏部郎，而至今稱謝宣城，其亦此例矣。

公之宰棗强也，自乾隆庚寅至甲午，不盈五載。然父老至今有去思。蓋漢廣川郡，今分爲二州一縣。景州、德州皆沃土，而棗强尤得其上腴，故殷阜甲於鄰邑。然富者不能如巴寡婦清以財自衛，而好以客氣相淩藉，故訟牒最夥。中間一二點才讀鄧思賢之書者，又陰陽捭闔，媒蘖其間，希分餘潤，釁益搆不已。公嚴明而敏捷，於兩造情僞不可欺以術。又杜苞苴、謝請託，毅然不可干以私。談笑坐治，而嚚風不競，民氣皆淳。富者皆得以保其富。

棗强墟市，胥役率多方箕斂，謂之雜税。雖負販者不免也。雖寒機紡織，得布不盈疋，得綫不盈斤，亦不免也。其聚也衆，其取也則雜。取於衆人之手，所出不過數十錢，故民恒忍而不校，官亦不甚聞。公廉知其狀，厲禁里長、保正，而貧民以不擾。又建普濟堂，施衣煮粥，收養孤貧。而鰥寡孤獨之無告者，亦靡不得所。是非視國如家、視民如子乎！

其尤爲人所難能者，王倫之亂，距棗强一日程耳。太平日久，人不習兵，鶴唳風聲，一宵數警，人洶洶無固志，多謀棄家以逃。適公以宛平舊案，部議鐫秩去，代公者已捧檄至，咸謂公可攜家趣會城。公慨然曰：「丁亥之歲，吾嘗以規避褫職，已自分老牖下。己丑，迎鑾，蒙賜復原官，得有今日。聖恩再造，吾耿耿不忘也。寇焰方熾，此城惟一典史、一把總，擁兵徒數十，勢不能拒敵。新任者與民未相習，亦不能團聚鄉勇，合力守禦也。我一去，則民必散；民一散，則賊必乘虛來據城；城陷，而此縣不可爲矣。吾寧與城存亡耳。」乃部署捍禦之方，與新任者分陴以守。閱月餘，事定乃行。公有造於棗强大矣。置其他所歷官而獨稱棗强，豈無故哉！

嘉慶庚申七月，公之子銜蕙以政聲懋著擢知棗强，適得公舊治地。癸亥正月，又以卓異調天津。其治棗强，猶公之治棗强。棗强人皆曰：「公有子也。」余謂傳傳氏譜者，蓋非一家，而天獨使公子踐公之位，豈非故示巧合，使爲善者憬然悟哉！

余嘗誌公之墓。公之子以石埋幽壙，不能徧傳於世也。會修棗强縣志，復乞爲公傳。因舉公卓然可傳者，以應其請。餘事則狀誌具存，今不複贅焉。

蘭圃舒公家傳

公諱其紳，字佩斯，蘭圃其號也。任丘人。年十三而孤，即刻自樹立。從伯父讀書荆門州署，泛覽百氏之言。發爲文章，沈博絶麗。弱冠補縣學生。老師宿儒競相嘆異，以爲必以科第世其家。公亦奮自淬礪，慨然有承明著作之志。而太夫人急欲以捧檄慰晚景，不欲遽違母志，乃筮仕。

乾隆庚辰，得四川墊江令。引見，調山東滋陽。蓋翹然出衆之概聖主已一睹而識之矣。到官，判決如老吏。然循循撫字，仍不失儒者風。甲申，丁内艱。丙戌，補陝西鄠縣。庚寅，調咸陽。辛卯，以恭辦皇太后慶典入都，特授榆林府知府。遷擢最速且越階，爲近年以來所希有。咸謂聖主知人善任，斷非無故而破格。公之才畧必有深契天心者，故能邀異數如是也。

甲午，值調陝西兵征金川，委公監送，果以紀律嚴明得上考。丁酉，調同州，即以是歲調西安。西安首郡，最繁劇，公坐理裕如。巡撫畢公嘗嘆曰：「古所謂悃愊無華，日計之而不足，歲計之而有餘者，殆舒君其人耶？」遂舉卓異，得召對。辛丑，甘肅叛黨初平，上念公才，特調蘭州經理善後諸事宜，具中窾要。

壬寅，擢浙江鹽法道。浙人聞公數理劇郡，意必踔厲强幹，使人凛然畏。比至，乃恂恂一書生，莫之測也。蒞事後，杜絶餽遺，即蔬果亦不受，又似稜角峭厲者，益莫之測。然公意則謂，鹺政在督課，課出於商，商資於民；民足而後商足，商足而後課足，所謂治病者求其本也。故委曲調劑，不見作爲之迹，而國計民生胥陰有所裨。再署臬司事，不博精明之名，亦不博寬大之名。平心推鞫，細入豪芒。秋讞獄牘，邢部訖無所改易。蓋久之久之，[1]浙人乃知公之用心，而公之精力亦盡於在浙五載中矣。

丁未九月，以積勞卒於官。卒之日，上官如失左右手。錢塘梁山舟侍讀介介少許可，與公曾無半面交，公殁之後，乃爲公誌墓，稱以「所至無赫赫名，而嘗有去後思。」豈非公論具在人心哉。然後知聖主特達之知，非偶然也。

[1]「久之久之」，道光本作「久之又久」。

余與舒氏爲姻家，因撮敘始末，爲公家傳而系以贊曰：公才足以爲能吏，然而卒以良吏著，蓋公本讀書人也。夫窮經以致用耳，仕而有濟於物，斯不愧儒者矣。何必以科第致身，始爲能讀書哉！

莫太夫人家傳

莫太夫人，静海知縣定安莫君之母也。系出瓊山丘文莊公。文獻舊家，幼即嫻於禮法。歸贈君壽山公時，舅姑並在堂，問視恭謹，勤修婦職，數十年如一日。舅亦叟公故好客，文酒之會，動輒滿堂。太夫人經營供具無所闕，亦叟公意恒適也。後，壽山公早卒，太夫人以身代子職，委曲承歡，兩老人幾忘有喪子事。越數歲，亦叟公又卒，太夫人積痛纏緜，淚涔涔不可止，目遂漸翳，然事姑許太孺人，飲食藥餌，一一躬親，不以病而假手婢媪也。

亦叟公兄弟三人，❶太夫人調和娣姒，終始無間言。咸曰：太夫人天性温粹，故柔婉和順如斯。然太夫人明於禮義，直以爲孝父母、友昆弟理如斯耳。至禮所不可不嚴肅者，則固未嘗尺寸假也。太夫人初歸莫氏時，兩弟年方稚，調衣食、問寒燠，情誼如同胞。或稍不循幼儀，則必正色相規戒。故兩弟終身敬嫂如母，事必請命而後行。

壽山公遺孤子二，太夫人懼其無父易失教，一言一動，繩以規矩。出入必問其地，師友必擇其人。聞有通儒耆德至，必使往晉謁，求教益。歸必叩其所聞，得藥石良言則色喜。否則，家居雖負郭，一步不許入城市也。懼米鹽細故妨誦讀功，家

❶「亦叟公」，道光本、宣統本同；據文意應爲「壽山公」。

政一切自綜理，不使預聞。嘗修建宗祠，於分當莫君督理，太夫人亦代任之。鳩工庀材，剋期蕆事。莫君受其成而已。又懼不嫻文藝，無以稽二子所造淺深，每見宗戚長者，必敬詢二子之所學。宗戚感其誠懇，亦不忍欺。或有云無進益者，則怒而夏楚，甚或數日不飲食。故二子皆感激奮勵。莫君以庚辰舉於鄉，其子紹惪以丙辰成進士，皆太夫人督責力也。嗚呼！可謂知大體矣。以不出閨閣之婺，而宗族有大疑必取決焉。豈非識見宏遠，有士君子所不及者哉。

紹惪爲余典會試所取士，恐闔德久而不傳，以太夫人事迹乞作傳。因爲刪其繁冗，而掇其足以不朽者叙述如右。

論曰：壽山公没時，太夫人年僅二十五，養親教子，守節三十二年，於例當旌矣。瓊州守令乃以爲職官之妻，格不上達，不知禮曹之律：職官妻曾受封者乃不准旌，未受封者旌如故。考之不明，遂乃歧誤，惜矣。然太夫人之德足以自傳，亦不繫乎旌不旌也。

紀文達公遺集卷第十六

孫樹馨編校

墓誌銘　祭文

兵部尚書金文簡公合葬墓誌銘

嘉慶庚申正月九日，兵部尚書金公卒於官。遺疏上聞，皇帝勅諭禮官曰：「兵部尚書金士松在内廷行走有年，襄理部務，勤慎供職。今聞溘逝，殊爲軫惜。所有應得卹典，著該部察例具奏。」時昀方掌禮曹，具奏祭葬如例，而以易名之典請。蒙賜謚曰「文簡」，一時推爲儒者之榮。而惜公年僅七十有一，不待躋台輔。昀謂公性故恬静，起家寒素，仕宦四十年，出入禁闥，以恩榮終始，公固可以無憾矣。

皇帝未登大寶以前，於諸臣之賢否真僞無不夙知；親政以來，老臣殂謝者非一，有飾終弗議者矣，有得蒙賜卹而謚典弗具者矣。聖人之心，鑑空衡平。各因所自爲，而各予以所應得。苟非數十年來見其從容之啓沃與夙夜之勤勞、先有深契宸衷者，又豈能邀荷寵光哉。

據昀所知，公以乾隆丙子舉於鄉。庚辰成進士，入詞館。散館高等，授編修，即爲國史館總纂，猶以掌院觀文恭公之賞識也。迨戊子御試翰林，擢侍讀，己丑充會試同考官，已簡在帝心矣。俄召入内廷繕寫金經，遂受特達之知。辛卯，署日講起居注官，充福建正考官，即提督廣東學政。甲午，遷左庶子，報滿還京，途次遷侍講學士。乙未正月復命，即入直南書房，實授日講起居注官。轉侍讀學士，充武會試副總裁。丙申，疊遷少詹事、詹事，充文淵閣直閣事。戊戌，充《四庫全書》館總閱官，又充武會試正總裁。己亥，丁本生母艱歸。庚子迎鑾紅花埠，即奉命還京，仍直南書房。旋提督順天學政，公以舊曾寄籍辭。詔勿迴避，蓋信公深也。是秋，當更代學政，仍留任。辛丑，遷内閣學士。壬寅，遷禮部侍郎。癸卯，再留順天學政。乙巳，公年甫五十有七，特命入千叟宴。又官階二品，而賞賚同一品。是年，調兵部侍郎。公忽得末疾，乞解任，不許。仍温詔存問。丙午，病痊，調吏部侍郎。己酉，學政報滿，充經筵講官。辛亥，充武英殿總裁。壬子，充浙江正考官。乙卯，充江西正考官，未出闈遷都察院左都御史。嘉慶丙辰，充會試副總裁，遷禮部尚書，又充玉牒館副總裁。丁巳，調兵部尚書。計公通籍至是凡三十九年，殊恩異數多逾常格。以高宗純皇帝之甄别人材，慎惜名器，而獨厚於公如是也。迨皇帝親政以後，念公年已七旬，免内廷之日直，而上方珍品頒賚如故，併賜紫禁城騎馬。庚申正月，扈從謁裕陵，公於路嬰疾，特遣醫官診視。蓋兩年之内恩禮勿替，仍如高宗純皇帝時也。恭讀御賜碑文有曰：「學有淵源，才爲梁棟。文章兼乎政事，獻納繼以論思。」諭祭文有曰：「沖和賦性，醇謹禔躬。通經術以起家，富文章而報國。」一字之褒，榮於華衮。是即千秋之定論矣。

公字亭立，號聽濤。世居吴江。曾祖諱坤元，考職州同。曾祖母張氏、周氏。祖諱國英，揀選縣丞。祖母吴氏。父諱瀾，母甯氏。本生父諱潤，縣學生，母吴氏。三代並以公官左都御史，時恭遇覃恩，誥贈一品。元配同縣趙氏，封一品夫人，先公二年卒，年六十九。公撰家傳稱「少同甘苦」。公薄游四方，恒以婦功代子職。姑甯太夫人患風痺，侍疾四載無懈志。事本生姑吴太夫人，亦得其歡心。相夫課子，具遵禮法。摒擋家政，内外肅然。而待人温厚純篤，始終如一。蓋亦賢矣。

子三：長，芝原。乾隆己亥舉人，官内閣中書舍人，協辦侍讀，充文淵閣檢閲。次，逢原。候補州同。次，福原。幼殤。孫八：長，宗培。一品廕生。次，宗堉，宗垚、宗墉、宗埓、宗基、宗塏、宗埏。

辛酉十月十七日，芝原將奉公及趙夫人柩合葬服字圩新阡，乞昀爲銘。昀與公交四十餘年，義無可諉，乃括敘大畧而系以銘曰：

枚馬蜚聲，鳳噦太清。不汲汲以多營，不矯矯以立名。身閲兩朝，均重老成。嘉乃靖共，殁也哀榮。青山萬古，識鬱鬱之佳城。

兵部尚書劉恪簡公合葬墓誌銘

乾隆乙卯八月，兵部尚書劉公卒。嘉慶丙辰七月，公子某將奉公柩暨兩夫人合葬，持年譜、家傳走京師，乞余銘。余與公初僅相識，嗣公官兵部，余官禮部，每三五日輒相晤於直廬。公性質直，與余近；不善交游，不解奢麗，亦與余近。恒相就對語，或並馬出紫禁城，故交公雖日淺，而知公心跡特深。

公卒年七十三歲，仕宦凡三十八年。惟庚子官湖北按察使，辛丑官安徽布政使，旋調山西。癸卯官廣西巡撫，甫兩月即官直隸，計其來往諸省，僅僅三年。庚戊改官兵部，訖乙卯予告，亦僅僅五年。其餘，則戊寅初授知縣，官曲陽。癸未調宛平。丙戌官順天府南路同知。丁亥調東路。辛卯官永平府知府。壬辰官通永道。戊戌官天津道，旋仍調通永道。辛亥官清河道，旋署按察使併總督，爲十一任，皆在直隸。余世居河間，故知公政績亦特詳。今誌公墓，固無可辭。

公諱崁，字先資，號宜軒。系出山西洪洞，明中葉始徙於單縣，至公十世矣。世有隱德，根深實邃，慶流後嗣乃生公，卓然爲名臣。公温厚和平，不露圭角，又天性伉直，疏疏落落，似若吏才不足者。然起家郡縣，周知小民之疾苦與下吏之艱難。官宛平時，盧溝橋尚氏旅店多陰戕過客，没其財。公委曲發其奸。西山煤礦多藏匿亡命，公偵緝散其黨。官南路同知時，擒白塔巨盜。官湖北按察使時，殲川襄刦殺之寇。石首孀婦，爲兄公謀産誣告，久繫自戕，邑令諱飾其事。公據牘摘發，一親鞫即伏辜。官兵部尚書時，崇義有以掘冢竊葬，官不受理叩閽者，公奉命往勘，鞫知冢在深山，縣官畏路險未親驗，故吏得舞文。乃躬歷崎嶇，核實劾奏。江西父老皆額手稱「希有」。未嘗不明察果斷也。

永平濱海之田，旗民牙錯，疆界不分，互相私墾，致訐訟無已時。公定以旗産據舊册，民産據舊糧。不及原額者，補以閒田。溢於原額者，則召民認墾。塵案數百，不一載皆廓清。灤河遷徙不常，兩岸之田東圮西漲，牒訴紛然。公定以康熙中舊河之樁誌，不得以新河隔岸爲詞，訟端立息。山西私鹽壅官引，商力與民食、官課並絀。乃擇富室以充商，吏緣爲奸，破家者衆。公爲布政使時，請於巡撫，擬歸鹽課於地丁。雖格不行，然乾隆壬子繼事者卒如公議。北河漕運，歲僱剥船，民以多累不肯應，則改爲僉派，弊益滋。公奏定章程五條：一、輪轉以均勞逸。一、定限以免守候。一、僱值嚴禁扣剋。一、裝卸皆用官斛。一、截留以速回空。又議造官船一千五百，以蘇物力，至今爲永利。任縣大陸澤，黄河故道也。數千載積淤成上腴。盜耕者衆，訐訟者亦日起。公爲簡賢能之吏，經理丈量，得良田八百九十餘頃。奏請召墾升科，遂爲沃野。又慮圮漲不恒，或爲民累，併奏定官爲歲勘，隨時增減其糧額。未嘗不經濟宏遠也。

至嚴氣正，性稟於天成。官直隸時，兩以伉直忤上官。官湖北按察使時，嘗特劾一巧宦之屬吏。殊落落難合。然受聖天子特達之知，倚任無所疑，恩榮錫賚至不可殫數。或偶以公事獲譴，亦皆曲諒其無他。迨老病乞歸，特加太子少保致仕。敭歷中外，三四十載，以功名始終。豈非以忠誠蒙鑒察，以正直邀器重哉。没而賜謚，命曰「恪簡」。「恪」，肖其敬慎；「簡」，肖其不苛不濫，知大體也。公之生平，聖言定之矣。千載以後，豈能易一詞哉！

公元配王夫人早逝，内行無徵。繼配樊夫人少公一歲，先公六月卒。嫻於禮法，事姑至孝，處娣姒至和，撫孤甥如己出。雖久富貴，而勤儉如寒素。膠西張維祺嘗爲作《家傳》，敘述頗詳。《傳》又稱，公凡七子，幼子某，公七十歲時，側室許氏所生。其六子則皆夫人出。長某與第四子某恒隨侍公，次某理家政，次某官淮安府知府，次某治經生業，次某舉人。六子各任其才，雖公之教，亦夫人佐成之，蓋紀其實云。銘曰：

德政鐫碑，繁詞日盛。是是非

非，蓋棺乃定。我銘公阡，可質諸畿輔之百姓。

都察院左都御史杏浦李公合葬墓誌銘

乾隆辛亥正月，左都御史李公卒於位。越歲正月，元配馬夫人繼卒。癸丑五月，孤子之栻等乞竇公東皐相地於黄莊。甲寅六月，奉公及夫人柩合窆而乞劉公石菴書誌銘。劉公謂必余撰文乃親書，因以文屬余。余文何足當石菴書？石菴又何取乎書余文？正以余嘗校勘公年譜，當不失實云爾。

公諱綬，字佩廷，號杏浦，又别號竹溪，然學者惟稱杏浦先生也。先世自山東遷宛平。曾祖諱進會，祖諱龍，均未仕。父諱孔嘉，官雲南永昌府知府。皆以公貴，覃恩贈一品。

公生而俊邁，有幹畧。年十七，永昌公以罷官滯滇中，即能奉母牛太夫人歸里，營大父葬事，豐儉皆中禮。治家嚴肅，而門庭雍睦，兄弟互相切劘。兄璧齋，弟梅村，相繼取科第。其餘幼弟、諸姪婚宦，皆藉以成就。而收恤徐氏孀妹，卒教其子朗元登科入仕，尤士大夫之所稱。平生貞不絶俗，不欲嶢嶢露圭角，而義所當爲，未嘗不爲。如官奉天府丞時，奏燬前明違礙碑碣。官湖南巡撫時，奏賑茶陵水災，奏增衡郴諸路驛馬，奏稽察西洋教，皆蒙俞允。官御史時，奏吏部胥魁受賕，奏浙江巡撫匿災並邀褒嘉，尤不愧風憲矣。性喜讀書，暮年尚手録《文選》。作詩不下數千首，皆付子孫藏弆，不欲與才士争名。然文章具有法度。一典鄉試，兩督學政，兩任奉天府丞，所甄拔皆得人。其奏定盛京宗學章程，增設副管司察核，併奏修瀋陽書院，聚諸生講肄，教士亦具有規程。即公所學可知矣。

公生於康熙癸巳。雍正乙卯，中式副榜。乾隆丙辰，中式舉人。壬戌，中式明通榜，授萬全縣教諭。辛未，成進士，改翰林院庶吉士。壬申，授職編修。乙亥，授湖廣道監察御史。庚辰，充河南鄉試副考官。壬午，提督湖南學政。乙酉，授奉天府府丞。辛卯，以保舉教職鐫秩。壬辰，授通政司參議。癸巳，再授奉天府府丞。己亥，授通政司副使。庚子，授大理寺卿。壬寅，授内閣學士。癸卯三月，兼文淵閣直閣事。七月，提督江西學政。甲辰五月，授江西巡撫，旋調湖南。八月，調湖北。乙巳正月，授兵部侍郎。五月，調工部。十一月，兼署兵部。丙午，兼署吏部。丁未，授左都御史。己酉，入直尚書房，賜紫禁城騎馬。凡掌風憲四年。卒年七十有九，富貴壽考，公可謂兼之矣。

配馬夫人，茌平縣知縣諱鬲之女。少公三歲，年十七歸公。紡績佐讀，早同辛苦。家庭孝友，得夫人之助爲多。至公撫徐氏孤甥，夫人約以婚姻，而自督之誦讀。訓責之嚴與諸子無異。稍或懈弛，輒泣涕霑襟，屢陳其母之苦，務使感動而後已。夫收恤親黨，已稱古誼；不棄貧賤，字以愛女，又加人一等；至策勵譙訶，不避嫌怨，卒使有成。此真士君子之所難矣。用心如是，宜與公同以恩榮終始也。

公子二人：長，之栻，官郴州知州。次，文杞，官工部司務，即由永城縣丞特旨改京秩侍養者也。女七人：適徐朗元、宗室書昌、韓燕、韓爕、汪應鈐、趙德紹、孫源濤。孫七人：烜，己酉拔貢生，官深澤縣教諭。炘，監生。燿，附學生。炳、煥、熉、熊並幼。曾孫二人，寧城、承基。似續蕃衍，亦足見公及夫人之遺澤焉。銘曰：

公所自敘，事皆有稽。我括爲誌，譬疊矩而重規。君子書之，庶幾曰，是無愧詞。

都察院左副都御史岸淮劉公墓誌銘

余曩誌李紫綬墓，副都御史劉公見之，以爲適如其人。因以方坳堂墓誌見屬。余撰成質公，亦以爲適如其人。嘉慶壬戌，公以經理賑務積勞成疾，卒於官。其子廷楠體公之志，以墓誌屬余。余於公爲翰林前後輩，同在書局者十載，同官憲府者再。知公最深，又感公之能知余，誼無可謝，因約舉其生平而爲誌曰：

公世籍山東清平。清平風俗質朴，入國朝以來，一百四十餘年無登科者，公獨發憤力學，負笈求師，遂以乾隆庚辰舉於鄉，己丑成進士，其早年之自命已不凡矣。入翰林後，不喜爲雕繪之文，亦不喜爲奧僻之學，循循規矩，務持先正之法程，以導引後進，非所謂毅然自立不轉移於風氣者歟！辛丑，由編修改江西道御史。甲辰，轉掌廣西道。丁未，遷工科給事中。戊申，轉掌吏科。平時渾厚和平，不矜言氣節務露圭棱，亦不以局外空談泛陳利病。然遇職守所當言，則侃侃然不肯牽就。如巡視天津漕務時，會有奏挑直隸、山東河道者已得旨矣，公以嚴冬興役爲病民，擬請俟次年凍解再相度情形量爲疏濬，同事者難之。公曰：「脱以誤運罹譴，吾獨當其咎，不以累君。」奏入，果俞允。次年凍解，糧艘遄行，無所滯。始信公識力堅定，非沾沾喜事者所及也。又旗丁餘米，例聽其沿途售賣，以資轉運之費，惟通州爲卸米地，恐有影射透漏，則售賣有禁。戊寅，高宗純皇帝體恤貧丁，併准其在通售賣，遂歲歲沿以爲例，原未嘗禁其沿途售賣也。而吏胥假借爲奸，反以沿途售賣爲違禁，藉詞需索。而私鬻實如故，特多出陋規，致米價日昂。公奏請申明舊例，弊乃少革。青縣河工運料之筏，觸山東濮州糧艘，舟破米沈。青縣官吏回護其詞報總督。總督據以上聞。高宗純皇帝慮糧艘米本不足，故誣指官筏之觸溺，特遣大臣勘視。公具奏，縷列情形，援引證佐，明爲實筏觸舟，非舟觸筏。旗丁得免罪。舊制，河岸不得鑿井，防蟻穴之潰也。其距河遠者，則無禁。漕署胥役欲漁獵民財，羣搆巧詞，挾以利害，請稽核私井。公燭其奸，榜示距河遠近之丈尺。蠹役之技乃窮，民以不擾。公之一生，惟此役得經理政事，而半年之内，所經理者俱不苟。儻竟公之用，所樹立不更可觀歟。

癸丑，遷光祿寺少卿。嘉慶戊午，遷大理寺少卿。己未，遷太常寺卿。皆閒曹也。庚申，遷都察院左副都御史，始有事之可治。時方有詔求言，公於是具陳山東征漕浮收之弊，九重嘉納，墨吏始聳然知斂戢。國之本在民，民之本在農。蠹蝕以朘農者，莫大於官吏之横斂。公此一奏，可謂得安民治國之要矣。辛酉六月，桑乾水漲，頗損壞田廬。公奉命監賑，不避勞瘁，不畏牧令丞倅之怨讟，不邀蠹役奸胥之感頌，多所全活。壬戌三月，特旨加賑，又命公往監。公時已微疾，猶努力經理，至委頓猶不肯乞假，病革時乃舉歸，越一夕即卒。貧民聞之皆垂涕。嗚呼！公可謂志在民而不奉己矣。

抑余又聞之，公舉於鄉，出圖裕齋前輩之門。裕齋殁後無子，家徒四壁，太夫人尚在堂。公爲措置日用之費，月有常數，旬日一往。存問亦有定期，終太夫人之身。君子以爲有古誼。余謂舉主之名始於漢，座主之名始於唐。於生平知己，皆尊以在三之列，恒念念不忘報。故其受朝廷拔擢委任之恩，亦念念不忘報。其事雖不同，其不負心則一也。觀公不忘師恩，可知公之必不忘君恩。倚注方深，而公已景迫桑榆，黄泉賫志。故所樹立僅如此，余述其遺事亦僅如此。然質諸天下後世，不能謂余之所誌，不適如其人也。殁而有知，諒亦公所心許矣乎。

公諱湄，字正林，岸淮其别號也。生於雍正壬子閏五月十八日，卒於嘉慶壬戌四月十九日，年七十有一。元配任淑人，繼配邢淑人，俱先公卒。再繼張孺人。子一，廷楠，附貢生。女三，適某某某。孫一，毓炣，由三品廕生中式，嘉慶戊午科舉人。孫女四，適某某某某。曾孫三，世鴻、世麟、世鳳。銘曰：

不露其才，而深識者推之；不竟其志，而深識者亦知之。嗚呼斯人也，竟止於斯。

前刑部左侍郎松園李公墓誌銘

公與余同以乾隆甲戌登進士。是科最號得人，其間老師宿儒，以著述成家者不一；高才博學，以詞章名世者不一；經濟宏通，才猷儁異，以政事著能者不一；品酒鬬茶，留連倡和，以風流相尚者亦不一。故交游款洽，來往無夙期，讌會無虚日。余少年意氣，亦相隨馳騁，顧盼自豪。公獨落落穆穆，清静自守。於同年無所同異，亦無所親疏，若蕭然於仕途外也。數十年來，升沈不一。登九卿者僅六人，而公實居其一。論者謂窮達有命，不在聲華之相耀也。是固有然。然公以恬退樸訥之性，而卒受殊知得躋通顯者，亦自有由。

公由翰林改刑部時，有翁强污其婦，婦爪傷翁面得免，畏其再逼，遂自盡。衆謂傷翁不孝，不宜旌。公謂，婦此時惟恐不免耳，是無妨於孝，仍宜旌。錢文敏公從公言，公緣是知名。由郎中出守廬州時，奸民葉虎倡順刀會，爲暴於鄉里。公捕治渠魁而嚴緝其黨，❶卒消亂於未萌。由江西鹽法道擢浙江按察使時，諸商感公革陋規，疏鹽引，瀕行，賮以八千金，公力拒不受。由湖南布政使獲譴，再起爲福建汀漳龍道時，力懲海濱剽悍之俗，終公之任，無械鬭。修造戰船，嚴禁以舊料抵新料，積弊一清。官江蘇布政使僅四月，清釐賑務，所全活甚衆。官湖北巡撫時，會歲歉，舊官不能察屬吏，賑恤未周。姦黠者或强借富民糧，豪猾者又執而生瘞之。公奏請悉行究治。撫字多方，杌隉者以安。又廉知十年前，盜糾衆入民舍肆劫掠，而吏匿不報。立置羣盜於法，參治歷任各官罪，而吏由是儆，盜由是戢。優詔褒嘉，遂有兼署總督之命。知公之勤於其職，簡在帝心者久矣。迨年近七旬，自覺精力稍減，即不敢久居要任，致察核不周。天子亦俯鑒其誠，改司秋憲。蓋力所不能爲者即不敢爲，知凡所敢爲即爲之而有餘矣。豈泛泛委時任運者哉！

雖以荆江泛溢失於預防落職。而工竣以後，仍特賜按察使銜，俾頤養於林下。嘉慶丙辰來京，入千叟嘉宴，恩禮有加，亦皆非偶然。先師阿文勤公嘗曰：「仕宦措足於實地，可無顛蹶；即意外失足，亦必不至破顱損骨。」❷至哉言乎，公其知此意矣。

❶「緝」，原作「戢」，據宣統本改。
❷「必」，道光本無此字。

公諱封，字紫綬，松園其别號也。先世江西豐城人，明洪武初遷山東壽光縣之斟灌莊，故世稱斟灌李氏。曾祖諱迥，康熙甲辰進士，官刑部右侍郎。祖諱樸，官南漳縣知縣。父諱烈，官蘇州府同知。公生於雍正元年十一月，卒於嘉慶元年九月。元配郭夫人，繼配朱夫人，俱先公卒。子三：長鈐，官工部司務。次鈺，乾隆丁酉科拔貢生，由四庫全書館分發署江西建昌府同知。次鈐，縣學生。女五：適王緯璧，劉鼎燮，王庭蘭，劉世焌，王允彬。孫六，曾孫一。公長子早卒，長孫景沆將奉公與兩夫人及側室陳孺人柩合葬於九巷莊先塋。遣使走京師，乞余爲銘。余與公同舉，迄今四十三年矣。故交零落，有若晨星。閒居京師者，僅查給事邃槎，戈太僕仙舟。繫朝籍者，惟余一人。在林下者，亦止王侍郎蘭泉，王光禄西莊，錢詹事竹汀，沈運使既堂，殷伏羌會詹及公，尚時通音問。回憶少年文酒之會，杳若前生。公今奄化，又少一人矣。俯仰今昔，百感紛來。爰慨然而爲之銘曰：

人以官富，公以官貧。貧則貧矣，而秋水無塵。吁嗟乎！吾黨又少此一人。

翰林院侍講寅橋劉公墓誌銘

公諱亨地，字載人，寅橋其自號也。公以乾隆丙子舉於鄉，典試者張吏部元禮，余姻家也。丁丑，成進士，又與余從兄懋園同榜。故余識公爲最早。然是時余初授館職，意氣方盛，與天下勝流相馳逐，座客恒滿，文酒之會無虚夕。公顧恬淡自持，不親余，余亦未能知公也。既聞公父梅垞先生得自謫籍歸故里，實公孝思篤摯，上感九重，余始心重公，願納交，而公乞假歸省矣。丁亥，余服闋赴京，公已官司業，曹署各異，不數數相見。辛卯夏，余自塞外蒙賜環，再授館職，公亦服闋來京師。會有詔蒐羅遺書以充四庫，余與公同司編纂之役，乃晨夕聚一堂。時館閣英俊，畢預是選，咸踔厲風發，挺然有以自見。公獨落落穆穆，手丹墨二毫，終日無一語。然叩所學，援古證今，具有經緯；勘所輯録，亦條理秩然。是非不苟，如坐古人於旁而面爲商搉也。余始慨然，十餘年來猶淺之乎知公矣。

既而，公以編纂受主知，以司業額缺僅一員，需次無期，特改補中允，俄遷侍講，充文淵閣校理。丁酉，受命充廣東副考官，且駸駸嚮用。而先一年夏，公長子利鈺夭。利鈺性純篤，又有儁才，人謂湘潭劉氏四翰林，至利鈺當五。故公悼之甚，淚痕時沾漬衣袖間，竟坐是眠食日損，精神日耗。廣東典試歸日，遂卒於江西，年僅四十有四。

訃至京師，同館咸相嗟惜。惜其類西河之事也。然三代以上，人恒患其不及情；三代以下，人恒患乎過情。公惟天性深摯，故能孝於親，篤於骨肉。惟孝於親，篤於骨肉，故父子之間纏緜悱惻，一往而不能自裁。公之恬聲利，敦內行，此亦一徵矣。顧責備於賢者，非篤論也。且夫死生，命也。修短，數也。公適卒於哭子之餘，遂不得不以爲職是故耳。顏子早夭，不緣悲慘。而漠視天屬，泛泛如萍水相值者，亦何嘗盡耄耋哉！公仲子利錕，以余粗能知公者，奉狀乞銘。義無可卻，乃雪涕而銘曰：

外朴而真，中粹而温。其存也，不疏不親；其没也，乃慨想其人。已矣乎，吾誰與論？

翰林院侍講蔭臺王公墓誌銘

蔭臺王公既卒，孤子貽棻等奉櫬旋里。瀕行，屬御史蕭君玉亭乞余爲銘。余與蔭臺同事近十載，誼無可辭。迨撰成付玉亭轉寄，而玉亭俄亦奉諱歸。倉卒治裝，遂失其本。乙巳夏，貽棻將葬蔭臺，乃觸暑走京師，索余舊稾，亦久不存。余感其志，乃約畧追憶而補之曰：

公諱仲愚，字拙安，蔭臺其號也。系出太原，後隸籍山東濟寧州。曾祖諱某。祖諱某。考諱某。並以儒術世其家，有聲學校間。公生而穎異，伯兄知其不凡，乃身任家政，俾專意於誦讀。補州學生，旋食餼。乾隆戊子，舉於鄉。己丑，成進士，改翰林院庶吉士。辛卯，散館，授檢討。壬辰，充方畧館纂修官，協辦院事。癸巳，充《四庫全書》館提調官。甲午，奏充辦院事正員，保舉御史，奉旨記名。丙申，充昭忠祠列傳提調官。值詔建文淵閣，稽古設官，選充校理。丁酉，奉旨以道府記名。是歲，充順天鄉試同考官。戊戌，遷右春坊右贊善。庚子，充廣東鄉試正考官，在途轉補左春坊左贊善。復命後，遷右春坊右中允。充日講起居注官。辛丑，遷翰林院侍講。越歲，以積勞成疾卒於官。凡在翰林者十四年，辦院事者十一年，提調館政者十年，皆能舉其職。故甲午、丁酉、庚子，三遇京察，皆列名一等。雖天性英鋭，遇事不欲居人後，當其時不能無恩怨，而日久論定，亦共諒其無他。其卒也，人咸惜之。

憶與玉亭同坐清祕堂，玉亭謂余曰：「翰林爲儲才之地，名公巨卿多從是出，所期待者甚重。徒以不預政事，遂以詞賦爭勝負，或静默養望不復留心於經世，均非國家設官之本意也。」今恭逢文治光昌，詔開書局，官吏繁夥，案牘浩博，提調官程功稽弊，其劇不減於郡邑。當是職者，蒞任不數日即短長立見。十載以來，游刃有餘者，惟蔭臺及丹叔、純齋，封疆節鉞之器，其可以覘一斑乎？于文襄公亦謂三君之才相伯仲，皆以文學而兼政事者也。今丹叔受特達之知，已躋卿班。純齋出典河庫，移任淮徐，綜理修防，亦矯矯稱能吏。將來，騰驤皇路，所至均未可量。公獨賫志黄壚，不竟其用，豈非命數所限歟！然自古以來，負非常之畧而湮没蒿萊，夫亦不知凡幾。公雖未嘗一日膺外任，而大臣已以外任薦：聖主已儲爲外任之用；即館閣同人，屈指經濟，亦至今推公。是公爲有用之才，已昭昭在人耳目。公亦可以無憾矣。

公生於乾隆元年十月，卒於乾隆四十七年正月，年四十有七。配甯氏。子五：貽棻，議敘州同。貽忠，監生。貽孫，附貢生。貽京、貽粤，俱幼。女三：一適張某，一適袁某，一適李某。孫男二：夢進，夢文。孫女三。某年某月某日葬於某所。銘曰：

公之志，志乎勳業。公之才，亦挺然人傑。使延十霜，將簫雲而騰越。生也有涯，長淮遽絶。影徂心在，貞珉炯炯字不滅。

户部陝西司員外郎季荀馬公墓誌銘

士負瑰異之才，大抵期以文章經濟見於世。得酬其志者，天也。或限於所遇，學而不克竟其業，仕而不克竟其用，亦天也。至隨所遇而各盡其道，則存乎人之自爲矣。余誌季荀馬公之墓，核其生平，而微識其志焉。

公諱潤，齊河人。自先世以來有厚德，故子姓蕃熾，甲於一邑。公本生父曰重華，公以世父魯生公無子，出爲之後。幼穎異，喜讀書，若有夙慧。稍長，從淄川張榆村游，益肆力經史，泛濫於古作者之文，各得其要領，下筆輒落落有奇氣。出應童子試，即爲學使檜門金公所知，拔縣學第一。僉謂掇青紫如拾芥，比入秋闈竟不利。時太夫人切望顯揚，急欲覿毛義之檄。公慨然曰：「文章工拙有定，而場屋之遇合則無定。歸熙甫十上公車，陳大士六旬登第，恐非老母所欲待也。」乃輟舉業而筮仕，得户部陝西司員外郎。

是司最號繁劇，公剖決蠧剔，老吏皆斂手。大學士舒文襄公時領部事，於僚屬少許可，顧獨賞識公。初保送上諭處行走，旋委監平糶，並能舉其職。乃委辦現審處事。公準情酌理，務得其平。凡所鞫斷，兩造皆稱無枉縱。方駸駸期大用，而太夫人年已七十有二，本生父重華公年亦八十有四矣。會得家書，知太夫人有微恙，即援例乞歸省。上官雖惜公去，而情詞懇惻，聞者感動，竟亦不忍奪，乃具奏准歸。歸後，烝烝色養，無間晨夕。逮太夫人及本生父母皆享高壽而終，公亦壯懷日減，自揣再入曹司，非復昔日少壯比，遂以未竟之志付之子孫，而林泉終老矣。論者謂：公抱雋才而不第，懷幹畧而不顯，皆以娛親養親之故，頗爲公惜。然孝者，百行之本也。公不得於登高科、陟膴仕，而獨得之於此，所得抑亦多矣。

余又聞，公有妹適李氏，公憂其貧，贈以宅一區，田五頃。錢編修敦堂嘗負公數百金，敦堂没，即折券，且爲經紀其妻子。又有友人老乏嗣，公捐貲爲置妾，竟得一子。乾隆壬辰，山左饑，公捐糧千石付社倉，多所存活。邑有大清橋，七省孔道也。歲久剥圮，公獨力新之。行旅得不病涉。其他厚德多類此。然此在他人爲卓行，在公又爲緒餘矣。

公生於雍正戊申七月，卒於乾隆己酉閏五月，年六十有二。配李恭人，歷城雍正己酉科舉人諱儀女。子五：長夔龍，宫大理寺右寺丞。次震龍，候選州同。次田龍，縣學生。次文載、文光。女二。孫三。孫女一。右丞兄弟將葬公於峩眉山北之新阡，以余於公爲姻家，冒寒走京師，乞余爲誌。余義無可辭，乃綜括梗概而系以銘曰：

其仕也，博親之歡；其不仕也，將戒養於陔蘭。或進或退，各得所安。雖未盡其才乎，知公無憾於九原。

刑部河南司員外郎前江蘇按察使司按察使檢齋王公墓誌銘

公諱士棻，字蘭圃，别號檢齋。系出洪洞，明代遷華州。始祖諱逵，官霍州學正。二世祖諱榮誥，○○○○舉人，官大同府通判。高祖諱振祚，萬曆丁未進士，官山西布政使，以阻建魏忠賢祠罷。曾祖諱帷籌，順治戊子第一名舉人，官祁縣知縣。祖諱廷璁，官潼關衛教授。父諱中處，績學不第，老於諸生。蓋文章氣節世其家者已五世。積善餘慶，公乃挺生。

公以乾隆庚午副榜，中癸酉順天鄉試，甲戌與余同成進士，入翰林。庚辰散館，改刑部主事，人皆爲公惜。然公以壬午典試廣西，戊子典試山西，己丑督學貴州，庚子督學雲南，未嘗不以文章受知遇。仰窺聖意，蓋以公端重精明，翹然出衆，欲使練習政務，備大用。故數年洊擢至郎中，計資當外轉，特加四品銜留於刑部。乙巳四月，刑部侍郎杜公凝臺獲譴，已得旨以公代其任。會波累及公，因與杜公同謫，玉音稱可惜者再。既而天心眷顧，未一載即賜環，仍爲刑部員外郎。戊申，擢郎中。甫一月，超遷江蘇按察使。蒞官三載，寵錫有加。雖坐失於糾參，牽連落職，仍授刑部員外郎。蓋惜公之才，終不欲以一眚廢，其倚毗正未有艾也。

公感激天恩，殫心圖報。精力日耗，案牘彌勞，竟馴至於不起。嗟乎！有才或不逢時，逢時或不受知，受知或不見用，見用或不用其所長，此千古所同慨也。公逢時矣，受知矣，見用矣，用所長矣；而不竟其用，且屢經聖天子委曲保全，必欲倚爲股肱，而卒不得竟其用。計甲戌一榜，以文章受知者，莫如余；以政事受知者，莫如公。皆疊蹈愆尤，蒙格外之恩，棄瑕復用。余涓埃未報，今年已七十有四，尚濫列正卿；公乃天不假年，迄白首爲郎以没，豈不悲哉！顧人之傳與不傳，不繫官階之高下，在平生造就何如耳。

公司刑名三四十年，所平反不可以縷數。官刑部時，鞫獄定讞，雖小事必虛公周密。庚子，纂修律例，斟酌損益，或累日精思。諸城劉文正公於人介介少許可，獨稱公爲「少年老吏」。官按察使時，凡鳴冤者必親訊，以免屬吏之迴護。凡案有疑竇，亦必親訊，以免駁審之往還。江蘇故多積案，公蒞任半載，一一廓清。蓋才餘於事，又多所閱歷，彌練彌精也。憶與諸同年小集錢辛楣寓，偶觀《唐律疏義》，因論刑名。公語范蘅洲曰：「刑官之弊，莫大乎成見。聽訟有成見，揣度情理，逆料其必然。雖精察之吏，十中八九，亦必有强人從我，不得盡其委曲者，是客氣也。斷罪有成見，則務博嚴明之名。凡不得已而犯與有所爲而犯者，均不能曲原其情，是私心也。即務存寬厚之意，使凶殘漏網，泉壤含冤，而自待陰德之報，亦私心也。惟平心静氣，真情自出。真情出，而是非明。是非明，而刑罰中矣。」四十餘年，言猶在耳。其斯爲儒者之治獄，異乎法吏之治獄歟。我太上皇帝提衡幾務，百度肅清。無一事不燭其真妄，無一人不辨其良楛。獄關民命，注念尤深。法司奏章，有一字之出入，隨時指摘，坐照如神。其能仰契聖心者，蓋亦無幾。公以疏遠小臣，獨邀鑒賞，惓惓然始終不替，此豈倖得哉！公即是足傳，得竟其用與否，固不足爲公加損矣。

公生於康熙壬寅十月十二日，卒於嘉慶丙辰六月十二日，年七十有五。配楊恭人，側室韓太宜人。❶子二：長志沂，候選員外郎。次志淇，華州學生。女六：適程長榮、李崇瑄、衛慶餘、邢源溥、蔣恒均、衛慶□。志沂兄弟將葬公，走使二千里至京師，乞余爲誌。余，老友也。義無可謝，因删節行狀，益以平日所見聞，撮其大端，敘録如右。其他常事則不書，金石例也。銘曰：

嗚呼檢齋，不能謂之不遇也。帝王之力，何不能轉移命數也。嗚呼檢齋，從此冥冥於泉路也。

❶「太」，墓主側室不當稱「太」，疑衍。

江蘇布政使司布政使坳堂方公墓誌銘

劉文正公有言曰：「士大夫必有毅然任事之心，而後可集事；必無所牽就附合，而後能毅然任事；又必一塵不染，一念不私，而後能無所牽就附合。至於仕宦升沈，則有數焉，君子弗論也。」余承師訓，恒抱愧心。乾隆庚辰，分校會試，得諸子桐嶼。其性剛勁無所阿，雖登鼎甲入翰林，卒外調一郡，坎壈以没。巧宦者恒指爲前車。然桐嶼乾隆壬午典試山東，得方子坳堂，剛勁過於其師，固未嘗不以功名終。

蓋坳堂自辛卯成進士，分刑部學習，得貴州司主事。癸卯，遷浙江司員外郎。丙午，遷雲南司郎中。己酉，出爲江西饒州府知府。庚戌，遷江蘇蘇松道。有尼之者，遂以病乞歸。壬子病痊，仍往江蘇候補。甲寅，署理松太道，旋補江寧鹽巡道。嘉慶戊午，遷貴州按察使。己未，遷江蘇布政使。庚申閏四月，以積勞成疾，奏請解職，遂以是月卒。

其在刑曹也，值新更秋讞之例。凡金刃殺人之案，槩定爲情實。坳堂分别其輕重，固争不得。後果蒙高宗純皇帝指示，改正。緣是爲同事所服，亦緣是爲同事所忌，淹滯殆十年。又嘗兩上書與司寇争。司寇雖微愠，而心重其人，故卒排羣議而特薦之。

其在饒州也，值阮光平入覲。沿途守令，多醵金飾供帳。坳堂曰：「聖天子以威德服四夷，非誇以靡麗也。」戒所屬皆勿與，頗忤上官。既而，密偵其居官，實一介不取，乃轉以此知坳堂，諸事倚重焉。

其初擢蘇松道也，饒州新守已任事，坳堂具船將行矣。適營弁緝鹽波及良善，衆洶洶不平，營弁遽以民變告，且請徵兵。坳堂曰：「新守與民未相習，民弗信也。乃自出曉諭，捕首倡者二十五，分別置法。而申請上官褫營弁，不動聲色，大難立平。

其署松太道也，聞廣洋盜竄入吴淞，總督、巡撫、提督會師於寶山。坳堂獨建議曰：「衢山與大小羊山，江浙之分界也。港汊叢雜，盜船隨處可寄椗。一得風潮之便，倏忽出没，猝不及防。當其乘風而來，迎擊之，則彼順而我逆；及其趁潮而退，追擊之，則我後而彼先。是使盜常憑勝勢也。請於要隘多設伏，俟其至則縱使過而躡其後；遇其退則扼不使前，以待後隊之追剿。盜雖黠，無能爲也。」衆從其議，盜果大摧。時督師皆大吏，坳堂一監司耳。即坐受指揮，未爲緘默，而籌畫方畧，慷慨陳詞，以一身任勝敗之責，此其用心，豈苟且自全者所知乎！

其爲江寧鹽巡道也，缺至清苦而煩劇特甚。坳堂緝訟師，剔衙蠹，戢强暴，弭盜賊，事事注以全力。而尤以砥礪風俗爲先。遇事則我用我法，若不知有宦途酬應事。同官習聞其丰采，亦不以爲訝也。

其爲貴州按察使，僅八閲月。爲江寧布政使，僅三閲月，沈幾默察，尚未肯輕有作爲，然其以病乞歸也，硃批奏摺有「此人可惜」之旨。然則，坳堂之生平，天鑒之矣。使其沈疴早瘥，開府建牙，固掌握中事。即天不假年，未竟其用，而以孤寒下士，中朝無葭莩之親，又負其磊落之氣，動與物忤而敭歷中外，亦不爲不通顯。然則，剛柔者，性也，人所自爲者也。窮通者，命也，天所預定而人無預焉者也。觀於坳堂，可知桐嶼之顛躓，乃命之所爲。即使曲意脂韋，不過自喪其所守，安見策高足、趨捷徑，必一一紆青拖紫歟！吾於是益信劉文正公之言，不必以桐嶼之事遂猶豫不果矣。

坳堂諱昂，字叔駒，一字訒庵，坳堂則其別號也。先世歙人，至贈通奉大夫持千公始占籍山東歷城，即坳堂之考也。娶楊太夫人，又娶朱太夫人，是爲坳堂之生母。坳堂生於乾隆庚申五月十四日，卒於嘉慶庚申閏四月二十八日，年六十有一。元配楊夫人，繼配趙夫人，並早卒。又繼配吴夫人。子四：世平、世興、世德、世紱。女三：一適金鄉張鎮峯，一適吴江周霞，一未受聘。孫一某。世平等將以某年某月卜葬，乞銘於余。余素重坳堂之氣節，乃不辭而爲之銘曰：

佳城一閉，泉路寂寥。吾不知千百年後，或鬱松柏，或翳蓬蒿。然銅棺可朽，鐵骨則不銷。

山西按察使司按察使曙海袁公墓誌銘

公諱守誠，字孝本，曙海其自號也。世居長山。曾祖諱雲蒸，誥贈光禄大夫、户部尚書。祖諱景文，官户部主事。考諱承寵，官太常寺少卿。皆誥贈資政大夫、内閣侍讀學士加五級。太常公初娶於張，繼娶於岳，有子七人，公即岳太夫人生也。天姿穎異，年十三入縣學。乾隆庚午舉鄉試，年甫十五，掉鞅文場，咸謂館閣可立至，而再試報罷。太常公又已移疾歸林下，素鍾愛公，瞬息不欲離左右。公仰體親意，遂不出應禮部試。太常公没，始筮仕，爲刑部郎中。庚寅，推陞江西瑞州府知府。劉文正公時總部務，惜公去，特奏以陞銜留任。癸巳，擢内閣侍讀學士。己亥，擢通政司副使。是年四月，擢山西按察使。辛丑三月，舊疾忽作，卒於官。年四十有六。有子六：長繼光，早卒。次炳，次照，次爲余壻煦，次烺，次烜。孫男一：培。

公殁之後，炳等奉岳太夫人及母孔夫人歸里，將以十一月葬公，來乞余銘。余識公最早，然不數數相往還。迨自西域從軍歸，公不棄余之拙直，乃日以親密，遂締姻好，晨夕過從無所間。公之往山西也，啓行之日，余適侍班圓明園，比下直，疾驅歸，祖席已散，竟未得握手一别，意恒悵悵。猶謂相見有日，不料遽得公訃音，忽忽如失者數日。今孤子以銘爲請，追溯公之生平，中懷慘沮，又數日不能下筆。

嗟乎！儒者伏處衡茅，有報國之志而弗克效，有報親之志而弗克遂，槁項黄馘，鬱鬱以没，此其銜悲賫恨，人人知之。若仕宦不爲不達，知遇不爲不深，禄養之願亦不爲不遂，而限於命數未竟其志以没，其茹痛九泉有甚於不遇之士者，則非親暱不能知也。

公初仕刑曹，年甫三十，而治案牘如老吏。修定律例，權輕重，無纍黍差。薦督營建，亦非所素習，而鉤稽百弊，胥魁咋舌，帑不糜而工加固。此其抱負何如也。我皇上聰明天縱，燭照萬品。一切小智薄材，諒不足以當聖意，而公初授通政副使，一覲天顔，遽蒙識拔。旋畀以提刑重任，是豈僥倖可得乎！憶公初受命時，余馳往賀，公感激涕零，誓期有所建立，報恩眷。余亦謂公材識練達，足以副倚毗。嚮用方未艾，乃不意未及有所設施，遽至於此。又公蒙召見之後，私計且外補，而岳太夫人年已高，嘗預擬疏稿陳情，會以山西地近不果上。板輿迎養，騶從載道，客歲七十稱觴，舊游多馳書幣致祝。公答余書，方以稍申色養爲幸，不意太夫人康强無恙，而公先至於此。凡此皆公家國之間没而不瞑者。

微余銘公，人徒見公以富貴終始耳，烏識公抱報國報親之志；又幸逢可以報國報親之時，而竟皆不得申其報。死生之際，長恨千古哉！乃灑涕而銘曰：

孰俾挺生，又孰俾早逝。修短有程，命爲之制。所不能朽者，忠孝之志。

河南開歸管河兵備道德圃王公合葬墓誌銘

君諱啓緒，德圃其字也，一字紹衣。先世雲南人，前明中葉有登寧公者官於福山，因家焉。詩禮相傳，蔚爲望族。曾祖諱⿰阝序，贈通議大夫、太常寺卿。祖諱湝，太常寺卿。考諱檢，兵部侍郎，廣東巡撫。妣李太夫人。君少開敏，讀書數行下。乾隆十二年，舉順天鄉試。十六年，成進士，選庶吉士，散館，授職編修。君自爲諸生時，講求有用之學，工詩古文辭。洎入翰林，益充演所學，於音韻有神解，旁通繪事。弟詒堂與君同舉於鄉，旋以中書官京師，相繼入詞館，以文章學問相砥礪。館中有撰進文字，惟君所擬。神采鮮朗。每出一篇，余及同館諸君未嘗不交稱善也。

二十一年，典試貴州，人服其精鑒。次年，改掌雲南道監察御史。屢陳時政，請嚴銓選、澄流品。議論明剴，鑿然切時用並報可。巡視中城，署兵科給事中，復巡視天津漕務，所至稱厥職。當是時，侍郎公方開府湖北，而故事，封疆大吏子弟官臺中者皆引避，君遂改補户部浙江司郎中。侍郎公移撫廣東，乞假省覲，旋居父憂。服闋補原官。三十七年，出知河南府。先是，侍郎公以翰林改守河間，君隨侍得聞政譜。故官京師，好談濟世之務。省覲廣東，留侍者歲餘，益知民間利病。至是，典大郡，處之裕如。調開封府知府，聽斷如流。

四十三年特旨擢開歸管河兵備道。黄河自儀封漫口，連年衝決，上勤宵旰，命重臣蒞視相度。君以才見擢，明練勤懇，蒞事者倚君爲重。所治黑堌口爲會城保障，嘗告險。君自儀封馳至，而湍流沖刷，隄之不穿者僅丈餘矣。君躬履危地，率先兵弁，相機防護一晝夜，隄得無恙，城中居民賴以安。君測量全河形勢，議增建順黄壩，復於潘家廠開引河，使漫口合龍。大學士阿公即以君司其事。親操畚鍤，爲諸屬倡先。工竣，議敘。四十五年，方築隄於芝麻莊。聞配張恭人疾革，歸視一慟，即日趨河壖。家人以子羲長羸疾告，君不顧，惟遣人寬譬母夫人。母夫人亦寄諭曰：「汝亟視工，毋以我爲念。」七月，芝麻莊竣工，而河復自張家油房奪溜而出，君誓以身殉，復事版築。歲杪，河復流，增築防風，還繕舊隄，而君病已不支矣。子羲長亦殤。次年請解任調理。七月望卒於官舍，時尚未離河南也。

君天性孝友，交友以篤誠。文彩輝映，於政治尤爲諳悉。居常言天下事，當不辭艱苦以要於成。其胸中所蘊蓄者將次第展施，而盡瘁於治河以歿，豈不悲哉！然君自隄工始築，任事忘家，奔走不息，盡心於疏導防瀦以奠民居，庶合於《禮經》所謂「以死勤事」者矣。

生於雍正十年正月三日，卒年五十有三。配張恭人，歲貢生健女。有婦德，事姑以孝聞。君勤瘁不恤家，而家事咸理，恭人之力也。封宜人，晉封恭人。生於雍正七年十一月二十日，卒於乾隆四十五年六月初八日，年五十有二。子羲長既殤，君弟詒堂中允以次子齡長爲君後，復以長子慶長之子玉曾爲羲長後。將以四十八年十月二十二日合葬於祖塋之次。詒堂命慶長持行狀乞余爲銘。余與君兄弟同以乾隆丁卯舉鄉試，又先後入翰林，交最契。詩壇酒社，無數日不相往還。十餘年來，舊交零落，其存者亦散在四方，僅若晨星。追念生平，不勝離索之感。今君又奄化，老友益稀。每與詒堂相語，輒惻惻憶君如悲骨肉。詒堂以誌墓相屬，余焉得辭。乃揮涕而爲銘曰：

君少於我，而我誌君。存殁之感，悲何可云。然猶是友朋之誼，怊悵於離羣。若夫抱經世之畧而不克大樹其勳，則實爲國家惜斯人。

雲南迤南兵備道匏伯龔公墓誌銘

無經世之才，仕宦而遇合，命也；其不遇合，則分也。有開濟之畧，仕宦而遇合，分也；其不遇合，則命也。各知其分，各知其命，窮達一順其自然，均賢者之用心也。至才足遇合，功名亦適得其遇合，而蕭然高引，不欲自竟其用，則其意倜倜乎遠矣。余忝挂朝籍今已四十有九年，所見蓋不數數。回憶故交龔公匏伯，儻即其人乎？

公諱敬身，字屺懷，匏伯其自號也。世居浙江仁和。曾祖諱煜，寄蹤幕府，治獄多所生全。祖諱茂城，以孝友忠厚重於鄉黨。考諱斌，縣學生，敦行力學，爲後進師表。三世隱德，發耀於公。公天性恬澹，而意氣落落，胸膈間曾無俗事。早歲讀書爲文，皆刻意追古人，不甚摹仿舉子業。後以老親期望，乃以餘力治八比。每一落筆，即出尋常蹊徑外。遂以乾隆己卯舉於鄉，己丑成進士。由中書舍人遷宗人府主事、吏部稽勳司員外郎、禮部精膳司郎中，雖皆閒曹，其中未嘗無捷徑，公夷然不屑，日惟俯首理案牘，不妄干人，人亦不敢妄干公。退食，則恒手一編，究訂古義。不廢交游，亦不輕交游。蘿鹽風味，宛似寒家，晏如也。久乃循資外轉，得雲南楚雄府知府。楚雄、姚安，均唐設蒙儉之故地。萬山環抱，土瘠民貧。守是土者，率戚戚如遷謫。先大夫嘗守姚安，獨喜其人情淳朴，雖婦人女子，亦謹守信義，謂其可與爲三代。公得楚雄，人謂公必不愜意，余舉先大夫語告之，公乃亦大喜。比抵任，杜絶餽遺，凡陋規之病民者，皆汰除之。差徭之累民者，皆籌畫調劑之。月俸雖薄，而營書院、置漏澤園，補多年之闕政，一無所恡。約束所屬尤嚴厲。自奉儉約如老書生。公自忘其爲長官，民亦忘其爲長官。東坡所云「使民如兒吏如奴」者，殆近之矣。戊申四月，大理因鹽務起釁，民變戕吏卒，訛言蠭起。巡撫譚公檄公往案。公廉得其實，惟誅首惡昭法紀，凡附和者皆得免。民大感悦。譚公亦重其不動聲色立弭大難，非徒硜硜自守者，薦擢迤南兵備道。未及上而丁憂歸，遂不再出。然則，此數政宮，❶皆以娱親之故，博捧檄一笑，猶勉攻制義之初志耳。公之所志，豈在此朱轓熊軾間歟？

公生於雍正乙卯七月初二日，卒於嘉慶庚申九月初一日，年六十有六。元配陳恭人，先公八年卒。子一，麗正，嘉慶丙辰進士，官禮部祠祭司主事。女一，適鹽大

❶「數政宮」，道光本作「數任官」。

使潘立誠。孫一，自暹。麗正爲余典試所取士，又余禮部所屬也。以余尚及與公游，求余誌墓。余弗能謝，乃撮舉梗概而系以銘曰：

黄鵠高翔，無何有之鄉。遠想慨然，百感茫茫。吁嗟乎！吾文短而意長。

直隸廣平府同知前湖北武漢黄德道蘊齋盧公墓誌銘

公諱謙，字撝之。先世淶水人，明初遷德州。七世祖諱宗哲，嘉靖乙未進士，官至光禄寺卿，以忤嚴嵩罷歸。自是衣冠相承，蔚爲望族。祖諱道悦，康熙庚戌進士，官偃師縣知縣。考諱見曾，康熙辛丑進士，官至兩淮運使，世所稱雅雨先生者也。雅雨先生負詩壇重望，所與游皆海內勝流。公承藉家學，又多見老師宿儒，聆其議論，故學問文章具有根柢。早年即掉鞅詞場，與一時作者相馳驟。然八入棘闈，三薦不售，年四十尚困一衿，知科名之有命數也。乃於乾隆乙亥，援例官刑部陝西司郎中。丙子，以省覲歸。戊寅，再補湖廣司郎中。甲申，陞湖北分守武漢黄德道。戊子，坐累謫軍臺。辛卯特旨賜環。壬辰，署直隸祁州知州。癸巳，授廣平府同知。癸卯引疾歸。歸而頤養三年以卒，年七十有三。

公天性孝友。雅雨先生有庶弟，少公一歲，公事之盡禮，問視饋遺，終公之身無虚日。異母弟三人，公視之無間。其一早卒，以己子爲之後。其二久客四方，家皆待公以舉火。公贍給庶母，撫育其妻子，雖窘不自給之時，寧自節衣食，不使匱乏，閲數十年如一日。晚歲更割産分贍之。

故論内行者皆推公。

公之官刑部也，持法平允，稍有不安於心者，一毫不曲狥。尤務清積案、戒淹繫、省波累，食其福者甚衆。迨官湖北，聞所治漢陽、黄州方水災，即兼程以往。先理賑務，而後上官，民得以免轉徙。又以楚俗好訟，由官不爲速理，乃令諸縣各簿録案牘而親核之，訟爲之減。江船多盜，公緝獲巨憝二十餘案，盜亦漸弭。丁亥，所治四府，被災者三。公親檢户籍，先以應賑者凡若干人，人應得錢穀若干，刊示，張通衢，而後散給，吏遂不能絲毫侵。沿江堤堰皆居民自修，故恒遘水患。公建議民不能修者，請帑官修，捍禦始堅。數事皆鑿然可爲法。後官廣平，雖閒曹，不能自表見，而濬築諸河，工料必核實。於山東巡撫建議以民夫挽漕事，奉檄會勘，侃侃不阿，竟罷其役，尤卓然見風力。故論宦績者，亦推公。

然余生平所心折於公者，則不盡於是。夫富貴者，驕奢之媒也；困窮者，怨尤之府也。庸庸者流，心爲境役，無論矣；一二豪傑之士，意氣縱横，籠罩一世，當其席豐履厚，多不免聲色貨利之是營，即或矯矯自好，而趨附者競起蠱惑之，爲所移者不少矣。迨夫盛極而衰，遭逢蹇躓，下者抑鬱侘傺，如不欲生；上者託佛老以自釋，或曠達以自放，求能坦然順受者，百不一二也。況乎以少壯之年處富貴，尤易於流蕩；以遲暮之年處困窮，尤易於頽唐者乎！ 方雅雨先生之三爲運使也，公年方少，意所欲致，可以無所不得。顧乃刻意學問，結交老成，以克自樹立。筮仕以後，留心經世，亦不以紛華靡麗與流俗徵逐。此其所見何如也？ 年近六旬，遭逢家難，顛連於窮荒萬里之外，雖蒙恩宥，再效一官，而冷署清貧，殆不自贍，公乃循分修職，不自退沮，時時以忠君報國訓誡子孫。此其所見又何如也？ 徒據耳目所及，舉某事以推公，所以知公者不亦淺乎！

公生八子：長蔭仁，監生。 蔭澤，廩膳生。 並早卒。 蔭文，癸卯舉人，即余壻也。 蔭環，廩膳生。 蔭慈，附監生，出爲公仲弟後。 蔭惠，庚子進士。 蔭溥，辛丑進士，翰林院編修。 蔭長，拔貢生。 女五：適王弼、程汝瑛、王應申、張江城、張鍇。 孫一，松齡。 孫女六。

蔭文等將以乾隆五十三年十月二十七日，葬公於盧家圈之新阡，屬余爲銘。余義無可辭，銘曰：

金百鍊而精，人百鍊而成。 見道者明，守道者貞。 吾悼斯人之逝也，匪徒以姻盟。

江南淮南儀所監掣通判集堂查公墓誌銘

公姓查氏，諱爲義，字履方，集堂其號也。 先世自撫州遷宛平。 父慕園公，諱日乾，以叔子湖南巡撫、禮官、四川按察使時誥贈通議大夫。 嫡母馬氏，生母王氏，皆贈淑人。 生三子，公其仲也。 少俶儻，八歲即能作大字，長益博綜經史，期爲有用之學，不屑屑以文藝求進取。

會國家有事西陲，公投筆轉餉塞上，論功授安徽太平府通判。 通判雖散官，公獨留心民事利弊，無不言，同僚莫不嚴憚。鄰郡偏災，飢民過境者衆。 公具粟分贍，各以舟護出境，所活無算。 而郡人亦賴以無擾。 時兩淮鹽法敝，相國制軍尹公、鹽院高公，欲更張整飭，乃奏設監掣，擇廉能吏司其事，遂合詞舉公，擢淮南儀所通判。

在任八年，覈虛僞，絶苞苴，介介然不避利害，積弊以清。

方以治行尤異薦，而適以父喪歸。歸二年，又持馬太淑人喪。時王太淑人年亦老，公念前既不克歸事父，今伯兄蓮坡贈公老且病，益不可兄弟二人俱辭母服官，乃議儉堂中丞出從仕，而自侍養於家。承歡膝下凡二十餘年，遂不再出。問視之暇，惟訓課子姪，或游心於書畫。所作蘭竹得趙子固、文衡山意，人皆珍之。遇良辰美景，奉板輿爲山澤之遊，意恬如也。及王太淑人喪，公年已六十有三，白首呼搶如孺子。自是，眠食漸減，葬母五月而公逝。論者謂，公以經濟長才既嘗爲政，浸浸通顯矣。卒以養母故未竟其用，多爲公惜。想公之志，蓋不以三公之貴易一日菽水之歡也。母事終，而公亦終，公志酬矣。其餘，豈公所計哉！

公生於康熙三十九年七月初二日午時，卒於乾隆二十八年九月初十日戌時，壽六十有四。配江都杜氏，繼配天津王氏，皆封恭人。於乾隆六十年三月十九日卯時，合葬於三河縣留水渠，即慕園公塋之南阡里許，公志也。子三：長溶，太學生。次田，候選布政司理問，皆王恭人出。次杰，候選吏目，側室扈孺人出。女四：長適分水廩貢生張汾。次適錢塘候選州同知郭與高。次適宛平分發廣西州同知徐焯。次適柏鄉國學生魏翽。孫十：長曾印，乾隆甲辰進士，候選知縣。次相維、一維、敬、燊、庚、棻、壬維、京維、勉。孫女八。曾孫一，補勤。曾孫女二。

余與公胞姪善長給事爲同年，而公之孫曾印又余所取士，故於其乞銘，乃約述始末而爲銘曰：

經世之才，可騰驤乎雲路。而戢

迹田園，自申孺慕。魂魄依棲，松楸相聚，萬古青山，識君子之墓。

直隸棗强縣知縣寓圃任公墓誌銘

公諱增，字蔚嶺，一字損之，寓圃其號也。世居江南蕭縣。蕭縣與河南永城壤相接，族支散居兩邑。公初以永城籍應試，筮仕以後，乃復歸祖籍。高祖諱國鑽，順治辛卯舉人，官翰林院待詔。曾祖諱觀濤，以監生考授州同。祖諱立本，邑庠生，歷貤贈奉政大夫，廣東雷州府同知。祖妣朱氏，以貞節旌表。父諱鴻烈，歲貢生。初封文林郎、直隸高陽縣知縣，晉贈奉政大夫、廣東雷州府同知。妣陳氏。生公兄弟五人，公其仲也。天姿英邁，如千里駿足，馳驟縱橫，不可羈勒。讀書不屑屑求章句，而一目數行，輒能闇解。爲文章洋洋灑灑，下筆千言，屈折曼衍，無不如意。而賦性尤肫篤，事父母，先意承志。諸昆弟聚處一堂，怡怡如也。年二十一入縣學，旋食餼，名藉藉梁宋間。又多幹畧，且讀書且治生計。學日進，家政亦日舉。識者知爲經濟才，他日必以理繁治劇爲國家良有司也。

乾隆庚午舉於鄉。甲戌成進士，授直隸南和縣知縣。鋭於任事，不避勞苦，事無大小咸舉，尤加意於教化，捐貲建書院，士風蔚起。俄遭父憂歸，縣民咸悵惜之。丁亥起復，赴吏部。會西城兵馬司指揮闕，於候補知縣中剋期簡選，公適以兄負官帑將抵罪，倉皇出都謀借貸，兄雖得免議，而公已失簡選期。坐規避褫職，公怡然無恨色。嗣恭迎聖駕，恩旨復原官。仍發直隸補用，上吏即檄署宛平縣事。宛平爲京縣，秩六品，公甫至而委用之，稔公才也。庚寅，奏補棗强縣知縣。棗强土沃而俗好訟，公爲治嚴明，情僞無所匿，獄牘遂稀。又除額外諸雜税，而捐俸修葺棲流所，收養孤貧。冬月復施衣施粥，全活甚衆。甲午八月，以宛平任内修建營堡報册逾限，部議鐫級，當離任，代者遷延未至，而是時有逆匪王倫擾臨清。兩邑相距僅百里，羽書倥偬。公仍自竭力城守，彌月事定，而後赴京。蒙恩，仍以知縣用。時太夫人春秋已高，方謀奉親歸里，而後需次，會山東興城工，巡撫楊公具名奏公往補禹城縣知縣。地當孔道，公供應裕如而民不擾。凡吏胥陋規，悉汰除之。旋調任惠民，一如治棗强時，而强幹益力。戊戌九月，遭母憂，以舊案未結，淹滯山左。至己亥六月罷官歸，而囊橐蕭然，至鬻其祖遺田葬親，聞者益服公居官之廉。

癸卯，公子銜葵官山西，迎公就養。甲辰十月十九日卒於官署，年六十有二。配朱氏，先公卒。子三：長即銜葵，辛卯舉人，山西平陸縣知縣。次銜萱，候選州同，早卒。次銜蕙，己亥舉人，四庫全書館謄録，議敘知縣。女二：一適同縣縱照旭，一字桐城金某。孫一，嵩齡。孫女二：一字英山金劭，一字銅山徐壯齡。銜葵等將以乙巳十二月十八日葬公於永堌祖塋，遣使走京師，乞余爲銘。余甲戌同年中，意氣豪爽，胸懷坦白者，惟公及朱編修筠、杜員外憲爲最。每酒酣耳熱，議論飈發，四座聳動，覺光明磊落，鄙吝之意都盡。朱編修先逝，惟公與杜員外存。公今又謝世。回念舊遊，晨星落落，傷矣。乃不辭而爲之銘曰：

抗議不阿，上官色動。而卒以見容，重公之才與守也。發唱驚聽，朋友氣攝。而卒以無忤，相信者久也。

青山峩峩，石有時以泐；性情之真，則終不朽也。

廣東順德縣知縣鶴庵馮公合葬墓誌銘

公諱履謙，字令聞。先世由山東壽光遷代州，以衣冠科第世其家，推爲甲族。六世祖諱亨期，國初遭姜瓖之亂，有全城功，祀於鄉賢。高祖諱右京，以順治己亥進士，官湖廣荆西道，亦祀於鄉賢。曾祖諱雲奏，官廣西荔波縣知縣，以治行稱。祖諱慶曾，官陝西蘭州府同知，祀於名宦。父諱鍾宿，官中書科中書，又祀於鄉賢。名德相承，蟬聯五世，蔚然爲士大夫望，更不徒以門閥爲高矣。

公承藉舊業，以乾隆丙子舉於鄉。丁丑成進士，發山東以知縣試用。初署事濟陽，會大吏建大新橋，檄採楊木八千株。公慮爲民累，且時方散賑平糶，物力亦未紓，牒陳其不便者數事。詞意懇惻，當事者竟不能奪。故在任僅數月，而至今有去後思。時兵部侍郎顔公希聲守濟南，後與余同官閩中，偶述其事猶太息，稱强項令也。旋實授安丘。安丘素號難治，豪健者挾持影射，地糧多爲所乾没，積欠日增。公捕治渠魁五人，其弊立革。巡撫崔公稔公才，欲調治壽光。公以前代祖籍辭，崔公曰：「嚴正如子，即治本籍亦無私，何祖籍之避？」壽光故善訟，公履任後，開誠布悃，隨事化導，俾曉然知是非之不終淆，詭詐之無不敗。久而漸化，訐告之事遂稀。嘗語同官曰：「天下無化外之民，在守土者御之以理耳。」蓋公之蒞事，隨地制宜，不以姑息縱姦頑，亦不以嚴酷傷和氣。故後以安丘舊案牽連致罷，山東人至今惜之。

乾隆辛卯，恭祝萬壽，蒙恩復原官。

丙申，授廣東海豐縣知縣。海豐多頂凶之案，公虛心研鞫，務究其隱微，即細事亦不草草。有婦人過麻瘋院，麻瘋者執而迭污之。官吏懼爲所傳染，皆曰「不得主名」。公乃全集麻瘋者，使婦人辨認，其獄立成。故民皆不敢爲欺隱。己亥，署南澳同知。庚子，兼署善縣，俄調順德。順德多劫盜，公先嚴保甲，清其窟穴。又仿古法，使一家有警，鳴鉦以聞。聞鉦者以次相傳，互相救應。盜爲頓戢。適有兄弟四人讐殺一家五命者，捕獲其三，逸其一。公百計追覓，得於鄰境叢箐中。鄰境攘爲己功，賴聖明洞察，事乃白焉。

丁未，緣事鐫秩，會有家庭之戚，哀傷成疾，遂不復出。至乙卯十月病卒，年六十有八。懷駕馭之才，未竟其用。論者悼焉。然即其所樹立者，已足見一斑矣。

公元配劉孺人，婉順性成。事祖姑何太恭人，姑田太恭人，皆以孝稱。以癸酉七月卒，年二十有八。生子二：長步崐，乾隆己亥副榜貢生。孫曰淇瞻，嘉慶戊午舉人。次肇崧，增貢生。孫曰治平，國子監生；清聘，乾隆乙卯舉人；淑度、澧蘭，並幼。繼配梁孺人，賢淑和順，克紹前徽。以乙酉十一月卒，年三十有五。生子二：曰起嶲，曰紹崘，皆國子監生。起嶲子曰沂點、墨林，紹崘子曰雲林，並幼。

公之長孫淇瞻，將以某年某月奉公柩與兩孺人合葬，乞余爲銘。余與公之伯兄鶴窗同以甲戌登進士，余先兄懋園又與公同以丁丑登進士。知公素稔，誼不得辭。乃撮述行狀，佐以平日所見聞，敘次如右。銘曰：

公之治理，可擬龔黃。又值聖代，登崇俊良。而坎坷以終，殆才與命妨。抑不於其身，蓄而爲子孫之世昌。

振斯張公墓誌銘

張氏、紀氏爲世姻，所居相去不百里，親串往來，兩家之行事彼此無不知也。余自雍正甲寅隨先姚安公官京師，至乾隆甲戌，又自從仕宦迄今，六十餘年，未嘗終歲居鄉里，姻戚乃多不相聞。惟張君鑑莽娶余從子汝倓女，於支派最近。鑑莽官兵部時，又與余同事，朝夕相見，知其家事亦最詳。往往聞姪孫女述其姑舅與鑑莽稱其父母者，未嘗不慨然遠想，歎其有古人之風。迨鑑莽出守寶慶，值三苗弗靖，兵戈旁午，彼此音問遂稀。既而，連失怙恃，留滯荊南，日墨縗僕僕於營陣，益無自通音書。戊午八月，余扈從灤陽，忽於郵筒得一函，乃鑑莽以其先德墓誌相屬也。讀其狀，樸實真至，惟述家庭孝友之心，親朋周恤之事，與鄉黨忠厚之風，初不飾爲高節異行以炫耀耳目。嗟乎，鑑莽父母之教，具見於此乎！鑑莽父母之生平，其亦具見於此乎！蓋天下惟庸行爲難耳。

狀稱，封君幼穎悟，初就外傅，即記誦過人。學爲制義，輒秀發驚其長老。十一二歲時，家所藏書披閱殆遍。稍長，旁涉書畫，亦蕭灑絕塵。計其才，掇青紫如拾芥。然祖母高太安人年已暮，又以一身嗣兩房：父奂遠公，母許太宜人；叔父鴻珮公，叔母畢太宜人。亦皆春秋漸高，慮侍養或有不至，遂輟業而親定省，怡怡色養，五老人均愜歡心。數十年中，家庭無幾微之芥蒂。至李太恭人，兩姑之間尤難爲婦，亦始終無一間言。非天性純摯有出於常情萬萬者乎？

狀又稱，封君篤愛三黨，周恤不遺餘力。如戴氏姊家中落，則分宅割産，資其壻之膏火，使得以成名。堂伯叔如瞻岳、中岳公及族間伯叔兄弟姪孫輩，皆田宅與共，貨財與共，無纖毫之畛域。外家子孫，貧不自存者，或給以貲；欲讀書而無力者，招與諸子同課誦。太恭人亦時贊成之，無慍色。非《周禮》所謂「睦媚任恤」者乎？

夫篤於所生而推及所生之所愛，天下之定理也。能篤於所生而推及所生之所愛，以聖賢論之，適足其本分而已。以常情言之，則知之易行之難。偶行一二事尚易，事事如是而終身不渝，尤難之難。如封君及太恭人者，雖曰庸行，抑亦足以傳矣。

封君諱鐸，字振斯。始祖諱立生，由溧縣遷南皮。二世祖諱孝友。三世祖諱璿，明成化庚子舉人，官兩淮督轉鹽運司副使。四世祖諱繡，貢生，玉山縣主簿。五世祖諱繼宗，縣學生，誥贈户部郎中。六世祖諱謐，明嘉靖丁未進士，官陝西按察司副使，崇祀鄉賢。七世祖諱以興。八世祖諱朝棟，並廩膳生。九世祖諱永清，太學生，崇祀忠義。高祖諱晟，縣學生。曾祖諱廷儀，貢生。祖諱莆，國子監生，考授州同，崇祀孝義。父諱璠，兼奉祀之叔父諱璲，並贈奉直大夫。封君生於雍正四年十一月十七日，卒於乾隆六十年九月二十日。太恭人生於雍正三年十月初二日，卒於乾隆五十九年十一月十四日。享年皆七十。子四：長甲震，乾隆庚寅副榜貢生。次奎震，優貢生。次丙震，庚子進士，官湖南寶慶府知府。次璧震。女四：適高鍾英、隋琮、李籲、劉有郃。孫十一。孫女七。銘曰：

不仕養親，孝子之志。恤及三

黨，仁人之意。毋以爲如馬少游，徒優閒以没世。

悳宏王公合葬墓誌銘

乾隆壬子，畿南四郡麥不登。皇上軫念災黎，既發帑金八十萬，倉穀七十萬，命有司溥賑。復慮就食京師者，或窘生計，詔五城分設飯廠十，又於城外增設飯廠五，各以御史董其事。諸御史仰體聖心，罔不實力經理。而王君秀巖分司廣寧門外之大井，路當衝衢，流民絡繹，尤擘畫盡心。余時爲左都御史，職司稽察。初以爲秀巖籍隸南宫，情篤桑梓耳。既而知秀巖太夫人在堂，秀巖每閲數日，輒於薄暮事竣後，疾馳歸省，且謀甘旨。太夫人見輒怒訶曰：「民轉徙如是，聖天子憂民又如是，汝苟夙夜勤勞，使均霑實惠，我雖日不再食亦甘心。僕僕來往何爲！」秀巖自是不敢返。余在臺中每與同官談及，皆咨嗟太息，以爲有古賢母風。

後又聞，太夫人之賢尚不僅此。蓋太夫人歸贈公時年十九。贈公性穎異，數歲即能解聲，偶出口成句，皆合詩格。父母以遠大期之，贈公亦刻自攻苦，寒暑無間。乃才高運蹇，不能博一衿。益發憤下帷，漸致瘵疾，竟賫志以没。太夫人年僅二十五。贈公家計本薄，太夫人恐以治生妨誦讀，躬率家人，拮据操作。既而歲終會計，所入終不敵所出。乃散遣婢媪，以一身嬰荼苦，併田租之事亦躬自檢察，使姦佃無侵漁，始粗自給。及贈公殁，遺孤長者七歲，幼者甫週年。太夫人上事老親，下撫諸子，心力殫瘁，殆晝夜無寧晷。然篤於骨肉，無婦女錙銖計較之私。贈公有姊適李氏，貧而早寡。太夫人迎與姑同居，服食皆使與姑等，以慰姑心。卒能完節，受旌表。又有妹亦適李氏，早歿，惟遺一女，孤苦無依。太夫人撫如己出，長爲擇壻，厚其奩具而嫁之。論者以爲人情所難。信哉，其難也！

太夫人幼即知書，經史皆能通大義。念贈公績學不遇，冀諸子成其志，督課頗嚴。童稚時，即口授句讀，不假外傅。遇故實可資勸懲者，必反覆申明，俾知法戒。或不率教，即涕泣而道之；所業有進，則啖以果餌。且縷述於姑前，冀得欣慰。故諸子皆刻自樹立，各有所成。而太夫人之心力則已殫矣。

戊戌，秀巖以拔貢生廷試高等，授刑部七品官。太夫人以姑年老留家侍奉。庚子，姑病卒。秀巖遣迎太夫人。太夫人以書責曰：「豈有姑服未除，遽離喪次，就子之養者耶？」人尤服其知禮焉。

甲寅春，太夫人以疾卒。秀巖將奉柩合葬於先塋。以余同鄉且同官，乞銘於余。余謂贈公之才學足以掇科第，而偃蹇名場，終無所就。太夫人之節孝當膺旌表，而已受封典，格於成例，不得請。孝子之心，皆未免有所歉也。然著籍博士弟子而沒世無稱者，天下不知幾萬億。贈公雖不遇，而公論終存，至今爲人所悼惜，足以自傳。至旌典之設，表節孝也。太夫人之節孝既已彰彰耳目，亦足以自傳。然則，潛德幽光，久鬱已發，秀巖復何所憾哉！其亦勉自樹立，使論者追溯淵源，益顯贈公太夫人之德而已矣。

贈公諱宬業，冀州南宮人。生於某年某月，卒於某年某月，年二十。以次子貴，贈奉政大夫，刑部安徽司員外郎。太夫人亦南宮人，生於某年某月，卒於某年某月，年七十三，亦以子受封。子三：長堯晉，廩膳生。次即秀巖，名堯恒，己亥舉人，官陝西道監察御史。次堯典，廪膳生。孫四，廣文、錫命、會文、勳文。銘曰：

鬱鬱佳城，我爲勒銘。銘無愧詞，我得於鄉評。

允修趙公墓誌銘

公諱充德，允修其字也。先世自小興州遷易州之北奇村，遂著籍。高祖定民公，官滑縣訓導。曾祖餘慶公、祖雪友公、父闇公公，皆歲貢生。餘慶公慷慨喜任恤，嘗破産以紓族人之難，鄉里稱厚德，僉曰「趙氏且寖盛」。

公天性醇謹，而讀書敏悟，好爲深湛之思。年十九，入州庠，與兩弟日以學問文章相砥礪。兩弟先後餼於庠，公亦文譽日起，視掇科第如拾芥。乃以親喪哀毁，兩目遂漸翳，誦讀頗艱。又自與伯父析箸後，獨搘門户，不復能專意下帷。然督課弟姪，親爲講授，家塾咿唔之聲，恒夜相答也。後，年過五旬始舉子，即今中書科中書鉽，雖鍾愛至極，而訓迪則必以義方。故鉽雖少孤，而秉公之遺訓，十餘年來，能刻自成立。其官京師也，自奉職以外，不徵逐交游，不趨營進取，亦不以奢麗相誇耀，循循矩度，與鄉里寒素同。古云「以言教者訟，以身教者從」。觀公之子，不可見公之生平乎。

余又聞，公篤於家庭。季弟以末疾廢，不能自治生産。公代爲經理，與己事同。趙氏祖墓舊無祭田，公獨力營置不以諉宗族。比其將殁，猶分資於親黨之貧乏者，而後屬纊。是數事者，於士大夫爲庸行，而實爲恒情之所難。世固有廁身黨塾，而於孝友睦婣之風茫乎無聞，視公之所爲，何可以倍蓰計！趙氏之寖盛，非其驗歟？

公凡三娶。元配王宜人，繼配李宜人，皆無子早世。又繼配王宜人，淶水儒家女也。父兄皆先逝，母氏與嫂並茹荼守志，故宜人習聞閨訓，幼即端莊。及歸公，事舅姑、睦娣姒，始終無一間言，而治家尤嚴肅有法度。就養京邸，猶躬自紡績不輟。遺孤之不忘庭訓得以自立者，宜人之力爲多焉。

公生於康熙丙戌七月，卒於乾隆癸巳正月，年六十有八。宜人生於雍正癸卯五月，卒於乾隆丙午三月，年六十有四。子一，即鉽。孫三，汝爲、汝弼、汝楫。

鉽將以乾隆五十一年十二月二十七日啓公之壙，以母王宜人合葬。以余誼居桑梓，知公及宜人之行事爲詳，乞文以勒幽壙。余不獲辭，因摭陳梗槩而系以銘曰：

以勤儉律身，以忠厚待人。其禮之循，其德之醇。其德之醇，其福之因。遺澤緜緜，將逮厥子孫。善必有徵，視此銘文。

副榜貢生敬涵雷公墓誌銘

乾隆甲午，太湖雷生之榮舉於鄉。典試者，長沙劉洗馬權之也。洗馬庚辰會試出余房，故率所取士來謁。雷生居其間，獨衣冠質樸如鄉塾儒生，心竊器之。雷生數以詩文來請益。與之語，性情真摯；察其行事，皆篤實，無名場奔走態。談論或至夜分，終無一語及雜事，心益器之。家奴或竊笑其迂闊，余弗爲意，雷生亦弗爲意，故雷生數往來於余家。一日，跽奉其父敬涵先生行狀，乞余爲誌。夫子弟之所行，父兄之所教也。耳濡目染，不必揣摩而自符。雷生之爲人如是，計先生亦必刻意篤行如古君子。及檢狀，果與所預測者合。

蓋先生少而喜讀宋儒書，又喜讀先秦兩漢之文，故立身端謹，雖友朋燕處無慢色。或聞媟語，即改容相對，友朋咸敬憚之。其爲文，吐棄凡艷，游思冥漠，往往椎幽鑿險，奇幻不測，而大旨一軌於正。

甫弱冠，爲交河王坦齋先生所賞，拔入縣庠。坦齋故李文貞公之高弟，學有端緒者也。辛酉鄉試，同考官蘭谿趙君得其卷，歎未曾有。然竟以額溢置副榜，惋惜甚，恒惓惓於先生。會趙君遷泰州牧，先生往謁。有爲人誣訟者，知趙君重先生，挾金求先生居間。先生峻拒。然心知其誣，竟委曲爲白之。趙君卒不知有餽金事，彼誣者亦卒不知白自先生。論者謂，不受賂請，此稍自愛者所能。不受賄而仍不避嫌，其用心加人一等矣。平生不輕涉公庭，然遇當言者必於衆中力言。官是土者恒以是重先生。蓋有所不爲，而後可以有所爲。其故不在臨時也。

事親至孝。父歿謀葬地，足爲之繭。病垂危，猶恐貽老母憂，相見必强作差減狀。淚不自制，則詭稱目疾。於兄弟及諸姪最友愛。戊辰，疫氣大作。舉家病者呻吟牀褥間，歿者兩柩在殯，親族不敢相過問。先生晝夜營救無所避忌，亦卒無所傳染。明僉事介公先生，先生之曾叔祖也。與周仲馭同遘馬阮之禍，世稱忠義，祠墓歲久漸蕪。先生獨力任修治，不以諉族黨。於族黨秀者勸讀書，樸者勸治生，貧不能婚嫁者周恤其乏。不以昭穆既遠，視爲路人。其篤志爲善，率類此。使其得一官，治一邑，於物必有所濟，於國家必有所報稱。而年僅四十遽卒，所得軼事僅此，命也。雷生嘗述其論文之語。謂「文心欲苦，文興欲豪，文律欲嚴，文機欲活。」可謂得嗚筆之要領，非不可以致一第，而卒坎壈不遇，亦命也。然其人則卓然可傳矣。余雖不及識先生，然因雷生之狀知先生，又因雷生爲人以信先生。質諸曾識先生者，庶幾無愧詞乎。

先生諱大鏏，號函區，敬涵其字也。先世豫章人，明初有諱溥者，以武功鎮守太湖，子諱虢，官太湖訓導，因隸籍。高祖士吉，明庠生，載《邑志孝友傳》。妣吴氏，明崇禎壬午，獻賊陷城不屈死。曾祖荷祚，妣詹氏。祖廷謨，附監生，妣章氏，崇祀節孝祠。父豐聲，庠生，習程朱學，語在《邑志儒林傳》及《蘭溪趙君傳》中。母阮氏。配余氏。子三：長即之滎。次之求，邑庠生。次之治，早世。女四：長適邑庠生曹錫三。次適馬慶鍾。次適選貢李聲溢。次適監生路貽理。孫男六：長秉植，邑庠生，次秉槃，業儒，俱之滎出；秉業、秉祝、秉概、秉忠，俱業儒，俱之求出。孫女四：一適邑庠生周渟，一適路義，俱之滎出；一適余德寬，一適周春茂，俱之求出。曾孫四：一元、仁虎，俱業儒，秉植出；志燦業儒，志煌幼，秉業出。今葬於城東某山。銘曰：

貴賤壽夭，天所命也。立身行己，則在人自立其志也。嗟哉！先生固不藉乎一第也。

交河縣歲貢生友菊蘇公合葬墓誌銘

漢馬少游有言：士生一世，取衣食裁足，鄉里稱善人，足矣。其從兄伏波將軍涉歷艱難，恒思是語。似其事易爲也，然

「善人」亦豈易爲哉！士大夫或遭逢變故，激成奇節；或邂逅際會，建立功業，多成名於一事一時。若庸言庸德，共見共聞，而終始一生，不爲鄉里所訾議，則非旦夕之故矣。余嘗誌南皮張公振斯及先兄晴湖之墓，皆取其醇謹終身，言行無玷，足當少游「善人」之目。今復得一人焉，曰蘇公友菊。

公諱蘭成。始祖諱盛。當明中葉，自山東陽信遷交河，四傳至廩膳生諱九經，均潛光未耀。五世祖諱養民，以選貢官山西興縣知縣，贈中大夫。高祖諱美大，廩膳生；曾祖諱鐮，順治戊子拔貢生，考授通判，均贈通議大夫。祖諱瑛，康熙甲戌進士，官貴州思南府知府。父諱晊，康熙癸巳舉人，候補太常寺博士。晚歲得公，珍惜甚至。而公自幼無驕縱意，性至孝友，門以内無間言。其尤爲人情所難者，博士公有再從姪孫曰載臨，愛之如子，撫養於家，越十載乃生公。七歲入家塾，即與載臨同硯席，雍睦無間。後載臨嬰弱疾，公推博士公之愛，捐金千餘市參桂，無少吝惜。比其歿，喪葬皆有加禮。周恤其寡妻尤爲篤摯，所需者不使有錙銖缺。今公歿，而載臨之妻尚存。每一言及，未嘗不涕淚交頤也。平生儉樸，衣食取温飽而止。然篤於任恤之誼，周濟貧乏不可縷舉。其尤著者，乾隆己卯秋，河水暴漲，田廬且不可保。公懸金鳩衆，合力築堤堰。晝夜督視，不遑寢食，人賴以無恙。甲午大旱，公出粟賑貸，多所全活。即此數事，公之爲人可槩見。使出而仕宦，於物必有所濟。而素志恬静，竟以明經終於家。

元配陳夫人，獻縣候選通判諱肖孫之女。陳氏自簡肅公以來，世傳禮法，以忠厚爲鄉黨典型。閨門之内，尚勤儉、敦雝穆，亦爲親串所矜式。夫人耳目濡染，幼嫻内則。于歸後，修舉婦職，家政釐然，無敢蹈世俗浮薄習者。晨昏定省，尤能得堂上歡。生一子一女，遽早逝。公繼娶河間王夫人，能守夫人之家法，中外稱賢，即夫人可知矣。公生於雍正己酉五月，卒於乾隆丁酉正月，年四十有九。夫人生於雍正丙午正月，卒於乾隆庚午七月，年二十有五。子二：長肇輿，乾隆丁酉拔貢生，候選直隸州州判。次肇軫，廪膳生，出爲公弟荃成後。女一，適獻縣紀汝僴。孫三：長元翰，附學生。次元翬，嘉慶辛酉舉人。次元翼，廪膳生。孫女一，適獻縣陳菼。曾孫五：長啓綬，次啓緯，次啓縉，次啓紱，次啓組。曾孫女四。

肇輿早卒，其子元翰奉繼祖母之命葬公於某原，陳夫人祔焉。不以余爲弇陋，攜行狀走京師，乞銘於余。余多年宦游，未及識公。然所居相距僅一舍，知公行事頗悉。陳夫人於先祖母爲姑姪，於先妣安公爲表兄妹，至親之誼，亦不敢以固卻，乃綜述梗概，而繫以銘曰：

一鄉善士，公其庶幾。我誌幽宫，亦竊附林宗之碑。

伯兄晴湖公墓誌銘

公諱晫，晴湖其字。系出江南上元，遷景城已十七世。公居第十四世，爲先妣安公之長子，昀之伯兄。績學不售，以歲貢生終。今誌墓稱公，用漢故民吴公碑例也。

公性淳實淡静。視仕宦之富貴，文章之名譽，如流雲逝水，泊然無所動於心；視人事之機械變詐，亦如電光石火，一瞥即過，漠然無所介於懷。故恒默默自守，不甚與世相酬應。嘗言：「每衣冠見客，如臨一大敵，不知君輩營營，何以堪此。」其學似近於黄老，然篤倫常、謹言行，毫不越聖賢之規矩，又異乎六朝放達狂縱不羈。

先妣安公凡三娶。元配安太夫人，以康熙丙戌生公。繼配張太夫人無出。又繼配張太夫人妹，以雍正甲辰生昀。故公長昀十八歲。幼時提挈保護，逾於所生。昀七八歲以前，初不知與公異母；稍長雖知爲異母，然家庭之間，晨夕相對，絶不覺有異母意也。則公於骨肉之間，他可類推矣。性至儉樸，一敝裘衣至十餘年。飲食起居宛如寒素，然能一介不妄取。姚安公以雍正乙卯官户部，即以田産委公。時家猶未落，物力頗有贏。迄乾隆甲戌，姚安公自雲南終養歸，凡二十年，無一錢入私篋。婚嫁其子女，特粗具簪珥衣裳耳。庚申，爲昀娶婦，乃費至數百金。曰：「此非有意爲厚薄，愛有差等故也。」此雖細故，然豈常情之所能哉！自少至老無二色。昀頗蓄妾媵，公弗禁。曰：「妾媵猶在禮法中，併此强禁，必激而蕩於禮法外矣。」平生爲文，宗胡思泉，理法謹嚴。屢躓名場，終不悔。昀好爲議論馳騁之文，公弗善，亦弗禁。曰：「爾將以功名娱老親，是亦可也。」然則，公拘守尺度，雖若不甚究世務，固未嘗迂闊固執不近人情。其抱負正未可測也。

娶河間縣候選州同賈公貞符女。性情與公同，行事亦與公同，稱德配焉。公以乾隆丁酉卒，年七十有二。嫂先公四年卒，年七十。子六：汝備、汝倓，皆監生。汝价，縣學生。汝來、汝侃，皆監生。汝健，歲貢生。女二：長適大城馬氏，早卒，壻之名亦佚。次適任丘高質璉，官安徽鳳臺縣知縣。孫十六：樹畚，乾隆己亥舉人。

樹聲、樹勛並縣學生。樹森，監生。樹發，縣學生。樹磐，監生。樹橥，縣學生。樹言，業儒。樹榮，乾隆壬子舉人。樹棽，縣學生。樹碩、樹楙、樹確、樹礐、樹隨、樹伍，皆業儒。孫女十二。曾孫十四。曾孫女十三。今其長孫樹發等將以嘉慶丙辰十一月合葬於景城祖塋，昀乃揮淚而爲銘曰：

考其心迹，類馬少游。故浩浩落落，與物沈浮。我勒貞珉，光發其幽。然非其意之所求。

一　姪理含暨配張氏墓誌銘

堯峯先生有與友人書曰：「誌銘草就，即附上。儻即刻石，篆蓋及誌文首行宜但云某銜某府君，慎勿加『暨元配某孺人』字。此近世無識者所爲。凡唐、宋、元諸大家皆無之，前明成、宏以上亦然。蓋女子從夫，故祭曰『祔食』，葬曰『祔葬』。凡祔食者惟立男尸無女尸，亦此義也。」余考唐劉伸誌《張君平墓》，首行題「清河郡張府君夫人安定郡胡氏合祔墓誌銘」，則此例不始於明季。然單文孤證不足爲憑，究以汪氏爲定論。余作誌文皆從其例。今誌亡姪理含墓，乃竟夫婦並列者。

理含，名汝備，先姚安公之冢孫，先兄晴湖之冢子。少從安實齋先生游，好爲奇崛之文，故不中有司程式。將以國子監生應鄉試，竟賫志以没。平生循謹無過失，然無卓絶之行可勒金石也。

其婦張氏，則武强舊族之女，年十九而寡，持服三載，不去衰麻。孀居三十七載，雖酷暑未一解衣睡。對舅姑則婉容，退即端坐如枯木。婢媪有從之數十年者，未見其嬉笑也。理含兄弟六人，居同宅而別院，婦獨與舅姑同院居，終日侍奉無倦色。姑患病瀕危，夜焚香泣涕、禱佛，遂終身茹素。理含未有子。初歿時，視含殮畢，即泣拜舅姑前，又回拜諸弟，求爲立後，必得請而後起。故仲弟之子樹發就襁褓中指與之。婦愛逾所生，而教有義方，督課不少假借。今在庠爲名諸生。乾隆壬寅，有司以上聞，得建坊旌表。越四年乃卒。彌留時屬樹發曰：「舊塋地狹，諸妯娌先卒者已各卜兆域。汝父棺尚厝，汝必移與我棺同葬姑舅旁。冀魂而有知，定省如昔也。」

嘉慶己未，樹發將遵遺命合葬於祖墓之側，乞余爲銘。世之論者謂「節孝爲女子本分」，是則誠然。然忠臣孝子遭遇非常，或感天地而動鬼神，要亦分所當爲耳。彼青鐙忍淚，白首完貞，淒風苦雨，閲數十年如一日，非心如鐵石者不能。千百人中能盡本分者有幾？烏可以庸行易之耶！論者又謂，「貧賤之家節孝難，富貴之家節孝易」。然以境遇論，貧賤者身無所倚，仰事俯畜無所資，其艱苦誠爲至極。以人情論，則艱苦者無逸志，而富貴者席豐履厚，以蕭索孤寂之身，日見繁華奢麗之事，姑姊娣姒寒暖迴殊，則炫而易搖；僕隸婢嫗炎涼各異，則激而生悔。且珠玉錦繡之身，其勢必不能耐勤苦，則奉養難；無父之孤坐擁舊業，易入游冶之場，則教子尤難。今理含之婦，能始終一心，以媳而代子，以母而代父，所爲不加人數等乎！其葬也，於理當誌。既誌其婦，自不能不繫其夫；徒書其夫，又不關作誌之本意，自不能不夫婦並列。言豈一端，要各有當。其斯之謂與？

理含生於雍正己酉五月四日，卒於乾隆戊辰閏七月十一日，年二十有一。婦生於雍正辛亥六月二十六日，卒於乾隆丙午三月二十一日，年五十有六。嗣子一，即樹發。孫五：煐忱、煐恬、煐愔、煐憲、煐恪。銘曰：

同穴之願，今則已償。鐫石幽宮，於夫有光。我無愧詞，汝亦無愧於表章。

劉文定公配許夫人墓誌銘

先師劉文定公，以清介聞天下。元配許太夫人，亦以勤儉端嚴，士大夫推女宗。論者謂，「文定之清介，由太夫人之內助。故室無交謫，得以行其志。太夫人之勤儉端嚴，由文定之家法。故齊心同願，亦得以行其志」。是固有然。然古來名臣列女，立身皆各有本末，各從其性之所近與心之所安。文定雖不得太夫人，其皦然不染，決不改其操；太夫人雖不遇文定，其刻苦自勵，亦決不易其素。其適爲伉儷，特天作之合，使相得益彰耳。實則太夫人之行事，足以自傳。故文定之葬，既自有誌，太夫人之合葬，青垣兄弟又別以誌屬昀。昀按古金石例，凡合葬之誌，皆不題婦氏，統於夫也。近代乃夫婦並題，然率如附傳之體，無可述者多也。其能自以誌傳者，必有堅苦卓絶之行不可以磨滅。今太夫人之行，可謂堅苦卓絶矣。此而不文翰墨，奚述哉？

太夫人與文定生同里。幼端重而明敏，爲父所鍾愛，不輕許人。見文定而器之，因締姻好。文定時方爲諸生，室廬狹隘，不能親迎，乃贅於許氏。太夫人不以貧爲戚。間日一定省舅姑，不以來往爲勞。乾隆丙辰，文定舉制科第一，人翰林。親黨交賀，亦不沾沾喜也。迨奉親就養至京邸，理庖厨，侍起居，皆身任其事如未貴時。姑方失明，動履需人，恒手自扶掖，未嘗一委於婢媪。所生子女十，自乳者六。仰事俯育，已日無寧晷，然摒擋家務，纖芥必周。文定雖遭逢聖主，洊至卿相，而食指日繁，廪禄恒不給。太夫人經營擘畫，事事親治。或一飯數起，或日昃不得食。文定每四鼓入直，雖甚寒暑，必先起，具茗粥，整衣冠。又必持燈視門户、廚竈而後寢，數十年如一日。嘗語諸婦曰：「婦人無外事，然須識大體。詩禮之家，往往解吟詠，工翰墨，而井臼操作，米鹽瑣屑，皆視爲末務。則主中饋者謂何耶？」七旬以後，康健轉加，咸以爲老而復壯。太夫人曰：「老寧有復壯理？或邇來以家政委子婦得安逸耳。」然則七旬以前無一日安逸，可知矣。

天性澹泊。自章服以外，無珠翠錦繡之飾。或詣親串家，不相識者不知爲一品命婦。紛華之習尤所厭薄。吉禮或遇演劇者，輒託故謝去，似落落不可近。然貧親友居停於家者，時其飲食，療其疾病，委曲體恤無不至。有年老畏寒者，冬月必熾炭於鑪，手自分給，日以爲常。慈祥之意藹然也。待僕婢至寬，惟造言搆釁者必斥責之，後亦不復追論。然教諸子則甚嚴。恒勉以刻自樹立，繼父志，報國恩。或偶過失，雖年長亦不少假借。丙午，○○由中書舍人出爲廣西同知。太夫人曰：「廣西雖遠，吾不以阻隔爲憂，惟民社至重，汝父嘗言，深爲汝念耳。」甲辰，○○以南巡召試授中書舍人。太夫人曰：「吾家雖無田園，而祠墓皆汝父所創修，恐日久就荒，其且家居，俟經理有緒乃就銓。」己酉，青垣官禮部侍郎，當扈從避暑山莊時，太夫人有恙，青垣不能無顧戀。太夫人曰：「在官奉職，理所當往。吾疾行愈，無慮也。」其明於大義有士大夫所不及者矣。故昀嘗謂太夫人之治家，事事不苟。使爲丈夫，治一邑必一邑治，治一國必一國治。太夫人之居心，先義而後利，先公而後私。使爲丈夫，可以爲孝子，爲忠臣。惜哉！其在閨閣也。然惟在閨閣，斯益足自傳矣。

太夫人生於康熙乙未九月八日，卒於乾隆己酉九月十二日，年七十有五。卒後五年，門下士河間紀昀敬爲墓誌而繫以銘曰：

梁木之摧，今三十二年。牛眠卜地，今星五週天。金昆玉友，並登雲路，而宦橐皆蕭然。豈非秉母之訓，故不失父之傳。鬱鬱佳城，曖曖長阡，一黼一珮，神棲其間。殆類乎冰壺秋月，相照映於九泉。

祭四叔母文

維乾隆五十有五年，歲次庚戌三月十八日戊戌，經筵講官、禮部尚書兼文淵閣直閣事第四姪昀，敬遣第三子汝似，婦井氏，以剛鬣柔毛、清酌庶饈之奠，致祭於四叔母尊靈曰：

先太夫人娣姒三人，先太夫人謝世，三叔母高太宜人暨叔母皆康强。昀既失怙，視兩叔母如母。兩叔母之視昀，亦猶子。三叔母先逝，惟叔母存。昀視叔母益親，叔母之視昀亦益親。數十年來，昀一官匏繫，不能時時侍左右，欲迎叔母至京師，一展積慕。叔母又患風痺不得來。惟歲得恩賜，輒馳奉叔母，博老人一開顔而已。然叔母積病之餘，猶手製履襪佩囊之屬以寄昀。昀捧之感且愧。擬後三年叔母七旬，當乞言於長安士大夫，具一卮稱慶。而春間奴子來京，稱叔母病加劇。昀心方怦怦，俄從孫樹森、樹珊上公車，言叔母病且不起。急謀遣人往問，會奉稽察場屋之命，怱怱未及遣，訃音已至。自今以往，先太夫人之娣姒無一人存。

昀不能見先太夫人，姑以見兩叔母如見先太夫人者，從今併亦不得矣。昀獨何心能不悲哉！尤可悲者，叔母子四人，羲輪弟先卒，又李曉、蒼復相繼卒，近東白弟又卒。叔母自病至歿，惟兩寡婦一寡女率諸孫侍疾，竟無一子視含殮。猶子四人，昀胞兄晴湖先卒，從兄懋園、坦居亦相繼卒。存者惟昀一人，既隔越五百里外，不能親往理喪務，又不能匍伏繐帷恭奠一觴，昀之抱痛更何如哉！子婦井氏，本叔母之外孫女，適歸寧還里，得與其母同送靈旐，謹遣代薦芳醪，畧抒沈痛。然昀悲慕之忱，終鬱結而不能宣也。

祭理藩院尚書顯庭留公文

維聖人作，萬里梯航；維典屬國，經紀遐荒。維老成人，綏徠有方；維職任久，譬畫彌詳。維帝乘乾，景祚其昌。降雨出雲，厥理有常。維公挺生，以贊懿綱。維前丙辰，公始擢揚。迨今丙辰，公乃云亡。甲子循環，數適相當。其生其逝，歲月彰彰。信由嶽降，爲國棟梁。

公之武畧，見於西域。虎視鷹揚，幕南幕北。依什庫爾，奮摧勁敵。沙磧雲黄，冰天月黑。梟嘯鴟吟，豺跳狼擲；風塵澒洞，烽烟絡驛。公擣其堅，四戰四克。氣吐虹霓，心輕鋒鏑。揚刃摩天，鳴弰没石。象王蹴踏，百獸辟易。金鶂擘海，妖鳥屏息。露布奏功，太常紀績。賞延世爵，受無愧色。

公之經畧，見於西藏。井絡疆衺，坤維勢壯。坼地洪流，捎雲巨嶂。鼉叢魚鳧，未窮其曠。殊風貿俗，詭態異狀。佛國東移，釋宗演唱。是曰梵天，是曰法相。部族皈依，如瞻金像。聖代龍興，占風内向。護法戢民，賜以保障。疆以戎索，鎮以玉帳。公荷倚毗，屹然大將。其土沃饒，争亦易釀；其人獷悍，性亦狙詐。節制得公，如材得匠。外因佛法，消其詐妄；内宣聖教，導以禮讓。因俗而治，寬猛胥當。以大金鉤，馴伏狂象。帝曰班超，遠逾任尚。用理諸藩，允乎人望。

聖代昄章，古所未有。章亥莫步，微論白阜。蟾窟吐月，龍庭戴斗。虎節往來，雁臣奔走。琛賮有期，競先恐後。如百川水，匯於海口。公領是職，閲時已久。諸部單于，舊皆儕偶。相見道故，欣然握手。彼若弟恭，公若兄友。其世交者，十恒八九。歲時見公，膜拜稽首。執子姪禮，公立而受。隨公指揮，如指隨肘。蓋公和氣，釀於醇酒。且公清操，貧甘菘韭。藹然有思，介然有守。宜其心折，敬兹黄耇。謂公厚德，宜登上壽。胡未茹芝，遽驚生柳？

維公出世，本再來人。示壽者相，現宰官身。故於浄土，具有前因。衣披一品，緣謝六塵。樹精進幢，轉大法輪。心月無翳，性海無垠。非非想天，妙契其神。無無想地，自返其真。偶來偶去，寧冒荆榛。不生不滅，寧有悲欣。惟我故友，夙忝交親。忽聞殂謝，難免酸辛。悵望靈斿，洒淚沾巾。繐帷肅肅，肴酒敬陳。冀從世法，歆此芳樽。

紀文達公遺集卷第十七

孫樹馨編校

御覽詩

恭和御製雨元韻

甘澤欣沾沃，清和及上旬。流雲低鳳闕，細雨羃龍津。煙縷全如畫，荷珠儼似真。緩隨銀漏箭，急訝水車輪。芳潤宜初夏，輕寒接晚春。山禽催麥熟，試聽弄晴頻。

恭和御製固爾札廟火用唐韓愈陸渾山火和皇甫湜韻並效其體元韻

山河兩戒開胚渾，氐羌西阻星宿源。三十六國初併吞，荒臺猶自避帝軒。漢唐而後劫且燔，每乘月滿窺五原。皇帝大德彌乾坤，梯航琛幣通無垠。彼昏獨不款塞垣，我師昨歲出玉門。寒霜忽照扶桑暾，三千犀手臂如猨。駕梁俯叱鼉與黿，彎弧仰落雲中鵾。鐵山蹴碎昆彌奔，方其先世竊自尊。黃金布給孤獨園，四西勒圖醜類繁。多羅貝葉梵唄喧，唱和雜遝如箎塤。微言詎辨風與旛，局促真似蝨處褌。所見不過尻兩臀，聞我師至叩我轅。焚迷迭香迎橐鞬，初如馴鹿隨朱轓。反覆忽似風中帤，帝震怒不羞其旛。赤虬遺下煙焰屯，火鞭摧拉盂蘭盆。獻花不賸瓶與罇，冥冥杳杳如有言。懲爾助逆雲雨翻，業重不得邀平反。善神旁睨睒兩暖，贊歎佛力淨六根。昔佛心印傳法孫，俾參妙諦窮肘跟。爾胡狡黠辜佛恩，奇鶬寧免隕厥元。菩薩千手猶難援，婆羅門技何足論。試看祝融下九閽，刹那祅廟焦土痕。焚巢實以褫汝魂，寧不自悔心煩冤。彼貳負臣今雖存，不過狼狽求盤飧。無弋那得劓女婚，大宛況非厥弟昆。枯林肯讓寒鴟蹲，羽毛摧頹難飛騫。即擒妖鳥雪衆怨，安能變化如鵬鯤。不信但望西崑崙，旄頭墮地光昏昏。古云不戢終自焚，片言居要無須煩，蓄雛清夜心自捫。

恭和御製蓄劍行元韻

蛟龍不肯居窊塘，會乘雷電騰精芒。寶劍誤落黠寇手，時來終得歸尚方。憶昔潢池頻盜弄，人人擬刳妖蠆腸。骨騰肉飛不可制，兩臂欲挽千斤强。封狼貙羆況共穴，二豎相濟如鴈行。是以憑陵肆搏噬，黄支烏弋無人當。時移勢易雄虺隕，殄除凶逆天之常。此劍流傳不敢用，貢之天子言其詳。天馬東來歷無阜，流沙積石道路長。楛矢既入周益盛，湛盧所去吳斯亡。開匣三尺淨如水，爛然虎氣輝紫閶。始知神物思利見，通靈之質不久藏。通靈之質不久藏，行見白環玉琯入貢未渠央。

恭和御製秋日奉皇太后幸口外行圍啓蹕之作元韻

遊豫親承聖母歡，桂花時節半暄寒。黄雲一片連長樂，遥護霓旌過北安。

碌碡秋場處處逢，六軍嚴肅不妨農。豳風一幅誰能畫，雨歇煙嵐潑翠濃。

旌門歲歲到要荒，饁獸頒禽禮數詳。看取軒轅親教戰，風雲八陣總堂皇。

恭和御製懷柔縣元韻

山城瞻玉輿，巡省歷蓬廬。鴟髻雙峯抱，龍旗兩翼舒。彈汗尋古堞，白霫召酋渠。遥感懷柔意，名王正跂子。是日召見蒙古諸台吉。

恭和御製遥亭行宫對雨三首元韻

行殿三更雨，郊原八月秋。風聲寒乍急，雲氣曉初收。野戍荒煙濕，懸崖響瀑流。洗兵知有兆，露布出邊郵。

乍喜行塵净，何虞馬力煩。隨車如有意，灑道豈虚言。新霽猶含潤，微涼稍帶暄。明朝陪豹尾，安穩上天門。南天門在遥亭北。

瑶窻馳遠眺，珠箔卷秋煙。暝色千峯濕，寒炊萬竈然。露華初點筆，雲葉欲裁箋。應是催詩雨，廉纖送玉鞭。

恭和御製出古北口詠古元韻

翠輦臨邊塞，檀州有故關。南來通一綫，北顧見羣山。連弩思前代，偏槍近此間。飛猱行尚怯，高鳥度應艱。蘇轍題詩出，王曾奉使還。何如今一統，秋晚戍樓閒。

恭和御製至避暑山莊即事元韻

黄繖亭亭初駐蹕，碧城隱隱宛遊仙。寒山影裏開天闕，流水聲中敞御筵。玳押珠簾旁掩映，紅橋翠渚一沿緣。菊花恰值重陽閏，好待君王大獮旋。

恭和御製晚荷元韻

天然清韻出羣芳，晚放猶餘冉冉香。秋露如珠瑩妙相，寒塘似鏡映仙裝。山中桂樹同留月，木末芙蓉共拒霜。豈是蓮心偏耐冷，恩波只有御溝長。

恭和御製熱河啓蹕之作元韻

武列河頭鴈過時，句陳羽衛啓通逵。紅飄霜葉楓千樹，緑繞寒澌水一涯。蹀躞花驄隨日馭，玲瓏芝蓋散雲蕤。如聞蕃落諸渠長，會獮長楊到恐遲。

恭和御製山店元韻

秋山澹沱畫難成，卜築誰人此力耕。茅屋幾家藏碧樹，疏籬一帶露紅荆。迎鑾從未勞供頓，近塞何曾識戰征。久在豳風圖裏住，庶民均有獻豣情。

恭和御製朝嵐元韻

朝來爽氣對西山，此語流傳已久矣。但驚蒼翠襲衣襟，誰辨煙嵐何處起。豈知橐籥息相吹，月窟天根機在此。高山大澤氣潛通，皇心妙契先天理。碧緑青黄皆會心，淺見烏能窺所以。側峯横嶺看茫然，小臣如入廬山裏。

恭和御製都爾伯特台吉伯什阿噶什來覲封爲親王詩以紀事元韻

慕化弟兼兄，臨風欲請纓。人情知順逆，天意鑒精誠。斧鑕誰先伏，冠裳爾最榮。傳言諸部落，珍重寸心盟。

恭和御製入崖口元韻

谷量牛馬自成陸，崖口羣蕃迓鳳輿。前代何曾通捺鉢，諸侯今此會爻閭。黃雲白草雙峯外，寒露西風九月初。巖壑頻年邀睿藻，山靈望幸亦傒子。

恭和御製雨獵元韻

秋山巃嵸氣佳哉，山嵐蒸潤山雨來。珍珠迸灑風倒捲，彎弓依舊趁雉媒。騄駬驊騮騰不止，挾雨蛟龍差可擬。驚弦響雜霹靂鳴，激矢燿隨飛電起。斗然巧中呼聲喜，雨血風毛一彈指。旌旗雖濕步伐齊，軍政從知無懈弛。文侯遇雨罷虞人，節制焉知能若此。

恭和御製九月朔日元韻

講武應金天，龍塞寒雲迴。鯉魚風乍來，木落空山静。秋高邊馬壯，奮迅乘霜景。馳騁詎爲勞，過蒙宸慮省。未從屬車塵，微懷方耿耿。

恭和御製霜元韻

風高寒露結，塞北曉霜時。昨夜丹楓醉，先期白鴈知。微微分月色，薄薄散冰絲。蕭瑟秋山景，居然畫裏披。

恭和御製行圍即事元韻

長林豐草射生來，石逕清無半點埃。冀馬於今皆逸足，燕犀自古是良材。行分鵝鸛雙旌動，氣逐風雲萬里開。聖主臨邊軍令肅，無譁不用更銜枚。

獵獵風聲大漠秋，高原塞馬力初遒。旌旗影帶寒雲捲，組練光含曉日浮。霜隼盤空爭搏擊，天狼避箭敢遲留。中黄奮欲摧彪虎，荷戟深巖更一搜。

雲罕天弧歲歲張，儒生何用戒垂堂。諸蕃震疊星從斗，七萃森嚴網在綱。蹴踏崑崙猶奮迅，鞭笞頡利只尋常。銘勳尚薄岐陽鼓，遮莫區區侈馬揚。

恭和御製九日侍皇太后宴並賜内外王公諸臣食即席得句元韻

帳殿崔嵬曉氣澄，重陽不數宴孫陵。花開松幔圍黄纈，香佩萸囊製綵綾。五色安輿雲對捧，萬年仙酒露新承。題糕勝事龍沙北，自古登高到未曾。

恭和御製宴土爾扈特使臣元韻

一點緋紅射野叉，天弧西指道途賒。聞風爭以皮充篚，款塞非關馬易茶。來日惟知深慕德，到時寧擬更思家。八荒萬里皆吾闥，誰道崑崙月窟遐。

恭和御製山月元韻

微風動寒林，華月生遥岑。玲瓏千嶂影，彌覺空山深。顧兔何時有，玉杵無停音。虚明涵大地，太古直至今。團圞七寶鏡，此夕澄堯襟。雲車且冉冉，風馭無駸駸。湛然見萬象，愛爾當天心。

恭和御製允南省諸臣之請恭奉皇太后再舉時巡詩以述意元韻

聖慮殷勤軫下民，東南重擬翠華巡。良辰待卜春初吉，盛典還如歲在辛。天語一時傳里巷，歡心先已遍臣鄰。遥知父老扶鳩杖，翹首江干計日頻。

恭和御製喜雨十首元韻

雨　陣

萬疊雲容變態奇，斜風吹下雨棽麗。誰鞭電轂循環轉，直駕雷車次第施。懸溜如飛連臂弩，長虹敢曳竟天旗。分明節制堂堂陣，驅馭蛟龍演六師。

雨　雲

閣雨流雲未遽消，魚鱗片片冪長霄。爲霖沾沃彌千里，觸石氤氲閲幾朝。此際真看晴壁絮，昨來曾聽夜鳴潮。眼前多少奇峯態，都是沖融二氣調。

雨　山

山頭蓋影望童童，好雨飄隨澹蕩風。

洗出雲鬟真嫵媚，露來石骨倍巃嵸。數峯隱約煙綃外，一帶蒼茫水墨中。大似新磨明鏡出，全收丹翠映虛空。

雨　田

雨餘相喚駕樓犁，處處田家布種齊。野色時看天早暮，岸痕遥問水高低。秋成預祝農官稷，夏長方當火正黎。從此年豐膏澤溥，朝霞便取緑蓑攜。

雨　樓

四野迢迢捲幔看，瓊樓百尺倚闌干。望中雨歇千門静，高處風多六月寒。遠色空濛當檻入，歸雲淅瀝幾聲殘。分明面面王維畫，青滿峯巒緑滿灘。

雨　舟

園名歡喜樹無憂，歡喜園、無憂樹，並見佛經。賞雨還登蓮葉舟。渚雁沙鷗關樂意，幽花細草待宸游。一匳鏡面和煙照，萬疊韡紋拍岸流。更愛平添新溜響，琤摐徹耳未曾休。

雨　樹

緑染煙光萬萬枝，一番新雨起凋萎。宫槐更長青葱色，官柳偏增嫋娜姿。葉隱蟬聲晴嘒嘒，根藏蟲語夜伊伊。眼前物態皆生意，想見皇心暢對時。

雨　荷

雨中花似洛神姿，羅襪淩波微步遲。煙縷冥濛垂幕處，芳津掠漾弄珠時。沾濡不覺紅衣濕，綽約仍看翠袖披。曾記烹茶親製賦，定知荷露勝瓊飴。

雨蟬

五月來鳴候有常，繁音更此競笙簧。應缘時雨隨神蜕，得趁涼飆化野蜋。野蜋，字見唐權龍衰《秋日述懷》詩。高柳藏身陰密密，疏桐流響意揚揚。聞聲知是甘霖足，出穴何須卜蟻王。

雨蚓

泥中匿迹雨中行，繞砌長吟時有聲。崔豹《古今注》：蚓，善長吟，一名鳴砌。唧唧如鳴茶鼎竅，韓愈《石鼎聯句》：時於蚯蚓竅，微作蒼蠅聲。行行恐是草書精。《晉書》言，蕭子雲書，行行如縈春蚓。蘇軾言，人有夢見蛟虵糾結者，或草書之精也。幺麽多緣土氣能蒸潤，未必花根果化生。微蟲邀聖藻，因知蠕動亦關情。

紀文達公遺集卷第十八

孫樹馨編校

御覽詩

恭和御製重華宮茶宴廷臣及内廷翰林用四庫全書聯句復得詩二首元韻

紫霄丹地深嚴處，忽共羣仙上太清。廣樂乍聞真似夢，御香遥染不知名。穀辰喜應三陽暖，壁府原占五緯明。聖治光華和氣洽，定看邛僰早銷兵。

恩被槐廳雨露多，鳳麟洲畔許經過。慙非舊學三冬富，空對陳編萬卷羅。玉椀仙漿真忝竊，瓊筵賡韻費研磨。於今竟似東方朔，聯句無如詰屈何。

恭和御製重華宮茶宴廷臣及内廷翰林等用天禄琳琅聯句是日復成二律元韻

賡歌慶叶需雲樂，煦育方逢木德仁。青鳥一聲春信早，仙蓂三葉歲華新。琳瑯法曲聽逾好，縹緲瓊臺畫不真。自詫微臣本凡骨，金鼇亦作從遊人。

昨歲殊恩逮下僚，叨陪嘉宴又今朝。汗青校字多慙向，飛白工書更愧蕭。新月初三懸桂影，芳辰十五近燈宵。歸途兩袖天香滿，還聽康衢父老謡。

恭和御製紫光閣曲宴外藩即席得句元韻

綏柔共識聖恩寬，曼衍魚龍許縱觀。西極輿圖通赤坂，北藩琛幣越烏桓。金莖挹露同沾醉，翠釜傳餐總盡歡。擬紀昇平頌王會，小臣筆力愧盤盤。

恭和御製寧壽宮落成聯句召大學士及内廷翰林等至重華宮茶宴即席成什元韻

民康物阜逢昌運，保泰持盈仰聖忱。祕殿松雲開麗景，高岡梧鳳入聯吟。軒鐃叶樂常昭武，連日捷音還至，促浸指日蕩平。堯典傳心首重欽。邁五登三真上理，天章猶自警難諶。

廣樂鈞天奏九成，羣臣載筆效歌賡。蕭雲紛鬱回青陸，瑞日光明耀紫清。聯韻欣容隨内翰，臣以外廷翰林得預内宴，實爲至榮。傳柑喜得從公卿。昇平嘉宴今三預，不盡涓埃矢報情。

恭和御製紫光閣曲宴即席成什元韻

燕樂需雲啓上春，獻琛争看遠方人。禁林淑氣鳴青鳥，太液恩波潤紫鱗。翊武古通功並賞，冉駹邛筰座相鄰。一時都似隨陽雁，北嚮剛逢斗建寅。

恭和御製紫光閣錫宴聯句召大學士並成功將佐及内廷翰林等至重華宮茶宴得詩二首元韻

飛傳尺檄召渠豪，萬里朝天率偶曹。服皁新徠西極馬，獻賓争看益州刀。饌分神鼎恩光溥，音叶仙璈樂意陶。應識如今圖職貢，成功都藉聖心勞。

震疊威棱古未聞，萬方共仰睿謨勤。邊庭頻奏平羌曲，詞客無勞喻蜀文。九伐聲靈真赫奕，億年歌頌永芳芬。微臣幸得逢昌運，朵殿簪毫意倍欣。

恭和御製重華宮茶宴内廷大臣翰林等題四庫全書薈要聯句並成二律元韻

大西藏書開册府，長庚叶兆慶年華。瑯嬛福地輝相映，閬苑春風樂孔嘉。九奏欣聞儀鳳曲，三清拜賜瑞麟茶。惟慙六載功方蕆，立辨無能在咄嗟。

奎躔珠緯聚昌時，文治精華盛若斯。五度追隨真最幸，七言詰屈自嫌遲。欣逢聖主光榮渥，羣羡儒生際遇奇。惟有勤將鉛槧握，藉編摩作報恩資。

恭和御製重華宮茶宴内廷大臣翰林等題快雪堂帖聯句並成二律元韻

入律祥飈叶瑞符，需雲恩逮列仙儒。班隨九棘承天渥，臣班第十七，綴九卿之後。味咀三清勝道腴。法曲鏗鏘聞舜樂，仁風温煦聽堯俞。化成悠久逢昌運，喜氣盈庭有以夫。

寶刻琳瑯耀紫宮，碑英不復數湘東。珍函宣賜前叨預，香案聯吟此更同。從晉訖元追矩矱，由宮至羽紀初終。簪毫朵殿欣榮遇，惟矢葵丹勵素衷。

恭和御製春仲經筵元韻

黼座談經開寶帙，彤墀陪列簇仙裾。恩光許近金華殿，内閣學士例不得聽講，臣幸以文淵閣直閣事得觀大典。天語聞宣玉字書。七襄猶勤蒐壁府，建文淵閣於文華殿後，以貯《四庫全書》。巨目鴻綱，皆由欽定。每乙夜親觀，釐訂魚魯，典學之勤，實爲自古帝王所未有。萬方所仰拱辰居。從知聖學心爲矩，一體無分汝與予。是日御論《大學》「絜矩」之義。

恭和御製經筵畢文淵閣賜茶作元韻

書城初共羣才集，歲籥今經八度移。玉液分霑承寵渥，例惟侍講諸臣賜茶，是日併直閣事、校理、檢閱諸臣，皆得蒙賜，蓋異數也。金根多誤計功遲。文章報國思其職，夙夜捫心省乃私。七録幸排名籍定，《四庫全書總目》共編爲二百卷，現已繕竣，擬於月望之前裝潢奏進。相規早奏汗青期。

恭和御製重華宮茶宴内廷大臣翰林等詠七十二候聯句並成二律元韻

節候詳徵《月令》篇，柏梁分韻似珠連。四時斡運銀毫裏，萬象駢羅黼座前。溥鬯天機欣所遇，静觀物理會其全。芳年共喜春祺渥，資始應知統以乾。

羣工拜手詠蕭斯，億萬同聲祝帝基。燕樂歡心真洽矣，賡颺昌運幸逢之。彤庭侍宴叨深渥，綵筆聯吟愧佇思。得沐光榮如小草，願申葵藿報恩私。

恭和御製仲春經筵有述元韻

源從帝夏溯皇春，心矩傳留聖聖循。仁且知斯爲備德，哲而惠乃可臨民。七旬勤學天行健，五位居中治本身。彝訓煌煌親闈繹，萬年道脈契原真。

恭和御製經筵畢文淵閣賜宴以四庫全書第一部告成庋閣内用幸翰林院例得近體四律首章即疊去歲詩韻元韻

石渠初貯牙籤滿，金殿羣瞻綵仗移。芸笈霏香風細細，花甎列幄日遲遲。西崑舊記笙簧盛，東觀偏承雨露私。跽讀奎章恒企羨，乾隆甲子冬，御製《幸翰林院賜宴》詩，勒石堂壁，詞臣恒所瞻仰。如今幸慰素心期。

銀榜璇題勢壯哉，閣成專待奏書來。十年編校纔粗蕆，四部源流幸畧該。玉楮難雕多曠日，金根屢誤愧非材。七回叨沃三清琖，自甲午以後，臣凡七預重華宫内宴。此度瓊筵又得陪。

羣仙珥筆效賡歌，仰矚麟臺錦帙羅。細别瑕瑜皆有取，親操衡鑑匪由他。從心矩乃能如是，合轍車寧問作麽。萬卷菁華融妙理，自然禮樂建中和。

錫宴晨曦輝藻井，聯吟午漏報蓮籌。天開壁府惟今盛，星聚奎躔有此不。文露瑩於珠顆顆，恩波長似水悠悠。陶陰方在刊三寫，共效丹忱莫滯留。

恭和御製幸避暑山莊啓蹕之作元韻

古稀天子猶勤政，六御時巡仰健行。纔省春耕自盤谷，又修秋獮出瑶京。節過五日餘蒲艾，念切三農問雨晴。服皁飛黄親御鞚，瞻雲倍慰庶民情。

恭和御製過懷柔縣詠古元韻

聖主握天弧，開拓黄圖頌神武。夙昔誦宸章，閉關曾斥漢世祖。是非徒貴兵力强，威足制之然後恩可撫。所以去年御製彈汗行，特昭此義垂示於永久。俾知近甸耕桑區，乃是開元以來兩蕃争戰所。兹來鑾輅巡廛里，葩瑵金枝又復駐於此。申明古今控御之得失，相去不止相倍蓰。數十年來蕩蕩乎化被無垠，中外一家不復分。人已仰稽其所由，惟揆文奮武之得宜耳。

恭和御製命新授山東巡撫明興往查去歲被水州縣奏至詩以誌事元韻

舜聽達萬里，捷疾逾響報。痌瘝坐照知，不待飛章告。先事豫綢繆，振郵馳丹詔。履勘迹未周，明堂已涣號。饋貧飽稻粱，援衆出泥淖。慈航資利涉，彼岸倏然到。但聞緑野歌，未覺黄流潦。恩皆格外施，夢想非所料。爲政在養民，虞典傳心要。得爲聖世民，寧有哀鴻悼。

恭和御製出古北口詠事元韻

巖關從古不輕開，扈從如今任往來。形勝相誇徒爾爾，帝王無外自恢恢。叢祠剥落留詩板，連弩依稀認戍臺。西起臨洮到遼水，遺蹤祇足供詼咍。

恭和御製常山峪行宫三疊舊作韻元韻

六飛初出塞，行殿萬峯前。雲棟瞻天上，星廬列水邊。臨窻披畫卷，揮翰啓書筵。地近如來館，宋王曾《行程録》有「卧如來館」。計其道里，當去常山峪不遠。途開聖祖年。謹按：聖祖時幸避暑山莊，初由十八盤嶺一路，後乃改從常山峪。山川蒙眷顧，花柳共清妍。宸賞多留詠，千齡孰比肩。

恭和御製山雨元韻

剛是嘉禾望雨期，羣峯倏忽羃煙絲。流雲漸覺隨風合，甘澍行看應候滋。山澤已通方醞釀，穮耡未晚莫噫嘻。終須滿慰三農願，更擬抽毫敬賦之。

恭和御製至喀喇河屯用前作韻元韻

行過山程八日期，河橋煙柳罥鞭絲。鍾峯北望青相接，灤水西來緑徧滋。鳥似迎鑾争翽翽，花如含笑亦嘻嘻。仙莊將近輕陰合，灑道清塵信有之。

恭和御製山東巡撫明興報得透雨詩以誌慰元韻

嘉苗欲茂時，皇心方閔雨。青齊積水餘，尤軫三農苦。賑貸頻有加，恩膏霑已溥。至誠通造化，復報甘霖澍。東逮岱嶽東，滋溉何其普。會見河效靈，水落見平楚。鴻雁得安宅，嶍崒築萬堵。

恭和御製至避暑山莊即事得句元韻

南連畿甸九星郵，松漠原稱化外州。謹案：歐陽忞《輿地廣記》，凡宋所不能有者，皆謂之化外州。紫塞今瞻仙苑啓，黄圖久付史臣修。詞臣奉詔修《熱河志》，今已成書。莫言漢使通兹未，且問虞巡到此不。卻是天心能保泰，民寧民瘼更深求。

恭和御製重華宮茶宴廷臣及內廷翰林等職官表聯句復成二什元韻

鵷班鷺序列師師，大典分曹政所資。直以睢麟運官禮，何須雲鳥費詢諮。叨沾雨露蒙恩澤，勉效涓埃念職司。此日蓬萊陪燕樂，進忠補過各深思。

叨奉綸音志百官，書猶未付棗棃刊。功遲正愧編摩拙，恩重彌知報稱難。翠管雲璈容側聽，珉糜珠餡許分餐。惟期努力研青簡，夙夜盟心敢自寬。

恭和御製春仲經筵元韻

七袠猶勤徵聖學，萬年不息象天行。欣瞻講幄開春殿，榮預僊班忝夏卿。化洽從風昭大順，道符久照頌貞明。玉音宣示垂彝訓，心法端歸敬與誠。

恭和御製經筵畢文淵閣賜茶復得詩一首元韻

石渠初見聳嵬峩，自文淵閣落成後，臣今歲叨侍經筵，始得仰瞻。咫尺瓊霄去幾何。東壁圖書交絢映，西墀黼佩儼駢羅。直閣校理檢閱諸臣，年例侍班西階之下。花甎日耀光明錦，雲液甌浮瀲灩波。歸去好誇天上景，瑯嬛仙夢記無訛。

紀文達公遺集卷第十九

孫樹馨編校

御覽詩

恭和御製重華宮茶宴廷臣及内廷翰林等五經萃室聯句復成二什元韻

序啓蒼龍斗柄旋，晴春祕殿列瓊筵。五星叶數祥光燦，七字聯題睿藻宣。舊刻棠湖原寶貴，同登芸閣亦因緣。小臣喜頌文明盛，吟到花甎日影遷。

四庫蒐羅預討論，遺編多録岳飛孫。岳珂所著書，入四庫者五種。誰知玉楮新詩外，尚有金陀舊本存。寶氣璘玢生棐几，古香醃馤滿文軒。仰欽幾暇研精義，獨契尼山意外言。

恭和御製雪二月初七日元韻

典學彌勤邁武丁，乾元行健運無停。璧池特荷天彰瑞，花雪剛逢帝講經。宿麥均欣沾潤澤，菁莪先看長芳馨。圜橋人士都歌舞，豈但賡颺徧紫廷。

恭和御製重華宮茶宴廷臣及内廷翰林用五福五代堂聯句復得詩二首元韻

紫殿簪毫列綺筵，新春嘉祉喜聯駢。祥鍾共説承餘慶，德盛原能格上元。多壽多男欣此日，肯堂肯構憶當年。攝提十紀從頭數，誰似同堂五代全。

崑城十二望崢嶸，暖律全消六出霙。人愛晴暉知日永，花迎喜氣自春生。運當正午年逢午，壽祝長庚月在庚。擬頌昇平乏文藻，仙漿愧飲露華清。

恭和御製重華宮茶宴以開國方畧集成爲題聯句並成二什元韻

柏梁嘉宴共聯吟，列坐齊將綵筆簪。沾溉恩榮羣志洽，闡揚謨烈聖懷深。崇墉牧野功遥溯，堯戒湯銘意倍欽。拜手同聲頌繩武，天衢日月宛高臨。

權衡三五細評量，邁古寧祇萬倍强。此日揮毫歌創業，昔年秉鉞憶當陽。有光前緒真無忝，猶切沖懷警益蘉。聖製煌煌耀星漢，臣惟稽首詠唐皇。

恭和御製紫光閣賜宴外藩作元韻

龍沙萬里震威棱，奉朔朝正舊典仍。日暖瀛洲分布席，春生太液欲銷冰。綏柔共識皇恩溥，燕樂同欣愷澤承。多少名王齊獻壽，惟歌景福似川增。

恭和御製重華宮茶宴用戡定安南封黎維祁爲國王功成聯句是日復得二律一韻元韻

露布聞時曲宴開，經文緯武道兼該。炎方申討今全定，春殿聯吟此幸陪。臣自甲午以後，叨預重華宮茶宴者凡十三次。此次恭逢聖武遠揚，戡寧域外，爲史册未聞之盛事，得與内廷諸臣珥筆賡颺，尤爲榮幸。周祜無疆奏皇矣，虞廷有慶詠康哉。裨瀛内外陽和徧，總是天工栽者培。

朱垠三面海天開，緬甸、暹羅濱海西南，臺灣濱海東南，安南濱海之南。王會丹青已盡該。暹羅諸國，舊列職貢圖中。上年九月，復寫緬甸使臣補入，於是日月所照，莫不砥屬矣。驃國新聲先上獻，緬甸使臣陪宴萬樹園，以其國樂器五種合奏，以抒歡忭之誠。鮫人珍篚亦趨陪。臺灣生番，自古不通中國。兹於平定林爽文後，咸願歸王化，於上年十二月，適與暹羅貢使接踵至京。南交今又重封矣，北户何殊内域哉。昨歲春官鈔謝表，駢詞親見頌滋培。外藩表文例下禮部。昨歲臘月。傳鈔黎維祁謝表，駢四儷六，詞極恭謹。其感激再造之意，剴切真摯，言出至誠。視前明之僅受羈縻者，相去不啻萬萬倍矣。

恭和御製賦得規圓矩方得循字元韻

法象符天地，裁成利庶民。程工昭物曲，作範比人倫。器自前王制，模爲奕代因。徑圍形有準，句股算能真。通變心雖巧，方圓式必遵。量材生尺寸，積數得和鈞。細瑣該周折，縱横括廣輪。還如垂聖教，萬世永欽循。

恭和御製啓蹕幸避暑山莊即事得句元韻

行健如天度不差，北郊禮後御龍車。每年五月，北郊後啓鑾。今歲夏至在五月末，啓鑾在閏五月初。仍符曩例。勤修典制真無逸，仰識康彊倍有加。三宿遲留勞軫念，九逵平治感褒嘉。恩膏已似依旬雨，滿慰甌窶望歲奢。

恭和御製出古北口元韻

黄圖東北連松漠，此地檀州有故關。留斡嶺横千仞上，多延衛指萬峯間。熱河在前明爲多延衛地。多延舊作「朶颜」，謹遵欽定《明史》改正。呼韓已隸藩封久，徐達何勞版築艱。迤北長城，乃明洪武中徐達所修。今中外一家，無勞烽戍，併潮河衝圮之水口，亦奉旨久停葺補矣。歲歲時巡度清蹕，好山無數好雲閒。

恭和御製雲南巡撫譚尚忠奏報麥豆收成詩以誌慰元韻

地遠路倭遲，還同近不遺。奏章來萬裡，廑念已多時。足食邊方樂，摛毫聖志怡。殷勤三致意，民者國之基。

恭和御製至避暑山莊即事得句元韻

一到仙莊慰聖情，南蕃悔過已求生。龍公擬遺郵筒速，風伯先吹驛路晴。即看降書金葉捧，同霑御宴寶卮盈。披章豈但天顏喜，扈從人人抃舞并。

恭和御製永佑寺瞻禮元韻

虔秉貽謀運睿謀，南交西旅掌中籌。同時各佈心誠懇，重譯無辭路阻修。兩聖在天應有喜，百王此日是真酬。唐太宗擒一頡利，遽有「雪耻酬百王」之詠，殊爲溢量。我皇上開拓西域二萬餘里，復定金川服緬甸，今安南阮惠、西番巴勒布又皆歸誠。聖武遠揚，度越萬古。真足以當此語而無愧矣。麟臺又合編方畧，擬請批章次第裒。

恭和御製鑑始齋元韻

古云無逸多延年，蓋言歷久如其始。臣嘗跽讀寶璽文，猶日孜孜恒不已。泰運方亨勤保持，乾綱獨握無旁委。敬慎必恭恭則壽，敢以斯銘頌天子。

恭和御製西峪元韻

虬根蟠結皺蒼鱗，堯棟松生不記春。炎暑頓消一彈指，凡囂相隔幾由旬。雕疏軒豁虛延爽，清籟紆徐浄掃塵。邊圉敉寧雨暘若，幾餘勝賞自頻頻。

恭和御製題秀起堂元韻

暢引吟情翠滿堂，嵐光樹色迥殊常。數峯奇似雲生夏，五月秋疑律應商。拈句最宜山蘊藉，披襟恰稱地清涼。誰知聖主精勤意，一息籌邊到遠方。

恭和御製留京王大臣奏報得雨詩以誌慰元韻

甘膏三寸慰農人，屈指重霑恰一旬。天雨晴如知節候，關南北不限畦畛。禾麻被隴肩鋤徧，蓑笠行歌入耳頻。共説温和逢七穀，占豐原記月當寅。古以正月七日爲人日。河間一帶里諺則云：七穀八麥九棗十菜。其日温和，則是物必收，往往有驗。今年正月七日温和，田家早知爲豐登之兆。

恭和御製福建總督伍拉納驛報漳泉續得透雨詩以誌慰元韻

梯田土易乾，霑濡亦易透。福建山多田少，居民每壘土於山坡，層層鱗次，謂之梯田。其田無雨易乾，得雨亦易霑足，石底不滲故也。得雨則必豐，喜睹飛章奏。適與畿甸報，接踵如相湊。

聖主軫民依，纖悉皆詳究。滋生度所宜，早晚籌其候。行看炎海陬，被野嘉禾茂。但慶歌盈寧，無須勞補救。西成告有秋，更與天心副。

恭和御製山莊即事元韻

佛界地清涼，宸遊歲歲常。濃嵐時一眺，炎暑頓全忘。消夏皇情暢，勤民睿慮長。向來無逸意，日昃未曾遑。

恭和御製蓮元韻

亭亭出水滿汀開，初日芙蓉若此哉。時對吟詩謝康樂，方知雕繢是贏材。

澹沱晴煙羃水低，紅衣翠蓋望中齊。雙湖夾鏡臣曾見，絶勝江南罨畫溪。臣以排次文津閣《四庫全書》，幸出入御園，得瞻仙景。

恭和御製遊獅子園元韻

芳林清曉露初乾，黄繖迢迢陟翠巒。信彼南山長拱衛，仰惟穆考舊遊觀。參差煙樹開圖畫，上下仙禽弄羽翰。親定薰風新樂譜，遥知坐對萬峯彈。朱載堉《樂律全書》所載《南風》之詩，參差淆雜。仰蒙皇上删定，以還解阜之元音。

恭和御製題宜照齋元韻

路繞獅峯玉輦旋，又看蒼翠滿牕前。東南日轉時猶早，西北門通路最便。好景怡情龍雨霽，清吟引興麝煤研。澄懷觀物瑩心鏡，四大州中總洞然。

恭和御製山西巡撫海寧奏麥收九分有餘並雨水情形詩以誌慰元韻

晉水章馳奏，參墟麥已收。兼聞甘澍溥，早看晚禾稠。此雨真堪喜，其徵是曰休。篝車知並滿，足慰野人求。

恭和御製六月朔日作元韻

八袠精勤倍有增，眷懷農事意頻仍。宜乾宜潤期相濟，時雨時暘儼可憑。按候而占心最切，依旬以至理原應。推移無滯因乎物，寧與陰晴判愛憎。

恭和御製將軍鄂輝等奏廓爾喀歸順實信並班師回藏事宜詩以誌事元韻

靈夔聲震已旋兵，天馬東徠問驛程。駕馭有方斯制勝，畏懷兼至自攄誠。平其市易因其服，隸我輿圖即我氓。中外一家全幬育，安居莫更意怦怦。

恭和御製題澄觀齋元韻

作善延祥古所稱，璇題三字永因仍。天懷朗澈原旁燭，祖訓貽留更敬承。久照自然其狀悉，至明誰敢以機乘。雨餘山水清暉映，正似當幾萬象澄。

恭和御製治漕元韻

治法在治人，實功收實效。九重操預籌，萬舶争先到。是惟疏濬勤，擘畫得其要。云何慾壑深，不避危機蹈。遑計石稱廉，竟似泉名盜。嚴申司寇法，用示貪惏報。雨露與雷霆，均屬天垂教。

恭和御製觀瀑元韻

紺宇構崇巔，望之猶未到。惟見翠巖曲，湧現黄山瀑。垂虹挂雲松，飛練曳霞嶠。偶爲静坐觀，自得無聲妙。睿賞契希微，超悟瑩然照。

恭和御製補詠安南戰圖六律元韻

嘉觀訶護之戰

扶危戡亂拯孤煢，自古王師有四征。阮未逢侵先搆釁，黎緣失國遠求兵。驍騰飛將分途入，零落遺民夾路迎。五百靈夔齊震吼，奇鶬早已噤無聲。

三異柱右之戰

生俘叛黨到旌門，伏鑕緣辜聖主恩。瘴霧重遮搜密箐，蠻煙一掃剩虚村。中山狼悔心空負，東郭毚無路可奔。三隊合圍皆猛士，樓船徑擬斬盧孫。

壽昌江之戰

三重天塹齒連脣，更比龍門是嶮津。

纔扼危橋銜白浪，誰知短筏過朱垠。蒼茫五里乘深霧，撥剌雙橈勝小艑。睹此神兵真駭絶，全如一葦渡江人。

市球江之戰

力取何如以智攻，運籌恰與聖心同。出奇妙合兵機巧，扼險難誇地勢雄。避實擊虚從間道，明修暗度奏殊功。鉤援但解摩堅壘，未數詩人頌伐崇。

富良江之戰

小舸潛兵策最良，横江不藉駕餘皇。天心適與分興廢，師律寧因有否臧。萬古濤聲思戰鬭，四時祠宇薦甘芳。交州今亦吾疆土，領郡何須付史祥。

阮惠遣姪阮光顯入覲賜宴之圖

靈臺偃伯已旋兵，萬里降王效悃誠。九譯無辭修職貢，三呼恰值祝祥禎。早看表付陪臣奏，更乞身隨屬國行。酒醴笙簧恩似海，南交草木亦知榮。

恭和御製紫光閣賜宴即席得句元韻

化洽東西暨朔南，山陬海澨聖恩覃。貢獒獻雉程途遠，稽首稱觥禮數諳。軒鼓於今真徧震，顔圖見此定多慙。小臣欣睹昇平宴，額手惟呼萬歲三。

恭和御製新正重華宫茶宴廷臣及内廷翰林用八徵耄念之寶聯句復得詩二律元韻

乾乾無息比天行，溥慰臣民頌祝情。五數重週羲畫衍，八徵時念洛書呈。西庚直歲占多壽，南極陳詩驗至誠。前歲，安南使臣阮有晭恭和御製詩，有「日暖花開阮至誠」之句。今其使臣阮宏匡等恰以正月初五日至京，蒙恩令與蒙古、回部王公及朝鮮、琉球、暹羅、廓爾喀使臣俱入紫光閣宴。東西南朔均以新正恭侍壽觴，允爲會歸之極盛。 中外化成歸久道，總由得一以爲貞。

家法欽承舊訓遺，後先疊矩復重規。十華刻玉初成記，五老呈圖恰告期。 日月升恒天福永，笙簧燕樂衆心怡。 蓬萊歲歲叨春宴，今歲懽欣更倍之。

恭和御製節前御園賜宴席中得句元韻

月初旬接月中旬，春宴傳柑慶賞頻。八袠正逢開歲始，五筵恰會獻琛人。 瑶觴手賜恩真渥，黼座環瞻意倍親。 溥洽歡情齊效祝，天心中外本同仁。

恭和御製元旦試筆元韻

五五河圖二氣交，週而復始啓天苞。數乘以九符乾運，陽盛於三應泰爻。 德本健行恒不已，心因久照鑒無淆。 延年有道惟勤勵，寧藉金丹問大茅。恭讀御製詩文，每深斥神仙之説，而惟以勤民勵政爲本務。仰見聖鑒高明，獨深契無逸延年之旨。

曼壽延洪由大德，煌煌謨訓勒瑶編。乾規坤矩皆同度，帝夏皇春此並肩。 釀化涵濡成久道，淵懷咨儆似初年。 臣工仰睹精勤意，撫已能無共惕然。

恭和御製新正重華宫元韻

祕殿新年賞物華，松雲棟牖勝仙家。纔開魚鑰春先到，是日立春，禮臣率順天府尹恭進春山。暇拂鸞箋興倍賒。 迎歲宫梅猶爛漫，向陽苑草早萌芽。拜颺惟祝延洪壽，長此聯吟此賜茶。

恭和御製新正重華宫茶宴廷臣及内廷翰林用洪範九五福之一曰壽聯句並成二律元韻

祥占南極從天錫，春共東風應律來。壽寓無疆欣益廓，福基已厚更深培。八徵符契宸章闡，四得根原聖論該。堯舜延年知有自，虞書心法在欽哉。

柏酒歲朝纔獻歲，蓬山春宴恰迎春。箕疇五福增洪算，羲畫三陽啓令辰。雁磧遥傳人壽考，蒙古阿爾台烏梁海兵丁默多爾親，新以一百三歲賜旌爲禮官，舊例所未有。螺舟不避路邅迍。暹羅國王鄭華遣使恭祝萬壽，以海道阻風貢舶遲滯，聖慈軫恤，諭令緩程，以新正元會前至京。容申向日之忱，益著添籌之兆。炎風朔雪皆歸極，錫保寧惟九域民。

恭和御製題文源閣元韻

四庫編摩今再蕆，萬年訓典此常存。共知衡鑒真詮在，益向詩書夙好敦。圖籍支流分甲乙，文章氣運會貞元。小臣忝預簪毫列，目愧沿波未討源。

恭和御製紫光閣賜宴外藩即席得句元韻

上苑風光近早春，羣藩晝接列芳茵。傳觴宣賜皆旁逮，獻壽抒誠許共申。萬里梯航南暨北，一時琛賮舊兼新。從知醲化周中外，歲歲來賓祝聖人。

恭和御製新正重華宮茶宴廷臣及內廷翰林用洪範九五福之二曰富聯句復成二律元韻

春殿聯吟拜賜茶，同將富有頌重華。九陽斡運週仍始，百産蕃昌邇逮遐。天佑方申宜受禄，民財久阜更防奢。八徵耄念祥徵叶，錫保從來驗不差。

龍沙西北呈琛至，鯨海東南納賮來。雪嶺未知歸禹貢，雷硠終使畏軒臺。長驅迅倍驅山鐸，坐照明逾照世杯。剋日星郵馳露布，彤墀申賀更趨陪。

恭和御製紫光閣賜宴外藩作元韻

八極同瞻日月光，瓊筵列坐盡名王。白環使恰呈降表，丹穴人兼侑壽觴。雲液分霑均頌德，星弧久震敢矜强。聖皇功大心彌劭，猶自孜孜日益虁。

恭和御製新正重華宮茶宴廷臣及內廷翰林用洪範九五福之三曰康寧聯句復成二律元韻

康寧克受皇穹眷，因以康寧四海人。絶域喜皆知奉表，遠藩誰敢自稱賓。爻間和會歡方洽，朵殿賡歌樂更陳。記取今年茶宴盛，春王正月日壬寅。

建極斯能洪斂福，九疇至理可微參。十全功業真無兩，八袠康彊又過三。保佑宜歌周雅什，禨祥足斥宋空談。《永樂大典》載有宋仁宗《洪範政鑒》全部，語涉讖緯，曾經御題，抉摘其非。盈庭獻頌非多頌，以管闚天尚自慙。

恭和御製新正紫光閣賜宴外藩作元韻

戰圖滿壁武功宣，麟閣丹青迹炳然。甌脱多年全撤障，爻閭每歲共登筵。稱觴獻壽瞻天咫，航海梯山匝地圓。金川年班土司及朝鮮、琉球貢使，皆蒙恩入宴。應識坤輿歸砥屬，皆緣睿畧本洪淵。

恭和御製新正重華宫茶宴廷臣及内廷翰林用洪範九五福之四曰攸好德聯句復成二律元韻

天弧下射勢原便，十度長歌奏凱篇。僸佅兜離添備樂，每逢筵宴，備陳準部、回部、安南、緬甸諸樂，近增廓爾喀樂，尤亘古之所未聞。東西南北罷防邊。詩章誌喜瓊筵富，奏捷獻俘諸詩，備載御製諸集。方畧成編錦帙連。平定諸處方畧，並編入欽定《四庫全書》。七德昭宣輝四庫，記曾恭録校烏焉。

升恒久照治功成，宵旰勤勞倍勵精。賜茗初開新歲宴，題詩仰見聖人情。數符列宿牋分擘，蒙恩預聯句者二十八人。榮比登瀛句載賡。蒙恩入宴者十八人。惟祝健行天不息，萬年長頌泰階平。

恭和御製紫光閣賜宴外藩並荷蘭國使臣作元韻

十全久已頌成功，威慴遐荒到太蒙。玉帛來趨元日會，車書喜見萬方同。瓊筵列坐驩心洽，仙液分沾樂意融。應識八紘歸一統，權衡駕馭在皇衷。

恭和御製新正重華宮茶宴廷臣及内廷翰林用洪範九五福之五曰考終命聯句復成二律元韻

春迎歲籥陽開泰，斗運天樞聖法乾。五位居尊緐五代，三章積算又三年。謹案：算術以十九年爲一章。同登壽寓原非偶，臣在禮曹，見各省以百齡人瑞請旌者，每歲有加，殆不可殫數。溥洽驩心信有然。昨見東瀛增賀表，今歲朝鮮國王增進一貢，恭賀御極六十年。亦欣諸福帝皆全。

威懾遐陬向化誠，近如枰上計輸贏。遂令海舶風乘便，亦似山呼地效禎。荷蘭隔重洋入貢，波恬風利，迅抵澳門。遂以臘月至京，得預六十年之春宴。咸謂天假之便，昭我大同。日月升恒聽頌作，笙簧燕樂慶功成。從知綺甲重週後，元又循環起自貞。

恭和御製賦得臨風舒錦得當字元韻

句似臨風錦，鍾嶸舊表揚。僉云潘所作，足與陸相當。此語從江左，其傳到晚唐。豈知文有本，不以麗爲長。睿鑒儀璘照，元音金石鏘。浮華箴俗學，彝訓仰宸章。碕岸滋方潤，璇源祕自彰。由來求載道，理蘊溯中藏。

紀文達公遺集卷第二十

孫樹馨編校

御覽詩

恭和聖製新正千叟宴畢仍茶宴廷臣於重華宮得詩二首一韻元韻

天錫康彊綿歲歲，人霑涵育徧家家。頻聞儀部旌三老，禮部請旌百齡人瑞及親見五代七代者，歲以數百計。重集耆英宴九華。培養於今皆茂豫，憂勞在昔幾咨嗟。恭讀聖製詩有「寰中第一尊崇者，卻是憂勞第一人」之句，天下傳誦，莫不感動。柏梁聯句題牋處，宵旰勤民意尚賒。

新年五日蓬萊宴，別國聯茵共一家。年例。蒙古、回部分班入覲，歲初賜宴紫光閣。今歲廓爾喀及朝鮮、安南、暹羅貢使，亦皆入宴。已合四瀛修職貢，更教八伯詠光華。歌吟仰見揮俄頃，詰曲深慚辨咄嗟。惟有多年恩遇重，臣自甲午以後，每歲皆蒙恩預宴。桑榆圖報志還賒。

恭和聖製紫光閣錫宴外藩作元韻

化周八極有明徵，琛賮歸誠理所應。懷遠我惟分候尉，畏威彼久自高曾。長籌原足資遙馭，荒服都知頌執競。今日瓊筵沾渥澤，傾心誰敢不欽承。

恭和聖製啓蹕幸避暑山莊即事成句元韻

年年肆獮到雲莊，祖訓貽留法最良。五福全由皇建極，八旬餘尚帝巡方。恩深倍覺勤民切，仁溥端應得壽償。何待飛黃親御鞚，迎鑾已共頌康彊。

恭和聖製過清河雜詠元韻

睿慮時時望有年，喜看插稻滿芳田。新泉活活新秧緑，恰映榴花紅欲然。

拖雨輕雲淡欲收，麥黃水長滿塍流。農家亦識勤民意，日午揮鋤不暫投。

三月雲峯早作霖，此方霑潤已深深。昨朝驛使飛章報，更慰占晴問雨心。

恭和聖製出古北口用辛亥年書蘇東坡書傳堯典語韻並作迴環韻體元韻

逸簡何須問海東，虞書足證古今同。同堯卻較堯彌勝，親教仍如未受終。

循環甲子數無終，行健如天與舊同。留斡嶺前鮑邱水，緑彼又送翠華東。

恭和聖製至避暑山莊作元韻

鑾輿今又到仙莊，跋涉山川健勝常。好雨先知年稔足，鮮飈初入地清涼。田農墾種多豐裕，鄉校絃歌久善良。六十年來培養厚，禽魚亦自望恩光。

恭和聖製永佑寺瞻禮元韻

貽留家法及雲仍，謨烈於今頌顯承。神御萬年長奕奕，皇心九袠尚兢兢。文王囿在懷經始，軒帝臺高感式憑。啓佑無疆垂永久，璇題端合著鴻稱。

恭和聖製題文津閣元韻

三疊飛檐四壁詩，登臨非取富文詞。九流得失歸裁定，百氏浮華戢騖馳。柳水松州開祕府，蘭臺藜閣邁前規。長恩應詡瞻奎藻，此地邀題古有誰。

恭和聖製西峪疊去歲乙卯韻元韻

南征戰屢克，露布計日到。懸知騄駬飛，正在紅塵道。叶。昔歲在單閼，曾望捷書報。皇心日西顧，旋以蕩平告。任彼物蠢蠢，總歸天浩浩。況今震靈夔，破險已扼要。探穴縛厥渠，一蹴即可造。狂象已受鉤，糖蟹焉能躁。臣當司獻俘，組練雙雙導。

恭和聖製雨六月初六日**元韻**

甘霔霏霏恰及期，荷鋤正與夏耘宜。畿南畿北連三輔，關外關中共一時。京師亦於是日同雨。颯颯涼飈雲牖静，芃芃新緑黍田滋。九重方切民依念，仰慰天心是雨師。

恭和聖製永恬居疊去歲韻元韻

澹沱晴光好，空濛樹色新。一軒偶怡悦；萬事坐經綸。面面青山映，年年翠輦巡。還期瞻睿藻，炳炳復麟麟。

恭和聖製素尚齋疊去歲韻元韻

翛然山水意，眈玩未爲貪。每歲吟千

萬，茲齋詠再三。遥情寄松棟，野趣似茅庵。若寫詩中景，維摩畫始堪。

恭和聖製新正重華宫茶宴廷臣及内廷翰林用平定苗疆聯句復成二律元韻

大邦胥控小胥扶，震疊天聲古所無。堯代偶然生窫窳，湯征旋已破昆吾。窮鱗游釜徒然耳，妖鳥焚巢有以夫。露布恰當新歲至，侍臣載筆倍歡娱。

賡颺紫殿聽軒樂，揮灑丹毫見禹書。香沁雲漿沾茗盌，每歲宴上賜茶，皆恩許併杯攜出。甘分仙果勝桃諸。宴上例以雕盤貯餅餌果實，分賜羣臣。已歌糺縵鳴其盛，猶曰冰淵凜在予。無逸永年年倍永，吟牋九萬詎多歟。

恭和聖製啓蹕幸避暑山莊用去歲詩韻元韻

秋獮仍臨避暑莊，北郊禮後撰辰良。志虔無異親承祭，行健還能歲省方。家法見於勤不息，天庥特以福相償。羣臣拜送瞻雕輦，額手人人頌日强。

恭和聖製過清河元韻

鳳城直北虹樓接，荷笠肩鋤見幾羣。一道清波中界畫，新苗兩岸緑平分。

歲歲初程先渡此，此間草木向陽同。黃雲穫過家家樂，豈但官倉號裕豐。謹案，裕豐倉建於清河。

青山雨過放新晴，處處烏犍趁濕耕。聖主勤民深眷注，課晴問雨尚關情。

恭和聖製出古北口作元韻

留斡稱形勝，雄關控制宜。四圍皆疊嶂，六月亦涼颸。憶纂仙莊志，初賡聖製詞。歲當堯丙子，知遇至今思。乾隆丙子，臣官庶吉士時，以纂修志書隨至熱河。恩准一體賡颸。曾恭和聖製《出古北口》詩。自是，仰蒙知遇，栽培矜宥，洊至正卿，今已四十二年。實儒生罕逢之渥寵，恰如張果記唐堯丙子曾官侍中。

恭和聖製路雨喀喇河屯道中**元韻**

蒼山曉正晴，忽送雨絲輕。風伯先清道，雲師亦效誠。霑塗關睿念，體恤慰羣情。恩賚何優渥，官錢發水衡。

恭和聖製至避暑山莊作元韻

興松最與夏相宜，雨後雲莊倍可怡。芝田傳政勳華來往共，錫齡文武步趨隨。無逸永年延爽消三伏，楓座凝神運百爲。更頤養，定知佑命益申之。

恭和聖製永佑寺瞻禮疊去歲詩韻元韻

貽謀繩武緒相仍，神御尊嚴溯顯承。功記十全原赫赫，壽開九袠倍兢兢。即今夔鼓聲遥震，寧慮蠶叢險尚憑。會看星郵馳露布，齊呼萬歲兕觥稱。

恭和聖製戒得堂疊去歲詩韻元韻

潢池羣盜弄，擊敗輒竄徙。諸路各剿

除，如校分戊巳。焚巢已必然，漏網或偶爾。九重坐運籌，仰賴聖天子。律明軍氣肅，戰克固其理。近聞東川兵，擒渠在邇矣。

恭和聖製題鑑始齋元韻

鑑始標齋額，璇題寓意存。福基培所本，心鏡慎其原。耄念端皇極，沖齡憶訓言。攸行皆率祖，繩武即酬恩。

恭和聖製清舒山館元韻

清泠生静意，舒暢似仙居。句偶題詩板，心猶念簡書。蛇豨終就戮，梟獍會全除。行見傳三捷，清吟意倍舒。

恭和聖製喜晴元韻

深山穹谷蒸溽暑，長夏倏忽殊陰晴。雨多或慮損秋稼，亦如雨少妨春耕。甘霔甫足即開霽，濃藍空翠畫不成。祥飈汎汎禾黍茂，定知今歲百室盈。想見幾暇晚登眺，錘峯高映丹霞明。阜財解慍愜聖意，五絃一鼓薰風生。

恭和聖製賦得春雨如膏得訛字元韻

黍苗陰雨膏，讀字自唐訛。謹案，唐喻鳧此題試帖，已誤作平聲。訓詁非因舊，聲音併轉佗。寧知津滲漉，乃釀氣沖和。物以無聲潤，雲宜有滃歌。麥禾胥茂豫，花柳亦婆娑。芳隴圖堪畫，新晴句細哦。春霖霑既渥，秋稼穫應多。四野歡謳徧，宸衷慰若何。

恭和聖製啓蹕幸避暑山莊至石槽行宮作元韻

豳風圖畫宛當前，一路祥飈送翠旂。宿麥登場黄蔟蔟，新秧過雨緑芊芊。地連御苑多佳氣，家近皇都是福緣。六十里中歌頌滿，采詩應録萬千篇。

恭和聖製浙江巡撫玉德提督蒼保同奏報麥收九分福建巡撫汪志伊奏報麥收八分有餘雲南巡撫江蘭貴州巡撫馮光熊各奏報麥收九分有餘詩以誌慰元韻

麥田自昔宜温暖，南熟居先北較遲。北地農家方早穫，南邦奏牘已親披。九分豐稔歌遺秉，四省連騈慰睿思。保合太和蒙帝力，雲行定更雨頻施。

恭和聖製出古北口作元韻

處處山田雨既優，緑連留斡萬峯稠。雄關控制城猶在，沃土耕桑壤可游。禾黍已看滋以長，篝車無待祝而求。秋成省斂家家足，餘粒還資鳥養羞。

恭和聖製至避暑山莊作疊去歲韻元韻

時暘時雨候皆宜，水木清華聖志怡。三島蓬壺稱頤養，一堂堯舜慶趨隨。康彊兼以占逢吉，明作依然見有爲。佇看成功勝淮蔡，昌黎拜頌坐治之。

恭和聖製永佑寺瞻禮再疊丙辰詩韻元韻

萬年家法逮雲仍，神武維揚緒有承。徵側新殲方露布，貝州餘孽巴冰兢。儼傳羽檄人應奮，迅舉牙旗勢可憑。共矢丹心酬聖主，慶功佇看兕觥稱。

恭和聖製鑑始齋題句元韻

道溯開天一畫奇，陶鎔萬象入高詞。多文之富誰逾此，示教於民正在斯。雲漢爲章昭倬彼，淵源有自頌繩其。聖謨祖訓篇篇寓，豈是耽吟藻繪詩。

恭和聖製雨五月二十二日**元韻**

翠岫雲生咫尺間，雨餘風景倍幽閒。晴占鵲喜和鳴應，濕壓花低碎滴潸。百丈孤峯青孑孑，三源活水碧潺潺。甘膏霑足天心暢，魚鳥都將樂意關。

恭和聖製直隸總督胡季堂及留京王大臣順天府尹等同日奏到得雨優渥情形詩以誌慰元韻

驛使星馳報雨來，黃圖赤縣地全該。龍公欲得宸襟慰，三奏同時豈偶哉。

恭和聖製敞晴齋題句元韻

軒豁高齋勢俯臨，新晴好景愜閒吟。雨餘正入清涼地，歲稔彌懷儆戒心。乾卦三爻時致惕，虞書二典首言欽。八徵耄念今猶昔，豈但耽看翠嶺嵾。

恭和聖製即事元韻

幾暇清吟對古松，静看紫翠一重重。寸陰猶自殷勤惜，十二時聽梵寺鐘。

恭和聖製勒保奏官兵攻克老木園賊巢斬梟首逆陳崇德詩以誌事元韻

萑苻偶嘯聚，負固今經年。一朝抵厥隙，再礪攻其堅。百尺竿更進，九曲珠巧穿。仰藉軒皇畧，不畏蜀道艱。訇然靈夔吼，倏爾蝥弧先。各乘一鼓氣，飛上千仞巔。窮猿勢莫遁，封狼首已懸。雲羅遮之密，雷斧殲其全。焚巢一已燼，覆卵焉能完。露布羽檄遞，棧閣星郵遄。士皆荷榮寵，將亦蒙矜憐。勖哉虎貔士，應感天地寬。努力掃餘孽，蕩滌知無難。

恭和聖製西峪元韻

無邊佛力制波旬，指示機宜得率循。西峪清暉時静挹，東川捷報待駢臻。疊傳綸綍明刑賞，定有熊羆邁等倫。佇看三重天禄閣，戰圖又共祕書陳。臣校理文津閣書籍時，恭見累次戰圖，俱陳設於上層。

恭和聖製有真意軒元韻

軒名采取陶潛句，更比陶潛見理真。天下平從誠意始，三才萬象總陶甄。

恭和聖製秀起堂元韻

岧嶤崇構入雲高，俯壓元龍百尺豪。縱眺平開天蕩蕩，放晴新過雨騷騷。捷書飛遞時連到，戰畧親批日幾遭。坐照諸方如一室，游魚釜底更焉逃。

恭和聖製湖南巡撫姜晟署廣西巡撫台布山西巡撫伯麟各奏報麥收八分有餘詩以誌慰元韻

湘湖桂管來牟熟，北逮參墟皆有餘。又是三方同奏到，宜哉帝曰總欣予。

恭和聖製夙興元韻

六月灤陽暑未消，九旬勤政尚朝朝。宵衣求處當明月，曉箭催時待早朝。共説夙興傳蠟燭，定知秋省到團焦。歲歲禾苗長成時，皆親行巡視。從臣默數花甎影，過八纔來愧見嘲。

恭和聖製雨六月初四日**元韻**

雨餘正值月初三，接日連陰帝澤覃。謹案，京畿農家有「六月連陰喫飽飯」之諺。松嶺煙深皆翠滴，荷塘風定倍紅酣。菁葱最喜桑麻長，滋潤彌增稼穡甘。齊祝滿車車定滿，烏犍翻恐力難堪。

恭和聖製喜晴六月初五日**元韻**

關山行子願天晴，農喜秋田雨後耕。自是天心符聖意，人人各得慰其情。

恭和聖製永恬居疊去歲詩韻元韻

水曲雲隈石徑斜，日長山静似幽遐。地宜消夏欣無暑，坐待擒渠報有嘉。浄翦廓如除蔓草，長驅迅若捲風花。定知蜀棧秦關外，一掃烽煙在咄嗟。

恭和聖製素尚齋元韻

素尚尚本素，此原不異彼。尚素素以尚，彼亦不異此。萬象羲觀文，一念舜恭己。超然脱言筌，欲辨已忘矣。

恭和聖製招涼樹再疊甲寅韻作元韻

望霖已喜雲觸石，消夏不待珠招涼。民依廑念惟此切，天心孚格於斯彰。如左之左右之右，曰雨而雨暘而暘。皇建其極敬五事，八徵耄念原常常。

恭和聖製林下一首五疊乙未韻元韻

爽籟聲微度，清陰意所使。四圍遥縱目，萬岫若齊肩。蜀犬千羣殪，巴蛇一箭穿。功成此頤養，秋省祝年年。

恭和聖製詠荷花元韻

蓮開那得晚如斯，從古詞人未有詩。應爲雲莊作秋色，花神有意故留之。

較榴花更得春遲，此際榴花卻讓斯。記得奎章天下誦，插瓶荷對傲霜枝。

恭和聖製獅子園得句元韻

水遠山長常若是，虹流電繞記於斯。霞明寶墨思當日，雲護璇宮到此時。三世心源貽厥後，一堂治統見而知。年年親至留題詠，五集臣曾備數之。

恭和聖製宜照齋元韻

看山何必定斜陽，嵐色煙光態勝常。偶爾來時逢意興，悠然見處即篇章。挹將爽氣涼新入，娱以清暉暑不妨。宵旰勤勞今九袠，幾餘應此暫徜徉。

恭和聖製含青齋有會元韻

四圍環繞千峯翠，八牖中含萬古青。蓮界開時遊佛國，雲梯登處憶仙經。心澄泰宇惟仁壽，室有真香以德馨。松棟凝神周象外，静中觀復静中聽。

恭和聖製雨六月十七日**元韻**

雨過晴偏好，晴餘雨又宜。青山如膏沐，緑葉總華滋。泉漲鳴相答，花欹重欲重。斜陽邀睿賞，更喜對煙姿。

恭和聖製清舒山館元韻

爽氣入澄觀，廣生資利用。聖義闡堯心，天作思周頌。兩字示真詮，五言羣雒誦。時措得其宜，内外無畸重。

恭和聖製戒得堂誌愧元韻

延洪益壽占南極，恬静宸懷居北辰。六月周詩非樂戰，三年殷武爲安人。雷硠合擊今雲集，露布飛馳佇響臻。無欲自能無不照，九旬彌見聖功純。

恭和聖製對荷元韻

天然千頃匯汪汪，水法何須問外洋。謹案，歐羅巴有《泰西水法》一書。泉似聖人心溥博，花如君子品端良。無嫌長夏纔新放，得到深秋尚晚芳。信是此中涵帝澤，瑞蓮沾潤亦綿長。

恭和御製賦得吉人辭寡得緘字元韻

藹然仁義質，善氣本中函。能使言居要，寧虞口未緘。紛争聽辨囿，博引謝書巖。惟幸身逢吉，方當帝堲讒。下情陳以實，大政舉其凡。語取無枝葉，心如對史監。拜颺期有補，藻繪務全芟。彝訓尊皇極，從風萬國咸。

恭和御製同樂園茶宴諸王大學士及内廷翰林用平定三省教匪聯句復成詩二首元韻

叨陪廿一度聯吟，此度彌增慶抃心。彗孛全熸寰海靖，儀璘高照大君臨。成功惟藉神謨運，善後仍沾聖澤深。同樂園中幸同樂，最同樂是慰宸襟。

荆襄巴蜀帶秦川，蛇豕潛蹤近七年。貳負已經全伏桎，波旬無復再驚禪。妖氛盡掃風中籜，甘露能生火内蓮。威德崇閎言莫罄，惟將三五頌齊肩。

恭和御製賦得懷德維寧得心字元韻

六幕開仁宇，三霄仰智臨。所期屏翰位，共識保釐心。軒鏡長懸照，堯雲徧作霖。康衢歌已奏，黼座念彌深。邦本勤培植，輿情細考尋。是真皇錫福，尚廑命難諶。愛養原從古，誠求又見今。咸知傳治法，帝典始於欽。

恭和御製新正重華宮宴諸王大學士及内廷翰林等用毓慶宮聯句復成二律元韻

化行南北暨東西，作述相承緒可稽。正月芳筵同燕樂，前星舊殿入篇題。三陽共慶爻占泰，六宿還看瑞應奎。四海歡心今普治，融融喜氣接晴霓。

萬代鴻基留善制，當年家法憶趨庭。九疇天福尊皇極，八表人心拱帝星。道協重華堪作典，訓同無逸可書屏。賡颺拜手瞻宸翰，遠勝周王處處銘。

恭和御製幸翰林院錫宴禮成復得長律二首命諸王及分字諸臣和韻元韻

又看鑾輿幸玉堂，緬懷家法見羹牆。淵源正脈追洙泗，綺麗餘波賤馬揚。人到瀛洲齊道古，謹案，舊臣朱彝尊輯有《瀛洲道古録》。天開雲漢自爲章。虞廷颺拜今連覩，未許燕公詫盛唐。

蓬山高宴繼當年，左右華茵列後先。一代文章新翰墨，兩朝培養舊親賢。金莖瑞露分杯斝，玉律春風入管絃。盛典殊恩歌不盡，心惟欣感口難宣。

恭和御製齋宮夜雨四月初四日夜**元韻**

精禋蠲潔宿瑶宮，昭事恒存一念中。纔届期先雲靉靆，未申祈已雨空濛。齋三日定通天鑒，綏萬邦宜卜歲豐。洪範八徵恭作肅，應知造化在皇衷。

恭和御製新正重華宮茶宴諸王大學士及内廷翰林等用職貢圖聯句復得二律元韻

仝括遐陬隸職方，畫圖宛見道途長。爻閭相率趨王會，甌脱何曾限異疆。九萬圓形週大地，三千弱水越重洋。包羅廿八星躔外，分野寧惟紀保章。

癸未曾宣聖製詩，持盈保泰見乎詞。惟皇建極能追紹，與物皆春更溥施。九卷丹青添寶笈，萬年歌頌鞏鴻基。兩朝盛事臣均覩，珥筆彌深賡拜思。

恭和御製上元後一日小宴廷臣元韻

放燈時節瑞光增，寶月團圓此日仍。九奏韶鈞容側聽，三春雨露得偏承。外廷臣工預宴，僅有五人。班參元愷知多忝，入宴凡十六人。身到蓬瀛喜竟能。銜結難酬惟效祝，皇穹錫福聖躬膺。

紀文達公遺集卷第二十一

孫樹馨編校

御覽詩

丙子春帖子

五色祥雲太史書，纔過四十四朝初。春風多是知天意，一夜先期到玉除。《淮南子》曰「冬至四十五日條風至」，今歲止四十四日立春。

曉色曈曨麗紫宸，八荒一氣轉鴻鈞。聖朝化日舒長甚，兩度重陽兩度春。

雙雙綵仗御樓開，絕域降王侍壽杯。全勝聯詩明悉獮，新年五日宴蓬萊。

澹沱東風入舜韶，氤氳淑氣萬方調。玉門關外春光到，會使天山雪盡消。

二巡江浙恭紀三十首

日馭臨南服，時巡問土風。封疆淮海界，星野女牛宮。路遠江天外，春深輦道中。閭閻歌舞意，還與舊時同。

往在重光歲，森嚴羽衛從。曾頒虞五瑞，親駐夏雙龍。泰伯吳遺壤，無余越舊封。一時多雨露，幾處慶遭逢。

自送仙輿返，遥瞻絲仗雙。至今看北斗，猶望幸南邦。吳楚分平野，金焦控大江。當時迎輦路，翹立幾跭蹝。

瞻就羣情切，精誠聖主知。不辭川陸遠，遥慰士民思。禹跡三江路，虞書五載期。扶鳩諸父老，計日待春旗。

五行分氣化，偶值歲星饑。爲待謀三酺，聊停御六飛。魚龍波浪静，鴻鴈稻粱肥。綏輯經年定，乘春出帝畿。

絳節淩晨發，開年十日餘。一聲青鳥後，三候李花初。列宿騰房駟，中天運斗車。遥看星紀野，佳氣滿晴虚。

周室尊文母，唐堯奉慶都。天門長樂啓，月御大安扶。紫氣浮雙闕，黄雲接五湖。江山曾覽處，又聽奏嵩呼。

法駕開馳道，桑乾古渡西。煙巒凝翡翠，曉月浸玻瓈。小隊雙旌引，長楸萬馬齊。殷勤春省意，早入彩毫題。

稍出燕南境，時和物色佳。流澌諸淀水，宿麥九河涯。就日郊圻近，瞻雲婦子偕。一時歌夏諺，千里接江淮。

九點蒼煙裏，齊州巨野開。昨年華蓋駐，問歲翠旗來。桑土蠶方浴，春耕鳥正催。皇心求瘼切，猶爲軫偏災。

吴頭連楚尾，江北駐雕輪。幾處迎田祖，當春賽水神。瑶圖巡甲子，金鎖付庚辰。指顧蘇凋瘵，茅簷氣一新。

南北一江分，揚舲渡水雲。風生青雀舫，天遠白鷗羣。旌旆淩波出，歌謡隔岸聞。又迎仙仗過，魚鳥亦欣欣。

風俗三吴舊，山川六代存。重來尋勝蹟，逐處沛新恩。帳殿鶯花界，人煙水竹村。陽春隨畫鷁，百卉盡迎暄。

處處逢名勝，親承聖母歡。風雲雄北固，山水入南蘭。楊柳絲初挂，梅花雪未殘。蘇臺佳麗地，更向畫中看。

地接嘉禾郡，疆連苕霅間。碧縈吴苑樹，青入越中山。水遠開明鏡，煙霏涌翠鬟。錢塘江畔路，早喜覲龍顔。

一片琉璃影，平湖緑浸天。有山皆藴藉，無樹不便娟。蝶舞隨黄幄，魚游引畫船。六橋煙水外，相待已年年。

巡省南中徧，蘭舟轉畫橈。江通瓜步水，春到白門橋。花草餘三國，樓臺問六朝。衢歌沿路聽，都入賣餳簫。

重返徐揚路，皇心念草茅。無須歌瓠子，早爲固桑苞。湖海波常息，淮黃勢不淆。區區輕漢武，只解射長蛟。

往返越江臯，川途不憚勞。去纔滋穡麥，歸已薦櫻桃。五色頻裁詔，三霄屢沛膏。回思前度幸，渥澤更深叨。

課歲詢晴雨，停鑾問麥禾。芻茭供頓少，租稅減除多。耕饁瞻紅杏，謳吟徧緑蓑。共知明主意，不爲豫遊過。

法吏原無枉，皇仁更有加。夜烏驚報赦，春雨夢還家。鳳詔傳行幄，雞竿立曉衙。東風江兩岸，閒落訟庭花。

路啓延恩匭，臨軒召馬揚。周詩興雅頌，漢制重賢良。竹箭材逾美，珊瑚網再張。鳳池成故事，雲外有天香。

廣闢輸忠路，容中戀主情。庸愚當廢棄，天地更生成。濁水珠仍採，寒叢木再榮。聖朝寬大詔，感激徧華纓。

太乙臨分野，文昌動列星。員增唐弟子，學飭漢明經。芹藻承天澤，楩柟屬地靈。作人逢盛世，珍重子衿青。

省覽恩全洽，懷柔禮亦增。安瀾神贊助，申報典頻仍。肸蠁靈如答，馨香氣畢升。河宗應獻瑞，五老驗休徵。

到處詢耆舊，恩榮格外優。黃麻新遣祀，丹扆舊宣猷。下馬猶前日，棲烏又幾秋。誰期膏雨徧，霑灑及松楸。

旋蹕經東魯，仍傳賁孔林。名香方遣告，大輅又重臨。地問絃歌俗，堂聆絲竹音。觀民兼設教，治法本傳心。

在昔仁皇帝，神功造化參。三元天起左，六度日行南。盛典神孫繼，遺聞故老談。萬年家法在，長此飲和甘。

愷澤真無極，風謠亦倍添。吴歈翻白苧，越曲唱烏鹽。羲御回環照，堯樽次第霑。從今天目宿，又向四維占。微賤逢昌運，叨登禁籞嚴。西清披玉字，東觀列冰銜。未得青絲鞚，親隨翠羽帆。迎鑾恭獻頌，一曲和韶咸。

紀文達公遺集卷第二十二

孫樹馨編校

御覽詩

西域入朝大閱禮成恭紀三十首

一掃欃槍大漠空，陽關萬里使車通。全收月窟歸封内，原有星弧在掌中。天馬徠時行就日，靈夔吼處響生風。懷柔控制相兼用，應識君王睿畧雄。

花門作隊遠潛蹤，積石流沙路萬重。絶域何年迷漢壘，王師當日問崇墉。幾回晢蔟驅妖鳥，一旦軒轅召應龍。數曲金笳歌出塞，西戎早已避旗鋒。

蒲昌海上會旌幢，大將高牙迴作雙。太乙淩空光熠耀，旄頭墮地響琤摐。重開兩道歸都護，便築三城號受降。指點玉門關外路，徑須傳檄定諸邦。

捷書飛報縶昆彌，奏凱纔經五月期。苜蓿青時盤戰馬，榴花紅處照降旗。橫戈坐召烏羅護，拓地全通黠戛斯。縱有螳螂偏奮臂，只消赤羽笑談撝。

決破虹霓玉劍揮，焚巢狡兔已無歸。便銜夜雪尋蹤去，直逐驚蓬捲地飛。白草四圍天澹沱，黃雲一抹路依稀。樊桐稅駕尋常事，徑上崦嵫看落暉。

鐵馬橫行氣有餘，長空擊格走雷車。燒當舊種摧全盡，回紇堅城掃欲墟。幾處遥飛傳箭使，一時争送納降書。旃裘毳幕知多少，都向周官付象胥。

七戎迢遞海西隅，葱嶺鹽池種落殊。

布露纔通唐職貢，大宛不入漢輿圖。金城幾代勞屯戍，玉塞何人訪道途。渺渺條支煙水地，甘英舊迹幾榛蕪。

百年聲教動雕題，早有黄支欲貢犀。兩戒無因通地絡，九霄何處上雲梯。長河有路終歸海，弱水回波不向西。便擬追隨星漢使，扶桑樹下聽天雞。

宛駒飛鞚指天街，争向金門拜玉階。跋浪鯨魚曾共鬬，隨陽鴻鴈竟相偕。白題舊部人重譯，赤坂長途天一涯。總爲聖朝威德布，大邦知畏小邦懷。

驂䮕羽騎走如雷，三部降蕃次第來。伴使經時攜勃律，仙莊早日覲蓬萊。秋深驛路人初到，雲捧旌門影正開。便遣平皐陪大獮，且看七萃躍龍媒。

平分突騎擁句陳，漢將從來箭有神。八隊連翩調白羽，四圍合沓漲紅塵。天狼畏射争藏影，雕虎驚弦轉避人。朱鬉一呼風乍起，威稜早讋遠蕃臣。

曲宴芳園酒乍醺，將軍飛遞羽書聞。窮荒更遣蟠桃使，降表連收貝葉文。兩國名王馳贊普，同時別部走奚斤。殷勤攜得昭華琯，計日中朝覲聖君。

傳車接踵送羌渾，列宿朝天北斗尊。玉帛已知歸夏禹，干戈會使畏黄軒。從來韜畧嚴三陣，更遣旌麾飭八門。咫尺風雷隨號令，待鳴棡鼓震諸蕃。

日行三百入長安，別苑層城畫裏看。宿衛舊聞唐頡利，衣冠今賜漢呼韓。多時逋寇擒狼種，幾隊高蹄付馬官。好續周書王會解，千秋勝地記田盤。

東郊南苑路回環，蕃使行隨十二閑。九奏聲中瞻御幄，萬年觴側侍天顔。燭龍珠躍雲霄外，火樹花開指顧間。真是滄溟觀日出，六鼇頂上駕三山。

仙漿幾度醉瓊筵，不負乘槎到日邊。

聖澤已均三接禮，神威還示九征權。森嚴龍虎隨方布，超忽風雲逐令旋。克詰戎兵周制在，乘時合用仲冬天。

朔風獵獵乍盤雕，健將持麾下紫霄。天上星辰張玉弩，軍中鼓吹應金鐃。珠斿摇曳旗初展，銅埒回旋馬更調。十萬貔貅齊入伍，分明氣象認天朝。

環抱中權兩翼交，森森後勁接前茅。連營畫鼓聲相答，八陣雕旗隊不淆。爍爍星文浮劍氣，彎彎月影上弓弰。六軍控馬齊翹首，尺五城南望翠旓。

五色明霞護綵旄，至尊鞁韐演龍韜。由來六職分司馬，況值諸戎貢旅獒。黄道平馳雕玉勒，烏孫遥識鬱金袍。争看聖德兼文武，九合天弓手自操。

九節騶虞次第歌，雲堋張處望嵯峨。忽驚雷電排空走，不覺蛟龍瞥眼過。一發雙連聲動地，三呼萬歲響回波。已知弧矢威天下，更遣分曹肄鸛鵝。

朱鳥黄龍各樹牙，連蜷勢引率然蛇。弓刀森竦寒生雪，組練光明曉作霞。鐵馬成羣山不動，金戈極望海無涯。只聽畫角穿雲響，便有長風散五花。

驌驦齊掣紫遊韁，倏忽軍聲起戰場。大海鯨鼇争呿擲，高秋鵰鶚盡飛揚。直須飲馬臨濛汜，徑欲揮戈挽太陽。烏翼蛇盤誰遽識，只驚天半陣雲黄。

礮車飛起響砰訇，金鐵都從掌上鳴。煙霧平霾雲象陣，雷霆忽鬬火牛兵。鞭來列缺誰能敵，摧去崑崙亦欲傾。便覺風連西極動，翎侯莫倚與鞬城。

正看天官驅六丁，一麾立遣戰聲停。俄然兩拒旋如電，依舊千廬列似星。白日無塵懸大野，高雲不動拱羣靈。羌人枉自争蝸角，可識元戎玉帳經。

百尺瓊臺峙晾鷹，諸軍遥擁最高層。

桓桓餘勇猶堪賈，躍躍雄心總欲騰。木落霜清方颯爽，草枯沙軟好憑陵。便教更獵長楊苑，試向寒雲射大鵬。

羽衛交馳金口騮，陪遊仍遣召渠搜。見説重看犀手三千弩，爭拜龍旗十二斿。須臾禽母寡，果然容易戮蚩尤。願將聖主天威重，傳到西荒海盡頭。

天錫神符啓六壬，兵機舊識睿謨深。當時遥聽鳴夔鼓，此地曾經練羽林。二十年來重肄武，萬千里外總傾心。鐃吹盡是風霆響，莫比尋常凱樂音。

廟算深微萬化含，揆文奮武用相參。直教懸度如庭户，試掃高車只笑談。納贄遥通魚海外，觀兵齊會鳳城南。應知聖策超千古，不數華林三月三。

軍容署使異方瞻，赫赫天聲幾倍添。虎帳韜鈐今遠震，狼星芒角定全熸。新歌爭貢軀茲樂，寶鼎長調大夏鹽。從此神功屆無外，何難西海致鶼鶼。

河源平盡路巉嵒，白馬參狼總就銜。遣使便能呼默啜，和番真覺陋渾瑊。乘軺誰向皮山阻，勒石今將雪嶺劖。中外一家歸舜教，小臣恭聽奏《韶》《咸》。

紀文達公遺集卷第二十三

孫樹馨編校

御覽詩

平定回部凱歌十二章 謹序

臣聞五材並用，爰制干戈；九伐斯張，是聲鐘鼓。狼弧下指，王師握大順之機；虎旅長驅，天討據無前之勢。芒横太乙，淩絶域而皆通；響激豐隆，摧凶鋒而立破。蓋參旗井鉞，六軍氣象原尊；故月窟星源，一統規模自遠。欽惟皇帝陛下，天樞高挈，地絡宏包。統馭三靈，昭宣七德。前以削平乎僭竊，遠出陽關。因而戡定其封疆，全收陰磧。六丁雷電，下臨烏弋之城；八陣風雲，直抵黄支之國。兜題立縛，組繫降王；唐莋新歸，歌通譯使。雖有蝟鋒螳斧，敢繼起以憑陵；一經夔鼓龍旗，並相隨而掃蕩。錫南車以指路，妖霧全消；隨北斗以旋樞，將星齊動。應龍一下，蚩尤之仗都摧；妖鳥羣呼，庭氏之弓莫避。荒山寂歷，長囚貳負之尸；大漠蕭條，誰作刑天之舞。玉笛平羌之曲，聲徧甘州；金笳入塞之吟，春回苦峪。營開萬里，新標定遠之名；壘築三城，盡是受降之地。大宛貢馬，無煩昧蔡之重封；勃律輸香，願受歸仁之舊號。

惟逆回波羅泥都、霍集占等，白題分部，羣居葱嶺之隈。赤坂爲鄰，潛聚花門之種。弟兄相倚，僑如左右乎榮如；墟落遥通，突利聲援乎頡利。貪殘爲性，虺毒潛吹，狡黠成風，豺牙宓厲。初遇莎車之勁敵，迫徙俞林；遂以蒲類之孱王，幽居阿惡。蕭蕭松柏，渠酋則縶若纍俘；僕僕山川，部曲則役如臣妾。鯨吞靡盡，紈牛之畜牧全空；蠶食無涯，騎馬之金錢並竭。幸天兵之薄伐，得寬無弋之囚；因故國之重歸，竟脱貲姑之役。招攜舊部，五翖侯復得相從；營葺荒城，二昆莫依然並建。慕容順之封西海，已拜唐官；尉屠耆之入杅泥，實隨漢使。巢林春燕，久矣無家；銜索枯魚，倏焉得水。縱使白環以效貢，未足酬恩；乃當丹浦之陳師，反思助逆。陰山風吼，龜茲之四鎮相驚；瀚海塵飛，疏勒之孤軍遂困。星軺奉使，持虎節以無歸；雪嶺屯兵，阻龍堆而暫梗。鯨魚跋浪，竟興風雨之妖；梟鳥成羣，敢犯雷霆之怒。九嬰相煽，甘自外於堯階；三蘖當鉏，難倖寬於湯鉞。

皇上用是，靖兹邊徼，召司馬以蒐兵；揚我軍鋒，射封狼而示戒。横天玉弩，直捎太白之芒；出塞金鐃，大練中黄之土。牙旗畫樹，詔出甘泉；棡鼓宵鳴，路通鹽澤。千牛分衛禁營，宣控鶴之軍；萬馬揚鑣内苑，出飛龍之廐。索倫鼓勇，青羌之勁旅横戈；蒙古從公，白霫之名王執梃。茫茫枯草，氣薄天山；颯颯長風，勢回地軸。衝車交舞，陣前之明月齊彎；突騎争呼，城上之殘虹欲斷。

乃以軍中失律，有殊細柳之行兵；因之徼外偷生，猶緩樓蘭之對簿。賴我皇上，明刑飭罰，易帥臨戎。俾軍紀之一明，乃士心之彌奮。牙璋迅速，再揭辰旂；玉帳森嚴，重屯戊校。詔以臣兆惠爲將軍，以臣富德爲之副。窮搜二豎，務懸母寡之頭；先定諸城，預斷匈奴之臂。七百梯雪山之路，直擣蕃營；十三部鐵勒之兵，俱隨唐將。角聲吹月，中天躍弧矢之星；劍氣衝雲，列宿動旗鏠之象。桓桓驍騎，竚看日逐成禽；屹屹重關，早已夙沙自潰。連營鐃吹，驚屋瓦以皆飛；一路戈鋋，入城門而不閉。麗譙踏雪，不煩鵝鴨之聲；睥睨垂花，未試鶻鵃之刃。人無後至，冀得免於焚巢；兵有先聲，遂不殊於破竹。星芒一片，親摩大食之刀；月色三更，看采于闐之玉。是皆威弧在握，西人之膽先寒；所以武帳臨邊，南仲之師屢克。於是乘軍聲之大振，奮策前驅；及戰氣之方新，揚麾疾進。層冰冪路，細辨狐蹤；峭壁摩天，直探虎穴。掃欃槍於鴈磧，志不空還；指彗孛於龍沙，義無返顧。我皇上乃明操金鏡，照六合而無遺；高握璇樞，計萬全而不爽。赤囊未遞，先知鄭吉之圍；白羽遄飛，早解耿恭之困。爪牙是寄，奮我前茅；臂指相維，繼以後勁。驅來宛馬，久肥苜蓿之苗；統出燕犀，爭淬芙蓉之鍔。三花駿鬣，直教逐日而行；五色高牙，倏已自天而下。果遇臣兆惠等，乘虛深入，衝萬里之黃雲；據險相持，限一灣之黑水。日弓月矢，方轉鬬以無休；鐵額銅頭，竟屢摧而不退。蝥弧一奮，進尚搴旗；刁斗相聞，退仍築砦。雲梯爭舞，合圍者不啻千羣；星劍頻揮，拒敵者倏經三月。我援兵乃恭承神策，間道行師，迅赴戎機，擒生問路。幾重亭障，直過飲馬之泉；不盡關山，飛躡射鵰之騎。初以馳驅乎遠道，魯縞未穿；既而迅發夫奇兵，鄭旗遂獲。銜枚卷甲，邊月微明；飛矢揚兵，陣雲忽起。寒飈凛冽，我軍乃倍覺驍騰；夜色昏黃，賊黨遂自相擊觸。藹坡注澗，誰當犀手三千；流血僵尸，已得蛇矛丈八。寥寥大野，星狼之焰全熸；孑孑殘兵，風鶴之聲尚恐。遂得二軍之合隊，立破重圍；繼乃兩路以興兵，直摩堅壘。師行六月，正符吉甫之詩；時届三年，宜奏鬼方之捷。爲鵝爲鸛，壁壘一新；如火如荼，旌旗倍壯。赤茸摇鞚，振玉隴而皆驚；朱鬟揮戈，蹋鐵山而欲碎。鷹鳶爲幟，大軍之猛氣先揚；草本皆兵，餘孽之殘魂倍慄。燕方巢幕，原撫己以知危；猿更投林，冀依人以自活。河魁列帳，軍中之銅虎初行；山鬼潛蹤，階下之金駝早棄。震驚兵勢，有如蟄户聞雷；揣度師期，竟似穴居知雨。荒城寥落，空留綠玉；河邊殘衆，扶將齊拜。碧油幢下，高墉不守。已因壘而皆降，壯士橫驅；乃長歌而竟入，收其版籍。隸在司徒，定其租庸；統於都護，封疆如故。奧鞬與窳匿相連候尉，增新譯長與君冬並設。銅山別鑄，全銷安息之錢；石廩不移，仍貯康居之穀。突厥之東西，兩部盡入黄圖；單于之南北，二庭俱歸赤縣。

遂乃吴鉤卻月，遠逐烏孫；漢箭捎雲，窮追白狄。驚蓬卷地，驅將校以爭先；荒草粘天，訊俘囚而得路。根敦城畔，吐谷渾雖已全逃；唐翼谷中，先零羌猶然未度。魚真在釜，安得揚鬐；狐欲渡河，無如曳尾。追及之於霍斯庫魯克。紅陽奮躍，蹋山石而皆穿；紫電交揮，激天風而倏起。黄塵匝地，格鬬者一可當千；白草迷蹤，披靡者十纔賸五。呼聲合沓，狼頭之纛將摧；兵氣飛揚，燕尾之旗並舉。旄頭欲落，方戰苦而雲深；畫角猶鳴，乃途長而日暮。馬嘶空磧，幾縷霞紅；鴈入遥天，一時月黑。以夜行而不辨，尚宵遁而未禽。於是再礪戈矛，重張旗鼓。路通汎水，定窮回紇之蹤；地盡崦嵫，務斬郅支之首。再追及於阿爾楚爾。相其地勢，正阪陵谿谷之形；考以兵書，是刀楯矛鋋之所。整齊八纛，偏伍相承；部署五兵，方圓互用。上軍下軍之外，挈以中權；右角左角之間，導以前拒。八門已啓，儼成風后之圖；一鼓先登，竟躪月支之壘。排空直上，披榛莽以皆開；絶跡飛行，淩崎嶇而莫阻。錚鏦白刃，金鐵皆鳴。匼匝紅塵，風沙亂舞。半天霹靂，横飛列缺之芒；萬仞巉巗，中裂巨靈之掌。層巒疊嶂，染山骨以皆紅；豐草深林，薆雲根而並赭。長虹墮地，何處揚旗；短蜮含沙，一時卸弩。顛連失步，不矜九象之雄；瑟縮求生，僅作六騾之遁。爾乃青鳶揭旆，平驅逐北雄師；白鵠揚鞭，更簡征西勁卒。急躡之於伊西洱庫爾。左臨大澤，蒼茫積水之區；右界崇山，詰曲穿雲之路。青嵐峇崒，有甚蠶叢；白道縈迴，難成鶴列。逆回等，雉方帶箭，已經五采離披；虎尚負嵎，自恃千盤鬱葎。收其餘燼，重鳩漏網之徒；陟彼高岡，先據建瓴之勢。丹梯無路，難相接以短兵；紫焰衝雲，用遥攻以利器。千丈鼓赤龍之鬣，石角平摧；七星召朱鳥之神，金丸亂灑。火珠激射，乍驚吐火之民；雷鼓砰訇，忽震無雷之國。風煙澒洞，直疑海水皆翻；草樹焦蜷，遂使山精盡駭。衝鋒越險，摧輪雖似於羊腸；稽首呼降，棄甲竟齊於熊耳。力窮五技，鼯鼠方逃；戰閲三交，攝驄竟棄。奔如夸父，惟隨日影而行；走若蜚廉，冀免海隅之戮。於時拔達克山汗素爾坦沙，仰懷聖德，負弩趨風；夙慴皇威，執殳效命。陳庭飛隼，本貫矢而相投；魏國驚鴻，遂聞絃而自落。駒支受令，用成掎角之形；長狄稱兵，終得舂喉之禍。尺書所至，奮勇擒王；重譯而來，輸誠獻馘。裂肩有據，已申絶轡之誅；殘骨仍存，尚辨專車之狀。蕃庭飲器，降牋送未漆之頭；漢代藁街，驛使遞待懸之首。妖氛既淨，光耀三精。絶徼齊歸，地窮八柱。河山曼衍，萬年入白阜之圖；宫徵鏗鏘，十曲奏黄神之樂。

仰見我皇上文昭雲漢，四表同光；武奮雷硠，萬靈受職。戢兵禁暴，式彰有截之勳；和衆安民，永固無窮之業。昔者冉駹大定，杜鵑申北向之心；今兹回鶻全平，天馬進西徠之頌。是皆睿謨獨斷，力排築室之謀；神武遐宣，克奏犂庭之績。溯達瓦齊就俘之日，纔閲五年；計庫車城申討之時，僅餘兩載。三征三克，易若摧枯；再叛再平，驗如操券。渠魁授首，默德那之種落咸歸；荒裔傾心，速魯檀之版圖並隸。疏通兩道，寧止萬三千里之遥；考定諸躔，已出二十八星之外。臣開闢不臣之地，德邁羲軒；建古今未建之勳，業超舜禹。從此瓜沙左右，争事春農；蒲海東西，無勞秋戍。正六符以育物，珠斗經天；越九譯而來賓，金甌紀地。三十六國，羣瞻有道之天；萬八千年，共祝無疆之壽。定知寰中之歌舞，雷動歡聲；寧惟闑外之麾幢，雪融喜氣。

臣金鼇侍直，叨列清班；玉虎徵祥，躬逢盛世。天威遠播，欣聞吉語之來；聖烈昭垂，宜有頌聲之作。竊惟弦弧剡矢，所以保大而定功；鳴箎吹竽，所以建威而揚德。周官愷樂，職在太師；漢氏鐃歌，掌於協律。聲詞合寫，十八章舊調無傳；篇目相沿，廿二曲新聲數變。晉人仿古，始號凱歌；唐代承流，漸諧律體。緬維貞觀，初成五字之詩；亦越嘉州，遂創七言之製。考其節奏，雖開元以後之音；稽厥淵源，實《常武》諸篇之義。故當世或施絃管，而後來亦播詠歌。謹仿其體，爲班師凱歌十二章，恭呈御覽。樂以象功，知莫罄高深之量；詩以言志，庶竊申忭舞之忱。其詞曰：

喧喧簫鼓凱歌音，半捲紅旗入鳳林。

曾是軒轅親教戰，霜天曉角尚龍吟。

妖星墮地響如雷，風捲陰雲萬里開。邊月高高天似水，捷書一夜過輪臺。

秋鴈連天西海頭，六軍回馬唱《涼州》。擒王破陣須臾事，誰賦金閨上翠樓。

故壘茫茫大夏城，蘆笳吹作入邊聲。回頭博望浮槎地，曾是西來第一程。

鐃歌一路響寒雲，獵獵風生萬馬羣。行到來時曾戰地，降蕃猶認上將軍。

滿耳秋風入短簫，黃榆葉落草蕭蕭。西蕃已破無征戰，只向高原試射雕。

赤土山前雪打圍，桃花叱撥繡弓衣。風雲也稟天朝令，滿磧平沙靜不飛。

雕鶚飛揚大將旗，提兵兩度上崦嵫。回軍卻過龜茲壘，一笑當年李靖碑。

勒石燕然莫更論，且看走馬定堅昆。垂楊綠到其摩寺，寧止春光度玉門。

多少降羌逐馬蹄，芙蓉闕下貢文犀。蕭關候吏如相問，家在條支更向西。

鷺翎長箭虎紋鞬，歌舞還朝拜玉階。今日方知神武畧，書生何用議珠厓。

射盡鯨鯢海不波，洗兵真看挽銀河。笛中一曲平西雅，誰數《摩訶兜勒歌》。

三巡江浙恭紀二百韻

皇帝壬午歲，斗柄初回寅。六龍幸吴越，三度修時巡。昔禹畫九野，茲地徐揚分。三江中貫絡，淮海區其垠。揚州實沃野，徐土瘠以貧。政繁待修舉，人瘵勞撫循。所以自古來，吏治稱最殷。況乃地形下，萬派東南臻。秋潮排黿赭，洶湧雷霆喧。大河亦漸徙，蕩潏不可馴。遂令沮洳場，日與蛟螭鄰。曼衍數千里，捍禦煩經綸。我朝百餘載，列聖司陶鈞。屢籌疏瀹計，已荷生成恩。皇帝撫六幕，宵旰憂黎元。區畫萬年策，南顧猶頻頻。前在重光歲，遠涉吴江濆。斗杓斟元氣，散作春風温。彊圉赤奮若，日御行紫雯。迢迢牽牛野，又得瞻羲輪。

前後閲十載，歌詠遥相聞。沿江待翠華，北向籲九閽。帝曰咨汝衆，鑒汝悃愫真。緊惟汝望幸，民事予實勤。所恐煩父老，除道而清塵。狩期酌五載，虞典義可遵。爰詔飭法駕，太史練孟春。開歲日丙午，始浹十二辰。親奉紫闈輦，羽衛嚴句陳。是時風解凍，淑氣方温暾。柔荑黄欲坼，宿麥青欲匀。東作日以興，隊隊驅烏犍。幽冀青兖徐，迢遞長河湑。微和天澹沱，漸見鶯花繁。揚舲瓜步水，南櫂錢塘津。煙光二三月，彌覺春姿妍。山水交映媚，桃柳相新鮮。南中佳麗地，處處宜盤桓。吴歈舞《白苧》，越曲謳《采蓮》。錫簫雜社鼓，夾路迎至尊。豈知聖主意，但以娱慈顔。川途遠洄溯，所重惟勤民。

其一曰河防，疏派從崑崙。神魚駕高浪，汨汨泥沙渾。禹力導爲九，故道春蕪湮。微茫滄棣野，陳迹空討論。洪流日南注，徑鬸清淮濆。金鈴無支祁，坐受冰夷吞。自從炎漢來，水患時紛紜。洩則下流隘，壅則横波奔。治河無上策，衆説徒云云。因令唐虞世，或有巢窟人。惟以萬萬衆，仰賴天心仁。帝曰咨徐方，歲歲憂沈淪。水性良難測，地勢要可因。《禹貢》紀敷土，其要惟隨刊。崇伯汨五行，乃以息壤堙。鼓瑟戒膠柱，止沸當抽薪。蓄洩量所受，是貴啓閉均。奏牘但梗概，未若閲歷親。鑾輿臨指授，疏導詔重臣。媥爛岳瀆經，貞石高嶙峋。泱漭魚龍氣，蕩滌清粼粼。一勞萬世逸，從此安耕耘。

其二曰海塘，澒洞浮乾坤。練光激一綫，奮迅争海門。靈胥躍白馬，玆事雖虚言。要其澎湃勢，未減銀河翻。江流更東瀉，駭沫相控搏。浪花飛百丈，島嶼如簸掀。長飆或一作，往往爲民患。歷朝捍海堰，六郡相鉤連。後爲潬所梗，潮勢趨北偏。於今稱險阨，乃在尖塔山。歸神從日母，誰得澄其源。譬如禦勍敵，先在高墉垣。外以沙爲郛，内以石爲根。沙漲有去留，所賴人力存。皇帝軫下國，清蹕紆虹旃。河圖操玉版，規畫求萬全。篔簹束長笈，增護金隄堅。六鼇慴皇威，弭首踞以卷。安用婆留弩，酣戰蛟鼉黿。青銅磨海面，水落添沙痕。佇看鮫人室，化我桑麻田。臣聞古帝堯，命禹滌九川。荒度付司空，高拱居雲軒。今頌平成績，猶曰仁如天。我皇軫民瘼，不憚川陸艱。三度駐華蓋，紫瀣黄河間。恒以一人勞，謀此萬姓安。大矣天地心，化育符陶甄。神謨勒金匱，三古超放勳。況乃雙龍御，兼有五瑞班。

　　南邦計羣吏，考績當三年。由來飭官箴，黜陟昭大權。例得隨冢宰，引對近御筵。爰以肆覲儀，謁帝帳殿前。敷奏而明試，此義虞書傳。翠華入其疆，閭井親循觀。風謡既畢采，賞罰何須延。東南財賦藪，户籍紛駢闐。五方之所聚，雜處良與頑。剛柔劑寬猛，所賴牧守賢。今逢金輿狩，一一詳考詢。吏肅民以乂，歌頌永不諼。

　　且念江海界，趏趠通諸蕃。牙旗列巨鎮，首尾如率然。驍騰萬彍弩，峩舸千樓船。卉服奉職貢，斥堠銷鋒煙。武備防漸弛，步伐宜素嫻。森嚴開玉帳，親閲鵞鸛軍。春蒐隸司馬，舊典從周官。粤從乙亥從，虎旅平堅昆。黄圖拓二萬，兩道通陽關。即今隨緑仗，猶有降呼韓。中途拜行幄，貢馬又大宛。靈夔之所震，莫不尊軒轅。功成不忘戰，復此陳櫜鞬。凡以衛億兆，謀保金甌完。

億兆拜稽首，蓑笠如雲屯。載歌時邁頌，交上天保篇。仰見懷保念，念我殷痌瘝。黔黎苟有賴，巡省無辭煩。即使日供頓，實亦心所歡。靈臺與靈沼，荷鍤齊爭先。尚愧芹曝獻，未足酬聖君。詎知遊豫意，但欲民風淳。尺一紫泥函，天語頻諄諄。昇平久殷阜，非慮物力殫。士女效媚玆，知亦非所慳。惟念華侈俗，導以樸素敦。棟宇斥金碧，榱桷除雕鐫。穆然恭儉化，堯殿惟采椽。是以初啓駕，以及鑾鑣還。騎不勞芻茭，士不煩壺簞。岧嶢黃龍舳，綵纜人爭牽。迢迢蒲蓼岸，翳翳水竹村。鐃吹萬乘度，不礙沙鷗眠。黃蜂及紫蝶，亦趁風日暄。花放百草香，繞徑飛翩翾。即此太和景，民氣固已欣。更聞十行詔，重疊巽命申。春風隨玉輅，甘雨霏油雲。去歲河偶漲，蛟蜃揚波瀾。腰鐮未及穫，秋稼或稍殘。屢豐儲峙足，本不虞播遷。飛鴻廑聖抱，猶爲謀粥饘。春氣日以動，荷耒耕東阡。更春官倉稻，一月添饔飧。坐待穬麥熟，釃酒烹雞豚。三壤有正賦，歲儉時蒙蠲。其或偶逋負，良以催科寬。停鑾召耆艾，問俗經里廛。尚恐寒溪水，照見催租瘢。以次賜減除，鳳詔銜瓊牋。江南連河北，日拜天書宣。旁逮斥鹵曲，漉白牢盆煎。聲聲估客樂，亦撥鵾雞絃。春回黿鼉渚，消盡海氣寒。德音俄又下，翹立金雞竿。膏雨滋黍苗，亦不遺茅菅。罪自五流下，瑕垢皆許湔。花落訟庭靜，草長圜扉閒。蒼鷹化爲鳩，拂羽何翩翩。好音偕布穀，嚦嚦桑林邊。別有橫經士，夙昔事典墳。一朝覲堯日，波暖躍紫鱗。竹登會稽箭，珠采長淮蠙。乃至泮宮水，是處香添芹。風行於地上，爻叶利用賓。偉哉大觀化，稽古崇斯文。應知過東魯，數仞登杏壇。實惟聖契聖，前後同本原。

兹行凡四月，來往途八千。去程聞早雁，歸路鳴新蟬。豈不愛清暇，垂拱調南薰。永懷無逸訓，錫福敷羣倫。用是閭巷衆，以逮於縉紳。喜氣徹絳霄，融冶交氤氲。結爲雲五色，糺縵垂輪囷。有叟捧賜帛，稽首前迎鑾。曾覩仁皇帝，六度臨江干。萬年家法在，聖祖貽神孫。煌煌巡狩典，舄奕輝瑶編。憶昨日南至，璇殿獻壽樽。三元六甲子，七始開其端。南山地絡聳，北斗天槳醇。箕疇斂五福，敷錫霑芸芸。陽和迎緹幕，恩綍降紫宸。詔書行萬里，愷澤彌垓埏。迄今甫半載，又沐雨露新。蒼生一何幸，茂典逢聯駢。康衢泳聖化，歌舞盈人寰。延洪祝曼壽，萬度璣衡旋。皇風流穆穆，介祉承緜緜。泂哉麗鴻治，高邁黄與顓。小臣荷天渥，珥筆登花甎。玉燭仰道光，寸管窺大圓。願譜肆夏詩，永永諧宫懸。

御試土爾扈特全部歸順詩

醲化超三古，元功被八紘。聖朝能格遠，絶域盡輸誠。往者星弧指，俄然月蝟平。威棱震濛汜，兵氣掃欃槍。赤坂驍騰度，黄雲指顧清。峯開回樂雪，蹟陋受降城。别部留餘種，當年早遠行。慕容隨馬徙，蠻氏怯蝸争。杳隔羅叉地，空傳贊普名。冰霜途久阻，葵藿意常傾。貢篚先遥至，宸章憶載賡。（乾隆丙子，土爾扈特使臣入貢。臣適扈從熱河，叨預恭和聖製。）初來瞻禁籞，早已仰天聲。邇日烏孫部，全歸定遠營。隨陽都似雁，出谷盡如鶯。喜近層霄路，無辭八月程。自歌唐花曲，不假貳師征。東道艱難達，西琛拜跪摯。露章飛入告，星使遠相迎。綏輯勞都護，金銀發水衡。流離憐瑣尾，奔走憫孤惸。湯網原常祝，堯天許再生。寒巖俱變暖，枯卉忽含萌。踴躍瞻風意，殷勤獻曝情。黄龍何用約，白馬不須盟。恰值慈雲普，方恢壽宇宏。感恩齊挾纊，效祝願稱觥。紫塞沿冰谷，丹梯覲玉京。省方隨日馭，大獮侍霓旌。益地圖新啓，鈞天樂正鳴。殽烝雕俎列，酒醴羽觴盈。帶礪崇封錫，衣冠異數榮。試看歌舞樂，真覺畏懷并。從此皇風暢，彌彰帝道亨。梯航徧陬澨，賨賮集寰瀛。清宴三靈叶，升恒兩曜貞。銘功葱嶺石，萬古峙崢嶸。

聖駕東巡恭謁祖陵歌辭十篇 謹序

臣聞德莫大於孝，❶孝莫大於報本追遠。孝至於報本追遠，則推而下之，仁愛有所自溥；溯而上之，率由有所自承。三代聖王所謂至德要道者，均不外是。然經籍所載，皆「禴祀烝嘗」，致嚴宗廟，其躬詣山陵者惟武王祭畢一事，後亦不聞其續舉。豈古文朴畧，記録不詳，抑《書》缺有間歟？漢始有上陵之曲，歷代相沿爲故事。大抵近者在郊畿，遠者因事告謁而已。未有涉越關山，往還三四千里，先事戒期如我皇上之特致精禋者；亦未有深慕積誠，閲久彌摯，不憚一至再至三至四至如我皇上之疊舉殷薦者。蓋我皇上明天察地，聖孝純真，性情之藴結者深，故精神之感通者遠。非惟音容所接，愾僾如親，并本本元元，上溯發祥之所自。非惟升香清廟，昭格鑒臨，即橋山弓劍之藏，皆永慕

❶「臣」，原爲闕空，據道光本補。

不忘，恒思瞻仰。且我皇上法天行健，無逸永年，壽考維祺，升恒久照，逾七袠而彌康。故能涉閱川原，親抒誠悃，翠華四莅而不以爲勞。信乎愛敬之忱爲自古帝王所不及，而精明强固之力足以自申夫愛敬，尤自古帝王所不能矣。

臣猥以雕蟲謬蒙知遇，出入館閣，洊佐夏官。今恭逢希有之盛舉，固宜敷陳典禮，作爲文章，以昭示無極。然竊念輦路所經，越紫濛之野，袤遼海之垠，凡崇墉因壘之墟，盟津會師之蹟，以迨城邑邱井爲居豳營洛所締造，閭閻士女爲服教畏神所遺留者，自癸亥以迄今歲，胥宸章題詠，分勒瓊函，久已並曜儀璘，無待取光於螢照。至於寶篆瑶械之尊藏，柏城山殿之祼獻，百神河岳之懷柔，玉座彤庭之朝覲，繒峯黼幄之燕饗，則詔令宣於綸閣，儀章具於春卿，起居紀於太史，炳炳麟麟，照映金匱，更無待管闚尺度，繪畫乾坤之容。惟是篤近舉遠，恩有自推，行慶施惠，歡心普洽。若白鹿山左右諸部，若留都宗室、八旗父老子弟洎士農工賈，若黑水白山從龍舊族，若東藩之貢使，莫不沾濡膏澤，額手而觀大禮之成，頌湛恩之渥，前歌後舞，風謡響答。此誠太和醞釀，發爲自然之元音。是以鼓腹成吟，擊轅中律。特其千唱萬和，天籟自鳴，不能著爲詞章，書之簡牘，恐採風者無從而録。不揣弇陋，謹摹繪其意，諧以聲韻，爲歌十篇。雖樸僿少文，然語皆誌實，尚冀與《康衢》《擊壤》諸謡同鳴帝媯巨唐之盛焉。其詞曰：

振振麟角，出自岐陽。緜緜瓜瓞，本支延長。我承餘蔭，託身天潢。有事爲榮，來奉烝嘗。雖遠於京邑，實我舊鄉。歲時禋祀，助薦馨香。靈旂陟降，宛接一堂。凡屬孫子，孰不願依祖宗之旁。況聖主之惇敘，榮我冠裳。九族既睦，邁昔陶唐。今逢展拜，迓穆穆之天光。眷懷一本，訓迪周詳，瓊牋寶墨宣奎章。提挈萬化，以孝爲綱。賓城四詣，不憚道路之風霜。凡我宗人執事，有恪敢不蘉。

右宗室所歌

萬年之木，木必有根。萬里之川，川必有源。翼翼神皋，實肇迹之岐邠。我里我宅，近日先温。帝謁珠丘，緬懷舊勳。大饗從饗，福溉後昆。曰昔乃祖，附鳳之翼攀龍鱗，緜緜延延逮於子孫。其練乃弧矢，無忘教戰之軒轅。至於耆艾，亦重熙累洽之所存。龍光渥錫，膏露油雲。衆拜稽首曰：皇帝之恩。皇帝曰：於繄，祖宗之仁。國之元氣，在本原鞏固，我始基日熾日蕃。

右八旗所歌

平岡既遷，我爲烏桓。互市三邊，我泰寧朵顏。大聖人出日中天，靈夔震吼艾我旃。我十四貝勒駢首徽纏，九白從此修貢虔，太平安樂百五六十年。皇帝上陵逕我白狼山，我所置頓不過數椽，我所上食不足登御筵。羽林十萬，惟飲我泉。不擾我牸與我犍，乃念我族帳，昔太宗皇帝所矜全。久隸僕圉，賞賚大頒。婦子膜拜，皆大喜歡。皇帝大德光於前，萬八千歲福禄緜緜。

右蒙古諸部所歌

孝治天下，不遺小國之臣。今我來庭，信古所云。我密邇上國，夜柝相聞。覺華島之歸命，維太宗之仁。世守我藩封，職貢維勤。我以一介，迓皇帝東巡。許陳我筐篚，我悃得申。燕賚便蕃，邁我等倫。果叶我吉，占曰利用賓。況錫我以聖藻，煥乎堯文。光我東土，晃耀乎扶桑之暾。金繩寶櫝，傳示子孫。曰天子錫類下國，亦浴以鴻恩。知神州赤縣，無不含和而飲醇。

右朝鮮貢使所歌

梧桐菶菶生高岡，周京吉士歌鳳凰。辟雝初建流湯湯，振興鐘鼓從文王。太祖應運出震方，臨軒策士登賢良。太宗繼起提天綱，經文緯武化益光。近聖居者惟我鄉，百年服教今不忘，邇來星驗聚奎祥。詔移瓊笈柱下藏，青袍彌慶儒道昌。況逢法駕來瀋陽，泮水添注恩波長。黌宮廣種芹藻香，咸以作人壽考祝我皇。萬年斡運符乾剛，他時翠華來幸更福我膠庠。

右學校所歌

豳風七月，王業所基。烝我農夫，皆開國之所遺。我高曾祖考，驅犢荷犂。託聖人之宇，聚族而畲菑。於時阪泉涿鹿，戈甲雲馳。其折衝者惟八旗。我耕田鑿井，恬然不知。熙熙皞皞，至於今兹。惟皇帝奉先思孝，臨我東維。除道清塵，官吏所司。餱糧芻秣，弗損我貲。獻芹獻曝，愧無所持。帝念我農人，乃雨露以滋。百年培養，列聖之慈。愛無不愛，維帝其體之。皤皤黃髮，對語杖藜，此樂非但從此時。癸亥以來閱四十載，前後四幸皆如斯。

右農家所歌

三代以還，藝事日增。遼水以左，我國家所龍興。土風淳朴，自我高曾。奇技淫巧，皆我所不能。鳩材庀器，惟日用之恒。皇帝大孝，祗謁山陵。肅肅鉤陳，黼殿幔亭。雖庶民子來，弗勞以經營。茅茨土階，或構數楹。操斤荷畚，受值倍贏。即綢繆苞桑，葺我金城；萬杵操作，築之登登。傭役亦足以代耕。至哉儉德，家法欽承。對越在天，世德相仍。宜乎帝車時邁，南涉越角北上遼京，西踐參墟東觀我大瀛。閭井不擾，惟聞載路之頌聲。

右百工所歌

雲帆轉海，泛舶青齊。牽車服賈，達高句驪，松漠柳城，西北通逵。駕鹿使犬，亦水筏山梯。神都形勝，川陸會歸。百貨輻輳，隸首所莫稽。鑾輅東來，萬乘雲隨。利市三倍，頓使我家肥。征榷弗增，坐擁我貲。維皇帝吉蠲，孝饗神降以蕃釐。斂福敷錫，蔭及烝黎。使我販鬻，亦囊篋纍纍。我東都之望幸，安能不跂足而企之。

右商賈所歌

長白嵸巃，三江瀛溶。萬年王氣蟠其中，朱果誕聖天所鍾。丕基既建，不忘后稷之舊封。置三將軍，分扼其衝。謁陵前度御六龍，紆途逕此觀民風。今從營府來遼東，路躔西望雲嵐重。幸我聖主，醲化帡幪。山川修阻雨露同，有部不異鎬與豐。皇帝大孝，緬列祖列宗。念開創之所從，使我一草一木皆豐茸。我歌且謡樂融融。願與《公劉》諸什，永永諧笙鏞。

右東三省所歌

聖人之法，嚴戢姦頑。稂莠不翦，恐蕪彼良田。聖人之心，則無不矜憐。因事肆眚，曲予以生全。惟古者泰壇，有事賞濫。費繁薦馨，上帝或曠隔有年。故其赦令，多以南郊，親祀而宣。惟皇帝昭事，穹昊日之南至，必詣圜丘以告虔。歲歲不可以屢赦，故因謁陵之典。而金雞揭竿，蓋禮以義起，侔事祖於事天。我瑕已滌，我慮已湔，我其易轍改絃，以潔白自完。以無辜聖主之陶甄。

右赭衣所歌

紀文達公遺集卷第二十四

孫樹馨編校

御覽詩

乙巳正月預千叟宴恭紀八首

和氣寰瀛徧，天功品物亨。春風多長育，小草亦滋榮。科第叨先達，班聯愧老成。何期承聖澤，更許附耆英。

早歲登金馬，臣以乾隆十九年進士，蒙恩館選，由編修洊擢至侍讀學士。中年出玉關。餘生蒙曲貸，詞苑許重還。嘉宴陪傳斝，鴻恩憶賜環。都緣天再造，今得預仙班。乾隆三十三年，臣自貽罪戾，蒙恩從寬，發往烏魯木齊效力。三十六年，蒙恩復授編修。頻邀超擢，洊至今職。

十載登天禄，編摩歲屢淹。涓埃曾未報，雨露久深霑。臣自承辦《四庫全書》，疊被殊恩，皆逾常格，爲自來詞臣所罕覯。軒樂容同聽，堯雲得近瞻。當筵看坐次，感悚兩相兼。

化寓人多壽，耆年近四千。相隨登綺席，所見半華顛。旭日輝宮闕，柔飈韻管絃。自欣纔六十，已獲伴羣仙。

園綺陪雕俎，松喬奉玉鍾。斯人今並集，此會古難逢。蜎蠉乘乎化，風雲繫所從。乾元剛健體，仰矚見天容。

筵上瞻皇度，天光映紫庭。自慚臣譾劣，彌頌帝康寧。壽定兼千佛，祥原應六星。七旬題細楷，曾見御書屏。臣蒙宣賜御書玉屏拓本，銀鉤鐵畫，細入毫芒。諸臣跪觀，咸頌聖人天亶聰明，超乎萬古。非尋常耳目所可仿佛萬一。

五代同堂慶，延祥屬至尊。流長知有本，枝茂在蟠根。古帝無倫比，詞臣已討論。且詢陪宴叟，有幾見元孫。

聖祖徵千叟，衣冠會日畿。家庭時誦説，聞見尚依稀。臣父姚安府知府紀容舒，以康熙癸巳萬壽恩科中式，曾在京師見千叟宴之典。時時爲臣誦説，頌揚盛事。今日霑天酒，微臣侍禁闈。簪毫頌繩武，萬載並光輝。

千叟宴詩一百韻 代

健行緜景祚，久道洽重熙。五世家餘慶，三多福有基。清寧遊化寓，仁壽驗春祺。海甸多遐耇，朝端半宿耆。仰惟皇建極，普與世延禧。尚齒敷嘉惠，臚歡舉盛儀。引年遵舊式，繩武繼隆規。神契風雲合，天膏草木滋。冠裳聯鶴髮，歌舞拜龍墀。平格慚君奭，重華遇帝嬀。遂登千叟列，共祝萬年釐。念昔承先廕，蒙恩際聖時。丹臺注名籍，粉署預追隨。樞部經三擢，天官計再司。豸衣身早被，鳩律手親持。旋命除犀綬，仍叨直鳳池。金曹留舊署，薇閣副參知。軍佐殊多忝，卿班愧莫裨。從征方戊校，帶職尚工倕。仰仗天弧指，平剷雪嶺隳。睿謨遵北闕，絶幕定西陲。勃律看撈玉，崑崙問織皮。遥臨東印度，徑縛大昆彌。蒲海重平亂，筠沖再濟師。尋蹤追狡兔，騈翼戮妖鴟。赤羽驚回紇，黄圖括谷蠡。兩經臨月蝟，皆得從雲麾。宣力曾無幾，承恩竟不訾。八門分將帥，七萃統龍彪。禁旅方叨入，温綸更屢施。月卿邀重寄，水部晉崇資。國政容參畫，戎機荷倚毗。聖謨陳玉案，皇路控金羈。保氏資調護，容臺辨等差。殊知皆特達，旅進愧委蛇。況乃遷喬木，居然借一枝。朝簪升甲族，宿衛列辰旗。葱嶺鶍音噪，花門螳臂支。六軍事征討，一劍效驅馳。圍合魚麗密，城留獸角危。自知謀太拙，幸藉算無遺。屯戍宜禾領，封疆都護治。勤劬圖報稱，感激棄瑕疵。應召瞻雲日，操鈐總虎貔。駕言辭赤坂，重得侍黄帷。玉壘傳烽燧，蠶叢阻險巇。揚旌摩井絡，❶分道指坤維。棡鼓行軍久，金鐃奏凱遲。才疏賴指授，識淺昧機宜。倉卒憂深譴，矜全戴聖慈。戢韔建旌節，玉帳領熊羆。神武頻驅策，姦凶乃縶縻。幸將前過補，敢曰首功奇。最是恩連沛，都非意所期。凱旋歌杕杜，親勞駐華芝。像入淩煙畫，名登太學碑。舊資全引復，新秩遞遷移。九命膺勳爵，三台拜制詞。赬黄輝帶綬，鞢鞨映冠緌。彩羽雙環暈，華衣四裨披。章身真耀黼，顧影自驚疑。更荷陶鈞力，偏榮蒲柳姿。五雲暉迥照，六袠寵逾涯。珍篚頒騂坒，璇題仰陸離。聯奎騰藻采，朝斗頌恩私。從此逢春草，長爲向日葵。綸扉忝承旨，玉署掌論思。藜閣書兼領，蘭臺祕得窺。五刑明出入，九品敘崇卑。常念榮逾分，深虞力漸衰。慎惟懷敬凜，勤每戒恬嬉。馬齒雖加長，龍鍾幸免嗤。在公思奉職，退食尚忘疲。但覺恩如海，寧知鬢有絲。良由熙化日，得以到龐眉。屬有三軍事，言賡四牡詩。初平貝州盜，于役大河湄。恰喜星軺返，剛逢葭管吹。相隨趨黼座，猶及奉瑶卮。暖律開新序，韶春上早曦。萬年松蔚茂，六葉莢葳蕤。綵幄分行矗，繒峯夾⿰阝巴⿰扌者。彤階敷繡簟，紫殿敞雲楣。陪列多彭祖，臨軒拱虡羲。相看皆鶴侶，有序似鴻逵。位自黄扉起，年從絳縣推。許如明悉獵，併有下句驪。樂曲陳南雅，殽烝具鼎鼐。佛花荼泛琖，仙露酒盈瓻。錦段如霞積，笻條刻玉爲。捧珍光溢袖，叩賜感淪肌。此會逢之罕，諸臣見者誰。熙臺遊浩蕩，福海被期

❶「摩」，道光本作「麾」。

頤。大衍貞符集，先春衆志怡。歡心添淑景，喜氣度柔颸。申錫由天佑，規模自祖貽。德原超古昔，典復備今茲。竊喜微臣幸，親瞻睿藻摛。近光依日月，贊化謝臯夔。惟有呼嵩願，同聲祝萬斯。

皇上肇建辟雍釋奠講學禮成恭紀八章 謹序

臣聞天苞地符，道源一貫。皇春帝夏，政典異文。虞巡五玉，制殊乎《周官》；殷宗九州，名別乎《禹貢》。正朔服色，迭更於子姒以來；封建井田，難舉於嬴劉以後。是則然矣。然不沿不襲，去故所以取新；或革或因，永世在於師古。損益百代，精探述作之旨；經緯萬端，曲盡神明之用。秉持聖矩，提挈乾紐，正名侔乎黄帝，定禮協乎素王。經世上猷，又非可以管蠡求也。欽惟我皇上，璣衡在握，儀璘恒照。虞典慎省，勅天著乎舜歌；周籙延長，率祖念乎豳俗。建極錫福，惟馨香之感神；無逸永年，信康彊之逢吉。螽斯蕃衍，五世驗其貞符；鹿鳴燕樂，千叟應夫壽曜。靈臺偃伯，武德備而修文；康衢聞謡，養道浹而興教。粤稽太學，建自有元。相沿圜水之名，未具旋邱之象。貞元再合，儲待重熙之朝；禮樂百年，慶逢首出之聖。爰考古義，趣建崇基。方儀内函，圓折外甃。火珠竦峙，石梁交達。宛游靈沼之側，重覩鎬京之制。蓋質文異尚者，矩矱恪秉乎高曾；今古一揆者，符節遥合乎先後。聰聽彝訓，舊章不愆。儀監前規，闕典則補。貞珉矗立而螭盤，寶書深鐫而鸞翥。睿慮遠，聖謨彰矣。豈但三老五更，釐曲臺之駁文，刊虎觀之謬論哉。冬官蕆事，適圖周大衍之數；春祀升香，用儀備上丁之薦。典本歲修，禮崇親舉。麟書景乎沖漠，龍蹲接乎肸蠁。藉以告新宮之成，昭聖教之昌也。於是臨橋門，登講幄，九官鵠立，三舍鳧趨。瓊几敷陳，玉音闡演。發孔曾之微言，抉羲文之奧理。莫不竦聽肅穆，默悟愉怡斯時也。法駕方蒞，瑞霙交霏。五出應節，當士膏之坌動；三農愜願，際麥穎之奮茁。豈非歡心溥洽，祥徵立致，以豐歲之兆，慶大禮之成哉。臣忝備月卿，獲登雲陛，司儀侍玉俎之側，聽講跽黼扆之右。葵藿小草，向陽有願；禽蟲微質，應候自鳴。不勝踊躍歡忭之至。謹拜手稽首，獻五言詩八章，用昭聖朝文治爲古所未有。其詞曰：

鳴鳥聞崇岡，菁莪育中沚。靈囿昔肇建，璧沼亦經始。《雲漢》歌作人，《卷阿》賦多士。西京化云盛，東轍風漸靡。叢議溯卯金，歧論逮天水。黄圖渺前基，青史曠遺軌。興文待昌期，稽古資上理。五緯珠躔明，三雍雲構起。一章。

聖皇握玉券，洪算緜瑶圖。五葉席景運，六御提神樞。軒夔武義炳，舜羽文德敷。醲化周鼇極，首善從鴻都。四門集俊乂，六藝陶師儒。圜橋緬舊記，壅水懷前模。萬化夙修舉，一事猶勤劬。經營補所闕，名實蘄其符。二章。

太史撰日吉，將作鳩工良。分寸度繩墨，法象規圓方。九宮準奇偶，八牖宣陰陽。雲雨軼太半，金碧輝中央。一鑑匝瑶甃，四阿交虹梁。淵渟蓄珠水，井養資銀牀。經營羣力集，區畫睿慮詳。粲然禮制備，焕乎文治光。三章。

龍畫耀雲章，鼇碑鏤樂石。上軼岐陽鼓，下掩蘭亭迹。金鏡明法戒，玉衡絜今昔。興賢振虞業，泥古斥縫掖。五更義兼訂，三老疑再析。鄭孔誤當刊，班蔡謬皆闢。仰讀悟政範，俯繹知學的。弦誦識勿忘，貫佩期無斁。四章。

儒珍樂普育，聖域溯至精。鼓鐘續周雅，俎豆升孔庭。二月榮緋桃，七葉抽翠蓂。精禋春卜吉，上儀親告成。肇修豐水典，式慰尼山靈。河圖酬宿望，木鐸宣遺聲。神喜金石和，德孚黍稷馨。羹牆接千載，窔奧證六經。五章。

靈鼉警衆集，華鯨傳蹕來。穆穆天光臨，肅肅經帷開。駢聯芳茵布，次第華纓陪。敷陳披聖籍，宣示聆睿裁。天樞運萬古，人紀揭三才。體健勵無息，敦倫期允諧。康彊勤典學，壽考樂育材。敷言惟皇極，泳化皆春臺。六章。

至治感休徵，太平召協氣。蒼綷叶神符，黃輿證靈契。側聽玉案講，慶覩瓊霙至。合寸凝蕭雲，盈尺兆歧穗。頌奏屢豐期，雅當於樂際。緊寧多稼祥，實表觀文瑞。感應一氣通，申錫諸福備。愉愉歌詠音，炳炳天人義。七章。

化成聲教遠，道久禮樂興。七旬勵宵旰，百度挈準繩。福惟萬億積，治乃三五登。樗材逢嘉會，天語欣欽承。仰睇紫殿高，俯視翠瀲澄。圓規擬璧合，温溜方川增。矢音依陛楯，稽首瞻觚棱。無由禪海嶽，惟祝齊升恒。八章。

嘉慶丙辰正月再預千叟宴恭紀四首

春風融暢慶時昌，又集耆英宴紫閶。福壽駢臻皇建極，是日賜宴於皇極殿。貞元會合日重光。黃圖久共登仁壽，丹陛多曾預拜颺。翹望紅雲齊額手，天容此度更康彊。

太極甘泉次第斟，鈞天九奏聽仙音。三千人盡鬚眉古，六十年經雨露深。早歲衢童皆老大，舊時壤叟倍歌吟。應知聖主勞宵旰，多少栽培長育心。

絪縕元氣釀祥和，樗櫟都能長舊柯。鳳紀久占綿算積，鵷行亦自老臣多。曾叨繡豸登瑶席，乙巳千叟宴臣以兵部侍郎叨預，是日恩擢左都御史。久忝花驄振玉珂。臣蒙恩賜紫禁城内騎馬。得見南山重獻壽，微忱忭慶更如何。

祥飈滿座酒初醺，稽首瓊筵拜聖君。與物皆春恩再霈，同天不息政彌勤。蓬山祕籍臣曾校，禮閣新儀古未聞。歸向容臺詳記録，曹司載筆亦欣欣。每恭逢大典，禮部皆敬録儀注，載存例案。

聖駕臨幸翰林院錫宴仍以張説東壁圖書府五律字爲韻臣昀分得國字

綏民奏武功，協帝宣文德。奎壁瑞重占，鶯花春恰值。初三月始成，第一峯同陟。燕飲預卿班，賡颺偕館職。典儀叨備官，摛藻慙華國。惟幸八旬餘，夙懷今竟得。乾隆甲子，臣年二十有一，聞詞林榮被恩波，私心歆羡。今越六十年，竟得躬逢盛典，實爲榮幸之至。

侍宴重華宫聯句賦詩蒙賜三清茶琖恭紀二首

曲宴蓬山最上層，揮毫紫殿暖雲蒸。金莖仙露和盃賜，消渴相如得未曾。

紅沁丹沙白膩脂，越窯風露滿花甆。凡茶不敢輕煎注，上有君王自製詞。

賜硯恭紀八首

曲宴傳柑侍壽盃，柏梁聯句遞相催。自憐詰屈如方朔，也捧君王賜硯回。

一片雲根暈淡清，羣仙傳玩徧槐廳。

宮中原自珍龍尾，未信東坡鳳咮銘。

祕殿濃香入綵毫，蓬山曲宴此重叨。軒轅墨海親頒賜，絕勝詩成得繡袍。

筆札從來似墨豬，擘牋塹對御筵書。情知難押蘭亭縫，且照青藜校魯魚。

紫殿吟詩簇管絃，三年三度聽鈞天。歸途騎馬人爭看，墨涴宮袍似米顛。

奎章頃刻燦天葩，未盡三清一琖茶。賡和愧無青鏤管，祇將賜硯對人誇。

捧來宮硯拜彤庭，片石堪爲座右銘。歲歲容看溫室樹，惟應自戒口如瓶。

香案聯吟第六回，又分宮硯到蓬萊。細看石上天然畫，正似春流灩灩來。

翰林院侍宴聯句賜硯恭紀二首

玉署聯吟侍壽盃，舊詞臣許到蓬萊。詩成賜硯宜珍襲，六十年纔第二回。

西抹東塗似墨豬，蘭亭押縫敢輕書。祇應攜照青藜火，六典辛勤校魯魚。時臣方領修會典。

恩賜四庫全書館哈密瓜聯句恭紀一百五十四韻 謹序

乾隆四十有二年十月二十九日，命以哈密瓜頒賜四庫全書館諸臣，異數也。竊惟譯通榆塞，舊承扞罙之遺：謹案，諸書所稱哈密，源流多未明晰。今《欽定西域圖志》訂正爲扞罙之轉音。至精至確，足祛千古之疑。地號瓜州，遠自駒支之祖。輿圖所記，古傳嘉種於燉煌；土貢惟虔，今獻珍函於哈密。鴿青滿篋，偕三果以齊來；蛾綠登筵，貯雙盤而交映。謹案，回城三果及雙玉盤，並有御製詩。惟茲上品，是爲玉食之材；何意殊榮，徧及木天之侶。蜜脾初割，金瓤與黃卷相輝；汗簡旁陳，縹帙共翠斑一色。分來瓣瓣，爭揮削字之刀；付去人人，遞引摛毫之手。飫一杯之甘露，舊渴全消；挹七里之芳芸，濃香又別。珍逾素葉，喜溢青藜。伏念臣等叨列冰銜，謬編瑶笈。三萬七千餘卷，尚未諳《隋志》之名；一百五十四人，乃盡拜堯階之賜。平居伏讀，仰窺消夏之詩；御製《消夏十詠》内瓜詩有「何人方病渴，一瓣試分嘗」之句。此日分嘗，真作逢春之草。恩逾常格，本非歌頌所名；感倍恒情，惟以文章爲報。三星映座，立成難比於曹劉；五字聯吟，間作竊規夫韓孟。共相勸勉，早宗曾鞏之編摩；自愧空疏，知謝董逌之博洽。輕塵天鑒，實切冰兢。其詞曰：

寵錫來中祕，少詹事臣陸費墀。恩頒出左樞。雕盤分上味，侍讀學士臣陸錫熊。珍蓏逮羣儒。美勝東陵種，侍講學士臣紀昀。名徵西域圖。餐香霑藝圃，侍講學士臣彭紹觀。聯韻檢書廚。葱嶺分諸部，洗馬臣夢吉。瓜州借一區。在明爲哈密，檢討臣王仲愚。於漢本伊吾。前代兵常搆，編修臣宋銑。兹邦勢最孤。寧知大都護，編修臣蕭際韶。惟隸右單于。蝸角争蠻觸，編修臣劉種之。魚門鬬魯邾。流離棲雪磧，庶吉士臣德昌。倉卒葉金符明成化間，哈密王金印，嘗爲吐魯番所奪。牧圉頻遭掠，編修臣黄瀛元。樵蘇屢見俘。防攻聞擊柝，編修臣曹城。合戰怯援枹。聖代三階正，禮科給事中臣章寶傳。遐荒一氣孚。争來附甌脱，内閣侍讀臣孫永清。久免役貲姑。西域諸部，惟哈密以康熙三十五年内附，歸誠最早。太歲當淵獻，乾隆乙亥，平定伊犂。兵部員外郎臣史夢琦。王師討骨都。六丁下雷電，庶子臣鄒奕孝。七萃練羆貔。突騎飛傳檄，侍講臣張燾。名王奮執殳。繫纓擒頡利，贊善臣黄良棟。釁鼓戮温禺。妖鳥頻驚射，修撰臣陳初哲。長鯨畢就屠。高牙臨碎葉，編修臣王嘉曾。石臂斷匈奴。柳谷風塵靖，編修臣吴壽昌。花門氣象蘇。戈鋋從此息，編修臣劉湄。耕鑿倍無虞。沃野平開畛，編修臣秦泉。崇垣對建郛。哈密王城，與督理糧餉大臣駐防之城，相距三四里。三城連古戍，修撰臣黄軒。兩道控衝衢，往山南者，由哈密抵闢展；往山北者，由哈密過烏爾圖打坂，抵巴里坤。新疆兩道由此而分。屬國兹爲近，編修臣陳昌齊。恩波最早濡。積年成富庶，編修臣閔思誠。比户樂妻孥。戍校開屯戍。編修臣吴典。丁男藝黍稌。娑娑薪入爨，娑娑堅，木名。以充薪。編修臣李潢。芨芨草供芻。芨芨草，生塞外。以《漢書》考之，即息鷄草之訛也。綵縷誇縫毳，哈密所製羊裘，緣以綵線，温暖堅緻爲新疆所重。編修臣周興岱。高輪駐秣駒。塞外車皆高輪，以利涉。凡出嘉峪關者，至哈密必停一日，以息馬力。鶱哥行婭嫯，回女能歌吹者，謂之鶱哥。編修臣翁方綱。阿渾坐睢盱。傳回教經典者，謂之阿渾。墟市商民輳，編修臣朱筠。田廬主客俱。嚴關雖警夜，每夜閉城之時，官城不許宿一回民，回城亦不許宿一漢人，以防閑奸宄。編修臣平恕。隙土任收租。其田聽流寓之家，給租耕種。雪液清渠引，哈密少雨，惟資渠水以溉田。其渠皆天山積雪暖融而下注者也。編修臣李堯棟。沙田赬壤糊。莫嫌滋麥少，哈密之麥不及中土。往來所食之麪，多取之商販。編修臣沈孫連。舊説薦瓜殊。掐子陳貽種，瓜種以灰培之，藏於室中，越數歲種之，則味厚。新子布種，則味薄，不堪食矣。編修臣朱紱。捂阬曲附塗。溲淘增瑩潔，編修臣潘曾起。揩拭去霉污。卻燥常穿瀆，編修臣鄒炳泰。頻鋤競擁櫂。分窠間疏密，編修臣李鎔。度力辨窊敂。相感薰宜篷，編修臣黄壽齡。交融漬用羭。播琴膏溢塊，編修臣莊通敏。吹琯氣回荸。旁薙磨耟耙。編修臣蘇青鼇。徐澆轉轆轤。場開依鹿疃，檢討臣張家駒。樊繞傍雞筴。豌荚資同化，檢討臣王汝嘉。蠸輿醜必誅。灑灰兼辟螘，編修臣周永年。布棘爲防鼯。芳意盈臯隰，編修臣余集。生機暢甲鬚。滋秧牽翠帶，編修臣孫辰東。分罫界黄壚。不遺香侵麝，編修臣韋謙恒。徐看蔓引蛛。葉抽俄馬耳，編修臣程晉芳。颭長漸驪珠。糾結紋青緑，庶吉士臣汪如藻。團圞質盎壺。鳳梭仙縷繫，庶吉士臣梁上國。羯鼓御棬刓。喻以馬非馬，庶吉士臣楊昌霖。辨諸觚不觚。中土甜瓜多有棱，哈密所産則無。相鉤連子母，贊善臣劉躍雲。別種認魚烏。巨訝安期棗，檢討臣季學錦。枵侔惠子瓠。雙冠看合縫，形稍尖而長者，俗名回回帽。中斷之，其狀酷似。編修臣馬啓泰。一目笑深矑。形稍圓者，俗名回回眼。斑駁貍頭矗，編修臣項家達。彭亨豕腹腴。曲肱宜作枕，王象晉《羣芳譜》謂甘肅瓜大如枕。檢討臣王鍾健。曳尾證藏狐。顔師古注《漢書》，以爲瓜州大瓜，狐入其中食之，首尾不出。今證以哈密所産，實無此事。蓋前代妄相傳説。渾脱凝金液，編修臣楊壽楠。周圓襯玉膚。白輕羅疊雪，編修臣周厚轅。黄裹卵含雛。豐熟咸相報，編修臣裴謙。犂收亦競趨。中田方藉稻，編修臣方煒。令節乍囊萸。風冷吹邊柳，編修臣莫瞻菉。霜高落塞榆。羌童冠白氈，編修臣閔惇大。蕃女整紅襦。約共褰衣褶，檢討臣蕭九成。嫌休納履絇。微行遵複隒，檢討臣王坦修。侯旅踏平蕪。唪唪誇摩掌，編修臣汪鏞。緜緜愼舉趺。跪擎童子拱，修撰臣金榜。俛拾丈人痀。望處黄團綴，庶吉士臣倉聖脈。攤時緑罽鋪。儲藏歸廨廩，庶吉士臣錢樾。擔負雜謳歈。準直論園買，庶吉士臣邱庭漋。嘗新計顆沽。逶迤驅五牸，庶吉士臣胡敏。轣轆駕雙軥。捆載來墟落，庶吉士臣戴心亨。駢闐溢市闤。籃掀傾滿鴿，庶吉士臣翟槐。街詅數餘蚨。虎掌農家詡，庶吉士臣張愼和。騾綱估客須。分曹堆磥砢，庶吉士臣嚴福。轉販越崎嶇。別有乾爲腊，庶吉士臣徐如澍。因之緝似纑。綵絲盤細結，回民曝瓜爲乾，破三條辮之，盤屈如餅餤，市以寄遠。庶吉士臣于鼎。綾餤就圓模。木食糧堪代，回民不能勤而能儉，每以瓜果代糧。庶吉士臣戴聯奎。金穰口易餬。預爲終歲計，庶吉士臣陳崇本。早得禦冬需。念此安居樂，庶吉士臣陳文樞。皆因愷澤敷。獻芹聊擬宋，庶吉士臣許烺。包柚欲同吳。別圃分畦灌，庶吉士臣李廷敬。諸蕃揀種輸。滋秧勤部長，庶吉士臣章宗瀛。摘蠹課園夫。護惜防風露，庶吉士臣羅修源。珍藏比瑾瑜。點收三百顆，庶吉士臣戴均元。遠歷九千途。土貢修惟謹，庶吉士臣徐立綱。山程候不逾。馱將紅叱撥，庶吉士臣繆晉。藉用錦氍毹。玉塞風煙迥，庶吉士臣盧遂。金城道路紆。久經通驛堠，庶吉士臣周瓊。不待驗關繻。譯表陳楓陛，庶吉士臣曹錫齡。登廚佐蓮蒲。升香先嚳廟，庶吉士臣陳墉。用饗備殷瑚。在昔山陵薦，庶吉士臣范來宗。深懷歲月徂。宸章感霜露，乾隆癸亥、甲戌兩年，聖駕東謁三陵。值哈密貢瓜至，俱命親王齋往恭薦。有御製詩紀事。庶吉士臣谷際岐。史氏記盤盂。嘉實原珍貴，庶吉士臣五泰。鯫生敢顗覦。何期恩浩蕩，庶吉士臣何思鈞。偏使衆歡愉。特用傳柑例，庶吉士臣張能照。旁霑珥筆

徒。今冬星測昴，中書臣王家賓。其候月臨辜。鈐馱遐方至，中書臣葉蘭。筠籠貢使扶。上方纔進御，中書臣王鍾泰。中禁忽傳呼。但以文章報，中書臣田尹衡。無庸資格拘。分甘同饜飫，中書臣嵇承志。均惠不偏枯。承乏司抽簡，中書臣方大川。臚歡類賜酺。遥看喉早渴，中書臣牛稔文。競捧視先瞿。還趾交評泊，中書臣潘庭筠。排頭任選揄。後先争爾我，中書臣張虎拜。大小論肥臞。拜賜齊擎篚，中書臣方維甸。書名戒濫竽。揎衣多踊躍，中書臣徐秉敬。試削肯踟躕。拂拭登高俎，中書臣宋鎔。端詳破大瓠。滑防丸脱手，中書臣汪學金。剥比米開稃。四剖爻交坼，中書臣宋枋遠。三離瓣屈胊。争多量尺寸，中書臣吳裕德。惜少較錙銖。圓割邊齊線，中書臣李荃。斜尖角逗孤。嫩黄疑潑蠟，中書臣王慶長。微赭訝搓酥。到口津先滴，中書臣李斯詠。經寒味不渝。九霄餐沆瀣，中書臣孫球。

一琖飲醍醐。美覺中邊徹，中書臣吳甸華。佳難手口摹。清泉浮始稱，中書臣雷純。甜雪擬非誣。攜出輿臺詡，中書臣康儀鈞。歸來婦孺娛。流還憐玉液，中書臣邱桂山。碎亦惜金麩。蒟莫誇南粵，中書臣郭晉。梅休鬪北盧。芳鮮生使獨，中書臣趙秉淵。色味世皆無。悦口渠如許，中書臣張曾效。名州有以夫。計條已食矣，中書臣朱鈐。徵事果能乎。冊府開奎壁，中書臣盛惇崇。詞源溯泗洙。詔建文淵、文津、文源三閣，以儲《四庫全書》。仙州登玉署，特仿古制，置領閣事、提舉、直閣事校理、檢閲諳職。中書臣黄秉元。學海得金桴。妍醜歸明鏡，中書臣程掞。陶鎔入化鑪。丹青表忠孝，中書臣吳紹澯。斧鉞斥姦諛。纂輯諸書，皆經欽定。如前明劉宗周、黄道周等，並特予表章。其錢謙益、屈大均等，則皆明示誅絶，以正人心。彰癉大公，昭垂萬世。賤質輕葑菲，助教臣吳省蘭。成材遜欂櫨。鼇身容僄直，助教臣胡子襄。馬足愧顓愚。編校研先哲，助教臣羅萬選。文章怯大巫。輕塵添岱華，助教臣金學詩。微溜益江湖。七畧讐非易，助教臣卜惟吉。三餘學本迂。鈍思抽乙乙，助教臣張羲年。舊訓謹姝姝。圖籍惟窺牖，學正臣周鋐。詩書但守株。橘題慚逸少，學正臣蔡必昌。茘譜謝君謨。姑昧輕疑蔑，學録臣陳木。甘英誤寫菟。技真羞綆短，學録臣沈培。恩每貸材駑。諸臣校理之疏，嘗蒙恩格外寛宥。似蠹仍容食，待詔臣胡士震。如蠅免見驅。佳辰分翰墨，進士臣楊懋珩。公膳飫肴臑。陪宴同方朔，總纂臣陸錫熊、臣紀昀、總校臣陸費墀，每歲得恭預内廷聯句之列。進士臣繆琪。遷官過聖俞，館臣多逾格遷轉，臣陸錫熊、臣紀昀、臣陸費墀尤荷殊恩超擢。手原非霹靂，進士臣胡榮。樣只畫葫蘆。不料頒珍味，進士臣石養源。居然逮賤軀。忽承天咫尺，進士臣錢致純。錯訝夢須臾。宣賜時纔午，進士臣徐秉文。哦詩日漸晡。咀含香尚在，進士臣丁履謙。摹寫句偏麤。欲就仍塗乙，進士臣靖本誼。方吟忽囁嚅。撚髭心窅窅，進士臣費振勳。叉手步躍躍。語巧輸鸜鵒，主事臣門應兆。篇成笑珷玞。沾恩同湛露，中官正臣郭長發。效頌但皇荂。感激惟銘刻，候補部員臣曹錫寶。歡欣共唱喁。誓將釐亥豕，原任雲南布政使臣王太岳。永不憶蓴鱸。刊誤文宜核，原任中允臣王燕緒。程功數莫逋。補戈防曳白，原任編修臣勵守謙。掃葉慎研朱。禮洽呼苹鹿，原任編修臣祥慶。情均在藻鳧。相期翊文治，原任太常寺主簿臣郭祚熾。萋菶詠岡梧。少詹事臣陸費墀。

紀文達公遺集卷第二十五

孫樹馨編校

三十六亭詩

自題秋山獨眺圖

木落萬山秋，荒徑交榛梗。獨立千仞岡，蒼蒼空翠影。山路豈不艱，風露亦云冷。平生多苦心，愛此無人境。遠想一慨然，中懷徒耿耿。

又題

秋山高不極，盤磴入煙霧。仄徑莓苔滑，猿猱不敢步。杖策陟巉巖，披榛尋微路。直上萬峯巔，振衣獨四顧。秋風天半來，奮迅號林樹。俯見豺狼蹲，側聞虎豹怒。立久心茫茫，悄然生恐懼。置身豈不高，時有蹉跌慮。徙倚將何依，悽切悲霜露。微言如可聞，冀與孫登遇。

即目二首

村落圍流水，人家半夕陽。殘霞明滅處，隱隱下牛羊。

芳草入平林，一綫盤盤路。遥聞牧笛聲，縹緲無尋處。

至東光口占

胡蘇亭下悵夷猶，十二年前感舊游。四姓門庭猶曩昔，五陵士女更風流。寒鴉亂噪荒城曉，孤鶴長鳴碧落秋。黄葉蕭蕭騎馬路，横鞭徑上酒家樓。

雁

搖落西風木葉黄，嗷嗷鴻雁憶衡陽。身微未敢衝霜雪，飛急何關趁稻粱。回首雲天猶悵望，無端蹤跡似炎涼。瀟湘岸上逢歸燕，亦别盧家玳瑁梁。

和蒙泉秋感

一灣銀浦淡雲流，長笛蕭條趙倚樓。往日情懷全似夢，頻年飄泊始知愁。風寒大澤魚龍夜，霜捲長天雕鶚秋。惆悵舊來紅葉渡，不堪重棹木蘭舟。

送葛聞橋員外歸江寧

儀部葛聞橋先生移疾南歸，其門人蒙泉太史徵詩贈行。予與先生未相識，然吾黨讀書論古，於風流孤絶之士，未嘗不慨然想見其爲人。況高情逸韻，近在同時者也。爰賦短章，良深向往。

朝衫仍换舊漁簑，鴻雁西風下潞河。水國蒹葭人自往，寒江鷗鷺意如何。一帆秋色歸舟穩，千里孤雲遠夢多。惆悵相知未相識，離歌三疊託微波。

黄烈女詩

烈女楚人，許字同縣李子。未嫁而李先逝，女誓死歸守三載矣。一夕夢李子來迎，次日往與母訣，未及返而卒。女家執古禮，葬黄氏塋旁。其舅往哭之，女墓忽自裂。兩家歎異，乃與李合葬焉。李子之弟然山太史爲之傳，余附以詩。

繐帷一息寄餘生，三載親調廚下羹。此念從來堪自信，妾身誰道未分明。延陵有劍心相許，屬國吞氈志竟成。特與人間存大節，不關兒女有深情。

西風驚破夢依稀，鬱鬱埋香事竟違。地下應無鵲夜渡，墳前忍使鳳孤飛。延津寶劍終雙去，合浦明珠解自歸。誰與重翻新樂府，古來曾唱華山畿。

張烈女詩

烈女天津人，未嫁夫死，自溺以殉。蓋乾隆十二年事。追賦此詩。

去年三月二十日，我自津門泛舟出。海雲東北生，烏鳶鳴噪急。舟人收柁驚相呼，惡風白浪來天末。黿鼉盤擲四塞昏，魚龍撥刺長河溢。羲和日車不敢行，六螭飄忽愁相失。三百六十軸，大地疑汩没。杳杳冥冥中，鬼神泣嗚咽。未測造物心，何事驚倉卒。誰知烈女命，正以斯時畢。吁嗟乎！不爲木蘭即爲曹娥，烈女嘗以二人自比。憂來傷人淚滂沱。妾身雖未嫁，一言既許安有他。但愁黄泉下，未曾相識其如何。我感其事，爲悲且歌。今夕何夕，愴懷實多。簾幃舒卷，戛戛聲磨。孤燈忽暗毛髮立，精靈彷彿雲中過。悄然神悚不敢坐，空庭颯颯生風波。夜半開門望天地，盲風暗雨如翻河。

雜詩三首

少年事游俠，腰佩雙吴鈎。平生受人恩，一一何曾酬。瓊玖報木李，兹事已千秋。撫己良多慙，紛紛焉足尤。

蝮蛇一螫手，斷腕乃不疑。一體本自愛，勢迫當如斯。世途多險阻，棄置復何辭。惻惻《谷風》詩，無忘安樂時。

北風淒以厲，十月空林寒。飄摇霜雪降，蕙草亦已殘。黄鵠接翼翔，豈礙天地寬。前後相和鳴，亦足爲君歡。

送惠仲晦太史歸西安三首

水曲山重黯落暉，河梁日暮送將歸。樓頭鼓角催殘雪，十月寒深雁不飛。

離懷愁思晚騷騷，千里寒雲一望高。風雪滿天摇落盡，更無木葉下亭皋。

一道風煙西入秦，故山猿鶴定相親。明年渭北春天樹，樽酒時時憶故人。

歲暮懷人各成一詠

我友滿長安，仲良特高妙。發論激天風，空山鸞鳳嘯。十月潞河水，别離悵同調。此夕隔關山，明月虚堂照。德州宋編修弼。

露園實妙才，早歲標奇穎。軒鶴入雞羣，泊然見孤迥。文章老更成，壯懷激已冷。蹉跎誰復論，相思冬夜永。景州李孝廉基塙。

東魯陋巷生，詩思何清壯。高躡鳳凰翎，寄意青霞上。夢想識容輝，頹然見天放。耿耿降婁星，中宵起相望。曲阜顔明經懋僑。

老狂邊季子，壯志孤煙高。得名三十載，門户猶蓬蒿。長嘯坐彈琴，王侯不敢招。想像敗絮中，風雪空簞瓢。任丘邊徵君連寶。

申公古逸民，沈湎誰能識。望古多遠懷，玩世無忤色。鴻飛自冥冥，身名一爪跡。才盡江文通，未應傷鳳德。景州申廣文詡。

廉衣振高節，神龍誰得控。傲物本無心，真氣自驚衆。別我日以疏，昨宵猶入夢。古道良足希，一官非所重。任丘李庶常中簡。

吾愛團冠霞，灑落富清製。百鳥自啾唧，孤鶴時一唳。俱爲長安客，未能結意氣。何當緘遠情，寄之南雲際。江南團副車昇。

吾舅慕隱淪，中懷本澹蕩。雖無蓋世名，雅意存清尚。生計日以拙，彌覺襟期曠。大雅逝已頹，相憶羲皇上。舅氏滄州張公拱乾。

西征

良臣合共國分憂，元輔提兵靖塞酋。關外誰爲班定遠，軍中正待武鄉侯。莫驚殺氣連笳管，肯使妖星照益州。聖主臨軒恩意重，冬寒更賜紫貂裘。

擬古二首

十三學擊劍，十四能談兵，十五買駿馬，慷慨從軍行。路逢魯朱家，車騎何縱横。邀我登高堂，置酒吹竽笙。感君意氣重，亦欲傾平生。丈夫誓許國，邊徼方長征。

魯連天下士，本自澹宕人。一朝感世

故，高義横天雲。力排新垣衍，長揖平原君。事成竟高蹈，翩然還隱淪。我讀短長書，感激爲沾巾。千金亦易辭，所貴卻秦軍。

贈戈芥舟二首

長鯨跋浪出，萬里滄溟開。三山岌欲動，倏忽生風雪。夫君振高節，早歲馳雄才。胡爲久蹉跎，幽鬱使心哀。緑草春離離，感激黄金臺。

飢鷹思掣鞲，疲馬思疆場。壯志雖不遂，猛氣猶飛揚。緬懷古烈士，撫己多慨慷。不有辛苦人，焉識勞者傷。長鋏發哀彈，惻惻沾衣裳。

送梁幼循南歸

庭際下黄葉，颯然秋氣生。客心正蕭瑟，良友復長征。聞説潞河水，比來新漲平。爲憑將别意，流到古杭城。

寄贈露園四首

四十年來兩鬢星，蕭條生事《太玄經》。長楊羽獵無心賦，載酒何人問草亭。

松火談詩夜唱酬，當年小宋憶同游。王維早貴襄陽老，俱是開元第一流。

豐草長林老杜陵，名場偶逐少年登。騎驢日日長安市，才有新詩上左丞。

獵獵驚風雪打圍，蓓侯城畔射生歸。短衣匹馬何人識，長嘯高原看落暉。

與蒙泉閲長河志因出所作州乘餘聞見示題二絶句

六朝小史艷縑緗，蕭倚王嘉總擅場。獨與臨川傳《世説》，可憐劉峻在齊梁。

檢點平生記事珠，丹鉛一字幾踟躕。何人復作裴郎學，一笑黄公舊酒壚。

哭田白岩四首

千里銘旌下潞河，風流張緒悵靈和。蕭蕭秋雨隨孤櫬，又爲田横賦挽歌。白岩與海豐張舍人完質相次卒。

蕭條空館夜啼烏，藥裹何人伴病夫。擕得椒漿和淚奠，可憐曙後一星孤。白岩無子，惟有一女。

十載清貧寄一官。焚香掃地坐蕭然。無端身後留遺恨，剩得城南二頃田。

度曲紅牙欲付誰，殘膏賸馥舊烏絲。秋風憶爾填新句，又是黄深緑淺時。向與白岩同送葛聞橋南歸，有「一路黄深緑淺」句，余最愛之。

竹下閒行有懷

竹徑秋風急，琤然鸞鳳音。枝高時動影，葉薄不成陰。我有王猷興，徘徊盡日吟。因憐空谷裏，翠袖暮寒深。

偶見二首

清水魚不肥，空倉雀苦飢。鱗枯毛羽瘁，悽切秋風時。行行偶一見，惻惻爲傷悲。微軀雖鄙賤，亦荷皇天慈。豈無釣弋具，念此不忍施。撥食與田烏，日暮持筐歸。老農多惻隱，感彼田家詩。

鼠穴掘榛實，鼠死高樹枝。泰山與鴻

毛，微物焉能知。但思罹酷暴，飢死理亦齊。有生豈不愛，此志良可悲。虞衡有厲禁，惜哉空爾爲。每聞獵師言，涕下沾裳衣。

讀蓮洋集四首

妙悟多從象罔求，麤豪似爾亦風流。碧雞久已分王霸，正合齊名趙倚樓。

幕下曾輕李玉溪，驊騮老大竟相齊。平生惆悵梁園雪，半是開封使院題。

鳳髓何由續斷絃，寒山詩句竟凋殘。微雲疏雨堪千古，剛憶芙蓉不耐寒。

繙盡龍宫貝葉篇，層層雁塔記諸天。金頭自解拈花笑，未是滄浪水月禪。

京邸雜題六首

孤桐館

月出夜蒼蒼，秋色澹無際。梧桐葉蕭瑟，影落庭前地。覽景欲有吟，寂然無一意。淅瀝微風聲，心清亦不寐。

槐安國

萬古一夢覺，大千纔瞬息。七情紛擾攘，當境誰能識。安知此樹下，不有槐安國。安知此天地，不在槐根側。真妄竟何有，輾轉空疑惑。且看向南枝，皎然映月色。移榻坐軒楹，忘機兩冥默。

生雲精舍

名山蘊神秀，氣化成雲雨。小山無真

氣，假合石與土。空説欲生雲，不見翕然吐。宋人刻楮葉，貌似終無取。但念城市居，鬱鬱生環堵。且存巖壑意，晨夕相容與。

閲微草堂

讀書如遊山，觸目皆可悦。千岩與萬壑，焉得窮曲折。煙霞滌蕩久，亦覺心胸闊。所以閉柴荆，微言終日閲。

緑意軒

雜樹蔭庭除，雨過如新沐。曉日下簷際，枕席生微緑。霜清木葉老，摇落一何速。依依色不改，猶有淩寒竹。

三十六亭

樊南摛奥詞，意旨獨殊絶。方山與太常，駢耦吾兼悦。深夜紗燈旁，瓣香稽首爇。亦欲涉風騷，一一求流别。登岸未有期，敢云當捨筏。

戲贈曲江

疏狂全未減，落拓久無聊。歸計空長鋏，閒情付舞腰。烏絲親度曲，紅燭看吹簫。誰識樊川杜，揚州廿四橋。

愛爾如兄弟，結交三載餘。每憐同寂寞，相與惜居諸。霜落鷩鸐，風高躍鯉魚。南山秋草白，射虎意何如。曲江爲元禮題畫有「射虎雄心老未空」之語，故有此句。

和蒙泉有感二首

空山射虎一身輕，誰見當年右北平。解道灞陵多醉尉，將軍何事夜深行。杜宇聲聲夜月昏，無情草木感秋原。黄金解鍊長生藥，便乞刀圭與返魂。

登臺望西山

城闕秋生凋旅顔，登臺日夕鳥飛還。碧天澹沱半雲雨，翠色有無千髻鬟。昨夜帝車回北斗，傳聞别苑駐西山。何人詞賦陪雕輦，正宿長楊五柞間。

即景二首

長安新雨後，蕭瑟暮天清。落葉黄連巷，寒山碧入城。飢烏喧暝色，遠雁帶秋聲。促織身微細，酸吟亦有情。

燈火夜熒熒，哦詩四壁清。苦吟憐太瘦，兀坐似忘情。月冷鵂鶹語，霜寒鸊鵜驚。起看雙寶劍，挂壁竟無聲。

與周閬章圍棋遂成長句

平生苦爲吟詩瘦，未向棋經尋句讀。閒中游戲資一笑，落子丁丁消白晝。據枰乍似賁育勇，脱手全如風雨驟。不須步伐約三軍，搏戰直前相踐蹂。畧同穴鼠勇怯争，何必率然首尾救。忽然趨利蹶上將，俄已合圍逐窮寇。勢堅猶作蚍蜉撼，局蹙偏憐困獸鬭。紛紛潰卒指可掬，孑孑餘生出自竇。游魚莫笑釜底逃，巨網或亦吞舟漏。路盡已愁車擊轂，尋隙仍思風入腠。外内斂子方嘆輿尸歸，抵掌不殊凱歌奏。空搆鄭門蛇，王霸終分陳寶雊。枯棋三百通兵家，九等元機自天授。縱横方罫盡變態，思苦不辭心腎鏤。爛柯未必遇神仙，木鑽去聲石盤何日透。我曹無事坐孤館，紋楸一局邀朋舊。喧闐雖似劍逐蠅，無心誰識雲出岫。淪漣風水適相遭，縠文蹙起微波溜。須臾境過兩俱忘，風本無聲水不皺。勝固欣然敗亦喜，東坡妙語誠非謬。試從能者較得失，佩劍何妨分左右。興闌客散自下帷，微風一綫沈煙逗。

次韻張晴溪孝廉遊盤山八首

聞道田盤隱，遺蹤在此山。風流今寂寞，巖壑自孱顏。流水何年隔，白雲終古閒。空餘天際望，縹緲湧煙鬟。

瀟灑張公子，尋幽上翠微。山光春染黛，雲氣曉生衣。路轉千峯合，泉鳴一練飛。桃花正相待，濃露未全晞。

想爾三盤上，危凌萬仞巔。崎嶇無路處，人影半天懸。俯視雲中鳥，微分樹杪泉。蒼茫高興發，一嘯坐風前。

正是春三月，嵐光欲滴時。濛濛空翠影，一片碧琉璃。躡屩紆行入，尋僧小坐遲。禪房幽處好，賞慰自應知。

爲問拙庵後，宗風今若何。石龕新歲月，禪榻舊煙蘿。太息支公去，誰邀元度過。青溝好風景，知爾意偏多。

聞有詩僧在，門臨東澗開。時時攜錫杖，踏徧滿山苔。心與閒雲懶，吟憑野鳥催。可曾一相遇，煮茗唱酬來。

日落山風急，蕭森動客心。飄然雙蠟屐，還踏萬松陰。巖谷時傳響，煙霞欲染襟。遥知山水意，回首暮雲深。

苦愛盤山草，坳堂逸興賒。常思策竹杖，同去嚼松花。更得高山曲，攜來貫月查。十年塵土夢，一夜入煙霞。

對雨有作呈錢少司寇

匝地陰雲曉未晴，蕭然獨坐閉柴荊。

天涯芳草愁相憶，塵匣瑶琴澀不鳴。夢裏園林騎馬路，病中風雨賣花聲。玉泉山下芙蓉渚，一夜新流幾尺生。

送郭石洲歸洛陽

風起盧溝萬柳斜，河梁欲别曉啼鴉。游士天涯春盡憐芳草，遠道人歸過落花。游士真成蘇季子，少年珍重賈長沙。含情一片長安月，夜夜隨君共到家。

游仙詩

昔有王子晉，吹笙向緱嶺。一遇浮丘伯，飄然躡倒影。輕舉有夙心，精誠宜自秉。金石未爲堅，天路豈云永。無爲畏險阻，歲月逝鼎鼎。緬彼乘鸞人，喟焉獨引領。

偶作

西川織錦鬭鮮新，萬馬争隨獨角鱗。親記堯峯規戒語，漁洋原自有心人。

雜述五首

大樂播元音，帝王殊善美。律吕雖不異，中含升降理。金石一和鳴，鏗鏘皆悦耳。分刌判精微，誰能分别此。聞聲契古先，感彼吴公子。

左右佩劍者，相笑無時休。一言分楚越，輾轉成釁讐。豈知述作士，持論各有由。删詩存三百，大旨歸温柔。三頌何唐皇，小雅多幽愁。

導河從積石，九派分朝宗。尋源既一脈，歸宿還相同。支流各盤注，何必求疏通。但恐呂公子，肆怒激天風。驚濤忽四溢，汗漫無終窮。

播種資民生，菽粟有真味。淡泊血氣平，粗糲彌堪貴。畋漁窮山海，盤俎羅珍異。萬錢供一食，豈不暢心意。但恐饜飫餘，美疢傷神志。

清水有濁流，直木有曲枝。阿膠不能澄，斤斧難與治。事勢遞相因，轉變焉可知。東家驚里人，豈不緣西施。逐貌失本真，淺見古所譏。

吴孝婦詩

一封丹詔下，相藉慰辛酸。早是黄金骨，長埋白玉棺。精靈悽夜壑，風雨泠刀瘢。泉下逢姑舅，音容雪涕看。

作吴孝婦詩竟有感

感激增三嘆，蛾眉有此人。豈嫻詩禮教，況是綺羅身。老樹風偏急，清秋露又新。平生懷隱痛，展轉竟難陳。

羅酒歌和宋蒙泉

平生不飲如東坡，銜盃已覺朱顔酡。今日從君論酒味，何殊文士談兵戈。往昔作客東光縣，春風三月胡蘇河。主人好事攜美酒，踏青邀我同相過。芳草丰茸疊翡翠，幽禽尖咽如鳴梭。風景駘蕩客心暢，飲酣起舞爭婆娑。爾時意氣亦豪舉，呼童一酌鸚鵡螺。伯夷柳下共風調，滑流齒頰清而和。形神酣適忘物我，便擬倒甕傾滂沱。麴生風味真可憶，主人云出陵州羅。

玉井蓮花釀珠露，漁洋當日留詩歌。滄州亦有麻姑酒，南川樓下臨盤渦。河心泉水清泠味，小槽滴滴浮黃鵝。有如少華連太華，肩隨未敢爭嵯峨。自餘碌碌千萬種，大岡小阜空陂陀。東海先生昔好事，大徵名醖分其科。章丘墨露推第一，品題未免成差訛。此事十年在胸臆，回首往日東流波。年來倚廬卧昏曉，幽憂致病愁難瘥。有疾飲酒禮雖許，忍云思此蠲煩疴。比似清篳疏簾句，枯禪不免長吟哦。偶然一品江瑶柱，髯蘇聞此當云何。

食棗雜詠六首

八月剥棗時，檐瓦曬紅皺。持此奉嘉賓，爲物苦不厚。豈知備贄謁，兼可登籩豆。桂子不可食，馨香徒滿袖。

青蟲蝕老槐，槐葉遂憔悴。棗實朱離離，蟲乃生其内。在外猶可除，在内焉能制。此物豈不微，彌小彌堪畏。

東海逢安期，食棗大如瓜。物類或殊常，聞者以爲誇。豈知玉井蓮，乃有十丈花。鯤鵬談變化，焉可疑南華。

大棗不可食，小棗甘如蜜。種類畧不殊，美惡焉能匹。所期適口腹，安問形與質。采采慎所求，無爲以貌失。

破棗觀其核，中空無所有。樂陵傳此種，海内云無偶。矯揉事接植，期以適人口。千種無一生，真性戕已久。

披葉將引條，矗矗鋒鋩直。採摘不敢辭，攀援焉可得。毅然露風骨，緬彼君子德。豈同灌莽中，險阻生叢棘。

題潘南田畫梅

畫梅用疏不用密，疏枝易取風標逸。

潘郎獨作滿樹花，矯然彌覺清無匹。勢隨橫幅作欹側，偃蹇支離形不一。左側四枝風霜古，瘦骨杈椏相拗捩。右側三枝附根生，兩枝直上一枝屈。中間老榦更倔强，夭矯斜飛仍下拂。生綃四尺畫不盡，突兀凌兢昂首出。亂枝低亞倒露梢，空際盤拏猶仿彿。小枝大枝盡著花，萼跗相銜比似櫛。皓然滿目但一色，諦觀始覺姿態別。開者如笑矜窈窕，落者如愁意蕭瑟。欲謝不謝如低徊，欲放不放如鬱結。向者如迎背如拒，仰者如承俯如掇。正如神女覿面逢，側如回眸忽一瞥。攢如儔類爾我聚，孤如微吟形影孑。隔枝遥望如有情，並蒂爭出如相軋。盡態極妍不可計，安能逐象一一説。摹神寫貌各入微，因難見巧真奇絶。紫桃軒中兩瓣花，老衲當年弄狡黠。譬如飛燕與玉環，肥瘦誰能分優劣。北宗衣鉢日塵土，千里十洲遞瑣屑。南宗高簡矜風流，流派或將繩墨軼。左右佩劍更相笑，齊楚何分得與失。豈知摩詰輞川圖，梧桐正用雙鉤筆。循牆一日看百回，羅浮仙人共丈室。縞衣月下一嫣然，使我形神坐超忽。人間畫手各擅場，且憑鑾觸爭馳突。

送内子歸寧

門外馬蕭蕭，僕夫已引鞚。之子有遠行，向曉征輪動。中懷忽悵觸，展轉增沈痛。昔日爾歸寧，阿母倚門送。舉手引諸孫，瀕行猶撫弄。今日爾歸寧，撫棺惟一慟。秋塵生繐幃，蛛網垂梁棟。爾母雖他鄉，還家悲喜共。我母隔重泉，耿耿空魂夢。入門三太息，淚漬麻衣縫。

瓦橋關

積水通瀛海，雄關記瓦橋。當年争洛蜀，此外付金遼。世闇邊功賤，儒多戰氣銷。北盟誰載筆，猶忍話三朝。

紀文達公遺集卷第二十六

孫樹馨編校

三十六亭詩

陳簡肅公墓下作

一事堪千古，椒山有舊朋。公爲椒山先生同年。椒山卹典公所請也，見《椒山集》。素心人共見，青史語偏增。史紀公臨終，語留江陵事。朝論關恩怨，人才係廢興。故都禾黍後，原自憶江陵。漁洋山人紀明人弔江陵詩曰：「恩怨盡時方論定，封疆危日見才難。」

過景城憶劉光伯

故宅今何在，遺書亦盡亡。誰知馮道里，曾似鄭公鄉。三傳分堅壘，諸儒各瓣香。多君真北士，敢議杜當陽。

獻王陵

獻王陵上草蕭蕭，時有村翁奠桂椒。西到縣城三十里，土人行慣不知遥。凡車駕巡幸先賢祠墓，距輦道三十里内者，例遣官諭祭。向在翰林撰文日，因祭文不及獻王，移問禮曹。覆云，距縣城在三十里外。

壬午順天鄉試分校硯

文章敢道眼分明，遼海秋風愧友生。惟有囊中留片石，敲來幸不帶銅聲。

自題桐陰觀弈圖

不斷丁丁落子聲，紋楸終日幾輸贏。道人閒坐桐陰看，一笑涼風木末生。

王菊莊藝菊圖

東籬千載後，癖嗜似君無。以菊爲名字，隨花入畫圖。秋深人共淡，香晚韻逾孤。可要王宏輩，重陽送一壺。

友清軒新種梅花正開率成禁體四首

衙齋深閉海城隈，春色驚看數點梅。前輩風流已陳迹，幾年寥落又新栽。康熙甲申，學使沈公種梅於此。寒燈久許邀君伴，次兒汝傳讀書於此。冷蘂渾如待我開。隔院桃花任撩亂，祇因松竹耦無猜。

小別山坳與水隈，偶來使院作官梅。宛然静女妝初罷，原是騷人手自栽。地暖誰知銜雪放，花遲轉得到春開。東陽瘦骨多相似，坐料形骸兩不猜。沈君柳堤下榻軒中。

無須羯鼓爲催花，隨意欹横數朵斜。冷署未應嫌迫仄，嚴扃猶與戒喧譁。此間賓客稀塵事，別院笙歌自歲華。待取焦桐彈對汝，七分尚恐入琵琶。

滿城火樹鬭銀花，時近上元。獨自霜枝待月斜。憐爾風標清有味，消人意氣静無譁。頻牽詞客三更夢，未厭衰翁兩鬢華。客年有最老者。一任旁觀嫌淡泊，更如昨夜演琵琶。

仙游道中曉起題壁

春山曉霽，散步林隈。幽鳥自眠，雜

花半開。微風泠然，白雲忽來。我愛其間，坐與徘徊。

上杭人以竹黄製器頗工潔癸未冬按試汀州偶得此篋戲題小詩二首

瘦骨碧檀欒，頗識此君面。誰信空洞中，自藏心一片。憑君熨貼平，展出分明看。

本自汗青材，裁爲几上器。周旋翰墨間，猶得近文字。若欲貯黄金，籯乃陳留製。

題從姪虞惇試帖

十年珥筆鳳凰池，格律潛教小阮窺。他日三條官燭下，諸公應識紀家詩。試帖多尚典贍，余始變爲意格運題。館閣諸公每呼此體爲紀家詩。

自閩回里築對雲樓成偶題

還鄉翻似到天涯，築得書樓便作家。偶睇郊原成野趣，擬從田老課桑麻。

長夏雲峯入望深，軒開四面好憑襟。兒曹莫笑村居隘，兩載經營一片心。

寄壽徐筠亭先生

生日詩列吟卷中，誰歟倡者羅江東。北風一扇八百載，吴牋擘畫丹砂紅。震川先生稱鉅手，更以壽序煩鐫工。銀屏錦幛入青简，文格破碎從嘉隆。生平偃蹇懶爲此，捉刀往往聽兒童。胡爲一旦破戒律，手題長句封郵筩。筠亭先生天下士，牙籤萬軸羅心胸。暮年戒養古曾閔，早歲爲牧今黄龔。行年七十老無恙，蒼顔白髮柯青銅。我家舊宅近橫海，早聞父老談清風。到閩兩載未相識，伊人秋水無由從。赤霄麟鳳衆所望，尺素頻托微波通。親撰杖屨吾尚願，何況片楮勞雕蟲。樂全先生鐵柱杖，寄詩原有東坡翁。其人顧視何如耳，寧云一律從同同。梅崖居士今鉅筆，蹴踏揚馬如奴僮。頗聞文字慎許可，寸莛未許摐洪鐘。獨於先生一傾倒，昌黎東野相雲龍。定知亦有文爲壽，華鯨相與鳴春容。老友黄公今健否，鷃冠憒憒非真聾。此客嚴冷頗難致，祝君想亦親扶筇。因君問訊道好在，爲我一勸琉璃鍾。

杜節婦詩 胡建寅繼妻

清節胡威裔，高門杜預家。素心標潔白，淑德頌柔嘉。早歲吟黄鵠，餘年啓絳紗。五龍山畔樹，開徧女貞花。

蕃騎射獵圖

白草粘天野獸肥，彎弧愛爾馬如飛。何當快飲黄羊血，一上天山雪打圍。

書贈毛副戎

雄心老去漸頹唐，醉卧將軍古戰場。半夜醒來吹鐵笛，滿天明月滿林霜。

辛卯六月自烏魯木齊歸囊留一硯題二十八字識之

枯硯無嫌似鐵頑，相隨曾出玉門關。龍沙萬里交游少，祇爾多情共往還。

松巖老友遠來省予偶出印譜索題感賦長句

陽關西出二載餘，歸來再直承明廬。艱難坎坷意氣減，閉門漸與交游疏。西風昨夜到梧葉，悽然白露滋庭蕪。軒車雖復謝時輩，觴詠頗亦思吾徒。門前剥啄者誰子，昂藏老鶴清而癯。故人忽自天半落，跟蹌躡屐遥相呼。憶昔把酒談篆刻，布衣之舊晨昏俱。迢迢一别十六載，秋鴻未寄尺素書。誰知古道淡以久，形骸雖隔心相於。聞我生還如再世，霜華漸欲侵髭鬚。常恐從此相見少，不辭策蹇紆長途。我聞握手再三嘆，蒼茫百感交斯須。誰言草野貧賤士，乃能不逐炎涼趨。古云書畫繫人品，天然高致非臨摹。豈知一藝能造極，立身亦與常人殊。向來知子殊不盡，但誇鐵筆鐫蟲魚。題詩擬續印人傳，較工論拙徒區區。舊題松巖印譜有「他年誰續印人傳，惜哉不遇周侍郎」句。如今始識天下士，此人此藝今皆無。幸子老眼尚如鏡，君七十二歲，尚能鐫小印。莫辭寸鐵磨昆吾。晴窗爲我鏤山骨，長揖頡籀相争驅。他年片石以人重，姓名託子留寰區。

辛卯十月再入翰林戲書所用玉井硯背

萬里從軍鬢欲斑，歸來重復上蓬山。自憐詩思如枯井，猶自崎嶇一硯間。

有以八仙圖求題者韓何對弈五仙旁觀而李沈睡焉爲賦二詩

十八年來閱宦途，此心久似水中鳬。如何纔踏春明路，又看仙人對弈圖。

局中局外兩沈吟，猶是人間勝負心。那似頑仙癡不省，春風蝴蝶睡鄉深。

己卯秋錢塘沈生寫余照先師董文恪公爲補幽篁獨坐圖今四十年矣偶取展觀感懷今昔因題長句

我家京國四十年，俗情入骨醫難痊。堂多隙地居無竹，此君未省曾周旋。先生此畫竟何意，忽然置我幽篁間。當時稽首問所以，淋漓潑墨笑不言。毋乃怪我趨營猛，諷我宴坐娱林泉。拈花微旨雖默解，拂衣未忍猶留連。人生快意果有失，一蹶萬里隨戎旃。孤城獨上望大漠，泱漭沙氣黄無邊。慨然念此畫中景，有如縹緲三神山。枯魚書札寄魴鱮，風波一失何時還。玉門誰料竟生入，嗚珂又許趨仙班。歸來展卷如再世，羊公重認黄金環。少年意氣已蕭索，傷禽寧望高飛翻。但思臣罪當廢棄，驂鸞忽躡蓬萊巔。友朋知己尚必報，況乃聖主恩如天。文章雖愧日荒落，江淹才盡非從前。石渠天禄勤校録，尚冀勉滌平生愆。以此躊躇未能去，故人空寄歸來篇。湖州妙迹挂素壁，風枝露葉横蒼煙。彈琴長嘯懸明月，相從但恐終無緣。畫雖似我我非畫，對之仍作他人觀。盤陀石上者誰子，杳然相望如神仙。

己卯六月先師董文恪公招余飲醉中爲作秋林覓句圖後余至烏魯木齊城西有坤司馬所建秀野亭案牘之暇獨步其間喬木捎雲宛然此景始知人生有數早兆於十載前矣歸來重閲俯仰慨然因題二絶句

霜葉微黄石骨青，孤吟自怪太零丁。

誰知早作西行讖，老木寒雲秀野亭。

歸來壁上拭埃塵，粉墨猶存舊寫真。指與兒童渾不識，朱顏非復畫中人。

送汪劍潭南歸

探珠合浦水，采玉崑崙丘。天琛世所羨，豈不窮冥搜。陸離燦百寶，安得一一收。所以盛明世，奇士時淹留。常情多感慨，達識無怨尤。遇合各有期，蘭菊殊春秋。汪子負奇調，巨海吟蒼虯。風波偶蹭蹬，歸買淮南舟。長安居不易，無計爲子謀。潞河千里水，送子心悠悠。努力勤自愛，舊業重研求。駿足皆得路，豈獨遺驊騮。三年一彈指，挾策來皇州。岧嶤蓬山頂，偕子驂鸞游。

醉鍾馗圖爲曹慕堂同年題

一夢荒唐事有無，吴生粉本幾臨摹。紛紛畫手多新樣，又道先生是酒徒。

午日家家蒲酒香，終南進士亦壺觴。太平時節無妖癘，任爾閒游到醉鄉。

題羅兩峯鬼趣圖

文士例好奇，八極思旁騖。萬象心雕鎪，抉摘到丘墓。柴桑高尚人，沖澹遺塵慮。及其續搜神，乃論幽明故。淵明作《搜神後記》，以續干寶之書。豈曰圖神姦，將以資禁禦。平生意孤迥，幽興聊兹寓。比畫誰所作，陰風生綃素。慘淡有無中，睒睭吁可怖。大矣天地間，變態靡不具。耳目所未經，安得窮基數。儒生辨真妄，正色援章句。爲謝臯比人，説鬼亦多趣。

題羅兩峯歸帆圖

胸中奇氣蟠蛟螭，蹉跎乃作老畫師。逢時以畫已自惜，況於落拓難逢時。秋聲昨夜到庭樹，蒼苔滿院吟蟲悲。墨君堂冷人迹少，牡丹終不塗胭脂。禿毫敗楮自寫照，孤帆一片天之涯。斜陽不語光錯落，寒雲無色氣慘悽。數筆草草暈淡墨，中有萬古騷人思。我來相訪掃塵榻，默默坐讀無聲詩。嗟我之子且小住，吾曹數輩猶追隨。他時鼓棹煙水外，沙鷗蘆雁知君誰。

題陳君小照三首

老圃秋容晏坐餘，一丘一壑意蕭疏。到頭不恨青袍誤，投老空山尚把書。

百花只有黄花淡，畫裏纔容寫數枝。料得肝腸都似雪，平生不解買胭脂。

科頭偃蹇坐雲根，短短疏籬静掩門。莫怪元龍豪氣盡，功名久已付兒孫。

斷碑硯歌爲裘漫士先生作

斷碑者，宋熙寧四年蘇文忠公爲孫吴興作《墨妙亭》詩石刻也。存十二字，凡四行，行三字。曰「鐙他年」，曰「憶賀監」，曰「時須服」，曰「孫莘老」。高廣各三寸，長四寸。王文成公得之，以背面作硯。左刻「守仁」二楷字，右刻篆書「陽明山人」四字，側刻分書「驛丞署尾硯」五字。蓋明正德元年文成謫貴州龍場時物也。漫士先生既爲之贊且銘矣，屬作長歌紀事

神物不受劫火燔，姚江之硯今猶存。摩挲題識已可敬，況復東坡居士留手痕。斑斑墨繡閲幾姓，觚棱刓缺塵埃昏。一朝天遺入公手，文綈重襲如璵璠。兩公卓犖

天下士，平生學問皆與洛閩殊淵源。古來豪傑各有見，安能一一俱以繩尺論。黃龍紫鳳自上瑞，寧知摩天浴海尚有鵬與鯤。輸攻墨守各師説，宋明兩代紛囂喧。惟公曠世具巨眼，埽除門户存公言。公銘有「吾於東坡，不師其經濟而師其文章。吾於陽明，不師其學術而師其事功」語。乃知此硯出有意，將以乞公一字爲平反。中間莘老頗異趣，當年調笑王孫猿。姓名偶得挂石角，有如蒼蠅附驥千里奔。公能置之不論不議列，想見胸中雲夢八九吞。我從侍坐睹法物，凛然再拜不敢捫。竊爲此硯慶所遇，流連諷歎不覺其詞繁。有形自古無不盡，惟有文章之壽不隨萬物歸其根。千秋萬世石可泐，此銘此贊永永留乾坤。

漫士先生繪斷碑硯圖敬題其後

我聞石田翁，奮筆畫擊硯。砰訇霹靂聲，涌出鵞谿絹。此硯劫火餘，殘缺不存半。云何撫題識，片石人猶玩。文章緬眉山，事業憶新建。手迹賸依稀，其人如可見。公從何處得，法物神明焕。珍重付畫師，真形圖四面。公於三代器，過眼逾千萬，斷碣數寸餘，視之何眷眷。緜邈思古人，寄託申素願。睪然千載心，寫之銘與贊。彈指六百年，瞥眼逝如電。一會想靈山，儼然猶未散。

曹慕堂光禄席上贈張白蒓即以送别

不料吾曹飲，斯人肯見尋。鬚眉留古色，天地入孤吟。牢落塵中迹，蒼茫物外心。寒暄都未及，先自話登臨。

踏遍天涯路，燕郊上古臺。一囊貯山水，雙屐帶莓苔。問子將何適，言余是偶來。孤雲無住着，野鶴任徘徊。

珥筆金華殿，飛騰盡馬揚。美人弄蘅杜，秋水隔瀟湘。風雅寧殊調，雲龍且共翔。他時清夜直，應憶孟襄陽。

先師介野園先生壬午春扈從西湖以詩扇寄示俄聞負杖逍遥矣蓋絶筆也壬辰長夏偶於笥中見之不勝存亡之感追和二絶不知涕淚之縱横也

徑跨鯨魚汗漫遊，朱門客散冷如秋。十年梅雨泥金黦，尚有詩情扇上留。

劉井柯亭事事新，瀛洲不改舊時春。侯芭灑淚收遺草，頭白門生賸幾人。

寄示閩中諸子六首

督學閩中，愧無善狀。而諸生有一日之知者，詣公車必過相存問。其不能至京師者，書題亦絡繹不絶。信閩俗之篤師友也。余懶且病，不能一一作報書，而其意又不可不報。因作詩六章，屬梁子攜以歸，有相問者，梁子其爲我誦之。

平生無寸長，愛才乃成癖。每逢一士佳，如獲百朋錫。甲乙手自評，朱墨紛狼籍。諸幕友以墨筆閲卷，余以朱筆覆勘之。塗乙縱横，或相違異。閩士子習見不怪也。雖不接笑言，宛然共晨夕。别來八九年，姓名心歷歷。每遇閩嶠人，慨焉懷曩昔。

鐵網織千絲，持以臨滄海。珊瑚萬萬株，安能一一采。遺才良已多，事後恒追悔。尚喜所已收，頗足敵崇愷。森竦七尺枝，萬目炫光彩。貢篚耀天琛，聲價今無改。數科以來，登第者指不勝屈。學使三易，所甲乙亦無大同異也。

芳蘭春已茁，黄菊秋葳蕤。馨香初不異，滋長各有期。諸子皆南金，寶礦光陸離。云何閱數載，窮達理不齊。素修苟勿怠，遇合終及時。君看延平劍，變化何神奇。

蓺禾待其稔，種木待其榮。殷勤羅國士，實亦期其成。豈曰植桃李，持以誇公卿。文章達世用，所冀爲國楨。經濟緬忠定，道德尊考亭。抗懷思古昔，日月懸高名。

昔陟鼓山巔，東望大海水。萬派匯歸墟，有本故如是。我雖詞賦人，雕蟲争綺靡。側聞師友訓，頗解文章理。六藝濬淵源，五倫固根柢。作者無幸傳，勖矣諸君子。

迢遞隔山川，音書時睠睠。感此金石心，不逐升沈變。余謫官以後，諸子之誼彌篤。深情何所酬，贈以勤無倦。鼎彝登廟廊，追溯工師鍊。他年因子傳，已荷榮施萬。努力副所期，何必時相見。

題吴香亭古藤詩思圖 藤爲新城王文簡公手植

三才萬象窮梳爬，詩翁秀句含天葩。瓊箋九萬寫不盡，餘香散作庭中花。夭矯老榦三十尺，蛟螭倔强相盤拏。炎天羃羃張翠幄，春風裛裛吹紫霞。老仙一去六十載，孤根半被莓苔遮。烏衣燕子銜落蘂，蒼涼已使人咨嗟。云何瞥眼更小劫，翦伐不遺留枯槎。花神夜泣紅淚盡，離魂何處愁天涯。豈知一物有顯晦，冰霜閱徧逢春華。蘭成宋玉遠相繼，舊宅仍是詞人家。鶴林天女忽自返，嫣然一笑窺窗紗。始知神物終有待，人間斤斧焉能加。昨秋乘興偶過訪，滿庭緑影紛横斜。三生石上恍相遇，牽蘿翠袖真無差。所惜不及花正放，恨無羯鼓冬冬撾。相期待取蜚英會，醉看珠毬垂檐牙。淵明何事又卜宅，徒留空館棲昏鴉。有形自古無不盡，電光過眼飛金蛇。長留但有文章壽，流傳往往千年賒。敬愛寺藤無寸蔓，東川詩句今猶夸。此藤縱落他人手，飄零賤視如蓬葭。得公一記足不朽，其壽已比恒河沙。漁洋有靈應起舞，吾花不枉重萌芽。惜哉手種羊城樹，欲子見之山川遐。

讀小元和鶉衣子傳戲題轉韻

聲聲鶗鴂東風急，瞥眼飛紅覓不及。斜陽蝶衣粉褪碎襹褷，香魂猶抱空枝泣。斜陽芳草誰長吟，別鶴一曲傷春心。手中尺半鐵綽板，鑄成曾費千黃金。可憐破衲重重補，不是尋常春線縷。柔情宛轉引成絲，百折千迴無處數。纏頭十萬酣春風，傾家買笑寧惟公。乞食落魄不自諱，嗟哉兀傲真英雄。聞有丹青傳好事，吾雖未見知其意。緑慘紅愁兒女情，天高地闊風雲氣。

題同年謝寶樹小照

往者詣公車，爾我憐同調。馬上慘緑衫，翩翩兩年少。中間各仕宦，人事紛繚繞。彈指廿六秋，駒隙忽停照。秦中暫相遇，我正適邊徼。草草敘悲歡，未暇觀顏貌。生還荷聖慈，重待金門詔。君亦方内還，握手再一笑。自憐雙鬢改，對鏡惄焉悼。看君鸞鶴姿，尚與當年肖。寫真入畫圖，明月清光耀。花樹陰翳如，微風吟萬竅。朱顏發春醅，宴坐恣歌嘯。自是丰神佳，非關畫手妙。盛衰寧有常，年齒何足較。展卷一慨然，榮枯隨所蹈。

胡子同旋粵乞詩爲其母壽因作長句即以贈別

海山春簸風濤音，滔滔太古流至今。祝融成連鼓楫不到此，誰能寫入焦桐琴。錦囊驢背靈怪久鬱勃，奇柯忽挺珊瑚林。云何寶礦獻不詩一卷，吞吐萬里南溟深。受，翻然高唱游子吟。客舟初戛鴉軋櫓，歸夢已聽鉤輈禽。八千里路未爲遠，到家纔及秋蕭森。高堂且喜娛白髮，空囊莫恨無黃金。烹魚煮筍亦足養，孝子何必皆華簪。況乃胡威舊清節，鐵骨不受風霜侵。當年能與共寒餓，此時寧復嗟升沈。行矣吾子勉自愛，羽陵蠹簡勤蒐尋。忠孝力奉孔孟戒，文章一洗齊梁淫。蔚然挺作國士器，雖貧足慰慈母心。何嫌此度偶落羽，臨行宰負縫衣鍼。儻逢暇日風景好，板輿奉侍桄榔陰。誦我此語爲母壽，云我贈別兼規箴。老人聞此定一笑，不辭椰酒頻頻斟。

題孝友圖十幀

忍凍不自言，委曲全終始。人心得所安，大義固如此。世俗以爲難，蓋未知閔子。閔子。

老萊辭相印，萬事等脱屣。惟此色養心，頭白未能已。乃知高隱人，本不違倫理。老萊子。

糞除亦子職，辛苦何足言。哀爾帚下土，洒以涕淚痕。彼哉功名士，但掃丞相門。薛包。

脱衣欲剖冰，事附吕虔傳。寒魚儻可乂，天性亦已見。僵卧事太奇，稗史徒淆亂。王祥。

天地在人心，一念變寒暑。草木本無情，蔬甲爲之吐。神感契至精，勿以艱難阻。劉殷。

梁公望白雲，慨焉增遠慕。問子胡不歸，直以于役故。千載宦遊人，對此一躊躇。狄仁傑。孫樹馨謹案：「躇」音注。見《九辯》及漢武帝《李夫人賦》。

一讓杜百爭，此語古所説。衆志苟先暌，萬忍終一決。我謂張公家，究由明禮節。張公藝。

狗苟固其性，禮義誰教之。和氣所蒸濡，人物兩不知。嗟彼河東人，區區徒爾爲。陳競。

臺笠徧東菑，寧止恒沙數。幾人勤耒耜，但以高堂故。莫訝獨此君，丹青傳縜素。李玭。

葛蔓連葛根，寧斷嬌兒乳。艷曲寫吴歈，兒女呢呢語。此念移之親，人各足千古。長孫氏。

題王紫湘小照四首

來往東華蹋輭紅，幾回握手總匆匆。今宵吟對梧桐影，十載相思到畫中。

隨緣偶現宰官身，山水閒情付寫真。清露新桐王阿大，翛然忽對六朝人。

一院清陰亞緑雲，更無人跡破苔紋。此間好著漁洋句，只恐桐花是使君。

撫卷夷猶悵有思，吟成便是送君時。潮平月落如相憶，好遣瓌瓏唱我詩。

自題校勘四庫全書硯

檢校牙籤十萬餘，濡毫滴渴玉蟾蜍。汗青頭白休相笑，曾讀人間未見書。

寄董曲江

五緯宵明壁府寬，風雲翕合競彈冠。相攜諸子蓬萊島，時憶先生苜蓿盤。名士爲官原灑落，詞人垂老半飢寒。祇應雪夜哦新句，且付彭城魏衍看。

題黄莘田硯

詩人藏十硯，憔悴卧蓬廬。零落惟餘此，殷勤遠寄予。槐廳供視草，藜閣伴讐書。一片韓陵石，相看未忍疏。

鄭編修際唐出其曾祖賜硯見示敬賦古詩二十六韻

三江注大瀛，艮維鍾澔氣。珠胎既煒煌，硯璞尤瑰異。土貢或效珍，詞臣恒拜賜。榮逾青鐵頒，品勝紅絲膩。什襲倖天琛，子孫守不替。小臣獲敬觀，幸睹帝鴻製。其陽作墨池，巧借篆刻字。其陰龍畫分，奎藻親銘識。申明延年理，闡示新民義。一物不徒然，道也寓諸器。側聞蒙賚時，初服久已遂。固宜戒頤養，俾作熙朝瑞。云何林下人，兼勉淑斯世。寓訓當有由，沈思今閱歲。偶披蒼姬典，乃悟聖人意。司徒佐廟廊，固贊時雍治。退爲鄉大夫，緊寧型子弟。里閭後進風，多秉老成議。著書宣教化，是亦儒臣事。仰惟賚子心，實切風俗計。非以翰墨資，徒佐文章麗。康成逝已遥，小同經術繼。簪毫步玉堂，儤直登丹地。鴻寶藉世傳，奉持其勿墜。永言念聖恩，黽勉繩先志。他日躋綸扉，用兹當内制。

秋海棠和吴興徐芷塘韻

靈妃一笑影便娟，雙頰桃花記儼然。無語自含愁脈脈，有情時作舞僊僊。緑窗人静憑誰賞，翠袖天寒最汝憐。珍重西風好相惜，莫教憔悴不成妍。

眼　鏡

暗中摸索敢相誇，未老先看霧裏花。眼作琉璃君莫笑，尚愁人道是紅紗。

題張桂岩壽星納涼圖

南極老人科頭坐，西堂强使加冠巾。尤西堂有《帶巾壽星圖贊》。張郎今又弄狡獪，遣作解衣槃礴人。神仙游戲誰能測，如此優閒良亦得。由來老子外形骸，一任少年塗粉墨。

汪水部啓淑**綿潭山館十詠**

葆　真　堂

羣動紛營營，機巧日相勝。徒云抵彼瑕，寧識漓吾性。至道以拙存，愛汝心無競。

訒　庵

非曰善藏機，隱諸深不測。亦非防忤物，徒貴守其默。多論懼少成，兹懷誰得識。

翠　香　閣

陰森翳虚閣，老柏霜根盤。晚翠異桃

李，真香非麝蘭。誰於人境外，愛此空林寒。

律素書廳

蠹校玉字書，時逢君所獻。《七畧》簡汰餘，猶多人未見。津逮者伊誰，山深雲漫漫。

息軒

貴賤皆有營，百歲誰得閒。但使妄念浄，即爲善閉關。古來恬退人，不在居深山。

嘯雲樓

木杪露飛簷，四圍雲泱漭。何來鸞鳳音，風散空山響。知有倚樓人，翛然百尺上。

蓼陽茨室

老屋縛香茅，開軒臨水北。門前紅蓼花，摇映玻璃碧。秋色亦復佳，何必芙蓉國。

待月簃

清光澄萬慮，妙悟静者知。娟娟松際月，若與幽人期。想見風露中，支策微哦時。

莓逕

汲水養蒼苔，一室自高卧。時防俗客來，踏我緑雲破。惟有羊與求，無妨躡屐過。

澤花腴菜井

樗泉灌菘韭，本爲口腹計。騷客愛馨

香，兼以滋蘭蕙。是爲文士園，事與農家異。

蔡葛山相國澄懷二十友圖

縹緲樓臺入紫煙，羣真散坐大羅天。俯看海水明如鏡，尚覺蓬萊是地仙。

鬚眉點染宛如真，一一從頭認故人。祇訝高年文潞國，如今更比畫精神。

甲辰會闈初定草榜偶作二首

甲乙編排幾度更，蘂珠仙榜造初成。范韓本自無私見，瑜亮纔能得定評。隔幕聞歌先擊節，垂簾對影未知名。旁人應笑躭花癖，剛到含苞便有情。

老眼摩挲力欲殫，今朝草創九還丹。唐人試院詩有「九轉丹成鼎未開」句。《李太白集》有《草創大還丹》詩。杜詩韓筆都堪愛，王後盧前恐未安。相馬争誇塵外賞，觀棋誰信局中難。牟尼百八加贏一，顆顆曾經子細看。

定榜後題所取未中諸卷

縱横朱墨委塵埃，臨到緘題更一開。花是親栽皆愛惜，鶴因遠别暫徘徊。書生遇合雖由命，聖代公明豈棄才。荏苒三年一彈指，龍門結隊駕風雷。

爲素菊主人題圖

詩人例有山水癖，十岳誰能身徧歷。朱門況復似海深，何由躡屐尋泉石。寧知宗炳善卧游，巧縮林巒歸咫尺。三生夙結翰墨緣，千金屢博丹青跡。花亭竹榭屋窗明，展卷煙嵐生四壁。錦韉防涴寒具油，預遣當關謝俗客。良朋三四未爲多，棐几筠簾同岸幘。酒殽絃管都不陳，清賞須教塵念滌。惟應佛界真旃檀，銀葉微煎薰几席。定知神往巖壑間，如踏青鞋横楖栗。惜哉此會我不逢，徒想風流共晨夕。徘徊戲問圖中人，爾時曾否嫌岑寂。畫雖不語吾心知，人生各自適其適。

題常理齋愛吟草 理齋名紀，奉天承德人。乾隆丁丑進士。四川崇慶州知州。殉木果木之難

如公纔不負詩書，碧血淋漓苦戰餘。一劍焉能支叛黨，三年原只掌軍儲。鵑啼蜀道悲荒壘，鶴返遼東認舊廬。記得小凌河畔句，平生最慕賀醫閭。見集中望醫巫閭山及小凌河詩。

題吳香亭春郊歸省圖

爲扈鉤陳蹕，因瞻丙舍田。馬嘶春驛柳，人帶御爐煙。畫錦添新記，瀧岡表舊阡。恩榮真罕遇，宜作畫圖傳。

自返春明路，於今十六秋。吟詩披粉繪，回首感松楸。何日承丹詔，如君躍紫騮。亦將歸省卷，題句索相酬。

題伊雲林光禄梅花書屋圖

横斜疏影漸成林，岩曲纔留一徑尋。老屋何年栽雪萼，先生原自抱冰心。詩吟和靖閒情遠，畫倩華光妙手臨。說到百花頭上句，猶憐未免世情深。

宦游十載别煙嵐，畫裏時看結草庵。最憶寒叢花第一，曾偕皓魄影成三。羅浮入夢人將老，月觀横枝句更參。誰爲丈人慰鄉思，芳馨遠寄自江南。

爲伊墨卿題黄癭瓢畫册十二首

幽花宛洛神，微步澄波上。云何視其根，蠢菌如斯狀。菁華多内含，未可以皮相。水仙。

微蟲亦有營，往來紛不止。自人俯視之，但見蠕蠕耳。神仙視我曹，當亦如斯矣。螻蟻。

秋籬豆莢肥，色味香皆好。登盤不厭多，所畫何其少。偶寄疏野懷，本不期君飽。豆莢。

馬遷似杜甫，珧柱似荔支。相似在何處，悟者心自知。誰與歐陽子，一品常建詩。螺蛤。

未足供佛印，寧可贈米顛。胡以彭亨狀，寫照玉版牋。當由鱗皴意，一一皆天然。海石。

嫩菌含清香，新筍饒甘脆。惟有山居人，飽餐風露氣。憶泛建溪船，曾經知此味。筍。

毒與蠆尾同，兼之傅以翼。然其所搆房，入藥殊多益。乃悟駕馭權，貪詐均可役。蜂房。

宴坐耆闍崛，隔石摩阿難。金容不可睹，得此一掌看。我手何如佛，是畫作是觀。佛手柑。

誤記杜陵詩，偶忘莊叟語。或云考證疏，吾謂意有取。朝四而暮三，兹風原不古。棃栗。

來時不及春，厥實乃蕃衍。天以結子多，補爾開花晚。觀化悟盈虚，萬事皆可遣。石榴。

運絲類蜘蛛，乃以繭自藏。化蛾類蛺蝶，乃不飛尋香。然此一微蟲，解織雲錦裳。蠶。

憶我解語時，此輩共晨夕。於今兩鬢絲，仍然同几席。爾爲我役乎，抑我爲爾役。文具。

題瑤華道人一如四相圖

佛法微妙，空無一塵。因緣示現，乃見化身。是種種相，實止一人。光自盈缺。月自滿輪。是種種相，非幻非真。雁自落影，水自無痕。誰於此間，得不二門。不解解之，滿紙煙雲。

題友人畫

百世迅風燈，瞥眼即成故。佛法超死生，乃亦有過去。如何指一隅，云是吾常住。輞川尚有圖，莊竟在何處。達者知其然，澄觀心有悟。昔未屬我前，閱主已無數。過此落誰手，應亦聽所遇。且隨現在緣，領此當前趣。翻階嬝娜花，遶屋扶疎樹。高卧到羲皇，餘者何須顧。

覃溪前輩出竹坨西河兩先生像索詩

山碧湖光結伴尋，六橋煙月對清吟。詩家未可輕臺閣，此是康熙兩翰林。

二老風流寄畫圖，生綃淡墨幾傳摹。吾曹亦似書中蠹，可得他年寫照無。

石庵相國手書卷子以贈芸楣尚書季子翥升**裝池後芸楣索題爲成四絶**

走馬裁詩作意誇，舊傳雛鳳在桐花。誰知慧業無窮盡，八歲今稱賞鑒家。

大令風流接右軍，筆圖早擬授羊欣。珍藏一卷詩中畫，也抵當年白練裙。

四聲五歲便能知，驥子時聞誦父詩。今爲劉公作嘉話，家鷄野鶩可相疑。

小姑天遣嫁彭郎，紅袖時縈翰墨香。生得佳兒遽如許，定知解誦魯靈光。

汪氏雙節詩

客從南方來，貽我越女録。夜深偶披卷，酸惻難卒讀。如彈寡女絲，幽咽吟《黄鵠》。悲風生字裏，慘澹秋鐙緑。百感忽蒼茫，慷慨交心曲。紅閨多薄命，少小嬰荼毒。茹痛就黄壚，凋零隨草木。其間幸傳者，恒沙中一匊。是由局外人，身未罹煢獨。如彼飫膏粱，不知藜藿腹。乍見雖咨嗟，煙雲旋過目。誰能勞筆硯，一一登簡牘。君子胡爲者，蒐此無瑕玉。願以金管豪，徧寫汗青竹。遂使九幽魄，炳若三光燭。自云孤露早，零丁悲慘酷。風雨日飄摇，廬舍幾顛覆。所幸拒秋霜，未殞凌寒菊。四壁僅存留，兩母親鞠育。聆音問痾癢，節口營饘粥。悽涼對紡瓦，涕泣開書簏。懷冰不畏寒，對榻互相勖。萬苦極顛連，一綫幸延續。青雲獲致身，墨綬今沾禄。悲哉不逮養，寸心攢萬鏃。回憶困躓時，艱辛皆目矚。碑狀雖連篇，十纔存五六。其餘瑣屑情，多若筍成束。口所不能言，惟有腸轉轂。緣此感余懷，耿耿如棖觸。瀨水流相合，驚禽鳴相逐。同病多相憐，疾痛如連屬。懷鉛詢耆舊，洒淚談貞淑。擬因中壘傳，代寫皐魚哭。我聞爲太息，遺事重三復。古來閨閣人，鉛華耀羅縠。風花逝不停，摇落何其速。惟此貞烈心，長存偕兵瀆。人紀賴以立，撑拄同鼇足。惟嗟名姓湮，寂寞歸原麓。君能力表章，不惜霜豪秃。足知兩母前，此義聞之熟。想見松與柏，風霜交謖謖。爲君述慈範，握管容先肅。他日輶軒采，或當登史局。煌煌列女傳，千載藏瑤櫝。

銅雀瓦硯歌

銅雀臺址頹無遺，何乃賸瓦多如斯。文人例有嗜奇癖，心知其妄姑自欺。齊徵魯鼎甘受贋，宋珍燕石恒遭嗤。西隣迂叟舊蓄此，寶如商鬲周尊彝。飢來持以易斗粟，强置之去不得辭。背文凸起建安字，額鐫坡谷諸銘詞。平生雅不信古物，時或啓櫝先顰眉。他時偶爾取一試，覺與筆墨頗相宜。惜其本質原不惡，俗工强使生瘡痍。急呼奴子具礪石，階前交手相磨治。瑩然頓見真面目，對之方覺心神怡。友朋驟見駭且笑，謂如方竹加圓規。三國距今二千載，胡桃油事誰見之。况乃陶家日作僞，實非出自漳河湄。諸君莫笑殺風景，大學石鼓吾猶疑。嘻！大學石鼓吾猶疑。

菱花硯

端州紫玉出新阬，琢得菱花似鑄成。
相對無嫌常墨墨，妍媸原忌太分明。

劉文正公舊硯

硯材何用米顛評，片石流傳授受明。
此是乾隆辛卯歲，醉翁親付老門生。

蔣秋吟畫

買得漁莊近釣磯，每逢風浪便先歸。
門前萬里長江水，一任驚帆片片飛。

蘇虛谷墨竹

曾記湖州派，親傳玉局翁。至今老孫子，仍有舊家風。意出杈椏外，神留蕭瑟中。平生疏落性，原與此君同。

貧已惟存骨，高原不畏寒。偶然醉醽醁，隨意寫琅玕。飄泊孤笻在，刁騷短鬢殘。分明霜月下，照取瘦容看。

書紅豆詞後

翦翦西風滿院秋，斷腸花冷小窗幽。瓓珊骰子緣誰賦，大抵詞人總善愁。

摩詰前身是畫師，高情多在輞川詩。誰知勸采相思子，也唱春來發幾枝。

虞惇從姪臨行以課兒圖索題走筆爲書四十字

臨別披圖畫，蒼茫有所思。一經還是舊，兩鬢已如斯。晏坐涼飔入，清吟稚子隨。穆然懷爾父，把卷課兒時。

張桂巖桑葉飼蠶畫扇題示次女

花壓闌干繡閣春，朱門多少綺羅人。頻將畫扇時時看，知有蠶娘最苦辛。

爲墨卿題扇

風露夜清，幽花自吐。與澹泊人，結塵外侶。人本無心，花亦不語。月白空庭，寥寥太古。

題雲葉表弟小照

此老今如此，蒼茫百感生。中年雙鬢改，空谷一身行。白石炊難熟，黄金鍊未成。祇應拾瑶草，且自慰幽情。

彈指繁華歇，居然野客形。三生香未燼，一枕夢初醒。散步隨蝴蝶，攜鑱訪茯苓。君看趺坐處，滿眼好山青。

書灤陽消夏録後

半生心力坐消磨，紙上煙雲過眼多。擬築書倉今老矣，祇應説鬼似東坡。❶

前因後果驗無差，瑣記蒐羅鬼一車。傳語洛閩門弟子，稗官原不入儒家。

蔣春農舍人寄硯摩挲古澤如見故人蓋自壬午江干一别彈指二十八年矣遠想慨然因題一絶

斑斑墨繡自何時，老友封題遠見貽。忽似重逢孟東野，古心古貌對談詩。

題閩中校士硯

舊游回首似前身，彈指流光廿八春。爲問成陰桃李樹，可能還憶種花人。

❶ 按：國家圖書館藏乾隆五十五年抄本《灤陽消夏録》第一卷末，自題兩絶句的第一首與此異。曰：「檢點燕公記事珠，拈毫一字幾躊躇。平生曾是輕干寶，浪被人稱鬼董狐。」

題友人小照

詩酒流連遞主賓，蘇門六子總詞人。兩翁相對清如鵠，東坡句。畢竟東坡愛潁濱。

聽秋聽雨一般聽，古畫從來不畫形。解得聯牀同話意，不妨象外看丹青。

秋眠共被似姜肱，莫話升沈百感生。五相一漁翁對飲，友朋尚不論功名。

蕭瑟秋聲動客心，披圖想像對清吟。自憐老去頭如雪，空憶當年子敬琴。

達齋司寇習射圖

幾度銅符調羽林，雙鞬未蹋陣雲深。誰知坐撚金鈚看，原有驍騰萬里心。

玉韘時攀月一彎，鳴骹不是爲消閒。八旬天子勤秋獮，親見年年到朶顏。

惺齋騎牛圖

扣角長歌入翠微，清風兩袖薜蘿衣。知君留得時苗犢，只跨疲羸老牸歸。

颯颯空山木葉零，武夷秋老萬峯青。騎牛欲向何方去，定蹋寒雲上幔亭。

炊熟黃粱好夢殘，烏犍到處且盤桓。天台雁蕩如重過，認否當年舊宰官。

相逢沈范兩尚書，記得何郎得意初。畫裏於今頭欲白，誰人曾見詠芙蕖。韓城相國先爲題句，相國與余前後督學閩中，於君均有國士之目。

寄懷蔣春農舍人

北風吹雪滿船頭，別後江山幾度秋。爲問如今三徑裏，何人來往似羊求。

爲王秋塍題天寒雅集圖

修禊蘭亭醉本留，衰翁猶記舊風流。舊與尊甫文酒往還，陶然亭修禊一會，唱和尤盛。祇今零落惟存我，又看烏衣子弟游。

西園圖記墨痕新，畫裏相看意氣親。喜汝多年拖墨綬，招邀仍是舊詞人。

送朝鮮使臣柳得恭歸國

古有鷄林相，能知白傅詩。俗原嫻賦詠，汝更富文辭。序謝《三都賦》，才慚一字師。唯應期再至，時説小姑祠。

送朝鮮使臣朴齊家歸國

貢篚趨王會，詩囊貯使車。清姿真海鶴，秀語總天葩。歸國憐晁監，題詩感趙驊。他年相憶處，東向望丹霞。

鐵冶亭玉閬峯兩學士聯牀對雨圖

北門近接星垣開，翰林重自唐以來。中間職掌雖小異，大都皆是神仙才。經綸屢見資稷契，文章豈但誇鄒枚。一佛出世已罕覯，況乃棣蕚連枝栽。奇絶君家好兄弟，花甎聯步相追陪。精金躍冶淬干鏌，寶璞出水皆瓊瑰。雙飛爭睇摩霄翼，一門自作同岑苔。東坡發唱潁濱和，詩成不待擊鉢催。西清退直日對榻，不知塵海人喧豗。希聲蓄寶難自閟，十聯秀句經天裁。

帝求梁棟贊醲化，二龍並躍乘春雷。弟掌絲綸登禁闥，兄司禮樂升容臺。鳳巢已隔痕漸掃，浮屠桑下何殊哉。胡爲寫照倩畫手，瀛洲回首猶徘徊。翰墨因緣智慧果，三生結習從胚胎。正似平園老居士，已登黄閣居中台。玉堂雜記親手録，舊游終不忘蓬萊。我别東觀越十載，余己亥自詹事擢内閣學士，始出翰林。顛毛種種驚衰頽。年來更覺詩興減，筆牀硯匣生浮埃。偶然披卷一悵觸，含毫欲詠凡幾回。心如廢井苦枯澀，一篇勉綴今朝纔。江郎老矣無好句，塗鴉聊以資詼咍。聖朝館閣富俊彦，一時巨手多歐梅。他時倡和同文館，當持此卷爲詩材。

容城陰孝婦詩

容城城似斗，有廟祀椒山。不謂英靈氣，還鍾閨閣間。天憐貞孝志，人轉死生關。見説衣千結，今猶沁血斑。

莫以殘遺體，翻嫌孝太愚。再三原自審，萬一冀重蘇。白髮終娱舅，黄泉可對夫。此身都不惜，寧問得旌無。割股療親，例不專旌，而法亦不禁，聽人之自爲而已。然明知不得旌而毅然自行，其所見此真爲親計，非爲名計者矣。

吴子嚴提手搨夾漈草堂硯銘字歸閩爲題四十字硯本南昌農家穿井所得先師裘文達公以稻三斛易之後余續修通志公因付焉

博物推漁仲，當年實寡雙。空堂傳夾漈，遺硯落西江。好古逢閩士，搨銘歸海邦。如同鄉祭酒，相對坐吟窗。

題古幣硯二首

琢硯形如幣，分明寓意存。治生爲最急，應記許衡言。

客曰斯言誤，余知匠者心。正如古彝鼎，饕餮鑄精金。

爲劉青垣侍郎題硯

歙州采盡舊雲根，斧鑿如今到婺源。三十年來纔識得，斑斑都作淡金痕。

題青花硯

紫雲割盡無奇石，次品纔珍蕉葉白。如今又復推青花，摩挲指點争相誇。一蟹不能如一蟹，可憐浪擲黄金買。請君試此新硯甎，揮豪亦自如雲煙。

蜨翅硯二首

蝶翎巧仿滕王迹，山靈幻化非雕刻。良工剖作墨池雙，猶似穿花張兩腋。翩翩爾勿矜風流，輕薄久已嫌魏收。惟應伴我弄柔翰，栩然自適如莊周。

羅浮蛺蝶翅盈尺，五色天衣雲錦織。偶然仙蜕落空山，風雨多年今化石。誰歟琢硯吾得之，惜無好句題烏絲。何當喚起謝無逸，倩寫柳絮梨花詞。

送書紱庭制府再任兩江

一路薰風引碧油，東南士女望鳴騶。重臨果見黄丞相，快睹如迎郭細侯。吴楚封疆尋舊迹，揚徐田賦入新籌。緑章定是多封事，豈但江山得勝游。

以元唐棣長江萬里圖贈紱庭制府併題絶句

萬里銀濤接碧空，一江横亘界西東。青山兩岸無窮景，都在春風長育中。

壽姜少巖

通儒今馬鄭，循吏古黄龔。謂尊甫白岩先生。得子承家法，聞君有父風。注經參北海，白岩所著《毛詩》寫入四庫，君多參訂於其間。理縣佐巴東。白岩作令，君佐之爲政。未識蘇和仲，欣逢鄭小同。君之子以應試入都。書倉傳學派，筆陣見文雄。訪舊尋吾黨，祈詩壽乃翁。稱觥深所願，著句愧難工。聊附南飛鶴，迢遥寄越中。

題雪溪墨竹

﨟褷一丈青鸞尾，何人縮入尺幅中。可憐隨手暈淡墨，尚令撲面生清風。亭亭自倚瘦石立，落落一掃凡葩空。嵇康阮籍都不晝，入林肯著王安豐。

紀文達公遺集卷第二十七

孫樹馨編校

三十六亭詩

題牛師竹中翰松陰課子圖

紅藥濃香入綵毫，風流愛爾是仙曹。如今識得超宗面，更擬他年詠鳳毛。

一經絕勝滿籯金，且課兒書且自吟。可是校文天禄閣，待將《七畧》付劉歆。

題曹慕堂宗丞所藏乩仙山水

仙人謝世緣，林壑結真契。桃花隔流水，杳然靈境閟。肺腑沁清寒，胸臆貯紫翠。久居與之化，人境了不二。儻使埽丹青，自寫心中意。想見餐霞人，筆無煙火氣。此卷從何來，所聞頗詭異。披翫一睪然，賞以塵外致。畫師評巧拙，儒者辨真僞。一笑謝諸君，區區非所計。

題曹劍亭綠波花霧圖

醉攜紅袖泛春江，人面桃花照影雙。名士風流真放達，蘭舟不著碧紗窗。

灑落襟懷坎壈身，閒情偶付夢游春。如何樂府傳桃葉，祇賦羅裠打槳人。

瑤華道人夏日畫松竹梅扇

梅竹横斜松幾枝，炎天卻寫歲寒姿。應知早養淩霜氣，須在春红夏緑時。

題汪時齋副憲翦紙小照

王摩詰本是前身，凡筆誰能與寫真。衹合裁雲真妙手，别開生面巧傳神。

衹道龍眠偶白描，誰知刻鏤入纖毫。人工熟到天然處，也似春風作翦刀。

寧惟松石儼真形，細字都如一筆成。卻恐蘭亭鐫玉枕，雙鉤未似汝分明。

絶技於今悵不傳，舊題屈指廿三年。畫中人亦朱顏改，只有風神尚宛然。

題陳肖生墨梅册

宛然籬角與谿隈，冷蘂疏枝任意開，偃蹇無嫌山野態，揚無咎自畫村梅。

游於象外悟環中，脱落畦封是化工。庾嶺梅花千萬樹，原無一樹偶相同。

懷朴齊家

偶然相見即相親，别後匆匆又幾春。倒屣常迎天下士，吟詩最憶海東人。關河兩地無書札，名姓頻年問使臣。可有新篇懷我未，老夫雙鬢漸如銀。

荷塘習射圖

赤土時時拭鏌鋣，幾回擬逐李輕車。

誰知萬里封侯意，都付銀塘一片花。

壯志蹉跎壯氣存，留將韜畧付兒孫，
華林馬射春三月，曾見鳴弰侍至尊。

題魏秋浦桂巖小隱圖

連蜷叢桂滿巖間，招隱何須待小山。
冷露無聲金粟落，此花久對此翁閒。

駐景無煩餌桂方，山中日似小年長。
花常好處人常健，便是仙家魏伯陽。

墨卿摹鄭夾漈像爲題五絶句

半蒐史籍半研經，絶學從公始證明。
不到程門稱弟子，家傳原自鄭康成。

題字模糊一硯存，土花曾是手親捫。
於今到處人珍襲，何必流傳付子孫。江西農人鑿井得古硯，腹有「夾漈草堂」字，側畔有公題名。裘文達公以贈余，余近又贈林子育萬矣。

夾漈仍留舊草堂，匆匆未訪鄭公鄉。
今朝畫裏瞻遺像，便擬親焚一瓣香。

早檢芸籤徧五車，知名遲到紹興初。
石渠祕籍吾曾見，南宋惟公是著書。

遺像流傳六百年，湮沈幾欲化雲煙。
何人肯與重摹寫，老眼摩挲一悵然。

偶懷故友戴東原成二絶句録示王懷祖給事給事東原高足也

披肝露膽兩無疑，情話分明憶舊時。
宦海浮沈頭欲白，更無人似此公癡。

六經訓詁倩誰明，偶展遺書百感生。
揮麈清談王輔嗣，似聞頗薄鄭康成。

爲伊墨卿題劉文正公墨蹟

功業留青史，寧因翰墨傳。偶然觀舊

迹，亦足想當年。丰采瞻前輩，收藏藉後賢。好將心正語，記取柳誠懸。

銀粉多殘蝕，毫端尚有棱。憶同王大令，深論趙吴興。記石庵先生語。片紙存今日，諸天隔幾層。記顧君德懋語。白頭門下士，感慨意難勝。

出古北口

戰壘蒼茫跡尚存，漢唐舊事莫重論。如今只怪明天子，二百餘年閉北門。

多年老鶴坐乘軒，四度讐書出塞垣。誰料從來松漠地，玉山冊府似西崑。

小憩三間房見壁上詩意互牴牾戲題二絶句

蕭蕭兩鬢半凋殘，賭唱旗亭興久闌。行到詞人題壁處，摩挲老眼只閒看。

早年辛苦事雕蟲，老去模糊似夢中。怪煞吟詩何仲默，滔滔清辯問崆峒。

過青石黄土二嶺

曾經行海嶠，白鴿嶺摩天。一綫疑無地，千盤未到巔。時驚人半挂，未息綆雙牽。閩中肩輿，上嶺以二纜引之。何事陂陀路，輿徒步欲顛。

自出秦城外，山行盡坦途。偶然逢險阻，即此訝崎嶇。雜遝人相喚，艱難僕欲痡。深愁滯行李，我亦一長吁。

潘芝軒殿撰及第後乞假歸娶以秋帆歸輿圖索題

蹀躞驕驄看杏花，櫻桃會後暫還家。

煙波一片孤帆影，便是仙人貫月查。

放眼澄江萬里秋，飄然一葉似漁舟。
誰知水驛停橈處，樓上珠簾總上鉤。

推篷看唱采菱歌，十八王郎衣錦過。
游女無須頻擲果，從來丹桂近嫦娥。借用羅海東語，非其本意也。

蓮燭攜來照洞房，宫袍新染麝蘭香。
重看天際歸舟畫，恰應笠簑字兩行。

再題桐陰觀弈圖

壬午七月，屬沈雲浦作桐陰觀弈圖。意謂不預其勝負而已，猶有勝負者存也。後讀王半山詩曰：「莫將戲事擾真情，且可隨緣道我贏。戰罷兩匳收黑白，一枰何處有虧成。」乃悟并勝負亦幻象。癸丑五月，偶然檢視，題此二詩。然半山能言之而不能行，予則僅能知之耳。因附識以志予愧。

桐陰觀弈偶傳神，已悵流光近四旬。
今日鬖鬖頭欲白，畫中又是少年人。

一枰何處有成虧，世事如棋老漸知。
畫裏兒童今長大，可能早解半山詩。

題劉文正公槎河山莊圖

千疊雲嵐四面開，原非無地起樓臺。
如何畫裏萊公宅，只似孤村傍水隈。

數重老屋是家貲，還自西川宦橐遺。
指點空亭讀書處，清風一榻憶吾師。

荒園漸漸種桑麻，猶説裴公舊杏花。
可是蕭然徒四壁，只憑畫卷向人誇。

題陸耳山副憲遺像

性情嗜好各一偏，如火自熱泉自寒。

文士例有山水癖，惟余兹事頗無緣。東嶽嶒崚倦躡屐，西湖浩渺嬾放船。幔亭峯下三度宿，亦未一訪虹橋仙。我去君來握使節，乃能煮茗千峯巔。旁人錯認陸鴻漸，前身猜是楊大年。羨君雅調清到骨，笑我俗病醫難痊。有如帶劍異左右，定知結佩分韋弦。寧識相與無相與，此故不在形骸間。蓬萊三島昔共到，開元四庫曾同編。兩心別有膠漆契，多年皆似金石堅。一旦東流驚逝水，至今南望悲荒阡。丹青忽見形髣髴，存亡彌覺情纏緜。況復衰翁已七十，黑頭久矣成華顛。新交日换舊交少，鑿枘往往殊方圓。緣此傷心感曩昔，披圖相對不忍還。題詩半夜昏燈緑，招魂何處霜楓丹。老屋驚寒風瑟瑟，深冬釀雪雲漫漫。徘徊不寐坐長歎，伊誰解識余辛酸。

季廉夫先世所藏右軍袁生帖爲高江村購得今歸内府阮芸臺纂修石渠寶笈廉夫得録江村諸跋廉夫賦詩因次其韻

流傳真跡世珍藏，不比時人誤買王。賞鑒得逢柯敬仲，鉤摹何必董香光。瑶椷合用薔薇灌，寶笈新邀珖瑁裝。卻笑前人誇墨妙，只傳狸骨治勞方。

朝鮮貢使吴𢹂之與陳子聞之蔣子秋吟互相唱酬用梁陳賦韻格以次押用不揣衰老同作一章

箕子留遺壤，旁臨鴨緑江。封疆連地絡，文采耀天杠。水自通銀漢，人誰架石矼。迎賓看玉樹，明眼似金釭。博學倉真富，雄才鼎可扛。詞華標秀潔，風旨近敦厖。高格翔鳴鳳，庸音笑吠尨。多君沾聖化，語解戒其哤。

甲寅三月考試教習柬同事冶亭雲房二宗伯古愚司寇

甲第萬間厦，環堵一畝宫。營構有難易，規矩則相同。此試雖云小，所求課童蒙。非如黄河鯉，咫尺分魚龍。文既争工拙，士亦關窮通。吾曹叨秉鑒，相矢惟虚公。無言一晝夜，蕆事殊匆匆。遂似蹋青路，走馬看花紅。況乃棣州學，曾屈後山翁。安知籋雲足，不在鹽車中。古人善相士，多在當其窮。勖哉各拭目，毋使紅紗籠。

雷明府以其祖敬涵先生畫槀見示因成長句

古來畫手何紛紛，名迹過眼如煙雲。殘縑斷紙或偶在，吉光片羽人猶珍。馬雖無足走自若，龍眠妙識曹將軍。乃知真鑒有懸解，不觀其貌觀其神。雷君早得北苑法，矜貴未肯輕贈人。焚香埽地每宴坐，滿庭花竹清無塵。朝嵐夕靄偶有會，奇峯怪石時一皴。雲山四壁聊自適，風燈一瞥逝不存。襄陽欲作無李論，千金難换一紙真。諸孫怊悵誦世德，深懼年遠名氏湮。千搜萬索得粉本，依稀手澤猶如新。稍施點染樹蓊翳，粗鉤輪郭峯嶙峋。墨痕草草不滿幅，神思落落殊不羣。如東坡論摩詰畫，筆所未到氣已吞。名工縮手不敢補，膜拜但以名香薰。攜來京國持示我，薔薇灌手乃敢陳。高人妙繪已稀遘，尤憐購訪何其勤。忽思古來著述士，焚膏繼晷研典墳。文章各欲揖枚叟，學術爭擬攀鄭君。遺書往往飽蟲鼠，消沈變滅難具論。爾獨什襲先人筆，寶此片楮如彝尊。一鱗一爪雲外露，使人想見龍全身。名垂後世得不朽，豈不賴有賢子孫。吁嗟乎！豈不賴有賢子孫。

張南華先生夏木清陰圖爲伊墨卿題

麓臺先生吾未見，少年猶識南華翁。當時畫迹家家有，視之亦與尋常同。東山夫子今北苑，乃獨心折於此公。謂其繪事有懸解，千變萬化猶神龍。不離法亦不立法，意之所到無畦封。即一題署一跋識，不求工處天然工。祇恐雲煙一過眼，百金一紙求無從。星霜荏苒五十載，老仙已返東海東。日久論定始見貴，位置擬入神品中。❶僉曰妙在六法外，追黃公望淩王蒙。惜哉縑素日零落，贋本雜出真稀逢。畫家欲作無李論，辨別往往煩南宮。君從何處得此軸，蒼嵐葱鬱緑樹濃。長夏溽暑張素壁，乍覺滿室生清風。忽憶斯與堂中坐，東山夫子堂名。見公偶遇裘司空。韓門弟子皆在席，一時同把琉璃鍾。酒酣索紙潑墨瀋，立成七幅青芙蓉。手持一一分座客，左顧右盼意氣雄。前輩風流宛如昨，雪泥無處尋飛鴻。徘徊對此三太息，彈指歲月何匆匆。豈但一卷斷橋景，年深久矣飽蠹蟲。余分得小景一幅，近邊一橋，誤畫其半於毗連別幅上。先生因戲題一絶曰：「杈椏老樹翳危坡，坐愛閒雲過眼多。畧彴不須安對岸，怕來俗客到山阿。」一時傳爲佳話。今不知落何所矣。題詩自覺筆力減，老夫亦已頭欲童。

❶ 「神品」，道光本作「仙品」。

以日本扇贈承恩監正因題八韻考郭若虛圖畫見聞志稱日本人以鵶青紙製摺疊扇高麗貢使曾攜以來是宋代已有此製然其時西洋貢舶未至中國不如今以極東之物贈極西之人尤爲佳話也

日本東瀛外，歐羅西海隈。誰知倭國扇，得上化人臺。草草丹青畫，層層摺疊開。風清雙袖滿，月偃半規裁。在昔鵶青樣，曾從鴨緑來。新詩争唱和，巧製幾驚猜。何似今中夏，旁包古九垓。兼多大秦客，把玩共徘徊。

胡滄曉先生追謚文良即次其嗣君雲坡司寇韻

崧高維嶽降生申，僂指中州第幾人。舊學當時陪黼幄，新榮此日拜丹綸。研經本自窮源委，見理何妨各智仁。公著《周易函書》，推闡精微，窮搜象數，與洛閩頗有異同。終共睢陽追賜謚，百年河洛兩儒臣。湯文正公亦以乾隆元年賜謚。

公論僉推耆舊德，聖恩曲遂顯揚情。驚聞内殿宣麻出，喜在春官准敕行。時余方掌禮曹。帝曰傳經如費直，人言稽古勝桓榮。定知墓草成書帶，歲歲春風翠色縈。

蘭謝清秋菊又芳，承家有子侍明光。韋編能與重排校，雲坡司寇以《周易函書》舊本係門人所刊，多失原次，重爲排校鐫刻。風木何須更感傷。四代經神四胡氏，宋胡瑗有《周易口義》，元胡一桂有《易本義附録纂疏》、《易學啓蒙翼傳》，明胡居仁有《易象鈔》。兩朝耆宿兩文良。雍正中，高公其倬先謚文良。儒林傳與名臣録，傳誦千秋共不忘。

忻州刺史守愚汪君重修元遺山先生墓詩

中州文獻迹猶新，寒食年年細草春。一種風流堪溯處，當塗今葬謫仙人。

平生忠憤寄荒丘，五百年來片石留。勵俗懷賢無限意，欲將棠蔭比松楸。

顧堂先生屬題先世丙舍圖

佳城入畫圖，於古未嘗見。惻惻孝子心，自抒情所戀。丘墓雖迢遥，展卷如對面。鬱鬱千株柏，渲染何葱蒨。寧知手種時，畚鍤親隴畔。淚滴根下土，滋養到柯榦。縑素永不渝，丹青傳畫苑。是即孝經圖，豈止墨林玩。平湖波不竭，蒼嵐色不換。眠牛舊卜地，終古人能辨。

繹堂嘗攫取石庵硯後與余閲卷聚奎堂有硯至佳余亦攫取之繹堂愛不能割出硯來贖戲答以詩

機心一動生諸緣，擾擾黄雀螳蜋蟬。楚人失弓楚人得，何妨作是平等觀。因君忽憶老米顛，王畧一帖輕據船。玉蟾蜍滴相思淚，卻自區區愛硯山。

題繹堂硯

昔我掌烏臺，石庵贈我硯。肌理縝密中，隱隱鋒芒見。今歲司文衡，適與繹堂伴。此硯復贈余，粹温金百鍊。皆云肖其人，真識非虚贊。論交均膠漆，持論斥冰炭。毋乃學道久，客氣消其悍。抑或閱事多，坎坷剛腸變。水激石轉雷，風澹江澄練。泊然一寸心，吾本無恩怨。

題田綸霞司農大通秋泛圖爲馮鷺庭編修

新城司寇詩無雙，巧翻舊調成新腔。門牆奔走天下士，如齊晉楚雄諸邦。飴山居士獨相軋，偏師馳突横衝摐。左右佩劍遞相詬，至今兩部尋戈鏦。於時脱屣門户外，長河田與吾邱龐。龐公埽迹坐嘯詠，公餘惟對花一窗。田公博麗特自喜，龍文之鼎筆可扛。雖愧盧前恥王後，肯屈陸海輸潘江。如虬髯客扶餘國，亦不攻剽亦不降。當年聲望雖小減，無言要勝言而哤。此圖作在監兑日，潞河攜客浮輕艭。入室既少操戈鄭，縱談寧慮彎弓逄。揮毫拈韻詩落紙，飛觴催釂酒滿缸。丹楓兩岸醉秋色，綠波十里鳴寒瀧。風流文采致足樂，興酣吐氣横天杠。何必詩壇執牛耳，岸然大將麾旌幢。嗟我多年事筆硯，自知性僻心愚惷。戚施但可仰直鎛，都盧一任飛緣橦。今朝無意見此卷，幾回夜讀挑殘釭。風微人往百餘載，睪然高望猶跭躩。

馮實庵侍御繪種竹圖賦贈

通明挂朝籍，不礙松風夢。天懷澹宕人，雅尚自殊衆。馮公負奇穎，廊廟資梁棟。紫霄登禁近，丹綍司傳奉。乃於退食閒，竹效王猷種。閒庭翠影交，虚牖涼飈送。蕭然悦清曠，邈爾謝喧鬨。雖復在朝市，不異棲巖洞。高韻寫丹青，逸氣無羈鞚。憶我掌烏臺，鼎彝識典重。心儀命世才，擬薦明時用。誰知恬静情，頗異彈冠貢。鶴籞日從容，豸冠甘侍從。未羡沈侍郎，夜遊騎白鳳。足知孤直志，真與北君共。非徒託畫圖，姑以資清供。憶我少年遊，意氣恒飛動。老來知斂退，塔樣參無縫。公餘日枯坐，如以鑰收汞。惜無竹里館，得句閒吟誦。何當訪高齋，馬遣吴童控。嘯詠招七賢，往來邀二仲。青鸞拂纖尾，緑蟻酌深甕。閲音修篁下，風月資嘲弄。形骸兩俱忘，一笑同豪縱。

次奇麗川中丞寄菊圖韻兼示積慶亭明府

怪來清氣滿吟箋，詩在幽香冷蘂邊。遠道移根經水驛，故人把酒憶霜天。花開南國驚重晤，夢繞東籬閲幾年。也抵柴桑老徵士，久離別後到門前。

江風送到載花舟，鈴閣平添滿院秋。紫綬原能邀隱逸，緇袍不礙友王侯。囊中好句詩筩寄，紙上寒香畫本留。愛爾風流成二老，種花不種橘千頭。❶

❶「橘」，道光本作「菊」。

紀文達公遺集卷第二十八

孫樹馨編校

三十六亭詩

嘉慶丙辰典試春闈呈同事諸君子

春城桃李正芳菲，白首重來入鎖闈。余甲辰會試充副考官，今十三年矣。老馬尋途纔髣髴，飛鴻留迹尚依稀。雲門先生之房即余甲辰所住，已畧改造矣。十年風氣殊新舊，千古文章各是非。渺渺予懷深悵望，唱名可竟得劉煇。余考教習二次，於襞積一派，頗爲裁抑。

摩挲老眼不分明，甲乙紛紜幾變更。王後盧前終有價，房謀杜斷本無爭。千絲鐵網收難盡，❶九轉金丹鍊已成。敢道寸心知得失，儒林他日聽公評。

蘭花牡丹合幀

誰寫春風第一花，紅深紅淺似明霞。如何幽谷嬋娟子，也遣同居富貴家。

國色天香萬目看，猗蘭一曲更誰彈。寧知久住羅含宅，不識人間有牡丹。

題通州牧劉鐵樓恩宴臚歡集後

耆英許侍萬年杯，方鎮都因奉詔來。獨有監州依輦下，天教近日得趨陪。千叟宴，外吏惟封疆大臣年齒及格者，或得恩旨召入，餘皆弗預。劉君牧通州，得與京職一體入宴，實爲榮遇。

❶「收難」，道光本作「難收」。

九奏雲璈滿意聽，宴回只度四長亭。衙齋坐説恩榮事，猶醉瓊漿半未醒。

上方珍品繪新圖，一一都憑妙手摹。不是人間全未識，爲因寵錫與常殊。

紀恩雅唱比賡歌，倡和吟牋續漸多。誰取豫章詩話補，詳編盛事似青螺。郭青螺《豫章詩話》紀西江作者之事，實劉君籍隸奉新，故有斯句。

徐朗齋孝廉以病鶴賦見示慨然有感賦此贈行

不相知處是相知，臨別長吟悵有思。蜀錦原嫌多補綴，宛駒終愛最權奇。鉏來蘭草經三度，開到芙蓉定幾時。差勝東坡惟一事，與君均不愧章持。

題蔣秋吟保陽詩後

襹褷病鶴悔遊秦，痛飲狂歌寄此身。莫訝行蹤多落落，前生似是六朝人。

逌然長嘯入雲高，天馬行空氣自豪。尚喜聯吟數詞客，眼光能似九方臯。

以水蛀硯水中丞搔背茶注贈朝鮮國相洪良浩各系小詩

紫雲割下巖，水蛀穴如蠹。鋒芒雖欲平，貴爾形模古。

哆腹水易容，縮口塵不染。久貯仍清泉，君子悟防檢。

指爪肖麻姑，藉以搔背癢。銛利彼所能，操縱仍吾掌。

老披一品衣，能無勞案牘。香茗時一

澆，亦足滌煩溽。

寄懷洪良浩

金門握别惜匆匆，白首論交二老翁。聖代原無中外别，迂儒恰喜性情同。長吟消夜青燈下，洪嘗以詩文集留贈。遠夢懷人紫澥東。兩遇歸鴻都少暇，緘情惟藉一詩筩。

蔡貞女詩 鍾吾高儒童聘室

月冷霜凄繐帳空，桃花原未識春風。傷心不及新婚别，燭影猶摇一夜紅。

直將清淚洗紅妝，身未分明亦不妨。三日羹湯親手作，雖無夫壻有姑嫜。

重逢且莫話三生，古井無波徹底清。縱使黄泉弗相見，自緣禮義不緣情。

青蛾初畫悵離鸞，白首孤燈事亦難。何事前朝歸太僕，儒門法律似申韓。歸太僕嘗著論，排未婚守節之非。

吴烈婦詩 江南吴孝廉承紱室

三生誰更問前因，一念纏綿泣鬼神。緣盡猶尋泉下路，魂歸宛見夢中人。城烏啼夜傳幽怨，冢樹連枝認化身。萬古青山終泐盡，祇應鐵骨不成塵。

蹉跎才命兩相妨，淚滴題詩舊錦囊。别鶴劇憐悲伴侣，枯蟬彌覺感文章。數編遺稾神應護，三尺荒墳土亦香。石闕莫容苔蘚蝕，留教詞客弔斜陽。

題桂未谷思誤書圖

老去觀書信手拈，無須甚解似陶潛。今看畫裏沈思意，慙負紅牙十萬籤。

紫鳳天吳顛倒縫，文章新樣遞爭雄。誰期老屋青燈下，刻意研經尚有公。

送桂未谷之任滇南

地遠山川僻，滇南俗最淳。將求司牧者，合用讀書人。政暇仍稽古，❶官清自耐貧。向來餐苜蓿，本似棣州陳。

秋風吹萬里，送子宦天涯。驛路今無梗，山城亦自佳。琴餘披訟牒，吏散靜衙齋。漁隱編叢話，應能手自排。桂蒐古今詩話成數十巨册，方事編纂。

桂未谷簪花騎象圖

才人縱以官爲戲，騎象簪花無此事。先生此畫吾了知，聊明不薄炎荒意。昔年曾讀驃國詩，清平官亦工文詞。從來六詔解聲律，勿云鳥語皆侏㒧。先生經學能稽古，辨別形聲研訓詁。定以詩書化百蠻，風琴雅管成鄒魯。他年續補樊綽書，卷端合遺鐫斯圖。閒中指點向親故，作吏曾經此地居。

胡雲坡司寇四友圖

竹露松風自在涼，藕花恰愛滿銀塘。如何手捉青團扇，卻寫孤山冷淡香。

梅蓮一樣擅高風，生不同時氣味同。正似七賢未相見，過關併入一圖中。

冰雪襟情暑不侵，炎天自有歲寒心。西山柳下分工拙，肯似東方誡子吟。兩賢嗣併寫圖中，故有末句。

❶「仍」，道光本作「宜」。

題汪鋭齋蕉窗讀易圖此體創自皇甫持正，純落論宗，非詩之正格。姑以見意云耳

詩書春秋禮，掇自秦餘燼。人事紀其常，天道於斯藴。易從象數生，推闡陰陽運。天道發其微，即爲人事訓。消息察往來，剛柔明逆順。示以從迪吉，戒以凶悔吝。軌轍徑不迷，坎窞車寧僨。兹實導庸愚，豈但傳才俊。徒以類術數，頗爲諸儒紊。機祥焦京衍，讖緯哀平溷。鑪鼎借坎離，生剋歧壬遁。良由易道廣，各執一端論。小技矜別傳，畸士遂旁訊。譬如鼷飲水，祇自足其分。寧知江海流，環絡萬州郡。經神起北海，經籍道一振。睎聖固云遥，去古終爲近。其釋乾初九，證以歷山舜。明明四聖心，玩象知可信。云何王與韓，清言標魏晉。沿及宋淳熙，恍惚彌難問。楊簡王宗傳，妙悟求方寸。公然啓禪關，密爾談心印。横流極李贄，詭辯驚蘇濬。梵莢共相參，羲畫何曾認。易家惟此疾，癥結醫難診。汪子沈潛人，嗜古自髫齔。時披黄卷吟，未悵青衿困。百氏擷膏馥，六藝漱芳潤。洙泗舊韋編，研索志尤奮。初如目擬鵠，久漸心游刃。訓詁溯根原，考證求詳慎。自尋理窟深，戒鬭談鋒迅。恒虞侈空談，聖籍留遺恨。沈思閲幾秋，過眼倏一瞬。讀易偶成圖，吴霜已點鬢。會我典春闈，愛爾雄文陣。竟從萬馬中，得此千里駿。嘗於秋雨餘，庭户無塵坌。聽講中孚爻，遺文旁摭捃。喜其經詁經，如驂之有靳。仙班纔註籍，歸路俄發軔。持圖索我題，我老目生暈。秋燈黯黯緑，勉爲排聲韻。憶編四庫書，異學多所擯。力守儒墨防，頗持法律峻。冀求千載心，敢避經師愠。今日頭欲白，筆鋒嗟已

鈍。年來所相士，似子良云僅。期子付衣鉢，努力其精進。

彭田橋借中秋圖

中秋重九無定日，始倡此論從坡仙。老僧一喚西去後，世無此樂六百年。翰墨因緣山水癖，結習未斷三生前。鄒陽十世語不謬，先生又出峨岷間。風流沿溯南北宋，才華照映東西川。攀桂擬到清虛府，霓裳一曲聽嬋娟。只愁萬蟻酣戰夜，辜負皓魄澄高天。巧用丑月借春例，探支一月蟾光圓。向夕雖嫌風雨阻，中宵仍對冰輪懸。毋乃素娥知此事，特揮寶扇開雲煙。我聞玉局觀海市，寒冬正值蛟蜃眠。天吴似解愛詞客，起蟄特向魚龍鞭。文字有靈類如是，先生所遇豈偶然。未知綵筆發浩唱，當時酬以詩幾篇。至今畫本作佳話，固非徒以丹青傳。我亦夙有吟眺興，良辰往往緣偏慳。今歲中秋好夜景，中樞案牘方連駢。惜哉不及作此想，先邀月到金樽邊。且喜黄花未全歇，盆盎尚自羅几筵。可能有暇一置酒，補作重九招羣賢。

題姚申甫宗伯遺像

松風響似湧波瀾，吟想西湖六月寒。此是平生蕭散意，不因老去領春官。

曹霸丹青妙寫真，翛然不似宰官身。披圖多少存亡感，千萬曾經爲買鄰。公舊邸在虎坊橋，與余比屋而居。

衮衮流光迅不停，舊交零落似晨星。畫中儻有精魂在，見我應知眼尚青。

托鉢還鄉雪滿途，練裘葛帔感遺孤。故人儻問君家具，尚有東坡笠屐圖。

寄壽蔡葛山相國

乾坤間氣聚閩中，毓此皤皤鶴髮翁。與蔡季通傳世學，爲朱元晦續儒風。倦辭黄閣當全盛，老住青山任屢空。静以延年仁者壽，丹方不待註《參同》。

八派分流自一源，儒家矩矱賴公存。壽如君奭祥符驗，召公年一百六十歲，故周器銘文多云「壽如召公」。學比甘盤道脈尊，四十年來陪講席，六千里外望師門。鶴南飛曲殷勤寄，惜不親持暖玉樽。

李墨莊登岱圖

五岳惟岱華，峻嶒當驛路。三峯似削成，鐵鎖懸難度。泰山勢逶迤，竟可扶筇步。古今游覽作，浩若恒沙數。良由近易登，把筆争留句。兼以春夏交，賽報趨如鶩。簫鼓聲轉雷，香燈煙化霧。遂令仙靈宅，翻被緇黄據。方追吴社記，遑問秦皇樹。昔我使榕城，往來山下住。於時尚盛年，濟勝頗有具。守吏邀宴游，掉頭未一顧。今日披斯圖，乃多蕭散趣。始知塵囂外，别有幽奇處。七十有二家，封禪非無故。信矣耳千聞，不如目一遇。此景君所經，往事吾真誤。用知天下事，排詆無容遽。撫畫三太息，憬然心有悟。

王春波瀟湘雲水畫卷

雲映孤帆水映窗，扁舟最憶富春江。今朝開卷明人眼，恰與嚴灘好作雙。

瑶瑟無從問水仙，數峯青向畫中傳。知君來往尋香草，便是無愁亦惘然。

滃然墨氣欲成雲，派自瀟湘八景分。萬古湖南清絶地，原難付與李將軍。

長安索米幾經秋，季子知應感敝裘。

十丈輭紅香土裏，憐君猶夢木蘭舟。

題陳雨香墨竹

神在蕭疏澹遠中，泠泠似欲起秋風。正如嵇阮相攜立，自與山王意不同。

西江劉君畫松扇

開篋時聞謖謖風，劉郎手寫贈衰翁。殘年敢望支離叟，惟有支離態畧同。

題田芸甫鏡屏

田公耕野駐師巴里坤時，鑿井得鏡，知爲古物，甚珍惜之。後官廣西提督，以征剿苗峒，攜於戎幕。公歿後，嗣君奉以歸，歲久失去，越十數年忽無意得之。公孫芸甫製爲鏡屏，爲題三絕句。

曾伴氈車出玉門，銘文剥落半猶存。菱花八瓣摩挲看，恐有崇徽舊手痕。

黃鵠無由返故鄉，玉臺零落没沙場。誰期土蝕千年後，又照將軍鬢上霜。

暫去仍歸舊主人，從來靈物每通神。何如拭盡真珠粉，滿匣龍吟迸紫珍。

吏部藤花詩爲玉闐峯少宰作

雙藤偃蹇蟠蛟螭，春風歲歲花滿枝。紫雲半畝蔭官閣，檐牙屋角香霏霏。飯僧似到敬愛寺，掩瑟忽憶罨畫溪。云昔匏庵老居士，掌銓曹日親培滋。包山陸治爲寫照，風流文采映一時。炎官火繖突吐燄，惜哉紫玉成煙飛。此二本從何代有，老榦亦復皴霜皮。或云日久根再茁，揣摩恍惚吾頗疑。宏治至今三百載，室廬未必皆原基。況乃此物家家種，倡條是處青葳蕤。云即故地即故物，杳冥無據何由知。林宗舊宅漢柏在，玄奘古刹唐松遺。後人補種稱古迹，輿圖所記恒如斯。詞人大抵例好事，愛以佳話誇新奇。丹青一入畫手畫，倡和輒有詩人詩。物以人重固其理，真妄可勿深研推。中郎虎賁偶相似，何妨相對把酒卮。罣然懷古一高望，典型彷彿想見之。草木猶爲人愛惜，信哉杜老非虚詞。明知假借亦附會，此故尤可深長思。不見城南給孤寺，吕家宅在僧寮西。元代古藤四百載，石闌鐫字猶可稽。花時爛漫照人眼，縱横十丈張錦帷。於此藤爲丈人行，論年未許相肩隨。云何時作蜚英會，更無人道種者誰。

懷朝鮮洪良浩

淼漫鯨波兩地分，懷人時望海東雲。文章意氣期韓孟，父子交游近紀羣。令似亦與余善。鶴髮劇憐皆已老，與余同甲辰生。魚書莫惜數相聞。新詩能向星軺寄，也抵清談一晤君。

衰翁五度掌烏臺，又到春卿署裏來。譯使易從通問訊，須朔時，見來使邊君，稍詢近狀。御筵彌覺憶追陪。梯航不阻三山遠，琛賫行逢九袠開。矍鑠儻能重奉使，待君同醉紫霞杯。

題法時帆祭酒詩龕圖

何必浮家去，幽棲乞鑑湖。試看金闕外，宛似水村圖。柳港藏歌鳥，蓮汀聚睡鳧。應嫌吾太俗，來往一詩無。

誰發濠梁興，時臨百頃潭。坐看瓜蔓水，緑到太平庵。聞有維摩室，同居彌勒龕。滄浪吟卷意，妙向鏡花參。

五經傳博士，四術導諸生。講席時逢

暇，吟牋亦寄情。煙波澄一碧，心迹得雙清。寧似攜簫鼓，沿隄畫舫行。

邈爾心無礙，天然句有神。静參詩外意，獨作畫中人。畧彴微通徑，團焦擬問津。可能分半榻，一洗輭紅塵。

題陳氏韞玉西齋遺稾

孤墳葬去一枝紅，煙草年年泣曉風。怪得詞人多命薄，香閨也被作詩窮。

硯匣琉璃鎮日隨，含情空付斷腸詞。珠樓翠箔王侯宅，羅綺春風屬阿誰。

長歌一曲寄幽情，鬱鬱埋香意不平。彈劍爲君歌慷慨，悲風夜半捲孤檠。

苕谿流水越山青，煙雨霏微入杳冥。應有詩魂銷不盡，黃昏梅雨影亭亭。

曹慕堂宗丞家慶圖

房中合奏琴瑟鳴，階前茁秀芝蘭榮。春風藹藹滿畫卷，世間真樂惟家庭。宗丞昔住歡喜地，曾以佳話傳丹青。當時寫照吾及見，彈指幾度歲籥更。龐公夫婦均證果，飄然撒手懸崖行。杜史農曹好兄弟，惓惓父執猶多情。偶游舊宅一展閲，撫今追昔百感并。念公在日耽禪悦，時揮玉麈談三乘。佛言因本自心造，如繪畫工筆所成。又言心如大火聚，五陰種種無留形。獨有無相無色地，靈臺炯炯長明燈。去來成壞同一致，滅無滅本生無生。公今雖往公自在，虛空本性非形聲。偶然留此粉繪迹，境過寧復多牽縈。譬如明月照寒水，水中之影亦月明。豈知空色兩不染，冰輪自轉江自澄。嗟我未能離世法，頗傷舊友如晨星。詩壇酒社夢猶昨，對此不免心怦怦。何殊結習消難盡，沾衣點點天花停。會須一訪維摩詰，焚香聽講金剛經。受之侍御新作《金剛經條辨》。

戊午二月八日同人小集梁春淙大司寇年八十二趙鹿泉少宰年七十二吴白華少宰韓蘭亭少司農蔣霽園大廷尉俱年七十金聽濤大司馬年六十九衛松厓侍御年六十八蔣戟門少司農熊蔚亭少司寇俱年六十五慶丹年大司馬劉竹軒少司農俱年六十四汪時齋中丞年六十二莫青友大京兆年五十六宜桂圃少司農年五十二余年七十五合一千零四歲竹軒記之以詩因次其韻

小集城南尺五天，壽星互映似珠聯。一千歲尚饒餘算，十五人同聚此筵。丞相原容登洛社，耆英會皆年七十以上，惟司馬温公年六十四得預，與今日之會相同。侍中應記在堯年。官曹事少多清暇，點綴昇平也自賢。

德厚圃侍御尊甫寒香課子圖

東閣官梅放幾枝，恰宜何遜坐吟詩。誰知料峭寒侵骨，尚把遺經自課兒。

何必燕山竇十郎，五枝丹桂一時芳。弟兄父子相師友，也抵三蘇共一堂。

一官貧似老青衿，誡子詩猶日日吟。莫怪如今驄馬瘦，傳家原少滿籯金。

爲伊墨卿員外題灤陽扈從圖

同時橐筆從霓旌，日日青山並馬行。怪得路旁閒指點，羽林隊裏兩書生。

塞外知交不兩三，星軺君又洞庭南。祇應采盡蘭蓀草，纔更歸來一縱談。時墨卿奉命典試湖南。

伊雲林光禄左手寫經圖

青年負盛氣，白首消壯心。誰以桑榆景，辛苦翰墨林。況乃鑿齒病，久作莊舄吟。平時扛鼎筆，苒弱安能任。先生大智慧，妙悟參觀音。千手如一手，思議不可尋。静者忘其静，枯木僵寒岑。動者隨其動，呼吸磁引鍼。右詘左自支，仍此揮緑沈。徐公巾箱本，興到時摹臨。居然下帷士，惜此分寸陰。殆於受書日，汲古直至今。丹青偶寫照，展視正我襟。譬如見獵喜，亦復思從禽。所悵七旬餘，兩鬢霜雪侵。公餘退食暇，睡思恒不禁。且於撥鐙訣，講肄原未深。不求分黑白，焉辨皙與黔。有手懶拈毫，歲月空駸駸。愧君半支廢，書字猶成金。舉觴擬自罰，恨不能酌斟。嚴冬雪壓屋，寒氣方蕭森。譙樓欲三鼓，呼婢理夜衾。姑以無成虧，託彼不鼓琴。

贈友

我聞儒者言，生死裁以義。又聞佛氏言，生死同一致。君昔捍孤城，是即聖賢志。崎嶇憂患間，殘魂經疫癘。委形付造化，是又瞿曇意。蜀棧方兵戈，秦隴猶烽燧。丈夫思報國，宜勵英雄氣。赤土拭干將，摩天捎孛彗。十盪期十決，再接仍再礪。百戰圖麒麟，奏凱喧鐃吹。長揖歸田廬，乃結松喬契。漱齒咽井華，枕石眠山翠。嗒然萬念空，邈爾孤蹤逝。君且暫遲回，留作他年事。

題盧溝折柳圖送伊墨卿出守惠州

盧溝橋上五馬嘶，離亭惜别折柳枝。長吟短詠意不盡，丹青更付顧愷之。畫成纔脱畫師手，早有新詩傳萬口。未唱陽關已斷腸，知登庾嶺重回首。與子相知十六年，披圖亦覺悵留連。所期遠慰衰翁意，惟在時聞太守賢。

題張孟詞進士遺照

奇才不是不遭逢，卻隔蓬山一萬重。記得爲君題繐帳，禹門已上未成龍。「和璧雖珍終抱璞，禹門已上未成龍。」余輓君聯也。

魂繞棠梨一樹花，九原應悔讀《南華》。誰知入眼黄金屑，緣我曾遊賣餅家。君卷被斥時，余引《公羊疏》爭之，乃反激成其事。

秋墳鬼唱莫凄涼，埋骨青山朽不妨。一代文章韓吏部，哀詞原自弔歐陽。謂石君詩也。

己未武會試閲卷得詩四首

彎弧盤馬氣飛揚，射策還登鳳咮堂。蜀道正需貔虎將，此中可有郭汾陽。古來名將惟郭汾陽以武舉出身。

環繞奎躔聚將星，坐披試牘夜燈青。雕弓兩石君能挽，原不區區問一丁。

雄才滿眼總貔貅，未識誰當作狀頭。畢竟有人居第一，天街十里躍驊騮。

日射天門虎榜開，衰翁拭目看英才。諸君定有前緣在，已是周旋第七回。余凡兩典武闈，三監較射，一知武舉，一武進士殿試讀卷。

疊前韻四首

直憑文字選鷹揚，紙上談兵聚一堂。
牝牡驪黄原未見，可憐鹵莽作孫陽。

玉弩三年射彗星，蜀山未似舊時青。
諸公莫愛相如檄，開道終須用五丁。

六番角藝簡貔貅，纔據文章上榜頭。
合得伏波銅馬式，可能一一是驊騮。

春官桃李滿城開，争看摩空作賦才。
投筆班超重握管，一般也奪錦標回。

滄來刺史持示紫亭侍御遺畫十幅爲每幅題二絶句

三度偷桃是此兒，神仙遊戲不須疑。
要知妙楷東方贊，自有平原太守碑。東方朔像。

恬澹襟懷憶展禽，睪然高望幾長吟。
拂㟶肯與傳遺照，應識先生世外心。

秋深郭索上汀洲，三步横行亦自由。
荀況無嫌心太躁，生平不爲餌呑鉤。盧蟹。

蘆荻凋殘水自清，偶然寫爾寄閒情。
還如静對琴僧坐，絃上琅琅大蟹行。

缺唇瓶裏影横斜，劉後村空作意誇。
若論肝腸真似雪，如君纔許對梅花。瓶梅。

一枝似寄隴頭來，爛漫無嫌滿意開。
粗服亂頭殊自喜，揚無咎本是村梅。

老榦盤拏一兩枝，横梢雖短墨淋漓。
草衣木食嵇中散，卻自天然氣韻奇。古梅。

香原幽静格原高，冷蘂無須瑣碎描。
誰是南朝陳相國，能知相馬九方臯。

浮沈洲渚本無腸，隨意爬沙近翠篁。
憐爾全身皆骨鯁，不妨寫著此君旁。竹蟹。

左持緑酒右持螯，對此真堪賦老饕。
記得紅萸黄菊節，陶然亭上共登高。鬮與甲

戊同年有陶然亭登高之會。擘蟹看花，酣吟竟日。忽忽三十餘年矣。

古心古貌鬢蒼蒼，似愛新芻臘酒香。可是老來諸念盡，殘年只以醉爲鄉。抱甕老人。

不然便是灌園人，抱甕崎嶇未厭頻。忘盡機心真灑落，畫師亦合與傳神。

人如菊澹菊如人，濡墨相看對寫真。宛似東籬初折後，一枝已是見全身。折枝菊。

寒花兩朵簇深黄，畫裏精神尚傲霜。片紙傳家須寶惜，當年自賞是孤芳。

懸厓陡立水潺湲，只著漁翁坐此間。自寫胸中蕭瑟意，不知偶爾似房山。秋溪垂釣。

早題雁塔早爲官，桃李多從擔上看。料得秋墳風月夜，詩魂猶愛釣魚竿。

西子湖頭舊判官，菰蔣菱芡總堪餐。如何畫向垂楊岸，只有飛花糝似氊。柳蟹。

八跪雙螯罥柳絲，怒張爪距汝爲誰。疑相如又疑朱勔，忽憶吾家詠畫詩。先高祖《花王閣草》有《題董天士畫蟹》詩曰：「狼藉曾嘲朱勔，文章亦比相如。此物忽靈忽蠢，先生所畫誰歟。」

畫意須從畫外看，蕭疏筆墨總清寒。不緣親見騎驄馬，誰道先生是宰官。驢背尋詩。

灞橋風雪入詩思，莫問騎驢欲訪誰。獨立空山君自悟，琴心何必有人知。

題福建將軍平海圖

大瀛海與銀河通，驚濤横捲扶桑東。於天地間物最鉅，昌黎曾以稱祝融。陽冰陰火涵元氣，生生化化滋無窮。陸離百寶出蜃穴，惶惑萬怪潛鮫宮。有時跋浪鼇身黑，或至喋血鯨牙紅。衮帶珠厓迤而北，惟八閩實當其衝。十六城壓岸嶒崪，廿三島隔煙溟濛。明洪武中，周德興築沿海十六城。嘉靖中，俞大猷《考尋海道》言，寇船避風之島凡二十有三。伊胡伊鄭遞考論，明胡宗憲有《籌海圖編》，鄭若曾有《海防圖説》。談兵紙上何其工。山川歷歷若聚米，斥堠累累仍傳烽。帝遣六丁奮下擊，陽曦四燭陰霾空。度索蟠桃通利涉，澄瀾萬里磨青銅。太平久弛射潮弩，餘沴漸孕含沙蟲。鱗妖介鬼争幻化，蜑人龍户相包容。天吴不戢蜂蠆毒，沃焦遂作狼虎叢。樓船飛渡人尚怯，何論格鬬風濤中。將軍奮起仗星鉞，驅駕雷電鞭魚龍。簡蒐猛士一當百，不須徵調千艨艟。連檣疊鼓驚帆捩，指揮左右如旋蓬。靈夔吼震海水立，螳戢其斧蝟斂鋒。招降不作熊文燦，全殲亦異皇甫嵩。孫恩云作水仙去，矯誣久已欺愚蒙。焚祠竟斷月支首，驚魂應避庭氏弓。況乃風信占颶母，横天一綫垂斷虹。我舟無恙番舶碎，豈非忠赤孚蒼穹。丹青炳炳十六幅，偉哉真足銘鼎鐘。或云能剿斯能撫，或云善守斯善攻。或云神兵亦有訣，外攘先使無内訌。以劍買牛刀買犢，此事古有渤海龔。頗聞綢被放衙吏，稍殊卓茂與魯恭。去其害馬馬蕃息，心知此意今惟公。徘徊展卷三太息，戢凶豈但戈甲雄。畫師粉繪未到處，别有保障炎陬功。

松園詩學放翁爲題八韻以質東國之作者

屈宋聯鑣後，三代無文章之士。以文章著名始於屈、宋。文章幾鉅公。一編今日在，千載此心通。客有居員嶠，吟多似放翁。迢遥隨使節，宛轉寄詩篇。展卷微哦久，挑燈對語同。誰云高寡和，吾愛淡彌工。弱水粘天白，陽冰映日紅。成連琴自鼓，遠想海山中。

戈仙舟太僕鑿井得硯

入土七尺餘，不知幾百載。鑿井出重泉，密栗性無改。詩翁手拂拭，紫玉炫光彩。迢迢靈芝宮，人往石猶在。我偶尋舊居，摩挲爲一慨。坡老笠屐圖，流傳從粤海。笥河醉學士，曾以百金買。良覿契自深，寧辭俗耳駭。此硯好韞藏，無以沈淪悔。真賞終有人，知勝新阮采。

休寧鮑固叔葬其高祖母於吴塘山而以曾祖祔焉距山二里餘曰葉博隖乃爲兩曾祖妣卜吉復於山塋左建祠奉祀固叔繪墓圖求詩因題二十韻

骨肉歸於土，魂氣無不之。延陵古達士，曠識無町畦。祔葬各異制，魯合衛乃離。準以同穴意，論又從宣尼。禮原因義起，事勢多不齊。斟酌正與變，所貴權其宜。新安富山水，地窄黄壚稀。佳城鬱相望，今古墳纍纍。生存華屋處，没或無立錐。欲期靈爽妥，恒廑孝子思。君今營兆域，善以人情推。母子本天性，窀穸當相依。夫婦雖别葬，近若鄰相比。望衡而對宇，僅隔山之陂。柏堂新成後，逝者儻有知。既不闕定省，亦未阻倡隨。人情之所愜，天理復何疑。因思天下事，通變從乎時。反經而合道，此義未盡非。傳語講學家，高論可勿持。

題硯箧

筆札匆匆總似忙，晦翁原自怪荆王。
老夫今已頭如雪，恕我塗鴉亦未妨。

雖云老眼尚無花，其柰疏慵日有加。

傳語清河張彥遠，此翁原不入書家。

劉文定公遺像

温公傳小像，摹印徧長安。真本天留在，遺容此拜觀。神姿纔彷彿，風味尚清寒。不向黄扉見，誰知是宰官。

泉石清幽處，蒼然老樹深。只疑今邸第，曾有舊園林。王謝堂經到，羊求徑莫尋。午橋莊未築，實少滿籯金。

早歲登詞苑，提攜荷鉅公。入懷見明月，侍坐得春風。仕宦憐聱叟，文章憶醉翁。衰年多少事，淚灑畫圖中。

門風清似水，文正到忠宣。除卻書倉在，惟留畫卷傳。緬懷鳳池上，追話鯉庭前。一瓣香親爇，回頭四十年。

張壽雪大司馬賦詩紀恩次韻二首

蒼松骨格本來殊，更喜逢春雨露濡。自許身當如稷契，人言道足贊唐虞。纔臨泉府持衡計，已上星街曳履趨。從此中樞資祕算，貔貅十萬可横驅。

東風駘宕正春温，一日宣綸兩拜恩。雲路斜通龍尾道，雪泥新印馬蹄痕。六卿兼攝周官重，三輔相維漢制存。此劇任宜此榮寵，鳴珂丹地莫同論。近日一品大臣賜馬者多，與兼官之敕同時並下者，則惟公一人。

蔣東橋遺照

久與東坡友，原應識老泉。偏如隔秋水，邈爾望飛仙。幾夢芝蘭室，剛留翰墨緣。空教圖畫裏，風度想當年。

兀傲無拘束，孤吟老樹根。篋詩尋阮旨，畫像認韓門。灑落風雲氣，蕭疏粉墨痕。伊人如宛在，便擬一招魂。

韓桂舲秋曹出其先世洽隱園三友圖屬題

黄神符已合，元女圖先獻。尚留榆罔孱，方遘蚩尤亂。秦隴突鴟鳴，中冀驚龍戰。駭浪蕩沃焦，妖星臨震旦。數窮幽蘭軒，系贅靈光殿。蟠井笑黄龍，渡江聞白雁。昰昺勢已危，閻馬權仍擅。運方值百六，險豈當十萬。蟻穴侯王空，牛角山河換。嗟哉玉馬朝，悽矣銅駝歎。誰知松檜林，别有漁樵伴。薦早謝元長，壽恥祝師憲。潁水不事堯，桃源剛識漢。詩篇日往還，酒國時游宴。四皓纔少一，六逸適得半。自詠田家詩，寄懷高士傳。跡偶託仙佛，心原游汗漫。人往風已微，畫圖如覿面。天外冥冥鴻，落影瞥一見。何人揮五絃，目送煙霄畔。

劉石庵相國藏經殘帙歌

雙丸迅轉須彌頂，盤古至今彈指頃。生生滅滅萬恒沙，問所以然都未省。即如妙迹留人間，筆陣縱横各馳騁。吉金貞石有時銷，片楮偏能傳世永。此經斷裂蠹蝕餘，幾付丙丁剛遇拯。如云佛力所保持，何不全帙皆完整。或曰墨寶神撝訶，胡不護惜張鍾等。乃知剩此亦偶然，一瞥電光仍幻景。先生示我索我詩，五十八行原井井。佛法書法兩不知，佳處安能一一領。惟喜楮墨閲千年，黯然古色如彝鼎。風寒日短賓客稀，展對暫游清净境。明窗朗朗近南榮，斜照沈沈挂西嶺。幾回卷束又重開，哦詩不覺衣裳冷。忽然有悟還自笑，此如雁過長空影。云何墮落文字禪，夢中說夢猶難醒。

壬戌會試閱卷偶作

三度來登鳳味堂，蕭疏兩鬢已如霜。衰翁寧識新花樣，往事曾吟古戰場。陸贄重臨收吏部，劉幾再試遇歐陽。當年多少遺才憾，珍重今操玉尺量。

桃李霏香滿禁城，春官又得放門生。文章奧妙知難盡，意氣飛騰亦漸平。此日歐梅欣共事，向來韓范本無爭。諸公莫惜金鎞刮，使我看花眼暫明。

拭目挑燈夜向晨，官奴莫訝太艱辛。應知今日持衡手，原是當年下第人。誓約齊心同所願，丁寧識曲聽其真。顏標錯認如難免，恕我明春是八旬。

行行硃字細參稽，甲乙紛更亦自迷。眼底幾回分玉石，筆端一瞬判雲泥。只愁俗耳音難賞，敢誘高才命不齊。我有兒孫書要讀，曾看學使舊留題。福建學署有汪紫庭先生舊柱聯曰：「爾無文字休言命，我有兒孫要讀書。」

雖曾辛苦檢書倉，四庫編摩老漸忘。稽古未能追馬鄭，論詩安敢斥蘇黃。曲江春宴花無數，遼海秋風淚幾行。多少遺珠收不盡，中宵輾轉漏聲長。

何須夜夢罩紅紗，老眼原看霧裏花。千古文章雖有價，一時衡鑒豈無差。毫釐得失争今夕，頃刻悲歡共幾家。恩怨是非都莫問，自知兩不掩瑜瑕。

汪芝亭秋曹菜根軒讀書圖

夢裏江南黃葉村，平生幽興與誰論。金昆玉友原同志，丘壑纔能畫謝鯤。

龍眠圖裏認龍眠，蕭散風姿尚少年。

惆悵衰翁頭半白，至今未辦買山錢。

韓城相國予告歸里賦詩留別即次原韻

多年綸閣聖恩深，鶴老心猶戀上林。丹地從容原挈杖，白頭疲病始抽簪。盧溝高柳東西路，碣石孤鴻斷續音。洛社耆英今漸少，爲公短詠復長吟。

歸卧林丘竟息機，故鄉山水悦清暉。遥知明月來相照，仍似孤雲無所依。公歸無恒産，仍一貧士也。此去定隨鷗泛泛，重還佇望馬騑騑。公有還京恭祝萬壽之約。贈言臨别吾真感，肯戒衰翁謹細微。

石　匣　城城旁有石，形如匣。

雉堞枕山岡，創建自明季。桓桓戚將軍，築此控三衛。迄今百餘載，甌脱銷烽燧。兵戈百戰場，久作桑麻地。我來陟坡陀，四顧度形勢。丘垤互起伏，了無險可恃。云何一孤城，能捍萬突騎。使我生當年，與聞軍國計。據今之所見，寧不沮其事。乃信鷃與鵬，大小知果異。事後細推求，尚不喻其意。烏可據詩書，慷慨談經濟。高陽孫相國，兵畧世無二。遺書百八叩，紙尾親題記。云人讀我書，猝叩皆能對。是有應變才，可馭熊羆隊。如其俟再思，即非將帥器。不如守一經，循分研文字。偉矣賢者言，書紳其永佩。

冶亭巡撫山東寄余淄石硯戲答以詩

名士官如沈侍郎，久持旄節領東方。誰知仍愛文房寶，不但誇騎白鳳凰。

倪鴻寶先生小桃源詩真迹用覃溪前輩韻題後

筆墨意蕭疏，宛與高人對。頗疑揮翰手，或是孫登輩。不然謝幼輿，宜畫丘壑内。寧知鐵骨翁，生逢龍戰會。偶遇輞川圖，閒詠嚴陵瀨。一木知難支，激而談世外。京貫任紛呶，黄農惜不逮。温然忠厚旨，未失風人派。碧血悵久埋，黄絹今猶在。憑看淡墨中，力透雲牋背。

題史忠正公墨蹟即用原韻

孤身求死不求降，燕趙悲歌恰作雙。公京師人，孫文正公高陽人。遺墨長留生氣在，尚如雪浪涌秋江。

宿密雲縣作

蔀屋茅檐官路側，破垣半圮苔花蝕。村店空張青酒旗，行人誰駐黄金勒。千乘萬騎忽北來，一朝車馬紛如織。秋風漸冷露微白，夕陽欲落雲昏黑。求人廡下寄一席，手握金錢覓不得。已經擾攘到深更，猶聞偃蹇索高值。癡兒騃婦矜目前，使我旁觀三太息。咄哉爾輩勿太驕，一年一度惟今宵。明晨翠鳳西南指，爾又蓬門坐寂寥。

宿板橋三官祠

結隊迎鑾結隊歸，荒村覓宿扣柴扉。車徒小駐三叉路，童稚争看一品衣。時日暮微寒，余衣紅哆囉呢。正恐羸驂疲跋涉，未須野老羨輕肥。筍輿静坐哦詩久，目送疏林挂落暉。

娟娟缺月出雲端，纔得居停一解鞍。古壁蝸涎容半榻，荒祠蛛網拜三官。孤燈緑黯生秋氣，落葉黄深怯夜寒。遥憶同行鵷鷺侣，幾人露宿與風餐。

有　感

百感蒼茫悵有思，鯫生曾忝鉅公知。八叉賦就真憐我，一瓣香焚卻爲誰。白髮甘心歸故里，黄泉留面見先師。平生最薄樊南李，東閣題詩不再窺。

紀文達公遺集卷第二十九

孫樹馨編校

南行雜詠

督學閩中十月初八日出都作

銜命臨丹徼，承恩拜玉除。使車新就道，行篋半攜書。原隰懷征路，雲霄戀直廬。寒宵如有夢，只傍紫宸居。

閩海攜家去，征驂夾路看。雙旌隨驛使，十月出長安。舊學荒蕪久，殊恩報稱難。殷勤語妻子，莫避曉霜寒。

留別及門諸子

祖帳青門握手頻，臨歧猶自語諄諄。皇恩四度持文柄，遠道三年別故人。天上鵷鸞懷舊侶，謂桐嶼、雲房諸子。園中桃李待新春。謂惠叔等。明時稽古多榮遇，努力京華莫厭貧。

卻寄舊寓葛臨溪姚星岩王覲光吴惠叔四子

幾載追隨擁絳紗，只今雲雨各天涯。新春定有重歸燕，舊圃誰澆手種花。敢道諸君長作客，所憐此日半無家。長安米貴吾曾記，一夕關心鬢欲華。

亂石有感

亂石岅岈礙馬蹄，羸驂幾度欲雞棲。何曾阻斷春明路，枉遣車輪碾似泥。

盧溝橋

帝鄉從此入，要路遞相尋。萬里通南北，雙輪轉古今。滄波終日注，白髮幾人侵。一片西山色，黃塵向暮深。

琉璃河

琉璃河上挂斜暉，瑟瑟寒流一綫微。洲渚都教鴻雁占，鴛鴦何處浴紅衣。范石湖記琉璃河内多鴛鴦，今殊無此。

涿州過巨馬河相傳此水不出橋下遇橋輒潰而旁行

一帶寒波作怒聲，石梁斷處氣縱橫。多應未讀淮陰傳，不見英雄胯下生。

涿州道中雜詠范陽舊事

荒原盡處亂山青，一片風沙接酈亭。誰信尚書曾住此，當年北士總談經。

慷慨橫戈百戰餘，桓侯筆札定然疏。那知搨本磨厓字，車騎將軍手自書。

一片新秋畫不成，芙蓉楊柳夜深情。盧郎不解蕭郎語，可是吴儂笑北傖。

又賦盧充事一絶

金盌温休事有無，稗官猶記范陽盧。行人悵觸梨花夢，賸粉殘香憶畫圖。

雄縣題館舍壁

蟹舍漁莊認舊游，兩行衰柳入雄州。主人重見頭如雪，彈指流光廿八秋。

獵獵寒飈旆影斜，行人争看使臣車。石藍衫子雙丫髻，憶共漁童折藕花。

趙北口

瀛鄚積水區，爲淀九十九。港汊互交通，衆流匯兹口。回汀聚魚蟹，淺渚富菱藕。圩埂布棋局，狹者猶萬畝。瀰漫跨數州，寥廓稱巨藪。紅闌十三橋，雁齒相排耦。蜿蜒横一徑，劃立長隄陡。往者五六月，小艇纔容肘。一櫂泝空明，琉璃浄無垢。水氣聞芰荷，風影亞蒲柳。紫鱗時撥剌，白鳥自朋友。煙際去杳然，流連辰及酉。於今二十年，清夢狎漁叟。兹來十月半，木落寒飈吼。紅衣枯已落，緑雲空所有。空濛天拍水，澄澈固如舊。大似逢故人，朱顔换白首。握手貌已非，憶昨情彌厚。惜哉方于役，川陸日奔走。欲别更徘徊，悵然凝睇久。

任丘晤高近亭因懷邊徵君隨園

草草荒雞夜未央，挑燈話舊一迴腸。故人蹤跡言難盡，行子關河路正長。敢道功名由命數，且憑科第論文章。數歲任丘科甲最盛。勞君問訊巖中桂，秋雨秋風好在香。

桂巖在任丘。

河間太守郊迎賦贈

長亭相見一停車，斜照疏林認隼旟。五馬敢勞迎驛使，雙旌本自引天書。枌榆舊社猶前日，風雨孤村有敝廬。我是州民應下拜，邑人莫擬馬相如。

單家橋道中贈驛卒

失足尋常事，疲癃不汝嗔。忍飢今幾日，我是故鄉人。

宿阜城懷多小山 士宗時客浙江

竟負登堂約，懷人一愴情。此邦稱沃土，之子獨高名。病葉飄難定，寒禽噤不鳴。蹉跎侶陳阮，惆悵玉溪生。義山詩：「甘心與陳阮，揮手謝松喬。」

周亞夫祠下慨然成詠

尚覺威棱不可干，靈風颯爽滿祠寒。棘門灞上成兒戲，多是將軍號令寬。

景州隋塔

閱歷滄桑幾廢興，巋然獨賸十三層。如何同郡高常侍，不與慈恩一例稱。

德州夜坐悼懷亡友李秋厓 國柱 **成二絶句**

爲弔才江馬暫停，昭陵一哭竟冥冥。李洞上主司詩曰：「公道此時如不得，昭陵慟哭一生休。」洞字才江。定知地下埋憂處，芳草春深尚不青。

寒聲不斷大河流，月色無情亦帶愁。憔悴詩魂如見夢，故人今夜宿陵州。

又悼田白岩中儀二首

身後無兒感鄧攸，烏絲零落付誰收。行人多少山陽恨，夜静河聲入驛樓。

焚香掃地一官清，修到梅花是幾生。舊宅於今應好在，後來可是庾蘭成。

過德州偶談東方曼倩事厭次故城即今神頭鎮，在德州、陵縣之間。故兩處皆祀曼倩於鄉賢

十八年間侍紫宸，金門待詔好容身。詼諧一笑原無礙，誰遣頻侵郭舍人。

三度偷桃是此兒，神仙游戲不須疑。嫦娥夜夜棲明月，記得銀臺竊藥時。

留別平原縣令夏清溪玢

相逢何事便相親，傾蓋居然意氣真。多愧肯迎持節使，方知原是讀書人。夏爲癸酉拔貢，頗善論文。關山風雪行曾慣，囊橐蕭然路未貧。自出長安心似水，爲君小酌玉壺春。

晏城

晏子荒城故壘空，我來懷古亂山中。狐裘未滅名卿價，狗國徒驚辯士雄。悲憤馬遷憐異代，詼諧方朔是餘風。小來辛苦談王霸，稍長方知憶此公。

過齊河縣入山

遠山如黛青可憐，近山如赭枯而頑。山靈豈解作變態，正由眼底生媸妍。詩情畫意兩如此，此中有悟無人傳。君不見蓬萊未必殊人境，好在天風縹緲間。

由杜家廟至張夏山路崎嶇戲爲六韻

屈曲溪橋轉，坡陀驛路高。水聲皆悍急，山意總粗豪。地僻稀人迹，村荒偶犬嘷。民飢仍病虎，婦健亦生猱。亂石何時盡，驚風滿意號。蕭蕭枯草徧，一例是蓬蒿。

曉發泰安距泰山二十五里不及登

游山不游岱，一覽羣峯青。有如研百氏，而不窺六經。古人訪五嶽，不憚萬里行。云何跬步地，蠟屐靳一停。壯遊良所愛，于役自有程。薄暮宿泰安，驅馬鷄三鳴。是時日未出，東望青冥冥。少焉宿靄破，突兀天孤撐。白雲流漭泱，纔挂山腰横。想見萬仞頂，咫尺捫晨星。俯視海氣白，天水相混并。鴻濛破一罅，滉瀁朱霞明。陽烏矯翼上，浪捲羲輪赬。蕩潏蛟蜃氣，寥廓天地清。安得排雲上，一快磊落情。但愁奇偉景，使我心目驚。風雲月露手，大敵非所嬰。登高不得賦，瑟縮難爲形。茲游雖未暇，且免羞山靈。願讀十年書，萬卷儲精英。培養雄直氣，鬱勃胸中生。振策天門上，奮袂超崢嶸。興酣吐奇語，高詠羣神聽。砉然千山響，下界驚雷霆。

新泰令使餽食品詩以卻之

山驛風霜特地寒，勞君珍重勸加餐。詞臣只是儒官長，已辦三年苜蓿盤。

蒙　陰

路入顓臾故壤中，亂山重疊認東蒙。逸人舊宅休重問，杜老詩箋有放翁。

訪李西軒前輩故居謁其尊人悽然成詠

破屋頹垣蝕蘚花，柴門啼煞欲棲鴉。老人頭白炊無火，此是當年御史家。

草草銘旌向九原，春風一夕憶程門。西軒未卒前數日，尚同飲聘三師處。如公長者殊難遇，莫怪交游有淚痕。

沂　水

飲馬臨沂水，沂水流不息。行人疏地理，每尋曾點迹。剽剟莊老談，支離增訓釋。春風詠浴意，三子且難測。縱使游其間，微契吾安識。況乃名偶同，何事强緣飾。頗聞萬巨艘，轉運資其力。大矣川后靈，神功無曠職。疏瀹良有程，源流非易悉。願告守土臣，儒者求其實。

宿郯城與縣令張子金城閒話

君作郯城尹，余持使節過。絃歌今若此，風俗近如何。東海遺封舊，南朝名士多。傳聞泉似墨，古井幾時波。相傳郯有墨泉，明季縣令惡郯科甲太盛而塞之，文士遂稀。

紅花埠

路入紅花埠，青齊地盡頭。淮黃留息壤，南北劃鴻溝。老屋初編篋，高烽忽架樓。路傍斥堠，山東以土築墩。江南以木架樓，至紅花埠而異。人言從此去，山水漸清柔。

春礀自京南馳八日及予於峒峿蓋日行二百餘里矣作此戲贈

敢道蕭郎是騎兵，飄然似鳥一身輕。詩人慣跨揚州鶴，每到南飛羽翼生。

十一月初一日渡黃河

馮夷排浪東南流，偃蹇不受神禹囚。雷車百萬坼北走，平吞氣欲無徐州。千里一瀉只瞬息，盤渦十丈誰敢投。顛風橫簸浪三尺，篙師欲渡時還休。清河渡口勢頗斂，往來南北通咽喉。我來又值十月後，清霜已降洪濤收。官舫推篷望兩岸，寒波猶拍長天浮。微風纔覺掠旗脚，高浪已駭衝船頭。龍驤萬斛如一葉，欹側掀舞不自由。衆手捩舵呼邪許，檣烏一轉回萬牛。屈伸臂頃已十里，瞥然何止鷹離韝。桃花想見三月漲，澒洞萬頃風煙浮。回飄脱手儻一失，咫尺便入鮫宮游。區區忠信寧敢仗，所憑王命輕陽侯。回頭卻顧真險絶，微茫淮濟非其儔。九折東瀉自太古，蕩潏爲患從商周。祖乙圮於耿，此河患之始。漢唐而下日聚訟，捍禦至竟無良籌。書生每喜談水利，尸祝欲代庖人謀。世間萬事須閲歷，百不一效空貽羞。我今鼓枻既得涉，且呼舟子趨邗溝。挑燈夜讀河渠志，咄哉紙上談戈矛。

甓社湖

寒雲壓積水，西望甓社湖。澄渟涵浄緑，云有千歲珠。清漣濯素月，光映十里餘。早年披典籍，頗憶沈氏書，事載《夢溪筆談》。茲來不待暮，未審終有無。得見固自佳，不見當何須。縱令入我掌，寒詎堪爲襦。且看米家畫，煙樹青模糊。

高郵

數點寒鴉破晚煙，斜陽流水送吳船。二句用少游詞意。高郵多問秦淮海，只是詞人最惘然。

揚州二絶句

跨鶴曾經夢裏游，如今真箇到揚州。可憐豆蔻春風過，十里珠簾不上鉤。

甲第分明畫裏開，揚州到處好樓臺。白雲深抱朱檐宿，多是山中嶺上來。

渡江

危檣衝破大江聲，斜翦長波八櫓鳴。欹側肯隨風力轉，喧呼怒與浪花争。射潮曾記三千弩，扼險誰誇十萬兵。可信北傖真强項，强字去聲。《素問》註甚明。今讀董宣傳者呼平聲，誤也。鼉鼊窟裏放歌行。幕友有畏風移坐于紅船者，故有此戲。

金山寺

寺界連江海，僧居占水雲。詩留張處士，畫似李將軍。李將軍始爲金碧山水，見《湯垕畫鑒》。未布黃金地，應多白鳥羣。誰於千仞頂，高卧翠氤氳。

春磵邀諸友游金山戲贈

聞説金山好，扁舟一葉乘。朱闌相接處，白塔最高層。知爾游真樂，憐子病未能。長安三十載，飽見紫衣僧。

小除日丹陽舟中示幕中諸友

南征忽匝月，歲已届小除。蕭蕭風雨冷，寂寂舟中居。長安當此日，味爽戒僕夫。紫宸謁帝退，車馬交通衢。紅綾三百刺，爾我紛相於。奔走日不遑，尚恐禮數疏。茲來持使節，一櫂遵川塗。于役雖有程，偃仰頗自如。冬冬聞津鼓，睡起已午初。飽食推篷坐，煙水皆畫圖。屈指計前路，蕭散尚月餘。淹留固未敢，閒暇且自娱。風吹帆十幅，一任行疾徐。

律琯吹黃鍾，微陽從茲始。古來亞歲儀，乃與元辰比。南人重此節，盤饌羅妻子。諸君磊落才，奔走非得已。良時心易感，能不懷鄉里。丈夫四方志，少小懸弧矢。烈士多慨慷，焉肯守桑梓。況乃座上賓，皆稱天下士。友朋有至樂，意氣乳投水。且復斟濁醪，煮筍膾魴鯉。酒兵躙强敵，詩陣破堅壘。僕雖不解飲，跌宕亦自喜。請爲壁上觀，一笑長風起。

舟泊常州聞湖南撫軍將至

薄暮蕭然且賦詩，冷官風味本如斯。租來淮上船三板，沽得蘭陵酒數卮。寒犬争偎新撥火，啼鴉亂揀最高枝。一川暝色推篷望，隱隱笳簫送畫旗。

由楓橋移泊盤門

水驛抵吴門，半日留使節。頗聞鄧尉佳，未及踏香雪。守吏相逢迎，故事修報謁。肩輿登楓橋，乘車入鼠穴。仰窺天一綫，俯礙路九折。半里三四休，十步五六蹶。歸來欹枕卧，聒雜市聲徹。欲聽寒山鐘，兩耳苦填咽。頗疑張繼詩，妙語緣虚設。平生意蕭散，偪側寡所悦。既不訪娉婷，亦非事餔啜。安能鬱鬱居，且可匆匆發。移舸就盤門，静對麗譙月。

盤門舟次別申圖南時圖南公車北上

水氣夜蒼然，寒月墮前浦。客子念將離，切切挑燈語。經年思一晤，握手傾肺腑。相見轉茫然，紛如春繭緒。鷄鳴星漸稀，黯淡天欲曙。揮手在須臾，倚棹兩悽楚。我輩風雲志，豈復效兒女。意氣感人心，惻惻不自主。之子縱横才，功名夙自許。去去勿復言，老人方望汝。長安舊賓客，此日各處所。南北天一涯，爲言力自努。長河水悠悠，今夕吴江渚。欲知遠客心，摇似舟邊櫓。

蚤蝨

小婢推竹篷，向陽捫絮襖。爲問爾何

爲，自云苦蝨蚤。鈍者藏匿深，捷者跳踉巧。爲患肘腋間，啖人以自飽。肌膚雖不傷，爬搔費指爪。嗟爾疏懶慣，櫛沐苦不早。醜類既已滋，摸索何時了。胡不焚爾衣，使之迹如掃。吾寧袒背僵，凍若寒木槁。安能久鬱鬱，坐受幺麽惱。魏博戮牙兵，雖弱亦自好。齷齪羅紹威，追悔何足道。

夜泊吴江

已是銀蟾挂柳梢，纔收官舫泊塘坳。昏煙欲合孤城閉，遠水微明小港交。寒鷺多情時近客，栖烏貪睡懶離巢。玲瓏方塔猶相伴，一夜風鈴盡意敲。

舟至嘉興擬謁香樹先生

水墨圖中緩櫂行，依稀樓堞認高城。青山自足成賓主，白鳥何須解送迎。偶值顛風聊小泊，可憐微月尚多情。溯洄無限伊人思，一見挑燈眼定明。

以詩投諸友索和竟日無耗走筆戲促

諸君衮衮皆詩豪，排突沈謝淩風騷。河間傖父不量力，奮臂輕以偏師挑。方看大將建旗鼓，揚兵飛矢風雲交。胡爲忽作閉門守，竟高其壘深其濠。毋乃才似千鈞弩，羞爲鼷鼠彎烏號。否則欲作國手弈，棋以不著方稱高。就中趙子尤健者，縱横自許劉與曹。朝躡蠟屐探雲竇，夜持藥玉酣松醪。推篷偃蹇氣蓋世，狂呼往往驚潛蛟。胡不百篇但斗酒，瑟縮不畏山靈嘲。僕今躍馬再摩壘，請君一奮七尺刀。不然徑可送巾幗，便呼舟子摇輕舠。

昨以長句促和小除詩守愚立就二章春礀尚不脱稾疊小除詩韻再促之並促諸友

詞人例輕脱，習氣苦不除。筆舌日格鬭，誰肯鬱鬱居。趙子風雲氣，叱咤呑萬夫。龍性含變化，咫尺凌天衢。云何逋詩債，六百同商於。輕舠日往返，短札終稀疏。坐令老騏驥，同幕中守愚最長。千里爭長途。甘心伏轅下，局促跛牂如。終朝邀穉子，神怪談虞初。春礀善説鬼，可數十晝夜不窮。故長安有鬼董狐之目。次兒汝傳喜聽之。無乃八駿馬，但可求以圖。齊城收餘燼，一戰當有餘。願與君士戲，憑軾聊相娱。扁舟方岑寂，努力無徐徐。

夙懷芳澤蘭，結契從今始。纏綿賓主意，乃與膠漆比。幸以北地傖，接坐侍君子。朗吟枯樹賦，酬唱原可已。忻湖先以詩集見示。徒以燕趙兒，負氣雄閭里。親狎生嘲弄，難遏弦上矢。遂似髦頭兵，酣鬭青牛梓。不謂緑野堂，忽作楊汝士。揚麾竟破陣，倖勝由背水。平生趙倚樓，退若曝腮鯉。諸子皆同袍，忍見四郊壘。定出石鼎詩，高唱驚侯喜。小艇遞輕箋，爲君拭目起。

忻湖佑申東田各以和章見示春礀詩亦踵至疊前韻賦謝

翩翩書記皆雄豪，揮毫落紙風刁騷。昨與天孫雲錦自五色，花紋不待絲絲挑。昨與詩敵決勝負，盤矛左右凡三交。旁睨莊惠靜相對，忘言忘象游於濠。正如老鶴翔寥廓，喔喔恥與家鷄號。偶然興到一長嘆，天風散入寒雲高。清音忽遇謝吏部，麤材自愧高敖曹。雖然飲量一蕉葉，朗吟亦欲傾村醪。定有江神夜出聽，赤虬前導驂青蛟。臣朔滑稽固天性，斂手安敢重詼嘲。八閩才藪富珪璧，雕劘正借昆吾刀。論文把臂幸多暇，不辭日日呼漁舠。

舟中偕諸友小飲倒押前韻再惱春磵

斜陽黯淡横吴舠，寒天料峭風如刀。收帆枯坐無一事，賓主游戲相譏嘲。出奇角勝兩不讓，有如渴虎搏飢蛟。詩成傳玩各拊掌，奇文欣賞斟新醪。森然旗鼓力相抗，三分鼎立孫劉曹。酒酣耳熱逸興發，突兀氣與孤雲高。飛揚欲似秋隼健，吚嚘恥作饑鼯號。我知君輩君知我，此樂不減魚游濠。隔船唱和非一日，今宵真作忘形交。莫言三鼓勇氣竭，酣戰尚擬輕身挑。人生如此自快意，絶勝痛飲哦離騷。擲筆一笑問趙蝦，劉郎是否詩中豪。

戲和春磵雙橋憶内詩

幾夜相思減帶圍，暮帆收處雨霏微。
畫橋猶照雙雙影，争遣行人不憶歸。

春磵和詩又不至再倒疊前韻戲促

詩筩來往催小舠，君忽快似并州刀。飛書馳檄應莫比，枚臯豈但工詼嘲。誰言一噴不再礪，蹺曲又作罾中蛟。空聞雄辯驚四座，更無新語酬香醪。愛酒果似晉山簡，能詩浪説何水曹。適來奴子報消息，但云苦聳吟肩高。𥗼𥗽大似蹲鴟飽，吚嚶偶作秋蟲號。山東健兒天下勇，土風剽悍連滁濠。可憐一蹶竟塗地，險韻坐困敲梢交。睢盱四顧上舵尾，苦問何處青旗挑。恐緣屢敗胸塊壘，擬傾大斗澆牢騷。空腸得酒芒角出，東坡句。坡公醉墨當能豪。春磵善畫。

初到江船二絶

借得輕舟三板寬，蕭蕭風雨夜深寒。侍兒不省江船樣，只怪詞臣是冷官。

蘆篷團坐似茅庵，大婦攜將小婦三。白舫青簾行畫裏，擁爐一夜話江南。

江船無窗暗不睹物求所謂明瓦船者不得戲柬諸友❶

織篾層層護曉風，晴江不透日玲瓏。曹劉沈謝吾能認，摸索何妨在暗中。

泊杭州二日不至西湖諸友頗訝不情因示此作

清河抵錢塘，半月駕吴榜。水驛換江船，艤岸待潮上。瀟瀟一夜雨，卧聽孤篷響。湖山新膏沐，煙水增蕭爽。明鏡照青螺，清景意可想。魚鳥苦見招，捩舵不一往。妻孥怪匆遽，朋舊笑鹵莽。古來高蹈士，原有林泉賞。既已謝丘園，焉能遂偃仰。人生各有分，無取首鼠兩。長江吟詩石，信美非所獎。他日儻身閒，得稱鷗鷺長。笻杖挂瓔瓢，蠟屐邀吾黨。孤艇泛清漪，亦能蕩雙槳。

❶ 詩題，道光本作「江船無窗暗不睹物戲柬諸友」。

富春至嚴陵山水甚佳

沿江無數好山迎，纔出杭州眼便明。兩岸濛濛空翠合，琉璃鏡裏一帆行。

濃似春雲淡似煙，參差緑到大江邊。斜陽流水推篷坐，翠色隨人欲上船。

煙水蕭疏總畫圖，若非米老定倪迂。何須更説江山好，破屋荒林亦自殊。

金碧湖山作隊看，沙鷗卻占子陵灘。武林舊事依稀記，待詔街頭賣牡丹。

江行甚速兼短視不能甚睹賦此解嘲

津鼓鼕鼕賽水神，江風作意送行人。青山是處如留客，一霎飛帆看不真。

淺碧深青露髻鬟，看山好在偶然間。十年飽啖江瑶柱，應與黄虀是等閒。

釣臺有感

歸然指點釣臺高，隱士留名亦偶遭。一樣清風辭漢主，更無詞客問牛牢。牛牢亦光武故人，屢徵不出，與子陵無異，然不甚傳。

又詠釣臺示諸友

嚴陵逝已久，遺址猶嶙峋。古今游宦子，到此懷隱淪。我來泊官舫，高詠臨江濱。諸葛起南陽，龐公栖鹿門。丈夫各有意，優劣誰能分。況乃清與濁，出處非所論。蕭然萊蕪甑，何愧山中人。但令心不滓，似此波粼粼。他時過釣臺，長揖謝此君。

江船豕詩答春磵

春磵作《江船豕》詩，蓋風人《相鼠》之義。意未盡然，書此答之。

豕於六畜中，爲物躁而擾。江船偶豢此，行客厭聒攪。竹篷五尺餘，局促三板小。何堪卧榻旁，狼籍日相惱。苦求耳目清，剸刃恨不早。我聞三嘆息，恩怨何缴繞。中婦愛烏圓，攜之涉長道。一飯未忍忘，魴鯉和秔稻。是雖利牙距，鼠輩豈盡剿。徒以媚取憐，珍惜侔雜寶。几榻竊跳踉，盆盎暗攻剽。小婢畏主人，知罪不敢討。嗟此負塗狀，所志惟一飽。形骸頗擁腫，肺腑無機巧。正似荆州牛，垂腴蟸枯稾。儻爲盜鴨貍，兹事吾能保。既不窺爾池，何須怒一絞。淇爐鑄衆形，錯雜兼醜好。褰裳涉楚澤，蕭艾雜蘭草。一氣之所生，誰能盡除掃。碧落本空虛，流雲任縹緲。苟未肆搏噬，豈不容微渺。鷄蟲互得失，反復無時了。注目對寒江，吾憶杜陵老。

灘河謡

灘下多風浪，灘河從此上。聽我灘河謡，努力齊聲唱。

粼粼灘河水，水清見水底。寧可食無魚，不食黄河鯉。

灘河水灔灔，石角露如劍。莫遣水太深，舟人恐誤犯。

正好飽使帆，懊惱亂石礙。人畏亂石多，我畏舟行快。

水轉舟不轉，咫尺千里遠。大艑太峩舸，不緣灘水淺。

小灘猶自可，大灘愁殺我。語汝汝莫

愁，逢灘牢把舵。

有風七里灘，無風七十里。風好爾莫誇，在風不在爾。

灘淺爾莫怨，灘深爾未見。阿彌陀佛灘，吾今往福建。

阻風野泊

一霎南風作意顛，斜陽點破半江煙。舟人莫問投何處，處處青山好住船。

夜深燈火上檣竿，占得漁家水半灘。驚起沙鷗眠不穩，可憐風味似粗官。

解嘲

性不嗜鴨。雖良庖爲之，亦覺腥穢不下咽。諸友頗以爲訝。戲作此詩。

靈均滋芳草，乃不及梅樹。海棠傾國姿，杜陵不一賦。馨香良所懷，棄取各有故。嗜好關性情，微渺孰能喻。愛憎係所遭，今古寧玆鶩。太息翰墨場，文章異知遇。

江船二十韻效昌黎體邀春磵同作

大艑駐吴榜，小舸下越江。纖末翹梭尾，枵腹刳鼓腔。船首尾纖鋭，而中央隆起。中凹步響屧，舟内布以碎板，格格有聲。頂凸支徒杠。舟人架片木於篷頂，以通往來。橐橐笑躡屐，孑孑驚緣橦。笏減丈室半，闊僅五六尺許。榻疊尺地雙。就船舷爲兩榻，相距僅尺餘。闖門鼠鬭穴，覓隙蜂鑽窻。肩肘遞偎倚，頂踵交搘撞。重足苦偪側，蹲立多跭躨。架梁交篙櫓，篷頂尖圓，無置篙櫓處，多插於篷内。滌釜羅罌缸。炊於後艙，然無障蔽，如坐庖中。負塗舵卧豕，吠夜舷眠尨，每船必有一犬一豕。鞚鞜亦鉦鼓，葳蕤仍旌幢。官舫例鳴鉦鼓，學使者得建雙龍黄旌。然鉦不徑尺，旌插敝篾篷上，形狀聲音皆絶可笑。迅偶捷本遜蚱蜢，舟小而舟子甚拙，動多滯礙。迅偶追驪駹。極利之風行乃小速，然風太利又不敢行。短楫避沙瀨，修綆縈石矼。清淺礙碎礫，澎湃爭高瀧。飳飣散餅餌，棱角森戈鏦。扼喉骨每梗，絶臏鼎屢扛。膠淺輒入水扛之，喧呼絶可厭。曉卧困顛簸，夜枕聽琤摐。時怯封姨怒，連日苦於逆風。或類曹人憁。守愚畏水尤甚。且任舟汎汎，莫憚波㴇㴇。詰曲仙霞嶺，驛路彌崆峣。

衢州登岸題江船

偃蹇低篷下，江船七日行。夜寒驚水氣，風急怯灘聲。久住真無賴，瀕辭似有情。也堪稱益友，能使躁心平。

過嶺

大雪冪荒榛，凍雲壓高樹。衝寒上高嶺，岡巒莽回互。蒼然暝色合，四望疑無路。迂曲得人蹤，一綫微通步。仰睇鬱嶒崚，俯窺杳煙霧。隔澗見行人，蠕蠕似蟻附。高者木杪懸，卑者草際露。前者僂而援，後者聳而赴。石磴滑屢顛，林風吹欲仆。徒侶遞相呼，十步九回顧。慄然悸心魂，失足愁一誤。側聞定鼎初，狂童此負固。桓桓李文襄，轉戰實茲處。仰攻彼尚克，徐行今乃怖。人生才地懸，寧止恒沙數。丈夫志四方，感激酬知遇。仗鉞良未能，叱馭吾其庶。黽勉趣役夫，去去無多慮。

石陂題館舍老梅

高韻蕭疏意似冰，苔封鐵骨老嶒崚。憑君莫話羅浮夢，聞房主人趙姓。嫵媚吾方對魏徵。

建陽城外謝疊山賣卜處

疊山信州兵敗，竄跡賣卜於建陽。據邑志，今建溪驛前是其故處。而偏檢藝文無一詩，豈此邦之人喜以理學相矜詡，尊性命而薄事功，流弊所至，乃並忠孝薄之耶？過其地，爲補一詩，亦紫陽表晉徵士之意云爾。

一聲白雁江南秋，六橋煙冷芙蓉愁。霹靂夜繞鎮南塔，杜鵑飛上冬青頭。王孫芳草飄泊盡，江海猶有孤臣留。疊山心事比信國，竄身避地來閩甌。垂簾聊作成都隱，采薇亦是西山儔。飢魂何處覓舊主，殘碑終古鄰山郵。韓陵片石堪共語，詩人宜向奚囊收。手披邑乘六七過，竟無一語當何由。陶潛大書晉徵士，綱目實繼麟經修。紫陽家法今尚在，後儒胡不承箕裘。我行過此三嘆息，徘徊俯視漳灘流。河聲亦似氣鬱怒，寒濤澎湃風颼飀。

建溪二十四韻再效昌黎體

危灘扼河心，高浪齧石齒。燕尾耆兩歧，蟆背突中起。岌岈菱矗角，磊落枰布子。鬃鬛踞怪獸，睒瞯聳奇鬼。斑痕綴螺蚧，曲勢走蛇虺。剷削開五丁，欹側容一葦。魚蟹需于沙，黿鼉艮其趾。山靈守何固，水伯攻未已。直下訝建瓴，平吞駭摩壘。百挫氣不回，兩鬭力相抵。砰訇裂銀山，瑣碎迸珠琲。雷鼓摐莫停，飈輪盤詎止。屢梗勒奔駟，陟決激飛矢。捩舵毫釐差，觸礁分寸徙。前礙狼跋胡，後罥狐曳尾。撐拄轉丸蜣，繚繞旋磨蟻。一步逾九折，尺地距千里。顛簸苦悸魂，喧呶患聒耳。瞬息變險夷，頃刻交憂喜。魚腹縱然脱，虎牙劘亦幾。天心欲奚爲，地勢乃若此。行者意云何，睨之怖尚爾。數舸載妻孥，一櫂送行李。念彼篷下人，摇摇舟如紙。灘河有「鐵人紙船」之諺。言舟薄難恃，恃篙師便捷爾。

自延平登舟偶作

長溪下建陽，空山轉霹靂。一瀉抵延平，灘平波漸寂。乃知水性柔，剽悍由相激。鬱怒氣莫宣，酣鬬遂不釋。江河萬古流，梗阻竟何益。徒使不平聲，日夜交衝擊。安得巨靈胡，奮掌巉巘闢。百轉繞青山，瀠洄一綫碧。

交坑夜泊

暝色從西來，亂山青莽莽。灘河戒夜行，薄暮收雙槳。連朝困登陟，兹夕遂偃仰。飛泉樹杪來，一瀉落百丈。徹耳鳴琤摐，頗使心神爽。荒戍纏薜蘿，孤卒友魍魎。喜無鉦鼓音，亂此環珮響。夜静人語稀，沙岸自來往。流雲漸欲破，山月微微上。兩月纓上塵，浩歌濯瀁漭。

將次水口灘漸平而舟亦緩書示春磵

不斷亂灘聲，嘈嘈日夜鳴。遠從建溪下，直到古田平。一葉容安坐，雙橈任緩行。向來船似箭，觸石亦頻驚。

阻風泊水口口號

搖船下瀨弩放弦，挽船上瀨登青天。東風一瞥轉檣脚，上瀨容易下瀨難。須臾來去互相羡，舟子無勞擁檝嘆。人間苦樂遞乘除，封姨於爾何恩怨。

舟次水口後舟由浦城過灘者尚無消息夜坐偶成二律❶

全家消息竟如何，屈指危灘幾度過。王事敢言懷婦子，人情未免念風波。寒欹短枕雙紅袖，夢隔空山萬翠螺。環坐蘆篷應計我，明朝安穩換輕舸。初約陸行至水口相待，延平登舟之信，家人不知也。

買得輕舠倩客乘，飄然自作打包僧。間關遠道分川陸，羞澀空囊累友朋。白浪原知心最怯，青山不是路難登。諸君與我周旋久，俯仰隨人舊未能。

將至福州

殘冬風景似新秋，草碧杉青送客舟。解道榕城天氣好，便從柘浦典貂裘。

嶺外梅花繫夢思，南來幾度好風吹。青山本愛留人住，猿鳥無情自不知。

❶「由浦城」，道光本無此三字。

紀文達公遺集卷第三十

孫樹馨編校

烏魯木齊雜詩

余謫烏魯木齊，凡二載。鞅掌簿書，未遑吟詠。庚寅十二月，恩命賜環。辛卯二月，治裝東歸。時雪消泥濘，必夜深地凍而後行。旅館孤居，晝長多暇，乃追述風土，兼敘舊遊，自巴里坤至哈密，得詩一百六十首。意到輒書，無復詮次，因命曰《烏魯木齊雜詩》。

夫烏魯木齊，初西蕃一小部耳。神武耆定以來，休養生聚僅十餘年，而民物之蕃衍豐膴，至於如此，此實一統之極盛。昔柳宗元有言：「思報國恩，惟有文章。」余雖罪廢之餘，嘗叨預承明之著作，歌詠休明，乃其舊職，今親履邊塞，纂綴見聞，將欲俾寰海外內咸知聖天子威德郅隆，開闢絶徼，龍沙葱雪，古來聲教不及者，今已爲耕鑿絃誦之鄉，歌舞遊冶之地。用以昭示無極，實所至願。不但燈前酒下，供友朋之談助已也。乾隆辛卯三月朔日，河間舊史紀昀書。

山圍芳草翠煙平，迢遞新城接舊城。行到叢祠歌舞榭，緑氍毹上看棋枰。城舊卜東山之麓，觀御史議移今處以就水泉。故地勢頗卑，登城北關帝廟劇樓，城市皆俯視歷歷。

廛肆鱗鱗兩面分，門前官樹緑如雲。夜深燈火人歸後，幾處琵琶月下聞。富商大賈，聚居舊城。南北二關，夜市既罷，往往吹竹彈絲，云息勞苦。土俗然也。

萬家煙火暖雲蒸，銷盡天山太古冰。臘雪清晨題牘背，紅絲硯水不曾凝。向來氣候極寒，數載以來漸同内地，人氣盛也。

流雲潭沱雨廉纖，長夏高齋坐捲簾。放眼青山三十里，已經雪壓萬峯尖。城中夏日頗炎燠，山中則氣候長寒。每城中雨過，則遥見層巒疊嶂積雪皓然。

雲滿西山雨便來，田家占候不須猜。向來只怪東峯頂，曉日明霞一片開。雲滿西山即雨。城東博克達山之頂，日出前必有彩霞一片護其上。别峯則否。其理未喻。

雪地冰天水自流，溶溶直瀉葦湖頭。殘冬曾到唐時壘，兩派清波緑似油。庚寅十二月，在吉木薩相度安兵之地。至唐北庭都護府廢城，水皆不冰，聞瑪納斯河亦不全凍，皆以流急故也。

百道飛流似建瓴，陂陀不礙浪花鳴。遊人未到蕭關外，誰信山泉解倒行。水流迅急，能逆行越坂數重，宋進士昱極以爲怪。不知水出懸崖，往往高至數十里，下墜之勢既猛，則反激之力亦大。故遇坎不能禦也。

山田龍口引泉澆，泉水惟憑積雪消。頭白蕃王年八十，不知春雨長禾苗。歲或不雨，雨亦僅一二次。惟資水灌田，故不患無田，而患無水。水所不至，皆棄地也。其引水出山之處，俗謂之龍口。

半城高阜半城低，城内清泉盡向西。金井銀牀無用處，隨心引取到花畦。城内水皆西流，引以澆灌。啓閉由人，不假桔槔之力。

界破山光一片青，温暾流水碧泠泠。遊人儻有風沂興，只向將軍借幔亭。温泉在城北十餘里，硫黄泉也。上無屋覆，浴必支帳。

亂山倒影碧沈沈，十里龍湫萬丈深。一自沈牛答雲雨，飛流不斷到如今。博克達山有龍湫，周環十餘里，深不可測，萬峯拱抱如蓮瓣。初苦田水不足，遣使祀以太牢，水即坌溢。

長波一瀉細涓涓，截斷春山百尺泉。二道河旁親駐馬，方知世有漏沙田。二道河初設屯兵百名，後其田澆水輒涸，如漏卮然，俗謂之漏沙。乃分移其兵於三台諸屯。黄河伏流，再涌出地。初莫明其所以然，迨履視其地，始悟沙田不能貯水，故水至即下漏。沙底必有堅土乃能積沙，水至堅土，仍循而横流；蓄水既多，仍聚而上涌。乃地勢非水性也。併識於此。

南北封疆畫界勻，雲根兩面翠嶙峋。中間巖壑無人迹，合付山靈作守臣。山北屬烏魯木齊，山南屬回部。山中袤延深邃，舊無分界之處。

雙城夾峙萬山圍，舊號雖存舊址非。孤木地旁秋草没，降蕃指點尚依稀。烏魯木齊舊地在今城北四五十里，約近孤木地屯，額魯特人能道之。今地俗稱「紅廟」，廟址在舊城之東，不知何代之廟。因以名地，亦不知始於何人也。

峻坂連連疊七層，層層山骨翠崚嶒。行人只作蠶叢看，卻是西蕃下馬陵。根忒克西北，凡峻坂七重，最爲險阸。番人過之，必肅然下馬，如見所尊。未喻其故。或曰畏博克達山之神也。

斷壁苔花十里長，至今形勢控西羌。北庭故堞人猶識，賴有殘碑記大唐。吉木薩東北二十里，有故城。週三十餘里，街市譙樓及城外敵樓十五處，制度皆如中國。城中一寺，亦極雄闊。石佛半没土中，尚高數尺。瓦徑尺餘，尚有完者。相傳有行人於土中得一金管，中有圓珠數顆，攜赴奇台，不知所往。細詰其狀，蓋浮圖所藏佛舍利耳。額魯特云是唐城，然無碑誌可據，惟一銅鐘，字迹剥蝕不可辨，時有一兩字畧剩點畫，似是八分書，其朝代亦不可考。後得唐《金滿縣碑》，乃知爲唐北庭都護府城。

古蹟微茫半莫求，龍沙輿記定誰收。如何千尺青厓上，殘字分明認火州。哈拉火卓石壁上，有古「火州」字，不知何時所勒。

南山口對紫泥泉，即白楊河。回鶻荒塍尚宛然。只恨秋風吹雪早，至今蔓草羃寒煙。白楊河山口内有回部舊屯，基址尚存，約可百户。然六七月往往降雪，僅可種青稞一季，故竟無墾種之者。

城南風穴近山坳，一片濤聲萬木梢。相約春來牢蓋屋，夜深時捲數重茅。相傳鄂倫拜星有風穴，每聞城外林木聲如波濤，不半日風至矣。動輒發屋，春月尤甚。庚寅一歲較少減。

驚飆相戒避三泉，人馬輕如一葉旋。記得移營千戍卒，阻風港汊似江船。三个泉風力最猛，動輒飄失人馬。庚寅三月，西安兵移駐伊犂，阻風，三日不得行。

良田易得水難求，水到秋深卻漫流。我欲開渠建官牐，人言沙堰不能收。四五月需水之時，水多不至；秋月山雪消盡，水乃大來。余欲建牐畜水，咸言沙堰淺隘，牐之，水必橫溢。若深濬其渠，又田高於水，水不能上。余又欲濬渠建牐，而多造龍骨車，引之入田。衆以爲庶幾。未及議而余已東還矣。

銀瓶隨意汲寒漿，鑿井家家近户旁。只恨青春二三月，卻攜素綆上河梁。土性壁立，鑿井不圮。每工價一金，即得一井。故家家有之。然至春月，雖至深之井亦涸，多取汲於城外河中。

開畦不問種花辰，早晚參差各自新。還憶年前木司馬，手栽小盎四時春。諸花皆早種早開，晚種晚開，不分節候。木同知署，歲除尚有盆種江西蠟。

秋禾春麥隴相連，綠到晶河路幾千。三十四屯如繡錯，何勞轉粟上青天。中營七屯，左營六屯，右營八屯，吉木薩五屯，瑪納斯四屯，庫爾喀拉烏素二屯，晶河二屯，共屯兵五千七百人。一兵所穫，多者逾十八石，少者亦十三四石之上。

金碧觚棱映翠嵐，崔嵬紫殿望東南。時時一曲昇平樂，膜拜聞呼萬歲三。萬壽宮在城東南隅。遇聖節朝賀，張樂坐班，一如内地。其軍民商賈亦往往在宫前演劇謝恩。邊氓芹曝之忱，例所不禁。庫爾喀拉烏素亦同。

煙嵐遥對翠芙蓉，鄂博猶存舊日蹤。縹緲靈山行不到，年年只拜虎頭峯。博克達山列在祀典，歲頒香帛致祭。山距城二百餘里，每年於城西虎頭峯額魯特舊立鄂博處，修望祀之禮。鄂博者，累碎石爲蕞，以祀神。番人見之多下馬。

綠塍田鼠紫茸毛，搜粟真堪賦老饕。八蜡祠成蹤跡絶，始知周禮重迎貓。舊有田鼠之患，自祠八蜡，迄今數歲不聞。

痘神名姓是誰傳，日日紅裙化紙錢。那識烏孫成郡縣，中原地氣到西天。自設郡縣以後，嬰兒出痘與内地同。蓋輿圖混一，中原之氣已至也。里俗不明此義，遂據《封神演義》建痘神祠。

藁砧不擬賦刀環，歲歲攜家出玉關。海燕雙栖春夢穩，何人重唱望夫山。安西提督所屬四營之兵，皆攜家而來。其未及攜家者，得請費於官爲之津送，歲歲有之。

烽燧全銷大漠清，弓刀閒挂只春耕。瓜期五載如彈指，誰怯輪臺萬里行。攜家之兵，謂之眷兵。眷兵需糧較多，又三營耕而四營食，恐糧不足，更於内地調兵屯種以濟之，謂之差兵。每五年踐更。鹽菜餱糧皆加給，而内地之糧，家屬支請如故。故多樂往。

戍樓四面列高烽，半扼荒途半扼衝。惟有山南風雪後，許教移帳度殘冬。卡倫四處，以詰逋逃。一曰紅山嘴，一曰吉木薩，皆據要衝；一曰他奔拖羅海，一曰伊拉里克，皆僻徑也。其伊拉里克卡倫，十月後即風狂雪阻，人不能行，戍卒亦難屯駐，許其移至紅山嘴，以度殘冬。

户籍題名五種分，雖然同住不同羣。就中多賴鄉三老，雀鼠時時與解紛。烏魯木齊之民凡五種。由内地募往耕種及自往塞外認墾者，謂之民户；因行賈而認墾者，謂之商户；由軍士子弟認墾者，謂之兵户；原擬邊外爲民者，謂之安插户；發往種地爲奴當差，年滿爲民者，謂之遣户。各以户頭鄉約統之。官衙有事，亦多問之户頭鄉約。故充是役者，事權頗重。又有所謂園户者，租官地以種瓜菜，每畝納銀一錢。時來時去，不在户籍之數也。

緑野青疇界限明，農夫有畔不須争。江都留得均田法，只有如今塞外行。每户給官田三十畝，其四至則註籍於官，故從無越隴之争。

一路青帘挂柳陰，西人總愛醉鄉深。誰知山郡纔如斗，酒債年年二萬金。西人嗜飲，每歲酒商東歸，率攜銀二三萬而去。

雕鏤窻櫺綵畫椽，覆檐卻道土泥堅。春冰片片陶家瓦，不是劉青碧玉甎。惟神祠以瓦爲之，餘皆作瓦屋形，而覆以土。歲一圬之，云甎瓦皆雜沙礫，易於碎裂。

戍屯處處聚流人，百藝争妍各自陳。攜得洋鐘纔似栗，也能檢點九層輪。流人既多，百工署備。修理鐘表至爲巧技，有方正者能爲之。

涼州會罷又甘州，簫鼓迎神日不休。只怪城東賽羅祖，累人五日不梳頭。諸州商賈各立一會，更番賽神。剃工所奉，曰羅祖。每賽會，則剃工皆赴祠前，四五日不能執藝，雖呼之亦不敢來。

冉冉春雲出手邊，逢人開篋不論錢。火神一殿千金直，檀越誰知是水煙。西人嗜水煙，遊手者多挈煙箱執火筩，逢人與吸，不取其直，朔望乃登門斂貲。火神廟費計千餘金，乃鬻水煙者所醵，則人衆可知矣。

客作登場打麥勞，左擕餅餌右松醪。僱錢斗價煩籌計，一笑山丹蔡掾曹。打麥必倩客作。需客作太多，則麥價至不能償工價。印房蔡掾種麥估值三十金，客作乃需三十五金，旁皇無策，余曰不如以五金遺之，省此一事。衆爲絶倒。

嫋嫋哀歌徹四鄰，冬冬畫鼓碎聲匀。雷桐那解西方病，只合椎羊夜賽神。有疾必禱，禱必以夜。唱歌擊鼓，聲徹城中。

婚嫁無憑但論貲，雄蜂雌蝶兩參差。春風多少盧郎怨，阿母錢多總不知。娶婦論財。多以逾壯之男而聘髫齔之女。土俗類然。未喻其説。

茜紅衫子鶻鵃刀，駿馬朱纓氣便豪。不是當年温節使，至今誰解重青袍。土俗以卒伍爲正途，以千總、把總爲甲族。自立學校，始解讀書。

家家小史素參紅，短笠輕衫似畫中。留得吟詩張翰住，鱸魚忘卻憶江東。流人子弟，多就食城中，故小奴至衆。

半居城市半村間，陌上牽車日往還。贏得團圓對兒女，月明不唱念家山。烏魯木齊之民，有司皆不令出境，與巴里坤異。

穲稏翻翻數寸零，桔槔到手不曾停。論園彷彿如朱荔，三月商家已買青。二三月間，田苗已長，商家以錢給農户，俟熟收糧，謂之買青。

到處歌樓到處花，塞垣此地擅繁華。軍郵歲歲飛官牒，只爲遊人不憶家。商民流寓，往往不歸。詢之則曰，此地紅花。紅花者，土語繁華也。其父母乏養者，或呈請内地移牒拘歸，乃官爲解送，歲恒不一其人。

藍帔青裙烏角簪，半操北語半南音。秋來多少流人婦，僑住城南小巷深。遣户有妻者，秋成之後，多僑住舊城内外，開春耕作乃去。

鱗鱗小屋似蜂衙，都是新屯遣户家。斜照銜山門半掩，晚風時裊一枝花。昌吉頭屯及蘆草溝屯，皆爲民遣户所居。

卷卷兵書有姓名，羽林子弟到邊城。心情不逐秦風變，絃索時時作北聲。蒙古鑲藍旗綽爾押等一百九十一人，讁入民籍入緑營充伍。土人目之曰藍旗。雖隸西籍，而飲食起居皆迴與西人不同。

雞柵牛欄映草廬，人家各逐水田居。豆棚閒話如相過，曲港平橋半里餘。人居各逐所種之田，零星棋布，雖近鄰亦相距半里許。

萬里攜家出塞行，男婚女嫁總邊城。多年無復還鄉夢，官府猶題舊里名。户民入籍已久，然自某州來者，官府仍謂之某州户，相稱亦然。

界畫棋枰緑幾層，一年一度換新塍。風流都似林和靖，擔糞從來謝不能。塞外之田，更番换種，以息地力。從無糞田之説。

辛勤十指捋煙蕪，帶月何曾解荷鋤。怪底將軍求手鏟，吏人只道舊時無。田惟拔草，不知鋤治。伊犂將軍牒取手鏟，一時不知何物，轉於內地取之。

麗譙未用夜誰何，寒犬霜牙利似磨。只怪深更齊吠影，不容好夢到南柯。人喜畜犬，家家有之。至暮多升屋而蹲。一犬吠，則衆犬和；滿城響答，狺狺然徹夜不休，頗聒人睡。

十里春疇雪作泥，不須分隴不須畦。珠璣信手紛紛落，一樣新秧出水齊。布種時，以手洒之，疏密了無定則。南插北耩，皆所不知也。

酒果新年對客陳，鵝黄寒具薦燒春。近來漸解中原味，浮瑳牢丸一色匀。新年客至，必陳饊餌四器，佐以燒酒，比户類然。近能以糯米作元夕粉團，但比內地稍堅實。其他糕餅，亦畧同京師之製。

閩海迢迢道路難，西人誰識小龍團。向來只説官茶暖，消得山泉沁骨寒。佳茗頗不易致，土人惟飲附茶。云此地水寒傷胃，惟附茶性暖能解之。附茶者，商爲官製易馬之茶，因而附運者也。初煎之，色如琥珀；煎稍久，則黑如礬。

生愁蜂蝶鬧芳叢，但許桃花種水東。只有氊車經陌上，脂香粉氣偶春風。庫爾喀拉烏素三屯，兵丁、遣犯皆孤身，恐狂且佚女或釀事端，自瑪納斯河以西，不許存一婦女。

森嚴刁斗夜丁當，牆子深深小徑長。莫遣月明花影動，金丸時打野鴛鴦。城中小巷，謂之牆子。夜設邏卒以禁淫奔，謂之查牆子。諸屯則日暮以後，驅逐外來男子，謂之搜牆子。

半帶深青半帶黄，園蔬已老始登牀。

可憐除卻官廚宴，誰識春盤嫩甲香。鬻菜者，謂之菜牀。瓜菜必極老之後，乃采以鬻。否則人嫌其嫩而不食。惟官種之園，乃有嘗新之事，此亦土俗之不可解者。

赤繩隨意往來牽，頃刻能開並蒂蓮。管領春風無限事，莫嫌多賸賣花錢。遣户男多而女少。争委禽者，多雀角鼠牙之訟。國同知立官媒二人司其事。非官媒所指配，不得私相嫁娶也。

山城是處有絃歌，錦帙牙籤市上多。爲報當年鄭漁仲，儒書今過斡難河。鄭樵《七音畧》謂：「孔氏之書，不能過斡難河一步。」初塞外無鬻書之肆，間有傳奇小説，皆西商雜他貨偶販至。自建置學額以後，遂有專鬻書籍者。

割盡黄雲五月初，喧闐滿市擁柴車。誰知十斛新收麥，纔换青蚨兩貫餘。天下糧價之賤，無逾烏魯木齊者。每車載市斛二石，每石抵京斛二石五斗，價止一金。而一金又止折制錢七百文。故載麥盈車，不能得錢三貫。其昌吉特訥格爾等處，市斛一石，僅索銀七錢，尚往往不售。

花信闌珊欲禁煙，晴雲駘宕暮春天。兒童新解中州戲，也趁東風放紙鳶。塞外舊無風鳶之戲，近有藍旗兵士能作之，遂習以成俗。

芹香新染子衿青，處處多開問字亭。玉帳人閒金柝静，衙官部曲亦横經。迪化、寧邊、景化、阜康四城，舊置書院四處。自建設學額以來，各屯多開鄉塾，營伍亦建義學二處，教兵丁之子弟。絃誦相聞，儼然中土。

氆氇新裁短後衣，北人初見眼中稀。松花慘緑玫瑰紫，錯認紅妝出繡幃。地本軍營，故以長挂爲褻衣，以短挂为公服。官民皆用常色，惟商賈多以紫緑氆氇爲之。

燒殘絳蠟闘梟盧，畫出龍眠賢已圖。老去杜陵猶博塞，陶公莫怪牧豬奴。土俗嗜博，比户皆然。

峩峕高轂駕龍媒，大賈多從北套來。省卻官程三十驛，錢神能作五丁開。大賈皆自歸化城來，土人謂之北套客。其路乃客賂蒙古人所開。自歸化至迪化僅兩月程，但須攜鍋帳耳。

吐蕃部落久相親，賣果時時到市闤。恰似春深梁上燕，自來自去不關人。吐魯蕃久已内屬，與土人無異，往來貿易，不復稽防。

敕勒陰山雪乍開，韝汗隊隊過龍堆。殷勤譯長稽名字，不比尋常估客來。蒙古商民，別立蒙古鄉約統之，稽防較密。

蒲桃法酒莫重陳，小勺鵝黄一色勻。攜得江南風味到，夏家新釀洞庭春。貴州夏髯，以紹興法造酒，名曰「仿南」，風味不減。

罌粟花團六寸圍，雪泥漬出勝澆肥。階除開徧無人惜，小吏時時插帽歸。罌粟花開徑二寸餘，五色爛然。其子冬入土中，臘雪壓之，較春蒔者尤爲暢茂。

荒屯那得汝南雞，春夢迷離睡似泥。山鳥一聲天半落，卻來相喚把鋤犂。有鳥曰「鑽天嘯」，每四更即決起長鳴，各屯以爲工作之候。

前度劉郎手自栽，夭桃移得過山來。阜康城内園池好，尚有妖紅幾樹開。烏魯木齊舊少果樹，國同知自山南移種桃花，今特訥格爾縣丞署花圃之内尚有數株。其蒲桃則無人分植，舊種盡矣。

五月花蚊利似錐，村村擬築露筋祠。城中相去無三里，夜捲疏簾不下帷。田中蚊蝱至毒，城中則無之。或曰蚊蝱依草而居也。

雲母窻欞片片明，往來人在鏡中行。七盤峻坂頑如鐵，山骨何緣似水精。雲母石産七打坂下，土人謂之寒水石。揭以糊窻，澄明如鏡。

繡羽黄襟畫裏看，鴛鴦海上水雲寒。如何夜夜雙栖夢，多在人家鬬鴨欄。昂吉爾圖諸爾在城東南。昂吉爾圖譯言「鴛鴦」，諸爾譯言「海」也。與内地所産形小異，土人多雜家鶩畜之。

照眼猩猩茜草紅，無人染色付良工。年年驛使馳飛騎，只療秋塍八蜡蟲。茜草遠勝内地，而土人不解染色。惟伊犂塔爾巴哈台，取療八蜡蟲傷。八蜡毒蟲，形在蜂蠆之間。螫人立斃。以茜根敷之，或得生。

夜深寶氣滿山頭，瑪納斯南半紫鏐。兩載驚心馳羽檄，春冰消後似防秋。瑪納斯南山一帶皆産金。恐遊民私采，聚衆生釁，雪消以後，防禦甚至。近得策斷其糧道，乃少弭。

紅藥叢生滿釣磯，無人珍重自芳菲。儻教全向雕闌種，肯減揚州金帶圍。勺藥叢生林莽，花小瓣稀。遣户黄寶田移植數本，如法澆培，與園圃所開不異。

息雞草長緑離離，織薦裁簾事事宜。腰裹經過渾不顧，可憐班固未全知。芨芨草生沙灘中，一叢數百莖，莖長數尺，即《漢書》息雞草，土音訛也。班固謂「馬食一本即飽」，然馬殊不食。

梭梭灘上望亭亭，鐵榦銅柯一片青。至竟難將松柏友，無根多半似浮萍。梭梭柴至堅，作炭可經夜不熄。然其根入土最淺，故斧之難入，拽之則仆。

温泉東畔火熒熒，撲面山風鐵氣腥。只怪紅爐三度鍊，十分纔賸一分零。鐵廠在城北二十里，役兵八十人采鍊。然石性絶重，每生鐵一百斤，僅鍊得熟鐵十三斤。

漉白荒城日不閒，采硝人在古陽關。頹垣敗堞渾堆徧，錯認深冬雪滿山。硝廠在陽巴拉喀遜古陽關也。役兵二十人采鍊。近積至五六萬斤。伊犂塔爾巴哈台所需，皆取給於此。

長鑱木柄斸寒雲，阿魏灘中藥氣熏。至竟無從知性味，山家何處問桐君。阿魏生野田中，形似萊菔，氣絶臭。行路過之，風至則聞。土人煎鍊爲膏，以炒麪溲之爲鋌，每一斤得價二星，究不知是真否也。

斑斕五色徧身花，深樹多藏斷尾蛇。最是山南烽戍地，卒然陣裹住人家。山樹多蛇，尾齊如截。伊拉里克卡倫尤多，不可耐。

白狼蒼豹絳毛熊，雪嶺時時射獵逢。五个山頭新雨後，春泥纔見虎蹄蹤。境内無虎，惟他奔拖羅海卡倫寧協領，曾見虎蹤，擬射之，竟不再至。

牧場芳草緑萋萋，養得驊騮十萬蹄。只有明駝千里足，冰消山徑卧長嘶。地不宜駞，强畜之，入夏損耗特甚。

山禽滿樹不知名，五色毛衣百種聲。前度西郊春宴罷，穿簾瞥見是鶯鶯。山禽可愛者多，卒不知名，畜養者亦少。

茸茸紅柳欲飛花，歌舞深林看柳娃。雙角吴童真可念，誰知至竟不辭家。紅柳娃，産深山中，色澤膚理無一非人。明秀端正，如三四歲小兒。每折紅柳爲圈，戴之而舞，其聲呦呦。或至行帳竊食，爲人掩得，輒泣涕拜跪求去。不放之則不食死，放之則且行且顧，俟稍遠乃疾馳。頗不易見，亦無能生畜之者。丘縣丞天寵云，頃搜駝深山，曾得其一。細諦其狀，殆僬僥之民，非山獸也。

姹紫嫣紅廿四畦，香魂彷彿認虞兮。
劉郎儻是修花譜，芍藥叢中定誤題。虞美人花，巨如芍藥，五色皆備。使院所植，尤爲一城之冠。

朱橘黄柑薦翠盤，關山萬里到來難。
官曹春宴分珍果，誰怯輕冰沁齒寒。柑橘皆有，但價昂爾。

種出東陵子母瓜，伊州佳種莫相誇。
涼争冰雪甜争蜜，消得温暾顧渚茶。土産之瓜，不減哈密。食後飲茶一琖，則瓜性易消。

旋繞黄芽葉葉齊，登盤春菜脆玻璃。
北人只自誇安肅，不見三臺緑滿畦。三臺黄芽菜，不減安肅萊菔，亦甘脆如梨。

白草初枯野雉肥，年年珍重進彤闈。
傳聲貢罷分攜去，五采斑斕滿路歸。野雞脂厚分餘，歲以充貢。

甘瓜别種碧團圞，錯作花門小笠看。
午夢初回微渴後，嚼來真似水晶寒。瓜之别種，曰「回回帽」。中斷之，其形酷肖。味特甘脆，但不耐久藏耳。

昌吉新魚貫柳條，笭箵入市亂相招。
蘆芽細點銀絲膾，人到松陵十四橋。秦地少魚，昌吉河七道灣乃産之。羹以蘆芽或蒲筍，頗饒風味。

凱渡河魚八尺長，分明風味似鱘鰉。
西秦只解紅羊鮓，特乞倉公製膾方。凱渡河魚，冬月自山南運至。倉大使姚焕烹治絶佳。

露葉翻翻翠色鋪，小園多種淡巴菰。
紅潮暈頰濃於酒，别調氤氲亦自殊。初尚川菸、漢中菸，後尚北套菸。近土人得種蒔之，處處暢衍。其葢露數葉，味至濃厚。而别有清遠之意，頗勝他産。

新稻翻匙香雪流，田家入市趁涼秋。
北郊十里高臺户，水滿陂塘歲歲收。高臺户所種稻米頗類吴秔。

千瓣玲瓏緑葉疏，花頭無力倩人扶。
因循錯唤江西蠟，持較東籬恐未輸。江西蠟，花徑二寸，千瓣五色，望之如菊，但葉瘦耳。

山珍入饌只尋常，處處深林是獵場。
若與分明評次第，野騾風味勝黄羊。野騾動

輒成羣，肉頗腴嫩。

誰能五月更披裘，尺布都從市上求。懊惱前官國司馬，木棉試種不曾收。户民不艱食而艱衣。國同知試種木棉，未竟而去，其事遂寢。或曰土不宜，或曰無人經理其事，民無種也。

西到寧邊東阜康，狐蹤處處認微茫。謀衣卻比羊裘易，粲粲臨風一色黃。土産羊不可衣，狐乃易致。

蘆荻颼颼緑渺茫，氤氳芳草隱陂塘。行營不解西番法，❶秋老誰尋瑪努香。瑪努香生三台諸處葦塘中。形似蒼术，氣極清郁。西番焚以祀神，亦以療疾。但未詳主治何證耳。

春鴻秋燕候無差，寒暖分明紀歲華。何處飛來何處去，難將蹤跡問天涯。燕鴻來去之候，與中土相同。但沙漠萬里，不知何所往耳。

緑到天邊不計程，葦塘從古斷人行。年來苦問驅蝗法，野老流傳竟未明。境内之水皆北流，匯於葦塘，如尾閭然。東西亘數百里，北去則古無人蹤，不知所極。相傳蝗生其中，故歲燒之。或曰蝗子在泥而燒其上，是與蝗無害，且蝗食葦葉則不出，無食轉出矣。故或燒或不燒。自戊子至今，無蝗事，無左驗，莫得而明。

徹耳金鈴个个圓，簷牙屋角影翩翩。春雲澹宕春風輭。正是城中放鴿天。土與鴿宜，最易蕃衍。風和日暖，空中千百爲羣，鈴聲琅琅，頗消岑寂。

不重山肴重海鮮，北商一到早相傳。蟹黄蝦汁銀魚鮝，行篋新開不計錢。一切海鮮皆由京販至歸化城，北套客轉販而至。所謂銀魚，即衛河麪條魚也。

紅笠烏衫擔側挑，頻婆杏子緑蒲桃。誰知只重中原味，榛栗楂梨價最高。吐魯番賣果者多，然土人惟重内地之果。榛栗楂梨，有力者始致之。

茹家法醋沁牙酸，滴滴清香瀉玉盤。琥珀濃光梅子味，論功真合祀元壇。茹把總大業，面黑，人目曰「黑虎」。好事者因目其婦曰「元壇神」。婦善釀醋，味冠一城。醜而不嚣，人尤珍之。目曰

❶「行營」，道光本作「行人」。

「元壇醋」。

菽乳芳腴細細研，截肪切玉滿街前。只憐常逐春歸去，不到榴紅蓼紫天。豆腐頗佳，冬春以爲常餐，夏秋則無鬻者。

誰言天馬海西頭，八駿從來不易求。六印三花都閲偏，何曾放眼看驊騮。自瓦市移於伊犂塔爾巴哈台，外番之馬遂不至。故佳馬至爲難得。索馬者每言烏魯木齊，不知皆已往之事也。

鴨緑鵝黄滿市中，霜刀供饌縷輕紅。加餐便憶坤司馬，不比無端主簿蟲。鳧鴨之種，皆坤司馬所攜致，今滋生蕃衍矣。

月黑風高迅似飛，秋田熟處野豬肥。諸軍火器年年給，不爲天山看打圍。野豬最爲屯田之害，歲給火藥防之。三台一巨豬，其大如牛。

河橋新柳緑濛濛，只欠春園杏子紅。珍重城南孤戍下，剛留一樹裊東風。地不宜杏，惟紅山嘴卡倫一株。

槐榆處處緑參天，行盡青山未到邊。只有垂楊太嬌穉，纖腰長似小嬋娟。柳至難長，罕見高丈餘者。

依依紅柳滿灘沙，顔色何曾似絳霞。若與緑楊爲伴侣，蠟梅通譜到梅花。向聞塞外有紅柳，以爲閩中朱竹之類。及見之，似柳而非，特皮膚微赤耳。其大者，可作器。

飛飛乾鵲似多情，晚到深林曉入城。也解巡簷頻送喜，聽來只恨是秦聲。喜鵲形同内地，惟音短而重濁。

蛺蝶花邊又柳邊，晚春籬落早秋天。只憐翎粉無多少，葉葉黄衣小似錢。花間時逢黄蝶，其小如錢。

土屋茅簷幾樹斜，移來多自野人家。微風處處吹如雪，開偏深春皂莢花。皂莢花白，生林中，可以移植。

翦翦西風院落深，夜涼是處有蛩音。秦人不解金籠戲，一任籬根徹曉吟。地多促織，從無畜鬭之戲。

芳草叢叢各作窠，無名大抵藥苗多。山亭宴罷扶殘醉，記看官奴采薄荷。藥草至多，或識或不識。去年六月宴射廳，提督巴公有小奴言：「欄旁是薄荷。」試使采之，真薄荷也。

小煮何曾似鰒魚，惱人幽夢夜深餘。貧家敢恨無眠處，燕寢清香尚不除。壁虱至多，雖大官之居不免。侍郎徐公所居，以兩錢募捕一枚，冀絶其種，竟不能也。余建新居不半月，已蠕蠕滿壁。土人云：地氣所生，不由傳種。

新榨胡麻瀲灔光，可憐北客不能嘗。初時錯認天台女，曾對桃花飯阮郎。胡麻即脂麻。《東坡集》言之甚析。而西人以大麻爲胡麻，其油氣味甚恶，非土人不能食也。

依稀諫果兩頭纖，松子來從雪嶺南。嶺上蒼官千萬樹，只能五鬣緑鬖鬖。松子瑣屑，殆似空蓬。間有自南路販至者，形肖橄欖，味亦不佳。

雪壓空山老樹枯，一番新雨長春菇。天花絶品何須説，持較興州尚作奴。地産蘑菇，然不甚佳，不及熱河諸處營盤蘑菇也。

撥刺銀刀似鱠殘，有人相戒莫登盤。魚苗多是秋蟲化，倚杖曾經子細看。劉都司洪在烏魯木齊不食魚云：「此間魚苗皆泥中穢蟲，秋來入水所化。」在呼圖壁，屢親見之。

漢唐舊史記青稞，西域從來此種多。輕註蹲鴟成一笑，如今始悔著書訛。青稞蓋大麥之類，可以釀酒，可以秣馬，人亦作麪食之。向修《熱河志》書於《烏桓傳》中得此名，而不能指其爲何物，頗疑爲荑稗之屬，今乃識之。

臘雪深深坼地寒，經冬宿麥換苗難。農家都是春初種，一樣黄雲被隴看。雪深地凍，宿麥至春皆不生，所種皆春麥也。

配鹽幽菽偶登厨，隔嶺擕來貴似珠。只有山家豌豆好，不勞苜蓿秣宛駒。諸豆不産，惟産豌豆，民家種之以飼馬。官馬飼以青稞，併豌豆不種矣。

收麥初完收穀忙，三春卻不入官倉。可憐粒粒珍珠滑，人道多輸餅餌香。土俗賤穀而貴麥，故納糧以麥不以穀。

八寸葵花色似金，短垣老屋幾叢深。此間頗去長安遠，珍重時看向日心。葵花向日，與内地同。

澄澈戎鹽出水涯，分明青玉浄無瑕。猶嫌不及交河産，一色輕紅似杏花。土産青鹽，味微甘，勝於海鹽。每二斗五升，纔值制錢二十文。其紅鹽則由闢展而來。

鑿破雲根石竇開，朝朝煤户到城來。北山更比西山好，須辨寒爐一夜灰。城門曉啓，則煤户聯車入城。北山之煤，可以供熏爐之用。焚之，無煙；嗅之，無味。易熾而難燼，灰白如雪。每車不過銀三星餘。西山之煤，但可供炊煮之用。灰色黄赤。每車不過銀三星。其曰二架梁者，石性稍重，往往不燃，價則更減。亦有石炭，每車價止二星，極貧極儉之家乃用之。

亦有新蟬噪晚風，小橋流水緑陰中。人言多是遺蝗化，果覺依稀似草蟲。夏亦有蟬，首似蟬，而翼似阜螽。或言蝗所化，未之詳也。

一聲骹矢唳長風，早有飢鳶到半空。驚破紅閨春晝夢，齊呼兒女看雞籠。鳶最猛鷙，能就人手中奪肉，尤爲畜雞者之害。防守稍踈，或無遺種。

秀野亭西緑樹窩，杖藜攜酒晚春多。譙樓鼓動棲鴉睡，尚有遊人踏月歌。城西茂林無際，土人名曰「樹窩」。坤同知因建秀野亭。二三月後，遊人載酒不絶。

斜臨流水對山青，疏野終憐舊射廳。頗喜風流豐别駕，邇來擬葺醉翁亭。舊射廳在新射廳西南，頗爲疏野。近以稍遠廢之。寧邊通判豐君署事迪化，擬爲重葺。余方東還，不及見其落成矣。

絳蠟熒熒夜未殘，遊人踏月繞欄杆。迷離不解春燈謎，一笑中朝舊講官。元宵燈謎，亦同内地之風，而其詞怪俚荒唐，百不一解。

犢車轣轆滿長街，火樹銀花對對排。無數紅裙亂招手，遊人拾得鳳凰鞋。元夕張燈，諸屯婦女畢至，遺簪墮珥，終夜喧闐。

搖曳蘭橈唱采蓮，春風明月放燈天。秦人只識連錢馬，誰教歌兒蕩畫船。燈船之戲，亦與内地彷彿。

地近山南估客多，偷來蕃曲演鴦哥。土魯番呼歌妓爲鴦哥。誰將紅豆傳新拍，記取摩訶兜勒歌。春社扮番女，唱番曲，侏㒧不解，然亦靡靡可聽。

簫鼓分曹社火齊，燈場相賽舞狻猊。一聲唱道西屯勝，飛舞紅箋錦字題。孤木地屯與昌吉頭屯，以舞獅相賽，不相下也。昌吉人舞酣之時，獅忽噴出紅箋五六尺，金書「天下太平」字，隨風飛舞，衆目喧觀，遂爲擅勝。

竹馬如迎郭細侯，山童丫角囀清謳。琵琶彈徹明妃曲，一片紅燈過綵樓。元夕，各屯十歲内外小童扮竹馬燈，演《昭君琵琶》雜劇，亦頗可觀。

越曲吴歈出塞多，紅牙舊拍未全訛。詩情誰似龍標尉，好賦流人水調歌。《王昌齡集》有「聽流人歌水調子」詩。梨園數部遣户中能崑曲者，又自集爲一部，以杭州程四爲冠。

樊樓月滿四絃高，小部交彈鳳尾槽。白草黄沙行萬里，紅顔未損鄭櫻桃。歌童數部，初以佩玉、佩金二部爲冠，近昌吉遣户子弟新教一部，亦與之相亞。

玉笛銀箏夜不休，城南城北酒家樓。春明門外梨園部，風景依稀憶舊遊。酒樓數處，日日演劇，數錢買座，畧似京師。

烏巾墊角短衫紅，度曲誰如鼂相公。字出東坡《仇池筆記》。贈與桃花時頮面，筵前何處不春風。伶人鼂羔子，以生擅場，然不喜盥面。

半面真能各笑啼，四筵絶倒碎玻璃。消除多少鄉關思，合爲伶人賦《簡兮》。簡大頭以丑擅場。未登場時與之語，格格不能出口，貌亦朴僿如村翁。登場則隨口詼諧，出人意表，千變萬化，不相重複。雖京師名部，不能出其上也。

老去何戡出玉門，一聲楚調最銷魂。低徊唱煞紅綾袴，四座衣裳涴酒痕。遣户何奇，能以楚聲爲豔曲。其《紅綾袴》一闋，尤妖曼動魄。

逢場作戲又何妨，紅粉青蛾鬧掃粧。仿佛徐娘風韻在，盧陵莫笑老劉郎。劉木匠以旦擅場。年逾三旬，姿致尚在。

稗史荒唐半不經，漁樵閒話野人聽。地鑪松火消長夜，且唤詼諧柳敬亭。遣户孫七，能演説諸稗官。掀髯抵掌，聲音笑貌，一一點綴如生。

桃花馬上舞驚鸞，趙女身輕萬目看。不惜黄金抛作埒，風流且喜見邯鄲。塞外豐盈，游民鬻技者麕至。畿南馬解婦女亦萬里聞風而赴，蓋昔所未睹云。

靈光肹蠁到西陲，齊拜城南壯繆祠。神馬驍騰曾眼見，人間銜勒果難施。初，民間有馬不受鞚，施於廟中充神馬，乃馴順殊常。然非爲神立仗，仍不可銜勒也。散行街市，未曾妄齧寸草；或遊行各牧場中，皆以其來爲喜。每朔望，輒自返廟中，尤爲可異云。

破寇紅山八月天，髑髏春草滿沙田。當時未死神先泣，半夜離魂欲化煙。昌吉未變之先，城上恒夜見人影，即之則無。亂後始悟，爲兵死匪徒，神褫其魄，故生魂先去云。

深深玉屑幾時藏，出土猶聞餅餌香。弱水西流寧到此，荒灘那得禹餘糧。昌吉築城之時，又掘得麪一罌。罌垂敝而麪尚可食，亦不可解。

白草颼颼接冷雲，關山疆界是誰分。幽魂來往隨官牒，原鬼昌黎竟未聞。己丑冬，城西林中，時鬼嘯，或爲民祟。父老云：客死之魂，不得官牒不能過火燒溝也。檢籍得八百二十四人，姑妄焚牒給之，是夜竟寂。又户椽葉吉興，官爲移眷，其母死於古浪。一日，其妻恍惚見母到，驚而仆。方入署而驛送其母之文至，其魂蓋隨文而來云。

築城掘土土深深，邪許相呼萬杵音。怪事一聲齊注目，半鉤新月蘚花侵。昌吉築城之時，掘土數尺，忽得弓鞋一彎，尚未全朽。額魯特地初入版圖，何緣有此？此真不可理解也。

一笑揮鞭馬似飛，夢中馳去夢中歸。人生事事無痕過，東坡詩：「事如春夢了無痕。」蕉鹿何須問是非。余從辦事大臣巴公履視軍臺，巴公先歸，余留宿。半夜適有急遞，於睡中呼副將梁君起，令其馳送，約遇臺兵則使接遞。梁去十餘里相遇即還，仍復酣寢。次日告余曰：「昨夢公遺齎廷寄，鞭馬狂奔，今髀肉尚作楚，大是奇事。」以真爲夢，衆皆粲然。

同年紀學士曉嵐，自塞上還，予往候。握手敘契闊外，即出所作《烏魯木齊雜詩》見示。讀之，聲調流美，出入三唐，而敘次風土人物，歷歷可見。無鬱轖愁苦之音，而有春容渾脱之趣。間又語予：「嘗見哈拉火卓石壁有『古火州』字，甚壯偉，不題年月。火州之名始於唐，此刻必在唐以後。宋金及明，疆理不能到此，當是元人所刻。」予以《元史·亦都護傳》及虞文靖所撰《高昌王世勳碑》證之，則火州在元時實畏吾兒部之分地，益證君攷古之精核。獨怪元之盛時，畏吾人仕於中朝者最多，若廉善甫父子，貫酸齋偰玉立兄弟，并以文學稱，而於本國風土未能見諸紀述，使後世有所攷稽，何與？將徙居内地而忘其故俗與？抑登高能賦，自古固難其人與？今天子神聖威武，自西域底平以來，築城置吏，引渠屯田，十餘年間，生聚豐衍。而烏魯木齊又天山以北一都會也。讀是詩，仰見大朝威德所被，俾遐疏沙礫之場，盡爲耕鑿絃誦之地，而又得之目擊，異乎傳聞影響之談。它日采風謠、志輿地者，將於斯乎徵信，夫豈與尋常牽綴土風者同日而道哉！嘉定錢大昕

紀文達公遺集卷第三十一

孫樹馨編校

館課存稾

賦得象罔求珠得求字

赤水深無際，玄珠訝誤投。一從沈至寶，幾度費冥搜。詎識無心得，非關有意求。纔臨明鏡照，已覺夜光浮。虛白千尋澈，晶瑩一掬收。何須鑿混沌，早擬笑離婁。理向環中悟，神從象外游。自然觀道妙，微義問莊周。

賦得簾疏燕誤飛得飛字

深院開金屋，芳春敞繡扉。人垂珠箔坐，燕識杏梁歸。寶押雙懸重，湘紋幾縷稀。琉璃光洞澈，霧縠影霏微。未覺重簾隔，仍穿曲榭飛。驟然抛玉剪，始訝礙雲衣。且立芙蓉檻，行開翡翠幃。主人深愛爾，肯使故巢違。

賦得璇源載圓折得圓字

重寶千金值，奇珍百琲傳。未從離蚌腹，早驗在驪淵。有美難終祕，成形本自然。試看流水折，正似月珠圓。鮫室千重閟，螺紋幾曲旋。亦堪求濁水，豈止媚清川。碕岸如相釆，回波定可沿。明堂開正位，好取夜光懸。

賦得山梁悦孔性 得山字

會心原不遠，樂意總相關。達者能觀化，仁人本愛山。天機同浩浩，物態共閒閒。偶爾逢心賞，悠然息轍環。坐看雲自出，忽見鳥知還。童冠如偕點，行藏欲語顔。鳳翔千仞上，龍德六爻間。鄉黨終篇意，長吟雉子斑。《雉子斑》，樂府題名。

賦得以樂爲御 得馳字

宮懸昭帝德，至教漸推移。莫謂聲無翼，從來化若馳。嗚鑾調駟馬，應節赴中逵。鼓以鏗鏘妙，居然罄控宜。兩驂如舞處，六轡似琴時。宣導原無滯，優柔自不疲。誰矜東野駕，漫比大車詩。應識虞廷治，諧音屬后夔。

賦得秋山極天浄 得山字

何處堪遊眺，蒼蒼雨後山。試看平遠勢，盡入泬寥間。秋意清如水，嵐光繞似環。四垂天澹沱，一色碧孱顔。邈與斜陽盡，遥隨曠野閒。都無纖翳隔，偶有片雲還。三殿開珠箔，千峯湧翠鬟。煙巒皆可畫，好手召荆關。

賦得吹葭六琯動飛灰 得灰字

一陽存碩果，七日驗飛灰。緹室三重密，黄鍾半子開。卦占坤後復，象似地中雷。聯兆方潛動，機緘若暗催。空虚通橐籥，吹息類塵埃。氣訝蒸蒸上，春疑冉冉來。化源徵律吕，生意辨根荄。還似皇心運，渾然萬理該。

賦得昆明池織女石得明字

池取天河象，仍標列宿名。至今傳織女，遺跡在昆明。化石還相望，淩波若有情。疑當燒劫後，偶以落星成。何日橋方架，終年水自横。定知心不轉，莫訝杼無聲。夜月初飛鵲，秋風欲動鯨。憑看獨立影，可讓漢傾城。

賦得無絃琴得琴字

無絃聊自撫，寓興不關琴。誰識絲桐外，别存山水音。一彈聲寂寂，獨坐思沈沈。往復如相引，成虧總莫尋。何論操縵術，正似據梧心。得意頻三嘆，移情偶一吟。穆然懷雅樂，邈爾滌煩襟。千載成連曲，風吹大海深。

賦得直如朱絲繩得繩字

直節誰堪比，朱絃可並稱。初同絲受染，終擬木從繩。古調憐操瑟，高張似引絚。聞聲疑諤諤，觸手覺棱棱。作佩常防緩，如鉤卻未能。非因膠柱鼓，寧患大絃揯。《淮南子》曰：「大絃揯則小絃絶。」應信雲和貴，堪將清廟登。聖朝容耿介，左右待疑丞。

賦得風絃漢殿箏得箏字

何處夜琮琤，冰絃帶月清。涼飈來玉署，秋殿動銀箏。乍聽風從律，真同響應聲。何須銀甲撥，已繞畫梁鳴。呼吸機相感，喁于調自成。爽如聞籟發，高欲遏雲行。斷續隨宮漏，悠揚散禁城。早朝天樂奏，一曲和韶韺。

賦得風光草際浮得浮字

新緑滿汀洲，微和扇未休。遥看風影動，宛帶日華流。芳意晴逾好，輕颸暖更柔。無聲偏淡宕，有態倍夷猶。春色如相媚，煙光欲共浮。蓬蓬流水外，冪冪大隄頭。遠道青無際，平蕪碧漸稠。還同申巽命，煦育偏皇州。

賦得澹雲微雨養花天得微字

上苑春三月，繁英殿四圍。花如争艷冶，天亦惜芳菲。漠漠雲陰澹，濛濛雨氣微。暗催新緑長，恐惹落紅飛。低訝煙逾重，垂疑露未晞。數枝苞漸吐，幾日葉初肥。寒食青油幕，東風白袷衣。待乘開霽後，紫陌看晴暉。

賦得月印萬川得殊字

皎潔玉蟾蜍，清輝照九區。光懸天上鏡，影落水中珠。盈匊分明在，隨波上下俱。纔看離海嶠，早已偏江湖。莫以人人見，因疑在在殊。應知千里共，原止一輪孤。曼衍川流體，渾圓太極圖。湛然周萬象，正與聖心符。

其二得川字

皎皎生明月，溶溶落碧川。但逢秋水净，都見夜珠圓。素魄雙輪映，清輝萬派連。金波雖四照，寶鏡本孤懸。是有形形者，如同印印然。中和堪證道，空色莫疑禪。虚一河圖衍，函三太極全。涼宵窺片影，妙理悟先天。

賦得東風已緑瀛洲草 得瀛字

瓊島開仙境，神洲儼大瀛。人間春始到，天上草先榮。南浦今朝望，東風昨夜生。誰將螺黛染，都似翠眉横。芳渚微微映，疏煙漠漠平。幾時青漸吐，隨處碧含情。靃靡看逾遠，芊眠畫不成。細承雕輦路，早待聽流鶯。

賦得鶴立鷄羣 得軒字

邈爾清標遠，翛然雅度存。鶴鳴曾見詠，鷄口詎同論。喌喌聲雖衆，昂昂氣自尊。潔真如倚玉，高不待乘軒。野鶩休相擬，窗禽肯共言。遊仙方獨夢，得食任争喧。對影憐頻顧，淩風會一騫。泬寥天萬里，珠樹在崑崙。

賦得山意衝寒欲放梅 得衝字

葭管氣潛衝，春風已暗從。天心回暖律，山意改嚴冬。花信憑誰問，陽和漸此逢。試看抽緑蕚，亦似應黄鍾。老榦含生意，寒枝易舊容。暗香如躍躍，積雪任重重。稍待三春至，行開萬樹穠。聖朝調鼎鼐，嘉實正須供。

賦得晴天養片雲 得雲字

巖壑交回互，陰晴氣候分。懸崖高障日，幽谷暗生雲。冉冉流山罅，濛濛護蘚紋。一絲初澹宕，數縷漸繽紛。練影誰輕卷，爐煙訝細熏。濕蒸青滴瀝，暖聚碧氤氲。萬象開澄霽，中天净垢氛。輪囷徐起處，表瑞在明君。

賦得花缺露春山 得山字

花外隱春山，山青花復殷。岑參詩：「柳嚲鶯嬌花復殷。」有時紅斷續，忽露碧孱顏。遥隔玲瓏影，斜窺鬖髿鬟。參差疏密處，掩映有無間。似欲留餘地，憑教見一斑。試後空隙望，應愛遠峯閒。孤嶂看逾好，芳林坐未還。年光與景物，樂意正相關。

賦得鶯囀皇州 得州字

春色滿皇州，新鶯繞玉樓。一聲花影外，千囀柳梢頭。睍睆頻來去，綿蠻遞唱酬。微風吹嫋嫋，餘響散悠悠。幾度遷喬木，今來近御溝。栖身真得地，隔樹屢呼儔。雉尾開宮扇，鷄人報曉籌。早朝仙樂奏，還擬應鳴球。

其二

曉色開閶闔，清音聽栗留。一枝棲上苑，百囀繞瀛洲。珠串玲瓏落，金梭上下投。自然諧樂律，隨意轉歌喉。得樹聲偏樂，憑高響易流。直同巢閣鳳，莫比喚晴鳩。紫陌迎仙仗，青旗拂彩斿。陽春歌一曲，仿佛和嘉州。

其三

二月年光麗，鶯遷始出幽。來隨鴛鷺序，喜傍帝王州。曉箭聲方歇，晨鐘響乍收。如歌金縷曲，催進翠雲裘。往復頻相應，飛鳴迴自由。好音方嚦嚦，凡鳥莫啾啾。灌木棲難定，丘隅倦欲休。何如宮樹上，清囀正夷猶。

賦得纖鱗如不隔得纖字

游魚瀺灂處，浄絶點塵沾。俯映潭千尺，如窺鏡一奩。唼花吹淰淰，鼓鬣露纖纖。形影時相照，浮沈盡可覘。只言空際動，不道水中潛。靈沼游偏適，濠梁興屢淹。喜無微翳隔，寧以至清嫌。老子曰：「水至清，則無魚。」太液冰開日，恩波暖正添。

賦得白雲自高妙得雲字

一望藹氤氳，春山漾白雲。巖深蓊漸吐，天遠杳無垠。搖曳風微度，依稀縷乍分。澹然超色象，邈爾謝塵氛。落落如難合，飄飄自不羣。徘徊應有悟，擬議欲何云。泱漭從龍氣，玲瓏抱日文。平生寥廓意，相對亦欣欣。

賦得水彰五色得彰字

五采麗輝煌，良工畫擅場。誰知花作筆，都藉水生光。潑墨新泉浄，研朱曉露涼。清泠非有迹，配合自成章。拂幰微含潤，揮毫乍吐芒。精神浮絹素，色澤溢丹黃。濃澹功相濟，調和用乃彰。藝成堪證道，比類試推詳。

賦得殘月如新月得如字

缺月照庭除，纖纖畫不如。雖非三日後，卻似半規初。祇道弦將上，誰言魄漸虛。依然千里共，還是一鉤餘。光但分增減，形難辨斂舒。有時斜映水，定亦誤驚魚。老桂花常在，仙蓂葉漸疏。餘輝如可借，爲照案頭書。

賦得木葉微脱得微字

洞庭秋瑟瑟，林際曉霜微。乍覺羣芳歇，時看一葉飛。數行分極浦，幾樹對斜暉。老木黄偏早，深叢碧漸稀。未飄先颯颯，欲落似依依。望遠情何限，攀條悵有違。莫因時序晚，遂惜物華非。明歲春風好，仍然送緑歸。

賦得桐始華得春字

東風吹暖律，榮木幾枝新。有葉能知閏，開花亦報春。纍纍垂似穗，朵朵散如銀。纔過中和節，剛迎上巳辰。萍生先半月，桃綻距三旬。乍引仙蜂到，時看小鳳馴。朝陽真得地，清露喜淩晨。會召來儀瑞，棲梧近紫宸。

賦得清露點荷珠得珠字

玉沼荷初放，銀塘露乍濡。高低張翠蓋，大小落明珠。擎似金爲掌，圓如水在盂。誰言雲液化，只道海人輸。宕漾分還合，晶瑩有若無。揭來搴碧葉，擬取繫紅襦。旋轉雖難拾，團圞自可娱。天漿誰欲酌，好好貯冰壺。

賦得爐煙添柳重得煙字

樹繞彤墀下，香霏紫殿前。遥看宫柳色，全帶御爐煙。嬝娜千枝踠，氤氲一氣連。游絲飄乍駐，弱縷密相牽。漠漠渾如織，垂垂訝欲眠。似因青靄聚，微壓翠條偏。寶鼎雲長護，春旂色共鮮。陽和韶景麗，最在鳳樓邊。

賦得湘靈鼓瑟 得靈字

瑤瑟波間汎，騷人岸上聆。微傳三嘆意，❶知是二妃靈。緑水流無盡，朱絃響未停。如彈斑竹恨，宛隔暮花聽。悽切風初起，蕭疏葉乍零。人遥秋色碧，聲斷亂楓青。明月留清怨，空江接杳冥。餘音何處覓，千載水泠泠。

賦得河鯉登龍門 得登字

洪河初泛漲，仙鯉欲飛騰。凡骨何時换，天門此路升。雲泥争倏忽，風雨助憑陵。急峽聲相薄，懸流勢乍乘。聳身纔一躍，跋浪已千層。乍覺雷聲合，俄然霧氣蒸。直同神劍化，莫比翰音登。爲報詹何道，芒鍼釣未能。

賦得鶯聲細雨中 得交字

年光當二月，春意賞芳郊。微雨迷花徑，流鶯在柳梢。霑濡衣乍濕，宛轉語相交。喚侣深藏葉，呼晴穩護巢。影憐輕縠隔，歌雜碎珠拋。細點聲頻滴，清音聽欲淆。龍池方睍睆，鳩婦莫諠呶。會看偕鴻羽，同占漸上爻。

其二

間關鶯語巧，羃䍥雨絲交。煙縷全如織，金梭乍一拋。藏身争選樹，求友共還巢。沾洒衣雖涴，清圓字不淆。泥應呼滑

❶「意」，道光本作「息」。

滑，鳴亦似膠膠。誰坐青油幕，遥聽碧柳梢。攜柑尋陌上，荷笠過塘坳。領署皇州景，和聲遍四郊。

賦得夏雲多奇峯得嵒字

嵐氣初蒸鬱，雲容俄嶄嵒。卷舒形屢變，重疊勢相攙。峭立峯成筆，高張石作帆。雄應争岱華，險欲類崤函。拔地風頻鼓，摩天日乍銜。雷疑泉響澗，雨訝瀑飛巖。縹緲真難即，嶔崟自不凡。願陳紈縵頌，流韻入韶咸。

其二得峯字

七十二芙蓉，參差淡復濃。乍疑青嶂合，卻是碧雲重。長夏炎蒸氣，非煙峭蒨容。南風吹片片，東嶽起溶溶。觸處原從石，飛來即作峯。淩虚時落影，拔地本無蹤。縹緲三霄近，玲瓏四面逢。會看時雨降，膏沃徧堯封。

賦得秋日懸清光得清字

素節澄西顥，靈曦卓午晴。霜高秋色净，雲斂日華清。碧落無邊闊，紅輪別様明。煒煌含火德，蕭爽帶金精。白道淩虚轉，黄人馭氣擎。全如開水鏡，誰擬挂銅鉦。霽宇羲和駕，涼飆少昊行。聖朝平秩典，早命省西成。

賦得秔香等炊玉得秔字

江鄉風味好，秋熟薦新秔。細細香風透，霏霏玉屑明。乍看開翠釜，真似餌瓊英。白石飢堪煮，藍田種早成。滑匙如化液，著齒但無聲。豈有瑕難掩，惟憐質太輕。儻思酬一飯，定可抵連城。稼穡當爲寳，欣看百室盈。

賦得江海出明珠 得圓字

紫瀣浮三島，滄江匯百川。地靈鍾巨壑，寳氣涌層淵。渺漫深無際，晶熒望欲然。龍堂天不夜，蟾窟月長圓。有日逢漁父，淩波問水仙。每從鮫客室，來上蜑人船。萬斛求難盡，千金價共傳。澄渟湖一曲，蹺社敢争先。

賦得秋水長天一色 得天字

高閣倚江前，長江水接天。蒼茫秋一色，上下碧相連。寥廓平浮日，溟濛澹掃煙。時憑樓百尺，宛對鏡雙圓。蕭瑟吟難盡，空明畫不傳。惟看孤鶩影，直到落霞邊。舊迹多非矣，寒流尚渺然。低徊王勃序，賞識憶當年。

其二

瑟瑟琉璃水，蒼蒼菡萏天。新秋高閣上，遠色大江前。島嶼輕漚點，樓臺倒影懸。望中千里盡，低處四垂圓。極浦疑浮地，涼波欲化煙。更無痕界畫，只覺氣澄鮮。斷雁投何處，孤舟去渺然。銀河如可接，便擬問張騫。

賦得山水含清暉 得秋字

風景澹夷猶，人從鏡裏遊。微微排遠岫，瑟瑟見明流。掩映原如畫，蕭疏乍近秋。夜涼山雨過，天净水雲收。曉色清於洗，煙光澹欲浮。青蒼分極浦，紫翠入高樓。槲葉藏樵徑，蘆花有釣舟。惟應容謝客，雙屐此淹留。

賦得白露爲霜 得霜字

白露三霄降，仙盤九月涼。離離初被草，薄薄漸成霜。風急微含凍，雲寒不化漿。無聲霏玉屑，有迹在銀牀。芳草秋仍緑，疏林曉欲黄。昨宵猶鶴警，幾日欲鷹揚。應候逢青女，司天屆白藏。好乘金氣肅，講武震遐荒。

賦得水懷珠而川媚 得藏字

何待尋圓折，纔能識夜光。珠胎還合浦，水意總滄浪。月魄靈津吐，風紋細縠長。三篙春浪軟，一鏡晚波涼。想像含虛白。徘徊問渺茫。舊聞汝女佩，新認海人鄉。碕岸誰遐矚，璇源此祕藏。可能逢象罔，十斛出龍堂。

賦得明月照高樓 得樓字

皎潔三更月，高寒百尺樓。有人當永夜，此際對清秋。玉宇雙扉敞，金波一片流。玲瓏侵翠箔，咫尺挂晶毬。斜影垂河漢，疏星逼斗牛。半天風露冷，四面水雲浮。光是初圓夕，居臨最上頭。山川千萬里，歷歷望中收。

賦得海上生明月 得光字

一片寒空暮，無邊巨壑長。煙消澄遠碧，月出逗新黄。龍女微開鏡，鮫珠漸吐芒。高淩天尺五，直湧水中央。輪抱三山影，波添萬里光。乾坤浮澒洞，風露浴青蒼。河漢微雲斂，蓬壺夜氣涼。金鼇誰獨立，閒看舞霓裳。

賦得秋風生桂枝 得秋字

爽籟漸颼飀，西風吹未休。銀牀纔落葉，金粟亦含秋。冷露花微濕，清飈暑乍收。夜中驚夢醒，雲外有香浮。緑裊高枝動，黃飄碎點稠。涼生明月裏，聲在小山頭。紅蘂芳堪折，丹梯路可求。霓裳羽衣曲，好入廣寒遊。

賦得農乃登穀 得成字

月令期無爽，農官歲有程。麥先供夏薦，穀又報秋成。白露多時降，黃雲一望平。幾回田畯課，此日甸人呈。萬斛珠丸滑，三春玉屑明。無須登舊黍，已到飯新秔。納秸遵王制，吹豳叶頌聲。吉蠲隆孝饗，早遣奉粢盛。

賦得玉韞山含輝 得瑛字

蓄寶每希聲，璠璵肯自呈。誰知光隱耀，轉使迹分明。試躡尋山屐，長歌采玉行。遥看含紫翠，知是藴瓊瑛。石骨寒仍潤，煙痕暖欲生。雲根猶未斲，虹氣已堪驚。抱璞幽人意，搜巖匠氏情。天球原易識，珍重此連城。

賦得月到天心處 得心字

好對梧桐月，閒將妙理尋。一輪初朗澈，萬象正蕭森。珠斗中央對，銀河左界臨。半天光皎皎，四面碧沈沈。大野煙痕白，涼宵露氣深。自然羣籟寂，那得片雲侵。別館何人望，高樓此夜心。誰知清意味，領畧坐微吟。

賦得月中桂得秋字

丹桂何年有，婆娑近玉樓。素娥雲外種，紅蘂月中留。老榦重輪抱，圓光一鏡收。分明金粟影，掩映水精毬。露朶誰人折，天香每夜浮。花常開朔望，時不問春秋。最愛蟾蜍伴，寧容蛺蝶求。吟詩誰第一，定有許棠流。

賦得行不由徑得行字

邈矣高風格，棱然古性情。此心無曲折，一步亦分明。秋水官橋闊，春山驛路平。長亭扶杖過，仄徑看人行。細草雖通步，斜陽肯問程。從來避瓜李，不但畏榛荆。孤直真難匹，迂疏莫見輕。他年投璧處，寶劍氣縱横。

賦得秋風動桂林得風字

高樹三梁外，清飈八月中。無聲潛帶露，有響乍摇風。秋到金鳶水，花飄白兔宫。數行枝戞緑，一帶蘂翻紅。月影微微撼，天香冉冉通。夜涼新落子，山小舊生叢。晚節鄰黄菊，先彫笑碧桐。延年推上藥，珍重問韓終。

賦得迎歲早梅新得新字

臘日寒猶在，江梅蘂乍新。一枝偏耐冷，數點漸含春。岑寂横籬落，欹斜映水濱。尋芳知有約，踏雪尚無人。明月憐孤影，空山見遠神。芳心雖向暖，高格本離塵。南至熙長日，東風感舊因。百花莫相妬，松柏是前身。

賦得原隰荑緑柳得荑字

欲問芳郊信，迢迢上大隄。高原連下隰，舊柳長新荑。暖日烘初綻，微風剪未齊。漸看成緑影，稍欲露黃鸝。半掃眉猶淺，三眠夢尚迷。寒憐掩宿霧，軟惜踠春泥。草色平皐迴，波痕斷瀨低。柔條隨處綰，那計路東西。

其　二

荏苒東風到，參差柳欲荑。疏黃纔挂縷，淺緑已垂隄。繫馬條猶弱，藏烏葉未齊。數行春映帶，幾處影高低。沮洳通蘭

澤，亭皐接蕙蹊。相看青隱隱，會待碧萋萋。陌上花三月，橋邊水一溪。他時攜酒路，樹樹是鶯啼。

賦得御溝柳色得新字

太液波痕長，靈和柳色新。煙光三月暮，水影一渠春。舞罷垂絲軟，粧成對鏡頻。每逢賞花宴，多映釣魚人。有態眠初起，無愁黛偶顰。本來天上種，還鬬掌中身。玉砌時飄絮，銀河不染塵。縱成萍點點，終是傍龍津。

賦得鴻雁來賓得來字

南雁頻頻返，西風漸漸催。偶成賓主意，爲有後先來。故國憐同侶，新秋已半回。相呼蘆葦岸，早占水雲隈。彭蠡三更

月，瀟湘兩岸苔。不嫌清露冷，猶及晚花開。行止原如客，周旋莫見猜。雁奴與鴻婦，結伴且徘徊。

賦得秋月如圭得圭字

月色浄玻璃，秋宵畫閣西。無瑕原似璧，有角便成圭。仙桂開方滿，新桐剪乍齊。修來原是斧，切處定如泥。象以斜長肖，形從朒朓稽。涼天懸玉片，深夜照金閨。冷露中庭濕，明河右界低。方輝吟入户，更憶隱侯題。

賦得微雲淡河漢得河字

碧空澄夜色，絡角挂明河。疏雨三更歇，微雲幾片過。一條横似練，數尺卷如羅。水自盈盈隔，痕餘澹澹拖。依稀纔有迹，清淺不生波。最愛玲瓏映，無嫌點綴多。人間秋若此，天上境如何。擬泛靈槎去，瓊樓問玉梭。

賦得簾疏巧入坐人衣得衣字

簾閣三更坐，秋螢數點微。雨餘乘夜出，燈下近人飛。越葛涼纔入，湘雲縷尚稀。玲瓏徐度罅，熠燿乍隨衣。回袖縈新苧，披襟上薄絺。有光原自照，無意偶相依。腐草憐能化，輕羅莫見揮。清宵宜朗誦，爲映讀書幃。

賦得爵入大水爲蛤得爲字

動極歸於静，循環數可推。經秋蟲欲蟄，得氣鳥先知。挾彈驚前日，懷珠趁此時。淩風歸巨海，回影落寒漪。鴻鵠真難望，螳蜋莫更疑。一隨潮上下，長共月盈虧。變化形無定，飛潛理在斯。屈伸關大造，那復藉人爲。

賦得水始冰 得冰字

霜自何時降，寒從昨夜增。深灘多露石，淺瀨半含冰。細溜微微聚，流澌漸漸凝。經風纔欲合，遇暖尚難勝。瑣屑銀千縷，玲瓏玉幾層。一痕初界畫，數片乍觚稜。舒斂機相待，剛柔氣互乘。應知腹堅後，陽律已潛蒸。

賦得指佞草 得忠字

聖世原無佞，孤芳自效忠。不妨存弱植，用以戒羣工。諫果差相擬，邪蒿未許同。當門留勁草，折檻想遺風。修竹能彈事，疏槐善守宮。何須簪白筆，直使避青驄。漢使衣裁繡，秦人鏡鑄銅。寧如堯砌上，丰采望菁葱。

賦得閏月定四時 得時字

陰陽交轉運，氣朔遞參差。杪忽原無迹，微茫漸有奇。三年如不閏，四序定潛移。餘算毫釐辨，中星旦暮推。回旋占斗柄，遲速證銅儀。蓂莢叢頻換，梧桐葉早知。歲功成月令，王道敬人時。玉燭調和日，欣歌萬歲期。

賦得其人如玉 得其字

空谷高人往，風流想見之。每當吟宛在，輒欲賦温其。緬彼千金寶，蕭然一褐披。誰家生玉樹，之子是瓊枝。潔白平生許，雕鎪幾度施。蒹葭空見倚，圭珇最堪思。❶好識連城璧，休言無當卮。憑看裴叔則，朗朗照人時。

賦得晨光動翠華 得春字

日抱丹烏躍，旗開翠鳳新。陸離光莫定，炫耀望難真。不道精芒射，惟疑蕩漾頻。龍蛇微掣影，楊柳共搖春。玉仗迎黃道，金霞晃紫宸。祥原徵五色，采更煥三辰。仙旆遥含旭，靈風未動塵。早朝儀衛肅，萬國仰重輪。

賦得草色遥看近卻無 得遥字

空濛細雨過花朝，二月郊原草色饒。蹋處未能侵屐齒，望中早覺似幂腰。閒穿曲徑行將近，試眺平蕪去轉遥。稍迫尚餘青隱隱，纔尋已是碧迢迢。不知春色徐相引，卻訝煙光漸欲消。幾擬停驂拾翠羽，劇憐隔岸映紅橋。如隨流水蓬蓬遠，豈逐東風故故飄。芳意芊綿無盡處，勝遊好趁賣餳簫。

賦得雨中春樹萬人家 得人字

二月長安雨似塵，郊原迢遞接城闉。樓臺高下多相映，雲樹空濛半不真。柳密惟横煙漠漠，花疏偶露瓦鱗鱗。一痕薄靄連雙闕，滿地濃陰蓋四鄰。處處園林紅滴瀝，家家門徑碧鮮新。數重深巷牆頭影，十里長亭陌上春。青幔應迷沽酒路，綠蓑時見賣花人。分明認取王維畫，六幅生綃淡墨匀。

❶「珇」，道光本作「組」。

賦得屏風燈得屏字

何處清輝照眼明，琉璃一片碧晶熒。誰知朵朵蓮花炬，卻隔深深翡翠屏。六曲斜開金滉漾，千絲交逗玉瓏玲。鮫綃裁片輕如霧，鳳蠟攢枝隱似星。展去層層明錦繡，折來面面映丹青。帷中燈影遥侵座，畫裏花陰欲滿庭。不道春風圍步障，只言夜月印雕櫺。珠簾隱約低垂户，鏡殿分明對照形。此夕真遊銀色界，一時如坐練光亭。醉來試倚罘罳立，濯魄冰壺酒欲醒。

賦得魚戲蓮葉東得東字

面面芙蓉望不窮，游魚瀺灂往來通。有時緑影中流動，忽訝銀塘右畔空。似愛丹蕖迎曉日，豈憑翠蓋障西風。吹花欲趁歸潮白，隔葉還窺落照紅。方位偶同龍在左，朝宗亦類水流東。玉泉滮滮連瓊島，會泛恩波到紫宮。

紀文達公遺集卷第三十二

孫樹馨編校

我法集

賦得一片承平雅頌聲得聲字

秋賦趨掄選，春官集俊英。文章盛唐代，歌詠續周京。接席銀袍簇，分廊畫燭明。八乂争立就，一字或頻更。合奏宣功茂，和鳴應化成。坐聽風月夜，吟叶管絃聲。得上龍門路，多題雁塔名。寧如逢聖主，甲乙自持衡。

賦得識曲聽其真得真字

一一春鶯語，秦箏妙入神。聲中原寓意，譜裏巧翻新。絃外尋孤賞，樽前得幾人。何期心默解，不待語重陳。銀字毫釐辨，冰絲大小勻。能參分刌密，敢惜鼓彈頻。側調原非古，知音亦有真。況於山水曲，雅奏拭龍脣。

賦得高山流水得琴字

流水高山曲，遺聞傳至今。伊人空想像，古調久銷沈。意到惟隨指，神遊豈在琴。偶然逢所適，併不繫乎音。風静泉微響，巖空籟細吟。一時聊寄託，終古自高深。縱使留殘譜，誰能更會心。莫驚絃竟絕，真賞本難尋。

其二 得高字

莫怪人難和，由來曲本高。遥情託絃指，妙悟契絲毫。直以神相遇，都忘手所操。千巖憶樵徑，一葉想漁舠。有會如尋繹，無言聽撥挑。雉飛知悦孔，魚樂悟游濠。闇解孤行意，寧辭再鼓勞。逌然心莫逆，雙鵠在林皐。

其三 得山字

邈矣成連操，情移海上山。琴師傳此意，天籟在其間。雲岫披圖畫，風泉響珮環。孤懷沈忽往，九變去仍還。絃斷人誰會，樵歸客偶閒。傾聽兩無語，默解一開顔。信是精能至，無云遇合艱。知音一已足，何必徧塵寰。

其四 得流字

琴在鍾期往，山高水自流。七絃聲落落，千載意悠悠。伊昔初相遇，斯人暫一留。絲桐憐獨抱，針芥默相投。浮棹煙江外，支筇雪嶺頭。未須言爾志，均已解其由。心賞非形迹，神交各應求。由來孫伯樂，一顧辨驊騮。

賦得野竹上青霄 得青字

野竹多年長，叢叢似翠屏。本來低地碧，何亦半天青。藉託坡陀勢，延緣迤邐形。漸連斜坂上，直到亂峯停。鳳尾高空見，鸞音下界聽。掃雲牽靉靆，障月隱瓏玲。鳥語藏蒙密，樵蹤入杳冥。誰當淩絶頂，卜築此君亭。

賦得性如繭得如字

性善宜修善，無忘受性初。似絲纏密密，其緒引徐徐。團結三眠足，包含萬縷餘。常能約自絡，始有錦堪舒。儻曰求文繡，而慵轉繅車。材良徒坐棄，質美待何如。天賦知原粹，人功戒暫疏。遥傳鄒魯學，終是廣川書。

賦得秋色從西來得來字

一氣鴻鈞轉，循環四序推。春原自東起，秋亦定西來。誰遣驚蟬早，無端送燕回。蒼茫登雁塔，蕭瑟想龍堆。赤坂涼先覺，烏孫冷漸催。隨河趨碣石，隔海到蓬萊。玉圃三成遠，金天萬里開。憑高吟壯觀，岑杜憶雄才。

賦得四邊空碧落得遊字

人到千峯頂，乾坤望裏收。雲雖開楚嶽，煙不辨齊州。惟立天低處，遥觀地盡頭。四圍同一碧，萬里入雙眸。色是空中見，神從象外遊。太虛無畔岸，元氣自沈浮。羲御光如近，媧皇迹莫求。九重應更遠，縹緲想瓊樓。

賦得圓靈水鏡得圓字

天晴常在水，水闊亦連天。寧似秋方淨，剛逢月正圓。一塵清不翳，六幕淡無煙。如挽銀河瀉，全將珠緯湔。澄波翻下映，倒影竟高懸。虚白三千界，空明十二躔。四圍同瀇沱，萬里共澄鮮。便擬浮仙棹，瓢斟太極泉。

賦得鴉背夕陽多 得多字

落日銜山際，翔禽返舊窠。獨於鴉背上，遥見夕陽多。江畔霞初散，城頭尾並訛。杜詩：「日落微風起，城頭烏尾訛。」初乘朝彩出，今趁晚晴過。斜照光摇漾，翻飛影盪摩。遂如離墨沼。忽更浴金波。不以黔而黑，偏能耀自他。珍圖應叶瑞，好借上林柯。

賦得綺麗不足珍 得珍字

誰居天寶末，敢薄建安人。才自歸文苑，心原溯聖津。尊王昭衮鉞，正始述雎麟。屈宋非年輩，曹劉豈等倫。遺經方獨抱，麗句漫爲鄰。肯舍淵源古，而誇纂組新。斯言雖莫踐，所論未無因。正似歌周鼓，蘭亭不見珍。

賦得細雨濕流光 得光字

陰與晴相半，同時兩恰當。圓曦遥閃爍，微雨細飄颺。密縷低拖地，斜暉映在旁。望如波浴日，瞥覺眼生光。煙重全粘草，霞明半照牆。花心方碎滴，鴉背自殘陽。曬粉多黄蝶，垂絲有緑楊。太平韶景麗，品物總蕃昌。

附録樹馨詩

麥候晴兼雨，蘭畦風有光。霏霏飄細縷，蕤蕤射斜陽。閃爍雲頻破，溟濛土乍香。煙綃拖淡白，霞綺到昏黄。書幌疏猶映，春衫沾不妨。睡偏明倦眼，暖喜帶微凉。唤婦鳩相應，啣泥燕亦忙。農家趁芳潤，擊鼓好栽秧。

賦得翠綸桂餌得魚字

文章詞掩意，徒侈腹多書。譬作新漁具，還施舊釣車。翠綸材本脆，桂餌計尤疏。乃詑雲鬟飾，兼誇月斧餘。羽從珠樹采，品取藥籠儲。舴艋晨頻出，笭箵晚定虛。豈非矜富者，反以致窮歟。珍重操觚士，無勞獺祭魚。

賦得山虚水深得蕭字

縹緲浮丹翠，蒼茫鎖寂寥。巉巗横此路，融結自何朝。花偶隨波出，雲終隔嶺遥。人誰狎魚鳥，古未見漁樵。混沌天雖闢，鴻濛氣不消。多年幾風雨，衆竅自笙簫。邈矣峯千疊，泠然絃七條。曲終歆石坐，木葉落蕭蕭。

賦得風暖鳥聲碎得風字

恰是暄妍節，剛逢淡宕風。春深花信後，暖入鳥聲中。處處雙飛過，枝枝百囀同。弄晴交上下，喚侶遞西東。促拍催相雜，繁音疊未終。歌嬌藏嫩緑，響散趁飛紅。仙樹榮丹地，祥雝萃紫宫。朝陽諧雅奏，更喜在梧桐。

賦得日高花影重得重字

清晝春方永，深宫繡偶慵。花叢閒檢點，日晷細形容。側照陰斜轉，中懸頂正衝。圓光方下射，疊影自相重。一一分疏密，層層積淡濃。玲瓏惟透罅，交插莫尋蹤。地盡栽珠樹，人如坐玉峯。云何杜荀鶴，更遣憶芙蓉。

賦得清暉能娛人 得青字

瀑自何年響，峯從太古青。偶然逢客過，寧識是誰經。潭影波涵鏡，嵐光翠疊屏。偏如相嫵媚，邀使久留停。默覺心多愜，真疑地有靈。情移水仙操，意在醉翁亭。幽境時探勝，塵緣定退聽。如何白蓮社，未許入門庭。

賦得山水含清暉 得暉字

池館丹青絢，園林錦繡圍。多逢誇麗景，寧識悦清暉。試訪樵童徑，因尋釣叟磯。煙鬟晴乍沐，雪練漲交飛。净緑常隨屐，濃藍欲染衣。路從霞外轉，人向鏡中歸。巖壑皆仙意，空明亦悟機。會心塵壒外，高唱和應稀。

賦得絜矩 得方字

陬澨登仁壽，黔黎奏樂康。德霑環海徧，道在寸衷藏。法有弧三角，重爲矩四方。九章憑測算，萬事受裁量。惟帝通情志，如材度短長。心心相比較，物物自周詳。化起畿千里，恩覃地八荒。宜民知受禄，共祝壽無疆。

賦得江上數峯青 得青字

瑶瑟音長歇，青山萬古青。數峯空寂寂，一水自泠泠。騷客傳哀怨，神絃託杳冥。誰聞彈楚調，今尚詠湘靈。想像臨明鏡，徘徊對畫屏。淩波人宛在，調柱此曾經。莫悵情如贈，難逢曲再聽。滿江秋月白，恍惚本無形。

賦得意司契而爲匠 得司字

文本緣情造，經營在運思。手如斤斲堊，心幾繭抽絲。規矩人能授，方圓我自爲。萬間籌結構，一髮鏤毫氂。偶爾環中悟，天然象外奇。巧雖千態變，權總寸靈司，鏤貴材先審，輪非斧漫施。藝成堪喻道，珍重記工師。

賦得芝蘭之室 得蘭字

慷慨論交易，端方取友難。勿輕結膠漆，所貴近芝蘭。花暖雙扉敞，香圍一室寬。靈苗光掩映，芳草坐盤桓。初挹情猶淡，微熏意漸歡。既而與之化，遂以久相安。湘水騷人佩，商山隱士餐。古來君子重，凡卉莫同觀。

賦得寒蟬 得蟲字

古有寒蟬喻，多嫌愧匪躬。聖朝求伉直，特詔戒臣工。月夕多歌蚓，霜天有候蟲。云何貪飲露，偏自怯吟風。薄翼棲仍穩，殘聲曳竟終。豈因避黃雀，不肯響疏桐。解蜕荒林外，垂緌禁樹中。鳴秋原藉汝，莫負化生功。

賦得誦詩聞國政 得聞字

文館恩榮渥，儒官獻納勤。微陳三百義，仰達九重聞。太史輶軒采，諸侯繡壤分。貞淫知舊俗，奢儉證遺文。至邶何初變，終豳豈漫云。檜曹衰憶霸，周召治由君。删定能尊孔，歌吟即鑒殷。寧徒誇掞藻，詞賦鬬淵雲。

賦得講易見天心 得心字

河洛精微寓，羲文藴奥深。惟通消息理，始警保持心。所以乾綱本，宜從復卦尋。一陽生半子，七日破重陰。是有盈虚戒，因陳進退箴。萬幾皆察變，五位自能臨。講幄明其要，儒臣獻乃忱。集賢傳故事，千載重詞林。欽定《詞林典故》載張説此詩爲「歷代藝文之第一」。

賦得東壁圖書府 得書字

珠緯占東壁，琅函耀石渠。法天爰取象，稽古用藏書。蘭室叢編集，蓬山祕典儲。西崑開册府，北極近宸居。蒐采今彌富，精嚴昔莫如。權衡千載上，裁定萬幾餘。寶氣瞻奎藻，文光繞斗車。寧同唐四部，兩志總多疏。

賦得西園翰墨林 得園字

唐主開詞苑，燕公侍壽樽。直將漢東觀，取譬魏西園。赤帝猶乘運，黄初未建元。宴游飛翠蓋，賓客會朱門。點筆吟花徑，分牋涴酒痕。五言交倡和，七子遞攀援。是豈明良比，而同賡拜論。高名蘇頲並，惜矣玷斯言。

賦得鏡花水月 得花字

詩以禪爲喻，滄浪自一家。水中明指月，鏡裏試拈花。圓魄千江印，欹枝兩面斜。蟾疑浮浪縠，蝶訝隔窗紗。對影雖知幻，摹形反慮差。其間原有象，此會本無遮。六義輕東魯，三乘轉法華。别傳歸教外，珍重辨瑜瑕。

賦得雷乃發聲 得初字

芳樹鳩鳴後，新巢燕到初。二月第三候，爲鷹化爲鳩；第四候，爲玄鳥至；第五候即雷乃發聲。一聲驚鳥夢，何處走雷車。半子萌來久，三陽鬱欲舒。已經蒸勃勃，難更遏徐徐。衝激淩高頂，砰鏗轉太虛，驟聞音擊格，纔展氣吹噓。好雨催扶耒，輕陰待荷鋤。年豐應奏瑞，太史有占書。定制每歲雷發聲時，欽天監推其干支方位，奏年歲之豐歉。

賦得鳥度屏風裏 得屏字

鳥愛山光好，成羣掠畫屏。雙飛翻彩翠，六曲映丹青。嶺繞周遮狀，峯回摺疊形。烘雲真盎盎，繪水竟泠泠。樹好時三匝，花深偶一停。隨風趁樵牧，瞥影過園亭。圖寫由天巧，清幽愛地靈。人蹤難到處，羡爾得全經。

賦得臧三耳 得聽字

色色斯生色，形形始化形。物皆因造物，聽亦有司聽。聾固非無耳，音何不辨霆。元神先莫運，空質自難靈。云兩原常理，稱三未不經。騁詞緣尚口，聚訟遂盈庭。別教言堪采，儒家辯可停。正如留半箠，萬世賸畸零。

賦得前身相馬九方臯 得身字

牝牡驪黃外，驊騮相最真。誰言求駿意，乃在畫梅人。偶寫橫斜影，何勞子細皴。直從無色界，忽現此花身。是豈凡庸手，能傳冷靜神。定知緣夙慧，或竟有前因。妙得離形似，纔容下筆親。華光留舊譜，摹仿已陳陳。

賦得池水夜觀深 得深字

古甃涵澄碧，時時一俯臨。晝何清且淺，夜乃窅而深。静以含羣動，陽常閟至陰。外明明水面，内照照潭心。月黑浮光斂，星高倒影沈。遂令三兩尺，望似百千尋。此景原恒見，何人費苦吟。四靈追少監，自許嗣唐音。

賦得樓鐘晴聽響 得晴字

暮色蒼然裏，凫鐘乍一鳴。遥傳雲破處，不似雨淋聲。器古含蒸易，中虚聚氣盈。性原通燥濕，音亦變陰晴。溽減聽微爽，風乾韻乃清。自然鯨奮吼，倍使鳥頻驚。審律陰陽辨，窮微分刌明。移兹調大樂，豈不贊韶韺。

賦得春華秋實 得華字

家丞擅秋實，庶子鬬春華。諫果深含味，詞條艷吐花。儒林應列傳，藝苑亦成家。汲鄭誠持正，班張豈遽邪。兼收原未礙，偏好乃多差。何吐甘瓜薦，而簪穠李誇。寧知文有質，斯曰正而葩。天藻親題品，因材非漫加。謹案：御製有《春華秋實》詩二首。

賦得栖煙一點明 得明字

妙寫無人態，詩僧體物精。空江孤鳥白，遠浦淡煙横。似仿烘雲畫，鉤成片月生。四圍輕渲染，一點自分明。雁過憑争翥，鷗多懶偏盟。栖真含静意，吟亦愛閒情。立久憐寒雨，飛來趁晚晴。雍陶兼杜牧，寧識此禽清。

賦得長江秋注 得江字

莫怪昌黎筆，高談氣不降。能將詞汨汨，湧作浪淙淙。如上流丹閣，全開面水窗。一痕連碧落，千里見秋江。帆轉衡湘九，山浮龕赭雙。有源通雪嶺，無岸架天杠。果是潮堪擬，寧惟鼎可扛。六朝矜綺麗，任汝奏新腔。

賦得汲古得修綆 得修字

經籍含微義，如泉伏地流。縱逢從井出，未易挈瓶收。漱潤思醫渴，尋源必縋幽。莫矜桔槔取，惟轉轆轤求。巧手千絲結，長繩百尺投。深深能見底，軋軋始堪抽。品水存真鑒，漚麻貴預籌。昌黎明古學，努力繼前修。

賦得文以載道 得文字

文原從道出，道乃寓於文。本以詞之達，宣其意所云。如資車載物，是用匠操斤。同軌途原一，争馳路竟分。傳心付伊洛，掞藻斥淵雲。矯枉言雖激，崇真意則勤。扶輪期雅正，合轍戒紛紜。華實兼資意，權衡仰聖君。

賦得移花兼蝶至 得移字

新春經穀雨，芳樹正堪移。攜畚花纔斸。尋香蝶已知。紅牆遮不斷，粉翅趁相隨。遠送如難別，偕來似有期。翩翩終日影，戀戀舊時枝。遂使潘安縣，兼添謝逸詩。看宜同入畫，買喜不論貲。點綴韶光好，流鶯莫浪窺。

賦得孤月浪中翻 得孤字

萬里長江浄，三更片月孤。忽聞風葉響，頓湧浪花麤。起伏波難定，低昂影亦俱。看纔如水鏡，走忽似盤珠。旋舞驚渾脱，圓光轉轆轤。突來金自躍，衝破練平鋪。象本天淵合，形由動静殊。潮平觀皓魄，清景正堪娱。

賦得鍊石補天 得天字

帝魁書尚佚，况乃帝魁前。誰記媧皇事，偏教列子傳。訛言五色石，曾補九重天。風韛頻吹鼎，雲根盡化煙。濃蒸嵐氣合，再使笠形圓。從此鼇維立，於今蟻磨旋。愛奇何若是，語怪豈其然。張湛徒勞註，卮言亦妄詮。

賦得以鳥鳴春 得鳴字

恰值暄妍節，欣欣盡向榮。一時聽鳥語，都是爲春鳴。夏木原求友，寒林亦哢晴。如何桃李月，偏作管絃聲。蕃育濡和氣，歌吟暢物情。定因花柳好，特遣燕鶯生。踏草催沽酒，吹簫應賣餳。相關多樂意，長此頌昇平。

賦得以雷鳴夏 得鳴字

天地氤氳合，相蒸雨始成。散光爲電影，激響是雷聲。陰氣包而遏，陽剛鬱乃爭。兩摶相震蕩，一奮遂砰訇。冰結冬深閟，雲興夏屢鳴。都緣隨節候，不是失和平。布澤霑濡溥，宣威法令明。聖功符造化，品物樂咸亨。

賦得以蟲鳴秋得鳴字

絡角銀河轉，西風淅瀝生。秋聲最蕭瑟，蟲語亦淒清。葉落如先覺，霜寒已早驚。坐來初月上，吟到欲天明。將斷還重續，無心似有情。人寧知所訴，天實使之鳴。此夕音何急，誰家夢未成。惟應孟東野，與爾作詩盟。

賦得以風鳴冬得鳴字

雪野飈輪轉，霜林地籟鳴。元冥司令出，屏翳應天行。四序皆從律，三時微變聲。何爲寒谷響，多似海潮生。冬以凝陰

斂，風從噫氣成。若因宣鬱結，預使動句萌。南至陽初復，東郊氣待迎。柔飀仍長育，桃李滿春城。

賦得良玉生煙得光字

欲識詩家景，宜游産玉鄉。煙痕蒸縹緲，吟興入蒼茫。淡白浮虹氣，微紅映日光。有無都不著，空色兩相忘。邈矣春千里，求之水一方。會心言莫喻，極目意何長。錦瑟深情託，藍田舊迹荒。鏡花涵幻影，妙悟付滄浪。

賦得黄花如散金得金字

春意闌珊後，餘春尚可尋。四圍芳草裏，一路野花深。疏朵多依水，繁英自滿林。有時疑是菊，總爲散如金。蘩密藏鶯

坐，枝低映酒斟。摘來縈響釧，落處誤遺簪。桂馥秋將至，槐忙候正臨。嬌黄同一色，陸續更清吟。

賦得心如秤 得心字

蜀相留遺訓，名言寓意深。重輕原有準，高下本無心。淡泊澄懷久，虚公待事臨。平衡期道直，偏袒戒私侵。斜正嚴分杪，低昂任羽金。權非操自我，語足佩爲箴。稱物區良楛，因材辨尺尋。鑑空同見詠，傳誦仰宸襟。

賦得四十賢人 得人字

談藝嚴流品，休明論最淳。稱詩沿律祖，選字比詞人。聲氣從其類，評量擬以倫。五君容共席，八座各分茵。主客圖堪繪，英賢譜具陳。蘭畦寧雜艾，玉府肯收珉。正似龍門啓，同看虎榜新。臨軒親鑒别，識曲務聽真。

賦得斧藻其言 得言字

載酒詢奇字，研思著法言。擬經雖僞體，好賦亦專門。築室資旁證，衡文得細論。斧斤期善削，藻繪莫辭煩。心矩遵尼父，詞華溯屈原。斲輪通意匠，後素悟詩源。所惜篇章富，難稱道德尊。蕭樓傳妙選，符命至今存。

賦得光景常新 得新字

萬丈文章燄，常看光景新。圖書應奎壁，竹帛耀儀璘。珠緯分躔舍，璇霄轉化鈞。精華融二氣，晶采聚雙輪。穹宇高垂象，靈暉煥有神。升恒時璧合，晷度自環循。槖籥天行健，璣衡帝撫辰。綿齡同久照，聖藻映千春。

賦得弓膠昔幹 得膠字

考工觀藝事，上下悟相交。譬作狼弧幹，勻塗鳳髓膠。融和成一體，熨帖到雙弰。正豈因檠束，粘真與漆淆。堅完堪引跗，捷疾試鳴髇。缺未容藏蟻，强纔好射蛟。可思防瓦解，始足固桑苞。鑒不遺諧讔，從知念草茅。

其二 得弓字

讔語含微義，淳于譬製弓。三材資利用，九合待良工。曲順彎環勢，深勞比附功。鸞膠期熨帖，蟻缺戒嵌空。質取剛柔配，光磨表裏同。一絲無間隙，兩界乃交融。理以宜民悟，情因觀物通。懿綱符衆志，絜矩在皇衷。

賦得天葩吐奇芬 得葩字

奇製花生筆，人間無此花。詩裁標麗則，天秀肖榮華。韓詩：「榮華肖天秀，捷疾逾響報。」月桂飄金粟，蟠桃簇絳霞。蜚英開藝圃，移種自仙家。吟詠時含咀，芳馨在齒牙。妙香聞净域，賸馥謝凡葩。句用芙蓉比，文持勺藥誇。六朝空綺語，品第定微差。

賦得荷風送香氣 得風字

十里芙蓉渚，溟濛暮色中。夜遊難秉燭，晚坐且當風。習習生蘋末，泠泠度葦叢。遂教香罨藹，不隔樹玲瓏。爽籟心神浄，清芬鼻觀通。疑從散花女，偶試杖藜翁。吹袂芳馨滿，披襟念慮空。蕭疏涼露裹，況有此君同。

賦得黄庭換鵞 得鵞字

内史工柔翰，高名擅永和。品寧争野鶩，價尚換羣鵞。韜筆留真迹，攜籠别舊窠。竟同風字硯，來浴墨池波。巧奪原游戲，傳聞好舛訛。换鵞之書，舊或以爲《黄庭經》，或以爲《道德經》。題曾經太白，謔遂有東坡。鉤勒形終在，雕鎸字不磨。猶應勝諸帖，任靖代書多。右軍雜帖，多任靖代書。蓋靖學書於右軍，後大令又學書於靖也。事見陶宏景《與梁武帝論書啓》。今尚載《隱居集》中。此事人多不知，即歷代書家傳内亦佚靖名。蓋不幸而湮没耳。

賦得能使江月白 得能字

江上琴方鼓，天邊月恰升。鎔銀憐色浄，調軫自神凝。調去聲。古心彌淡，緣空念不興。性情皆蕩滌，耳目亦清澄。朗澈渠如許，虚明得未曾。宛鋪千里雪，高映一輪冰。識曲應生悟，移情信有徵。成連船去後，此妙竟誰能。

賦得九變待一顧 得琴字

嘉會乘良夜，澄懷寄玉琴。一彈人已静，九變意何深。竹露聞清響，松風入細吟。纏綿託古調，宛轉寫余心。縹緲孤情往，回環幽思沈。幾回憐獨賞，❶三歎有遺

❶「回」，道光本作「番」。

音。寥落山無路，蒼茫雪滿林。徘徊應自悟，莫向七絃尋。

賦得文筆鳴鳳 得高字

妙製儲麟閣，雄詞耀鳳毛。六經資羽翼，千仞看翔翱。舒錦文章麗，淩雲氣象高。質原殊燕雀，栖肯到蓬蒿。自有輝光煥，非矜骨力豪。雉憐藏麥隴，隼敢下霜臯。紫禁登丹地，瓊陛鬬綵毫。聖朝多吉士，雅奏滿仙曹。

賦得鷙集翰林 得林字

巨手矜風骨，多成亢厲音。正如鷹隼疾，不受網羅尋。寥廓孤盤影，飛騰萬里心。宜乘秋翮健，瞥没野雲深。乃挾風霜氣，偏棲翰墨林。雖云勝凡鳥，終覺異文禽。筆陣縱橫掃，詩豪慷慨吟。寧知聲中律，鳴鳳在桐陰。

賦得雉竄文囿 得文字

劉勰工談藝，嚴將甲乙分。雕龍詳辨體，雊雉借論文。芳隴宜呼侶，詞場竟作羣。綵翎矜畫本，錦臆鬬花紋。古有飛騰入，茲惟綺麗聞。一翔旋躑躅，五色漫紛紜。脱韝風生翮，盤空氣籋雲。飢鷹稱獨出，轉憶鮑參軍。孫樹馨謹按：《集韻》：「韝，居侯切，音遘。」

賦得佳士如香固可熏 得熏字

講業宜求侶，親賢在樂羣。欲隨芳氣化，當似妙香焚。菊友交其淡，蘭言聽所云。論文沾賸馥，述德誦清芬。瑶草雖同拾，旃檀恐逆聞。寧惟紉佩玩，直擬對鑪熏。花好偏防麝，猶多勿雜薰。聖門三友訓，洙泗有遺文。

賦得砧杵共秋聲 得聲字

茅舍旁比平聲。户，荆籬對望衡。每於聞雁後，都是擣衣聲。隔巷鳴相答，鄰牆聽倍明。月涼同一色，蛩促到三更。多爲驚寒早，寧無寄遠行。但聞齊送響，誰識各含情。擇里營環堵，哦詩對短檠。流傳騎省句，清景畫難成。

賦得若虞機張 得張字

帝甲勤修政，阿衡敷奏詳。欲申師氏詔，特借弋人方。斷竹能飛逐，闓弦貴審量。力從弓幹取，巧在弩牙張。所冀無虛發，非矜善挽强。静須持彀滿，動戒轉關忙。自古傳明訓，於今仰聖皇。隨心皆曲當，道更邁殷商。

其二 得虞字

招以皮冠者，山虞與澤虞。於官雖末秩，其術有良模。林藪時求鹿，陂塘每弋鳧。千鈞雖彉弩，寸轄是神樞。鏃利鋒相直，弦開捩尚須。多時心自審，一發衆皆呼。萬里籌兵畧，十全成戰圖。聖謨常制勝，此理信相符。

其三 得機字

一藝通乎道，凝神静審微。虞人稱善射，君子悟知幾。凡有三狐獲，時看一箭飛。弛張由玉弩，操縱在銅機。求炙心如躁，鳴髇中必稀。智當先度勢，勇不在揚威。莫詫風生耳，輕誇雪打圍。澄心觀得失，所貴辨幾希。

賦得山雜夏雲多 得雲字

長夏新晴後，山山半是雲。峯形争峭蒨，嵐氣尚氤氳。過雨含朝爽，蒸霞映夕曛。青圍屏曲曲，白擘絮紛紛。共與煙光合，難將石色分。不緣風動影，錯認蘚生紋。復旦逢嘉運，時暘應聖君。一犂膏潤足，千耦樂耕耘。

其二 得多字

朱夏晴初放，青山雨乍過。遥看高嶺上，猶自斷雲多。片片裁霞綺，層層間去聲。黛螺。飛來峯罨似，望去目頻摩。惟辨濃如畫，俄驚動類波。唐人有《雲行類動波賦》。平鋪連莽蒼，上聲。中破露嵯峨。好景消蒸溽，輕陰養麥禾。井煙誰獻頌，糺縵願賡歌。

附録樹馨詩

好雨霑全足，晴雲態自閒。峯多初入夏，風便半歸山。縹緲松杉外，玲瓏紫翠間。濃嵐浮霧縠，疊嶂逗煙鬟。有景皆遮映，無心任往還。宿巖封乳竇，抱石戀苔斑。白道高難躡，丹霞遠莫攀。人家如畫裏，不信住塵寰。

賦得流雲吐華月 得流字

良夜清光滿，開軒豁遠眸。頗嫌明月側，時有片雲流。所幸飄難定，多逢過不留。雖云輕掩映，原未久夷猶。乍似開羅幕，俄看露玉鉤。半輪纔挂樹，一鏡已當樓。徑可持盃問，何須秉燭遊。納涼幽興足，高詠憶蘇州。

賦得松風水月 得開字

何地無風月，游觀亦等閒。風來宜木末，月好是波間。竽籟聞松徑，樓臺近水灣。境纔清耳目，景乃助江山。虬榦披襟倚，蟾光送棹還。七絃思古調，琴操有《風入松》。一印悟禪關。《五燈會元》：如何是一印，印水曰秋蟾，影落千江裏。堯棟鮮飈爽，娥池皓魄彎。宸襟多妙契，高詠有誰攀。

賦得臨風舒錦 得藏字

潘岳多篇什，鍾嶸細品量。譬諸宮錦麗，對彼好風張。意匠標三準，天工鬭七襄。筆花新製樣，心織巧成章。更得鮮飈漾，彌教異采彰。千絲交晃耀，五色欲飛揚。惟惜矜鞶帨，空令貯縹緗。寧知奎藻富，萬理總苞藏。

賦得時暘若 得難字

芳隴頻霑潤，濃陰亦釀寒。每逢甘澤溥，多恐快晴難。獨有休徵叶，能令野老歡。剛添春水足，即得晚霞看。暖日宜烘麥，光風已汎蘭。誰教雲氣斂，恰使雨聲闌。皇極敷彝訓，天心示鑒觀。時暘由作乂，惟聖審其端。

賦得刻鵠類鶩 得曹字

勉效深醇士，無矜意氣豪。譬如從郢匠，學彼試并刀。摹仿青田狀，雕鎪白雪毛。巧應欲翔翥，差亦衹分毫。貌似終相近，功多未枉勞。材殊仙客馭，贊尚庶人操。尺牘傳交趾，芳蹤表伯高。千秋垂法戒，豈但訓兒曹。

其　二

學刻雙黃鵠，勤操百鍊刀。何人能仿佛，此鳥最清高。想像仙姿逸，經營意匠勞。無云差杪忽，或未肖纖毫。本自鴛鴻侶，終殊烏鵲毛。杜詩：「空瞻烏鵲毛。」家雞非所愛，孤鶩乃其曹。飛即輸千里，棲容近九皋。鶴鳧長短異，雲水各翔翱。

賦得清露滴荷珠 得宜字

露以珠相比，惟荷比最宜。試看擎蓋處，恰似走盤時。聚液因成水，隨圓自中規。沾濡原不濕，旋轉竟堪疑。蜑客驚花隱，蓮娃訝珮遺。劇憐明月映，衹惜軟風欹。試茗頻吹鼎，煎香再賦詩。雲漿能益壽，長祝萬年期。

賦得水波 得平字

太液春流暖，澄明一鏡平。從來清見底，本自靜無聲。偶爾微飔拂，天然細縐生。羅紋吹蕩漾，縠縐散縱橫。起伏分還合，潆洄住復行。翠牽新荇動，紅泛落花輕。浴鴨鳴相趁，眠鷗卧不驚。恩波資長育，茂豫暢皇情。

賦得閏月定四時 得和字

寒暑循環至，陰陽遞盪摩。盈虛緣氣朔，贏縮驗羲娥。杪忽差之久，畸零漸以多。求其時令正，如此羡餘何。惟置三年閏，斯調四序和。短長皆互補，節候自無訛。化日遲遲永，芳辰緩緩過。春風添一月，是處聽鶯歌。

賦得公而不明 得誰字

人對芙蓉鏡，持衡在主司。云何矜正直，轉不問妍媸。陸贄空期汝，顔標莫辨誰。遂教杏園宴，濫折桂林枝。緣恃清無染，都忘照已疲。驪黄誇闊略，甲乙致參差。所幸平生志，猶蒙聖主知。一言功過定，睿鑒洞無遺。

其二

皇心金鏡澈，四照辨毫釐。得失同時見，瑕瑜一覽知。蕭蘭均採擷，瓜李致嫌疑。紕繆何如是，愆尤更諉誰。乃蒙天俯鑒，猶諒意無私。明罰申公論，矜愚示聖慈。權衡歸至當，操縱頌咸宜。應識裁成化，持平總若斯。

賦得四時爲柄 得乾字

温肅功相濟，陰陽候密遷。天樞提以斗，氣紐擊乎乾。惟有經綸手，平分斡運權。一元歸掌握，四序遞輪旋。試驗行生者，如隨臂指然。所操纔尺寸，其化徧垓埏。刑賞稽周典，璣衡協舜年。聖心涵大造，體健本同天。

賦得首夏猶清和 得潛字

九十芳春後，芳春似又添。花雖紅歛歛，草自緑纖纖。誰挽韶光住，都無暑氣兼。曉風仍薄冷，午日未全炎。細雨宜憑檻，新晴好捲簾。何須揮短箑，纔擬換輕縑。澹沱煙姿媚，瀠洄水意恬。欣欣觀物化，涵育到飛潛。

賦得既雨晴亦佳得晴字

少皞秋方屆，炎官令尚行。劇嫌殘暑在，時望片雲生。火繖俄消焰，雷車乍合鳴。一經初過雨，反似最宜晴。山態青嵐活，煙光緑野平。坐來晨氣潤，看到晚霞明。霽色圖難繪，清吟句好成。題詩追杜老，拭目待羣英。余時閲鄉試録科卷。

其二

正值炎蒸候，欣聞淅瀝聲。一番經好雨，滿眼看新晴。昨見霞初起，原防暑倍生。甘霖今慰望，霽景又怡情。草木華滋發，山川氣色更。晨風皆帶潤，午日亦含清。快作登高賦，停吟苦熱行。虹橋千萬里，應是接崑城。

賦得如水如鏡得分字

貞觀求言日，良臣獻納勤。借方心朗澈，用辨物紛紜。澄碧消餘滓，磨金映透紋。浄涵天一色，明勝月三分。内景含虛白，圓光洗垢氛。真形皆繪畫，幻態任煙雲。自古傳斯論，於今信所云。知人堯帝哲，睿藻有鴻文。謹案：御製有《君子小人論》，嘗宣示廷臣。

賦得石穴應雲得霖字

二氣氤氳合，蒸濡透碧岑。片雲看觸

石，三日兆爲霖。窅窕瓊崖坼，玲瓏玉竇深。幾絲穿曲罅，半嶺帶輕陰。縹緲峯頭見，迢遥洞口尋。從龍應有感，出岫詎無心。會送知時雨，來隨解愠琴。芳滋徧禾黍，茂豫慰宸襟。

賦得雲興四岳得霖字

峻極惟神岳，巖穹澗谷深。絪緼通地氣，發育應天心。石骨微含潤，嵐光早變陰。千峯蒸鬱鬱，四野黯沈沈。徧雨聞諸古，興雲詠至今。正緣人望澤，總藉汝爲霖。好以交相感，常教惠下臨。三公均品秩，莫遣似楊愔。

賦得匠成翹秀得多字

平楚陽翹茁，芳園夕秀多。鄧林高蔚茂，郢匠遠蒐羅。嘉植儲楨榦，良工妙斧柯。棟梁期有用，繩墨引無訛。碎玉霏霏鋸，真花片片磨。一從經斲削，迥異在岩阿。矩兼周三物，材程漢四科。成功資大廈，五鳳構巍峩。

賦得雲消出絳河得河字

七夕看牛女，輕陰冪似羅。頻登朱閣望，無奈碧雲多。忽覺微涼入，徐吹爽籟過。天高收宿靄，夜久露明河。漸透玲瓏影，遥横清淺波。片時銀色浄，極目練光拖。得月珠簾捲，穿鍼綵綫搓。新聲誰第一，側耳聽清歌。此爲諸生鄉試擬作。

賦得東風入律得風字

荒徼來星使，神符應月筩。浮槎瞻北

斗，執籥驗東風。卦氣三陽叶，春聲六琯同。蒼龍原中角，太蔟總爲宮。宛轉諧鳴鳳，吹噓啓蟄蟲。百旬猶未息，萬里自相通。乾象天樞正，坤輿地絡窮。兜離偕僸佅，今悉付伶工。

賦得春帆細雨來得帆字

雲氣濃如墨，江波緑似衫。濛濛吹細雨，杳杳送征帆。斜浥絲千縷，低窺鏡一函。兩行迷遠樹，九面轉重巖。短笠欹偏穩，孤篷障未嚴。汀花看滴瀝，檣燕聽呢喃。佇望行人至，無勞遠思緘。仙舟誰共上，縹緲自超凡。

賦得百川灌河得方字

浩浩洪河注，東來萬里長。百川歸翕納，九派會泱茫。秋漲浮高岸，寒濤瀉大荒。争流波捲白，交湧浪翻黄。風雨聲奔輳，魚龍氣奮張。共趨天左界，齊匯水中央。自足馳遐矚，何須愧大方。朝宗通紫瀣，畛域可相忘。

其二

五老飛星處，滄波萬古長。河清原卜瑞，川至更增祥。靈液添香雨，高源溢盎漿。合流歸德水，分派耀榮光。澤馬來空闊，神魚舞混茫。羣龍趨大壑，一柱屹中央。禹迹傳敷土，堯天頌省方。瑶圖應效祉，緑字炳文昌。

考槃集文録

〔清〕方東樹　撰

唐明貴
張淑紅　校點

目録

考槃集文録卷三……一〇四

考槃集文録卷七……二五七

考槃集文録卷八……二七七

校點説明

方東樹(一七七二—一八五一)字植之,别號副墨子,安徽桐城人。他取蘧伯玉五十知非、衛武公耄而好學之意,以「儀衛」名軒,自號「儀衛老人」,後世學者稱儀衛先生。東樹幼承家範,聰穎好學,十一歲時仿效范雲,作《慎火樹》詩,鄉里前輩莫不驚異讚歎。稍長,問學於桐城派大師姚鼐,好爲深湛浩博之思,成爲姚氏得意門生。二十二歲時,入縣學補弟子員,幾年之後,又補增廣生,但屢試不第,遂棄舉業,客遊四方。輾轉於廬州、亳州、宿松、廉州、韶州、龍州等地講學,間或應人之邀參與編纂或校正文集、府志等事。

方氏一生的治學,大致可分爲四個階段:少年時期致力於詩文;青年時期師從姚鼐,學習古文;四十歲後改宗朱熹,講義理之學,兼及經史與文論;晚年齋戒,耽於佛老。其一生於詩文小學、浮屠老子、雜家之説,無不探賾發微,辨非審是,博而有要,約而不疏。其論著主要有《漢學商兑》、《昭昧詹言》、《考槃集文録》(包括《儀衛軒文集》在内)、《老子章義》、《陶詩附考》等。

在清代學術史、思想史上,方東樹以反對漢學著稱,《考槃集文録》中《漢學商兑序》、《漢學商兑後序》闡明了這一觀點。他認爲:「自是以來,漢學大盛,新編林立,聲氣扇和,專與宋儒爲水火。而其人類皆以鴻名博學爲士林所重,馳騁筆舌,串穿百家,遂使數十年間承學之士,耳目心思爲之大障。歷觀諸家之書,所以標宗旨,峻門户,上援通賢,下讋流俗,衆口一舌,不出於訓詁小學、名物制度。棄本貴末,違戾詆誣,於聖人躬行求仁、修齊治平之教,一切抹殺。名爲治經,實足亂經;名爲衛道,實則叛道。」(卷四《漢學商兑序》)又説:「逮于近世,爲漢學者其蔽益甚,其識益陋,其所挾惟取漢儒破碎穿鑿謬説,揚其波而汩其流,抵掌攘袂,明目張膽,惟以詆宋儒、攻朱子爲急務。要之,不知學之有統,道之有歸,聊相與逞志快意以鶩名而已。」(卷四《漢學商兑後序》)其對漢學之弊的揭露，可謂切中肯綮。

方東樹旨在提倡宋學，以爲：「及至宋代，程朱諸子出，始因其文字以求聖人之心，而有以得於其精微之際，語之無疵，行之無弊，然後周公、孔子之真體大用，如撥雲霧而睹日月。」（卷四《漢學商兑後序》）而提倡宋學，目的則在於「救時」，在於尋求「修己治人之方」。他説：「君子之言，爲足以救乎時而已，苟其時之敝不在是，則君子不言。故同一言也，失其所以言之心，則言雖是而不足傳矣。」（卷一《辨道論》）又説：「天下皆言學，而學之本事益亡。本事者何？修己治人之方是已，舍是以爲學，非聖賢之學矣。」（卷三《待定録自序》）方東樹在論及文章之「本」時，强調古文要言之「有物」，往往把作文與「實」、「用」、「經濟」、「功業」、「政事」等聯繫在一起，並不空談「道」或「理」。集中如《化民正俗對》（卷二），針對鴉片泛濫問題，提出具體解決辦法。《治河書》（卷二）比較今古治河方略，爲當事者提供參考意見，均爲灼然有見之文。鴉片戰争爆發時，方東樹蟄居家中，見國事日非，痛心切齒，憂憤而作《病榻罪言》（卷二），洋洋萬言，痛批投降派謬論，暢論制敵之策，從戰略方針到具體措施，從發動民衆到收服漢奸，慷慨激昂，直言無隱，雖亦不無迂腐之論，但字裏行間，卻處處可見愛國熱情。

方氏的文集有兩種：《儀衛軒文集》和《考槃集文録》，均爲十二卷。《儀衛軒文集》收文僅九十九篇，初刻于同治七年（一八六八）。《考槃集文録》搜求遺篇，收文二三九篇，因此大備於前。内容包括論二十八首，雜著二十首，序五十四首，書後、題跋三十首，書十五首，記十四首，贈序七首，壽序十五首，傳九首，墓誌十二首，墓表二首，祭文三首，族譜序、家傳、哀詞、終制十一首，駢體文十八首。其文醇茂昌明，言必有本，隨事闡發，皆關世教民生。管同説：「古稱立言不朽，惟先生近之。詩則窮源盡委，而沉雄堅實，卓然自成一家。」毛生甫稱讚方東樹：「學則淹博，理則明粹，沖强守道，百餘年來一人而已。」姚瑩説：「方東樹先生老而窮，見道愈篤，言義理粹密，有過元明諸儒者。」均可謂爲知言。

《考槃集文録》刻於光緒二十年（一八九四）。

今《續修四庫全書》即以此本影印。此次校點，取《續修四庫全書》影印之《考槃集文録》爲底本，其中的一部分内容則以同治七年刻本《儀衛軒文集》校之。原書目録甚簡，僅標卷次、文體，此次整理補作了一個詳細的總目。文中多有避清諱及孔子諱處，如「玄」避作「元」、「弘」避作「宏」、「丘」避作「邱」等，今皆回改，不再一一出校。

校點者　唐明貴　張淑紅

考槃集文録自序

昔吾亡友管異之評吾文曰：「無不盡之意，無不達之辭，國朝名家無此境界。」吾則何敢自謂能然，然所以類是者，亦有故。蓋昔人論文章，不關世教，雖工無益。故吾爲文，務盡其事之理，而足乎人之心。竊希慕乎曾南豐、朱子論事説理之作，顧不善學之，遂流爲滑易好盡，發言平直，措意儒緩，行氣柔慢，而失其國能，於古人雄奇高渾、潔健深妙，波瀾意度全無。得失自明，固知不足以登於作者之籙。平生雅不欲存判，欲焚棄久矣。而友人毛生甫、姚石甫力謂吾不可棄之。及是戴生鈞衡强爲鈔録，❶乃收羅散佚，輯爲兹編。既成，視之，殊用内怍。姑以陳義辨物尚無失實誤世之謬，留之私示子孫，使知吾之志好如此爲可耳。道光壬寅十月十日方東樹題。

❶ 「衡」下，《儀衛軒文集》本有「從弟宗誠」四字。

儀衛方先生傳

門人蘇惇元撰

方先生諱東樹，字植之，世居桐城魯■。曾祖諱澤，乾隆丁卯優貢生候選知縣，以詩文名於世。祖諱訓，父諱績，縣學生，皆以詩文名。先生幼穎敏，年十一效范雲作《慎火樹》詩，爲鄉前輩稱賞。二十二入縣學，爲弟子員，尋補增廣生，屢試於鄉，不售。年五十，遂不復應舉。

自少力學，泛覽經史諸子百家書，而獨契朱子之言。嘗學文於姚姬傳。先生爲文，好構深湛之思，博辨醇茂，而言必有物。詩則沈著堅勁，卓然成家。詩、文皆究極歷代源流，而文尤近江都、中壘、南豐、晦庵，詩尤近少陵、昌黎、山谷。

先生不欲徒以詩文鳴，而更研窮儒先義理之學，及老尤篤。每日雞初鳴即起，矻矻鉛槧，至漏下三十刻就寢。有得輒記之，或中夜攬衣起，書所記，名「待定録」，百餘卷。凡格致、修齊、治平之理，無不備。乾嘉閒，學者崇尚考證，專求訓詁名物之微，名曰漢學。穿鑿破碎，有害大道，名爲治經，實足以亂經，又復肆言攻詆朱子。道光初，其焰尤熾。先生憂之，乃箸《漢學商兑》，辨析其非。書出，遂漸熄。又箸《辨道論》、跋《南雷文定》，以砭姚江、山陰之疵。嘗論「儒者學聖人之道，徒正不及中，中必純粹以精，純粹以精必在於明辨晳」。又言「立身爲學，固以修德制行，內全天理爲極，而人世事理必講明貫通以待用」。老年益窮性道之歸，省察克治無閒。取蘧伯玉五十知非、衛武公耄而好學之意，以「儀衛」名軒，學者遂稱儀衛先生。家故貧，客游五十年，方伯連帥多爭延之。歷主廬州、亳州、宿松、廉州、韶州等處書院，所至導諸生以學行，不徒課以文藝。晚年里居，誘掖後進。以詩文就正者，既告之法，且進以爲己之學。年八十，祁門令君延主東山書院，先生欣然往，抵祁，越兩月而卒，蓋咸豐元年五月二十四日也。

先生有至性，内行純篤，事祖母、父母甚孝，營葬三世七喪，竭盡心力。持己尤廉介剛直，不詭隨世俗。身雖未仕，常懷天下憂。凡遇國家大事，忠憤之氣見於顔色，或流涕如雨。族戚友朋之事，爲之憂戚喜忭，一如己事也。所箸書仍有《大意尊聞》、《書林揚觶》、《一得拳膺録》、《進修譜》、《未能録》、《最後微言》、《思適居鈴語》、《病榻罪言》、《山天衣聞》、文集、詩集、《昭昧詹言》等十數種。子二人：聞、戌。孫三人：濤、淵如、龍光。❶

蘇惇元曰：昔先生箸《漢學商兑》，既栞布，謂惇元曰：「士不能經世濟民，箸書維輓道教，或亦補不耕織而衣食之咎也。」先生少究經世學，而老於諸生，未能一試。其所箸書多有功於道教，是流澤孔長矣。孔子曰：「是亦爲政，奚其爲爲政？」先生之學，亦猶此之謂與？惇元從游久，知先生生平最詳。令子聞、從弟宗誠既爲行略、行狀，惇元乃更次其要以爲傳。

❶「龍光」，《儀衛軒文集》作「綬」。

考槃集文録卷一

論

辨道論

佛不可闢乎？闢佛者，闢其足害乎世也。佛可闢乎？害乎世者，其人未可定也。世之闢佛者，夷佛於楊、墨矣。孟子之罪楊、墨也，爲其無父無君也，由無父無君而馴至弑父弑君，故曰辨之不可不早辨也。則以罪楊、墨者罪佛，亦將如是云爾。

春秋之事，可考而知矣。其時楊、墨猶未有也，而亂臣賊子已接迹於魯史之書矣，故孔子懼而作《春秋》也。商臣、趙盾、崔杼之禍，固非由楊、墨而致也。漢之事，可考而知矣。傳言明帝時佛法始入中國，而王莽已生乎其前矣。其後若董卓、若曹操，可謂無父無君之尤者矣，而莽與卓與操固不習乎佛之教也。今郡縣小者，不下數十萬人。此數十萬人貞邪不一，而極其行惡，至於無父無君、弑父弑君，蓋不多有焉。今謂不多有之無父無君之人之必在於學乎楊、墨與佛之人，而習儒者無不出於忠孝也，雖好爲異者，亦莫敢主其説。

漢高之甘心烹父以取天下也，以爲爲民，則固已倒矣；以爲爲富貴，則狗彘之不若也。其後若楊廣、若劉守光、若李彦珣，或手刃其父，或親集矢其母，皆漢高之實啓之，佛固不忍爲此矣。儒者不以風俗人心之壞罪漢高，而以蔽於佛，是謂真蔑其君父者爲可原，而以其迹之疑於是者爲必誅，此不知類之患也。

鄉有富人，積財貨萬億，阡陌廬舍不可籍紀。俄而富人死，其子弗能徧稽也。其奴之黠姦者，日相與蕩覆之。其子弗知其奴之所爲也，則以爲其鄰實盜之，而亦無以明其盜之實也，但以其迹也而疑之，因苦訟之。外盜之實不可定，而其奴之盜日益甚。士不明乎道，而以闢佛爲名者，皆富人之子之類也。君子者，理之平也。富人之奴蕩覆其主之財而無罪，而以刑書誅鄰人，非聖人之法也。

天下之物，有其極至者，則必有其次至者以與之爲對，月之與日是也。彼佛者，亦聖人之月也。莫得而加也，亦莫得而去也。

佛本西國王子，捐其位勢而弗貪，去其富貴而弗處，苦身積行，林棲木處，數十年以求至道。有大人之誠而不以立名，與天合而未始有物，鬼神無以與其能，帝王莫敢並其位。使聖人見之，亦且禮之，況未至於聖者乎？且佛之爲行甚苦，其爲教甚嚴，椎拍輐斷泠汰於物，故曰「非生人之行，而至死人之理」，非夫豪傑剛忍道德之士，莫能由也。今人頡滑，顛冥懾勢，榮利好色，雖佛招之，固莫從之，而奚待於闢？

山之東有國焉曰齊，山之西有國焉曰晉，江之南有國焉曰楚，關之中有國焉曰秦，其餘濟清河濁，裂采限封，各固疆圉。其水土不齊，其言語不齊，其風俗好尚政教不齊。自王者視之，皆以共理乎吾民而已。列國者，務相爭相寇，日尋於難，勢不能服，而兵爭不已。及至於秦，惡其爭也，悉罷其封建而郡縣之，然後天下統於一。老、莊、楊、墨、佛者，秦、楚、齊、晉也。言語風俗之不齊，則道術之各異也。自其一而言之，皆大道所分箸。而儒者，特爲罷封建之秦。然封建雖廢，天下雖一，而列國風俗、言語不齊如故也。天能覆而不能載也，地能載而不能覆也。耳目鼻口各有所明，不能相通，必欲比而同之，其勢固有所不可也。既天下皆知有王，則列國之俗各有所習，皆有所宜，固無庸革也。既學者皆知有聖，則百家之説，各有所明，時有所用，固無庸廢也。

曰：孟子曰：「能言距楊、墨者，聖人之徒也。」然則孟子非與？曰：孟子之時，世衰道微，邪説横作，充塞仁義。楊、墨之道不熄，孔子之道不箸。譬齊、楚、秦、晉彊，而侵弱乎周也。諸侯彊，天子弱，其勢足使天下不知有王，故曰「吾爲此懼，閑先聖之道」，「豈好辨哉，不得已也」。由周而來，至於唐，千有餘歲，聖人之道不明。唐承魏、晉、梁、隋之敝，自天子公卿，皆不本儒術，士大夫之賢智者，惟佛、老之崇。韓子懷孟子之懼，而作《原道》，蓋猶之孟子之意也。及至五代，王道不行，君臣父子之綱幾絶。宋興，佛學方熾，聖教未明。歐陽子憂其及於後世也，故作《本論》以闢其教，蓋亦猶韓子之意也。故在戰國之世，不可無孟子，在程、朱之前，不可無韓子、歐陽子。今生程、朱之後，而猶執韓子、歐陽子之言以闢佛、老，必爲達者笑矣。故君子立言，爲足以救乎時而已，苟其時之敝不在是，則君子不言。故同一言也，失其所以言之心，則言雖是而不足傳矣。

故凡韓子、歐陽子之所爲闢乎佛者，闢其法也。吾今所爲闢乎佛者，闢其言也。其法不足以害乎時，其言足以害乎時也，則置其法而闢其言。其言亦不足以害乎時，而爲其言者，陽爲儒，陰爲佛，足以惑乎儒，害乎儒，其勢又將使程、朱之道亂而不復明也，則置其佛之言，而闢其立乎儒以攻乎儒之言。

以孔子爲歸，以六經爲宗，以德爲本，以理爲主，以道爲門，旁開聖則，蠢迪檢押，廣而不肆，周而不泰，學問之道有在於是者，程、朱以之。以孔子爲歸，以六經爲宗，以德爲本，以理爲主，以道爲門，以精爲心，以約爲紀，廣而肆，周而泰，學問之道有在於是者，陸、王以之。以六經爲宗，以章句爲本，以訓詁爲主，以博辨爲門，以同異爲攻，不概於道，不協於理，不顧其所安，騖名干澤，若飄風之還而不儻，亦闢乎佛，亦攻乎陸、王，而尤異端寇讐乎程、朱，今時之敝蓋有在於是者，名曰考證漢學。

其爲說以文害辭，以辭害意，弃心而任目，刓敝精神而無益於世用。其言盈天下，其離經畔道過於楊、墨、佛、老，然而吾姑置而不辨者，非爲其不足以陷溺乎人心也，以爲其說麤，其失易曉而不足辨也。使其人稍有所悟而反乎己，則必翻然厭之矣，翻然厭之，則必於陸、王是歸矣。何則？人心之蕩而無止，好爲異以矜己，迪知於道者寡，則苟以自多而已。方其爲漢學考證也，固以天下之方術爲無以加此矣，及其反己而知厭之也，必務鋭入於內。陸、王者，其説高而可悦，其言造之之方捷而易獲，人情好高而就易，又其道託於聖人，其爲理精妙而可喜。託於聖人，則以爲無詭於正，精妙可喜，則師心而入之也無窮，如此則見以爲天下之方術真無以易此矣。故曰人心溺於勢利者可回，而溺於意見者不可回也。吾爲辨乎陸、王之異，以伺其歸，如弋者之張羅於路歧也，會鳥之倦而還者，必入之矣。

曰：天下之是非亦無定矣，陸、王既以其道建於天下，而吾方從而是非之，其謂吾之是非爲足以定乎彼之説邪？雖定其説矣，庸詎有毫末增損於道乎哉。然而不得已而辨之者，君子之立言，爲救乎敝而已。揚雄有言：「吾於荀卿，見同門而異户也。」彼其非之，固莫同也，此其宗之，奚以異乎？孔子曰「天下同歸而殊塗，百慮而一致」，所從入之塗不齊，則不謀。故小人在利若水，君子在勢若水。水也者，其源異，其委一也。陸王、程朱同學乎聖，同明乎道，同欲有以立極於天下，然而不同者，則所從入有「頓」與「漸」之分也。

何謂「頓」、「漸」？佛氏言化法四教有頓漸，猶箕子所云高明也、沈潛也。程朱者取於漸，陸王者取於頓，頓與漸互相非而不相入，而不知其原於三德也。人之生，得全於陰陽之性者，聖人耳。惟聖生知似頓，而不可以頓名也。其次不毗於陽則毗於陰。其性如火日之光而無不照也，而稍速，而毗於陽者也，是頓也；其性如金水之光而無不照也，而稍遲，則毗於陰者也，是漸也。則皆次如生知者也。《傳》曰：「自誠明謂之性，自明誠謂之教。」以其學而言，曰性、曰教，以其候而言，曰頓、曰漸。回其頓乎，參其漸乎。

然而孔子立教，頓非所以也，孔子立教，必以漸焉。《論語》曰：「吾十有五而志於學，三十而立，四十而不惑，五十而知天命，六十而耳順，七十而從心所欲不踰矩。」《中庸》曰：「君子之道，譬如行遠，必自邇；譬如登高，必自卑。」其列誠之目五，曰：博學之，審問之，慎思之，明辨之，篤行之。顏子之照，鄰於生知矣，而夫子教之，必曰「博文」，必曰「約禮」。及顏子既見卓爾，而追思得之之功，歎以爲「循循然善誘人」。則夫子立教，不惟「頓」之以，而惟「漸」之以，亦明矣。

並曾子而聞一貫者，惟子貢，而子貢之言夫子曰：「性與天道不可得而聞也。」故以實，則顏淵、子貢賢於陸、王，以迹，則陸、王賢於顏淵、子貢。且夫由顏淵、子貢而至陸氏，是千年而後生也，由陸氏而至王氏，是數百年而後見也。古今學者不絶於中，則漸之所磨以就者多也。漸者，上不至顏淵、子貢，而不至欲從而末由；下不至下愚，亦可攀援而幾及。是故程、朱之道爲接於孔孟之統者，惟其漸之足循而萬世無弊也。

且夫頓之所得者，心悟也。悟心之妙，上智之所難明。今爲衆人法，而以上智之所難明，則中人不得與焉矣。爲其德之弗明也，而教之以明德。今以德之不明而絶於明之望也，則其於教亦反矣。故聖人之教如天，陸、王之教亦如天。聖人之教如天云者，蒼蒼然，東面西面南面北面，立於地而無不見也。陸、王之教如天云者，天不可階而升，則將永爲凡民焉，以没世耳矣。

雖然，成陸、王之過者，孟子也。子貢之稱夫子曰：「夫子之不可及者，猶天之不可階而升也。」公孫丑之稱孟子曰：「道則高矣，美矣，宜若登天然，何不使彼爲可幾及而日孳孳也？」公孫丑之言則適得孔子之意，而孟子引而不發，余故曰成陸、王之過者，孟子也。

孟子學乎孔子而正其統，陸、王學乎孟子而流於佛。夫孟子於孔子不可謂有二道也，而其流已如此，則百家所從分之異路，往而不返，何怪其然也。「耳目之官不思，而蔽於物。物交物，則引之而已矣。心之官則思，思則得之，不思則不得也。

此天之所與我者。先立乎其大者，則其小者不能奪也。」此孟子之言也，而陸氏之學執之以爲之術。「人之所不學而能者，其良能也，所不慮而知者，其良知也。孩提之童，無不知愛其親也，及其長也，無不知敬其兄也。親親，仁也，敬長，義也，無他，達之天下也。」亦孟子之言也，而王氏之學執之以爲之術。陸氏、王氏學乎孟子，則可不謂有大揚搉乎？奚遽入於佛？入於佛者，非允蹈之也，説不免焉。

夫有官而後有職，有職而後有事。事舉而職修，則立之説也，爲思言之也。今其言曰：「墟墓生哀，宗廟欽敬。」是奚待於思乎？而先立之，又非也。直指心體，先立乎此，然後下學，若是則知行之序已倒也。《易》曰：「知至至之，可與幾也；知終終之，可與存義也。」程子以知至爲致知之事，知之在先，故可與幾；知終爲力行之事，守之在後，故可與存義：此學之終始也。知食之足以已飢，而後農夫耕稼以繼之；知衣之足以禦寒，而後紅女織紝以繼之。陸氏「基址」之説是也，惜所以爲之基址者，非也。先行而後學，以補其知，故曰其序已倒也。且先明乎善，而後能實其善，《中庸》之指也。明乎心而無不明，而無事下學者，佛氏之教也。若夫明乎心，而猶有未明，猶待於下學，此陸氏之創言，本於佛氏帶果修因之説，非《中庸》之指也。

《書》曰：「人心惟危，道心惟微。」「人心」「道心」並舉爲辭者，堯舜之言也。程子之言曰：「人心即人欲，道心即天理。」朱子之言曰：「道心常爲主，而人心聽命焉。」二子之言，一家之説耳。今王氏於程子則是之，於朱子則非之，是乎所是，吾既知其是矣，非乎所非，吾亦知其非也。嗚呼，是所謂未成乎心而有是非，將欲是其所非，而非其所是也。道心即天理，人心即人欲，道心、人心不容並立，故道心常爲主，而人心自聽命焉。今其言曰：「人心之得其正者爲道心，道心之失其正者爲人心。安有天理既爲主，而人欲復從而聽命？」嗚呼，是欲明人心、道心之非二，以就其轉識爲知之指，直所言之迂晦，有不可解耳。

儒者之於心也，見爲二而主於一，見爲二，故有聽命之説；佛氏之於心，亦主於一，而見爲一，見爲一，故有迷悟之言。王氏之於佛，則可謂同與。蓋佛之教，端末雖異於儒，至其論心之要，退羣妄，箸一真，精妙微審，非聖人弗能辨也。然則儒何以不由之？固不可也。且夫王氏之學既以全乎佛，而又必混於儒。全乎佛，而凡説之羽翼乎佛者，吾不復闢焉；混於儒，而凡説之冒乎儒、害乎儒者，吾方且論之。

人之情有七：曰喜，曰怒，曰哀，曰懼，曰愛，曰惡，曰欲。七者，一有不節，則失其中，失其中，而人心肆焉矣。故曰有所亡，有所甚，直情而行之也。聖人者，動而處乎中，賢人者，求而合其中，故曰雖有上聖，不能無人心，惟退而聽命焉，斯發而中節耳。且夫動而處中者，不數數也，古者謂之天而不人，今欲以此爲學者率，使天下法，則是性無三品也。夫不考性之有三品者，亦孟子之過也。何以明其然也？孟子曰：「人皆可以爲堯舜。」「人皆可以爲堯舜」云者，是瓦石亦有佛性之説也。

以實言之，孔孟及佛及陸、王，其等不同，其皆得乎性之上也同。惟聖人知人性之不能皆上，亦不皆下，故不敢爲高論，而恒舉其中焉者以爲教，此所以爲中庸也。孟子、陸、王則不然。以己之資，謂人亦必爾，雖曰誘之以使其至，而不顧導之以成其狂。故觀於孟氏之門，檢押斧械蔑如也，攀龍坿鳳，巽以揚之益寡矣。陸氏方河決而天踔，其御心猶役奴隸也，然「扇訟發明，止於心之精神」一語，可謂率矣。及至王氏，一傳而離，再傳而放，不亦宜乎？故自孟子、陸、王至今，遠或千年，近者數百年，而不聞復有孟子及陸、王者，則孟子及陸、王固自由天授焉。夫以千年數百年而止有一孟子、陸、王，則是孟子及陸、王固不能人人皆爾，而孟子及陸、王必謂人皆可以爲己者，其意甚仁，而其實固莫得也，則皆過高而失中焉之過也。

陸氏、王氏其取於孟子也同，其流而入於佛也亦同，而王氏之失彌甚。惟其人心、道心之辨，執之者堅也。吾爲辨其異、指其失，而其是亦出焉，無任來者瞀乎以智孽爲雷同也。夫謂心惟一心，非有二心，佛氏之指不可謂非妙契也。斯而析之，古今之明，吾未見議之所止也。吾嘗致思焉，而略能語其故矣。夫所謂一心者，與生俱生，人皆有之，然固失之。六合之裏，四方之内，往古來今，放而不知求者，幾千年矣。堯舜也，孔孟也，程朱也，是迪明者也。若告子，若老莊，若佛及陸王，亦克尸而享之，因號而讀之。是故尊言之曰道心，實言之曰明德，要言之曰仁，質言之曰本心，徑言之曰生之謂性，悟言之曰本來面目，邂逅於墟廟而謂之基址，省識於親長而謂之良知，則皆此物也，則皆常親覿而有之也。顧孟子以上，所覿者有四端之物也，告子及佛所覿無一物者也，故一以爲義外，一以爲一絲不挂也，是以其説不可由也。孟子所覿，告子及佛終身不覿，告子及佛所覿，數千年覿之者，未數數也。陸、王者，有以及於告子及佛所覿矣，而又望見聖人而未審，故猶影響未底於真也。

雖然，又有辨。孟子言本心云者，指道心而言之也。其言放而不知求，則人心也。人心乍出乍入，實止一心也。宋有女子，讀《孟子》「出入無時，莫知其鄉」，曰：「是孟子也，殆未知夫心者邪，夫心則烏有所出入邪？」程子聞之，曰：「是女子也，雖未知孟子邪，其殆庶幾能知夫心者也。」夫心固不可謂有出入也。女子者，習於佛之學，直指夫道心，而因蔑其人心，故謂心無出入也。程子之意，則謂出入也者，以操舍而言之也，心固無出入也。心之在人，名實昭然。然自佛釋氏以來至於今，儒者辨説百端，卒未有識其爲何物焉者，昧昧然，罔罔然，蓋數千年弗著弗察焉也。故或以體言，或以用言，或以合性與知覺而有其名。其言心之名象，精至於此而止矣，而卒莫能著其實相爲何物焉者。是故達摩欲安之而無可安，神光欲覓之而不可得，阿難七處徵之而莫能定：皆同此昧昧罔罔焉耳。

吾嘗深體之，夫所謂心無出入者，謂肉團心也。彼析其義而未得，又以肉團心無出入，其言近癡。非精妙不能動人，因誣以被之神明之心，而謂其無出入，欲使人求之，以爲至道之所在。莊子之「若有真宰而不得其眹」也，蘇子瞻之「凡思皆邪」也，子由之「本覺自明」也，文信國、高景逸之「放大光明」也，皆同此昧昧罔罔也。是故女子及王氏所見，無以異此，而世之小儒方將掀其唇而吹其燄，是烏足與語真知之契乎？是故心之爲號一言者，實體也，而堯舜二言之，何也？曰：儒與佛所言心，皆謂神明也。神明有出入，則有人心道心之分。而佛氏直指道心，因誣謂無人心，遂誣謂無出入，甚而並心亦誣之謂無，而相與苦守一空，而尊謂之曰真如。嗚呼，此求聖人從容中道而不得，因歧而迷惑之，至如此可憐哉，其莫有覺而已其迷者也。

堯舜孔子以道心人心出入言之，其爲解至確，而其爲方甚密，惟不敢忽乎人心也。有人心而後有克治，有克治而後有問學，有問學而後有德行。勤而後獲，及其獲之也，貞固不摇，歷試而不可渝。若夫所謂一心者，轉乎迷悟而爲之名也。轉乎迷悟而爲之名，轉者一，其不轉者又一也。頓悟者，迪乎悟而爲之名也。迪乎悟而爲之名，悟者頓，其不悟者，頓不頓終莫可必也。然則所謂頓者未嘗頓，所謂一者未嘗一也。

雖然，此其大介也。若夫彼學行業名實之所立，又非小儒龘學所能歷其藩、了其義也。吾嘗學其道而略能語其故矣。蓋彼所謂頓悟云者，其辭若易，而其踐之甚難；其理若平無奇，其造之之端崎嶇窈窕，危險萬方，而卒莫易證；其象若近，其即之甚遠。其於儒也，用異而體同，事異而致功同，端末異而矼乎無妄同，世之學者弗能究也。驚其高，而莫知其所爲高，悦其易，而卒莫能證其易，徒相與造爲揣度近似之詞，而影響之談。或毗之，謂吾能知之，或呵之，謂吾能闢之，以是欲坿於聖人之徒，而以羽翼乎大道也，而其説愈歧矣。夫惟不能無人心，故曰危；惟不能常道心，故曰執。今曰道心之外不可增一人心也，又曰天理在吾心，本完全而無待於存也。嗚呼，談亦何容易邪？未嘗反躬，故其言誣；未嘗用力，故其言僭而不可信。顔淵問仁，子曰「克己復禮」，及請其目，則告之以非禮勿視、聽、言、動。今曰學者但明理，理純則自無欲。嗚呼，爲此言者，是求勝於堯、舜、孔子也。不辨乎此，則天下之真是何所定哉！自記云：此仍即《原道》《本論》之恉，但韓、歐所闢，特佛之麤，其失人人皆知，在今日無容更言。吾所闢，爲佛學精微，宋明以來學者之敝在此。雖非今日切害，然吾以今時漢學麤末之轉步必入於此，故豫爲防之。其兩引《孟子》，固以陸、王公案所在，亦本程子言「孟子才高，學之恐無把柄」意揮發之，如此首尾一綫貫穿，但行文太播弄，恐不爲人所察，聊復自言之。

天道論上

自開闢以來，宇内一切成毁之數，靈蠢知愚貴賤，事爲推遷之迹，孰主之，必曰天主之矣。噫，是何異齊東鄙野人之談，不經至於此也！夫宇内一切，亦但人之所爲耳，彼天其何權之有？且人生而能食，即教之言；既長從師而學焉，行能伎蓺日積月累，以至於成人，受室而又生子焉；子既生而不免於水火，則以爲父母之罪。可知成毁之數，一一皆人之爲，獨至於通塞殀壽，則歸之天，以其明明可知者託之人，而以冥冥不可知者屬之天，政以天無所知可藉以遁吾説而誣之云爾，豈真天主之哉？且天嘗生水矣，而氾濫中國，地失其性，民失其居，微禹其孰平之；又嘗生山矣，而艸木鬯茂，禽獸狉榛，微益其孰焚之。非特此也，播種以爲食，蠶桑以爲衣，笵金合土以利用，自城郭、宫室、倉廩、府庫以至兵戎、禮樂，凡衛生之經，養生之具，無不待於人，而天無能焉。故曰造化之機人孰之，謂天主之者，不經之談也。天之用，其責於物而湛於民之心志者，莫神於艸木之華實及雷雨之奮盈矣。不知物性自有常，皆理之固然耳，非有司於天而後然也。今鳥獸之孳尾不以爲天之功，至艸木華實獨曰造化，何其不知類也！

又況氣機感召，人固有操其休咎之徵乎哉！抑吾嘗見夫世之人矣，其淫辟回邪、才力機械者，其生世也，靡不遂意焉，此非天佑此人而福之也，其人所自爲者，有以自取之耳矣。其潔身服義、蹈道秉仁者，其生世也，靡不酷隘焉，此非天惡此人而禍之也，其人所自爲者，有以自取之耳矣。意者天非不欲有所奪、有所予也，不能有所爲而無如之何耳。世之昧者，乃好言天，疾痛慘怛、勞辱困頓必仰而呼之，則吾未見天之偶一應之也。又其甚者，自有天以來，凡纏度之高卑、璣衡之運轉、星辰之贏縮、日月之薄蝕，人以其術占之，天無所遁其銖黍；至人之所爲，千端萬變，天固不及周知而盡識之也。且夫國之所以廢興存亡者天也，而聖人悉舉而歸之於人，曰「一人僨事，一言定國」，「堯、舜率天下以仁而民從之，桀、紂率天下以暴而民從之」，其論衛靈公之不喪，以爲仲叔圉、祝鮀、王孫賈三臣之功，則聖人之不恃天亦可知矣。《傳》曰：「天道遠，人道邇。」又曰：「國家將興聽於人，將亡聽於神。」武王之數紂也，曰「謂己有天命」，此言天難諶而不可恃也。夫聖人之智，其必有以知之矣。

天道論中

天不能以其權有所爲於下，於是求得王者而畀之，故孔子作《春秋》，王必稱天。有所爲，不敢曰我爲之，必曰天工；有所賞，不敢曰我賞之，必曰天命；有所罰，不敢曰我罰之，必曰天討。於是天向所欲有所爲而無如何者，一旦大伸其所欲，既暇適無事，則惟日以其蕩蕩者運轉於上，而己不勞焉。噫，天亦黠甚矣哉！王者既受天之命，日夜焦思，不甯旰食，已乃憬然悟曰：「吾獨奈何爲天之所給，而不知法其所爲也。」乃亦求得宰相而畀之，於是王者向所勞形瘁力而無如何者，一旦大獲其所欲，既暇適無事，則惟日以其穆穆者端拱於上，而已不勞焉。噫，王者亦智甚矣哉！夫王者以一人統天下，其事博，其務繁，於是而苦且勞焉宜也。彼宰相之所任益分而輕矣，而亦必求賢以自助，何也？不知德大者其所統亦大，統大而稱其量，斯舉矣；德卑者其所統亦狹，統狹而不稱其量，斯盈矣。《傳》曰：「五岳視三公，四瀆視諸侯。」此其分也。然則廣狹雖殊，而必皆得人以分其任則一也。由是布衣韋帶之士，亦皆有天之權在其身，而不可忽視。臂爲身之所使，而臂又必使夫指焉，豈得謂指非役身之勞者乎？何以異於是？居室者，棖扉、几案、牀榻、簾幕、柈盂必備，一物不備則缺而不完，數物不備則室陋而不可居矣。輕士而謂爲無與於天之權者，是陋室之風而不睹富者之備物也，是宰相之智也。故宰相得，而王者之事畢矣。當堯、舜之時，天下未平，以不得舜爲憂；舜既受堯之天下，又以不得禹、皋陶爲憂。自是湯之於伊尹，高宗之於傅説，桓公之於管仲，皆求得而即以其權畀之。彼三聖二賢者，非求忠於天之事而爲此也，彼誠慮權無所寄，則生人無以憑依而走呼，萬類失理，則世將至於欲有所爲而無如何也。吁！其亦危甚矣。天下嘗有言曰：「爲君必法堯，爲臣必法舜。」已而其事不必然而亦治焉，則世必以爲譸言矣。又嘗言曰：「執其權則治，失其權則亂。」已而其權失而果亂焉，則世必以爲諒言矣。是故堯、舜之聖與後世之中主同治，惟在不失其權而已。失其權，則雖欲法後王且不可，何況堯、舜哉！

天道論下

或曰："子屢言天之權，敢問何指也？"曰："其事在《洪範》，謂三綱九法、兵食刑賞之類也。""然則何以不及禮樂？"曰："治天下之本，在於安民；安民之道，以實不以虛，以疏不以密，以彝倫安之，以兵食安之，以刑賞安之，而猶慮其血氣彊梗以思亂也。又爲之禮樂以柔之，其意則可謂密與。然而一日無彝倫及兵食刑賞，而固已至於亂，焚弃三代之服器，其於民生之治曾無喪於毫末。故彝倫、兵食、刑賞無古今而禮樂有古今者，知其非經常之道而不可久也。且夫天下之治，得其序則安，樂其實則順，故禮樂即行於彝倫、兵食、刑賞之中，而不可別於彝倫、兵食、刑賞之外，失其本而使民疑之。人之情，一飲之間而至於百拜，此豈復有真意存其閒哉？真意不存，浸入於僞而慝作矣。是禮樂本欲以化民，而適以生其詐僞，豈非密之爲害邪？故嘗以爲禮樂者，但取其順時以塗飾其民，雖叔孫與周公同聖可也，而非天之權之所先也。彝倫及兵食、刑賞則不然。由夏、商以溯黄、神，同此天也，同此民也，則即同此彝倫，同此兵食、刑賞也。由黄、神而歷之億千萬年之後，同此天也，同此民也，則即同此彝倫，同此兵食、刑賞也。故民之所賴以生，即天之權所託以重。春秋之世，不幸而失之。當是之時，亂臣賊子弑逆弑尋，搶攘横決，是非僭差，諸侯摟伐，兵革日興，故《春秋》書侵六十，書伐二百，裁異一百二十有二，其他反常而敗道者不可偏舉，豈非天之權無所與託以至此與？夫天嘗失其權矣，幸得三聖二賢者有以贖之，乃今又以失見告焉。孔子生於其世而不得位，目睹其權之失而傷之，以爲吾取之而疑於僭，不取則生民之害未有已也，吾姑拾取其義焉，而筆之於書以付當時王者；當時王者不顧，則留以付後之王者，展轉相付，終必有王者起而受之，而後天之權有所屬，故曰：『《春秋》，王者之事也。』湯曰：『一人有罪，無以萬方；萬方有罪，罪在朕躬。』伊尹曰：『一民不被其澤，若己推而納之溝中。』故天之權一失，則人必争取之，堯、舜固取之矣，湯、武取之以兵，孔子取之以書，及至戰國，孟子取之以辨。取之以書、取之以辨者，不得實行其權也，而其大義則懔然不啻親握之。聖人之心與聖人之治，舍彝倫及兵食、刑賞，則何以安民哉？」自記云：此係少作，染心老、莊，淺陋邊見，以禮樂爲後，見非有識，久而自傷。姚姬傳先生曰：「酷似明允。」

用人論

世無屯難，得人斯濟；運無隆平，乏賢則亂。故曰：有治人，無治法，如齊文、宣，晉懷、愍是也。故人主之職在擇相，相臣之職在爲國求人而已。然天下惟才大者能用人，才小者不能用人，故人才之進退，視其相臣之才之大小。夫人才不易得，尤不易知，自非上聖通微其性，莫不各有所蔽，或持論如照，所試之於用則不讎；或知勇足備，而相其言貌則可忽；或任叢細而有餘，及歷之大體而不識；或當平時而贍給，及試之盤錯而罔功。惟在區别得宜，付授當器。苟或用違所長，非止但形其短，儻能合以相濟，亦與全才無殊。故非英知不足以鑒而寶之，非雄略不足以信而任之。故見賢而不能舉者，厥名爲慢；好善而不能用者，其弊也亡。又若猥庸之輩、媢嫉之徒，或恃客氣虚憍，則愎諫而護前；或貪小利喜近功，則甘敗而忘害；或自不達幾宜，則怒其異己；或慮不能駕馭，則畏惡其能。《易》曰：「初登於天，後入於地。」《詩》曰：「不懲其心，覆怨其正。」凡此皆用人之失也。然而人苦不自知，既莫不各謂己能；而知人又不易，復莫不各謂己能知人。歷覽史策，得失昭然，方其自雄，牢不可破。故善用人者，驅常人於君子之域；不善用人者，陷君子於小人之塗。驅常人爲君子，化無用爲有用也；陷君子於小人，化有用爲無用也。故人才之衰，造物靳之者半，庸人壞之者亦半。竊嘗思之，有用人之宜，有取人之法，有馭人之道。治平之世，必先考行誼，行誼彰而風俗成；危亂之際，但取其才猷，才猷展而艱難濟。然術詐情貪，雖云可使，而才良性劣，亦在必誅，如賀六渾、柳公綽、則天皇后三人之馭馬可以法矣。至於取人之法，必先器識，不尚文華，故曰：「日誦萬言，何關理體？文成七步，未足化人。」歷考古今通人之論，莫不如是。彼黄允、晉文經、隱蕃、暨豔、張昌齡之徒固無論矣，即荀悦箸書，持論精切，洞關興亡之大，論者猶言其應敵設變以制一時之勝，其才不足辦也。魏元忠曰：「陸機論能辨亡，無救河陽之敗。養由基矢穿七札，不濟鄢陵之師。」覽劉曉、薛謙光、沈既濟、楊瑄、陸贄等疏，可以知用人取士之在此不在彼也。嘗觀孔巢父之宣慰朔方也，既使懷光復叛，而己亦被殺，黯汶無用若此，杜甫、李白猶交推之，則其餘可覩矣。若夫馭人之柄，惟在賞罰。吝嗇慳鄙，則無慈仁而人情不趨；濁亂靡濫，則無義制而恩不感物；小過不舍，則煩苛以生其離沮；大罪反脱，則失刑而不足止姦。又人性不明，則必好察，既好爲察，必自謂明。不明則照有不通，好察則多疑於物。忠讜之士，疾之如仇，不讎之言，屢售不閒。君子日遠，讒諛日進，譬掘根焦土而求苗稼之長也，不可得矣。高泰謂苻堅曰：「治本在得人，得人在審舉，審舉在核真。未有官得其人，而國家不治者也。」自記云：此少作，效陸宣公體。

周公論

凡人之智，皆自見有餘，不見不足。惟見有餘，故氣益驕；惟不見不足，故違道益遠。是故德不修而不知其闕也，學不講而不知其蔽也，聞義不徙而以自適也，不善不改而以自恕也。習與讒諂面諛之人居，而無由開其悟悔媿恥之萌也。此在質性非良，材智不美者，猶且志得意滿，恣睢狂行，以長厥傲，而況其才智稍稍有異者邪！其自賢也，必益甚矣。唐柳公綽有廄馬踶殺圉人，公綽殺之，人曰：「良馬也。」公綽曰：「材良性劣，雖良何用？」由是言之，人之性不良而材異於衆者，皆不足賴也。孔子曰：「如有周公之才之美，使驕且吝，其餘不足觀也已。」夫衆人之見，但貴才美，而不知聖人方懼其爲累，人之識固相遠哉。且聖人之愛名與衆人同，然聖人之名久而益親，遠而益信，衆人之名但邀譽於庸夫無識之口，而無當於君子之論。此無他，聖人愛名則勤其實，衆人愛名則劫其號，取舍之途別，而所以報之者亦異，則胡不一反而觀之也？孟子曰：「周公思兼三王，以施四事。其有不合者，仰而思之，夜以繼日；幸而得之，坐以待旦。」由此觀之，周公於一日之閒，其所爲便其體、肆其意者亦幾耳，惟自以爲不足也，故勤己以自濟。向使衆人當之，則豈不亦高枕而有餘乎哉？天下大矣，其事亦衆矣，即聖人之智，豈能周知而無遺？周知矣，豈能一人爲之而足辦？故自古帝王以及公卿羣吏，莫不求賢以自輔。其才大者，其用人必廣；其才小者，其用人亦隘。惟忮狹庸鄙之夫，則非其私昵容悦之人不任，豈無懿美英儁之士？彼智不足以知之，而性不足以狎之，故棄之而不顧也。《傳》稱周公見士，「一飯三吐哺，一沐三握髮」。吾意當世之士，豈復有賢於周公，而足取爲裨益者哉？然而周公見士之勤如彼者，非博好士名而徒以虛禮下之也，發於其不自足之心而成於不驕之德，故傾其飢渴而不能自已焉。嗚呼，世之君子其法是哉！

韓信論

孫武，其言兵之雄乎？韓信，其用兵之雄乎？二者皆蔽，不達兵要。余陋夫蘇洵之論孫武也，以其術詰其事，如舟人争港，喧號囂呶，不離故處，而自謂得便宜。極洵之智，至吴起而止耳，韓信而止耳，其能有以大遠於武邪？取果實者，枝枝而落之，箇箇而掇之，不可爲易矣。及叩本一振，然後風掣雨散，濯如未生，此聖人之兵所以不事陰計術謀而自無敵於天下，故曰「一怒而安天下之民」。偏材之徒，祕爲異術密機，是徒知兵之爲陰符，而不知用兵之有陽勝也。夫用兵者，必先在審天下之勢，而後行之以無窮應敵之謀，如是而已。國子之論齊也，曰：「秦得齊則權重於天下，趙、魏、楚得齊則足以敵秦。」

故秦、楚、趙、魏得齊者重，失齊者輕，齊有此勢不能以重於天下者，其用之者過也。當楚、漢相距於滎陽之際，天下之勢在韓信，信爲楚，楚王；爲漢，漢王。蒯通以爲與爲人而王，毋甯背漢而自王。信不能用，卒助漢以滅楚，而已亦隨爲漢禽，其事蓋與六國之齊同失。或曰：「六國之齊，其立國也固。且秦不得四國，其勢不能遽及齊；四國並力雖足拒秦，然不親齊，則力不厚，計不完，故齊之勢常重於天下。若韓信與楚、漢，才均勢敵，其用兵之道無以大遠於項羽、高帝，借使信自王，楚、漢交伐之，吾恐不能一日安枕而卧也，信之智其及此矣。」曰：「惡有是哉！當劉、項彊弱未分，天下人心未有所定，鄉使信據山東之地，乘百勝之威，以天下分地招布、越之倫而將之，奉廣武、蒯通以爲之謀主，扶義仗信，以綏定其民，阻河爲固，坐戰劉、項，以待其敝，不出二年，漢必先亡，漢亡然後集羣策以制項羽，安在不可南鄉以成帝業而一天下？不知出此，而姁姁婦人之仁，狐疑自敗，吾故曰：『若信者，用兵之雄而不達兵要者也。』後之論六國者，徒咎其不能合從以拒秦，而不知齊之勢可以爲六國之從主而不知自用，是可惜也。無經事之遠猷，而尋於兵，兵雖巧，所勝幾何？老子曰：『以正治國，以奇用兵。』夫用兵，豈特爲治國者之奇哉？抑亦爭天下者之末務焉。史稱諸葛武侯用兵非其所長，不知者復從而爭之，是皆不得爲知言。夫不長於用兵而長於審天下之勢，乃其所以爲武侯也與。」自記云：先子有言：「淮陰爲人亦非始終有恒者，武涉明透之辨，際漢王窘困之時，而淮陰不爲稍動，豈盡忠信哉！蓋束於漢之假王耳，於此方知躡足附耳之功大也。」此可謂闡微之論。若樹此文，爲蒯徹助波耳，其實仍即本信之所以教漢王者。若太史公贊語，雖若莊論，而曰天下已定云云，謂其失之於未定之時耳，言外之意可尋味也。

荀彧論

《易·鼎》之二曰：「鼎有實，我仇有疾，不我能即，吉。」夫子釋之曰：「鼎有實，慎所之也。」嗟乎，此先聖、後聖所以傳心，而獨得言外之意與？人情闒茸無能，固不知有所謂實之説矣。及其才足幹時，而汲汲然思一試於用而以名世焉，此其意宜無惡於天下，而卒之身喪名辱，爲天下後世戮笑，非其才之未美，而其識之不精也。

聖人無不復論之矣，❶三代而後，惟諸葛孔明爲能不悖於義耳。子房、景略，其於伊尹之志抑有閒矣，然猶能我仇不即，彼文若者，豈可同年而並語哉？司馬温公夷齊桓於狗彘，先荀彧於管仲，可謂謬妄失實、悖於是非之談矣。其言曰：「彧佐魏武，以亂爲治，征伐四克，十分天下而有其八。」夫當魏武之世，胥匡之治，果能及管仲之烈乎？征伐四克，果皆出民於水火乎？且天下固漢之天下也，而又誰有其八乎？是魏武終其身不肯篡漢，而温公固代爲篡之與？操欲取徐州，彧實稱高、光以例其事，而温公以爲史氏之文，是猶以獨掌翳日，而欺天下以無明。且温公以彧舍魏武無事，而有興漢之功。若是，則彧又何以死爲也？許其死漢爲仁，則不得以事魏爲是。或曰：「彧固未嘗臣魏也，其所帶侍中尚書令，政漢官耳。彼惟不肯臣魏，故以一死明節。」夫君子見微知著，以彧之明，而不能審魏武之行之所極，何以爲智者？借使管仲於九合之日，仰藥以死，其得爲忠於糾乎？此又不通之

❶「無」，《儀衛軒文集》作「吾」。

論也。

嗟乎，由彧而類之，則爲杜欽、谷永；由彧而降之，則爲揚雄、劉歆；由彧而極之，則爲王偉、張均、張垍。夫本以輔世安民之學，而卒與亂臣賊子同科，豈非講之不明而守之不固哉？是故君子必自重其身，以待大有爲之君之致敬盡禮也。其尊德樂義不如是，不足與有爲。行一不義，殺一不辜，而得天下，不爲也。若謂亂離之世，❶非一道所能定，而因以苟且藉手爲教盜穴牆之謀，則亦爲盜而已。君子亦惟於貪權藉勢之私克之，庶知所自立乎。自記云：荀文若、方望、張定邊不爲無才，而皆昧於正，以視伊望、子房、武侯何如？千載下，自有定論，非以成敗論英雄也。而李太白亦不可恕矣。

魏武論

董卓之亂，既遷車駕幸長安，而自屯洛陽，於是山東義兵並起，推袁紹爲盟主。魏武爲紹謀，欲其引河内之衆臨孟津、酸棗，而令諸將守成皋，據敖倉，塞轘轅大谷，全制其險。使袁術率南陽之衆軍丹淅，入武關，以震三輔，益爲疑兵，示天下形勢，此所謂形格勢禁之兵也。張儀教秦伐韓，酈生、袁生、桓將軍之勸沛公與吴王者，皆是謀也。當是之時，諸侯形勢兵力皆足以制卓，本初庸才，不能用以致敗。論者謂袁、曹之所以興亡者，已兆於此，不待官渡之日而後決矣。

以余論之，其失猶不在是。夫魏武之爭天下也，非徒知兵，在能審天下之勢而已。獻帝爲李傕迫於曹陽，沮授勸紹西迎大駕，挾天子以令諸侯，紹不從，其後魏武行之，竟知所策，由是知取天下者不在知

❶「亂離」，《儀衛軒文集》作「寇亂」。

兵，在能審天下之勢而已。不然，魏武之力足以移炎祚，而卒不之取，豈誠憐漢室、博虛名哉？夫亦以羣雄之未服，宜假寵靈，而不可始禍以來衆敵也。諸葛武侯謂其不可與爭鋒者，職是故哉。故魏武欲篡之志，當時皆有之，而魏武不取之智，他人有不能忍者矣。及夫終不可得，託爲高言，以文王自況，曰：「天下若無孤，不知幾人稱王，幾人稱帝。」此非欺世以矜其忠，乃其以英智自許云爾。

鄉使袁紹用沮授之言，其廢獻帝以自立也久矣。何則？以紹不知迎帝，則迎帝必廢之以自立，其理固至明者也。夫以獻帝之弱，諸侯之悖，其勢皆不足以自保。魏武以命世之才，獨步於時，惜乎未有大德者馭而用之，遂使成其篡竊之志，爲古今僭逆稱首，此其遭逢之不幸也夫！毛生甫曰：「潛氣内轉，最行文深妙處。」

孫權論

夫不能盡時人之器使者，不能來天下之士。天下之士不來，則其所甘以爲忠己者，非煬蔽於回衰，即結知於賈販庸兒而已。孔子曰：「鳥則擇木，木豈能擇鳥？」此言世主不能尚賢，而賢士如鳥之翻飛而去也。且賢士不可以常人遇，而又類多疏逖羈旅窮困不得志之人，食之不能盡其材，使之不能當其用，知之不能諒其衷，此士之懷奇不遇者，所以上下千載而流涕太息於知己之難逢也。

孫權爲人，其才品略亞於魏武、蜀先主，獨其與人之忠，任人之壹，使智能之士得展盡其意而無憾於心，則雖高、光猶有慚色。雖當日張昭、虞翻、陸遜亦加貶怒，而悔悟旋開。視魏武之使人，束縛之，馳驟之，刀鋸斬殺日隨其後者有閒矣。觀魏武之戒曹彰曰：「在家爲父子，受事爲君臣。」而權於諸將，分雖爲君臣，情親猶父子。由此論之，夷險之途，居然判矣。且以孔明猶有不能得於先主，而權於羣下之謀不遺一策，覽責諸葛瑾等一詔，知其識用之所至矣。鄉使權能以天下爲重，不争荆州尺寸之土，而約好於蜀，使關某將荆、襄之衆以臨沔陰，諸葛起四川之兵出斜谷臨渭南以窺長安，權自起三軍，一軍出瓜儀以摇淮、泗，一軍出濡須以逼合肥，一軍並海遵瑯琊而擾阿、鄄，彼魏之君臣備多力分，雖有吕尚不能善其謀矣。不知出此，而區區於荆州一方，西絶於蜀，北親辱於曹丕。且事有天幸，先主伐吴，使當日諸葛在行，彼陸遜者烏能逞志於夷陵之一炬哉？蜀勝，魏從而伐之，吾見吴之亡不待庚子歲也。以此論之，蒙、遜之才下魯肅遠甚，使肅若在，必不出此。史稱先主以周瑜所分之地不足屯軍，自詣權求都督荆州。周瑜上箋勸權，留備不遣，權不從，吾以爲此必魯肅之意，非權所及也。雖然，使置此不論，而專論其任人，則固可賢矣。甘甯困於黄祖三年，祖以衆人畜之，及歸吴，權一見，禮待同於舊臣。嗚呼！猶令人想見其君臣之閒而思爲之用也。

諸葛武侯論

士有爲常人之所奇，不如爲奇士之所奇。夫奇士之所奇，固非常人之所能奇也。若夫奇士又不能奇，則惟聖者知之而已。諸葛武侯身未離隴畝，豫定三分天下，論者奇之，比於神明。余獨以爲是何足爲公奇邪？夫審天下之勢，先定其規模以從事，智略之士類皆能之。如司馬錯之伐蜀，商君之徙魏，范雎之畢六國，韓信之策項羽，甘甯、魯肅之圖荊州，黄權、法正之啓漢中，羊祜、司馬昭之謀吴，下逮李絳之算淮蔡，王朴之平江南，古今若此圖定大計者，不可偏舉，是何足爲公奇邪？

吾觀諸葛之奇也，則亦惟其無奇者不可及耳。以道正己，以誠動物，事理其本，治遺其名，身没之日，廖立垂泣，李嚴致死，百姓巷祭，乃至千載之下覽公之事蹟者，流連感泣，有不知其所以然而然者，此豈以奇致之邪？孟子曰：「仁言不如仁聲之入人深也。」又曰：「以佚道使民，雖勞不怨；以生道殺民，雖死不怨殺者。」於諸葛見之矣。

或曰：諸葛自比管、樂，而子擬之聖者，毋亦過與？曰：固也，非世所知也。彼其意蓋欲爲禹、稷矣，而不獲，則降而爲伊、吕；又不獲，則降而爲管、樂。夫其屢降而求其匹，正其故卑而不可逾，非如世士以虚憍而僭實德，以鄙伉而冒英名，所指逾高，所履逾下。樂不足道也，乃若管仲之相齊，功烈亦誠偉，然今讀其書，考其行事，不過曰論卑而易行耳。且其分財多自予，則以貧賤而損其節，三歸、反坫之僭，則以富貴而濫其心。由是以往，其所措施可知矣。仲之言曰：「禮義廉恥，國之四維，四維不張，國乃滅亡。」由今觀之，仲之相桓，安在能踐斯言邪？故孔子於管仲則譏其器小，而程子於武侯則稱爲大人，豈不信哉？曹魏時何晏、鄧颺，元魏時之崔浩，唐之王伾、王叔文等，皆自比伊、吕、管、葛。卒之，或殺身赤族，或身敗名戮，此乃世之所稱奇士邪，而其識已若彼。然則苟不固誠仁達天德者，其孰能知夫人之所至邪？

武侯既殁，司馬宣王按其屯壘，觀其

置兵之法，詫爲天下奇才。夫應龍之上下於天壤也，飛騰隱見，雨降雲升，變化俄頃，澤及萬物，而莫測其神之所極。而地上之民方且觀於沼澗，求其涎爪蟠泊之迹，以歎其奇，不亦鋭乎？

狄梁公論

嘗謂狄梁公自是一時偉人，其仕僞周也，實爲忘恥。孔子之論君子，曰：「天下有道則見，無道則隱」、「危邦不入，亂邦不居」、「親於其身爲不善者，則不入也」。武后之毒虐淫醜，世謂之無雙，則梁公之忘恥，亦與之爲無雙焉也已。孟子之論伯夷、柳下惠也，曰：伯夷不立於惡人之朝，思立於惡人之朝，如以朝衣朝冠坐於塗炭，君子以爲隘。柳下惠不羞汙君，援止而止，君子以爲不恭。夫君子之論人，無故從其刻，亦不可不覈其真以持其平。夫柳下惠之爲和，不過不恭耳，而能不流不易其介，則與伯夷無異也。平心而論，彼梁公之仕，豈亦有不屑不潔之念，而出於不恭乎哉？不過饕榮以忘恥已耳。當日其從母崔氏已屏絶之矣，故梁公之可議，尚不得與管仲、楊雄、蔡邕、荀彧、杜欽、谷永等之仕莽、黨曹、藉梁、懷董者等，何則？彼操、莽、卓、冀，特異姓之賊臣耳。武后身爲人妃妾，爲人母，而親易姓改步，毁唐宗廟，殲唐子孫，復欲奪其子之天下以與姪，其淫醜比之魯文姜、褒、妲而更甚，其毒虐較之莽、操而更兇。嗟乎！此乾坤何等時也。徐敬業一檄，數之已盡，而梁公宴然仕於其朝，徒以小忠小信小節固寵邀名，爲自免計，孔子曰：「是可忍也，孰不可忍也？」彼其與張昌宗奪裘而棄之也，如同蛆蟲處溷而茹穢不咽以明潔，將以欺天下萬世皆無人乎？

近聞人鄭兼才、吴江顧汝敬之論李西涯也，皆引梁公爲比，此擬非倫也。夫西涯病不能去國耳，非入仕始終全犯無恥也。兼才以吕夷簡之不去章獻太后爲比，情事尤不類。汝敬謂梁公委蛇幹濟，薦進忠賢，卒成反正之功，古大臣純心爲國，不屑屑計一身之謗譽，世之小人好議論，不樂成人之美，或多訾之。此雖似篤論，而猶未離乎衆説也。夫梁公惟不能使武后反正而誅諸武也，故薦張柬之等也。譬如以二飲器，一盛糞穢，一盛清酒，而置酖其中，自飲糞穢，而推酖酒與人，以爲與人忠則不忠也，以爲恕則非恕也，以爲智則非智也，以爲自潔則非自潔也。卒之，五王與漢王子師同禍，則梁公貽之也。且事有天幸，梁公前死，亦安能必柬之等異日功之必成？使柬之等不幸而陷竇武、何進之禍，武后竟不反正，武三思竟禪唐祚，不知梁公何以藉口塞責於地下，而貪天之功以爲功邪？

《易》曰：「鼎有實，慎所之也。」所之不慎，吾爲梁公惜其實也。雖聲名烜赫，耀豔千古，久而論定，要不能解其忘恥。善乎汪文端瑟菴先生之言曰：「吕夷簡無甚可取，太丘道廣，究爲名教罪人。梁公非純臣，甯使唐亡社稷，不可使千古有二臣，王陵所以軒輊平、勃也。若不善用其恥，則與無恥者何殊？原涉家人寡婦之説，正謂此也。」卓哉兹論！衮鉞斯昭矣。夫梁公之迹既可議，而心亦無可原。柳下惠以和不恭爲行，充之將使天下盡爲馮道，故曰「君子不由」，以非義也。惠和如展氏之聖，非義且不可由，況梁公乎？吾是以嚴而立之。自記云：出入往復，揚搉非常，秋風鐵笛，朗朗入耳，不作游移兩歧之説。

續天道論

凡人之所以敢肆其惡者，由昧於吉凶禍福感應一定之理，而無所忌憚也。故當其兇邪發心，不特空諭以理所不可莫能禁；即實告以若此所行，不旋踵而凶禍立至亦不顧。譬貪毒脯果腹，鴆酒止渴，不能自克也。凡攫金於市，殺越人於貨，陵暴滅理者皆是也。此固至愚極悖之戮民。若一二稍有微明者，猶知計較，忍而不敢遂，所恃吉凶感應之理不爽也。

及春秋以來，天道不孚於小人，刑政又偏陂不平，人理日陵夷泯亂，舉弑逆大惡悖虐殘賊之夫，每多安然無患，富貴壽考，與吉人無異。然後向之稍有微明而不敢遂者亦疑焉，始爭起而效之矣。當是時，是非之理全爽，善人無所恃以自立，凶人無所忌而日以得意，世界否閉壞亂已極，甚有言欲勉彊爲惡以順天者矣。雖爲惡者亦未嘗無報，顧其分數多寡大小恒不相敵。老莊之徒審觀而熟計之，故誦言之曰：「竊鉤者誅，竊國者侯。」聖人亦知之，而不敢言，故不答南宫适。及司馬遷作《伯夷傳》，乃獨以之發憤，何其見之晚也。

總之，大惡不必報，大德亦不必報，天道冥漠，無情無知，無思無爲，本如是。聖人既以悲天，又以憫人，故恒憂之，而欲以易之，所謂「幾諫」也。然亦徒託空言，賫虛志，卒莫能輓之。蓋數有窮處，則聖人之術亦窮，無如之何矣。

雖然，數之所在，聖人固不能違，理之所在，聖人終不可越。不得已而思其方以自處，惟盡其理所當然，而聽其數所不然，居易以俟，而後無入而不自得，以爲人之道必如是始盡耳。非以理敵數，而必其能轉之也。小儒不察，妄以學道修德爲立名之私，既隘而不中理。愚人乃欲以積善望報，抑又惑矣。閒嘗深求聖人之本心，蓋欲爲大舜之底豫而不可必也。然且熟諌不聽，撻之流血而不敢怨，竭力供子職而已。

且聖人明曰「立人之道」，固别於天之道外而分立一道，子思子所以謂之「參」也。若人與天本合爲一，則何以曰「參」？又何以齟齬參差，迥乎不齊如是也？惟聖人分立其道，欲參於天以求合，是以汲汲百年，如臨深，如履薄，急與之角而不暇，以爲苟人道一毫未盡，則不得以誣之於天，或失則磯，或失則恝，以比於不孝。嗚呼！此大舜之心也。蓋既不爲南宫之拘滯，亦不爲司馬遷之怨忿，亦不爲老莊之局外睨視而無經綸之用，此所謂人道也，别於天道之外，分以求合之道也。若陶公《形神》詩，其意見不出老莊境地，尚不有佛氏之行願，而何以希魯叟之彌縫也。自記云：舊爲《天道論》三首，見者皆不肯。茲復推以詳言之如此，其理終爲未圓。蓋理亦自然而本於天者也，非聖人師心自創者也，但以迹觀之，似爲專屬耳。

原天

蒼蒼者，其色也；運轉者，其體也。天也，而非天也，必有主宰乎是者，而後爲真天。夫天即主宰，而又誰主宰乎天者？知必於此求之，而真見之。肉團，其質也；知覺，其靈也。心也，而非心也，必有主宰乎是者，而後爲真心。夫心即主宰，而又誰主宰乎心者？必於此求之，而真見之。真見天之主宰，然後知畏而奉之，外物不可必安排而已。真見心之主宰，然後能制而用之，時其方動而固執以誠之。

莊周疑天曰：「孰主宰是？孰推行

是？」殆猶未識夫天也。劉念臺不識心，求之不得，妄爲之説，曰「意爲心之主宰」，可謂誣謬失實者也。斯二者，學問之極致，聖道之精微。傳其人，不待告；非其人，雖告之，弗明也。《詩》曰：「昊天曰明，及爾出王。昊天曰旦，及爾游衍。」非夫制而用之，亦惡能畏而奉之也乎？自記云：「安排」出《莊子》，言「安於自然而聽其推排也」。謝康樂詩亦如此用。明道言「纔有安排，便非自然」，則如後世作「布置」義，出於有心也。吾此用《莊子》本解。

原性 三首

甚矣性之難明也。在昔聖賢大儒爲説固當矣，而小儒怐愗墮於一偏，自開歧見，弗思耳矣。張子氣質之説，即人心、道心同實而異名者也。然而學者或是之，或非之，所謂「以盆盎之水，求一山之形，形不可得，則智由此惑」也。旨哉朱子之言也，曰：「人莫不有是形，故雖上智不能無人心，亦莫不有是性，故雖下愚不能無道心。二者雜而不知擇，則其本然者不可見，而其達於用也，或不能無差，故必使道心常爲一身之主，而人心始退而聽命焉。」竊謂道心者，性之善也；人心者，性之欲也。欲之本於性也，氣質之性爲之也。或執韓子三品之條出於孔子，疑與孟子性善之旨不合，不知孔、孟所道同一家之言也。何以明之？孔子言「率性之謂道」，此善性也；其曰「相近」，則有三品之分矣。使非有氣質之殊，而何以有上智下愚之别？此孔子言性有氣質之證也。孟子道性善，此性之本也；其曰「動心忍性」，則不善之性也。此孟子言性有氣質之證也。孟子曰：「口之於味也，耳之於聲也，目之於色也，鼻之於臭也，四肢之於安逸也，性也。」君子不謂性也，而佛釋氏雜舉胎身作用知覺爲性，是不知作用有善不善、知覺有同不同，而概指爲性，亦見其麤而莫知辨也，此所以爲淺陋與。

二五之流形也，人與物各賦焉。顧物恒得其濁而偏者，人恒得其秀而全者，故物不可移而人可移，雖品類萬殊、雜糅不齊，而人與物之大較固如此。獨至下愚之人，雖有教之無類，終徇己而不返，蓋已淪於犬馬之與人殊，故聖人既斷以爲不可移，而弟歸其罪於習，而不以誣本然之性之善。不然，上智與下愚遠矣，而何以曰「相近」邪？若夫孟子之所謂忍性也，忍其不善之性，則固欲反其本善之性明矣，此湯、武所以亦得爲聖人也。孰謂人性本惡，若無初之可復邪？

丹可磨而不可奪朱，金可鎔而不可奪堅，此可以識物性矣。以萬斛之舟置水上而浮，寸鐵片石投水即沈，此可以識五行之各一其性矣。雖然，此五行之性之質，而非其用也。五行之性之用，如木之發生也，金之割斷也，火之通明也，水之潤下也，土之博厚貫乎四者而不可離也。雖然，此五行之性所自成，而非其賦於物者也，賦於物則有知覺運動矣。然而犬之性不同於牛之性，牛之性不同於馬之性，此可以知其賦於物而恒偏也。惟人則不然，其知覺也獨靈，其運動也獨便利而巧作，故統而謂之曰善。其所以善者，何也？則以其得於五者焉全，故能合以爲用也。故得木之發生而以爲仁之性，於是有惻隱慈愛之善；得金之割斷而以爲義之性，於是有裁成羞惡之善；得火之光輝而以爲禮之性，於是有威儀動作之善；得水之净鑑而以爲智之性，於是有是非分別之善；得土之敦厚而以爲信之性，於是有誠篤不欺之善。然而又有爲惡而不齊者，何也？則陰陽之毗、過不及之差、物欲之雜引誘而遷也。是故不及乎仁則傷刻薄，而過則爲姑息婦人；不及乎義則爲柔愞，而過則爲剛暴；不及乎禮則爲鄙野，而過則爲足恭；不及乎智則爲愚闇，而過則爲賊害；不及乎信則爲詐諼，而過則爲果，爲硜硜。此所以同賦乎性而有善有不善也。而於善不善之端，又各有剛柔二失，若溯其本，則大略相近，故皆可學以止於善也，此性善之原委也。

原　理 二首

天下萬事萬物皆有其自然，是謂之理，而自然者出於天，故謂之天理。自人不勝其欲妄而以己私入之，而後乃違反其順正，逆其自然。故聖人以理與欲對舉爲言，而欲人之克去己私以復於天理之順正也，謂之「克己復禮」。《樂記》曰：「物之感人無窮，而人之好惡無節，則是物至而人化物也。人化物也者，滅天理而窮人欲者也。」又曰：「不能反躬，天理滅矣。」此自古在昔先民相傳之明訓，非宋儒創造之私說，故莊子言庖丁解牛而曰「依乎天理」，韓非曰：「理，物之文也，長短方圓，麤靡堅脆之分也。」許叔重《說文解字》以理爲治玉之名。竊以此三說者，義悉從同，皆謂自然條分縷析之謂，蓋理之正訓也。

近世誕妄之徒，深惡宋儒理學之名、性理之說，本不識理，又不識古人文法及其語妙，乃反據此三說力詆宋儒，以理欲、性理言理之非，顛倒迷妄，所謂悖者以不悖爲悖也。請仍即此而分解之。夫事理本於自然，牛之腠理亦出於自然，庖丁自謂己之奏刀以解牛也，亦依其自然，故曰「依乎天理」，此自其語妙也，而戴氏震反以理本牛之腠理不當主事義爲言，是顛倒也。鄭氏《樂記》注曰：「理即性也。」此語甚粹，而惠氏棟不知其出於鄭氏，乃據韓非說謂理爲物之文，方圓長短，麤靡堅脃之分，宋儒不當作性理解，亦見其無知而妄談矣。且夫理有順義，自然之謂也，故人之應務處事，必避礙以通理，而後謂之循理。此理在事物，恒雜糅嫌疑，而人心又多迷妄惑亂，故常失其自然而不克明，故必聚學、問、思、辨以講之，謂之窮理。窮理之學出於孔子《易大傳》，此理學所以切於人倫日用而不可緩，而何爲深惡痛詆之與？

庖丁解牛，雖曰「奏刀騞然」，而又必曰「每至於族，吾見其難爲，怵然爲戒，視爲止，行爲遲」。《易》言聖人盡性之事，而曰「旁行而不流」。《雄雉》詩人委心任運，而必曰「深則厲」。聖人達命，不憂不懼，而孔子微服過宋，子路問行軍，子曰：「暴虎馮河，死而無悔者，不與。必也臨事而懼，好謀而成。」凡此數義，皆所爲避礙以通理也。佛學之徒，嘗有遇毒蟒、猛虎而不避，推車直進，碾斷師足，其師亦不肯避讓，既悍然不顧，又從而爲之辭，曰毒無實性，不觸不發，既進不退，既伸不縮等義，如是之云，雖似有名理，而君子可欺不可罔，亦見其害於理也。異端之學，所以不可以爲世法，要之亦爲二乘魔外邪見，大乘正覺無是也。自記云：近世妄庸鉅子，既無所知，又無忌憚，箸書痛詆言理，毋慮都數十百家，實皆惡其害己也，肆其狂吠，託爲公論，以自爲蔑理之地。余既略條之於《漢學商兑》中，茲復摘一二則於此，俾學者知余非刻論也。龍谿李威，字畏吾，乾隆戊戌進士，歷官廣東廉州府知府，箸《嶺雲軒瑣記》四十一卷，其中不無心得可取之言，但大旨宗李卓吾，力詆宋儒，尤斥理學，其言曰：「有宋儒者斤斤然守一理字、敬字，以道學相標榜，惟朱子後來頗自悔，故爲不可及。」按此言誣矣。朱子之書始終可考，若朱子悔言理字、敬字，何以爲朱子？乃以此推朱子爲不可及，妄矣。又曰：「孟子言仁、義、禮、智四端，明明屬於心不出於性，而諸儒主伊川之言，以四者爲性中之理。伊川平生執箇理字，到此無處安排，便把來納在性上。彼所謂理者，徹上徹下都使得著，何獨以性爲理乎？不從孟子而從伊川，謂之有見，吾不能知。」又曰：「理字見於三代典籍者，皆謂條理，未有以爲至精至完無所不具無所不周爲萬事萬物之祖者也。孔門授受，不言及理，何獨至宋儒乃把理字做箇大布袋，精麤鉅細無不納入其中？至於天亦以爲即理，性亦以爲即理，卻於物物求其理，凡説不來者則以爲必有其理，凡見不及者則以爲斷無此理，從此遂標一至美之名曰理學，竟爲古昔未開之門庭，不亦異哉！」又曰：「伊川曰：『大抵人有身，便有自私之理，宜其與道難一。』夫既自私矣，安得理在？此可見其於一理字到處擺不來，口角時時流露也。」愚謂此條乍看似足令伊川啞口，其實乃詖辭也。夫自私固無理在，然非理孰別自私？自私非理，非理以理而顯，如南鍼失位終以子午而定。伊川語雖似有小疵而義實廣大勝足，勿以言害辭、辭害意可也。永嘉見六祖言次，六祖曰：「汝甚得無生之意。」永曰：「無生豈有意邪？」六祖語與伊川此語氣正相似。且如鄭氏曰「性即理也」，而《樂記》有曰「性之欲也」，豈可曰「理之欲」邪？古人文字多如此，妄人輕薄，不足與莊論也。

原神

草木之華實也爲神，其蘦落也爲鬼，原始反終，得其情狀，一氣而已，一物而已，是鬼神之可知者如此也。顧可知者，非能自主，有不可知者主之也。可知者不能主，而世之爲趨避以禱於鬼神者，亦見其蔽而惑也。彼鬼神者，特聽命效能於天而已，亦惡能加毫末之損益於人乎哉？是故禱於鬼神，不如禱於吾之心、吾之身，吾之心、吾之身苟盡其道，而福來應之；吾之心、吾之身苟不能盡其道，而禍來應之。其報應倍捷於鬼神。

雖然，其應也似吾主之，其有不應也，

非吾之所能主之也。夫其不能主也，由其有不可知也。儒者乃謂禍福之幾可恃人事以自主也，其蔽與禱鬼神也等。周内史叔興論「石隕」、「鷁飛」，以爲是陰陽之事，非吉凶所由生，而惡知吉凶所生亦陰陽之事邪？是殆猶未達夫鬼神者也。自記云：《中庸》言鬼神之德，極其盛而推之，以本於誠，乃正言其性情功效之費者耳。吾本程子、張子之意而原其主，乃即微與誠而指其隱者耳。鬼神非有二也，大旨亦本孟子、屈子。孟子曰：「莫之致而致者，天也；莫之爲而爲者，命也。」屈子曰：「固人命兮有當，非離合之可爲。」又云：以管輅對王基之言證之，叔興之言脗合。杜預、劉炫所推論，雖似有理而失實矣。吾之意又非元凱、光伯之意。竊以《易大傳》「精氣爲物，游魂爲變」二句是一串説，物只言其有形而可見者，變是言其所以然。無形而不可見者，乃游魂之神也，神不測。

原静 二首

《記》曰：「人生而静，天之性也；感於物而動，性之欲也。」是知人性本静，凡動皆欲，感欲即動。是欲也，雖感於物，亦出於性。如仁之失爲貪，義之過爲果是也，故周子定之以中正而主静也。苟非静而無欲，則不能無失於動；不能無失於動，則不能無失於性。要之，以無欲則性常静而不亂，此顔子、仲弓之所有事也。佛氏猶竊其似，而陳白沙乃錮其身以爲閉目守寂之學，譬眡迹以索履，其於求足也，遠矣。

鐘鼓不擊而自鳴則爲妖，擊已罷而鳴不息，亦爲妖。寸莛撞之，微風撼之，而大鳴，亦爲妖。寂然不動，感而遂通，而不過其則者，聖人之所以慎於物交也。「憧憧往來，朋從爾思」，將鐘鼓不爲妖，而吾心實妖乎！自記云：《樂記》所言概凡衆人而言之也。朱子顯周子之藴，曰：「静而無欲，爲君子之修道者言之也。」吾引《樂記》本其大同而言之也。孔門求仁之説，學者習熟，幾同嚼蠟。天啓吾衷，幸而悟得，可於言下會也。又《大學》經曰：「定而後能静。」朱子《章句》曰：「静謂心不妄動。」故復爲後説以顯妄字之形。

原動

學者習論養氣，但謂養其浩然剛大之體，以塞乎天地，而不知其始必養之，使不輕動妄動，如莊子木雞、老子嬰兒之喻。此其功守之在内，而制之必先嚴其外，故孟子發蹶趨動心之義也。吾嘗欲禁止紛飛之心，而適值嗽上氣，或有疾痛，當是時極力定之不能得，矧其爲奮怒猛厲之動氣邪？然後知孟子體驗精微，故其言密切如是。蓋不能制乎外，而使其氣輕動妄動，則牽率内心亦隨之而動。内志既動，則血脈張興，外喉中債，無以制吾人心，使退聽道心之命，其失必多矣。嗟乎！治心之學，聖賢皆急爲先務，小賢小儒莫知問津，亦見其學之疏而不知要矣。程子《定性書》曰「動亦定」，此治心之微言也與？

原義

仁包四德，爲元善之長，故孔子多言仁。然又必曰「君子義以爲上」，「義以爲質」，「無適無莫，義之與比」。蓋義者，宜也。宜，時中也。時中，非權莫執。故中權而後時措之，宜也。苟行不得宜則仁亦爲病。如云姑息之仁，兼愛之仁，又如仁主愛，愛成貪，皆失義爲之害也。仁包四德，失義則仁之量虧而未盡，《傳》曰「精義入神以致用也」，又曰「同德度義」，故孟子多言義，以是知老子言「失仁而後義」、佛氏「尚仁而去義」，其蔽之深，而所以爲異端也。

吾性多仁而少義，見於言行，恒疏慮

而輕，無所折衷。自以得其天機，可以略彼凡迹，而不知是未可以經事而理物也。聖人精義之學，文理密察，足以有別。行乎仁而過中，即失乎仁中之義矣。學聖人之道，徒正不如中，中矣而無權，則猶失之於時，故曰「巽以行權」。巽入於理，而精以擇之也。堯、舜曰「精」，孔、顔曰「擇」，洙泗之統，所以紹夫二帝也。彼世智麤疏，未嘗講學，概曰「衆善奉行」，是烏知必擇夫中庸而得者，乃可曰善哉。

原直

人性最初之發，莫不出於直。直者，公也。及轉念爲曲，曲則入於私，故曰「人之生也直」。乾之德，其動也直。虞廷九德，以直爲道。然又曰「質直而好義」，苟不協於義，則行之疢、害之大亦莫如直爲甚，如訐則召惡、蔽則傷絞是也。顧直不可見，坿氣而見；氣亦不可見，驗於好惡公私之際而已。其人之好惡壹出於公而無私也，發於言論行事，不可屈撓、不爲偏徇、不爲私溺，是直也，故曰不直則道不見。古民之疾愚，猶不及之，今人罔其性，以工爲曲，務巧僞以夸毗阿容，孔子惡之，謂之幸免，爲其失生人之理也。《傳》曰「好而知其惡，惡而知其美」者，天下一人而已，故曰：「惟仁者能好人、能惡人。」仁者何也？直也。直，公也。嘗論衛靈公、季氏之待孔子，以迹觀之，可謂曰厚，然而孔子之論二人不少恕，豈負義孤恩而不顧犯不韙邪？武三思曰：「我不知天下何者爲好人，但與我好者即爲好人。」由今論之，武三思是邪？孔子非邪？夫好惡是非衷於聖人，至矣。今人言行不務學孔子，至於好惡是非，懷私恩匿公義，雷同坿和，甘自比於武三思，而求勝於孔子，亦見其學之不講、義之弗析、識之陋而汩於世俗庸鄙之私情也。雖然，孔子惡稱人之惡，又曰「毋攻人之惡」；孟子曰：「言人之不善，當如後患何。」自經史傳記所陳古之哲人以臧否爲大戒者，不啻苦口也。吾性直，又好持義理之是非，雖異於誣僭不信，而道人多中，其實則彌以此觸心兵而召怨，作《原直》以表質，尤必以好義者自劼毖於學也。孔子權之於可與言不可與言，以智濟其直，而孟子專以直養浩然之氣，吾人學修，亦衷之孔孟而已。

原　我

子絶四：無意，無必，無固，無我。意，私意妄想也。必則漸執著而重矣，固則彌堅，總之成於有我之私。聖人不待克而自無，學者必用力而後庶幾。朱子曰：「意、必常在事先，固、我常在事後。至於我又生意。物欲牽引，循環不窮。」至哉言乎！可謂推見至隱矣。屈子稱漁父之言，謂「聖人不凝滯於物，而與世推移」，似矣而未盡也，何也？聖人但不必固於有我之私耳。至於義之在我者，則守之不易，故曰：「無適無莫，義之與比。」嘗論老、佛與聖人皆無我，迹同而實不同。夫所謂我者，謂己私也，住著也，有所也，非義非道也。而佛氏務爲解脱，無智無得，一切空之。雖其黠者知有不可，特爲轉調，謂不墮煩空，曰來曰念，自矜大乘；而祈嚮一差，又入斷滅，何也？蓋於《中庸》去修道之教，則於禮樂刑政一切品節俱廢。若是，則豈能輔世長民、長治久安邪？至於老氏，乃近陰賊，知雄守雌，欲取姑與，名曰無我，其實有我之至者。惟聖人以權執中，達變通理，壹主精義，而又或爲小知之言蔽晦之，謂其與世推移，不凝滯於物也。析義不精，使鄉原、流俗之輩借聖人以行其圓通自便之計，無論誣聖，何以服狂狷者之心哉？

原　惡

辛丑五月二十二日，晨起，坐庭除，課僕人除階前艸。初發一蟻穴，須臾又發一穴，當時神昧，竟弗之止。翌午獨坐，追悟而悔之，恨無及，愈思愈惻然不忍，掐膚頓足，如鴆毒崩心，無以自解。念平日立心，期寡過盡性，敬人愛物，敦戒毀傷害虐，用箸説以教弟子。今身親其事，而神識惛墮，弗省弗寤，成此大絯，不可懺贖。尋常嗟惜，終日悠悠空度，無一善足録，乃交臂之頃，不但失一大善，且反造一大惡，尋常盭夫所猶不忍，而我何以不幸而至此極也？再四推惟本心，乃知此由殺機所發。何則？蓋除艸，殺機也。當時志在除艸，猛利之心，乘於一偏，一往而不可遏，故雖見蟻而惻隱之心未動，生機未轉也，此可見人心之機其危如此，可畏之甚也，故陰符忌之。古來暴君酷吏，窮怒所及，而徇於憯志者，皆其心之一往而不回也。仇香專任德化而不惑，可謂有正知而能裕其源者也。夫一念之動，爲善爲惡，其心知識用，每乘之過量而不自覺。白起、辛靈、韋虛皆同此機，只争一念耳。繼今當益思培養此心，使怵惕、惻隱、善端、弗隱，充之盡人性以盡物性，肫肫本仁親愛慈以立其根，植其本，要時物無失，乃見權智術妙，毋徒事後嗟咨也。又昔人言人事之窮，天地鬼神所不能易，惟人能易之。如此蟻穴之全毁，神佛所無如何，而吾一手口之所能爲。夫以一手口而能爲神佛所不能爲，而竟不爲，豈不甚可惜哉？因書以訟吾過，且以警餘年繕性之功，日用酬酢，慎所發機也。自記云：此機一往迷誤，弗覺以陷於惡者。又念往昔嘗有三事誤陷於刻薄不仁，事過旋悔之，而末由追改。今思其所以致之者，由其執義大過，此雖出於正，而亦成大惡，佛氏所謂「法執」「理障」也。況又有任其習性，未嘗知義循禮，興善而成爲惡，以負於親長骨肉而痛不可贖者。然後知弟子蒙養之初，其喻教講學不可不早預也。書之以詔來者，毋似余之蹈於惡而不可追悔也。

原真

六經無「真」字，「真」字名義始見於《莊子》，其後佛經遂用爲密諦玄旨，曰真如，曰自用一真一切真。至矣哉！雖後起而無以易之矣。夫人之爲行，順理爲覺，順事爲迷，故《詩》曰：「有覺德行。」此儒、佛兩家之極致微言，亦儒、佛兩家所同修共證之實義也。儒之言曰道二：仁與不仁；佛之言曰心二：曰真曰妄。真者難見，妄者易迷，二者恒糅，如油著麫。所以《書》貴精一，《記》貴別嫌疑，斯而析之，非天下之至精，弗能揀麤顯微密察鑒覺也。是故孔子於微、箕、比干皆稱其仁，而於由、求、賜、令尹子文、陳文子皆不許之。孟子曰：「聖人之行不同也，或遠或近，或去或不去，歸潔其身而已。」其論夷、惠曰「三子者不同道，其趨一也」；於曾子、子思、禹、稷、顔子則曰「易地則皆然」，豈非求真哉？豈非求真哉？孔、顔皆無命，而所垂修己治人淑世之理則萬古不易。佛不能滅定業，償債遇難，乃至老、病、死、苦一同於衆生，而所説降心離妄之理，則萬古不易。無他，真理所在，故能先天而不違，後天而奉天時也。僻儒小生，執無權之中，憑虚妄之見，滯有著空，惡足與語至道哉。莊子曰：「萬世之後，而一遇大聖，知其解者，是旦暮遇之也。」是故吾之爲行，衆人以爲如是而乃合於道，而其中有弗真焉，雖爲人之君子，或爲天之小人矣。吾之爲行，衆人以爲如是大不合於道，而其中有真焉，雖爲人之小人，而實爲天之君子也。故曰：「君子之所爲，衆人固不識也。」雖然，是真與否，非必若世俗小人欺世作僞詐諼之爲也。聞道百，自以爲莫己若，析義不精，仁未熟，知未盡，毫釐未合，而以邊見顛倒爲正知，故遂認賊爲子而不覺入差别。然則是真者，非特衆人不及知，即以己智内證，實亦所未了。聖人語言文字具在，古今智賢莫不以是求之，而卒不易得一識真者焉，悲夫！

考槃集文録卷一終

考槃集文録卷二

雜箸上

治河書

治河之道，拘牽陳策，惟信於書，不審今時利害，固知寡當；若夫久親職役，頗習事形，本非神靈，難稱遠識。凡此皆不足語於治河之智者也。茲事體大，賤不及議，彊欲通其趣要，聊復妄言之。竊觀《禹貢》一書，但挈綱維，不載施功之法，非没而不書，以爲其事不足記也。然而至仁所流，開厥睿慮，究極古今，全攬大勢，先定其規模，斷而行之，上繼禹功，下除民疾，固所望於世之大人者也。今列舉古昔之形，而斷以今河之難易。

古之大河行於平原以北，周定王時南徙，於時雖失禹河故道，大勢未改，則猶然載之高地也。建元之際，河決館陶，溢於千乘。自永平以來，迄於唐宋，千乘之道常爲經流。於是治河者所争有二：一曰入海之道，一曰決河之塞。河性無常，忽從而南，忽從而北，不定入海之道，則下流居民無所定處，故引河北去及故道不可復二説，每相乖違，而未合適從也。今夫河惟上流潰決，而後下流益淤；亦惟下流先淤，而後上流潰決。入海之道不直不暢，則潰決之害雖日月告可也，此一定之勢也。在事者不悟，惟專隄防，此所謂察於近而不察於遠者也。譬人腸胃痞疾，醫者或越而上之使吐，或利而下之使瀉，爲治不同，同於去疾而已。賈讓、王横、王景及宋李垂、孫民先、陳祐甫之徒，則利而下之之説。歐陽永叔謂故道必不可復，則知治疾者，又有可以越而上之之術者也。二者不同，同於入海。

吾以爲必有能辨其宜上宜下者，斷而行之，而後功可立。是在醫國者之察脈瞻傷，攬全勢以圖之，期於無遺民之疾，無失河之性，俾大河行於天地，自然相安若無事者，開太平之基，奠萬世之利，斯得之矣。若夫狃於一方，憚於艱鉅，牽於時事，不顧其後，苟且補苴，歲糜帑金，大農支絀，上數爽其憂，下數被其殃，國家視大河隱然如一敵國，豈非當時爲謀者之失哉？至於河決而塞之，《詩》《書》雖無明文，吾意盤庚、祖乙以來，當已如是，苟宜於時，此不可易者也。自是而後，河有變遷，地有利害，自漢及唐，莫如東郡白馬爲最，故古者之議，於此爲多。宋天熙、金大定，河益徙而南，古今之變，論者比之氣數之不可輓矣，是故由濬滑而澶鄆，由澶鄆而曹單，由曹單而徐邳，由徐邳而淮海，其爲地不同，而受害則同，受害同，則所以隄堰障塞施功之法大抵皆同，此固事之所不能無，功之所不可缺者，而實皆《禹貢》之所不載也。

若夫今日之河，校善於古者三，不如古者二，非其治之之方不如，其勢則然也。古者治河，上流決，則多穿渠以殺水勢，水勢殺而下流弱。今亦建用滾水等壩，而下流挾淮並力入海，不患其弱，以水治水，一善也。古河入海之道，南北遷徙不常，今則二百年經流無改，二善也。古者不專河漕，而亦藉爲運，今則河運分爲兩途，三善也。乃其不如，則亦即於三善之中生其二患，而不得不爲意外之慮者也。夫以一洪湖全受淮水，復以一高堰全束洪湖，此其勢已岌岌，而況加之以黃流之倒灌哉！洪湖溢而南，高堰決而南，淮、黃合漲而南，高、寶、興、鹽千里之地，將爲巨浸矣。按水平高堰，地勢出寶應一丈八尺有奇，出高郵二丈二尺有奇，高寶河隄又出興泰民田一丈有奇。然明初高寶河身雖高，而湖面則卑，故王恕請修造湖塘，引塘水濟運。今則湖面高於河身，昔日之運河患湖之涸，今日之運河患湖之漲。由此觀之，甓社等湖昔卑而今高，實由昔深而今淺，豈非自洪湖以下漸受黃流之淤澱故哉？湖高而運河之隄不得不高，下流城郭居民如在釜底，然猶可諉曰地寬而勢散。請試言其急者，則莫如淮陽、清河，此一郡一縣城矣。北河既乘建瓴之勢，南河亦露齧決之形，雖曰新城、鉢池、山柳、蒲灣一帶隄岸完固可恃，而王公隄、磨盤莊之已事，能無戒乎？故曰不如而可慮者，此其一也。至於裹河爲東南漕粟咽喉，而橫當二瀆要害之地，此又其慮之匪細者也。

大抵昔日之河，分而易治；今日之河，合而難治。論者謂治河無一勞永逸之功，無喜新説，無惑道聽，此其言皆是也。然使不合天下之全勢而計之，使無遺國計民生之慮，河公之仁其可常恃而無憂其變乎？吾意必有任其已溺已飢之責者，而非儒生所可議也。自記云：治河之事本非所知，往時嘗妄擬三文，亦紙上彊道耳。巽之以爲義當，而所言未能詳備，因亦爲二文，即《七經紀聞》中所坿論河湖文也。余故復取舊稿三篇，坿於巽之文後，以備一説。道光己亥三月。

讀禹貢二首

禹以四條導山，皆自西而東，以大川爲界，雖非推尋脈絡，而脈絡分明，如見聖人睿知，所别非苟然也。

蔡氏以逾河爲疑，謂西山之脈自雲中來，其説本於朱子，余竊以爲不然。夫山水夾行，天事地勢相因而不易者也，惟河爲全乎人。全乎人，則水勢可輓，而山脈終不可亂。《禹貢》書法，荒遠宜略，及脈絡難明者，一以自某至某爲文。嶓冢循漢南經西紫、興房至荆門、荆山，與岷江北岸脈絡相亂，故惟以至荆山别爲嶓冢之脈，明其與漢水相親，而非岷江北岸也。西傾自鳥鼠經散關、太白、褒斜、終南出函谷，與嶓冢東來之脈相亂，故惟以至太華别爲西傾之脈，明其與河、渭相親，而非漢江北岸出武關者也。且岷江南岸，自松茂南至牂牁，東折入夜郎，經臨賀、桂陽，北度嶺爲衡山，遼闊數千里，雖在荒徼，略而不記，而聯綴本末，其辭不紊，何爲北條獨亂其例乎？夫禹鑿龍門，非獨李復言之，賈讓亦稱其墮斷天地之性。《淮南子》曰：「龍門未鑿，河出孟門之上。」然則西山之脈，自岍、岐、爲壺口、雷首，復何疑乎？若夫代北寰武嵐憲之脈，則另爲一支，以其遠於中國，故不記耳。又嶓冢一條，是漢水以南，岷江以北，蔡氏謂江漢以北者，亦小失也。姑爲是説，以質後之君子。

王横謂禹行水，本隨西山下東北去，此但據西山禹蹟云爾。形家者求南岸而不得，遂謂熊耳以下漸平如砥，千餘里脈亂難識，直至青齊始起岱嶽，此由不知河流爲全乎人，故狃於山水夾行而妄推其脈如是。我聖祖仁皇帝睿知所别，謂泰山之脈自塞外入中國，夾鴨緑江與長白作對，然後數千年相沿之誤，一語而别白之不可易。夫天地之故，非聖人其孰能明之。

讀溝洫志

禹奠大川，本以平地，使水有所歸，民有安處，因以通舟楫。至於經其小水，使坿大水，以達於海，乃治水之綱維。而溝洫蓄洩，預民田旱澇，及貢道所入，皆自然相因，所謂故也。若夫史起、鄭國、白公決漳鑿涇，則專用溉；鄭當時、徐伯引渭穿渠，則專用漕。及楊焉、王延世商計功利，則專事隄防而已。禹以一貫之而有餘者，諸人分效之而恒不及，亦足以明其智之有大小矣。然賴其溉，而關中沃野，底柱之東，可以無漕。當是時，有河患之處無漕，其餘郡可以溉者即可以漕，六國固無遠漕之事矣。終秦漢之世，敖倉陳爛，三輔無轉輸不給之慮。而苟非河患，百姓無以旱凶暴原野，有司得緣以補苴救荒爲浸漁者，水利修而仁智之道得也。是知漢人之治水，猶爲近古，雖分禹之功，而無變禹之道。惟隄防之設，起於戰國，彼固各私其土，非謀河之全計也。平當言按經義治水，有決河深川，而無隄防雍塞之文，吾獨怪夫漢以天下之全而出於戰國一方之計也。賈讓欲決黎陽遮害亭，徙民舍當水衝者，放河入海，昔人迂之，由是委巷之徒執爲棄地畀河之論，皆以讓爲口實。近時省齋陳氏始辨其爲專指東郡白馬而言，然後知讓固至論也。夫河性湍悍，壅而防之，一縷之隄不足以敵其奔迅潰決之勢，衝流之民排沮澤而居之，使上之人不早爲之所，將聽其一旦之湛溺而不顧乎？當時、關並、張戎、韓牧、王横開空之說，皆同此指，非獨讓一人言之也。夫河堧之側不可田廬，番系田之而敗，讓等欲徙其民，而當世無施行者，豈不惜哉？

江南省疆域略

江南省於天文兼得斗、牽牛、須女、房、心、奎、婁分野，於《禹貢》爲揚州，兼徐州、豫州之域，於春秋戰國爲吳、越、宋、楚之地，於秦漢郡國爲會稽、丹陽、鄣、九江、廬江、淮南、沛七郡，泗水、六安、廣陵三國，又兼潁川、琅邪、東海之境。南據大江，北沮淮河，東濱海，西接豫楚。漢分江以南屬會稽，揚州刺史統之；江以北爲淮南，兖州刺史統之。三國，淮南屬魏，上自安慶，下至廣陵，其後廣陵亦屬吳。而江南屬吳。晋亦置揚州，元帝渡江，揚州爲王畿，領江東浙江，而徐州僅得半焉。宋孝武分浙江東爲東揚州，於今爲浙江。而僑置南徐、南豫、江州等郡，齊、梁因之。隋一天下，廢郡爲州，置司隸刺史分部巡察，爲江州、濠州、歙州、宣州、蔣州、廬州、吳州、常州、潤州、楚州、揚州、徐州。唐置淮南道、江南道，既又分江南爲東西二道，末年海、泗二州爲楊行密所據。至五代，而淮南、江東西爲南唐。宋置淮南、江南路經略安撫使。元設江淮等處行中書省，以丞相中書令主之，又置淮南、江南肅政廉訪使。明爲京畿重地，不設三司，而受成於六部。宣德時，始專命巡撫。景泰時，始定以都御史專撫應天等府，而以淮、揚、廬、鳳四府，徐、滁、和三司屬總漕，兼管巡撫。弘光時，設鳳撫。

國朝順治二年，改南京爲江南省，設立經略招撫内院大學士。四年，改經略招撫爲總督，轄江南、江西、河南三省。六年，改總督，轄江南、江西二省。康熙二年，改轄江南一省。二十一年，復改轄江南、江西二省，設立安徽、江蘇巡撫，於是始變歷代江南北分統者爲上下江分統焉。

其界，東則海州、通州、太倉、松江濱海，西則潁州與河南新蔡界、亳州與河南鹿邑界、六安之英山與湖北麻城界，北則海州之贛榆與山東郯城界、徐州之沛縣與山東滕縣界，南則徽州府。徽州在萬山之中，左界浙江湖州府，右界江西樂平、浮梁。西南之安慶當上游，陸界湖北黃梅，水界江西湖口。東南之蘇州，南界浙江之嘉興，此其四至之所届也。

大江自江西湖口入安慶界，至蕪湖縣，東南流者，經太平府當塗縣牛渚、采石至高淳；按《水經註》以此爲中江，本由溧陽、宜興、震澤入海，自揚吳作五堰。明代以江水泛，淹没蘇、常田禾，國稅無出，因欽降版築作廣東壩，自是而中江不復通蘇州矣。東北流者，經博望山、三山、烈山，自和州入江浦六合界爲黃天蕩，至鎮江、金山、泰州、通州、海門入海，此《禹貢》所稱北江也。淮水自南陽府入潁州界，挾潁水、汝水經壽春、臨淮至泗州、盱眙入洪澤湖，會黃河於淮安。黃河自歸德府虞城、夏邑入徐州府碭山等縣界，經邳州、宿遷、桃源至清河會淮水，由淮安東出雲梯關入海。

其山脈皆發於岷山，岷山夾江兩岸而行，北短而南長。凡山脈之來，皆不自本省始，故必遠溯其來脈乃明。其北一枝爲華爲嵩爲熊耳，及湖北、河南諸山，自信陽、蘄黃入江南六安界爲灊岳；南一枝經灊山、桐城、舒城、廬江，迄於巢縣、無爲。北一枝自六安分水嶺循廬州、鳳陽、滁州、來安，此江北之山脈也。其岷山南一枝爲湖南衡山，去爲黔、粵五嶺，别一枝爲仙霞嶺，在江西廣信府分水之西發，去爲浙江之會稽、吳之天目、建康之鍾山。江浙之山自南來，故水皆北流。又一枝自仙霞嶺常玉山發，去爲徽州、太平、廣德、池州、甯國，自西南趨東北，此江南之山脈也。

江南恃長江之險以限南北，而長淮實長江之蔽，其所以守淮之重鎮有八：曰盱眙，曰淮安，曰揚州，曰鎮江，此淮南東路之險要；曰壽春，曰鳳陽，曰和州，曰采石，此淮南西路之險要，此皆所以蔽長江者也。若夫江防之要，曰安慶，曰濡須，曰采石，曰和州，曰江浦，曰滁州，曰六合，曰瓜儀，曰鎮江，此皆戰守所必争之地也。至於海防，則上海、海門、狼山、金山皆爲重地。明時，倭據太倉，官兵列於海口，賊潰圍出，轉掠蘇州，又嘗寇掠通州、泰州，自崇明薄蘇州。總而論之，自安慶而下爲江防要地，蘇、松、泰、通爲海防要地，一在西北，一在東南。徐、邳、淮、泗爲河淮所經，潁、亳、壽春當中原南來之衝，英、霍、灊、桐爲豫楚南來之衝，前人稱瓜儀爲北面門户，廣德、建平爲南面門户，此特指建康而言，非全省之大局也。

夷考古昔風俗所由，安慶及江南之徽、甯、池、太、廣德等處，地理遼曠，崇山大江，盜賊淵藪，昔人號爲難治，孫吴時，山越爲患由來已久。明時，以徽隸金衢道，安隸九江道。於時，礦賊流劫徽池，而浙兵不救；安徽江卒作亂，而守道罔聞；太平軍民呼噪入府，僅以和解。巡撫張嘉允奏稱安有地方四千里，而無一憲司鈐轄之，請於池州設兵備，而罷二道之遥制者。又嘉靖時，南京操江喻時，奏請於蕪湖添設參將，議者謂狼山、金山各有副總，沿海一帶有參將、把總，則藩籬有守矣，淮陽、嘉、湖各有兵備，復有兵備駐劄廣德，則門户有守矣：此足以禦外至之賊。安慶、儀真又有操江、巡江，則堂奥有守矣。此足以禦内發之盜，蕪湖不必添設參將云。今則此數郡民情馴服，其愿者多經商貿易，而士之誦詩書以仕於朝，文行卓然，爲時望者不勝述焉。惟潁、亳、壽春一帶，其地廣野四達，民俗剽悍剛武，不事農商，尚氣輕死，報仇殺人，頗有古燕趙之俗。廬州則民惰，而地不盡利，鄙樸儉陋，輕去其鄉。鳳陽地瘠，而民易告飢，故他郡之傭顧作使男婦，二郡之人爲多。淮、徐數被水患，民多流亡。揚州則高郵、寶應同於淮、徐，而郡治爲鹽莢所聚，其俗侈富，古今稱美。蘇州民俗淫奢略同於揚，惟賦稅繁重甲於天下，而人文亦爲之冠。信乎大邦之地，非徒財富，韋左司之論不虛也。此江南民俗之大略也。

吴丹陽郡治非在曲阿辨 辨《景定建康志》

前、後《漢志》，曲阿屬會稽郡，順帝分會稽爲吴郡，曲阿遂屬吴郡。晉、宋以來，分吴郡爲東海郡，治京，而曲阿爲武進；分吴郡爲毗陵，改晉陵郡，而曲阿爲縣。是自漢以來，無以曲阿屬丹陽郡者。今謂漢末及孫吴丹陽郡治曲阿者，一據《討逆傳》吴景事，一據《吴主紀》，一據《宋書·庾炳之傳》。今還以此三事辨之。《討逆傳》云：「還葬曲阿，已乃渡江居江都。時吴景爲丹陽，策乃載母徙曲阿，與吕範、孫河俱就景。」是先徙母而後就景，若景在曲阿，文不應云爾。《劉繇傳》詔以繇爲揚州刺史，繇憚術，不敢之州，吴景、孫賁迎置曲阿。蓋是時曲阿自屬吴郡，揚州刺史所統，故景、賁權迎治於此，《朱治傳》所指爲州下者也。《討逆傳》云：「繇乃渡江治曲阿。」時吴景尚在丹陽，若景在曲阿，文不應云爾。所云繇至皆迫逐之，據成事而言。《繇傳》云：「術圖不軌，繇遣樊能、張英屯橫江、當利拒術，以景、賁術所授用，乃迫逐使去。」政以刺史治宛陵當上游，與橫江、當利接，恐其相躡，故逐之。乃以刺史逐郡守，故景、賁不敢抗也。以理而論，未有景、賁方迎之，而繇至即逐，史以互見爲文，故《討逆傳》不嫌徑筆也。景、賁見逐，退舍歷楊，而《朱治傳》「策家門盡在州下，不言在郡也。治乃使人迎太妃及權兄弟」。若景、賁在曲阿，不應舍之而去，而俟朱治之迎之也。是時，治爲吴郡都尉。《吴主紀》云：「太元元年秋八月，大風，江海涌溢高陵，即堅墓在曲阿者。松柏斯拔，郡城南門飛落。」此二句恐不相連，説郡城自指吴郡而言，權當徙京城，今鎮江府。京城去曲阿六十里，故連述之。若謂丹陽郡城，則無明文可考。若《庾秉之傳》何尚之論丹陽曰：「曲阿今在水南。」水，秦淮水，漢晉以來，或稱淮，或稱水。水北爲秣陵，水南爲建業。晉以後，丹陽尹治建業。《宋·周宏正傳》：「元帝欲都江陵，王褒密諫還丹陽。明日，帝曰：『卿昨勸還建業。』」政以互稱相語也。似以曲阿字代丹陽郡治，然不可考，難以爲據，《南史》刪此語不載也。凡此三事，皆難爲定。又按，建安九年，權弟翊爲丹陽太守，遇害，孫何時屯京城，聞亂馳赴宛陵。是時權西征黄祖，聞亂，自椒丘還，過定丹陽，引軍歸吴，夜至京城，試攻城以驚孫韶。按曲阿在京城東六十餘里，若丹陽爲曲阿，權自西還，不應先過定丹陽，後至京，而韶不知也。又黄龍元年還都建業，三年詔復曲阿爲雲陽。赤烏八年，陳勳鑿破岡，自句容至雲陽通吴會，船始不由京口大江。而雲陽乃爲水路要津，亦不應徙孫休於此也。以大江形勢言之，廬江郡在鄱陽東，宛陵在廬江東，江甯在宛陵東，京口在江甯東，曲阿今丹陽縣治。在京口東，未有中閒數百里要地不爲郡治，而置郡治於東偏下邑也。甯國在太平之西南，江甯之南，連跨鄱陽、新都，建安十三年，討黟、歙置新都郡。會稽、吴郡四郡，地數千里，山越爲患，故郡治於此。及晉治宣城郡，而丹陽東偏，已分吴興等郡，孫浩分。則郡治在建業宜矣。

吴丹陽郡治建業辨

《景定志》辨丹陽郡治常在建業，《漢志》言郡治宛陵者暫耳。云元封二年，改鄣爲丹陽，其城在今江甯府東南八里，即漢丹陽太守、晉丹陽尹治。《舊志》亦辨其不然。但以爲移治建業，則斷始孫吴，據張紘、先主語。不知紘與先主所勸徙者都治，非丹陽郡治也。云：建安十三年，權領丹陽郡，自宛陵還治秣陵，改秣陵爲建業郡。又云：權改秣陵爲建業，建安十三年，移丹陽郡爲建業。皆莫知所出。按曹公表權領會稽太守，屯吴，以弟翊爲丹陽，未嘗自領丹陽郡。且自吴徙治秣陵，乃十六年，非十三年。十三年，分置新都郡，冬，遂與曹公戰赤壁，無暇徙治也。《後漢志》例，凡縣名，首書即爲郡治之所。《宋書志》元封二年，爲丹陽郡，今宣城之宛陵縣。晉武帝太康二年，分丹陽爲宣城郡，治宛陵，而丹陽移治建業。若孫氏先已移治，沈約不應舍先而述後也。惟《吕範傳》以範爲丹陽太守，封宛陵侯，治建業，此乃二十五年，權破關侯，移都武昌，建業都治無人，暫令範鎮之耳。至黄武七年秋，吕範卒。明年四月，改元。黄龍元年秋九月，自武昌遷都建業。是時，丹陽守人與治所無考。越五年，是爲嘉禾三年，乃以諸葛恪爲丹陽太守，討山越。觀恪本傳論丹陽，與《晉書》桓彝、温嶠論宣城同，今斷以吴丹陽郡守仍漢治宛陵，一以《國志》明之。《孫韶傳》：孫翊爲丹陽太守，遇害，時孫何屯京城，馳赴宛陵，此一證也。太元二年，休立爲琅邪王，居虎林，諸葛恪不欲諸王在瀕江兵馬之地，徙休於丹陽郡。若郡治在建業，非瀕江兵馬地乎？休徙丹陽太守，李衡數以事侵之，及立，衡懼罪自拘，詔遣衡還郡。若在建業，何云遣還郡乎？此二證也。《諸葛恪傳》所論丹陽形勢，則郡治實係山城，而非瀕江之建業也，此三證也。惟郡治實山城，故孫瑜領丹陽太守，自漂陽徙屯牛渚，不居本治也。吳前後丹陽太守吳景、奪周昕而據之。孫翊、孫瑜、呂範、此後應有一人。諸葛恪、李衡、沈瑩。《襄陽記》：衡爲恪司馬，恪被誅，求爲丹陽太守。按赤烏中，恪爲威北將軍，屯廬江，圖皖口；又屯柴桑，代陸遜鎮荆州。及徵爲輔政，不應仍領丹陽太守。且恪徙孫休，衡已爲丹陽，非恪誅後也。自記云：以上三文在江甯府志局館作。

雜說 四首

己卯之歲，方子適粵。粵古炎荒地，厥氣恒燠，蟲昭蘇不蟄，九秋隆冬，蚊噆膚嘬面無少息。方子有幽憂之疾，苦不寐，而蚊復擾之，不堪其虐。自乙夜至丙夜始，浹乎漏之一更，摑血三千，未之有失。或曰：「子之摑蚊有道乎？」曰：「然。方蚊之集乎吾面也，吾舉掌以摑之，掌及乎面之尺，而風已先至，蚊豫得風之信，則疾起而颺。其風自北來者，颺而南，其風自東至者，颺而西，掌與蚊不相及，故恒失蚊而以自摑。吾爲之中掌而緩其摑。中掌則風正，風壓而下，蚊颺而上，蚊之力不勝乎風之力，則其起之也遲。雖然，則何能無失？然而風禽之於先，而掌摑之於後，其失之也，希矣。」客曰：「嘻，有是哉。久矣，夫未有以正風之説啓於粵大吏之前也。」

鑄銅徑方，裁爲三角大小者五，方一，長楕一，爲數七。聚而爲人者十九，冠服九，器皿三十一，狗馬十七，禽鳥二十，凡宇内之物，爲形九十六，靡不曲肖。近巧者演之至二百餘形，名曰七巧之圖，不知其始於何時。近江南人多喜爲之，或曰其術自句股來，或曰開方，或曰弧三角，皆莫定其説。然須妙思慧解乃悟，不則窮日夜不能成一物。毗陵瞿某最工此，嘗語余曰：「此六者惟所置之皆可，獨方者最難，然六者無是，則失所倚，而不能以成形。」方子聞之，愀然而悲曰：「嗟呼，方正之難置也，而舍是又失所倚而無以成物也，獨此也哉。」

南方，水草所鍾，多蚊，而粤尤甚，冬夏不絶。民無貧富貴賤，必具帳幕，復扇驅之，至浄盡而後克安寢。苟或有一之未去，則竟夜苦擾以爲患。客有善謔者，爲言其鄰有愚婦人，惱其夫，駡之曰：「若不良余，余夕驅蚊，獨遺若首，使獨咂若。」聞者莫不失笑，俄而思之，愈笑不可已。方子曰：「嗟乎，古今來，君臣父子昆弟之閒，厚自私而計遺禍於君親骨肉，而不悟其旋集於己也，有異此愚婦人也哉？」

客有館乎廉州太守者，暇共語，汎及廉市物價。客曰：「米薪差平，惟魚鹽不賤。」廉濱海，産魚鹽，魚鹽固賤。太守曰：「曷爲其然邪？廉瀕海，産魚鹽，魚鹽固賤，曷爲不賤邪？」客曰：「廉産魚鹽，魚鹽且賤，則賈曷爲市載以來？余昔之來，扳而載乎魚鹽舟也。」太守與執辨，不決。其僕在側曰：「啨，非也。昔所載賈而市乎魚鹽之舟是也，纍纍然捆載於舟中者，非魚鹽也。廉産魚鹽，魚鹽且賤，賈人販而鬻乎旁郡，返則易而市乎布。」余曰：然人之情，於所未見，開而悟之，非難。及其心生信於目，則其執之愈堅，終身不解。是故經傳而聖人之心亡，史傳而事迹之實亡，獄詞具而兩造之曲直亡，文章傳而古人甘苦得力之妙亡。逆古人不言之志，道乎康莊，而又必周乎曲徑，深林翳伏、草樹蒙密、人迹罕至之處，少有不到則不盡。舟行江上，望見廬山，而以夸於窮髮以北之人，言之者本非意而造諸虚也，然而其於知也遠矣。毛生甫曰：「似柳子厚學周秦諸子文。」

原學

人有臨乎九達之逵，憑高視遠，其於前路略望見塗轍，遥辨其夷險，而止焉弗進，問將何適，茫茫乎未有所決也。校其馬之良，御之巧，可以致遠，而弛焉不夙駕，坐馳默逝，其足迹恒不溢其背。吾之於學焉，有若是。古之爲學者不然，發軔乎堂階，弭節乎周行，修遠勿迫，取道萬里，恬乎必達，其神勇也。神勇者，舉堪輿盡納諸踵。

名字説

吾名樹，字植之，先子所命也。初亦瞢於取義，知命之年，感物發悟，喟然有戚於吾心，因自誨之曰：今人植百果艸木者，加澆灌，勤護理，條櫱莖葉，未有不日滋榮而遂其生者，以我殖物，物貢然不我欺。然則移此理以善道自殖，加澆灌，勤護理，克盡其性，天顧不篤其生乎哉！《詩》曰：「自求多福。」夫福莫大於有生，求莫勤於自殖。嗚呼小子，爾乃不繹思彝教，日任其槁折以萎絶也，吾見其於生也，靡幸矣。

化民正俗對

客諗安處生曰：「今俗有嗜鴉片煙者，

興起不二三十年，而蔓延天下皆徧，是其爲民生之害，吾子固默識於胸久矣。聖君賢相深廑於懷，名卿良有司多方厲禁，不能除之，且日有甚焉。近聞之道路，中朝有建議將盡取若輩而誅之，是固其罪所應得矣，然得毋猶有未盡之義乎？於子之意云何？」

安處生喟然而對曰：何爲其然也！夫治國者，刑有所必逮，法有所必窮，事有所必礙，道有所必通。夫制刑之本，將以禁慝邪、懲犯義也。今人有觸罪者，舍之而不刑，則法廢，將必全伸吾法焉，則不可勝誅，於是乎事礙。礙而思其通，非求之於道焉不可，道不虚行，仍存乎事與法而已。

且夫事有不容於堯舜之世者，後王之世容之者或有矣。事有不容於後王之世者，有則必斷而誅之，而後天下可治。非後王之治詳於堯舜也，爲後民所觸之罪，非生於治古，方起於後今，至無理，非人情，習染至易而交徧，其犯若甚輕，而其究將使一世同歸於大敝。是故盜賊、虓亂、大姦不絶於世，而以名都劇郡方州下邑之民數通計之，則爲之者之數恒不敵不爲者千億之一，此非獨秉彝好德然也，亦猶其名足恥，而其法甚嚴，有所憚而不敢犯也。惟夫淫酗博塞嗜欲之邪，閭里相習，又率皆倡之於衣冠士大夫長老之人。彼自孩童至於皓首，濡耳染目，靡然耽溺於其事，以同己者多而自證，以習非者衆而相安，因恬而不知怪，固以爲是不足恥也。且其法又非若盜賊之重也。僅而有犯焉，亦百人之一而已，百日之一而已，雖犯，而其罪又可巧而避，詭而脱，於是乎胥天下趨之而不返，申明約法，家喻户説而莫之從。卒其廢時失事，喪身亡家，傷風蠹俗，使民怠於作苦，士荒於學修，官曠厥職，工賈耗其貲，奴僕懈於使令，舉凡所爲生人之經，勤生不匱，明作有功之常道皆廢，故曰至無理、非人情，直較之盜賊虣亂之禍百倍而猶過之。

夫以百倍於盜賊虣亂之罪，雖斷而誅之，豈得謂非宜？然而有不能者，爲其多衣冠士大夫之人，而又閭里交徧而不可勝誅故也。然則將遂任而縱之乎？非也。夫爲法以禁姦者，必塞其源，其源不塞而徒止其流，雖多方以遏之，亦多塗以決之，流至而溢潰焉而已，其曷益乎？今官司所爲一切法禁，於鴉片之條，不爲不嚴矣，如蔑船之有逐也，津關之有譏也，屯販之有執也，議者又欲增重其榷税以折困之，然皆以施於販賣者耳，而未詳及於食之者也，是以法雖密而無分寸之效。嘉慶初，雖設有枷杖明條，而卒未聞有一人一犯被刑焉者。夫鴉片之害，食者其源，販者其流也，蓋倒施之勢也。今誠嚴治食者，則販者不戢而自息矣。而治之又非空文所能禁也。且夫治盜賊之害者自下，治嗜欲淫僻之害者必自上貴者始，貴者不治，則其源終不塞。而貴者勢又不能遽加以刑誅也，而其勢又足以骪法也，是以先王之教，治貴恒嚴於治賤。管子曰：「凡令之行也，必待近者之勝也而令乃行。故禁不勝於親貴，罰不行於便辟，法禁不誅於嚴重，而求令之必行，不可得也。」夫鴉片之害，胥貴賤而皆然矣。然欲治之，則必自貴者始。何則？貴仕之人鄰於知賢，不當與愚民無知者同犯也，故備責之也。

吾有道於此，不遽刑誅也，而使之憚而懲焉，甚於刑誅。久之，刻著明深，不能拔以逃，則悔而從之矣。然則道之存乎事與法者，可得而陳矣。故欲令鴉片之害永絶，則莫若嚴治食者，欲嚴治食者，則莫若先治士大夫在上之人，欲治士大夫在上之人，則莫若媿厲之一法。今誠下一令曰：凡食鴉片者，官褫職，永不敘復；幕賓立辭去，仍申令大小官中不得復相延聘；士子食者，終其身不許應文武試；兵役奴僕食者，立絀退，仍申令永不得復應顧役；凡民食者，抵罪，仍罰出贖鍰，而猶慮無以苦其身以動其心也，從容隱混無以異於良民也，則爲之象刑墨黥，殊其衣冠，以辱别之。乃箸令曰：凡食煙者，一切嘉會吉禮賓祭之地不得與，其親故悉絶其屬，不許相往還，比於倡優盜賊，不齒士類。如此，亦足以摧其冥頑積重之勢矣。蓋俗流失，世敗壞，非大爲之防，斯犯之者莫止，然要當許以自新自犯之日。過十二年無犯，準親鄰結保，復爲平人，除其衣冠之刑及令。十二歲在天星爲一周，亦足以爲更始之期矣。且罪者世不相及，如祖父兄有犯，不以累其昆弟子孫焉。如此既不多殘人命，亦不毁其室家，而風俗可以移，澆浮可以止，孰與夫盡殺而猶未必能止者乎？老子曰：「民不畏死，奈何以死畏之。」觀於盜賊而知之矣。盜賊之刑，自古未嘗廢，而盜賊之人，古今相續如流水而未嘗絶。故夫專用殺者，未可以善治也。古之善論治者曰：「太上變化之，其次媿厲之，其次整齊之。」今行媿厲之法，爲整齊之用，而卒歸於太上之變化，堯舜之治不過如此，豈非所謂「有恥且格」者乎？

且專殺又有所不行也。今告食煙者曰：「爾有犯，吾且殺爾。」彼固不能遽信而從之也，其心以爲是何能遽殺我也，且又何能盡殺吾曹也。惟曰：「爾有犯，吾不待時而行法，法行而遂無以自容於鄉里。」久必悔而從之矣。又告有司曰：「汝見有食煙者，盡執拘以殺。」有司厭於申詳審覆之多事也，固不願爲之矣。且殺一人而多漏網，心既有所不安，偏誅而血流漂井，以蹈於狹隘酷烈之所爲，心愈有所不安，則相與隱避矣。惟告之曰：「爾見有食煙者，即明以象刑施之，刑既施，而縱使歸其閭里，而官之事畢矣。」則有司何顧而不行法與？

客曰：「子之言良有然矣。然此令行，必將條定法例，吏急而一之，誣扳告訐，姦邪並生，黠有力者隱屏而脱罪，愿民陷而麗於法，又貴人勢要所影庇，欲投鼠而忌器，則不得發，禁姦不得其術，所傷必大，慮不足止害，而轉滋擾亂也。」曰：吾爲欲盡殺者求其輕故耳。若夫古今立法以明民者，孰有安坐無爲而不煩吏事者乎？且聖明在御，大臣體國，百職司守度奉法，凡天地之内，含生戴髮之倫，莫敢相踰越，固將意諭色授而六服震動，言傳渙號而萬里奔走，何有貴勢敢梗大法而致投鼠之嫌乎？故誠能大決藩籬，破顏面，無徇縱，執此之令堅如金石，行此之法信如寒暑，而又撤去見知故縱、監臨部主告訐一切之法不用，惟在賢大夫良有司悉其聰明，致其忠愛，憂深思遠，慮害持難，爲生民立命，以上紓聖主宏濟蒼生之至願，則此令雖繁，校盡拘而殺之，不亦輕平而猶易行乎？最可異者，有謂宜弛其禁，益令内地種熬，以分夷人之利，以饜食之者之欲。無論古今無此治體，且又安能止其害乎？是抱薪救火，紾兄之臂而謂之姑徐徐云者之喻也，亦見其愚而罔甚矣。

昔人論刑者曰：劓、刖、椓、黥，蚩尤之刑也，而唐虞遵之；收孥、赤族，亡秦之法也，而漢魏以來遵之。及至隋唐，始制五刑，曰笞、杖、徒、流、死，此即有虞鞭、扑、流、宅也。聖人復起，不可更易。吾以爲今律遵用隋唐，無異唐虞，既有然矣，獨象刑未復耳。象刑者，本謂象天道而作刑，而《尚書大傳》曰：「唐虞象刑，上刑赭衣，中刑雜屨，下刑墨幪，以居州里，而民恥之，而反於禮。」《管子》曰：「告堯之世，其獄，一踦腓，一踦屨而當弛。」漢文帝詔：「有虞氏之時，畫衣冠、異章服以爲戮，而民弗犯。」荀子雖謂治古不止象刑，而固以墨黥、菲屨、赭衣與肉刑並言之。今誠采《尚書大傳》，制爲象刑專條，以處夫情重罪輕之獄，以媿厲爲整齊變化之用，以紹復有虞之治，所謂教成而愛深。善乎董生有言曰：「習俗薄惡，民人抵罪，雖欲治之，無可奈何。法出而姦生，令下而詐起，乃以湯止沸，沸愈甚而無益。譬之琴瑟不調，甚者，必解而更張之，乃可鼓也。爲政而不行，甚者，必變而更化之，乃可理也。苟欲善治而不能勝殘去殺者，失之當更化而不能更化也，更化則可善治，而裁害日去，福禄日來矣。」今誠行伏生、董生之言，先行誼而黜媿辱，使人自愛而重犯法，以風化天下，如此而不格者，未之有也。今士之應考校者，爲之親鄰結保，以明夫無刑犯之愆，非下賤之族，則以食鴉片之條入於此科，不足以辱之乎！若夫弟治其末，止其流，則爲法已具矣，亦不可偏廢也。

勸戒食鴉片文

凡人生而有知，即莫不知貴其生。尺寸之膚有傷，則嚬而泣矣。危塗幽夜，怖而相戒，雖誘，且怵之不敢赴，誠懼死也。及長，而凡事物之稍不利吾身者，切避之。不得則憂，或祠而禱焉。自少至老，無賢愚貴賤，日夜之所營，心思智慮之所畢瘁，日趨利避害焉而已，趨吉避凶焉而已。或遘危疾則憂，有告之以將死則戚，人之情莫不然。而食鴉片者獨異於是，知其死而趨之，安其危而甘之。如飛蛾之赴火，知死而趨之，則之死而人不憐。安危而甘之，則當天下下流衆惡交指之的，而無人之氣，無人氣之死，而人不憐，是蟲豸犬豕之類也，非人類也。何言之？蟲豸無知，不知以惡死爲不祥而慮防之；犬豕不知有是非榮辱之名，任人之呵叱賤惡而曾無羞惡之萌。是故人而若此，則即斥之爲蟲豸犬豕也。彼雖欲不受，而固無解其名與實之稱情也。抑尤有甚焉者。蟲豸犬豕不爲世道風俗之害，不以塵君相在上之憂。今食鴉片者，則不但已也。嘗試詳論之。

夫食鴉片之人，其始不過起於一二浮薄不檢之徒，相慫以爲娛樂耳。初食不覺，久之，食必應時，謂之上引，引至，則手足痿弱，口眼喎斜，涕洟不收，與中風邪痰厥相類。當此之際，一切人理盡廢，雖侮之、辱之、詈之、抶之，不能起而抗也，此其初害於生也。一也。又久之，則中漸枯，氣漸澌，藏府積蟲數百千條，以齧之於内，面焦齒黑，肌瘦，色如煙煤，肩高於頤，項縮，脰伸，其形狀可憎如鬼，人亦即以鬼呼之，如是厭厭以逮於死也，自促其算者也。二也。又食鴉片之人，必須肥醲甘果之類以養之，引之重者，每日一二錢至五六錢不等，計煙一錢，亦需銀一錢，財力有限，雖富者不能填此漏巵，況貧者乎？然而食煙之人，甯任饔飧之闕，而此費不能少，故致父母之養不顧，妻嘑兒號不恤，親族嗟吁，鬼神側目，雖暫未死而生理早絕。三也。且食煙之人，多在宵夜，呼朋嘯侶，焚膏爇燭，達旦不寐。逮日之朝，人方興而彼方卧，恒至午漏不起。官曠厥職，士荒其學，工廢其業，商賈耗其貲，兵役墮其職事，奴僕懈於使令，廢時失事，傷財亡身破家，干法犯禁，傷風蠹俗，以貽世之大患。四也。此四大害，人非不見也，非不知也，然而相趨相騖以甘死於是也，如水之流東，沛然日下，而莫之止。始猶避人，有所諱而不承也，今則公然正以供客矣；始猶不過僕隸下賤之人，今則偏於衣冠矣；始猶不過齊民之下流男子也，今則僧、道、婦女皆吸食之矣；始猶不過閩、粵南紀近海洋之地，今則東、西、北三方邊塞口外通行矣。種種之害日深日鉅，日甚日衆，其勢駸駸乎將盡化天下爲蟲豸犬豕也，天下盡化爲蟲豸犬豕，則三綱淪，九法斁，五事廢，人理絶，萬害興，自生民以來，其禍之柔且烈，未有若此者也。

聖君賢相焦思於上，賢大夫良有司厲禁於下，而莫之能止。念及此，雖盡法致辟於此，人其誰曰不宜？ 而其害又不止此也。彼外夷之以此愚毒中國也，非獨歲糜中國金錢數十百萬而已也，其勢將使中國人類日就澌滅也，此天地之大變也，自生民以來，其禍之柔且烈，未有若此者也。我中土之人，以聰明粹淑靈智之性，甘受外夷之愚弄毒蠚，以死殉之而弗醒弗悟，較之蟲豸犬豕之本無明性者更不若也。且聞水陸隘口，市販者千百成羣，刀械備具，皆亡命兇徒，趨利走險所爲，而不肖兵役又因以爲利，借查拏之名，擾害行李。夫物之情，此有所求，而後彼有所興，使我不食之，彼惡所售之。念及此，雖盡法致辟於食之之人，猶不足蔽其辜罪也。

近中朝有建議將盡拘若輩而殺之，此固其理所必然、勢所必至也，何則？ 凡害之在於一事一人一方者猶小，其偏延於天下則禍烈矣。夫禍之大至徧延天下，則於聖主之治，豈能舍之而不問與？且夫民有忤於天，爽於物，違於道，逆於法，戾於義，其情至無以自別於蟲豸犬豕，則天人交賤之。天人既賤之，則天人亦交棄之。故積禍至重，則一任其禽獼艸薙，而莫之憫慟，斯劫運所由成也。故食鴉片之人不禁，則將盡死於煙；禁之，則將死於法。與其死於煙而劫運成、人類滅，毋甯死於法而猶可及止也，《書》所謂「辟以止辟」也。

雖然，天人有悔禍之心，聖人懔不教之虐。鄙人不在其位，不謀其政，非其事而言之，是爲罪矣。顧念同類，胞與不殊，私居深憂，愍其將抵大法也，故作一文，痛切陳諭，庶彼忠告，普願食煙之人，共繹思之。夫福生有基，禍生有胎，轉移之幾在於一己，罔念克念，聖狂攸分。試取吾言一一反而問於心，應殺乎？不應殺乎？應改乎？不應改乎？且士子者，已嘗讀書矣，知義矣，則請自議其行，是遵何道也？官與幕賓，已嘗臨民矣，讞獄辭矣，則請自判其罪，當準何律也？若夫工商以下，諸色目人，則亦視乎衣冠在上者之轉移之而已。

更名説

禮有易名之典，又曰「生無爵，死無謚」。自展禽以來，有私爲之者，大抵所親所知及門人悼其德之不顯，因相與爲隆名以張而慰之。余固無德美，弟欲及未死而更余名，以表實而明志焉，名曰「楊」，號曰「方柳」，字行仍舊。客曰：「何謂也？」曰：「余生而集蓼，蓼蟲不知辛，乃今七十而辛愈甚。」曰：「不知也乎哉？昔之人有言曰：『夫楊，天下易生之木也，一人植之，十人拔之，無生楊矣。』以比於毒方柳，何也？」曰：「陳思王賦曰『楊柳方方』，爲欲其生也，有禱祀之心焉。疊姓謔之，綴名讀之。」

續說

始吾爲是説既，甚醜之，曰：是惡得爲有道之士乎哉？且顔回不能回天，仲由亦云由命，乃欲造虚辭持空名以劫天命與？屈原曰：「固人命兮有當，孰離合之可爲。」莊周曰：「風與日相與守河，河未始知有攖也。」則未知莊子之言爲知道與？屈子之言爲知道與？聞之樹木之能勝霜雪者，不受命如天。雖然，持斧斤而夭絶之者，人爲之也；人爲之者，亦命也。而龔生獨見非於楚父，豈非枉邪？豈非枉邪？

改名後説

改名非禮也，改名而求其生，惑也。改名而不得生，且彌日促，於是道之真理之正者以出。何謂道之真理之正？曰：《大學》傳曰：「心有所則不得其正。」吾以「忿懥」、「憂患」日迫，志動情勝，所操不能持定，而失其順，順失則戚，戚斯餒，餒則道義之氣不足以自養而身亂，而生以促。史稱嚴延年爲河南守，有府丞義年老，頗悖，自筮得死卦，忽忽不樂。乃至長安，上書告延年，因飲藥自殺，解者謂悖，心思亂惑也。嗚呼，此所謂不安其性命之情者。衆人焚和，異丞之迹而鈞丞之敗也，豈遠哉？夫外物不可必，近名近刑，兩陷而月不勝火，則道盡。吾今復更吾名曰正，庶幾惟省董道而弗之其所與。

自題像贊

近俗以來，文儒學士多喜寫小像，偏乞人題詠，又喜爲别號以自署。予生平非之，義不肯效，以爲本非名流，徒成習氣。適金陵馬君彊爲予作此圖，固謝不獲，則亦因自爲號曰「歇菴」，又曰「冷齋」，系之以贊銘詩説，用自警策，以比於古人几杖座席之銘及書紳云爾。道光二十五年乙巳冬十月。

古之善士，微妙玄通。唯不可識，彊爲之容。轉轉權實，蕩蕩虛空。世智懵闇，教理真宗。誰與莫逆，聖佛參同。

歇菴銘

晝居歇菴，夜卧冷齋。十六智孽，十六事本《莊子》。一乘平懷。明鏡止水，無心去來。起念即妄，斷常又乖。見心不二，同師黄梅。夙契植樹，東山門開。

冷齋説

客曰：「子號歇菴，義已盡矣，無餘矣，無隱矣。又曰冷齋，何哉？」曰：非冷不能歇也。蓋嘗上觀千古，横覽一世，品類不齊，大都凡民多而賢聖之人不數遘。揆厥所由，不能耐冷故也。不能耐冷，則趨於熱，一念熱，遂歧爲萬念，方生倏滅，日夜相代於前，如樂出虛，如蒸成菌，如浮雲變滅，不可方物；如揚飄駛海，騾馬下坂，無能休息。而究其根本，萌芽不出一我，由有我因有人，人之盛爲衆生，我之盛爲壽者，佛釋氏所謂四相也。由是緣以色、聲、香、味、觸、法之六塵，造爲妄言綺語惡口兩舌、淫殺盜、貪嗔癡之三業，蓋以色、受、想、行、識之五蘊，動以八風，淪於六趣，焚炙熇熯，以銷鑠障蔽吾清净本來無物之妙心，皆有我爲之也。故舉一世之儔類，皆視同楚、越，即君臣、父子、昆弟、夫婦之倫，禮教、信義、廉恥之防，悉掉臂而不之顧，何者？彼熱則此冷，勢不並立也。范浚曰：「一心之危，衆欲攻之，其與存者，於戲幾希。」故道家言一念熱情，丹鑪毀裂甚矣。治心之要莫急於濯熱，濯熱必以冷，則沃心其要也。際利害切身之來而不懼，遇萬鍾千駟之加而不顧，處酒色財如楊秉而不惑，著忍辱鎧，提智慧劍，作羼提仙人，堅固不摇，甯静不動，遠離顛倒夢想恐怖罣礙，以死生爲一條，以可不可爲一貫，信定業之不可離合，而以不懼爲保始之徵，凡此皆由冷而後可幾也。世俗凡夫，聞古有仁聖賢人，亦知慕之曰：「是有道者也，是不可及也。」而惡知此仁聖賢人之初，乃天下之大冷人也。雖然，惟天下之大冷人，又能爲天下之大熱人。蓋自古仁聖賢人，其守己甚冷，其與人甚熱，故既曰淡曰無欲，又曰欲立人達人，己溺己飢也。夫曰淡曰無欲，冷也，曰欲立人達人，熱也；至於己溺己飢，則熱之極矣。此石隱者流與羅漢辟支之超然爲冷，終不如大聖人妄身利物之爲熱也。是知熱由於冷，此冷與熱皆道心主之，非夫凡民之所爲冷與熱也。客曰：「子之言皆然已，無如習熟老生之常談，不能振沈痼久痹之疾，何也？」曰：固也。夫大道不專苦行，而非苦無以助修行之力。冷者，苦力也，故吾之欲居是齋也，非徒欲顧其名而思其義，實欲彊其骨而弱其志，以目警吾心耳。僧家有曰「枯木倚寒巖，三冬無煖氣」，則即以此齋爲如來之雪山焉耳矣。抑又有進焉，爲學者之患莫甚於好名，名者，熱之根，其害遠過於慾利。世頗有不好財色、甘淡泊、無營於富貴而其心不得爲仁者，名心熾而不能冷也，此庚桑所以不釋於畏壘也。

吾無用於世，而竊慕古之立言者，蘄與爲不朽，故平生喜箸書，除已刻十餘種外，尚有《老子章義》、《陰符經測義》、《待定録》、《昭昧詹言》、《大意尊聞》、《思適居鈐語》，及古文集十二卷。晚歲研説性命，因兼尋祖意，緝成《金剛藏》十書，曰《初發心窾語》、《金剛經疏記鉤提》、《無著菩薩十八住》、《天親菩薩二十七疑》、《秦譯直解般若五位細因》、《唯識論舉要》、《大智度論》、《樂説》、《本法心證》、《聖佛參同》，共六十四卷。初亦自信正智誠言，後讀黄檗禪師《語録》，見其告裴休尚書云「若也形於筆墨，何有吾宗」，不覺汗下，默自念曰：吾豈將爲杓人乎？吾求冷而以熱爲杓，何異以生滅心行説實相法？如鹿逐陽焰，豈有解渴分？而況意識箸述從門入者乎？已出者不及止矣，其未出者當如古德，悉焚經疏文字，庶於冷與歇本志相應。此文傖傴昏濁，私獨大慙，友人光聿元謂其似《有學集》，誠然誠然。非光君不能道此語，非予不能自承認此失。留此一段公案，他日吾孫能辨別之，乃於文章有可語分。丙午七月望日自識。

雜箸下

病榻罪言

昔明孫高陽有言：「當大事須置身天

宇之外，俯視所營，乃能洞晰情勢，使敵在我目中。今身爲軍事所圍，惴惴焉懼敵人之入我室、發我屋，曾暇及籓籬之外乎？枝斫膚剥，曰護其根本，樹其能久乎？」竊謂高陽之言可謂著龜矣。夫人必出世而後能經世，不易之理也。故程子亦曰：「坐堂上而後能理堂下，若與並立於堂下，則是非淆矣。」夫所謂出世者，非謂其離羣逃人，如僧徒之出家也，亦謂其心不繫於一己之智名勇功，不怵於一時一事之利害難易，如舜禹之不有天下，伊尹之弗視千駟，所謂出世矣。歷觀古賢豪之克成大功者，必有獨見之智，沈深之幾，致果之毅，故魯子敬稱陸遜曰「意思深長」。夫曰「深長」，政淺短之對言，此四字亦常談虛文，而古今成敗盡決於是而不爽也。今暎夷之猖獗而若不可制，至矣。竊謂中外議者皆未有能見其致害之由及要領之全形者也。偶因病榻，聊爲客談之。

謹按：暎咭唎一國，縣三島於吝因、黄祁、荷蘭、佛郎西四國之閒，地産生銀、哆囉呢、羽毛緞、嗶吱、玻璃等物，在歐羅巴之西，爲荷蘭屬國。《明史》曰丁機宜，《職方外紀》曰諳厄地，《海國聞見録》曰英機宜。以輿圖覈之，即暎咭唎，葢對音翻譯，無一定之字也。其國富彊，與荷蘭搆兵，遂爲敵國。不知何時據占北亞末利加之地，稱加那大，暎咭唎稱歐羅巴之國爲本國。

雍正十二年始來粵地貿易，聯屬之地十數國，皆稱港脚，來船甚多。按：利瑪竇所進《萬國圖》，分天下爲五大州：一曰亞細亞，二曰歐羅巴，三曰利未亞，四曰亞末利加，五曰墨瓦蠟泥加。艾儒略、南懷仁之徒咸祖述之。中國居亞細亞之中，若東之朝鮮、日本、流球，西之小西洋、小吕宋、如德亞，南之暹羅，北之俄羅斯、紅孩兒、廓爾喀、痕都斯坦諸國，皆亞細亞也。歐羅巴爲大西洋，若今之佛郎西、荷蘭、意大里亞、瑛咭唎本國，皆歐羅巴也。利未亞在歐羅巴之西南。南極出地三十五度，北極出地亦三十五度，若今之大英吉利、咪唎嘡等國，皆利未亞也。乾隆五十八年遣使進貢，是時際國家重熙累洽之盛，高宗純皇帝躬至聖之德，臨御日久，天錫純嘏，萬壽八旬，自唐虞以來，書契所載未之見。薄海徠臣，占風受吏，皇心喜於遠夷之效順，受而畜之，隆以恩寵，稠疊優渥，此天地覆載之無私。而姦夷志滿意隘，不思答報，反潛滋其驕慢。乾隆五十七年英吉利遣使，請由天津進口入貢。署總督巡撫郭世勳奏：外夷各國進貢，俱由例準進口省分先將副表貢單呈明，督撫奏奉允準之日，由本省委員伴送使臣，齎帶貢物赴京。英吉利國歷來在廣東通商，今欲赴天津進口，該國王又無副表貢單，臣等未敢冒昧遽行，具奏。奉上諭：準其所請，以遂其航海向化之誠，即在天津進口。五十八年入貢，疊奉有敕諭：其方物有天文、地理、音樂、大表等凡二十九種，特賜國王如意等器物凡數十種，賞正副使、副使之子、代筆官、總兵官、聽事官、管船官等品物各有差。又於如意洲賞正副使、副使之子、總兵官品物各有差。八月十三日萬壽聖節，使臣行慶賀禮於含青齋，賞正副使、副使之子品物各有差。副使之子繪畫呈覽，賞大荷包二，及通事、總兵官等九員各有差。二十四日，又於清音閣賞正使御筆書畫册頁、玉杯等品物有差，副使、副使之子、通事、總兵等官九員品物有差。二十九日，於太和門頒給敕書，賜該國王品物數十餘種，又隨敕書賜國王品物數十餘種，正副使、副使之子，總兵官，副總兵官二員，通事、管兵等官四員，代筆、醫生等官九員，貢使從人九名，貢船留存管船官五名，留存貢船兵役水手共六百十五名品物各有差。使臣呈請於直隸、天津、浙江、甯波等處貿易，並賞給坿近珠山小海島一處及坿近廣東省城地方一處居住，奉旨以該貢使越例干瀆，斷不可行。頒給該國王敕諭一道，逐條指駁，令使臣由粵回國。郭世勳覆奏：英吉利貿易廣東，歷年既久，目睹西洋夷商居住澳門，未免心生歆羨。同一夷人，而英吉利國人投住澳門，必向西洋人出租賃屋，形勢儼成主客。是以籲請賞給坿近地方，以爲收存貨物之所，與西洋人澳門相埒。溯查西洋人自利瑪竇繼佛郎機住澳，已二百餘年，既住者不必驅之使去，暫寄者豈可使其常留云云。今内外議者皆以嘆夷之禍起於黃鴻臚之奏禁鴉片，鄧、林二制府之收繳躉船，吾以爲皆非也。

夫鄧、林二公特不達大計，無遠猷碩畫耳，而禍本所起，不在是也。韓退之有言：「引繩而絶之，其絶必有處。」觀者見其然，從而尤之，其亦不達於理矣。繳煙之舉，病夫嘗力論，以爲要約彊行之，必有後患也。

以予詳觀㗎夷之禍，不在近年之禁煙繳煙也，蓋由於不肖洋商之汙辱自蠱，各前督之姑息養癰，內地姦民之貪利賣國，其蓄謀長亂，久矣。及積重不返，而商與官皆受其敝而不可救，而方執禁煙繳煙之迹，論其致禍，失之遠矣。夫以外夷姦宄，而縱之游衍省會重地數十年，所以恣其供給者，又悉饜足其欲，寖久而不知，姦心得毋積乎？又況屢肆兇狡，抗拒大吏，公帶兵衆礮火侵犯內地，轟圮礮臺，乃惟貪其貨稅小利，姑息不敢懲治，此縱無漢姦，亦且足致禍敗，況人情趨利不回，積久盡移乎！此不可謂非前此在事諸公之過也。

道光十一年，歙縣葉鍾進號蓉塘客粵中，著有《寄味山房雜説》，記㗎夷滋患之事。其言曰：往時夷船到口，該大班等恭請紅牌來至省館，詰朝穿大服佩刀到洋行拜候。商人之稍有名望者，必辭以事不見，俟其再來，然後一答拜，迎送如禮，一切惟洋商之言是遵。邇年船益多，消茶葉益多，洋商即其厚潤，於是該班將到，洋商不俟其來，託言照應，過關即出遠迎，又復常至夷館問候，更不聞有大班至洋行者。十三年秋，夷船到，二班攝司大班事，益無忌憚，竟帶夷婦至十三行，居住出入必乘肩輿，翻不許洋商乘轎入館種種，故爲干犯。其肩輿係東裕行司事謝治安所送，訪知將治安拏究，瘐死於獄。洋商於奉諭飭查時，爲具稟該大班患病，需人乳爲引，故帶夷婦以來，以此延抗，而其時又不僅該大班攜帶夷婦已也。病夫更聞粵人言，凡洋商所以媚夷人，娼妓頑童無不購以奉之。洋商愈賤，夷人愈驕，皆商人導之使狂悖云。葉君云：各商互相傾軋，儻有説夷人短者，大班必知，遇事挑斥，故雖賢有品者，問以事，亦謬爲不知。而於天朝之用人行政，及大憲之一舉一動，夷人反無不知者。又按：㗎夷於嘉慶元年、十年入貢，皆由廣東，尚無事。十三年以保護西洋人爲名，帶兵七百名進入澳門，據占東望洋、娘媽閣、伽思蘭三處礮臺，總督吴熊光、孫玉庭不能禁。十四年，總督百齡面奉上諭，命將英吉利兵船何以擅入澳門，明白具奏。據稱嗌叮喇兵頭恐咈啷哂來阻隔生理，不及稟明國王，即帶兵來澳保護，後奉大皇帝諭旨，不準住澳，即行退回云云。向來各國夷船來廣貿易，皆各備資本，自行貨買。唯英吉利國設有公班衙，發船來廣貿易，名曰公司船，設立大班、二班、三班等在粤管理貿易事務。該國來粤夷商、水手，及所屬港脚等國來粤，均由大班管束，是以事有專責，歷久相安。道光十年，該大班忽稱本國公班牙期滿散局，嗣後無公司船來粤。將來本國差官來粤管事，亦係大臣云云。雖經督撫詰問，堅不言明，尋其姦意，蓋欲以大班與中國督撫抗衡，故託言貴官也。葉鍾進又説：十二年，李鴻賓以英夷動率水手數十人或百餘人，擅至省城，干犯禁令，飭洋商傳諭。十三年因攜帶夷婦，奉諭查問，遂架大礮於夷館兩旁，設兵守衛。居民無不憤慍，即他國夷人亦謂天朝懷柔過甚。嗣通事蔡剛往諭，剛有膽識，能言，厲聲辨詰，始有畏意，撤去兵礮而夷婦仍不肯遽回云云。十四年總督盧坤奏，瑛咭唎公司散班，前督臣李鴻賓飭商傳諭大班，寄信回國，仍酌派曉事人來粤總理貿易。六月内，有暎咭唎兵船載送夷目啤嘮啤一名，攜帶女眷幼孩共五口，寄居澳門，兵船查有番梢一百九十名，停泊外洋。飭洋商伍敦元查詢。詎該夷目不肯接見洋商，旋赴城外，呈遞總督書信，封面係平行款式，且寫大英國等字樣。隨飭廣州協韓肇慶傳諭違例等情。該夷目不遵傳諭，聲言伊係夷官監督，非大班可比，以後一切應與各衙門文移往來，不能照前，由洋商傳諭，伊亦不能具稟，衹用文書交官。且擅出告示，令各散不必以斷絶貿易爲慮。有心抗衡，不遵法度。洋商伍敦元因該夷執彊，請即停止該國買賣。盧坤不欲因啤嘮啤一人之過，概行封艙，使之向隅。因與撫臣祁墳商度，以爲英夷素性凶狡，所恃船堅礮利。内洋水淺，礁石林立，該夷施放礮火亦不能得力，該夷目身入中華，距本國數萬里，已有主客之勢，如其跳梁，我兵以逸待勞，其無能爲，顯而易見。又奏稱粤海關近年征收夷船商税，英吉利一國約計五六萬兩，國用爲重，不得不通盤籌畫。旋以該夷籲請開艙，蒙混具奏。後於八月初五日，暎咭唎兵船二隻乘風潮闖進海口，越過虎門鎮、遠砂角、横檔各礮臺，駛入内河蛇頭灣停泊。初九日，駛入内河離省六十里之黄埔河面停泊。啤嘮啤居住省外夷館，盧坤等派調水陸兵弁，防堵近省各隘，猶言英夷不敢妄思跳梁，已可概見，但防備不可不嚴耳。八月十六日，伍敦元轉據散商咖啤昭，稱啤嘮啤因初入内地，不知例禁云云。盧坤奏言，皇上撫馭外夷，不爲已甚。啤嘮啤雖妄誕，尚無不法實迹，且該國散商數千人，俱以啤嘮啤爲非，無一附和，未便玉石不分。十九日將啤嘮啤押逐出口，該兵船亦於是日開行，至二十二日始出虎門。葉鍾進云：有久住十三行之暎夷，知漢字，能漢語，每遇班中人來，多方播弄。如道光七八年，於夷館前立大馬頭，置圍牆柵欄，其地爲對河居民往來渡口，具稟上控。總督李鴻賓偏徇夷人，準其設立。迨奉廷寄，巡撫朱桂楨親莅折毀。該夷又將來船碇泊零丁洋面，不入口開艙，以八事入稟要挾，又糾各國夷人隨聲坿和。惟咪唎堅不從，回稱如我等有船至汝𠸄國貿易，必遵汝𠸄國法度。今來天朝，圖覓利耳，如無利，即恐請汝，亦不肯來，何煩喋喋多言。維時各船主争噪，大班嘞嘍囒庸懦無能，聽二三四班，許供給各國船食用。自七八月相持至次年正月，大班見事不了，潛赴便船逃去。適洋商以所定茶葉，一年不交，一年費用無出，至澳解説，始於是月十四五日入口開艙，此十三年事也。

今欲拯之，非深謀遠計、洞悉要領、需之歲月，改弦更張，不可爲力。何則？據今事勢，由衆人之見，不過戰與和之兩端，兩端之外，無他策也。不思粤之香港，浙之甯波，閩之厦門，三省要地，失不能復，而與之和，此辱豈可忍乎？况彼氣方驕，斷不受約，即使我寬大不校，忍辱暫爲羈縻之計，亦恐終爲所紿，不踰時而仍肆其虐，可屈指計日待也。古之和敵者，必我有以制其死命，從而活之，不欲盡殺，故能絶其亂萌。否則無不受反覆之禍者。前史所載，不可指述，不特唐張延賞、馬燧之於吐蕃，南宋秦檜、賈似道之於金人，明楊鶴、熊文燦之於李自成也。彼姦人失勢，乞撫以緩誅，尚不可信，况我方挫衄，彼方彊盛，肯俯而就和乎？蓋和夷，非徒和也，彼必挾兵重索厚幣而後去。夫以數十萬賞兵士，錢銀仍在内地；以數百萬和𠸄夷，錢銀遂歸外國。賞兵士，則内民悦，外夷懼，而可致功；和𠸄夷，則夷愈驕，姦不息，而坐自斃。昔人譬之以肉飼虎，肉盡終必食人。今財用既絀，兵威日蹙，徒乞和以示弱，而終莫保，是和之一議，斷無益於救敗，不待智者而決也。

然則將聽其侵陵而不顧乎？又無是理也。則必將曰：不和，則戰耳，勢未有可中立者也。然而將不習兵，兵不爲用，又無以制其礮火之利，縱勉彊一擲，亦百戰百敗，徒傷士卒、損國威耳，是無算而浪戰，亦非策也。

然則將奈何？病夫曰：是惟得賢督將，譎轉漢姦，多方誤之，誘之上岸，用伏用疑，秘計莫測，四面蹙之，以避其礮火一面之猛烈。嘆夷所恃礮火，利遠不利近。若登岸入城，可以步戰巷戰，計我民之數十倍於彼，果能有勇有謀，但制梃用箭，以短破長，足以殲之。惟當出示勸諭，百姓勿懼勿避勿遷，自相召聚團練義勇士，自相救護，安堵以待，其能殺賊者，有重賞。家自爲守，人自爲兵，各自嚴防，察辨漢姦，不恃官兵，亦永不隸官兵，此切務也。

又須練親軍以備救應，廣求奇士以任腹心。歷觀古之決大計成大功者，莫不先定其規模，而後從事。如秦之畢六國，只用「遠交近攻」四字，遂以蠶食諸侯。又如諸葛之策三分、王朴之平邊，皆先定大計於胸中。其他如淮陰之策楚、漢，荀文若、郭奉孝、荀公達、賈文和之策袁、曹，皆有定見在胸。史稱趙廣漢爲潁川太守，豪傑大姓相與爲婚姻，吏俗朋黨，廣漢患之。厲使其中可用者受記，出有案問，既得罪名，行法罰之。廣漢故漏洩其語，令相怨咨。又教吏爲缿筩，及得投書，削其主名，而託以爲豪傑大姓子弟所言。其後彊宗大族，家家結爲仇讎，姦黨散落，風俗大改。吏民相告訐，廣漢得以爲耳目，盜賊以故不敢發，發又輒得。壹切治理，威名流傳。曹公與馬超、韓遂戰於渭南，超、遂相結，公問計於賈詡。詡曰：「離之而已。」曹公以爲解，遂施離閒，超、遂更相猜疑，軍以大敗。嗚呼，此所謂起沈錮之病，回既散之心，非夫沈幾獨見，致果毅之力，惡能辨之？

詳觀嘆夷雖狡，非有黏没喝、金兀术之彊勇也，非有内地險扼巢穴之可憑也，非有羽翼支黨，流民飢坿，動可呼吸，萬衆相隨應也。三萬里入中國肆亂，其勢甚危，犯兵家大忌，而中國以全力揞拒，莫可如何，徒以礮火之利耳。而礮火之用，全賴漢姦爲之導引，然則今日制勝之策，惟有收服漢姦之一策耳。葉鍾進云：咪唎㗋夷罟英咭唎爲山狗性，人若畏讓，彼必追來，人若反身相向，彼即曳尾而去。又其人目不能遠視，故不能輓彊命中，脚又無力，上岸至陸地，則不能行。制梃專折其足，則皆斃矣。亦無他伎勇，所恃礮火，礮子有至三五十斤者。嘉慶十一二年間，有大班喇咈者，探知我屬國安南之東京時有内訌，乘隙可取，遂親往嗌喇甲，句結掌兵頭人，駕大船十號直趨安南海口。該頭人先令其副駕七船以入。安南聞有寇，豫飭商船漁艇先期盡匿，故入港數百里無阻，直至東京下碇，不見一人。是夜，忽有小船無數圍攏，上裝乾柴火藥，急發大礮轟擊，火益熾，七船之人盡爛。有善泅者，由水回報。兵頭不敢再入，乃順抵粤洋。喇咈又與漢姦説合，欲佔澳門。該兵頭竟趨澳門，占住礮臺。西洋澳夷謹守大礮臺，發稟告急。時總督自廣西來，發兵驅逐，夷兵雖去，船仍不去，此十三年秋冬閒事也。至十四年，喇咈乃令各商給與金錢，帶歸以恤死難。喇咈被本國革退，以四班嗌嘩喊爲大班，蓋當議欲奪澳門時，惟嗌嘩喊不肯署名故也。嗌嘩喊後，有大班吐呥唻者，欲佔我大嶼山爲居止，寄信回國，求奇異物，自粤趨天津口。天津鹽憲入告，奉準入都。該夷等在天津行燕禮，不肯拜跪，及入貢，又不肯行拜跪禮，奉敕諭將貢物領回由粤歸國，仍免其貨税一萬六百兩。旋經蔣攸銛奏稱，訪得南洋諸夷，惟嘆咭唎最彊，而並非富饒，惟藉貿易爲資生之計。其貨物除中國，亦無處消售，是其不能不仰給中國之貿易至明。乞仍準該國貨船在廣東貿易云云。由前安南之事可見，若無内姦，雖礮火，無獨勝之道。故欲滅英夷，惟有火攻，欲得行志，惟轉漢姦以披其心腹，計無以易此者也。由後蔣督之言，知嘆夷不能不仰給中國，然則何爲養腹心之疾，縱容姑息，太阿倒持，授以柄而長其凶矜也。又道光十二年，嘆咭唎夷船駛至山東洋面，並栞刻《通商事略説》二紙，大意以廣東貿易不公，希冀另圖在他省貿易。可見該夷蓄心造謀，狡焉思逞，非一日也。往年在粤，聞有漢姦言：官府何必煩心，但許我搶奪嘆夷貨物，盡給與我不問，我自能燒其船，殲其魁。惜乎在事諸公恐釀夷釁，不敢行。今日或可反用之，以收急效，而悔已遲也。

古之收人心者，亦仗文字至誠之力。如唐德宗興元詔書，悔過引咎，驕將悍卒無不感泣。今亦當凱切勸諭漢姦，食毛踐土二百年，祖宗丘墓皆在中國，何苦助三萬里外之夷鬼？況㖞夷所獲中國財帛，汝能搶回，皆爲汝有，不愈於助逆而終不得爲三萬里外之民乎？是亦一大策也。

㖞夷之彊，不在礮火，全在漢姦。礮火易制易避，漢姦偏在内地，根株蔓延，誅不勝誅。然漢姦有不得不坿㖞夷之勢，一固在利其資，一則内地無容身，知露迹必死，故以㖞夷爲淵藪，此勢不得不然也。今欲收漢姦，非廣費金錢不可。而此時財力既絀，亦不易給，且給之無窮，谿壑難盈，非力所能贍，即非計之得。當事諸公皆諉而不敢行，亦勢之必然。惟準其搶奪㖞夷之財，則我無費而彼得所欲，所謂令下於流水之原，亦理所必然也。但非凱切信喻，明示赦宥不誅，則彼雖搶掠㖞夷而無所歸，不能安宅安居，心仍不敢決。我既不容，㖞夷又不容，彼不特無取財之處，且無逃死之處，雖至愚不肯爲，況姦人乎？夫姦民之本心本計，自初至今日，不過貪財，思得金錢耳，豈真愛㖞夷哉？豈真於國家官府及富饒郡邑居民有仇恨乎？故徒以食毛踐土等言，彼縱心動而感泣，亦終不敢叛㖞夷，以露其身與迹也，勢也。故今大計，惟在肆赦漢姦，待以不死，使之反搶掠㖞夷，而於能殺夷目、燒夷船者，又有重賞高爵，則如反風之捲雲矣，亦勢所必然也。不然，是彼利漢姦，而我又嚴驅之以爲彼用，愈固結不解，禍愈深也。

漢姦與㖞夷一日不離，則内地一日不

安。惟赦漢奸使反爲我用，漢奸既回，尚何礮火之足慮乎？彼將並其礮而掠取之，如拾薪矣。尤當以軍法申嚴戰守文武、兵士退避之罪，方能倡勇敢而鼓士氣，使知有所畏而不敢犯。宋李綱言退避之策，可一不可再，退一步則失一步，退一尺則失一尺。往自南都歸德。退至維揚，則河北、大名。河東、山西。關陝失矣。自維揚退至江浙，則京東西汴京。失矣。萬一敵騎南牧，將復退避，不知何所適而可乎？今日之事，若以礮火退避，萬一兇夷直進内犯，亦誰不曰礮火之當避乎？古人有言，以姑息爲安，則終不得安，此前此粵中之失也；以避讓爲得計，則將至無可避，此今日江南之失也。但此事必須詳悉敷奏，明奉特旨允行，使遠近灼知皇上愛民不殺之仁，故有此敕令，俾天下之民義憤激發，感動揮涕，人思殺賊，而後乃能大動漢奸之心，有以堅其信而轉其局。管子曰：「政之所興，在順民心。」所謂下令於流水之原也。如此則暎夷之心腹披，膽落氣奪，而四支之僵仆，可立待矣。是爲以文克奸民，以武克暎夷，所謂折衝於尊俎，而制勝於千里也，是賢於千萬師，而猶不能保其必勝也。古之君子，功不必自己成，謀不必自己出，期於分國之憂，除民之患耳。要在去計私避害之心，不繫一己之智名勇功，將之以忠藎惻怛之仁心，計慮周密、意思深長如此而不濟者，未之有也。雖使留侯、武侯、賈誼復生，爲此時計，恐無以易此。

若不赦漢奸，但和暎夷，暎夷雖退，而漢奸無所歸，必聚爲亂，爲亂而懼誅，必仍借暎夷爲助以相抗，此禍在目前，亦一定相因之勢也。蓋漢奸益衆，暎夷勢不能養無數之人，給無窮之求。漢奸無所容身，而欲不饜，則爲亂必熾，其難收拾，更百倍於今日也。

且𠸄夷和，而據我險要，聽伊管轄，卧榻之前公屯豺虎，此豈能安乎？故此之赦令，必剴切忳誠，堅明約束，使天下耳目心志一新，如日月昭回，頓見精采。賞必二三萬金，官必以副將、總兵之貴，然後乃能鼓舞人心，轉移積重難掉之勢。若文誥虛繁，失辭鬆勁，使本意變計。闇而不章，鬱而不發，則人心不動。齷齪委瑣，吝惜金爵，不能破格行度外之事，則恩不感物，人無所貪。凡此三端，有一於此，則行之無效，如不行也。且非深謀沈幾，行之亦恐混濁，而姦人反得弄欺之也。南宋時，金人犯城，蔡懋禁不得，輒施一矢，有敢傷金人一人者，抵罪，將士積憤。及李綱令人殺敵者厚賞，無不奮躍，其後金人暫退。中丞許翰曰：「金人此去，當令一大創，乃可保久安，否則將來再舉，必有不救之患。」病夫目驗自𠸄夷造禍以來，前此在事諸公，未有一人切齒深怨，誓欲殺逆夷者，但一味愛惜曲護，惟恐傷之。堂上召兵，户内延敵，託名寬仁懷柔，實則畏其彊，不敢觸忤，苟且避事，畏而奉之，以免目前而不顧後禍之大也。有海防而不能守，有兵而弗能用，管子所謂「以其地與人」者也。今日事勢，非激發忠憤，處心積慮，密計深思，謀下毒手，務殄絶其類，使一人一舟不返，如安南之事，彼方有所畏懼。若小小懲挫便思收功，姑且息肩，竟或仍與議和，則後禍不了，所謂包火以衣，閉目掩雀，乃不可言矣。

姦民中，亦必有翹異奇偉之士爲彼所倚任，須訪明而誘詰之。如唐李愬之降丁士良、吴秀琳，近姚啓聖之降劉國軒，方有用方可歆以尊爵，若庸凡散人，雖得千萬無益也。不降，則譎閒使殺之。

不但此也，又當禁斷在粤各國貿易，除澳夷。使知暎夷犯順，亦足有害於彼之貿易，令其自相憤怨，與我同仇，所謂以敵攻敵，此亦古人之譜著，而今日之切務也。粤中分潤，海關陋規，自文武大小衙門以及軍役閒散人等盡徧。一議封關，必恫嚇阻抑萬端，斷而行之，非得張敞、趙廣漢之流不能。按諸國咪唎堅最彊，彼此搆釁時，常劫奪其貨物。暎夷每帶兵船護貨，皆以防備咪唎堅爲辭，見於文書官牘。

且夫暎夷之所以得漢姦之用也，亦費數十年之機謀，俾張誘惑，其費金錢亦不知凡幾，故能錮結其心志，使爲之死而不可解。則今日欲解散之，而反爲我用也，亦豈杯水鉤金豚蹏，旦夕所可得邪？故竊以爲非若趙廣漢之解潁川朋黨，姚少保啓聖之輓臺人之心，必不能成功。姚少保之平臺也，先密陳奏，言賊之所以豨突而無前者，蓋閩人爲之用也。閩人自成功以來，積爲所脅，故其餘孽之來，靡然從之，閩人絀而臺人張矣。今必有以壯閩人之勢，當先有以固閩人之心，而後賊可退。又必出奇計，使臺人反爲我用，而後賊可亡。是固非爭衡於一勝一負之閒者也。聖祖是之，降璽書褒勞，盡委以軍事，且謂廷臣曰：「閩督今得人，賊且平矣。」公乃大布方略，分道出兵以綴之，而輕兵抄其饟道。乃大開修來館於漳州，不愛官爵貲財翫好，凡言自鄭氏來者，皆延致之，供帳恣其所求，漳、泉之人爭相喧述。公掀髯笑曰：「昔人捐金施閒，雖信陵君之親而才，廉頗、李牧之武，亞父、龍且、鍾離昧、周殷之骨鯁，可坐而盡也，況豎子游魂乎？」又漢桓譚言於光武曰：「古人有言曰：『天下皆知取之爲取，而不知與之爲取也。』陛下誠能輕爵重賞，與士共之，則何招而不至？何說而不釋？何向而不開？何征而不克？ 如此，則亡者復存，失者復得矣。」又漢高帝聞陳豨將皆賈人子，曰：「吾知所以與之矣。」乃以多金購豨將，豨將皆降。 今日之漢姦，亦無賴亡命賈人耳，故誘之易爲計也。 又漢景帝謂袁盎曰：「吴王即山鑄錢，煮海爲鹽，誘天下豪傑，白頭舉事，計不萬全，豈發乎？」盎曰：「吴有銅鹽，利則有之，安得豪傑而誘之？ 吴所誘，皆無賴子弟，亡命姦人，故相率以反耳。」其後吴明告諸侯曰「寡人金錢在天下者，往往而有，非必取於吴，諸王日夜用之不能盡。 能斬捕大將者，賜金五千斤，封萬户，其下以次差受爵金」云云。 今亦當明示軍民人等，有能燒夷人大船者，賞若干、爵某官，能殺夷目者，賞若干、爵某官，殺散夷者，計首級賞若干、授某職。 雖宋夏竦、明楊嗣昌，皆嘗以縣賞格招敵人之侮，然今官出朝廷，賞待有功，則不致虚濫受欺，可無慮也。壬寅五月。

謀國之道，不恃敵之不攻，惟恃我之不敗。 今日之事，及逆夷暫退，急須認真增修武備，倡勇敢，鼓士氣，儲蓄聚，習弓矢，鎮静以安百姓，勿摇民心，祇遵廟算密行，不可洩宣秘計。 朝廷誠威誠斷，諸將誠勇誠謀，必可轉敗爲功。古人有言：明其爲賊，敵乃可服。 逆夷無道，至此已極，而或猶從寬議，謂彼不過希圖貿易，無大罪惡，是疑百姓兵士之心，使之不奮怒殺賊也。 夫仁不以勇，義不以力，况奉天戈以誅不譓，何嫌何疑而不致力哉！ 位卑言高，重干死罪。八月又記。

三年之喪二十五月而畢説

三年之喪，天下之通喪，古聖人緣情

制禮弟一義，百王之所同，古今之所壹。六經孔孟弟言三年，未有二十五月之說。二十五月者，晚周及秦漢諸儒記禮之失也。若《公羊》、荀卿、《戴記·檀弓》篇、《白虎通》、《孝經緯》、鄭玄、王肅等説，愚皆疑而未安。蓋黄帝以前無喪期，皆心喪，無數。唐虞之日，心喪三年，亦未有服制。賈疏鄭《目録》七章之義，謂太古冠布衣布，吉凶同服，三王改制，始用唐虞白布衣白布冠爲喪服。周公制禮設經，制服於上，列人於下，從斬至緦，上下十有一章。是則喪期自唐虞，喪服自三王，衰斬十一等則自周公。而虞廷所修，伯夷所典，書闕有閒，其詳不可得而聞，故今壹自周公設經制禮以後言之。昔人論喪服之言曰：「死者已喪，主人制服。服之者，服以表貌，貌以表心。」故謂之致喪三年。致之言至也，言哀情至極，戚容稱其服也。三年者何？中制也。人子於親喪，有終身之痛。聖人爲之立中制節，使人知送死有已，復生有節，此天理人情之極，所謂因乎人心也。體天地，法四時，則陰陽，順人情，故曰喪有四制，變而從宜，禮之所由生也。聖人人倫之至，喪服禮制之精，禮經萬世之典，名之三年，則不得實止二十五月，如實止二十五月，則必不名以三年。名存實失，隱以欺其心，顯以欺其親，苟且塗飾人之耳目，何云致喪也？且前二年大、小祥皆以十二月紀實，何獨於後一年而以一月虛當之？揆於義理人心，進退皆無所據。後漢陳忠言：「聖人緣人情而著其節，故制以二十五月。」此言非也。因殺制節，立中制節，説三年者，已如是云矣，對終身而言之也，今曷爲於三年之中復又節之乎？觀聖人制服，輕重上下皆極其恩情，獨於親喪進進主減，何其用心之巧曲而薄也。

然則《公羊》、《檀弓》、《荀子》等何以有二十五月之説也？曰：「此由不解古記『中月而禫』一語，而傅會妄説之也。」案《春秋》閔公二年「夏五月，吉禘于莊公」，《公羊》曰：「譏，未三年也。」下復曰：「三年矣，曷爲謂之未三年？三年之喪，實以二十五月。」原《公羊》之意，謂莊公以前年八月薨，及今夏五月，纔二十二月，雖閱三年，而覈計實月，尚未及大祥二十四月之數，故曰「譏，不三年也」。《公羊》雖未明言此二十五月爲未及三年之始月，亦未明言此二十五月爲未終三年之足月，而二十五月之數則明明有其文矣。自是《檀弓》、荀卿及秦漢以來記禮諸儒，皆援爲定論，謂三年之喪實止二十五月而畢，衆口一舌，莫有敢異，遺誤千載，實莫知其所由來。及高堂生傳《士禮》十七篇，而《喪禮》又缺不全，無二十五月語，但遞相祖述，謂出古經，爲周公所制。然覈其數，實不合，繹其義，皆不即人心，而古今大儒莫敢破之，重周公也，尊經也。

竊嘗反覆紬思，憬然有悟，不揣檮昧，輒僭爲斷之曰：此決非周公之制也。雖諸儒舊傳，謂出古經，而實不可信也。蓋春秋之世，諸侯將踰法度，一切務從苟簡，以便其私，惡先王禮經害己而去其籍，自孔子時而不具，至秦大壞。漢興，魯高堂生傳《士禮》十七篇，迄孝宣世，后倉及其弟子戴德、戴聖、慶普等相與傳習講説，立於學宮。當時又有古經出於淹中及孔壁，多寡不合，殘闕失次，故喪禮至虞禮而止，卒哭、祔、練、祥、禫之禮僅傳篇目，經無文，其散見於傳記者，皆諸子諸儒之説也。則未知「三年之喪實二十五月」之文，久爲春秋諸侯所竄亂與？抑爲記禮諸儒所誤説與？要之，決非周公之制也。何以明之？若三年之喪實止二十五月，聖經定制，萬世不易，則後人必無敢爲異説者，而何以至東漢時，鄭玄又以爲實二十七月，魏王肅又以爲二十六月？晉武帝時，博士陳猗贊成王肅，駁鄭玄二十七月之失，許猛等扶鄭義，又駁王肅二十六月爲非。宋武帝時，改晉所用王肅祥禫二十六月儀，依鄭玄二十七月而後除。近人説者有謂司馬温公、朱子亦皆知康成之非，而姑從鄭，以爲徇孝子不忍之心，甯多一月爲愈。夫三年之喪，先王之制，本三十六月，今棄不遵，而從諸子之説，爲二十五月，又不能堅守，而從王、鄭，何其游移無定也？竊謂與其從後儒二十七月爲徇孝子之心，曷若遵先王三年本制三十六月，於人心不更愈乎？説者又有謂哀能致死，故先王制禮教人以無死。竊謂三年之服，已盡大、小祥二十四月，如諸儒説又增至二十七月，若遵先王本制，不過再遲九月耳，未爲死候也，竟必不可待乎？漢文以日易月，正以三十六日，不聞言二十五日，其證至明。應氏劭説之甚確，而顔師古反譏劭爲謬，所謂悖者以不悖爲悖也。

難者曰：「此二十五月非止《公羊》、荀卿之言，據《檀弓》篇，孔子譏魯人朝祥莫歌，以爲逾月則可，此非孔子亦主二十五月之確驗乎？」曰：《檀弓》篇多誕妄，所記事十失八九，惡可據信？且如《檀弓》記孔子既祥五日，彈琴而不成聲，十日而成笙歌，是不知尚有禫服未畢。使孔子祥後十日已忘哀至盡，彈琴成歌，弟虛行禫服二十日以徇世俗常禮，則聖人之賢於朝祥莫歌者，僅在十日五日之間，何以相譏爲也？且聖人之心，乃不自知其忘哀未盡，而迫於二十五月喪期，彈琴自試，習令忘之，是欲速忘也。哀欲速忘，喪欲速盡，有不及後世小賢愚孝者矣，何以爲孔子？夫先王之飭喪紀也，三年終喪，亦大略斡人情耳。今《檀弓》篇所記，乃校計於一月十日五日之閒，以誣大聖，不亦蔽乎！孔子語曾子曰：「人未有自致者也，必也親喪乎？」如《檀弓》所記，非自致之道也。

漢文以日易月，猶以君國施政爲閡，而已失先王亮陰之制。齊宣王欲短喪，乃惑於適庶屈厭之嫌。若後世士民無故而短三年之喪爲二十五月，則爲記禮諸儒所誤，故雖以晉武帝、魏孝文帝之爲君，漢薛宣弟修、魏徐幹之賢，皆格於卑俗之論，豈不甚可歎哉。宋仁宗升遐，遺詔官吏成服三日而除，三日之朝，府尹率羣官釋服，明道程子執不可，尹怒，先生曰：「公自除之，某則非至夜不敢也。」一府相視，無敢釋者。由程子之義，則聖人制法三年之喪，必不以二十五月而畢也。三國蔣濟論祭言曰：「有虞以上，豺獺之不若。」吾亦謂秦漢以下，烏鳥之不若，言雖過而不可破也。但後世事變多故，若必行亮陰之制，則恐冢宰不得其人，故三年之喪雖通喪，至於人君，必須別有權制，使無害於庶獄庶慎，亦無妨於孝德孝治可也。

或曰：「子之言固然矣。其如張東之所破王玄感四驗，何哉？」曰：東之僻儒齷士，惟據左驗，其言禮意實短淺蔽繆，不即人心。而況其所設四驗，又皆奢闊影響，無一足爲確證者乎？夫聖人制禮，必本於天理人情。三年之喪，天理人情之極至，而聖人範世弟一大法。今東之之論禮意也，習熟舊說，不過曰：「先王立其中制，使情文相稱耳。」不知子於親喪有終身之痛，先王制爲三年，此即中制矣，而何必又於三年之期更短一年，止以二十五月當之？欺心欺親，名實虧損，而乃爲情文克稱乎？束之又説：「練而慨然，祥而廓然，曰哀已除，而孤藐之情更劇。此情之所致，不假外飾。」意謂服已變除而哀猶劇，限於練祥之制也，然豈託於不假外飾而更速除之乎？何其傎也。

今觀其弟一驗，惟據《春秋》文公二年「冬，公子遂納幣」，何休、杜預影響之談，參差之説，虚妄不實，何足證先王制禮之大經乎？且是經也，《左氏》以爲禮，《公羊》以爲譏，已不能合矣。何休曰：「僖以十二月薨，未終二十五月，故譏。」竊謂經所以譏，譏三年之内圖婚，不指言二十五月也。假令出十二月，明年正月、二月納幣，亦不得謂爲已畢喪，在三年外也。且下文曰「三年之恩，疾矣，非虚加之也，以人心爲皆有之也」。若不主三年，祇争一月，是直以三年爲虚加矣，豈非自相矛盾乎？至何休解《公羊》，誣謬多端，以弟禰兄，貽誤千載，昔人論之已悉，其言何足爲據？杜預《左氏傳》注既曰「公薨在十二月」，後復以長術推之，謂「實十一月」，以彌縫《左氏》謂「禮」一語，不但自相牴牾，即使僖實以十一月薨，而十二月正當二十五月，禫服未畢，亦未可納幣，未可謂禮。且即終喪納幣，亦止尋常禮俗恒事，孔子何用特筆褒之，許以爲禮？是左氏説經且浮誣不可信，況杜預坿會之説乎？丘明、公羊在何休、杜預之先，一以爲禮，一以爲譏，且相違不合如此，休與預乃欲牽引聖經，破析十一月十二月，旁文孤證，以斷三年之喪實止二十五月，豈足信乎？休與預虚妄不實且若此，而束之乃欲據之以證三年之喪實止二十五月，益爲荒渺矣，此其第一驗不足據也。

其第二驗曰：「《書》稱成湯既殁，太甲

元年曰：『惟元祀十有二月，伊尹祠於先王，奉嗣王祗見厥祖。』孔安國曰：湯以元年十一月崩。此則明年祥，又明年大祥，故下言『惟三祀十有二月朔，伊尹以冕服奉嗣王歸於亳』，是十一月服除而冕。《顧命》成王崩凡十日，康王始見廟，明湯崩在十一月。比殯訖，以十二月見祖，此周因於殷，非元年前復有一年。此二十五月之二驗。」愚按，此驗尤爲繳昧[illegible]薩。《伊訓》元祀，自記即位之事，故曰見祖。太甲三祀，自記太甲復辟，故曰歸亳。兩事本不相蒙，更與湯崩不相蒙，安國混合言之，甚謬。又僞撰《書序》，增「成湯既歿，太甲元年」八字於《伊訓》「惟元祀」之上。柬之直謂《書》稱云云，其實《書》無此文也。考之古今，斷之義法，未有以故君之崩繫於新君元年之上，❶則十一月不得指爲太甲元年。安國曰「湯以元年十一月崩」已爲混謬，況可曰「非元年前復有一年」，語尤不通。《孔傳》及《序》皆僞書，柬之不知，而妄引之，安足爲據乎？況即如僞孔言，湯以太甲元年十一月崩，明年祥，又明年大祥，故下言三祀十有二月朔，伊尹以冕服奉嗣王，服除而冕，亦不合二十五月之數。無論三祀之冕爲記自桐宫復辟，非紀終喪，即連上元祀爲言，則三祀十一月纔畢大祥，十二月朔，正當二十五月弟一朝，而已除喪而冕，是服止二年二十四月，又直滅「中月而禫」一句，於三年二十五月畢喪之文亦不應，此與「吉禘莊公」、「公子遂納幣」同一謬誤。《伊訓》元祀見祖與三祀見祖，實皆不蒙湯崩爲言，而何可據以驗湯之喪期？況援康王《顧命》明湯崩在十一月，以斷十二月爲湯崩之年，踰月改元即

❶「上」，《儀衛軒文集》作「下」。

位，益謬矣。且趙氏《孟子》注曰：「湯崩，太丁未立，外丙立二年，仲任立四年。」又據《竹書紀年》，外丙元年至太甲元年，中更六君，七十五年。果如趙氏、《竹書》所説，則太甲元祀、三祀去湯之喪遠矣，益不可據以言喪服。雖程子有歲年之説，謂丙、壬皆幼，國賴長君，故擇立太甲，此亦不可信，何則？夫伊尹、周公皆聖人也，周公輔成王委裘而朝，尹何不可輔丙、壬乎？且觀尹於太甲始立而放之，既放而復之，似太甲於時亦尚在童孺之年，非長君也；若太甲年長，爲尹所擇立，則立而顛覆典刑，於尹爲不知人，何擇之有？其事不過如漢霍光之於昌邑王，何以爲聖人？惟太丁、丙、壬相繼不禄，國統三絶，故以次而立甲，非由擇長，亦非承重，故知《伊訓》元祀不蒙湯崩爲言。若太甲爲長君，前既當擇賢之立，一旦遭放，必不甘受，故宜有高貴鄉公之事，此師春《竹書》所以有太甲殺伊尹之説。《竹書紀年》，沈約僞撰；《師春》之書，同出汲冢。若《竹書》《師春》可據以證湯崩太甲立年，則殺尹之説亦何不可信？太甲惟遭放廢，今而復辟，不得不加冕服，此一定禮儀，非爲終喪。且《顧命》冕服，後來東坡蘇氏譏其非禮，以爲周公若在，必不如此，則謂冕服爲周因於殷亦妄，況《伊訓》見祖，原無冕服之文乎？但按經文「百官總己，以聽冢宰」，則實係居喪之禮。蔡傳謂「太甲之爲嗣王，嗣仲壬也」。太甲，太丁之子；仲壬，其叔父也。或曰：「孔氏以湯崩踰月太甲即位，則十二月者，湯崩之年建子之月也。豈改正朔而不改月數乎？」曰：此孔氏惑於《書》序之文也。若湯崩踰月太甲即位，奠殯而告，是以崩年改元矣。蘇氏曰：崩年改元，亂世之事也，不容在伊尹而有之。

至改正朔而不改月，仍以建寅之月起數，考之經史，周、秦皆然也。然則此太甲所喪者仲壬，仲壬之崩未知何月，而柬之乃據以定二十五月之驗，全屬臆造不根，此其第二驗不足據也。

至其第三驗，亦惟習熟常談，空論禮意，謂二十五月畢喪爲送死有已，復生有節云云。夫三年之制，對終身立義，前論已備。至於「菜果酒肉之食，再基三年」等語，尤爲記禮者之長文剩義，無關制禮大本。若必急於二十五月畢喪，爲飲酒食肉計，豈聖人制禮之義乎？此其第三驗不足據也。

惟第四驗據《儀禮》「期而小祥，又期而大祥，中月而禫」三語，文義名句相承，雖《儀禮》經文不見，而篇目相傳有禫禮，非僞撰，此爲可疑。不知此正以著三年之喪三十六月之實數也。先王制禮，送死有已，復生有節，故喪事即遠，練而慨然，祥而廓然。祥者，吉也。小祥、大祥漸即於遠，其名其義皆從即吉言之也。至第三年終喪釋服矣，無可更爲名者，故復制爲中月而禫。禫者，澹也，示不忍遽釋而徐以澹之，使漸忘也，此天理人情之至也。聖人因性緣情之制，至是始極也。中月者，半一年十二月而中之謂，於大祥後第三年之中第六月，於此月行禫祫祭服，禫又六月，終三年三十六月而除，此爲除服之地，使漸澹忘，故曰禫，禫之名與祥爲類。中月謂第三十月也，於第三年十二建月數次爲中也。《說文》：「半，物中分也。」如此則中字義訓既明，而又當於人心。若大祥後一月行禫即釋服，則恐哀有未忘，覺有遽而未忍者乎？

「何以不言中年而言中月也？」曰：言中年，則疑濫於《學記》間一年之訓，其義舛，其辭不成且混。惟言中月，辭警而文覈，乃見制法作經之嚴而立之也。「中既有閒義，何以不肯鄭、王也？」曰：如鄭、王作容一月、空一月，皆不辭，又皆於二十五月之數不合，故不可從也。深觀禮文，「中月」字對「期」「又期」紀數，「禫」字之義對「小祥」、「大祥」、除喪、即吉立名，三語平列，分記三年，事義節次名實，昭如日星寒暑。然後歎聖人制禮，其立義精深，制名親切，文字謹嚴章晝，真有非周公不能者。唐、虞、夏、商大概立三年之紀數，未有祥、禫之制名，此周文所以爲郁郁也。《公羊》、《荀子》、《檀弓》諸説皆不解「中」字之義，以爲即祥之下一月，故主二十五月。《白虎觀集議》作「通」，諸儒不解，但因循沿謬，雷同剿説。康成、王肅不解，又不奈諸儒記禮之文推詳不合，於是游移臆説，一謂除大祥二十四月數之，一謂連祥月數之，一主二十七月，一主二十六月。兩家門下小生入主出奴，互相非奪，訖無定論。由今思之，其所説義皆不安，所立之數與經文三年皆不合，其文字語句皆不可通，其於聖人制禮、立法、制名精義皆未能彰徹著明。如《孝經緯》曰：「喪不過三年，以期增倍，五五二十五月，義斷仁，示民有終。」按「以期增倍，五五二十五月」二語承接，晦昧不明，「義斷仁，示民有終」，此義本以説三年，則爲仁至義盡，今以此斷二十五月，則甚藞苴，但覺其巧曲而涸於恩。凡天地之閒萬事萬法，莫不由浸而積致，蓋造化密移，一氣不成頓進，一氣不成頓消，寒暑晝夜，節節變化，皆至明著。《陰符》曰：「天地之道浸，故陰陽勝。」「日月有數，大小有定，聖功生焉，神明出焉。」今三年之喪，前之二年皆實以十二月紀數，至第三年，遽以一月終之，與前大、小祥立期長短，驟促縣絶不均，迫急無序，不中事理，不即人心，不符天運。聖人制禮立法精微，智用必不疏闊⿱若⿰若若苴若此。

康成解中月爲閒一月，而閒一月實於二十五月之數不合，於是臆造爲除祥月數之説，謂内容一月，二十四月再期，其月餘日不數，爲二十五月。中月而禫，空一月，爲二十六月，出月禫祭，爲二十七月。其語其義皆晦昧不明，不可得通。王肅以禫在祥月，連祥月數之，閒一月。故主二十六月。此亦不合二十五月。夫禫既在二十四月，連祥數之，何爲閒一月至二十六月又禫？其事複，其義亦不可通。總之，聖人制禮，昭如日星，何用費後儒如許調停，仍不畫一？而柬之乃謂二十七月今既行之，二十五月初無疑論，以此彊杜人口，直是憒憒。夫使二十五月初無疑論，鄭、王何以更爲異説？世人何以又背二十五月不遵，而行二十七月無理無名之制乎？惜乎王玄感觀書未徧，求禮之心不切，議禮之智不精，持辨不堅，而爲柬之虚謬之詞所絀。當時衆人無識，又皆助柬之，謂其言不詭於聖人，遂使周公制服精義，禮經垂法明文，竟爲羣儒晦蝕。微言久絶，大義愈乖，郢書燕説，湮没千載，悠悠長夜，豈非古今一大憾事怪事與？

昔孔子以「子生三年，然後免於父母之懷」責宰予之不仁，亦大概言之耳。若援喪紀截算之，亦將限嬰兒必二十五月即去父母之懷，於事義可通乎？以愚斷之，三年之喪本實三十六月，有較然無疑者矣。閒嘗竊據《漢書》文帝遺詔，「服大紅十五日，小紅十四日，纖七日」之文，以爲此不但可證三年之喪實三十六月，並因可得禫服實七月之證。蓋自第三十中月行禫，連根數之，盡三十六月，恰得七月。文帝之詔以大紅、小紅當大、小祥也，以纖七日當禫七月也。《戴記》曰「禫而纖」，疏曰：「禫祭之時，玄冠朝服，禫祭既訖，而首著纖冠，身著素端黄裳。」又云：「黑經白緯曰纖。」戴德變除禮文，云「舊説纖冠者，采纓也」，以無正文，故以舊説而言。然則禫纖之制，戴德且無定説，要之，既禫而纖，則纖正禫之冠服，故文帝可以纖字代禫也。雖顔師古駁應劭以日易月之説爲無稽，然十五日、十四日、七日之數，即不取周禮，亦必舊典相因，故依而參差折算之如此，斷非率意憑空創撰出之。師古乃謂文帝此制自率己意創爲之，非有取於周禮，何謂以日易月乎？三年之喪二十七月，豈有三十六月之文？禫又無七月。應氏既失之於前，近代學者因循謬説，未之思也。竊謂師古號精《漢書》之學，乃於一代朝章國典之大，祖宗煌煌詔語，竟昧而不考，捨而不顧，不知因之以求古禮，乃反下依漢末鄭玄二十七月之制，謬以斷周公、尼父以來相因大法，可謂顛倒蔽昧，失是非之心者矣。《喪服》無三十六月之文，然又豈有二十七月之文乎？劉攽《漢書栞誤》據「以下」二字，謂文帝此制蓋斷自既葬重服已除之後，此言是也。然古人三年制服，本不截自葬後起算，祇連前始死之日通計以三年耳。觀經文總目列斬衰三年於後，又節節分著祥而縞禫而纖變除等制，可知三年斬服名義無除葬别計起算。原父解詔語甚的，然其譏説者不知計除葬日，則所見甚滯，殆沿師古舊意，内設成心，故迷真理。夫此十五、十四、七日合計，恰成三十六之數，必非無因，豈非以日易月通計，以滿三年之足月乎？翟方進自以身備漢相，遵用漢家制度，故亦服三十六日。然方進所遵者，以日易月也。而三十六之數，非始於漢家也。若唐玄宗直短以二十七日，唐閔帝以日易月，亦正以三十六日也。且師古、原父縱不信以日易月，亦豈不知四時之紀以十二月成歲，而三十六月恰符三年之足月乎？

夫三年之喪，聖經之明文也，以十二月紀年成歲，古今之通義，百姓之日用也。而漢儒喪服之制，因仍緯書，不名之三年，直名之五五，見於文字，著於碑石，蔽且謬矣。吾觀唐史《盧履冰傳》載田再思之言曰：「會禮家如聚訟，迂生鄙儒未習先王之旨，而閔人子之心，安足議夫禮哉？」又元行沖曰：「古緣情制禮，情理俱盡，因心之極也。」夫行沖特泛論一切上下輕重之服且如此，而況斯人第一重喪，反使文不稱情，何謂因心之極也？

又近儒顧氏亭林言：「服制一以周公爲正，後世有所增損，皆溺乎其文，昧乎其實，而不究古人制禮之意者也。」顧氏之言如此，而其說三年之喪亦止因仍舊文，無所辨正。至其稱今人過於古人三事：一曰《三年問》曰「至親以期斷」，今從鄭氏之說，三年必二十七月；一曰古人以祥爲喪之終，中月而禫則在除服之後，今自禫後乃謂之終喪。是其意方以從鄭氏得服二十七月爲幸，其説禫義尤魯莽，全昧周公制服設經文與實之正，張皇補苴，止於如此，其於古人制禮之意，殆亦未究也。

王充作《論衡》，自言宅舍多，土地不得小；户口衆，簿籍不得少。失實之詞多，虚誣之語衆，指實、訂宜、辨論之言，不得徑約。余非樂爲是譊譊也，其有聖人不易焉者也。莊子言：「三人行，二人惑，則所適不得至。」今也以天下惑，余雖有祈嚮，其庸可得邪？固知大聲不入里耳，高言何止衆心。然此所關至大，非若老龍吉之狂而非真，與夫須臾之説，不足爲堯、桀之是非者也。惟在文言文，究傷冗費，使世有如韓退之之改盧玉川、曾南豐之汰陳后山，則此猶可損千餘言。信乎筆力限於天分，文格囿於時代也。

此文既成後，始見近人錢塘王復禮《家禮辨言》中有「三年喪不宜折」一條，首引季璠爵里未詳。之言云云。然繹其説，多疏漏，未審確。即如公羊、荀卿，年代先後且未辨，反謂公羊爲荀卿所誤。至纖禫日數未定，「中月」二字亦無解。最其後調停起復一事，遺本語末，其細已甚，殆近吏胥官文書之所爲，似未足與議經常大典。又其所引毛西河諸人之説，率皆庸淺習熟，老生常談，緩泛無氣力，不足以奪久敝之人心。

昔唐太宗見徐幹《中論》有《復三年喪》文，甚喜。及宋曾南豐校《中論》，此文已不可見。觀南豐極稱幹生濁世，獨能考六藝，推仲尼、孟軻之旨，述而論之，則此文雖不存，未知其説云何，要必有可觀，故能動太宗之意。惜乎，世既不能興行，而傳書者又無識，不知鄭重寶貴，而漫聽其亡逸，使與王玄感並湮也。

邑子張遇春亦嘗爲文論三年喪，但其義未廣，其辭未備，寥寥短篇，闇鬱不彰。吾故爲引伸之如此，未知於徐偉長何如也？

吾説雖如此，然恐徐幹之所欲復，及晉、魏兩帝之所欲行，非指三十六月之三年。或時短喪有不及二十七月，而幹欲復之，如唐武后之請服三年喪，本應服期也。至晉、魏兩帝，或是欲改以日易月之制，而行二十七月之服耳。古今事遠，不可究知，要之，恐此説爲近之。若三十六月之三年，古專以喪服名家者未及，當以應劭、王玄感爲大輅椎輪，吾文特加詳耳。補記。

若論此事，程子亦有誤説處。或問喪止三年何義？程子曰：「歲一周則天道一變，人心亦隨一變，惟人子孝於親至此猶未忘，故必至於再變，猶未忘，又繼之以一時。」按所謂「一時」者，據三月爲言，約之合爲二十七月也。夫三年之喪，期而小祥，又期而大祥，中月而禫，經有明文，棄而不言，乃爲繼以一時之説。且此止是解鄭康成，非解「三年」正義，並非解《公羊》、荀卿二十五月之義。淺蔽如此，必非程子之言。此見程書第二十二卷，坿於張繹《師説》之後。朱子固以比於傳誦道説之類也。又補記。

古之聖王行諒陰之制，百官總己，以聽冢宰，三年不言。春秋以來，諸侯廢禮不行，孟子以勸滕文公，而父兄不敢終畢，弔者大悦。蓋孝德天性，不泯於人心故也。後世事變多故，誠恐冢宰不得其人，天無二日，國無二王，或不能三年不言，漢文帝創爲以日易月之制，服大紅十五日，小紅十四日，禫七日，以足三十六日之數，茲可爲天理人情之準，仁至義盡，萬世行之可也，雖羊祜、司馬光極口詆之，殆未詳思其或有變故意外之虞也。宋孝宗雖謂「晉孝武、魏孝文實行三年喪服，何妨聽政？但晉武亦止用深衣練冠，朕當衰服三年」。愚按晉、魏、宋三帝，實爲聖孝，但止云三年，未委實行三十六月，抑或僅同後世二十七月之制，如唐玄宗止短二十七日。惟後唐閔帝，實遵漢文帝以日易月服三十六日。玄宗乃反不如，實由唐臣僻儒顔師古、張柬之輩誤之也。至於翟方進，身爲人臣，宰相又非一人專職，何必饕榮奪情，以遵漢家制度爲藉口？況方進後母有賢行而慈，方進少孤貧，欲至京師受經，母憐其幼，隨至長安，織屨以給方進。有母如此，而忍忘哀負心，以宰相之榮易之？是方進之不孝短喪，尚不如尋常居安無事者，而何責夫明之張江陵也。故嘗謂甯使漢廷暫時缺宰相，不可使人子一日無親。而史乃稱方進内行修飭，供養甚篤。夫以宰相之富貴而養其偏親，此何足難？史可謂取其小節而不識大義者也。坿此一論，以諗後世之奪情者。又據《顧亭林集》有《與友人論服制書》，稱「關中至今三年喪，服三十六月」，此説如信，則是横渠之教未泯，昔横渠以禮教關中故也。

吴幼清《服制考詳序》謂：「先王制服，必中有其實，而後外飾以文，是爲情文之稱。徒服其服，而無其實，與未服等。王玄感欲增三年之喪爲三十六月，皆務飾其文，欲厚於聖王之制，而人心彌澆，風化彌薄。不探其本，而妄爲之增益，亦未見其名之有過於三王也。知喪不過三年，示民有終之義，則王玄感之説絀矣。」異哉，吴艸廬世所推爲名儒，而其迷惑悖謬乃如此。無論二十七月原非聖王之制，而喪不過三年，經語明白，何得誣三年爲二十七月，直以鄭康成爲聖王乎？至於情文之稱，聖王原不過以三年酌劑其大常耳，若覈求以實，則有不可致詰、不忍致詰者。試問艸廬能信古今天下凡服二十七月者，其哀情果皆稱不衰無虚乎？吾恐不肖者，即旬月、期月，即有無實而徒飾以文者矣，是且不待二十七月，安在必因三十六月，而始無實以致澆薄乎？以其無實不稱，不當服三十六月，如刻求其實，即多有不當服二十七月者矣。此與何休解《公羊》，譏魯文公亂聖人之制，欲服三十六月之服，皆悖者以不悖爲悖也。且以實計三年足月爲妄增，不畏糾者謂以二十七月當三年爲妄減乎？又觀胡紘論孝宗崩，光宗疾復康，自於宮中服二十七月之重服，則前孝宗自言「朕當衰服三年」，亦必止以二十七月無疑。以此例之，晉孝武、魏孝文二帝之欲復三年喪，亦祇二十七月可知。又補記。阮芸台太傅曰：「源源本本，殫見洽聞。分風劈流，無堅不破。其解中月而禫，真解創獲，實前人所未及。其言未出，世莫能知其言；既出，世莫能廢，有功名教，實宇宙不可少之言，反之人心，無不允合。儻能由此興行，亦所謂功不在禹、孟子下者也。不圖暮年，獲見此奇特。」仁和邵暎垣曰：「姚姬傳先生跋《顏魯公廟享議》曰：『當時韓公亦上此議，與顏公意同。有云求之神道，豈遠人情？』朱子極推之曰：『禮學精深，得孝子慈孫報本反始之本意。』蓋議禮精密，上有以當乎先王之心，而下足爲後世大儒之所敬歎。至顏公此文，亦非弟博學工於詞説者之爲貴。然韓公之議不見用於貞元之末，顏公之説竟得行於建中之初，蓋顏公是時名稱位望，爲朝廷所信，固重於韓公云云。此段議論，可移以評此文。至此文行否，要俟諸時會。蓋此事所關，固非特與唐之廟享一代一時之得失而已也。」

合葬非古説

由百世之後，等百世之王，其因革損益之故，各因乎其時之宜。有上古之宜，有中古之宜，有後世之宜，有一時以爲宜，而不必今古咸宜，若荀卿所謂「端拜而議」者，壹審乎理之所安而已。太史公曰：「學者多稱五帝，尚矣，然《尚書》獨載堯以來。」蓋諸聖人者，生乎上世，每先天以開人，亦因時而立政，其所創制表見皆不虛。顧純古風氣未開，人心渾樸，故其制作猶多未備。及至周公制禮作樂，緣情致飾，悉以人道推之，其事義益密，品節益詳，故孔子歎其「郁郁」而慕悦從之，結於夢想。而公當日亦自以多才多藝，能事鬼神，上哉敻乎，凡民無能動其喙者矣。

然世或謂周人尚文，實傷太縟，如《周》、《儀》二禮，誠爲運用天理爛熟，大綱雖正，而繁文曲節，疲瘁難行。末流益甚，則以爲周公緣人情而制禮，事事即人道爲推，雖協諸人心而莫敢非，亦或遠於天事而失其本。一時若老、莊、棘子成輩，明目張膽，發爲貴本之論，誦言相非。彼固欲以輓世教之失，而不覺其言之過當。然不可謂其全無所見也。

嘗試論之：五帝殊時，不相沿樂，三王異世，不相襲禮，而孔子亦有「《武》未盡善」之言。若執一法，謂萬世可以永遵，則三代無庸改制，而古今只生一聖人而已足。顔子之問爲邦，何必兼酌四代而不盡從周也？則使孔子爲治，其所損益亦大略可知矣。子思子作《中庸》，雖發「爲下不倍」之義，謂不可生今反古，而必又曰「考諸三王，建諸天地，質諸鬼神，百世以俟」。上律天時自然之運，下襲水土一定之理，此即虞廷所傳之「一」「中」也。惟中而後可庸，若稍有毗於一偏，或過或不及，則不能禁後人之不有所變通也。即如葬禮，孔子之言曰：「古之葬者，厚衣之以薪，葬之中野，不封不樹，喪期無數，後世聖人易之以棺槨。」孟子之言曰：「蓋上世嘗有不葬者，其親死，則舉而委之於壑。他日過之，狐狸食之，蠅蚋姑嘬之。其顙有泚，睨而不視。夫泚也，非爲人泚，中心達於面目，蓋歸反虆梩而掩之，掩之誠是也。」

觀葬之本義如此，夫豈待有繁文哉？及至周公，龍輴魚池，飾牆畫翣，鐸紼蜃葆，事義雲興，禮經所載，有不可勝數者矣。然猶曰「孝子仁人之掩其親，亦必有道」，謂比化者，不苟爲其薄於人心爲恔耳。至於禍福之説，亦因有可推而論者。葬者，藏也，既求藏其親之體魄，以人子之心推之，則必求其安而無害者。《孝經》曰：「卜其宅兆而安厝之。」此義得也。若其親之體魄安，而子孫亦安，一本之氣潛通，亦理之宜若可信者。北方高燥，地多火風，南方卑溼，地多水蟻，又有如程子所言「五當避」者，擇之不慎，則雖曰葬也，與向之委於中野狐狸與釋氏火化者何異？故孝子仁人求藏其親之體魄而慎擇，免於此數者之患，固理之至正至明而無可議者。謬儒訾之，未之思也。

唯獨合葬，愚竊疑而未允。非謂合之之必非也，特謂必合之之不必是也。夫人既死，則體魄必壞，勢不久存，故曰「衆生必死，死必歸土」。至於魂氣上升，延陵季子所謂無不之也，彼其魂氣且不必其常在不散，而又安必恒依於其體魄邪？彼於一己之體魄且不必其常依，而又安可仍以夫婦之情通之？亦見其罔而獨理未明，未達於鬼神之情狀矣。《記》曰：「所以交於神明者，不可同於所安褻之甚也。」《内則》曰：「禮，始於謹夫婦，爲宮室，辨外内。男子居外，女子居内，深宮固門，閽寺守之，男不入，女不出。」其死也，男子不絶於婦人之手，婦人不絶於男子之手，明有別也。夫生既有別，則死亦須有別，故衛人之祔也，離之。離之，是也，而世或據《詩》「死則同穴」之言，又臆造孔子善魯人之祔之語，以坿和合葬之義。不知古者葬有常期，而人之死無定年，往往相距數十年之久，是安能皆待於一朝而合葬？是以合葬之説雖見於傳記，而於經禮初無明文，未可以《檀弓》《白虎通》所記厚誣周公也。孔子論天子、諸侯、卿、大夫、士庶人之孝，備矣，未有合葬之語，而世顧以合葬爲周孔之教者，妄也。

若謂周公緣人情而制禮，必欲使人之夫婦、父母常相聚於一處，則公亦安能必死者之魂氣之必皆爾邪？若必以此爲孝，則豈周公以前，上古聖人之不合葬者，皆不孝乎？而舜之大孝，不聞其以合葬得之也，又不知後世凡合葬其親者，其孝皆比於大舜，其賢皆過於古聖人否乎？善乎季武子之言曰：「合葬非古也，自周公以來，未之有改也。」是武子知合葬之非，特束於世傳周公之禮而許之耳。然則孔子合葬於防，何也？曰：其事政難信。且同一葬也，可合而合之，本無非也，余病夫可不必合，而以必合爲孝之固且蔽，因以罪夫大儒而誣謗之，爲義理生一瘢瘕也。

昔朱子以紹興十三年三月喪父韋齋先生，明年葬於建甯府崇安縣五夫里之西墖山，奉遺命也。時朱子年十有四，自言幼未更事，卜地未詳，乃以乾道六年七月遷於里之白水鵝子峰下，距卒之歲二十八年矣。又於乾道五年九月喪母祝孺人，明年正月葬於建甯府建陽縣後山天湖之陽，距白水之兆百里而遠。後又因白水地勢卑溼，懼非久計，乃卜以慶元某年遷於武夷鄉上梅里寂歷山，並記韋齋詩有「鄉閭落日蒼茫外，尊酒寒花寂歷中」，以爲殆若讖云。按此葬事具載《大全集》所撰行狀、遷墓記及壙誌。度當日所以不合葬及遷墓情勢，或因壙有寬狹，不能相容，或懼陵谷有變遷，如周王季之事者，年遠不可究知。要其可合可不必合、當遷與不當遷，必壹本於義理之正，決非無故而違禮違心，犯不韙以取大戾，復自爲文以留授後人指摘，可爲朱子信也。

孔子曰：「余所否者，天厭之。」孟子曰：「夫豈不義而曾子言之。」乃近人有錢塘王復禮著《家禮辨言》，内引盧正夫、張北山、李中孚、毛稚黄等言，皆謂朱子惑於風水，欲兩承吉地，故離隔其父母，不令合葬，極口斥詈，謂其忍心害理，比之世俗不孝悖逆小人之尤者。竊心傷之。夫小人之忌毒君子，恒欲摘其瑕、抵其隙以爲快，往往捕風捉影，深文周納，以莫須有之罪加之。近世之攻朱子多若此者，不可不辨。或曰：「《詩》有同穴之言，不可信乎？」曰：周人族葬，如《周禮·家人》所言，其次以昭穆爲序，同穴謂同壙也。但此《詩》本淫奔者之所爲，亦與陳乾昔、唐玄宗同意，何足述邪？況王復禮書中又改《詩》「穀則異室」語爲「生則同衾」，益爲猥褻，並失詩人語妙。又引吕坤之言曰：「生死同處，父母之情也，夫婦欲合室家之願也。分葬之，慘痛入心脾。」詞意皆不雅馴。又謂：「朱子自營壽藏於大林谷，欲與其妻劉氏合葬，而不令父母合葬，此乃終身之玷，後人當以爲戒。」是何言與？夫朱子自規壽葬名曰「順甯」，若其居心如此，何以爲順甯乎？小夫所不忍爲，而謂朱子爲之乎，竊謂此事非止關朱子一人之得失，實係天下萬世眼目，其利害是非，所繫甚鉅，非細事也。何則？禮義者，天地之所以立心，生民之所以託命，乾坤之所以正位，禮義倒，而乾坤或幾乎息矣。百家之説決於孔氏。乃自左丘明、公羊、荀卿以來，及周秦記禮諸儒，厖言謬説，往往臆託爲孔氏之言，是非混淆，多虚妄不實，則賴有有宋大儒程、朱五子者，明道立教，使後世有所折衷師仰，以爲其斗極。今若並程、朱而詆毀之，猶人欲有視而自壞其眼目也。故吾平生於世之毀程、朱者，輒斷斷争之而不敢避，誠有懼乎其害之大也。

竊妄意斷之，以爲朱子之遷墓而不合葬也，必其於義理無害而可行者。若於義理稍有幾微不可，但以欲兩承吉地，以圖風水、貪福利，人言不恤，以爲終身之玷，舉其生平所有一切講辨言論，不過以佐其欺世欺心欺天之具，而於人生第一大事、立身第一大節、名教第一大閑，悉悍然不顧，有如朱子，而可謂其若是乎哉？朱子説《中庸》至誠之立大本，以爲「無一毫人欲之僞以雜之」，又誌特奏名李公墓述李公之言曰：「臨事而無陰據便利之私者，可謂善人。」平心而論，朱子縱不得爲上聖至誠，將不得爲善人乎！此種議論，其始不過瞀儒崽士一知半解，妄逞謬悠而已，不知其罪乃上同於逆天地、忤雷霆、罵父母而無異。今將諸人之言列後，願與天下學者平議之。

有友人閲此文，意不謂然，面以三事相糾。其一曰：「今北方多墓園，後死者即啓前壙合葬，非必同時死乃可合。君文謂必同時死乃可合者，謬也。」余曰：「凡世之葬其親者，斷不能必人人皆獲吉壤。葬數十年之久，其吉凶必已可見。若其不吉，則不應復葬；若其吉也，則啓之恐洩真氣致禍殃，且有驚動體魄之嫌，則啓墓合葬亦不可謂得事義之宜。」其一曰：「周公以前，無合葬之禮，故無妨於不合。君文謂古聖人不合葬，不爲不孝，此説迂疏不中理。」余曰：「吾文本謂合葬原無不是，但不必以不合葬即爲悖逆不孝。周公以來，朱子而外，不合葬者亦衆矣。若必皆科以不孝之罪，指此爲元惡，如王復禮之論，既非朱子所堪受，即亦非人心所公許也。」其一曰：「據《四朝聞見録》中罵朱子者至多更甚，則此宜不足致辨。」余聞，乃不復言。夫人乃以毁謗大賢爲無傷，不必置辨，則是無是非之心矣，尚何可與言精義哉。

至孔子合葬於防，據《戴記·檀弓》篇云云，陳浩雖爲辨説，似猶失實。如用先儒説，殯爲殯母，解「慎」爲「引」，皆不成義理，亦不成事理。愚謂恐是聖父殯於五父之衢，四面復土致慎，若今之就攢室堆金葬者然。故孔子不知其爲殯，而誤以爲葬。及聖母殁，葬防，乃問於當時輓柩之人之母，然後啓殯合葬。此事乍觀之，似亦人情所有。不知聖人人倫之至，且聰明睿知，事無不察，豈有其父之殯與葬不能審辨？且聖母平日家庭，何無一言，而待問於鄰媪而始知乎？又以至聖大孝，合葬父母乃第一重大之事，何至不慎致墓速崩？又何以不俟葬事畢，急於先返，而委其事於門人小子？程子謂孔子先反，修虞禮，墓不堅，固非孔子也，乃責門人也。夫葬而虞祭，乃禮俗之常，何待於修？防在魯境内，非遥，何至無一信使僕役往來，必待子貢反問，而始知聖人自葬其父母？如此疏忽潦艸不慎，乃不自責，而反以責門人小子乎？此條載程書卷弟十八，劉安節所編，淺蔽之甚，必非程子之言，亦不可信。補記。

姚石甫云：「合葬本無非是，但不合葬亦不得謂之不孝，此二語最爲平允。惟朱子始葬韋齋於五夫里中，遷白水，最後又遷武夷，是一父而三葬之也。五夫既奉遺命，而復改葬，是不以遺命爲嫌。但五夫既有幼不更事之悔，則遷白水時年已四十，不應又不詳擇，何以於慶元某年又遷武夷？葬親大事果可一再不慎如此乎？幸朱子以慶元六年卒，設壽至百歲，而武夷之葬有故，不又將改葬乎？此等處不能無疑，豈別有義邪？願更教之。」

東樹曰：「詳觀來示，亦以不合葬未爲不孝見許，是免朱子一大罪，已異於王復禮等之論。但以三遷爲疑，是固不得不疑，且天下萬世所不能不疑，然愚以爲此何足疑也。人子葬親，求安其體魄於無患，此天理人情之正。惟地之吉凶則有非凡人術解之所能決定。韋齋無神術，則其遺命亦可違之不爲嫌，朱子雖解葬術，而亦非神仙家流，則擇地而誤，亦事之所常有而不足罪者。謂年四十而葬術必精，必當不誤者，此世俗輕薄誚詆不通之論也。既擇而不覺其誤，誤而覺之，於心仍不安，此天理人情之正，見朱子始終仁孝之心空平無纖毫私妄，可建天地而不悖，質鬼神而無慚。衆人之論，口角雌黄，意在周納朱子以罪，使無可解免以爲快。愚之意則在求情理之平，以信聖賢之心術行事渾然天理，一無成見，以解天下萬世之疑，非執意以解脱朱子爲阿坿也。此事祇以平常道理處之，不用深求，則得其實，政無用張皇也。孔孟復生，不廢吾言矣。」

昔孔子絶意、必、固、我，劉屏山臨歿遺言，誨朱子惟在「不遠復」一語，君子改過，一息尚存，不容稍懈。曾子易簀反席，未安而歿，以爲與其不得於理，過而死，何如改之。理得而死，安也。然則朱子之改葬，猶行屏山之教也。假使武夷之葬未終吉，即壽百歲，亦不得以老自諉。殷人患河，邦邑五遷，何傷於事義乎？惟世之庸人見不超色，聽不出聲，抱尺寸之義，囿丘里之言，固執一見，憑愚護短，顧惜顔面客氣，往往明知行誤，力自覆掩，不肯降心從理，虚心認錯。或指東畫西以飾智辨，或游移兩可自坿執中，若是者，皆未聞道，皆未奉教於君子，皆未足語於聖賢之學者也。即安有正誼明道、致知窮理、正心誠意如朱子之賢，葬親大事，猶待後生如王復禮、毛奇齡輩之持其短而攻其瑕乎？亦可以決信而不疑矣。

考槃集文録卷二終

考槃集文録卷三

序

老子章義序

老子之書，不可謂非深於道者，特其用意之過，感衰世澆訛之俗，發辭偏激，遂若顯悖乎聖人。然究其指，不過曰無爲而無不爲，常使民無知無欲，以相安於揮樸無事而已。太史遷以「虚無因應」該之，可謂得其要領矣。自魏晉清談，寄心高遠，而制行全與相戾，豈知老子者哉？余嘗言古今絶學，大小雖不同科，而不傳之妙，與人俱亡。莊周之道，得佛氏擴之，其傳浸廣。老子之學，一傳而爲楊朱，已失其旨；千載以來，惟子房得其用，而其後無聞焉。然是猶謂嗣其道者之尠，乃若善説其書者，亦不可概見矣。陸氏《釋文》所引凡二十八家，今皆不存，存者獨一謬妄之《河上公章句》耳。唐宋以來，説者乃漸衆，然如蘇子由注不逮王輔嗣遠甚，而東坡顧稱爲奇特，何哉？朱子自言能得其義而不欲爲之，則以其説之流有害於事，故靳之耳。夫老子之言，固易知也，但解之者支離牽率，是以其義晦。今吾作解，合儒、佛之理而通之，其本義則竊取之朱子，其分章則以吾所私見者斷之。老子曰：「吾言甚易知，甚易行。天下莫能知，莫能行。」凡求道者，但於近而易知處求之，則得所爲高遠；若於高遠求之，則有迂其難而卻阻者矣。老子豈欺我哉？嘉慶己未四月。

新修江甯府志序

新安吕公來守江甯之三年，乃克修輯府志，以三月開局，八月成書，又三月而鐫之版，其爲之易而成之速如是，是可欣矣。吾嘗以爲天下之事無不可爲，爲之未有不成者，然而世卒以少成事者，則未嘗不諉之於事之難爲。畏難者多則亦相與解説以自慰，而烏知彼固未嘗爲之邪？ 方公之來也，欲成此書久矣，雖以事故紛乘，於無暇能及之際，而其念慮，曷嘗須臾一刻忘於此三年内邪？ 然則此書之所由成之如是其易且速者，蓋早必於公之志矣。 府志之不修，閲今百年，則其急待補綴者非止今日也，然前未有能成之者，豈顧事之本難邪？ 夫誠知其不難而爲之，爲之而即以速成如是，則亦豈待於今日哉？ 以今日之爲之有成，而益知前此之閲百年而未修者之未有志於爲之也，況於革興天下之大利病者邪？ 公之在官也，其豈弟之實見之政事者，固已箸於見聞，而無待於余言矣。 若兹，蓋尤足以勉夫世之畏事不爲而諉之難者。自記云：其事例已見於吕之自序，故兹不復言之。

櫟社雜篇自序

周秦以來，諸子各以英資茂實，獵道裂術，散以爲文，咸自久於世。 校其畛域廣狹，勝劣非一，然莫不本於壹而出之。後世之士，專欲工文章，而不務本，道術敝跬，致役乎文，游心竄句，紛紜於百氏之場，於是其人與其言始離而爲二。 既以離爲二，則象而彖之，雖欲不參於三，以至於雜焉，不可得已。噫，吾觀後世文士，著書愈勤，收名愈急，其能堯然不入於雜焉者，何其少也！平日無道術之積，及其爲之也，又不求其至。信乎膚淺者無所明其理，蹇澀者無所昌其辭，如虞道園所譏。然則是亦安能有原泉放海，隨地湧注，超然造極，而皆歸有本，如古人之資深自得者乎？今余自集其文，不敢自欺，而命之曰「雜」，取別於古之以壹出之者，且毋俾後有作者見而笑余，謂同處於雜而惡以議人爲也。嘉慶四年三月。自記云：此己未年作。時余年二十八歲，於後爲學始壹正其趨嚮，雖未敢言能立本，而其於雜焉者亦庶免矣。雖然，又有病。夫文章之道，最忌正言直説，董子之文病於儒，故作者弗貴。吾生平爲文好莊語，此所以言之雖精而不入妙，識此以訟吾短。

陳氏宗譜序

陳，中州姓也，其在江州者，顯於南唐。按史，陳褎十世同居，宗族七百口，長幼共食，則世所號爲「義門陳氏」者也。自義門以來，族姓蕃衍，析爲九支，散處各郡，或顯或隱，世遠不具傳，而其著者，曰才遷、公遷、思昇三人之子孫爲最盛。有曰和庭者，篤行君子人也，與予交最久。今三君之子孫，重修宗譜，而和庭之弟曰宗山者，實司其事，因介和庭以請序於余。

余惟譜諜之學，興於六代，而尤詳於唐。太宗詔高士廉、令狐德棻等修《氏族志》，❶稽正真僞，分爲九等，以定河北、江南之望。然太宗之言曰：「古者三不朽，謂

❶「狐德」，原誤作「孤」，據《舊唐書·高士廉傳》改。

之門户。」今皆反是，豈不惑邪？由太宗之意，其不徒以冠冕之榮爲等級高下，亦可知矣。此譜限勳格，所以遺譏搢紳也。三君之子孫顯冠冕者固不乏，而要其所以奠系世、辨昭穆、俾奕世子孫相維於不普者，必有所本，則亦無忘義門之貽燕也與。若夫胡滿之封、敬仲之祥、太丘之偉，望見諸史傳者，世皆知之，余不具論；論其在江州而出義門之後，信有可徵者，悉如譜所條列。

桑川吴氏宗譜序

聖人作《易》，每扶陽以抑陰。及哀公問昏禮，孔子爲正言天地之大義以對。蓋男女之配、絶續之交，上以事宗廟，下以繼後世，故著代之際，聖王重之。及後世男教不修，柔以乘剛，於是有婦人侵男子之權而代其行事者，聖人懼之，始兢兢以爲誡。若事之不幸，其男子所不及爲者，而婦人爲之，其所爲者，即關於絶續之大，事宗廟，繼後世。若吴氏婦者，吾知聖人復起，亦必與之矣。

桑川之有吴氏，失其始遷之世，明代有曰太咸者，始推第幾世永貞以爲始祖，蓋謹於傳信也。自永貞而後，迄今歷數十傳，系世脱紊，廟主燬缺，羣支不序，將復就湮。其裔孫曰君錫者，實痛於心，嘗欲繼太咸之譜而修之，不果而殁。未幾，而君錫之子及孫又相繼死殤。姑婦兩世，煢煢撫依，嗣五齡族孫以承厥祧，蓋其不絶如綫也如此。嘉慶某年，其婦胡氏不忍其宗之湮，稟命於姑，捐貲延其族胡某創爲《吴氏宗譜》，其言曰：「譜立而後宗族可稽，宗族可稽而後祖考之祀不墜。且俾他日修祠立祭，皆緣此興起，庶代吾夫以成其先志云。」昔張圓之妻劉氏能乞韓退之之銘以顯其夫，今胡氏所爲視劉益重且大，使推而則之，天下士大夫之思惟本原者，皆將勸而興焉，豈非仁義交盡之準乎？ 余既憫而嘉之，樂道其善，以爲之序。

王氏族譜序

吾嘗考古今氏族，一亡於秦漢，再亂於五代。晉、宋、隋、唐最重譜牒，設專官掌之，而矜門户，崇郡望，依託苗裔，謬妄難稽，譜限勳格，啓世訌争。故自唐以來，海内名家世譜雖詳，孝子順孫蓋有遠求其受氏之本原而不可得者矣。世稱貴族，莫如王、謝。顧謝氏自漢魏以上無顯者，始盛於晉、宋之際。惟獨王氏，自周、秦、漢至今，將相、名賢、大儒、碩學無代無之，而其族姓亦最繁。他族雖遠，宗無不同。王氏定著三房：曰琅琊，曰太原，曰京兆。然考之史傳，實有二十餘望，故王基、王沈相爲婚而不嫌。琅琊王氏，自稱出於王子晉，爲世所譏，則其盛衰崇普、支派同異之難稽，有自來矣。

徽之有王氏也，不詳其何望，當元末有名巽者，避張士誠之亂，由婺源清華鎮遷桐，生二子：曰宗二，曰宗五，始占籍桐城，洪武三年也。是爲桐城王氏之祖。自是仕宦蕃衍，遂爲盛族。然終明之世三百年未有譜。我朝康熙壬子，幾世孫某始創爲之；乾隆癸巳，曰某者又重修之，閲今六十年矣。人愈衆，才雋愈起，今某某等復事修輯，而請序於余。余惟眉山蘇氏自唐武后神龜時遷眉，至宋仁宗至和間，幾四百年而譜未立，是以老泉爲族譜，自高祖以上即不能知。今王氏雖於明代無譜，而自康熙壬子以來，所紀上世已詳，蓋已愈於蘇氏之僅能紀其高祖者矣。矧今某等又欲續修之，則其所紀益詳。自今以後，不至遠而愈湮，固孝子慈孫之事，而可爲世法者也。自記云：氏姓亂於五代，謂南北朝之五代，王荊公亦主此言；而顧氏《日知録》又以爲唐末之五代，二説並存，學者疑之。余此所指，晉、宋、齊、梁、陳，南北朝之五代也。

待定録自序

天下皆言學，而學之本事益亡。本事者何？修己治人之方是已，舍是以爲學，非聖賢之學矣。古者修己之學，學處貧賤而已，學處患難而已，學處富貴而已，學處死生而已。伊川謂富貴則不須學，竊以此記言者誤也，非程子之言也。夫富貴之人，處勢高，行意便，所及利害益廣，苟爲不學，則以其勢恣睢，非惟害及人心、風俗、民生、國是，終亦必將取爲身殃。君子無須臾離道，惡有富貴則不須學之言邪？至於治人，亦惟富貴有權勢者，其用爲切。矧由此而推，以處大事、當大任、決大疑、成大功、立大名，不惑不懼，其本皆在於是。故窮之所學即達之所用，非有二也。

余少貧賤，而困窮益甚，既無所因極，乃壹以學自廣。顧爲仁不熟，未能默識一貫，當其耳目暫交，天光偶發，惝惚有象，須臾亡逋，不可追憶。故每於旅枕不寐之餘，舟車波塵之際，忽有所悟，隨即劄記之；或紬思故書，欣然有會，則直記其詞，以當書紳。勤苦既久，集義自生，所得積至百餘卷。其歲月先後，蚤晚昏旦，一一蠅注其下，用以自考驗。初命曰「定命書」，後見劉宋顧凱之先有是名，乃改命曰「攖甯子」。攖甯云者，攖之而後甯也。今復改名曰「待定録」。嗚呼，余之困阨既無可告人，若其所獲於世所不争者，姑録而存之，以待後之君子論定焉，庶幾其非僭乎！ 若夫莊子所稱世有真人而後有真知，夫真知又有待而定者，則非余之所知也已。 道光四年秋八月，東樹自序。

未能録序

閩縣孟瓶庵先生以損、益二卦歸之復卦，作《求復録》，曰《懲忿》、《窒慾》、《遷善》、《改過》，凡四篇，用意密切，至矣善矣，然不逮蕺山先生《人譜》六言爲有始有卒。 余參劑於劉、孟二書，自鞭其所後，爲十言以自程：曰謹獨，曰衛生，曰修内，曰慎動，曰敬事，曰燭幾，曰盡倫，曰執義，曰安命，曰積德。 夫爲學之方，固各視其資性造詣，各有入手得力之處，不爲陳往迹以徇觀聽也。 術家言吾歲行在卯，不利。幸殘生未泯，欲自刻厲，求免惡終。每自念，吾今日死，明日而吾尚存也，曷爲明日死，今日而吾先亡乎？ 凡不修之人，形雖未絶，而生理早泯，雖生而死已久矣。 管子曰：「壯者無怠，老者無偷。」子曰：「朝聞道，夕死可矣。」又曰：「假我數年，卒以學《易》，可以無大過。」欲之未能，勉之而已，勉之何如，慥慥而已。 如飲水，如耳鳴，雖鬼神不及知，亦自與鬼神同其吉凶。 庚寅五月十六日，儀衛主人自序郡署東偏文昌樓下。 以上十義，昔賢名理名言，至精且詳，不可勝舉。今日惟在自家切身檢點實踐而已，不作言銓也。同日又記。

進修譜序

進修者，本《易》「君子進德修業，欲及時也」語，君子之學，進德以事天，修業以事人，舍是無所致其力。 德者本體，卷而藏諸密者也。業者致用，放之而彌六合者也。德業並進，如釋氏教、乘雙修，漢學修教而不修乘，宋學之誤而偏者，修乘而不修教。而如程朱諸大儒，則必教、乘雙修，但德之精麤純雜、業之廣狹偏全，隨人所占，前載所記，可考而知也。天之所以與我者備矣哉！君子精其心而德隆，大其心而業廣，小人及偏材弗能也。譜者，百工技藝皆待規矩、繩墨、法式、模範以成其事，獨至爲人，自孩提至老，絶不一講，任情放意，各以私智蕩性虛憍客慧忿慾偏惑苟妄行之，父兄莫之非，交游莫之議，而無不予聖自狂焉，天下所以少成德全才者坐此。即少有一二質美志學者，不得其門，又昧於所從事，誤用聰明，功夫本末次序不知，卒蹈邊見偏見，至死不悟，可哀可憫，吾譜之所以作也。譜在四子、六經、諸史，然泛而求之，莫得其要也。蕺山、二曲「人極」、「人髓」二圖，摹擬套習，又偏而多誤。惟丘文莊《朱子學的》庶乎近之，但單舉朱子一家之言，不如《小學》、《近思録》完備。要之皆人譜也。皆譜，吾曷爲復作之？此吾所私具也。義理，天下之公，曷爲有私？吾所謂私者，如人皆冠履，視之則同，然而吾所自具者，合吾首適吾足，必不同於人之所有也。其譜之類，凡八：窮理一，密察二，實三，巽宜四，節五，止六，借所七，恒八。辛卯五月，方東樹撰。

時政策自序

《時政策》三首，其七事，蓋其尤切者，其餘猶有取士、删省條例二者，欲補作之，以擬主父偃九事八爲律耳。然非常之事，必待非常之人，苟不度時之足用吾言，而漫以沽其術，則未有不取戮辱者也。《易》

曰：「『鼎有實』，慎所之也。」老子曰：「不爲福禍始。」蓋邀天下之奇功，必招天下之奇禍，如孔孟之棲棲奔走、知其不可而爲之者，蓋以天命悠遠不可知，吾但誠懇惻怛以事之，如大舜之底豫耳。此意諸葛武侯識之。下此若賈誼，猶出於忠愛。如范升之於王邑，則欲以售其才；如王通之於隋文，則苟以沽其名；若主父，則與蘇、張等，但以求富貴耳。苟不度時揣勢，則富貴未可求，而死於暴人之前也久矣，此獻璞刖足之明鑑也。乙亥六月十五日，方東樹漫筆。

雀硯齋文集序 代

昔歐陽永叔擅有宋一代文章之譽，而其平日與學者言論，但語政事，不及文章。人或問其意，公曰：「文章止於潤身，政事可以及物。」嗚呼，公可謂能見其大矣！然而世之文章之士，以及操觚童子，無不知言歐文，若詢以公之政事，雖通才宿士，或不能舉其實，何公之所輕而人反重之，公之所重而人顧忽之與？將政事在當時，後世不克盡詳，而文章之所流傳者遠與？

沔陽張蓮濤，余己酉同年友也，學邃而文雄，尤講於吏治。其仕於黔也，歷宰諸縣，凡所爲措施勤恤者悉本諸經術。既乃不樂爲吏，一旦毅然決去，歸十年矣。嘉慶二十二年，余爲兩湖督延至武昌，將處以賓館，俾兒子請業於君。旋奉命改兩廣，蓮濤不果從行。蓮濤平日箸述甚富，所爲詩古文詞若干卷，舊皆已栞行。今都轉翟公實受業蓮濤，其服膺心悦甚摯，暇嘗告余曰：「某官江右時，曾栞先生詩集，至其文集，雕本既久，漫漶特甚，某今重爲校刻，公宜爲之序。」余惟蓮濤朋友契闊之情，都轉師弟拳拳之誼，皆不容已於言。且蓮濤蘊畜碩畫，限於職位，不及究施，則其所賴以流傳名字於不朽者，將不在是與？既以應都轉，並以質蓮濤云。

澄響堂五世詩鈔序

桐城以宦學垂六百年之舊家，劉氏其一也。劉氏之先有諱清者，於宋末由鄱陽遷桐，自是歷元明以巍科高弟躋清華、司刑憲者，相繼不絶。十數傳至廷尉允昌。深莊、鴻議、樸園、起鳳、栖麓奕世相衍，益大其學，羣從祖孫以詩文畫筆馳譽當代，風流輝映，比於鄞袁氏、豐氏。嗚呼，可謂盛矣！雖丘燹播遷，殘缺失次，不克盡傳，而觀其所見存者，則其不傳者益可概想矣。昔人箸書，或及其身而傳，或遲遲數百十年之久而後傳，或始雖盛傳而其後竟不傳，或始雖不傳而其後乃盛傳。此其遲速顯晦，殆有數焉存乎其閒，而不可以人力齊與？獨其傳不傳，絶續之際，則賴有賢子孫之克承其家，抱殘守缺，網羅放失，有以存什一於不泯。孔子曰：吾説夏禮，是故之杞，而不足徵也。吾學殷禮，是故之宋，而不足徵也。然則子孫能傳其先業，使人得見其先祖之美，不因以卜其子孫之賢哉！

道光壬午，余客粵中，劉某謀刻其先人五世詩集，而屬余爲删訂編次，且乞序言，曰：「吾先世代有箸述，以年遠致殘失，今自先廷尉以上，隻字不存，自廷尉以下僅有存者，不及今收拾，吾懼數十年之後，並此區區者將全晦矣。」余受而讀之，竊見前輩典型塗轍有自，如廷尉之沈鷙、深莊之流美，栖麓之名貴，信足爲世言詩者之楷則。若此集遂行，固藝苑所樂推，而豈獨閭里之盛美也哉？

重刻白鹿洞書院學規序

書院之設，肇自唐開元中，與古石室精舍相似而不同。始東宫麗正殿藏經籍，置修書院。已而大明宫外創集賢書院，學士通籍出入，蓋用以廣購求、事校讎也。逮宋嵩陽、廬阜、嶽麓、睢陽各立書院，以居生徒，賜之經傳，以相敎學。而白鹿洞經朱子設教其地，其精神所萃，千古猶留。登其堂而思其教，誠問學之津梁，入聖之階梯也。明弘治間，郭堉始輯《白鹿洞志》，簡略未備。國朝康熙初，廖文英重修，後燬於火。星子縣知縣毛德琦重爲修補，廣搜遺事，自宋以逮我朝，興復沿革、藏書祀典、學田藝文及先正格言，靡不畢備，凡爲書一十九卷。披閲之下，慨然想見朱子當日所以集羣儒之大成，使斯道昭明，如日中天。其遺文教澤，一字一言，皆如布帛菽粟，後之人日游其天而不能盡察也。每思窮居約處，無補於世，必欲興起人心風俗，莫如崇講朱子之學爲切。會廉州太守何公謀取此志第六卷至第八卷所集歷來主洞諸先哲學規，别栞爲一集，廣布各書院，使奉爲繩墨，於以崇正學、儆斯人，成善俗而復於古道也。栞成，徵余言爲序。余喜與有同志，遂書以識其大指云。

佩文廣韻匯編序

自平水劉淵首併《廣韻》之部，逮於黄氏公會、陰氏野夫，今韻盛行，世之學者不但不知字有古音，幾並不知韻有古本，於是唐韻亡。自宋鄭氏庠首分《廣韻》之部，逮於近時亭林顧氏、慎修江氏、若膺段氏，古韻盛行，世之學者始知字有古音，而周、沈以來所用之音、所定之本，皆不足據，於是後人之韻書行，而唐韻益亡。幸而《廣韻》尚存於世，而言今韻者不知求，言古韻者又以爲不足求，是唐韻將終必亡而已。嘗病邵子湘作《古今韻略》，以今韻本求古音，坿載紛然，止標漢、魏、杜、韓詩爲準，既不能如陳、顧諸君力求古經以訂周、沈四聲之失，又不能著明《廣韻》二百六部之舊，使學者曉然知唐、宋人所用之韻之祖本。揚子雲所譏「童牛角馬，不今不古」，識者弗之重也。

吾友句容李君元祺，撰《佩文廣韻匯編》，以今韻本存《廣韻》舊第，篇目部分則從今韻，建類先後則從《廣韻》，而於今韻、《廣韻》兼收、分收之字，詳爲釐註，復移今韻之字之同切者隸從《廣韻》建首之字，區類相次，開卷犂然。書成，索余爲序。余惟《周官》「大行人」之職，九歲屬瞽史、諭書名、聽聲音，所以一道德而同風俗也。往者戴東原氏稱自漢以來不明訓故、音聲之原，以致古籍淆僞莫辨，蓋小學與經學相表裏，又如此其重。我朝文運昌明，超軼前古，凡諸經疏傳注，莫不仰秉聖裁，聿垂制作，而音韻小學，經諸儒講訂，亦復參微造極，同文之盛，薄海風行，洵非陸法言等之智所能囿也。但《廣韻》乃孫愐之遺文，雖不盡合古音，而唐、宋以來詩人承用已久，誠恐世不興行，遂以湮微。今此書於部分恪遵《佩文詩韻》，而兼存《廣韻》舊部，俾承學之士於祇奉功令之中，藉以識古人之舊，庶原委得失，既有所考，而古籍亦賴以不墜焉。

刻屈子正音序 代

《楚辭》之書，自劉安、班固、賈逵以來，隋唐閒爲訓解者尚五六家，宋時已皆不見，世所通行者，王逸、晁補之、洪興祖、朱子之注而已。洪本參用二十家之書，朱子作《集注》多本之，晁録僅栞補於後。惟釋音，則自徐邈、諸葛氏、孟奥、釋道騫外不多見。朱子《集注》，專用吴才老《韻補》，明陳季立《屈宋古音義》已辨其非。然陳書簡略，尚多不盡。《山帶閣注》坿《説韻》一卷，伏讀《四庫提要》，稱其每部列通韻、叶韻、同母叶韻三例，以攻顧炎武、毛奇齡之説，亦非通論。余觀其書，據焦竑《國史經籍志》載，徐邈、釋道騫《楚辭音》一卷，謂朱子所不見者，今亦未嘗不傳於世，是未考竑此《志》多有未見本書而濫列其目之失，則亦未足信矣。

國初至今日，音學大明，江氏、戴氏、段氏、孔氏承陳、顧之後，覃精研思，博辨廣證，舉魏晉六朝唐宋以來一切譌音謬讀一復於古焉。其專爲《楚辭》音者，有毛晉、屠畯、錢澄之、張德純等諸家，然皆不合古音。桐城方展卿先生箸《屈子正音》三卷，其恉據《韻補》以正《唐韻》之誤，而於吴説之疏謬者，復引經傳及西漢、先秦古書疏通以證明之，庶幾讀應雅故矣。顧先生此書作於乾隆壬寅，其時顧氏書雖行，而江氏、戴氏之書猶未盛出，段氏、孔氏抑又後矣，故其分部審音如「魚侯蕭尤」之類，不能無小失，繼起者易周，而作始者難密，斯固古今之通趣與？余不敏，於形聲、訓詁之學，嘗涉獵而未精，喜先生是書足爲屈子音讀善本，爰爲雕板，以傳於世，而閒坿鄙説於後，則以墨圍今按云云，以識別之，用朱子《韓文考異》例也。《漢・藝文志》屈原賦別爲書，不曰《楚辭》，今先生所説自《離騷》迄《招魂》而止，題曰《屈子正音》，蓋據《太史公書》，不以《招魂》爲宋玉作也。自記云：蘇厚子云：「朱子《答或人書》云：諸公稱號，合立一條例差等云云。王芳《麓樵筆記》：朱子《集注》之例，於程子稱子，諸家稱氏。子者，師稱也。氏有二等：有不敢以字稱而稱氏者，如程子門人尹氏、謝氏、楊氏之屬是也；有自漢以來注授經師亦稱氏者，如孔氏、馬氏、鄭氏、趙氏之類是也。若人非所尊而取之者，則直名之而已。此文江、戴、段、孔不應獨尊稱氏。」其説良是。余此所稱名氏，皆不應法，但行文不得不爾，姑仍之。而記若説以識吾繆，且以詔後來文家不可不嚴辨書例。

雙研齋詩集序

公卿大人之能，在於經國家、利民人；布衣韋帶之士，在於誦説議論、發明道德。韓退之自言能贊王公之能，而道大君子之美，彼其言蓋以自多，欲往而兼之，而不覺其意之溢也。若夫公卿大人，經國家，利民人，能事見於天下矣。而又以其餘發爲詩歌、文章，繇詠性情，潤色鴻業，飾表舒采，以光國而熙時，自皋、夔以來，迄於近世，臺省名公往往而是，則非特布衣之能而已也。

大中丞江甯鄧公，起家經術，由翰林出典郡，今天子嗣位之初，鋭意登賢，獨識其才，嘉其政，不由階資，爰自太守俾承臬事，五年之閒，薦長方伯，遂躋開府。公自念受知殊異，益殫其忠貞，思所以爲政之要，可以守而不敝者，曰勤曰平。所至之處，爬櫛隱滯，顧畏輿情，款款業業，求不欺其誠。凡歷晉、楚、秦、皖，行之如一日，蓋舉所謂經國家、利民人者，既優優而敷之矣。而尤性耽吟詠，政餘之暇，不廢抽思，嘗綜生平所爲詩都爲若干卷，顏曰「雙研齋詩鈔」，命東樹爲之序。東樹聞命悚惶，私於友人曰：「是烏乎可？昔李商隱之作《會昌一品集序》也，見裁於鄭亞，迄今讀鄭公所爲，崇竑軒蔚，波渟嶽峙，稱衛公勳德氣象遠出商隱之上，固知大人之美，非大人之筆不能形。而況才萬萬不及商隱，其敢蹈退之之僭言以犯兹不韙？」三辭不獲，然後乃受而伏讀之。既卒業，歎曰：此殆有《卷阿》之遺音者與？蓋公之詩，上規雅頌，下攬唐賢，同源共流，一本於温厚。故篇中多沖瀜紆餘和平之作，絶唯殺猛起僨激之響。至其奇俊創獲，亦如仁者之勇，力能侔造化、迴天地，而終不以勇力顯。蓋几几穆穆之度，交呈於性情文字之閒，而不可以人事彊者。而公虛懷若無，思賢不及，超然燕處，不留心迹，其於同時之士，有一才一技之可取者，悉羅而致之，揄揚稱説，不啻口出，蓋非但忘己所長，並若忘人所短矣。夫天下之理，苟非己性識所有，必不能兼取他人之有。《詩》曰：「惟其有之，是以似之。」又曰：「心乎愛矣，遐不謂矣。」公非特能兼布衣之能，而又能取之，取之不已，乃以下及於不能者，於此益徵公性量之宏，休休而不可涯涘已。不然，頌申伯之德者，必待尹吉甫，豈有以至微賤之士而敢干其職乎哉？故爲道公所以見取，及樹所以承公之意者如此。若徒論其詩之美，尤公之餘事也已。

徐荔菴詩集序

吾嘗論古今學問之途，至於文辭，末矣。於文辭之中而獨稱爲詩人，又其末之中一端而已。然而詩以言志，古之立言以蘄不朽者，必以德爲之本，故曰：「有德者必有言。」自漢、魏以來，至於今日，其閒賢人君子、高才碩士、英敏異量之徒，或以憫時病俗，或以抒情見素。百世而下，使人讀之，得以考其身世，睹其性情，如接其衣冠、笑語、聲音、面目，其高者，至並其時之風俗、治理、貞淫、盛衰，罔不載之以見，如孔文舉、曹子建、王仲宣、劉越石、陶淵明、杜子美、韓退之諸賢，猶可因以想見。詩之本用如此，故古今重之。文中子續經固妄矣，要詩足以覘其世與其人。後代作者，豈遽絶於風騷邪？邵子謂「删後無詩」，亦過矣。顧世之學者不惟其本原，或拘以格律，釐以人代，斷斷以優孟衣冠言詩，於是有言矣而不必有德，始失其本而示人以陋。數百年來衰敝相習，篇藉雖富，率夸浮流宕，不能與聖人言詩者合，王者之迹未熄，而詩固已亡矣。雖有河汾君子出，於時亦將何所采拾乎？夫《三百篇》爲詩之祖，而風不同於雅，雅不同於頌，《小雅》之材不同於《大雅》，而「無邪」之旨，「興、觀、羣、怨」之教，無不同焉者，豈不以言詩自有其本在邪？亦曷嘗置一人一詩於前，用一律以髣髴撫肖之哉？

合肥徐子荔菴，嘗舉孝廉方正特科，是其行誼，既重於鄉里，見於明時，固將揭其所修於身者，爲法於當年，流聲於後世，使人考其德行之成，卓然非尋常之所能及；乃猶不廢辭章之末事，而勤勤於吟詠詩篇，欲託以自名，豈欲以立德之餘紬而兼夫立言者與？夫立言，非德無以爲之本，徐子之賢，其必有以既其實矣。始吾識徐子於陳秋麓司馬座，徐子爲言與吾亡友劉孟涂善，因恨交余之晚。明年，余主廬陽書院，距徐子家不里許，因得數相見。又明年，余主亳州柳湖書院，而徐子先在州刺史署中。夫徐子與余交雖晚，而其踪迹之聚密，有爲親故之所不及，豈非相與有夙因與？ 然則徐子命余序其詩，其曷可辭？ 故爲本其素行，與詩教之大旨以爲言。

安徽通志序 代

國家承平，聲教暨訖，大宇之下，休養生息，垂二百年。雖萬里之外，嶺海之陬，山川城郭，兵額田賦，倉儲征榷，師儒學校，風俗物産，文羅武絡，悉達京部闕廷之上，民氣動静，視之如咫。内外井井，不勞而治。圖志之用，關於政治，其益如此，是以各省通志，雖或舊有與無，而皆於雍正七年，奉世宗憲皇帝諭旨，一例輯修。書成，皆經奏進、栞板，藏貯布政司。而安徽省獨統於江南，乾嘉逮今，頗常增修，而無創造。

道光五年，臣某奉命來撫是邦，實有問俗之責。念兹地千里，所轄府、州、縣，襟帶吴、楚，兼有揚、豫，較其疆域之廣輪，人文之殷盛，扼塞之險易，財貨之阜蕃，實與江蘇不相上下。矧自春秋、楚漢、三國六代以來，封建僑置，華離紛錯，其名區勝迹、遺文軼事，至頤而不可紀極。唐、宋、元、明，道路割併，職官建置，沿革隸屬不一，故事尤夥。今取士之額、漕輓之供、巡撫布政使司之設，皆有上下江之分，而志書獨否。地大物博，首尾要最不具，故《江南通志》多至二百卷，而安徽事略，猶未能詳。且《江南通志》續修於乾隆元年，距今又閱九十四年，日月運於上，人事增於下，政典條例，因時制宜，屢經更定，文書案牘，多於積薪，稽考不備，何以禆益治理，昭示來兹？ 封疆之吏，職在補偏修廢，苟有可以利地方者，雖其未有，不妨創舉，見既有端，不敢避縮。爰與布政使臣某、按察使臣某暨諸監司郡守，周諮協慮，謀創爲《安徽通志》，僉議曰：宜。乃於某年月日，會同兩江總督臣某具疏恭請，欽奉俞允。條例初頒，綱領始布，而臣某旋奉恩命調任江蘇。於時，接任安徽巡撫臣鄧某踵成其事，酌籌經費，慎請名儒，開局纂修，歷今四載，始克告成。細目宏綱，詳明該括，俾舊章不致放失，文獻藉以有徵，於以彰我國家纍洽重熙，典章制作之盛，與《江南通志》並備史館采擇焉。是書，臣某實謀創始，例得弁言簡端。謹拜手稽首，序其顛末如此。

重修太湖縣志序 代

道光丙戌冬，余自鳳陽移守安慶，數年之閒，凡六屬邑令，雖遷調事故不常，然皆以賢能助余爲治。當是時，值前撫陶、張兩大中丞暨今鄧大中丞相繼創修《安徽通志》，檄令各州縣一體輯修邑乘，送省志局，凡以稽一方之治理，上備史館采擇焉。於是太湖令山陰孫君始輯修《太湖志》，既成書，而請序於余。余惟太湖有志，其緣起本末，諸舊序詳之矣。顧自乾隆二十六年前邑令吴君重修，迄今又六十年，人事纍積，俗化遷移，君乃悉心爲之，稽考文牘，網羅搜舉，缺者補之，譌者正之，務俾文簡事覈，期於有裨治化，徵信來兹。余覽其書，文事粲然，洵足備一邑之文獻，可以觀見其民俗風土焉。輒復略爲商榷其凡例，是正其文字，庶幾體裁雅正，於以追媲武功、朝邑諸名編而無媿焉。蓋志與史相表裏，非所記覈實，無以推行諸政事。若夫浮文妨要，公家虚義，概無取焉耳。孫君既以賢能膺計典卓異，行將去此矣。

而是書之留貽於後來者，得以藉手共勉爲實政，豈小補也哉！ 道光十年庚寅仲春。

朱字緑先生文集序

《杜谿文集》十卷，坿《白柴文》一卷，故編修宿松朱字緑先生及其子曙撰。道光辛卯，樹主松滋書院，其族孫麟憫先生無適裔，將代爲梓行，而屬余序之。其言曰：「先生集舊有栞本，既未盛行於世。乾隆時，開四庫館，禁書令甚嚴，其家不知而燬其板，惟鈔本僅存於今，又多摩滅錯亂，至不可讀。」樹幼即知先生名，而未見其文。既發讀卒業，則歎曰：「此豈僅一方之文獻而已！」蓋國朝名家箸書若此者，實不多見，是固將追古之作者如李翺、蘇洵、曾鞏輩，並垂不朽於天壤。惜乎世無傳本，知之者少，而可不亟亟焉表而出之哉！ 蓋先生受知於仁廟，嘗預武英殿修書之選，一時交游之士如萬季野、梅定九、閻百詩、何屺瞻等，並國初碩學耆儒，先生與之馳騁議論，並駕角立。而其文又皆經事析理之言，高峻曲暢，氣韻温厚，得法雄深，無一語爲時人所能措。如《與李二曲辨學書》、《記闕里志後》，理明詞確，有裨人心世教。《記徐司馬三征事》，金中丞、吕沃洲等傳，表潛闡幽，足補史傳之不備。其他雜文，記言書事，皆關掌故，無虚詞泛語。而考其言之所至，其所得於内者，行又足以充之，孚於鄉黨，信於友朋，足以重天下而傳後世無媿也。世之文士汲汲箸書以邀名，而行無可稱，中無所積，剽襲標榜，憑藉聲氣以炫燿於一時，卒歸湮滅。而如先生之操修明潔，高文博辨，雖其一時未顯，而其光氣靈怪終不可遏抑，在在如有鬼神呵護，待其人而後發。故雖其子孫之式微，而承學後進不敢謝其責，而必爲之發揚暴露，以箸見於天下後世也，蓋有天焉，非偶然也。先生與吾鄉宋濳虛、方望谿先生交最契，其卒也，望谿爲之表其墓，而此集前濳虛嘗爲之序。樹惟書無重序，又自念末學鄙淺，豈足以重先生之文，使學者尊而信之？謹訂其脱謬，更易其卷弟，言其大略，以質世之君子。先生平日所最措意者，有《游歷記》數十卷。今集中有其序，而未見其書，惜哉！道光辛卯九月，桐城後學方東樹序。

重刻數度衍序代

今海内言天文學，必推宣城梅氏。然梅氏曆舉新舊西法凡九家，皆在前，先繼善公其一也。夫儒者之業，惟天文爲絶學，非專家尠能通習，習矣而或不能精深，灼然有所發明，則亦不著。吾鄉前輩著述如林，皆鮮及此學，故自余晉齋《八綫測表圖説》外，無一人問津者。近儀徵阮芸台宫保撰《疇人傳》，裒集古今，而先公實抗席其間。公所箸《數度衍》二十四卷，箸録《四庫》，其義例具見《提要》，大抵新西法也。歲久板壞，字漶滅不可識，子孫貧不能修輯。某頃歲自蜀歸，始得購求紙本，重摹鋟板。又《四庫存目》載《揭方問答》一卷，亦言新法，今未見。揭名暄，字子宣，先檢討公弟子也。所箸《寫天新語》，亦在《四庫存目》中。聞國初有江西廣昌人揭束熙，字静叔，於順治三年以推官護饟經泉鎮遇寇死，妻萬氏，子暄奮力殺賊報仇，事具邑志。束熙箸有《天書》、《性書》、《兵書》，則子宣之學有自來矣，因坿箸之。道光八年戊子十月。

重刻劉直齋讀書日記序代

董子曰：「道之大原出於天。」天不言，而生聖人以代之言，故聖人之言，凡以明道覺世，陳其理而不彊晤，猶天之縣象而益加顯焉耳。周秦諸子，獵道術而裂之，刻意箸書，始欲私之以爲己言。道有純雜，語有偏全，要欲以明道立教則一也。降自東漢，以逮陳、隋，八代遞衰，文士之習盛，而道始隱。非道隱也，其言不足以箸之，而民無從有聞焉。其僅而有存者，大率如沙中之金，細而寡獲，不濟於用。及至唐，韓子因文見道，而道復昌。昔人功之以配孟、荀，而以爲不在禹下，由今觀之，其弗信矣乎？嘗論古今道術源流，唐韓子之於宋程、朱，猶之伯夷、伊尹、柳下惠之於孔子，亦於其言精麤淺深辨之而已。顧韓子之言以文，程朱之言多出於門弟子所録，小儒頗病之，以爲其體沿於釋氏，後人習以箸書，俚俗淺近，不應爾雅。讀夫言，弟觀其於道有離合否耳。詞之工拙，時代爲之，非所害也。苟其言足以質聖人而無疑，軌諸子而獨粹，雖箸書無文，抑豈文士離經詭正、浮華齷齪之言所可共帙同機而讀乎？某性顓愚，自壯至老，喜觀語録諸書，尤潛心宋五子。服膺既久，中閒仕宦，遠涉夷險，紛薄不一，而未嘗稍輟業。以之行身居官，反而自驗，亦時有得力於是，益信聖賢之學，體用交盡，口之所發，簡之所書，與躬之所踐無二焉。歷選諸儒，周、程、張、朱而外，不啻數十百家，雖高下不侔，而於道莫不皆有所發明。最後又得孝感彭魯岡、安丘劉直齋之書。魯岡之書近得雲夢程太守梓行，直齋之書雖有槧本，而流傳未廣，問之學者或不能舉其名氏。道光乙未，其族孫某官某人始以其書來，讀之精深明辨，多所發明，雖其視周、程、張、朱淺深高下未知何如，要其大致不合者抑寡矣。惟原書五十卷，今所栞行陸巢雲删定本止五卷，卷數縣絶，意其微言緒論，宜猶有可存者，而今不盡見，可惜也！某將重栞以廣其傳，余故道其所見，用識私淑之忱云爾。

芸暉館四世詩鈔序

夫蓄德久則其世必顯，雖曰自天篤之，然固人事之符焉已。維文章學問亦然，其積之益厚博，則其聲益遠流；其業世宿，則其致精極能也必益工，其於收名也必益遠。

鄉先輩退餘吴先生，處仁抱義，樂善務施，其平生所以陰行其德者無不至，而無邀名望報之心。嘗與其弟除夕遇孤童之無依而哭於塗者，二人問之，則其族子也，因攜歸，兄弟各撫育之，以至成人授室。先是，先生老而乏嗣，洎是至年六十一，始得冢嗣竹心大令，又十年復得種之太史，人以爲陰德之報云。厥後，太史生三子：長春麓，侍御；次星槎，刺史；次岳青，徵士。太史念兄竹心無子，以徵士嗣。而侍御二子：長子方，明經；次喬軒，大令，皆以文行仕宦顯於時。其餘羣從稚孫，烝烝林林，盈庭玉立。夫以百年之閒，孫曾鵲起，簪纓世禪，翰苑科名，畢萃於一門之中，而皆本於退餘先生一人之積纍，則余所謂蓄德久而其世必顯，其弗信矣乎？

退餘先生幼勤學，習舉業，而尤工於詩。既久困場屋，連蹇不得志，又初無子嗣，可謂不得志甚矣。而誦其詩，浩浩乎，渢渢乎，吟詠性情，攄述游歷，其胸中絶無忿怒愁苦之氣、哀怨侘傺之詞，則可謂之德音者與？竹心大令承庭闈之訓，其詩抒辭，雅潔可誦，不以作吏廢其嘯歌。及至太史，鯨呑虬横，薄雲霄，沮金石，馳騁乎山川之壯，研摩乎景物之華，觀其風格，時與唐賢高常侍、岑嘉州、李翰林相近，有初盛承平氣象，無塞苦困瘦之情。自中朝士大夫，及四方才士，莫不慕重之。然則太史之詩，豈獨爲一人之善？固上以大退餘先生、竹心大令之業，而下以開侍御、明經之緒，使人讀其詩，考其家世，父子祖孫，奕葉相承，信世宿其業者其致精極能，而收名益遠有如此也。故星槎、岳青既定次退餘先生及大令、太史詩各爲集，而並以侍御、明經詩坿於後，命之曰「芸暉館四世詩鈔」。嗚呼盛哉！昔曾子固言：自漢唐宋以來，能三世以文章特見於世者，代不過數人，今吴氏之盛若此，雖梁之徐摛、陵，庾肩吾、信，唐杜審言、甫，竇叔向、牟、鞏，宋眉山蘇氏，舉不足專美於前史矣。星槎、岳青以樹嘗及見太史，又習於侍御、明經，故命爲之序。樹無以辭之也，乃爲本其家世所以致斯盛者，由於蓄德積學之久以爲之言。若其詩之工卓然可傳於後世，讀者當能見而信之也。

吴康甫磚録序

凡人之學，雖一物之微，苟好之精且專，斯莫不有傳焉。非彊而致之也，以爲是亦道之散而所寄，故能分識小之用，歷世而不可廢。夫論學而至文字，六藝之一端耳。於文字之中而及於金石，於金石而逮於磚文，又其一端耳。然而論者以爲金石文中，國邑、大夫之名，年代、日月之紀，偏旁、篆籀之迹，有可補經傳所未備，《説文》所未及，考鏡得失所亦不遺，豈徒摩挲古物，寄興翫好而已，則磚文或亦分其一節邪？ 顧唐以前，金石之學未廣，自北宋以來，列收藏者至三十餘家，而其人非有閎博大雅之才，貫通經史，則往往不暇以好；好之矣而或貧賤屏處，力不足以致之，則又不足以聚，即偶蓄一二器，而亦不足以稱富。嗚呼，蓋其難矣。吾邑學問文章頗爲四方所宗，而金石學獨闕焉弗講，將恐泥小道而忘致遠與，何好之者絶少？前輩之流風，竟未有開而先之邪？

吴君康甫，年少而才秀，性嗜金石，自其在鄉塾時，即喜模拓篆刻。及仕浙中，既多與賢士大夫接，又多得地土所出，故其好之也愈篤，其求之也益勤。其説以爲，凡漢、晉鐘銘、印文、銅器、碑碣、瓦當之屬，一一取證之，以磚文可補諸體於萬一，於是輯爲是録，敘列精當，頗具條理，較昔諸家録文而未爲成書者特爲詳備，皆可觀亦可喜。昔歐陽《集古録》千卷，而趙氏書多且倍之；薛尚功《鐘鼎款識》四百九十三器，今儀徵阮相國益之爲五百六十器以勝之。創始者難，繼起者易，亦其事理之所必然矣。夫古物之在天壤，有日減無日增，矧磚之質賤，不爲人所貴重而易湮毁者邪？ 得是録以永之，千萬年不朽，則此書之傳亦與之爲不朽，安在致遠泥小，不且爲吾邑開作始之功與？ 康甫寄書索余文爲序，故爲本其實事以言之。

周書武成年月考序

吾嘗論學莫大於説經，亦莫難於説經。説經者，必以義理爲主，而輔之以考證，稍偏焉，皆失之。而考證家於天文、曆算又必專門，始通其説，固非大儒罕能兼善。近世學者，務蔑義理，而專求之考據；談義理者，又率空疏不學。二者交病而不相能，此太史公所以歎《春秋》曆譜之不一也。

吾友馬君，嘗病先儒説《周書·武成》年月不合，因深箸劉歆《三統曆》之疏不可信，以致誤諸儒，而因以誤經文也。乃爲《周書年月考》一卷，據程氏厚耀《春秋長術》以斷己卯之無閏月，而《武成》日月皆合；又據《金縢》、《史記》以定武王之卒年，而周公攝政、成王在位之年皆明。其言曰：必得其年，而後能定其月日。以經證經，事覈而詞信。蓋合儒、曆二家之言，信乎誠足爲治國文者要覽矣。吾初疑曆家之術，止可推明閏、朔、章、蔀、月、日，而不可考古。爲曆之年月，所當於古帝王事迹，史文有闕誤，即不能詳，故史遷《三代世表》不紀共和以上年月，以爲本於孔子之意。馬君曰：「君所言概論夏商以前，吾書弟爲周一代言之，而實有經史及儒、曆諸書可考，不當以史遷爲不可易之説。」余覽其書信然，乃悔向所見之不宏也。自記云：其詳具於所與書中，可參觀之。

援鶉堂筆記序

《援鶉堂筆記》五十卷，鄉先生薑塢姚編修之言也。先生早歲歸田，專精修業，自壯至老，未嘗倦怠。其所校閲羣書，包括古今，探篹雅故，凡墜簡、譌音、乖義、謬釋，一一是正。或録記上下方，或籤片紙簡中，反覆書之，旁行斜上，朱墨狼藉。然弟自求貫通，不希箸述。歿後，學者借鈔傳寫，致多散佚，或並原書爲人所竊，今其存者纔能過半，又頗顛倒脱爛，不可辨識。

先生曾孫瑩，前仕閩中，始輯而刻之，名曰「筆記」，本其實也。惟閩中之刻，既非足本，又失於讐校，訛誤實多。及兹移官江左，亟事改補，以樹龘堪盡心，過蒙諈諉，於是始共商榷，隨文究義，彙以部居，檢校本書，足得依據，整齊首尾，標疊章句，乃定箸爲此編。微言奥旨，昔人未宣，眇識精解，當年罕對，後有作者，斯知爲貴。

汪氏學行録序

昔孔少傅文通君子魚，蒐輯宣聖而下子思、子上、子帛、子順之言行，箸書以存其先世之德。至太常子臧，輯而爲《孔叢子》，蓋言有善而叢聚之也。江都汪容甫先生，負海内盛名，士林之稍有識學者，莫不宗仰之，以爲通儒矣。而其上又有快士先生者，以工書善籀篆被當世重名，與王文簡諸名賢相友善。其上又有餘姚令君，以循吏起家，載在邑乘，殁而配食於社，如某某先生者。嗚呼，汪氏之明德遠矣。吾友孟慈户部，言論風采，以名教自任，文章學行，以聖學爲歸。懼先德之弗彰，乃聚而爲《汪氏學行録》。樹受而讀之，竊以孔悝之銘鼎、陸機之誦芬、謝靈運之述德，皆不若《孔叢》之爲篤信廣博，足以爲法於後世。孟慈，其子魚、子臧之亞與？桐城方東樹。

姚石甫文集序

文章如面，萬有不同。而苟求古人深妙之心，則雖千載之遠，如出一手；不得其心，往往好彊同其面，同其面而深妙之心亡矣。優人之肖人歌、泣、悲、愉，足移觀者之耳目，有識見之，必不以爲真古人也。

夫文亦若是焉則已矣。本之以經濟，以求其大；本之以義理，以求其醇。表章紀事然後重，陶鑄性情然後真。不如是，則浮、則龐、則輕、則泛。然使不得古人深妙之心，則言經濟而冗，陳道義而迂，表章紀事蕪纍而失輕重，抒寫情抱鄙俚而乏雅馴。唐宋而後，陳政事之文，果足與兩漢齊肩與？而何論周秦？宋元以後，闡道義之文，果足與孟、荀、楊、韓並美與？而何論六經？班、范以來，紀事之文不絶，而翦裁棄取，識大小輕重體要者幾人？惟獨性情之製，自《三百篇》、《騷經》而降，作者差多，是知文章之事，別有淵源授受。韓子曰：「不登其堂，不嚌其胾。」固非妄庸高名所可刼而有之矣。夫文章之體，如人之體，體不備，不可爲人，駢拇、枝指、隆背、埕胸，亦不可爲妍體。今人於筋骸肌膚之間，偶觸風邪，則痺瘓不仁，以爲其氣與脈病也。至於爲文，則昧焉。一事之書，惟恐閲者之不明，剌剌然不啻自作疏解，及義理應有，思不能周，轉多欠闕。人之才，迫窘詰屈爲不足，恣肆變化爲有餘。譬江河之匯衆流，其匯愈多者，其波瀾益大。而才豪氣猛易於語言者，又患其冗費，繁而不能殺。是故有文矣而或無章，或知有章矣而又無文。降而不文不章而後稍知集字者，始封己自雄，作之者得少自足，閲之者以贋爲真，客氣虚憍，苟相夸奉，家自以爲遷、固，人自以爲向、雄，而古人深妙之心愈亡而不可見。是故覽其篇什，平岡曼陀，無奇境異勢者非文；誦其言辭，指前相襲，率意漫書，無創語造句者非文；徵其議論，糟粕常談，掇拾筐篋，駭新衒博，無玄解真理者非文。餖飣奇古以夸俗，不可以爲華；巷説乃諺而易通，不可以爲質。詔之以主理而腐，告之以求法而拘，導之以尚氣，猖狂妄行，而無節制。文章之道，欲其静而不躁，重而不輕，要而不泛，畏而不肆，節而不蕩，審而後言，言不失本原。若是者，斯其於爲文也當矣。

見今時無工文者，並無知文者。道思不深不能工文，經義不明不能工文，質性不仁不能工文。故古之工於文者，必有仁義之質。如不得已而後言，而後其言傳。而其致力之始，又必深求古人，沈潛反覆翫誦研説之久，然後古人之精神面目與我相觀，而我之精神面目亦自以見於天下後世。以此衡之，唐宋以來，韓、歐、蘇、曾、王而外，作者如林，曾不多覯其匹。獨明歸熙甫氏出，始有以得夫古人深妙之心，而以續夫數百年不傳之祕，日久論定，無異喙矣。若夫知文與知道同，必以覺言覺，以知言知，而後言之淺深、高下，無非是也。如以水洗水，溼性同而其流自合。今之論道、論文者則不然。以未覺言覺，以未知言知，影響揣似，剿説雷同，以己凡淺測彼高深，如以泥洗水，質味所入，清流亦濁。在黄帝之告歧伯是已，其言曰：「誦而未能解，解而未能别，别而未能明，明而未能彰。」嗟呼，彼未知爲知者，聞聖人之言，不亦廢然自失與！

今石甫之於文，其有以得夫古人之心哉，抑猶未邪？不得其心，往往好彊同其面，而石甫之文，其於古人之面，不一一求肖；而余之知石甫者，又未能同其溼性之水，則言之雖工，恐未有當也。石甫平居，以賈誼、王文成自比，其學體用兼備，不爲空談，故其文皆自抒心得，不假依傍。余觀其義理之創獲，如浮雲過而覿星辰也；其義論之豪宕，若快馬逸而脱銜羈也；其辨證之浩博，如眺冥海而覩瀾翻也。至其鋪陳治術，曉暢民俗，洞極人情得失，如衡之陳、鑑之設，幽室昏夜而縣燭照也。而其明秀英挺之氣，又能使其心胸、面目、聲音、笑貌、精神、意氣、家世、交游畢見於簡端，使人讀其文，如立石甫於前而與之俯仰抵掌也。則石甫之文，即未得古人之心，已自足傳石甫矣。而抑知不得古人之心，則其文必不能若是也哉。石甫固以陽明自待，而其出宰之縣，適即爲陽明所開，其民俗根株，獷悍難治，又與陽明當日所征八排峒僚無異。石甫之治此地，禽獮、獸薙、剔抉、爬梳，化誘若雨露，震讋若風雷，申嚴之法，誥誡之文，朗暢剴切，恢闊明白，又無不與陽明氣象相似。吾不知天特留此盤根錯節以待利器乎，抑故遺石甫居此，行其學，顯其才，以與陽明相輝映，俾天下後世知其志之不虛乎？曩石甫嘗爲書達諸公，極論治劇之理。及石甫治平和，一一行之於其言。嗟呼！石甫之學，既見於治矣；石甫之治與文，既見於當世，而又將揭之以示後世矣。然而人之讀其文者，或譽之，或輕之，未之奇也。吾嘗聞其言，其輕之者，固未必爲疵；乃其譽之者，亦不得爲當，要之皆未足爲知石甫者。夫治有明效，當世且不能知其所由，況能即其文而推以知其氣象之何似乎？知不知，亦何足損益？余獨恥讀人之文，而不能識其心胸、面目之真。使作者之心不箸於天下，亦古今斯道文章所同憾也，故亟爲箸之，使讀石甫之文者，有以考其迹焉。嘉慶己卯十月，序於廣東通志局。自記云：不免流蕩、夸浮、囂張之氣，有同躍冶之金。久不欲存，因姚集已行，不能掩矣，姑識之，以明僞體當裁。

考槃集文録卷三終

考槃集文録卷四

序

漢學商兌序

近世有爲漢學考證者，箸書以闢宋儒、攻朱子爲本，首以言心、言性、言理爲厲禁。海内名卿鉅公，高才碩學，數十家遞相祖述，膏唇拭舌，造作飛條，競欲咀嚼。究其所以爲之罪者，不過三端：一則以其講學標榜門户分争，爲害於家國；一則以其言心、言性、言理，墮於空虛心學禪宗，爲歧於聖道；一則以其高談性命，束書不觀，空疏不學，爲荒於經術。而其人所以爲言之恉亦有數等：若黄東發、萬季野、顧亭林輩，自是目擊時敝，意有所激，創爲救病之論，而析義未精，言之失當；楊用修、焦弱侯、毛大可輩，則出於淺肆矜名，深妒《宋史》創立《道學傳》，若加乎儒林之上，緣隙奮筆，忿設詖辭；若夫好學而愚、智不足以識真，如東吴惠氏、武進臧氏，則爲闇於是非。自是以來，漢學大盛，新編林立，聲氣扇和，專與宋儒爲水火。而其人，類皆以鴻名博學爲士林所重，馳騁筆舌，貫穿百家，遂使數十年閒承學之士，耳目心思爲之大障。歷觀諸家之書，所以標宗旨，峻門户，上援通賢，下讋流俗，衆口一舌，不出於訓詁小學、名物制度，棄本貴末，違戾詆誣，於聖人躬行求仁、修齊治平之教，一切抹摋。名爲治經，實足亂經；名爲衛道，實則叛道。昔孟子不得已而好辨，欲以息邪説、正人心。竊以孔子没後千五百餘歲，經義學脈，至宋儒講辨，始得聖人之真。平心而論，程朱數子廓清之功，實爲晚周以來一大治。今諸人邊見傎倒，利本之顛，必欲尋漢人紛歧異説，復汩亂而晦蝕之，致使人失其是非之心，其有害於世教學術，百倍於禪與心學。又若李塨等以講學不同，乃至説經必故與宋人相反，雖行誼可尚，而妒惑任情，亦所不解。東樹居恒感激，思有以彌縫其失。顧寡昧不學，孤蹤違衆，河濱之人，捧土以塞孟津，不自度其力之弗勝也。要心有難已，輒就知識所逮，掇拾辨論，以啓其端，俟世有真儒出而大正焉。儻亦識小之在人，而爲采獲所不棄與？

漢學商兑後序

三代以上無經之名，經始於周公、孔子。樂正崇四術，春秋教以禮樂，冬夏教以詩書。及至春秋，舊法已亡，舊俗已熄，詐謀用而仁義之路塞。孔子懼，乃修明文、武、周公之道，以制義法，而作《春秋》。《春秋》亦經也，孔子雖未嘗以是教人，然其平日所雅言於人者，莫非《春秋》之義也。衛君待子爲政，子曰「必也正名乎」；陳恒弒其君，請討之；季氏伐顓臾、旅泰山，則使欲止之：此皆《春秋》之義也。至於哀公問政，子曰：「文武之政，布在方策。」《論語》卒篇載「堯曰」一章，柳宗元曰：「是乃夫子所常常諷道之辭云爾。」子曰：「道之以德，齊之以禮。」「能以禮讓爲國乎，何有？」又曰：「小子何莫學夫

《詩》？《詩》可以興，可以觀，可以羣，可以怨。邇之事父，遠之事君。」又曰：「興於詩，立於禮，成於樂。」又曰：「假我數年，卒以學《易》，可以無大過矣。」故莊周曰：「《詩》以道志，《書》以道事，《禮》以道行，《樂》以道和，《易》以道陰陽，《春秋》以道名分。」六經之爲道不同，而其以致用則一也，此周公、孔子之教也。及秦兼天下，席狙詐之俗，肆暴虐之威，遂乃蕩滅先王之典法，焚燒《詩》《書》。於時，不特經之用不興，並其文字而殄滅之矣。漢興，購求遺經，於是羣經始稍稍復出。或得之屋壁，或得之淹中，或得之宿儒之口授，而固已殘闕失次、斷爛不全。賴其時一二老師大儒辛勤補綴，修明而葺治之，於是《易》有四家，《書》與《詩》三家，《禮》、《春秋》兩家，號爲十四博士，則章句所由興，家法所由異，漢儒之功，萬世不可没矣。自是而至東京、魏晉，以逮於南北朝，纍代諸儒遞相衍説，辨益以詳，義益以明，而其爲説亦益以多矣。及至唐人，乃爲之定本、定注，作爲《釋文》，舉八代數百年之紛紜，一朝而大定焉。天下學者，耳目心志斬然一齊，兼綜條貫，垂範百代，庶乎天下爲公，而可謂之大當也。然其於周公、孔子之用，猶未有以明之也。及至宋代，程朱諸子出，始因其文字以求聖人之心，而有以得於其精微之際，語之無疵，行之無弊，然後周公、孔子之真體大用，如撥雲霧而睹日月。

由今而論，漢儒、宋儒之功，並爲先聖所攸賴，有精麤而無軒輊，蓋時代使然也。道隱於小成，辨生於末學，惑中於狂疾，誕起於妄庸。自南宋慶元以來，朱子既殁之後，微言未絶，復有鉅子數輩，蠭起於世，奮其私智，尚其邊見，逞其駮雜，新慧小辨，各私意見，務反朱子，其所謂道非道，而所言之踕不免於非，其於道概乎未嘗有聞焉者也。逮於近世爲漢學者，其蔽益甚，其識益陋，其所挾惟取漢儒破碎穿鑿謬説，揚其波而汩其流，抵掌攘袂，明目張膽，惟以詆宋儒、攻朱子爲急務。要之不知學之有統，道之有歸，聊相與逞志快意以鶩名而已。

吾嘗譬之：經者，良苗也。漢儒者，農夫之勤菑畬者也，耕而耘之，以殖其禾稼；宋儒者，穫而舂之，蒸而食之，以資其性命，養其軀體，益其精神也。非漢儒耕之，則宋儒不得食；宋儒不舂而食，則禾稼蔽畝棄於無用，而羣生無以資其性命。今之爲漢學者，則取其遺秉滯穗而復殖之，因以笑舂食者之非，日夜不息，曰「吾將以助農夫之耕耘也」。卒其所殖，不能用以置五升之飯，先生不得飽，弟子長飢。以此教人，導之爲愚；以此自力，固不獲益。畢世治經無一言幾於道，無一念及於用，以爲經之事盡於此耳矣，經之意盡於此耳矣。其生也勤，其死也虚。其求在外，使人狂，使人昏，蕩天下之心而不得其所本。雖取大名如周公、孔子，何離於周公、孔子？其去經也遠矣。嘗觀莊周之陳道術，若世無孔子，天下將安所止。觀漢、唐儒者之治經，若無程朱，天下亦安所止。

或曰：天下之治，方術多矣。百家往而不反，小大精麤，六通四辟，一曲之士，各有所明，雖不能無失，然大而典章制度，小而訓詁名物，往往亦有補前儒所未及者，何子罪之深也？曰：昔者周嘗封建諸侯矣，諸侯而下爲卿大夫，卿大夫而下爲士，士之下爲庶人，周固天下之共主也。及至末孫王赧，不幸貧弱負責，無以歸之，逃之洛陽，南宮謻臺。當是時，士庶人有十金之産者，因自豪，遂欲以問周京之鼎。十金之産，非不有挾也，其罪在於問鼎。後世之學者，不幸不見天地之純、古今之大，全賴程朱出而明之，乃復以其謏聞駮辨，出死力以詆而毁訾之，是何異匹夫負十金之産而欲問周鼎者也？ 是惡知此天下諸侯所莫敢犯也哉！ 故余既明漢儒之有功若彼，而復辨諸妄者之失若此，後有作者，亦足以明余非樂爲是譊譊也，其亦有所不得已焉者也。

節孝總旌録序

古者司徒掌教，在唐虞止有五品，在《周官》益以三物。知、仁、聖、義、忠、和，謂之六德，孝、友、睦、婣、任、恤，謂之六行。至其教國子也，則又有師氏「至」「敏」「孝」德、「友」「順」等行。而所以考其德行道藝以興賢者、能者，則專以統於鄉大夫。由是族師則書其孝、友、睦、婣、有學，閭胥則書其敬、敏、任、恤。自内及外，則有小行人以五物登其書，以周知天下之故。先王之教詳矣，而皆不及婦人，然後知其教之尊而有等。聖人重大昏，以承天地，以順陰陽，以重似續，以妨廉恥，以明婦順。《易》首乾、坤，《詩》始《關雎》，《少儀》、《内則》閒及女事，先王之端風化至矣，而不聞旌表貞節，然後又以知其教之順而有倫。先王之教，尊男而卑女，抑陰以伸陽，以爲是固率於其夫者也。故以爲之綱，而比於君父，著三從之義，申七出之條。其出之之道，非止一行也，僅於一行，而其可出者，仍有六則，固不得以其一行而賅其衆行也。《燕燕》、《柏舟》之詩，共姜、季姬諸人偶一見於經，非以箸其治亂之由，即以愍其人之不幸，而固未嘗以是不祥者縣爲至教，以風示天下也。劉向作《列女傳》，采古賢妃淑媛所以致興亡者，以垂鑑誡，風切世主，其所列者曰賢、曰孝、曰節、曰烈、曰慈、曰才，固不專重一節也。厥後史家踵之而作，其義率本乎是。自後世專重一節，於是女子之庸行，遂與男子之畸行並重於天下。蓋三代以上，女婦之賢聖者衆矣，而無傳焉者，當其常，則務自盡而無爲名焉耳。故曰中世之所敦，已爲上世之所薄，而遭變而見稱者，非其人之願也。及至秦人始嚴，著爲禁，而亦未有以旌之也。故女在室及婦人居常而寡，有舅姑在者，皆無殉夫之道。而後世並旌之，雖未合義，而愍志行，哀煢獨，善善從長，固君子所過而許之矣，忠厚之道也。

雖然，古者之節重於男子而略於婦人，後世之節謹於婦人而緩於男子。人之大倫五，以吾所聞見，惟婦死其夫及女子未婚而守貞者爲多，友之能信者差少焉，弟之能悌者差少焉，臣之能忠者差少焉，子之能孝者絕無而僅有。曩余嘗佐修《粤志》矣，見同局所纂列女至三萬餘人。道光八年，大中丞江甯鄧公創修《安徽通志》，舉江蘇、陽武兩縣例，題請總旌節孝。於是吾邑除自明以來前已旌者不計外，又得三千餘人。以是類之，凡他州縣，雖其數未審實，大略亦不減於是。夫以一邑之偏隅，婦女貞節孝烈至數千人之多，而環顧通都大郡，數十百年之久，舉孝子者不得一二焉，其他義行如《周禮》所當書者不得一二焉。嗚呼，豈不媿與？

方其舉節孝也，揆之人人之心，亦豈不盡以若所爲者是難能可貴之美行也與？而曾不一思吾之節安在也？吾之孝安在也？吾之難能而可貴者安在也？以彼節婦非難能可貴故多邪？則無以服節婦之心，又與本志不相應。以爲己不必有奇行，而自有可貴者在邪？則其所謂可貴者，何絶不聞也！往者吾友梅伯言跋《復社姓氏録》，嫌其太多，吾以爲不然。此通天下而計之也，若以郡邑分計之，則亦僅矣。夫以通天下之善士，不過二千二百餘人，而以一邑節婦之數至且過之，不足爲多乎哉！而忠臣、孝子、悌弟、義夫、信友數十百年不得一二焉，不足爲少乎哉！噫！其亦反躬内省，惕然而一思之也哉！毛生甫曰：「閎整醇博，似曾子固。」

明季殉節坿記序

馬君公實箸《明季殉節坿記》若干卷，命其友方東樹爲之序。馬君是書，於諸賢殺身成仁之義，國家殊恩褒善之宏，及己所以欲搜補之意，既自具論其事，作爲序例詳矣。思欲賡續大義，而識庳學陋，弗克當其職而措其辭。久之，乃似有以得其本末之實，爰始敢爲之説，竊坿於君子尚論之義焉。曰：

吾讀《明紀》至熹宗，歎其政刑之傎，奄寺媢嫉，傷善之徒，接迹居位。雖以莊烈愍皇帝之恭勤思治，終亦蔽於賢姦之不分，故致忠良凋盡，國無與立。獨其下禮教信義之俗愈挫愈明。在位者既以身殉國，一時士君子及閭閻之義民號呼感憤，捐軀捨命，卒不忍渝其守，欺其志，以殉節義者，無地無之。以余所見稗乘野録，及各私家文集所記，爲正史所不載者，不可勝紀。蓋比於東漢之末季，實猶過之無不及。宋文丞相之死柴市也，自銘其衣帶云：「孔曰成仁，孟曰取義，讀聖賢書，所學何事。」嗚呼！諸君子其於讀孔孟書而克以成仁取義也，固信不虚矣。

論逆閹之殲艾，黨禍之株連，繼之以姦臣之翦剔，不應有此也。然卒得之斲喪酷烈之餘，而其多且若是，非必士氣新、民風厚也，蓋亦有所由致焉。當春秋時，亂臣賊子滋起矣。孔子懼，作《春秋》，述先王之道，明仁義之統。魯、衛之君不能用，退而以其説教於洙泗，化其道者七十餘人而已。陵夷至戰國，俗益陷溺。孟子、荀卿嘗亟明之，而其説卒不箸。漢興，一二大儒始稍稍明之，而政教不純，豪傑之士少，不能特拔於流俗。東漢光武首崇儒經，明、章以來，相繼表揚，立政造事，致法就功。大臣陳諫於君，悉引經術爲斷。教明於上，習成於下，故致一代風俗之美，獨隆千古。自是以來千有餘年，經訓雖存，世主或莫知其可用，學者復蔽於傳注，無復有能明先王之教以陶世者。宋儒出，乃實始講明切究，揚搉而發揮之，然後孔、孟仁義之道大明於世。雖婦人、孺子、盭疾之夫，行可不逮，而君臣父子之大倫，仁孝忠訓之大節，莫不概乎有以湛於其心。虞道園曰：先正許文正公實始表程、朱之學，以佐至元之治。故有元一代，風教學術端平醇正，無奇邪暴行。明高皇即位，首延禮儒臣宋景濂、方希直等，以率師表，優厚諸生，親幸太學與諸生會食。繼世未幾，靖難兵起，而忠臣義士殉國捐生，義動海内，魏、晉以來未之有也。孔、孟之道明，仁義之教洽也。嚮非程、朱諸儒講説之詳，有以啓沃其心，使之素知節義之爲重，何由得此？乾隆閒，黔人謝濟世上書，稱明人之尊朱子，以私同姓故，因請以其所撰經説易朱子傳注。誕妄之人，事不足論。唐人尊老子，則真爲同姓也，而其治若彼，則即謂明人以私同姓故尊朱子，而收效若是，亦足矣，又何歉乎哉？三代以降，更姓易號者不一矣，而政教休明，克稱一代之宏規者，曰漢、曰唐、曰宋、曰明。顧漢人尚黄老，唐人崇道教，惟獨東漢及宋明人克明儒術，此所以邁絶古今而足爲萬世法者在此。世之鄙儒乃猶痛詆道學，力攻程、朱，甚且以明之亡歸咎於講程、朱之學，是惡知天下古今得失之大數乎？

韓子曰：「人之將死，其臟腑必有先受其病者。引繩而絶之，其絶必有處。觀者見其然，從而尤之，其亦不達於理矣。」自古實多亡國，而明之亡獨致節義之美如是，吾故爲推其所由致，以歸於孔、孟仁義之教，程、朱講辨之功，其誰曰不然？往者吾宗望谿先生言，華亭王司農之承修《明史》也，於吴會人士雖行誼無甚異者多列傳，而他省遠方灼灼在人耳目者反闕焉。又曰秀水朱竹垞得《復社姓氏録》，以其後事徵之，死於布褐而無聞者十之三。是則地處僻遠而史不及書，名位卑微而史又不及書，如余向所稱見於野録、稗乘及私家文集者，不知何限，而猶恐未盡。然則馬君之勤勤焉旁搜博稽，思欲以微顯闡幽也，亦惡可已哉。毛生甫曰：「渾雄精密，於劉子政、曾子固爲近。」

馬氏詩鈔序

余讀史嘗由宋、元逆稽魏、晋以上，獨怪吾邑無達者。唐曹松、宋李公麟，傳皆以爲舒産。維明初姚氏、方氏始大。中葉以後，乃遂有吴氏、張氏、馬氏、左氏數十族同盛遞興，勃焉濬發，而且先後克以忠節、名臣、孝子、儒林、循吏光史傳者，不可勝述。又若祖宗以文學起家，妙能爲詞章，而子孫世宿其業，至今四五百年，繼繼繩繩，淵源家法，而益大其緒。於是吾邑人文遂爲江北之冠，而他名都望縣恒莫能並。蓋山川靈淑之氣發見有時，而人事因之如此，不獨禄位烜赫、科名震耀、著聞搢紳而已也。

曩在康熙初，潘蜀藻輯《龍眠風雅》，李芥須、何存齋輯《龍眠古文》，率一姓各數人，一人各數篇。爲什雖繁，而甄采多闕，蓋一邑之編，非一家之集也。近方氏子孫始有輯方氏詩者，乃合一族之作者而全萃之，人至百餘，詩至數千，可謂富矣。余又嘗爲劉氏序《澄響堂五世詩》，爲吴氏序《芸暉館四世詩》，然皆弟私其祖禰，未及旁宗。今吾友馬君公實輯馬氏詩，成七十卷，作者六七十人，合選詩四千餘篇，乃遂與方氏埒矣。嗟呼，吾邑名家凡數十族，其子若孫使皆能爲方氏、馬氏之所爲，安在潘、何二書不能備者？不可終備，無如其文之顯晦，子孫之絶續，有不能齊也，惜哉！昔曾子固言漢、唐、宋以來，能三代以文章特見於世者，代不過數人，而吾邑方、馬二氏乃宏延若是。由二家例之，他族特未成書耳，而其數諒未必多讓。是其功名顯濯，既媿於陳、桓、吕、竇、顧、陸、王、謝諸茂宗，而風流文采又足躋鄞豐氏、袁氏而過焉，使子固見之，其歎美宜何如也。

或曰：桐城人文固極盛，然獨望谿方氏、畊南劉氏及惜抱姚先生，爲能接古作者大家之統，海内稱引況諭，相與推服，特尊其氏，而並稱曰「方劉姚」。蓋日久論定，無異喙矣。「方劉姚」既出，則其餘誕章乖離，皆可置之不足道。吾以爲非也。夫觀天文者，覩日月之明而不能蔑恒星；察地理者，仰泰、華之高而不能剷廬、霍。且方、劉、姚自纂作者之籙，而爲人子孫各顯其先祖之美，其義固並行而不偏廢。余故因馬君之詩鈔爲著一邑源流之大旨，俾來者有所考，而又以明天下事理無方，而不容以一道隘之也。

二十一部古韻序

古音韻，無部分之書。漢人小學書既不專主聲，李登《聲類》世亦不傳。今人所奉守者，獨陸氏之《切韻》而已。惟《切韻》經唐人修訂，用著爲功令，唐以後遵之，而莫知其非。唐以前所以變亂之由，莫知其所自。於是古今音隔，判然離爲兩而不相領。雖列土方言閒有存者，而時無子雲之精識好事，孰從辨而識之？近世有陳、顧、江、段、戴、孔諸家，追絶學，尋墜緒，迭興繼起，馳精入神，幾於補捉出八荒，而後古音大箸，偉矣哉！縱世未信，而其復古之功不可誣也。陳氏作《毛詩》《屈宋古音考》，破宋以來讀古經未合，而概委以叶韻之失，造始創通，卓爾先覺。顧其書多用直音，於雙聲反切之源不箸，又於唐韻分部之失亦未究明。顧氏始就《廣韻》分宋鄭庠六部爲十部，作《音學五書》，於《詩》、《易》皆讀以本音，殫思眇慮，博辨廣徵，實爲曠絶古今命世之作。而江氏以爲於《三百篇》之音猶有未合，復分顧氏十部爲十三部，作《古韻標準》。段氏後出，參劑師説，補顧、江所未備，訂平入相配之未確，爲十七部，作《六書音均表》，析支、脂、之爲三部，先、仙爲二部，定、侯爲一部，而以麻隸歌、戈，以皆、灰从脂，以佳从支，結撰至思，皆引憑據，益至精微。而高郵王觀察以爲其所考入聲猶有失，如以至、霽二部爲真之入；又顧氏誤以月、曷等部爲脂之入，亦沿而未改，屋、沃、燭、覺四部从屋从谷等二十五字，本侯之入聲，而《音均表》以爲幽之入，皆誤也。於是分緝、合以下九部爲二，以正顧氏仍从《切韻》之非，爲説四條，立二十一部而爲之表，自東至歌十部爲一類，皆有平、上、去而無入；自支至宵十一部爲一部，或四聲皆備，或有去、入而無平、上，或有入而無平、上、去，以九經、《楚辭》爲準，而不从《切韻》之例。

儀徵阮相國深韙其説，因屬吾友南海曾君勉士依其類例作《二十一部古韻》。余聞而疑之，私諗於吾友曰：「凡所以求古音者，將以證古經音，而非欲以施今用也。苟經音既得則止，非必尊古而卑今，以矜爲苟難也。夫《唐韻》固多誤，而其尤甚者，莫如九麻一部，及虞侯蕭尤之相亂，東冬屋沃之相承，既經諸家之訂，亦已明矣。而王氏之分部辨四聲有無，定入聲分部，其説又如此，是經首猶未得也。今吾子作韻，將會諸家而定於一，其將墨守王氏而遂已與？抑猶有所證於經違棄而改求者與？且王氏表弟立部，而多不具字，雖曰不用《切韻》之例，而不能不用《切韻》之字。今欲作韻，與表體異，亦與顧氏就經與《唐韻》爲之、孔氏就《詩》而爲之之體異，政當取《切韻》之字及其音而全具之，弟移其部分耳。若是，則於二十一部所從之部、之字之有所出入者，將奈何？夫絶學既罕明，君子不苟作，願聞所以爲之之要。」君曰：「古韻大旨當以《詩》《易》爲主，王氏二十一部確校段氏爲密，今固當主之，然亦猶有沿段氏之誤而未易者，如段以講从東爲第九部，而王氏東第一只注平、上、去，而不言講韻當別入，是同段以講爲東之上矣；物韻，段从脂爲十五部，王氏脂第十三只注平、上、去、入，而不言物韻當別入，是又同段以物爲脂微入聲矣；段以業爲第八覃談部，入聲，王別出緝部第十六，而又不注業合當在何部，是亦以業合从盍同段矣。竊按《説文》講从冓聲，《史記·甘茂傳》注講讀曰媾，此古音也，當入侯部；《易·繫詞》以質韻物，則物質自當入至部；《商頌·殷武》業葉韻、《大雅·棫樸》楫及韻、《小雅·皇皇者華》隰及韻、《板》之輯洽韻、《衛風·芄蘭》韘甲韻，據此，業、葉，楫、及，隰、及，輯、洽，韘、甲數字，以偏旁求之，皆當在緝部，此皆王氏沿段氏之誤而某欲僭易之者也。至王氏，又有第十五盍一部，竊疑《禮記》盍旦即鶡字，當在祭部；乏部，以窆、砭、泛等字律之，當爲凡入聲；帖部，爲忝入聲：此又欲改併而未敢決擅，尚有待於推求者也。」余曰：「是皆然矣。盍之專部，王氏因《切韻》之失，弟箸入聲，而不箸字，固不以祭聲之害，曷同讀而盡於《切韻》十四字矣。鄧嶰筠尚書曰：『盍从大聲，與蓋同，當入祭部之入無疑。』又曰：『曷、盍、害同聲。』按《九辨》『車既駕兮朅而歸』，陳季立引《吕氏春秋》讀爲盍，然則盍、朅皆當入祭部，此當爲段氏十五部脂微齊之去聲音也。朅字从去，去讀羌，據切爲有疊韻而無雙聲。今江南人讀去皆作憇音，竊疑去當作羌例切，入祭部，斯於固韻除矣。《悲回風》固韻曙矣，《鵩鳥賦》固韻故度矣，而柳宗元《答天問》以去韻萃，疑朅與蛄怯等字皆从去得聲，而當爲祭部之入，此説前人所未及，未知於君意何如？或可采以備一説乎？曷亦有憇音，《蔡澤傳》唐舉曰『先生曷鼻』，徐廣曰『曷一作偈』，今以《廣韻》祭部偈、愒、揭等字律之，鶡固當入祭部。至乏爲凡入，乃顧氏舊説，吾子其無所疑矣。」君又曰：「余之爲此，大都以諧聲爲主，其指事、象形、會意等字無聲可諧者，則以義求之。又有雙聲得義，如旁溥、祖始之類。斷不能引陽唐部之旁入魚虞，引魚虞模部之祖入之咍，則以偏旁求之。又有以假借之字求者，如檇不从雋聲，入元寒部，而從公羊作醉李，入十三部；毚不从㲋聲，在侵覃部，而从《西都賦》作嶃巖，入談銜部，皆其類也。至如有訓義入某部而韻不同者，如竊淺也，故《古音轉注略》以爲淺，即竊之古字。然《莊子》竊竊皆作察察，按竊从离聲，古文偰字，自當入至部，此又不從雙聲而以假借求韻之例也。然亦有不從諧聲而从雙聲爲韻者，如平秩借作便程，而或戥皆讀若秩，即同失聲在至部而不在耕青部。要之多以偏旁爲歸，如弻从因，因讀爲誓，一讀若導，一讀若沾。余歸入至部者，以弻重文从弗決之也。

余既得聞此，因進而謝曰：「余於茲事，殆所謂未嘗覯字例之條者，而特以此爲古人小學之始功，童子皆知，而豈可不知？冀藉君書，幸矗識其崖略，以謝夫固陋而已。今君言若此，其審辨精密，允與顧、江、段、王諸作並不朽於千載矣。惜乎吾老矣，精力就衰，弗克從君請益而講辨其深賾之故矣。聊道其本始大概，以示讀君書者，俾知其改爲之指趣而已。」道光己亥九月，桐城方東樹序。自記云：余既爲此說，復審思之，去讀近倨切，《切韻》既入九御，若如吾說，以碣蚨怯字例之，當讀羌例其㤩切，不幾謂古人音有兩歧，當何所从乎？蓋古人有重唇無輕唇，去讀近倨切，重唇也，其㤩切，輕唇也。然後歎古讀羌據切，雙聲疊韻，兩得之，兼輕唇重唇也。如居之讀其，今居入九魚，其入七之、四寘，則碣、蚨、怯等字入十三祭，亦不得謂之歧音矣。

許氏説文解字雙聲疊韻譜序代

許氏《說文解字》，小學家形聲之書也。書爲形聲作，而顧汲汲於訓詁者，蓋因聲求義，義明而聲亦愈以無疑。嘗考其例，以疊韻訓者十之五，以雙聲訓者十之一二。如天顛之爲疊韻，旁溥之爲雙聲，明顯易知，讀者皆曉。惟其於注語積字長贏中，必有雙聲疊韻字以爲之主，如神下云「天神，引出萬物」，引與神韻也；祇下云「地祇，提出萬物」，提與祇韻也。取諸同部，以供指撝，殆屈子所稱「元文處幽，離婁微睇」者。後來引申，罕發其秘，惟金壇段氏作註始明爲指出，而意非專主，遺義尚多。余喜其能發微，且可證余素論，因推廣之。既於許書所以用意之處，有見其斷出於是，而非苟焉爲之者，於是按部求索，一一標舉，積久成帙，輯爲專書，於以闡明許指，疏通段說，俾奥博之誼，粲然復明於世。復取各家注本，聚相讎勘，或猶有未允者，如妻字韻室，當爲一部，段氏既以妻聲入十五部脂微齊皆灰，又以至室聲入十二部真臻先，謂至讀如質聲。若是者，段雖讀疊韻而余書則不敢從，不以不同部者誣許書亂古音也。蓋許書教人因聲以求義，余書則欲人因義以求聲，知義之出於聲而聲以正，知義與義之相比坿而古音以明。知許書之雙聲疊韻鑿鑿如此，而羣經之雙聲疊韻無不可讀也已。

許氏說文解字雙聲疊韻譜序

古小學之事，形、聲、義三者兼併，而聲爲易。人之生也，有先得於聲而後始辨其形與義者，亦有同得於聲義而竟莫識其形者，故曰聲爲易也。故兩漢以上，無專求音之書，蓋其時去古未遠，文字亦少，皆有以得其正聲本音，大抵假借譬況，弟曰「讀若」而已明矣。世降而音殊，所以讀是音者，有按之心與目而了然，接諸口而茫然者，則所以求是音也，不能不爲書以專箸其事矣。是故古人詁經解字，弟使人因聲以見義；後人立部定韻，又當知有因義以求聲。是故魏世始有反語，齊梁始有雙聲疊韻，唐人始爲切韻之書，雙聲疊韻爲之體，反切以爲之用，其於求音至精也。故必雙聲之同，而後韻之部同，不明乎雙聲之同，而彊切以立爲部，此古今韻書所以多歧也。雙聲疊韻者，天地之元音也。古人由之而不及言，後人言之而時有戾。蓋古者人少而氣正，教一而風同，故其音不相遠，本天者多也；後世人繁而氣亂，氣亂而音厖，學者雖立法以求之，而不知反古以合天，故多眩惑也。故聲韻之學，求之於古則愈合，求之於後則愈棼。是故自其不變者言之，雖唐虞至今無異也；自其變者言之，則數家之説，百里之遥而有不可同者矣。是故欲通古義，必先明古音，而欲明古音，非仍於古書求之，則卒莫能得。許氏《説文解字》，主於形以解義之書也。其於求聲，不過曰「某從某聲」、「讀若某聲」而已，此固兩漢小學書之通例也。近金壇段氏作注，始於許氏所解説閒注曰「某於文爲雙聲」、「某於文爲疊韻」、「某於文爲雙聲兼疊韻」，然後知許氏於雙聲、疊韻雖不名而言之，而固已號而讀之；雖不以之反切以求聲，而實可因以得聲之原。且其所讀皆古音，其諧聲莫不取於其所同部，學者尋其類例，觀其會通，於以識音均之原，嚴而不可越，則文字之音讀正，而義亦無不昭。而凡假借轉注交相用之故，亦無不畢貫，率由其讀，可以證古經音，可以證魏晉以來之譌音，與夫周、沈、陸、詞諸人審音分部之不當，舉古今輕清重濁、弇侈緩急之所以殊者，悉迎刃以解矣。嗚呼！可謂不苟作而至精微者也。獨是許氏書行千餘年，而曾無一人精讀而發其祕，經段氏揭而明之，遂成稀有奇特，邈前世而未聞。論者謂音韻小學爲唐韻所蔽昧，沈霾千載，直至國朝諸儒始復大箸，豈不信哉！顧段氏雖言之，而不爲雙聲疊韻專明其用，其義猶晦而弗彰；又其所言，猶不無漏遺誤讀之處。高郵王觀察曰：「雙聲疊韻之字，義即存乎聲，求諸聲則得，求諸字則惑且鑿。」故作《二十一部韻》以明之。此皆知主於求聲以明義，特不知即古書專以雙聲疊韻明之之尤爲易明也。蓋不明雙聲則不能定所切之音，而不求之古書，則不知所切聲韻之或有牴牾，故有雙聲非聲、疊韻非韻者矣。

甚矣，學問之道，非一人之智所能畢其全功者也。尚書南陽公，名世應期，維周作輔，文羅武絡，兼綜條貫，而學海津逮，陶分不舍。七志之外，餘事及於聲韻，神解天授，匪人所希。其於近世諸家之書，靡不弗穿周洽，結解冰釋，參伍出入，纖毫必臻。當其詣微獨獲，有非成説所能囿。昨以政暇，成《詩雙聲疊韻譜》，不著一語，昭顯覈密，遠益毛、朱，近埤顧、孔，既冠古今而獨出矣。兹復取許氏書，引申段注，爲《説文解字雙聲疊韻》，所以發明許恉，補正段説，見於所自序者，章畫志墨，如列宿之錯置。賤子怐愗，向於此學未嘗識塗，徒以相依之久，時時竊聞緒論，而性分有限，竟莫能通，弟以一孔之見測之。竊以劉熙譔《釋名》，因聲以求義；孫炎注《爾雅》，即義以求聲，以今方之，均若未逮此書之明箸也。二書輔行，可使前之言雙聲疊韻者，媿悔而不知近求；後之言雙聲疊韻者，愉快而逸於捷獲。絶學之明，關乎運數，豈偶然哉！豈偶然哉！

道光己亥冬十一月，桐城方東樹謹序。

粤海關志序代

廷楨承乏兩廣總督，莅任之三年，長白豫公來爲海關監督，遠夷賓序，賦獻通贍，乃以其閒創爲《粤海關志》。惟粤地近海，自昔稱商賈之湊，逐末取富，雖侈俗畜積足恃，亦長利國家隆富，奄盡地媪公私之積，九敘順歌。粤關所入，歲不過晐賦奇零，而王政所建設，守位聚人，制用爲大，故亦領於天子之經費。賈誼曰：「古之治天下，至纖至悉也。」余既幸遭值嘉會，又得兼董正厥務，《書》曰「立功立事，可以永年」，榮懷之慶，尚與公共毖之。

粤海關志序代

古之論征榷者曰：天地山海之藏，豪彊擅心；關市貨物之聚，商賈擅之。取豪彊、商賈以助國家之經費，而無專給於百姓之賦税，崇本抑末，經國之遠圖也。今征市雜税之法，統之於郡縣，而鹽政又有專掌，惟獨各關隘抽征商税，或設監督，或歸各直省督撫兼轄，分委道員，領稽其務，其職掌事例不同，同於征商而已。而粤海設關，其事與他處特異。蓋他處關征，以物爲程，不問商之爲何如人；粤海則通易貨物，抽解課税，皆責成於商，其制略與鹽法相等，一也。他處關征，不過内地民人；粤海所通，皆諸番外國，名曰市易，實寓馭外控内之宏規，偶未盡善，所關天朝體統，於恩威撫馭之方、利害得失之數甚鉅，故不可忽，二也。他處關征，客夠貨雜，不相爲謀；粤海則出入貨物，名色率有定樁，定樁而外一切有禁，三也。有此三異，故與他處但務征榷者不侔。洪惟我朝綦洽重熙，聲教四訖，航海來王，占風受吏，漸被之廣，爲前古所未有。顧職貢有圖，職方有紀，而獨於設關建官之緣始、阜貨通市之科條，僅存檔册，未有成書。雖大經大法具載《欽定會典則例》、皇朝《通典》、《通考》、《通志》諸編，而就一事考之，終少專箸。矧法令條制，因時制宜，屢有更定，日久事積，案牘塵坌，不及時勒成一書，箸明本事，何以敷宣聖化、昭示來兹？

道光十八年三月，某恭膺簡命，來司榷務，於循例供職之餘，近奉成規，遠稽前事，輒起纂輯之思。爰與鄧制軍、怡中丞暨諸同官往復商酌，僉以爲宜，其議乃決。爰始籌備經費，延請儒士，即於是年九月開局纂修，成《粤海關志》幾十幾卷，類爲十四門，每門之中又别爲子目、小序、按語，條分件繫，粲然悉備。大抵繁不致冗，簡不致漏。考之會典，具見法守之章程；本之則例，備知通變之權制。援引諸書，以相佐證。敘述詳確，不敢鑿空虛談；限斷嚴明，絶不旁羼地志。栞校既竣，爰識其端末，以弁篇首。

粤海關志敘例

《周官》冢宰掌建六典，六曰事典，以富邦國，以任百官。九職任萬民，六曰商賈，阜通貨賄。九賦斂財賄，七曰關市之賦。小宰均節財用，以八成經官府，曰聽取予以書契，聽賣買以質劑，聽出入以要會。九府掌受貨賄幣賦，皆慎其出入之用。司徒設十官治市，以教商各掌其賣儥之事。司門正貨賄，舉其犯禁之財物。司關掌國貨之節，司貨賄之出入，掌其治禁。司馬九灋曰：施貢分職，制畿封國，設儀辨等，詰禁均守，比小事大。掌固分其財用，受法以通守政。職方氏掌夷蠻閩貉之人民與其財用，制九服之貢各以其所有。懷方氏掌來遠方之民，致方貢、致遠物而送迎之。合方氏掌達天下之道路，通其財利。訓方氏掌道四方之政事，與其上下之志誦，四方之傳道。形方氏掌制地域，使小國事大國，大國比小國。匡人掌達灋則，使無敢反側以聽王命。撢人掌誦王志，以巡天下之邦國而語之。秋官大小行人、司儀、行夫、環人、象胥、掌客、掌訝、掌交諸職，大抵於九經皆屬懷柔之政，故終其詞曰：「以諭九税之利，九禮之親，九牧之維，九禁之難，九戎之威。」觀周之設官，所以制財用、綏邦國者，何其若是之繁重周詳也。

自漢初與南粵通關市，自是以後，肇開九郡，舟車輻湊矣，而海舶猶未通也。據《班志》有譯長，與應募者俱入海市，所至國皆稟食爲耦。蠻夷賈船轉送致之，亦利交易。是中國商賈入海往市，而夷舶未來也。海舶通市起於隋、唐之際，而盛於宋、元、明。宋初，置市舶司，以知州兼使。元置市舶提舉司，衡其職守，不過與茶、鹽、坑冶大使同倫。明亦置三市舶司，而以中官主政。洪惟我朝馭外控内，法制嚴明。粤海設關以來，或兼轄以大吏，或監督以親臣，皆簡自欽命，崇其體統。口岸譏察，責諸舟師；給照引水，董諸澳丞；撫綏按馭，籌略大計，主之督臣，與周之六官大小維繫、相與流通之意同條共貫。蓋聖主立法，體大思精，後先一揆，有迴非前代之所及者。今當纂輯《關志》之始，竊仰窺創制之精，發明斯義，用以等百王而垂範焉。

宋潛説友撰《臨安志》，載詔令於首，然冠以前朝，非尊王之義。惟鄭居中等《政和五禮新儀》，首列御筆指揮，最爲足法。今用其例，恭載列聖謨訓爲諸蕃通貢通市專由粵省而戒飭者，用昭國家綏南懷遠、設官制用之大法，兼示一書之限斷焉。

國家一統之盛，超邁前古。諸蕃外國效順納款，雖在萬里視道如咫。然會同有館，職貢有圖，非一隅之志所宜侈載。惟其貢道所經，例由粵東者，於其國土、氏姓、封號、來貢歲月，及昔由粵省而後改由閩省者，悉撮大略，以箸粵關職幟。至其事例，詳載《大清會典》，不復備録。其來貢之國，壹以國朝爲限斷。若事在前朝及歷代者，各具史志，别爲「前載」一門。

貢與市相因，既嘉其君之嚮風，亦給其民之求欲。內地無須外洋之貨税，外洋必資內地之物用，許之通市，所以俯順夷情，包容愛育，覆幬之無私也。故凡通市之國名，來市之年載，交市之事例，互市之貨物，以及夷船之制度、數額，皆臚於此篇。至蕃夷住澳，雖事始前明，而現行無改，與歷代市舶不同，且爲關市之根本，故不以入前事而載於此篇之首。

《周禮》設司市十官，官因市而設，有市則必有所以治之也。兼領專設之改差，文武職司之分任，品秩儀制之殊等，及大小總口設員、委員之添裁，胥吏、書役之數額，悉載此篇。其遷除去任之歲月，入《職官表》。

官以治其政令，然非商不能成其交易。十三行名號、緣始，與夫事例條件，以及商人報効、恩賞、品銜，悉載此篇。至通事之名色，於《周官》即象胥之職。於漢名譯長，譯傳言語，爲蕃漢交易不可少之用，然究非官司，故不以入《設官》篇，而坿於此。

有市即有貨物，有貨物斯有榷估。榷估低昂無憑，立之科則，俾有一定之制，斯上下不惑。宋初立法至輕，其後屢以抽解太重，致形陳奏。元世祖時，凡鄰海諸郡與蕃國互易舶貨者，以十分取一，麤者十五分取一。明洪武詔海舶市易皆免征。永樂時，西洋刺泥國等來朝，坿載諸貨，與民互市。有司請征税，不聽。其後立法率至十抽其二。萬曆季年，中官李鳳增粤税二十萬，粤商苦纍，求免不得。我朝損益酌中，凡則例之所開載，歷有增除。溯自乾隆五十一年清理關務、條奏事宜以後，邇年復有改易。今以現奉嘉慶年新修《會典》及户部則例關册爲準。

既設税額，則有課額，課額有正、有羨。道光十四年，前總督盧公坤奏，比較近年粤海關徵銀，歲多至一百六十餘萬兩有奇，而商民晏如，外夷懽欣感悦，爲振古所未有。此皆由列聖深仁厚澤，涵濡培養，招攜懷來所致。雖於國帑大數無增毫末，而財阜貨通均安無患，固理人制用大經也。參價搭解、每歲發運解京事例，悉坿此。

《周官》理財諸職，皆謹其要會出入，不獨職歲、職内、司會、司書也。前科則課額，皆以經其入也。若夫禄俸工食、存留支給之數，內除澳門同知、香山縣丞及武職營弁歸布政司奏銷。皆定有均節之式，事關奏報句稽，不可不當。至若捐助軍需工程，救荒善舉，一切在經費之外者，雖用數之仂，亦不可不紀其實，存備稽考。

《會典》及户部則例於關市一類，皆載有禁令，誠以利之所在，弊竇朋興，不可不申嚴法制。然如走私漏税、官侵吏蝕等弊，要皆各關通例，非粤海專條。粤海所嚴禁，如夾帶華人與違禁貨物出洋，及販賣鴉片、拖欠夷帳、兵船駛入内港，皆外海洋禁之大者，以其關於外蕃，比事善輯，一以歸於市舶。其在内，民夷雜居，良姦混處，或澳夷滋事，或漢姦句引，陰唆煽惑，恣爲不法，在在皆須防範。是故出入有譏，去來有定，種種明文，縣爲令甲。不特俾夷商海賈懔遵天朝法度，恪謹毋違，亦以戢内地商民，使知劃一刑章，森嚴難犯。雖其職事掌之疆吏、地方有司，而實爲本關專責，固當特箸爲一門矣。

有一官司，則有一建置，其時其地，不可不詳識也。凡廨署務所，建自設關之初，省城大關、澳門總口及各岸小口、前山寨文武官廨、十三行夷館、礮臺、神廟等，凡因關市而建置者，總爲一篇，以别於地方及營伍之制。

粤關所轄之地，各郡縣皆有把截隘口，不獨省城大關及海舶所來，與夫前山、濠鏡、黄浦、虎跳門等地，苟迷其方向，則溝瞀莫辨。各爲一圖，俾開卷而千里如在几席焉。

凡志書皆分史體。史有紀、志、表、傳，地志有圖、表、志、傳。今爲榷志，有表，有圖，無所爲傳。而歷任官司在位名數，先後之次，雖在檔册，而稽覈爲繁，惟箸之爲表，斯一覽易顯。

箸書固宜知有限斷，而不得其事蹟之本末，則得失何據而稽？而事蹟本末，有在於前朝者，不得不溯其由來。今立「前載」一門，爲凡有涉於貢市之本末者則載之，然亦無取繁稱寡要，闌入宂長也。

志乘之書爲紀人物，故有列傳。而其傳多即采之列代正史、政書，非地乘之比，於法不得立傳。苟事績有可紀，論議有可采，亦略采其事入於此篇。至於諸蕃住澳垂三百年，長子孫，恭教命，其風俗物産、語言文字，誠亦不可不紀，然究於榷政無關，且印氏《澳門紀略》既箸爲專書，此《志》不羼載。此「雜録」一門，爲實關係榷政，而無門可坿者入焉。

右敘目通計爲篇凡十有四：曰訓典，曰職貢，曰市舶，曰設官，曰行商，曰税則，曰課額，曰經費，曰禁令，曰建置，曰地圖，曰官表，曰前載，曰雜録。其同在一門而事類較繁，别爲上下，都凡爲卷幾十有幾，其卷目具於左。

七經紀聞序 代

異之於余爲邑子，又先後同學於桐城姚姬傳先生之門，顧余早官京師，繼逐宦轍，不克常聚，然每鄉黨親戚及四方友朋來談者，多道異之之賢，余固以熟識於胸中矣。道光七年，余撫皖，皖距江甯近，因就延爲兒子師，朝夕晤語，則見其容端，其氣肅，其論篤，其行方，其遇人和易，不露圭角，而中自嚴厲，信乎其爲忠信有道之德士也已。居久之，相得甚歡，不特兒子得所依，而余亦多所資益。辛卯春，攜其徒入都赴試，不幸病卒。嗚呼！其可悼也！

夫異之於書無所不讀，而皆能一一窮其窾要。其發而爲文，雄深浩達，而簡嚴精邃，曲赴乎法度，汪、魏諸家，殆莫能抗行，深爲姚先生所許。其詩締情隸事，創意造言，得坡、谷朗峻，爽氣鮮意，近世詩家亦罕有到此者。異之殁之次年，余猶在皖，既嘗爲梓其文集，今年兒子恒自都中寄來異之所箸《孟子年譜》一卷、《五經紀聞》一卷、《四書紀聞》一卷，蓋友人梅君伯言以呈阮芸臺相國閲定者，前有相國手墨數行。適桐城方植之在署，植之故與異之久，故稱石友者也，故遂屬爲校勘。余觀漢、晉以來，説經者互有得失，亦互相申難，苟其説足以扶經義而裨來學，不妨並存，以俟後賢之擇從。巽之此書其精者，直破二千年儒先傳注之誤，亦有與舊義異而未甚允者，取備一説焉可也。巽之有子能讀父書，足世其家學。歐陽永叔稱「惟爲善者能有後，而託於文字者可以無窮」，巽之殆足以當之矣。

七經紀聞序

《七經紀聞》四卷，吾友上元管巽之同所箸也。儀徵阮相國、江甯鄧尚書咸重許之，歎爲通儒不朽，信非虚美矣。尚書前撫皖日，既嘗爲梓《因寄軒文集》，兹又謀栞此篇。東樹時適依幕府，故乃命以校勘之役。嗟乎，吾安能校吾友之書邪？吾友淹貫羣言，好爲湛深之思。當其得意，視揚子雲若儕匹。平生自忖於吾友相距之遠，中閒殆難以尋丈度量，而又安能窺其區蓋邪？雖然，是書也，吾友在日，數以相視，固嘗共商榷矣。當時論説未盡，今復審之，凡其所致疑於朱子者，於吾意多有未喻。故既爲之釐定部帙、勘正脱誤，閒坿鄙説其下以折衷之。義理之公，惟期求真得是。吾於吾友平生相期信，咸不有割名之心，固當無疑於所行也。且人之學與年俱進，朱子爲《論》、《孟》集注，屢加改定，至老未已，故多有與《或問》不合一者，安知吾友若在，不自改其初説？奈何執其誤以遂其非也？至以《四書紀聞》歸《大》《中》於《禮記》，而以《論》、《孟》坿五經，改稱《七經紀聞》，遵用相國意也。劄記之書逐日沓輯，不暇依經文次弟，武進臧氏《經義雜記》猶髣髴可見。今悉爲更次，取便閲者，則後死者校栞之職，知非禮堂寫定故也。相國之言曰：「其中有精覈者十之二三，有未妥者十之二三，有人已所透發而此猶未透者十之二三。」其所指不具詳，弟以蒙所酌測，如《書》「流宥五刑」「寇賊姦宄」，《般庚》「我王」爲陽甲，《洪範》錯簡，《金縢》「惟爾三王」，《詩・凱風》「自召祖命」，《禮記》「五帝」、「五祀」、「大夫彊而君殺之自三桓始」、「經解」，《周禮》「九磬」、「職方」、「建國」、「九服」、「載師」、「征民」，《論語》「不占而已矣」，《孟子》「狗彘食人食而不知檢」、「王者之迹熄」、「太公封齊」、「追蠡」、「夏后五十而貢，殷人七十而助，周人百畝而徹，周徹爲兼行貢助之名」、「五霸」、「曰圭」等條，實足以正向來傳注所未及，康成、考亭應且頷頤，無論其餘。嗚呼，無媿立言也已！

連山綏傜廳志序

郡縣志書，能文簡事覈，訓詞爾雅者，率不多見。見者十餘，皆不出於秦，論者以謂秦猶有黄圖、決録之遺故也。而於秦志，尤推武功、朝邑，此固近世之通議矣。吾友姚君伯山，雄文碩學，兼秉彊敏理劇之才，初令臨漳，即箸循聲。改官廣東，知揭陽。揭陽，故號至難治之地，伯山爲之，甚有名聲威風，旋擢連山綏傜同知。綏傜設官僅逾百年，屢有創併。康熙中有爲之志書者，殊闕略不備，且其時連山未歸同知專轄，今伯山實始創爲之。余讀其書，誠所謂文簡事覈，訓詞爾雅，不朽之作矣。顧其體例，壹遵朝邑志。余嘗論朝邑誠奇筆，獨體例有未當。然伯山既以成書，不暇改爲矣。伯山書嚴於限斷，凡地與事之不屬專轄者，不悉載入此志。余既病朝邑，亦不取武功，以其皆不諳史裁，任意鹵莽，類例分合無理也。然余序伯山，則有似對山之序五泉矣。

重編張楊園先生年譜序

近代真儒，惟陸清獻公及張楊園先生爲得洛、閩正傳。自陳、湛不主敬，高、顧不識性，山陰不主致知，故所趨無不差，而清獻與先生實爲迷途之明燭矣。先生嘗師山陰，故不敢誦言其失。然其爲學之明辨審諦，所以補救彌縫之者亦至矣。先生實開清獻之先，清獻尤服膺先生之粹。顧清獻宦成而功顯，名德加於海内。先生行誼箸述，前輩論説雖備而終不箸，則以其迹既隱，而其書又不克盛行於世，學者罕見故也。去年秋，蘇厚子惇元自浙歸，攜其《全集》來示，且盛言當從祀孔子廟庭，並鈔輯諸序文雜傳，將以補《年譜》之闕疑。東樹受讀卒業，信悦服翫，如凍餓者之獲饔飧布帛也。因論儒者學聖人之道，徒正固不及中，中或不能純粹以精，而純粹以精必在於明辨晳，先生可謂深詣而全體之矣。前輩稱爲朱子後一人，非虚語也。於是閒謁學使嘉興沈鼎甫侍郎，啓告以宜奏請從祀，並爲栞布遺書。極蒙嘉諾，且授以新刻陳古民所訂《年譜》。歸而細讀之，惜其尚未盡善，爰屬厚子重爲編次。厚子固好學而尤篤嗜清獻及先生書者。今以其所編來示，實較陳氏爲得其要領。昔劉伯繩譔山陰年譜，先生謂其學問源流、立身本末已備，文集之外，可以單行。吾於茲譜亦云然。夫先生學足於己，行修於身，豈在名之顯晦以爲損益？惟其辨道閑邪，繼往聖，開來學，則甚有賴於其言之存。既賴其言，而可不知其人、論其世乎？此《年譜》之作所以不容已也。且自朱子而後，學術之差啓於陽明，而先生閑邪之功其最切者，莫如辨陽明之失。

惜所評《傳習録》不見，然就其總評及集中所論，皆堅確明箸，已足訂陽明之歧誤矣。若求其全書讀之，其説應在羅整菴、陳清瀾、張武承之上。因序《年譜》，略論其大概於此。道光丁酉十月，桐城後學方東樹謹序。

方望谿先生年譜序 代

昔孔子於門弟子因材施教，以裁其狂簡，蓋於諸賢才分之所至，無不周知而熟計之矣。獨致使漆雕開仕，然有意外未信之説，何也？ 上蔡謝氏論此，以爲「學人之才性可知者也，獨其心術之微，雖聖人亦有所不知焉」。程子論此曰：「漆雕開已見大意，故夫子説之。」善乎學者不可不見大意也。學不見大意，則識器卑下，志趣狹陋，雖畢生勤劬用功，其成就卒無以躋乎上。歷觀古人莫之能遯也。

吾鄉方望谿先生，少時自言其祈嚮，有曰「學行繼程朱之後，文章在韓歐之閒」，此其言雖若猶未臻乎極至，而大意則已見。卒先生後所成就，實無媿斯二語，可謂不欺其言者矣。夫人智之多少，以學爲齊，而子貢論夫子之學不厭，智在學先，豈非由夫子十有五時志學之始已見大意也哉？ 某薄劣不學，而於近世大儒，獨服膺張楊園及先生，往時既嘗爲楊園輯年譜矣。茲復取先生續集、《家譜》，及前後諸公私集事言有及於先生者，春戢詳考，成《年譜》一卷，俾讀先生書者有所考。不惟發揮先生之學行，亦庶以啓來學之識智焉。夫闡揚絶業，必待絶德之人而後能得其全而無遺，惜乎某之非其人也。書成，序之如此，以識余僭且媿云。道光二十七年十二月，邑後學某謹序。

望谿先生年譜序

自太史遷創史法，易《春秋》編年爲本紀、世家、列傳，皆綜一人之本末始終，而備箸其行蹟，異其等分，而不異其事義，遂爲後世史法相沿不可易之體。及宋以來，又有私家年譜之作。年譜者，補國史、家乘所不備，而益加詳焉。吾以爲此仍沿遷史十表年月之法，而易其形者也。

桐城名縣起於唐。自唐以前，人物罕登於史傳者。逮乎明代而後，桐城人文輩出，若忠臣孝子、理學名臣，後先接迹，昭垂乎史傳，昭耀乎耳目，遂爲各直省名都望縣所罕能並。統觀前後碩德名賢數十族，而於文學，尤推方氏。方氏在明則有密之先生，在我朝則有望谿先生。密之博綜淹貫，靡所不通，擅聲一代。然以語文章經學之廣大精微，經世立事之宏綱鉅用，實皆不逮望谿。即以古文一道論之，能得古作者義法氣脈，韓、歐相傳之統緒，在明推歸太僕熙甫，昔人號稱絶學。惟望谿克承繼之，實能探得其微文大義不傳之秘，以尊成大業。望谿而後，則有劉學博海峰、姚刑部惜抱，學者宗之，以比揚、馬、韓、歐，並稱曰方、劉、姚，翕然無異論。夫三先生皆各以其才學識自成一家，自有千古，蓋非特一邑之士，而天下之士；亦非特天下之士，而實百世之師。以愚究論其實，若從其多分言之，則望谿之學、海峰之才、惜抱之識，尤各臻其獨勝焉。然若置其品題，就其經學、義理以及所敷奏設施之實，絜之劉、姚，則偏全大小，裒然不侔。即同時若安谿、臨川諸公，比肩同志，所謂如驂之靳，然亦皆似不及之。先生書在海内，名在國史，後有知人論世者出，自有衷論，當知非鄉曲後生阿私溢美，如鄭梁之序南雷、南雷之序山陰也。

蘇厚子惇元沈精敏毅，學行深醇，平日尤篤嗜先生之書，以爲如先生者，不獨超文苑，炳儒林，而其淑身經世之略用，實有古大儒名卿之風。國史雖有專傳，而行誼問學之詳未能悉備，乃采合諸家傳記文字及其家乘而考訂之，爲之《年譜》，俾天下後世備見先生所藴之全。識大識小，信乎爲斯文不可少之作。書成，來乞余序。余淺劣不學，不但無以窺知先生之萬一，亦並不能究測厚子之蓄積，何能序此？固辭不獲，則據其所麤知者而道其實如此。道光丁未八月，宗後學東樹謹序。

劉悌堂詩集序

楚地盡江淮間，自蘄黄以東迆北訖壽春，其山脈起伏，蟠鬱千餘里，舒曠雄遠，自古以來多産賢豪英傑異士。若老、莊之道德，屈、宋之詞宗，搜奇抉怪，軼乎詩書，不獨智略武毅之儔也。而桐城於地勢尤當其秀，毓山川之靈獨多，人文最盛，故常爲列郡冠。是故自明及我朝之興至今日，五百年間，成學治古文者綜千百計，而未有止極。爲之者衆，則講之益精，造之愈深，則傳之愈遠，於尤之中又等其尤者。於是則有望谿方氏、海峰劉氏、惜抱姚氏三先生出，日久論定，海内翕然宗之，特箸其氏而配稱之曰「方劉姚」，以比於古之「班揚韓歐」云。方、劉、姚之爲儒，其所發明足以衷老、莊之失，其文所取法足以包屈、宋之奇，蓋非特一邑之士而天下之士，亦非特天下之士而百世之士也。雖其人氣象不侔，學問造詣不侔，文章體態不侔，要其足通古作者之津而得其真，無不若出於一師之所傳。嗚呼，豈妄稱哉！豈妄稱哉！非有真人，孰能真知而篤信之。

居今之世，欲志乎古，非由三先生之説不能得其門。而三先生之學之或有顯晦，則以得多傳人與否爲其候。觀所以致興起及所以就微謝，亦斯文絶續之幾也，何必後世？方氏没近百年，劉氏稍後之，姚氏又後之。及考方、姚之名，四方皆知，其門人傳業雖多，然除一二高弟親炙真知外，皆徒埘其聲而不克繼其序。劉氏名弗耀於遠，而其説盛行一時。及門暨近日鄉里後進，私淑者數十輩，往往守其微言緒論以道學，肖其波瀾意度以爲文及詩者，不可勝紀。將由高美者難幾，近已而易能與？抑成功大者，道固廣與？要有好學深思者，必能知其同造於極，同爲難至，而非可以淺嘗鑠化也，有斷然者也。至其教之所行，廣狹遲速雖殊，期以得真爲本，未可以一時之形迹定也。

吾友劉君悌堂，海峰族裔也，質性端慤，踐履甚至。其詩文宗述，本乎家學。夫躬踐履，則言有物，述家學，則造必深，宜非尋常文士所可及也已。曩者悌堂在京師，嘉興沈侍郎鼎甫以余名語悌堂，屬其來内交，故悌堂以其詩令余爲序。余於是本山川、表人物、正學脈、綜名實、究終始以爲之言，俾讀悌堂詩者知桐城文學之統緒，得考鏡其得失焉。

古桐鄉詩選序

選詩爲總集，蓋有權輿。正考父輯《商頌》，其後孔子本之，以删《詩》、《書》。自漢以來，劉《略》、班《志》、阮《録》遞顯。集既專部而爲之一名，至於蕭梁而其體備，至於李唐而其號繁，或以體分，或以代斷，或以地別，綜終始，廣國文，尚矣。

桐城爲治，蓋兼得漢樅陽、舒及龍舒地，至唐始有今縣名，學者所譏。舒析其北邊，仍置縣，龍舒半併於桐，爲南鄉，樅陽盡東南至江。選詩者，域之以一縣已隘，域之以一鄉滋隘矣。昔在康熙之世，鄉先生潘蜀藻爲《龍眠風雅》。逮嘉慶時，王悔生灼爲《樅陽詩選》。茲文生漢光、戴生鈞衡又爲《古桐鄉詩選》。夫樅陽猶統縣名，若桐鄉縱爲寛鄉，在漢制不過百里，然而二生不憚割而專之也，匪私其鄉，蓋亦猶地別之義焉。何者？士生一方，睹其地前世無人物則蹙，其幸得之，則欣欣焉以喜。若夫有之益多且盛，雖一偏之隅，或至於數十百人，數百千篇，則愈欲録而傳之，人情樂善之同，固時有若是，豈徒爲足揚山川之靈而誇耳目於四方也哉！矧是數十百人者，其行誼各有可紀，此數百千篇，其句之雄傑，皆有可誦，則其擅一鄉也，猶其擅一國也。苟擅一國，極而進之，即可擅天下，推之古今上下百世而無閒焉。合之分之，特其迹有異便，而非其實之有差數也。諸子惟不以地自域，故其域之也不可緄。如水之瀾，如日之容光，充一而全可曰知也。學者囿於所見，卑小鄉縣，而以隘相詬病，是謂言天文者不當異辰次，絜地維者不必畫原平也，是昧於細大之倪者也。後有君子，尚取吾説而繹其實焉可也。自記云：起處一段，生甫以爲近陋。余心媿之，而未能改，記之以告學人，須知其故。

金剛經疏記鉤提序

受持此經，深觀佛旨，及諸菩薩及諸入位上流大士大師，而歎昔人自修之功行，及説法度人之功德，如是其深，如是其廣，如是其精密微妙，如是其辛苦猛利。教理各極，行果俱元，如空生之起請，彌勒之述偈，無著之判住，天親之斷疑，圭峰之纂疏，長水之作記，一理相承，無少差謬，各各文義鉤鎖，析及微塵秋毫。甚矣，昔人求道，慎重虔誠，其堅利觀照，直與金剛三義脗契，未有小智小德，輕心慢心，不脱下苦麤障，而冀上净妙離，氣浮心淺，麤粗苟且從事者也。自達摩東度，單提心印，不立語言文字，直指見性，號爲頓門。不踐初地，而降心有道，住心有方，明佛心宗，知其今古，行解相應，夫豈妄而非真？然向上諸佛菩薩，聞思修證，次第位地，及文字般若，泯絶弗彰矣。後之人欲求聖教，懵闇乖隔，夫孰從而聞之？自是五宗相紹，厥啓狂禪，野狐外道，擎拳豎拂，各逞宗風，蕩滅規矩，緬棄科法，未證爲證，真贋相糅，未必非達磨之有以啓之。嗟乎！古今學術源流變革，大抵如斯。其始者本以利之，及傳之久而失其統，遂成大敝。至若此經疏記，結集浩博，根究該審，階差不失，血脈潛通，如瓶翻水，二謗俱亡，堪與阿難埒勝。顧以昏髦，苦其文繁，又如大濱之所科會，標列榦名數目，頗爲繁碎，迷人眼根，陋於習氣，兹欲易了，姑從簡削，移其次第，改其面目，爲便用心故也。若其哲學，務覽全文。又疏主栞諸異本，自云源派不遠，信非虚語。獨於三果往來之義，因仍舊解，非但迷誤，亦至鄙淺。乃千載憒憒，雖諸菩薩，亦未審諦，殊不可解。所謂聖人有郢書，後世多燕説也。今竊取姚先生説爲詮解之，庶向來闇昧，因得豁如矣。

孫蘇門詩序

始吾讀木崖潘氏《龍眠風雅》，固以歎桐城人文之盛矣。後又見王氏悔生《樅陽詩選》暨吾門人文生漢光、戴生鈞衡等《桐鄉詩選》，不禁睪然高望遠想，而因以生其奓汰也。以爲桐城山川靈淑之氣所鍾孕於一方者，瑰異日新，殫所未見，若是其無盡藏焉。天下名都大邑，蔚然以能詩箸望者有矣。求其以一鄉一邑，其人至數百千之多，其詩至數百千篇之富，如兹數君子之所選者，亦可以觀止耳矣。乃今讀蘇門詩，於是又知有蘇門孫氏者也。蘇門生熙、雍之際，其人已在前矣。其詩卓犖秀傑，有過人者，乃王選僅載五言律詩、七言絶句各一篇，既不足以見其詩之所至，又不詳其行歷，其於存人存詩兩無賴焉。揆厥所由，則以先生死於客，其遺文散佚，又無子孫爲收拾，以故寥落若是。嗚呼，其可悲也矣！

今先生族孫磵泉獨竭數十年之力爲網羅放失，勤求近遠，得此百餘篇於籖幐湮舛、負朽蟫齗之餘，謀爲鋟板，以傳於世，抑可爲感切而殷勤者也。往者先生族中有名峋者，係節愍公裔，其詩才清警豪雋，略與先生相埒。余以婣戚故，少時嘗及見之，今亦以無子孫，遂隻字無可覓處。文字之傳，託於人者甚重，而其間亦有幸不幸焉。以孫氏一族而有若是，則夫綜桐城數百十年、數百十族而縣計之，或多有若是者，必不免矣。惡在其能殫所未見，而以全箸夫一方之盛邪？雖然，是特人事偶有差互，而於山川鍾毓之靈，固無歉也。則即蘇門之詩而推之，益以徵桐城人文之盛之無盡藏也，豈不然哉？道光二十五年秋八月，邑後學方東樹敘。

官莊姚氏宗譜序

姚氏得姓於虞舜，神明之胄，炳然無疑。顧自唐以前箸史傳者不多見，惟獨唐以後乃大蕃衍耳。考其支分派别，地各不同，而同以吴興爲望，則後世爲譜者貴近而遺遠之通趣也。桐城之姚族有三：曰麻谿，曰苓澗，曰官莊。官莊之姚，自以唐姚思廉爲所出之源。原序稱其土著在山西，後乃遷徽之婺源，至元季有曰福三者，始遷桐之官莊，是爲官莊姚氏。官莊之譜，曾修於乾隆間，越今七十餘年，其子姓益繁，仕宦益起，不可聽其闕而不備，紊而無紀。今某某等乃克糾其族人而續修之。譜既成，來乞序於余。余惟譜牒之修，所以尊祖、敬宗、收族，天下人心之所同，無待於贊揚嘉美之虚詞，獨爲箸其本源之異同，以别於麻谿、苓澗者，固亦官莊之子孫所當信以爲紀實云爾。

璣珥沖劉氏宗譜序

桐城縣治之東北二十里曰麻獨山，有市區曰周凄岡，又北二里許曰璣珥沖，皆田塍農民所居。按字書，瑱、珥，玉之所以飾首耳者，璣，小珠之未圓者，又爲測天象之器，所謂「璇璣玉衡」也。此地左距龍門之古刹，右蓄龍潭之神異，矗山挺秀於其前，旗嶺繞綽於其後，清曠幽奇，其形勝亦靈區也。雖受名之始不可詳，而昔人嘉錫之義，亦從可思也。凡民所居，得山谷而秘，得原隰而紆。有山谷以含藏之，而後免於洩露；有原隰以蕃衍之，而後免於消耗。故能俾居者財産給足，家室和平，無餒凍之憂，無癘疫之苦。聞此處風俗純樸，無游手淫靡之習，詢其左右前後，聚族而居者多劉氏。道光丁未，有某某者輯修族譜，來乞余序。

余覽其譜所序，遷桐以來，自一世至今十幾世，雖無貴顯，皆修身蓄德，以行誼範其躬，以耕讀世其業，可謂德門者也。嘗慨譜系之繁，始於秦漢之際，自是以來，悉多誣坿不可信。沿及六代，至於李唐，其攀飾益崇，其誣坿益甚，雖大名德之人，往往承習此陋而莫之覺。及宋歐、蘇二譜出，始嚴傳信之義，而爲後世譜學不易之法。又古今世族之盛，無若張、王、劉、李，蓋此四姓，無代不有偉望勳位、盛德大人。今璣珥沖劉氏序其先，獨於歷代諸名賢一無誣坿攀援之失，即此已足徵其家風之純厚矣。然則劉氏之先，雖無貴顯，自今已往，必有文章膴仕非常之人以大振其宗者。鬱之久者發必暢，此實天道，而山川之靈毓亦然。璣珥之可寶貴，詎惟抱空名而不既其實乎？此理之必可信而不爽者也。則即以璣珥爲劉氏之望，以比烏衣馬糞之王、東西中眷之裴可也。

潛桐左氏分譜序

吾嘗論《世本》亡，而天下之氏族遂湮，其事蓋當秦漢之際。秦漢之際，王者興於艸澤，將相起於屠沽，皆不能紀其先。《漢書》載公卿名人，獨司馬遷、揚雄、馮奉世三傳而已。及魏晉之世，重門户，辨族地，以九品官人，而其誣坿多不可信；兼以種姓雜族，而中原之氏族益亂。及至唐人，最重譜牒，而諸家世譜，官爲修掌，並私家撰述，其書凡數十種。而帝王之族且不可信，此所以有玄元皇帝之祀也。其他新族舊族，如河北崔、盧，江東王、謝，其可記者，亦皆不能遠溯神靈之裔，惟以郡望相高而已。歷考古今通賢之論，無不以氏族爲病。至宋歐陽公、蘇明允作私譜，始定以始遷之祖明白可信者以爲祖，而後信以傳信，乃即於人心之安，此雖似隘而近陋，然不猶逾於誣妠之愚者乎？

桐城在江北號爲望縣，然自宋以前，故無人物，稽之史傳寥寥如也。及明以來，乃有世家大族數十百氏蕃衍迭興，而就中尤以方、左兩族爲之冠，則以斷事、忠毅兩公忠節，照耀遠近故也。顧斷事官卑名微，而其子孫特最盛；忠毅則功在社稷，名在敦史，兒童走卒，皆能道楊左事。顧觀其私家譜牒，亦無以大遠乎歐、蘇而别有可法者。今方且勿詳之，左氏先隸籍涇縣，始唐有難當公保障江南，封戴國公，廟食於涇，其弟難定公隨之。難定弟五子瑚公始遷安慶，又十一世們五公復遷潛，又二十六世爲傳公，生卒逸，其葬實在潛，傳公子代一公奉其母遷桐城，是爲遷桐之祖。此據其十一世侍御公及忠毅公子國棟敘如此，當明崇禎甲戌歲也。自是入我朝，子孫益繁，仕宦科甲益起，而譜久未修。今某等議續修之，此固尊祖、敬宗、收族之常舉，無庸侈談。獨潛山一族，自傳公以上，上溯們五公十餘世，多不能詳，勢不能彊合。今衆議潛、桐兩族各分序其始遷可信之祖以爲信，不必彊聯爲一云。夫不可知則闕，豈非義理之正，而人心之公？斯亦足爲凡修譜而疑不能明者之良法也已。故本其族人共議之説，即書之以爲序。自記云：質確明白而已，無文章也，然自可存以爲信言。

培根支譜序

吾宗之望在河南，然自唐宋以來，族姓蕃衍遍天下，始無不遷自黟歙，始祖黟侯所受封邑也。惟源遠而末益分，故有同出黟歙而不同所遷之祖者，遂别族焉。宗兄四川冕甯縣知縣璋，以其所輯支譜請余爲之序，其言曰：「吾族凡九大房，自七世祖廷獻公以下稱中一房，中一房逮十四世太史公，以下凡三房，而我繼善公實爲太史第二房，是爲璋之本支。昔在明萬曆間，明善公始創修宗譜。國朝乾隆間，恪敏公重修之，迄今相距又數十年，欲再重修，而族重丁繁，稽考不易，猝未能集事。是以嘉慶間我叔祖冶青公僅纂輯支譜，而十五世、十六世以下已有不能詳載者，璋今姑就本支見聞所易周者，輯爲兹譜，以備異時大修之采輯，名曰『培根』者，先祖讀書齋名也。子爲我序其所由，毋俾人疑余如私所出而忘其大宗焉者。」三辭不獲，乃爲綜其事實，揚搉而言之。曰：古今名德有大小，其聞傳於世亦有大小，聞傳之大小恒視所託以傳者之言之大小焉。是故載德與功與世爲無極者莫如史，其次則碑、碣、志墓、記事之文見於一代作者之傳集，其次則統志、通志及郡邑之志，又其次乃爲譜牒。是故有譜牒所載而志、乘弗及者，志、乘載之矣而名家碑志記事之文無聞焉，碑志記事之文爛如，而史傳仍弗及焉，於是其人雖爲一時所崇，而顯晦大小遂亦由此而爲差别。若夫譜牒所載，志乘亦載之；志乘所載，名家碑碣記事之文亦載之；名家碑碣記事之文載之，而史筆亦載之。又況淵源箸述，絶學代嬗，發揚振動，雖微史筆，亦自足以垂千載而不朽。

若茲譜所輯，自斷事以來，忠節孝烈，炳如星日，若明善，若中丞，若太史繼善，理學名賢，海内所共知，豈同於無善而虚美之誣言也哉？吾嘗觀《南史》，其列傳王、謝、庾、胡諸族，雖曰國史，不啻諸族之私乘焉。及讀世所傳諸賢别集、總集，有不待讀《南史》而千載之下莫不習其人者，然後知韓子所稱「不待史筆而傳者」之爲篤論也。樹族自明初由徽遷桐，今十餘世矣，迄無貴顯者，既與君不同祖，而盛衰又縣絶，故因序君之譜，而爲本其郡望之源流，以識吾宗分合之由，有餘慨焉。道光己丑仲冬月，宗愚弟東樹謹序。

宜園雅集圖序 代

道光甲辰九月十九日，會於西郊張氏之宜園。是日，俗謂之展重陽日。陶公詩稱「九日之名，舉俗愛之」，洪容齋釋云：「陽九數，爲老久義也。舉俗愛其名，愛久也。若至於展日，則益久矣，是皆於古人多壽之祝有合。」前涪州刺史吴君，年八旬，巍然鄉老，方以德行薰後進，可謂賢者，實爲大賓。宜園者，前南昌太守張君所營，以怡其尊甫封翁者，甲一邑之勝，軒墀閎敞，房序迴曲，竹樹清華。前一亭，臨水面平疇，於春時觀稼爲宜。後負山如列屏，蒔菊滿畦，几案間置盆菊皆滿，繽紛繁蓄，五色燦然，雖秋卉也，爛若春葩。維時天氣晴暄，秋陽明麗。賓筵初設，殽核錯陳，觥籌既接，賓皆粹容。有儒一生，舉杯欿然，朗吟唐人崔曙《九日望仙臺》詩之末章，以況余也。夫淵明惟不樂仕，故以采菊飲酒自適。余羈於此，簿書鞅掌，終歲之間，求若此一日之暇樂不恒多有，何足以比陶公？雖然，古人仕止，各有際會，亦不得壹以陶公爲概，抑余有幸者。昔漢任延以少年爲會稽都尉，會稽頗稱多士，延皆聘請禮待，有龍丘先生志不降屈，延遣功曹修書記奉謁，吏使相望於道。積一歲，龍丘先生心服，乃詣府，願受備録。今諸君不以某年少不德，而皆惠然，自六十以上至八十以上，凡十有四人，于于畢至，幾比於宋洛社耆英之會。張翁年亦八十，神明温粹，顔渥如丹，步履飲噉如少壯，望而知爲德福兼隆者。其族兄封翁八十有三，其姻親左翁八十有二，皆葆性康彊，行不須杖。惟余與太守年同五十有二，稱最少，戲用司馬温公例得亦坿於會，於是四美既具，二難亦併，一日之間居然足以傲陶公、誇任延、紹洛社，雖不足以堪之，而謂不足以爲樂乎？爰屬工畫者繪爲圖，列序時人，疏其齒爵，俾各賦詩，用以抒情抱，留示後人焉。王右軍見人有以《蘭亭序》比《金谷園序》者，則大悦，古今人豈異情乎？

考槃集文録卷四終

考槃集文録卷五

書後　題跋

書法言後

退之論文，屢稱揚子，而不及董子。蓋文以奇爲貴，而董子病於儒。余聞之劉先生說如此。然竊以爲退之所好揚子文，亦謂其賦及他雜文耳。若《法言》、《太玄》，理淺而詞艱，節短而氣促，非文之工者也，退之所好不在此。夫立言者，皆欲其不棄矣，而不能爲不可棄者，理不當而詞不文也。文其詞而無當於理者有之矣，未有當於理而其詞不文者也。揚子徒知爲不可棄而不務培其本，畢生用力造字句已耳。或曰：「揚子成《太玄》，桓譚以爲後世復有子雲者必能好之。及宋司馬温公果篤嗜其書，意者其奥而世鮮知邪？」余曰：不然。夫孟、荀、揚、韓雖並稱，然孟氏之道班於聖人，今讀其書，充然沛然，高下曲折，涵天地而無極，指事而無不盡焉，曷嘗待於入黄泉出青天，若揚子之所爲邪？夫以揚氏書與孟氏相比，差等殊絶，若河潦之不可同觀如彼，而司馬氏猶非孟子而尊揚子，其修《通鑑》多取《法言》爲斷，是尚得爲知言乎哉。自記云：東坡不喜《法言》。海峰謂韓公好《太玄》、《法言》，故其文字句奇。二説皆是，學者宜互參之。

書楊嗣昌别傳後

余讀《節南山》，反覆於亂本之所由，

端在於用小人。小人「不懲其心，覆怨其正」，若性生一轍。忠智之士憂傷如惔，不敢戲談，至於四方靡騁，而國亦既卒斬矣，何其痛與！作此詩者爲百世戒，此所以列爲經也。

吴之入郢也，沈尹戌謀令子常沿漢上下遮遏濟寇，而己東毁其舟，還塞城口，自後合擊之。子常不聽，師喪身死，國隨以亡。楊嗣昌之敗開縣也，萬元吉謀以前軍躡賊中軍，自間道北捩扼緜竹、梓潼，斷賊歸路。嗣昌不聽，師喪身死，楚蜀糜爛。

方子曰：是其事之相類，乃所謂「不懲其心」者，獨子常、嗣昌也哉。君子之論人也，庸不肖者無責耳矣。惟夫以猶可以有爲之資，而卒與庸不肖者同敗，身死不悟，爲天下後世戮笑爲可惜也。方其意氣自用，豈不謂己之所見非進説者之所及哉？而智計之士早熟籌焉，而知其必底於滅亡也，亦惟其愎諫而不詳思者決之而已，訊而不顧，顛倒思予，《墓門》所以歎也。洎乎拾瀋不可復得，爛魚不可復全，身親其敗者，恨不能起死者一一語之，而使之知悔，則何益矣。然使死者而知悔也，則史策所紀，殷鑒非遥，而何世之踵其轍者，趾相接也。甚矣，自克之難也！故君子小人之介，在懲其心，存亡禍福之幾，在懲其心。

書阮籍傳後

《晉史·阮籍傳》稱「籍終日言，口不臧否人物」。世之爲容默以適己事者，用意過當，致人心靡然不起，無復聞是非直道之公，而壹皆託於籍。余悲夫其説之足以害俗，而又非事實也。夫聖人不爲毁譽，謂無故虚加之耳，非昧其是非之實，而絶於言説也。古者《國風》之作，出於里巷匹夫之言，三代之世皆陳之，以觀民心好惡。如《將仲子》諸詩可見。當是時，其上之政教雖非，而賴其下清議足畏，故一時風俗禮義相維繫於人心者，久而不泯。及其亡也，孔子懼，作《春秋》。向使皆不臧否，則是經不得有六，而聖人亦惟致密於亂賊者之怒不可攖，而尚敢箸書以自表其褒貶之出於己哉。觀籍爲白眼以斥俗士，蓋臧否之尤者，故卒以見疾於鍾會。異哉，籍之臧否形諸目，而弟不形諸口耳，而世何以託之也？

詩人之美仲山甫也，曰「既明且哲，以保其身」，而特爲實舉其行曰「柔亦不茹，剛亦不吐。不侮鰥寡，不畏彊禦」。今之君子，則務隨時抑揚，隱情惜己，苟以混俗取寵而已。嗚呼！是皆析義不精，而特剽竊其近似，以遁於鄉原、老氏之學，而不顧害於人心風俗也，其又何稱美與？

書望谿先生集後

作室者卜里閈，量基址，程材用，庀工役，區堂廡房奥牆廁一一營之意中，而後翼然有室之觀。後人雖有丹堊之巧爲密麗，至於不失黍銖，終不如慮始者精神開闔於空虛杳冥之際，而與造物相往來也。凡事類然矣。

樹讀先生文，歎其説理之精，持論之篤，沈然黯然紙上，如有不可奪之狀。而特怪其文重滯不起，觀之無飛動嫖姚跌宕之勢，誦之無鏗鏘鼓舞抗墜之聲，即而求之，無玄黃采色創造奇詞奥句，又好承用舊語，其於退之論文之説，未全當焉。而篤於論文者，謂自明歸太僕後，惟先生爲得唐宋大家之傳，維樹亦心謂然也。蓋退之因文見道，其所謂道，由於自得，道不必粹精，而文之雄奇疏古，渾直恣肆，反得自見其精神。先生則襲於程朱道學已明之後，力求充其知而務周防焉不敢肆，故議論愈密而措語矜慎，文氣轉拘束不能閎放也。

先後諸公學，既不能如先生之深，而又懵於所謂義法者，故其爲文不能如先生之潔，而知所鎔裁以合化於古人也。而公遂翛然於二百年文家之上，而莫敢與抗矣。鄉使先生生於程朱之前，而已能聞道若此，則其施於文也，詎止是已哉。

書望谿先生外集後

嘉慶庚午，樹從姬傳先生於江甯鍾山書院，見望谿曾孫傳貴，以先生集外文來請敘，其文止一卷。明年辛未，姚先生復得先生與鄂、張二相國論征準夷書，重爲跋語，謂後有刻先生集者，必宜入之。道光二十年七月，蘇生惇元自浙歸，以其所輯録望谿遺文一卷見示，則皆前後集所未刻者，並有先生前刻集中所有而今刻删去之者。其奏議一卷，則仁和邵懿辰鈔於方氏宗譜後而得之者也。且疑此文既刻於方氏譜後，則其裔孫刻後集者不應不見，而遺之，何也？樹曰：先生文集係手自定，其去留必有精意，非後生淺學所可妄測，惟山東韓理堂所輯望谿集外文有十卷之多。此奏劄獨爲一卷，其事約在乾隆三四十年閒，距姚先生作序時前數十年，文亦較多數倍，姚先生殆未見也。又據姚先生兩序，似以他文縱不存無害，而與兩相國書則必不可不存，所見誠是也。但樹考先生手定集，已載與常熟蔣相國論征澤望事宜一書，其詞意悉與此同，意先生稿或先擬與鄂、張兩相國而未出，後乃改而與蔣相國，遂以此爲可不必重出，而姚先生偶未察而云然與？ 要之，公之文宜以手定集爲主，而遺文奏劄當覓韓輯十卷本校正，乃爲善耳。 宗後學東樹謹識。

書錢辛楣養新録後

錢大昕氏以南宋之亡歸獄於鄭清之之主收復，致挑邊釁，其言曰「南宋之速亡，由於道學諸儒恥言和議，理、度兩朝尊崇其學，廟堂之上所習聞者，迂闊之談，而不知理勢」云云。 愚謂錢氏此論殆孟子所謂無實不詳者與？ 凡君子論事，須平心虛公，揆度義理，考詳事實，然後其言信，其論篤，傳之天下後世乃不致誤國殺人也。

近世漢學考證家因惡朱子，遂深疾宋儒道學。 其箸説文字，率以邊見、偏見、顛倒邪見與争勝負。 道理不足以勝之，則壹借國事虛搆影響，以莫須有信口駕誣，如姦胥、法吏舞文傷善，不論本案有無虛實，竄名其閒以坐之耳。 其論宋事，一言不及韓侂胄、史嵩之、賈似道，而惟弊罪道學；論明事，一言不及嚴嵩、魏忠賢，而惟歸獄東林，由其毒正邪心心版所印也。 不知南宋立國，政恨其無志於恢復，不專任道學耳。 使真有志於恢復如越句踐、燕昭王，舉任賢才如魏文侯、魏孝武，將收復可必，何致速亡？ 蓋收復，正論也。 正論，國之元氣，治亂安危之所由，不可謂之迂闊。 真德秀《請絶金歲幣疏》及朝辭所陳五事，與胡銓《諫和議疏》争輝簡册，皆萬世金鑒，而又可少之哉！ 文忠此奏在甯宗嘉定七年，王柟函韓侂胄、蘇師旦之首至金乞和。 韓侂胄誠有罪矣，而函首乞和，亦太亡義而傷國體矣。 文忠此奏振起人心，不可謂之迂闊。 其言曰：「宗社之恥不可忘，國家之於女真，萬世必報之仇。高宗、孝宗值其方彊，不得已以太王自處，而以句踐望後人。今天亡敵人，近在朝夕。誠能以待敵之禮而遇天下之豪傑，以遺敵之費而厲天下之甲兵，人心奮張，士氣自倍，何憚於彼而猶事之哉！且所重於絶金者，畏召怨而啓釁也。然能不召怨於女真，而不能不啓釁於新敵。權其利害，孰重孰輕？」按文忠意以蒙古方彊，力能亡金，若我和金，不召怨矣。既和金，必與金共攻蒙古，是啓釁於新敵也。又曰：「用忠賢、修政事、屈羣策、收衆心者，自立之本；訓兵戎、擇將帥、繕城池、飭戎守者，自立之具。陛下以自立爲規模，則國勢日張，人心日奮，雖彊敵驟興，不能爲我患。」雖當時諫用兵者如丘崇華、岳婁機諸人之論，亦祇謂宜申警軍實，爲自立之計，觀釁俟時、委任得宜而後動，不可輕舉耳。蓋啓釁致兵而無以待之，是速亡之道。智者所見皆同，而非謂當忍恥忘仇，棄中原苟安而不當言收復，言收復爲道學迂闊也。矧當日收復之議，前出於韓侂胄之欲立蓋世功名，後出於趙范、趙葵之狃於收復淮陽，欲乘時撫定中原，收復三京，並非出於道學。但收復三京之議，其時史嵩之、杜杲、喬行簡、丘、岳皆言出師之害，惟青山力主之，以致洛師撓敗。錢氏據此一段，又據當時在廷諸人之議，而真文忠又惓惓於復仇者，又爲青山所引用之人，故因而弊其獄於道學，以爲必真、魏所爲矣。不如此役祇當責青山、范、葵等無備輕發，如當時廷議所論云爾，岳曰：「方興之敵，新盟而退，氣盛鋒鋭，甯捐所得以與人邪？我師若往，彼必突至，非惟進退失據，開釁致兵必自此始。且千里長驅以爭空城，得之，當勤餽饟，後必悔之。」范不聽。史嵩之亦言荆襄方爾饑饉，未可興師。杜杲復陳守境之利，出師之害。喬行簡疏曰「八陵有可朝之路，中原有可復之機，以大有爲之資，當大有爲之會，事之有成，固可坐策。臣不憂出師之無功，而憂事力之不可繼。夫規恢進取，必須選將練兵，豐財足食。而今將乏卒寡，財匱食竭，臣恐北方未可圖，而南方先騷動矣。願堅持聖意」云云。而不可謂主收復爲道學迂闊也。

且洛師雖敗，而南宋所以亡之故，禍胎病根實不由此，此端平元年之事，既敗之後，鄭清之力辭解政，不許。帝下詔罪己，乃召用真德秀、魏了翁。德秀言：「天之所助者順，人之所助者信，陛下儻能進德以迓續天命，中原終爲吾有。若徒以力求而不反求其本，天意難測，臣實畏之。」了翁入對，言事凱切，反覆利害之端，至漏下四十刻乃退。據史言如此。二公所陳，豈可謂之道學迂闊而惟主收復也乎？又按喬所謂事與前異者，蓋謂蒙古乃新敵，非如金人有宿仇深怨，久爲所弱等情事。疆埸之役，一彼一此，何常之有？但益修戰守之備，固可轉敗爲功也。又帝問恢復於孟珙，珙曰：「願陛下寬民力，蓄人材，以俟機會。」又問和議，珙曰：「臣介冑之士，當言戰，不會言和。」帝命吴泳艸詔罪己，泳訪於王萬。萬曰：「兵固失矣，言之甚恐亦不可。今邊民生意如髮，宜以振厲奮發，興感人心。」據當日在廷諸臣議論如此，未有以此役爲速亡之禍本也。亦並不由於用道學之故。開禧末寶慶初，史彌遠欲收召道學以爲名，既而以論濟王事忌之，諷臺諫盡劾去之，至謂真德秀爲真小人，魏了翁爲僞君子。紹定末端平初，彌遠死，洛師敗。鄭清之再召用真、魏諸賢，而是年真文忠卒，又明年而了翁去。故理、度兩朝名爲崇尚道學，而實未能盡其用，不特昧其忠信碩畫之非迂闊，而且以亡國大罪加之，豈非無實不詳之言與？但疑青山、葵、范皆尚非至庸劣之人，而趙葵出兵祇給五日之糧，徐敏子至洛，明日即乏軍食，至采蒿和麪爲餅食之。夫欲收復百年之地，而出師伊始支絀乃爾，全無備豫，雖嬰兒之計亦不至急促輕脱如是。及元師南下，饋糧不繼，所復州郡皆空城，無兵食可因，遂以潰敗，一皆如丘、岳所策。

錢氏以大局責道學固誣而失實，而究無解於此敗之失。及爲反覆考之，而後知青山、葵、范當日所以出於此者，有可爲傷心者也。紹定五年，蒙古約共伐金，許事成以河南之地來歸。此秦人以商於六百里譎楚使絶齊之故智也。史嵩之不悟，遂許之共以亡金。此雖不見事勢，而於義無失。蓋與金爲世仇，得藉手以復之爲快。

其時趙范不喜，引宣和約金攻遼受欺之事爲説，此見事勢矣，而於復仇之義爲闕。蓋不與蒙古，必助女真，而女真世仇，豈可助之？真文忠所謂「不召怨於女真，而不能不啓釁於新敵。惟當亟圖自立之策，不可姑爲苟安之計。若夫積安邊之金繒，飾行人之玉帛，女真尚存則用之於女真，彊敵更生則用之於彊敵，此苟安之計也。陛下以苟安爲志嚮，則國勢日削，人心日偷，雖弱敵幸亡，不能無外患。蓋安危存亡皆所自取，若當事變方興之始，而示人以可侮之形，是堂上召兵、户内延敵也」。此謂不和金亦不和元，但貴自彊，非史、趙二人所及矣。及端平元年，金果亡，而後宋之君臣喜可知也。是時，又值史彌遠卒，帝始親政，故改元端平以志喜也。於是青山正爲相，慷慨以天下爲任，欲及元人許歸河南之約，收復三京，此真千載一時之機會，喜不及待，故不暇積食蓄兵，而急往受之耳。事出有因，不惟非迂闊，亦非全出冒昧，而詎知姦臣誤國，不同心合力，事會蹉跌，不戰而敗邪？詳觀此役，由史嵩之不致餽糧，以致諸軍飢乏，潦艸倉猝，自潰引還。並非敵人彊盛，力戰不支，弓亡弦絶，傷夷挫衄，如黏没喝時事也。使是時糧餽充給，諸將秉承定筭，堅忍不退，申前日之約，且以「三京本吾故地」大義折之，盟信要之，元新得金，中原事勢未集，未必不退聽。如仍恃彊不聽，則用趙奢、閼與之説，力戰致死，以勇爲勝，師直爲壯，必可勝之。如此而又不勝，則亦曲在蒙古，非我無端生釁，則用樂毅、田單之謀，因我民之怒，退而修備蓄力，激起人心，志在必於收復，則中原可終爲我有也。是故青山、范、葵此舉原非孟浪，所恨太脃弱輕脱如嬰兒之戲，出乎常理當然之外。千載而下，覽其事者，可爲太息憤懣者也。而錢氏顧指此爲道學迂闊，不識理勢，主收復以速亡，可謂蔽昧無知，全非事實，吠影而已。

逮後淳祐十年，史嵩之去位，青山再相，收召衆賢，用余玠帥蜀，一意出師，與元之役雖無功，而未有大敗。乃十一年而青山卒，又二年爲寶祐元年，余玠死。玠良將，蜀之長城。帝信讒以斃之，而蜀遂不爲宋有。青山卒之歲，淳祐十一年。蒙古憲宗蒙哥始立，而以其弟忽必烈總制漢南，開府金蓮川。淳祐十二年，元主以關中河南之地盡封忽必烈。又六年爲開慶元年，是年九月，忽必烈渡江圍鄂，賈似道乞和，忽必烈聞元主卒，引還。明年，景定元年二月，忽必烈自立，是爲元世祖，建元中統元年。統觀自端平元年甲午，青山、范、葵收復三京，及是開慶元年己未，蒙古渡江，二十六年間，事迹如此，謂之謀國不臧可也，謂由道學誤之，非事實也。

紹定、端平以還，女真既滅，蒙古方彊，滅國四十，亡金以及於宋，事勢駸駸不可得已。燕丹不劫秦，秦亦必亡燕；宋雖日乞和，蒙古亦必滅宋。當此之時，惟有用賢可以自立，乃宋以史、賈輩當之。夫陳賈、鄭丙、韓侂胄之攻道學，已出虚誣。今前渡江日，開邊釁，蹙國命，實出於賈似道。乃錢氏不以責似道，而弊獄於青山，以致其毒螫道學之誕説邪心，甘自坿於賈、丙、侂胄，其用意如鬼蜮含沙，最爲可惡。

若以和議爲可恃，則前此秦檜殺岳王，史彌遠函侂胄之首矣，而究何能弭女真之寇哉。若以主收復爲挑兵釁，則端平以後，未有收復之謀也。若以道學誠足以亡人之國與，則元世祖未即位之先，開府於金蓮川時，首召姚樞。樞陳修身、力學、尊賢、親親、畏天、愛民八事，皆道學之大經。世祖嘉納，動必召問。又召用廉希憲，希憲以孟子性善、義利、仁暴爲對，世祖善之，目爲廉孟子。及即位，首召竇默、許衡，問以治道。默首以綱常爲對，且曰失此則無以自立。又言帝王之道在誠意正心，心既正，則朝廷遠近莫不一於正。元主敬禮之。及元主立太子，太子問王恂心之所守。恂曰：「嘗聞許衡言人心如印板然，印板不差，雖摹千萬本皆不差；若板本差，則所摹無不差者。」太子善之。史稱許衡陳政大約以《大學》修身爲本，其爲祭酒，教弟子尊師敬業，下至童子亦知三綱五常爲生人之道。虞道園曰：「先正許文正公實表章程朱之學，以佐至元之治，人心風俗之所係，不可誣也。」考史者稱蒙古始興，而得大儒爲之輔佐如此，豈偶然哉？夫姚、竇、王、許所陳皆道學迂闊之言，而元用之以興，何獨宋用之而速亡哉？錢氏之論，殆如淳于髡以魯之削，歸罪于公儀子、子柳、子思焉耳。

道學之病，誠患其迂闊儒緩，失之弱耳。若不主和而主收復，乃其發彊有爲，不肯苟安忘仇，此臣子之大義，乃反以之爲罪邪？統觀古今創守之主，有以一成一旅而光復中興者矣，未有以大朝立國當忍恥忘仇。以主收復爲道學迂闊，不知理勢也。古無不亡之國，然甯爲亡國，不爲降國。蓋天下原有亡勝於存、死勝於生者，或由才略不足以濟，或由天命已去，不可如何，如楚項羽之亡、田横之不屈，皆彊而亡國，非由道學迂闊以速之也。由錢氏之論，率萬世臣子不爲越句踐、燕昭王，弟作秦檜、湯思退，而後免於道學之迂闊也已。种師道謂李邦彦曰：「某在西土，不知京城堅高如此，備禦如此，不知何事便議和？公不習武事，豈不聞往古有戰守乎？」又曰：「公等國之大臣，腰下金帶自不能守，欲以與金人，若金人要公首級，當復何如？」明日金使人禮稍絀，上顧師道曰：「彼畏卿故也。」當彊敵壓境，朝廷拱默，李綱、師道猶能抗方張之氣，阻城下之盟。而錢氏乃以南宋立國，不應主收復，爲道學迂闊，不知理勢，以速其亡。況本無其事也。然則其所作《廿二史考異》亦何用也，❶不過搜覓細碎，眩博以邀名而已，於資治致用無當也。張南軒《孟子説》解「交鄰國有道」章，以修德、行政、養兵、訓民卒、殄寇仇爲言，詞氣激發。胡文定《春秋傳》於夫椒之事、朱子《詩傳》於《王風·揚之水》亦然。以此例之，錢氏之於學，殆未嘗奉教於君子也。

書劉文靖渡江賦後

孫北海曰：「世人軒劉静修而輕許魯齋，以其仕與不仕也。然魯齋當元人伐宋，世祖問之，魯齋不對，世祖知其意，遂不復問，而心賢之。静修《渡江賦》張大元人伐宋之舉，云『留我奉使，仇我大邦』，殆如露布。此賦可令魯齋見與？」樹按：北海是言殆未詳考静修之心及其事實，而輕於立論也。昔丘瓊山亦以《渡江賦》爲幸宋之亡，黜其從祀。惟崔後渠以爲欲存宋，孫夏峰力主之，而論者終未釋然於瓊山之説，是皆未考其事實也。

《元史》本傳，魯齋生金章宗泰和九年，按章宗以泰和八年十一月崩，無九年。蓋當宋甯宗嘉定二年己巳，上溯紹興十年庚申，河南地歸金七十年矣。下歷金哀宗天興二年甲午金亡，魯齋年二十六歲，又歷帝昺己卯宋亡，魯齋七十一歲，又二年爲元至元十八年卒，年七十三歲。劉文靖生宋

❶「二」，原誤作「一」，據錢大昕原書名《廿二史考異》改。

理宗淳祐四年甲辰，上溯天興二年金亡，相去十一年而始生，上溯南渡一百十餘年。魯齋懷孟人，文靖容城人，若以中原皆宋土，爲金人所得，以宗國爲義，則皆當爲宋人。若從土斷，則魯齋固當爲金人，劉文靖生於元滅金之後，固自爲元人也。觀其作理宗宮扇、度宗古墨詩，題皆書宋，又作《金太子允恭墨竹畫馬》詩，題皆書金，則文靖固自謂元人也。

當開慶元年時，蒙古渡江圍鄂，命賈似道援鄂。似道密遣宋京乞和，許割江南稱臣納幣。及元軍還，似道襲殺其殿卒，匿議和事，以諸路大捷江漢肅清奏，帝以似道有再造功。似道使其客廖瑩中作《福華篇》以頌鄂功，通國不知有所謂和也。及蒙古遣使來徵和議，似道恐泄其事，幽之於真州。剌垣邏守使臣上書，請見請歸，且極陳和戰利害，不報。蒙古主屢遣使，以稽留信使，侵擾邊疆來詰。李庭芝奏言，蒙古使者久留真州，皆不報。劉文靖賦以渡江命題，以「留我信使，仇我大邦」二語爲言，實見速南宋之亡，禍釁在此。夫似道此舉，挑兵釁以速於亡，實爲元師渡江本。案當時雖宋之臣民亦咸忿疾其事，文靖元人，言之何忌？北海乃以諱國惡之義律之，不亦謬乎？全謝山曰「蘇天爵以爲哀宋」，可謂得文靖之心矣。

書許魯齋集後

明丘瓊山尼許魯齋之從祀，以其嘗爲宋鄉貢進士也。按魯齋生嘉定二年己巳，金人以嘉定七年遷都汴，是年魯齋年僅五歲。魯齋懷孟人，懷孟在汴都西北，金已改爲南懷州，置沁南軍矣，魯齋安得逾汴而就宋之舉也？自嘉定七年下逮端平元年甲午金亡，魯齋年已二十六歲。是年趙葵、趙范收汴京敗還。明年分樊城、新野、唐鄧置鎮北軍，以備蒙古，境治不及懷孟。十九年壬子，蒙古主以關中、懷孟地盡封忽必烈。二十年，忽必烈出，王秦川，召魯齋爲京兆提學，年已四十六歲。此前未仕時，嘗避亂徂徠山，往來河洛，就姚樞受書，居蘇門山，皆在金在元，未聞歸宋也。使魯齋於金亡之後而得歸宋爲鄉貢進士，史文何不一記之？甯宗、理度之世，史於道學諸賢出處無不詳記，何獨於魯齋而忽之？宋、元同滅金，使魯齋於金亡而歸宋然且不可，況仕元乎？瓊山不以此斷之，而係宋爲義，謂宋鄉貢進士不當仕元，又無確據，恐不應《春秋》之法。何者？君臣父子之義一也。人生於某氏，即當爲某氏之子孫；民生於某國，即當爲某國之民人。若人不幸生於微賤，一旦其族被世家所滅，論者謂此家本微賤，當改歸此世家，爲其子孫，理可通乎？魯齋父祖爲金之民人及百年矣，一旦引夷夏之防以斷之，何以異於是？且金、元不當爲載記，王秋澗言之矣。當時采之，作金、元二史，不得蔑之，謂金不得爲代也。魯齋辭樞柄，臨歿自疚不能辭官，戒家人勿得請謚。及劉文靖之所譏議，皆以是故，但不如瓊山以宋爲義耳。瓊山之言未詳所出，恐記載妄說，姑記之俟知者定之。若魯齋嘗爲金鄉貢進士，則於情事誠或有之，然不可確知矣。

書徐氏四聲韻譜後

汲古閣刻許氏《説文解字》有二本，一爲徐氏鉉奉勅校定許氏始一終亥本，一爲李氏燾《五音韻譜》本。李氏本元明以來刻者多，流傳浸廣，鉉所校許氏原本刻者絶少，則豈不以其偏旁奥密不可意知，學者艱於尋檢也哉？ 我朝通儒輩出，博綜好古，邁軼前代，而尤崇尚小學，海内攻《說文》之業者先後不下數十家，於是宋版始一終亥、大字、小字本悉出，段若膺《說文訂》敘之詳矣。 吾獨怪諸家刻李氏《韻譜》不用仁甫序，而仍以許氏、徐氏序及表冠其書，遂使承學之士不知此本出於何人。 段氏譏顧亭林誤認李書爲徐鉉等所定，而不知其失在於刻者。 然世攻《說文》之業者，所見此二本而止耳，近人所刻小字大字本而止耳，其鉉、鍇所定《韻譜》，世罕知之。

道光庚寅，始從友人借得曝書亭所傳本，尋究體例，與李氏異者二。 李氏雖異其部次，而偏旁安堵，聲韻所協，仍偏旁之本文，學者尋檢未爲省力，誠有如虞道園所譏。 鉉命鍇以《切韻》次者，既移其部次，即不顧其偏旁，期便尋檢，無恤其他。 李書仍用許氏說、解徐氏等注，徐書則聊存訓詁，其餘敷衍别爲通釋，其曰五音者即四聲，而分上下平耳，非宫商五音也。 鉉敘固明言五音分五卷矣，而徐氏堅妄詆仁甫，謂四聲五音之不分，其謬已甚者，真瞽說也。 竊以兩家箸書，皆各有當，其指各分見於其所自序，政無庸妄議也。 此本題「篆韻譜」，篆字流俗人妄加，非徐氏之舊。 或疑亭林號博極羣書，不應不見仁甫敘，而以燾書爲鉉等所定，其所見或即此本，段氏譏之非也。 吾以爲不然。 據亭林所自言，並始一終亥本，且以爲難見，何況此本傳者絶少，未聞他刻。 近浙人張氏士俊所刻《繫傳》前坿録李氏《說文解字五音韻譜敘》，乃仁甫敘鉉書之文，非自敘其書也。 其自敘所以改爲者甚詳，見於馬氏

《通考》，亭林偶忽之，故誤認耳。虞道園稱至元中瑞陽學宫所栞《韻譜》，徐氏堅所稱坊閒行本川本者，皆李氏《韻譜》也。

皖上修禊圖跋

江右陳叔安得明衡山文氏畫卷，不知其何作也，見卷中景物人士，有類於修禊者，則目之爲《修禊圖》云爾。皖上者，叔安狡獪戲題之，以誣文氏，以愚時人也。或以衡山有高名，故叔安假之以爲重，余獨以爲不然。衡山自作畫，叔安自修禊，其事若風馬牛之不相及，衡山何由重叔安？叔安何由扳三百年以前之衡山哉？天下事皆妄所結，苟求其實，則皆粉碎。且叔安之兄伯游之記具在，明明敗露，未嘗真謂衡山爲叔安作圖也。記中十四人縷縷指實，適徵其戲耳，叔安之不能誣衡山也明矣。且宇宙景物，古今未嘗有二也。世人以眼識空華，彊生分別，若自天地本撊觀之，足相與啞然笑也。叔安修禊，其人不異卷中人也；伯游作記，其文不異《蘭亭敘》也。卷中人士景物不異皖上人士景物，即不異蘭亭人士景物也。孰爲晉人，孰爲今人，孰爲山陰，孰爲皖上，吾不得而知之也，然則又何妨專而私之曰皖上云。人心多妄，妄起於有著，著緣取，取緣貪，貪生癡，至其癡處，皆有故絕可思。而右軍以之興悲，叔安以之游戲，其心豈復有著處哉？道光丁亥正月，桐城方東樹跋。自記云：似東坡游戲文。

題潁上搨帖圖

吾友管君異之持此圖索題，言曰：「同先祖爲潁上教諭，時潁上黄庭石已碎，其存者可二百餘字，在諸生卜士誠家，先君借而榻之。其後先祖、先君相繼殁，家歸江甯，手澤皆散佚矣。同僅於故紙堆中得此，裝潢成册，丹徒張寶崖崟爲作《潁上搨帖圖》。先祖事迹具同所爲家傳。先君爲人孝謹忠信，年僅三十九而殁，時同方九歲，漫無所省記，今可見者獨此而已。」言未卒，泫然而泣。余曰：「然。古之名賢，嘗有以一名一物，微細之端，而流風遺韻，使人鄭重愛惜而傳之不朽，非以其物而已，以其人之懿淑而因以及於是物焉耳。而況子孫於其先人手澤所存焉者乎？不然，世之貴人金多身閑，爭買書畫，如東坡之欲付與一炬隨飛煙者，其曷足稱？」既以應巽之，因書其後以歸之。

援鶉堂筆記書後

古人校定書籍，綜覽義旨，軌式前則，有大體、有細意。大體炳諸所裁，細意隨時而發。一出通賢之手，即爲凡例。故曰自揚雄、劉向方稱斯職。歷覽古今，若馬、鄭、賈、服，逮於陸元朗、孔沖遠等之於經，應孟如、徐遠於、顔師古、胡身之等之於史，類皆以英敏之資、勤鋭之志，識明心專，反覆討論，鑒别精審，意詞方雅，采獲分散，貫穿齊一，周其藩籬，窺乎區蓋，脈絡次弟，曲得其恉。故每編校一書，所費日力即與自箸一書等，是以獨步邁俗，無媿雄、向。準此而論，求之近人，惟惠氏定宇、何氏屺瞻、盧氏抱經、錢氏竹汀四家，識精鑒密，差足與於斯流。顧三家書皆整雅，惟獨何氏之書體例乖俗，殊乏裁製，前人以紙尾譏之，良爲不虛。間取而衡之，似遠遜後來錢、盧二家條理淵密、枝葉扶蘇、精神焕發也。推尋其故，蓋由錢、盧手自訂箸，何氏出後人賷次，不得其措注之宜故也。蓋傳其所僅傳，而其不傳者與人俱亡矣。是知書非自訂而託之後人，多成增謗，少成減謗，尠不失其恉者。先生平日校勘羣籍，本以糾繆正誤，拾遺補闕爲旨趣，使編其書者納於謬誤闕陋之途，遺誚通識，比於誣謗，能無懼乎？編審既畢，特發斯義，以諗來者。笑古人之未工，忘己事之已闕，不敏之媿，重爲口實已。

潛丘劄記書後

吾嘗論達巷黨人稱孔子之大，特驚以爲博學，嚮使孔子而爲一書，考證三代典物、文字，其必過於蔡邕、劉熙、應邵，不待言矣。而聖人於夏、殷之禮，亟曰能言，而卒不抗己，以爲之文獻。平日教人，惟日用下學、躬行切己之是務，雖博弟子以文，要不出乎《詩》、《書》、六藝，豈不以民彝物則，萬世經常不易，循之則心身安，事理得，而治化興；昧之則心肆身裁，學術歧，而政俗敗。古之立學校，將以傳先王之業，流化於天下，必使學者明於古今通達道理。凡其所爲學問而考辨之者，亦學乎此而已，亦辨乎此而已。後世學異而言多，言多而妄多。學者不顧其本，惟務逞私揚己，驚愚賣名，相與掇拾細碎，爲無益非要、失實誤世之言。其説經考史，論議所及，罔是非之真，而以害於人心義理者不少矣。則皆所謂無德者眩，有德者厭，名爲考信，而實欲行其私説，支離畔援，非愚則誣者也。是故觀其書不見根源本領，使人讀之，心志馳騖，憗惑蕩焉，而無所止。可以資口耳，而無益於身用。雖由是更廣爲千百卷，猶莫能盡。宇内無此，書不見少；學者不讀此，無損於學。雖竊大名，亦徒榮華於一朝，而末由施用而不朽。爲學若此，亦足傷也。

或曰：「若吾子言，是考證不足以爲學，則孔孟所稱博學詳説者謂何，且不幾率天下而陋乎？」曰：「固也。吾以學者忘孔孟也。若猶念孔孟也，將必志乎其所本者以爲先而後可也。若舍置其本，而專務乎此，而曾不要之以約禮反説，此吾所以病之也。」近世言考證之宗，首推深甯王氏、亭林顧氏、太原閻氏。吾觀王、顧二家之書，體用不同，而皆足資於學者而莫能廢。非獨其言覈實而無誣妄之失，亦其箸書旨趣猶有本領根源故也。閻氏則不逮矣，然亦頗博物條暢，多所發明。讀其言，如循近澗觀清泉，白石游鱗，一一目可數，指可掬，其用功塗轍居然可尋見，異於池竭而自中不出者也。特其體例不免傖陋氣象，矜忿迫隘，悻悻然類小丈夫之所發，故不逮王、顧兩家淵懿渟蓄，託意深厚，類例有倫，此固存乎其人之識與養焉已。雖其書出後人裒輯，非其所手訂，而詞氣大體之得失，固不可掩也。

書惜抱先生墓誌後

先生之葬也，其家僅埋石，誌生卒姓氏而已。樹慨先生名在海内，而當時名卿學士無銘詞，於事義爲闕，屢欲表其墓，輒以愚陋不足以盡知先生之所至，嫌於僭而自止。道光十三年，來常州，見先生從孫瑩所作行狀，及先生門人新城陳用光、宜興吴德旋、寶山毛嶽生並武進李君兆洛各所爲誌傳文，其於先生志業行事，揚搉發明，燦然無遺。於是始喟然歎曰：「乃今而後，可掇筆矣。」而瑩及毛君固謂樹：「子終必爲一文，以卒子之志。」樹曰：「然。昔虞道園有言：子程子歿，叔子爲行狀；張子歿，吕與叔爲行狀。表伯子之墓者又潞公，表張子之墓者吕閣下也。是皆大臣，一言以定國是，非常人之詞。而吕公曰『不敢讓』，知知則不敢讓也。知有所未盡，安得不讓乎？朱子作延平行狀，而延平之墓銘無聞，黄直卿、李方子作朱子行狀，而朱子墓銘未見，豈非門人之言足以盡其師之道而無待於他人乎？」竊援斯義，乃敢舉愚意所欲言者，系而書於後曰：

古今學術之傳，有衆箸於天下人之公論者，有獨具於一二人之私識者，私識之中，又有其深且切者，則各以其所見言之，以繼夫不傳之緒而已。夫唐以前，無專爲古文之學者。宋以前，無專揭古文爲號者。蓋文無古今，隨事以適當時之用而已。然其至者，乃並載道與德以出之，三代秦漢之書可見也。顧其始也，判精麤於事與道；其末也，乃區美惡於體與詞；又其降也，乃辨是非於義與法。噫，論文而及於體與詞、義與法，抑末矣。而後世至且執爲絶業專家，曠百年而不一覯其人焉，豈非以其義法之是非、詞體之美惡，即爲事與道顯晦之所寄而不可昧，而雜冒而託邪？文章者，道之器；體與詞者，文章之質。範其質，使肥瘠修短合度，欲有妍而無媸也，則存乎義與法。自明臨海朱右伯賢定選唐宋韓、柳、歐、曾、蘇、王六家文，其後茅氏坤析蘇氏而三之，號曰八家。五百年來，海内學者奉爲準繩，無敢異論，往往以奇才異資，窮畢生之功，極精敏勤苦，踴躍萬方，冀得繼於其後，而卒莫能與之並，蓋其難也。

近世論者謂八家後，於明推歸太僕震川，於國朝推方侍郎望谿、劉學博海峰以及先生而三焉。夫以唐、宋到今數百年之遠，其間以古文名者何止數十百人，而區區獨舉八家，已爲隘矣，而於八家後又獨舉桐城三人焉，非惟取世譏笑惡怒，抑真似隣於陋且妄者。然而有可信而不惑者，則所謂衆箸於天下人之公論也。侍郎之文，静重博厚，極天下之物賾而無不持載，泰山巖巖，魯邦所瞻，擬諸形容，象地之德焉，是深於學者也。學博之文，日麗春敷，風雲變態，言盡矣而觀者猶若浩浩然不可窮，擬諸形容，象太空之無際焉，是優於才者也。先生之文，紆餘卓犖，樽節檃括，託於筆墨者浄潔而精微，譬如道人德士，接對之久，使人自深。是皆能各以其面目自見於天下後世，於以追配乎古作者而無忝也。學博論文主品藻，侍郎論文主義法，要之不知品藻，則其講於義法也慤，不解義法，則其貎夫品藻也滑耀而浮。先生後出，尤以識勝。知有以取其長、濟其偏、止其敝，此所以配爲三家如鼎足之不可廢一。凡若此者，皆學者所共見，所謂天下之公言也。雖然，天下之學其名既箸，固久而愈耀，遠而不磨，要其甘苦微妙之心，則與其人俱亡焉，此斲輪者所以亟悟夫齊桓也。

今東南學者，多好言古文，而盛推桐城三家，於三家之中又喜稱姚氏，有非姚氏之説莫之從。嗚呼，可謂盛矣。而吾獨以爲人知姚氏之文之美，猶未有能得其微妙深苦之心也。不得其心，則其於知也終未盡。夫學者欲學古人之文，必先在精誦，沈潛反覆諷翫之深且久，闇通其氣於運思置詞、迎拒措注之會，然後其自爲之以成其詞也，自然嚴而法，達而臧。不則心與古不相習，則往往高下短長齟齬而不合，此雖致功淺末之務，非爲文之本。然古人所以名當世而垂爲後世法，其畢生得力深苦，微妙而不能以語人者，實在於此。今爲文者多，而精誦者少，以輕心掉之，以外鑠速化期之，無惑乎其不逮古人也。諸君誌傳所以論先生之文者至矣，樹特以其私識者淺言之，俾學者時省觀焉，以助開其所入云。自記云：先生爲先曾大父門人，先子及樹從游最久，講授無異師弟，而生前實未正師生之稱，恐後人疑之，坿識之於此。毛生甫曰：「中有微言，自足不朽。」

管異之墓誌書後

君與吾性皆少可多否，而君差能借人以言，故稍取時譽。吾嘗與君劇論此理，以爲好人而知其惡，惡人而知其美，天下一人而已。古之君子隱惡揚善，獎成庶類，求益於人焉耳，非爲蔽於己也。使己之義理未明，而妄以行誼許人；己之文章未成，而妄以是得許人，是以古聖人義理之公、古作者精微能事，第爲吾饋遺悅人之具，而足使天下失是非之真，是謂無忌憚。幸而爲宰相，論道經邦，官人任使，綜覈名實，主持風教，以一天下之視聽，而或乃駑驥同秣，石玉雜糅，毀瓦畫墁與良工大匠均稱，而無所勸懲，曰仁乎，其智不備也，是謂混濁。夫以無忌憚之心，而躬混濁之行，其事之所效，又足以令天下失是非之真，此豈非妄也哉？謂己之譽不過循斯須之人情，天下是非之真原不存乎吾言，則自待既太薄；謂己之譽果不謬於聖賢之義理、作者之精微，則其視義理精微亦太誣。昔孔子不敢爲毁譽，不得已而有譽，必有所試。今人自視己德，果已如聖人之明乎？抑猶未也？則妄譽之誤世，比於一手掩天下目，可乎哉？吾往與君言如此，今銘君，如有不信，恐君空中將與吾辨，故不敢也。海内論古文之學者，以爲其傳在桐城，謂吾宗望谿宗伯、劉耕南先生、姚姬傳先生也。姬傳先生所傳弟子數人，皆頗以能文稱，然皆不逮君獨至之論。後世其信，今未可家諭户説也。

書史忠正公家書後

道光十三年四月，樹與寶山毛生甫嶽生，同客武進縣齋。生甫出忠正此書搨本，曰：「此吾亡友鎮洋彭甘亭兆蓀所貽也。」又曰：「有汪有典者，爲書名『史外』，别載公三書，撰其詞旨，似俱在此書後。」因言《明史》稱大兵以四月二十日至揚州，二十二日薄城下。《明史》不言破城日，《明史稿》紀以爲二十五日。公此書稱四月十八日圍城，從其始至也。又云越二日，礮擊城西北隅。是公此書發於二十一日，距公死僅五日，顧有所不盡本末。

史言公初娶李夫人，繼娶楊夫人，皆無子。夫人嘗欲爲置妾，公太息曰：「王事方殷，敢爲私計邪？」後遺命，以副將史德威爲後。而是書所云「炤兒」者，爲公何人邪？公母弟二人，可模早卒，可程爲庶吉士，都城陷，降賊，公請置之理，福王以公故，貸令養母。是書所屬爲保護其母者，皆公從父與兄行，而不及可程，豈薄之不及邪？獨汪氏所載三書，最後一書乃遺其伯叔父及兄若弟，則所謂弟者，可程邪？武進李申耆兆洛言曰：「《明史》以可程爲母弟，獨宜興史屺銘以爲從弟。」又曰：「屺銘名問和，有學行，所爲《孝烈李孺人傳》，事尤有足感人者。」李孺人者，李夫人女弟，爲可模妻。可模卒，李哭泣五晝夜，絶食幾死。太夫人素病瘵，忠正殉國後益劇，李侍湯藥久不倦，病革，李割臂肉以進，太夫人卒得生。其後平湖孝廉馮洪圖，冒忠正名，起兵破巢縣及無爲州，兵敗被執，堅冒公名不改。大帥命太夫人面質之，李偕楊侍以往。李有國色，姦人聶某見而豔之，欲彊取之以媚大帥，且怵以必從。幣至，太夫人驚悸不能決，則以授李。李從容曰：「是不難。」即攜幣器入，割鼻及兩耳投器中，使僕婦捧以至。太夫人號痛，謂使者曰：「爲我持謝貴人。」聶失措，躍馬逸去，當是時，李氏之節幾與忠正比烈。何者？事起倉卒，而斷行之無難也。汪氏書亦載此事，但以可模爲可則，馮洪圖爲馮韶伯，既曰鹽城人，又曰浙人。

自記云：此橅《張中丞傳後序》，頗歷落，有奇勢，而陳侍郎用光極訾詆之，生甫仲倫亦不取，姑記以質深於文者，以決吾疑焉。

切問齋文鈔書後

《切問齋文鈔》三十卷，雲間陸中丞朗甫纂。其指以立言貴乎有用，故輯近代諸賢之作，建類相比，以備經世之略，大約憲法吕東萊，其用意固盛美矣。厥後賀方伯耦耕爲《經世文編》，則搜采益富，體例益備，要陸氏實爲之嚆矢云。樹嘗合二編所輯而讀之，竊見諸賢之作，其陳義經物論議可取者固多矣，而淺俗之詞、謬惑之見亦不少。雜然登之，漫無別白，非所以示學者之準法也。且陸氏之論文，又非矣。其言曰「是編不重在文」，其説當矣。而又曰「以文言道俗情，固高下之所共賞」，又曰「道在立言，不必求之於字句」，又曰「文之至者皆無意於爲文，無意爲文而法從文立，往往與先秦兩漢唐宋大家模範相同」。

嗟乎，談亦何容易邪！循陸氏之言而證以卷中之文，將使義理日以歧迷，如湯潛菴推陽明功業而並護其學術，不知功業在一時，學術在萬世。學術誤則心術因之，心術壞則世道因之。陽明率天下以狂，而詈朱子爲洪水猛獸，其罪大矣。當日宸濠之事，即無陽明，一良將足以辦之，孰輕孰重？以潛菴之賢，猶黨同倒見，況於真無識而託忠厚之名者哉？按陽明之功誠奇偉。觀其臨事能盡得屯卦道理，可謂賢矣。然當但服其功，不得因此謂其學術非誤也。文體日以卑僞，而安得謂克同於先秦兩漢邪？

夫文字之興，肇始《易》繩，迹其本用，原以治百官，察萬民，豈有空言無因而爲一文者乎？特三代以上，無有文名，執簡記事者，皆聖賢之徒；賡歌謨明者，皆性命之旨。文與道俱言爲民，則洎孔氏之門始。以文爲教，四科之選，聿有專能，自是以來，文章之家傑然自爲一宗而不可没，固爲其能載道以適於用也。淩夷至於秦、漢，道德滑然絶矣，而去古未遠，文章猶盛。往與姬傳先生言，西漢文字皆官文書，而何其高古雄肆若彼！魏晉以降，道喪文敝，日益卑陋。至唐，韓子始出，而復於古，號爲起八代之衰。八代者，東漢、魏、晉、宋、齊、梁、陳、隋也。故退之論文，自六經、左、史、莊、屈、相如、子雲數人而外，其他罕稱焉。於是重古文者，以文爲上，非祖述六經、左、史、莊、屈、相如、子雲者，不得登於作者之籙。重用者，以致用爲急，但隨時取給，不必以文字爲工。二者分立，交相持世。淺識之士，眩瞀惶惑，莫知所宗。苟事調停，終未得理。間嘗折衷斯義，以爲必重古文而後謂之文乎，則自東漢以來至於今，又將以至於萬世而無窮，天下所用以治百官、察萬民者，一日不可無，而安能待之遥遥不世出之作者乎？謂隨時取給之文，但使有用，即與作者無異，則自東漢至於今，工爲致用之文，不知幾千百人，而何以都不傳於後，而獨此寥寥數作者，光景常新，久而不敝，而爲人所循誦法傳乎？ 可知文章之道，別有能事，而不得以不知而作者彊預之也。

陸氏又謂有用之文如布帛菽粟，華文無實者如珠玉錦繡，雖貴而非切需。吾又以爲不然。使世之人皆惟是取給於布帛菽粟而已，則是禹可以惡衣承祭，而不必致孝乎鬼神，而山龍華蟲之飾，與夫珍錯玉食之供，凡三代聖王典禮之盛，皆可廢也。且夫菽粟入口，隔宿而化爲朽腐矣。吾人三年不製衣，則垢敝鶉結矣。是故今日之菽粟，非昨日之菽粟也，已敝之布帛，非改爲之布帛也，此隨時取給之文所以不傳於後世也。若夫作者之文則不然。其道足以濟天下之用，其詞足以媲墳典之弘，茹古含今，牢籠百氏，與六經並箸，與日月常昭，而曷嘗有無實之言，不試而云者乎？ 今不悟俗學凡淺，不能爲是，而徒指夫猥子浮華無用之文，以爲口實，是尚不足以杜少知之口，而何以服作者之心乎？ 孟子曰：「取食色之重者，與禮之輕者相比，奚翅食與色重也。」吾觀集中諸賢之製，其意格境象，字句詞氣，多與古人不類，且有甚猥俗不識禁忌者，而便謂足以躋於先秦、兩漢、唐、宋大家，其信然乎？ 俗言易勝，繆種易傳，播之來學，將使斯文喪墜，在茲永絶，亦文章之阸會也。況彼所謂菽粟者，或糅以秕稗矣，或糅以雜毒矣。彼所謂布帛者，或易以刻楮矣，或易以木葉矣。善乎虞道園有言曰：「循流俗者，不知去陳腐；彊自高者，惟旁竊於異端。」如朱彝尊《與譚子羽書》、淩廷堪《復禮》、黃中堅《佛氏論》等文皆是。凡若此者，辨之不審，非殺人則以誤人。以此爲用，非良用也。

然則如之何而可？ 曰在《易》之《家

人》曰「言有物」，《艮》曰「言有序」。夫有物則有用，有序則有法。有用尚矣，而法不可偕，必有以矯而正之，講明切究，遵乎軌迹以會其精神，使夫古人音響之節、律法之嚴，學者有所望而取則焉，豈可以隨俗恒言，任意驅役楮墨乎？作者之徒宜謹之於此。韓子曰：「記事者必提其要，纂言者必鉤其玄。」非要非玄而冗長並録，是《書》不止百篇，《詩》不止三百，非惟汗牛充屋不能盡載，且適以罔道迷人。故曰白黑分矣，而務去之，乃徐有得也。纂輯之家，宜謹之於此。若都不能，則但取經事，不與論文可也，三通是已。毛生甫曰：「於義理文章皆有關係，可謂立言不朽者矣。」

書劉貞女紀略後

嘉興錢侍御儀吉言其巡視西城之年，平谷民婦某氏自絞死。下指揮驗狀無他傷。民之父、婦之父母列詞皆曰：「婦以舅怒其夫，懼而死，死愚也，無冤。」余察婦所以死者甚可疑，日訪於其傍近，龘得其顛末。趣召民，受詞一如其父言。問諸鄰人，亦如之，乃獨引婦之父母及兩弟，反覆導之，卒皆如民父之言。蓋婦家愿而畏事，鄰人懼訟之及而不以實告。余雖顯然明白，而終不能引道路之言證成於訟廷。惟自疚身有土地之責，而不能爲匹婦伸理冤枉，因書其事以箸某氏之隱節。侍御後游廣州，因以語於祁中丞竹軒。中丞曰：「是獄不窮治，則死者之心安。」因尚論夷齊、衛輒事，曰：「求仁得仁，此婦亦是心耳。」侍御所讞獄在道光十三年，而十六年又有劉貞女事。劉貞女者，儀徵人，許字某氏，年十七爲歸，妻於其夫家，而實未即成婚。居半歲忽自歸，誓不再返。父母驚而詰之，泣不言，既而亦喻其有難言之隱，不卒詢而聽之。女勤鍼黹，操苦役，爲父母服勞。未幾而父殁，踰年而母又繼喪，女侍疾奉湯藥不解帶者百餘日，弗懈。父母殁，女哀毁，欲以身殉，不飲食數日，賴諸親勸勉，始節其哀。自是以後，代其兄經家事。兄本貧窶，疊遭大故，兼頻年水患，饑饉相仍，家一歲而數遷。女食不飽，衣不温，曾無幾微愠恚意。至十六年某月日夜，忽自經死。女兄澍實爲文以紀其事，而曰：「妹不死於初歸之日，懼以死傷父母心也；不死於父母殁之日，不忍以事重紊兄弟也；不死於饑寒播遷之日，恐人謂其不堪貧也。及今家稍裕而卒以死，是妹之善其死以全其貞也。」

方子曰：女未嘗一日忘其死，而顧以死不得其宜，不遽死。文信國至柴市之殉而心始畢，王炎武乃欲早迫之，非但不能知信國，抑猶於義之辨析未精也。嗟呼！聶政之姊能顯其弟，貞女之兄能表其女弟，豈非賢哉？豈非賢哉？若平谷民婦之兄弟雖愚，而卒得錢侍御、祁中丞爲之表其微，炳如日星矣，又何憾焉！余故爲牽連書之以箸其義。

孫節愍公事略跋 代

孫大令潁昌以其先節愍公殉節事略，及方恭人命子書來乞題詞。余覽其事，爲之喟然興歎者非一二端已也。維昔明運既終，南都再覆，唐藩入閩。王有英略，枕戈泣血，淬厲思奮。其時舊臣之有聲望者尚多，方招徠而用之，以期克濟。乃支梧海隅，受制鄭氏，卒以顛滅。蓋天命眷顧興朝，非顛木之甹栟所能圖者矣。且自黄漳浦，脱。大事已去，不可爲矣。楊公暨孫監軍一旅之師，區區效命弗屈，視前此專閫諸公，其於成敗大數已不足爲關係。而聖朝寬大，取其成仁，不遺藎節，特恩曠典，一體賜謚褒卹。孤忠毅魄，死可不恨。方恭人以弱女子，九死一生，拮據艱阻，卒繇其世而保大之，可謂爲其難矣。郭義士俠烈爲心，拔人孤兒於亂軍間，其事尤偉。而孫公子間關千里，崎嶇兵險，歸其季父骸骨，兼惠及楊公。《詩》曰：「孝子不匱，永錫爾類。」公子有焉。汪太淑人憐其子，以及其主帥，極天理人情之至公。是役也，忠臣、死友、節婦、孝子、烈士、義僕、賢母各伸其志，以共成其義，洵千古患難中一彦會也。史體謹嚴，止載大略，向非家乘可徵，則是衆美者不幾湮晦弗彰哉！余於公有枌榆之誼，顧不得聞其死事之詳，故既慶孫公之有賢裔，而又悲楊公之無後，而終得託於孫公以長保其墓祀，又不幸中之幸哉。

左忠毅公家書手卷跋尾

吾邑之所以重於天下者，以多鄉賢故，而鄉賢之尤箸者，無如方斷事、左忠毅二公。斷事忠貫日月，惜官位卑小，無甚事業，惟其潛德獨昌大其後裔，遂爲一邑冠。若忠毅，則事關社稷，身繫安危，楊、左之名赫然在人口耳，至今童嫗皆能道之，雖古稱龍逄、比干，何以加焉！是其遺迹所留，雖片紙隻字，子孫守之，重爲墨寶，後世見之，詫爲眼福，人心之公理固然也。

吾友馬君公實藏有公在獄中所寄家書，淋漓淚血，令人感動，實爲世珍。道光甲辰春，公之族裔某復示余以此二書，則定陵升遐之日，光廟御極之初，公受命巡視屯田時所寄二親之言也。某言得於公裔孫某家故紙堆中，其前後表裏爲一，無知傖子塗污殆徧，遂攜歸，翦裁裝池爲此卷，故書末語皆不完。樹既正容莊誦訖，則見公之所以告其親之言，即所以告其君之心，拳拳國是，一意無間，百世下猶可想見其痞痳如結之致。《詩》曰：「我心匪席，不可卷也。我心匪石，不可轉也。」是豈矜心作意、取辦於一時，慷慨以成名者所可同日語哉！ 然翫其詞意，公是時蓋猶願爲良臣，而未決爲忠臣，而惡知其後來之局，遂魚爛不可拾邪。馬君云往年邑侯趙明府嘗於公裔孫處得十三書，亦皆被塗污者，今檢對鈔本，則此二書儼然在焉。前書於「臨時再差人」下缺百有十七字，後書「歲底也」下缺五十二字。然則趙明府輯録時尚完好也。嗚呼！ 佛經言凡所有相，皆是虛妄，生滅異住，刹那不常。統觀明事暨公始末，俯仰皆爲陳迹，詎不信夫！ 矧此一紙之書，安保其不終化爲飛煙，而又可常抱翫也哉！ 雖然，賤而不可不任者物也，匿而不可不爲者事也。若據現在以徇斯須於世界，則如上所陳，亦尚非駢拇淫僻之行也，而又何議焉？

跋史忠正公答孝烈姚夫人之子吴逸谿君手札

明季流寇，肆毒雍、豫、楚、蜀，江北尤甚。一時士女，捐生取義，所在皆有，無慮數千百人。孝烈姚夫人，亦其一也。於時閣部史忠正公撫皖，同巡按御史張烜上其事於朝，得旌門焉。厥後史公以父喪里居，夫人之子逸谿君以啓陳謝，公答書云云，即今所傳卷中手筆也。以樹觀之，疑前當有寒暄敘答語，或逸去，僅存此六十餘字耳。自太傅文端張公暨諸前輩老先生題識揚搉，歎美至詳且盡，固不容復贊一詞。顧余考諸遺文軼事，有不能不慨然於公之言者。

謹按，忠正前娶李夫人，繼配楊夫人，公弟可模妻，即李夫人女弟也。可模早卒，李絶食幾死。忠正殉國後，太夫人居金陵，嘗病劇，李割臂肉愈之。有貴人某豔李，彊欲娶之，李忿詈拒之，不可，則髡髮割鼻及一耳示之，事乃得已，則世所傳史八夫人者也。考姚夫人殉節在丁丑之歲，忠正答書在己卯，李夫人之事在乙酉，相距七年，當公答書日，詎知節孝之人近在其家邪？即公深觀時變，或私計密慮，自辦一死以酬知報國，而烏知女婦之節亦出其家門邪？雖然，公之言曰「節孝之門，後必昌大」者，則不能無疑焉。謂公之言不信與？則姚夫人之後，自逸谿君數傳而巍科顯仕，照映閭里，揚名海内，其子姓嬰被，英英鵲起，方興未艾，不可謂不信也。謂公之言信與？則公身且乏嗣，而八夫人之後未有聞焉，可謂信乎？姚夫人之節，奇節也；忠正之札，寶墨也；題識諸公，名賢也，可謂盛美矣。嚮非其子孫之賢且貴顯，則此諸美者未必傳，傳矣亦未必其盛，若此不可謂不信也。然而當日不幸被寇難，同一殉節，捐生無慮數千百人者，不必其皆克有後，有後矣又不必其皆賢，賢亦不必其皆貴顯，以致其節行流傳之盛若此，則天之報施善人，已不能合符一轍，彰信無憾，而烏在其可必乎？獨是當日題旌夫人者，並有直指張公，而逸谿之謝啓不之通，羣公之題識弗之重，而夫人之節，炳然昭耀於百世，獨與史公之書並箸不朽。然則吴氏子孫所藉以顯夫人者，獨賴公書之存，而其言又適有驗焉，則是烏可謂不信乎哉？嗚呼，孝節之門，後必昌大者，天道之常也；其不然者，變也。史公之後不昌者，事關千古，不必以一人一家私之也。夫君子之言天者，亦道其常而不私焉者可也。

跋楊忠烈公與吴司馬公三書

右明楊忠烈公與吾鄉司馬吴公三書，公之族裔孫卓仁所藏，友人姚石甫、馬小眉、朱魯存跋尾，亦既感時撫事揚搉言之矣，以東樹考之，其事多牴牾不合。石甫云：「楊公此書，蓋在天啓四年削籍之後，因據本紀謂書所稱當柄爲顧秉謙、魏廣微。」小眉據勅書稱「公以天啓四年正月總督宣大、山西，二月改命督薊遼」。又據《孫承宗傳》謂「楊公此書，皆公督薊遼時事也」。朱君云「是時，已與左忠毅諸君子削籍歸矣」云云。按《明史稿·神宗紀》，公以萬曆四十二年巡撫四川，其總督宣大、山西，《明史》無傳，年月不可考。要之楊公此書，正公在西師日無疑也。若天啓四年，楊公以劾魏璫削籍，時公督薊遼，雖是年正月先有總督宣大、山西勅書，然旋即改命，且楊公以十一月去，公以三月督薊遼，莅任已久，而書中方言「今公以西師行用臨淮，入汾陽軍」故事，以冀其轉移前轍，又不合矣。且薊遼在東，何云西邪？考楊公於神、光、熹際代之日，爭選侍移宮，與賈繼春訐，冬十二月，抗章乞去。天啓二年，起禮科給事中。然則公此書當爲萬曆四十八年泰昌之冬去國時及天啓元年之事也。楊公書在是時，則吴公之總督宣大、山西亦必是時也。其事蓋在楊公未起之先，獨書中所云不肖之履虎尾，得此猶福，尚感聖恩，結此忤逆璫之局，似指劾忠賢事。夫楊公之劾逆璫，固將以死自處，而猶欲從赤松子房從容作無官一身輕之計，謂山中人猶可無慮，公不應闇昧於事機如此。此書一則臨行據鞍，一則到家後薦翁應元者。案公以十一月削籍，吴公以明年三月冠帶閒住，相距僅三閱月，不應此三月之内疊有三書，故愚直疑此書爲泰昌之冬去國時及天啓元年之書也。是時，王安未死，忠賢未盛，故公猶有「弟恐中外大柄，倒授中璫，將來不可收拾」之語。若天啓五年，則許顯純、崔呈秀已用事，璫燄大熾，中外沸騰，劾疏中所言已如彼，不得猶如上「弟恐將來」云爾已也。獨小眉據《孫承宗傳》疑高陽與公有未洽，此則不可知。考高陽與遼撫張鳳翼争畫關退守之説，嘗請勿設撫臣以撓戰守；及與督臣王象乾争趙率教王楹事，又請勿推經略總督，以一事權。此事在三年十一月，故十二月有停推薊遼總督歸經略之命，及廷議不可。明年三月朔，王象乾以母憂去，朝廷用吴公爲總督。五月，孫公自劾乞罷，舉趙彦自代，不聽。六月，命王守謙往關門諭留，而《傳》稱承宗惡本兵多中制，稱疾求罷。是時，趙彦爲兵部尚書，而公舉以自代者，則未知公意所惡爲趙公與？爲吴公與？據《南陽集》三十五忠詩，則高陽固以公與楊公並重已。今據《熹宗本紀》作天啓元、二、三、四、五年時事，四官表並六君子姤禍年月，俾公歷仕時事，與楊公、孫公並箸，而僧契靈家狀之牴牾，不復辨也。丁亥二月，鄉後學方東樹謹識。

跋蔡文勤公與雷翠亭副憲手卷

庚寅五月，玉農太守招寓郡齋。暇日，偶示所藏蔡文勤公與雷翠亭副憲手札長卷，及諸先輩識跋，展卷敬翫，既幸獲覩墨寶，詫爲眼福，抑於事有因緣，不能無慨然也。憶嘉慶戊午，樹主新城今督學丙閣學士陳碩士用光家，得讀翠亭先生文集鈔本，心知嚮敬，然未知其始之受知於文勤如此其重也。文勤學術、經濟之傳爲楊文定，海内共知，若翠亭副憲，則非師友淵源者，或未盡悉聞。副憲與陳凝齋、朱梅崖兩先生相切劘，講學宗朱子，爲古文師魏叔子，三君子之傳爲魯山木先生仕驥，實爲高弟，克大其成。後山木先生見先師姬傳先生，心折焉，以爲古文正脈在桐城，遂命其子嗣光及甥陳用光來學於桐，用光即凝齋孫也。樹之獲交魯、陳二友，而因以得讀翠亭副憲之文也。由此其後，嗣光早卒，惟石士今達爲顯仕，感念師友存歿升沈，益望石士以克繼先師者，上嗣山木、副憲。莊子曰「江河合水以爲大」，況固源流一派者乎？雖然，此猶爲文章之末而言之，若夫太守什襲之意，則必將使凡見此卷者，皆繹文勤本恉，讀書行己，實踐其迹，以庶幾如副憲之堅鋭向前，以弟一人德業自命也。若徒矜翰墨，歎賞名言，則此卷之藏亦等於煙雲之過眼，豈所以樂承於先輩者哉？豈太守所以什襲之意哉？

後學桐城方東樹敬識。

記左藺齋先生詩後

樹少時見家藏左藺齋先生詩一卷，爲先曾大父手録本並敘，嘗在先叔季默公行笥。先叔既客殁於外，莫知所終，則此詩亦與之俱亡矣。追維人事，萬古銷沈，一如夢幻，世宙茫茫，悲恨何限。兹於故書堆中復得此鈔，而前後缺佚過半，凡自四十二葉至六十三葉止，中又缺弟四十三葉，共詩一百三十二首。據先曾大父敘稱，先生臨殁，以其稿專屬删訂，重亡友之末命，爲乙其十分之二，得一百六十首有奇，爲梓以行世。而吾家竟無其板，訪之邑藏書家，皆未見。桐城先輩詩，其氣格蹊徑往往相近，而先生作尤奇峭奡闢，噴礴不顧。信乎先曾大父敘所云「令讀者未嘗相識，如見其人，以爲其志之所持有本故耳」。又據望谿《海峰集》諸傳記文稱，先生名文韓，字秀起，少保忠毅公曾孫，而未生先生仲子也。卷末有《同從子左仁看梅》詩，而《望谿集·左仁傳》云：「先生於仁爲遠昆弟行，仁早卒，先生未嘗見。」疑望谿誤也。又敘稱與從弟策頑詩居多，今此鈔纔一再見而已。又袁太史枚記《采石弔古》詩，以爲孫麻山先生名學顏字用克之作，今在卷中題曰「采石懷古」。又卷中《哭陳敬持》詩一首，則確爲孫作，然則此鈔不盡爲先生詩也。又卷中誤編剩人和尚詩三首，初不知爲誰，以爲與宋遺民鄭思肖等類，後見《廣東通志》，知爲韓姓僧，名亟可，字祖心，博羅人。尚書文恪公曰：「纘子少爲諸生，忽棄家，入羅浮。江南既下，坐事，戍瀋陽，有《剩人集》。」而先曾大父詩集中有涼涼生、苦竹山人、何求老人，皆不知姓字，山林隱逸，前輩零落，無從諮詢，可慨也。又先生尊考字未生，而卷中有「無情天亦成空老」，有「用人休説未生」句，疑此亦孫作也。自記云：張華農尹《石冠堂文鈔》云：「苦竹山人張純，字吾未，處士張來遠之子。來遠舉孝子名，載《江南通志》。」蘇厚子云：「望谿《左仁傳》云『書以付秀起，俾列家乘以示邑之人』。恐非看梅之人，或係兩人邪。」又云：「嘉興人言吕東莊，自稱何求老人。」淵如按：涼涼生即麻山先生。

合刻歸震川圈識史記例意劉海峰論文偶記跋

右歸震川《圈識史記例意》、劉海峰

《論文偶記》各一篇，學者所受微言奧論、文章真傳在是也。或曰：「自昔作者，弟以其文傳而已，未有舉其所以治文之方而箸之爲言者，若此則幾於陋與？」余曰：「然。凡後人之所言，皆前人所不言，非不能言之也，以爲吾不言而使人以意逆之，則其思之深、得之固，而其味長；言之愈悉，使人習口耳而不察，道聽塗説，不得其所以言之意，反以褻吾至教。古之達者，蓋深有見於其得失如是，故不惟不暇，亦不敢，非弟爲其名迹近陋，避而不爲也。然則二先生之慮不及此與？是其言當從棄置而不足采與？是又不然。凡後人之所言，多前人所未嘗言。孔子之繫《易》，由伏羲觀之則陋矣。漢唐以來，儒者説經所發明，由先聖賢觀之，皆可曰陋。然而至於今而傳注不廢，以爲不如是不足以有明也。爲其冥冥羣即於昧也，孰若以吾所覺覺之也？是得聖人成物之智者也。傳言者當論其言之當否，不當屑屑泥名迹怙一曲，若鄭緩之爲儒也。百家衆説，愚誣謬種之傳盈天下，而顧欲屏其妙要者而揮之，亦過矣。是二説也，學者兩擇之而取衷焉可也。二篇舊皆刻本，今張子小石欲取合録之以廣留傳。余故箸所聞大意，並坿韓理堂跋語，爲治古學貴文章者得有考焉。

書歸震川史記圈點評例後

古人箸書爲文，精神識議固在於語言文字，而其所以成文義用，或在於語言文字之外，則又有識精者爲之圈點、抹識、批評，此所謂筌蹏也，能解於意表而得古人已亡不傳之心，所以可貴也。近世有膚學顓固僻士，自詡名流，矜其大雅，謂圈點、抹識、批評沿於時文傖氣，醜而非之，凡刻書以不加圈點、評識爲大雅。無眼愚人，不得正見，不能甄別，聞此高論，奉爲仙都寶誥，於是有譏真西山、茅順甫、艾千子爲陋者矣，有譏何義門爲批尾家學者矣。試思圈點、抹識、批評，亦顧其是非得真與否耳，豈可並其真解意表、能得古人已亡不傳之妙者而去之哉？牝牡驪黃，誠迹論矣。其外所以爲天馬者安在？非得九方歅其人者，孰能辨之？姚姬傳先生之類纂古文辭也，原本有圈識評抹，後來亡友吴佑之重鐫板本，誤信人言而盡去之，吾苦争之而不得，可惜也。今此本栞傳，大雅則誠大雅矣，試令後來學人讀之，能一一識其文中之秘妙哉！此關學問文章一大義，吾故不得不明以箸之。宋程時叔撰《春秋本義》三十卷，凡采一百七十六家之言，前有問答、通論、綱領及點抹例一卷，中有所謂紅黃青黑側截點抹之別，成容若栞入《通志堂經解》，徐東海因其中有闕葉，不敢擅增句讀圈點，何義門謂圈點有亡皆宜照依元本，而東海必欲一例，竟全未刻句讀點抹，何甚惜之。夫圈點評抹，古人所無，宋明以來始有之，去之以爲大雅，明以前所無，國朝諸公始爲此論。吾以爲宇宙亦日新之物也，後起之義爲古人所無，而必不可蔑棄者亦多矣，荀卿所以法後王也。後人識卑學淺，不能追古人，而又去其階梯，是絶之也。自記云：其義可存，文則略倣南豐《魏鄭公傳書後》。

鄧尚書譜韻圖跋

雙聲疊韻，六朝以前人人皆用之，人人皆知之。周、沈晚出，嫌其局僿，斥以爲病。四聲既顯，文家遂廢不用，寖亦少知，故齊、梁之世，時人多見疑問。謝莊、羊戎之倫，敏口慧心，輒造新語，不言本證。唐人求音不得，反稱借之西域，信佛弟子獨得真傳。《華嚴經》每卷首皆載《西江月》詞一闋，云：華嚴字母衆義親宣，善財童子得真傳。字母紐弄，欲昭反昧，徒益紛紜。至於有宋大儒如朱子，又莫知本韻，率讀以叶。明三山陳氏，實創古音之説。逮乎國朝，顧、江、戴、段諸家繼起，古音大明。惟諸家之書但言古音，未劇論雙、疊。金陵鄧嶰筠尚書，以爲元音依永莫備於《詩》，溯始《關雎》，卒乎《殷武》，爰及政暇，資以成譜，指文命韻，析句諧聲，不著一語，奥秘悉章。宋後羣書，無此簡體，遠求其對，《爾雅》、毛傳，殆可類稱。於以輔成均表，揮發聲類，通之於六籍，可用閲覽，翫化無窮。千世之下，與三百篇並行，莫能析而廢之。不朽大業，其出有時，自非應期，惡能遇此。後有揚雲、陸詞，斯知足貴。既已成譜，復爲是圖，命題其前，因述緣來。即用本體作三絶句，以當述贊云爾。

江南春詞跋

倪雲林《江南春詞》三首，明代吴中諸賢屬而和之者，凡三十九人，最後萬曆間朱狀元之蕃蘭嵎聚而書之，並續和四章。蘭嵎籍貫金陵，最有書名，清詞名翰，可誦可觀，洵稱四十賢人矣。迂翁人品、畫品高峻絶世，亞於黃鶴山樵。當日外國使臣行千金求一窺清秘閣而不得，百世下其風采猶可想見。卷中諸作，氣韻清曠，天然拔俗，咸不媿迂翁原倡。卷前有金箋，翫其題識，知爲揚州馬氏小玲瓏山館秘藏本。雍、乾之際，海内昇平，士大夫多以池館賓客、收藏鑒賞相競，而馬氏尤箸，幾可方元時顧阿瑛。獨怪厲太鴻館馬氏最久，而曾無一言及此，豈未之見邪？ 此卷不知何時歸於仁和趙氏一清小山堂，余從趙氏裔孫恒借觀，聞以呈於兩粵制府尚書鄧公。公一見擊賞，謂是宜傳留蓺苑，用永名蹟，因屬董琴南觀察影鈔付栞，而歸其原璧於趙。且題《高陽臺》闋，自書於後，以當跋尾。格響清綺，楷法勁妙，其於卷中諸賢，非但徑可把臂，抑應齊當頫首。觀察蓺鑒洞密，鉤橅維肖，姿致如真，無殊響搨。於是既使五百年聲名文物葳蕤蔥蒨，聚見一時，而尚書暨觀察仕優而學，又因以增一翰墨因緣佳話，是重足尚也。道光戊戌夏六月，桐城方東樹謹識於粵東布政使署九曜一石之南軒。

記史司寇因字作外本蘭亭跋

蘭亭自宋熙甯中薛紹彭取定武官庫石本刻，損五字攜歸。其後大觀時，詔取薛氏石置宣和殿，自是有二本。趙子固所藏姜白石五字未損肥本，所謂落水蘭亭者也；明柯九思所藏五字已損，瘦本也，其實皆一石也。至薛刻副石爲金元人移去，所謂國學本也。宋刻石本，定武外又有潁上井中所得者極佳，今石亦毁不可得。大抵蘭亭原本既貴，士大夫各以家藏本鉤摹入石，毋慮數百本。孫退谷言南宋理宗御府所藏一百一十七本，又有游丞相所集亦百餘本，西川胡氏所收二三十本，而定武本自南渡後不復可得，凡一帖而摹者十家，其面目必十，而況其爲數百家邪？ 曩見王夢樓太守跋姚姬傳先生，況字作三點，攬字作兩橫，本以爲惟寶晉齋摹定武本與此同，然不得未損本觀之，不能定其是非。今已損本尚不可得，何況未損？昔人謂評蘭亭如聚訟，信哉！至此本「因」字作「外」，乃是俗刻，史定爲唐蠟者，妄也。

馬一齋先生遺書跋 二首

有正言繁稱，而人不悟且厭之者；旁見側出，無意立言，自然流出，見者如獲異聞，深解意趣，而因以明道者。古之善言者，蓋嘗有若是之人也、之言也，非蘄取於人而以求售其言也。孟子曰：「觀水有術，必觀其瀾。日月有明，容光必照焉。」有本焉如是耳。見世之箸書者，剽竊苟且，速以歲月而邀名者皆是；淵潛静深於大本，積而厚發者不數遘。卒其速成邀名者，終速朽而無名，而不數遘者，人轉以其希有而貴之如法物焉。於是浩帙重編，有不若微文細意者矣。

竟陵胡承諾箸《繹志》六十一篇，輯稡儒門精言，而儱侗紛沓，心尚麤觕，如庫藏簿大官庖以夸窶人餓夫，又如以飴密粔籹餧嬰兒，未飽者不得飽，既飽者慮或損腸胃。嗟乎，《繹志》其一耳，如《繹志》類者不可勝數也。

鄉先輩馬一齋先生，闇然篤志君子也，平日不以經學理學樹幟志爲杓人，其遺文亦寥寥無多。然嘗讀之，入其中而耳目洞然一明焉，心志暢然一適焉，如行平岡曼陀而時見瑶艸琪花也，如望長空白雲而忽見霞綺也，如循近澗清泉，白石游鱗，一一可數而可掬也，不專談道而道見，則歎曰：此殆其有本者。不然，何世之以經學理學箸書專家者，求其心得創獲一二似此而不得也？往者見安谿官獻瑶《石谿集》、吴江顧汝敬《研漁莊集》，與先生是集蓋相若云。世有知者，或不以余言爲妄也。同里後學方東樹謹書。

《翊翊齋筆記》二卷，一齋先生所箸也。曩樹嘗爲先生作遺文跋尾，稱先生不以講學立名樹幟，時未見此記也。茲先生曾孫樹華始以此見示，敬讀數過，則歎其醇正審諦，言言心出，非口耳陳言者比。於此見先生檢心之切，嚮道之真，洵足爲聖學津梁矣。至其憫時病俗，亦時欲以其言效鍼石之用於世，然後先生但不以講學立名樹幟，非不講學者也。抑知非有此講辨之根柢，而烏能茂彼文學之敷榮乎？因悔前言闕漏不實，爰書此以訟吾過。道光丁酉年四月，後學方東樹謹識。

書嘉定黄氏日知録集釋後

黄氏稱得潘檢討删飾原本，又得閻、楊、沈、錢四家校本，以爲先生討論既夥，不能無少滲漏，四家引申辨證，亦得失互見，然實爲是書羽翼也。東樹按：餘姚陳梓古民《書〈日知録〉原本後》曰「稼堂先生當時急於問世，任意點竄」云云。竊謂二家之言不必可信。觀先生敘及與人書，皆稱三十餘卷，今黄氏所栞仍三十二卷，則此自係先生臨終絶筆自定本，稼堂弟曰得手稿校勘而已，未必敢有所删飾點竄也。黄氏又稱後得原寫本以校潘刻，得者大半，此言尤非是。果爾，則必是取作者所棄，以廢銅充鑄，政先生所罪者也。要之《日知録》無用釋，後人或有所引申糾正，各存其所私箸可也，政不必沾沾自喜，坿此書以掊擊詰難爲自重地也。伏讀《四庫提要》，於閻若璩、沈儼、趙執信一一致譏，獨謂此書或迂而難行，或愎而過鋭，則顧氏應亦頫首於地下。以樹所見，諸家之説，惟歙程吏部魚門論亦最得平，而是集所録九十餘家説，獨未見採取，何耶？

考槃集文録卷五終

考槃集文録卷六

書

與羅月川太守書 太守後復姓程，官至巡撫

月日，方東樹頓首再拜，謹獻書月川先生太守閣下。頃在通志局，屢得拜見，荷蒙德盛禮殷，不以凡庸見簡。今當遠去廉州，繼見無期，又恐閣下一旦遷擢他去，是所懷終不伸於左右。是用忘其冒昧，輒以書自通，惟閣下鑒其進言之意，不以造次爲罪，幸甚幸甚。

樹聞日月遞嬗，人與世相閱，不能無古今。若夫道德文章之懿，人心風俗之同，政化治理之實，性情學術之公，三皇以前則吾不知矣；若唐虞以來，則以爲與今無異。是以孔子、孟子生春秋戰國之際，而其所守所陳必本仁義、稱堯舜，非若是迂也，誠以由其道，則古猶今，否則雖生聖人之世，而一切苟且，甘自菲薄，若江海之日就汚下，於是相與造作妄論，以爲古道必不可復，證多慰同，併爲一談，牢不可破，亦何賴乎？且夫古今者，名邪？實邪？如以爲名也，則古今之義非有升降也；如實也，則今之所指爲古，亦古之今也，而今之所謂今，又將爲來者之古也。天地未嘗改移，而俯仰之頃，人各以其目睫之智，分今古於其閒。然則古今名實非有定在也，貴人知所自立耳。世言文章政事稍稍近古者，必稱兩漢，自漢而下非無文章也，非無政事也，而不能政平訟理使

庶民迴心嚮化者，理教不興，姦宄不禁，吏無以儒術考文章、經世務，而道德齊禮有未充也。積之無其本，施之無其效，而曰今不如古，將謂民有異心，而孔子、孟子所陳，徒設虚論，以爲欺罔乎哉？

古者自天子以至庶人，莫不由於學，語其要曰修己治人而已，是故體之爲道德，發之爲文章，施之爲政事，故通於世務，以文章潤飾治道，然後謂之儒。故朝廷所以舉賢良文學者，將欲有所表而以次用之也。漢宣帝每拜刺史守相，輒親見問，察其賢否，曰：「與我共此民者，其惟良二千石乎？」又曰：「太守，吏民之本也。」是故漢世良吏於兹爲盛，宰邦邑者競能其官，或務仁愛教化，學比齊魯；或務成就安全，姦人自屏；或識事聰明，糾剔姦伏，號稱神明；或平正居身，仁信篤誠，感物行化；或簡煩除苛，禁察非法；或制立科令，勸人生業。若召信臣、杜詩稱爲父母，任延、錫光變革邊俗，第五倫、孟嘗、宋均清行出俗，能幹絶羣，王堂、陳寵委任賢良，職事自理，魯恭、吴祐、邊鳳、延篤、劉寬興利除敝，使人不欺，政迹茂異，令名顯聞，斯皆理行第一，一時之良能已。自漢以來，世不乏吏才，而或不本於儒術；及乎儒術盛矣，而施之事用又往往不酬。於是俗吏僻儒，華文之士，違用背憎，各矜其能，而不相爲用。南州風俗脆薄，自非修士，尠識學義，瀕海阻麓，外寇内伏，飄忽聚散，姦宄易興。又市通蓄貨，地多珍寶，財産易聚，掌握之内，價盈千金，富則淫，窮則盗，先利輕死，果窒愚悍。而官斯士者，又往往以黷貨營私，損其風施，非得大儒骨鯁魁壘、耆艾措理通古今者，潔廉自將，設立制防，則亦何由整齊而變化之。

伏惟閣下秉清修之節，蹈《羔羊》之

義，本好惡之正，得寬猛之宜，懷賈誼、倪寬之經術，兼尹翁歸、趙廣漢之廉能，所至之處，興立學校，革易俗敝，觀納風謡，求民病利，約己奉公，居官如家，其有冤嫌久訟，歷守所不能斷、法理所難平者，莫不曲盡情詐，厭塞羣疑，移風改政，猾惡自禁。所居民善，所去見思。朱邑不以笞辱加物，袁安未嘗鞫人臧罪，嚴君嗤黄霸之術，密人笑卓茂之政。凡如此比，以閣下方之，誠無所多讓。非懷德義志古之風，其孰能若斯乎？樹奔走四方二十年矣，所見今之從政者，實心實力如閣下，未之見也，未之聞也。嘗以爲於今之世不復見古人，乃今於閣下遇之。及得閣下之文，伏而誦之，然後歎爲治之本，其所由蓋在是也。閣下之文，指事陳理，義藴閎達，一一皆可施之實用，而其質呿之氣，醇篤之論，實足以蹈迹兩漢。往與師論兩漢之所爲文，皆官文書也，而高古醇樸如彼，良由直道所見，言言有物，譬如言食之飽，言衣之煖，天下萬世皆可取信。非如後世文士，馳騁淫費，釣采華名，但依倣格調，矜夸辨博，爲浮靡無實之談也。以閣下之治，證之閣下之文，以閣下之文，考閣下之政，信乎言足以志而行足以化，則以爲閣下之文與其政斷斷乎其近兩漢也，非貢諛也，非溢美也。

樹無狀，亦嘗志乎古矣，顧道不加修，文不彰身，行能闇傫，窮居約處，無由自表見；獨其素所蓄積發悟於古者，不能竟默。不揣固陋，輒思以其所欲論次設施者箸書。見世之所爲學者，違背理本，偏僻破碎，務攻宋儒，以張門户之私。方且憂其破道，思立説以救其敝，自比於孟子息邪説，正人心。好尚不侔，孤蹤違衆，則欲以此求合於時，亦自知其顛仆而終不振矣。

然惟古人身在困辱，爲舉世所不知，都無餘限，獨以不獲見知於大賢爲戚。以樹自度，誠不以飢寒困窮攖其心，以隘其生，俾得從容以畢其業，志趣所就，他日或當有功於先聖來學，亦閣下志古之懷所樂與者也。昔人或思士而無從，或歷説而不悟，或日進前而不遇，或遥聞聲而相思，智之於賢，豈可盡歸之於命哉？輒布區區，惟赦其狂愚而諒察焉。不宣。樹再拜。

復羅月川太守書

月日，方東樹再拜，謹復書月川先生太守閣下：十一月二十六日廉州役還，蒙報書千百言，謙沖之盛，誘掖之勤，爲賜甚大。反覆觀誦，且感且懼。東樹前讀閣下《嶺南集》，至《呪貪泉》詩及「没願化龍」之語，伏而歎曰：嗟乎！此即伊尹一介不取，思天下之民有不被堯舜之澤，若己推而納之溝中之意也。律己之嚴，仁民之志，悉於是乎見之矣。故竊自以爲能獨見閣下之心，而私幸其於今之世復見古人也。兹誦來教，益信大雅之懷，識宏論篤，謝華尊素，足以信後世，質古人而無疑矣。

今之太守循格例，謹銜轡，動有牽制，誠不若漢世官尊權重，得以自行其意。然而爲政之本，在一心，不在位之高卑也。孟子曰：「今有仁心仁聞，而民不被其澤，不可法於後世者，不行先王之道也。」孟子之時，王澤寖微，列邦諸侯，兵戈搶攘，政教酷隘。一二名卿，因時救敝，權宜譎霸，苟簡雜施，故孟子思以先王之政易之，其時然也。夫古今異治，民俗異宜，執古之法以御今之民，不可也，故荀子曰「法後王」也。國家法令昭明，列聖權衡斟酌百工所以範圍不過者，至詳且悉，其於先王之法無以異也。然而民或猶有不被其澤者，非法之不善，從政者將之以法，而不將之以心也。苟且簿書，奉行故事，巧相牽避於功罪之途，是免而無恥者，在官固然，而民何責邪？來書云前後所莅，士民望奢情愨，如赤子之依慈母，竟不忍負，必爲揣量肥瘠，懃懃懇懇，以備求安全之術。閣下自度之，其所以致之，豈嘗有出於今法之外而爲之？不過將之以仁心仁聞之誠，而其澤已不可勝既矣。故使今之從政者皆能若是，則令且優於天下，何況太守？閣下其無疑於所行也。雖然，位高者及遠，位卑者及薄，德大者禄大，望隆者位隆。今天子新即位，汲汲理化，登崇俊良，詔中外大臣明慎保舉。閣下清介之風，宏濟之抱，久乎於上下，則推先憂後樂之志而廣施之，將舉斯世之民，莫不被堯舜之澤者，安在愷弟之愛，止及於一方，爲龍之願，必待之身後邪？

東樹前書論兩漢官文書之美，蓋偏舉所貴者言之，非謂閣下之文盡官文書也，亦非謂兩漢官文書外便無文也。且就官文書言之，如《春秋》一經，荆公斥爲「斷爛朝報」，此真官文書也，而大義炳如，聖筆謹嚴如彼。推而上之，二典三謨，周誥殷盤，凡聖帝明王賢臣碩輔所用明治化陳政事，孰非官文書邪？其在《易》曰：「上古結繩而治，後世聖人易之以書契，百官以治，萬民以察。」則文字之用，其原亦可知矣。韓退之、柳子厚論文，必原本六經，如莊周所稱「《詩》以道志，《書》以道事，《禮》以道行，《樂》以道和，《易》以道陰陽，《春秋》以道名分」，大小精麤，其用無乎不貫。至聖不作，道德不一，於是中賢小儒始歧其用而不能相通。要之，文不能經世者皆無用之言，大雅君子所弗爲也。諸葛武侯千古一人，而陳承祚所上《忠武集》、《出師表》外，皆手教也。閣下之文，所以經事適用者，皆足與古人媲美矣。此即少不合於八家，固無慚於作者，而況八家集中亦官文書爲尤美哉。

又東樹前論古人文章皆由自道所見，得閣下引賈誼書證之，益可信。蓋昔賢平日讀書考道，胸中蓄理至多，及臨事臨文，舉而書之，若泉之達，火之然，江河之決，沛然無所不注。所以義愈明，思愈密，而其文層見疊出而不可窮。使待題之至而後索之，烏有此妙哉？雖然，文章之道，得之非難而爲之難，爲之非難而知其所以爲爲難。東樹雖嘗學之，顧其所爲甚陋，在嶺南所爲者尤麤豪放縱，時亂以淺俗常語，無復古人韻格。獨其議論，或偶有可采。不意大君子欲成人之美，樂善過取，比擬崔、蔡，承飾之下，惶媿無地。

夫道德、文章、政事三者，閣下次其分合之由，如臨白日以觀掌文，信無所遁矣。至於考證之學，蓋自漢代以還，通儒宿學讀書審慎，是正脱誤，辨審異同，詁解音聲，鉤鈲章句，其大者毛音鄭簡與道相扶，其次者名物典章於政爲輔。歷世既遠，箸述轉紛，通才碩彥，接踵而出，使來學者變學究破傖陋以炳於經籍之府，其用亦可謂宏矣。東樹乃獨敢非議之，何也？來教稱引宋代鄭、魏諸賢以相敦勉，雖其鄙劣，敢不承命。顧竊有未盡之意，敢終爲大雅陳之，以質愚蒙焉。

國朝考據之學超越前古，其箸書專門名家者，自諸經外，曆算、天文、音韻、小學、輿地、考史，抉摘精微，折衷明當。如崑山、四明、太原、宣城、秀水、德清，根抵學問，醇正典雅，言論風采，深厚和平，敻矣尚矣，雖漢唐名儒不過於斯矣。及乎惠氏、戴氏之學出，以漢儒爲門户，詆宋儒爲空疏，一時在上位者若朱笥河先生及文正公昆弟、紀尚書、邵學士、錢宫詹、王光禄及蘭泉侍郎、盧抱經學士十數輩承之而起，於是風氣又一變矣。此諸公者，類皆天姿茂異，卓越常儔，彊識博辨，萬卷在口，能使有學者瞀厥耳，無聞者蕩厥心，馳騁筆舌，論議濤湧。

然而末流易雜，變本加厲，弊亦生焉。海内英俊傾其風，豔其舌，懷其利，相與掇拾破碎，搜覓羣書，苟獲一字新義，即詫爲賈人得寶，違背理本，棄心任目，不顧文義之安，但出於漢者主之，出於宋者非之，託爲輔經，實足亂經。始不過主張門户，既肆焉無忌，則專以攻宋儒爲功，主名詆駡，視同讎敵，幾於惡聞其聲而比之於罪人。此其風實自惠氏、戴氏開之，而揚州爲尤甚。及其又次者，行義不必檢，文理不必通，身心性命未之聞，經濟文章不之講，流宕風氣，入主出奴，但以一部《説文》，即侈然自命絶業。朱子有言，書愈多而理愈昧，讀書愈勤而心愈肆，浮名愈盛而行義德業愈無以逮乎古人。不知孔子所以教人爲學者，果若是已乎？此風在今日徧蒸海内，如狂飈盪洪河，不復可望其澄鑑。勢將使程朱既明之道，復入於晦盲否塞，而人心風俗日即於狂蕩，其害真有過於楊墨佛老者。

夫讀聖賢書而不通於心，不有於身，猶不免爲書肆，而況析言破道乎？昔孔子辭多能博學，而詔及門文吾猶人。孟子曰：「博學而詳説之，將以反説約也。」學不反約，而以有涯之知逐於無涯之場，此韓子所謂「黄金擲虛牝」者也。其間豈不有才，所患在於亡本。且夫今之學者皆能識明儒空疏矣，竊謂明儒德業之盛，匪特今人遜之，求之漢、唐、宋外不多其比，惟不泥小道也。及乎季年，升菴、澹園始以淹博立名，然而楊氏、焦氏之所就，已大不如前人矣。嘗取二家之書觀之，其精正可信者纔十之三四耳，其餘駮雜失實之論不可勝舉也。夫取人貴寛，求人貴恕，至論學術，是非得失攸關，則必有確乎不可奪者。至於文章亦然。昔北地、弇洲主持壇坫，海内承風，而歸熙甫斥之爲妄庸鉅子，獨宴然寂處安亭江上，爲舉世不爲之學。弇洲臨没，乃始悔之，爲作贊曰：「千載有公，繼韓、歐陽。余豈異趨，久而自傷。」嗟呼！如弇洲之高才偉識，進學改過，世有幾人哉！不遠之復，在聖門獨稱顔子耳。陸子静云：「凡人溺於勢利者可回，溺於意見者難回。」然則其識益陋者，其所執必益堅。若今之漢學諸公，其終迷矣，不悟矣，無從望其能開矣。又若艾東鄉，當李、何、王、李極盛之時，獨主孤軍，力追絶緒。由今觀之，東鄉之言，字字抉遷、固之心，言言啓韓、歐之鑰，迄今二百餘年，學者猶未能盡曉。而淩廷堪、汪中之徒，直詆韓退之、歐陽永叔文非正宗，視同土苴。甚矣，文章學術僞者易售，真者難逢，此孟子所以好辨而莊生所以齊物也。東樹不揣固陋，嘗竊病之。思欲立説以辨其妄，而材卑學落，地賤言輕，思得一二大人君子在上位者爲人望所屬，庶幾如閣下所論，足以震蕩海内，開闢風氣。名之所在，利亦隨之。所有偏宕卓犖之士，冀其見收，悉轉移而歸之正學，則彼俗人莫不靡然向風，悔過自責。猶之利禄使然也，不猶愈於風狂無本之學乎？乃求之當塗居盛位者，或以刑政簿書爲急而無暇文教也；幸而有之，則又專主於向之所謂漢學者。伏覩閣下所至之處，以興起人心教化爲志，私心儀則久矣。昨者獻書，固以傾其景行之誠，亦將幸而得所託焉。特未信而言，人以爲妄，故其詞含茹蓄縮而未敢遽伸，豈以文章自媒鬻求知哉？

又閣下言東林清議之害，禍延家國。竊尋此論，百餘年來，搢紳大夫皆同此云云矣。東樹嘗反覆究之，竊獨以爲不然。孔子曰：「天下有道，則庶人不議。」惟夫刑賞失平，而後清議出焉。當明之季，神、熹失柄，乾綱解紐，國是日非。諸君子在位言位，意存匡弼，當是時，無所謂東林之黨也。尋東林之禍，始於救淮撫李三才，而成於忤魏忠賢。故凡争辛亥京察者、衛國本者、發韓敬科場弊者、請行勘熊廷弼者、抗論張差挺擊者、争紅丸移宫者，概指目爲東林，借魏閹毒燄一網盡之，故孫黨、趙黨、鄒黨、熊黨之目，猶之《點將録》之意。然則疾君子指爲東林黨而惡害之者，特閹黨之所爲耳，吾徒何爲而助之攻乎？當日以鄒元標之講學爲邪黨，而逆黨至以真儒擬忠賢，其是非果安在乎？東林諸賢誦法程朱，其所講論建白，行義風節，於今可見。一時臺閣寺省諸公，宏才碩學，孤忠大節，經略展施，接武而出。天下望之，朝廷賴之，何莫非東林氣類乎？特風氣太盛，閒亦有一二不肖依坿其閒，而正人君子固已多矣。尋徐兆魁之言，其詆如彼，詳倪元璐之辨，其實如此。日久論定，不當復循衆人之談，隨俗坿和，蒙以惡聲而不置白黑也。

論者謂任議之過，患在於太畸競，意氣筆鋒，必欲彊人從我，求勝於理而不審勢之輕重，好伸其言而不顧事之損益，以致殿上之彼己日争，閫外之從違遥制，如萬元吉之所論者，誠有然矣。然當時之爲此以致誤國敗事者，豈皆出東林之清議乎？抑在廷噂沓之言官乎？且夫朝政有失，大臣不言而後小臣言之，當局不言而後局外言之。大臣不言，而復諱敗遂非，則小臣愈言之而愈攻之；當局不言，而復黨邪撓是，則局外愈言之而愈攻之。嗚呼！「發言盈廷，誰敢執其咎？如匪行邁謀，是用不得於道。」乃自古歎之矣。人主無執兩用中之明，當國者無樸誠通達，敢違衆議獨行，而徒責小臣以言高之罪，咎局外以出位之謀，是皆無虚衷罪己之誠，務委過於人，憚自責而不彊力於求治者也。

詳觀明致亡之由，蓋非一道。譬人之身，病已深而不起，或投之攻劑，或投之補劑，而病人之情，醫人之情，旁人之情，淆爭不已，而固已僵斃矣。今不究病之從來，醫之得失，而第責旁人之論，以爲是實傾人之命也，何以異於是？是故明之亡在神、熹，至懷宗立，而國勢已不可爲矣。清議之誤國在懷宗圖治之日，而東林之殲滅在忠賢肆虐之年。論者以明亡之故蔽罪東林，可謂不察其本末矣。若夫當魏閹弄權之日，社稷將覆，爲人臣子，立於其朝而食其禄，烏能默爾而息乎？卒其奮不顧身，起而搏之，身殲家滅，海内痛心，而欲與後來之阻孫傅廷之守關中、撤吴三桂隨樞輔迎賊者同罪，豈不冤哉？是故謂此三事爲清議誤國則可，謂楊漣之擊魏忠賢、高攀龍之劾崔呈秀爲清議誤國則不可；謂救李三才、護熊廷弼，爭京察、國本、科場、挺擊、移宫及最後劾楊維垣、房寰爲清議則可，爲誤國則不可。且自顧允臣既錮之後，朝廷日以建言防人，以越職抵罪，當是時，可謂能禁清議矣，而其效竟安在？

大禹聖人，縣鞀建鐸；衛武悔過，矇誦

師箴。國人謗王，召公比之防川；鄉校不毁，子産於以補過。孔子删《詩》，不廢《板》《蕩》。諸葛武侯之教下也，曰「願諸君勤攻吾短」。《小雅》廢而政教衰，清議亡而風俗敗。歷觀古之仁聖賢人所言若彼，清議何負於人國哉！故清議之戒，爲士人不能理性，裁抑宕跌，慎所與，節所偏，悻直標榜以掇禍，如漢甘陵之謡及公族進階、魏齊卿所爲耳，不謂有國有家者當禁人言也。是故清議黨人之名，惟漢哀、平、桓、靈，明神、熹之世有之，皆以用宦寺憸人而致。彼弘恭、石顯之奏蕭望之、劉更生朋黨，欲專權擅勢，果是邪？張成教子殺人，河南尹案之爲非邪？侯覽家人殘暴百姓，太守部督郵不當劾之邪？而漢之黨禍，蕭望之、周堪、劉向、李膺、張儉爲之首矣。蓋此輩稔姦大惡，忌君子之發其覆，繩其罪，故起而反噬之。君子亦有君子之氣類，一人見枉，必有營護而援救之者。彼姦人者念只誅一人不足以鋤其類，故被之以黨人之名，而後可以盡翦之也。苟人主明於用賢，宰相公恕無私，則朋黨無自而成，又烏用布告天下使同忿疾邪？

且所務於清議之黨者，在天下之鄙俗耳。若乃大臣自爲黨，甚至人主亦有自黨其權姦者，則又何説？夫不能絜矩，而好惡徇於一己之偏，如《大學》傳所引《節南山》之詩，興喪之幾，殷鑒不爽，不此之察，而專禁在下之清議，豈正本之論乎？宋張嵲言：「國家之禍，莫大於朋黨。今一宰相用，凡其所與者，不擇賢否而盡用之；一宰相去，凡其所與者，不擇賢否而盡逐之，宜朋黨之寖成也。」胡安定亦言：「謂某爲某黨而必欲盡逐去之者，皆非人主之意，乃後來相代之大臣也。」嘗觀宋高宗一紀之閒十四命相，明懷宗十七年閒五十命相，由此言之，朋黨安得不成？又況人主自黨其權姦者邪？宋高宗初即位，詔求直言，雖詆訐勿罪。其後進士梁勛上書論秦檜，帝大怒，曰：「講和斷自朕志，秦檜但贊朕而已。近者無知之輩，鼓唱浮言以惑衆聽。」詔送梁勛遠州編管。夫當時言不可和者，張壽、張闡、胡寅、胡銓等議，得失炳然。高宗黜李綱、趙鼎，專用秦檜，殺岳侯而主和。或以兩宮之故，而屈己事仇，猶之可也；然終高宗之世，土地、金帛、子女盡而兵革不息，其效如彼。秦檜既死，而猶身爲護之，以罪言者，此非自爲朋黨邪？孝宗初立，詔士庶陳得失。淳熙二年又詔：近世士大夫好唱清議，恐相師成風，激成東漢黨錮之禍。夫不察東漢之所以傾亡者，在遠君子親小人，而徒區區以黨人爲患，亦異於蜀先主諸葛武侯之見矣。

夫論黨人者，不曰造言誹訕朝廷，即曰僞學亂疑風俗，甚則謂其人合謀樹黨，圖危社稷，故人主怒之疾之尤甚。由今觀之，二漢及明黨人所爭，果訕謗邪？恭、顯、牢、修之言，果信不妄邪？當蔡京、秦檜當國日，天下無敢道程子之學；史彌遠當國日，天下無敢道朱子之學。僞學之禁，可謂嚴矣。由今觀之，程子、朱子正邪？范致虛、陳公輔、胡紘、施康年、汪沇、沈繼祖、林栗諸人正邪？至於陳東、歐陽徹之請誅童貫、高俅，罷汪黃而留李綱也，張觀等七十二人之請斬湯思退也，汪安仁等二百人之請朝重華宮也，楊宏等之請留趙汝愚也，德祐中諸生之數陳宜中也，明東林之擊魏忠賢也，果圖危社稷邪？彼諸姦者不危社稷，而清議欲去之者反危耶？唐何蕃等二百人留陽城，柳宗元遺蓄書，稱引無稽之言，謂曾參徒七十，致禍負芻。卒其抗朱泚之難，六館之士無污賊者。尊朝廷，重國家，壯士氣，可謂清流矣。彼宗元當此，恐不能也。惟獨復社諸人《南都防亂揭》爲犯聖人已甚之戒，然其時元氣已喪，偏隅宴安，諸生所斥，獨一阮大鋮耳。閹部擁兵權，無中撓，天將廢之，誰能興之？則明之亡始終於清議無與。

必若杜止清議，當如李綱所論，先變革士風，士風厚則清議自止。若梅陶月旦之論，亦非懿士所許也。故如何平叔、王夷甫、殷深源以風流相尚，竊盜虛聲，無濟實用。此乃所謂清議亡國耳，東林非其比也。人主不察，見謂清議亡國，亦以爲云然耳。究其爲議者何人，誤國者何事，不能別而白之，則又恐爲彼姦人者所中，爲怨隙者得相陷害。州郡又或承望風旨，濫及無辜。則是非清議之能亡人國，借清議亡國之名以怵人主，而剥喪元善爲足亡國耳，此非細故也。先王之政，罪人不孥，何有於黨？苟不破流俗相沿之論，解散清議亡國之疑，使君心宅於寬，而刑政得其實，豈所謂休否之常經乎？

今生重熙絫洽之後，聖明在上，政教隆，風俗厚，士無由有詭激詖邪之行，故可相與講明而爲此議耳。若在朋黨已興之日，則此論即疑亂之罪所歸矣。緣來教諄諄勤誨，輒敢披陳一切，伏惟赦其狂愚而有以裁教之。幸甚。幸甚。坿獻所爲文五首，執事餘閒賜之觀覽，亦可見鄙志所執已審，而非率其褊隘，忤俗犯怒，蒙輪以當一隊者也。重違台教，無所逃罪，統祈亮察。不宣。自記云：此文粗麤浮淺，剽而不留，不復成章，姑以論議有可采存之。

上阮芸台宮保書

月日，方東樹頓首再拜，謹上書芸台宮保閣下：昔韓退之自多其文，以爲能贊王公之能，而道大君子之德。伏惟閣下道佐蒼生，功橫海望，歲路未彊，學優而仕，歸墟不舍，仕優復學。凡所措布，皆裕經綸；凡所撰箸，皆關聖業。三十年閒，中外咸孚，萬口一舌。使退之復生，且將窮於言句，又豈晚進小生所能揚搉其大全者哉？然惟閣下早負天下之望，宜爲百世之師，齊肩馬、鄭，抗席孔、賈，固以卓然有大功於六經，而無媿色。信真儒之表見，不虛矣。

竊獨以學術顯晦，遞相升降，猶之三代之運，忠質循環。上溯嬴劉，面稽昭代，其閒二千餘歲之隆污消息，可得而言矣。有明中葉，以空疏狂禪談學，文業雖盛，而淹貫者稀。其後升庵、澹園諸公以博綜立名，而麤繆踳駮，亦淺甚矣。夫精非麤人所信，博非精人所能，二者分塗，由來自昔，固不可比而同之矣。國家景運昌明，通儒輩出。自羣經諸史外，天文、厤算、輿地、小學，靡不該綜載籍，鉤索微沈，既博且精，超越前古。至矣，盛矣，蔑以加矣。然竊以爲物太過，則其失亦猶之不及焉。《傳》曰：「火中則寒暑退。」今日之漢學，亦稍過中矣。私心以爲於今之時，必得一非常之大儒，以正其極，扶其傾，庶乎有以輓大過之運於未敝之先，使不致傾而過其極，俾來者有以考其功焉。以此求之當今之世，能正八柱而掃粃糠者，舍閣下其誰與歸？

不揣檮昧，嘗箸有《漢學商兑》三卷，引其端見大意，蓄之笥中，未敢示人。非惟迹近競名，懼以忤世犯患，抑實以事關學術，鄉里鄙生，見聞不出街衖，未睹於天下是非之全，疑而不敢自信故也。繼思世有大儒，而懷疑不謁，亦見其自外於君子，即聾從昧，顓固而終於愚惑矣。用是輒敢寫録，冒昧獻之左右。雖知蕪陋淺謬，然意在質疑，事同請業，非布鼓雷門之比，不復引以自嫌。伏惟經綸餘暇，俯賜披閱，明正是非，俾解愚惑，用循奉以遵厥塗，幸甚幸甚！干冒威尊，不任屏營之至。樹再拜。

答人論文書

夫文家品藻及所以爲文之方，昔人論之已詳，吾無以益子也。無已，則請舉一淺説，爲古人所不必言而實切中夫今人之要害者，曰精讀而出之勿易而已。

世之爲文者，不乏高才博學，率未能反覆精誦，以求喻夫古人之甘苦曲折。甘苦曲折之未喻，無惑乎其以輕心掉之，而出之恒易也。若夫有知文之失在易而出，力以矯之，又往往詞艱而意短。詞艱意短者，氣必弱，骨必輕，精神氣脈音響必不王，是則其詞雖不易，而其出言之本領未深，猶之失於易而已。

古之能精讀者不若是。是故揚子雲教桓譚作賦，必先讀千賦。明歸太僕嘗於公車上取曾子固《書魏鄭公傳後》文讀之五十餘徧，左右厭倦，而公猶津津餘味未已。嗟乎！此所以繼韓、歐陽而獨立三百年無人與埒，豈偶然哉？唐劉希仁與韓、歐陽齊名，退之文中亦嘗推之。今讀其集，亦尚不失風軌，然而世未有稱其文，甚或不識其名字。彼爲文而不務其至，而徒自踴躍於一世者，視此可以懼矣。子姑歸而精誦三年，然後知世之爲文者皆出之易也。

與友人論師書

來教稱自退之作《師説》，後來學人多有續爲之説者，雖意恉各殊，而皆得一義，於以輔世翼教，至爲弘益，不可廢也。愚舊蓄一疑，久未敢發，敢因明論所及而私佈之。

近世士夫援上慕勢而無階，則壹以師密比之。夫師也者，隨道義所在而爲之名者也，惡可以私妄勢利媚説、自菲薄爲也。韓公曰：「時無孔子，不當在弟子之列。」孔子没，門人以有若似夫子，欲以事夫子者事有若，曾子不可。陳相説許行，而從學其道，孟子責其倍師。若慕勢而以空名劫其號，非但無義，抑實可鄙甚矣。何北山爲朱子再傳，而未嘗受人之北面，亦不敢輕師於人。古者君師不分，故曰「天降下民，作之君，作之師」。周公以九兩繫邦國，「三曰師，以賢得名」，「四曰儒，以道得民」，則皆人師也。司徒本俗聯師，儒師以德行教民，儒以六藝教民，則師爲人師，儒爲經師。至《文王世子》「釋奠於先聖先師」，則先聖，人師；先師，經師也，皆所謂傳道、授業、解惑者也。若夫近世科舉時文之師，與巫醫、藝術、百工之師相等。又有形名、錢穀、幕學之師，分儒者之一節而專門，雖不知本，亦供世用。則皆有授業、解惑之實，固當稱師。惟夫鄉、會主試房考，及外吏保舉屬官，乃公忠循職，舉賢援能，以人事君之義，而冒師生之名，殊不應禮，甚無謂。夫受爵公朝，拜恩私門，爲國用人，而已收其恩，師與門生，兩犯不韙。

昔韓文公出陸宣公之門，終身未嘗稱

師。陸文安爲吕東萊所取士，鵝湖之會，東萊視文安如前輩，不敢與之論辨；文安對東萊則稱執事，對他人則稱伯恭，亦未嘗以爲師也。舒文靖公不師其座主，亦不門生其所舉士。明霍文敏公韜亦不師其座主，丘瓊山亦嘗論此，以爲不應稱師。近陳説巖相國薦陸清獻，及見，不用師生稱。説巖大激服，且云：昔年馮益都薦魏環極，己曾薦王阮亭、汪鈍翁，皆未嘗用師生禮。嗚呼！可謂以禮自處而又能以禮處人者也。

世禄之家，往往多門生故吏。苟如張安世、謝瞻、羊祜、柳玭、王曾、王旦之所戒，則政當避之，而又可侈爲榮名乎？且士子幸由師儒起家，舍大司成不師，而獨親此，尤爲失其類也。甚者有慢其伯叔，慢其幼所受業貧寒之師，而獨隆其房師、座師、保舉之師者矣；薄其昆弟，薄其昆弟之子，而推恩此師之子弟者矣。又甚則即此師也，苟失勢衰落，度不復振，則其待之亦寖薄。自有此師，而世多失其本心，又況淪夷以至斯極也！昔三代聖王必有師，而四岳薦舜，不聞有門生天子之號。若白樂天將相門生，乃鄙言耳。獨范文正公之認晏元憲，自是盛德，不在此例，惟足下裁之。自記云：《潛丘劄記》曰：明之士夫積習，師弟重於父子，門户又重於師弟。得罪於父母者有之矣，得罪於座主者未之有也云云。

答友人書

來教稱引某君之言，蒙心竊獨未安，略爲吾子陳之。夫子厚所稱太史之潔，乃指其行文筆力斬絶處，此最文家精深之詣，既非尋常之所領解。若宋儒固未嘗有譏遷史不潔者，即有言語，亦不過謂所記事蹟不必盡可信耳，而如「桐葉封弟」，子厚已辨之矣。今乃憑虛搆誣，而曰使以宋人眼孔觀《史記》，必謂其不潔。若自坿於能知遷文之潔者，而又不顧歐、蘇、曾、王眼孔之非劣固宋人也。

近世風氣，但道著一宋字，心中先自有不喜意，必欲抑之排之以箸其短失，而後快於心。乃至宋人並無其事與言，亦必虛搆之，以爲必當如是云爾，以見宋人之迂固不通，殆若一無所知如此也。及考其所以抑之排之之説，率皆昧妄顛倒影響無實之談；考其所以抑之排之之心，皆因憎惡道學諸儒而發，樹爲是常切悲恨。

凡文章義理，以及吾人言語行事爲得爲失，莫不有本。孟子曰：「盍亦反其本矣。」莊子亦曰：「請循其本。」其本一差，則所向莫不差，此古今天下是非所以紛紜，物論難齊，而至道隱而不見，蓋非一人一朝之故矣。至惜翁撰古文詞，取海峰息爭，政以海峰不能持論，而集中此文題較正大，且取其意格，足與蘇氏相比，故入之耳。究而論之，則海峰此文其本未充，其理未足也。何以明之？夫古今學人，講説辨論，勤苦萬方，求至於聖人而已，而卒莫能至。今乃令天下萬世之人，皆置是非不必辨，皆若已至於聖人，弟爲是恢然有餘而無不包，有是理乎？是蓋暗本東坡《孟子子思論》而益揮發之耳。若有辨之者，則正犯其所譏，則是以此箝制天下人之口，相率爲罔爲模稜，而壹託於聖人恢然有餘而無不包。烏知孔子之言語、行事，及所以教人者並無是乎？夫物之不齊，物之情也。孔門四科，才性之殊異，無如之何也，他日，孔子曰「小子不知所以裁之」，孟子曰「孔子豈不欲中道哉」。非因人有性質造詣不齊，而謂至道之止極者，因可不必求詳，亦不必教之使皆企乎中庸也，則何以曰「有教無類」，而又曰「審問、慎思、明辨之」哉？ 辨之不明，安知是非之真，而奉以爲吾道之正乎？ 由海峰之論，則聖人者，人人皆優爲之，弟隱情結舌，聽其紛紜，而吾弟以恢然包之，而無事矣。 無論學之不講，道之未明，日即於昏罔無知，而無所取正，且將使誰包誰乎？ 抑彼此互相包而皆足於道乎？ 且既學聖人，而置是非不必辨，是使聖人下夷於諸子百家而莫之貴，而又何必自欺其心，徒奉虚名、崇虚教，曰聖人聖人云爾哉？ 是皆昔之鄉原所以譏狂狷，及近世學者攻朱子之餘唾，而海峰方飾爲高論，亦淺之乎其爲言矣。 惜翁取之，偶未審也。 毛生甫曰：「言有關係，持論確而不頗。」

答姚石甫書

石甫執事足下：九月十七日，故里人來，攜足下閏四月自漳州所惠書，久不見，見手書，喜甚。 及展誦，益徵深愛過於所懷，伸紙闔開，不能自已。 僕孤窮於世，匪獨無見收之人，乃至無一人可共語，胸中蓄言千萬，默默不得吐。 今春來嶺外，本欲依節帥爲俯仰計，顧鴞不變其音，雖徙越猶之在楚也。 當塗嚮好，惟在鴻名茂實之英耳。 如僕稚騃，又素譽不立，則其僵仆危困，爲時所忽，不亦宜乎？ 緣足下來書相觸發，感念生平，不覺傾囷倒廩，語無詮次，意不主一，要當握手一談，惟足下亮之察之。

樹聞人有恒言曰：「士伸於知己，屈於不知己。」又曰：「志與天地侔者，其人不祥。」此兩言者，世以爲名言矣。以愚論之，是乃所謂詖辭，非知道者之言也。莊周曰「至言不出則俗言勝」，亦烏能盡人而明之哉？道不遠人，與天地侔，要不外於至誠之實，盡其性以盡人之性，如是而已，非有加奇於平常日用之外也。君子既知道，則殀壽不貳。修身以俟公卿將相，時至則爲之，否則老死牖下，轉於溝壑，皆天命也，亦何祥不祥之有？跅弛之士，爲奇論以駭世，而不悟其言之可笑也。至謂「士伸於知己，屈於不知己」，此言亦甚小。夫曰己曰知，亦視己可知之實，與知我者之智之大小，此其知皆以我與人爲量者也。若孔子下學上達，知我其天，由今觀之，當日顔、曾數子而外，世豈有知孔子者哉？而聖人無入而不自得，故曰「遁世無悶，不見知而不悔」。必有孔孟之道而後可語於人不知，必有伊尹、顔子之樂，而後可語於無悶。莊子記子輿之死，歌而託之於命，則猶若有愠焉。潛龍之德，惟聖者能之。

僕少騃拙，於人事多所不通，惟篤信好古人，以爲道可以學而至，聖可勉而希。縱其心志，與俗背馳，犯笑侮，蒙齒舌，異人同情。少年氣盛，不以屑意，以爲古之人乎類若此矣。吾苟於彼者若，則必於此者遠矣，益奮不顧。憶自十一歲學爲文時，先子承海峰先生暨惜翁倡古文詞之學，僕耳而熟之，雖不能盡識，然亦與於此流矣。其後十八九時，讀孟子書，憮然悟吾學之更有其大者切者，遂屏文章不爲。性喜莊、老及程、朱、陸、王諸賢書，讀之若其言皆如吾心之所發者。以觀近時人文字，輒見其踳駁謬盭，爲不當意。既嗜好不侔，棄俗自尚，故久困不能自伸。家貧，無以供菽水、給衣食之奉，奔走求所入爲養。二十餘年，顛沛失蕩，所至輒窮，憂患疾病，日與死迫。羈旅異地，每遇良辰會節，瞻望家園，凶祥莫卜，中夜推枕起歎，戚然不知涕之流落也。昨於丙子歲先子棄養時，祖母年九十，呻吟旦夕。妻病痺篤，廢不能起立者，已六七年。家本空乏，逋絫千金，歲月追呼無虛日，三世遺棺，浮攢未葬者八。僕本支又甚單，内寡兄弟，外無期功之親，飢寒無所控，緩急無所告，闔門數口皆待僕以幾倖存活，既不可留以居，則決舍之以出，身纔出門，回顧老弱，存亡殍絶，不能相顧。丁丑，旅困江甯，自春徂秋，日求於人以度時日，誠有如韓子所云，當時行之不覺，事過思之，如痛定之人思當痛之時，不知何以能受之也。是冬漂泊揚州，由揚州復返金陵，適遭祖母喪。聞訃之日，躑躅悲號，欲歸不得。賃居祇樹僧舍，除夕，典衾付寺僧充賃值，而不能具薪米。當是之時，如舟行日暮遇風，顛頓於洪濤鉅浪之中，篙櫓俱折，舟人束手，相向呼號，而莫知所止泊。僕受氣本弱，自生時先慈已懼其不育矣。十二歲先慈見背，余病痘至不勝喪，其後頻咯血怔忡。受室後，余妻之母恒患余寡其女。三十外，始稍稍壯健。今復游遘大憂，繼纏哀酷，患氣中傷，天和内損，髮禿齒落，萬念灰滅，魂魄喪失，精神遐漂，聰明墮落，如八九十許人。彼不知我者，或能加侮辱，蓄縮忍受，不復自明。摧折久，故氣愈下，然往往亦於天轉親焉。

夙有幽憂之疾，苦不能寐，於是因以其時而鋭思夫道。每念吾今日死明日而吾尚存也，曷爲明日死今日而吾先亡乎。先時爲學，亦頗泛濫老釋雜家，或爲之撰述。近反求之吾身，所見似日益明，有所獲輒劄記之，名曰「待定録」。歲月既多，積至七十餘卷。其心豈遂以爲不得志於今，猶望見於後世哉，亦曰富誠不可求，從吾所好焉耳。此閒多上才，獨僕以薄劣居同下。客人既不知僕，僕亦不欲求人知。聲塵寂寞，望實交賈。乞食蕢豆之餘，寄命葦苕之上，列夤薰心，進退枕險，意興沮敗，生意全無。嗟呼石甫，吾其已矣。足下料之，其果不祥邪？抑果絀於不知己也邪？昔敬通自慨，欲修道德於幽明之路，以終身名爲後世法，僕亦猶庶幾昔人之風乎。

曩在幼楮座上，偶與客泛言及原始返終。客搖首曰：「此至微妙，不容易言。」余時心知此客之未能了此也，遂不復談。夫所謂原始反終者，亦言忠信行篤敬已耳。故夫子曰：「未知生，焉知死。」程子曰：「生之事即死之事。」張子曰：「存，吾順事；歿，吾甯也。」曾子曰：「吾得正而斃焉，斯已矣。」莊子曰：「善吾生，乃所以善吾死。」若然者，皆至近至切之實務，引而爲高妙則失之。此意二千餘年閒小儒不識，固非此客所及也。

且夫人世所争，不過愛惡、攻取、是非、名實、利害、毁譽之閒耳。吾能忍辱，不入好惡諸相，而人可以莫疑矣。天之所制，不過死亡、貧賤之命耳。吾甘窮，窮而餓，餓而且死，死而裸葬，上以縱施烏鳶，而下以飽螻蟻，而天可以無罰矣。吾患道德之不修，憂辱死亡縣於天命，豈宜以動其心哉？

粤中，石甫曩所舊游，其人士風氣既知之矣，無俟僕言。獨怪潮、惠爲退之、子瞻所過化，而其文章淵源曾無有毫髮近似，惟獨瑰琦磊落之士見於史乘者爲不少，豈鍾於山川之性者材易成，而得於講授學問者未有師承邪？知石甫秋閒度臺，臺雖海外，然久被聖化，已與内地等。石甫所以治之者，爲猛，爲惠，爲媿厲，爲整齊，必有定見。然愚意則欲石甫以管子「四維」先之，使知尊親也。東坡所謂欲爲箕子留此意於遐荒者，石甫其可不念之哉。道遠不常得通書，故言之不覺其宂。海外新政，尚冀垂示一一，以慰遐聽。餘不宣。再拜。自記云：蕪淺麤露，躍冶可憎。

與范光復論解淑人節行書

范君足下：承示雲中勇烈任公遺集，及哲嗣伯卿提督所次公行狀及其弟叔卿事狀，並《二峩堂集》、《學愚集》。讀未數葉，斂容起立，復坐端誦至數通，漼然泣下。夫忠孝至性之感人，雖異世猶有不能已者，況生同世而耳目與之近相接者邪？

觀勇烈貴顯於時，威加於敵，其行事大節，章章如此，天下既莫不聞而重之，況其名蹟又已箸之國史，則其傳於後世，以追配古之忠臣，固無少媿。伯卿純孝懿行，仕宦之迹，稱其門風，而其遺詩，清詞雅格，實又卓然足以不朽，則伯卿之自足以傳於後，又無可疑者。叔卿至性淑質，世濟忠勤，雖不幸早世，而按其行事，亦當坿其父兄以傳。施夫人親承孝聖皇太后徽音褒予，有節婦兼忠臣之目，固坿其夫與子以傳矣。惟解淑人遘遭愍凶，夫亡子卒，爲尤可悲，亦安忍獨令其無傳？嗟呼！此其一門忠孝節賢，羣萃並集，而得以有傳於後，豈偶然哉？令勇烈之死，僅取於捐軀効命，魯莽殺身，而非本於平日讀書之篤，講學之邃，則身雖能忠，而其妻若子及婦，亦未必能率由德教，以共成其一門之懿行若此。

伯卿兄弟不幸俱乏嗣，使非足下能篤親顧恩，要信鬼諾，受其遺文，栞布以行於世，則勇烈之心迹與其學問之粹美，必不能傳於天下後世，使人得有以考其成仁取義之有本，刑妻翼子之所由，則足下成人之美，表人之微，有合於古君子之道，亦得坿勇烈父子以傳。

獨以解淑人事命僕爲詩，則有不可者。蓋此等題，獨宜於文，不宜於詩。古名手大家率不輕作，決作之，亦不能佳，後人亦罕傳之。《柏舟》、《燕燕》諸什，皆其人所自詠，如《焦仲卿詩》又不容再擬，其他傳者寥寥。古人次婦行獨有傳誌，而又非可施之生前。夫乞人詩文爲其足傳耳，令其人有知其詩文足傳邪，則必不肯爲之詩矣。若尋常俗士不知其義而冒爲之，又不足以傳，然則雖得之盈千，直捆載而置之耳，亦何取邪？　僕之文知不足以傳於後世也，如不得已，他日當爲一傳以次述其事，然要豈足賴哉。既不獲承命，敢布其愚，惟照察。不宣。

答葉溥求論古文書 葉君，粵之嘉應人

東樹白，葉君足下：辱書言文章旨要，並示所爲記序雜文，意甚勤，詞甚摯。然竊怪足下相知未素，不察其蔽，且固勇信而過施之，爲失所問耳。僕本無所知，往在江南，一二同學業爲古文，以僕喜議論，妄以此事見推。要之，僕所謂望其塗轍而未能由之者。昔曹子桓譏劉季緒才不逮作者，而好掎摭利病，而子建乃獨喜人定正其文。足下以子建自處，而命僕爲季緒，此僕所以發書屏氣，媿汗交下也。夫以足下所有如是，而進不自足，謙謙下問，雖僕庸虛，其敢復顧時人譏笑，畏忌銜忍，

不一吐所懷以答高義、塞厚望邪？ 請誦其所聞，惟足下詳擇其衷焉，可也。

僕聞人之爲學，每視乎一時之所趨，風氣波蕩，羣然相和，爲之既衆，往往工者亦出。 獨至古文，恒由賢知命世之英，爲之於舉世不爲之日，蒙謗訕，甘寂寞，負遺俗之累，與世齟齬不顧，然後乃以雄峙特立於千載之表，故其業獨尊而遇之甚稀。自唐、宋逮明，若韓、柳，若歐、曾、蘇、王，若歸熙甫，其人類數百年始一登於籙。 嗚呼！ 蓋其難矣。

抑又嘗論，欲爲文而弟於文求之，則其文必不能卓然獨絶，足以取貴於後世。周秦及漢，名賢輩出，平日立身，各有經濟德業，未嘗專學爲文，而其文無不工者，本領盛而詞自充也。 故文之所以不朽天壤萬世者，非言之難，而有本之難。 若夫所以爲之之方，可一朝講而畢也。 然而羣喙鳴動，蓄心各異，是其所非，非其所是，顛倒妒惑，昧没不返，後學之士，欲求聞古人之真，舉一世空無人焉。 夫古之人以其本而發之爲文，軌迹不侔，家自爲則，其人已亡，不能復起自言其心。 俗士淺學，各蔽其愚，人各云云，吾亦云云，則烏知吾言之獨是邪？ 人言之且非邪？ 就令吾言是矣，而古人已死，其孰從而定之？ 且人之言曰，爲文宜何若何去何取，吾弗過而問焉；吾之言曰，爲文宜何若何去何取，人亦弗過而問焉。 退之有言，究不知直似古人，又何得於今人也。 而要有不易之論，不可已之情者，吾取不詭古人，不迷來學，自足吾心而已。 故凡吾所論文，每與時人相反，以爲文章之道，必師古人而不可襲乎古人，必識古人之所以難，然後可以成吾之是。 善因善創，知正知奇。 博學之以別其異，研説之以會其同。 方其專思壹慮也，崇之無與爲對，信之無與爲惑，務之無與爲先，掃羣議，遺毁譽，彊植不可回也，貪欲不可已也。及乎議論既工，比興既得，格律音響既肖，而猶若吾文未足追配古作者而無媿也。於是委蛇放舍，緜緜不勤，舒遲黯會，時忽冥遇。久之乃益得乎古人之精神，而有以周知其變態。是故文章之難，非得之難，爲之實難。道德以爲體，聖賢以爲宗，經史以爲質，兵刑政理以爲用。人事之陰陽、善惡、窮通、常變、悲愉，歌泣、淩雜、深賾以爲之施，天地、風雲，日星、河嶽、艸木、禽獸、蟲魚、花石之高曠夷險、清明黲露、奇麗詭譎，一切可喜可駭之狀以爲之情。及其營之於口而書之於紙也，創意造言，導氣扶理，雄深駿遠，瑰奇宏傑，蟠空直達，無一字不自己出，而後吾之心胸、面目、聲音、笑貌，若與古人偕出没隱見於前，而又懼其似也而力避之，惡其露也而力覆之，嫌其費也而力損之，質而不俚，疏而不放，密而不僿，陰陽蔽虧，天機闔開，端倪萬變，不可方物。

蓋自孟、韓、左、馬、莊、《騷》、賈誼、揚雄、韓、歐以來，别有能事，而非艱深、險怪、禿削、淺俗與夫餖飣、剿襲，所可襲而取之者也。夫文亦弟期各適一世之用而已，而必劌心刳肺，齗齗焉以師乎古人，若此者，何也？以爲不如是，則不足以爲文也。此固無二道也。嘗觀於江河之水矣，謂今之水非昔之水邪，則今之水所以異於昔者安在？謂今之水猶昔之水邪，則昔之水已前逝，今之水方續流也。古之人不探飲乎今之水，今之人不扱酌乎古之水。古水今水，是二非一，人皆知之；古水今水，是一非二，則慧者難辨矣。蚩蚩者日飲乎今之水，有人曰吾必飲乎古之水而不飲今之水，則人必笑之矣。蚩蚩者日飲乎今之水，有人曰若所飲今之水，實仍即古之水，則人猝然未有不罔於心而中夫惑疾者也。夫有孟、韓、莊、《騷》而復有遷、固、向、雄，有遷、固、向、雄而復有韓、柳，有韓、柳而復有歐、蘇、曾、王，此古今之水相續流者也，順而同之也。而由歐、曾、蘇、王逆推之以至孟、韓，道術不同，出處不同，論議本末不同，所紀職官、名物、時事、情狀不同，乃至取用詞字、句格、文質不同，而卒其所以爲文之方無弗同焉者，此今水仍古水之説也，逆而同之也。古今之水不同，同者溼性；古今之文不同，同者氣脈也。雖然，使爲文者，古人已云云矣，吾今復取古人所云而云之，則古人爲一文，已足萬世之用，而復何待於吾言乎？夫文猶己也，生民以來，四海之衆，而中以有己立己於此，將使天下確然信知有是人也，則必不俟假他人之衣冠、笑貌以爲之，亦明矣。奈何世之爲文者，徒剽襲乎陳言、漁獵乎他人而以爲之己也？徵是以覈之，將見子不復識其父，弟不可辨其兄，羣相怪惑，無能求審此人面目之真，而己安在哉？是故爲文之難，非合之難，而離之實難。雖然，合可言也，離不可言也。故凡論文者，苟可以言其致力之處，惟在先求其合，苟真知所以爲合，則以語於離，不難知矣。若於古人艱窮怪變之境不知其難至，而以爲與己不甚相遠也，則其人又不足以語於合之説者也。

真力不至，則精識不生。蛟龍之攫網，虎狼蝮虺之毒螫，邇之可以殺人，而慢易與之。家雞野鶩之畜，無足愛貴，而威鳳寶之。史言大秦國有駭雞犀，置犀於地，雞見之卻走。而人之過之者，蹴踏踐履，童孺丈夫千百而無稍異也，豈人之智不若雞與？彼其性不相習，則其天弗能通也。世之俗士，名爲讀書，彼其於古作者之製，實未嘗相習，故其天弗能通，亦若是也已。粤無雪，土人見微霜，目之爲雪，此固不可以口舌喻也。是故文章之難，非真信之難，真知之實難。大荒之東有山焉，名曰大言，謂之大人之堂，其去中國不知其幾萬里也。欲造之者，必道君子之國，然而或行數十里焉，或行數百里焉，或行數千里焉。行數百里者視數十里者爲近之，數千里者則彌近之矣，而要其爲未得至也則相若。昔程子以説相輪之喻斥介甫，吾謂今之談學問者，皆介甫之説相輪也。百工技蓺之人，同治一事，其知之精者往往獨勝，又況以未知爲知也邪？雖然，文章之道固貴於知矣，而知又視其智之淺深大小偏全之量。同聞異受，天地縣隔。孔門弟子日侍乎聖人，而游、夏之知不同冉、閔，冉、閔之知不同顔、曾。譬如水焉，甕、盎、盤、盂以及湟、潦、溝、澮、河、淮、江、海同爲受水之器，廣狹不可同日而語，要各滿其量者，亦各隨其器也。莊子曰：「世有真人而後有真知。」夫真知又有所待而定邪？

往者姚姬傳先生篹輯古文詞，八家後於明録歸熙甫，於國朝録望谿、海峰，以爲古文傳統在是也。而外人謗議不許，以爲黨同鄉。先生晚年嫌起争端，悔欲去之，樹進曰：此只當論其統之真不真，不當問其黨不黨也。使二先生所傳非真邪，雖黨焉，不能信後世；如真也，今雖不黨，後人其能祧諸。要之，後有韓退之、歐陽永叔者出，則必能辨其是非矣。此編之篹，將以存斯文於不絶，紹先哲之墜緒，以待後之學者，何可不自今定之也而疑之乎？孟子論道統，舍伯夷、伊尹而願學孔子，管、晏豈足顧哉？古之善言文者，必喻之江海；善觀江海者，必觀其瀾。熙甫、望谿、海峰三先生之得與於江海者，其瀾同也，學者亦必涉其瀾而可哉。緣足下意篤詞懇，聊相與略陳其概，其以此膺時人之詬罵，所不敢辭。不宣。

復姚君書

姚君足下，辱教推僕以文學事，情詞過盛，既媿且懼，不敢當。然短淺之衷，所以有類於是者，蓋亦有由。感相愛之深，輒復爲知己一剖露之，伏惟亮察。

僕受性迂疏，材能薄下，特爲時人所忽，棲身賤素，名姓不出於鄉里。二十年來，飢寒困迫，顛沛失蕩，無以自存，其遇可謂窮矣。然生平情塗氣岸，不敢苟且浮虛，剽取名聲以忝先哲。流遁之志，決絶之行，固窶益疾，久困而不知變。每念古之君子坎軻疲曳，分甘溝壑，一無所挾以自張，獨其素所蓄積發於文章者，爲不能遽泯。故竊不自揣，嘗好以其所欲論次設施者箸書，自天德、地業、人理凡數十萬言，名曰「待定録」，藏之篋笥，無人可與共語。

客或嘲之曰：「古今之治，方術備矣。其存於載籍者，學士大夫尚憚明之，又奚以之亟亟溢名爲也？」曰：禽鳥棲於深林，不以人不聞而閟其音；柴胡、桔梗生於沮澤，不以人不求而化其性。君子之人，判天地之美，析萬物之理，觀古人之全，各爲其所欲爲，以自爲方，雖世不取，猶勝爲無益於天下也。故曰原其無用，亦所以爲用也。人之生壽不齊，上者八九十年、六七十年，中者五六十年，下者謂之不禄，要亦不減三四十年。此數十年閒，弛張趣舍，顛墜不反，火馳不顧，分流異適，瞬息便盡。要其刻情繕性，依倚道蓺，以成名立方，必無敢忽不踐之地，憖置遠術也。是故吾修之於身而爲人所取法，莫如德；吾飭之於官而爲民所安賴者，莫如功。若夫興起人之善氣，遏抑人之淫心，陶搢紳，藻天地，載德與功以風動天下，傳之無窮，則莫如文，故古之立言者與功、德並傳不朽。

夫文之關於世道人心如此其重，而世爲文之家如牛毛，求其卓然足配古作者而無媿，曠代不一覯，則又何也？亡其才之未美，學之未優與？將設心之初，徒思捷成速化，蘄勝於人，以鶩一時之名與？夫情志既動，篇詞爲貴，焕乎之用，抽心呈貌，不可掩也。故迪於周全之道者，其文粹以精；取諸偏至之端者，其文峭以秀。其餘仰高希驥，風流可知。故古之人恒由其文以鑒别其人，卒如其言不爽。乃若今世之爲文者，可知矣。掇拾筐篋，馳騁淫費，夸示末學，欺其耳目，坐自尊大。甚者不肖，用諛譽榮内，取悦公卿，以邀一切之利。海内稷稷，如列邦小侯，地醜德齊，莫能相尚，而且曰起古人，與把臂抗行，吾見有絶裾而逸去耳，不則呿之矣。若人也，其招於世也，殆若槿者也。槿耀榮於朝旦，蔭不移而已銷落也。

故文章之敝存乎學術，學術之陋繫乎人心。今欲振之，莫若先鼓其立志。蓋人之才無知愚勇怯，惟志之所在，則莫不有立焉。聖人以爲之的，六經以爲之弓，左、馬、莊、《騷》、韓、歐以爲之彎，激而發之存乎志。夫志也者，所適於文之矢也與？雖然，有患，則志在爲利與志在爲道，疑而不可決也。視其所營，爲利、爲道可辨也；觀其所存，爲道以爲利，莫可辨也。夫利之與道，其不及遠矣。然而同處也，同榮也，同得也，孰令之而爲？孰禁之而不爲？欲惡去就橋起而不足以定之，於是聖人乃以空名行媿厲之術，以濟其所窮。今語人曰：「爾爲學在於騖一時之名，邀一切之利，則罰將及焉。」其人不應也。又語之曰：「爾爲學在於騖一時之名，邀一切之利，是古人所羞。」然後其人怵然而動於心，瀌然而面發赤焉。有名有實，以致其實；循名責實，以定其名。故君子不立志，君子而有立志，必將修胸中之誠而求配乎古人之位。嗟乎！論文而本於是，然後其文足以鼓盪天下，配德與功，昭乎與日月侔新，悠乎與山川齊壽，豈猶病其榮華銷落也哉！

往吾宗望谿有言，文章雖小術，然失其傳者七百有餘年矣。由今觀之，非夫賢知命世之英，曷足與此！周秦諸子獵道術而勤之，道雖不該，而其文瓌瑋諔詭，連犿而不可窮。自漢以來，逮於唐宋諸大家，殊狀共體，同聲異貌，莫不充實而耀，深宏而肆，彼其於道，概乎皆嘗有分焉者也。劉歆、柳子厚植節雖污，要之根柢深厚，博大稠美，能自久於天地，才士也夫！夫尊古而卑今，學者之流也，亦非僕之所敢出也。區區之懷有在於是者，聊爲言之，足下其亦有取焉否也。懼不當盛意，望必有以裁教之，幸甚。不宣。

與馬君論周書年月考書

馬君足下，承示大箸《周書年月考》，循習再三，欽服何極。自非好學深思實事求是，惡能有此鴻識鴻論，以折衷漢、晉、唐以來諸儒，而歸於至當。顧慚譾陋，無能有所坿益，竊於尊指所已及者，妄有所引申，以終未竟之緒。尊指大義有二：一在考定月日，一在求定其年。言曰必得其年，而後能定其月日。然則雖曰二義，其實固一事矣。向來紀年，諸家皆以受辛元祀爲丁未，三十三祀己卯爲周武王十三年克商之歲，後七歲爲成王元年丙戌。先儒説此可疑者有四：一則《書序》、《史記·周本紀》稱武王十一年伐商，與《泰誓》十三年文不合。或力信爲十一年，或以十一年爲十三年之誤。若林之奇、蔡沈、王柏、金履祥、陳櫟諸人，説各不同。班《志》據《書序》、《洪範》以十一年觀兵，十三年克紂，以箕子歸，是矣。一則疑此十三年若文王若武王不決。其以爲文王者，《易緯》稱文王四十二年以虞芮質成受命改元，公羊、鄭玄傅會之妄，唐孔氏及宋歐陽永叔辨之明矣；其以爲武王者，程子論伯夷、叔齊叩馬之事，以爲《史記》所載諫詞非也，武王伐商即位已十三年，安得父死不葬之語？班《志》據九年大統未集之文，合文王武王而通計之，則亦仍文王受命改元之説焉。一則武王崩之年數與成王元年丙戌之紀不合。班《志》據《文王世子》以武王爲克商後七歲崩，皇甫謐以爲六歲，宋胡士行、明陳大樽以爲四歲。足下據《周本紀》、《封禪書》，謂武王以克商後二年崩，其文與《金縢》合。又據陳泗源《古曆》推成王元年實丙戌，上推克商之年爲甲申，此中閒止二歲，以合《史記》、《金縢》之文。曰「武王以聖人之德，如在位七年之久，不應天下尚未定」。且曰「班《志》以居攝七年繫之周公，夫周公人臣，以成王之年繫之，於義未洽」。獨據《竹書》成王在位三十七年，以居攝繫之成王，而班《志》以成王爲在位三十年者非是，謂《竹書》雖僞，而此可從。愚按班《志》本以魯曆紀魯，故以居攝屬之周公，故稱踞煬公七十六歲，入孟統二十九章首云云，非虛天王之年屬之周公，如後來共和故事，則不得以此譏之。其據《三統曆》，以成王在位三十年，雖援引不一，而前後實無甲子之紀，有總數而無年。考《史記·魯周公世家》稱周公恐天下叛周，於是卒相成王，而使其子伯禽代就封於魯。而班《志》紀成王元年曰「此命伯禽侯魯之歲」，其文固已明矣。與足下所疑周公居攝七年，然後爲成王元年者，不同也。足下推成王元年實丙戌，此亦難信。何者？若以十三年爲己卯，則武王克商二年崩，成王元年當爲辛巳；若以克商之年爲甲申，成王元年爲丙戌，則受辛元祀不得爲丁未，十三年不得爲己卯。反覆研究，不獨足下之言未敢阿從，即千載以來儒者、術家之言皆無取焉。夫漢、晉、唐以來儒者，以術算推求古經傳年月，其術不爲不工，其說不爲不詳，究之紛紜百端，迄無一合。吾嘗斷此曰：日、月、至、朔、置閏、章、蔀皆可推，而古帝王所歷年數及干支所當不可求，非不可求，傳説失實，遺文簡脱，傳聞異詞，不可考也。故吾嘗以爲曆家之説，皆由後爲數以合古，非得乎古以順合乎今之數也。爲數以合古而不合，則摭拾傳記，繁稱異説，以穿鑿之。是故曆家之説止可推天，而不可考古。古不可考，則並其所爲天者壹誣而亂之，是以其説愈多而愈可疑也。孔子及司馬子長知之，故孔子敘《尚書》，不論次其年月，子長作《三代世表》，共和以前無年數。追尋表意，見子長之識卓越羣儒，克繼孔子之志，獨有千古，不虛耳。劉恕《通鑑外紀》於共和以後據《史記》年表編年，共和以前皆謂之疑年，不標歲陽歲陰之名，並不列其數。且如丙戌之年如何定之，不曰以至、朔、月、日、章、蔀積而推之而以得之乎？不知後人以朔閏積推一一可成章蔀，此章蔀中至朔月日當何干支之歲？此干支之歲當何帝王曆數之紀？百家乖異，不經難信。王應麟云：「帝堯而上，六閼逢無紀。」致堂胡氏言：「有書契以來，凡幾鴻荒，幾至德矣。」《廣雅》稱自開闢至獲麟二百七十六萬歲，分爲十紀，蓋茫誕之説。劉道原《疑年譜》謂大庭至無懷氏，無年而有總數。堯舜之年，衆説不同。《三統曆》次夏、商、周，與《汲冢紀年》及《商曆》差異，故《四分曆》以上元至伐桀之歲十三萬二千一百一十三歲，《三統曆》以爲十四萬一千四百八十歲，其牴牾不合如此。然此猶以上古世遠難稽，愚請言其近者。如《泰初曆》以甲寅爲元，《漢志》以爲丙子，而前人皆以爲實丁丑。夫丁丑距甲寅遠矣，而儒者方據以推前曆上元泰初四千一百六十七歲。今本《史記》注「四」下「千」上多一「年」字，此據《困學紀聞》是正。至於元封七年，爲適得閼逢攝提格者，烏足信乎？吾嘗求其故，由不知古人以歲陰紀年，不以甲子，甲子惟用以紀日，通推章、蔀、至、朔以求曆元，故班《志》箸紀曆數未嘗有干支之當。自數家以甲子紀年，於是有謂受辛元祀爲丁未、爲己亥者，武王克商之年爲己卯、爲甲申、爲辛卯者，成王元年爲丙戌、爲丁亥者，紛紛異論，由不知古人不以甲子紀年，而於班《志》又未嘗詳讀焉。何者？班《志》據《三統曆》及《洪範傳》，稱武王克商歲在鶉火。夫鶉火於辰爲午，則太歲宜在未。彼諸家稱己卯、甲申、辛卯者，不亦遠與？然後知經傳參差可疑，而不可信者在此，而不在彼焉。

足下又謂武王未克商必不改正朔，深以僞《孔傳》及《正義》以《武成》一月爲建子之非，又疑蔡氏以一月爲建寅之月，與下文四月丁未、庚戌月日不合，而獨斷此一月爲商正建丑之月，以爲月既爲商之月，則春亦爲商之春。愚又不能無疑也。夫漢、晉、唐以來，諸儒以三正説六經，言人人殊，故有謂皆用夏正者，《逸周書》、劉知幾、蘇子瞻、蔡沈、程大昌也；有謂改正朔必改月者，《白虎通》、《尚書大傳》孔安國、鄭康成、唐孔氏、宋楊時、丘光庭、熊朋來、趙汸及近世顧氏炎武也；有謂以夏時冠周正者，何休、程子、劉絢、胡安國、朱子也；劉、胡、朱子皆本程子。有謂周時三正並用者，鄭康成也；有謂改正朔不改月次者，魏了翁也；有謂《周官》「正月」爲周正，「正歲」爲夏正，《詩·七月》爲夏時，「一之日」爲周正，以爲兼存者，張氏洽《集注》也；有謂《春秋經》用周正，《傳》取國史者，葉石林也；有謂諸侯史有用周正、有用夏正者，劉原父也；有謂建子改月爲東周變法，非周公之本制者，徐圃臣也。凡諸數端，或斷其義，或騁其詞，古今相持，未有所決。今足下不信一月爲建寅之月，而獨以爲用商正，是亦用改正必改月之説，特以武王未克商，不當遽改耳，略與孔《正義》相近。愚竊以爲，既以十三年爲周之年，又以月爲商之月，春爲商之春，於文爲不類矣。程子《春秋傳》曰：「周正月非春也，假天時以立意耳。」朱子云：「加春於建子之月，見行夏時之意。」按此雖論後來《春秋》，亦可明周正稱春之義。《東萊講義》於「春」字略焉。　足下之言，雖辨正而未安也。然則武王未克商而遂可改正朔與？曰：昔者莊子與惠子觀魚於濠上，而稱其樂，因互窮其知，惠子不服，莊子曰：「請循其本，我知之濠上也。」今吾亦請循其本，曰此固《周書》也。以周史紀周年、奉周正，於武王何嫌哉？　夫推步算術，後人密於前人，而陳氏所推既與班《志》各蔀首皆合，而班《志》所推，自一月壬辰至三月己丑晦、明日閏月庚寅朔小餘、三月二日驚蟄、四月己丑朔死魄、甲辰望、十六日乙巳旁生魄，與所引《武成》月日又一一脗合矣。不特此耳，又與所引《外傳》日在析木，月在天駟，辰在斗柄，星在天黿，亦無不脗合。昔閻百詩自駮所用劉原父《十月之交》辛卯朔日食，以爲説經有不必以理拘者，此固以推步爲準矣，而又何疑焉？或曰此僞《泰誓》，惡足信邪？班《志》引《書序》、《武城》、《外傳》、《洪範》、《泰誓》，而獨不及「十有三年春」之文，於時僞古文未有也。足下稱班《志》繁稱《書傳》，傅會以箸之於篇，則亦以《書序》爲不足信，因一例譏之，不知僞《孔傳》稱觀政於商在十一年，克商在十三年，政由《書序》襲爲此語，古文咸不同乖異，而此固一家之言也。雖經僞序亦僞，然序在前，故班《志》得引之，但班《志》前引《書序》，惟十有一年武王伐紂承文王受命九年而言也。後據《禮記·文王世子》稱武王在位十一年，此箸其曆數，而下引《春秋殷曆》紀魯，繫周公攝政七年於武王後七年崩之下，皆著紀總數而無年，凡此固非曆術所得知矣。歲陰紀年之法，有左右超辰名號，前人説此亦多異。歲者，歲星也，其神曰歲陰，亦曰太陰，亦曰青龍，即太歲也。鄭康成曰：「歲星爲陽，右行於天，太歲爲陰，左行於地，十二歲而一周天。」《天官書》曰：「歲陰五行在寅，歲星右轉居丑，歲陰在卯星居子。」由此觀之，愈違愈遠。歷十二辰而復會於次，其行之有贏縮，積百四十有四年而歲星超一辰，即歲陰亦超一辰，此其大經也。歲陰與太歲爲一物，《爾雅》在寅曰「攝提格」，至「赤奮若」十二名是也。乃歲陰輪值十二辰之名號，非即十二辰也，故《爾雅》太歲在甲在寅，《淮南》直日，寅在甲，卯在乙。又曰：「太陰在寅在卯也。」錢君辛楣譏小司馬誤解《爾雅》歲陽歲陰之名，當矣，但又別太歲、歲陰爲二，謂《爾雅》太歲在日在辰，兩太字爲後人所妄加，即如是乃使人不知太歲爲何物，與《天官書》及康成説戾矣。《説文》：「歲，木星也。」《爾雅》郭注：「歲，取歲星行一次。」《洪範正義》：「自今年冬至及明年冬至爲一歲。」《周禮》太史「正歲年」，康成注：「中數曰歲，朔數曰年。」謂自今年正月朔旦至明年正月朔旦爲一年。中數三百六十五日四分日之一，朔數三百五十四日。由是觀之，歲星一日行十二分度之一，每歲行三十度彊，十二歲一周，以密率計之，故不容不有超辰。古人以閏正中朔，以超辰之法正歲星歲陰之行次，法異而理同焉。後人既不能辨明歲年之殊與歲星、太歲之分，又牽拘於曆術，而彊以甲子排推之，牴牾不合，又不能闕疑，則相與以史傳爲訟。蓋千餘年鮮有能達其故矣，然後知馬、班之不可及焉。錢君又謂「歲陰常在太歲前二辰，太歲當云歲星，後論超辰誤同此。如太歲在子，太陰則在寅；太歲在丑，太陰則在卯」。此以隔二辰爲説，與《天官書》隔一辰左右異行者不同，且如是則皆左行，何云歲星在天右行邪？此讀《天官書》及鄭注未審，而妄造臆説以疑誤學者，其言不可信矣。何以明之？《分野略例》自女八度至危十五度，於辰在子，今尺自斗二十一度至虚六度爲子也。丑終婺女七度，故班《志》曰「泰初元年前十一月甲子朔旦，冬至，歲在星紀，婺女六度」。故漢《志》曰「歲名困敦，正月歲星出婺女」。以歲星每月行三度不足計之，則右轉入子，正月。正出婺女十一度，故曰出也。然則明年歲陰左行在寅，歲星右轉在亥，又明年歲陰左行在卯，星右居戌，逐辰違去。

《史記》從寅起，班《志》從子起，其法不同。惟超辰之數，錢君乃據師春説大衍曆議，則以爲百二十餘年而超一次，及戰國之際至哀、平閒率八十四歲而超一次。近邵氏《爾雅正義》據晉灼説亦以爲八十四年云。雖然，不得其筭紀所當之歲，雖有超辰置閏之法求之，而亦無所傅之焉。竊權來恉，尋爲此説，未知當否？惟大雅直諒，還有以教之，幸甚。管異之云：「震川評《史記》，如大塘上打縴，千船萬船，不相妨礙。」又曰：「曉得文章掇頭千緒萬端，文字就可做了。唐宋八家後僅見斯文。」

答友人書

今世之士，無論所學有見與否，而皆好自尊大，蘄勝於人，作氣勢，立畦町，不待接其言論，而其意氣固已不可降抑矣。有觸其機，淺者瞋目忿争，深者恚恨入骨，於是率相與貢諛阿美，不置白黑，以互相推譽，謂之解人。客有以詩卷視余，余爲稱曹子建好人定正其文，客以爲譏已，則大恚憾，至今未已。夫其求勝於今人如此，則必不能及於古人亦明矣。

然嘗推論其事，亦自有本。夫人性皆有所蔽，鮮能確盡理實。彼惟有所不知，而後與吾見異，則安能於一日之閒遽奪其所異，而與以我之同哉？是非本無常，雖孔、老易觀，亦各有不能定者，又況吾人奮其私智而欲人之已從也邪？弟就其無定之中，而各以近相通，斯亦可矣。

夫文章小技，然必有入理之功，經世之用，開拓其心胸，遺棄乎淺俗，出入乎經子，游觀於事物，深究乎古今文家之變，而後以其雄直之氣，瑰傑之詞，以求中乎法律，逼肖乎古人，而不襲其貌。嗚呼，是亦難矣。若乃恃古人往矣，不復能言矣，於是家自以爲遷、固，人自以爲向、雄，漫相矜坿，以贋品爲真，其稍有知者，又往往得少自足，已既不疑，評者又失，此蘇子瞻所以有捫燭叩槃之喻也。唐、宋以來，號能文者無慮數十百家，日久論定，其卓然不可易者八家而已。有明一代，獨推震川一人。此非後人之敢有所靳許也，毋亦古人自與相親，因把臂以同行耳。

僕非能知此者，辱足下虛己咨詢，故貢其所聞，惟采擇之，幸甚。

與姚石甫書

近爲一書，辨劉念臺先生之學，極知瞀妄，然亦自有說。夫自明以來，爭陽明之學者，紛紛聚訟，至今未已。平心論之，陽明之功不足多，而陽明之所以措注從容、不動聲色以成是功名若無事者，則雖留侯、武侯、鄴侯莫之能過，可謂體用兼

備，幾於識心無寸土者矣。陽明以朱子學於事物支離困苦，難成而不得其本，故提出良知，以爲道之本原在吾心，而不在外物，以是果得受用，果成大功。而又以之降服當時許多豪傑，使皆北面相保，既明效大驗，則益居之不疑。學者亦即以是信之不敢議。殊不思直提向上，此非上智不能，如陽明者，固間氣僅見千百年不數遘者。夫以間氣僅見千百年不數遘之賢，而必以此爲天下率，謂學者由其教皆可以一蹴而幾之，揆之人情，夫豈能必此不導人爲猖狂妄行，流爲惑世誣民不可得也？故由陽明之教，不待其徒有敗闕而後識其非，即以理縣測之，亦知其斷斷必至於彼矣。然則其以良知混致知，及「天泉證道」四語之謬，非徒語言之失而已也。故凡學者之不肯陽明，非謂其人其才其功名可議，正謂其學術教法恐流爲誤世焉耳。

歐陽南野與唐仁卿書，乃極舉陽明行事之不可及以推之，此信其一人，而不究其教法之將誤於人人也。且南野既以此尊陽明，謂不可及，則生是使獨矣。然使由陽明之教而復皆如陽明，則陽明不貴；若不復能如陽明，而但成其猖狂，即南野將亦必知其不可矣。夫以顔子之上資，而夫子猶必循循誘以博文約禮，而不慮失於支離，何獨病於朱子也？朱子之教本於孔子，雖似支離困苦難成，然由其説，則中、下皆可循上智，亦不能越萬世無弊，其亦可矣。若慮學者苦其難成，俾趨於捷徑，則堯、舜、周、孔不敢作是念，而爲設之教法也。舜命契爲司徒，敷五教，曰在寬。寬者，謂裕以待之，使優柔漸漬，以漸而入，不聞有捷法，如所云不習不慮，不假外求，爲善學善教也。

雖然，弟即良知爲教，學者體之猶有所入得力處，此雖失孟子本旨，如羅整菴所辨，然使反本循本，自證其心，猶之可也。今山陰竊其意而諱其名，移以歸之慎獨，其形似是，及考其所以爲説，絞繞蔽昧，使人不得反其意，殆所謂款言者與！款言者其失與詖淫等，大不如提唱良知警切易曉，猶有益於學者也。

或謂：「當日諸人悦服陽明若彼，今之學者猶必爲之左袒，意者陽明真既聖矣。子將毋淺昧不足知乎？」曰：昔徐無鬼以相狗悦魏武侯，特謦欬於流人焉耳。當日諸人去人滋久，故聞足音而喜耳，然而已多有看朱成碧井飲相捽者矣。若夫今人，則並未有真知，不過浮情客氣，畏難好奇，豔其功名，樂其簡易，以爲一蹴而可以建功名，則可以爲聖人，則何爲而不從之？大由陽明之教既爲如來禪，語上而遺下；又爲祖師禪，全以作用機變籠罩，孰謂孔氏之門而有是哉？所以前人諸有知學明理憂世者，咸慮其有生心害事之失而力辨之，不敢以之易程朱之教者在是也。是故以歐陽永叔《正統論》推之，則陽明者既不能居天下之正，又不能合天下於一，而胡能漂程燼朱而息衆説定衆志也？不然，樹豈不知王、劉高名縣日月，而敢輕爲蚍蜉之撼以自絶哉？自記云：二祖時，有道恒法師令其徒破祖，其徒至，輒欣依不去。恒後遇之塗，謂曰：「我用爾許力開汝眼，今反爾邪。」徒曰：「我眼本正，因師故邪。」余觀《傳習録》，見徐愛初聞所見甚正，而被陽明彊辨遂邪，惜乎不及道恒此徒能悟受正法也。

與魏默深書

毗陵話別後，不奉教言，倏忽十餘年矣。秪以溝瞀無知，不敢扳援當世英豪傑士，引分槁枯，蟠泥曳尾，道固然也。茲八月日，於葉某處得示大箸《海國圖志》兩

函。耳此書名已久，遲而未見，急拭昏眸，悉心展讀，甫盡卷首四條，不禁五體投地，拍案傾倒，以爲此真良才濟時切用要著，坐而言，可起而行，非迂儒影響耳食空談也。方今聖人達聰求治，思賢若渴，惜乎無有以此獻納彤廷，俾得匡時效用九事八爲律也。連日繼晷，一字不遺，一息未閒，於五日内始畢業，乃廢然掩卷而歎，曰：昔水伯之誇秋河也，及觀於海，然後旋其面目，望洋向若，謂乃今始睹子之難窮也。竊謂得百騶衍，不如得一魏默深。雖此書亦多本之正史諸志，及諸家載筆，故事多徵實，語無鑿空。至其萃編大旨，別具鑪錘，體裁明整，斷制主意，要歸有用。近人矜言三大奇書，若此實足當其一也。所謂此自是其勝場，安可與争鋒？石甫《康猷紀行》比之，特園林一角屏山耳。

東樹行年八十，平生無他技能，惟亦

彊好箸書。然前此所栞，亦未有奇者。惟暮年潛心性命，勇自精進，欲希踪衛武公。十年以來，箸書十六種，幾百餘萬言，亦知大聲不入里耳，不敢一字輕以示人，偶於一二至好微露穎末，乃竟以此犯不韙，交口呵斥，目爲名教罪人，心知其不然。然迹孤勢單，噤不敢申辨一語，要待百世後傳之其人耳。今妄以六種遠求教正，伏乞平心審是，作皋陶之聽直也。竊以聖人至道，不出明體達用、内聖外王，放之彌六合，卷之退藏於密。如足下之學，直可建立事功，以經綸世用，而如樹所存真體精微，似亦未可輕蔑。今年庚戌，自元旦至七月，續又成書八卷，則自以益造真實，足以發明《易大傳》及《中庸》、《孟子·盡心》邃旨，欲及餘生栞而存之，惜乎貧未能舉也。《易》曰：「惟君子惟能通天下之志。」是以覼縷肆言，無任汗悚。不宣。

復戴存莊書

頃奉手翰，展讀未半，使僕惶悚無地，駭汗震慄。在足下虚衷樂善，嘉與借飾，不啻口出，鄙人内顧自量，則不能不驚疑而至於失度也。來教謙尊之稱，尤不敢承。昔張楊園不敢爲人師，況僕之下於楊園百倍而未有級者邪？柳子厚亦云「爲他人師且不敢，況敢爲吾子師乎」。惟韓退之自負起衰八代，抗顔爲師，彼誠自審，故不自讓。然而李翺、張籍終兄之而不師，亦可見古人自處有不苟然者也。

僕少愚闇孱愞，徒以過庭之際，竊習先子及先友談蓺久，遂淺嘗浮慕，望先輩門牆而意之，其實未有深知，亦未嘗用功也。二十以外，奔走謀養，蹙蹙四方，於今五十年，憂生救死之不暇，奚暇言學？生平自訟，所負於親戚骨肉之隱罔極莫償，所負於聖賢道德往哲學問之指，豪毛而萬未有一焉。中夜捫心思疚，痛自傷悼，無一足比於人。當其發心，誠至恨不欲生。所賴無他嗜好，性拙鈍，不喜逢迎，故不爲俗絫所牽，得以其閒時奮私智，以窺鑽古人於一二。今老矣，其於前修已行之道，略似望見塗轍，而聰明墮落，精氣銷隕，不復能自策厲前進。當此之時，惟有自惕之不足，又可倜然自肆而爲人之師，遂非長傲以自益其虛憍浮動之客氣邪？足下代僕思之，可乎？否乎？

足下之學，已見大意，詩文波瀾意度，已得古人妙處，所當用功以實其所見耳。學之無窮，其進境亦與之無窮，此非他人之所能益，況如僕者，又不足以益子邪。僕之文麤，而礦氣未除，其於古人精醇境地實未能臻，又於六經根柢未有所得，故不自信，決意焚而不存。其他箸亦皆剽竊淺陋，惟空言析理之説，或有可取，亦在學者之擇之，未敢自是也。總之，僕之自問，祇見其歉，未見其贏，但有自悼，無敢自喜，惟足下諒之。

《感應篇暢隱》，凡稍有識者，固皆知輕之以爲陋，所見誠然。然僕所稍自慊以爲無倍於大雅，而迥異於長編重軼，託門户於經史考證，駁雜紕陋，疑學術而誣聖教者，轉在此書。如有肯爲傳布者，擬以刻版歸之，僕本不箸名，又豈私其物？但須付託得人，毋置之腕脱之地爲可惜耳。艸艸佈達，不盡言意，惟珍重。不宣。

考槃集文録卷六終

考槃集文録卷七

記

金陵城圖記

古之圖經，有圖有經，《職方》所謂「以周知天下土地之圖」也。《隋志》所載，世無傳本。晉裴秀嘗箸六體，理趣精奧，知之者鮮。世俗志乘之書，因仍弇陋，率爲方圖，截然一幅，摹寫山川，猥標八景。若加辨正，名地參差，了不盡其形勢，有識嗤鄙，不其然哉。此金陵圖，斜長闊狹，皆因山爲之，類豬龍形，有首有角，有目有脊，有尾有足，按以分率準望，方邪迂直，銖黍不差，其得裴氏之遺意者與？按建康作邦，基於張紘之論都，侈於謝安之造晉。洎隋氏平江南，六朝之迹殄絶無遺。有唐一代，僅傳韓滉石頭之戍耳。厥後楊、吴、徐氏更造江山、宫井、御街，重開生面。潘美之暴，闤市蕩然，小民至以竹屋爲居。明祖集慶定鼎，式廓丕基，内爲十三門，外爲十八門，連岡帶郭，截淮包山，形勢之壯，甲於曩古。而聚寶等門城雉則仍南唐之舊，惟於西北迆邐闢擴，倍極崇侈。國家撫有區宇，始改明故宫城爲駐防城，此圖内載將軍等署，知爲改建滿城時繪呈本。嘉慶十五年，樹與修《江甯府志》，客有持此圖見示者，因倩友人摹一本以供覽翫，每一展對，猶想見明祖造天之雄略，國家綏定之鴻模也。自記云：此圖藏之二十餘年，頃張之壁閒，爲一常來客竊去。故物繫心，嘗爲作一詩以記其事。

新建廉州湖廉社學記

國家崇奬文治，一道同風。既立學宫，復詔各直省郡縣建設書院，而鄉遂遠郊，又爲之立社學。社學者，即古小學，亦曰少學，成湯以訓蒙士，文王以教小子，而《周官》所謂家塾黨庠者也。以其距郡縣遠，故各立於當社，俾一鄉之子弟往學焉。其有秀異者，則升於學，謂之書社。自三代以來，越漢、唐、宋、元、明，歷代因之。

粵東社學，視他省尤異焉。世宗皇帝時，詔粵東郡縣咸立社學，歲發帑金二十四兩，延師教課經書，兼訓官音。於時南海社學至一百二十，番禺七十餘，其他州邑少不下數十。逮乾隆中，以粵音丕變，當事者始議裁汰帑項，而社學漸廢。嘉慶十九年，亳州何公某來守廉州。越明年六月，合浦諸生彭漢光等二十有七人合詞來請，曰：「郡城東北二十里内有大廉、六湖兩垌，廬井萬家，子弟之願學者無從得師焉，請於兩垌之交地名紅嶺建立社學，以惠我子弟。」公聞之，喜甚，亟爲請於院司。既得報，而鄉人之能好義者，諸生之與職事者，咸各以其貲來助，遂以某年月日經始，某月日落成，凡爲門幾座，堂幾閒，號舍幾區，庖湢畢備。合之用錢若干數，除先已撥置電白寮網地租入若干，續又分撥羅召田入官地，及大溢大王埠潮荒田，今易吴雲騰買受已産大塘田陂頭塘土地面等處共若干數，以充入之。

道光元年，公始將礱石紀其創造本末，而乞余爲之記。因進諸生而告之曰：昔韓退之在潮，牒修鄉校，以郡人趙德有學行，請爲衙推官，句當學事，至今潮人以配食昌黎之廟。今太守之賢，不異韓公，爾諸人如有意爲趙德乎，則願有以相詔也。夫學莫大於立身，立身之道在行己有恥而已。古人何人也，立身揚名，可爲法於天下後世，而我猶未免爲鄉人也，是則可恥之大者也，而其本必在於讀書。蓋書傳所記，自天地民物之理，修齊平均之道，與夫聖賢之言行，古今之得失，下而至於食貨之源流，兵刑之法制，莫不畢載。其閒賢豪名士觀其本末，必能有以激發吾之志氣，開拓吾之心胸，廣益吾之聰明聞見。逮行成名立，凡所爲功名事業之本，皆在於是矣。自正學不明，世之爲士者不知學之有本，於是士無不讀書，而其所以求於書者，不越乎記誦文詞之末，以釣聲名、干禄利而已，是以志趣日以卑陋。朱子有言，書愈多而理愈昧，讀書愈勤而心愈肆，浮名愈盛而行誼德業愈無以逮乎古人。夫讀聖賢之書而不通於心，不有於身，猶不免爲書肆，況所讀者之又非聖賢書乎？

廉僻處海隅，其民之能爲士者常少，幸而有之，其文學記誦之博，英敏秀傑之資，或無以先於他郡。唐、宋以來，雖以名世大儒接踵來居，又未聞有能摳衣請業，而得其學之傳者，故其人物不多顯於天下。雖然，士特患不立志耳，苟能廣讀書以開發其志氣，交相激勸以成其德業，將舉張文獻之名德，崔清獻、余襄公之經濟，丘文莊之文章政事，陳白沙、湛甘泉之理學，海忠介之風節，裒而有之，俾百世下聞其風者，頑廉懦立，亦分內事耳。孟子不云乎，今曰舉烏獲之任，是亦爲烏獲而已。若循俗卑下，無高遠之識，日用之閒闇闇汶汶，證多慰同，蔽於時流淺薄之名，習爲浮華無益之務，几席雖設，圖史雖存，師不知所以教，弟不知所以學，其何以人材鵲起，風俗美盛，英偉奇特，於以追古人，高當世，而以面目視向所舉諸賢乎？ 夫賢豪不擇地而生，語曰：「十步之内，必有香艸。」況廬井萬家之地，而謂無士，是誣吾人也。

今社學初立，故爲采朱子之言，陳其大要，以語諸生，使無忘今日立學本意。諸生勉旃，其無負太守之望可也。 至職事諸人，於法例得書姓名，及先後撥置田租弓步租入之數，悉列碑陰。 主廉州海門書院，桐城方東樹記。

新建珠場社學記

事有相因而起者，必其有慕乎名懷乎利而爲之，然而有出於義者，則此心之公，此理之同，同而之於善者也。 太守何公既議與湖廉社學，越六旬，郡城東南七十里珠場鄉諸生李遇春等十有八人亦來請，

曰：「蓋聞道之在天壤，如泉之在地，泉不擇地而出，教亦不擇地而施。 吾州在中國西南，萬里炎天漲海之外，其士之能爲學者嘗不逮他郡。 今幸賢太守來莅此邦，敷文育德，修飾學校，以惠我廉人。 湖廉之士既聞風而興起矣，而珠場獨無，吾一鄉之士戚焉。 願因太守以請，亦得立學，以比湖廉。」公聞之，益喜，曰：「語云：『一人善射，衆夫抉拾。』此之謂夫。」因復爲之請於上官，而得報焉。 其鄉人之能好義者，諸生之與職事者，亦各以其貲來助，遂以嘉慶二十一年四月，在於土名鐵絲垌地方興造，七月落成。 凡爲門幾座，堂幾閒，齋房幾區，共用錢若干數。 除先已撥置田寮山綱地租入若干以充膏火，而諸生馮掄模等復呈請撥社學後官山一片種植松樹，續又撥入羅召田入官地，及大溢大王埠潮荒田，今易吴雲騰私産大塘田陂頭塘土地面

等處田若干畝，歲入租銀若干，以充入之。

道光元年，太守始屬桐城方東樹爲文以記，將刻於堂除，以視永久。樹因語太守曰：「天下事良法美意，誠可貴矣，然往往有其事雖若出於義，而其實則非者。今諸人之争立學也，其有志於修身考道經史文章之實用乎？抑苟慕乎名，懷乎利，徒役志於會文甲乙之虚美，租入薪膏之弋獲乎？今之書院，其敝可得而言矣。月課季考，不出時文，一暴十寒，虚應故事。就試者，贋襲倩代，潦艸苟率，敷衍濫惡，相沿不恥。校閲者，朱墨雜糅，儱侗胡盧，苟相諛説，脩膳取盈，膏車而去矣。師若弟，汎汎若浮江之木，適相值而不相求。嗟乎！是相率以求名而不成爲名，相率以求利而不成爲利。苟講明學問，約己立志，行爲士法，文爲世貴，當世推重，後世流傳，豈慕於會文甲乙，兒童角逐，無足輕重之小名乎？行成言立，仕則道濟一世，顯揚先祖，榮及里閭，即使時命不偶，亦足俎豆千秋，豈懷於區區租入薪膏銖兩之小利乎？夫心胸不開，則聰明必隘，率郡縣百千羣士而相蔽於積習鄙陋之俗，父師不察其謬，子弟不知其非，此何由造就人材而成全器，豈不與設立學社良法美意大相剌謬乎？」太守曰：「是皆有然矣。子其即以此意言之，徧告湖廉、珠場兩社之士。」

永安城重修大士閣記

事有視之非急，而可以化民成俗者，其惟興廢舉墜乎？在通都大邑繁庶壯麗之區，或不見功，而在荒陋僻遠，則其爲維繫之益大矣。何以明之？人之情，積習於狹隘褊嗇之觀，則其氣日衰而神不王。苟入其邑，而城郭溝涂、街衢閭舍皆修整高峻，不惟肅往來之觀瞻，實足以培起地脈，增壯民氣，使人樂而趨焉，漸以成聚成市不難矣。故《周官》冢宰以九兩繫民，而大司徒又安之以本俗，一曰美宮室，即此義也。

廉郡東一百八十里有永安城，創於明代，國初設駐廉防同知。嗣雍正二年，同知遷防城，乃移駐合浦縣丞及龍門協水師守備於此，凡以扼重海疆，用柔輯邊氓。顧其城無市肆，居民稀少，廬舍不滿百家。中城有大士閣，上以奉大士，下爲四達之衢。嘉慶庚辰，廉州太守何公以事過此，憫其將就傾圮，躡而觀之，則鐵木堅好，半可仍用，因諭縣丞姚某及鄉耆民，勸令募金修復，使無任其敗壞。既落成，太守請余文爲記。余惟大士之祀在寰宇，無可言者，獨喜其有助於化民成俗之政，且以不滿百家之人民，能輕施樂捨助發善心，此又足以召迎和氣，蒙被神庥，風雨時節，災害不作，是可必也，故樂爲言。

費公祠記

蓋聞名賢之迹，世所樂稱，過其地者，往往流連慨慕，想見其爲人，況官斯土生斯土，而湛於其心志耳目者哉！

粵東廉州府東百二十里有山曰大廉，高百餘丈，緜亘數十里，蓋一郡之鎮也。考之於志，則以漢合浦太守費公得名，而郡又以兹山得名。道光元年，太守何公行部至此，喟然而歎曰：「古言循名責實。實之不存，名於何有？費公治合浦，既以廉箸，兹山又以費公得名，而費公曾無肸蠁，是數典忘祖，何以昭示後人？」爰與士紳等議建祠屋三閒，祀費公於兹山之上，俾官斯土者師其亮節，生斯土者沐其仁風，盛德至善，終不可諠也。太守又曰：「兹山五徑險隘，登其峰，周嚮而眺，連岡迆邐，俱在目前。北與粵西博白地相毗連，尤爲宵小販私出没徑由之藪。兹祠既建，不特兵役巡緝瞭望往來有停泊之所，而湖廉兩峒居民由此遂免邨尨之警，蓋所謂一舉而兩善備焉者也。」

太守屬余爲記，爰本太守之言，書以遺彼士紳，俾後人無忘費公者，並無忘何公也。費公名貽，光武帝時人，見范書《譙玄傳》。

重建東坡書院記

欽州，秦象郡地，漢元鼎開九郡，則不知是時州屬交阯與？合浦與？唐章懷太子於《馬援傳》注引《廣州記》言援立銅柱事，今欽州分茅嶺爲援立銅柱故蹟，然後斷知此當屬交阯。或曰：「漢分茅嶺不在今處，江左以後，屢經離析，梁置江州，隋開皇始改曰欽州，至煬帝大業初復改爲甯越郡，則又别於交阯郡而二之。」顧其爲地，當中國西南，萬里瘴海，炎天之外，而萬山之中，土瘠民貧，逼接外裔，歷代以來，義取羈縻。任延、錫光守交阯，始爲立媒官，設學校。唐宋之世，例爲遷謫之所，雖名世大儒接踵來居，未聞有摳衣請業而得其學問之傳者，故其名稱豪傑，記誦詞翰之功、科目仕宦之名，常無以先於他郡。我國家文教涵濡，海隅荒徼，罔不湛被，人文輩起，邁於古昔，如馮子敏昌其尤者也。嘉慶二十四年，金壇朱君來刺此州。是年值仁宗睿皇帝六旬萬壽，而此州向無慶祝之所，惟就龍神廟緜蕝行禮。君念臣子職無大小，皆以奉揚大化，宣示國恩，此州壤接外夷，邊徼之民無以肅其觀瞻，生其敬恭，非特臣子心有不安，抑亦非綏靖邊郡之體。州治東向有東坡書院，創自雍正初歲，久傾圮，爰與同官及士紳共議，即其基址，於中敬謹建造萬壽宮，而於其左側建復東坡書院。於某月日經始，某月日落成。其萬壽宮，爲正殿三間，東西朝房二間，宮門一座，東華、西華門二座。於是遠方臣民，儼然如奉天顔於咫尺矣。其書院，爲後堂三間，中祀東坡像，旁爲山長寢室、庖湢等所，前爲講堂三間，頭門一座。又於門外修復宋陶弼所建天涯亭一座，亭前立平南古渡坊。朱君曰：「是役也，皆諸士紳自以貲輸，親身督理，故用費甚省，而蕆功甚速云。」夫以邊徼萬里之遠，窮山極貧之地，其士民一聞公義，而趨事如此，可謂能忠信而好行其仁者矣。然非刺史忠誠孚信，奉宣德意，亦不能必其信從如此也。是乃向之任延、錫光所願聞者也。朱君來請記，余嘉其事，遂不復辭，而爲道其懿實，以諗來喆。桐城方東樹記。

新修鶴山縣學記代

鶴山開縣，始國朝雍正十年，世宗皇帝實賜今名，從其望也。其地距省治二百九十里，毗連恩平、開平、新興、高明、新會諸邑界。崑崙、曹幕、大雁，萬山中林深箐密，谿澗陡絶，宵匪藏匿，傜蠻盤踞，往往跳梁滋事，如昔時李山官七梁經玉張組珠等，其已事矣。余奉命督粵八載，未嘗不以瀕海阻嶺遠州下邑，或猶有伏莽爲憂。癸未歲，元和徐令宰是邑，即命其搜剔業灌，翦除荆蒯，有則殺無赦。徐令下車，親履古勞、遵名、新化、雙橋、古博、官田、黑坑、蘇海等墟，果獲渠魁四十餘人，寘之法，然後餘孽散除，良民賴以安業。顧治無常士，惟在有教。苟不深惟其本，思所以轉移之方，則彼愚民無知，習染所迷汚者，可盡殺哉，故庠序之謹不可緩也。鶴山文廟，當時創始，本多艸略，歲久，益以圮敗，徐令於是倡勸邑人共效輸助，鳩工修葺，自寢殿、黌門、兩廡、齋宮、射圃悉更新之，然後焕然規模大備。繼自今濟濟生徒，峩峩儒術，入孝而出弟，尚義而懷刑，即有傑驁不馴之夫，亦將有所觀感，回心嚮仁，盡化爲隆平之秀民矣。會多士來請記，因書此以貽之，多士勉旃，其毋忽斯言也。

安徽布政使司題名碑記代

國家設官於各直省，有總督以制軍，有巡撫以撫民，有按察使以明刑，然惟布政使專地方之成，故凡人士之登進，財賦之均輸綜覈，悉布政使主之。蓋明初置左右承宣布政使司，布政使本元行中書省所改，故其體嚴，其政密。外統於内，相承爲一，其屬有參政、參議、經歷、都司、照磨、檢校、理問、司獄等官。我朝因之，有損益。康熙六年，復裁右布政使歸併一官，然猶有經歷、理問、庫大使等員，故布政使得其人，則一方民俗之美惡、吏治之舉廢、財賦之贏絀恒由之。故觀治者，恒由此以考其時之得失、賢否，故其人不可不記也。其賢者，去而爲巡撫、爲總督，入而爲卿長，登槐贊元，比肩疊迹相望，故其人尤不可不記也。安徽布政使，舊駐江甯，乾隆二十五年增設江甯布政使司，而安慶布政使司始歸於安慶。是時，建置廨署，一切經始艸創，閩中許公松佶實當其事。觀其所自爲題名碑記，極論所以改歸居近便治之理，且歷箸厥職，以期責後來居此官者之效，詳哉其言之矣。今去許公之時六十餘年，向許公所期責者其人凡幾輩矣。又如前所云去而爲巡撫爲總督、入而爲卿長爲宰相者，又凡幾輩矣，是皆不可不記其人，以視於後者。事修於官，名在於壁，以爲故事，垂於無窮，其可已乎。若夫奉職守官，以布宣聖天子之大化，俾此邦民登袵席，治進敦龐，則尤欲偕我僚屬相與恪恭兢惕，以共厲之也，遂刻石以記。乾隆二十五年以前在江甯者，先已有記；二十五年以後至今道光七年，凡□十□人。具官某某記。

桐城新建魁星閣記

進士科，始於隋大業，盛於唐貞觀、永徽之際。搢紳雖位極人臣，不由此進者，終不爲美，此唐王定保之言也。自是以來，歷五代、宋、遼、金、元、明以迄於今，國家所以收英才之用，士人所以梯靖獻之身，齊耳目，湛心志，若上帝之所兩用福極以賞罰乎人者，有必出是而莫易於是，帝亦默喻其志，而設爲神焉，以陰司其柄，則世所祀文昌魁星是也。辨之者曰文昌非梓潼，張惡子亦非張仲，蓋列星之在於天者，而魁爲羹斗，徐鍇所謂「斗首爲魁而柄爲標」也。器名而星象之，漢人轉詁爲首者爲魁，宋人又轉詁解舉之試而冠其曹者爲魁，復以文昌在斗魁之前，因祀魁星於文昌之宮。而朱衣神，則又因歐陽文忠而坿會之，其事皆不可信。嗟呼！爲是説者，自以爲能持理論，兼得考據矣，而余抑以爲不然。今夫匹夫千萬人，心志之所結，天地且弗能違，而況儒士讀書談道，聰明靈智，彼其心志之所奔，積之數百千年而益固，而謂不足以動天心乎？且夫後世之所有，半上古之所無，未可以曲士之見閡之也。董仲舒論露、雷、風、雨，不過二五之氣凝釋合散所爲，而後世則實有神以主之。漢平帝時，天地六宗以下，小神凡千七百所，豈必盡上古所有邪？人心之神與天地之神昭明肸蠁，微分鉅合，充塞於無閒，而人所與接，又以事人之禮事之，爲之像設，爲之廟庭，爲之牲牢酒醴，爲之爵位名號。天子至尊，百神是主，又儼然致勅詞命，以崇其典禮，使非實有神焉以尸之，將謂是皆虛誣以譎世乎哉？《傳》曰：「天視自我民視，天聽自我民聽。」文昌魁星之司科名，亦若是焉則已矣。

吾邑科目，昉唐曹夢徵及宋李伯時兄弟，至明而大盛，及今殆且千百人。夫科目全乎人，而神之枋馭則主乎天，則雖欲不謂蒙神之庥，不可得矣。顧文昌有祀，而魁星無專祠，於禮不備。形家者言孔子廟東南隅，當邑之巽方，主文明之象，其形氣於建魁星閣爲宜。於是邑士某某等合幾十幾人，共醵金爲屋三楹。上爲閣以妥神。階前爲池，名曰「化龍」。又爲梯以升閣，名曰「雲梯」。凡皆以爲登進之頌云爾。先是，此地爲江氏住宅，其基則蔣氏之世業也。當衆議既定，江翁遂捐其宅，而蔣氏亦捐其地。又求大木以爲樑，衆難其材，某鄉唐氏聞而亦捐焉。閣既成，神像未立，諸生某夢有神背立於破廟中者，以像求之，果得之於東郊龍神廟之廡下。奇偉瑰雄，稱其神號，實異常設，於是遂新而祀之。嗚呼，是皆非偶然矣。是役也，共費金錢若干，及捐貲首事人等姓氏例悉列書碑陰。以某月日經始，某月日落成。合詞來命東樹爲之記，並系以詩曰：

文昌六星，北斗魁前。既司天禄，亦象物先。昭明耿耀，流精上垣。昉唐禋宋，載祀逾千。祝號斯易，人其代天。校德降福，如衡施權。載彼桐國，龍舒之閒。衡嶽天柱，西來蜿蜒。川原翕翼，峰勢迴旋。篤生哲彦，峻我邦賢。忠參龍比，孝武參騫。贊槐開府，烏柱貂蟬。下逮枝官，不計員銓。文儒德士，肩比踵聯。世臣喬木，四方於喧。凡茲人傑，實荷神甄。何以報之，兀此修椽。式新丹雘，爰庀几筵。峩峩冠服，升降孔虔。歌以侑觴，神聽彌妍。與邦咸休，祥習萬年。

廣東省城新建義倉記代

道光十六年冬，余自皖撫奉命督粵，朝京之日，相國儀真公見，謂粵省雖東南一大都會，然地濱海，民稠而田少，土地所出恒不足以食本地之民，故常仰給於西省。往余在粵嘗諭令通洋米以濟内地，利甚溥便，子其率而行之。既下車，中丞今陞刑部尚書祁公見，謂廣東省城煙火萬家，商賈市舶輻輳，豪右聚處，掌握之内，價盈千金，然皆逐末，本食不足，卒遇偏災水旱，三登不書之歲，米價騰貴，而飢民不免殍困，甚且竊發爲盜。故督宮保盧公議欲遵行古法，諭令各州縣建立社倉，會以水災不果，而盧公旋歿於位。今據廣州宦紳士衿某某等公請在於省城地方建立義倉；而私相勸課，各富紳捐輸銀兩，糴穀以啤，不糜費官帑分毫。余聞欣嘉，既準行之矣。於是以舊西湖倉爲東倉，舊惠潮道公署爲西倉，共爲倉厫二十座，屋六十間，計貯粟可六萬石。東倉十二厫中祀倉神三間，司事住舍庖湢共九間。西倉八厫中祀盧公等禄位牌所三間，司事住舍庖湢共六間。以十七年三月經始，十八年三月落成，通計收捐銀十二萬五千餘兩。除建倉工費用銀一萬二千九百餘兩，備糴穀銀四萬兩，見實存發商生息銀七萬兩。

在事諸人來乞文爲記，余惟兹倉之建，中丞之盡心爲民，諸捐户之好義樂施，在事諸人之始終勤勞，鄉梓用意之仁，舉事之美，既各極其聰明仁愛之願，量而無遺矣。抑余猶有所慮者。事非止一時一地而已也，其必將籌乎萬全，俾庶事細大可程可久而不壞，而後無負於今日之意。已然者創之之勤既有然矣，未然者守之之艱更甚於創，從來法雖良而徒法不能以自行，況立法苟未盡良，何以爲守？故先王既竭心思，又必繼之以不忍人之政。余爲權之，蓋有數事焉，請得爲諸君詳言之。

夫義倉之法倣於朱子，初立於崇安，後遂條上其説，孝宗以頒於四方，詔民有慕行之者聽，而官府無或與焉。朱子之法，歲一斂散，其言曰：「既得紓民之急，又得易陳以新。」其法以中夏受粟於倉，冬則出息什二以償，可以抑僥倖，廣儲蓄，即不欲者勿彊。歲或不幸小飢，則弛其息之半；大祲，則盡蠲之，於以惠活鰥寡，塞禍亂源。誠慮穀久不易，則將化爲浮埃聚壤而不可食；一旦不獲已而發之，而不足以惠民，豈非計之未周法之未善而卒於虛敝可惜哉？雖然，又慮爲法太密，鉤稽太過，使吏之避事畏法者視民之殍而不肯發，真有如所云「粟腐於倉，民飢於室」之患。或將發之，上下請賕，爲費不貲，官吏又來往不時，而出納之際，陰欺顯奪，無弊不有。或所得粃糠居半，而償必精鑿，計其候伺亡失諸費，往往過倍，是以貸者病，而民之懔懔於飢歲者猶是也。故社倉之法，不可以司於官。然使里社不皆得有可任之人，如今日諸君子之忠信明察，相與上下一心，以謹出入，則又慮其計私以害公，而其弊更有不可勝言者，亦終於蠱敗而已。故社倉之設，其要在於立法之善，而尤要在於得人，斯皆朱子所嘗諄復詳言之者矣。朱子又言，成周之制，縣都皆有委積，以待凶荒。而隋唐社倉，實爲近古良法，而今皆廢矣。獨常平義倉，尚有古法，然皆藏於州縣，所恩不過市井惰游之輩。至於深山長谷力穡遠輸之民，則雖飢餓瀕死而不能及也。由朱子之言弟立於州縣而尚慮遠鄉之民向隅不及，令人思之，有惻然不忍代爲想者。今省會之地，商賈市舶輻輳，豪右聚處，而諸君尚能爲鄉閭立此無窮遠計，而遠州下邑不幸而遇災祲，本鄉無備，豈能越千里而請粟以救飢哉？然則盧公之所慮，欲令各州縣設立社倉，其尤爲切於經政之實用哉。故今於祁公之所已行者，固欲諸君長慮遠計爲經久不壞之法；而遠方州縣之未行者，余方將卒盧公之志，而與諸牧令暨各州縣紳庶亟圖之。雖窮州下邑，其紳庶多貧弱，不能如省城之衆且富、舉事易爲力，而苟隨地以濟其鄉，量力所及，不限多寡，亦無不足之理，其壹皆即以此省倉謂之儀式先導可也。嗚呼！君子爲政，苟審於分之所當，爲力之所得爲，而盡其心焉，其於濟人也，不已多乎？因記省倉並及其事，至捐輸人户、數目及司事姓氏，例得列諸碑陰。自記云：此文後半所言令屬縣各立社倉事，鄧制軍未行，此文亦因改而未用。蓋因朱子社倉其後行之，不勝其害故也。然不行，實可惜。

廣東省城新立義倉記代

圖民之要，莫先足食，足食之經，莫如積貯。史志所書，歷代利害昭然，而惟粵東爲尤亟。蓋粵東爲東南一大都會，幅員二千里，商民錯處，海舶雲萃，大抵逐末者多，本食不足。又瀛壖溟漲，人稠而田少，土地所出，恒不足以食本地之民，故嘗仰給於西省，兼徠吕宋、臺灣米以濟。猝遇偏災水旱，市價騰貴，洋舶不時至，則人心惶然。向來諸公莫不惕然，重以爲慮。今制府大司馬江甯鄧公，暨今陞刑部尚書大中丞竹軒祁公，軫念民瘼，爲先事綢繆之計，合議於省城地方，遵行古法，建立義倉，積穀以備平糶，旋據廣州紳宦士衿某某等幾十幾人呈稱，該郡屬諸富紳義民私相勸課，情願各捐輸己貲，市穀積峙，不縻費官帑分毫，兩大府欣嘉準行。當是時，某實陳臬事，錢穀非其所司，但從旁贊歎碩畫而已。戊戌三月，倉廒落成，適方伯阿公某入覲，某攝布政使篆，於是諸在事者來請文爲記。余惟漢常平之設，初止以供京師，其後乃令邊郡皆築倉。隋義倉之法，始令諸州百姓及軍人勸課，當社共立義倉。朱子嘗稱隋唐社倉極爲近古良法，惜乎皆廢，獨常平義倉爲可行。但常平主於官，義倉主於民，二者交有利病。然苟立法果善且密，又得人以謹其事，圖民之要，孰大於是？余嘗稽之粵東錢穀之數，與他省異，蓋錢實贏於穀。今以有餘之錢聚不足之穀，又收之於豐歲無事之日，轉移之閒而得失利害較然兩平，雖曰民爲之而實官導之。其在《易》曰「有孚惠心，勿問元吉，有孚惠我德」。兩大府惠民之心，民孚之矣，可不謂百世之長利乎？若夫地方之坐落，廩廒之閒架，經始之歲月，捐輸之多寡，積峙之數目，以及在事諸人之姓氏，一切例得揭諸碑陰者，制府記既詳之矣，兹不復箸，箸其所欲言者。

新建桐鄉書院記

天下萬事萬物，莫非道所發散宣箸，世人習矣不察，行矣不箸，故恒隱而不顯。子思子知道之用費而憂其隱也，故揭知、仁、勇示人以入道之門，而謂之達德。淵哉粹乎，言欲入道者不可離知、仁、勇，凡事類然也，故曰達也。雖然，知、仁、勇道所分見，特道中之一事，若道則無乎不包，是以昔之哲人尊之以先於天地，親之以切於身心。學者舍是爲學則非學，教者舍是爲教則非教。而世之妄人猶以學道相詬病，豈不哀哉？吾於新建桐鄉書院，而以爲可即之以求明夫道焉。

桐城在漢屬廬江郡，兼得舒、龍舒、樅陽三縣地，至唐始有今縣名。其謂之桐者，《春秋》定二年「桐叛楚」，杜預曰：「廬江舒縣西南有桐鄉，古桐國。」昔漢朱邑嘗爲桐鄉嗇夫，遺言葬此。杜預時未有縣名，故舉桐鄉爲言。考漢制，寬鄉僅得百里，狹者數十里不等。顧歷代省併沿革不常，舒即今舒城縣，而桐鄉地形不能截然定其址之所在，今特以杜預所指舒縣西南及朱邑墓約略證之，即華離析絶大約不出乎此境。則謂此所建書院地即漢桐鄉，校其名實，其非妄有穿鑿安處傅會也，可無疑也。雖然，自漢立鄉以來即有此地，至於今二千餘年矣。宋元以前，此地之爲陌阡、爲亭堠、爲荒汪野水，號狐兔而舞鼯狌，吾不知何如。若近代以來，固久爲市鄽闤闠之所聚，煙火千家，輿馬紛闐，雞犬相聞，丘陵艸木之緡，望之暢然，亦可謂舊國舊都矣。然往來行人過此，見見聞聞，曾未有憑軾盱衡，感今弔古，謂嘗有斯文之聚於此也。顏延之云：「在昔輟期運，經始闢聖賢。」此固事之所不奈何，無足怪者。今一旦欻然構講堂，崇閈閎，峻階阯，大屋塗塈，牆隅深邃，胄子侁侁，若舞風雩，良法美意，焕然作新。譬如以十仞之堂縣衆閒，卓乎文翁之肆矣。山川氣象如故，而耳目爲之一變，何其興之易也！余聞之，是鄉人多好義，又幸皆給足，集議初成，各以其家財來助。蓋其擎之者衆，故其成之也速；爲之者悦，故其舉之也不勞。若使朱韻條其風俗，安見今不如古，不足與漢桐鄉比盛哉？夫以千載難明之迹，而克證以明之，非知無由也；以千載未有之事，新而舉之無難，非勇無由也。至一鄉之人，咸能輕財嚮義，富而好仁，又彰彰若是，此一舉也，知、仁、勇三德備矣，故竊願有詔焉。夫今之所以建此書院者，豈非爲勸學與？學之大，豈非欲求以明道與？道隱而難明，非知、仁、勇無以開入門之塗。今即此書院之建，而固以確效乎知、仁、勇之實如是，則由此以推於學而求以明夫道也不難矣。凡來學於此者，其以吾説切而反之於心，所謂即事以窮理者，當必憬然有所啓悟，而無蔽於舍近求遠之失也。孰與夫他書院之教徒以詞章記誦，而溷夫學問思辨之正大也哉？若夫經始年月、首事姓名、工役財費、庖湢房序之制，例得書於碑陰。道光壬寅冬十月，邑士方東樹記。

重修谷林寺續置田産碑記

古今談佛者，惟顓頊以一「空」字該之；古今罪佛者，亦惟顓頊以一「空」字蔽之。王介甫曰：「浮屠之法與世人殊，洗滌萬事以求空虚。」伊川程子曰：「佛氏談空，譬如人閉目不見鼻，而鼻自在。」以余論之，是皆未嘗深究佛法，而慢隨世俗習傳，恒言以誣之也。夫佛法不專埽蕩，尤重建立。蓋二乘斷滅，惟私於己；菩薩忘身，利人濟物。故曰無爲，而又曰無不爲也。故辟支羅漢不得與菩薩並位，又況三果小乘以下哉？夫佛所謂空，特謂無我耳，豈滅一切世法哉？故經曰：「如來者，即諸法如義。」又曰：「如來説一切法，皆是佛法。」又曰：「我所作功德而無我所。」故世儒不察，而以埽蕩斷滅爲佛法，是不知三身之有化應、四智之有成所作，豈大乘之教哉？佛説《般若經》，屢呼諸菩薩、摩訶薩而付屬之。摩訶薩釋名勇心，此人能作大事，不退不悔不驚不怖不畏，故能荷擔如來無上大法，成就不可量，不可稱，無有邊，不可思議功德，故曰諸佛皆具二嚴。歷觀古德，阿育王後惟天台智者大師建立最廣，傳稱其建大道場四十八所，造像八十萬尊，具四悉檀，生四種益，功未有高焉者也。此雖世法，實龍象也。

桐城縣北吕亭驛右舊有清泉寺，相傳三國吴魯肅讀書處，邑志不詳建刹所始，但云歷傳唐宋至明永樂閒，僧了美重建，崇禎時燬於兵。國朝順治三年，僧元白重修，元白退，院寺漸荒落。邑紳公請靈遠應公住持，靈遠有高行。康熙四十六年，聖祖仁皇帝南巡，書扁額，遂更今名。濟宗在明初法運中微，至萬曆閒，三峰、漢月、道藏剖石壁宏禮，具德門席最盛，而具德徒侣尤衆，所謂五千衲子下揚州也。吾未見《續傳鐙》、《續略》等書，未知了美、元白、靈遠何人法嗣，於濟宗世次弟幾，抑或旁出，要之世近，當可信不誣也。初靈遠既住寺，因將前各姓所施田種並在寺山場悉行封禁，歸寺執業。其後住持僧，有將山場截賣數處、田種典出若干者。道光十年，今晴嵐朗公接事，撙節積絫，除重修寺宇、將所典賣山場田種陸續備價贖回，又代償還前住持借貸一千數百餘千文，並添置田畝若干，均係力自經畫，未嘗籍助檀施。現擬稟請省憲，遵昔示禁，永遠不許典賣，以保道場，因來乞余文爲記。

余惟晴嵐所爲，雖未及智顗之廣且多，然就本寺言之，亦可謂有功、德而合於佛法建立之義矣。又惟文字者，所以載道之器，古人所爲立言與功、德同稱不朽，故余平生爲文不敢作空言，必建立一義，使有補於世，以爲縱文字卑弱，而其義足不敝於天壤，亦足與其事其人並垂久遠，故兹所發明建立之義，既表佛法真正，又以著晴嵐之功德焉。昔歸熙甫作《保聖寺記》，亦云「文字爲天地間至重也」，寺無廢而不興，而文章之傳絶少。今按，自建安二十二年魯肅殁至今千六百四十有八年，此地興廢、寺之創建不可考；即自明永樂以來，住持寺僧亦寥落不詳，豈非無文字以紀之之故？吾文患不傳，幸而有傳，則是晴嵐，豈可不知所重乎哉？至其山場田種弓畝之數，例揭碑陰。道光二十有六年冬十月，邑士方東樹撰。

邊城策馬圖記 代

道光十四年，蒙古達拉特旂甲喇納令特古斯私將本管牧地，招收民人耕種，佳貝子達計多爾濟查知，親往驅逐，致被民人等砍傷。二等台吉薩音吉雅綏遠城將軍奏聞，奉旨交山西巡撫鄂順安督辦。余時以冀甯道奉差，偕歸綏道瑞福會同歸化城副都統惠顯，馳赴薩拉齊廳之包頭鎮地方會審。包頭鎮距歸化城三百餘里，爲内蒙古西二盟所轄地，與土默特烏拉四子部落、鄂爾多斯皆毗連壤接。大青山者，在漢名陽山，又名陰山，自雁門以北迤邐至山海以來，緜亘如城障，相屬不絶。是役也，計程凡二千里，計日十旬，雖共使事，亦稱壯游。故既爲詩四章以紀其事，復倩鎮江張茶農解元爲作是圖，時以覽觀，用不忘宦轍焉。又考《史記·李將軍傳》「渡河據陽山北假中」，徐廣曰：「北方田官主以田假與貧人，故曰北假。」又《漢書》趙並使勞北邊，還言五原北假膏壤，殖穀異常時。以並爲田禾將軍，發戍辛屯北假中，以助邊餉。然則北方田土肥美，又恒以假貧人，乃自古而然與？年月日記。

考槃集文録卷七終

考槃集文録卷八

贈序　壽序

贈陳仰韓序

昔蘇子瞻作《方山子傳》，稱其少之時豪俠使酒，馳騁好劍，晚乃類於隱君子之所爲，以爲不遇於世而遯焉。余竊以爲不然。横渠張子少時走馬論兵，慨然以經世爲務，一見范文正公，即去其浮動，而卒進於大儒。然後歎賢豪之所自待者重，初雖迷於世習，一經感變，而不遠之復，翩然翱翔於寥廓青冥之上。塵壒世俗之民，渺然不復可識其心胸面目爲何如人，又況克由於廣居正路而優入聖域者與？

吾友陳君仰韓少時躭詩縱酒，喜游工制蓺。年五十，忽棄其所業，折節學爲古文。夫適康莊者，雖舉足晚，必有至焉，如由於徑也，雖狂奔盡氣，疾馳竭力，而必傷其行也。今陳君志於古文，雖若未逮於横渠之所志，而固已儕於方山子之徒矣。抑吾嘗謂天下學術非一，而惟古文最難。苟非有仁義之質，經術之功，固不可僞而襲焉。故自司馬子長、劉子政、揚子雲、韓退之、歐陽永叔以逮於明歸熙甫諸君子者，非弟其文之工，乃其人皆於道無懵焉。今陳君欲自昌其文，非志於横渠之所爲，則其文必不傳。故吾欲進陳君於文，必先進陳君於道，勇於善變如陳君，其必有以及此矣。嗚呼，其可量也邪！

贈譚麗亭序

道光癸未，方子居韶，不自意而蒙毀焉。念毀者古之君子所不免，默默閉門若不聞。有譚子者，獨來諗余，年耆而貌癯，聽其言忠信抗直人也。告余曰：「某本江甯上元籍，八世祖祁乙字伯卿，故東林黨人也，官南京刑部侍郎，忤魏閹落職。懷宗立，起爲嶺南按察副使，因家於韶，故余今爲韶州人。」余既異譚子之爲人，及聞此言，益以歎賢者之子孫固殊於常人也。既而譚子讀余文，謂余有文也；聞余言，謂余有道也。時時過從，因抵掌憤發其胸中所蘊蓄，余益以知譚子之賢矣。又久之，余毀益甚，至合一國上下之人羣惡而幾欲殺之者，譚子殊不懌。余謂之曰：「子胡然邪？曩余讀《莊子》，慕庚桑、南伯子綦之爲人，恒有味乎其言，以考吾平日所至，雖未俎豆見賀如二子，然亦時蒙謂賢焉。今衆人之猖狂也如是，意者吾之於道益邪？方竊以自釋，而子反爲吾嗛乎哉？」雖然，吾聞譚子蓋亦久蒙毀者，今又不避譏讒，而倜然暱就於舉國共非之人，則譚子之於毀固已安之，而猶爲是不懌者，以嘗余之意邪？譚子甚貧而廉，無子，有老母，不能具旨甘，而率其弟之子祺日以讀書學古人爲事，怡然若以餓死爲可樂者。且固命祺從余游。譚子審之，吾與子既以貧與毀終矣，又欲以遺於祺邪？

送毛生甫序

盡天下之人，數百年以來，其稱文也，是非齊一，翕然無異論者，於唐則韓愈、柳宗元氏，於宋則歐陽修、曾鞏、王安石、蘇洵氏父子。此八人者之在當日，其自視孑焉，曠若無儔匹，矯首以視四方，虛無人焉。韓氏論文，恒舉左丘明、司馬遷、相如、揚雄數人，而外此弗之及，而人亦不以其言爲靳。然猶以爲當時或出於意氣所託，奮其私見。及至今日，其去數人之世亦以遠矣，而世有知文者，矯首以視四方，於彼數人之外求其儔匹，仍虛無人焉，於是然後乃知斯文之有屬，非苟然也。

道光十三年，客吾友姚君石甫武進官廨。武進有文家曰張君皋聞，已前死，不及見；識寶山毛君生甫、宜興吴君仲倫、吴江吴君山子。三子之文不同，要之與皋聞相上下。於是心竊怪而疑之，私謂文章雖小道，然求其作者命世，恒數百年不多人。今吾少在邑，則友孟涂、石甫，長游江甯，則交異之、伯言，後又得元和沈君小宛、陽湖陸君祁孫，今又一朝而得生甫三子。既生同時，又並在大江以南，何其於古所得之難者，而今獨聚之易且多如是？俄而曰：是曷足怪？韓、柳固並世矣，然且相愛重如彼；若歐、曾、蘇、王師弟朋友，或近在一方，或萃聚一門，其仕又皆同朝，其文章既震耀當世，流傳且千載。考其平日相謂推稱之詞，至今按之，一一不虛，此必非虛誣標榜所得劫而有也明矣，何獨至吾徒而疑之？惜乎異之先死，惟吾數人者獨存，而吾又衰羸，方累於家室老病，不復可望成學。生甫有高識雄才，而齒又方壯，其文效法班固，重厚精密，故於其别，道此以張之。自記云：略似韓公筆意。沈、陸、二吴、生甫年皆少於余，今皆早喪，而余以衰老獨久存於世，復省斯文，爲之慨然。而五人之文，又皆無收拾，未知其果能箸顯而不湮没否，益可悲矣。壬寅五月。

送張亨父序

吾友姚石甫爲言，建甯張亨父，今之奇才也，武威潘石生吏部嘗爲作《閩海奇人歌》，余固已嚮往之矣。辛卯二月，亨父過桐城，一見傾倒，因出其《婁光室稿》見示，讀未終卷，則惕然驚歎，信石甫取友不虛。嘗謂唐以後詩人以李、杜、韓、蘇爲四祖，作者以是爲胚胎，譽者以是爲餉遺，究之得骨得髓，恒數十百年不遇一真，此昔人所以致慨於大雅之不作也。亨父七言古詩，如秋空霜鶻，振翮獨邁，精神發動，萬里無阻；五言沈壯蒼鬱，氣盈勢遠，造意發想，自我玄宰。賞者咸謂其七言逼太白、東坡，五言逼少陵。要之，論詩政不必如此拘拘，以形格相求，如人睡夢初起，蒼黃不辨，亂道妄指，適足爲醒者笑耳。九方甄之相千里馬，豈以毛色、牝牡爲辨識哉？亨父於古今作者皆少相推許，而獨心折白羊山人。余未見山人作，而亨父推服之如此，則山人可以想見。余以卑賤無聞於當世，盛名之士多不相接，獨有異之、伯言、生甫、石甫數子。今又得吾亨父，可知十步之内，必有香艸。惜乎余之惡質不克往傀焉，而無差池其臭味也。吁，其可媿也與！於其行，道其情好之實以爲別。

辨志一首贈甘生

甘生生同里，少長於徐州，隨其舅氏宦故也。余老而歸，始識之。其人年雖弱而秉性忠信，行身正直，有可以希賢入聖之資。念遨游四方數十年，閲人多矣，見未有如生者。顧其人獨有所短，則以幼未嘗學問，讀書不廣，文采、時名弗耀，以是若稍絀於其儕。一日來請益，余告之曰：子胡然也？夫古今學脈道統，以孔氏爲斗極，固天下之通義，而無異議矣。《魯論》記孔子之教弟子，首重孝弟謹信、親愛，而以學文爲餘力餘事。子夏論人，苟能盡賢親君友之道，雖未學必謂之學。甘受和，白受采，記有明文。士先器識而後文藝，不待裴行儉能言之也。余嘗曠觀今昔，竊歎名教傷心之故，多出於士類，未嘗不推其所由。則緣爲士者，每挾其文章學問以自矜，内以驕其父兄，外以傲其同類，於是因以自肆，因以自飾，因以自恕，因以自藏其身而欺其心，是故其人多一分學問，即多一分過愆。何則？學未辨志，而多取古人之智以自益，若洪河之匯濁流，雖澄之而不可清，故昔人譬之飲藥以加病。朱子曰：書愈多而理愈昧，讀書愈勤而心愈肆，浮名愈盛而行誼德業愈無以逮乎古人，則非學之能誤人，徒學文而不尚行，務末而遺本故也。

今子年方壯彊，即用力學問，猶未爲晚，但須決所從事耳。試取《論》、《孟》、《大》、《中》、五經、小學、《近思録》，及周、張、程、朱之書，潛心究翫。書不多閲，則爲力省又皆得本源，則路徑無差；再取《通鑑綱目》觀之，於以見古人行事之是非得失，以證吾心不易之理，則黑白昭然，不特有以辨乎古，亦即藉以堅定乎吾之識與力，以此立身行道，即以此應當世之用而有餘矣，而又奚必以文章末技爲歉乎哉？夫君子爲己之學，與秀才博士不同。誠能立定志嚮，豎起脊骨，八字著腳，一直行去，鬼神將避道，豈必如今學者浮沈悠忽，舍己耘人，忙忙一生，徇世俗起倒，或以博溺心，以華滅實，無一人敢承當大道者？四海茫茫，孰是堪受業之人？故人而欲秉學，須具大根器、大智慧，先辨志始得，思惟終始，痛自刮磨，如救頭然，不舍晝夜。若趁慣過日，父兄師友見止等閒，日聚徒説閒事雜話，即讀書作文亦止爲取利禄聲聞計，無有人直指性命相爲者。光陰虛度，日復一日，一旦身盡，與艸木衆生同朽，無一善可留於世。其好名者，縱有一部詩稿、文集，而學未知本，言成淺薄，於世於身，何足爲有無乎？至爲人師匠，亦大不易，須是善知識，道業純熟，反經守正，又有成物之智，始得力不誤人。

余今方便爲子姑設兩義以相盡，惟子内自決擇之。其一若見爲人閲世，則當念歲月如流水，駒隙不相待，刹那即失人身，斯爲可懼，固惜陰趨事以成德業；其一若見爲世閲人，則當念天地無窮，人壽命有限，何苦於電光石火之頃，迷執癡貪，徇欲妄作，無益之擾，閒言末節，毫髮不肯饒人。其侗者怨天尤人，歎老嗟卑，不安義命；其彊者直逞志作業，自墮三塗地獄；其清而靈者，亦止爲一己之名，汲汲箸書，勦説雷同，言與行違，居之不疑，毫無功於天地民物。故名士之後多不昌者，爲其無實善而多取名也，如魏文帝《典論》所言不過如此。所以屈子賦遠游，首言哀生人之長勤，蓋哀其勤所不當勤，而不知勤其所當勤。若孳孳之學道爲善，惟日不足，何哀於勤？此李習之所以拜禹言而哭也。雖然，飯所以爲肥也，壹飯而問人奚若，尸子譏之，亦在乎勉彊熟之而已矣。黄石齋引施四明之説，謂「天下病虛，救之以實；天下病實，救之以虛。朱子有見於詞章記誦之失，故救之以義理」。此淺見妄説也，是不知孔、孟、程、朱子道，徹上徹下，不隔古今，天不變，道不變，所謂庸常不易也。佛學者有曰：宗無延促，一念萬年。豈區區爲補救一時之計乎？如國朝學人有鑒乎明人之空疏，舉爲考證漢學，其末流之害，乃至忘其身心禮義名節，其失又甚於空疏。又黄梨洲云：「學問之事，析之愈精而逃之愈巧。三代以上，只有儒之名而已。司馬子長因之而傳儒林。漢之衰也，始有壯夫不爲雕蟲之論，於是分文苑於外，而不以亂儒。宋之爲儒者有事功、經制之異，《宋史》立《道學傳》以别之。未幾，道學之中又有異同，明鄧潛谷又於道學之外立心學。究之封己守殘，其規爲措注，與纖兒細士無異。天崩地坼，落落然無與於吾事，猶自尌於道學、儒林，同歸無用而已。」此論似是而未究其實也。古之真道學者，豈如是乎？不究其實，而徒於其名區之，雖名爲學道，奚益乎？子今欲爲學，須於此大介處辨明之，則自知所從事而無誤於歧趨矣。

贈馬雲序

金陵馬雲，工畫，尤妙寫真，嘗自比唐之曹霸。道光乙巳冬，來桐城，謂余曰：「必爲君寫像。」余曰：昔顧長康欲圖殷仲堪，殷自以形惡不欲，今吾貌寝而癯，氣輕神薄，常顧影自憎，又可圖邪？竊同仲堪之不欲也。且義不止此。昔程子謂人之圖形者，苟有一毛髪之未真，則其子孫即不得以爲親。此其説似迂，然由此可以悟理道誠僞虚實之精，亦講學之切義也。古之作史傳者，於其人雄俊英特者，閒亦略及其狀貌一二語，以致景慕。究之其語傳，而像未有傳。米元章爲李伯時説晉王、謝、支、許共游山陰事，伯時隨其言以意作《山陰圖》，狀四公意態各妙，遂爲名蹟。其實伯時何嘗親見四公哉？古人有言，「人貌榮名」，此自以名榮，而非謂其貌真然也。莊子言：㹠子之食於其死母者，少焉眴若棄之而走，爲不見其使形者耳。申屠嘉謂子産曰：「吾與子游於形骸之外，而子索我於形骸之内。」由二子之意，則形骸非人之所寄以存者也。尸子曰：「人之欲見毛嬙、西施，美其面也。」若夫黄帝、堯、舜、湯、武，美者非面也，人之所欲觀者其行也，所欲聞者其言也，而言之與行皆在《詩》、《書》矣。且吾聞之，堯黑、舜瘦、禹漏、湯跳、皋陶馬喙面如削瓜、伊尹面無須麋，而世共尊之曰聖人。形骸妍媸，本無關於妙德，而況非其人者乎？惟夫元勳碩輔，功名煇赫，於旂常則圖之於淩煙、麒麟，以記功宗。又若幽人畸士，如謝幼輿輩，清風高韻，迥出塵外，允宜著丘壑中，是二者俱於圖像宜。若余至微賤，才能行業無聞於時，衰羸困乏，爲鄉里小兒所賤簡。七十老翁，精華銷竭，身心俱忘，前有垢谷，後有疰丘，尚何圖哉！尚何圖哉！且馬君徒欲寫吾之貌，而不能寫吾之心，後世不得吾之心，則必不重吾之貌。浸假而得見吾貌，亦徒以馬君之畫增重焉耳。是馬君之大有造於我，而終無益於我。馬君慕曹霸之爲人，不知霸所寫佳士及路人，今皆安在？而霸之名固至今不朽矣。然則馬君自以其意爲之，如伯時之圖支、許可也，肖與不肖，固不必論也。抑聞晉范宣初不好畫，及見戴安道畫《南都賦》，乃始咨嗟，甚以爲有益。姑洗吾目以俟之，馬君自行其確然之志，知必有以化予者也。

贈文生序

孔門論學論道，不出智仁二德。顧仁

道至廣，聖人重之，不輕許人，而獨以許管仲。夫仲之於仁，特其用之外箸亦淺耳，故嘗疑此二章出《齊論》，矜誇功利俗習而託諸聖言耳。後世純學備德者少，古今賢豪，大抵全任天資以成其詣。其資於仁多者，往往失之愚柔；於智多者，又往往流於譎詐。故聖人平日與及門諸賢論學，或欲其以智全仁，或欲其以仁善智，所謂裁之也。

文生鍾甫，質美而性明，事理通達，固本仁以爲用，而於智偏多。其行之既於事多濟，亦咸孚於人。顧吾以古今君子之失，多坐未能守經而好語行權，故嘗立論，以爲學者制行甯固守經以依於賢，毋慕通行權以忘託於聖。觀聖人論盡性之事，曰：「與天地相似，故不違；智周乎萬物而道濟天下，故不過；旁行而不流，樂天知命，故不憂；安土敦乎仁，故能愛。」生自審之，果能不違乎？不過乎？不流乎？不憂而敦且愛乎？飲水者冷煖自知，他人不覺也。生將遠別，來請益，故以此告之，生其無以老生常談忽之也。道光庚戌七月初九日，時年七十九歲。

王母秦太恭人七十壽序代

古賢達之英，學足於己，行修於身，抱負非常，以其魁壘不世出之才，掇高科，膺膴仕，名於時，與海内搢紳馳騁輝映，所至民歌其澤，士仰其風，遠之有望，近之不厭，舉世莫不載其德稱。而夷考其行能之所自成，則往往由於母德純懿，勤苦善教，天人叶應之所致。蓋自傳記以來考之，不爽於斯言者十常八九，而非人子欲榮其親，姑爲是歸善之説，亦非人之欲榮是人者，推其意而徒爲是虛美之詞也。

安徽設省，以南北分治，而在江之北者，其郡邑率當衝道，傳車星使，往來於楚、粵、滇、黔者，旁午驛騷，日月告至。而桐城尤近省會，號爲至劇，雖其人文風俗嚮教知義，不爲難治，而地廣民庶，賦役殷繁，故凡來令是邑者，大吏必慎選其人，有廉明敏幹能於其職者，斯克勝其任而無事。不然，則或虞困躓。道光乙未冬，江夏王令君來權邑篆。明年丙申六月，代罷，時未久也，而化已洽，地雖偏也，而及甚溥，農夫相與歌於野，役吏相與頌於庭，邑之士大夫相遇不謀而交譽於道，則以爲令君之被人以恩信，漸民以禮義，識事聰明，糾剔姦伏，興民之利，祛民之害，簡煩除苛。大抵以篤誠長者勤勤懇懇，使百姓寬息，民懷其惠，上下不欺，皆樂從化。循吏之聲，求之於古，惟漢之東、西京克庸克比。先是，令君以翰林改官知縣，授甯國之南陵，凡在任幾年，政尚寬平，獄無冤囚，援例應升知府，未上需銓。自任南陵之日，即迎養壽母秦太恭人在署，板輿所奉，歷任相從。

歲之月日，爲太恭人七十壽辰，而令君亦以是日值縣弧之慶，於是邑之士民以爲稀有，謀所以悦令君者，因以致榮於太恭人，將爲文以壽。余惟歸熙甫有言，古未有於其生辰而爲壽者，《豳》詩始著「躋彼公堂，稱彼兕觥」之頌。自是而詩之言壽者不一，顧皆虚相祝頌之詞，如史之所稱爲壽者耳。迨後壽節慶賀始於朝廷，而及於公卿，然爲文以稱壽者亦無之。其爲之文者，或乃最其人之生平而概書之，又儼如家傳，皆非古，不足法。雖然，以爲慰人子之情姑可矣。且夫富貴壽考三者，天地龐厚之氣所積，而得之者恒參差而不可兼必，既已得之，而可不謂吉祥善事乎？

夫愛人者必愛其人之親，愛其人之親必願其壽考而康甯，而壽考康甯必本於攸好德，《既醉》之詩所爲以備爲福也。令君爲治，所效之於見見聞聞者，人知其賢比於兩漢之循吏矣，而不知其本太恭人之教於平日也。夫以令君之賢雖使遺佚不遇，而其文學行美猶足以榮其親，而況其仕烝進方始，功名令望之垂於無窮，不可涯量也哉。故爲太恭人壽而思所以慰悦之者，必備述令君之賢，俾邑之羣士拜誦於太恭人之前，太恭人其亦樂聞之，而爲進一觴乎。

何母方太孺人八十壽序

國家設官爲治，內外相維，職事相聯，而其端必自州縣始。故既爲之牧、令、丞、尉以親民，又爲設立校官以督其士。《記》曰「三代盛王必有師」，分至明，義至重。由是以達於國之太學，位有大小，其職事一也。世人不惟大體，乃或較官資之崇卑，揣肥瘠，差冷煖，以爲之喜惡，豈徒用意之鄙，且不幾與設官之本相刺謬乎？

明康德涵爲《武功縣志》，世稱謹嚴。余觀其作《官師志》，於邑之賢士大夫及他職官皆不載，而多爲校官立傳，意甚不取。既而思之，康公之意將徒爲一己之親厚而私與之與？抑以其人之賢而有不能已於言者與？

池陽何君菊亭以孝廉與大挑，應得知縣，辭而不爲，改就教職。道光十有四年來司鐸桐城，以純明温謹之姿，循循然以德化多士，不特多士樂其和易而親媚之，即邑之耆耈暨致仕諸鄉老皆相敬愛，以爲粹然儒者，不媿師資也。桐城與池州壤相接，水程至近，舟楫易達，於是迎養壽母方太孺人在署。春秋佳日，蒔花奉觴，雖較之高爵膴仕者華幕鼎食微若未逮，而儒官静素，室有餘閒，修夕膳，潔晨餐，供養敬謹，福德方遐，而且孫曾鵠峙，學詩執禮，太孺人精神益康彊，怡然顧之而樂。以是爲養，在菊亭固無忝於古名賢安親之義，而太孺人以儉德居貧，教其子以清修士節，風於有位，亦何媿於古之賢母也哉。

歲之十月某日，爲太孺人八十壽辰，邑之先達暨多士將爲文以壽，而屬序於余。余惟古未有於其生辰而稱壽者，壽於生辰，而亦絶無爲之文者。元明以來始有之，而歸熙甫集多至八十餘篇，又嘗自矜爲《顧文康夫人壽序》，盛言顧氏得其文足以爲榮。竊謂熙甫既循俗爲之文，又復自矜其能，皆非古法度之士所宜有也。雖然，韓子自稱其文能道大君子之美，歐陽子亦曰能傳人之善者，在於畜道德能文章之士，然則人之爲文，固貴其善言德行。而人子之欲榮其親者，必求能文之士以屬之，始足寄以不朽。熙甫之所爲與其言固失矣，而其文至今存，則其所壽之人亦與其文至今俱存，豈不重頼其文哉？惜乎余之非其人也。且夫經之述母德者亦備矣，在《易》之《晉》曰「受兹介福，於其王母」，《詩》之《頌》曰「魯侯燕喜，令妻壽母」，《既醉》之篇曰「釐爾女士，從以孫子」。古人之言如此，然則亦毋徒訾熙甫矣。既以答羣士，於是遂書之以爲壽。

陶雲汀宫保六十壽序代

大司馬宫保雲汀陶公總督兩江之七年，政通人和，休徵物應。丁酉十月之吉，晉六秩觴。具官某官司有守，不克躋比稱觥爲壽，謹拜手稽首，而謹獻言曰：

江南財賦之疆，地廣務繁，而制府統

轄三省，兼理河漕鹽務，百政坌集，肩荷尤鉅。皇上慎重封圻，倚任心膂，既俾公久任安徽江蘇巡撫，周諮利病，至是簡畀，彌專用篤，保障至意，此唐虞任賢勿貳之盛復見於今。而公自受任以來，感特達之知，益矢藎誠，整身秉義，以率麗三省庶吏，殫智竭思，圖維大小之政，兢兢業業，夙夜匪懈。於是天子紓南顧之慮，百姓樂化日之舒。一時沐浴德化者，咸祝公子壽，而願其益久於江南焉。昔周之世，周公治陝東，召公治陝西，皆以久道化成。既周公歸朝，而召公猶在外，故周公作書，嘗稱「天壽平格」以望之。解者謂坦然無私之謂平，通徹三極之謂格，惟至平而通格於天者則天壽之，俾保乂其國家。故周公舉伊尹以下六人克盡平格之實者以況召公，其後召公果逾百歲之久。然則賢臣之壽考而久居其位，豈獨一身之福庥哉？夫亦國家之所殷賴也。往歲丁亥，值公五十壽，某嘗圖公敭歷以來，所以利國家，奠民人，保釐東南諸大政，畫冊十有六，各繫以詩，進諸座側。越至於今，又歷十年，爲時益久，任益鉅，而公莊敬日彊，精神純固，設施之洪，經猷之大，視某嚮所圖詠者益茂益崇。然則由此以往，其勛猷德望，又不知其何若，則以爲克盡平格之實，保乂國家有如周公之告召公者，而何歉乎？抑又聞之，詩人之誦大臣者，莫如申伯及仲山甫，《崧高》《烝民》是也。由今繹之，二詩之指，大約皆言賢臣之生繫主德之隆，克邀天鑒，故曰「維嶽降神」，又曰「昭格保茲」也。至云「秉彝好德」，則詩人自言其誠，見山甫之德有可好之實如此，而非徒爲是頌美之詞而已。某舊仕江南，奉德音久，雖今嶺海遼隔，而景行之誠無閒近遠，故竊舉《詩》、《書》之義以當擇言云爾。

馬母左太恭人壽序 代

余與馬君公實同官中州，既稔其爲賢，則益相親密。趨公之暇，往往過從劇談，與之論古今事理，昭晰微隱，多所啓發。性彊記，於勝朝事蹟及朝章掌故尤熟習，縱言所及，如瓶瀉水。嘗私念薄宦不足爲輕重，而資此爲樂，最平生之幸。其後公實補官汝南，旋請養歸里，予亦改調，忽忽十餘年閒，繫飢渴切心唯甚。兹公實寓書，以今歲夏四月爲其母太恭人晉九秩觴，乞余言爲壽。余惟馬君世族，其先代爲名臣碩學，見於史乘及名公卿之文字者，既顯且箸矣，而其先大夫只君先生賢明哲惠，又已彰於其邦族鄉人之耳目，皆無待余言。惟太恭人門内之懿美，則聞之於公實者差詳，故因述其大端以致頌祝之意，而弗敢辭焉。

公實之言曰：「先大夫少孤貧，太恭人所以佐助之者備極劬瘁，食貧茹淡，上奉姑，下育教子女，不以閫内事貽先大夫憂，而所以接待親賓，祭祀烝嘗，百務肅然，莫不辦給。家賴先大夫經營遺業，及予兄弟所續增置，幸汔小康，而太恭人儉慎之節不改於初，惟以敬祖收族訓予兄弟，無忘先人之志。」夫古之言壽考者，曰「勤則壽」，曰「恭則壽」，曰「仁者壽」，太恭人於是三者可謂克兼之矣，則其所以臻兹遐年者，豈不以是哉？ 公實之述太恭人，雖不主是三德以爲言，而以余繹其實，亦何其脗合也。抑嘗論古無生日爲壽之禮，其見於經者皆平日頌禱之詞。六朝及唐始於是日開筵觴客，及元明以來乃有專爲之文者，《歸太僕集》中至有八十餘篇之多，究其言，亦不過推原盛美、敘情好、徵德行，以致其稱美，較《雅頌》所陳轉爲近實，故君子亦無譏焉。公實以余言書之於屏，俾來壽於堂者昭然知太恭人之以公勤與仁而致兹壽也，不亦可以風乎。

方淑人六十壽序 代

吾族仰承先祖之蔭，絫世以才賢爲名宦顯四方者多矣。而門内之懿徽，尤不可以指屈。《詩》曰：「宜其家人。」又曰：「令德來教。」是固一家之盛美，而亦古今所稱願者也。

某月日爲族弟石甫觀察方淑人六十壽辰，石甫蒙聖主特達之知，由淮南監掣同知，不次超擢臺灣兵備道，宣力海外，淑人攜副室居里門，奉祀烝嘗，課教幼子，以無貽石甫内顧憂，俾得竭心仰報君國。方氏固多賢媛載於志乘，先後輝映，而於余族，尤世迭婚姻。今兹淑人，又其嗣音者也。石甫性至孝，顧少貧窶，所以爲養者恒菽水不充，時形拮据，淑人佐之，潔膳羞、承意指者靡不曲盡其道。及石甫成進士，作令閩省，迎養二親於署，而其力始紓焉。石甫愛才好士，勇任恤，内而族親，外而四方朋友，凡一技一能之稍有名稱者，恒周濟之，至於頻數再三而不倦。遠近待其舉火者，無慮數十家。力不能給，則稱貸行之以爲常，積絫至鉅萬無悔。淑人助之，曾無一言尼止嗟怨，可謂風火正位交相愛者矣。石甫年將五十，未有嗣，淑人畜姬，力勸納爲簉室，遂於癸巳年生子孟成。孟成者，石甫時爲武進縣令，挑濬孟河，適功初成，故名之以志其事也。昔魯人之頌其君曰「令妻壽母」，吾以爲婦女之德，必其先能爲人之令妻，而後能爲人之賢母。壽也者，又其德之所乎而萃焉者也。余繫宦京都，不克鞠跽稱賀，爰寄斯文，述其懿美之可稱者，以侑觴焉云爾。

馬母程太孺人八十壽序 代

嘗論古今賢豪之士，多本於賢母之教以成。蓋歷考傳記，往往不爽焉。雖然，賢子之行易見，賢母之德隱而罕傳，是故苟非與其子交之久、契之深，則不得聞其詳而悉其行之懿也，古今類然也。

余以道光元年任山東兖沂曹道，識桐城馬毅卿先生，欽其賢，因延以課兒子衍秀數年，衍秀今已得中庚子恩科舉人。馬氏固桐城世家，四百年來，以科第仕宦學行顯者無慮數十百人。其先太僕公，仕明神宗朝，爲名臣，載於《明史》列傳；其從兄元伯，又與余同官工部。毅卿厚重篤誠，造次言行不苟，望而知爲端士，故尤相親密。顧久困場屋，遂以諸生援例官廣西思恩府百色巡檢，今選湖北南漳縣方家堰巡檢。本年秋八月，來謁余於直隸總督署，因言將以二十三年正月日爲其母程太孺人稱八秩觴，而乞余言爲壽。且曰：「母程，桐城世族，幼嫻姆訓。于歸，逮事先王父母，孝養盡其職，大事盡其禮，事先君子盡其道。夷險一節，敬訓之德，洽於宗族，孚於親黨。有子三人，今惟某存。某今幸捧檄，喜得薄禄以養，然不若得仁賢之一言爲尤足榮也，敢以是請。」余既悉馬氏之族望，又聞毅卿述太孺人之行，重違毅卿之意，其曷敢以不文辭？故爲本毅卿之言，而箸相知之始末，俾毅卿歸而張之於屏以侑觴焉。且使里之人登堂而來祝者讀之，證以夙夕所見聞，知賢豪之生必本於賢母，而其母之賢，非有與其子交之久契之深，則亦無以知而詳之顯而傳之於世，信如此也。

劉絅屏七十壽序代

國家設官，文武分治。唐虞以前吾不知，若成周以來，固爲治之通義矣。雖然，人知其爲分，而不知聯事又有宜合者也。聯事之合，非謂以文統武，蓋有時武亦有助文爲治之事焉。以文統武，特在勳階，上秩貴臣有臨涖之分義；以武助文，惟方州劇邑，胥才孔亟之區而後見，如吾邑營職絅屏劉君是矣。

君本籍山左，世以戎行起家，尊大考及尊考皆官皖省，故遂占籍爲懷甯人。君生而倜儻，幼即以經濟自任。未弱冠，騎射矯捷，拔出儕衆。初官太湖，整飭營伍，緝匪安良，其長官皆倚任而器愛之。道光□年，改調桐城。桐故劇邑，又當衝道，傳車星使，往來於楚、粵、滇、黔者，旁午驛騷。雖其人文風俗嚮教秉禮，而地廣人稠，賦繁役重，令尉雖賢，常不暇給日。君下車之初，逮於近年，不幸連遭水患，東南瀕江之鄉田廬漂没，哀鴻徧野。大憲委員及令君及地方紳士竭力籌辦荒政，凡賑銀糶粟給粥，君悉爲之協理，一體辛勞，不分畛域。時出籌議，用心彌至，悉中機宜。不特烖黎實戴君德，即大府暨搢紳前輩咸欽其賢。吾所謂武亦有助文爲治者，不其信與？本年盜賊蠭起，君不間風雨，每夜出署巡緝，閭閻得以安堵。君既仁心爲質，而其才猷筋力又足以濟之，使得盛位大權，俾足以盡展其素，豈非干城腹心之寄與？月之某日，爲君七秩誕辰，里人來徵余文爲壽。余既久聞君賢，往歲乙未奉命典試江西道，出里門，幸得與君相接見，聽其言論，觀其氣貌，益信所聞之不虛。君之子，現官懷甯千總，德配向孺人，與君齊眉雙壽，是皆足徵君之以德備福如此。故爲述其大端，俾鄉人書於屏以張於君之堂，以侑觴焉。

蔣邑侯暨德配曾宜人五十雙壽序

福閩蔣侯既涖桐之三年，政修治洽，農不違其時，士不失其教，獄市無擾，吏胥敕法，百爾顓蒙，罔不沐浴膏澤，佩服政教，喁喁然嚮風靡已，循聲播聞，聿箸成效。以前十六年在潁上縣獲鄰境盜首，奉旨以知州升用。於二十三年三月，補授無爲州知州。未去任，先五月某日，值侯暨曾宜人五十雙壽，於是邑之士紳某等同申祝賀，而命邑士方東樹曰：「子宜擇其言。」樹曰：「然，固所欲言之於心久矣。」

蓋侯之爲政，其大者彰彰在人耳目，曰教士，曰惠民，曰興利，曰除害，而其節之清，操之廉，行之勤，出之慎，無倦以忠，難徧以言舉。桐在江北爲望縣，人文風俗夙勝於他邑，然地廣民稠，又當七省要衝，號稱繁劇難治，而侯之治之也裕如。桐邑城鄉舊有三書院，侯延請學師，率興課教，親爲評閱文卷，時分禄俸以獎勵殿最。又與學官弟子款曲延接，有如家人，未嘗不以立品去邪奮立功名爲誨。又於北鄉孔城鎮敦勸富室，創立桐鄉書院，一以教其鄉人，一以無忘漢朱大司農之遺愛焉。桐邑東鄉瀕江，田多患水，向有陳家洲諸圩，圩内田數萬畝，爲東南鄉一大保障。連歲江潮漲漫，灌圩決溢，田廬漂没，哀鴻滿澤，數十百里，井賦無輸，停徵者再。侯勸諭賑濟，親自給散，露宿風餐，不避寒溼暑熱，民得安集。又籌經費，督率首事，辛勤修築，圩得復故，賴以保全。此侯莅桐三年内政之最大者也。又桐雖無大猾巨盜，而亦偶有江姓束姓者稔惡，箸聞上憲，名捕絫年不獲。侯不動聲色，以計掩取如探掌。其他嚴究訟師土棍，重刑以懲，而虚誣架訟之風以息。桐俗惑於青烏之説，或貧窶不能葬其親，自郊關四鄉，權攢淹柩不葬者或數十百年不等。侯出示敦勸，並籌費以助極貧無力者，嚴飭地保，按户曉諭。期年之閒，遠近舉葬者至數千棺。此所謂澤及枯骨者，非邪？又裁荒之後，瘟疫流行，侯栞祕方，並製良藥，散給施救，貧憊者多賴以活。夫人曾宜人，系出名族，世多仕宦，家傳治譜。其所以佐侯爲治者，靡不克盡其智仁之方。先是，宜人族兄曾侯令桐城，最愛士，士林至今思慕之。及是，宜人又來佐我侯，故桐士尤爲歎美，如有親故之情者焉。《詩》曰：「豈弟君子，民之父母。」我侯有焉。又曰：「辰彼碩女，令德來教。」宜人有焉。抑又惟書契以來，言善政者，三代而下，惟兩漢爲近古。某竊衡之，以爲侯之爲政，殆庶幾焉。於是遂徵其實而書之以侑觴，兼以爲去思之頌云。

廖君達大令七十壽序代

余讀《南史·循吏傳》，稱齊傅季珪父子治縣，縣内稱神明，時云：「諸傅有理縣譜，子孫相傳，不以示人。」我國家郅治熙隆，登三咸五，一時在位大小臣工，肩比踵連，難以一二數。而桂林陳文恭公尤爲箸顯，名在搢紳。公所輯《從政遺規》及《法戒録》等書，傳布徧於海内，遵而行之者莫不箸惠懋實效，仁人利溥，豈若季珪私於一家之比哉！公後百年，而有廖君達大令者，以治縣多善政播聞遠近，咸云：「大令位雖未尊，而其賢固足繼其鄉先達流風遺教不愧也。」往歲壬辰，余奉命典江南試，道出臨淮，君時宰鳳陽，因得接見。挹其言貌，固已心儀之矣。乙未科主順天試，而哲嗣鼎立適出余門，自是款洽既久，始獲飫聞君治行之詳。

君先世爲江右人，明季始遷臨桂，曾祖學博公以科第起家，祖彰明公昆季六人登鄉會榜者五，君昆季七人，三膺鄉薦，四列膠庠，才賢之盛，萃於一門，爲邑里冠。君年十九，中式乾隆壬子科舉人。嘉慶辛酉，大挑一等，以知縣用，分發安徽，歷任六安州州同，望江、桐城、建平、鳳陽縣知縣，歷署廬江、天長、繁昌、霍山、宿松縣事，所至皆箸循聲。道光戊戌，揀發貴州，歷署興義、安平縣，現任印江縣知縣。其在廬江也，邑多淫祠，或藉以漁利，君嚴禁之，俗爲之革。其在桐城也，歲大水，君倡募銀米賑糶，安集流亡，事皆周備。箸《荒政》一書，後令遵其成法，多所全活。其在鳳陽也，洪湖水漲，民田多漂溺，君於例賑外，捐廉繼賑，民賴以活。豫、陝官兵征臺灣，所過驛騷，君竭三旬之瘁，晝夜靡懈，支應出境，一無濫失，供張辦而兵民相安。其在霍山也，民田沙壓坍卸八百餘畝，前令不爲申理，君下車已逾期，爲補請大憲開除。若其鋤豪彊也，攝廬江篆，甫下車，杖府役之滋擾於縣者，謁守不謝，人目爲彊項。宿松豪右守備徐某，與劉姓爭洲地，訟涉多時，牽絫甚衆，君一訊而服，悉置於理。桐城東鄉土棍某糾集亡命數百人，乘烖搶奪，勢洶洶欲爲亂，君禽爲首者置之法，餘悉不問，衆遂帖然。其平反獄訟也，壽州劉六子一案，府讞入其罪；涇縣王條調姦致命一案，府讞照和姦定擬。君在省奉鞠得實，皆平反之。其爲民興利也，望江城堞頹壞，捐千金倡修，並改建清城、耀鯉兩門。邑故濱江，上至漢口，下至金陵，往來差役，率拘民船支應，日給百錢，民不堪累。君勒示江口，永革除之。在宿望時，兩遇烖旱，或謂宜半徵以裕國課，君悉請蠲緩之。及其至貴州也，初署興義，興義在黔、滇、粤三省之交，五方雜處，盜賊充斥。前官規避處分，不肯究治，姦民益肆無忌。君下車，嚴刑捕逐，盜風以息。又邑爲嘉慶初新設，俗陋甚，君爲改建學宫，暇輒與諸生講課，人比之文翁云。其赴補印江也，過省垣，值安平有劫獄事，大憲檄君往署兼捕逸盜。盜逃至雲南，興義民感君，代爲捕得之。大府擬題獎，君力辭，請赴新任，衆皆賢之。君性静逸，無嗜好，政暇唯觀書，閒爲吟詠，有詩集若干卷。此比於古人日食一升飯，而不飲酒，矜爲治譜之奇術者何如也。今年某月日，爲君七十壽辰，鼎立來請余文爲壽，故爲述所聞於鼎立者，而並箸其淵源於鄉先達者如此，道其實也。

姚石甫六十壽序

道光二十四年甲辰冬十月，爲吾友姚石甫六十初度，其族人徵余文以爲壽。余惟古之奉觴而上壽者，必致其規諫之詞，今將舉石甫行能才美而言，則慮人以爲虛稱而非實，且近於諛頌，而乖擇言之義。於是爲援朱子、陸子兩大儒之言，而揚搉其意焉。

朱子曰：「大凡天下之事，莫非實理之所爲。蓋由物而觀，有其實乃有是物；以事而論，亦有其實乃是有事。大之爲日星昭赫乎在上也，實有其爲昭赫也；細之爲五行百産充牣於在下也，實有其爲充牣也。體之於人，學術以實而成，道德以實而箸，文章政事以實而稱，功業聲名以實而久。」此朱子之意也。陸子之言曰：「千古以上有聖人出，此心同，此理同也；千古以下有聖人出，此心同，此理同也。東海有聖人出，此心此理同；南海、西海、北海有聖人出，此心此理率無不同。其所以同者何也？實也。不實則惡能同。」象山陸子極提一「實」字以明道立教，其大指發揮，莫切於此。世風不古，末俗多誣，大道燦陳，昏而勿思，於是乃有專騖於虛僞而詭以爲實者。是故稽其學術全未有實也，而妄以爲實推之，德行、文章、政事莫不皆然。三季以來，至於今幾千年矣，中間之人若流水，不可涯量，不可紀極。當其時，意氣聲華，各予智聖，而有亡之數，終不係之。究其傑然不可磨滅，惟此數十百人之有實者相望於天壤。後之人美愛斯傳，非必有親戚相與之雅，昵比燕好之私，稠乎不謀，咸信悦之，而無疑是説也。歷物之意，莫不謂然，而卒鮮有人克彊己使然。居嘗慨歎，私竊怪之，乃今而於吾石甫豁之也。

石甫之少，日勤於學則實勤於學，孝於親友於兄弟則實孝於親友於兄弟，此非吾一人之私言也，蓋實無閒於其父母昆弟之言也。石甫嘗慕賈誼、王文成之爲人，則實克究賈、王之志事以效於行，故其釋褐而始仕爲縣也，則實克效其理縣之能。及其遷而爲鹽官也，則實克效其轉運之法。進而受知於天子，超授監司刑名也，則實克效其監司刑名之職。而且在所治之地，則實克信於其所治之民；其在海外，則實克信於海外之民。其伸威於外夷也，外夷雖忌之惡之，亦實克令其敬畏之。至於仕之所嘗同僚也，則實克使同僚咸歡樂之。其睦婣任恤於梓里之戚友、四方之交游，則實克使戚里交游咸感念之。是故讀石甫之文章，則實克詮乎道理焉。考石甫之政事，則實克劚劖乎利病焉。聆石甫之言論，則實克辨析乎異同焉。接石甫之氣貌，則實克散開乎老洫之陰凝焉。故凡石甫之所以將其實心實理者，雖未知於嚮所稱千古以上、千古以下、東海西海南海北海之聖人，及所慕賈、王之德業爲何如，而要其以一實致設施之有效，衆志之咸孚，則以爲於朱子、陸子所論無爽焉。蓋吾非止壽石甫於六十也，實將壽石甫於千載百世也；亦非私於石甫一人也，實欲風人，使皆由於實以成材而懋德立事而輔治也。覽余文者，其尚能信吾言爲實而非阿私其所好也乎！

石鏡心太史六十壽序代

鳳麟之爲物也，不蘄用於世，世亦不責用於鳳麟。然非氣化當極盛之時，則此二物不見，見則世無不徵以爲瑞。是故鳳麟見而不蘄用，鳳麟不損其爲德；世見鳳麟而不用，世亦不損其爲盛。非不用也，彼固不以獲用爲德也。

鏡心太史暨其子廣均清才令器，時之鳳麟也，而其父子咸以少年掇巍科，蜚聲翰苑，是鳳麟之見於世也。然而鏡心一司文柄，兩充館修，年纔四十即歸而不出。廣均登弟授部署，以寡兄弟奉鏡心家居，雖非終不出者，而恬淡不競於勢位亦明矣。鏡心父子不出，而朝廷亦不責其必出，吾故曰：「鳳麟之爲物也，不蘄用於世，世亦不責用於鳳麟也。」昔召公作《卷阿》

之詩曰：「鳳凰鳴矣，于彼高岡。梧桐生矣，于彼朝陽。菶菶萋萋，雝雝喈喈。」而歸於「王多吉人」，「王多吉士」，以「媚于天子」。漢元狩元年獲白麟，於時詞臣作詩，以爲黄德之顯，則亦爲非氣化極盛之時，此二物不見，益信不虛。以今方昔，何必周、漢獨專其美？攸銛待罪宰相，天子以時平無事，使持節出督江南，雖遭際郅隆，陰陽水旱盜賊之無警，究之責深任重，時虞隕越，是攸銛之用於世，世亦以用責之攸銛，而恒慮不勝其用也。以視鏡心父子鳳麟之德，遠矣，美矣，弗可望也已。

廣均爲余丙戌會試所取士，以今年三月爲鏡心六十攬揆之辰，乞余言以侑觴，故爲本其父子之才遇以美之。雖然，廣均其歸語而父，黄帝之沼，文王之囿，梧桐竹實，泉甘艸美，繁林茂翳，尚其肯來一游與？

封翁桂軒先生壽序代

周漢以來，賢士大夫以經術飾成吏治，其見於刑政張弛損益者，有悱惻愛民之誠，而無操切彊民之苦。於是民之被其化者，有懽欣和樂之風，而無畏懼隔塞之情，上下相安，君子小人各得其分願，往往相與推原其所本，而樂道其善之所由來，蓋風人之義如是。

廖侯既來治吾邑之明年，政通人和，士民之愛悦之者，益樂親近瞻依，故得悉其封翁桂軒先生之德之實；乃相與歎曰：「我侯之賢也，抑封翁之有以啓之也。」及讀先生所箸之書，與其所爲詩文，益歎先生之人之不可及，蓋誠於爲仁者矣。聖人論仁曰取數至多，又推其效曰「仁者壽」，先儒有言仁以天地萬物爲一體。先生之自少而壯而老，事親能竭其力，愛弟能盡其恩，勇於爲義，誠於讓名，勤於爲學，篤於誨人，綜其所爲，無不一出於仁。然後又有以知先生之宜克有令子而享康彊逢吉之休者也。

蓋先生生本右族，世載清宦。考曰四川彰明縣知縣，乾隆戊午科舉人。彰明生三子，而先生其長君也。當乾隆四十年閒，金川用兵王師載途，軍書旁午，杜公所謂牧出令奔者也。彰明内軫民瘼，外籌供億，先生實悉心荷理，俾無遺誤。其後，彰明調辦口外軍需凡六年，先生往來省視，倍經艱虞。少失怙，事繼母太孺人孝敬倍至。彰明之仕也，兩季皆幼，先生撫養教導，以兄兼師。彰明國爾忘家，不以擾其心，蓋有子克家也。先生少工舉業，凡十應鄉舉，不售。乙卯科，擬解者三日矣，卒以後場摒棄，先生自是絕意進取。彰明嘗命以援例出身，先生不肯，願讓於兩季。嘉慶元年，詔舉孝廉方正，鄉黨及當事者將以先生應，人莫不以爲榮，而先生顧力辭。蓋其不苟於取名，而讓於德也如此，非其中有大過人者，能如是乎？

先生生七子，四入膠庠，三登賢書。我侯之仕於皖也，先生以嘉慶十年來就養官齋。十四年，恭遇覃恩，錫類受六品封。旋於十六年歸里，悠游林園，惟日課諸孫以讀書，成就後進爲己事。其居鄉也，修復學校，表章先賢名迹、碑碣，皆違衆獨任其事。其所箸書，一皆訓俗型方之意，無在不以濟人利物爲心。蓋巋然爲一邑之鉅人長德，童孺婦嫗莫不信其爲仁人也。

今年九月某日，爲先生九十開六之辰，某等被賢侯之德者，咸進而言曰：在《書·洪範》之論五福也，必歸於攸好德，古之大人保福禄而享遐齡，率由斯道。然則世俗頌禱之詞，固不足進於先生。惟我侯以康濟之才，展其經猷，以上載國恩，克成先生之志，而大其施，是則先生之志也。我侯亟以此言進，庶幾先生以爲然，而樂進一觴邪？

方墨卿壽序代

桐城以宦學垂五百年之舊家，方氏其最也。理學名臣，文章經術，先後無慮數十百人，海内談望族者莫敢或並。吾師勿菴先生，紹先德，擅雄藻，行修而學殖。弟子輩每私議，先生而負其所有以發名於世，與天下俊雄瑰偉馳騁角逐於木天石室，爲國家宏其教，豈特一邑之師而已哉？顧先生老而不遇，平生不泛交，不與當世英髦盛名之士相應答，獨以其學教於一邑。一邑之人，用先生之教而發名於世者踵相接。里巷族媏子弟，無論輩行之卑尊，年歲之少長，有不爲先生之弟子者，十不一二。則是先生之教既行矣，又何必發名於世而始足隆宗而光國哉？先生爲文，高言潔韻，渾脱瀏亮，脱去筆墨畦徑萬萬。乾隆壬子鄉試房考，嘗以弟一人薦，不中。先生性曠達，不以得失爲欣戚，亦不爲崖岸。每逢科舉之歲輒赴，曰：「吾以盡吾能而已。」平居與人無町畦，有招則就之，或極飲大醉，嘲謔罵譏，人皆樂親之而不厭。今年七十矣，而耳目聰明，視聽飲噉弗稍衰，性情、顔貌、笑言、游好弗少減，執筆爲弟子評閱文字，蠅頭細書端謹楷正弗少懈，人皆曰先生蓋有得於中而然也，先生曰：「吾何得哉！吾平生惟知樂吾樂而已。吾無位而忝竊文譽，爲衆人師；吾無子而有五女，足以娱意；嘗教兩姪皆成立，且以爲嗣，嗣雖歿，而有孫二人；吾貧而衣食亦未匱，吾老而精力健甚，足以任勞勩；吾不學而有詩文集，足以與人覆醬瓿。天之與人恒不足，吾幸有是五樂，吾何歉乎哉？」於是弟子又私議先生之行如此，先生之言又如此，然則先生果有得於中而然矣。昔鄉先輩望谿先生爲高素侯序，於時公卿學士争爲詩頌，高公獨揭望谿之文於壁。然則先生於弟子，亦有喜其言之質而揭而不棄者乎？既以爲先生壽，並敬以質之先生。

家仲山八十壽序

密之先生仲子位伯有裔孫曰璋，字仲山，以今庚戌歲十二月日届壽八十，乞樹爲之序文，其言曰：「以子能文，冀得藉以壽我於無窮也。」余與仲山不同族，故無輩行稱，少小亦不相識。及君解組歸田，適余亦倦游還里，時相過從，因漸相習久，遂相親愛。君少未嘗學問，而資性誠篤重厚，存心制行一以忠信爲本。暮年，每日讀《論》、《孟》四子書，作楷字數百以自課。余嘗謂子夏賢親君友未學爲學之言，惟君乃得彷彿云。君長余一歲，往歲慶七十，余實爲之序，其行履仕蹟已詳，今無以益之也。無已，則惟以壽言之。

古之得上壽者，如周之召公年百六十，宋之文潞公九十六，是皆聖賢之徒。國楨人瑞，天壽平格，以仲山擬之則不倫。若葉少藴所記宋賢，如張鄧公年八十六，陳文惠公八十六，富鄭公八十一，杜祁公八十八，及李文定、龐潁公皆及八十。《西園雜記》記明大臣壽考者，王端毅、魏文靜而下十三人，是皆執政大臣，中外引瞻，且同朝而不必同時、同里，皆與仲山不倫。惟宋洛社耆英及南陽菊潭同飲潭水，得上、中、下壽；又唐升叔達《三易集》有《南翔八老人詩序》曰：「徐爵九十六，趙陸九十四，陸淙八十五，徐勳、張樂俱八十四，董儒八十三，朱梓八十二，陸球八十一，居止不一二里，而耄耋相望，日杯酒談笑相娱樂。」昔歲仲山與余效唐人香山社故事爲九老會，余詩所謂「未免鄉人亦可傳」者也。今十年之閒，已亡者過半，然此雖同鄉里而不同族也。惟仲山高祖潤齋公年九十一，曾祖奕叟公八十四，父師柳公年八十，其壽鍾於一門，耆艾先後相繼，此古今海内所僅見，是爲稀有之盛。以此爲瑞，乃非異世、異地、異族所可與並。

君居鄉循循如也，無城府，與人言姁姁然，惟恐傷之。曾無疾言遽色，然亦無唯呵便佞詭隨之行。其於地方一切公事不立異，亦不退縮，率隨衆遵行。平日飲食寢興皆有常節度。子四人，皆馴謹修飭，無里黨之過。君常訓之以學喫虧，勿討便宜立心。孫五人，長者已登仕版。君精神完固，雖八十而行步不杖，蓄一杖乃反以贈余。膚革充盛，血氣腴潤，如少壯人。臉際常泛紅霞，如中卯酒然者，此非内有真積，安能符采外炳若是！嗚呼，可謂真誠君子人矣！

余性淺衷而氣輕躁，於語言喜怒易發，雖力自禁飭，而恒致悔吝。每遇有過𠍴，輒思君以之對治爲鏡，則媿悔累日。非特余也，見古今名流，非不各才智自擅，而以聖賢之道衡之，即無不皆在過中，疵病百出。所以然者，皆以學問智能而滋生長裕之之故，莊子所謂「智孽」也。然則君雖未學，而反得免學者飲藥加病之失，豈不懿與？君仕不過縣令，産不過萬金，名譽不出鄉里，惟獨行誼可欽，世壽克繼，爲他人所不知。余爲箸之，其亦足以慰君，而樂爲進一觴焉也已。

張君七十壽序

道光二十九年十月六日，爲吾友張君七十之誕辰。先是，君於三月閒忽感風疾，手足痺癉，不能轉側，不任步履，言語喊蹇不清，不特其家驚惶莫措，即余亦爲之憂疑，廢寢不能成寐。其後屢往候問，皆就卧榻前相晤語，如是者經兩月，竟得良醫良劑靈素之效，日漸痊愈。於是不特其家欣喜過望，即余亦爲之手額相慶。又數月，則漸能杖而起，閒命厮僕扶將，可以前至廳事，摒擋家務，接見賓友。余亟勸其毋過勤，仍宜簡事節勞，以自將護。昨日，竟乘肩輿過余，余驚喜延入，坐定，則以將届七十誕辰，欲開筵集客以慶更生，而命余爲之序文，將以張於堂以諗於衆。余曰：「然。夫以古稀之年，本應稱祝，而况君今以重疾獲復平康，尤爲喜慶中之尤喜慶者也。」不特其家及衆族戚以爲宜然，即余亦以於事於情於理決爾宜然。顧古無生辰祝嘏之禮，凡史傳中所稱上壽者，皆尋常飲酒隨時擇言致語，亦兼規諫，不專頌祝。至唐人始有令節之名，而民俗相沿，遂以生辰稱壽爲故事，然未有特爲文者。至明人乃有壽序之作，惟歸熙甫最擅其能，一集之中至有七八十首之多。余嘗取其文聚而觀之，雖詳略勝劣不侔，大抵以敘情好、述生平、美行誼、致頌祝，是故其事雖沿俗，而於義亦無倍。於是不特君欲得余之文，即余亦自以非余不能爲君作此文。何以言之？則以余與君交最久，而知之最深，而差又能言故也。

余少與君居相鄰，結契最早。君之尊甫及其母夫人皆習余，而先子及先慈亦習君，故兩家情誼至密。雖朋友也，而不啻骨肉親串焉。君才美而又通習時務，老成諳練，性忠信勤敏，人屬之事，靡不盡心。或告之難，無不救恤，力與維持。即邑中一切大小公事，興建、工役、賑濟等務，前後諸邑宰莫不倚辦。少時家貧，既久試不利，則槖筆游幕，翩翩書記，遠近諸公皆傾風倒屣，無不欽重契合。既去，猶恒思之，故其與人交久益堅而不普。家本貴族，其先世墳園、墓田、丙舍、祠屋至廣，每歲租入經費支用甚鉅。苟或經理不善，多生弊端，於是其族長公議推君爲都管。既任事，則矢勤矢慎，不避勞怨，一二十年，百廢具修，害去利增，悉臻美善。夫行修於一國謂之國士，若行修於一鄉，豈得謂非一鄉之彦士乎？君於是爲稱其名字矣。余年長於君，而材朽不逮。今君疾既復平，自今以往，將日進康彊，彌天性，歷期頤，以利一鄉。不特如鄙文私所稱述如此，將見後來一鄉之人，皆羣致其頌美相爲慕效。《詩》曰：「心乎愛矣，遐不謂矣。」豈虚也哉？

考槃集文録卷八終

考槃集文録卷九

傳

明山東濱州州判甘君家傳

君姓甘氏，諱正三，字世隆，晉于湖敬侯卓之裔也。敬侯墓在江甯之南鄉，地名小丹陽，其子孫聚族居此近千餘年，今世所呼甘邨者也。當明宣宗之世，有曰尚文者，是爲君考，實生君。君生而樸愼篤厚，至性過人，自其少時，固已有高世之概矣。始以庠生就職，待選銓曹。適父遘病且篤，君聞未審，不待家報，即日奔歸，時人比之阮孝緒之心動念母，無以過是焉。初選通州衛經歷，後遷莒州州判，所在皆有惠政。繼又改濱州。濱州當武定府之東，爲山海要衝，號稱繁劇難治。州判職雖副貳，而所以佐其牧以理農田、水利、寇盗者，厥任至重。君盡心講求，凡可以便民，悉言於牧，而次第推行之。於時上下莫不翕然稱君之賢，以爲濱之民人是賴。越四年，是爲孝宗之弘治二年己酉，君以歷仕於外，久違丘墓，因固請乞歸鄉里。君歸而優游林泉者凡二十三年，而歿年八十三歲。遺訓以耕讀惇謹爲家法。娶朱氏，生四子。嘉慶辛未年，樹寓居江甯，君十世孫福字夢六，愿篤君子人也，始持君狀略乞爲之傳。

論曰：吾桐之世家多徽州籍，其興盛於桐自元明始。而在徽者，則自漢唐以來之族望也。是其遠者千年，近者亦不下三四百年。至江南閩、浙各郡，往往求所爲明季之故家不多可舉，説者謂山川之性，流聚有不齊，居水鄉者恒短。然獨江甯甘氏自東晉迄今千餘年，子孫弗替，此固其祖宗創垂功烈之盛，抑其嗣多隱德培溉以致於兹。若别駕君者，非其人也與？

甘節婦傳

節婦，江甯金智洪之女，江西進賢縣巡檢甘名棠次子元勲妻也。初，棠娶陳氏，生子元動，陳氏卒，繼室劉氏生元勲。節婦年十七歸元勲，不及事舅，獨逮事孀姑，勤苦操作，婦職克修，其姑亦愛憐之焉。居五年，而元勲以疾殁，遺一女，無子，立族子文陞爲嗣。節婦教養之，以至於成人，爲之娶婦劉氏。甫少年而文陞又死，於時一門三嫠婦相依爲活，而節婦勤甘旨，應賓客，接戚族，皆盡道理，俾其姑與婦若俱忘其無子與夫者焉。家貧，有田二十畝，節婦念宗祀先祖雖有伯姒，而他日吾夫之祭祀終闕，乃捐其半以入宗祠，俾爲春秋享祭之費，其明大義慮長久類如此。然而節婦亦遂以經營門户積勞成疾，於嘉慶某年月病卒，年四十八歲，於是守節二十八年矣。先是節婦病革，謂其子婦曰：「吾病殆不起，吾死無恨，獨恨不獲終事吾姑也。」及卒，家人頗見其形如生時。蓋其摯孝之性，雖死不泯云。其女適太學生劉起鎮，文陞無子。

方東樹曰：余識甘君夢六，夢六爲余言其族子婦金氏事甚悉，且言曰：「今年太守吕公重修《江甯府志》，幸已爲請於官而得旌，且載入府志矣。然府志所收人衆，例不得獨詳一姓，敢乞君爲之傳。」余悲節婦之志，而又以嘉甘君之高誼也，因爲箸傳，俾列於家乘云。

吴貞女傳

吴貞女者，亡友姚君錫九之聘子婦也。父荆園，與余居同巷而相善。貞女生一歲，許字錫九次子元蓉。錫九以戊辰中式，辛未成進士，用内閣中書，改就實録館，議敘知縣，攜元蓉之官湖南，未至，中道病卒。元蓉弱孤，遽遭變，歸途復覆舟，驚哀致疾，旋亦卒，時嘉慶十七年某月也。

貞女先聞舅卒夫疾，則已不食。及元蓉訃至，乃跪泣，而請於父母，願歸夫家持服，父母弗忍也而拒之。貞女撍行固請，三日，血漬巾舄，父母又弗忍也而許之，謂曰：「許爾守，歸不爾許也。」貞女拜謝，起入房，屏服飾，自是身不登堂，非骨肉不得見其面。歲餘，或竊有議婚者，貞女聞之，遂絶粒七日，幾殞。家人惶感，荆園泣而撫之曰：「吾固從爾志，何自苦爲？」貞女躍起伏謝。於是貞女居室七載，嘉慶二十三年某月日，姚族始議以錫九長子元芺之子某爲之嗣，而敬迎貞女以歸。入門，拜姑，易服，哭奠其夫，立受其嗣子朝。是日，姚氏親戚内外尊卑及僕婦在者，莫不失聲隕涕，不能仰面。元蓉卒之年，貞女年十有六，至是蓋年二十有二，卒成其志焉。

方子曰：古今之遠，四海之大，女子之箸貞烈者衆矣。其姓字不同，而其行與事大略皆同，然獨一二人其傳最盛，則又視乎傳之者其人之文有箸不箸以爲顯晦焉。雖然，欲傳之心，丈夫之苟名者則爾，若夫貞烈女子，其純明堅確之操皎皎乎，皜皜乎，豈計其名之傳而後爲是哉？嗚呼！是可風也已。

徐静川傳

山陰平君默庭爲余言其友徐君曰：「始吾與徐君交，自柯橋章氏，文酒之從，旦夕未嘗稍間也；晤言之誠，心腹未嘗少隱也。處相聚，出相思，如是者蓋二十有八年。歲甲戌，余奉先君諱歸里，二三戚誼與嘗相識者無遠近皆弔，而徐君不至，余心詫焉。既而詢之，則徐君已前死矣。」徐君名熒，字静川，蕭山人。少爲諸生有聲，屢試場屋不得志。行誼文章既無由見於世，乃悉以其學教子，卒其子四人皆成，能繼父之業。平君曰：「君性純孝，自其少，事其本生父母及繼父母皆有過人之性。君殁之先一年，其母夫人殁，數月其長子又卒，君以此過致悲哀，遂感疾且死。」嗟乎，士之不遇於世久矣，其文與行之不皆傳亦衆矣。獨其友人所嘗與相知而親厚者，感歎悲思，有不能已焉，而必欲宛轉託諸世之能言者以箸之。若平君者，其亦可謂篤於交友者矣，君幸可以不恨。余故爲傳之，以見世之能取友者，必非恒人也。

解淑人傳

淑人姓解氏，世爲山西朔平人，廣西柳州提督遜之女，嫁雲中任氏，爲四川重慶鎮總兵贈提督勇烈公諱舉之介婦，而京營游擊承緒之室也。勇烈二子：長承恩，以難廕補二等侍衛，仕至福建泉州提督；初，承恩補侍衛之年，高宗純皇帝念其門功，復用承緒爲京營千總，再擢南營游擊。乾隆三十七年正月，都城西市火，承緒奔救，撤屋表火道，排牆顛壓卒。淑人年十八嫁，嫁十年而寡，無子，生一女，適介休范光復，今爲廣東白石場鹽大使。淑人之歸也，逮事太夫人。及承緒卒，太夫人已先殁，淑人遂依伯姒以居，凡歷山東、江南、福建，皆隨之官所。嘉慶三年，承恩以臺灣失機逮問。及事解復職，旋以病殁於京師，亦無子。自是淑人遂無依，乃就養其女於杭州。又十年，隨其女壻改官廣東，而其女復卒，是時淑人蓋年七十矣。

論曰：吾讀史《列女傳》，而見古之表列女者，無論爲賢、爲孝、爲節、爲烈、爲慈、爲才，然考其所遭，大抵多出乖變不祥，有令人讀之潸然不勝其傷心者。方解淑人以顯貴之女，歸於盛族忠孝之家，榮名烜赫，可不謂得其所哉！及其遘罹閔凶，愈老愈窮，迴思數十年閒，前後所歷，如隔世人。當此之時，求及於尋常士民之婦，得以偕老其夫，育子蕃孫，以保聚其骨肉，而不可得，又何其悲也！嗚呼！天命不齊，自風詩以來，古今若此者可勝悼哉！可勝悼哉！

方母張安人家傳

安人姓張氏，漢軍鑲白旗人，前安徽和州知州諱廷勳之女，江蘇松江府水利通判方南湖先生之繼室，四川彭水縣令霽園之母也。安人來歸通判君，撫前妻子如己出，飲食教誨倍極懇摯。其隨通判君居松江署也，縞衣布裙，非喜慶事不加服飾。通松江故濱海，盜賊充斥，通判職捕緝。通判君每訊盜，安人輒從容進曰：「盜賊之死，死於法也宜也，就不得其實，則有非法而死者矣。惟君盡心焉。」以故通判君終任無冤濫。通判君病，安人侍湯藥刲股肉進，卒不愈。通判君殁，安人時年二十八，生一女一子，女後適同里舉人宿州學正程翰，子即霽園明府也。安人忍死撫孤，艱瘁萬狀。迨孤能讀書，安人教之嚴，每自塾歸，必詢所學，有進益則喜，否則即加鞭撻。時太息垂涕曰：「汝不力學，何以慰先人於泉下？」霽園弱冠，補縣學生，旋中式乾隆癸卯科舉人，後任四川彭水縣令。安人卒於乾隆某年，享年七十有二，凡苦節四十四年。道光八年，始請旌於朝。霽園名懷蕿，爲海峰先生弟子，嘗手書海峰詩文集栞行於世。

方東樹曰：余聞之友人潘司馬相曰：「嘉慶初，相候補蜀中，識霽園。一日與衆偕謁方伯，有同官某陳請困苦，求得補缺，因長跪以乞，方伯掖之不起。君怒曰：『不得缺，窮死常耳，此成何體面！』拂衣逕出。方伯起，追謝而送之。越數日，遂委君攝彭水篆。」觀霽園意氣如此，知安人之教之有素也。嗚呼！豈非賢哉？

舒保齋家傳

舒采願，字守中，保齋，其自號也。金谿楊中丞䕶作《雙谿兩賢傳》。雙雞，江西靖安縣也；兩賢，謂東軒、補亭兩舒公也。東軒名亮襄，補亭名亮衮，兩人孿生，岐嶷夙慧，同以奇童補邑庠生，又同中雍正癸卯江西鄉試舉人。東軒以丁未會試歸卒，年三十六。補亭仕爲四川永川縣知縣，有惠政。

君爲補亭第五子，屢困場屋，援例除甘肅渠甯巡檢。巡檢固卑官，爲之者或降志取安，君獨以方耿自飭，手書「孝弟、忠信、禮義、廉恥」八大字揭堡城樓扉上，而時與士之知學者吟詠其閒，爲勸講田渠水利，民大悅之。有武舉漁奪鄉民，橫爲不法，君命健役執之來，曉以義，不服，則按而笞之如律，而自檢舉。會上官欲兩全，其事遂寢。偶郡守之妻過渠甯境，屬吏當拜迎，君獨長揖道左。守聞而怒，屬令求其短，令曰：「此彊項書生，忍飢奉職，未嘗有過也。」守乃檄君送秋審重囚數十人於蘭州省，而不給長解車役，欲因以誤差失陷爲其罪。或謂君：「曷往謝守而蕲免焉？」君曰：「行矣，余幸蕲免，而改檄他人，是余移之禍也，吾不爲也。」於是質衣裘，爲囚賃車。行數程，而貲罄，囚皆步行，鋃鐺躑躅，蹢躓血出。君不忍，乃屬囚而語之曰：「吾誠哀若，今欲盡釋若等桎梏以載於吾車，吾與若皆徒步徐行，可乎？若曹有罪，我無罪，諒不以脱逋累我。即若曹逃而皆得遂其生，殺余而活數十人，亦余心所願而不悔。」於是囚皆感泣，相許誓不敢負。既行，囚則左右衛君。值津險處，扶者，掖者，敷茵褥以待憩者，爇松瀹茗以止渴者，煙郁荒磵中依依若子弟之捍父兄者。然一日日晡，行至六盤山，崎嶇萬仞，麓無居民。他邑解役，皆畏難而止。君與囚喘息登，未及半嶺，而颶風作，涼西之颶比海颶更暴惡，色黑而氣剛，作則正晝如夜，陰霾潮湧。大輿千鈞，遭之輒覆，飛石如拳擊人頭面。衆囚值風起，皆紛竄。君坐樹閒，但聞崩崖折木，石破雷吼，如是者數十刻，風勢漸殺，微見星光，則車子爲覆車所壓，幾折股。尋聲往迹，見騾伏艸中，幸無恙。風際遥聞呼嘯聲，稍稍相近，則數囚埋面土中，風息而起，相與追尋而來者也。於是囚抱車子置車後，扶君坐車前，並駕騾而推輓之，且行且歇。復見有執炬者遥呼而來，則斬罪某囚也。夙夜無行客，深山呼嘯聚立而相待者，皆死囚也。戌夜至山麓，去旅店里許，又有鞚塞騾而來者，近之，則殺人鉅盜某犯也。君乘之入店，按名對文，只少一斬梟某。衆曰：「渠罪十惡，知不宥，是必逃矣。」君不語，弟與衆相對啜粥。荒雞亂號，忽聞剥啄叩關，入之，則某也。君望見，泣下，囚亦泣，曰：「人誰不願逃死，實不忍負我生佛耳。」先是，君見車子時，衆囚無一在者，車子曰：「此天假之緣，不逃何待？行速者，將百里矣。」君曰：「我實縱之，復何尤？」至是，衆囚畢至，故君感之而泣下也。及至蘭州郭外浮橋下，因皆坐待。君後至，謂曰：「何不先入？」衆曰：「省會官兵多見小人等徒行，公且得罪。」於是各向車中認取刑具，互相鈕鎖。君見之，更爲涕泣不禁。及君公事畢，將歸，不謁客，先赴監中別囚，與囚對泣，如母別子。因之知必決而有老親者，求君寄聲身後事，君皆一一疏於紙，歸途迂道往致其家。其或有梟示近地者，仍爲之瘞其首焉。

新疆地多浩壤，戍邊之將各以部卒及謫犯開屯田，無限制，故武職多富。其應給軍糧，則設糧廳爲收放，尖入平出，謂之耗羨，以供差徭雜費。初未設州縣，其各屯糧廳必揀調內地之彊幹者，謂之調口。每遇當調，不願往者必多方求免。至是烏魯木齊呼圖壁糧廳員缺。時適有遺犯滎官作亂事，人尤畏之。郡守方忌君送囚而囚不逃也，則僞以彊幹有爲薦君調口。爲君憂者皆勸其以疾辭，否則宜送室家歸，隻身赴邊。君夫人吴恭人謂君：「是不可辭，辭且獲譴，且必偕行乃相安，死生有命，奚懼焉？」於是渠民之送君者哭聲相續，皆慮君不生還矣。君行出關七千里，始至屯所。適值嚴冬，朔風苦寒，墮指裂膚，積雪中人首纍纍，逆旅之犬銜之入牀下。呼圖壁城戍兵千餘，守備數十員，統於一都司。屯田徧野，例交文倉收管者若干，俾都司屯倉以備徵調者若干，餘皆入營員私橐。蓋漠外無運道無蓄藏，民食仰屯餘之蓄。歲祲麥貴，都司往往盡糶其備徵之糧，獲利倍蓰。次年則補之有餘，亦未嘗有所徵調也。故事，凡祭祀拜次，文東武西，定位也。君到官，與都司祭武廟，都司欲拜東，君與争儀注舊制，都司怒，自是事事相掣肘，且時命其軍校尋隙。一日，有遣犯竊商旅，君緝得其人，拘繫之，都司率弁卒奪去。君申提督，提督亦不理，於是釁益深。都司令其營校邏守文倉，雖遵例支放，而耗羨則不許糧廳出糶，以窘困之。閉糶數年，耗糧充棟，積而勿用，賴新疆雜職養廉厚，得不飢寒而已。乾隆三十六年，吐爾扈特率衆數十萬來降，奉旨計口給糧以安插之。伊犂將軍所部數千里，降人咸在將弁屯倉所儲備徵糧以供數。羽檄下都司，文到即速運，後期者以乏軍興論。都司得檄，憂怖莫知計之所出。蓋是年麥價踊貴，凡諸屯之儲盡糶，積金雖多，而千里内外無市糧處。於是有爲都司謀者，是非求舒某不能解。都司慮君懷怨已深，將必不許。其人曰：「吾觀此人輕利上義，膽雖大而心甚慈，宜可以誠禮動也。」於是都司乃率羣弁造門請謁。君方習射後圃，釋弓矢，出見之，則長跪乞救死。君再三掖之起，詢知所急，慨然曰：「蒙君數年爲我守，用有此積，我亦豈乘人之急者。事不可緩，今盡以管鑰付君，即自發運，以成數報我可耳。」都司竦悦出於望外。

於時金川用兵，詔許有能運糧餉軍者，敘勞授官。君乃命其長子慶雲應詔，得議敘同知加二級，封君爲中憲大夫。適君兄來視弟，道歿於山丹，君遂辭職，往護兄喪歸里。瀕行，念塞外貧交多謫戍而無依可愍者，取槖中糶粟價三千金悉分贈之而後別。既而慶雲除廣西慶遠府同知，攝永甯牧，迎養君至署。己亥，終於州廨，年五十有一。

舒固世族，今慶雲仕爲浙江金衢嚴兵備道，其羣從子姓爲牧令者甚衆，人以爲隱德之報云。君初至塞外貧甚，都統索公憐之，以監照百紙發君備賑，君辭不受。後十年，口内外監照冒賑案發，而君獨免，非先識乎？ 君第三子夢蘭，世稱白香先生，以才俊名，所箸《天香日記》、《湘舟漫録》、詩文集皆行於世。嘗在怡賢親王邸爲上客。甲辰應江南召試，一時如紀文達公、趙文恪公、胡文僖公、楊中丞護皆與游好。白香子普即文僖壻也。

方東樹曰：余讀史，嘗刺取古人縱囚者十餘事，皆奇偉。而歐陽永叔獨議唐太宗爲好名，豈盡然與？ 夫子語或人「以德報怨，何以報德」，而又稱伯夷、叔齊「不念舊惡，怨是用希」，夫言豈一端而已？ 豚魚可格，而仁之爲道遠，亦義各有當焉耳。余未識白香，而顧嘗辱與之書，極相慕悦。且願與余談，願與連日夕談而不一談。嗚呼！ 是可想其風期矣。道光十七年，余在兩粵制府幕，而普仕爲廣東鹽場大使，示余以楊中丞所爲《保齋逸事記》，余因爲點竄爲《保齋家傳》。是年冬十二月，白香卒，而余遂終不得與相見，故並及其梗概焉。

都君傳

當吾世而有篤行誠孝者，曰都君。余敬之慕之，因爲之傳以警世，而使知鑒焉。孝者，庸行也。自衆人能盡其道者少，而視之遂若奇行焉。若夫衆人所共難以爲奇行者，而君子行之祇若庸行，衆人於君子所易者而難之，君子於衆人所難者而易之，若行其所無事，無他，直所以用其恩者，有推與弗推耳。

君名某字某，世爲桐城人。始君生而父客游於秦，君之叔祖父及羣伯叔咸挈家偕往，君煢然依母家居。未幾，而母亡。又未幾，而父繼歿於客所。於時，君甫五齡，無所依，則就鞠於外氏，隨羣兒力樵采以供薪爨，恒冬無緼絮，夏無絺葛，餐蓼茹蒿，朝夕負荷，以自食其力，以自脱於飢寒。及長，娶婦倪氏，倪亦賢淑，日勤紡織，以佐乏匱。君傭力以給生計三十餘年，備歷苦艱，卒無能多所贏蓄。

居常早夜西向號泣，以不得歸其父骨爲痛，一旦決意欲往，因告貸於素所親愛者，爲販茶以佐資斧。於是由舒蓼徑商雒，徒步二千餘里，忍飢露宿，得達關中。至則覓得父棺所埋葬處，殮其骨，載以歸。歸至中涂，每夜若聞哭泣嘈嘖聲甚衆，相隨於後，君悟，因泣而祝曰：「某歸，若能自存，當復來迎叔祖父暨羣伯叔柩，終不使久淹於異地矣。」祝畢，而哭聲隨息。越數年，復徒步盡取叔祖父母等八柩，悉改殮其骨以歸，因買地爲三分而族葬焉。嗚呼！此一事也，是士大夫讀書仕宦而莫或能爲者，而君以一窶人，再行而畢蕆焉，豈必其力之能裕與？亦竭其心所不容已焉耳。

先是，君少孤，不能省其先祖父墓，每春秋祭，輒攜香楮望冢之屹然高大者而拜之，人皆笑其非。君志窮，乃傭於其山下之人家，不取其工值，求之一年，始得諸麥隴之中，因買田置祀而廣其界。又有祖山爲他姓盜佔而葬者，君踵門哀求，以大義動之，其人卒感其誠，而自行起阡焉。君少所鞠外氏已衰薄，有柩久淹不舉，君購地代爲歸窆，以報其豢育之恩云。其於他親疏及戚墳墓，苟其子孫不克振者，歲時必徒步親往代祭，極其誠敬哀思之情。里有殷某，挈家之秦，而託其鄰爲視其親柩者。及遇君於秦，詢知其所爲，則大慟，因以屬君。君歸，視其柩，則前和已壞，力爲捐貲而葬焉。

君生於乾隆辛卯年，卒於道光庚子，享年七十有一。生二子：某、某，遺命子周邮族人惟厚。

論曰：古人一事得力，其心遂以數十百用而終身不盡，他事類然，況其爲至情之所發與？迹君之所爲，多在於親喪追遠之事。《詩》曰：「永言孝思，孝思維則。」又曰：「孝子不匱，永錫爾類。」若君者，信乎其不匱而可則焉已。余撰君事，輒爲太息泣下云。

先友記

東樹嘗欲倣柳子厚作《先友記》，顧惟先曾大父友計四方近遠無慮都數百人，其在同邑固已百餘人，皆當時知名奇特士。東樹生晚，遠方諸人既不克究知其行義爵年，即同邑所知聞，多有用無世而泯滅者，獨謹識其名氏而已。至於先子，不好聲氣交，平日相往來樂晨夕者，止鄉曲束髮友數輩，至老莫替。懼流風遺韻之不聞也，謹記傳之。

左堅吾，字叔固。父周，由御史爲浙江甯紹台道。君口不言官位，不應科舉，平生不與要人通一書訊。母，劉海峰先生女也，早歿。君痛母死時貧乏，泣血三年，坐處左右地恒溼。少長外家，習聞緒言，隱然以楊子幼之於司馬子長自處。性多通解，精葬術，有來請者一無拒。又習知海内氏族年媚故舊，並其行輩親疏遠近，酬對所及，幾擅李守素《肉譜》之能。工書法，俊逸倜儻，兼徐季海、歐陽詢二家筆勢。姬傳先生最重君，每論詩文，輒曰：「叔固評是，吾復何云？」君舉止儀度吐屬似魏晉閒人，當衆人羣聚，君至，恒如仙儒高士蹁躚從世外來，一坐皆傾。每發言，必歎言絶凡近，多出人意表，去則皆如有失。東樹幼即知愛敬君，每來與先子言，則追侍不欲暫離，惟恐其去。然性偏不喜伊川程子，常極口詈之。中年忽自服硫磺致疾，卒年四十八歲。平生無箸述，雖先子至密從，未嘗見一字。

孫起峘，字岦之。六世祖節愍公臨爲楊龍友監軍，同死仙霞嶺之難，《明史》坿傳。祖建勳以武進士爲御前侍衛，仕至陝西興漢鎮總兵。父顔，乾隆辛巳進士，未仕。君中嘉慶辛酉進士，選授蘇州府儒學教授，告歸卒。君爲人短身細弱，而清高之氣、不屑之韻，翛然出於儕類。被服修潔，儀止天逸，音詞亮越，博學彊識，性冷峭不言，而寒光逼人，人亦以是避畏而疾忌之。喜藏書，多得佳本，手自校勘，籤識精良，人有欲假之者，弗與也。箸有《榷經齋劄記》。君與先子交密，東樹幼時樂親父執，最爲君所愛，故以諈於其兄與嫂，而以其猶子妻子。君一子，早卒，有孫四人。然藏書久散迭矣。君不工爲程式文，其鄉、會試卷皆雜以經古語砌成之，人或以爲誚，不屑也。

張元輅，字虬御，祖桐，山東萊州府知府。父曾份，直隸南路同知。君容體骯髒，氣貌矜高，平生未嘗屈於人。其服食言笑起居，無往不挾帶貴氣而不自覺，其實君非至貴，亦非有施施於驕伉，蓋真性天發自率，其本量如此。中年以例選授廣西州吏目，夫以至貴之性，而就至卑之職，豈退之所云「物各有分，非天使然乎」？居廣西三年，適中丞南康謝公修省志，請君爲分纂。事畢，旋以病免歸，歸後二十年而殁。君工書，雄古奇縱，全得晉、唐人筆法甚備。當嘉慶之季，逮於道光之世，海内書家未之有或過者，以名位卑，故不顯。小篆逼秦相，快劍長戟，頗自矜貴，嘉定錢坫、陽湖孫星衍極所嗟服。君厨饌最精，性善飲，每醉後，容態言笑愈雅，適可愛慕，東樹每樂觀之。醒時，反不若也。嘗邀先君飲，亦召東樹，父子咸暱親之。君通小學，精《説文》，無箸述。自先子殁後，君彌親愛東樹，恨莫有報焉，每念之則泣。

馬宗璉，字器之，嘉慶己未進士。母，姚姬傳先生妹也。少學於舅氏，長游京師，改攻漢學，益治經，箸《春秋左氏傳補註》行世，最爲儀徵阮相國、高郵王尚書伯申所重。君性真率，東樹已受室，君來，猶呼東樹乳時小名，近今無復此古風矣。君子瑞辰，嘉慶乙丑進士，官工部都水司郎中，箸有《毛詩傳箋通釋》。

方相褒，字揚廷。父輔讀，江甯上元縣知縣。君中乾隆癸卯舉人，爲直隸宣化府保安州書院山長數十年，遂卒於彼。無子，季弟相宸以仲兄難蔭世襲雲騎尉，官至廣西參將。先子之交，惟君與馬丈器之最早，而喪逝之早亦惟君與馬丈略相等。君性慈祥，遇人無親疏，皆待之如骨肉，言論坦誠無城府。夫人顧，喜書能詩，恒呼先子爲兄，呼東樹爲姪。東樹每至君家，則聞歌詠聲滿室，或就爲東樹講授之，視之如子。君與東樹不同族，而君與顧夫人視予父子不異家人也。

王灼，字濱麓，居樅陽，海峰弟子也。乾隆丙午舉人，爲池州府東流縣教諭，箸有《晴園文集》、《詩集》。先子與君論詩文最相得，大約皆宗海峰也。東樹在江甯時，每鄉試之年，君例來送諸生録遺科舉，東樹必往謁。其後君歸，東樹過樅陽，亦必謁於其家。君爲人方嚴静重，不苟笑言，持身刑家一率以禮。樅陽一鎮之人，無不嚴憚王先生者。儀徵阮相國與君爲同年，然以文行獨最重君，他同年不及也。

左眉，字良宇，堅吾從父兄也。少聞海峰緒論，長習姬傳先生，於文章學問皆早識塗轍，用功甚專苦。君軀幹短而黑肥，性慓直，遇事率言無所避，當其發口，如鯁在喉，必吐之而後快，人多憎其戇，恢如也。女適姚元之，夫人戀女，遂挈家之京師，然非君意也，乃獨客山西潞安，竟卒於彼。先君集中云：「聞其晚學詩，而未見也。」

潘鴻寶，字鼎如。父洵，由知縣洊擢浙江杭嘉湖道。君儀止清修，雖席豐厚，而行己居學，矩矩然儒士也。師事姬傳先生，工書能詩，喜手鈔書。二子相、羣，皆從先君受學。相，仕爲緜州州判，迎養君與夫人至蜀，遂皆卒於緜州。相今爲直隸順天府東路同知。羣，胡虔壻也，更名光泰，以舉人選貴州天柱縣知縣。君在當時，若無以大過人者，然以東樹少所親敬俯仰數十年至於今日所覩，求復有如君之居身檢素、言論無陂、信讓校然，如思古人也。

吴庭煇，字正行。父貽詠，乾隆癸丑會試第一。兄賡枚，官御史。君嘉慶辛未進士，官止四川涪州知州。種之先生暨侍御君，皆與先子厚，而君尤親昵。君居身檢迪，居家肅整，居官惠勤，居鄉介和，不絶俗，不徇俗。東樹嘗謂其門内有萬石傳家則也。

馬春田，字晴田，號雨畊。君於先子年輩少先，平生宦游，晚始歸里。於時，同輩喪逝略盡，故於先子尤親昵，游必共詣，吟恒同韻，今兩家集内所存尚可考也。君箸有《雨畊詩集》三卷。

胡虔，字雒君。父承澤，字廷簡，號蛟門，雍正丙午舉人。己酉，聘充山東鄉試同考官。庚戌，成進士，授刑部主事，改山西靈石縣知縣。有惠政，修隄防河，民稱爲胡公隄。蛟門先生與先曾大考友，晚始生君，故君年齒少而行輩爲長。先子少與君友，蓋扳以相接也。君少孤，生母朱早卒，適母戴教養以至成立。性至孝，好學，刻苦自成，師事姚姬傳先生。家貧，客游爲養。乾隆丙午，翁學士方綱視學江西，君在其幕。時南康謝公啓昆居憂在籍，因得與訂交。謝，故學士門生也。其後謝官江南河庫道、浙江按察使，皆邀君至其署，惟任山西藩司，以道遠不獲同行，遂入秦觀察瀛幕。及謝調浙藩，以至巡撫廣西，自是君皆相從，與之終始焉。謝所纂《西魏書》、《小學考》、《廣西通志》，皆出君手。嘉慶元年，恩詔保舉孝廉方正，時朱文正公爲安徽巡撫，儀徵阮相國爲浙江學政，同謝公首致書推薦君，以不與試，賜六品頂戴。先是畢尚書沅督兩湖，日聘君纂修《兩湖通志》及《史籍考》等書。君平生撰述，多他人主名，故己所私箸罕卒業。嘗刻《識學録》一卷。其餘殘稿散佚，盡爲鄉里小生竊取去，今其家藏書手墨蓋無隻字存者。君爲學勤，留心掌故，桐城新修邑志，所載《蓺文目録》一卷，亦本君稿。君三子：長傳，少從先子受學，今老而旅困在粤，不能自振；仲子某，出嗣君弟，亦奔走無定在；少子某，依其婦家在楚北，數十年未嘗返鄉梓。往年，君仲子以君所箸《杮葉軒筆記》一卷見示，束樹鈔而藏之，以君之箸罕存也，輒代付梓，並撰君行歷以傳。

學者因牽連而識先君所尤厚者，爲《先友記》，存情好，敘宿尚，凡十有一人。

考槃集文録卷九終

考槃集文録卷十

墓誌　墓表　祭文

贈通奉大夫姚君墓誌銘

君諱某，字襄緯。自考以上，官世行治既皆有銘紀於家乘，則君之子瑩所爲《麻谿姚氏先德傳》者也。少卓越自喜，性伉直，不爲苟容。當其義所在，決爲之與所不爲，如風雨之疾至，勃然不可遏抑，雖犯難無所避。先君子嘗受其贄，當是時，君之羣從昆弟託累世交皆從先君子游，而於君尤以氣誼相驩。君世禄仕，而家匪豐，既又遭中落，遂廢學，以書記游幕。歷廣西、江蘇、浙江、山西、江西以至廣東，率皆以伉直疾惡困而寡合，常鬱鬱以不得行其意以養以祭、以厚其族戚惠及民物爲恨。居常盱衡時事，每抵掌忿激，酒酣怒罵，或繼之以泣，人或憎畏之以爲狂。嗚呼，是烏知君意之所在邪？

粵俗嚴捕盜，冒得者率妄搆不辜邀功擢。有鹽大使某將踵行其智，君力争得寢。其他所居幕，遇獄有枉者輒不避事司，危言救諫。久之，子瑩成進士，君始自粵歸。居里六年，瑩得選爲福建平和縣令，公就養官署，嘉慶丙子也。由是君之志事，瑩壹稟君意，究而行之，然後君之意氣乃稍稍發舒矣。及瑩調臺灣，君隨之渡海。瑩以事罷職，將内渡，君疾作，卒於舟中，實道光二年十一月某日，距生於乾隆二十九年八月某日，得年五十有九。公未歿時，以子瑩貴封奉直大夫臺灣縣知縣加三級，卒後贈通奉大夫福建、臺灣兵備道，加三級。

娶張夫人，故太傅文華殿大學士謚文端元孫女也。祖若霽河南武安縣知縣，父曾輒雲南尋甸司吏目。夫人三歲失母，能讀書，曉經史大義。年二十歸君，逮事舅姑，以孝稱。勤苦持家，親課子，卒成就爲名賢，以文學、政事聞當世。夫人之歿也，後君五年，時瑩奉部檄入都。故事，改降復官者，例還原省，故夫人留待，遂卒於閩。子四人：朔、鑾、瑩、和。鑾、和早卒，朔監生，瑩嘉慶戊辰進士，今任福建、臺灣兵備道加按察使銜。孫四人：繼光、啓昌、應昌，朔生；濬昌，瑩生。

朔、瑩將以年月日葬君某鄉某原，張夫人祔，而命其故人方東樹爲之銘。初君之自粵歸也，樹亦自外返，居宅鄰近，朝夕數過從。維時先君子衰老，君之昆弟及與昔日同學者死亡過半，其存者或流離窮困，居行靡有定止，每相與欷歔感歎不能自勝。雖有時興發，對酒縱談，劇語如平生，然微窺君豪雄奮猛之氣亦少衰矣。嗚呼，蓋自是不復見君矣。既追念疇昔，又與朔、瑩久故，其何顧而辭？銘曰：

士不用，齎厥志。歿以泯，疇知悲。獨有子，究以施。尚君見，及慰之。人之惡，天之私。得我直，無怨疑。訂君實，昭銘詞。

張石徛先生墓誌銘

先君子有友六七人，皆以俊才明識高於一邑。其平日論議風軌，邑之人咸望而避下之，無敢抗譖能與同趣者。而先生尤高岸有氣，率常絀人而不絀於人。少隨父南路君官直隸，即知爲古學，工書，兼精小篆法，同時以書名家者莫及焉。南路歿，先生扶柩歸，後往客直隸十餘年。嘉慶己未，援例授從九品，分發廣西爲巡檢。廣西大吏皆欽重之，不以末秩相遇。會中丞南康謝公修省志，獨令先生與纂修。先生既以氣高世沈困下位非其志，又適得髀癰，弟元軥遂迎歸，析己資奉養以終。先生善飲，數爵後，談笑神情愈灑然可觀愛。與先君最昵，而尤親愛樹。樹每自外歸，先生必爲美飲食相召，忘年輩而降色笑焉。先生歸，日手寫古書以課子煒。有招飲者，亦輒往而不拒。閒攜杖偕一二相好出游郊外，以寄其散適之興，而其胸之所懷不可得而見矣。

君諱元輅，字虬御，其先世行歷具於姚姬傳先生所爲《南路君誌》，生乾隆某年月日，卒道光某年月日，年六十有八。初娶顧孺人，生一女，無子。繼娶趙孺人，直隸武清縣乾隆庚寅舉人陝西府谷縣知縣諱盼女，生一子煒。君母弟三人，元軥出繼伯父，至是元軥復無子，以煒嗣。煒將以某年月日葬先生於松山之金石原，樹追維平生，最其志行，而爲之銘曰：

生志弗伸，歿名弗振。惟其直氣，蘊結弗淪，鬱此高墳。

朝議大夫廣東嘉應直隸州知州加知府銜金君墓誌銘

君諱錫鬯，字秬和，一字伯卣，號蒨穀。金氏系出漢秺侯，世居安徽休甯縣之七橋邨，八世有曰龍沙者始遷居浙江嘉興府桐鄉縣，遂隸籍焉。康熙己卯舉人、庚辰進士、官工部都水司主事諱樟，是爲君之曾祖。主事復由桐鄉遷居江蘇之太倉州，而仍籍桐鄉。樟生烈，官廣東惠潮嘉道，調糧驛道，是爲君祖。烈生垍，官廣西新甯州知州，是爲君考。君生而穎異，三歲識字，試之輒不忘。五歲就傅，誦讀倍常童。九歲，其從祖某授以史鑑，即知欣喜，朝夕披閲。十二歲，隨侍新甯任所，習舉業。君昆弟七人，第三弟錫璐出嗣君叔某，官廣西象州知州，象州迎養繼母朱在任。新甯命君送錫璐往象州，兼省祖母。至則象州猝遘風疾，殁於官。君時年十五，爲經紀喪事，悉合禮義。新甯嘗以催繳鹽課不力，詿吏議，罷職殁産，後雖復官，而家業蕩然。君侍祖母，經理家務，閒爲人佐書記，或教讀營菽水爲養。由是終新甯之世，及得官之前，恒幕游四方，而交日益廣，學日益進。故君之究心考證、收藏彝器古泉，由交山東桂未谷馥、吴江陸直之繩始；君之講論經史小學，由交嘉定錢宫詹竹汀、徵君可廬及錢氏羣從東垣同人輩始。南康謝中丞啓昆爲浙江方伯，日輯《小學考》、《史籍考》諸書，招致名宿，如桐城胡徵君虔、鄞縣袁徵君鈞、海昌陳孝廉鱣、南城王聘、嘉定張彦曾、仁和朱文藻，君皆與之上下議論，相得無閒，殆有如歐陽永叔、張堯夫之在錢文僖河南幕焉。君之補博士弟子員也，朱文正公實爲學使。其食廩餼也，今相國阮儀徵公爲學使。辛酉選拔，諸城劉文恭公爲學使。戊辰之舉京兆也，出曹文正公門下。又嘗主協揆英煦齋家，而於劉文恭公契尤深。此數公者，皆碩賢也，其門下幕府，號爲天下之盛，而君皆參著於其閒，聲望略等，可謂賢矣。

先是君以丁卯科秋試不弟，挑補會典館謄録。戊辰，仁宗巡幸淀津，君獻迎鑾七言詩二百韻，列一等。及試行在，以脱去補字不取。至是以《會典》告成，議敘奉旨以知縣用，選廣東恩平縣知縣。下車，改建文廟，興修書院，凡邑之宿案累年不結者，次弟清釐，輿情大洽。癸酉，充本省鄉試同考官，所取八人皆知名士。明年，以疏脱要犯，被劾革職。既開復，旋又以獲鄰境盗犯，送部引見，奉旨發原省儘先陞用。是年冬，奉委駐澳門查緝鴉片私販，先後獲犯二十餘起。明年，署廣州海防同知，訪緝益嚴，有以鉅金賄進者，峻卻之。同知駐前山寨，距澳門一十五里，所司民夷交涉事、彈壓大西洋駐澳夷人，雖閒曹而責任綦重。澳夷向設兵總夷兵，其番差夷目，該國例由小西洋撥遣更調，有壻嗹啀等脅衆抗拒小西洋換班，兵總及夷兵等不許進澳。君信義素箸，外夷讋服，於是親往曉諭，宣示天朝成憲法度，衆夷畏從，仍遵舊章。制府今相國阮公奏君撫馭有方，隨陞知州，補嘉應直隸州知州。州俗質樸勤儉，文物冠冕，弟土瘠民貧，錙銖重利，匪徒以借貸爲名肆行搶劫。君開誠勸導，詳請平糶，境以帖然。嗣以平反長甯盗案，中丞盧敏肅具奏，恩加知府銜。君先後莅嘉應八年，勤政愛士，百姓畏懷。後以接緝盗案四參限滿，降一級調用。卸篆寓居州城，以道光戊戌正月終於州寓，距生於乾隆某月日，享壽七十有二。

君於昆弟最友愛，禄俸所入，悉以周濟諸親戚誼，罷官之日，宦橐蕭然。嘗訓諸子曰：「經一番折挫，長一番見識。多一分享用，減一分福澤。加一分體貼，知一分物情。」又謂「居家之道莫善於忍，然必思所以善處之方」。初聘汪氏，休甯文端公曾孫女，早卒。繼聘錢儆君大昭女。子四人：鳳沼，兩廣鹽運司知事，錢恭人出；濤，錢塘縣學生；鶴清，邑庠生，鳳清，候選主簿，女一，皆戚孺人出。君箸有《説文引經考》六卷、《澹虚齋詩文集》十二卷、《古泉記》十二卷、雜録自記等若干卷藏於家，鳳沼等將扶柩歸葬君於某鄉某原，而豫乞桐城方東樹爲之銘。銘曰：

其生豐也履輒窮。其施通也用弗終。其蹇躬也道則宏。其封崇也後必隆。

中憲大夫候選道前兩淮鹽運使廖公墓誌銘代

公諱寅，字亮工，姓廖氏，明德慶侯裔。始侯次子曰德有者，遷四川，其後有曰錠者，再遷鄰水。當明季流寇屠川，有曰明命字朝拱者，屢扞城禦難，邑人賴其保障，是爲公五世祖。明命生良碧，良碧生廷玉，廷玉無子，以弟廷獻子能容嗣，是爲公考。自公考以上三世，皆以公貴，贈如其官。

初公考之生公也遲，常昵愛之，年十六已受室矣，始出就傅。公爲學自力，中乾隆己亥恩科本省鄉試舉人，屢應禮部不弟。乙卯挑發河南知縣，初任葉縣，下車之始，即有善政，民咸稱便。嘉慶改元丙辰二月，湖北教匪滋事，葉當孔道，公承辦兵差一事無誤，而民不擾。戊午三月，楚匪焚掠葉之保安，鶯驛丞，公撫定賑恤，事咸得宜。五年庚申，以獲劉之協功擢升知府，並賞戴花翎。劉之協者，邪匪之首逆也，倡亂惑衆，爲諸省教匪之魁，屢奉嚴旨，責捕甚急，至是獲之。大吏奏聞，奉旨嘉奬，遂於嘉慶六年補授江南鎮江府知府，署江蘇常鎮道，旋擢江西吉南贛甯兵備道。居三年，署理江西布政使。復任中途，訪聞會昌縣民有習邪匪糾黨、彊逼鄉民入會者，即密飭信豐令、贛縣令會哨掩捕，得首夥等，置之法，會昌以安。逾年己巳夏，安遠太平堡匪徒聚衆，公從數騎馳往，道念匪徒多鄉曲愚民，被誘罣誤，思有以開其蒙而散其衆，乃於路占爲三字歌，疾録數十紙，選幹役分赴上魏一帶，徧帖衢術。上魏者，太平堡之大聚也。鄉民見之，果相引去，而匪徒遂孤。公明日至，縶繫首匪，事遂定。先是，公在葉有翟家井者，爲邪匪煽惑，公聞信即往，值其正歃血盟衆，遂禽其首惡，餘黨解散。蓋公習事久，達知民情，善於應變多此類。

居贛九年，俸滿，升授兩淮鹽運使。兩淮額銷鹽引百數十萬，財賦所匯，甲於天下。公盡心整頓，生理蕃殖，嘗值歲除，一夕納課至二百餘萬兩，實爲向來希有之盛。逾年，護理兩淮鹽政。值滑縣用兵，軍費繁殷，督各路兵饟甚急。公曉夜籌計，勸諭衆商趲運，兩匝月得軍饟六百餘萬兩，軍用頓饒。在任三載，前後調撥兵饟、河饟一千數百餘萬兩。甲戌，兩淮所屬告裁，殍亡相接。公率厲場屬勸勉各商捐穀數十萬石，親定給散章程，全活不可數計。而公旋以失察劉第五事，鐫降去任矣。淮揚爲東南都會，四方名流鉅公人文駢萃，公接待加禮，一一優厚之。揚州舊有安定、梅花兩書院，公與鹽政阿公又特創立孝廉堂，樂育獎勸，人至今頌之不忘。

在京逾年，奉旨準其降捐道員用，然公亦遂無仕志。明年丁丑，乞假歸里，復以長孫均官江安糧道，就養南來。未幾，仍回四川。道光四年甲申正月日，殁於里弟，距生於乾隆辛未年四月，享年七十有四。

公在河南一充戊午科鄉試同考官，在江西再充甲子丁卯文武闈提調，戊辰、庚午文武闈監試。配邱淑人，覃恩誥封恭人。子二：長思芳，前江蘇候補道，先公七年卒；次思莊，候選同知。女二：長適某，次適某。孫六：長均，嘉慶庚午科順天鄉試舉人，前江南江安糧道；次圻、增、培、堪、域。曾孫幾人某某。銘曰：

官世厥德也，功能厥職也。我銘其藏，載詞無飾也。子孫引之，不朽徵石也。

浙江道監察御史陳君墓表

君諱希祖，字稚孫，玉方其號也，江西新城人。曾祖諱道，乾隆戊辰進士，講學宗朱子，有《凝齋集》，學者稱凝齋先生。凝齋生五子，浙江分巡金衢嚴道諱守誠，其長也，是爲君祖。金衢生光祿寺署正元，是爲君考，蚤卒。初凝齋遺貲鉅萬，分授五子。金衢公輕財好施，遽罄其所受。羣弟復聚其所授，而五分之。金衢歿，光祿率而行之益力，所居中田邨千餘家，多待其舉火。及其卒，鄉人爭赴神祠籲乞，願以身代，而卒不起，年僅三十云。光祿生君及仲季希曾、希孟。希曾，己酉舉鄉試第一，癸丑以第三人及第，歷官工部侍郎；希孟，選拔貢士，候選同知。

君少孤，與其弟及從叔用光等從鄉先輩魯九皋學。九皋固名儒，君受其學，故童丱爲文即有聲。丙午，中本省鄉試舉人。庚戌，成進士，改刑部主事，迎母黄太夫人就養京師。某科典河南鄉試，某科分校禮闈，所得多知名士。居刑曹二十餘年，以弟希曾爲刑部侍郎，迴避，改户部員外郎，遷吏部郎中。尋希曾、希孟相繼歿，太夫人南歸，君時記名以御史用，未引見，不獲侍母出京。既擢浙江道監察御史，即乞終養。行至杭州，以疾留旅次，卒，嘉慶庚辰七月也，得年若干。黄太夫人年三十一守節，凡三十年，至是先君一月卒，而君竟不及知矣。君工書，聚古今名家法帖，妙悟而師其意。其運筆於沖淡中取神采，人謂有得於《黄庭》之法。配魯恭人，前兵科掌印給事中蘭枝之女。生一子，延恩；女一，字戴氏，殤。妾趙氏，生一子三恩。孫一人。

翰林院編修陽湖徐君墓誌銘

君諱賡颺，字性甫，先世義興徐氏，明大學士諱溥謚文靖公之孫埰始遷陽湖，故今爲陽湖人。君祖諱某，考諱某，皆以君貴封贈如其官。君少穎敏，讀書自刻厲，舉乾隆乙卯順天鄉試舉人，辛酉成進士，選庶吉士。仁宗幸翰林，禮成，獻詩稱旨，賜《味餘書室全集》、《九家注杜詩》、高宗御銘八稜硯墨、蟒緞絹箋。壬戌，散館授編修，歷充實録、方略、功臣館纂修協修官。故事，纂修館書有脱誤字未籤正者，予奪俸。君時病咯血，力疾蒇事，未以一字罣吏議。戊辰冬，保送御史，特旨試修己治人論、明刑弼教策，奉旨記名四人，君次第二。引見日，君病適初痊，值大寒，遂劇不起。君生乾隆戊子某月日，卒嘉慶己巳某月日，得年四十有八。配袁氏。子二：廷幹，廷華。廷華出嗣君弟某後。女一，適吴縣廩生沈秉銓。

君性仁孝端謹，好獎掖士類。箸書若干種，皆散佚不完。嗚呼，以君之才，使天與之年，以就其志，以成其書，以效於事，詎止於是而已邪？然尚能致通顯，以文字結知主上，以較夫世之懷奇不遇，鬱鬱槁死萬分不一見，而或又無子以承其世與學者，猶若有愈焉。君子廷幹等以君卒之年冬十二月，葬君於某鄉某原。越二十有八年，廷華乞桐城方東樹追爲之銘，銘曰：

仕與壽，嗇厥命。才與名，景厥行。宋二王，回與令。絜之君，亶與并。吾銘不磨，與安石競。

管異之墓誌銘

管異之卒後三年，其友人桐城方東樹念異之孤貧於世，事蹟無可述，獨其文章震耀於當時，而可以不泯於後世，兼以平生游好之密，不可以不銘，乃從其孤嗣復求得其遺書，因次其世以爲之誌。

君諱同，字異之，江甯上元人。父文郁。祖霈，官潁上教諭。君以乾隆庚子十月十六日生潁上教諭之署。年九歲，祖與父相繼歿。母鄒太孺人奉其祖母葉太孺人歸里，鄒太孺人賢，上事姑，下教子，其所以支持死喪，備極苦艱，卒成就君爲名士。

嘉慶初，姚姬傳先生主鍾山書院，君與梅君伯言最受知。其後君苦力孤詣，學日以進，名日以大，四方賢士争欲識君矣。道光五年乙酉，新城陳侍郎用光典試江南，力拔君得中舉人。陳固姬傳先生弟子，既得君，不敢以世俗門生之禮待君，其文字苟有稱，必曰丈。同邑中丞鄧公巡撫安徽，延君課其子。後六年偕鄧公子入都，道卒於宿遷旅次，年五十有二。始余自推星命，不利卯年，君與姚君石甫嘗豫爲之作輓詩。嗚呼，孰知君竟先余而逝也。

乾嘉中，海内學者以廣博宏通相矜放，而言古文獨推桐城姚氏，自中朝搢紳及於鄉曲後進無異詞。君與陳侍郎久親指授，最承許與，侍郎貴仕於朝，名最顯，君以窮士在下而與之抗，知者以爲實過之。鄧中丞暨梅君伯言爲君梓遺集，讀者亦足以知之矣。所箸《孟子年譜》、《七經紀聞》、《大學説》、《文中子考》、《戰國地理考》、詩集、《皖水詞存》，俱未刻。君娶朱氏。子一：嗣復。女子二，適某、某。嗣復將以某年月日葬君於某鄉某原，預爲之銘，銘曰：

君之行孚於人，君之學足於己。君之文足以永，君之名斯已矣。

贈朝議大夫山東濟甯直隸州知州張君墓誌銘

君諱鬴，字惠常，桐城張氏太傅文端公之曾孫，工部侍郎諱廷瑑之孫，雍正乙卯副榜贈朝議大夫諱若渠之次子。年十三失怙，奉母事兄，克盡子弟之道。讀書警敏兼人，弱冠入泮，兄曾歘中乾隆戊子科鄉試第一名舉人。後十年丁酉，君應順天鄉試，中式第二十一名。先是里有鬻妻以償親喪之費者，君聞之，私出金代償，完其夫婦，至是夢神人若示以宜入北闈，遂獲售，人以爲陰德之報不爽焉。辛丑，充覺羅官學教習，期滿引見，奉旨以知縣用。丁未，揀發山東，試署新泰、嶧縣等縣事。戊申，題補兗州府甯陽縣，充本省鄉試同考官。己酉，調汶上縣，逾年署濟南府歷城縣，旋陞署濟甯直隸州知州，卒於任所。

君才識敏練，宅心仁厚，所至興利除害，惠洽民心。其在汶上，政績尤箸。汶水南注會通河，洪波漲激，舊築煞汶壩以束水勢，歲費椿木藍料數千，皆取給民閒。君悉知其艱，詳準大府以藍料改爲官辦，永行蠲免，不以累民。復捐廉五百金，自行采買椿木，民困以甦。是歲五月，因運河水淺，大府飭挑汶河，自縣北界甯陽皮山岸起至分水口止，計長一百二十里，需派夫一萬六千名。君察其非要害，親見大府，陳其形勢，懇行停止，省民閒數萬金。七月，又奉飭挑石頭口引渠，工長三千六百丈，計土九萬七千六百餘方。君復詳請緩辦，省民費數千。又民閒歲出軍需車輛，君洞悉其累，改爲自行運行，免出里下。在汶一年，善政累累，故君去任，而汶人感思尤切，爲立碑頌德焉。

君歿於乾隆五十六年三月，年五十歲。以從子元儁官貴州思南府知府，貤贈朝議大夫。元配姚氏，江南河庫道諱廷棟公長女。繼配姚氏，即前恭人妹，俱贈恭人。子二：長世南，次元奎，元配姚恭人出。元奎早卒。女一，繼配姚恭人出。孫一人，孫女一人，曾孫二人，曾孫女二人。

道光丁酉二月，君之孫聰度葬君於某鄉某原，而乞同里方東樹爲之銘，曰：

煜煜世胄，抱奇懷仁，曰自少幼。成名入官，效於治事，功用以茂。驥足千里，中道而蹷，遠猶不究。銘是幽宮，龜言告吉，克昌厥後。

文林郎山西陽城縣知縣前户部主事徐君墓誌銘

君與余居同巷，學同術，少小相知，及壯而反疏，則以升沈之塗異，而蹤迹遂以契闊。幸老而同歸鄉里，方將與君燕談樂飲，朝夕過從，而續夫少日親知之好，以補中年睽別之情。胡僅七十日，初服未及理，而桑户遽返於真，在日之善不可忘，既歿之哀奚以塞！然則宜銘君者，非余而誰讓也。

君少好學問，於書靡所不窺，矻矻鑽研，期爲不朽之業。伯兄眉以經行稱於時，君少從受學，固已超出儕輩。及成進士，起家爲京外官，宜以文學名，而君顧復以政事顯。賢者不可測，君子不名一器，於君信之。其爲户部主事，本司職兼漕務。君到部未久，句稽出蘇松積年蒙隱未解銀七十餘萬，咸稱其能。凡官部曹，缺有定而人衆，補實恒稽遲，非十餘年不得。然雖淹滯，固監司階也，故士亦多樂留焉。君學習報滿，當留部，念親老獨不顧，決辭而歸，爲近地游，以資菽水。歷主亳州、徽州書院，因覽黄山之奇，箸《黄山紀勝》。旋以伯兄、仲兄皆歿，亟謀禄養，乃乞改官，選授山西陽城縣知縣，以例改近省，授浙江壽昌縣。壽昌距桐城水程非遠，遂迎母太宜人於署，左右奉養者八年，年九十六終於署。服闋，仍補陽城。居陽城六載，年甫踰六十，遽引疾歸。

君性彊植，不能與世俯仰，尤不善伺應長官，故不樂終仕。嘗自稱曰：「性不隨時，才不周務，不堪世用也。」然居心仁恕，爲政寬平不苛。其在壽昌也，勸民墾山地，興立書院，修廢舉墜，事無滯者。在壽昌五年，調任臨海。臨邑獄訟殷繁，君處之裕如，反得以政閒箸書。其在陽城也，邑有蝗，民以爲神蟲，弗敢撲。復有惡獸傷人甚衆，民又以爲神獸，而不敢捕。君吞蝗，以示無畏，禱於神而捕惡獸，而兩害悉除。邑有析城山，即成湯禱雨處。山有神泉，旱歲禱之，輒應。營卒牧馬於山，污神泉而蹂民稼，民苦之，而不敢抗。君詳陳其害於撫軍，遂得禁止。故去官而民思之，生爲立祠於山下。前去壽昌，民亦爲立祠云。

君諱璈，字六驤，號樗亭，上世於元至

正中由婺源遷桐城。十四世祖諱良佐，明初由進士仕至陝西左布政使，事蹟載邑志。曾祖諱鋐，國子監生，妣石氏。祖諱志沅，贈文林郎臨海縣知縣，妣張氏，贈孺人。考諱之柱，贈奉直大夫户部候補主事加一級，妣王氏，封太宜人。君中嘉慶十二年丁卯科江南鄉試舉人，十九年甲戌科二甲進士，授主事，分户部雲南司行走。二十四年爲會試彌封官，道光五年在壽昌爲浙江鄉試同考官。生於乾隆四十四年四月日，卒於道光二十一年正月日，享年六十三。配王孺人，生子二人：長某殤，次某早世，無子，以從兄子某嗣。女一人，適縣學生葉某。側室李生一子，周晬而殤。

君箸《詩經廣詁》三十卷、《牖景録》六卷、《河防類要》六卷、《黄山紀勝》四卷、《樗亭文集》四卷、《詩集》八卷，皆已栞行。又選鄉先輩詩四十二卷，名《桐舊集》，刻未成而君殁。其餘所撰尚夥，未刻者六種，未卒業者四種，皆藏於家。將以某年某月日葬於某鄉某原，豫來請銘，銘曰：

其任雖未究，而能則已試也。其書雖未顯，而皆足名世也。我銘其幽，以永之於來禩也。自記云：望谿先生云：「起家，自家起而尊用也。自荆公誤用，而明代人遂有云以《尚書》起家、以《毛詩》起家者。」姬傳先生云：「按在家曰居，出仕曰起，非爲尊用。荆公《蘇君》曰『起家三十二年』，❶猶云仕三十二年，其義自爲可通，不必以明人之誤追貶荆公。」先子云：「按此誤實始荆公，觀《金谿吴君誌》曰『以儒起家，世冕黻』，可信望谿之言不謬也。」

朝議大夫貴州大定府知府姚君墓誌銘

道光二十七年九月六日，前貴州大定府知府姚君殁於江甯之僑舍。越明年，將

❶「蘇君」下，《儀衛軒文集》本有「誌」字。

即葬於句容縣新扦先塋兆域，其孤世意先於七月返桐城，以狀來乞銘。噫，吾故人也，義不可辭，乃按狀次其行歷，並以余所夙知者爲序而銘焉。

君登道光二年壬午恩科進士，以知縣分發河南。三年癸未，補臨漳縣知縣，中膺卓薦回任候升，故在臨漳久，凡七年，前後嘗兩次兼攝内黄縣事。九年，丁母憂，扶柩南回，以桐城墳山禁嚴，動礙他人墓界，往往涉訟，乃卜兆於江甯府屬句容縣孝義鄉大柯邨之饅頭山，並迎其祖若父之柩於桐而聚葬焉。十二年，服闋赴銓，改發廣東，補揭陽縣。在揭陽三年，十五年升連州綏傜廳同知。以前辦普甯縣鐙匪案被臺臣誤劾，經欽使辨明，旋署肇慶府知府。用太史保奏，擢升貴州大定府知府，在大定六年。君尚氣負才，敏而敢爲，遇事執義彊争，上官寖不悦，君以道不合則去，遂決意引疾歸，道光二十四年甲辰也。

君生有異稟，自少讀書，軒輊非常，族伯祖以詩古文詞爲海内所宗，世所稱姬傳先生者也。君早聞緒論，亦欲以箸撰學問文章名世。時會所際，乃反以吏能顯其仕。所歷之地，悉號繁劇難治，而君所至，鋤姦辨獄，禽獮艸薙，卓箸威聲。嘗兩辦冤獄，八鏟賊巢，其餘興利除害，不可殫述，赫然與古功名之士競能，有漢西京張、趙之風焉。初，君至河南，值撫軍程公祖洛與署開封府，後爲河督張公井清審積案，檄君入局。其時共事諸公，皆素負折獄才，君以新進居其閒，見同意合，皆相引重。君每讞一案，推明律意，揆情度理，務使兩造誠服無憾。於時滯獄皆決，悉稱無枉，則君之才得於所授天分者不可度量也。在臨漳，有邑民張鳴武控妻被賊殺，前官將以賊成獄矣。君閱讞牘，稱賊攀折二窗櫺而入，君念北方窗多窄，僅折二櫺，何由能入？且其所居非呼無人應之區，其夫又未遠出，情皆可疑。即往覆勘研訊，果其夫因逐賊誤斫殺妻，懼罪誣控。又有常姚氏被殺，罪人不得，獄久不決。君察是年縣試有招覆第一名文童楊獻子不到，而常姚氏被殺之夜即招覆前一日，心疑之，乃召獻子至署，而察其神色舉動多恍惚。又查得獻子之居，與常姚氏居中隔一家，爲獻子孀嬸，老而瞽，乃以計賺至署。又傳其胞嬸楊越氏誘訊盡一日，夜引至城隍廟，得官媒似常姚氏者，使以血污面，俟人靜潛躡其後，楊越氏見之以爲鬼也，與語辨因，遂得實，乃獻子夜至瞽孀家，借梯圖姦，不從，行彊所殺。邑多無賴，恃彊擾肆，民因不敢設肆，凡日用所需，多遠購之郡城。君廉得故，親巡街市，遇則嚴懲之，期年風革，市肆遂興。俗又好訟，君每因公事赴鄉，遇生童即爲講説義理，見婦女之勤織紡者勞以束布，童子在鄉塾者獎以筆墨。四鄉之民習熟相親，或請赴其家，訴以事者，即爲辨其曲直，或勸令不必結訟，或令其補結存案，歡坿如家人父子，情僞盡顯，無敢作姦，由是訟獄遂稀。

癸未，漳、衛、洹、蕩並漲，漳水改道東趨，抵内黄入衛縣等屬，邨莊盡被沖没。君乘水正發時，齎糧赴水所，且賑且勘，民歡呼感動。幕賓或言當待勘報而後賑，君言：「棄一官而可全萬命，吾何惜！」及撫軍來鄴，遂檄君承辦裁務，全活甚衆。彰屬惟内黄俗最悍，上控罷漕之案，無歲不有。上官擇賢令陳君鳳圖宰是邑，謂能獲民也。會漕務正殷時，陳君以憂去，大吏以君爲彰郡六屬民所素服，乃檄君兼攝内黄事。君至，民果輸納恐後，漕事獲濟。內黄君不取內黄一錢，故陳君亦得無困。內黄有賊藪，其邨四面設壕塹，聚黨羽，具矛銃，兵役莫敢攖。君率兵役乘夜往入邨，搜捕撲滅。臨邑毗連大名境，有積匪聚賭博，不畏官法。君致書大名鎮及大名令，撥兵役堵要隘，會營往捕。匪徒洶洶將抗捕，君大張聲威，驚使散，大名兵役合勢犄逐，遂全數就獲。北地博徒多掘地窖，聚盜其中，其門僅容一人出入，內排鎗矛爲拒捕計。君令以煙薰之，衆争出逃，遂被獲。於是合邑賭窖俱盡，盜賊無所容，皆君調度適機宜所致。

在揭陽，揭陽爲粵省箸名第一劇邑，其民兇悍，積鉅貲爲械鬬費，世相仇殺。城以外，民各距隘守，無敢踰境一步。人有被擄，勒財以贖，不贖，即臠割食之。良民禾稼歲被搶奪，故賦無所出，彊者自祖若父以來不知有納賦事。截奪商賈，勒取其稅，名曰「打單」。官斯土者，恐激之生變，率因循苟且，以隱忍爲得計。君下車，召吏民矢之曰：「吾來治斯邑，不要錢，不要官，並不要命，有梗吾治者鋤之。」集壯勇，教以坐作、步伐、擊刺之法。搆崇臺西郊，上揭楹帖，下樹大旆，示以保護善良與民更化之意。集紳耆會臺下，爲若設筵約和者，皆辭以懼仇不敢赴，則命人護之來，俾共知振作本意。初，揭邑有犖官事，民賄和之，不以實報。又昔年鎮道督兵至揭，見其勢洶，乃夜遁，故民益不畏官。邑之河婆司巡檢屬有地名下灘，林箐深密，匪徒匿其中，土豪開張質庫爲之囊橐，盜賊所聚，公肆搶劫，人無敢出其塗者。君會營往捕，其人皆赤身持銃，裹頭脱袴，揭俗亡命者，每以此示必死以嚇人。君調撥兵勇直前衝突，或死，或被擒獲，即時撲滅，於是威風大振。捕一盜，積犯十八案，乃召被害十八家環觀之，轟以火鎗十八出如其案數，被害家皆感泣，民咸稱快。有正兇居錢坑不出，君率壯勇往擒，其地四面皆山，仰攻不可。君入其邨，邨人共奔高山以觀動静。潮州故事，凡官兵赴鄉勦捕，如人逃避，則爇其室廬，空其積聚。君戒毋焚燒，書示於門，令其耆老見官諭話，限以日，勒壯勇駐河干以俟。至日，耆老不來，君書示復如前，耆老仍不出，君令人入邨見耆老，傳諭述官長意在勸化，無惡意，而耆老終懷疑不敢出。復令一同鄉門生入見耆老，耆老言感官長厚恩，惟負罪太多，故不敢見。某爲一一解釋，復婉導再三，耆老願請官一人獨進邨，勿帶兵勇。報君，許可。次日，君乘輿張蓋入邨，隨行廝役僅數人，耆老接見。君一一慰勞，耆老流涕而言昔年被纍情事，君告以願與更始。諭令將正兇送出，耆老許諾，並請質子以明信，君諭止之。維時民有在四山高望者皆歡呼，稱曰「好官」。君返至河干，耆老知無相罪意，皆送至舟次。君書數箑，分給耆老，以示戢安意。越日，果將正兇獲送，遂置之法。蓋自下灘示以威，錢坑懷以德，而恩信大箸。有罪人潛來城探官消息，役拘以來，君以不能拘人於鄉而拘於城，是使民畏而不敢進城也，縱之歸，並責役。數日，其族長縛之來，乃按論焉。初，差役不敢赴鄉，每奉有票拘，俟其鄉之人有入城者輒拘之，令其以正犯來，始釋放還，故民不敢進城。自此次整頓而後，鄉城始通，其弊乃革。揭邑有榕江書院，久廢，君復興之，作意培養士子，課餘回鄉，皆以官長新政告其鄉人。若聞其鄉有將械鬬者，密先以告，君聞即馳往爲之排解，其不遵者，則併力治之。君置「催科」、

「止鬭」二旗，於收穫時，懼良善或被搶奪，親督勇壯巡行四鄉，爲之保護，樹「摧科」旗使民無驚。械鬭者，則樹「止鬭」旗以往，未至，而械鬭者懾於威，無不止散。一日，遇持火鎗者結隊行，望見君至，悉没水中。君命以漁網取之，得五十七人，訊爲受僱助鬭者，悉按以法。自是民乃不敢助鬭，而械鬭之風浸息。民間張鐙慶賀，揭牌書古諺語曰「官清民安」云。揭邑之不完賦者已三四十年，至是輸將恐後，雖揭民亦詫爲意想不到也。君將去揭，揭民具公呈赴大吏籲請乞留，呈中歷敘君治揭之政，揭民向德之殷，後引《豳》詩「無使公歸」語，以愛周公者相比況。時總督盧敏肅公閲之，優語批答，準其回任。四境之民聞君復至，演劇以迎，自入境至縣治數十里不絶。先期共揭示曰：「合境共迎縣主復任，有敢乘此爲逆報私仇洩私忿者，通邑大小七百餘邨，共往洗蕩之。」自後民益馴擾親坿，彊梗之俗遂化。新會令陳君鳳圖前署揭陽，爲團練鄉勇犒賞諸費，挪用墊款數至三萬。及是卒於新會任，或有勸君揭參陳君虧空者，君謂「陳君好官，止有一子，又窮乏，吾何忍令其入囹圄受追比之纍？徐圖籌補可耳」。陳君前令内黄，後令揭陽，皆與君相接，似有因緣，然亦可見君厚待同僚，不以財利、死生易心也。

十五年，升連州綏傜廳同知，是冬，奉檄普甯察案。先是普甯令周君赴鄉相驗，令事主一人在己轎中閒行走，蓋亦慮有不虞也。行至大掟，兇徒追至，殺於官前，並殺夫役二人。又有鹽曹官晉省，中途突有匪衆出，傷其輿夫，隨從行李悉被搶奪。大吏奏明查辦，飭潮州鎮惠潮道同帶兵五百名前往督捕，委君隨同辦理。鎮道先赴大拕搜捕羣兇，有遠颺者，有就獲者，乃命君就現獲各犯研鞫，究出有龍鐙會事，同盟有厝寮各邨，以某邨暨涂洋爲巢穴，以磨盤山暨某邨爲聲援。君以涂洋自宋以來未有能攻取之者，因與鎮道謀議必計出萬全。乃遣人至揭陽，借鄉勇百名聽用。至則令屯大埧，防會匪復聚。復令門闞司巡檢劉某同揭勇自大埧，潛捕磨盤嶺，又別遣帶兵勇同日分行潛捕某寨，以先絶其援。次日，君與鎮將整隊伍趨涂洋，令都司趙某攻其東都，司馬某拕其後，揭陽鄉勇自磨盤嶺來亦自成一隊。賊寨中鎗礮並發，揭陽鄉勇從煙火中冒死先進，各路兵繼之，遂大破之，羣匪以次就擒。乘勝復圍捕某邨，傾其巢穴，取獲大礮、鳥鎗、長矛，計前後其獲首從六百餘名。是役，惟傷揭陽先登鄉勇一人，廝役一人。二月，事竣回省，因湖南傜匪藍正樽滋事，恐逆匪竄入連山，乃奏令君先赴綏傜任防範。其時，君遣弁目入傜排嚴查，而潮道及三江協及湖南皆有委員，紛紛入排，傜人不勝疑懼。君查明確無潛匪，稟明大府，出示曉諭，八排傜情乃定。君在連州，遇民傜搆訟，於判決時每防微杜漸，必使民傜相安，故以無事十六年。丙申，以前辦普甯案被臺臣誤劾，奉旨交欽使之本先在粵察案者，就近查辦，所劾皆誣，乃得解。初，君自連州被逮，揭陽民聞之，絡驛遣子弟至省探問消息，忽訛傳君已得罪，城鄉驚擾，經潮郡文武出示論之乃止，此亦可見斯民三代直道之公也。

十七年五月，署肇慶府。端谿大水，城不没者數版。君立城上，率吏役堵守，與水敵不去。吾時作詩貽君，謂似漢王尊云。君以郡爲總督剳所，營伍最大，兵額最衆，乃與營將商預放兵糧一月。時米價騰貴，一經支放，民不知栽。是冬，卸肇慶事，回省，適東莞縣有懷德、北栅、赤岡等鄉陳、何、鄧三姓械鬭滋事，仇殺多命，大吏委君會同督標、中協、都司、守備等帶弁兵五百馳赴東莞，會縣營圍捕。至則各兇聞風逃匿，圍無可圍，捕無可捕。君謂此次督撫會商，大兵壓境，警惕兇頑，若不得民之情，服民之心，空舉而回，何以示懲？乃暫駐城内，諭令送兇以緩之，一面排列船隻以張軍威，以寒匪膽，潛選員弁分途踹緝，遂將首從各犯先後全獲。

十九年，升貴州大定府知府。大定爲苗疆繁要之區，轄三州一廳一縣，其繁甲於通省。其俗好訟，每訟必牽書役，一案變成數案。或藉命、圖詐、賄和、私埋，一切雞豚細故，皆可釀命案，以致良民不能自安。君每逢告期，必親坐堂皇，且閲且批，或當即擲還，或當即斥責，應訊者即日帶訊。每結一案，必有判單，使兩造不能再進一詞。有一批即結者，一訊即結者，無案不辦，無案不結，故吏民咸畏之。其始至，每告期，呈詞必百餘起。期年，僅十餘起。其起解之案，悉依犯者原供，不增減一字。上官或有意挑駮，逼令改供，而犯者自謂情實如此，不肯改。大吏或下一令，君必斟酌地方之宜，不使受新法之纍，見多不合，故卒以齟齬去。郡有白蟒洞，係荒僻之區，無塘汛，墩舖山有岩硐，硐口寬約十餘丈，深約五里，可藏數千人。中産煤鐵。有汪擺片者，招集匪類聚於此，燒香拜盟，結老人會，擾害地方。君已訪聞，及是又有搶擄民人謝石沅妻謝趙氏事。君隨會營往捕，並密諭土目分塗踹緝，旋將汪擺片等五十餘人先後全數弋獲，訊出匪等立有名單規條，約定先搶三江苗寨，後八大户土目，再搶各塲。勘得此地有穴可以容人，有鐵可以鑄兵，有廩可以貯穀。定郡民苗雜處，界連川滇，其被惑及誘協之人更易更多，非他郡可比。今迅速破滅，不致滋蔓，微君之力，將遺無窮之患。

初，君在臨漳，值漳水漲爲裁。是冬，大庾戴相國奉命來勘漳河，時有議復漳流故道者。君考全邑皆故道，故道不可復，乃箸《漳水圖經》。及在連州，君以綏傜乾隆閒始設官，其時連山尚爲縣轄併不久，疆域錯處，人多未知，乃創爲綏傜《廳誌》，二書俱已栞行。文集若干卷，詩集若干卷，俱藏家，世憙等將即爲付梓。

君性好奇，喜大言，行多不掩，人或誚之，君亦無怍容。余嘗面質君，謂君大言不慚，似李鄴侯，君笑不顧。然察君行事，凡有所處，若省括於度，必獲而後釋，非擣虚者所能爲也。嘗與君同宿逆旅，命酒縱飲，劇談至深處，君忽放聲大哭，衆皆驚駭，走集户外環觀。君徐收涕，謂余曰：「吾之哭，豈惟若輩所不解邪？」凡君平生言動，一切率多類此，人咸目爲狂，以比蓋次公沈昭略。昨歲，《答友人書》内，言植之瞋念未除，乃圖欲作佛，亦奇士矣。蓋友人以是謗余，故君因其語以爲誚也。是不知菩薩慧多定少，必至道樹下始斷絶，而白衣在家修行者不受具足戒，是乃佛理至深妙之法，二乘及辟支佛所不能證，餘人那得知？嗟呼，安得起君於九原而與共論此？是故余不可不銘君，君捨余莫能得銘，即銘亦必不當君意。

君諱東之，字佑之，號伯山。七世祖諱文爕，爲刑部尚書謚端恪諱文然公再從弟，仕爲雲南開化同知，負奇才，有聲，康熙時遂爲名家，畫入妙品，號黄檗山樵。黄檗山在東西兩龍眠之閒，故君亦號檗山。後官連州，見山壁間有宋蘇文定公潁濱石刻「且看山」三大字，故又號「且看山人」。君生於乾隆五十一年乙巳，享年六十有三。高祖諱孔鉞，康熙乙卯舉人，内閣中書，欽旌孝子。配莊氏，封安人。曾祖諱興瀛，監生，贈登仕佐郎，候選從九品。配張氏，繼配馬氏，封孺人。祖諱培致，府學增生，貤贈奉直大夫河南臨漳縣知縣。配張氏，贈宜人。考諱原黼，誥贈奉直大夫河南臨漳縣知縣、例晉朝議大夫、貴州大定府知府。配張氏，誥封太宜人。欽旌節孝，例晉太恭人。君初娶張氏，同里壽州學正諱裕術公女；繼配徐氏，武進縣順天糧馬通判諱準宜公女，俱例封恭人。初納側室周氏，俱前卒。繼納側室楊氏，君殁，殉節，呈報待旌。子六人：世恩、世悳、世憙，俱張恭人出。世悳早殁。壽愷，周氏出。恭懋，徐恭人出。懋恬，周氏出。楊氏所出殤，君命以懋恬爲楊氏後。女二：長適浙江錢塘汪錫智，夫死絶粒以殉，奉旨旌表；次適同里方之粲。孫男四：祀、晨、晹、昞，孫女二。銘曰：

謂學未究，傜簿漳經，用諗厥後。謂仕未究，節錯根盤，功喧萬口。謂君無奇，跌宕縱横，執居君右。彼庚元規，其風涴人，嗟嗟某某。我銘君幽，慰君地下，掀髯拍手。百世而遥，石可泐磨，載詞不朽。自記云：章法完密，於敘事中一一點綴，風韻焕發，韓、歐、王法也。或言艾繁，不可删者亦有説。念此爲伯山平生第一得意，第一功名，英姿颯爽，毛髮俱動，平心而論，實多有足爲後來治劇之譜。若貪惜筆墨，裁損字身，縮減文句，以求合所謂義法，則伯山面目性情不出，文章精神亦不出，如宋子京《新唐書》，反成僞體。墓誌即史家紀傳，宜實徵事蹟，如太史公諸列傳，各肖其人，描寫盡致，自成千古。故韓、歐、王三家誌文，皆學史遷法。若但以長短爲勝劣，則子由誌東坡亦六千字，東坡狀温公至萬言以上，雖昔賢之論蘇氏文不登金石之籙，然二公亦尚非全流俗門外漢也。且伯山之爲政，與吾之爲文，自行意而已，固不規規傍人門户，指前相襲用，一律作優孟衣冠也。此意何當與吾伯山地下共論之。

劉君應臺暨夫人吴氏合葬墓誌銘

道光二十三年十二月十八日，亡友劉孟涂之子繼將合葬其祖父母於邑西挂車山保孫家灣，來乞銘。余實與孟涂久，故不可以不文辭，即取吾所素知者爲序而銘焉。

君姓劉氏，諱宿光，字應臺，國學生。曾祖諱中芺，祖諱拔，父諱廷灌，俱爲名諸生，有學行。妣氏王，生芸臺、上臺及君，繼妣生菊如兄弟四人。君幼孝謹，性嗜學，以勤苦過甚成勞瘵，早卒，年甫二十五歲。夫人吴氏，世大姓也，父音，金邑諸生。夫人自少善事其親，以孝稱，在室處羣，聰明順善，動有禮法，以淑慎稱。年二十歸君，歸四歲而君卒，夫人痛甚，自墜樓不死。是時，孟涂生甫半歲，衆咸勸以舅姑在堂，奉事不可闕，且撫育遺孤，亦所以慰安泉下之心。夫人聞，乃忍死復食，終盡其孝養之職，數十年茹苦歷艱，卒成就其子爲名士。夫人之歸也，姑王早歿，繼于、繼嚴、繼高皆事之如姑禮。舅性喜蒔花竹，夫人助之，裁種護惜，其至誠感應，嘗有枯木復生之祥。於時家貧甚，夫人日事女紅佐薪水贍朝夕。一子雖愛，然課之甚嚴，及壯大，猶不免楚撻焉。

孟涂生有異稟，始學爲文，輒驚其長老。夫人慮其盈滿弗進也，則教之事賢取友以自益。鄉先達姚姬傳先生以文學爲海内宗，孟涂上書自通，姚先生見而驚異，因授以文章義法，爲之延譽，由是知名，一時名卿鉅公及四方有聲聞之士咸與孟涂納交。最後在亳州纂修州志，刺史任君尤所親善，敬待加禮，相洽甚歡。方以平生游好最兹稱意，忽一日飲刺史署，歸而無疾遽卒，道光四年七月也。夫人聞信，驚怛欲絶，而婦倪氏復自經於房。當是時，如舟行遇風，猝遭覆没，篙櫓頓折，所親連亡，流屍近遠，號呼莫救，《鴟鴞》之詩所謂「漂摇毁室」者，殆不是過也。

初，孟涂娶於望江倪學博之女，生女子二，皆早殤。倪乃進婢，生一子繼，時甫三齡，亦如夫人撫孟涂之年，於是夫人復以撫育孟涂者撫孤孫焉。嗚呼，夫人少遭閔凶，幸而有子克成立，又才且賢，乃至暮年，天復中路奪之，是何其觸造物者之忌而酷極之若此？雖然，夫人遭命不辰，誠有生人所不堪之憂，然一時名卿鉅公及四方賢士皆知有孟涂，又知孟涂所以克成爲令器，悉由夫人之賢明教育所致。夫人與其婦俱以節行蒙朝廷旌顯，一門再世，賢懿爛然，邑乘省志交載其事。孟涂之文與詩，又自足永其傳於後，以視世之龐眉齊壽，愚不肖子孫成行，死而與艸木同腐，千百億而無算者，其得失何如也？古今婦人，名行多成於慘酷不如意之遭，豈不然哉！豈不然哉！然則夫人之不幸也，乃所以成其不朽也。

夫人生於乾隆壬午年四月二十二日，卒於道光癸巳年四月十二日，享壽七十有二。其所撫孤孫繼，今亦成立授室矣。孟涂少孤，其尊人早世，行事無所傳，吾故獨銘其母夫人之行，以爲後世觀。銘曰：

夫不偕老，子不送終。蹇蹇連連，迭告於凶。生欠身殉，歿無媿容。越六十年，同穴幽宫。誰其成此，在後之侗。瘞石可泐，令善無窮。

王君學儒墓表

君，徽之歙縣人，姓王氏，諱某，字某，援例授布政司理問諱震者，是爲君考。始自徽挈家業鹾於常，故遂爲常之寓公。君兄弟三人，君居次，其隨理問君至常時，年方九歲，已岐嶷異常童。稍長，自敏於學，爲文沈深雅正，復游學浙東，名譽日起。常故多文儒彥士，君遂與頡頏角立，顧數奇試輒不利。既失怙，後遂不復應。然未嘗一日廢學，居恒取諸子百家丹鉛甲乙以自遣。喜作詩，不拘格律，或數月不箸一字，或一日得十數篇，皆自抒胸臆，不欲與世競名，嘗自署其稿曰天籟。每曰讀書貴明理，功名得失自有定命，不當措意。其論詩文曰：「詩文貴有性靈，若徒事剽襲，皆古人糟粕，自家面目不存焉。」酷嗜惲南田書，嘗購得數十紙以泐諸石。尤多蓄元明人書畫，嘗坐齋中，晨夕展翫，謂人曰：「余老不能游，即此以當自放於山巔水湄，其誰曰不然？」然人有愛者，即慨以持贈，不少吝，其寓物而不滯物類如此。常州錢伯坰魯斯固以善書名天下，君乞爲書方正學四箴以揭於壁，因以示其子曰：「骨肉間存一爾我心，即是不孝，我其以此爲遺命矣。」嗚呼，觀此數者，君之風義可想矣。

同里朱太史文瀚，其先本與君爲同宗，君之歿也，朱實爲其誌銘，極言君之孝友，至性過人。太史固一時名宿，其文章議論，足使君之姓名學行有載，可以信今而傳後矣。乃君之子國棟復以書達桐城方東樹，乞爲之二碑。樹以埋石於君之世次行誼已詳，因揭其大概，以表於隧門之外，使過者讀之，知君之蓄積，以慰國棟之孝思云爾。桐城方東樹表。

張大令勖園墓誌銘

張竹狀其先人，來乞銘，其言曰：「葬未有期也，以君與先人交最契，知最深，齒又耆艾，幸及賜爲文，得藉以不朽焉。」讀其狀，則自君少日爲學之敏、長而孝友易直行己温恭惠恕，及居官之勤民、興利除害，往往異於庸常鄙瑣闒茸者之所爲，如吾所知不爽。

君以乾隆乙卯科舉人考取高宗純皇帝實録館謄録，部選江蘇奉賢縣知縣，前後凡兩任。後丁父艱，服闋起復，選甘肅之漳縣，以目疾引退，遂喪明。本無宦橐，家居食貧，辛卯、癸巳迭遭水潦，境益窘，冬無裘、食不飽者十餘年，而卒困飢寒以死。嗚呼，其可悲也已。謂君不達邪，則既已仕矣；謂君嘗貴仕邪，則校君莫年所遭，有不若農民工賈擁百金之産者，猶足以自存活，可不謂之命邪。

桐城固以文學雄江北，而樅陽自海峰先生以詩鳴於世，後起者凡數十輩，惟君與王晴園灼、朱芥生雅稱尤名家。所箸《問花亭》前後集，海内名流争歸慕焉。配方孺人，今年亦八十。女子一人，子二人，長早卒，次即竹也。銘曰：

諱敏求，姓張氏，勗園其號爕父美。籍世婺源連城徒，銘以奠系緜厥祀。

祁門五品贈職黄君偉齋墓誌銘

君諱廷杰，字士豪，號偉齋，系出漢孝子香。東晉時有名績者，由國子祭酒出爲新安太守，子尋廬墓於郡西黄墩，遂居焉。至唐有名儀者，以郡人任祁尉，有惠政，因家邑東之左田。至元初有名應祈者，任本縣教諭，子叔英贅城西陳氏，遂居城之正街。厥後，仕宦甲科不絶。我朝定鼎之初，順治五年開拔貢恩科，有名道光者首膺是選，考授知州。祁學拔貢自黄氏始，君即道光之來孫也。高曾祖皆隱德不仕。考諱啓球，生君，敏悟過人，植行端厚，言動不苟。以家貧不能業儒，年十三隨父友孫瞻雲翁往池陽習賈，翁深器愛君，以女字焉。君年二十歸娶，婚後即出，年二十四一歸，二十八又一歸。逾年生子雲海。甫三月，而孫以産後得疾，遽殁。是時，君客於皖之高河埠，始自立一肆，不復依人。居頃之，肆中偶有折閲。君以治生爲亟，乃命子雲海棄儒習賈。海居肆五年，不甘貿易，泣請於君，願仍習舉業。君許之，命從師受學，業日益進，遂得補博士弟子員。所爲文清真高潔，有前明隆萬人風格，一時遠邇卓然有聲，爲名諸生。

君居常念數代祖棺未葬，於是發憤習形家言，遂精其術。登涉險阻，不憚辛苦，卒獲吉壤，安葬高曾祖考妣。此後家計漸裕，遂命海居家侍奉父母，俱年至八十有五始相繼徂逝。君時年六十矣，奔喪後復出，至七十歸老於家，凡十有六年。海亦精地學，覓得青蘿山吉穴，扦葬君之父母。於是君之志事，俯仰悉畢，可謂存順殁安矣。

君爲人寬厚誠篤，博覽知書，最愛閲史鑑，通星命卦理，尤善醫術，箸有《傷寒歌訣》、《雜症詩括》。其在皖肆，遇貧病求治者，必資送藥劑，不取其值，皖人至今德君不忘。士固有混世同俗，獨行其德，不託飛馳之勢，不假文章之聲，不争耳目之名，而孝於親，友於弟，敦於九族，孚於鄉里，不媿於天地鬼神，自足以久於世而不朽者，斯固子夏所云「必謂之學焉」者矣。如黃君者，顧不足賢乎哉？先是，君以孫夫人早卒，又感其賢淑，誓不更娶，至是守義四十有九年，卒以是膺朝命旌揚焉。君生於乾隆二十二年九月初十日午時，卒於道光二十一年閏三月二十四日申時，壽享遐齡。子一，雲海，縣學增生，即選訓導加鹽提舉銜。孫五人：長光照，候選府經歷加五品銜，次光達、三光普，俱邑庠生；四光宇，國子監生；五光祖，尚幼。曾孫理中，邑庠生，正中六品軍功。餘幼。將以某年月日葬君於某鄉某里某原，銘曰：

其急務之先也，其持志之專也，其蓄德之全也，其吉佑之天也。我銘其藏，視石之堅也。

吾宗望谿先生有言：古者女子不甚重節行，故出妻改適無禁焉。自程子有「餓死事小，失節事大」之語，而後婦女以改適爲恥，風同俗一，湛於人心，如四時寒暑之不忒。以爲儒者立言，有功名教，其益如是。然獨未聞有表揚義夫者。以予行四方久，從未聞薦紳士流言有及此。至於朝廷旌命，亦惟忠節孝子爲多，義夫無聞焉。今於祁門黃君始特見之，然後識聖人之治，恩至周密，非庶士淺知所能量。及讀黟人俞正燮《癸巳彙稿》，於心戚戚，益知不可奪也。其言曰：「《禮·郊特牲》云：『一與之齊，終身不改。』故夫死不嫁。《後漢書·曹世叔妻傳》：『夫有再娶之義，婦無二適之文，故曰夫者，天也。』按：婦無二適固也，男亦無再娶之義，聖人所以不言此義者，如『禮不下庶人，刑不上大夫』，非謂庶人可不行禮、大夫可不懷刑也。自禮義不明，苛求婦人，遂成偏義。古者，夫婦合體，言終身不改，身則男女同也。七事出妻，則七改矣。妻死再娶，乃八改矣。男子禮義無涯，而深文以罔婦人，是無恥之談也。」余故取以箸此文後，使知大道體物不遺未容以偏闕者，不中其實而款言之也。

祭姚姬傳先生文

嗚呼，惟古之時，道出於一。德行文學，並曰儒術，四科既判，其流遂歧。匪惟儒蔽，亦見文枝。立之標準，漢差近之。而道不明，徒存其詞。繼周八代，紐芽於唐，韓徒始作，宋乃大昌。茫茫晦迹，如日中天。凡有血氣，畢被昭宣。惟文於道，其用相輔。有昌其運，同復於古。在唐韓、柳，在宋歐、蘇，曾、王翕奏，如笙管竽。譬濟滄海，必浮河江；如登泰岱，曷舍魯邦？有或越是，斯悖斯龐。昔吾先祖，奉是以教。先生受之，益宏其覺。近世俗士，黨崇漢學。醜詆紫陽，門户是角。搜抉細碎，違離道本。苟肆其心，譁衆取寵。遂及文章，羣喙沸騰。土苴韓、歐，放言云憎。孟某好辨，懲是淩暴。洪水猛獸，處士同悼。先生之學，先生自深。用力之久，益精於心。郁郁其文，播是雅言。近維俗敝，遠繫道根。四方之士，既止其門。如何不信，有聞不尊。或進不至，短垣自藩。或牽異説，中道改轅。繄維賤子，函丈夙依。二十年來，不遠以違。食我誨我，除舍分衣。閔兹孱弱，長貧兼病。先生顧之，憂心怲怲。歲在乙亥，梁木其萎。遠承凶問，日冽風凄。中丞之幕，用權吾寢。餘哀不忘，有淚在枕。追維平昔，無善以報。庶賡微言，以覺詔告。嗚呼，嫒嫒妹妹，陋士之羞。先生之守，實惟道周。後有夫儒，旦暮相求。論世考言，知非謬悠。奠醑陳詞，敢質諸幽。尚饗。

祭姚伯符文代

繄吾宗之在桐，承吴興之遠祀。歷載年以四百，象緜瓜與蟠李。惟忠厚之世積，克寖昌而大啓。累重德於鄉祊，並學優而從仕。及端恪之應期，當五百而名世。慎良刑於皋蘇，記功宗於敦史。比文章於虎豹，斑炳蔚於孫子。探經義於漢家，埽淫哇於闤市。追鄭、賈以比肩，戰揚、馬而摩壘。海内仰爲儒師，百代欽其文軌。我藉榮爲宗光，君親爲其苗裔。余屬長而輩尊，實生後而稚齒。不見君於盛年，僅相親於暮□。挂見聞之一二，不足究君之終始。君少貧而作客，奔衣食而靡止。壯從季以宦游，無恒安於梓里。惟一嘗爲户尊，綜凡百而獨理。既族大而寵多，糅良莠而順比。君秉直以明罰，咸悦服而靡毁。葺祠屋以十數，皆工固而無圮。復樽節其貲費，使常贏而有庤。蓋識敏而心平，廼恩明而誼美。諸設施之大者吾不知，就余所可見者有如此。余忝繼於君後，恨智闇而能庳。固萬分之不及，幸良規之在咫。奉成法以周旋，庶幸免於罪悔。敬舉觴以奠侑，冀來嘗其旨否。

祭李守戎文 代

嗚呼，凡今之人，多與古異。考行靡堅，聽言則易。臨危瑟縮，安平贔屭。維子險夷，摯性無二。及兹成仁，不欺厥志。子之死事，匪由人惎。殺賊致果，何諉何避。衆寡不敵，猝遇凶鋒。甲士三百，駢骨胥從。矯矯毅魄，卓爲鬼雄。陰相羣帥，卒殲醜兇。門功等閥，祠祭昭忠。西延山下，有赫英風。子既能爾，予又何恫。緬惟疇昔，莫釋余衷。維我與子，居同閈廛。我游我釣，結髮比肩。壯聚京師，十載式遄。文武異選，各就所銓。甲辰之春，子擢營員。余忝縣宰，黄綬是搴。我難其任，子曰不然。官無卑小，率職則賢。治兵親民，曷共勉旃。回顧乳者，出抱幼細。置予揩上，曰爲予壻。子實命我，敢或覆戾。愛敬篤施，骨肉兄弟。若將長别，爲寄拏計。平生交親，於此彌契。予於是秋，需次至皖。明年子亦，守備桂管。便道來過，舊歡重纘。官程匆淹，暫予賓館。謂言禄薄，室家宜緩。止攜一子，作苦相伴。必嚴課之，俾毋習嬾。藉歷營卒，使識將款。凡子用心，克貞克亶。至於逮賤，仁欲必滿。皖江有亭，名曰大觀。二儀高下，極目遼寬。元有忠臣，夙此埋棺。君亟拜謁，顔慘不歡。載讀碣刻，泣涕汍瀾。至心所感，異世同丹。把酒泛論，益攄肺肝。余志循分，不急弊剜。君聞起立，植髪衝冠。謂言立身，不比處境。境可隨時，枉生毋幸。必若拔俗，端由介耿。心堅轉石，名唏畫餅。我喻君忱，冥昭瞢憬。日月其慆，丹青長炳。子今完節，我猶爲人。忝爲民牧，何裨於民。負子所期，媿子所云。君雖謝世，在天有神。旨酒欣欣，燔炙芬芬。陳詞奠斝，君諒知聞。尚饗。

考槃集文録卷十終

考槃集文録卷十一

族譜序　家傳　哀詞　終制

族譜序

人之生也莫不本乎祖，即莫不各求詳其祖。不幸遭世多故，遷徙靡常，或微而亡其世焉，猶必本受姓之始以箸其宗，此人之常情，亦古今之通義也。然而宗之亡即由乎此，非亡於求詳，正由夫求詳之過而轉亡焉。蓋古今氏姓之亡，其初亡於世變，其後亡於書。何言之？蓋自秦、楚之際，天下大亂而姓失。漢徙豪右實關中，大姓去其土箸，而姓又失。兩晉雲擾，中原混淆，而姓又失。唐人多新族，而姓又失。五代之亂，而姓又失。宋之南渡，迄於金、元，而姓又失。故雖漢、宋、明三代之祖貴爲天子，而皆莫能指其高、曾焉。若是者，世變爲之也。古今氏族之書如林，其一二出於古而可信者既亡，於是私譜家狀始多誣坿不可信。惟私家譜狀不可信，故官爲之正其失，而官書之疏妄更甚於私譜，由是天下無復有千年可徵之氏族矣。昔在魏世，置九品中正，州郡各有簿狀，以備選舉。晉、宋、齊、梁因之，家有譜牒，官有圖譜局，置郎令史掌之，以制婚姻，故《世本》及《鄧氏官譜》雖亡，而天下猶得因應劭《風俗通》、杜預《公子譜》、王儉《百家譜》、何承天《姓苑》、魏收《河南官氏志》等書以存《周官》宗人之遺法。及至北朝，有以二字三字複姓改爲一字，如「破多羅」改爲「潘」。與古姓相亂，於是有中原古姓，有代北姓。唐以後，又有通譜，有賜姓，有改姓，如「理」改「李」。有冒姓，離合出入，遂不可稽。唐人最重譜牒，太宗命儒臣撰《氏族志》，而國姓卒無定論。林寶撰《元和姓纂》，而不知己姓所由來。孔至撰《姓氏類例》，欲剟去張説；《新唐書·宰相世系表》，學者多摭其誤；而李延壽、沈約、白居易等自述其先，皆取世譏嘲，又何責於杜正倫、郭崇韜猥鄙庸人乎？鄭樵稱唐人譜牒書如《氏族志》、《姓系録》、《衣冠譜》、《開元譜》、《永泰譜》、《韻略姓解》等，或主地望，或主音聲，或主偏旁。夫音韻偏旁，止可爲字書、韻書，初無與於姓氏。若夫貴賤無常，地望安可專主？然而後世爲家譜者，率單主李林甫郡望之書爲據。若是者，皆書之失也。以世變若彼，以書若此，由是天下無復有千年可徵之姓族矣。且夫郡望所繫，大抵斷代自秦漢以後，其善者固有合於祖有功、宗有德矣，而於神靈之裔司商所協蔑如也。世俗之人所見陋，不能遠覽古今，詳考厥世，又不能闕所疑，而惑於相沿陋説，稱引無稽，不亦蔽乎？即所望不謬，而所望以上得姓受氏之祖或弁髦相忘而莫之稽，所望以下中間數百千年絶續遷徙之蹤莫之考，所望之人同時尚有諸族，一概置之而勿之道。其尤異者，本非同望而或扳重門蔭，或貨鬻先祖，因緣以爲賄利。總之，郡望之失，其始偏重閥閲，貴近遺遠，其後依託謬妄，以異爲同，欲由此考信要難，故不得與古者宗法同善。

顧氏亭林謂古者以祖之所自出謂之姓，姓本於五帝，若嬀、子、姬、姜之屬。春秋諸侯於公子公孫卿大夫有賜氏賜族，氏、族本於春秋，若以字以謚以官以邑以伯仲之屬，《通志》第爲二十七類。戰國猶稱氏族，漢人則通謂之姓，於是姓、氏、族混而爲一。竊謂族也者，本以昭穆親近相類聚而得名，《書》所稱九族也，故得與姓、氏同文。若夫得姓受氏之始爲祖，别子亦爲祖，氏姓所同出爲宗，繼祖者亦爲宗，故有遠祖焉，有近祖焉，有大宗焉，有小宗焉。先王因而制爲義與禮，以綱維而紀屬之，是故由身而上至高祖爲近祖，自高祖而上爲遠祖。遠祖親盡服絶，而於其中有盛功德而爲不祧不遷者，則凡同出其後者，共祖之，共宗之，所謂大宗也，次於始祖。是故同姓而不同望者有之矣，未有同望而不同宗者也。同姓而不同望者，謂同此字與音，而不同氏族所自出，如瑯琊、太原、京兆之王，楚公族及姬姓代北之潘是也。又有同宗而不同望者，則地望、房望之屬，如博陵之東崔、馬糞之别王是也，非百世不遷遠祖之望也。

方氏出於方雷，其望有三：曰河南，曰開封，曰丹陽，而大宗推河南。出於方雷，語見《風俗通》，而方雷氏見《國語》、《大戴記》、《史記》，信非妄矣。惟獨河南之望，吾且信之且疑之，而終莫能指其實也。何言之？六朝以前氏姓書吾不見，若唐以來官私所撰統志類，於本姓之下署曰某郡，或曰系出某郡，而皆不詳其所出之故，及其人名位功行之所由。惟私譜家狀歷歷言之，大抵造作名字，以實其誣，及考其時地事蹟，莫不牴牾無憑者。河南之望由來已遠，信則信夫氏族書之云皆然矣；疑則疑夫其時地事蹟之終莫可考也。林寶《姓纂》無方氏，惟於十陽出方叔姓，云鼓方叔，後引漢有功臣方叔無咎。謝枋得《祕笈新書》所引於十五灰出方雷姓，云：「方雷氏後，女爲黄帝次妃，先玄囂。蓋古諸侯國也。」下引漢雷義諸人。鄧名世《古今姓氏辨證》於方姓下云「《風俗通》曰『方雷氏之後』」，下即引唐睦州人方干云云，而絶不及周、漢兩代人。《通志·氏族略》云「周大夫方叔之後，《風俗通》曰：『方雷氏後。』漢有方賀，唐有詩人方干，宋朝方氏爲箸姓，閩中多有，系出河南」云云。夫此數書，皆名籍也。鄭氏尤自矜其箸，以《氏族略》爲第一，而所詳不過如此。至於淩迪知《萬姓統譜》箸儲亦無紘，惟妄引何書，造儕儼之名，謂與儲俱仙去，至爲不根。其箸方望，既曰爲隗囂將軍矣，而乃以屬之晉朝，明人之陋，大抵若是，不足辨矣。竊嘗考之，傳稱黄帝之子二十五人，其得姓者十四人，爲十二姓，故言氏姓者，黄帝之子孫爲多，虞、夏、商、周皆是也。獨方雷爲帝子青陽之母氏，箸爲國姓。譜方族者，或稱方雷爲黄帝之子，殆不學之陋也。特方雷之裔，其族甚單，在虞有方回，爲帝舜七友。在周有方叔，爲宣王卿士。在漢《前書·百官公卿表》，哀帝時有廷尉方賞，乃東海人。《後書·光武紀》有方望，後爲隗囂軍師，以畫策不用而去，實平陵人。則不知此二族前孰爲祖、後孰爲宗也。若《五行志》，安帝時有方儲對策，不詳其爵里。《通志》云漢有方賀，其爵世亦未詳，賀或即賞字之譌。惟方氏之爲私譜者，向來咸稱西漢末有曰紘者，爲河南守，避王莽之亂，遷歙之東鄉，三世至黟侯。儲當章帝元和初，舉賢良方正，歷官太常卿，封於黟。及隋開皇閒有惠誠者，爲歙令，其子叔游愛歙之山水，因家焉，距黟侯十九世矣。其後有自歙遷婺源者、遷環山者、遷巖鎮者，有自婺源遷嚴州者。嚴州之方，在唐有詩人干，干生三子，曰珠曰瑁曰理，最爲蕃盛。自是方氏散衍天下，閩、越、吴、蜀、楚、粵皆有，或本於黟歙，或本於婺源，或本於嚴州，或本於環山巖鎮，不暇一一考，要莫不各本其始遷之祖以箸爲族，而同以河南爲望，蓋自唐宋以來未有或易之者也。

吾以爲方氏在陳、隋以前不可詳，而在唐以後則可稽，其望河南也不可知，而其盛於黟、歙、嚴州則信而可知也。何言之？河南之望未詳所由，竊意郡望之始起於漢徙豪右實關中，大姓各繫其土著以自别，若曰此某郡之箸族耳。其後歷代南北遷徙，一時箸姓亦各相沿此制以爲稱，故陳、隋以前姓氏書因之，唐人不知，悉憑其私牒撰爲名字，以專其派。唐以後作姓氏書者益昧其故，而相沿不改。河南之望且不專屬之方氏，而方氏又豈必名紘者果嘗爲河南守而專之邪？且紘既遷歙而箸其望矣，而惠誠、叔湁又帶何望而來邪？淳安方氏譜曰：「紘與儲蹟用具謝承《後漢書》。」按七家漢史皆不存，而承在司馬彪前，彪不應不見承書，而所作《郡國志》於黟縣下不云爲侯國，則黟封實未可信。吾意方氏嘗有箸姓在河南官氏志者，其後衰微，而其子孫有帶望而遷於歙，襲河南之名，因鑿空紘與儲之爵位，以遠屬之漢世，爲若家於其封以夸榮當世。爲氏族書者不暇深考其本，於魏收書名之譌亦因相沿云爾。紘與儲爵位行蹟他傳籍皆罕記，而黟歙之族實蕃衍至今，惜乎吾不得隋唐以前之書而考之，以訂其是非，而姑以出於黟歙近而可信者敘吾譜，而河南之望則姑存而勿論可也。昔歐陽永叔爲家譜，不望渤海，蘇明允不望武功，皆慎言之也。而鄭樵悉彊箸之，又不能言其故，殆所謂疑以傳疑者與。

吾族自明初洪武間由徽之婺源遷桐，

而其始遷之祖以上載於徽譜者不可考。而前此有於宋元閒自徽之休甯遷池口，再遷桐城，而其始遷之祖以上載於徽譜者亦不可考。不可考，則各以其始遷之祖爲之小宗，而以徽族爲大宗之望，此固人心義理之大公，而亦後世私譜之通義，不獨方氏然也。厥後遷池口者居桐而族大貴，而吾族獨無達者。昔謝氏自受姓以來久微，而盛於晉、宋、齊、梁之代，遂爲天下望族。蘇氏自唐初遷於眉，至宋洵、軾父子而始顯。方氏自唐代以前，史傳箸氏姓者絶鮮，及宋而漸蕃，至明而大盛，此門運遲速所開，有天命而不可知與？將因形家之言，舉三代而後之貴賤、榮悴、隆普悉歸於先祖墓田之祥，如袁安之事者與？以吾方氏二族之在桐城者考之，益信不爽焉。

顧人之有世，譬水之有源，源遠而末益歧，是故人賢且貴者則箸，不賢而微焉者則不箸，亦如水之大者則有名，而其支流之微者經亦略焉。自黄帝時之方雷至虞舜之方回，三百有餘年，自舜之方回至周之方叔，千二百有餘年，自漢廷尉賞、軍師望、對策之儲至唐處士干，七百有餘年。以蘇明允之言計之，三十年而易一世，則爲百世矣。百世之久，而僅得此六七賢，則其餘之微而不箸，隨世磨滅者，固多矣。處士之祖由婺源而遷，吾之祖亦由婺源而遷，由處士之祖以及吾之祖又千有餘年，而其世之微而不箸，隨世磨滅者，猶之昔也。其不箸也，固由賢且貴者之少，而明允乃歸之譜之不立，其詞彊而其意則隱矣。吾則不然。夫世之不箸，由賢且貴者之少，其得存於今，則世固未絶也，不箸者，吾無如之何矣，幸而未絶，不至如眉蘇氏自高祖以上不可詳，則安得不爲之譜以紀之，以同吾一本之恩也。獨是以久微之世而爲之譜，不溯姓源則爲無始，紀之，則來遥遥華胄之誚，然後歎歐陽永叔、蘇明允譜法仁至義盡，爲萬世不易之良則也。其法斷自可見之世，即以爲祖，而凡遠而不可詳者截而置之。譜以紀世，非以紀貴；譜以紀信，不以紀虚也。

雖然，不考歐、蘇所以爲譜之意，與夫所以爲譜之法，而曰吾法歐、蘇也，則亦徒慕其虚名，實未覩其箸撰。蓋宋承五代之季，仕宦遭亂奔亡，失其世系，百餘年閒士大夫茫然莫識其祖，又有私鬻告敕，亂易昭穆，族姓大淆。永叔、明允愍焉傷之，始創爲族譜以紀其世，大抵皆有懲於誣坿之妄，而本其確信者譜之，求爲盡制，以盡倫焉。故其於得姓受氏，遠近分合，考信墳籍，不疑不惑，萬世爲昭。及其斷而爲之譜也，創通新義，例法謹嚴，一出以精意，上法孟堅、子雲，而一洗魏晉以來之陋，皜皜乎爲千古不多見之作，所以可貴。世俗無聞，不足以知之，既未見其書，又不悟今俗所爲迥與其法相戾，而猥曰「爲譜必法歐蘇也」，此與耳食何異？

吾嘗綜詳其法，以與今俗相校，蓋有二失、七不同焉。歐譜例曰：「姓氏之出，其來也遠，故其上世多亡不見。譜圖之法斷自可見之世，即爲高祖，下至五世玄孫，而別爲世。」竊以夫人子孫相繼，人人有高祖，人人必爲人之高祖，奈何截以五世乎？此歐譜之失也。蘇氏爲高祖不可考，不得已而斷始於此，猶之可也。而使後世之得爲譜者，人人遷其高祖之父，別存先譜，則就此人之譜觀之，不疑於無始乎？此蘇譜之失也。蘇譜列序上世名德，遠自神靈，及於益州長史味道，皆以親盡，斷而不譜，而別録於後。今俗所爲，其於詳略之載，非失之誣，則失之漏，其不同一也。蘇譜横敘各望如列屏，如模繡。今俗所爲，概統於一望，其不同二也。蘇譜斷始高祖，蓋無如何而不得已。今世爲譜者，莫不起於始遷之祖，而始遷之祖又不必適在五世也，其不同三也。蘇譜法曰：「必嫡子而後可以爲譜，爲譜者皆存其高祖，而遷其高祖之父。」今世爲譜者，不必嫡子，嫡子亦不必咸能爲譜，而高祖以上亦無可遷，其不同四也。蘇譜法曰：「凡今天下之人，惟天子之子與始爲大夫者而後可爲大宗，其餘則否。獨小宗之法猶可施於天下，故爲族譜者其法皆從小宗。」今世宗法不甚講，又一族之中爲大夫多有，且有父子兄弟同時相繼爲大夫，孰爲大宗？孰爲小宗？ 其不同五也。蘇譜獨詳且尊其所出，而其他則否，歐譜亦云：「詳其親者近者，而略其疏者遠者。」其所爲者，雖屬親支小宗私譜，而固已有詳略之殊，不如今人之譜詳則俱詳，略則俱略，壹視人之行歷以爲之準爲至公也，其不同六也。歐譜、蘇譜皆專主繫世，而後世之譜多載傳贊揚美虚詞，其不同七也。

最此二失七不同，而世爲族譜者終必託之以爲稱，首則以其反古斷始，因而實同創也。故吾今爲族譜，雖本歐、蘇之法，而亦少變通之，兼用鄉先生姚姬傳先生譜法，期於世次易明，文簡易檢，册輕易挾。其法以始遷之祖爲之大宗，二世以下各從其支繫所出爲之小宗。小宗每九世爲一卷，從二世起盡今日而止，長房畢再譜次房，亦如之。以今日修譜之人爲斷，各於其本支推其長房長子一人爲嫡，如長房絕，則推其次長，蘇氏所謂「惟嫡子而後可以爲譜」也。自此人本身上至高祖，下及其曾玄，纍九世共爲一卷。又旁及其高祖之兄弟，每房爲一卷，曰此九族五服圖也。

高祖以上又纍之，以及其高祖，至於始祖而止。今日修譜之嫡子，以十八世爲率，其下不及九世，其上必斷自十一世起，而虚其子孫曾玄焉。其有過九世者，則以所過之人别冠爲卷，此歐、蘇法也。但歐、蘇截以五世，吾法以九世；歐别爲世，蘇别爲譜，吾但别爲卷耳。别爲卷以便支族之易攜挾，此姚法也。但姚譜三格，吾依歐譜五格，此《史》、《漢》表法，本無定也。約曰：凡同大宗始祖者，休戚慶弔皆必相問遺，同小宗者加密厚焉，同高祖九族者又厚焉。若不幸有烖禍，九族不能賑者，小宗同助之，小宗又不足者，大宗共助之。所貴爲族譜者，爲將同吾一本之恩。譜爲盡倫篤親作也，非徒繫其名位、卒葬、婚媾而遂已也。吾族既無貴顯，不登朝列，則其功名行業已無可紀，惟其敦德懷仁、内行修美、學業優殊者，略敘數語以視子孫，而傳誌虚美之文概弗載入，此歐、蘇法也，亦姚法也。

族譜後述上篇

昔賢之論，皆稱自秦漢之際而宗失，自《世本》書亡而五代之氏姓不可考。秦漢之際，王者興於艸莽，將相出於屠牧，皆不能紀其先。《世本》書亡，故漢魏之人碑文所述氏族之始，皆不足據。及兩晉雲擾，而天下之姓益以淆亂。宋、齊、隋、唐最重譜牒，然大抵矜門户，崇郡望，啓世訌争，紛紛可鄙。於是由賤而貴者恥言其先，遠引名人求以自重，其閒灼然可稽者不過止於漢、晉。氏族之書多依託謬妄，海内名家，五音望族，流品雖高，其言姓源，率荒渺難憑，是故譜盛而宗愈失。昔姚寬及顧亭林皆嘗欲由唐虞三代分次其所從來，列考受氏之初，以類族而反本，意良善矣。究之姓源雖得，數世而後，盛衰崇替，遷徙不常，或絶或續，其世次仍不可考，於是而宗又失。然後知歐、蘇二家及近世姚譜法，爲天下萬世不易之良則也。

歐、蘇譜法，大抵就今日所確而可知者斷以爲譜，推其本同箸爲大宗，合其近屬聯爲小宗。凡爲族譜，其法皆從小宗，大宗雖遠，而得姓受氏之本，及歷代有德之賢，後人不可不知，則略録於後序，而不以入譜。姚譜之法，則各異其房支，使其九族近屬聯以相從，慮不幸而有離亂遷徙，子孫便於挾攜，故爲之小字十行本，以易夫方尺之鉅册焉。嗚呼，此其用意，非具有至仁之懷而兼有問學深思者，孰能與於斯？故天下不患宗之亡，而患無譜法。萬氏充宗乃謂宗法與譜法不相謀者，非也。其言曰：「一族可同一譜，一族不止一宗。」似也，則不知譜之所紀以何立法，其言亦甚疏矣。

方氏出於方雷，於虞有方回，於周有方叔，於漢有廷尉賞、軍師望、對策之儲，於唐有詩人干，宋以後漸蕃，達者漸衆，明以來幾於天下徧有其姓矣。而又忠節、儒林、文苑，貴爲節、撫、宰相者，接迹於搢紳，遂爲海内盛族。大抵皆出於歙、嚴所遷，而同以河南爲望。惟獨河南望之爲紘而遷歙，與夫儲之封黟，徒見於氏族書，而此外莫考，且歷魏晉六代數百年以來，而其世無聞，則未知果家於其封，歙、嚴之族果必其苗裔，果自漢世緜延以至於今，世遠莫能指也。

蓄此疑滯，久不得豁，欲得徽譜證之，而又不可通。方族出於徽，則徽譜曷爲不通？曰往者遷池口之方恪敏公問亭先生重輯宗譜，移書徽之宗人，以求其世，而徽宗不應，是以恪敏所修《桂林譜》，於其始遷之祖以上仍缺其世數，而不可詳。彼族至貴，而徽之宗人且不應，矧如吾之族寒望微，其何能得之？是故方氏之大宗在歙，而他郡縣所遷之族概莫得敘支派焉。昔人言北人重同姓，多通譜，南人則有比鄰而各自爲族者，信矣。吾族自明初遷桐，先世載徽譜者既不可稽，遷桐後支譜不幸又遭明季兵燹失之。八世叔祖吉生公僅有藏本，而殘缺過半，康熙己巳始重輯而增修之，據此本也。蓋賴是而先代之世次略可稽考，公之力也。公名學員，後棄家爲僧，號餐霞和尚。自康熙戊戌至嘉慶丁巳，族人嘗一重修之，閱今又四十餘年矣，小子東樹始得而論次之。

族譜後述下篇

氏族譜牒之系，其稱有三：曰郡望，曰地望，曰房望。郡望已見前篇，地望者，始遷所在之稱，如歙、嚴方氏之有鸕鷀、巖鎮、環山也。吾族自婺源遷桐城，始居魯洪，其後亦散衍他邑及各鄉，而必以魯洪繫其望，不忘所自始也。魯洪方氏無顯者，族人或恥之，不以爲榮，則曉之曰：人之所以重於天下也，爲能有德與賢否耳，而豈以盛衰崇替殊優劣邪？古有始盛而後式微者，樂、郤、胥、原降在皁隸矣；亦有始微而終大者，則三代而後之氏族皆是也。然則盛衰崇替，政由於人，非以其世。矧吾族固本神靈之裔，越虞周而來者邪？馬糞王志、高平王沈、博陵崔顯、近世華亭放鵝莊王氏，皆傳於世，豈藉其宗而始顯邪？且亦人能榮宗耳，宗豈能榮人乎？是故同一盛族也，而或恃其門地恣爲惡行，則不特閭里皆賤之，雖其宗人亦醜之，而不願引以爲族矣。而如有人能勸學修身，積功纍仁，其行足以孚鄉邦，其學足以重當時，其名足以永後世，則其宗賴之以榮矣，而其鄉人亦且樂稱之以爲美也。斯義也，古今陳迹不可勝談，要稍知書者咸必能信之。是故人貴自立耳，立身而後可以教家，教家而後可以教族，教族而後可以教國，教國而後可以教天下，教天下而後可以教萬世。夫人之爲行，至可以教天下萬世，而不足以榮其宗乎？聖人復起，不易吾言矣。

今當纂修宗譜之日，凡吾族人尚其繹思吾説，而務勸學修身，積功纍仁，上有以承其先德，下有以蔭其子孫，久之不怠，後必有以魯褀易河南之望者，而何榮如之？

既以應族人，又從而記其所聞先人之行。

蓋吾聞之先子曰：吾族自遷桐以來，世以耕讀教子孫，雖無顯達，大都敦固純實，無爲惡者。當明季天下多故，流寇蹦舒桐閒，六世祖諱柯字龍宇與其弟鳳宇、祥宇等五人，團聚堡砦於虎頭山，居鄰遠近相依者數百家，結和包陣以禦寇，頗多殺獲。自是賊之搜山者，畏之不敢入，比於古，亦所謂有功烈於民者也。有四子，皆早卒，竟無後。殁後，鄉里不忘公德，爲廟祀於本宅旁，立公及弟四人木主以報饗焉。至今有水旱蝗疫，禱輒靈應。其地在下澶沖保，土名石船底，公故與左忠毅公善，此廟亦與左氏松鶴菴相近。及我曾祖諱晙，好讀書。是時宗老閑阿先生，及諸耆宿老儒胡莫齋、孫華農、吴抱雪等講朱子學，創尊聞精舍，祀朱子，而以《吕氏鄉約》教於鄉。曾祖既與諸人友，因命吾祖師事閑阿。曾祖母江氏，故舊族，性嚴毅，克謹於禮法，生四子，長即吾祖。吾祖内秉嚴教，又得諸耆宿爲之師友，故德器成就，卒爲名儒。吾祖爲學宿成，少有高名，所交盡一時知名賢士。當乾隆初，海内文章尚繁縟，吾祖獨師艾千子講論，因與其友張弼宸輔贇、吴井遷直選《江左同人文甄》及《盍簪集》，以崇起先正矩矱。金壇王太史罕皆嘗簡先祖及左廉、姚範、葉酉、王洛、張瑚、周芬佩、胡邦幹、江有龍、王師旦文，號「龍眠十子」。而宜興儲大文亦簡先祖及沈德潛、周日藻、曹階、王之醇、高炳、周振采、蔡寅斗、葉酉、江有龍文，爲《江左十子》，刻以行之。又嘗在金陵與韋謙恒、王鳴盛、吉夢熊、秦大士、蔣宗海、曹錫端等一百六十四人爲文會，而先祖年最長，執牛耳焉。寶山朱桓、嘉定汪廷璋同編爲齒録，名曰「秦淮文匯」。乾隆丁卯、戊辰，以優行貢入成均，祭酒陸梟川先生銑欽其名，不敢以諸生禮接之。是時，海内昇平無事，深山窮谷遠方奇偉之士，皆出求仕，畢集京師，因益得盡交當時賢傑。丹徒王禹卿文治嘗以文贄見，先祖謂之曰：「君他日當以詩名世，文可不必爲之。」王自是遂不復爲文。《夢樓詩集》所稱舊游彭與方是也。彭，丹陽彭晉函也。在京師，初主北平黄崑圃叔琳家，後主少司馬觀補亭保，又嘗與友劉耕南同主吴荊山士玉。後爲八旗生教習。歲滿，詔以知縣用，先祖不樂就。温給諫如玉及葉庶子酉視學湖南，皆嘗延先祖至楚，所刻試牘盡小題，皆經先祖改定，號稱極佳。而先祖每題亦必自作之，其文深峭奇闢，似周秦子家，而壹發宋五子之奧藴，今此稿存家中。嘗箸《楚游隨筆》四卷，皆考證地理之言，爲黄認廬登賢借去，遂失之。先是己卯，觀少司馬典順天試，鋭意欲以第二人處之，故事，順天試南卷不得第一故也，因明告諸同考官。而常州劉編修某嘗有嗛於先祖，因屏匿其卷，及搜得之，已污抹不可用，觀公太息。後壬午，觀公再典順天試，先祖遂不試。明年，旌德吕光亨以給諫視學山西，因請先祖至晉，會病血症，不任勞劇。而同里門人姚羲輪時爲洪洞令，因請主其邑之玉峰書院，乾隆二十八年也。時余年十二，隨姚人赴山西，侍先祖讀書一年，而先祖病歸，旋歿。當楚、浙獄起，同里孫學顔，上元車鼎賁、鼎普皆牽連及於禍。先祖傾身經理，爲殮殯持喪南歸。門人姚刑部鼐所爲誌墓文嘗次述其事。姚編修範嘗稱先祖文似明羅文止，詩似宋楊誠齋云。先祖諱澤，字巨川，晚自號待廬，以乾隆三十二年歿，距生於康熙三十六年，享年七十有一。娶洪氏夫人，生三子：烈、述、訓。述早卒，伯父烈無後，以弟某嗣。吾父諱訓，好善能文，事親孝，與兄弟篤愛，與朋友篤信，鄉閭之人無親疏，皆愛敬之。生於雍正二年九月，歿於乾隆四十年二月。娶胡氏夫人，生四子，而吾居長。

此樹所聞於先子云爾。先子諱績，字展卿，晚自號牧青，生於乾隆十七年七月初五日，歿於嘉慶二十一年閏六月初四日。娶鄧氏夫人，生子女五人，惟樹獨存；繼娶姚氏夫人，無出；繼娶吴氏夫人，生子女五人，皆不存。先子少有異稟，十歲能讀《項羽本紀》，姚編修範贈曾大父詩所謂「千言畢覽十齡孫」也。其爲文清深雄傑，詩學退之、山谷，創意造句必出於常人之境，皆栞行於世。坎坷貧困，抱志以終。先是，大母篤病久，是時家甚窶艱，藥餌旨甘不給，先子老而憂生，是歲主無爲州繡谿書院，歸感疾，數日而歿。時東樹在江蘇胡中丞克家幕，不及視含斂，其衣衾材木蓋俱薄。嗚呼，尚忍言哉！明年，大母歿，東樹旅困江甯，亦不及視含斂，其衣衾亦俱薄。嗚呼，尚忍言哉！聊書而藏之家，使知余之恨而已。

吾祖生四子，八叔父殤，三叔父早卒無嗣，七叔父未娶，以貧不能相保聚，致令客游半世，蹤迹無定，在丙子、丁丑先子及大母喪，皆嘗一歸而旋出，自是至今不知存亡矣。每一念之，痛纏心髓。身既迫家纍，欲往覓之，又無從，使我永負罪於天地矣。叔父名茂元，字季默，生於乾隆丁亥八月十八日午時，長余六歲。幼同學，極相狎愛，生平無邪曲之行，污下之心，惟性剛不能容物，可以質鬼神，而不諧於人，竟以是坎壈惋憤以終，魂靈不返，酷矣極矣。叔父工書，剛勁蒼古，無柔媚態，稱其性情。余自忖不獲久存於世，終不可得見，遂爲之立主，以祀於祖父母之側。嗚呼，其或相遇於九泉也。道光十一年五月日，小子東樹謹述。

曾大父逸事

大母嘗逮事曾大父，時爲東樹言曾大父事，曰：曾大父體貌甚偉，氣蓋儔衆，性嚴毅，不可犯。嘗於居宅旁搆書室十餘楹，遠方來學者悉主之。有六安鮑先生遠砦者，年四十餘矣，偶有小過，叱令長跪，鮑先生亦無幾微忤於言色。又有一生，偶背呼其妻父之字，其妻父故與曾大父爲執友，聞之，誚讓再三，固欲屏逐之，不使列於門。嘗邑中騎而歸，時日已暮，於路昏黑雨甚，度不可抵家，又不可返，遂啓道旁何氏攢宮，繫馬於外，坐於棺側達旦。又嘗昏晚聞門外馬騰躍，以爲與鄰馬相蹏齧也，出叱而逐之，及牽馬不行，乃擁而抱之，歷階而上，及入，視衣皆血殷，然後知向爲虎所搏也。東樹既聞此，又觀曾大父自敘詩集云：「嗟呼，生平志氣之盛，豈屑屑託文業以傳？」然則曾大父胸中所懷，蓋未可量也。

大母胡孺人權攢銘

道光七年，東樹葬先考妣於武嶺龍井灣。先是，曾王父母歿七十餘年，大父歿五十餘年，皆浮攢，淹久未葬。東樹嘗以爲痛，立意首葬曾王父母，次大父母，次先考妣，非徒爲順世及之次，亦所以安先人之心者，謂必如是而後爲得也。及卜穴，術者言，山向於曾王父母不利，又是歲先考妣攢室生蟻，食棺皆穿，易材而改殮之，懼來歲蟻復生也，於是遂從權而葬先考妣焉。近日桐城卜葬最難，雖有大力者，且數十年不能得一穴。余家停棺三世，將事無期，東樹自忖生世無幾，思力舉之而後瞑目，然不能自期必，因各豫爲之志。

曾王父事行略見於《族譜後述》。大父處順境，事皆庸行，又其歿也，東樹始三歲，無所省，其略見於先子所述者。雖不詳，然有以知其爲篤行好善人也。大母姓胡氏，生於雍正七年己酉，而歿於嘉慶二十二年丁丑，嘗逮事曾王父母，以孝謹得曾王父母歡，性剛明仁厚，舉動有常，終身無疾言遽色。自大父之歿也，家益落，大母辛苦持家，備歷愍艱。其前不知，自東樹省人事，則見大母汲爨浣濯，縫紉灑埽，常日不暇給，前後更骨肉死喪二十餘，惟五姑及八叔父早殤，長姑適陸氏，三姑適洪氏，六姑適姚氏，皆先於大母一二三十年而亡，皆有子女，而皆無存。三叔父娶而無子，早亡。惟吾父及七叔父存。而大母之殁也，吾父先一年亡，七叔父雖近在郡城，亦不及視含殮。是歲東樹旅困江甯，漂轉揚州，聞訃悲號，竟不能返。明年始歸，乃得殯大母於灣楊柳樹之墟。東樹少喪母，體羸多疾，凡衣履縫綻，頭足櫛沐，以及飢飽寒燠之節，疾痛痾癢之變，實大母辛勤撫育，以有此生。逮受室後，大母之勞始得休息，而亦既衰老矣。東樹迫生，故早客外，不能居侍。是時家尤窮空，飲食衣服之需不能備具，每在外思念大母仁慈辛苦而無以報，酸悽心骨，不知所爲。大母最憐愛七叔父，而東樹嘗爲百計營護，力卒不能保聚。嗚呼，東樹之不孝負恩，尚何處而可以贖此罪邪？胡氏世爲桐城人，有老儒莫齋先生，其子名田字雍則者，與曾王父交最篤，故締婣焉，是爲大母祖及伯氏。今其世絶，祗知外王父諱震蛟，其餘不可詳。銘曰：

瓶之罄兮恥維罍，思勞瘁兮哀逾滋。莪兮蔚兮同枯萎，嗟孫蒿兮又誤之。茹痛莫告兮永銜悲。

先集後述

先人詩集六卷，道光丁酉夏六月栞於嶺南，其貲則光方伯律原所佽助也。雕造既竣，其不肖子東樹謹述先人之言曰：

蓋昔人有稱鶴立雞羣者，世幾習聞其語，而莫喻其興物之妙也。如鶴也，則雖折足塌翼病頸，一望而知其鶴也，即三尺童子不能謾之。如雞也，則雖爲之金距赤幘，而其德情才性終不能改其爲雞也。夫爲人與爲詩文，亦若是焉則已矣。吾友恒病余閲人文字少可多否，嗟呼，余豈得已哉。蓋通城大邑或不見一鶴，而連郫比屋莫不畜雞，吾安能面欺以連郫比屋之恒畜，而以當夫珍禽之刮目哉？ 且夫鶴之貴於雞也，在胎與卵之時而已異，非修飾毛羽，習其音鳴態度而可彊似之也。古之詩人如太白、子美、退之、子瞻四公，含茹古今，侔造化，塞天地，如龍象蹴踏，如蛟螭蟠拏，當之者莫不戰掉眩慄，色變心死。降而若半山、山谷，沈思高格，呈露面目，奥衍縱橫，雖不及四公之燀赫，而正聲勁氣邈焉曠世。雲鶴戾天，匪雞所羣，不其然乎？

律原最嗜先人之詩，嘗謂其體導源於韓，其創意清而愜，其造語堅而從，其隸事敏而給，有後山之沈鍊而去其拙鈍，有誠齋之警健而去其麤厲，使讀者如游芳林翫琪花，有愛賞而無厭憎，殆半山、山谷之亞也。且謂斯集也，後有精鑒如晁、陳者，必箸録；斯詩也，後有爲總集如殷璠、元結、高仲武者，必貴選，故亟促余栞行之也。先人之言嘗如彼，光君之言又如此，今不肖衰暮，旦夕且死，因編次遺稿，妄合取以名集，將並光君之論奉以質於地下，庶尚亦愉色而頷之與？ 夫鶴鳴則必有子和，惜乎不肖之弗克和之也，傷哉。不肖子東樹謹述。

先母行略

吾母姓鄧氏，桐城世族。外祖諱林，外祖母陳氏，乾隆丙子副貢生諱傅之妹也。陳爲邑中名宿，凡邑士之有名稱者，無不出其門，故爲先曾大父門人，而先君子又及其門，故以其女甥女焉。外祖無子，嘗繼弟之子以爲嗣，而不能振，生四女，而吾母序居長。吾母以乾隆十四年己巳七月十七日生，四十八年癸卯八月十九日卒，得年三十五歲。是時，吾父應江南鄉試，樹年十二歲，家無長年，大母率七叔父實主喪事。吾母性慈仁而訥於口，未嘗笞東樹，生弟妹凡四人，惟東樹獨存。憶歲壬寅，東樹年十一，初學作文，吾母喜，代以陳於吾父，識此而已，他皆不省。男東樹泣述。

繼母姓姚氏，外祖國學生諱興易，外祖母葉氏。母以乾隆癸未年七月十八日生，甲辰年來繼室先君子，丙午閏七月初九日歿。母來，東樹未終喪，憐東樹無母而多疾，年雖未久，而所以撫之者甚有恩。母歿時，東樹猶少，不能有報焉。先君子以母之無出也，揭葬之松窠尖祖兆近側。

繼母姓吴氏，外祖王父諱生莒，箸《孝義行事》，載邑志。外祖諱某，無子，外祖母張氏。母以乾隆戊寅年七月二十四日生，丁未年來歸先君子。是時，家久窮空，母來即值艱窶，常冬無絮衣，薪米日缺，惟以假貸給朝夕。先君子性卞急，見逋責多即誚讓，吾母則泣，已而又然，以爲常，蓋三十年未嘗一日寬也。及先君子歿，然後乃不任家事，然默念兩家不振及前後骨肉死喪之慼，常含悲哀。母性慈仁，見人苦者歎之不去口。東樹以家貧早作客，久不歸，歸則母必手治飲食或漿酒，以飲食東樹，所以憐恤之者甚，至今永不可復得矣。尤愛憐次孫，己丑年親見次孫受室，是時疾已動，及新婦始彌月，而吾母遂歿，十一月三十也。東樹事三母，惟與母相依最久，所更憂患最多，故思吾母尤無窮。丁亥冬，葬先君子於武嶺龍井灣，以鄧母祔，吾母無幾微介於意見於言面。東樹念無以慰母心，跪而告曰：「他日吾母百年後，當從大母以居，俾子孫無失祀。」母生弟妹五人，皆不存故也。道光十一年五月日，男東樹泣述。

姚氏姑哀詞

先君子女兄弟四人，五姑早殤，長姑適陸氏，其殁也，樹不見，三姑適洪氏，殁於乾隆四十七年，樹時尚小，無所省。惟姑幼在室，其相聚也久，其愛樹尤篤，其遇尤屯，其家之事尤悉，故爲之詞以鳴吾哀，比於魯義姑及杜甫之姑焉。

自吾母殁，樹依大母，以長姑憐余，所以提挈護視之者無異於母。乙巳，姑年二十一，適姚氏。夫名通意，字彦醇，佳士也，爲湖口縣知縣諱孔鈞曾孫，副貢生諱支莘之次子。支莘字提伊，夙有奇才高名，於先君子爲前輩，而相善，嘗命通意從學，而其兄通昀與先君子交尤篤，故締姻焉。

姑於次第六，生於乾隆乙酉三月二十八日，性孝謹仁明，言動重厚，於事尤識大體。歸姚氏，周睦上下，無不敬愛。未數年，而其家運漸屯。舅患風疾，伯氏客廣東，遂益窶艱。無何而舅殁，無何其姒又殁，於是姑之夫亦出，客徐州，姑遂獨持門户。上事姑，下撫兩姪女，恩勤備至。其姑病困牀席纍年，典質既盡，假貸以贍朝夕，力不能多賃僕婦，凡汲爨浣濯縫紉饋食，悉身親之。及其姑殁，又力嫁兩姪女，竭力資送，皆稱情，無失禮文，而身衣襦補綴無一完善，食未嘗飽。初，姑之嫁也，吾家貧，所以資送之者，無一長物。當是時，吾幼不知，及是姑遺嫁其姪女，竭力爲之，始告樹以其意而泣，至今思之，恒痛於懷。姑食貧屢空，樹日往視，雖無慼容悲言，而竊窺其形日以瘠，其意色恒滲沮。癸丑之冬，樹受室，其時姑疾已動，而猶彊支爲言笑。明年甲寅二月，竟以貧餓而歿，年止三十。歿之日，竈冷無煙，一稚子在側，惟泣告吾父索棺而已。嗚呼痛哉！樹尚忍舉其詞哉！吾姑之賢明仁孝，而天顧慘虐之，使至是哉！

姑生兩子，幼者先亡，長者寄養吾家，踰年又亡。而其兩姪女嫁張氏者，未幾皆亡。姑之夫客徐州又亡，夫兄在粤東三十餘年，忽返至江甯而亡。於是其家遂絶。會其從叔姬傳先生贈以地，遂舉其家六喪聚而葬諸投子山下。憶樹少時至姑家，其家尊幼無不愛樹者，偶值食時，樹即佐之陳匕箸，若家人然。嘗作《慎火樹》詩，諟伊先生亟賞之，故其家皆以此愛余也。樹久客，屢欲一上姑之冢，竟未果。嗚呼，樹生平所負於骨肉及長老之期愛者多矣，況此冢内六人皆樹所嘗親事如大親者。歲月匪遥，泉途永隔，追念平昔，其將如此心何！因哀吾姑而並叙及之，豈漫述哉，亦所以寄吾悲悼之情，欲永之於來世焉耳。其詞曰：

姑之生兮罹百憂，姑之歿矣毒孔瘳。天屬盡兮無一留，煢魂歸來兮聚山丘。慝邪弗若兮盡優游，孰謂善人兮命獨仇。雖欲不以之懟於天兮將誰尤。

妻孫氏生誌

妻孫氏生於乾隆己丑年九月十三日，年二十五歸余，今三十九年矣。憐其備歷愍艱，老病且死，乃豫爲之誌，道其苦並述其行，及其見之也，以慰其心。以妻平生知文字爲可貴，又樂余之能文也，謂庶可以箸其不朽故也。

妻以癸丑年冬歸余，逾二年喪其母，毁瘠幾滅性。一弟未受室，父遠客，乃歸，代理其家，居一年始返。是時，吾家尤窮空，先君子困處，大母老疾，無以贍朝夕。余迫生故，遂出游授經爲養，脩俸所入薄，不能兼顧，妻凡有所需，常典質自給。嘉慶己未，余客江右，是歲邑中痘殤，一月之閒，吾兩弟妹及兩女皆亡，妻抱其子而哭其女，撫其屍無以爲殮。妻嘗爲余述其事，而不忍竟其詞。以居隘卑溼，兼患氣中傷，得痺疾，不能良行。初猶扶杖彊起，醫者誤投方藥，遂致篤廢，手足俱攣，癸酉年也。丙子，吾在江蘇胡中丞幕，而吾父歿，吾母老疾不任事，妻以冢婦持家，責無旁貸，竭力以主大事，禮無違者。明年，余覊旅江甯，漂困揚州，而大母繼歿，妻所以治辦喪事者，校吾父之歿而備艱矣。頻年之閒，更兩大喪，余以不孝皆遠避，而獨以委於妻，是固私心所慘媿而無可言者也。自又明年，余客粤東，妻又爲長子納婦。自癸酉以來至於今，凡十有九年，每朝則令人負之起，坐一榻，漏三下，又負之就席，以爲常。其餘終歲終日踞坐一案，凡米鹽所需，追呼所告，喪祭所供，賓親所接，紛至沓來，悉以一心一口運之。嗚呼，是健男子所莫能支，而以一病婦人當之，其亦可謂難矣。

妻知書，通《毛詩》，子未就傅，嘗自課之。性剛明厚重，有藴蓄，喜愠不形，雖甚急，無惶遽色，雖甚窮，無慼容悲語，轉側痛苦，未嘗呻吟呼天及父母。與人言以誠，無巧僞，哭死必哀，見人有苦常慈憫，行事有常度，明於大義，雖無財，而事所當行未嘗廢。

余賦氣弱，自少多疾，妻來時，余羸瘠不成形，又常喀血，妻常恐余死，以故無論在家在外，一心常念余。若在病者，常舍其疾以憂余之疾，數十年如一日。余偶歸，則所以視寒燠飢飽之節者甚至。余意有所欲行，但聞言必謹成之，從未有一事梗避齟齬怨阻者。常默計余所需，不待告語，莫不夙辦。余每念以妻之事余，若移之子事父母，可稱孝子，故雖非有古人異量德賢，而揆之婦行，實無所闕，其亦可以謂之君子女者矣。余嘗十赴秋闈不得售，妻謂余曰：「吾在室，望吾父，及歸，望舅，繼又望君，而終不獲一如意。」此雖俗情，而其言亦可悲矣。余性不深，固好直言人失，常以取怨。妻每諫余，迄未能改，以此媿之。余出在外，幸與賢士大夫交游，妻聞之樂，閒與商榷人士才性賢否及時事之是非，皆能解意表，故余不歸，歸則如對一良友焉。妻母弟仕於廣東，爲知縣，妻無幾微之念望其濡沬，及其弟所以待姊者甚疏，亦無幾微之念以爲怨，此則余亦服其度之不可及也已。

吾嘗謂妻曰：「汝勿死，待吾力稍裕，能爲若具棺殮而後可。」斯言也，因循十餘年未能酬，今歲辛卯始奮然決志，爲假貸購材木，使匠合成之，於余心爲稍盡矣。余痛先子之殁也，材木未美，又感姚氏姑及七叔父之事，誓於神明不許厚殮，用自罰以求安吾心，而於妻獨勤勤如此者，吾無符偉明之德，不敢以妻子行志，又所以報其代余當兩大喪之勞也。

妻桐城世族，五世祖節愍公諱臨，曾祖陝西興漢鎮總兵諱建勳，祖癸未進士諱顔，而邑庠生諱詹泰之女也。初，妻叔辛酉進士起峘與先君交最篤，愛余所作詩文，諷於其兄嫂，而以女焉。銘曰：

暇豫不敢望啓處者，生人之常。天罰酷於余，而以爲君殃。懵荼薺之匪固，性誠壹其如忘。銘余詞兮使睹，要後死之無傷。語徵實而無溢，允昭顯於德行。

書妻孫氏生誌後

辛卯歲在宿松書院作家傳畢，爲妻作生誌，欲使見之，以慰其心。明年壬辰，困阸無聊，再入粵謀升斗，八月歸，墮瀧水，不死。妻憫余衰暮奔走不能息，忍恥違心而非得已，常太息涕泣。今年余在常州旅處失意，妻聞之，加忉憤，病益增，蓋隱度內外人事，無有長策生意可冀以紓困者矣。余以二月二十五日出門，是日意惝怳荒忽，步徙倚似不任履行，妻勸余少息偃，余決然不顧，勉彊遂出。至東郊將登車，瞥覩一道殣人新死，橫尸車側，愯然知爲不祥。及至常州，意外遭拂逆。五月以來，心神不甯，憂念家室，腸若中絕，心如攢刃。晝窮無俚，迺卜迺筮，迺占夢禱神，不見吉端。八月八日，禱於于忠肅神，蒙示杯珓，不吉，反舍得家書，述妻病危篤。十四日，復禱於文昌帝君，亦不吉，反舍得家書，則報妻以七月二十九日棄余死矣。嗚呼！

妻事我四十年，無纖毫言語之過，惟日盼困阸之解，辛苦墊隘，備羅酷急。近歲衰羸，尫痃⿸疒追癃，言氣不屬，猶日張空拳，嘔心血，枝梧日月，以祭以養，以持門户，以保弱幼。余久客於外，不能裕所入，而室不毀者，妻之力也。常念三世先柩未葬，千金逋負莫償，一門十口資生無計，余老不支，故雖至疾亟，宛轉不肯自矜惜，醫藥餌饍之弗求以速於死。嗚呼，痛矣！人生有死，百年必至之常期，惟其貧賤同憂患者難忘，共貧賤同憂患而能賢者尤難忘。吾又寡兄弟戚屬，行止出入，惟妻能憫我疾苦，諒我端良，自今無有能憫我諒我者矣。

吾聞凶訃已一月，屢以事阻不得歸護喪，以盡其志，且聞其所以殮者皆薄。嗚呼，黔婁之婦之殮黔婁也，不肯斜其手足，以君之賢必能自怡，吾不及與之也。初吾聞報，自悼暮景淒涼如此，窮塗錯履，世路險艱，歸邪，死邪，生邪，皆不得。顧念身世，將有闔門殄絶之憂，不勝存殁哀懼之情，魄逝心壞，計日待盡。繼念門祚安危，冀緩須臾，尚在吾身，身死之日，此煢煢者益之速絶，必非君之明惠所善，以爲君地下之憂，故復乃忍情，彊自寬釋，百計以求澹吾哀。天乎神乎，其繼今而能久生乎？吾力能累妻之死，乃不能以一哀酬其酷乎？頗聞弔哭者有餘哀，吾顧可以已乎！雖然，妻篤疾患苦二十年，吾在外嘗憂其死如未嘗生，則今雖悼其亡，冀其尚生也，或未嘗死。嗚呼，君之足哀見於吾言者如是，其不可以言見者，吾亦不能既言之也，無窮而已矣。君之殁距生享年六十有五，子二人，孫男三人。《傳》曰：「妻能成夫，則妻亦成焉。」余故竊取康子之義，轉謚君曰成子，冀後世有能知君之賢，悲君之遇也。道光十三年九月十三日，是日君之誕辰也。

終制

士君子行己素位而道中庸，亦曰行乎理之所安而已，使微有感激偏宕之意，則失中，失中則失道，失中失道，君子不由也。斯義也，蓋嘗有志焉學之而未能，亦遵之而不敢悖。念及茲衰暮，旦夕游泰山，恐不獲得正而斃，故及未瞑豫言，誓出誠心告汝，其尚以素位中行逆我，慎勿以偏激失道悖我。曾子不云乎：「人之將死，其言也善。」尚念之哉。

一、我生平有大感數端，不暇悉言，大約不孝居其最。居恒思之，無以自贖，惟欲一切自剋損用罰。今與汝約，我死則必無厚殮，毋用纊及帛，第布衾時服裹手足形，素棺，充木屑斷楮，校之楊王孫，已爲費矣。

一、我無名位，又寡親識，死之日，一二執友當相聞，外此毋用赴報。至於喪儀奠設，一切明器虛文概勿用，亦勿致客。古有會弔車幾百輛者，亦有老莊、黔婁、子輿無相而不以爲沽者。夫理無常是，事無常非，各安同異，毋所疑也。

一、我幼多疾且窶，雖資性尚非底下，而未嘗實用功讀書，故學無基址。長而乞食四方，顛沛患苦以紛雜其心，愈不暇精誦。中年以後，始稍稍悔，而已時過弗及，又羸不堪策厲。夜興自捫，德無可據，道不成章，行能鄙薄，爲人所忽，卒老無聞，尚何稱揚。即死，慎毋乞人爲誌傳等文，虛詞赧人，使地下增媿也。

一、我於文事，幸及承教先輩，麤聞緒言，亦幸天啓其衷，時有獲於思慮所開悟，但僅望見塗轍，實未曾專心深學之也。平日所爲，率牽事應付，冗陋凡下，慚恧不自信，已判隻字不存。至其中或有論議所及義理可取者，嘗欲別出爲一編，久而未暇，以爲與使人訾鄙憎棄，不如絕其傳，猶勝作詅癡符也。

一、《待定録》中頗有切言至論，牽人事少暇，忽忽未及修理寫定，又卷帙校繁，儻日力不給，則壹切焚之。嘗慨後人撰輯前人未成之書，不得其心，徒用己意羼亂之，往往謬誤百出，既失其本然，又以遺誤來學，最是一大恨事，故不如其已也。至所已刻行數種，雖無根柢，似於義理尚無大倍處，則亦聽後人之棄取可也。《大意尊聞》，家誡也，非以爲箸書，然於修己治人之方可得大略，用以教幼學，當不至差謬。《昭昧詹言》，皆作詩文微言奥旨，惟講解太絮，爲大雅所不屑，要當割去之。雜稿數篇，辨論學術道脈，似尚該審。古之哲人違世，言不及家事，非忍之不言，將爲不可言也。王僧虔誡子曰：「鬼祇愛深松茂柏，無預子孫榮枯事。」唐大曆中虎丘寺壁有鬼題詩曰：「雖復隔幽壠，猶知念子孫。」莊子言：「㹠子食於其死母者，少焉眴若棄之而走。」是三説者，吾嘗痛之。道光辛丑三月晦日，儀衛主人書。

考槃集文録卷十一終

考槃集文録卷十二

駢體文

跋彭甘亭小謩觴館文集

駢體之文，運意遣詞，與古文不異，椎輪既遠，源派益歧。悼先秦之不復，則弊罪齊、梁；陋駢格之無章，則首功蕭、李。自是而降，殊用異施，判若淄澠，辨同涇渭。嗟夫，臨潁劍器，曲舞公孫；河陽猪肉，案參荆國。不有子美、子瞻，孰辨其波瀾之莫二、妙諦之無上哉？高文典册，漢用相如，韓碑柳雅，集言鴻苑。咸能鏤介丘之泥，鑱燕然之石。亦可知自命作家，奄有百禩，必無有專執記序小文，陰何雜響，以懲羹吹齏，是丹非素者矣。唐人號稱熟精選理，崇賢之業，冠時獨出。珠囊金鏡，哲匠挺生，驅染煙墨，摇襞紙札。雖復文章淺言，不拘糟粕，而當其卓然合作，猶足書之萬本，入人肝脾。又況潁達序經，房、喬論史，貞元之詔，會昌之集，鴻筆鉅製，包嬴越劉者乎？某人某集，鬱律沈雄，陽開陰闔。遠蹈宗軌，仰稽前則。鴻序兼於衆體，蕭子顯賦題名。謚議美於碎金。誄掩安仁，書休曹植，論屈靈運，銘奪士衡。陸倕班掾，遠思前比。矯矯西京，自王筠舊手、蕭愷才子，方茲蔑矣。又昔人論仲文讀書未半，袁豹先生則器辨服匿，字析《凡將》。校讐落葉，無慚中壘；經田擷秀，不讓康成。詢所云「異人間出」，今日始見者與？樹世傳經術，肄業無忘追尋，平生頗好詞藻，而學步知慚，顰眉自恥。雖經殷侯之談，屢被陳王之誚。高文載覯，傾伫如何，堂下覵明，未能默息。豈謂一共商榷，解讀郊居，類彼汝南，論茲月旦也哉？

陶雲汀宮保六十壽序代

蓋聞堯咨四岳，則洪水澹其烖；舜命九官，則苗頑格其德。降而傅巖弼子，申甫蕃姬，左右咸宜，對揚不已。惟聖主必得賢臣，斯天工獲其人代。緬稽上世，聿等百王，詩、書所稱，德賢所慕，其致一也。

我大司馬宮保雲汀夫子，珠躔毓氣，衡嶽降神，宇内榮光，人倫冠冕。陶唐受氏，賓虞在位；長沙作祖，灑字成公。杞梓本荊楚之材，瑚簋實廟廊之器。渾渾長源，洸洸世胄。丞相列表，通侯錫祚。醴泉芝艸，是有源根；鳳凰麒麟，同絶飛走。是以綺紈擅譽，羈弗蜚聲。雙黄童於江夏，兩郤詵於桂林。早游西序，已開毛羽之奇；纔步東堂，遂拔風雲之氣。故當其在文學侍從也，木天掞藻，掖垣封事，雍容揄揚，從容諷議。繡衣逐捕，暴公子名字傾人；驅馬來過，桓御史感風載路。其賦政於外也，厥志澄清，哀矜折獄，陳臬而法不秋荼，布政而嚴於夏日。肥親不掾，人知袁尹之賢；鄒湛□言，共信羊公之德。爰自觀察逮於開府，莫不道綜隆民，功資輔世，提衡惟允，風聲克樹，晉蜀皖吴，去思在口。蓋其訏謨保大，素所蓄積如此。及乎勳隆望重，天子是毗。宮銜既晉，喉舌維允。節制三方，尊侔二伯。比之周家，淮南有錫召之命；方之漢室，河南來借寇之請。而公益内矢蓋忱，外示静鎮。不戁不竦，措磐石於裕如；匪安匪舒，釋機張於省度。是故聖人奠川即以成賦，有國作爲隄防。方今又控引河淮，兼資飛輓，因舟楫之利，達倉庾之儲。苟河決而隄橢，必民咨而漕病。公乃綜攬三策，徵兹水土，既下淇園之竹，更修鄭白之功。或原或委，順彼朝宗，疏奠啓閉，各有法程。洪波漲澤，莫能騰害。功合二條，利垂百載。若夫鹽筴之利，由來自古，漢設牢盆，唐置亭户。蓋以事存乎桓寬之議，實制美於劉晏之祖。末如何矣，法敝變生；有可恃焉，人存政舉。將欲姑息在官，則榷税攸關國用；將欲督責過急，則下情中於疾苦。聖心之軫念，屢及於兹；邦伯之分憂，敢或貽誤。公乃取財於地，置法以人。商民交恤，南北異經。閭閻罷淡食忤嗟，公私得從容之計。是皆名與功偕，事將時會，驅蒼生於仁壽之域，奠佔危於衽席之際者矣。而公與物無忤，居身自厚，不矜己以伐善，不陵人以取惡。莊敬日彊，精神純固。樗蒲是擯，木屑有啤。而且禮賢下榻，延賓吐哺。俊民莫不景從，單門極於善誘。風流四聞，仁聲遠布。

歲之十一月，值我公六十嵩辰，天壽平格，永錫純嘏。朱衣獻八州之祥，黄鐘居一歲之首。國恩榮於家慶，令德宜而凱壽。□□舊仕江左，實以菲薄見知，趨步最親，□□彌切。雖側想淵深，罕窮窺映，而游泳和氣，曾無閒阻。乃者馳心休禮，躋堂之願無由；徒罄褊詞，清風之誦何有。竊比古人，擇言稱壽，敢云導美，聊以侑觴云爾。

水烖募捐啓代

蓋聞旱乾水溢，盛世不免凶烖，任卹睦婣，王政急爲先務。救荒雖無奇策，要必在於撫綏。保赤本於推恩，義莫先於鄉里。桐邑本屬山城，亦瀕水國。頻年以來，荐臻凶澇。聲明文物，依然足蓋夫他邦；殍轉流亡，不幸適遭於此日。本縣下車伊始，目擊心怦。歷考前令尹德政之所施，備聞都人士仁心之所洽。一切措注，具有章程，勿事圖新，惟期率舊。今昔不無通變，故當移步換形；豐歉詎可平衡，惟在度情量力。爰設印簿，徧走高門。老吾老，幼吾幼，在推此心；飢我飢，寒我寒，冀宏斯願。昔漢伏湛、三國駱統遭歲大歉，皆曰「天下皆飢，我何心獨飽」。嗟呼，苟人人共舉斯念，而仁不可勝用矣。夫保富所以安貧，敢同手實而爲浚削？念衆擎斯克易舉，式呼將伯而切助余。此啓。

孔雀賦 擬

臨淄侯與楊修共載，觀乎池沼。睹一孔雀遮楯檻而止，愍其羈絆不去，喟然而歎，顧謂楊修曰：「愚士繫俗，亦若此矣。董生有云，屈意從人，非吾徒矣。悠悠偕時，祇增羞矣。且未睹者，覽傳記而遐思，恒畜者，與常禽而何異？使鳳凰而可羈兮，亦將同乎此孔翠？寡人不意，子言其意。」

修曰：「唯唯。偉炎方之越鳥，稟火德於明離。挺文章以爲質，麗毛羽而稱奇。性矜高而難抑，貌端正而自持。視宣尼其猶父，字文舉爲大兒。含淑靈以表暈，象中禮而利用爲儀。故其頸細如鸞，背隆似龜，行步翔序，和鳴知時。金花戴弁，綷羽連錢。珠毛一寸，錦𦐇三年。擢修尾以自奮，暈五色而重圓。林木翳薈，艸樹交姸。剽冠距足，眄睞而前。固宜指崑閬而遐逝，巢雲海以孤騫。侶鸞皇而爲友，邈衆羽而超然。夫何厭江海，徙芝田，背赤霄，下寒泉，嬰繒繳，犄虞羅，千絲罥，一目加。娉目駭顧，紺趾紛挐。惜巽禽之自斷，遂低徊而就篋。網西施於越國，遷賈誼於長沙。唯飾表以招纍，慒濳身而遠辱。仰天路而靡救，雖百悔其焉贖。蓋患莫大於有身，而咎恒生於失足。爾乃窮如趙壹，縶類鍾儀。雕欄塊閉，故國哀離。栖跱逼畏，飲處喧卑。縱軀委命，韜伏明姿。終懷惠養，畢守階墀。於是思飛不得，欲逝不可。舉頭畏觸，摇足恐墮。内獨怖急，乍冰乍火。長鳴延佇，顧影咨嗟。飄飄羈旅，渺渺關河。動莊舄之越吟，感靈均之楚些。悼翰流而遷徙，悟機羈以修姱。雖容止之若暇，實顛頓之已多。隔母子而不見，念將雛而實遐。窺户牖以騰盼，汩余舍而日將斜。翔悲心於寥廓，止一隅以爲家。若乃春秋殊氣，寒暑敚次，景物澄廓，池館清秘，衆變繁姿，不可殫記。抗遥怨以增悲，聊容與而般肆。迺下丹梯，迺步櫳房。矯鳳旍之蔚茂，紛旖旎以修長。開宫扇而滿月，疊屏錦而高張。徐迴身而端盼，若好女之靚妝。纚摻捎而輡匝，灼爛爛以流光。既而斂翮韜霞，整容罷彩。體步姸閒，貌如有待。君子尚其有文，衆族慚其瑣猥。順馴養而啄宿，慎不矜以遠辠。何翇葪之足疑，識知止之不殆。託陋質於隆恩，期効愚而無怠。鵬鳥從而陋之曰：何兹禽之安德，亦繫俗而蒙羞。將厝身之未遠，豈賦命之不由。務舒采以蘄顯，履危機之拘囚。趨東西而怵迫，徒辱己而罹憂。守硜硜之小諒，失曠曠之遠游。嗟隨世而流轉，等生浮而死休。媿至人之遺物，泛不繫之虚舟。苟翺翔於恬漠，孰裁纍之能酬。悼苑風之不作，蘊至理而誰求。爰感類而增歎，奚此鳥之獨尤？」於是臨淄侯稱善而罷。

學海堂銘 并序

昔在堯命羲和，宅是明都，帝嬀巡方，興於韶石。聖化所被，文明大啓。南土之賓，自此始也。秦置桂林、南海、象郡，荒裔内屬。趙佗起番禺，懷服百越之君。然珠官之南在九甸之外，論者以爲山川長遠，習俗不齊，言語同異，重譯乃通，椎結徒跣，不識學義。漢武帝誅吕嘉，開九郡，始設長吏，頗使學書，觀見禮化。及後任延、錫光繼爲太守，於是教之耕稼，制爲冠履，建立學校，導之經義，故史稱「嶺南華風，始於二守焉」。

由此以來，沐浴涵濡，郡遂有儒雅之士。故楊孚爲議郎，擢英於省署；黄潁爲儒學從事，覃思於羲畫；董正通《毛詩》、三禮、《春秋》，潛精於聖文。此三士者，高行殊軌，雖或緬焉未之能詳，然皆擔世主之珪組，究六藝之秘奥。澡身文淵，宅心道壼。湛漬於儒學之場，游泳乎篇籍之囿。則明分爽，探賾洞文，以茹其實則發其華。道光乎前聖，業炳乎來兹。名垂册籍，聲流千載。古稱不朽，斯非亞與？

若乃陸公騁其高談，虞翻留其經苑。名賢所涖，風流津逮，綴學之士，祖述所傳。邈彼前良，思皇曩哲。永瞻先覺，顧惟後昆。豈非聞所不聞，允爲伊人之表鏡也？是以斯文未替，並有所承，轍岐派别，專門亦興。越嬴傃劉，洎吴徂晉，更興迭盛，以迄於今。孯經者，味道德之華滋；測理者，分窔奥之熒燭；發藻者，搴蘭芷之芬馨；采韻者，激絲磬之宮徵。天鍾其瑞，地毓其靈，方以類聚，物以羣分。野塷風動，都莊雲興。家自以爲鄭、孔，人自以爲堅、雲。莫不枝坿葉著，猋飛景從。含精吐芒，雪煜流光者，蓋不可勝記。

然而士有常習，俗有舊風，運有隆替，化有澆淳，時有升降，器有濁清。精麤殊會，通蔽相徵。千載不作，淵源莫澂。浚明爽曙，祖構雷同。學者蔽暗，師道又缺，虛張流宕，優劣非一，亦不可同年而語矣。夫立乎豫圃，百夫趨反，争爲決拾者，以有夷羿之善也；處於高唐，千人撫拍，其相唱和者，以有緜駒之工也。游五都之市，而斤削之伎莫不良者，以鼓鞴者多也；擊大昕之鼓，而俊造之士莫不臻者，以奉帙者衆也。何則？蓬生麻閒，不扶自直；素湛於涅，不染自淄。所以漸之者，勢也。是以鄭僑不廢其鄉校，而文翁特修其學官。彼豈徒爲虛文哉？道有不可易也。

方今國尚師位，家崇儒門。虞庠飾館，石渠炳文。懷仁者麕至，抱器者景從。纓弁匝序，巾卷充庭。風教上升，協於辰極。光炎絶遠，下照淵深。仁風翔於海表，玄化燿於丹垠。於時泰階衡平，景雲光潤，遐方徼裔，側聞邦教，靡然嚮風，同源共流，稟仰太和。通人仲彧追壟畔而傳經，高士侯君傭爨柴而箸述。是以達義之士，曜所聞，信所覿，執經懷槧，雲合霧塞，咸自娱於斯文。於斯時也，大司馬儀徵阮公以文武光朝，經綸宰世，秉列精之淳耀，降河嶽之上靈。海内儀刑，當世冠冕。歲路未彊，學優而仕。固以道綜天人，理窮墳索。入陪侍從，則嚴、徐、東、馬惡其文；出典圻封，則方、召、桓、文二其迹。乘理照物，抱神研幾。凡軍國遠謨，政刑大典，既道在隆民，則功歸輔世。而猶綴講不倦，述作無疲。陶士行之貞幹，乃惜分陰；王仲寶之升朝，仍成七志。對而爲言，孰云不及？況乃鉤沈小學，形聲必辨，研精篆刻，彝碣廣集。疇人謝其算數，羲獻慚其筆札。洵所謂「黄中通理，照鄰知十」者矣。而公雅言惟讓，未嘗顯己所長，詮論持平，未嘗形人所短。加之以宏長風流，許與氣類，善誘極於單門，品題榮於寒畯。雖謝朓齒牙，叔休毛羽，何以尚兹？平日所至，招攬秀髦，與之述業。含經味道之士，尋聲而嚮臻；雕章縟采之生，希光而景坿。英靈輻輳，才俊如林。莫不抑首人宗，北面資敬。督粵之八載，歲躔實沈，月應南吕。今皇帝御天下之四年也，函夏無塵，海外有謐。七曜循度，四序順軌。斯人揚和樂之聲，庶士騰醉飽之頌。公方膏以禮樂，沐以詩書，扇以和風，晞以文德。勤恁旅力，清澄島堠，尊賢接士，敬求損益。典文既洽，儒化大行。遐邇望風，莫不欣賴。樂在官之職，而中和之詩宣布；開集雅之館，而講德之士怡懌。昔巴漢太守曾穿石室，新城小宰猶建講舍，而況宗臣作牧，風喻令德，觀廩廩之容，稱莘莘之禮者哉？於是度崇基，練時日，儲財用，選匠量功，揆景正臬，礱石庀材，經營不日，乃搆學海堂於粵秀山址。依林結宇，背山築室，前臨交衢，旁隔市宅。啓重闉以爲門，包二山以爲曲。帶六脈之隱渠，抗雙門之巍闕。北睎庾嶺巑岏之勢插天，南眺重溟瀁漭之届無際。扶胥浴日升其東，蒼梧横雲封其右。丹刻翠飛，階户離立。長廊廣平，飛檐齊直。肅肅焉，鍔鍔焉，業業焉，翼翼焉，信學範之鴻規，而禮堂之鉅制也。衛子産桂陽學校方此爲劣，雷次宗鍾山精舍曾何是云。於是玄冥暢月，水軫旦中，閤門晨啓，命車夙駕。嚴鼓雷動，五校星列。雲罕猋悠，霓旍轇轕。旄頭被繡，武夫戴鶡。儀衛容裔，虎戟交鎩。驃褭沛艾以騰驤，百金前驅而負箙。殷殷蹌蹌，躋躋闐闐，以涖乎茲堂。韎旌宿設，帟幕高張。僚屬旁戾，司存先至。位以職分，屏待交侍。公乃緩帶輕裘，弭節徘徊，遠覽山川，近周堂序。修容乎文囿，翱翔於蓺圃。右延經神，左内文虎。羣士陳書，俊民奉贄。升自東除，從容講對。寄之深識，致在賞意。教若風行，應如流水。勗以丹霄之價，宏以青冥之契。學無常師，道在則是。人無求備，一蓺畢取。等契者以氣集，同方者以類萃。士感知己，人盡其器，而南州蓋多士矣。且吾聞之，學者所以飾百行也，海者所以滙百川也。細流不擇，象於坎五；原泉不舍，終於放四。大海蕩蕩水所歸，高賢愉愉民所懷，豈不然哉？欽樂文軌，師稟前式。尚實之製，詞罔虛飾。休用我銘，庶彼浚則。其詞曰：

赫赫祝融，作配赤精。是宅是祀，位於南行。火德淳耀，山川文明。兆基上世，開國秦嬴。茫茫百代，視此疆理。有清函夏，暨訖四海。涓選師德，熙我道揆。其來繩繩，令問不已。嗣公承之，益休其光。姦僞不萌，亂邪伏藏。畏威慕教，遠人賓將。軌物作範，恍署文章。文章如何，烝我髦士。髦士未烝，公曰予恥。順彼長道，播告厥指。濯纓振冠，部人多有。粵秀之山，作鎮明都。左綴甌閩，右達黔巫。洋洋鉅浸，浴走天吴。時維形勝，邦之奥區。公曰熙哉，可用作黌。以居學生，資其高明。爰命審曲，經營備成。萬流之屋，蕩蕩靈平。乃瞻甍宇，甍宇有象。上連翠微，二儀昭朗。孔翠晨翔，山雞暮響。樹隱潮飛，窗延月上。既作學堂，羣士孔妣。凡我今徹，由公後諳。揭揭元哲，鼎來無貪。琹石贊始，永貞於南。

漢晉名譽考 擬學海堂課

昔者三代之人才，非有意於榮其身，是以未嘗立名也。所可得而名者，惟循其實而加之以名而已矣。《傳》曰舜「必得其名」，武王「身不失天下之顯名」。《詩》歌太王曰「不殞厥問」，文王曰「令聞不已」。孔子疾殁世而名不稱，孟子貴令聞廣譽施於身，八元八愷即是肇錫之始，夷清惠和，用致到今之稱。古之人淳樸未漓，實先而名後，實至而名歸。是以所立甚大，以與天下萬世爲道德人倫之準。及乎孔氏之門，有德行，有言語，有政事，有文學，有狂有狷，是乃後世名譽所由歸也。

春秋列國卿大夫及於漢興將相名臣，出身効時，大抵爭於功利。自孝武表章六經，師儒雖盛，而大義未明。賈、董數賢而外，如蔡義、韋賢、玄成、匡衡、張禹、翟方進、孔光、平當、馬宮及當子晏，皆持祥保位，被阿諛之譏，故新莽居攝，頌德獻符，偏於天下。光武有鑒於此，即位之後，崇尚節義，敦厲名實，羊裘釣澤，蒲輪賁廬。明、章以來，風喻彌盛，韓棱賜龍淵以表淵深，陳寵獲椎成而褒敦樸，遠近觀聽，爭自濯磨。故傅毅有迪志之詩，趙壹有疾邪之賦，劉良有破羣之論，朱穆有崇厚之篇。抱玉乘驥，蹈義陵險，汲汲乎惟恐其汨没，而無以榮吾身也，是故皆喜立名。昔人謂漢人以名爲治而人材盛，蓋指東京言之也。夫東漢之名士，就其高者，或志在澄清，或功存社稷，或身繫名教，或才炳儒林，或濡足蒙垢，或詭時審己。若三君八顧之目，甘陵汝南之評，李郭神仙之慕，臥龍雛鳳之稱，荀里高陽，鄭門通德，袁雪風清，楊金節峻，黄香則江夏無雙，戴良則天下獨步，莫不淑質貞亮，英才卓礫，甄陶𢍏紳，藻繢天地。至於獨行逸民之倫，及羊續、弟五倫之徒，或峭覈爲方，或可貞苦節，雖性尚分流，爲否異適，趣舍殊操，通蔽相妨，情品萬區，感致匪一，偏行一介，失於周全，而成名立方，照耀乎古今，不敝於天壤，良有不可得而磨滅者。名體雖殊，風軌足尚，雖僑、嬰佐時，蘧、史秉節，殆無以過也。自後帝德稍衰，邪孽當朝，清流所激，禍起鉤黨，忠臣義士，不容於朝。處子耿介羞與卿相等列，羣伏艸野，至乃抗憤不顧，力爲險怪驚世之行，使天下豪傑奔走其門，願得執鞭，天下之士，囂然慕之。於是相與私竊虛名，誇上求高，一時如王符之所論，崔駰之所誡，李固之所諷，郭泰之所規。若謝甄、樊英、朱仲昭、顧季鴻、薛孟嘗、史叔賓、黄子艾、晉文經、向甫興之徒，並皆造作虛譽，妄生羽毛。釣采華名，庶幾三公之位；召徒譁衆，詭問四科之門。志意颷逝，鶩遠動邇。而試之經用，言或不酬；求之素心，迹多乖謬。良由實之不副，本之則亡，故致毀謗布流，咎殃立至。古人云「士不妄有名」，又曰「嶢嶢易缺，皦皦易污」，豈非觀聽望深，而盛名之不易稱乎？故立名非真，純盜虛聲，雖致顯譽，終長華競。論者謂名如畫餅，良有然矣。其幸而未顯敗者，交游意氣，既足蓋之於生前，而豐碑鴻文，又復榮之於身後。良史栞落不盡，奕世傳誦如新。雖君子與人爲善，原不欲洗垢而索瘢，而學者雜物撰德，或有時據局以疑遠。

蔡伯喈自言「平生爲人作碑，惟郭有道無媿」。今考其集，所箸文章百有四篇，而銘墓居其半，或曰碑銘，或曰神誥，或曰哀讚，率一人而有二碑三碑，及童子之誄，珉石自貞，諛製莫亶。故前人言東京之末，文章盛而氣節衰，自蔡邕始。此其風俗又一變矣。

三分之際，兵戈戰伐，籌略輻輳，事皆綜覈，不尚名譽。必若論其端倪，則魏吴之士可得而談。魏之人士，文章以鄴下爲盛，名理以正始爲宗。而陳琳《答張紘書》，稱河北率少文章，推奉二張，有小巫見大巫之喻。若夫輔嗣、仲翔，名業足以相敵；韋昭、何晏，華實亦可相當。至於諸葛孔明之稱殷往嗣，魯子敬之贊吕蒙，胡沖之衡樓元，王蕃及薛瑩之對吴士，陸喜之論薛瑩，稱談品題，斟酌高下，流布箸聞，實競南風。則江左衣冠文物擅美六朝，其來舊矣。自是而後，風流彌繁。覈而論之，魏啓西晉之秀，吴成東晉之實，其大較也。典午初基，洛陽才盛，羣士響臻，翕宗正始。最其傑特，無如二十四友及太傅越所辟，而敗德類行亦莫此爲甚。袁彦伯作《名士傳》，以王輔嗣、何平叔、夏侯泰初爲正始名士，嵇、阮七賢爲竹林名士，裴叔則、樂彦輔、王夷甫、庾子嵩、王安期、阮千里、衛叔寶、謝幼輿爲中朝名士，大抵變漢苦節，樂就放曠，以清遠爲宗，虚無爲理，隆玄學而尚清談，疏禮法而賤名教，舌本潤於老莊，塵柄斷於小品。夷考其人，類皆馳騖進趣，植私樹黨，嫗蛄名勢，撫拍豪彊，嗜慾之燄方熾，廉讓之源未鏡。高者多眦於喜怒，卑者直中於貪饕。俄而戎馬生郊，乘輿蒙塵，主臣併命，家國爲墟。尋韋衷、卞壺諸人之論，則誤天下蒼生者，豈獨一王夷甫哉？不特此耳。當時清言方競，一時高僧開士，咸與士夫酬酢，號爲大暢玄風。時以七上人比竹林七賢，然觀其意趣，亦不能斷諸情妄，多以勝壓爲心，所謂「般若觀空，漚和涉有」者，果安在哉？若夫士龍入洛，爲南士北徙之年；洗馬臨江，爲北士南遷之始。元帝初至江左，欲假譽於顧榮、賀循，以爲收服人心之計，甚至謝尚書裒求婚於諸葛恢，王丞相請婚於陸太尉玩，皆以非族見拒，不肯與婚，則江南士大夫高標峻格，略可想見。然渡江名士，若劉惔、王濛、褚裒、周顗輩，實海内之望，故褚自贊於金閶亭，而南士大驚；周割牛心炙以啖王逸少，而王以之發名，則江左之盛，借重於北士者亦多矣。當時南北互爲軒輊，其後乃漸合爲一。自是以逮梁、陳，江南人物聲華赫奕，遂爲天下第一，而北士或瞠乎後焉。顧生民之秀，不限坤輿。桓温一見王猛，謂曰：「江東之士，無卿比者。」沈慶之初輕北人，及自魏還，乃知洛陽人物衣冠，非江東所及。又其始，文采風流但箸美於本身，繼而婚宦功勳遂各矜其閥閱。落落高門，英英華胄，移牀遠客，造席無坐，天子所不能命，稱詔所不得進，亦云甚矣。

逮及李唐，而河北崔、盧，江南王、謝，屹爲氏族之望而不替，善乎裴子野之論曰：「二漢尊儒重道，朝廷州里，學行是先。雖名公子孫，還齊布衣之士。士庶雖分，而無華素之隔。有晉以來，其流稍改，艸澤高士，猶廁清塗。降及季年，專稱門族。三公之子，傲九棘之家；黄散之孫，蔑令長之室。」是知苟且之俗，傲慢之禍，當時識者，清議已爾。遠自漢魏三分，逮於隋唐一統，五百年間，更姓易號者十數，君自創垂，臣各名世，簪裾被宇，冠蓋雲浮，學者川流，處士山積。鉤深致遠，蓋未敢量。

而較其風流，不甚相遠。其在星辰翊運，固以神功無名；若其河嶽鍾靈，亦復國華表瑞。斯爲上品，無待於言。獨是古今以來，闇契姱修者寡，暴智燿世者衆，但慕其華，不尋其實。雖佳傳穢於千斛，碑版照乎四裔，而並世譏評，後人檢括，妍媸真僞，無得而遁。無實而竊其名，雖揚子雲不免世議，而況不及之者與？是故張衡思玄，多傷闇惑；劉劭志物，有誚風人。論者謂三代而下無全才，豈非近名之害，而篤誠爲己者寡與？彼其勤志研學，遇會處際，風調文章不可一也，亦所謂斐然成章者；惜乎執德不宏，信道不篤，牆高基下，才豐識寡，率皆以其聰明辨慧之姿，飾其傾缺苟妄之情，不勝其私怨忿慾之懷，而坐昧夫明哲保身之誡。若諸葛恪隱蕃暨豔，何晏、鄧颺、夏侯玄、殷浩、仲文、范蔚宗、沈約、王融、崔浩、唐八司馬之徒，叫呼衒鬻，汗血競時，甚或自比管、樂，及乎敗露百出，滅身致咎，猶以名士自多，豈非不知所以裁之乎？蘇子瞻有言，上失其道，民散久矣。天下之人幸而不爲阿坿苟容之事者，則務爲倜儻矯異，求如東漢之君子惟恐不及，可悲也已。

吾嘗論六代以來文士之論，及於魯連、子房而止，雖其庳識，未聞至道，亦豈不由脩潔矯曠不屑之韻，有以折服其心與？夫容容者固不能有所立，而翹翹者又非聖人之中道。《詩》曰「靡聖管管，不實於亶」，又曰「淇則有岸，隰則有泮」。俛仰古今世運升降、人才偏全之故，消息甚大，固將因天質之自然，誦上哲之高訓，攬孔氏之微言，究三代之絕德。夫豈揚子《淵騫》、班氏《人表》、劉氏《世説》臧否在予，唯世所議，謂撮其品題，人倫斯在，稽之九品，可得而盡與？《淮南子》曰：「乘舟而迷者，見斗極則悟。」莊子曰：「小人之所以合時，君子未嘗過而問焉；君子之所以駭國，賢人未嘗過而問焉；賢人之所以駭世，聖人未嘗過而問焉。」蓋乘雲行泥，棲宿不同，所履愈上，所遺愈下。故曰名可得恒士，而不可致非常。非常之人，非有意於名，亦非有意於逃名。進動以道則不辭執珪，貞期難對則甘是堙曖。全性守貞，不爲燥溼寒暑。淺深未臻其分，清濁未議其方。登山絶迹，神不箸其證，人不睹其驗。《詩》曰：「鼓鐘於宫，聲聞於外。」《易》曰：「或出或處，或默或語。」是君子所以存其誠也。若云徑路絶，風雲通，身彌後，名彌先，猶邀名之捷徑，非所云也。孔子曰：「齊一變至於魯，魯一變至於道。」使漢、晉之士矯易去就，則三代何遠焉。故鄒魯之統，千四百年至宋而始續。

謝鄧中丞啓

方東樹頓首謹啓嶰筠中丞閣下：程太守回考院，奉到頒還先人《屈子正音》一書，伏蒙擺落常調，手筆具書，子細詳論，究其巢穴，復命賤子率據胸臆見知，逐條申答，以求至是，不必迴隱。太守具道臺指，欲爲代桒。不圖盛德波恩，絶學獨出，遂使今世獲遇兹奇。祇聞之下，忻忭起舞，繼之泣下，謹將所下糾簽悉列注中，依以爲凴，庶覽者去疑無壅，宿滯豁如。

夫幽蘭生谷，惠風爲之傳其馨；菡萏在陂，杲日爲之發其色。蓋物理之精感，自然相遇；而造化之普氾，本出無心。若夫玄音奥眇，與天下之至精，絶學微茫，索解人之難事。知玄不作，切韻誰增？元朗既興，經讀悉正。伏惟閣下，珠躔降德，辰宿儲精。濟北顔淵，關西伯起。半千作字，應五百年名世之期；四七傳封，衍廿八將通侯之祚。官曹扈聖，登黄閣於妙年；裘冕隆民，制青萍於利器。建隼旟而臨千里，擁熊蓋而撫百城。固已道濟蒼生，功資元化。然猶仕優則學，海納歸墟，武庫文河，研幾探賾。張安世之闇誦；三篋無忘；馬賓王之論事，片言不易。争飛毫翰，則一品之集傳；精研書田，則七志之編作。加以倒屣下士，縣榻禮賢，汲引忘疲，奬提無倦。收泥沙之小善，振幽滯於寒門。塵路難逢，人寰罕遇。樹先人空山隱霧，幽谷潛姿，修行明經，澡身浴德。甘韋布以長年，竟松筠於歲晚。百齡飄忽，一命不霑，痾恙侵陵，遂從上隴。陳太丘之積善，羔雁無聞；王仲淹之爲儒，白牛空老。平生箸述，不無秋氣之悲；壯歲編摩，實動幽人之怨。人非龔勝，或帶楚風；迹異湘纍，偏吟騷些。比因《九歌·山鬼》，翻新陌上之聲；蹇喔咿嘶，竄亂寒山之句。賈昌朝之不作，孰爲辨音？毛居正之不逢，誰能正誤？二百三十四字，不徒陳氏之疑；一萬七千餘言，用續垂白之注。職殊外史，匪達書名；事迫當仁，聊存簡策。

樹幼而失學，長更傷貧，蹤迹飄零，命途坎壈。或靡依如任彦昇之兒，或全生如鄭莊公之弟。惟班超能讀父書，徒自中夫狂疾；惟通子宜傳家學，迺不好於紙筆。是以遺編斯在，並積塵埃；手澤雖存，多從蠹簡。

每懷兹事，常積酸辛。何圖臺慈，遂垂存録。聽清音於爨餘，收夜光於赤水。明示題目，曲賜丹青。敬述淺聞，上酬來教。

樹聞音學之起，實本聲氣之原。擊轅拊缶，應風雅而感和；破斧登天，搆鬼神而寫韻。天籟地籟，橐吹萬之殊聲；笙均磬均，象奮雷而爲豫。輕清重濁，變出自然；喉舌齒唇，遞而相及。於是聯之以雙聲，紐之以疊韻。參差窈窕，標萬古興物之風流；燦爛錦衾，播千載懷人之雅韻。是知中天帝陛已傳喜起之歌，何必鑾府、參軍始辨娵隅之句？夫聖不虛作，六書固曰審音；而祕未全宣，兩漢惟傳讀若。設法以取之，立度以均之，反切由是而與焉，韻書因之以起矣。然而孫、劉釋音，雖精於耳學；或者馬、班作賦，仍病於聱牙。周、沈以來，四聲斯顯，平上去入，固神解之創獲。天子聖哲，彌常語所易知。由是而吕忱、孫愐，則源流祖搆；李涪、沈重，或臆説滋訛。顔之推譏江南學士自爲凡例，魏華父誚魏晉俗師彊立兩音。疑今韻，求古韻，大輅椎輪，籃縷篳路，平心而論，吴棫之功，實維稱首。特四聲互用，猶昧於不煩改字之言；即兩界相通，終未達古音綏讀之故。夫古今斂侈有異讀，然後有協句叶韻之求；省轉、假借有本音，然後有字母等韻之法。要之，雙聲疊韻在前，字母等韻在後。有疊韻而後人因有二百六部，有雙聲而後人因有三十六母。四聲昉於六朝，不可謂古人不知疊韻；字母起於唐季，不可謂古人不識雙聲。祥符以還，韻書併省，日趨陋妄。守温而後，華梵争辨，益屬歧旁。爰及近代，通儒崛起。陳弟、顧絳，始溯源而精騖，江永、戴震，繼沿波而討論。本證旁證，《易》音《詩》音，並驅六經之中，獨立千載之後。其餘撰述，各足專家，莫不辨晰磝碻，讀通雌霓。蓋臻真境自發天藏，不比狂華徒生客慧。閣下神曜得道，闇解過人。凡茲發守而鉤沈，悉足匡繆而正俗。昔陸法言之定《切韻》，商榷者八人；許祭酒之作《説文》，覃精者二紀。

未有政餘之下，旬日之閒，手揮目治，丹墨紛下，併部分部，了無遯形，从字从聲，具達神怡。足使李登失色，吕静歎嗟。雖荆玉抵鵲，多輕連城之珍；而阿膠清河，祇用一寸之寶。然猶衣成缺袂，式表志於謙沖；海絶河名，並忘心於勺寄。闡幽敷惠，垂雅契於遥年；同術興哀，託神交於曩日。年如可逮，風雲於忤臼之閒；道不虚行，慨侘於文昌之府。蓋取人之長，即是兼人之美；與人之善，即是同人之樂。《爰歷》、《博學》，併合《倉頡》之篇；《急就》、《凡將》，斟酌揚雲之手。沈隱侯之答陸厥，殆難言焉；徐騎省之得李舟，是有取耳。陋陽冰絶無讓德，莫化矜情；歎莒公未遇知音，徒開怨府。是本巨衡，用揣鈞石。將爲木鐸，以振聾民。後人未易雌黄，世閒等不可少。講之者曾不得其彷佛，傳之者豈能喻其精微？媿比善財童子，何曾義得真傳？儻遇采鸞仙姬，定復書成善本。式寶茲編，永與松楸而共感；竊推此志，真偕日月以争光。下情無任感激悲荷之至，申此謝辭，終知不盡。謹啓。

擬進安徽通志表代

伏以大圜在上，六合共仰，堯天中土，宅尊九州，攸同禹迹。曰漸、曰被、曰暨，遠登邁於帝風；爲墳、爲索、爲丘，實權輿乎地志。夏書五百里，弼服邦教，當奮武揆文；漢家十三部，牧師使節，在省風問俗。惟皇圖式廓，匪職方舊界之能包；故正域是疆，爲《江南通志》所難括。

爰考安徽之分省，實居江左之上游。州統維揚，兼帶豫、徐之域；鄉宋荆、楚，錯連梁、宋之郊。三十度四十五分，測北極之出地；十二舍二十八宿，紀南斗之分星。

鈐轄不常，併唐、宋東西之道路；廣輪若計，半魏、吴南北之山川。塢濡須而堰涂塘，人謀昔甚；戍雷池而屯博望，天塹茲憑。橫江樹於歷陽，和州舊名西府；聚米鹽於當利，姑孰夙號南州。控扼之雄，壽春實江淮屏蔽；瀕江之險，虎林亦兵馬要衝。雖恭逢一統之朝，無庸夸夫形勢；而坐攬千里之治，惡可昧厥提封。若乃虹縣開國，似封建之最初；相土名城，實王畿之僅見。嵞山執玉，開貞觀王會之圖；灊嶽燔柴，肇漢武登封之祀。至於軒黄遺迹，天都特箸爲圖經；水道提綱，中江大書於《禹貢》。小孤大峴，襟江阻陸之奇；九華八公，選佛昇仙之地。渦濠汝潁，衍派者達淮泗而交流；漸浙滁淝，朝宗者滙江湖而分注。攸居陽鳥，巢湖疑彭蠡之名；不利逝騅，大澤陷烏江之路。觀其原隰沃衍，擅穀粟布帛魚鱉之饒；人庶殷繁，蓄商賈百工技藝之衆。古譙名壤，猶龍之所誕生；漆園近郊，蒙叟於焉寄傲。仰先賢於潁上，管氏望軼荀陳；崛大儒於新安，徽國道齊鄒魯。又若席鄧艾之倉箱，建劉錡之旌幟，則名臣之功業可稽也。吟謝眺之青山，弔謫仙於秋浦，則文士之風流可挹也。至於鎖支祈於泗水，浸稻田於芍陂，會吴子於橐皋，盟宋公於鹿上。橫江有渡，曾濟秦皇，小峴爲關，實奔伍相。粤溯秦周，而上聯十八國之封圻；下逮漢晉，而還綜二千年之事蹟。不有志乘，曷以參稽？況值重熙累洽，久已浸潤澤而大溜濡；益惟懿典鴻謨，無非敷蕩平而流愷悌。移風易俗，一日而周百世之謀；立紀陳綱，一方而具天下之勢。蓋稽文武之政在方策，始知成康之化洽人心。世祖皇帝，膺受籙圖，肇造區夏。威弧震疊，命師而下江南；廟算綢繆，建官而設皖撫。聖祖皇帝，蠲租賜復，膏雨渥被於南邦。世宗皇帝，析縣升州，至計遠周於江國。高宗益鴻霈澤，寅紹詒謀，免江夫河篷之征，分文闈解額之數。仁宗亟觀成憲，遹駿先聲，加撫臣提督之銜，安客户棚民之業。凡茲列聖之經猷，悉關此邦之掌故。將欲敬宣夫德意，允宜首冠夫絲綸。是以前撫臣某先時陳奏，創意抽言。臣某接任編摩，克終成事。竊思方志之采，本小史外史之司；聿考官撰之書，始元和、元豐之世，篇隨國立，放謝莊分理之圖；文與人增，踵樂史寰宇之記。事以述而兼創，損益沿革，鉤鋠維詳；地本割以爲併，僑省合離，稱名慮混。紀八府五州之華實，田賦物産同登；副一揚二益之繁昌，城郭山川並麗。部分類別，風土職貢之周知；綱舉目張，謡俗官師之畢備。臣學術譾陋，性識愚蒙。未具三長，才詎論於載筆；庶幾一得，慮竊比於張羅。圖表志傳，摭百氏之遺編；文物聲明，考一方之成事。悉從論纂，創前人未有之書；皆有依憑，昭盛代不栞之典。欽維皇帝陛下，堯勳巍蕩，舜德文明。赫日月之照臨，括宇宙而包冒。九服四表，遐邇仰光被之休；一道同風，上下格欽明之化。考制度，興禮樂，羣臣絶企於清光；開校序，觀人文，千載獨高於聖學。睿思冠古，涓埃何補於高深；健德同天，省覽彌勤於宵旰。徵文獻而上供史館，守土者職分宜然；飾疏庸而冒瀆宸聰，獻芹者心思終安。成書異淮南之數，久淹歲月於三年；稽古匪涑水之精，敢望披尋於乙夜。臣無任瞻天仰聖激切屏營之至。

爲姬傳先生請祀鄉賢公啓

爲籲請詳題崇祀鄉賢，以彰學行事。

恭惟聖朝，稽古右文，肇隆儒術。型方訓俗，首重崇賢。祭於瞽宗，釋奠爰稱先老；載在祀典，祭法惟報有功。蓋學行克助夫民成，斯馨香不遺於王制。

職邑已故原任刑部郎中、嘉慶庚午重燕鹿鳴，欽加四品頂戴姚鼐，誕茂淑姿，應期名世。弱不好弄，長實素心。宏業厲翼，羽儀升朝。校書天閣，則妙盡國華；典試方州，則光昭髦俊。道不希榮，棄官從好。解體世紛，結志區外。國爵屏貴，家人忘貧。其爲道也，禮義是則，詩書夙敦，砥節勵操，直道正詞，和而能峻，博而不繁。承親則孝齊閔、參，友悌則和如琴瑟。然諾之信，重於布衣；敦睦之行，蒸於至性。深心追往，遠抱惜素。秉彝秉直，不隘不恭。其爲學也，考覽六經，囊括百氏，鉤深探賾，測突研幾，收斯文於在茲，拯微言於未絶。發明周、孔，和調漢、宋。多所撰述，於學無所遺；作爲文章，於詞無所假。飛辨馳藻，華繁玉振，如彼隨和，發采流潤，海内推爲儒宗，學者仰如山斗。於時州郡順風，名卿虚禮。纓弁之徒、紳佩之士，望形表而景坿，聆嘉聲而響和。雖泰山太守北面高密，瀛州學士師資河汾，無以過之。而且翰墨風流，則義、獻矜其筆札；詩篇遠播，則甫、白共其歌吟。哲人卷舒，布在前載；先民既殁，德言猶存。迹其孝友温恭，懿行均淑，是有曾史之行也。學匪稱師，文取載道，是有韓、歐之望也。鄉評既協，儒林冠冕。有合祀典，無忝禮制。爲此公籲申詳題請鄉賢，以彰學行。庶幾仰叨崇祀，俾芳烈奮於無窮；渥荷褒嘉，自俎豆榮於奕世。相應備具事册，並鄉族甘結，呈送查核，詳請施行。

祭都城隍祈晴文代

竊聞《詩》歌有渰，《太田》登俶載之歌；《書》儆曰狂，《洪範》箸咎徵之應。蓋雲興膚寸，銘功則頌徧爲霖；蜺見崇朝，行路則怨深其雨。際穗城之維夏，正麥氣之迎秋，豈意滂沱，迴殊霢霂。濃雲潑墨，飛下地之爲雺；疾雨翻盆，疑高天之有漏。逾春期於一百五日，難希玉粒之滋培；匯洪流於三十六江，竊慮金隄之岌殆。職膺守土，念切憂民。疾人事之不修，維深内省；冀天心之垂愛，謹致虔祈。仰叩明神，代陳聰聽。伏願靈風轉旆，開眸而迅埽陰霾；杲日馳輪，舉首而攸瞻佚蕩。值蠻煙之息影，幸拯迷津；祝羲曜之騰輝，長游霽宇。五羊兆稔，願監觀薦幣之丹誠；三豕書年，勿屢見涉波之白蹢。上告。

鐙宮銘并序

道光壬寅三月，夜見鐙暈，徑尺許，圍三尺許。重輪其外邊，卵色如天青，約寬二寸。其内輪簇紅霞，如金在鎔，可六七寸。四面皆見，其象如宮，永夜不散。閒起挑之，則采翠倍鮮明，光耀可愛。自是常見，其暈益大，徑至二尺，圍至五尺。其外邊翠色外復加絳色一重，約五六分，如世俗緣衣闌干者。然念雖爲幻影，斷非妖異不吉之祥，但不得以情識非想妄逐，因名之曰鐙宮，作二詩以記之。頃時修證差精進於前，始憬然悟此，確如性光見象，乃系以銘詞。菩提薩陲三世諸佛，必當護念印可。

觀是鐙宮，如滿月輪。中無一物，及諸色塵。無相三昧，佛性法身。浄智妙圓，體自空寂。不起於念，受想行識。不取不舍，無箸無擇。如是我見，稀有奇特。性無生滅，此仍有之；性在作用，此實無之。以此云性，厥義猶疑。六祖親宣，三身四智。自成所作，圓鏡不異。徧周一切，應用無滯。但依此觀，五八共位。是爲戒行，是爲寂静。無相有相，即慧即定。合之無得，六宗並證。菩提不昧，般若常圓。太虚縣象，不滯中邊。依此證修，凡情際斷。禁自污染，他非莫管。

二心銘并序

自三月閒見此鐙宮，及此歲終夜夜見之，其有不見者，一月之內或三數夜耳。此鐙心火，吾本心之相，在佛氏謂之真如，謂之本性，謂之主人翁，謂之法身。其外重輪，吾之知覺靈明也，在佛氏謂之般若，謂之報身。近忽見其中心火，時分爲二，其一凝然不動，其一游移動走，相距一寸或二寸、三寸，乃至五寸不一，晃漾不定。恍惚之頃，復合爲一，須臾又分。吾始疑眼眵瞶障，瞪目凝睇，釐然二形也，固知浄眼不生空華。然火固一火也，今既分爲二，則必有一幻者。於是憬然悟曰：不動者吾之真心也，其動者孔子所謂「出入無時」者也，佛氏所謂百千億化身也。無明緣行，行即此物也。著境起念，念上便生邪念者，亦此物也。南陽忠國禪師在天津橋上看弄猢猻者，亦此物也。牧牛師曰一回入艸去者，亦此物也。然後始知范女及程子謂心無出入，指不動者而言，不如孔孟有出入者審諦圓到，成實不錯。然妄無自體，依真而成，何有無真之妄？居然獨立，是以諸佛上聖，皆務揀妄存真。因系以銘，以通儒、佛兩家之理，用自證焉。

心本一心，是一非二。因物有遷，隨析而離。其真漸隱，其僞益甚。邪妄熾結，離輪同病。無始劫中，積習相交。乃至未感，亦恒動揺。偶嗅荷香，一根已墮。六塵坌集，迺日搆禍。斯理既顯，毋爲物勝。操存舍亡，亦佛亦聖。

研銘五首

青花方研銘

質理縝密，體素宏正。式是清華，彌欽德潤。興文吐思，莫窺淵映。置之座側，水石雙鏡。

井字研銘

石田雖瘠，井共陌阡。以貽子孫，力亦逢年。

大方研銘

其心坦以平，其質廉且貞，其應虛而盈。舍之則藏，用之則行。

橢園研銘

乾沒升斗水，錯磨廉貞性。徒言心不轉，斯文久吾病。

王廉訪長方研銘

內含玉潤，外表瀾清。立身貞固，載心坦平。以此書獄，常求其生。借蘇公語，當今自銘。

杖　銘并序

余年七十四，猶能彊步。家仲山以杖見贈，因銘之以答其惠。

顛無與扶，危無與持。彊曰杖汝，仍力自支。履道坦坦，幽人敬錯。蹶者趨者，捷徑窘步。止險念忍，見真行正。始勉終安，於動得定。

考槃集文録卷十二終

鳴謝

《儒藏》精華編惠蒙善助，共襄斯文；謹列如左，用伸謝忱。

本煥法師　　壹佰萬元

北京大學《儒藏》編纂與研究中心

本册審稿人　杜維沫　李劍雄
本册責任編委　甘祥滿

圖書在版編目(CIP)數據

儒藏．精華編．二七五/北京大學《儒藏》編纂與研究中心編．—北京：北京大學出版社，2011.1

ISBN 978-7-301-11993-8

Ⅰ．儒…　Ⅱ．北…　Ⅲ．儒家　Ⅳ．B222

中國版本圖書館 CIP 數據核字(2010)第 255398 號

書　　　名：儒藏(精華編二七五)
著作責任者：北京大學《儒藏》編纂與研究中心　編
責 任 編 輯：魏奕元
標 準 書 號：ISBN 978-7-301-11993-8/B·0679
出 版 發 行：北京大學出版社
地　　　址：北京市海淀區成府路 205 號　100871
網　　　址：http://www.pup.cn
電 子 信 箱：dianjiwenhua@163.com
電　　　話：郵購部 62752015　發行部 62750672　編輯部 62756694
　　　　　　出版部 62754962
印　刷　者：北京中科印刷有限公司
經　銷　者：新華書店
　　　　　　787 毫米×1092 毫米　16 開本　70.5 印張　669 千字
　　　　　　2011 年 1 月第 1 版　2011 年 1 月第 1 次印刷
定　　　價：1200.00 元

未經許可，不得以任何方式複製或抄襲本書之部分或全部內容。

版權所有，侵權必究

舉報電話：(010)62752024　電子信箱：fd@pup.pku.edu.cn

ISBN 978-7-301-11993-8

定價：1200.00元